晋江年鉴

JINJIANG YEARBOOK

2021（总第26卷）

中共晋江市委　晋江市人民政府　主办
中共晋江市委党史和地方志研究室　编纂

方志出版社
Publishing House of Local Records

图书在版编目（CIP）数据

晋江年鉴. 2021 / 中共晋江市委党史和地方志研究室编. --北京：方志出版社，2021.12

ISBN 978-7-5144-5140-5

Ⅰ. ①晋… Ⅱ. ①中… Ⅲ. ①晋江市—2021—年鉴
Ⅳ. ①Z525.74

中国版本图书馆CIP数据核字（2021）第275605号

晋江年鉴（2021）

编　　者：中共晋江市委党史和地方志研究室

责任编辑：刘方圆

出 版 者：方志出版社

地址　北京市朝阳区潘家园东里9号（国家方志馆4层）

邮编　100021

网址　http://www.zgfzcb.cn

发　　行：方志出版社图书营销中心

电话（010）67110500

经　　销：各地新华书店

印　　刷：福州报业鸿升印刷有限责任公司

开　　本：889×1194　　1/16

印　　张：29.875

字　　数：1132千字

版　　次：2021年12月第1版　　2021年12月第1次印刷

印　　数：0001~1000册

ISBN 978-7-5144-5140-5　　**定价**：298.00元

《晋江年鉴》编纂委员会

《晋江年鉴(2021)》编纂人员

主　　编: 蔡斯坤

副 主 编: 洪春婷　颜清堤　高红红　尤春晓

执行副主编: 尤春晓

编　　辑: 林荣国　洪逢春　周来栓　张婉萍　刘吉山　朱海林　许泽波

编　　务: 吴安玲　翁丽程　黄淦楠　蔡丽珍　赖安安　许海峰　许金鸾

编辑说明

一、《晋江年鉴》是中共晋江市委、晋江市人民政府组织编纂，中共晋江市委党史和地方志研究室编辑出版的综合资料性年鉴。《晋江年鉴》创刊于1996年，2021卷为第26卷。

二、《晋江年鉴》以马克思列宁主义、毛泽东思想、邓小平理论、“三个代表”重要思想、科学发展观、习近平新时代中国特色社会主义思想为指导，坚持辩证唯物主义和历史唯物主义的立场、观点和方法，实事求是记载晋江市年度发展状况，反映晋江市自然、政治、经济、文化、社会等领域发展状况，为国内外读者了解晋江、研究晋江、置业晋江、旅游晋江提供尽可能全面、翔实的地情资料。

三、《晋江年鉴》采用分类编辑法。主体内容设类目、分目、条目3个结构层次，以条目为基本记述单元。

四、《晋江年鉴（2021）》记事时限为2020年1月1日至12月31日。为完整反映事物的全貌，在彩页和个别条目中略有突破。

五、《晋江年鉴（2021）》采用现代语体文记述。文字、标点符号、计量单位（除统计资料部分照录外）均依国家现行标准。

六、《晋江年鉴（2021）》采编的资料，主要由市直各单位、各镇（街道）提供，并由各承编单位领导审核；部分类目的内容，编者亦采集有关资料编纂或融合成文。由于各承编单位资料来源、统计口径及统计时点不尽相同，个别数据可能略有差异，读者在引用相关数据时应以晋江市统计局正式公布的统计数据为准。类目通栏标题图片由晋江市新闻摄影学会提供，随文照片由供稿单位、晋江市新闻摄影学会等提供。

晋江市地图

比例尺　1:190 000

编制单位：福建省地图出版社　审图号：泉S〔2022〕1号　资料截至2020年12月

为民办实事专题

2020年，晋江市委、市政府办好每一件为民实事，抓好底线民生，加快布局优质资源，群众对美好生活的更高期盼得到更好满足。20件为民实事、200件民生微实事全面完成。

2020年8月1日，磁灶微循环交通路线Z8路开通运营　　　　（磁灶镇 供）

2020年9月27日，晋江市举办“大美晋江”文化惠民工程晋江市2020年文化旅游节系列活动——秋分弦月晋江市古琴音乐会　　　　（市文旅局 供）

2020年9月30日，晋江市举办“大美晋江”文化惠民工程晋江市2020年文化旅游节系列活动——闽南印象晋江市民族器乐音乐会　　　　（市文旅局 供）

2020年11月5日，学校自办食堂完成并投用，图为晋江第二实验小学晓聪校区学生在教室用餐(晋江经济报社 供)

2020年12月24日，晋江市“一门式”行政服务大厅完工 (市行政服务中心 供)

生态治理专题

2020年，晋江市打好污染防治攻坚战，比拼亮晒推进城乡人居环境整治，晋江市完成第二次全国污染源普查。深沪污水处理厂投用，建成324个农村生活污水处理项目，打通29条污水“断头管”。启动“蓝色海湾”综合治理，划定河道和水利工程保护范围，整治河道12.5千米，梧垵溪等流域水质持续提升。晋江南岸公园、崎山公园全面开放，植树造林483.33公顷，绿化矿山迹地27.67公顷，整治废弃石窟10个，全年空气质量优良率首次达到100%。

沿海大通道景观线(2020年摄)　　(市林业和园林绿化局 供)

全国生态文化村——金井镇三坑村(2020年摄)　　(金井镇 供)

人民公园（2020年12月29日摄）　　（市林业和园林绿化局 供）

梧垵溪河道生态景观提升工程
（2020年12月27日摄）　（市水利局 供）

2020年，梧垵溪经过整治，水清岸绿
（罗山街道 供）

乡村振兴专题

2020年，晋江市攻坚乡村振兴。落实“一革命四行动”，新建公厕140座，新增乡村振兴示范村20个，获评全省村庄清洁行动先进县，乡村治理入选全国典型案例。建设高标准农田1900公顷，省级以上农业产业化龙头企业增至38家，入选省级海洋产业发展示范县，东石镇获评全国农业产业强镇，围头村入选全国乡村旅游重点村。全市村（社区）集体经营性收入全部突破20万元。

2020年，安海镇新店村党群服务中心设立乡村共享驿站 （安海镇 供）

2020年9月16日，第三届福建省陶瓷艺术名人、艺术大师推荐学习活动（晋江）现场陶瓷技能实操比赛 （磁灶镇 供）

2020年，金井镇塘东村收获海带 （金井镇 供）

2020年，英林镇湖尾村利用闲杂地块建设微景观——古今名局　（英林镇 供）

2020年，英林镇东埔村微景观改造“梦回唐风”　（英林镇 供）

池店镇仕春村南音社(2020年摄)
（池店镇 供）

安海镇曾埭村乡村记忆文化馆(2020年12月28日摄) (安海镇 供)

池店镇桥南中心公园(2020年11月4日摄) (池店镇 供)

东石镇潘山村潘山文化之木偶文化场一角(2020年4月15日摄)

(东石镇 供)

2020年7月11日,磁灶镇大埔村、东山村获评升级乡村治理示范村。图为东山村

(磁灶镇 供)

2020年7月11日,磁灶镇大埔村、东山村获评升级乡村治理示范村。图为大埔村 (磁灶镇 供)

优化医疗供给专题

2020年，晋江市新增病床位1692张，柔性引进高层次医疗人才235名，上海六院福建医院签约落地，“张长青名医工作室”开诊运行，市第三医院扩建提升，市医院新院区、省口腔医院闽南分院建成投用。

2020年9月19日，晋江市医院医共体总院揭牌仪式在晋江市医院举行　　（晋江经济报社 供）

晋江市医院新院区在建项目（2020年9月23日摄）　　（董严军 摄）

2020年12月27日，福建医科大学附属口腔医院闽南分院晋江市口腔医院揭牌开诊　　（陈巧玲　摄）

晋江市第二医院（2020年摄）　　（市卫健局　供）

晋江市中西医结合医院(磁灶中心卫生院)(2020年摄) (磁灶镇 供)

晋江市第三医院(2020年摄) (晋江经济报社 供)

泉州市第一医院晋江东石分院(2020年12月22日摄)　　(东石镇 供)

晋江市医共体——区域检验中心(2020年11月14日摄)　　(晋江经济报社 供)

优化教育供给专题

2020年，晋江市新增优质学位7650个，新改扩建公办幼儿园10所，小学自办食堂20个。福州大学科教园实现本硕一体化人才培养，在校学生突破千人，国科大智能制造学院、清华附中晋江学校招生，泉州五中桥南校区建成投用，晋江一中、养正中学、季延中学等名校分校区加快建设。学生用餐、课后延时服务等社会关切问题加快解决。

清华附中晋江学校（2020年12月22日摄）　　（晋江经济报社 供）

福州大学科教园鸟瞰图（2020年摄）　　（晋江经济报社 供）

福州大学科教园陈德雄图书馆(2020年摄)　　　　(福大科教园 供)

福州大学科教园北门(2020年摄)　　　　(福大科教园 供)

泉州五中桥南校区(2020年4月29日摄)　　(晋江经济报社 供)

泉州五中桥南校区体育馆(2020年4月29日摄)　　(晋江经济报社 供)

第18届世界中学生运动会筹办及场馆专题

2020年，晋江市提效重大赛事筹办。推进第18届世界中学生运动会等重大赛事筹办，30个赛事场馆如期建成，18个单项竞赛委员会组建运作，竞赛组织、外事外联、市场开发等有序推进。

2020年12月5日，晋江市举行第18届世界中学生运动会志愿者动员大会　　（团市委 供）

晋江市少体校体育馆（2020年9月16日摄）　　（市体育局 供）

世中运场馆——游泳馆(2020年8月1日摄)　　(晋江经济报社 供)

世中运场馆(2020年8月1日摄)　　(晋江经济报社 供)

世中运场馆——足球公园(2020年5月6日摄)　　(晋江经济报社 供)

晋江市体育中心场馆祖昌体育馆内部(2020年摄)　　(市体育局 供)

全民健身中心场馆
——篮球场(2020年摄)
(市体育局 供)

全民健身中心场馆
——网球馆(2020年摄)
(市体育局 供)

全民健身中心场馆
——室内泳池(2020年摄)
(市体育局 供)

晋江市少体校全景(2020年摄)　　(晋江经济报社 供)

晋江市少体校击剑馆(2020年9月16日摄)　　(市体育局 供)

抗击新型冠状病毒肺炎疫情专题

2020年，面对突如其来的新冠疫情，晋江市第一时间高效响应，成立疫情防控指挥部，快速集结队伍，进入战时状态，率先筑起坚强的防疫战斗堡垒。严防死守关口防线。坚持“大数据+网格化+铁脚板”，创新设立市、镇、村、企四级健康管理中心，全链条全闭环守牢境内境外防线，实现“医护零感染、患者全治愈”。有力有为服务大局，发挥制造业基础优势，从无到有迅速构建防疫物资生产体系，超130万件防护服、6亿个口罩驰援抗疫一线，涌现出一批全国、全省抗疫先进典型，得到国务院联防联控机制（医疗物资保障组）等上级部门“点赞”。

民众抗疫行动

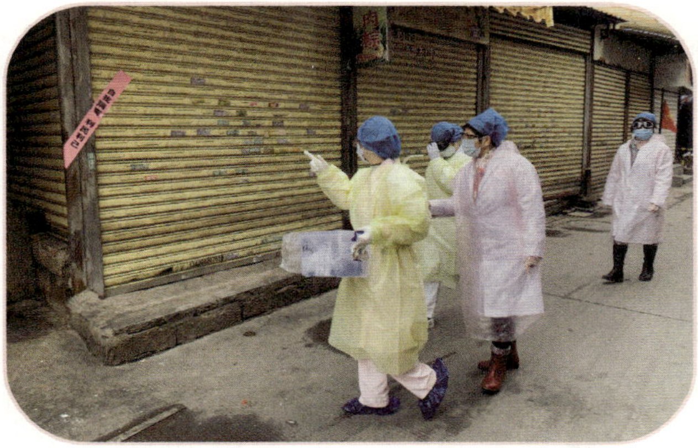

2020年抗疫期间，100多名医护人员奔赴英林镇嘉排村抗疫一线，进村入户随访村民（市防控办 供）

2020年疫情封闭管理期间，志愿者们到各家各户分发生活、防护物资（市防控办 供）

2020年2月9日，英林镇嘉排村党支部引导党员群众集结战“疫”一线。图为党员志愿者们在打包生活物资，准备发放给村民（市防控办 供）

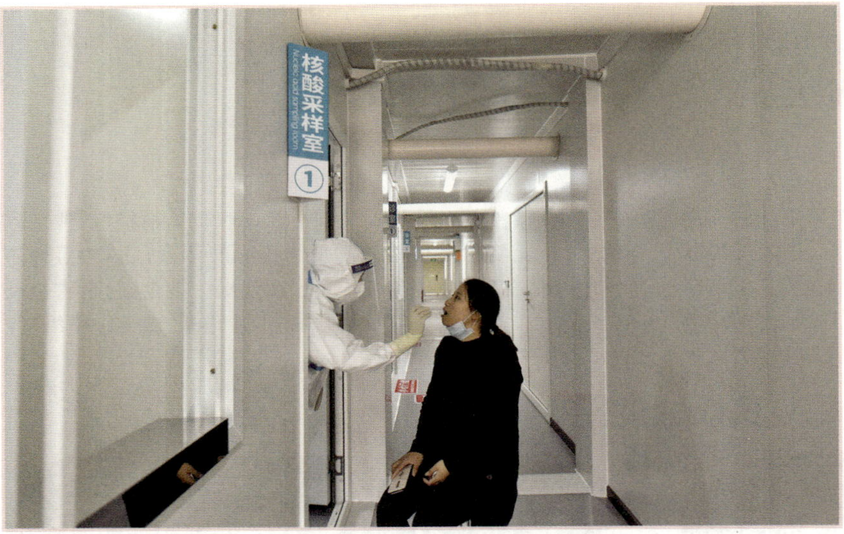

2020年12月22日，医护人员为民众进行核酸检测采样
（东石镇 供）

2020年，民众做好疫情防护工作　　（东石镇 供）

2020年2月，安海镇桐林村爱心人士向困难群众捐赠防疫物资　　（安海镇 供）

2020年12月，民众投入抗疫行动。图为志愿者设点测量体温　　（新塘街道 供）

2020年，晋江市在疫情防控期间成立第一家健康管理中心 (秦　越　摄)

2020年2月5日，市公安局机关民警请战奔赴疫情防控一线 (市公安局　供)

企业抗疫行动

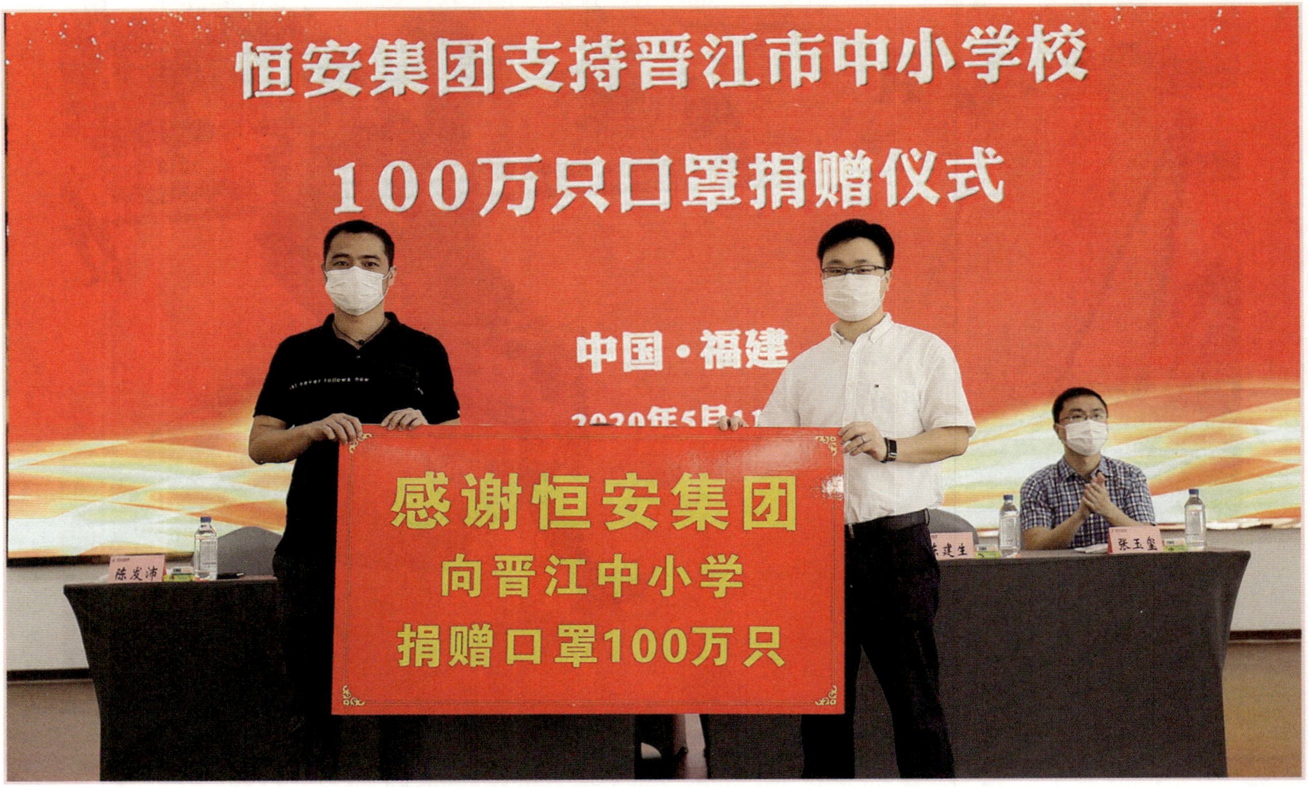

2020年5月11日，恒安集团向晋江市中小学校捐赠口罩100万只 （安海镇 供）

2020年疫情初期，乔丹体育股份有限公司改造生产线复工生产口罩 （秦 越 摄）

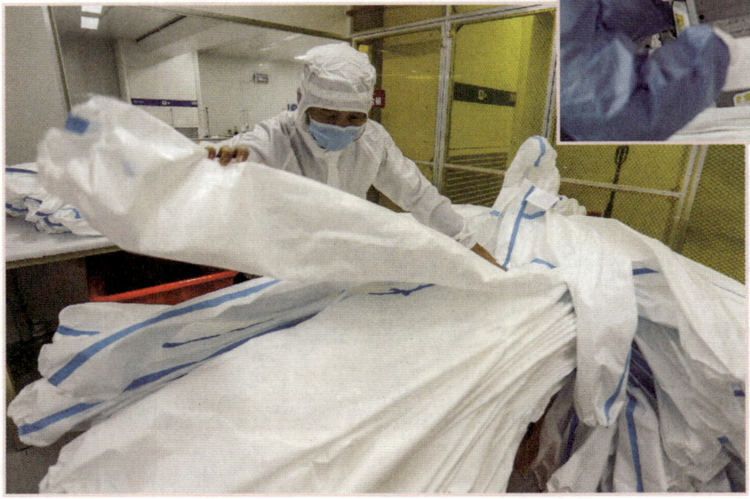

2020年2月8日，柒牌公司紧急转产，7天生产出防护服。图为生产车间 （董严军 摄）

2020年2月10日，晋江诺米高医疗科技公司口罩生产线 (董严军 摄)

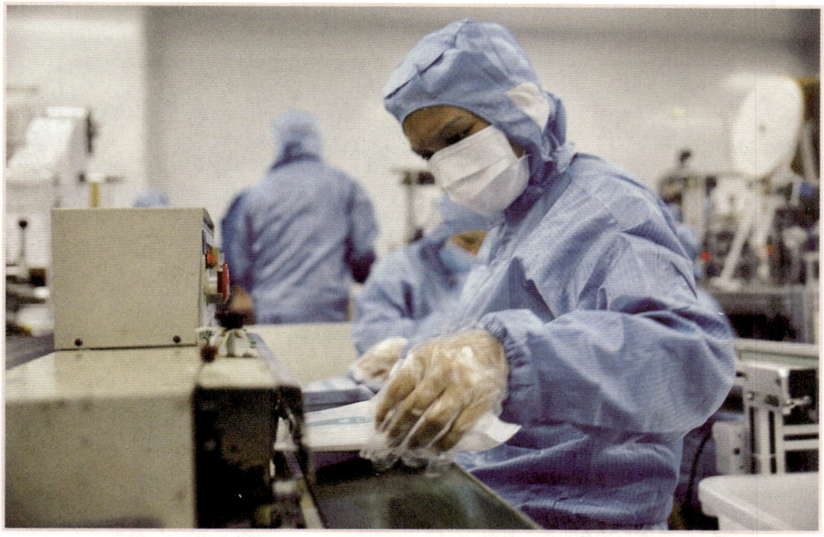

2020年2月12日，恒安集团紧急转产口罩 (安海镇 供)

2020年2月16日，海纳机械口罩生产设备调试成功 (董严军 摄)

企业复工复产

2020年2月19日，艾派国际专机接员工返岗复工复产　(董严军　摄)

2020年3月4日，嘉利玩具童车生产线复工　(董严军　摄)

2020年3月23日，浔兴拉链复工复产　(董严军　摄)

家博会、体博会、食交会“双线”展会专题

2020年，晋江市多线发力拓展市场。支持指导企业做好防疫、分期分批举办订货会，系列促消费活动掀起全城乐购浪潮，“双线”开启鞋（体）博会、食交会、家博会等品牌展会新模式，交易额超200亿元。全年网上零售额超300亿元，晋江品牌“双十一”销售近百亿元，成为唯一入选全国十大新国货之城的县级城市。

2020年4月1日，晋江市举行中国（晋江）国际家装建材博览会线上展会发布会　　（晋江经济报社 供）

2020年4月1日，晋江市举行中国（晋江）国际家装建材博览会线上展示发布会及签约仪式　　（董严军 摄）

2020年4月19日，第二十二届中国（晋江）国际鞋业（线上）博览会、第五届中国（晋江）国际体育产业（线上）博览会正式开幕 （董严军 摄）

2020年4月19—22日，晋江市举行晋江鞋体（线上）博览会 （董严军 摄）

2020年7月20—22日，晋江市举行2020年海峡两岸食品交易会。图为交易会主入口处　　（晋江经济报社 供）

2020年7月20—22日，第四届海峡两岸食品交易会、第七届闽台（泉州）食品交易会暨首届线上食品交易会在晋江举办

（市委宣传部 供）

2020年7月20—22日，晋江市举行2020年海峡两岸食品交易会。图为商品展区　　（董严军 摄）

年度上市企业专题

2020年，晋江市累计拥有境内外上市公司49家，发行存托凭证2只，首发募集资金超200亿元，证券市场总市值超3500亿元，再融资超540亿元。场外市场挂牌交易企业22家，其中新三板15家，海峡股权交易中心7家。2020年，晋江市新增3家上市公司，分别是海纳机械、恒盛动漫、舒华体育。

2020年6月3日，海纳智能装备国际控股有限公司在香港联合交易所主板上市　（陈巧玲 摄）

2020年7月13日，福建恒盛动漫文化传播有限公司在香港联合交易所创业板挂牌上市，上市名称为易和国际控股有限公司，股票代码08659　（龙湖镇 供）

2020年12月15日，舒华体育股份有限公司与上海证券交易所签订上市协议书

（市委党史方志室 供）

2020年12月15日，舒华体育股份有限公司在上海证券交易所挂牌上市 （市委党史方志室 供）

梧林传统村落专题

2020年国庆节期间，福建省重点项目——晋江梧林传统村落保护开发项目正式开放核心区部分线路。梧林传统村落开放试运营。

晋江梧林传统村落(2020年8月12日)　　(陈巧玲 摄)

晋江梧林传统村落花海(2020年4月15日)　　(陈巧玲 摄)

晋江梧林传统村落朝东宅及周边景色(2020年4月10日摄)　　(陈巧玲 摄)

晋江梧林传统村落鲜花丛中的朝东楼(2020年4月21日摄)　　(晋江经济报社 供)

2020年3月21日，晋江梧林传统村落里有着百年罗马式建筑的朝东楼吸引游客参观　（董严军　摄）

晋江梧林传统村落朝东楼近景（2020年1月10日摄）　（董严军　摄）

目　　录

特　载

专　文

大事记

年度聚焦

市情概貌

中共晋江市委员会

晋江市人民代表大会

晋江市人民政府

政协晋江市委员会

纪检　监察

民主党派和工商联

群众团体

晋江市妇女联合会

晋江市科学技术协会

晋江市社会科学界联合会

晋江市文学艺术界联合会

晋江市归国华侨联合会

晋江市台湾同胞联谊会

晋江市残疾人联合会

晋江市国际贸易促进委员会

晋江市红十字会

军　事

人民武装部

武装警察

海　警

外事 侨务 台港澳事务

外 事

侨 务

台湾事务

港澳事务

应急管理

综 述

防汛抗旱

安全生产监督管理

消防救援

经济管理

宏观经济管理

财 政

税 务

审 计

统计与调查

市场监督管理

城乡建设与管理

文　化

卫生健康

综 述

医疗卫生体制改革

公共卫生体系建设

医政管理

疾病预防控制

妇幼保健

中医药事业

爱国卫生运动

老龄健康

街道 镇(场)

荣誉 人物

统计资料

附 录

索 引

深入学习贯彻党的十九届五中全会精神 在全方位推动高质量发展超越中谱写“晋江经验”新篇章

——在中共晋江市第十三届代表大会第五次会议上的报告

刘文儒

各位代表，同志们：

现在，我代表中共晋江市第十三届委员会向大会作报告。

一、2020年工作成效和“十三五”成就

2020年是极不容易、极不平凡的一年，面对新冠疫情造成的巨大冲击、外部环境深刻变化带来的重大考验，全市上下以习近平新时代中国特色社会主义思想为指导，深入学习党的十九大和十九届二中、三中、四中、五中全会精神，全面贯彻习近平总书记重要讲话重要指示批示精神，坚持“晋江经验”引领，深入开展“三大任务决胜年”“城乡环境整治深化年”“县域治理效能提升年”活动，统筹推进疫情防控和经济社会发展，展现了不一般的担当、取得了不平凡的成绩。

（一）抗疫交出亮丽答卷。面对新冠疫情大考，我们众志成城，广大党员干部、基层工作者日夜坚守、冲锋在前，广大医务工作者白衣为甲、迎风逆行，海内外全体晋江人守望相助、同舟共济，谱写了激昂嘹亮的抗疫战歌，守护了千家万户的幸福安宁。第一时间高效响应。成立疫情防控指挥部，快速集结队伍，进入战时状态，按照“坚定信心、同舟共济、科学防治、精准施策”总要求，率先筑起坚强的防疫战斗堡垒。严防死守关口防线。坚持“大数据+网格化+铁脚板”，创新设立市镇村企四级健康管理中心，全链条全闭环守牢境内境外防线，筑牢群防群治、联防联控的“铜墙铁壁”，顶住了人流物流大进大出压力，实现“医护零感染、患者全治愈”。有力有为服务大局。发挥制造业基础优势，从无到有迅速构建防疫物资生产体系，超130万件防护服、6亿个口罩驰援抗疫一线，涌现出一批全国、全省抗疫先进典型，得到国务院联防联控机制（医疗物资保障组）等上级“点赞”。

（二）经济运行回稳向好。面对“六稳”“六保”重任，我们政企携手，不失时机按下复工复产加速键，千方百计对冲疫情影响，GDP在一季度负增长13.8%的不利局面下，上半年迅速转负为正，全年预计增长4%以上，一般公共预算总收入、一般公共预算收入、居民人均可支配收入分别比增2.7%、1.0%、3.6%。聚力打通“五难”操作链。统筹保障企业防疫物资需求，大力推行“共享订单”“共享员工”新模式，实行“点对点”接送员工、“客转货”包机，推进供应链金融、产能对接，助力企业第一时间全链条协同复工复产。全力落实纾困惠企政策，争取上级纾困资金超50亿元，减税降费、兑现扶持资金超40亿元，通过放水养鱼让中小企业得以休养生息。多线发力拓展市场。支持指导企业做好防疫、分期分批举办订货会，系列促消费活动掀起全城乐购浪潮，“双线”开启鞋（体）博会、食交会、家博会等品牌展会新模式，全年网上零售额超300亿元，晋江品牌“双十一”销售近百亿元，成为唯一入选全国十大新国货之城的县级城市。全力攻项目增后劲。聚焦“两新一重”，拉开六大“两新”基地比拼架势，全面加快晋东、高铁、紫帽等新区规划建设步伐，科创新区基本完成征迁，19个集成电路产业链项目及安踏科研基地、华为云孵化中心、SAP工业互联网等补链强链、数字赋能项目签约落地，恒安、百宏、特步、利郎、渠梁等龙头企业加大本土增产扩营，国际会展中心、乔丹品牌工业园等项目建成投用，在克服疫情影响中稳住投资预期。持续激发三创活力。稳步推进国家创新型县(市)建设，“国字号”科研平台实现归口管理，落地全省首支国家科技成果转化子基金，新认定国家高新技术企业126家，新增上市企业3家、各类高层次人才超千人，荣膺国际化营商环境建设示范市，入选国家“双创”示范基地。

(三)城乡建设更富质感。我们统筹办赛事与办城市，全面攻坚16个品质提升专项行动，持续加快“三区一走廊”建设，推动城市“面子”“里子”双提升。提效重大赛事筹办。坚持“三不变三不降”，推进第18届世界中学生运动会等重大赛事筹办，30个赛事场馆如期建成，18个单竞委组建运作，竞赛组织、外事外联、市场开发等有序推进。提标城市基础设施。泉厦漳城市联盟路晋江段等重要通道实现贯通，福厦高铁客专、泉州“聚城畅通”项目加快推进，片区新区路网布局更加完善，公交枢纽站增至8座，公交线路加密6条，试运行镇区社区微循环公交，快速交通体系更加成型成网。超千个5G基站、超百座公共充电站建成投用，新增3个110千伏输变电站，天然气管网实现镇镇通。提升生态环境质量。动真碰硬打好污染防治攻坚战，比拼亮晒推进城乡人居环境整治，完成第二次全国污染源普查，安东园、仙石等一批污水处理设施建成投用，基本实现农村污水处理全覆盖，垃圾焚烧发电厂完成提标改造，晋江南岸、崎山等一批公园绿地建成开放，九十九溪田园风光加快建设，21条流域水质持续向好，全年空气优良率首次达到100%。提级城市管理水平。全面实施城市管理“双提升”行动，引导地摊经济、夜间经济规范发展，小区物业、“两违”、共享单车等专项整治深入开展，垃圾分类试点、“智慧停车”覆盖面逐步扩大，一批城市管理难点堵点问题得到有效解决。提振乡村发展活力。加强农业稳产保供，扎实推进“一革命四行动”，在全省率先建成“一平台两中心”、率先推行“村务卡”，全市村均集体收入突破100万元，全面消除年经营性收入20万元以下村(社区)，乡村治理入选全国典型案例。新增对口帮扶上杭县，与长汀县山海协作取得扎实成效。

(四)民生福祉更加厚实。我们奋力冲刺更高水平全面小康，扎实办好每一件为民实事，在全力抓好底线民生的同时，加快布局优质资源，群众对美好生活的更高期盼得到更好满足。织密社会保障兜底网。密切关注受疫情影响的困难群体，救助困难群众超5万人次，巩固精准脱贫攻坚成效，深化“四帮四扶”，新帮扶186户家庭纾难解困，新增城镇就业人口2.1万人，加快改造危旧房屋、老旧小区，有序推进安置房建设回迁，改善农民住房超万户。在全省率先启动长期护理险试点，市社会福利中心二期顺利竣工，建成各类养老服务机构32个，创新开展老年人智能技术教育培训，进入中国社会保障百佳县前三。扩容提质教育医疗资源。福大科教园实现本硕一体化培养、在校学生突破千人，国科大智能制造学院、清华附中晋江学校正式招生，泉州五中桥南校区建成投用，晋江一中、养正中学、季延中学等名校分校区加快建设，学生用餐、课后延时服务等社会关切问题加快解决。上海六院福建医院签约落地，“张长青名医工作室”揭牌运行，市医院新院、福医大附属口腔医院等建成投用。持续繁荣城市文化文明。积极创建国家公共文化服务体系示范区，扎实推进草庵、金交椅山窑址、安平桥等申遗点修缮保护，完成6个中国传统村落保护发展规划，五店市北区启动建设，梧林传统村落开放迎客，获评全省全域生态旅游示范市。完成电视剧《爱拼会赢》摄制。创新开展新时代文明实践，持续巩固移风易俗成效，公安局、围头村获全国精神文明建设表彰。纵深推进平安建设。扫黑除恶专项斗争三年行动顺利收官，“强基促稳”专项行动、“六守六无”平安创建深入开展，“平安行公益慈善基金会”募集善款超亿元。完成人口普查登记工作。全市动员开展房屋安全“百日攻坚”、安全隐患大排查大整治，下大力气解决风险隐患、安全欠账、历史遗留问题，房屋安全、消防安全、森林防火、渔船安全、食药安全等得到全面加强，公共卫生应急管理体系加快健全，群众安全感满意率达99.3%。

(五)改革开放蹄疾步稳。我们坚持以改革激活力，以开放拓空间，全力增创高质量发展新优势。推进更深层次改革。新增县城新型城镇化建设示范、市场采购贸易方式等4项国家级改革试点，县域集成改革开局破题，“工改工”、综合行政执法、国资国企、农村集体产权制度等改革扎实推进，镇(街道)机构改革顺利完成。深化更高水平开放。稳妥应对复杂外贸局势，持续拓展新兴市场，落地阿里巴巴LAZADA分拨中心，加快泉州晋江国际机场扩建步伐，启用陆地港国际城市货站，跨境电商爆发式增长，境外快递业务实现翻番。加强与港澳侨交流合作，深化晋台融合发展，向金门供水突破千万吨。

(六)党的建设扎实推进。我们聚焦主责主业，全面落实新时代党的建设总要求，深化落实省委“五抓五看”“八个坚定不移”具体部署，推动全面从严治党向纵深发展。加强党的政治建设。坚持不懈用习近平新时代中国特色社会主义思想武装头脑，进一步严肃党内政治生活，严明政治纪律和政治规矩，出台市委落实全面从严治党主体责任清单，扎实推动省委和泉州市委主体责任检查反馈问题整改，全面压紧压实各方责任。有效夯实基层基础。大抓党支部标准化规范化建设，扎实开展农村发展党员违规违纪问题排查整顿试点，深化党员队伍管理“宽松软”专项整治，健全完善村级组织运行机制，以近邻党建引领城市基层治理，以“一堂好课”引领模范机关创建，认真落实民营企业党建融入公司治理“1533”机制，基层党组织的组织力在疫情防控等一线得到检验提升。持续激发队伍活力。坚持“一二三四”选人用人导向，稳慎有序推进镇(街道)机构改革人员转隶，提拔重用一批优秀干部，建立容错纠错机制，实施疫情期间“暖心十条”激励关爱一线党员干部，队伍精气神持续昂扬。抓牢意识形态工作。引导组织全市上下学好《习近平谈治国理政》和《习近平在福建》系列采访实录等鲜活教材，贯彻落实《中国共产党宣传工作条例》和意识形态工作责任制，筑牢网络意识形态安全堡垒，守住管好各类意识形态前沿阵地。

扎实推进县级融媒体中心建设，舆论氛围向上向好，主旋律持续激昂。营造良好政治生态。全力抓好各级巡视巡察反馈问题整改，扎实推进政治监督具体化常态化，深化拓展群众身边腐败和作风问题整治，持之以恒纠治“四风”，实现本级巡察全覆盖。党委总揽全局、协调各方，支持人大、政府、政协有效开展工作，保障司法机关独立行使职权，统战、群团、人武、老干、党校、审计、统计、双拥、民族、宗教、老区建设等工作取得新进展，蝉联全国双拥模范城“七连冠”。

各位代表，同志们，2020年工作的完成，意味着“十三五”的顺利收官。过去五年，我们团结带领全市广大党员和干部群众，坚持一张蓝图绘到底，大力实施“三大战略”，攻坚“三大任务”，有力推动经济社会全面协调发展，国际化创新型品质城市建设迈出坚实步伐，为“十四五”发展奠定了扎实基础。

这五年，“晋江经验”指导意义更加彰显。我们坚持常学常新、常用常新，“晋江经验”传承创新发展得到习近平总书记重要批示，亮相《人民日报》头版头条，成为中央庆祝改革开放40年大型主题宣传报道焦点，列入《习近平在福建》采访实录重要内容，多位中央领导同志亲临晋江视察指导，特别是2019年全国“两会”期间，习近平总书记强调“‘晋江经验’现在仍然有指导意义”，赋予了“晋江经验”新的时代内涵。

这五年，县域综合实力持续晋位升级。我们坚持紧抓实体、做强主业，全面落实习近平总书记“实实在在、心无旁骛做实业”重要指示精神，实业根基更加稳健，优势主导产业提档升级，高新产业筑链成势，现代服务业提质扩量，GDP年均增长7.3%，接连跃上2000亿元、2600亿元台阶，人均GDP突破12万元，市场主体达23万户，上市企业增至49家，城市投资潜力、营商环境跃居全国县域第二，县域经济基本竞争力首次进入全国四强，被中央主流媒体誉为全国县域经济发展典范、中小城市建设样板。

这五年，城市品质品位实现跨越提升。我们坚持城乡统筹、内外兼修，主动融入闽西南、泉州环湾城市群发展格局，深入推进新型城镇化建设，中心城区建成区面积拓展至115平方公里，城镇化率提升至68%，城市功能配套不断完善、规模框架更加科学合理，晋东、高铁、科创、紫帽等新增长区域雏形初现，二体中心、全民健身中心、八仙山公园、晋江南岸生态公园等一大批城市配套建成投用，“152030”快速交通圈、15分钟文化生活圈、10分钟体育健身圈正式成型，城乡人居环境、住房条件大大改善，培育72个乡村振兴试点示范村，获评“全国文明城市”“国家生态市”。我们担纲大国志，成功申办第18届世界中学生运动会，开创全国县级城市承办大型国际综合赛事先河，获得连续4届国际大体联足球世界杯举办权，出彩举办首届国际大体联足球世界杯、APEC电子商务工商联盟论坛等重大活动，整座城市越来越有国际范。

这五年，高质量发展动能更加充沛。我们坚持创新引领、改革突破，实施超百个重大产业项目，国科大智能制造学院、福大科教园、三创园、“国字号”科研平台等效应逐步释放，集聚各类高层次人才超5000人，高新技术企业数量、万人发明专利拥有量实现翻番，新旧动能转换跑出“加速度”。新增15项国家级改革试点，获批全省县域集成改革试点，农村“三块地”、集体产权制度等重点领域改革实现多点突破、经验亮相全国，成为全省乃至全国改革试点最多、成果最丰富的县级城市之一。

这五年，全面小康水平更高、成色更足。我们坚持以人为本、量质并举，民生投入保持逐年增长，高质量打赢脱贫攻坚战，办成133件为民实事、超千件民生微实事，七个民生保障体系持续提标扩面，中国科学院大学、福州大学、清华附中、上海六院、树兰医疗等高端教育医疗资源纷纷落地布局，泉州职业技术大学升格本科，新增优质学位超6万个、医疗机构床位超4000张、养老床位超3000张，打造形成了三所本科以上大学版图、三大医共体格局、“三位一体”养老服务体系，城市圆了“名校梦”“名医梦”，群众的美好生活愿景逐步变成幸福实景。

这五年，海内外晋江人迸发磅礴合力。我们坚持党建引领、聚力成事，一任为一任打基础，一年接着一年干，把许多以往认为不可能的事情变成了可能。一件件大事要事做细做实做成，生动展现了晋江人敢拼爱拼善拼的精神特质，一场场风雨洗礼锻造了一支特别能攻坚、特别能战斗的干部队伍，特别有情怀、特别有担当的企业家队伍，特别讲团结、特别讲奉献的乡贤队伍，汇聚形成同舟共济、乘风破浪的磅礴力量，这些是我们应对任何困难挑战的信心和底气所在。

各位代表，同志们，惟其艰难，方显勇毅。我们深感晋江的每一项成绩、每一次跃升、每一处变化，都离不开上级的关心关怀，离不开广大干部群众的辛劳付出，离不开各行各业的忘我奉献，正是有大家的负重前行，才有晋江今天的岁月静好。在此，我代表中共晋江市委，向为晋江发展作出贡献的老干部、老领导，向全市人民群众、广大党员、海内外乡亲、企业家们，向所有关心和支持晋江发展的同志们、朋友们，特别要向奋战在抗疫一线、稳定一线、发展一线的基层党代表、党务工作者们，致以最衷心的感谢和最崇高的敬意！

在看到成绩的同时，我们也清醒地认识到，晋江发展的道路上仍然面临不少问题和挑战。核心的掣肘在于发展动能支撑不足，产业集群大而不强、层次亟待提高，企业梯队不够明显，重大项目特别是高新项目接续不足，亩产效益偏低，创新、人才短板依然突出。直观的差距在于城市品质、治理水平还有待进一步提升，高端公共服务供给仍然不足，人居环境还未实现根本性好转，城市的集聚力、承载力仍需提高。突出的制约在于用地空间、环境容量等要素瓶颈，一些重点领域、关键环节的改革还没有取得更大的进展，生态环保、安全生产仍然是“易碎品”。同时，干部法治化思维、专业化能力、精细化管理水平仍然比较欠缺，营商环境中的“玻璃门”“旋转门”仍然存在，等等。这些需要我们冷静面对、深入分析，久久为功、加以解决。

二、深入贯彻党的十九届五中全会精神奋力开创“十四五”经济社会发展新局面

党的十九届五中全会是我国将进入新发展阶段、实现中华民族伟大复兴正处在关键时期召开的一次具有全局性、历史性意义的重要会议。全会通过的“十四五”规划和2035年远景目标建议，清晰展望了到2035年基本实现社会主义现代化的远景目标，明确提出了“十四五”时期我国经济社会发展的指导方针、主要目标、重点任务、重大举措，是开启全面建设社会主义现代化国家新征程、向第二个百年奋斗目标进军的纲领性文件。习近平总书记在全会上的重要讲话，系统回顾了一年来党和国家工作取得的成效，深刻阐述了“十四五”规划和2035年远景目标的重大问题，创造性地提出了一系列新思想新观点新论断新要求，为推动高质量发展、构建新发展格局，夺取全面建设社会主义现代化国家新胜利提供了科学指南和基本遵循。全市各级党组织要把学习贯彻习近平总书记重要讲话和党的十九届五中全会精神作为当前和今后一个时期的重要政治任务，全面落实省委十届十一次全会、泉州市委十二届十三次全会部署，高水平谋划、高质量推动未来5年及更长时期的经济社会发展。

“十四五”是我市建设国际化创新型品质城市、全方位推动高质量发展超越的关键时期。站在新的起点，我们要全面把握新发展阶段，充分考虑当前和长远、国际和国内发展形势，准确识变、科学应变、主动求变，在危机中育先机、于变局中开新局。我们要深入贯彻新发展理念，把科技创新作为第一动力，把实体经济作为发展根基，把区域协同作为重要支撑，把全面发展作为目标取向，解决好发展不平衡不充分问题，实现更高质量、更有效率、更加公平、更可持续、更为安全的发展。我们要服务构建新发展格局，坚持扩大内需这一战略基点，依托民生消费品制造业基础，发挥好侨胞、区位等优势，利用好国内国际两个市场、两种资源，畅通双循环相互促进通道，全力打造双循环关键节点。

“十四五”时期经济社会发展的总体要求是：高举习近平新时代中国特色社会主义思想伟大旗帜，深入贯彻党的十九大和十九届二中、三中、四中、五中全会精神，全面贯彻党的基本理论、基本路线、基本方略，紧紧围绕统筹推进“五位一体”总体布局和协调推进“四个全面”战略布局，增强“四个意识”、坚定“四个自信”、做到“两个维护”，坚持党的全面领导，坚持以人民为中心，坚持新发展理念，坚持深化改革开放，坚持系统观念，坚持稳中求进工作总基调，以全方位推动高质量发展超越为主题，以深化供给侧结构性改革为主线，以改革创新为根本动力，以满足人民日益增长的美好生活需要为根本目的，统筹发展和安全，服务构建新发展格局，担纲全方位推动高质量发展超越主力领军，加快建设国际化创新型品质城市，不断传承创新发展“晋江经验”，全力当好全国县域经济发展典范、中小城市建设样板，奋力谱写全面建设社会主义现代化国家的晋江篇章。

主要发展目标是：“十四五”期间，GDP年均增长6.5%左右，一般公共预算总收入年均增长6%，支撑引领高质量发展的创新体系加快构建，共建共治共享县域治理格局更加完善，国际化创新型品质城市初步建成，县域综合实力争取在全国实现赶超晋位。到2035年，人均GDP和居民可支配收入在2020年基础上实现翻番，品牌之都、创新高地、品质城市三张“金名片”全面确立，全方位推动高质量发展超越主力领军地位更加凸显，国际化创新型品质城市全面建成，率先基本实现社会主义现代化。奋进新征程，我们要自觉担负起新的历史使命，努力实现三个走前列。

1. 争创社会主义现代化建设先行示范。发扬敢为天下先、爱拼才会赢的精神，先行先试加快构建创新、产业、机制、生态、治理和民生服务等现代化体系，形成一批可复制可推广的经验做法，在社会主义现代化建设新征程中走前列。

2. 担纲全方位推动高质量发展超越主力领军。围绕建设国际化创新型品质城市，加速融入双循环，深度对接闽西南协同发展、泉州“跨江发展、跨域融合”战略布局，推动县域经济与区域经济、城市经济融合发展，加快补齐科技创新、产业结构、城市功能、高端公共服务等短板，打造城市群发展关键纽带、区域一体化重要节点，在全方位推动高质量发展超越大局中走前列。

3. 打造营商环境最优县市。全面提升城市软硬件水平，党委政府坚持当好“三种角色”，落实“四到”服务理念，打造“亲而有度、清而有为”的新型政商关系；坚持能放则放、能简则简、能少则少，打造审批环节最少、服务质量最优、办事效率最高的政务生态，在打造市场化法治化便利化国际化营商环境中走前列。

实现上述目标，必须牢牢把握四个方面。

——必须用好“晋江经验”宝贵财富。无论过去、现在，还是未来，“晋江经验”始终是晋江发展的行动指南和制胜法宝，我们要坚持与时俱进，在贯彻落实新发展理念中不断传承创新发展，持续彰显“晋江经验”时代内涵。

——必须把科技创新作为第一动力。这些年，我们下大力气引院校、建平台，就是为了打基础、谋长远，更好地补齐创新短板。我们要发挥实体制造根基及重大科创平台全面布局优势，持续深入推进创新驱动、人才强市发展战略，更高水平推进国家创新型县(市)、国家“双创”示范基地建设，全面打造区域科技创新高地。

——必须驰而不息提升城市品质。经过10年更新改造，我们的城市在拓框架、搭平台、强功能、优环境中实现了翻天覆地的变化，城市带动产业的条件更加成熟，产业城市联动发展的动力更加充足。在城市群发展格局下，我们要逐步发力“城市带着产业走、产业城市联动走”，建设“规模框架科学、功能布局完善、环境品质优美”的现代化中等规模城市，实现产城融合、城乡一体、协调发展。

——必须心无旁骛坚守实业根基。产业是发展的基础，我们要紧抓实体经济发展不放松，发力供给侧改革和需求侧管理，持续推进“先进制造业立市、高新产业强市、现代服务业兴市”，大力优化产业结构，增强产业链供应链自主可控能力，实现产业质量更高、产业结构更好、产业生态更优，打造搬不走的产业优势。

三、扎实做好2021年各项工作确保“十四五”发展开好局起好步

2021年目标初步安排是：GDP增长7.5%，一般公共预算总收入增长5%，居民人均可支配收入增长8%。

实现上述目标，做好全年工作，必须紧盯全方位推动高质量发展超越目标，大力实施“四个年”活动。“重大赛事举办年”，要全力办好第18届世界中学生运动会等重大赛事，奏响“魅力中运，活力晋江”主旋律，带动城市建管水平全面提升、品质品位更上台阶，让四海宾客感受体育之都、文明之城、礼仪之邦的良好风貌。“集成改革突破年”，要以县域集成改革为主抓手，系统集成推进各类改革试点，攻坚“工改工”、国企实体化等改革重点，加快突破要素瓶颈制约、体制机制障碍，为产业升级、城市扩容提供更多支撑。“营商环境提升年”，要深化“放管服”改革，推进全流程再造，提升“一窗受理、一网通办”水平，完善政策保障和企业服务体系，逐步实现由扶持企业个体向服务产业生态转变，加大商业腐败打击力度，依法平等保护企业合法权益，鼓励干部尽全力、无私利、有底线、懂感恩为企业发展保驾护航。“基层治理优化年”，要加强和改进党的全面领导，选优配强基层组织班子，抓牢基层组织建设，巩固拓展“强基促稳”实践成果，持续深化安全生产大排查大整治，确保人民幸福安宁、社会和谐安定。

推进“四个年”活动，要重点抓好八个方面工作。

（一）大抓科技创新。坚持依靠科技创新推进实体经济发展，加快构建链条式科技创新体系。

1. 强化企业创新主体地位。鼓励企业持续开展“五个创新”，加强财政资金引导，推动各类创新要素加速向企业聚集，让企业插上科技的翅膀。支持龙头企业构建创新共同体，加强知识产权保护体系建设，培育壮大高新技术、高成长型企业群，确保年度新增认定高新技术企业100家以上。

2. 释放科创平台效益。实施高水平科创平台建设行动，加快“一廊两区六基地”建设，投建国科大智能制造学院，推进福大科教园二期规划建设，强化平台联动，深化校院企合作、产学研用融合、科创与招商协同，用好国家科技成果转化子基金，打通科研“最先一公里”和“最后一公里”，全面提高科研成果本土落地转化率。

3. 坚定不移推进人才强市。围绕人才“引得来、留得住、受尊重、有实惠”，编制急需紧缺人才专业目录，探索人才指标前置纳入涉企政策，推动产业与人才深度融合。精耕“一港一窗口一网络一公司”人才服务体系，完善“食住行、医教养、游乐购”全链条保障，让各类人才既有用武之地，又无后顾之忧。

（二）加快产业全链条全流程升级。紧盯后疫情时代趋势，系统谋划“强链、补链、建链”，全力打造“4341”现代产业体系，建设一流的先进制造中心和“新制造”重要基地。

1. 补链强链四个优势主导产业。筑牢鞋服、纺织、建材和食品产业发展根基。坚持以大带小。引导龙头企业扎根本土，支持中小微企业“专精特新”发展、小批量定制企业规范转型，加快布局新型材料、高端染整、智能制造等产业链薄弱环节，提升产业垂直整合、配套联动水平，培育更多行业引领型企业和OEM/ODM示范企业。坚持以新促老。推进城市“工业大脑”建设，加快人工智能、5G、区块链、物联网等技术在制造业领域应用融合，促进产业和行业融通，培育一批数字赋能应用标杆企业。

2. 建链发展三个新兴产业。着力培育信息技术、先进装备制造、医疗健康产业集群。信息技术产业，要完善集成电路产业园“三园一区”功能布局，强化晋华、渠梁等龙头带动，推动中探针、广塑、创电等项目落地建设，持续完善全产业链生态圈。先进装备制造产业，要聚焦产业机械、工程机械等领域，强化“一区一院一所一园一基地”平台载体建设，吸引一批高新技术资源、高端装备项目落地。医疗健康产业，要发挥上海六院等高端医疗资源带动作用，延伸防疫物资生产体系，积极筹建医疗器械产业园，加快引进落地医疗耗材、医疗装备、生物医药等上下游企业。

3. 提质增效四个现代服务业。像抓工业一样重视服务业发展，理顺服务业发展机制，坚持主体培育与扩容提质并举，做大做强商贸物流、文体旅游、研发创意、金融服务产业。商贸物流业，要推动鞋纺、食品、五金、家居、石化等专业市场做大规模、提升效益，加快培育跨境电商、市场采购、会展经济等业态模式，打造区域商贸物流重要集聚地。文体旅游业，要以争创国家全域旅游示范区为抓手，积极发挥赛事效应、申遗效应，挖掘文旅资源，推动文化、体育、旅游融合发展，打造一批特色文体旅游IP。研发创意业，要依托三创园、洪山文创园等专业园区载体，大力引进新型研发组织、专业机构，培育壮大工业设计、信息服务等业态。金融服务业，要突出助力实体经济，加快优化金融广场运营机制，做大做强“晋金私募汇”，大力发展股权投融资业态，推进多板块资本市场协同发力，拓展供应链金融模式，拓宽企业直接投融资渠道。

4. 实施未来产业探路计划。加强对海洋生物、生命科学、精准医疗、石墨烯、新能源、新材料等领域的前沿布局，大力推进融通创新，推动颠覆性技术与现有技术集成应用，促进形成新产业、新业态。

5. 全面融入国内大循环。抢抓扩大内需和消费升级机遇，多线联动做强增长支撑。向投资要空间。围绕壮大产业优势、补齐产业短板、推动本土企业增产扩营和上下游配套延伸、发展“晋江人经济”、发挥科研教育平台效应等领域，突出正向激励，优化招商机制，建立数字化招商平台，积极撬动社会投资，加强项目全生命周期管理，让项目找得到、招得来、落得下。向消费要潜力。坚持提升传统消费与培育新型消费齐抓，大力发展流量经济、平台经济，推动健康养老、家政托幼等服务消费提质扩容，打造一批特色街区、主题商圈、夜间经济，带动人气聚集、潜力释放。

6. 更加注重企业、企业家梯队培育。实施梯队培育行动，构建“龙头企业引领、骨干企业带动、中小企业支撑”的梯队格局。培育新头部企业。引导企业聚焦实业、做强专业，提高行业话语权和产业影响力，提升龙头企业本土根植性，培育更多产业“链主”、行业“龙头”。建强企业家队伍。始终把企业家作为晋江最宝贵的财富，保护弘扬企业家精神，支持企业做好代际传承，培养一批新生代、创二代，打造一支能坚守、会创新、有情怀、高素质的民营企业家队伍。

（三）当好中小城市建设样板。坚持

系统规划、品质建设、精细管理，深化新型城镇化建设，打造更有特色、更有魅力的现代化城市，让生活在晋江的人有满满的自豪感。

1. 出彩办好重大赛事。坚持在办赛事中办城市，全力抓好世中运等系列赛事筹办举办。全面提升赛事组织和综合保障能力。加快场馆设施磨合提升，启动系列测试赛，扎实做好竞赛组织、人才培育、志愿服务、外事礼宾、后勤保障、市场开发、城市品牌宣传等各项工作，全方位提升办赛水平。放大赛事综合效应。坚持“赛事是一时的，赛后遗产是一世的”理念，高效管理运营赛事场馆资源，促进与体育赛事、工业旅游有机结合，大力发展体育服务、专业培训、养生康体、运动医学等赛事经济，带动全民健身事业发展，争创国家全民运动健身模范市，让赛事资源更多惠及群众。

2. 融入区域协同发展。深度对接闽西南、全面融入泉州环湾，强化空间规划衔接协同，高标准规划建设晋江南岸片区、南翼晋江区域，全力打造区域重要节点城市。以交通互联互通为先导。加快推进二重环湾快速路、东部城市快速通道、福厦高铁客专、泉厦漳城际轨道R1线等项目建设，持续完善区域路网布局。以产业协同发展为支撑。高质量推进产业园区、科研平台共建，抓好重大产业协作链群建设。以民生共建共享为重点。深化跨区域教育、医疗、文化、生态等领域合作，全面提升公共服务供给质量。深化山海协作，提升与长汀、上杭对口协作质效。

3. 精耕细作城市品质。拿出绣花般的细心耐心，做精做细“全市一城、一主两辅、双湾双带”规划，深化“五个系列”资源整合，全面提升居住、交通、水环境、人居环境、风貌等品质，让城市的每一个空间角落都经得起慢看细品。优化城市布局。坚持多规合一，统筹地上地下规划，完成国土空间总体规划编制，形成全市开发保护“一张图”。实施主城强心和辅城聚合计划，着力提升主城首位度和辅城集聚度，推动辅城与主城深度融合。持续推进六大新增长区域建设，集中精力做优“三区一走廊”，带动区域连片发展、整体提升，打造一批新区样板。完善基础设施。优化综合立体交通体系，顺势而为实施一批“微循环”“微改造”，推进城市主次干道成网成环、各类出行方式无缝衔接，提升公交服务水平。加快推进城市美颜、空间修补，打造连续无障碍慢行空间，持续提升城市景观绿化、夜景工程，建设一批城市新地标。提升城市风貌。注重保护好传统文化，融入闽南特色符号，有序推进古厝群、古街巷成片保护、活化利用，高质量规划建设五店市北区，推动梧林传统村落核心区全面开放，加快打造中国最美传统村落，实现见人见物见生活、留形留神留乡愁。全力做好申遗点保护管理工作，出彩办好世遗大会配套活动。加强紫帽山生态保护利用，启动郊野公园建设，创建国家级旅游度假区。高标准推进九十九溪田园风光规划建设，延伸完善“一山一水”慢行系统，加强湿地保护，建设生态连绵带。深化“全民动手、美化晋江”“全民动员、绿化晋江”，持续加强人居环境整治，全力提升重要节点、重要廊道、重要区域环境景观，布局建设一批亲子乐园、街头绿地。厚植绿色家底。完善落后产能倒逼淘汰机制，加快清洁能源替代。坚决打好污染防治攻坚战，巩固提升大气环境质量，持续修复土壤、裸露山体和矿山生态。深化河湖长制，持续推进流域生态综合治理、水库环库截污工程建设、饮用水源地保护，优化提升地下综合管廊建管水平，全面实现农村生活污水处理全覆盖。全链条推进垃圾分类体系建设，倡导绿色出行、低碳生活，守护好城市蓝天白云、绿水青山。

4. 精细高效管理城市。积极布局新基建，升级“智慧城管”大数据综合管理平台，健全“大城管”管理体系，规范共享出行管理，持续整治城市管理痼疾顽症，一针一线绣出城市新面貌。全城动员、全力做好文明城市复查整改，持续开展有力度、有声势、有实效的整治行动，全面激发市民“晋江文明，没我不行”的主人翁意识，造浓全民创建、长效创建氛围，确保高水平通过考评验收。深化移风易俗，涵养文明乡风、良好家风、淳朴民风，以文明素养增添城市魅力。

5. 全面推进乡村振兴。强化以工补农、以城带乡，实施乡村建设行动，加快农业农村现代化，让农村和城市有一样的生活品质、不一样的生活体验。做强做优特色现代农业。抓好农业稳产保供，加强粮食储备管理和质量安全把控。大力发展数字农业、休闲农业、生态农业，着力打造“一村一品”“一镇一业”特色农业产业。深化省级海洋产业发展示范县建设，加快推动现代渔业转型升级。培育新型经营主体，建强新型职业农民队伍。建设美丽宜居乡村。以“一革命四行动”升级版为抓手，扎实整治“垃圾乱堆、污水乱排、杆线乱拉、墙体乱涂、土地乱挖、建筑乱搭”等现象，加快实施推进“双微双创”，让美丽乡村“容颜永驻”。深化农村综合改革。强化集体“三资”经营运作和监督管理，启动实施村集体经济发展“双百计划”，多渠道盘活利用农村土地、自然风光、历史文化等资产资源。坚持“三治”融合，完善丰富村民议事会、乡贤参事会等村级自治新形式，提升乡村善治水平。

（四）持续增进民生福祉。坚持人民至上，全力办好22件为民实事，完善提升七个民生保障体系，让发展成果更富“民生含量”、群众生活一年更比一年好。

1. 促进居民就业增收。实施“四大群体增收计划”，着力解决就业“剪刀差”问题，加强技能培训，引导本地富余劳动力就近就地就业，支持创业带动就业，确保就业稳定。

2. 健全完善住房保障体系。坚持房住不炒，推动房地产市场平稳健康发展。强化多元供给，加快老旧小区、危旧房屋改造，有效增加保障性住房供给，培育发展住房租赁市场。全面提升小区物业管理水平，让群众住得安心、过得舒心。

3. 推动教育现代化发展。整合提升、扩容提质城乡教育资源，加快推进“名校办分校”，新建10所以上幼儿园，积极筹办国科大附中、福大附中，全力打造清华附中等名校品牌，力争全年新增优质学位8000个。做大国科大智能制造学院、福大科教园办学规模。支持泉州职业技术大学开展本科层次职业教育试点，支持泉州轻工职业学院启动升本工作。全面推行小学课后延时服务，大力推进学校自办食堂，让学生健康成长、家长放心安心。

4.提升医疗质量水平。深化与上海六院、树兰医疗等高端医疗资源合作，开诊运营上海六院福建医院，高标准建设国家创伤区域医疗中心，启动市医院三甲综合医院创建，推行市级医院就医"一码通用"，加快紧密型医共体实质性运作，推动基层卫生服务机构提档升级。实施健康晋江行动，全面提高市民健康素养。

5.织密社会保障网。持续深化"四帮四扶"，深入实施全民参保计划，稳步提高社会保障和社会救助水平，加大困难人员精准帮扶力度，助力200户家庭纾难解困。基本实现镇级养老机构全覆盖，推广嵌入式小型养老服务，大力解决老年人运用智能技术困难，推动医养康养融合发展，拓展长期护理保险试点，全面提升养老服务质量，让老年人拥有稳稳的幸福。

6.丰富群众精神食粮。持续完善公共文化服务体系建设，深耕"大美晋江"文化旅游品牌，深入实施文化惠民工程，加快推进文旅融合发展，打造"主客共享"的美好生活空间。

7.维护社会安全稳定。巩固扫黑除恶专项斗争成效，深化"六守六无"平安系列创建，扎实开展安全生产三年行动，完善金融风险监测预警和应对处置机制，强化公共安全、社会治安、食药安全、矛盾纠纷等隐患排查整治，健全公共卫生应急管理和风险防控体系，全面提升防灾减灾救灾能力。

（五）深入推进县域集成改革。攻坚重点领域和关键环节改革，推动资源高效统筹和市场化配置。

1.深化"放管服"改革。加强政务服务标准化、规范化、便利化建设，完善"互联网+政务服务"体系，加快推动部门间数据共享、业务协同，最大限度减环节、减证明、减时间，严厉查处"公事胆小、私事胆大"行为，让企业群众能办事、好办事、快办事、办成事。

2.加快老旧工业园区改造提升。坚持"亩产论英雄"，像保护基本农田一样爱护工业用地，启动空间盘活"五年双万"计划，加快推进老旧工业园区改造提升和闲置土地盘活利用，全面梳理、摸清市域范围存量空间，清理一批低效用地，探索推进老旧工业园区集中连片综合整治，推动"零地招商""零地增产"。实施工业园区标准化建设工程，推进"小散乱"工业园区整合提升，持续优化"一区多园"规划布局，全面加快六大"两新"基地建设，提高空间开发水平、资源配置效率、投入产出效益，全力打造现代产业园区。

3.加强城市经营运作。扎实推进国企改革三年行动，选准配强国企班子，健全完善现代企业制度、市场化运营机制，稳妥深化混合所有制改革，探索国企股权直投模式，改善提升国企经营效益。深入挖掘城市各类资产资源，提升土地收储运作水平，提高优势资源开发经营利用效益。

（六）提高对外开放水平。坚持双向协同发力，加快促进国内国际双循环，实施更大范围、更宽领域、更深层次的对外开放。

1.盘活口岸资源。争取福建自贸试验区拓区政策，推进机场扩容改建，加快建设临空经济区，推进海港、陆地港、综合保税区、机场口岸联动发展，释放国际鞋纺城市场采购贸易方式试点、阿里巴巴LAZADA等平台带动效应，畅通物流循环渠道。

2.拓展全球市场。鼓励龙头企业通过实施海外并购、兼并重组，深度融入全球优质研发体系、中高端供应链、营销渠道等资源配置。支持企业抢抓RCEP政策红利，抱团开拓新兴市场，提高应对国际市场风险能力。进一步扩大关键技术、设备、零部件、原材料、优质产品和服务进口，更好发挥进口贸易对实体经济的促进作用。

3.深化与台港澳交流合作。聚焦打造台胞台企登陆第一家园，落实落细各项惠台政策，健全台胞台商权益保护机制，加强集成电路、食品、装备制造、文化创意等领域产业、人才合作，高效保障向金门供水工程，加快建设国家级海峡两岸交流基地。做好港澳社团建设和青年交流工作，加强经济、文化、教育等各领域交流合作，为港澳地区繁荣稳定和"一国两制"实践多作贡献。

4.做足侨的优势。加强新时代侨务工作，强化与海外侨团侨亲联谊联络，发挥以"侨"为"桥"的国际网络和商业网络优势，推动本土企业、产品更好地走出去，抢滩布局"一带一路"等新兴市场。鼓励引导侨胞回乡投资兴业，促进与晋江经济融合发展，带动引进更多外资大项目好项目。

（七）提升基层治理效能。大力开展"基层治理优化年"活动，深化"强基促稳"三年行动，坚持依法治理、源头治理、多元治理、系统治理，不断提升县域治理体系和治理能力现代化水平。

1.深化法治社会建设。全面推进依法执政、依法行政，推动各级领导干部带头尊法学法用法守法，坚持公正司法，促进严格规范公正文明执法。全面启动"八五"普法规划，深入宣传《民法典》，加强全民普法和诚信体系建设，大力弘扬诚信文化、规则意识、契约精神，使守法律、讲诚信成为人人自觉。

2.加强治理基础建设。深化综合行政执法体制改革，理顺市镇两级协调机制，强化联动执法。全面优化网格化服务管理，提升综治中心规范化运作、网格平台智能化应用、网格员队伍专业化水平，完善"审批服务一窗口、综合执法一队伍、基层治理一网格、指挥调度一中心"体系。

3. 构建多元治理格局。坚持共建共治共享，深化政社互动，加强商会、协会、社团等社会组织建设，规范和畅通各类社会主体参与社会治理途径，推动治理重心向基层下移，建设人人有责、人人尽责、人人享有的社会治理共同体。

（八）精准抓好疫情常态化防控。疫情防控是经济社会健康发展的前提。我们要坚持"外防输入、内防反弹"常态化防控策略，突出预防为主、人物同防，扎实防范偷私渡、冷链食品等风险点，严格落实社区、学校、医院、市场、景区等重点领域防控措施，坚决守牢疫情防线。有序组织核酸检测、疫苗接种，做好大规模人群核酸筛查应急演练。严密防范冬春疫情传播风险，周密做好疫情防控预案，从严控制聚集性文娱活动，科学引导群众合理有序出行，防止春节前后人员大进大出，切实维护广大人民群众身心健康。

四、坚定不移推进全面从严治党，

汇聚强大发展合力

事业兴衰，关键在党，关键在干部。我们要全面落实新时代党的建设总要求和新时代党的组织路线，持续提升党的建设质量。

(一)永葆绝对忠诚的政治自觉。坚持用习近平新时代中国特色社会主义思想武装头脑，增强“四个意识”、坚定“四个自信”、做到“两个维护”。从严落实意识形态工作责任制，严格执行“八个纳入”，整体提升融媒体中心、新时代文明实践中心建设水平，健全重大舆情和突发事件舆论引导机制，牢牢掌握意识形态工作领导权、管理权和话语权。筹划组织开展庆祝建党100周年系列活动。充分发挥党委领导核心作用，积极支持人大、政府、政协和纪委监委、法院、检察院依规依纪、依法依章履职作为，全面提升对统战、人武、双拥、群团、老区等工作的领导水平，形成同心同向同行的强大合力。

(二)构筑坚强有力的基层堡垒。高质量组织好市镇村三级换届选举。全面推行近邻党建。持续以机关“一堂好课”促项目、促服务、促活动、促队伍。加快市直机关、事业单位、国有企业、居民小区等领域党建工作领导体制和运行机制改革落地。深化党支部达标创星活动，健全各领域党群工作者职级管理体系，进一步推动“有形覆盖”走向“有效覆盖”。深入开展助推民营企业“强党建促发展”联合行动，坚持把支部建在车间上，培育一批“红色车间”示范典型。

(三)锻造全面过硬的干部队伍。加强干部政治素质考察和实绩考核，下大力气培养选拔年轻干部，一体推进干部思想淬炼、政治历练、实践锻炼、专业训练，提升干部政治执行力、专业能力、法治素养和精细化管理水平。进一步打通机关企事业干部流通渠道，培育更多一专多能的“百搭型”干部，壮大干事创业的“铁军”。坚持严管厚爱，发挥好职务与职级“双梯式”的激励作用，常态化运转干部容错纠错机制，让辛苦者“心不苦”、干事者“敢担事”。

(四)巩固风清气正的政治生态。落实全面从严治党“两个责任”，强化政治监督，确保政令畅通、落地见效。持续整治群众身边的腐败和不正之风，严格执行中央八项规定精神，以钉钉子精神整治“四风”，切实为基层减负。深化纪检监察“三项改革”，加快推动制度优势更好转化为治理效能。做实做细日常监督，推动权力规范运行，准确把握运用监督执纪“四种形态”，保护干部干事创业积极性，一体推进不敢腐、不能腐、不想腐。

同志们，征途漫漫，惟有奋斗。晋江这座城市，根植着敢为天下先、爱拼才会赢的拼搏基因，我们脚踩这片土地，没有理由不抖擞精神，没有理由不昂扬斗志。让我们更加紧密地团结在以习近平同志为核心的党中央周围，在省委和泉州市委的坚强领导下，坚持苦干实干巧干、做细做实做成，向新的使命征程奋勇前进，在全方位推动高质量发展超越大局中谱写“晋江经验”新篇章，以优异成绩迎接建党100周年！

附注：

*“六稳”“六保”：稳就业、稳金融、稳外贸、稳外资、稳投资、稳预期，保居民就业、保基本民生、保市场主体、保粮食能源安全、保产业链供应链稳定、保基层运转。

*“五难”操作链：企业用工难、疫情防控难、交通物流难、供应链协同配套难、市场拓展难。

*“两新一重”：新型基础设施、新型城镇化，交通、水利等重大工程。

*六大“两新”基地：智能装备制造产业基地、集成电路产业基地、人机交互产业基地、智慧物流产业基地、新型高端面料产业基地、医疗器械产业基地。

*16个品质提升专项行动：体育场馆保障计划、综合交通保障计划、城市景观提升计划、生态环境提升计划、城市管理提升计划、城市文明提升计划、城市形象推广计划、旅游服务提升计划、人才队伍培训计划、信息数据保障计划、医疗卫生食品安全保障计划、城市安全保障计划、城市电力保障计划、产业升级计划、赛事活动3年计划、财政保障和市场开发计划。

*“三区一走廊”：晋东新区、高铁新区、紫帽片区、世纪大道创新活力走廊。

*“三不变三不降”：目标不变、任务不变、时间不变，标准不降、要求不降、效率不降。

*城市管理“双提升”行动：市容市貌、市政设施双提升。

*“一革命四行动”：厕所革命，农村垃圾治理行动、农村污水治理行动、农房整治行动、村容村貌提升行动。

*“一平台两中心”：农村集体资源资产共享平台、农村土地经营权流转中心、农村集体资产资源资金监管服务中心。

*“四帮四扶”：帮就业、帮就医、帮就学、帮安居和扶贫困、扶老幼、扶伤残、扶志气。

*“六守六无”：守诚无失信、守德无纷争、守约无陋俗、守规无事故、守法无案件、守廉无贪腐。

*“五抓五看”：看有没有抓加强教育，看有没有抓制度建设，看有没有抓“一把手”，看有没有抓查处，看有没有抓部署、检查、落实。

*“八个坚定不移”：坚定不移维护核心，坚定不移学习贯彻习近平新时代中国特色社会主义思想，坚定不移落实党中央决策部署，坚定不移正风肃纪，坚定不移反对腐败，坚定不移强化党内监督，坚定不移深化监察体制改革，坚定不移紧抓“关键少数”。

*民营企业党建融入公司治理“1533”机制：围绕“促进民营经济健康发展、促进民营经济人士健康成长”一个目标，明确“党组织推动企业制度建设、和谐建设、人才队伍建设、文化建设、廉洁建设”五项内容，强化“打造坚强堡垒、坚强书记队伍、完善融入途径”三项措施，实现“党组织组织力、科学管理水平、发展质量效益”三个提升。

*“一二三四”选人用人导向：“一个导向”，即“只要干得好就能用得好、哪里出政绩哪里就出干部”的用人导向；“两个一线”，即“一线考察干部、一线追责问责”；“三个更加注重”，即“更加注重选用基层干部，更加注重在项目一线发现干部，更加注重重用敢担当、善于攻坚克难的干部”；“四个绝对不能”，即“绝对不能怕得罪人不敢为，绝对不能遇到问题绕道走不作为，绝对不能等靠要慢作为，绝对不能简单把问题上交不愿为”。

*疫情期间“暖心十条”：制发《关于进一步激励关爱疫情防控一线党员干部人才十条措施的通知》，从工作力量、待遇保障、职级评聘、关心关爱等角度为一线干部解决后顾之忧。

*“四风”：形式主义、官僚主义、享乐主义和奢靡之风。

*“三大战略”：人才强市、新型城镇

化、国际化战略。

*"三大任务":加快跨越赶超、办好重大赛事、决胜更高水平全面小康。

*六大新增长区域:世纪大道"双创"活力走廊、高新产业聚集区、"双高"道口经济区、科教产业集聚区、综合保税区、晋东新区。

*"152030"快速交通圈:全市15分钟上高速、中心城区至各镇(街道)20分钟可达、各镇(街道)间30分钟连通。

*"15分钟文化生活圈":市民15分钟内可到达文化活动场所进行文化活动。

*"10分钟体育健身圈":市民10分钟内可到达具有体育锻炼器械的场所进行体育活动。

*农村"三块地"改革:农村土地征收、集体经营性建设用地入市、宅基地制度改革。

*三大医共体:以市医院、中医院、安海医院为龙头,充分辐射带动周边基层医疗卫生机构,形成分布均衡、科学的医共体和区域医疗卫生服务圈。

*"三位一体"养老服务体系:老年活动中心、居家养老服务站和敬老院三种服务载体有机结合的养老服务体系。

*"三种角色":引路人、推车手、服务员。

*"四到"服务理念:不叫不到、随叫随到、说到做到、服务周到。

*"五个创新":产品创新、技术创新、品牌创新、管理创新、商业模式创新。

*"一廊两区六基地":世纪大道创新活力走廊、福大科教园区、科创新区、六大"两新"基地。

*"一港一窗口一网络一公司"人才服务体系:泉州(晋江)国际人才港、"一站式"服务专窗、聚才网、福建省晋江人力资本有限公司。

*OEM/ODM示范企业:OEM即原始装备制造商;ODM即原始设计制造商。

*"三园一区":科学园、工业园、设计园、泉州综合保税区。

*"一区一院一所一园一基地":科创新区、国科大智能制造学院、中科院泉州装备制造所、三创园、智能装备制造产业基地。

*"五个系列"资源整合:教育、卫生、文体、市政配套、社会福利。

*"一山一水"慢行系统:"一山"部分沿灵源山、华表山、罗裳山、崎山、八仙山等面城一重山,并利用世纪大道部分自行车道为连接线,至晋阳湖与"一水"部分衔接,然后沿九十九溪至晋江出海口,以"一链串珠"的布局形式,形成串起连接沿线风景名胜、公园绿地等景观、功能区和文化点的慢行休闲运动线路。

*"双微双创":乡村微景观、微改造,农村创新创造。

*农村集体"三资":农村集体资金、资产、资源。

*村集体经济发展"双百计划":超过100个村(社区)集体经营性收入达到100万元以上。

*"三治"融合:自治、法治、德治融合。

*"七个民生保障体系":就业、教育、医疗、住房、安全、环境和社会保障。

*"四大群体增收计划":城镇职工薪酬增长计划、农村居民多元创收计划、高级人才激励计划、困难群体收入保障计划。

*"放管服":简政放权、放管结合、优化服务。

*"五年双万"计划:五年时间盘活1万亩老旧工业厂房、1万亩闲置工业用地。

*RCEP:区域全面经济伙伴关系协定。

*"四个意识":政治意识、大局意识、核心意识、看齐意识。

*"四个自信":道路自信、理论自信、制度自信、文化自信。

*"两个维护":坚决维护习近平总书记党中央的核心、全党的核心地位,坚决维护党中央权威和集中统一领导。

*"八个纳入":纳入重要议事日程、纳入党建工作要点、纳入领导班子和领导干部目标管理、纳入执纪问责、纳入巡察巡视、纳入领导干部考核内容、纳入绩效考核、纳入文明城市和文明单位考评。

*"两个责任":党委主体责任、纪委监督责任。

*纪检监察"三项改革":党的纪律检查体制改革、国家监察体制改革、纪检监察机构改革。

*"四种形态":经常开展批评和自我批评、约谈函询,让"红红脸、出出汗"成为常态;党纪轻处分、组织调整成为违纪处理的大多数;党纪重处分、重大职务调整的成为少数;严重涉嫌违法立案审查的成为极少数。

政府工作报告

——2021年1月12日在晋江市第十七届人民代表大会第五次会议上

晋江市人民政府市长　张文贤

各位代表:

现在,我代表市人民政府向大会作工作报告,请予审议,并请市政协各位委员和其他列席人员提出意见。

一、2020年和"十三五"时期工作回顾

2020年,面对突如其来新冠疫情的巨大冲击,我们在上级党委、政府和市委的坚强领导下,在市人大、市政协的监督支持下,坚持以习近平新时代中国特色社会主义思想为指导,认真贯彻党的十九大和十九届二中、三中、四中、五中全会精神,坚持"晋江经验"引领,深入开展"三个年"活动,全力落实"六稳""六保"要求,统筹抓好疫情防控和经济社会发展,全年地区生产总值预计增长4.0%,一般公共预算总收入227.67亿元、增长2.7%,其中本级收入139.28亿元、增长1.0%。

一年来,主要工作和成效是:

(一)疫情防控科学高效。非常之时

非常之举。我们第一时间建立战时指挥体系。率先成立指挥部，组建“一办十三组”，调拨4.07亿元防疫经费，全域动员、全员战疫，全面打响疫情防控阻击战。我们第一时间构建防控医治网络。设立市镇村企健康管理中心67个、集中收治医院6家，通过“大数据+网格化+铁脚板”排查管控58万人次，核酸检测77万人次，集中医学观察2.2万人次，2月24日本土病例清零，做到医护零感染、患者全治愈。我们第一时间筹备防疫物资。海内外乡亲奔走筹集，大年初三360万片口罩驰援家乡；一批企业携手转产，大年初七第一件防护服生产下线，一个月内口罩从“一个难求”到自给充足、支援八方。我们第一时间转战常态化防控。坚持“外防输入、内防反弹”，科学精准落实“人物”同防，有序推动复工复产、复市复学，经济社会迅速焕发生机活力。

（二）*经济止跌回稳向好*。打好“政策+服务”组合拳，稳住经济基本盘。精准帮扶纾困。聚焦打通“五难”操作链，快速出台30条纾困政策，统筹保障口罩620万个，协调用工8.6万人，率全省之先护航企业举办订货会38场，促成产能对接25亿元，争取上级纾困资金超50亿元，减免税费、兑现本级资金超40亿元，帮助企业转续贷430亿元，新增各类贷款270亿元。地区生产总值由一季度下降13.8%到上半年转正，持续保持回暖向好态势。攻坚内外循环。开启家博会、体博会、食交会“双线”展会模式，交易额超200亿元。开展全闽乐购、十行百场千企万店等系列促消费活动，发放消费券4000万元，全社会消费品零售总额逆势增长。举办产业直播系列活动，网络商品零售额超300亿元。上榜十大新国货之城。多维拓展外贸通道，获批市场采购贸易试点，落地阿里Lazada分拨中心，开通2条国际“客转货”航线，启用国际城市货站，国际及港澳快递业务量比增49%。扩大逆周期投资。541个在建重点项目超额完成年度投资任务，282个重点技改项目完成投资153亿元，恒安、三六一、特步、渠梁等48家龙头企业加快增资扩营，新增上市企业3家，舒华成为年度A股唯一上市体育公司。抢滩布局六大“两新”基地，晋华集成电路公司实现量产，聪勤装备、利郎物流园等34个项目动工建设，国际会展中心、京通物流等51个项目投产投用。安踏科研基地、中纺院绿纤、迪瑞医疗等145个项目签约落地，总投资680亿元。数字化赋能加快推进，5G网络组网运营，柒牌、百宏等5G智慧工厂建成启用，SAP创新中心、华为工业互联网平台落地运作，新增省级智能制造示范企业7家、两化融合贯标企业7家，规上企业上云普及率超80%。

（三）*办赛兴城提速提质*。落实16个城市专项行动计划。高效筹办赛事。坚持“三不变三不降”备战第18届世界中学生运动会，常态运行国际中体联、中国中体协、执委办三方联络机制，如期建成30个比赛场馆，组建运作18个竞赛委员会，竞赛组织、市场开发、外事外联、志愿服务等有序推进，赛事效应加速释放。完善功能布局。“三区一走廊”加快建设，科创新区基本完成征迁，二体中心、清华附中、市民广场等20个项目建成投用，中心城区首位度持续增强。内外交通持续优化，厦漳泉城市联盟路通车，福厦客专加快建设，东石连接线完工，“聚城畅通”工程有序推进，11个交通项目建成投用。市政设施提档升级，公交枢纽站增至8座，公交线路加密6条，新增110千伏输变电站3个，建成公共充电站122座，天然气管网实现镇镇通，18个水利工程建成投用，3个自来水厂互联互通。精致管理城市。扎实推进58个城市品质提升工程，整治裸房4100宗，完成“三拆一清”3737宗，提升绿化154万平方米，高铁高速沿线、沿海大通道、机场连接线等43条重要通道景观明显提升。大件垃圾处理站启用，垃圾焚烧发电厂完成提标，餐厨垃圾收运试点加快推广。扎实开展文明创建，深度推进市容市貌、农贸市场、老旧小区、交通秩序等322个整治项目，新增智慧停车位3450个，摊点经营、共享单车秩序不断规范，城市更加文明、干净、有序。强化生态治理。完成第二次全国污染源普查。深沪污水处理厂正式投用，建成324个农村生活污水处理项目，打通29条污水“断头管”。启动“蓝色海湾”综合治理，划定河道和水利工程保护范围，整治河道12.5公里，梧垵溪等流域水质持续提升。晋江南岸公园、崎山公园全面开放，植树造林7250亩，绿化矿山迹地415亩，整治废弃石窟10个，全年空气质量优良率首达100%。攻坚乡村振兴。落实“一革命四行动”，新建公厕140座，新增乡村振兴示范村20个，获评全省村庄清洁行动先进县，乡村治理入选全国典型案例。建设高标准农田2.85万亩，省级以上农业产业化龙头企业增至38家，入选省级海洋产业发展示范县，东石镇获评全国农业产业强镇，围头村入选全国乡村旅游重点村。全市村（社区）集体经营性收入全部突破20万元。对口帮扶上杭、长汀工作取得新成效。

（四）*发展活力加速释放*。纵深推进改革试点。集成改革全面铺开，新增县城新型城镇化建设示范、农村综合改革试验区等4项国家级改革试点。基本完成省级自然资源资产清查试点任务，清理批而未供和闲置土地3060亩。出台老旧工业园区改造配套政策，启动4个改造项目。完成国企第二轮整合重组，培育2A+国企2家。持续增强创新动能。科研平台实现归口管理，建设福大微电子研究院，投用皮革院二期，平台效应加快释放。新认定国家高新技术企业126家，新增省科技小巨人企业26家、省级以上“专精特新”企业6家、泉州市级以上新型研发机构12家，8项成果获评省科技进步奖。设立国家科技成果转化子基金，技术合同登记（晋江）分中心启用运作，技术合同登记金额翻两番，达5072万元。新增市级以上高层次人才1242名。获批鞋服（食品）国家级知识产权快速维权中心，万人发明专利拥有量突破10件。

（五）*民生福祉日益增进*。投入民生建设资金90亿元，占本级财政支出72.22%。20件为民实事、200件民生微实事全面完成。兜牢社会保障。位居中国社会保障百佳县前三。开发公益性岗位118个，新增城镇就业人口2.1万人。发放临时救助资金605万元，救助困难群众8100人次。低保标准提升至每月775元，“四帮四扶”186户家庭。创新开展长期护理保险，社会福利中心二期建成投用，新增养老床位600张。2682户家庭回迁安置。新设社区治丧场所10个。优化教育医疗供给。新增优质学位7650个，新改扩建公办幼儿园10所，小学自办食堂20个。晋江一中、养正中学、季延中学分校区加快建设，泉州五中桥南校区招生。新增病床位1692张，柔性引进高层次医疗人才235名，上海六院福建医院签约落地，“张长青名医工作室”开诊运行，市第三医院扩建提升，市医院新院区、省口腔医院闽南分院建成投用。推进公共文化服务。建设公共文化服务体系示范区。编制6个古村落保护规划，梧林传统古村落开放试运营，紫帽山入选省级旅游度假区，获评全省全域生态旅游示范市。完成安平桥、草庵摩尼光佛、金交椅山古窑址3个申遗点文物保护修缮和周边环境整治，潘山庙宇木雕入选国家级非遗名录，“送王船”入列联合国人类非遗代表作。深化平安晋江建设。持续深化扫黑除恶专项斗争，扎实推进“强基促稳”三年行动，成立平安行公益慈善基金，群众安全感满意率提高到99.33%。全方位开展安全隐患大排查大整治，累计排查房屋29万栋、各类生产经营场所6万家，整治安全隐患10万个，生产安全事故起数下降12.3%、死亡人数下降12.9%。粮食安全行政首长责任制有效落实，12万吨粮食储备库建成投用，食品“一品一码”追溯体系更加完善，粮食食品安全更有保障。完成第七次全国人口普查。荣膺全国双拥模范城“七连冠”。民族宗教、统计档案、防灾减灾、对口帮扶、老干老龄、工青妇儿、红十字、残疾人、退役军人、国防双拥等各项事业加快发展。

（六）政务效能优化提升。巩固深化“不忘初心、牢记使命”主题教育成果，全面加强政府系统党的建设。扎实抓好意识形态责任制落实。自觉接受人大法律监督和政协民主监督，办好198件人大代表建议、217件政协委员提案，满意率、基本满意率100%。行政服务中心搬迁投用，“最多跑一趟”“一趟不用跑”事项占比达98.61%，审批时限平均压缩至法定的16.73%。办理便民服务热线诉求事项35万件。推进基层政务公开标准化规范化省级试点，主动公开政府信息2.7万条。坚持过“紧日子”，一般性支出压减14.47%。推动审计监督与巡察监督有机结合，基本完成省审计反馈问题整改。

各位代表，2020年各项目标的如期实现，为“十三五”画上了圆满句号。回首“十三五”，我们坚定不移贯彻新发展理念，传承创新发展“晋江经验”，大力实施“三大战略”，攻坚“三大任务”，全方位推动高质量发展超越，国际化创新型品质城市建设迈出坚实步伐。

这五年，我们坚持“晋江经验”引领，坚定创新前行，综合实力实现跨越提升。地区生产总值年均增长7.3%，人均地区生产总值达12.5万元，年均增长6.8%；一般公共预算总收入年均增长2.6%，本级收入年均增长3.5%。城市投资潜力、营商环境位列全国县域第二，县域经济基本竞争力跃居全国第四，获评“全国文明城市”。成功申办第18届世界中学生运动会，开创县级城市承办国际综合赛事先河，获得连续四届国际大体联足球世界杯举办权，出彩举办首届国际大体联足球世界杯。被中央主流媒体誉为全国县域经济发展典范、中小城市建设样板，为实现“两个一百年”奋斗目标提供了“晋江经验”新实践。

这五年，我们坚持心无旁骛做实业，持续围绕产业造生态，实体经济稳步迈向中高端。致力夯实实体根基，传统优势产业全链条升级，集成电路产业从无到有成型成势，现代服务业持续扩量提质，市场主体从11万户增至23万户，产值超亿元企业从690家增至1024家，工业总产值突破6000亿元。全力优化金融服务环境，强势化解不良信贷风险，加速构建社会诚信体系，大力推动资本市场扩容，企业不良贷款率从4.87%降至2%以内，上市企业增至49家，产业基金规模超80亿元，金融服务实体能力显著增强。优良的产业生态锻造搬不走的产业优势，成为高质量发展的最强底气。

这五年，我们坚持产城人融合，持续强功能提品质，城市能级大幅跃升。主动融入闽西南和泉州环湾城市群发展格局，深度推进新型城镇化建设，统筹投入961亿元，带动社会投资超2000亿元，全面建设六大新增长区域，建成现代小区109个，培育乡村振兴示范村72个，中心城区建成区面积拓展到115平方公里，城镇化率提高到68%，中等城市框架格局基本形成。下绣花功夫建设管理城市，接续实施基础设施补短板项目400个，二体中心、全民健身中心、晋江南岸公园、厦漳泉城市联盟路等一批城市配套建成投用，“152030”快速交通圈、15分钟文化生活圈、10分钟体育健身圈正式成型，新建公园绿地8200亩，人均绿地面积达13.78平方米，获评国家生态市，城市更宜业宜居、更靓丽温馨。

这五年，我们坚持创新突围，持续深化改革扩大开放，发展动能加速转换。新增15项国家级改革试点，“三块地”等改革任务圆满完成，多项原创成果被国家层面采纳，获批省级县域集成改革试点，成为全省乃至全国改革试点最多、成果最丰富的县级城市之一。国企实体化改革成效显现，四大集团、四大公司资产规模超1600亿元。对外开放持续扩大，出口加工区升格为综合保税区，国际鞋纺城获批市场采购贸易试点，晋江机场旅客年吞吐量突破800万人次，实际利用外资、自营出口总额年均分别增长5%和4%。缔结“一带一路”国际友城2对，成功举办APEC电子商务工商联盟论坛。晋台交流合作不断拓展，向金门供水量突破千万吨。创新生态加快优化，福大科教园建成投用，国科大智能制造学院落地招生，泉州职业技术大学升格本科，三大本硕高校、9家“国字号”科研机构的创新版图基本形成，企业研发投入年均增长11%以上，高新技术企业从54家增至251家，聚集各类高层次人才超5000人，成功获批国家创新型（县）市、国家双创示范基地。

这五年，我们坚持补齐民生短板，持续扩大优质公共服务供给，全面建成更高水平小康社会。投入民生资金超400亿元。办成133件为民实事、超千件民生微实事。高质量打赢脱贫攻坚战，城乡居民人均可支配收入提高到4.5万元，年均增长7.4%，“四帮四扶”1301户家庭，爱心慈善工程惠及4万人次。新增优质学位超6万个，每千人医疗机构床位数从2.17张提高到3.85张，每千名老人养老床位数从30张提高到39.3张。荣膺中国十大慈善城市、全省平安建设先进市。暖暖的民生温度，让更多的人都能享受生活的美好和生命的精彩。

各位代表，过去五年，我们凝心聚

力、众志成城，挑战了一个又一个不可能，创造了一个又一个奇迹，拼出了出彩的“十三五”。这是习近平新时代中国特色社会主义思想科学指引的结果，是上级党委政府正确领导、市委坚强领导的结果，是海内外500万晋江人爱拼敢赢、团结奋斗的结果。在此，我代表市人民政府，向全市广大干部群众，人大代表、政协委员，各民主党派、工商联、无党派人士、各人民团体、离退休老同志，向驻晋直属单位、驻晋部队、武警官兵、消防救援队伍，企业界人士和来晋创业务工人员，向关心支持晋江发展的广大港澳同胞、台湾同胞、海外侨胞、海内外朋友们，表示衷心感谢和崇高敬意！

在总结成绩的同时，我们也清醒认识到发展中面临的一些问题和短板。对照担纲全方位推动高质量发展超越主力领军，我们必须正视：创新、人才短板突出，产业链高端环节偏弱，领军企业后备梯队不多，引领性重大项目接续不足。对照建设国际化创新型品质城市，我们必须认清：城市集聚力、辐射带动力有待提升，城市治理水平不高，高品质公共服务供给不均衡依然突出。对照打造营商环境最优县市，我们必须直面：产业空间成为高质量发展最大制约因素，能源、环境容量日益趋紧，生态环境、安全生产压力较大，政府公职人员的法治化思维、专业化能力、精细化管理水平仍然欠缺。对这些问题，我们绝不回避，坚决扛起责任，认真加以解决。

二、“十四五”发展目标和主要任务

“十四五”时期是“两个一百年”目标的历史交汇期，也是大有可为的战略机遇期。按照市十三届党代会五次会议决策部署，以及“十四五”规划和二〇三五年远景目标建议，“十四五”时期经济社会发展的总体要求是：高举习近平新时代中国特色社会主义思想伟大旗帜，深入贯彻党的十九大和十九届二中、三中、四中、五中全会精神，全面贯彻党的基本理论、基本路线、基本方略，紧紧围绕统筹推进“五位一体”总体布局和协调推进“四个全面”战略布局，增强“四个意识”、坚定“四个自信”、做到“两个维护”，坚持党的全面领导，坚持以人民为中心，坚持新发展理念，坚持深化改革开放，坚持系统观念，坚持稳中求进工作总基调，以全方位推动高质量发展超越为主题，以深化供给侧结构性改革为主线，以改革创新为根本动力，以满足人民日益增长的美好生活需要为根本目的，统筹发展和安全，服务构建新发展格局，担纲全方位推动高质量发展超越主力领军，加快建设国际化创新型品质城市，不断传承创新发展“晋江经验”，全力当好全国县域经济发展典范、中小城市建设样板，奋力谱写全面建设社会主义现代化国家的晋江篇章。

主要发展目标是：“十四五”期间，地区生产总值年均增长6.5%左右，一般公共预算总收入年均增长6%，支撑引领高质量发展的创新体系加快构建，共建共治共享县域治理格局更加完善，国际化创新型品质城市初步建成，县域综合实力争取在全国实现赶超晋位。到2035年，人均地区生产总值和居民可支配收入在2020年基础上实现翻番，品牌之都、创新高地、品质城市三张“金名片”全面确立，全方位推动高质量发展超越主力领军地位更加凸显，国际化创新型品质城市全面建成，率先基本实现社会主义现代化。奋进新征程，我们要自觉担负起新的历史使命，努力在社会主义现代化建设新征程、全方位推动高质量发展超越、打造市场化法治化便利化国际化营商环境中走前列。

实现上述目标，必须始终把“晋江经验”作为行动指南和制胜法宝，坚持与时俱进，在贯彻落实新发展理念中不断传承创新发展，注入新的时代内涵。我们要按照“四个必须”要求，全面落实市委部署，重点抓好6项工作：

（一）打造更具活力的创新高地。把创新摆在发展全局核心位置，主动融入福厦泉国家自主创新示范区，突出“一廊两区”创新平台集聚作用，构建更加开放灵活的创新政策体系，培育以高新技术企业为引领的科创型企业梯队，加速创新链与产业链、资金链、人才链融合贯通，营造要素高效协同、资源高效配置的创新创业生态，全力建设国家创新型（县）市、双创示范基地，打造福厦泉科技创新走廊重要节点。力争到2025年，高新技术企业突破500家，规上企业研发活动覆盖率超30%，规上高新技术企业产值占比提高到30%，各类高层次人才超8000名，全社会研发经费投入年均增长17%以上。

（二）构筑更高质量的现代产业体系。坚持“先进制造业立市、高新产业强市、现代服务业兴市”，紧抓实体经济，聚焦产业基础高级化、产业链现代化，围绕产业链统筹园区链、布局供应链、拓展柔性链、催生项目源，推动产业发展持续向智慧化、高端化、低碳化进阶，构建“4341”现代产业体系，打造一流先进制造业中心和“新制造”重要基地，构筑更具影响力的品牌之都。力争到2025年，培育三千亿鞋服产业，打造纺织、建材、食品3个千亿产业，三大新兴产业产值超2300亿元，第三产业增加值占GDP比重突破40%，海洋生物、人工智能、量子科技等一批未来产业加速布局发展。

（三）建设更高能级的品质城市。坚持“城市带着产业走、产业城市联动走”，按照“全市一城、一主两辅、双湾双带”的城市布局，全面对接闽西南，全面融入泉州“跨江发展、跨域融合”，提速晋东片区拥湾发展，晋中、西北片区呼应中心城区聚核发展，晋西、晋南辅城联动发展，全域深化区域融合、城乡融合，全面推进乡村振兴，持续增强主城首位度、辅城聚合度、城乡融合度，不断提升城市品质和能级，建设现代化中等规模城市，当好中小城市建设样板。力争到2025年，主城区人口占比超50%，中心城区建成区面积拓展到120平方公里，城镇化率提高到70%。

（四）营造更加优越的营商环境。深化县域集成改革试点，创新推进以高质量为导向的要素配置市场化改革，促进存量资源高效腾挪、增量资源精准投放，推动生产要素从低质低效领域向优质高效领域优配适配，全力破解产业空间、环境容量、能源供给等深层次制约。坚持当好“三种角色”，落实“四到”服务理念，持续深化“放管服”、社会信用体系建设、知识产权保护等重点领域改革，充分激发市场主体活力，打造市场化法治化便利化国际化营商环境。

（五）建构更高水平的双循环支点。坚持扩大内需战略基点，发挥民生消费品制造业优势，引导企业实施增品种、提品质、创品牌“三品”战略，提高供给体系对国内需求适配性。大力发展专业市场、会展经济、现代物流，加快构建海陆空铁多式联运通道，打造区域商贸物流重要集聚地。紧抓“一带一路”、RCEP协议签订、福建自贸区扩区等重大机遇，用好政策叠加优势，深度拓展市场采购贸易、跨境电商、海外建仓等对外通道，构建“晋江制造”海外供应链。深化晋台融合，密切与港澳侨合作，推动侨商回归、侨智回家、侨资回流，把“晋江人”优势转换成开放融通优势，全面提升开放型经济水平。力争到2025年，外贸进出口总额突破700亿元，利用外资累计超过80亿元。

（六）创造更有品质的民生供给。对标县域治理体系和治理能力现代化，深化基层治理创新，实施促进居民增收行动计划，健全更多元化的民生保障体系，构建更高层次的文化服务体系，创造更高质量的公共服务供给，不断提升群众生活品质。力争到2025年，新增优质学位4万个，每千人医疗机构床位数达4.6张、每千名老人养老床位数达45张，城乡居民人均可支配收入年均增长8%以上，新增城镇就业人数10万人以上。统筹推进山水林田湖草系统治理，落实最严格的耕地保护制度，促进经济社会和生态保护协调发展。力争到2025年，新增绿化造林面积1.9万亩，空气质量优良天数保持97%以上，地表水国考断面100%达三类以上水质。

三、2021年主要工作安排

2021年是“十四五”开局之年，经济社会发展主要预期目标是：地区生产总值增长7.5%，一般公共预算总收入增长5%、本级收入增长5%，全社会固定资产投资增长7.5%，城乡居民人均可支配收入增长8%。

全面完成上述目标，必须坚持以“晋江经验”为引领，深入开展“重大赛事举办年”“集成改革突破年”“营商环境提升年”“基层治理优化年”活动，扎实做好7个方面工作：

（一）狠抓科技创新

坚持创新核心地位，加快补齐科技创新短板，全面建设国家创新型（县）市。

1.培育企业创新主体。大力培育高新技术企业，认定国家高新技术企业100家以上，确保总数突破300家。落实科技创新优惠政策，推动规上企业研发投入、研发机构、发明专利“三个覆盖”，规上企业研发活动覆盖率达20%，带动全社会研发投入增长20%以上。支持龙头企业联合高校、科研机构组建创新联合体，新增企业新型研发机构5家以上。更加注重企业、企业家梯队建设，培育新头部企业，建强企业家队伍，引导新生代企业家多元参与人才引育和科技创新。

2.加快科创载体建设。加速“一廊两区”落子布点，推进10个国家双创示范基地项目建设，开建国科大智能制造学院、福大科教园二期。促成中关村中试熟化平台、兵装研究所成果转化基地、福大国家科技园启动运营，实现哈工大机器人研究中心企业化运作，争设集成电路、鞋服产业省级制造业创新中心，筹建食品、建陶产业公共创新平台，推动各类科研平台加速集聚、释放效能。

3.持续优化创新生态。深化成果转化“百城百园”行动计划，加强职业技术经纪人培育，推动100项研发成果落地，认定登记技术合同1亿元以上，吸纳技术合同3亿元以上。设立高新产业发展投资、高层次创业人才等基金，推动泉州创新引导等7支科技基金高效运作。建设鞋服（食品）国家级知识产权快速维权中心，健全知识产权保护体系。深耕“六个一”人才服务体系，实施在外晋江籍人才“灯塔工程”，把企业人才自主评价试点范围扩大到科研平台和高新技术企业，新增各类高层次人才600人，选树优秀工匠1500名。

（二）破解要素瓶颈

深化集成改革，系统破解高质量发展的瓶颈制约，以改革激发新发展活力。

1.重塑产业空间。坚持“亩产论英雄”，推行亩均效益评价，健全低效用地盘活、落后产能退出系列政策，试点工业用地弹性出让，建立高品质产业空间腾挪安置机制。启动空间盘活“五年双万”计划，全面清查产业潜力空间，划定产业拓展空间，盘活批而未供和闲置土地2500亩以上。连片推进老旧工业园区改造2000亩以上，打造微工业园8个以上。支持经济开发区创建国家级高新区，全面盘整一区多园用地空间，盘活存量用地1000亩以上，打造统筹集约、运营高效的产城空间。

2.创优营商环境。深化“放管服”改革，推行“一件事”套餐办理，拓展不见面服务，工程建设项目审批时限压缩到60个工作日，在二手房交易登记、企业开办、中介规范管理等方面要有大的突破，最大限度减环节、减证明、减时间。梳理修订新一轮经济鼓励政策。落实减税降费、中小微企业贷款延期还本付息，推动产业信贷投放“增户扩面”，新增各类贷款200亿元，中小微企业贷款占比超45%。持续有力防范化解金融风险，不良贷款率控制在2%以内。构建“审管执信”一体闭门平台，开展市场主体公共信用综合评价，让市场主体放心安心经营。

3.深化国企改革。扎实推进国企改革三年行动，健全完善现代企业制度、市场化运营机制，大力提升国企经营效益。改制整合老工商业企业，组建工贸集团，优化国有资本布局。嫁接大型央企、省属国企，推动绿色建材、预制装配式基地等合作项目落地。加快城市资源资产市场化运营，全面推进公共照明、垃圾收运、园林绿化、管网和道路管养等公用事业和公共服务托管经营。搭建国有投资运营平台，大力推动国有企业深度参与城市建设、产业园区开发、战略性新兴产业培育、现代服务业集聚区建设，成为重要的投资主体和经营实体，力争新增3A级企业1家。

4.落实重点改革任务。攻坚推进15项集成改革任务。加快建设全国农村综合改革试验区，推进农村集体产权制度改革，试点“村经分离”，推行农村集体资源资产网上交易。深化农村宅基地制度改革，实行新建农房建筑风貌管控，创新宅基地审批一网通办，盘活闲置宅基地200亩以上。推进供销社改革，开展5个镇级惠农综合服务中心试点。加快推进医药卫生体制改革，强化紧密型医共体建设。实施智慧电子健康卡项目，实现市级医院就诊“一码通用”。深化碳排放权、排污权交易等制度试点，探索建立容量资源储备库，加速落后产能出清，推动环境容量资源向优质企业、成长型企业倾斜。严格实行能耗总量和强度“双控”,加快产业绿色化改造,创建2个国家级绿色工厂。

(三)构建“4341”现代产业体系

1.四大优势主导产业。加快鞋服、纺织、建材和食品等产业强链补链,提速转型升级。推行产业链“链长制”。突出产业链供应链循环畅通,培育一批主导型“链主”企业,掌控价值链关键环节,带动上下游“研产供销服”协同配套,推动80家企业进军品牌供应链,培育OEM/ODM标杆企业5家,打造一批细分领域单项冠军。补齐产业缺失环节。聚焦材料端、装备端两个产业链短板,实施76个强链补链项目,开工建设中纺院绿纤、百宏薄膜化纤、华宝鞋业自动化成型等40个重点项目,构建稳定自主可控的产业链供应链生态圈。加快数字赋能。筹建产业大数据平台,推动SAP创新中心嵌入服务中小微企业,运营华为工业互联网平台,推动300家企业“上云上平台”。实施工业互联网应用项目30个,建设乔丹智慧物流园、信泰5G应用等10个示范项目,培育数字化车间6个,打造省级智能制造示范企业5家。实施重点技改项目200个以上,完成投资140亿元以上。支持一品嘉、鞋创云等供应链平台发展,力争平台交易额增长10%以上。

2.三大新兴产业。攻坚六大“两新”基地建设,推动新兴产业建链齐链,力争签约项目50个、开工30个、投产40个,总投资超500亿元。集聚发展信息技术产业。重点推动集成电路产业全链条拓展,支持晋华等龙头企业攻克一批关键核心技术,开工渠梁二期、烯电、中探针等5个重点项目,落地四相科技、海硅半导体等10个产业链项目,抢滩5G基带芯片、基站射频、信息技术应用创新等新基建领域,做强海峡两岸集成电路产业合作试验区。壮大发展先进装备制造产业。启动智能装备产业基地拓区,筹建机械基础加工产业园,推动盛达机械、和盛机械等8个项目开工,食品智能分拣、陶瓷自动分拣包装等24个项目投产。组织100家以上企业对接导入中科院、三创园等平台技术成果,提升机械装备企业“再创新”能力。孕育发展医疗健康产业。主动链接上海六院、中国通用等高端资源,筹建医疗器械产业园,建设恒安健康卫生用品、迪瑞医疗试剂、海纳医疗器械等项目5个以上,培育智慧医疗、康复治疗等新业态。

3.四大现代服务业。实施120个服务业重点项目,完成投资180亿元以上,新增限上商贸企业170家以上,限上批发零售业销售额增长16%以上。做强商贸物流。加快建设安踏一体化智能产业园二期、顺丰创新产业园等智慧物流项目26个,竣工投用20个,做大5家网络货运平台,确保货邮吞吐量增长11%以上。推动国际会展中心拓展资源,“双线”办好体博会、食交会、家博会,持续扩大展会效应。增强专业市场交易集聚功能,加快向“新批发+新零售”转型。“一楼宇一业态一政策”,突出现代金融、财务会计、信息咨询等高端服务业态集聚,促进滨江商务区、世纪大道沿线楼宇繁荣发展,培育一批“亿元楼”。做活文体旅游。加快五店市北区建设,繁荣梧林传统古村落业态。大力发展工业旅游、滨海旅游、文化旅游,创建3个3A级旅游景区,争创国家全域旅游示范区。做优研发创意。提升三创园、洪山文创园运营效益,办好工业设计大赛、创新创业大赛,培育泉州市级以上科技孵化器、众创空间3家,入驻孵化企业21家,落地产业化项目5个。做大金融产业。搭建科创金融支撑平台,新增上市、挂牌企业7家。大力招引金融后台服务机构,创设股权运营中心,推动各类VC、PE机构集聚金融广场,晋金私募汇规模超70亿元,金融业增加值增长9%以上。

4.未来产业。策划建设人机交互产业基地,组建军警后勤装备产业发展联盟。前沿布局海洋生物、生命科学、柔性电子、数字诊疗等新技术、新能源、新材料,引育一批具备爆发式增长潜力的未来产业。

5. 服务融入双循环。攻坚有效投资。滚动对接50个重大优质招商项目,力争引进超亿元产业项目30个。实施重点项目800个,完成年度投资835亿元,新增开工80个、建成90个。扩容提质消费。持续开展全闽乐购活动。引进高端商业综合体,带动打造二体新商圈,推动万达、宝龙、SM商圈向场景化、体验式转型,培育超50亿元大商圈2个,争创一批省级示范商圈。建设直播基地5个、夜间经济示范区3个、特色商业街2条。推进“老字号”品牌建设,让“古早味”历久弥新。拓展国际市场。争取入列福建自贸区扩区范围。推进晋江机场扩容改建,策划建设临空经济区。发挥综保区、陆地港功能优势,做大阿里Lazada分拨中心,力争国际及港澳快递业务量增长50%。放大市场采购贸易试点效应,实现市场采购贸易出口200亿元以上,打造鞋纺城内外贸融合发展样板。开展“晋江品牌海丝行”,组织10场外贸“云展会”,支持龙头企业海外并购,建设“海外仓”,布局境外产业链。深化对外交流。发挥侨胞侨商融通内外桥梁作用,办好“海外晋籍精英故乡行”活动,嫁接招引海外优质资金资源。拓展与台港澳融合合作内涵,加大台湾人才来晋创业支持力度,吸引更多台企来晋投资,推动“金门供水工程”申报国家级对台交流基地。深化国际友城交往,积极扩大国际“朋友圈”。

(四)打造品质城市

主动融入区域一体化发展,做强做优城市平台,当好中小城市建设样板。

1.安全出彩办赛。全力办好第18届世界中学生运动会、国际大体联足球世界杯等重大赛事。提升服务保障。完善30个场馆配套,建强志愿服务、外事外联、后勤保障等专业队伍,组织18场测试赛,加强疫情防控、安保维稳等实战演练,全面磨合提升服务保障能力。精心组织赛事。创新融入海丝元素、闽南特色,办好第18届世界中学生运动会火炬传递、文化日、开闭幕式等大型活动。组建总指挥中心,建立赛时运行指挥体系,构建竞赛、安保、交通、技术运行指挥网络,全面提升赛时组织运行效率。放大赛事效应。加大市场开发力度,统筹赛事宣传和城市推介,持续提升城市品牌影响力。促进体育场馆综合开发利用与体育赛事、工业旅游有机结合,引入更多国际品牌赛事,发展竞赛表演、体育培训、康复医养等多元业态,做强体育健康产业,争创国家全民运动健身模范市。

2.提质城市建设。提升规划品质。完成国土空间总体规划编制,启动综合交通、市政设施、生态园林、地下空间等专项规划。做优晋东、高铁、紫帽、科创等重要片区城市设计。实施重点区域总设计师制度，编制城市设计导则，明确建筑风格、色彩标识等控制要求，强化城市天际线塑造，营造富有特色的城市风貌，让建筑可以阅读、城市可以记忆。提升片区品质。把握城市发展规律，加强城市经营运作，统筹片区规划建设管理，精细化有节奏推进土地开发利用，保持房地产市场平稳健康发展。推进晋东新区文教园、医疗产业园、人工湖等20个项目建设，精心打造滨江环湾展示面；启动高铁新区站前广场建设，加大高端服务业、优质教育等业态招引，加快打造产城融合示范区；加快紫帽片区新丝路文教园建设，推进紫帽山旅游度假区综合开发，整理挖掘历史文化资源，统筹推进生态保护、文化涵养和片区开发；科创新区转入实质建设，提速推进草庵文旅街区、高端人才住宅等项目，加快打造"晋江智谷"。提升交通品质。构建快速交通体系，加快福厦客专建设，做细厦漳泉城际轨道R1线前期，加速融入城市群轨道交通网；完善晋江南岸交通规划，推进"聚城畅通"工程，开工建设一重环湾西滨段，完成刺桐大桥节点改造，深度嵌入泉州环湾交通圈；提速二重环湾、东部快速路、晋江南高速连接线等23个交通道路项目，提高城市路网通达性。优化市域微循环，实施道路微改造，整治10个交通易堵点、10个事故多发点，打通3条断头路，建设3座人行天桥，打造3个城市慢行示范区。

3.加强精细管理。打造智慧城市。新增5G基站1200个、社会治理神经元感知节点1850个，城管网格扩大到中心市区288平方公里。组建大数据运营公司，整合智慧交通、智慧停车、智慧水务、智慧文旅等平台，升级构建城市大脑，统筹智慧城市运维。优化城市景观。深入推进58个城市品质提升工程，完成机场、高速出入口周边环境整治，提升晋新路、联华大道、世纪大道南拓等43条重要通道景观。实施40个夜景提升工程，亮化美化江滨南路、双龙路、和平路等重点区域。治理城市顽疾。启动44个老旧小区改造，打造35个五星级小区物业。推进277个垃圾分类试点，布设3个餐厨和建筑垃圾处理站，投用50辆分类转运车，培育2家末端处理利用企业，健全垃圾分类"投收运处"全链条体系。统筹推进"三拆一清"、缆线入地，加强共享电单车管理，整治提标市容保洁、城市家具、街区秩序，打造5个精品样板街区。

4.推进以文塑城。深化文明创建。加快新时代文明实践中心全国试点建设，打造社会主义核心价值观系列主题公园。倡导文明经营、文明出行、文明礼仪，打造志愿服务新品牌，构建常态长效创建机制，确保通过全国文明城市复检。加强文化保护传承。设立安平桥、草庵摩尼光佛、金交椅山古窑址保护管理机构，做好申遗工作。启用非遗展示馆，提升3个非遗传习所。编制历史文化名镇名村、传统村落保护规划，修缮文保单位15处、传统建筑10处，延续城市历史文脉。扩大文化惠民。启用工人文化宫，加快艺术馆、美术展厅建设，建成20个镇级文化分馆，引导街头文化艺术有序发展，组织百场公益性精品文艺演出，推动优秀文化根植广阔基层。

（五）推进乡村振兴

强化以工补农、以城带乡，促进农业高质高效、乡村宜居宜业、农民富裕富足，全力打造乡村振兴升级版。

1.提速乡村产业发展。做强特色现代农业。新增"三品一标"和GAP认证农产品10个、省级以上"一村一品"示范村2个、高标准农田5900亩，新建农产品标准化示范基地4个。推广科技特派员制度，80%以上村庄建成益农信息社。大力发展海洋经济。实施28个省级海洋产业示范项目，完成深沪、围头、白沙等渔港改扩建，拓展海洋生物制品、水产品深加工、休闲渔业等海洋产业，力争海洋产业产值增长10%。

2.壮大农村集体经济。实施农村集体经济发展"双百"计划，推动30%以上村（社区）集体经营性收入达50万元以上。全面推行村级事务阳光工程，实行农村集体资源资产定点落图管理，提升"三资"监管智能化水平。

3.提升乡村生活品质。启动农村人居环境整治提升五年行动，实施500个整治项目，综合治理40个村庄缆线，新改建农村公厕50座，整治农村裸房2000宗，改造老旧自来水管道10公里，打造50个富有绿化、绿韵、绿态、绿魂的绿盈乡村。实施5个老宅、老街、老巷"微改造"，培育民宿、文创等业态，营造微田园乡村生活。大力支持革命老区村发展。落实山海协作，做好长汀、上杭等对口帮扶。

4.深化乡村治理试点。做好村级组织换届选举。深入开展全国乡村治理试点示范，推广乡村治理积分制。完成全市村庄分类，修编30个村庄规划。推进22个省级乡村振兴示范村镇建设，实施150个以上示范项目，打造4条示范线路。深化村民自治实践，推行村民议事会、乡贤参事会等自治模式，试点村民网上议事厅，多维打造善治乡村实践样本。

（六）严抓生态环境建设

1.补齐环保设施短板。完成市区污水管网普查，全面打通城镇污水"断头管"，新改建污水管网61公里。完成南港、晋南、远东等3个污水处理厂提标扩容，加快建设西南片区尾水排海工程，启动南港污水处理厂中水回用。实现农村生活污水管网村村全覆盖，接户率提升到85%以上。启动海烟水闸、南港排涝泵站建设。调整"三库一湖"饮用水源保护区范围，建设3个饮用水源水库环库截污工程，修复30个山围塘。加快建设金门供水水源保障工程。

2.提升生态环境质量。落实中央生态环境保护督察整改，推进10个区域性行业性专项整治。强化水环境治理。以片区整治思维深化河（湖）长制，实施23个河道整治项目，完成缺塘溪黑臭水体治理，打造4个标杆河湖，确保晋江流域、九十九溪、梧垵溪水质稳定达标。完成泉州湾"蓝色海湾"综合治理，开展海域海滩海岸垃圾整治。强化大气治理。实施20个大气减排治理项目，加强陶瓷行业污染整治，全面淘汰10蒸吨以下燃煤锅炉。整治建筑工地扬尘，强化PM2.5与臭氧污染协同治理，分批推进皮革、印染等行业异味整治，空气质量优良率保持在97%以上。强化土壤污染治理。开展危险废物专项整治三年行动，建成工业污泥处置设施。

3.打造绿色生态空间。加快紫帽山、罗裳山、灵源山等重点山体绿化彩化，复绿裸露山体750亩，逐步开放九十九溪田园风光启动区，启动建设紫帽山郊野公园。深化"全民动员，绿化晋江"，围绕"300米见绿、500米见园"目标，实施34个绿化景观工程，植树造林5000亩以上，建成10个"串珠公园""口袋公园"，打造更多让群众看得见走得进的魅力休闲空间。

(七)增进民生福祉

办好22件为民实事、200件民生微实事，用心用力解决群众"急难愁盼"问题，不断满足群众对美好生活的需求。

1. 织密社会保障网。提升就业保障。实施四大群体增收计划和四项收入提升行动，新增就业2万人以上，开展职业技能培训6000人次以上，技能劳动者比例提高到25%以上。提升救助水平。深化全国社会救助综合改革试点，救助范围向低收入家庭等边缘困难群体延伸拓展，"四帮四扶"200户家庭。建设"晋江慈善馆"，举办慈善国际论坛，传递公益慈善正能量。提升养老服务。健全"1+3+N"养老服务体系，打造4个区域性养老服务中心，新建5个村级敬老院、20个居家养老服务站，新增养老床位300张。开工建设市殡仪馆迁建项目，新设5个社区治丧场所。

2. 推动教育优质均衡发展。优化教育布局。开展新一轮中心城区教育资源整合提升。实施105个教育项目，新增优质学位8000个。新改建公办幼儿园10所，普惠性幼儿园覆盖率保持在85%以上。提升教育质量。投用清华附中中学部，加快养正中学、晋江一中、季延中学分校区建设，筹办国科大附中附小。支持陈埭民族中学创建省一级达标学校。支持泉州轻工学院升格本科，加快泉州职业技术大学扩建。实施高水平职业院校和专业建设计划，培育省级产教融合实训基地。提高教育服务水平。实施"1358"教师培养计划，持续改进师德师风。全面推行课后延时服务，启用38个学生心理辅导室，新改建40所学校自办食堂，用心呵护孩子们成长。

3. 深化健康晋江建设。坚决守住疫情防线。坚持预防为主、"人物"同防，常态化落实境外和中高风险地区来晋人员排查管控，严密防控进口冷链食品、非法入境等重点领域，高效有序组织大规模核酸检测、疫苗接种，加强医疗应急物资储备，定期开展应急演练，维护好群众生命安全和身体健康。防止春节期间人员大进大出，鼓励引导外来创业务工人员、学校师生留晋过年。提升医疗卫生质量。柔性引进300名高层次医疗人才。办好上海六院福建医院，创建国家区域创伤医疗中心。深化与树兰医疗合作，打造感染科、心血管内科等品牌学科。改造提升9个医学实验室，新增省级重点学科8个。支持市医院创建三甲综合医院。建设市第二医院、晋南分院公共卫生应急诊疗项目，完善公共卫生应急体系。注重优生优育，提高人口质量。促进中医药事业传承创新发展。

4. 持续创新社会治理。保障粮食食品安全。落实粮食安全行政首长责任制，加强种业种粮保护，做好粮食储备，守牢粮食食品安全底线。有序推进"农改超""农+超"，新建改造农贸市场5个。加强平安建设。推进扫黑除恶常态化，深化"强基促稳"三年行动。加快"智慧"警务建设，提升预防和打击电信网络诈骗等违法犯罪效能。开展信访"治重化积"专项行动，确保信访维稳形势稳定。举办首届"社会工作创新创业创投"大赛，打造3个"五社联动"示范点，创建11个"共建共享"示范社区。守住安全生产底线。深化安全生产整治三年行动，建设市级应急指挥中心，持续开展房屋安全、消防安全、交通安全、渔业安全等专项整治，确保生产安全事故"四项指数"持续下降。严密防范应对各类自然灾害，抓好森林防火、防汛防台等各项工作。

四、全面加强政府自身建设

全体政府公职人员要增强"四个意识"、坚定"四个自信"、做到"两个维护"，坚持在党的领导下，苦干实干巧干，做细做实做成，努力建设"担当、服务、实干、廉洁"政府。

(一)打造担当政府。深入学习贯彻习近平新时代中国特色社会主义思想，不折不扣落实习近平总书记重要讲话重要指示批示精神，推动上级党委政府和市委各项决策部署落地落实。严格落实意识形态工作责任制。坚持"功成不必在我、功成必定有我"，一年接着一年干，一张蓝图绘到底。坚持事不避难、敢于担责，攻坚突破"难硬重新"，以担当带动担当，以作为促进作为。

(二)打造服务政府。始终把"不忘初心、牢记使命"作为终身课题，不断强化服务意识，带着情感、带着责任干事。深化机关效能建设，专项治理"拖着不办、放着不干、等着不动、推着不理"等效能突出问题。强化"今天再晚也是早、明天再早也是晚"的效率意识，让群众和企业的事，好办、快办、办成。

(三)打造实干政府。大力纠治"四风"，倡导行胜于言，坚持工作项目化、项目清单化、清单责任化、责任考核化。我们都要当好"施工队员"，沉下心来干工作，心无旁骛钻业务，干一行、爱一行、精一行，用专业的精神、精细的态度，拿"图纸"进"工地"，进一线解难题，说了就干，干就干成，凭实干比高低，用实绩论英雄。

(四)打造廉洁政府。严格依法行政，制定实施"八五"普法规划，善用法治思维、法治方式，深化改革、推动发展、化解矛盾、维护稳定。强化权力制约，自觉接受市人大法律监督、工作监督和市政协民主监督，加强审计监督，深化政务公开，主动接受社会监督、舆论监督。加强党风廉政建设，落实中央八项规定精神，强化重点岗位、关键环节监管，构建"清"上加"亲"新型政商关系。严格预算管理，大力压减一般性支出，提高财政资金使用绩效，花钱必问效，无效必问责。

各位代表！奋斗铸就伟大，英雄来自人民。让我们更加紧密团结在以习近平同志为核心的党中央周围，在上级党委、政府和市委的坚强领导下，用爱拼会赢得潇洒，迈出更加坚实的步伐勇往直前，在全方位推动高质量发展超越大局中谱写"晋江经验"新篇章，以优异成绩迎接建党100周年！

附注：

*"三个年"活动："三大任务决胜年""城乡环境整治深化年""县域治理效能提升年"活动。

*"六稳""六保"：稳就业、稳金融、稳外贸、稳外资、稳投资、稳预期，保居民就业、保基本民生、保市场主体、保粮食能源安全、保产业链供应链稳定、保基层运转。

*一办十三组：防控办、联防联控组、医疗救治组、交通检疫组、舆情宣传

组、维稳组、后勤保障组、联合督查组、复工复产工作服务组、环境整治组、境外防控组、非法入境防控组、复学工作服务组、进口冷链食品及邮递防控组。

*“五难”操作链:企业用工难、疫情防控难、交通物流难、供应链协同配套难、市场拓展难。

*十行百场千企万店:整合全市十大行业板块资源,组织百场促消费活动,发动千企万店共同参与促消费活动。

*六大“两新”基地:智能装备制造产业基地、集成电路产业基地、人机交互产业基地、智慧物流产业基地、新型高端面料产业基地、医疗器械产业基地。

*SAP创新中心:SAP(思爱普)是全球最大的企业管理和协同化商务解决方案供应商、世界第三大独立软件供应商、全球第二大云公司,在晋江设立福建首家工业互联网创新中心,为企业发展提供品牌、技术输出以及人才培训、云计算、智能制造、工业大数据等创新服务。

*16个城市专项行动计划:体育场馆保障计划、综合交通保障计划、城市景观提升计划、生态环境提升计划、城市管理提升计划、城市文明提升计划、城市形象推广计划、旅游服务提升计划、人才队伍培训计划、信息数据保障计划、医疗卫生食品安全保障计划、城市安全保障计划、城市电力保障计划、产业升级计划、赛事活动3年计划、财政保障和市场开发计划。

*三不变三不降:目标不变、任务不变、时间不变,标准不降、要求不降、效率不降。

*三区一走廊:晋东新区、高铁新区、紫帽片区、世纪大道创新活力走廊。

*三拆一清:拆违建、拆搭盖、拆违规广告牌、清垃圾。

*一革命四行动:厕所革命,农村垃圾治理行动、农村污水治理行动、农房整治行动、村容村貌提升行动。

*四帮四扶:帮就业、帮就医、帮就学、帮安居和扶贫困、扶老幼、扶伤残、扶志气。

*“一品一码”追溯体系:同一品种批次的食品和食用农产品按照规定的追溯编码规则,赋予唯一的识别追溯码。

*三大战略:人才强市、新型城镇化、国际化战略。

*三大任务:加快跨越赶超、办好重大赛事、决胜更高水平全面小康。

*六大新增长区域:世纪大道“双创”活力走廊、高新产业聚集区、“双高”道口经济区、科教产业集聚区、综合保税区、晋东新区。

*“152030”快速交通圈:全市15分钟上高速、中心城区至各镇(街道)20分钟可达、各镇(街道)间30分钟连通。

*15分钟文化生活圈:市民15分钟内可到达文化活动场所进行文化活动。

*10分钟体育健身圈:市民10分钟内可到达具有体育锻炼器械的场所进行体育活动。

*“三块地”改革:农村土地征收、集体经营性建设用地入市、宅基地制度改革。

*四大集团、四大公司:城建集团、文旅集团、产业集团、水务集团,晋融公司、鞋纺城公司、经济开发区公司、围头湾公司。

*国家双创示范基地:大众创业、万众创新示范基地。

*四个意识:政治意识、大局意识、核心意识、看齐意识。

*四个自信:道路自信、理论自信、制度自信、文化自信。

*两个维护:坚决维护习近平总书记党中央的核心、全党的核心地位,坚决维护党中央权威和集中统一领导。

*四个必须:必须用好“晋江经验”宝贵财富、必须把科技创新作为第一动力、必须驰而不息提升城市品质、必须心无旁骛坚守实业根基。

*一廊两区:世纪大道创新活力走廊、福大科教园区、科创新区。

*“4341”现代产业体系:4个优势主导产业、3个新兴产业、4个现代服务业和1个未来产业。

*三种角色:引路人、推车手、服务员。

*“四到”服务理念:不叫不到、随叫随到、说到做到、服务周到。

*RCEP:区域全面经济伙伴关系协定。

*“六个一”人才服务体系:一港(泉州晋江国际人才港)、一窗(“一站式”服务专窗)、一网络(聚才网)、一公司(福建晋江人力资本有限公司)、一节日(海峡菁英人才节)、一热线(人才服务热线)。

*“五年双万”计划:五年时间盘活1万亩老旧工业厂房、1万亩闲置工业用地。

*村经分离:村居委会与农村集体经济组织职能分离、资产分割、人员分流。

*OEM/ODM:OEM即原始装备制造商;ODM即原始设计制造商。

*三品一标:无公害农产品、绿色食品、有机农产品和农产品地理标志。

*GAP认证农产品:通过良好农业规范认证的农产品。

*一村一品:以村为基础,充分发挥本地优势,使一个村(或几个村)拥有一个(或几个)市场潜力大、区域特色明显、附加值高的主导产品或产业。

*“双百”计划:超过100个村(社区)集体经营性收入达到100万元以上。

*三资:农村集体资金、资产、资源。

*三库一湖:东山水库、溪边水库、草洪塘水库、龙湖。

*四大群体增收计划:城镇职工薪酬增长计划、农村居民多元创收计划、高级人才激励计划、困难群体收入保障计划。

*四项收入提升行动:工资性收入、经营性收入、财产性收入、转移性收入提升行动。

*“1+3+N”养老服务体系:做强1个养老服务中心+布局3个区域性养老次中心+精炼N种镇域养老服务模式。

*“1358”教师培养计划:1年入门、3年合格、5年胜任、8年成才的教师培养计划。

*五社联动:社区、社会组织、社会工作、社区志愿者、社会慈善资源联动。

*生产安全事故“四项指数”:事故起数、死亡人数、受伤人数、直接经济损失。

*四风:形式主义、官僚主义、享乐主义、奢靡之风。

“‘晋江经验’现在仍然有指导意义”

一把琵琶、一根洞箫、一支二弦……这古老而婉转的南音，曾是老晋江人的根与魂。古时“苍官影里三洲路，涨海声中万国商”的繁荣，为晋江发展奠定了基础；改革开放的春风，则为晋江吹来了新的生机。40多年来，从“高产穷县”到“经济强市”，晋江实现了美丽“蝶变”，连续多年位居全国百强县前十位。

习近平同志在福建工作期间，曾七到晋江视察调研，总结提出了以“六个始终坚持”和“正确处理好五大关系”为主要内涵的“晋江经验”，即始终坚持发展社会生产力，坚持以市场为导向，坚持在顽强拼搏中取胜，坚持诚信，坚持立足本地优势，坚持加强政府引导和服务；处理好有形通道和无形通道，发展中小企业和大企业，发展高新技术产业和传统产业，工业化和城市化，发展市场经济与建设新型服务型政府之间的关系。

2019年3月10日，在参加十三届全国人大二次会议福建代表团审议时，习近平总书记再次对“晋江经验”予以充分肯定，鲜明指出：“晋江经验”现在仍然有指导意义。为什么“晋江经验”让总书记念兹在兹？这些年来晋江又有哪些新的探索和成就？带着这些问题，记者来到晋江这片热土，探寻晋江“蝶变”的密码。

心无旁骛做实业

农历大年初二，抗击新冠肺炎疫情极为艰难的时刻，柒牌集团的生产车间里，一场与时间赛跑的生产任务正在紧张有序进行……

工人们生产的，不是往常的西装、夹克，而是“能救人的衣服”——防护服。从研究版型到采购面料，从杀菌消毒到组装车间，柒牌仅用7天时间就生产出防护服，展现出其多年来专心致志做好每一件衣服的坚守。

在晋江的经济格局中，实体经济“十分天下有其九”，由实体经济企业创造的产值、税收和就业岗位占比均达95%以上。晋江始终坚守实业，在做精做专传统优势产业的同时，实现了集成电路、石墨烯等高新技术产业的突破。

今年以来，面对突如其来的疫情，晋江加快筑牢产业链条，聚合新的优势，二三季度各项经济指标持续跑出新速度，总体呈现“持续回暖、加速循环、平稳向好”的运行态势。

着力打通“双循环”

晋江，自古就有“造舟通异域”的基因。在经济全球化浪潮引领下，大批晋江企业走出国门，布局全球，在更高水平上参与国际竞争。截至2019年，晋江在境外上市的企业总数已近50家，居全国县域前列。

走进晋工机械的生产车间，现场一派繁忙景象。一排排崭新的装载机正在有序组装中，这里的大多数产品源自国

晋工机械红色生产线(2020年摄)　(董严军　摄)

内客户的订单。

“受益于整个基础设施的拉动，今年国内市场增长得比较好，30%的增长率大部分还是由国内市场贡献的”，晋工机械的负责人介绍说。

工业稳产促销、投资提速、消费扩张、自主创新能力提升、民生稳定提升、要素供给和组织保障……8月份起，一场畅通“内循环”的秋季攻坚行动在晋江展开。同时，晋江推进同电商平台的合作，推动外贸产品转内销，成功获批全国市场采购贸易方式试点，积极培育外贸新业态，探索促进构建新发展格局的有效路径。

“一杯清茶”里的政商关系

支持民营企业发展，政府应扮演怎样的角色？“领路人、推车手、服务员。”谈到与企业的关系，泉州市委常委、晋江市委书记刘文儒这样定位自己和同事们的角色。

在晋江，打造营商环境最宝贵的经验和做法就是良好的政企互动，这也是“晋江经验”的重要内容。晋江明确提出了“不叫不到、随叫随到、说到做到、服务周到”的服务理念。

陈埭，在这个被称为“中国鞋都”的小镇上，聚集着3000多家鞋企和配套企业。如此多的企业围绕“一双鞋”发展，难免产生摩擦。

2010年，陈埭镇成立了调解委员会。“泡杯茶，握握手，出门还能继续做生意。”这支由各级党代表、人大代表、村支书、村委会主任、企业家以及德高望重的社会人士组成的调解委员会，把纠纷解决在诉前，不仅降低了司法成本，还推动了诚信商圈的构建。类似这样的做法，在晋江还有很多。亲清政商关系，极大地激发了政企双方的积极性和创造性，让晋江人干劲十足。

发展“加速度”，城市“有温度”

“晋江赢了！”2017年10月15日，意大利撒丁岛，国际中学生体育联合会主席郑重宣布：“2020年第十八届世界中学生运动会举办城市是晋江！”1998年，上海曾成功举办世界中学生运动会，而这次担起重任的，将是晋江这个县级市。

曾几何时，晋江“城市不像城市、农村不像农村”，城市化与工业化发展不够协调，城市化发展滞后对工业化发展的影响逐渐显现。2002年以来，晋江在城市化道路上加大探索，逐步走出了一条“城乡统筹、产城互动、节约集约、生态宜居、和谐发展”的城市发展之路。

经过多年的不懈努力，晋江面貌已经焕然一新。晋江的变化，不仅表现为产业更优、人才更多、创新劲头更足，还表现为环境更好、城市更美、社会更和谐。在这座开放、包容的城市，110多万“新晋江人”和100多万本地人一样享受全面而优质的公共服务，认同感显著提升。

从农业穷县到全国县域经济发展典范，再到成功申办国际综合赛事，晋江成为中国新型城镇化道路上一个生动的县域缩影。

爱拼　敢拼　善拼

“三分天注定，七分靠打拼，爱拼才会赢……”行走在晋江繁忙一线，喧闹中，总有些“爱拼敢赢”的气息激荡左右。

在晋江展馆，一件件实物生动讲述着晋江不断发展壮大的传奇故事——从“家家点火，户户冒烟”创办企业，到勤勤恳恳、扎扎实实做强品牌，晋江人不怕输、不畏难，硬是把制鞋、纺织服装、陶瓷建材等传统产业发展成为晋江的支柱产业，创造出一个个发展奇迹。

著名社会学家费孝通曾这样概括，晋江经济中“最生动、最活跃、最本质的东西”，就是强烈要求改变现状的致富愿望。这其中体现的，正是晋江人逆境求生、遇挫不弃的精神。

时代在变，“拼”的内涵在变，但“拼”的精神却永不过时。新时代，以“拼”字为座右铭的晋江，依然在拼搏中发展，在拼搏中取胜，不断续写“晋江经验”的新篇章！

（2020年11月27日　求是网　宋维强、狄英娜、吴晓迪）

晋江：构筑高质量发展新高地

2020年12月16日，全国县域经济专业研究咨询机构和社会智库——中郡研究所发布《第二十届县域经济与县域发展监测评价报告》，晋江市县域经济基本竞争力继续居全国第4位、福建省首位。

在经济高质量发展和县域经济转型大背景下，晋江市持续充当领头羊，引领福建省县域经济和社会全面发展，备受关注。

“回顾‘十三五’，作为‘晋江经验’发源地的晋江，经济社会发展令人瞩目，展望‘十四五’，我们将继续践行新发展理念，加快产业和经济转型，以创新引领产业经济‘蝶变’，深化产城联动，不断为‘晋江经验’注入更多新内涵，全力当好全方位推动高质量发展超越的主力领军。”晋江市委书记刘文儒表示。

产业转型，实体经济“强基”

晋江的产业经济，发端于民营经济和民营企业。

在“晋江经验”的引领下，晋江缔造了实体经济和产业经济的奇迹。恒安、安踏、361度……一批充满活力的民企发展壮大为我国的行业领头羊。统计数据显示，晋江市已培育形成1个产值超两千亿元、1个产值超千亿元、2个产值超五百亿元、2个产值超百亿元的产业集群，产值超亿元企业达1000家左右，上市企业增至49家。

从经济总量看，“十三五”期间，晋江GDP增加了将近1000亿元，预计2020年可超2640亿元，年均增长7.3%，2020年全年财政两项收入将实现“双增长”。

“民营经济是晋江的‘看家宝’。我们大力弘扬政企互动的优良传统，始终当好企业发展的坚强后盾。”晋江市市长张文贤告诉记者，今年初以来，面对突如其来的疫情，政府在信贷融资、用工稳岗、租金减免等方面持续创新出台系列援企惠企政策，助力晋江民企危中寻机，提速复工复产，加快产业转型。

值得一提的是，当疫情发生后，广大晋江海外乡亲、晋籍社团慷慨解囊，千方百计筹措防疫物资，无偿捐赠家乡支持疫情防控和复工复产。而随着全球疫情愈发严峻，晋江也发动各方力量驰援友城和海外社团、乡亲。截至目前，晋江累计向海外社团、同乡会、宗亲会、校友会及友好城市等捐赠口罩436.5万个、防护服18710件，总价值1297.09万元。

“强链、补链”，推动产业经济迈向高端。晋江发改局局长许国鑫说，当前晋江的传统产业加速向全链条布局，渠梁电子、国际鞋纺城、国际会展中心、海峡石化、LAZADA（来赞达）等一批高新产业重大项目、现代服务业平台项目相继落地布局，产业结构更加优化，发展动能更加强劲。

展望“十四五”，晋江将加快晋东新区、科创新区等“六大新增长区”建设，拓展建设六大“两新”产业基地，培育发展晋江南岸、晋东片区等区域总部平台基地，通过“链长制”“链主制”和数字化赋能，全方位提升晋江产业链供应链的稳定性和竞争力。

创新驱动，产业持续“蝶变”

改革创新，是“晋江经验”的核心动力，也是晋江产业经济持续“蝶变”的最大驱动力。

走进位于晋江的中国科学院海西研究院泉州装备制造研究所项目成果展厅，记者看到，5G智慧工厂、无人叉车、黑科技……各类与地方产业深度结合的产学研项目，一一分列，让人惊叹。

近年来，晋江市把创新驱动、人才强市作为高质量发展超越的核心战略，取得良好成效：成功入围首批全国创新型县（市）建设名单、国家第三批大众创业万众创新示范基地名单，综合创新能力位居县域科技创新百佳县市第7位，成为福厦泉国家自主创新示范区重要组成部分……

目前，晋江集聚了三创园等创新载体，中科院、中纺院等“国字号”科研机构以及中国科学院大学福建学院智能制造学院、福州大学等本硕高校、双一流学府。晋江科技局局长蒋家兴说，当前，晋江正在抢抓“两新一重”战略机遇，突出创新驱动、聚焦科技赋能，做强企业创新主体。截至目前，全市拥有国家级企业技术中心7家、福建省级以上企业研发中心101家、院士工作站13家。

“十四五”期间，晋江将加快“先进制造业立市、高新产业强市、现代服务业兴市”，高质量培育发展“4341”现代产业体系，实现产业质量更高、结构更优、生态更好。

面对前所未有的创新机遇，晋江将突出产业主体培育，提升产业核心竞争力；紧盯人才引育，构筑人才集聚新高地；鼓励企业联合高校、科研院所、院士等共建研发实验室，培育高新技术企业，打造细分领域的单项冠军等。比如，总投资15.5亿元的安踏一体化产业园，包括高端制造中心、物流配送中心、研发中心等，可支撑超500亿元的业务规模。

全面发展，建设高品质之城

全面发展是“晋江经验”的核心内涵。全面发展不仅是实体经济的发展壮大，也是城市平台、人才教育、医疗体育等方面的配套提升。

近日，在中科院海西研究院泉州装备制造研究所里，记者见到1987年出生的林名强。2016年，他从中国科技大学博士毕业后，携家人来到晋江，成为一名新晋江人。他不仅领到安家补贴，每年还有人才津贴，生活工作幸福感满满，“这里有好的科研平台，还有好的生活环境”。

近年来，晋江想方设法引进高层次人才，还对100多万外来人口予以优待，让他们享受的市民化待遇达30项，包括安置住房、就读公办学校等等。

不仅如此，晋江还加速补齐教育、医疗等民生短板。晋江统筹推进“办赛事”与“办城市”，实现城市面貌大变样，建成晋江南岸公园、崎山公园、晋江第二体育中心、晋江市医院新院等一大批公共基础设施。作为第十八届世界中学生运动会主场馆，晋江市第二体育中心临水而卧，状如海蚌，设计建设达国际一流水准。

晋江市医院新院总投资约20亿元，规划设置病床1988张，致力打造具备国内同类医院先进水平的三级甲等综合性医院。尤其是今年9月，福建省人民政府与上海六院签署合作建设上海六院福建医院协议，项目落地晋江，双方将合作打造国家创伤区域医疗中心。这些年，晋江还引进一大批高端优质教育资源，福州大学、中国科学院大学等“双一流”高校相继落地，与清华附中联合开办晋江学校，一级达标中学达8所、本科以上高校3所。

“外地人向往，本地人留恋”这已成为不少晋江人的口头禅。“十三五”期间，新型城镇化、农村土地三项制度、农村集体产权制度国家级改革试点屡创经验，让百姓不管在城市还是农村，都能拥有同样的生活品质。

“过去，我们是产业推着城市走，‘十四五’期间，我们将秉承‘城市带着产业走、产业城市联动走’理念，主动融入闽西南协同发展战略和泉州‘跨江发展、跨域融合’布局，做强做优城市平台，打造区域重要节点城市。”刘文儒表示，晋江将打造“全市一城、一主两辅、双湾双带”空间新格局，加快建设国际化创新型品质城市。

征程路上有新篇，全力谱写再向前。“十四五”蓄势待发，作为全省县域经济领头羊的晋江信心满怀、冲劲十足。

（2020年12月29日《福建日报》李向娟、何　金）

2020年，晋江建成南岸公园等一批公共基础设施。图为学生们在晋江南岸生态公园活动

（董严军　摄）

探索以人为核心的新型城镇化之路

——晋江再塑发展新貌

“人、产、城”如何统筹布局、良性互动，是推进新型城镇化的重要课题。近些年，福建泉州晋江市在发展壮大实体经济的同时，着力推进产城融合、城乡一体，积极探索以人为核心的新型城镇化之路。

不分内外，都是晋江人

中科院海西研究院泉州装备制造研究所里，学科骨干的照片和简介贴在墙上。1981年出生、具有博士后工作经历的夏安俊，就是其中的一员。2016年，夏安俊从北京举家南迁，如今已成为新晋江人。领到一次性安家补贴，每年有人才津贴，妻子被安排在当地一家国企工作，夏安俊享受了晋江的一站式人才“礼包”。

“这里有好的科研平台，也有好的生活环境。”跟记者交流中，夏安俊流露出对眼下工作生活状态的满意。

晋江对人才的重视，远不限于夏安俊这样的高层次人才。全市户籍人口120.9万人，外来常住人口常年保持在100万人以上，晋江不分内外，想方设法让外来人口来得了、留得下、融得进。

晋江在福建率先实行居住证制度，此后不断提高政策“含金量”。目前，外来人口可享受的市民化待遇已有30项。以子女入学为例，晋江281所小学（含一贯制学校）中，外来人口子女就读人数占全市小学生总量的一半以上，92.9%的外来人口子女在公办学校入学。

随着新型城镇化进程加快，晋江不少农村人口进城。晋江拿出好地段建设安置小区，同步配套公共服务设施，让15万农民过上城市新生活。

位于紫帽镇核心区的霞茂山庄，是紫帽镇霞茂村的安置小区，常被外地人当成商业楼盘。“安置小区建得这么好？”每次有人问起，镇党委书记柯荣围总要回一句：“不只是紫帽镇，晋江其他地方也一样。”

产城融合，瞄准高品质

晋江创新创业创造园，起步之初就瞄准国际一流，产业规划、建筑设计请的都是行业领域的全球知名机构。

从乡村工业化起步的晋江，曾经“村村点火、户户冒烟”。泉州市委常委、晋江市委书记刘文儒说：“缺少城市平台支撑的产业化，是难以持续的产业化。”

晋江痛下决心，补上城镇化短板。住宅进小区，企业进园区，产业集约化，城市“组团化”。产城联动中，城区布局不断优化。以梅岭组团为例，规划用地7500亩，29%用在商住开发，13%用在就地安置，剩下的面积都用在民生设施、公共空间和生态养护上。

即将启用的晋江市医院新区，不仅硬件一流，还成功“联姻”上海市第六人民医院，共同打造国家创伤区域医疗中心。

已经交付使用的晋江市第二体育中心临水而卧，空中俯瞰，曲线流动，状如海蚌，主场馆设计建设具有国际一流水准。作为第十八届世界中学生运动会的主场馆，这里将在明年10月吸引世界目光。

城乡统筹，下好一盘棋

刚到园坂村卫生所不久，柯志雄就把全村走了个遍。经过一周多时间摸排，村里的高血压、糖尿病患者等都有了健康档案。他还绘制出一张健康地图，不同颜色的小点代表不同类型疾病，全村村民健康状况一目了然。

柯志雄是来自晋江市中医院的全科医生。包括中医院在内，晋江3家龙头医院牵头组建紧密型医共体，各有责任区，服务“末梢”就是社区和村卫生所。依托医共体建设，晋江构建起全域“15分钟医疗卫生服务圈”。

新塘街道梧林村是晋江有名的侨村。这里的洋楼、番仔楼、闽南大厝等百年古建筑群，刻满了闽南华侨的乡愁。晋江整体收储保护核心区，对136栋古建筑进行保护。

“外地人向往，本地人留恋。”这句话，如今被不少晋江人挂在嘴边。过去，他们习惯于商场上的忙碌、工厂里的打拼，如今也可从容放慢脚步，品味都市风情，品咂乡村乡愁。

“过去，我们是产业推着城市走，今后将更多转向‘城市带着产业走、产业城市联动走’，下好‘产城融合、城乡一体、城乡统筹’一盘棋，传承创新发展‘晋江经验’，把晋江打造成国际化创新型品质城市。”刘文儒说。

（2020年11月27日《人民日报》颜珂）

大事记

1月

2日 清华大学附属中学晋江学校项目破土动工。

同日 福建省委办公厅、福建省人民政府办公厅联合下文，批复同意晋江等4个县（市、区）的集成改革试点总体方案。

同日 晋江市法律援助中心被司法部授予"全国法律援助工作先进集体"称号。

同日 晋江市举行2020年百个项目集中签约暨开竣工活动。

11日 第三届晋江购物节开幕式在晋江万达广场举行。

16日 晋江市医院梅岭院区揭牌成立，成为晋江市第5对紧密型医共体。

17日 "众里寻他"2020年晋江市首届工艺美术文创融合作品展在五店市传统文化旅游区晋江市工艺美术馆开幕。

20日 泉州市委常委、晋江市委书记刘文儒主持召开晋江市"不忘初心、牢记使命"主题教育总结会议。

21日 晋江警方破获一起福建省公安厅督办的特大虚开骗税案。涉案金额50余亿元。该起案件被列入公安部打击涉税犯罪"百城会战"的会战战役，并打响福建省打击涉税犯罪"百城会战"第一枪。

25日 安踏集团作为首批捐资企业向中华慈善总会捐赠1000万元。用于救助在抗击新冠肺炎疫情中奋勇作战的一线医护人员，奖励表彰在疫情中做出重大贡献的一线医护人员。

同日 晋江召开十三届市委常委会第148次会议暨晋江市新型冠状病毒感染的肺炎防控工作指挥部第一次会议，传达贯彻中央政治局常委会、福建省委常委会和泉州市委常委会研究新型冠状病毒感染的肺炎疫情防控工作会议精神，对进一步做好晋江市疫情防控工作再研究、再部署、再动员。

27日 晋江市疫情防控指挥部连发7号通告，加强新型冠状病毒肺炎疫情防控工作。

同日 刘文儒带队检查晋江市新型冠状病毒感染的肺炎疫情防控工作，看望慰问奋战一线工作人员。

同日 晋江市新型冠状病毒感染的肺炎疫情防控工作指挥部决定成立新型冠状病毒感染的肺炎疫情防控工作联合督查组。

29日 安踏集团执行董事、集团总裁郑捷当选世界体育用品联合会联合主席，任期三年。这是世界体育用品联合会（WFSGI）成立42年以来第一次由中国人担任这一职务。

2月

4日 晋江新型冠状病毒感染的肺炎确诊患者首例治愈出院。

5日 晋江市发生一起新型冠状病毒感染的肺炎家族聚集性发病案例。

6日 继晋江疾病预防控制中心之后，晋江市中医院可开展新型冠状病毒核酸检测，晋江成为福建省唯一且有两家机构能开展此类检测的县域。

同日 晋江市委、市政府对丁金铭等44名在疫情防控阻击战中做出突出贡献的先进个人予以表扬。

同日 晋江市印发《晋江市新型冠状病毒感染的肺炎防控工作指挥部关于进一步明确应对新型冠状病毒肺炎疫情企业和项目复工复产有关事项的通知》，要求有关企业切实处理好疫情防控和复工复产的关系，按照科学、合理、适度、管用的原则，统筹制订分类分批复工复产方案，最晚2月29日前批准复工复产。

12日 由晋江市检察院《唐生学法》栏目团队创作涉疫情刑事犯罪的普法动漫在"检察日报正义网"微信公众号首发。次日中央网信办下发通知，要求在全国推广。

13日 晋江首批43人解除集中健康观察。

15日 晋江市疫情防控工作指挥部制订《关于进一步支持企业和项目有序复工复产十二条保障措施的通知》。

18日 晋江市委组织部、编办、人社局联合制发《关于进一步激励关爱疫情防控一线党员干部人才十条措施的通知》，激励一线党员干部人才勇于担当、冲锋在前，为打赢疫情防控阻击战提供坚强的组织保证。

19日 晋江召开全市疫情防控企业复工复产工作专题会，研究部署下一步疫情防控和有序推进经济社会发展的各项工作。

20日 晋江市召开全市教育系统疫情防控工作部署视频会议，就开学疫情防控的相关工作进行部署。

23日 国际中体联主席劳伦特•佩楚卡发来助力视频，为中国人民、晋江人民加油打气，希望大家共渡难关，战胜疫情。

24日 晋江市七彩狐服装织造有限公司收到晋江市贸促会开具的不可抗力证明。这是晋江市首份新型冠状病毒感染的肺炎疫情不可抗力事实性证明书，助力七彩狐最大限度减轻因疫情造成不能履行合同的责任。

25日 晋江胡萝卜和安海土笋冻获得国家地理标志登记保护。

3月

1日 晋江市全面开展“千医连万企”活动，组建以基层医疗卫生单位为主的千人医务团队，确保每家复工复产企业至少有1名医务人员挂钩联系。

1—8日 晋江组成2批7个工作组赴福建省外开展返岗招聘活动，这是2020年福建省首次向劳务输出地主动逆行的尝试。

2日 晋江最大交通项目——泉州市二重环湾快速路（晋江段）新建工程一期工程A2标段桥梁桩基首钻开钻，标志着二重环湾快速路（晋江段）新建工程一期工程进入实质性施工阶段。

4日 晋江市乡村治理经验作为典型经验案例，被福建省农业农村厅择优选取和推广，供各地学习借鉴。

5日 晋江新型冠状病毒感染的肺炎确诊病例20例全部治愈出院，确诊病例疑似病例实现清零。

6日 晋江市经济开发区入选第九批国家新型工业化产业示范基地名单，类别为“优势”，指“规模效益突出的优势产业示范基地”。

9日 泉州市人力资源和社会保障局、泉州市卫生健康委员会发布《关于拟给予陈雅真等18名援鄂医疗队队员记功的公示》，其中包括随福建首批支援湖北医疗队驰援武汉的晋江市中医院的两名护士郭龙燕和张丽碟。

11日 晋江市人民政府与兴业银行泉州分行、邮政银行泉州分行签署战略合作框架协议，分别给予晋江企业20亿元专项信贷额度支持，提供资金保障和金融服务，保障晋江企业生产复工复产。

13日 晋江市农业农村局、晋江农商银行“村务卡”联名卡在金井围头村首发，标志晋江村级集体资金使用将全面开启非现金支付，这是福建省首张特别定制的“村务卡”。

17日 晋江召开市委农村工作会议暨实施乡村振兴战略领导小组全体成员工作会议。

19日 2020年晋江市重大项目集中“云签约”活动举行。并举行招商推介英文宣传片全球上线发布仪式。

同日 柒牌公司收到国务院应对新型冠状病毒肺炎疫情联防联控机制医疗物资保障组发来的感谢信。

20日 人民日报客户端福建频道发表文章《福建晋江：复工复产进入“快车道”》，点赞晋江统筹推进疫情防控和经济社会发展工作的成效。

同日 晋江市公安局发布《关于严厉打击境外入晋人员涉疫情违法犯罪行为的通告》。

24日 最高人民法院发布首批10个全国法院服务保障疫情防控期间复工复产民商事典型案例。晋江法院组织调解福建晋江农村商业银行股份有限公司与福建晋江市越峰鞋塑有限公司等金融借款合同纠纷案入选典型案例。

26日 泉厦漳城市联盟路控制性节点工程——安海湾特大桥右幅合龙。标志着这条连接泉州、厦门和漳州的新高速公路实现泉州段全线贯通。

31日 晋江第二体育中心三大场馆全部完成建设并交付。

同日 晋江市人民法院青阳法庭举行“房地产专业审判合议庭”揭牌仪式，这是泉州首个房地产专业审判合议庭。

同日 晋江启动2020年线上招聘揽才月并举行首场招聘会，该活动以“大美晋江‘位’来可期”为主题。

4月

1日 举办中国（晋江）国际家装建材博览会线上展会发布会。这是福建省自新冠疫情以来首个线上大型专业展会。

12日 福建省内最大的县级粮食储备库——晋江市粮食储备库（金井库）首次装粮入库。

16日 由福州大学光催化研究所、福州大学晋江科教园管委会、福建省蓝光节能科技有限公司三方共同合作的“泉州地区印刷鞋业大气污染治理项目”落地晋江，并于晋江市灵源街道建立设备生产基地。

17日 福建省2019年度乡村振兴实绩突出村（含备选）名单公示，晋江磁灶镇大埔村、东山村，苏垵村（备选）上榜。

19—22日 第22届中国（晋江）国际鞋业（线上）博览会、第五届中国（晋江）国际体育产业（线上）博览会在晋江举办。

20日 农业农村部、财政部联合发布《2020年农业产业强镇建设公示公告》，公示全国拟列入2020年农业产业强镇建设的259个镇（乡）名单。晋江东石镇以胡萝卜主导产业优势上榜。

21日 2020中国特色小城镇品牌传播百强榜发布会在人民日报社举行。其中，晋江金井镇位居百强第五名。

同日 福建省科学技术厅公示福建省2020年第四批入库的379家科技型中小企业名单，泉州三川机械有限公司、福建飞扬鞋材有限公司等13家晋江企业入选。

25日 福建省发改委网站公示2020年度福建省数字经济领域“独角兽”创新企业、未来“独角兽”创新企业、“瞪羚”创新企业征集遴选结果。福建一品嘉云创信息技术股份有限公司为晋江唯一入选该名单的企业。

同日 毓英中学体育馆竣工通过预验收。作为金井片区第18届世界中学生运动会三大场馆之一，该场馆将承办第18届世界中学生运动会击剑项目的比赛。

26日 晋江市知识产权人民调解委员会在晋江市知识产权快速维权中心挂牌成立。

28日 晋江市第十七届人大常委会第二十六次会议审议通过《晋江市人大常委会主任会议关于提请设立"平安晋江共建日"的议案》,决定将每年6月6日设为晋江市"平安晋江共建日"。

5月

2日 第四届海峡两岸食品交易会通过商务部的境内举办涉外经济技术展览会展前备案。

5日 "泉州:宋元中国的世界海洋商贸中心"作为2020年中国的世界遗产申报项目,新增6个遗产点。其中,安平桥作为泉州重要的海洋性物质文化遗产,成为新增的重要遗产点之一。

同日 第14届宋庆龄奖学金获奖候选人和优秀组织奖获奖候选名单公示。其中,来自晋江市季延初级中学初三学生郑翊杰入选。

9日 2020年中国县域经济百强榜在人民日报社发布。晋江位列"百强县"第四位。

同日 旅港晋江乡贤曾志标获评中国红十字总会事业发展中心"抗疫战士"称号,是福建省唯一获此称号的个人。

13日 第18届世界中学生运动会官方网站(http://www.jinjiang2020.cn)中英文版公开上线运行。

同日 深圳航空泉州晋江基地项目开工。

14日 福建省委实施乡村振兴战略领导小组办公室公布2019年度福建省乡村振兴重点特色乡(镇)和实绩突出村名单,英林镇入选福建省乡村振兴重点特色乡(镇);磁灶镇大埔村和东山村入选福建省乡村振兴实绩突出村。

16日 中国工程院院士、传染病学专家、国家卫健委高级别专家组成员李兰娟出席晋江市卫健局"院士大讲坛",专题讲座《抗击新冠疫情的经验分享》。

18日 "源头好货 晋江制造"——晋江市产业直播节启动仪式在晋江产业直播基地举行。启动仪式上,晋江市人民政府与阿里巴巴签署战略合作协议,并为淘宝直播基地和天猫服务站授牌。

同日 2020年全国县级市传播热度排名发布会在人民日报社举办,晋江市排名全国县级市传播热度第2名。

21日 "米格实验室芯片检测项目"签约落地福建(晋江)集成电路产业园区。

22日 晋江法院举行"晋江市人民法院融媒体中心"揭牌仪式。

25日 澳大利亚科学院(AAS)公布新增24位院士名单,养正中学校友蔡文炬当选为澳大利亚科学院院士。

28日 福建省工信厅、福建省文旅厅联合发布第一批福建省省级工业旅游示范基地名单。共有9家企业上榜,福建七匹狼实业股份有限公司成为唯一上榜的晋江企业。

29日 晋江公安局森林警察大队举行转隶入列暨揭牌仪式。

6月

3日 海纳智能装备国际控股有限公司(简称"海纳智能")在香港联交所主板挂牌上市。是泉州2020年首家新增上市公司。

4日 晋江市召开首批老旧工业区改造试点项目启动会。

同日 福建省双拥创模考评组到晋江,采取明察暗访的方式实地检查晋江市新一届全国双拥模范城(县)创建工作。

5日 福建日报·新福建客户端和清博指数首次联合发布县域新媒体影响力榜,晋江经济报获福建省第一名。

6日 由晋江市委政法委,西园街道党工委、办事处联合主办的首个"平安晋江共建日"线上马拉松开跑。

同日 首个"平安晋江共建日"暨创建平安示范企业启动仪式在晋江经济开发区五里电商园非公企业法制教育基地举行。

9日 福建省农业农村厅发布《福建省农业农村厅关于省级乡村治理试点示范单位名单的公示》,晋江市东石镇、紫帽镇入选省级乡村治理示范乡镇,陈埭镇江头村、宫口村等25个村入选省级乡村治理示范村。

同日 晋江未成年人关爱中心在晋江市妇幼保健院揭牌成立。

同日 晋江农商银行通过福建省金融服务云平台发放全省首笔"纾困贷款"400万元。

12日 晋江、南安两地检察机关、文旅部门、相关属地部门在晋江市文物保护中心举行晋江南安文化遗产(申遗点)公益保护联盟启动仪式暨晋江市人民检察院驻文物保护中心检察工作室揭牌仪式。

同日 文旅部2020年文化和旅游信息化发展典型案例名单公布,由晋江市文化和旅游局(市掌中木偶艺术保护传承中心)和厦门大学技术团队合作申报的"掌中木偶机器人新媒体交互表演与推广"入选该名单。

17日 晋江市与福建(泉州)哈尔滨工业大学工程技术研究院签约,共同打造哈尔滨工业大学晋江孵化公司总部基地。

21日 据第三方数据机构的统计,"6·18"购物节期间,晋江市企业实现网络零售额25.36亿元,占泉州市的14.2%。

24日 晋江市上榜国家发改委发布的县城新型城镇化建设示范名单。

29日 国家发改委发布《关于加快开展县城城镇化补短板强弱项工作的通知》,选取全国120个县及县级市开展县城新型城镇化建设示范工作,晋江市列入其中。

7月

1日 361度拥有核心科技AIR FLOAT的气悬羽绒服获2020年度产品设计红点奖。

同日 泉州海关晋江办事处放行首票跨境电商B2B出口货物。标志跨境电商B2B出口监管试点在泉州关区启动。

3日 福建省食品企业商会成立大会暨第一次会员代表大会在晋江召开,盼盼食品集团总裁蔡金钗当选为首任会长。

6日 中国击剑协会授予晋江籍女子重剑选手杨静雯运动健将称号。

13日 福建恒盛动漫文化传播有限公司（简称“易和国际”）在香港联合交易所创业板挂牌上市。

14日 《福建日报》在头版头条刊发通讯《“晋江经验”引领发展新路》。

15日 晋江市首个村级“有声图书馆”落户安海镇新店村。

16日 361度（中国）有限公司入选2020年度（第七届）福建省政府质量奖。

20—22日 第四届海峡两岸食品交易会在中国晋江国际会展中心举行。有来自各地的693家企业参展。

22日 福建省气象学会、福建省旅游协会联合开展的2020年“清新福建·气候福地”首批滨海休闲度假福地、第二批避暑清凉福地推荐认定活动中，金井镇获评首批福建省滨海休闲度假福地。

27日 福建省农林大学副校长郑宝东一行到晋调研“推进福建农林大学晋江研究院建设”工作，并举行福建农林大学晋江研究院揭牌仪式。

29日 《晋江市国土空间总体规划编制工作方案》印发。

同日 西滨镇和金井镇获“国家卫生乡镇”称号。

同日 晋江和平路拓改项目安置房回迁安置工作启动。共涉及住宅安置房源590套、店面安置房源160间、停车位621个。

31日 “张长青教授劳模名医工作室”在晋江市医院揭牌。

8月

6日 国际中学生体育联合会官方网站宣布，受到新型冠状病毒感染的肺炎疫情影响，原定于2020年10月17—24日举办的晋江2020年第18届世界中学生夏季运动会延期至2021年10月16—23日举行。

9日 乔丹体育公司子公司香港乔丹投资有限公司与美国品牌管理公司艾康尼斯签订协议，以6250万美元的交易金额收购茵宝中国。

11日 晋江市首届“百优十佳”网格员风采展播活动落幕，共有10位网格员获晋江市首届“十佳”网格员称号。

12—13日 福建省文旅厅专家组到晋江市开展省级全域生态旅游示范县（市、区）创建现场检查验收。

19日 晋江法院举行晋江市诉调对接特邀调解员协会成立大会。

同日 安踏集团与世界自然基金会在安踏集团厦门营运总部签约，安踏集团成为中国体育用品及纺织行业内首家与世界自然基金会达成全球战略合作伙伴关系的企业。

21日 晋江启动“百家拥军优属联盟单位”，为泉州首个拥军优属商家联盟，有联盟商家228户。

25日 第六届海峡两岸（晋江金井·围头）七夕返亲节在晋江金井开幕。

26日 福建省教育厅公布“福建省示范性现代职业院校建设工程”终期评估验收名单，晋江市泉州轻工职业学院、华侨职校、晋兴职校、晋江职校、安海职校榜上有名。

28日 晋江市举行全国晋江籍大学生联合会成立暨高校人才宣传专员聘用仪式活动。并举行全国晋江籍大学生联合会成立揭牌仪式。

29日 晋江举行泉州市产业链招商推介会暨项目集中签约晋江分会场活动。活动共对接16个项目，计划总投资103.7亿元。合同项目10个、计划总投资50.5亿元。

30日 在环球时报社主办的第二届中国国际化营商环境高峰论坛暨《2020中国城市营商环境投资评估报告》发布会上，晋江市获“中国国际化营商环境建设示范县（市、区）”称号。

9月

1日 晋江市第五实验小学涵口校区、江浦校区分别举行揭牌仪式。

同日 晋江市举办退役军人志愿服务总队授旗仪式暨退役军人返乡接送志愿服务启动仪式。

同日 晋江劲霸男装有限公司从福建省食品药品监督管理局一次性拿到医疗器械生产许可证正式证，以及医用防护口罩、一次性医用口罩、医用外科口罩6个类别注册证。为晋江市首家取得医用口罩全品类生产资质的企业。

5日 西滨镇成立教育发展促进会，共筹集865万元专项基金用于奖教奖学、提升教育教学质量。

8日 全国政协人口资源环境委员会主任、中国经济社会理事会副主席李伟率中国经济社会理事会调研组到晋江市开展“以发展乡村富民产业为重点促进农民增收”专题调研。

同日 福建医科大学附属第二医院护理部副主任、副主任护师谢宝缘，福建柒牌时装科技股份有限公司常务副总裁洪炳文2位晋江人获“全国抗击新冠肺炎疫情先进个人”称号。

9日 深沪镇作为首批镇级社保平台试点之一，申报福建省第一笔镇级灵活就业人员参保登记业务。

同日 福建省首个全民所有自然资源资产数据库管理系统在晋江建立。

11日 南航CZ8881航班从贵阳起飞降落泉州晋江国际机场，标志着由南方航空执飞的晋江（泉州）—贵阳航线首航成功。

13日 鞋服纺织行业全国首个商用5G独立组网工业模组落地应用项目在晋江市投入试运行。该项目由柒牌与中国科学院海西研究院泉州装备制造研究所、中国移动泉州分公司共同完成。

15日 全国第一座跨海高铁大桥——福厦高铁泉州湾跨海大桥南岸主塔封顶。

16日 “见义勇为 民族团结”捐赠仪式在深沪镇华山村举行。福建省见义勇为基金会、泉州市见义勇为协会，新疆马主木拉提分别向晋江华庆马术俱乐部捐赠“勇勇”“为为”2匹伊犁马。

17日 晋江市医院詹朝土、侯蓉2名医护人员到博兹瓦纳执行为期2年的援非医疗任务。

同日 晋江市医院骨二科实施“直接前路微创全髋关节置换术（DAA—THA）”，该术式填补晋江市该领域空白，标志着晋江市医院关节外科在微创手术领域取得突破。

18日 福建陆地港集团携手泉州晋江国际机场、厦门航空公司等合作伙伴开通晋江至菲律宾、马来西亚2条货运定期航线，启动东南亚跨境电商货运包机“超级干线计划”。“晋江—马尼拉”航线成为泉州开通的第一条国际货运定航航线，标志着泉州跨境电商出口货运全新通道的开启。

19日 晋江市医院、中医院、第二医院分别举行紧密型医疗卫生共同体总院揭牌仪式，全市21家医共体分院(院区)全部完成揭牌。

21日 首届晋江智能制造创新设计大赛在晋江举行线上启动仪式，面向全国征集机械装备领域工业设计作品。

22日 民航机场智能设施工程技术研究中心海西分中心揭牌仪式在泉州晋江国际机场举行。

同日 国家创伤区域医疗中心落地晋江市。

同日 商务部、国家发改委、财政部、海关总署、税务总局、市场监管总局、外汇局七部委联合公布全国17个市场采购贸易方式试点名单，晋江国际鞋纺城成为福建省唯一入选市场。

同日 《小康》杂志社联合多个权威部门和专业机构推出“2020中国综合投资热力百佳县市”榜，晋江市排名第六。

23日 晋江市投入759.2万元，为92个革命老区(基点)村30367名60周岁以上老人缴交城乡居民基本医保个人参保费用。

24日 晋江市市长张文贤主持召开市政府常务会议，研究并原则通过《晋江市促进直播电商发展三年行动方案》《关于扶持直播电商产业发展八条意见》。

同日 由天猫联合第一财经商业数据中心CBNData发起的《2020新国货之城》调查中，晋江市排名第九，也是前10名中唯一的县级市。

27日 “智能制造进园区”(泉州站)活动在晋江启动。

同日 厦门航空MF8660航班从澳门起飞抵达泉州晋江国际机场。这是因疫情影响暂停国际及港澳台地区航线以来，泉州晋江国际机场恢复的首个国际及港澳台地区航班。

10月

10日 晋江国际马拉松被中国田径协会授予“2019中国田径协会金牌赛事”称号。

同日 晋江市磁灶中心卫生院(晋江市中西医结合医院)获全国“敬老文明号”称号。

11日 晋江市首届服装(茄克)技能竞赛运动茄克项目在泉州轻工职业学院举行。

12日 晋江市梅岭街道双沟社区草田尾自然村侨联小组举行成立仪式。这是福建省首家成立的自然村侨联小组。

15日 中国侨联党组成员、副主席程学源率队到晋江市调研。

同日 全国曲艺界最高奖——第十一届中国曲艺牡丹奖颁奖仪式在苏州举行，晋江市南音国家级代表性传承人苏统谋获“中国文联终身曲艺艺术家”称号，成为福建省首位获此称号的艺术家。

18日 在江苏常州召开的中欧绿建创新论坛暨第六届中国绿色建材大会上，华泰集团生产的TOB陶板获得国内陶板行业首张“中国绿色产品”认证证书。

18—19日 福建省政协副主席、民盟福建省委会主委阮诗玮到晋江市开展“进一步加强文化遗产保护利用，提升福建省文化软实力”课题调研。

20日 在全国双拥模范城(县)命名暨双拥模范单位和个人表彰大会上，晋江市再次获“全国双拥模范城”称号，成为“全国双拥模范城”七连冠。军鹏特种装备股份有限公司董事长郑东升获“全国爱国拥军模范”称号。

同日 晋江市科创新区项目建设指挥部征迁首批签约仪式启动。

21日 盼盼食品成为北京2022年冬奥会和冬残奥会官方包装零食赞助商。

同日 由《小康》杂志社联合国家多个权威部门和专业机构推出“2020中国社会保障百佳县市”榜单，晋江市跻身榜单第三位。

22日 中央农办、农业农村部联合发布《关于批复农村宅基地制度改革试点地区名单的函》，晋江市被列为新一轮农村宅基地制度改革试点单位。

23日 晋江市举行“晋金私募汇”揭牌仪式暨金融资本服务企业与人才对接会。

26日 国家科技成果转化引导基金子基金成立大会在晋江市召开。

同日 福建省民营经济人士理想信念教育基地(晋江经验)揭牌仪式在市委党校广场举行。

同日 晋江市获首批“福建省全域生态旅游示范县(市、区)”称号。

27日 中国纺织科技成果对接峰会暨第七届“中国十大纺织科技”发布会在晋江市举行。

28日 2020年全国晋江商会秘书长培训班暨“晋江经验”教育基地首期培训班开班仪式在福州举行。

29日 2019—2020年赛季全国击剑冠军赛(总决赛)在山东蓬莱落幕。晋江选手获得1金1银2铜。

30日 首届晋江市工艺美术大师评选活动暨福建省(晋江)“白兰花杯”工艺美术现场技能大赛闭幕并举行颁奖仪式。

31日 晋江市370县道(快速通道东石连接线)工程贯通。比原计划提前24天。

11月

4日 第三届全国集成电路“创业之芯”大赛总决赛在泉州(晋江)国际人才港举行。大赛历时358天，有20个项目入围总决赛，进行现场路演和答辩。

5日 福建省文化改革发展领导小组公布12个“福建省文化产业重点园区”名单，晋江洪山文化创意产业园入选。

7日 晋江市国际企业大道南延伸(侨晖路至围头支线段)完成首桩开钻，打响高铁片区市政项目开工第一枪。

7—8日 福建省政协原党组副书记、副主席陈荣春到晋江市参加传承发展“晋江经验”之福建民营企业助推乡村振兴交流座谈会，并调研民营企业助推乡村振兴工作。

9日 晋江市举行福建“数字海丝”跨境电商峰会暨晋江市跨境电子商务协会成立(晋江市网商会换届)仪式。

11日 “前列腺癌诊疗一体化中心”揭牌仪式在晋江市医院举行。晋江市医院成为全国首家承接“前列腺癌诊疗一体化中心”项目的县级医院。

13日 中国县域工业经济发展论坛公布《中国工业百强县(市)、百强区发展报告》，晋江入选2020年工业百强县(市)，位列全国第四。

17日 《赛迪营商环境百强县(2020)研究成果》出炉，晋江市蝉联百强县市第二名。

18日 “富怡·第六届全国十佳服装制版师大赛”举行。七匹狼制衣事业部胡牛崽夺得“全国十佳服装制版师”第一名，并获“最佳制作工艺奖”。

19日 福建省人民政府公布第十批省级文物保护单位名单和保护范围。晋江市有3处入选该名单及保护范围。江上塔，梧林近代建筑，围头八二三炮战遗迹战地坑道、1—4号炮台入选。

21日 由中国人民大学书报资料中心、福建社会科学院主办的“双循环新发展格局下亚太经济与两岸关系”学术研讨会在晋江市举行。

同日 “蒋劲松教授血管外科工作室”在晋江揭牌。标志着树兰医疗第六个名医工作室落户晋江。

24日 2020年全国劳动模范和先进工作者表彰大会在北京举行。福建柒牌时装科技股份有限公司车间主任侯国建获“2020年全国劳动模范”称号；晋江市中医院院长庄耀东获“2020年全国先进工作者”称号。

25日 福建省抗击新冠肺炎疫情表彰大会在福州召开。晋江市卫健局获“福建省抗击新冠肺炎疫情先进集体”称号，晋江市医院副院长郭协力、晋江市中医院副院长龚飞群、晋江市疾病预防控制中心副主任吴清呼获“福建省抗击新冠疫情先进个人”称号。

同日 晋江市举行智库党建馆开馆仪式。

26日 中国兵器装备集团自动化研究所与晋江新建兴机械设备有限公司合作的中国兵器装备集团自动化研究所智能仓储物流管理系统成果转化示范基地在晋江揭牌落地。

12月

1日 福建省人民政府公布2019年度省科学技术奖励名单，晋江8个项目、9家企业入围，其中，科学技术进步奖二等奖3项、三等奖5项。

2日 陈埭镇启动晋东新区项目征迁工作。

同日 晋江市人民检察院“督促保护安平桥文物和文化遗产行政公益诉讼案”被最高检评为“文物和文化遗产保护公益诉讼”典型案例。

3日 特来电福建省首座光储充综合能源示范点落地晋江市。

5日 晋江市举办第18届世界中学生运动会志愿者动员大会。

6日 晋江市社会工作协会第一届理事会、监事会就职典礼在晋江国际人才港举行。协会发展首批会员单位21家、个人会员275名。

7日 兴业皮革科技股份有限公司获批企业博士后科研工作站，成为晋江市首家设立在企业的工作站。

10—11日 福建省级节水型城市现场考核组到晋江市开展省级节水型城市创建现场考核验收。

14日 第18届世界中学生运动会宣传口号征集启动，晋江通过晋江经济报官方微信公众号面向全球广泛征集。

15日 舒华体育登陆上交所主板，为2020年A股市场首家上市体育公司。是晋江市2020年第3家上市公司，也是晋江市第49家上市企业。

同日 第五届“海峡杯”福建(晋江)创新创业大赛在晋江举行颁奖仪式。

16日 全国县域经济专业研究咨询机构和社会智库——中郡研究所发布《第二十届县域经济与县域发展监测评价报告》，晋江市县域经济基本竞争力继续居全国第四位。

19日 首届晋江市留学人员交流大会在晋江国际人才港举行。会上举行福建欧美同学会晋江示范点——“海归之家”授牌仪式、在线服务平台“晋江海归之声”发布仪式，会议对晋江市人才政策、科技创新环境等进行推介。

20日 晋江市灵源街道曾林社区天然气管道的施工完成。该社区成为晋江首个全社区自建房都用上天然气的行政村居。

21日 第七届“海峡杯”工业设计(晋江)大赛举行颁奖仪式。其中，智能生活组金奖作品“DIDO自动驾驶物流车”夺得大赛最高奖特别奖。

同日 文化和旅游部公示第五批国家级非物质文化遗产代表性项目名录推荐项目名单，以东石潘山庙宇木雕等为代表的泉州木雕榜上有名。这也是晋江市第七个国家级非遗项目。

23日 晋江集成电路产业基地招商项目集中签约暨集成电路知识产权联盟福建分联盟揭牌仪式在泉州(晋江)国际人才港举行。11个集成电路项目签约落地晋江，计划总投资18亿元，涵盖集成电路设计、封测、材料等领域。

25日 厦漳泉城市联盟路泉州段举行通车仪式。厦漳泉城市联盟路泉州段全长27.36千米，项目起于永和镇福田村，终于南安市石井镇坂头村。作为泉州137千米环城高速“大环”的最后一个段落，标志着泉州环城高速“大环”全线通车。

同日 晋江市举行应对新型冠状病毒感染的肺炎疫情大规模人群核酸筛查检测应急演练。

同日 中央农村工作领导小组办公室秘书局、农业农村部办公厅向全国推介第二批34个乡村治理典型案例。《全力解决乡村治理的“人、钱、事”难题——福建省晋江市打造充满活力、和谐有序的善治乡村》上榜，为福建省唯一入选案例。

27日 福建医科大学附属口腔医院闽南分院(晋江市口腔医院)揭牌。标志着福建医科大学附属口腔医院与晋江市的全面合作拉开新序幕。

30日 福建省委书记尹力到泉州、晋江调研，实地调研安踏集团、盼盼食品集团、五店市传统街区。

31日 晋江市被福建省住房和城乡建设厅、福建省发展和改革委员会命名为“福建省节水型城市”。

同日 由福建省人民政府发展研究中心和福建日报社主办的2020福建省县域经济高质量发展报告会宣布2020年度福建省县域经济实力“十强”、经济发展“十佳”县(市)评价结果，晋江市上榜连续27年领跑福建县域经济。

抗击新型冠状病毒肺炎疫情

·综　述·

【疫情应对及时】　2020年，晋江市全面落实“坚定信心、同舟共济、科学防治、精准施策”总要求，第一时间建立战时指挥体系，率先成立疫情防控指挥部，快速集结队伍，组建“一办十三组”，抽调200多名机关干部分赴一线防控，抓紧抓实抓细疫情防控，筑起坚强防疫战斗堡垒。调拨4.07亿元防疫经费，全域动员、全员战疫，全面打响疫情防控阻击战。第一时间构建防控医治网络。设立市、镇、村、企四级健康管理中心67个、集中收治医院6家，通过“大数据+网格化+铁脚板”排查管控58万人次，核酸检测77万人次，集中医学观察2.2万人次，2月24日本土病例清零，做到医护人员零感染、患者全治愈。全链条全闭环守牢境内境外防线，顶住人流物流大进大出压力，筑牢群防群治、联防联控的“铜墙铁壁”。第一时间筹备防疫物资。海内外乡亲奔走筹集，大年初三360万个口罩驰援家乡；发挥制造业基础优势，从无到有迅速构建防疫物资生产体系，一批企业携手转产，大年初七第一件防护服生产下线，一个月内口罩从“一个难求”到自给充足、支援八方。超130万件防护服、6亿个口罩驰援抗疫一线，涌现出一批全国、福建省抗疫先进典型，得到国务院联防联控机制（医疗物资保障组）等上级部门“点赞”。第一时间转战常态化防控。坚持“外防输入、内防反弹”，科学精准落实“人物”同防，有序推动复工复产、复市复学，经济社会迅速焕发生机活力。

【组织保障】　2020年，晋江市第一时间组织引导全市2539个基层党组织和5万多名党员奋战在疫情防控第一线，压实镇（街道）、村（社区）党组织属地责任，抓实抓细各项防控措施。划拨120万元疫情防控专项党费，在隔离中心、重要道口等防控一线成立16个临时党支部，2名入党积极分子在疫情防控一线入党，确定1名入党申请人为入党积极分子。引导非公企业党组织响应党委、政府号召，推动企业生产、转产防疫急需物资，向湖北武汉、境外华侨聚集国家捐资捐物。精准抽调200多名市直干部、专技人员参与基层防控。组建8个专项督导组，到一线近距离了解、考察党组织、党员、干部工作状态。制发激励关爱疫情防控一线党员干部人才“暖心十条”，及时发现、推荐和宣传疫情防控工作中涌现出的先进典型，有3个基层党组织、50人获福建省、泉州、晋江三级党委、政府通报表扬，10名干部晋升职级，5名干部获提拔使用。相关做法被中共中央组织部《组工信息》刊发报道，获福建省委组织部主要领导批示。

（许章发）

【防控资金及物资保障】　2020年，晋江市加强应对疫情防控财税政策和资金保障，提高财政应急处突能力。强化疫情防控资金保障，建立突发事件应急处置财政保障机制，开通资金拨付“绿色通道”，简化拨付程序，加强拨付资金监管，全年累计拨付疫情防控资金4.07亿元。强化疫情防控物资供给，落实采购便利化政策，简化政府采购流程，确保应急医疗物资及时采购到位；统筹保障防疫物资需求，落实企业转产防疫物资鼓励政策；支持医疗卫生机构、镇（街道）及村（社区）购置急需救治设备、防疫物资和隔离医学观察点建设。强化复工复产政策支持，加大政策对冲，出台和实施抗疫财税支持政策，支持企业复工复产复市，助力市场主体纾困发展。

（庄永速）

【疫情防控宣传】　2020年，晋江市委宣传部围绕全市防抗新冠疫情指挥部总体部署安排，构建“短、平、快”联动机制，制订新闻宣传工作方案、阶段性主题宣传报道计划等，统筹全市防控宣传和舆论引导工作。协调本级媒体开设《战“疫”党旗红》《抗“疫”一线党旗红》《在“疫”线发现爱》等专栏专题，对接中央、福建省、泉州市等上级主流媒体，报道晋江抗疫一线先进事迹、感人故事和相关工作动态。聚焦社会群众关切焦点，结合疫情防控阶段性特点，策划复工复产难点在线征集、口罩预约购买、高三初三复学答疑等专题，在新媒体平台及时发布具有普遍需求的资讯和防疫科普知识，提升服务群众能力。发动文艺工作者创作曲艺、文学、音乐、书画等作品，传递祝福和信心，木偶原创短剧《亲母拜年》被新华社、中新社、"文旅中国"等国字号新闻政务公众号转发，高甲小戏《众援战"疫"》视频在学习强国展播。指导督促各镇街、有关单位和村（社区）通过宣传栏、横幅、LED屏、海报、微信群等阵地加大防控知识和政策宣传，制作闽南语与普通话双语版本的防控通告、防疫知识，利用村级广播和巡逻车等移动播放设备，在村居、住宅小区常态化播放宣传。

（谢佩龙）

【海内外晋江人"同心抗疫"】 2020年，晋江市委统战部动员侨界携手侨胞"同心抗疫"。牵头统战系统配合市防控办开展疫情防控工作，新冠疫情发生后，通过电话、微信联系、发布倡议书等方式，发动海内外晋江籍侨胞捐赠紧缺抗疫物资。引导23个国家和地区的38个社团以及乡亲向晋江市捐赠总价值2000多万元的防控物资；发动社会各界累计向10个国家（地区）110个社团、同乡会及友好城市捐赠防疫物资。牵头做好境外防控工作，抓好"航空运输、口岸检疫、集中隔离、目的地送达、社区防控"各个环节，健全从"国门"到"家门"的全过程闭环管理。累计排查境外进入晋江、返回晋江人员17317人，摸排各类人员线索54519条。做好泉州晋江国际机场恢复国际航班疫情防控工作，强化各工作专班协调配合，完善全过程闭环管理对接机制，筑牢境外疫情输入"防护网"。晋江市侨联与市侨办、海联会联合发出《致晋江籍海外侨胞和台港澳同胞的一封信》，开通24小时海外服务热线，宣传入境防控、防疫咨询等相关政策和知识。做好海外侨胞和台港澳同胞在晋江集中医学观察期间人文关怀工作。开展"侨资回流"行动。鼓励和引导旅外乡亲参与家乡社会公益事业，支持家乡的经济社会发展。2020年，侨捐项目883个，总额1.03亿元，连续11年捐款总额超过1亿元。新冠疫情发生期间，市委政法委及时组织全市政法干警和76000多名平安志愿者、网格管理员、治安巡逻队员、人民调解员进村庄社区，参与联防联控、群防群治、涉疫矛盾纠纷排查，打击涉疫违法犯罪行为，破获涉疫刑事案件66起，查处涉疫行政案件216起。

（曾全珠　蔡婉婷　庄永明）

【海上疫情输入防范】 2020年，晋江市公安局牵头成立市非法入境防控组，落实海上疫情防控要求，确保"不让一船一人从晋江海域非法入境"。晋江海事处坚持技防与人防相结合，在持续做好内外防控的基础上，重点做好"境外输入"管控。4月10日，联合晋江市公安局海防大队、市农业农村局海洋与渔业部门成立"海上防控疫情境外输入数据甄别小组"，进驻海事处开展联合值班，实行"五班三运转"，强化24小时电子巡查值守，运用各部门大数据资源手段，加强数据多维度碰撞和对比分析：重点排查海上擅自关闭AIS、在海上非正常停泊等可疑情况，为海上巡逻管控提供精准信息支撑。截至5月18日，晋江市"海上防控疫情境外输入数据甄别小组"共跟踪通过辖区船只7940艘次，其中重点跟踪船只1287艘次，解除重点跟踪船只1284艘次，驱离可疑船舶3艘，完成海上疫情防控甄别任务。5月19日，该项工作移至泉州海事局交管中心。

（刘金华）

【嘉排封控抗疫】 2020年1月底，晋江市英林镇针对出现在嘉排村的家族聚集性新冠肺炎疫情，坚决遏制疫情扩散。根据疫情防控需求，即刻采取全村封锁措施，限制人员及交通工具进出，停止集市、集会等人群聚集活动，关闭网吧、商场等公共场所，嘉排村民在家隔离，接受医学随访。封村期间，物资、物流紧张，嘉排村累计为全村2000余户家庭提供30吨大米、50吨蔬菜、排骨、冰冻鲜鱼、猪肉罐头、日用品等，保障群众基本生活；英林镇自发组建疫情防控党员志愿突击队，协助嘉排村开展疫情防控工作；两周时间内，海内外嘉排人通过捐款捐物支持家乡疫情防控工作。500余名嘉排同胞参与捐款捐物，捐款金额230多万元。

（黄月红）

【医疗废弃物监测】 2020年，晋江生态环境局在疫情防控的关键期第一时间成立晋江生态环境局应对新型冠状病毒疫情环境风险防控工作领导小组，通过微信远程视频、现场检查等方式开展晋江市医疗机构医疗废物处置排查整治，对医疗废水进行加密监督性监测，指导督促定点医院、集中隔离点、健康管理中心等重点医疗机构做好医疗废物、医疗废水无害化处置。累计出动执法人员556人次、检查医疗机构305家次，监测定点医疗机构48家次、涉疫生活污水处理厂24家次。落实医疗卫生、物资生产、研究实验等三类建设项目环评应急服务保障政策，指导服务7家医疗物资生产企业解决相关环保问题。

（王丹妮）

【快递服务行业疫情防控】 2020年，晋江市邮政管理局制定《晋江市快递服务新冠疫情防控工作导则》，落实疫情防控常态化，全年组织快递从业人员约1.5万人次进行核酸检测，全行业超7300人完成疫苗接种，行业免疫屏障逐步织牢织密。指导邮政、顺丰、京东3家企业在做好自身防控措施的同时正常运营，畅通防疫物资运输"绿色通道"和人民生活物资配送渠道，协调顺丰、邮政2家企业为市民配送10万个非医用口罩。全市49家邮政快递企业、286家邮政快递营业网点在2020年3月上旬全面实现复工。

·医疗战线抗疫·

【概况】 2020年初新冠肺炎疫情发生后，晋江市医疗卫生系统坚持把人民群众的生命安全和身体健康放在首位，全面取消干部职工休假，第一时间吹响疫情防控"集结号"，多措并举打出疫情防控"组合拳"。按照"外防输入、内防反弹"和"四早"（早发现、早报告、早隔离、早治疗）要求，设立6个集中医学观察点（喜得龙观察点、优雅壁纸市级健康管理中心、集成电路产业园区健康管理中心、新天娇酒店隔离点、锦江之星酒店隔离点、东方巴黎酒店隔离点），升级改造晋江市医院、晋江市中医院、晋江市安海医院、晋江市医院晋南分院、磁灶中心卫生院、陈埭中心卫生院、英墩华侨医院、东石中心卫生院发热门诊，严格执行首诊负责制，开展爱国卫生运动，实施网格化管理，强化监测预警报告，抓人员排查工作。

截至2020年底，晋江市共有7个医疗卫生单位建立PCR实验室开展核酸检测工作，日检测能力提升至9200份，连同第三方签订的1.5万份以及泉州市支援的1万份，确保5~7天内完成全员核酸检测。2020年11月25日，晋江市卫健局获“福建省抗击新冠肺炎疫情先进集体”称号。

【疫情防控督导】 2020年，晋江市医疗卫生系统在疫情进入常态化防控时期，组织相关部门对重点公共场所疫情防控工作开展现场督导，加强对各类会议、考试等人员比较集中的大型活动给予疫情防控指导，助力经济社会各项工作有序推进。晋江市医疗卫生系统上线公共卫生应急指挥系统，实现对应急物资实时监控、线上调配，提升物资调配能力。截至2020年底，储备不少于2个月使用量的防疫物资。

【疫情信息收集】 2020年，晋江卫生系统加强疫情信息收集，安排专人负责收集疫情动态信息，加强从中高风险地区流入晋江人员的管控，组织对密切接触者、次密切接触者和一般接触者，境外入晋江返晋江人员，疫情重点地区入晋江返晋江人员、学校师生员工有发热等可疑症状者或本人及家庭成员为密切接触者或14天内本人、家庭成员有疫情重点地区旅居史、接触史或21天内所居住社区发生疫情者，公共场所和工作场所工作人员，发热门诊患者、住院患者及陪护人员，所有医院、基层医疗卫生机构、诊所、疾控中心以及其他医疗卫生机构全体工作人员（包括医护药技、行政管理、进修实习等人员以及在院护工、保洁、保安、司机、后勤、餐饮等服务保障工作人员，第三方检测机构工作人员）和药店工作人员，收治新冠肺炎疑似病例、确诊病例和无症状感染者的定点医院全体工作人员，口岸检疫和边防检查人员，食品生产加工企业、屠宰企业、集中交易市场、冷藏冷冻仓库、商场超市、专营店、餐饮服务单位、客货运场站、冷链物流、外卖快递等行业直接接触冷冻冷藏肉类、水产品及包装物的从业人员，以及其他无防护状态下与上述人员有直接接触或参与相关工作的等冷链食品相关从业人员，为境外入晋返晋人员提供服务保障的全体工作人员，集中隔离场所的全体工作人员，对监狱、看守所、拘留所、强制隔离戒毒所、强制医疗所等监所全体工作人员和罪犯、羁押人员、戒毒人员、强制医疗人员等监管对象，对养老服务机构、儿童福利机构、民政精神卫生福利机构、救助管理机构全体工作人员和老人、儿童、残障人员等服务对象，其他经研判具有疫情风险的人员，重点人群的风险排查和核酸检测，做到“应检尽检”工作，截至2020年底，全市累计开展重点人群核酸检测44.09万余人次，其中，医疗机构从业人员9762人次，发热门诊和住院患者及陪护人员应检12.67万人次，检测率100%。

（郑玲燕）

·企业抗疫行动·

【概况】 2020年，晋江市的企业面对新冠肺炎疫情，以捐款捐物、转产防疫物资等多种形式投身全国抗疫大局中。1月25日，恒安集团首批防疫物资2500件杀菌湿巾产品，由恒安集团孝感公司送抵疫区，交由有关部门处置应用；同日，安踏作为首批捐资企业向中华慈善总会捐赠1000万元，在其机构内下设“新冠肺炎医护人员救助及奖励专项基金”，用于救助在抗击新冠肺炎疫情防控中奋勇作战的一线医护人员，奖励表彰在疫情防控中做出重大贡献的一线医护人员。全年累计超过278家企业转产防疫应急物资，实现“半个月造出一个新产业”，得到国家发改委等部门肯定以及《人民日报》、新华社、《福建日报》等中央、福建省各级媒体刊发推广。盼盼、爱而乐、晋吉供应链等企业，无论规模大小，无论身处何种行业，在疫情面前，晋江企业竭尽所能出资出物，为疫情防控尽一份力。

（颜伟杰　章生辉）

【转产疫情防护应急物资政策支持】 2020年，晋江市围绕保障复工复产所需的疫情防控物资，出台鼓励企业转产疫情防护应急物资11条措施，投入1400万元专项资金定向激励企业转产疫情防控应急物资，出台《晋江市应对新型冠状病毒感染的肺炎疫情企业错峰复工工作方案》，组建工作专班进驻应急物资转产重点企业，建立转产企业问题日反馈调度机制，并对转产企业原材料供应调拨、配套企业复工、设备通关放行、招工、产品检测、生产资质办理、融资等生产之外的事务进行全面包办、代办，保障转产企业全身心投入生产。

【企业转产防疫应急物资】 2020年，晋江市企业转产扩产口罩、防护服等疫情防控重要物资。恒安集团利用企业原有无菌车间，紧急转产防护服、消毒纸巾；2020年新注册成立的福建诺米高医疗科技有限公司，产出晋江制造的第一只口罩；海纳机械19天内造出晋江首台全自动医用口罩机，日均产量14万只；晋江金德织造有限公司成立“防护服生产尖刀连”，秒改“生产线”，实现日产1000多件防护服。福建柒牌集团有限公司在6天内改造车间、筹备物资、培训技术，从服装企业“变身”生产工业级防护服的企业；福建浔兴拉链接到70万条防护服拉链的订单时，工厂已经放假，当即召回50多名当地工人加班赶制；在利郎、七匹狼、劲霸等企业带动下，产业链全链条发力。短短一个多月时间，晋江市防疫物资生产设备从零开始，拥有自主研发的全自动医用口罩机设备生产线，以及防护服、口罩生产企业近十家，初步形成自主研发、相互衔接的防疫物资生产体系。恒安、婴舒宝、金德等企业转产口罩、防护服，从无到有，拼出一个医疗器械产业。

（郑玲燕）

·社会各界及群众抗疫·

【概况】 2020年初，晋江市各行各业群众参与到抗疫当中，捐钱捐物支持抗疫行动，自觉做到婚喜事、丧葬事简办，克服种种难以想象的困难，用实际行动支持疫情防控工作。民主党派有180多名医护人员、80多名医护社区工作者奋战一线、坚守岗位；民主党派发动党员（会员、社员）捐资捐物超过1000万元；晋江市各级妇联执委、女企业家、海外华侨及各界爱国人士累计捐款捐物超520万元；晋江市科协针对新冠肺炎疫情，开展新冠肺炎疫情防控应急科普工作，及时制订晋江市疫情应急科普方案，确保"疫情不解除，科普不掉线"。在晋江科协微信公众号设置"新型冠状病毒"科普专栏，联合晋江市电视台播出《科学预防新型冠状病毒肺炎》等科普宣传片；2020年初，晋江市民政局突出对"一老一小"兜底保障和关爱照料，对全市民政福利机构实施全封闭式管理，做到"零事故""零感染"，牵头推进红白喜事新办、简办，在福建省率先发布《关于新型冠状病毒感染的肺炎疫情防控期间简化治丧活动的通知》；晋江市总工会推动各企业工会建立员工健康档案，协助企业做好员工健康管理。加大对防疫一线医务人员、工作人员关心关爱力度，走访慰问1126名一线医务人员、防护服生产企业一线职工，发放慰问金30.88万元。

（陈舒曼　陈建造　许泽润）

【疫情防控网络构建】 2020年初，晋江市面对疫情初期严峻的防控任务，各镇（街道）全面贯彻落实晋江市防控部署和要求，成立本级疫情防控指挥部，明确工作职责，根据辖区实际情况建立村（社区）级防控工作网格，统筹推进本级疫情防控工作。发动镇村干部、网格员、党员、志愿者等多方力量，调动各辖区防控力量，深入一线开展防控工作。

（陈舒曼）

【移风易俗】 2020年，晋江市出台《2020年晋江市移风易俗工作实施方案》和责任清单，推进喜俗、宗俗和殡俗三方面治理，号召减少聚集。在喜俗方面，重点抓关键少数、重要环节，发挥人大代表、政协委员、商会会员和党员公职人员尤其是农村党员干部的示范作用，盯住适婚青年做好宣传动员工作，并在行业自律、依法监管和农村"家宴中心""共享厨房"试验等方面发力。在宗俗方面，立足"一定规模的宗族和民间信俗活动纳入大型群众性活动，加强宗族和民间信俗、信仰活动监管纳入意识形态工作主体责任及发挥村居党组织和群众自治组织一线作用、发挥宗教界和民间信仰从业人员特殊作用"四个渠道推进、实施宗俗的综合治理、协作发力。在殡俗方面，落实"不超三天、不举法事、不办公饭、不行路祭、不请阵头、不搞游丧"等疫期从简治丧规定。婚喜事新办、丧葬事简办、迷信事不办、公益事共办渐成风气。

（吴文博）

【疫情防控社会捐赠】 2020年，晋江市慈善总会收到抗疫捐款3007.42万元，晋江市红十字会收到抗疫捐款630.08万元。海外社团、旅外乡亲捐款捐物，23个国家（地区）的38个社团及乡亲向晋江捐赠口罩390多万个、手套30.6万双、隔离服4万多套、防护眼镜1万多个、防护服7000多套以及救护车、测温设备、呼吸机等各种防护物资，助力家乡打好疫情防控保卫战；各民主党派和新阶联成员捐资捐物超过1000万元，本异地商会、企业支持配合疫情防控，江苏、浙江、广州等异地晋江商会捐赠测温热像仪设备助力全市中小学校抗击疫情。全市侨务部门、侨联组织、社会各界向海外捐赠防护物资，向菲律宾、意大利、印度尼西亚等国家和地区的110个社团及友好城市捐赠口罩436.5万个、防护服1.8万件以及额温枪、药品、手套、呼吸机等，总价值约1300万元。

（曾金珠）

【宗教场所疫情防控】 2020年，晋江市委统战部第一时间动员，四大宗教团体和民间信仰联系点及时响应号召，联合对外发出倡议，动员宗教界参与防疫工作，各宗教捐款捐物350万元；全市宗教和民间信仰场所在福建省率先落实"双暂停"（暂停对外开放、暂停集体性宗教活动）。位于晋江的泉州佛学苑延迟开学，市民宗局开展常态化检查，累计检查场所648次。常态化防控阶段，推进宗教场所有序恢复开放，采取"四化常抓"（检查督促经常化、亮码扫码常态化、关口管理规范化、责任落实制度化）举措，严格执行"绿码+测温+戴口罩+社交距离"制度，确保各项疫情防控措施在宗教场所得到落实。

（林承标）

【开学复学疫情防控】 2020年，晋江市教育局成立教育系统物资调配保障工作组，负责教育系统疫情防控物资筹备、管理、配发工作，采购、募集防控物资，对各相关学校疫情防控工作进行督导，指导学校防控物资配（储）备，组建物资调配专班，统筹指导全市春秋开学防疫物资储备管理。强化健康管理，落实健康报告筛查制度；强化督导检查，构建"市防控指挥部——市教育局、卫生健康局——镇（街道）教委（育）办"三级督导体系，确保学校的复学工作；强化教育培训，开展全市学校疫情防控和校园消杀工作培训。推广应用"八闽健康码"。晋江市教育系统"八闽健康码"申领总人数1116621人，其中晋江区域内申领1060805人、晋江区域外申领55816人。

（林金国）

·企业复工复产·

【概况】 2020年初，晋江市委、市政府在疫情初步得到控制的同时，把着力点放在一边抓常态化疫情防控，一边抓企业复工复产。出台《晋江市人民政府关于应对新型冠状病毒感染的肺炎疫情支持中小微企业共渡难关十五条措施的通知》《晋江市人民政府关于疫情防控期间支持中小微企业共渡难关三条补充措施的通知》《晋江市新型冠状病毒感染的肺炎防控工作指挥部关于进一步支持企业和项目有序复工复产十二条保障措施的通知》等系列措施，拓展政策维度、加大政策力度、加大扶持复工复产，全年累计减税降费21.8亿元、兑现扶持资金23.8亿元，向上争取纾困资金50亿元、地方政府债券35.8亿元。引导恒安、海纳机械等非公企业转产防疫物资及设备，生产出晋江第一台口罩机、第一件防护服。全年累计278家企业转产防疫应急物资生产。

（陈　林）

【防护物资调配统筹保障】 2020年，晋江市围绕企业开门复工面临的"人、钱、物"等问题，实行包车司机"点对点"接送服务员工，推广"共享员工"新模式，协调用工8.6万人。组建专班统筹保障防护物资调配、鼓励企业转产疫情防控应急物资。全年累计278家企业转产防疫应急物资生产，口罩、防护服日产能从零起步，到高峰期口罩达2000万个、防护服20万套以上，实现"半个月造出一个新产业"，特别是当地龙头企业柒牌公司率先响应号召，7天新上4条生产线生产防护服，日产量达6万套，获得国务院的高度肯定；推动上下游企业、项目协同复工，2月底实现规模以上工业企业全部复工，3月初实现388个续建重点项目全部复工建设，3月底满负荷施工。搭建融资对接平台，创新商票质押融资、土地保证金担保融资等5种银企担合作模式，全年帮助企业转续贷430亿元，新增落实贷款270亿元，其中有115亿元流入中小微企业。

【复工复产复市帮扶】 2020年，晋江市商务局组建6个复工复产服务小组，分镇域分行业走访企业，摸排企业困难，掌握行业经营动态。全面摸排分析，实地走访与电话联系、网络问卷相结合，累计收回答卷数据279份，分类收集梳理企业意见建议47条，解决企业复工复产面临的复工审批、物流效率低下、防控条件不足等问题。加大政策帮扶，梳理出台外经贸、跨境电商等方面政策，加快资金兑现，制订国际贸易纠纷问题应对工作预案，帮助企业共克时艰。出台商贸流通企业复工复产导则，推动企业在严格做好防控工作的前提下，有序复工复产复市。拓宽融资渠道，及时召开外贸企业专场融资需求对接会，交办88家(次)外贸企业融资需求至银行机构，为4家企业和平台争取授信21.7亿元。支持中信保为外贸企业提供信保保单融资，全年融资约3.04亿元。指导500家小微出口企业申领政策性保单，投保企业数居泉州第一，投保金额15.48亿美元。保障企业订单，成立市企业订货会服务小组，3月，出台《晋江市企业订货会疫情防控工作导则》，指导品牌鞋服企业在做好疫情防控的前提下，线上线下结合、分期分批举办订货会。利郎、安踏、柒牌、361度等20家企业先后举办38场订货会，企业订货量超预期，带动上下游链条"转起来"。创新探索"双线"办展，家博会确认成果对接参展企业96家，鞋博会线上累计GMV交易额超10亿元，食交会意向交易额138.6亿元。强化招商、增添后劲。针对商务活动受阻的情况，开展云招商、云洽谈、云签约。2020年，先后举办8场重大项目集中"云签约"活动，累计促成145个项目签约，计划总投资682.9亿元。上线晋江招商数字化管理平台，进一步形成招商合力，确保全市招商项目"早落地、早见效"。

（施雅霜）

【企业生产经营难点堵点打通】 2020年，晋江市围绕企业开门复工面临的"人、钱、物"等问题，推动上下游企业、项目协同复工。打通企业生产经营难点堵点，畅通经济循环：生产端——率先在全省出台企业订货会工作导则，在疫情初步转好时就分期分批保障28家企业开展38场订货会，推出"线上+线下"双线会展模式，不间断举办鞋(体)博会、食交会、家博会等品牌展会，帮助企业迅速稳住订单、恢复生产。举办5场鞋服品牌产能对接活动，引导60家企业为十余家龙头企业代工生产，打通供应链循环；需求端——举办"十行百场千企万店""全闽乐购·全城联动"、产业直播节等系列促消费活动，刺激消费需求反弹回补，拉动网络消费300亿元，晋江市入选新国货之城十强，为唯一县级市。

（陈　林）

【"医"保复工复产】 2020年，晋江市卫健局在全市开展"千医连万企"服务企业复工复产防控工作的活动，动员全市"医"力，确保每家复工复产企业至少有1名医务人员挂钩联系，为企业复工复产全程护航。

医疗系统组建医务团队，基层医疗卫生单位医务人员、村卫生所乡村医生、村计生协管员，以及辖区内自愿参加的个体诊所、民营医院挑选优秀的医务人员，以乡镇为单位，组建以基层医疗卫生单位为主体的医务队伍。"千医连万企"活动，涉及民生的企业、重点龙头企业及关联企业、其他企业等返工复工的企业纳入服务范围。以服务规模以上企业为主，覆盖所有规模以上工业企业、大型商场、超市卖场，以及食品生产供应、供水供气供电等行业，兼顾来自市域外员工较多的企业。在"医"力分配上，晋江根据企业大小和分布情况，服务规模以上企业，可1人联系服务1~2家；其他企业，可1人联系服务1~3家；也可1~3名人员团队对接多家企业，确保每家复工复产企业至少有1名医务人员挂钩联系。医务团队成员入企后，指导企业设立卫生健康协管员，落实每日2次观察员工体温体征情况并及时动态登记，实时掌握联系企业员工的健康信息等。要求各基层医疗卫生单位负责指导企业建立内部疫情防控机制和应急处置预案，明确流程、责任人和责任范围，落实复工前"三个一"(开展各类工作场所、职工宿舍、食堂和室内活动场所等的一次全面消毒；设置隔离观察场所和发热病人临时留观点、测温点等一类防控场所；做好防护、消杀药品等一批物资储备)。指导企业做好工作、生活场所通风换气和每天上下班前后消毒，重点区域多次消毒；指导员工戴口罩上班，推广盒饭制或分批、错时、错峰就餐；指导企业做好人员进出管理等。各基层医疗卫生单位负责指导企业建立健全员工健康管理档案。企业要做到一人一张健康信息卡，对员工上岗前14天的健康状况、活动区域、是否接触重点疫区人员等信息进行全面登记。

（郑玲燕）

【员工返岗】 2020年，晋江首次通过包车、包机等方式，从贵州、云南等地接员工到岗。2020年上半年，柒牌、盼盼、浔兴、华宇、艾派等435家企业，从疫情低风险地域招收16322名员工，投入"复工大潮"。截至2020年2月底，晋江全市开工规模以上企业1635家，开工率95.6%。

【营销手段创新】 2020年，晋江市企业借助"云"销售、直播带货等新手段，开辟新航道：七匹狼CEO率先参与直播带货，劲霸打造24小时不打烊线上云店。安踏集团开启"全员销售"模式，"双十一"全渠道电商流水28.4亿元，2020年电商流水突破100亿元。

【产业链联动】 2020年，晋江市组织开展服装品牌产能对接洽谈会，促成20多家中小企业和出口型企业为柒牌、劲霸、利郎、七匹狼等当地龙头企业代工，订单总额超10亿元。推动有序复工复产。晋江市出台《晋江市应对新型冠状病毒感染的肺炎疫情企业错峰复工工作方案》，科学引导企业有序复工复产，重点建立产业链协同复工机制。协调102家为安踏、恒安、特步、盼盼、亲亲等龙头企业提供紧密配套的中小企业提前复工，先后为141家（次）企业提前解决物流畅通、产品运输、原辅材料采购限制等问题。强化防控物资保障。策划服装品牌产能对接洽谈会，促成近10家企业与柒牌、劲霸、利郎、七匹狼等四大男装品牌达成合作意向。拓展新经济平台。组织外贸企业对接晋江产业直播基地、中国鞋都电商园，拓展电商、直播带货渠道，扩展内销线上市场，促成金宏昌、富华、大兴、汇聚体育、快乐年华、力利等20多家拖鞋、童鞋、泳装、晴雨伞、男装、玩具等行业外贸企业，进驻产业直播基地抢滩国内线上市场。稳住市场订单预期。成立晋江企业订货会服务小组，出台《晋江市企业订货会疫情防控工作导则》以及配套预案，推动利郎、安踏、361度、柒牌、肯拓等一批品牌企业举办订货会，企业取得逆势而上的成效。

（颜伟杰）

三大任务攻坚

·实现高质量赶超·

【三产发展】 2020年，晋江市实现农林牧渔业总产值40.59亿元、同比增长3.8%。新增国家级农业产业化龙头企业1家、国家农产品地理标志登记保护产品2个、“一村一品”示范村和农业产业强镇各1个，九十九溪流域田园风光拓展区渐成态势，一、二、三产加速融合发展。智慧渔港部分建成投用，获批创建福建省级海洋产业发展示范县。

2020年，晋江市规模以上工业产值完成5906.93亿元，同比增长5.8%；五大传统产业、五大新兴产业分别实现产值4869.5亿元和674.4亿元，分别增长8.2%和1.4%。其中，海洋生物、汽车制造及零部件、食品饮料、建材陶瓷等产业增长相对较快，分别增长25.5%、19.4%、15.7%和11.3%。

2020年，晋江市新增上市企业3家、海交所挂牌交易企业4家、产值超亿元企业60家、省级智能制造试点示范企业7家、两化融合贯标企业7家、首台（套）重大技术装备4项、省级以上“专精特新”企业6家，44家企业入选福建省级龙头企业、占泉州总数的52.4%，规模以上企业导入精益管理模式、应用智能化自动化装备的比例分别提高到40%和55%，上云普及率超80%，工业百强县排名上升至全国第四位。2020年，晋江市新认定国家高新技术企业126家，新增福建省科技小巨人领军企业26家、福建省科技型中小企业155家、福建省级新型研发机构2家，高新技术企业产值占规模以上工业产值比重提升至22%。

2020年，中国科学院大学智能制造学院招生，福州大学科教园实现本硕一体培养，中国制浆造纸研究院有限公司进入试运营阶段，福州大学科教园发展中心、哈尔滨工业大学机器人研发中心完成运行机制改革，实现全市公共创新平台归口管理，产学研协同协作能力持续提升。

2020年，晋江市入选全国双创示范基地，举办第四届海峡菁英人才节、第三届全国集成电路“创业之芯”大赛、“海峡杯”工业设计大赛等创新创业品牌活动，建成泉州（晋江）国际人才港，新增高层次人才1242名；福建省首支国家科技成果转化引导基金子基金、泉州创新引导基金落地，“晋金私募汇”新增注册私募基金49家、累计102家、规模60亿元。技术合同登记（晋江）分中心启动运作，认定登记技术合同36项，合同金额5072万元，比上年同比增长330%；获批鞋服（食品）国家级知识产权快速维权中心，专利申请量、授权量分别达13684件、11096件，分别占泉州市的23.2%、19.8%，万人发明专利拥有量10.14件。

2020年，晋江市完成服务业增加值1018.52亿元，比2019年增长4.9%，第三产业增加值占国内生产总值比重提升至38.9%，提升2个百分点。130个三产重点项目完成投资311.8亿元，完成年度计划126.9%，国际会展中心、第二体育中心等30个项目建成营运。会展经济加速线上线下融合发展，鞋（体）博会吸引国内外参展企业2000多家、线上累计GMV交易额超10亿元。跨境电商大幅增长，全年国际及港澳快递业务量909.35万件，比上年增长67.08%。“在线经济”“网红经济”“平台经济”加速发育，新增直播基地3个、淘宝镇1个，“双十一”品牌销售额近百亿元。服务业集聚示范效应进一步增强，中国鞋都电子商务中心、顺丰泉州园区等2个园区入选泉州市服务业集聚示范区。

（熊俊诚）

【技术改造】 2020年，晋江市发挥各级技术改造政策叠加效应，鼓励推动企业加快技术改造。策划实施282个本级重点技改项目（年度计划投资149.35亿元），带动技改投资增长超20%。推动龙头企业、成长型企业产能业绩释放，入选福建省、泉州市级龙头企业分别增加到41家、78家，海纳、易宝、优安纳等3家企业入选工信部专精特新小巨人企业名录，新增省级智能制造试点示范企业7家，百凯、恒安等2家企业完成国家级智能制造综合标准化与新模式应用项目验收。

【技术对接】 2020年，晋江市承办2020年度“智能制造进园区”（泉州站）、制鞋产业智能制造现场推介会，举办“2020海峡杯设计加速营”系列线上直播设计公开课、首届晋江智能制造创新设计大赛、晋江市工业互联网建设应用推进会等，以及第七届“海峡杯”工业设计大赛。加强推进新型高端面料产业基地、人机交互产业基地等两新基地项目招引。

【企业发展环境优化】 2020年，晋江市围绕破解中小企业订单不足、产能过剩困难，促进龙头企业产能回归，策划召开纺织服装产能专场对接活动等，促成30家（次）中小企业与龙头企业达成贴牌代工协议，合同金额超过10亿元。先后组织100多家纺织鞋服企业前往莆田等地开展精益管理对标学习活动；组织食品企业核心管理人才及高管近200人赴九牧王服装公司开展跨界对标学习活动。

【企业减负】 2020年，晋江市贯彻落实各级关于企业减轻负担的政策措施，拖欠中小企业欠款全部清欠完毕，清欠工作完成进度100%。

【老旧工业区改造】 2020年，晋江市加快推进老旧工业区改造工作，筛选27宗项目纳入全市工改项目培育库，形成《晋江市老旧工业区综合整治三年行动方案》《晋江市工业企业亩均效益综合评价实施意见（试行）》等文件。

（颜伟杰）

【招商引资】 2020年，晋江市商务局推行主官招商、全员招商、精准招商、产业链招商，构建全市大招商格局。全年累计促成安踏科研基地、百宏33万吨聚酯薄膜、牧月科技自动驾驶等145个项目签约，计划总投资682.9亿元，涵盖集成电路、新材料、智能装备、现代物流、高端商贸等领域。完善招商机制。梳理完善招商工作全链条管理机制、招商选资工作联席会议制度，出台2020年产业链招商季专项行动方案，对六大“两新”（新基建、新经济）基地实施招商比拼，上线晋江招商数字化管理平台，确保全市招商项目“早落地、早见效”。深耕产业链招商。实行“主官招商”，党政主要领导先后率队赴京津冀、长三角、东北等地区开展招商项目洽谈。组织参加数字中国建设峰会、“9•8”厦洽会（投洽会）等国内外大型经贸活动，举办苏州智能制造企业“晋江行”考察对接、集成电路“创业之芯”大赛等活动，精准对接目标客商。实施线上云招商，开展“云洽谈”“云签约”，先后举办8场线上线下签约活动。

（倪侨瑜）

【稳外贸政策落实】 2020年，晋江市落实稳外贸、稳外资各项政策，实施精准帮扶，推动外贸稳中提质、利用外资水平不断提升。培育新型业态。推动晋江国际鞋纺城获批国家级市场采购贸易方式试点并实施。以泉州市获批国家跨境电商综合试验区为契机，出台政策鼓励企业开展跨境电商出口业务，推动LAZADA（来赞达）跨境电商分拨中心开仓，加快完善跨境电商生态圈。全年国际及港澳快递业务量909.35万件，比2019年增长67.08%。拓展口岸通道。支持泉州晋江国际机场开通货运包机航班，全年旅客吞吐量超500万人次、货邮吞吐量超7万吨。推动陆地港与泉州晋江国际机场合作建设城市货站，推行空运超级干线计划，跨境贸易电子商务出口单日最高突破10万单。协调口岸部门深入推进外贸通关环节便利化，晋江关出口、进口通关时间分别压缩至0.29小时、3.04小时。提升外资企业投资便利化。贯彻落实《中华人民共和国外商投资法》，实行外商投资准入前国民待遇加负面清单管理制度，落实《外商投资信息报告办法》，取消外商投资企业设立及变更审批、备案，实行信息报告制度。

（王美蓉　倪侨瑜）

【现代服务业发展】 2020年，晋江市坚持生产性服务业和生活性服务业并重，加快培育一批现代服务业集群。晋江市共培育大型专业市场21个，经营总面积超700万平方米，年销售总额超500亿元，吸引石化、纺织、陶瓷、五金、钢铁等行业贸易企业集聚发展。豪新食品市场2020年成为海峡两岸食品交易会战略合作伙伴。海峡石化2020年线下实现营业额约260亿元，比2019年增长4%，纳税额1.2亿元，比2019年增长25%；线上交易累计交易量167.04万吨，交易额70.20亿元。五金机电城一期、二期加快融市。物流快递枢纽作用更加凸显，物流业注册企业从2015年的450多家增加到900多家，AAA级以上物流企业有32家，占泉州市总数30%。2020年，晋江市物流业纳税额2.45亿元，快递业务量8.46亿件，比2019年增长66.26%，占泉州比重49%。泉州传化公路港、晋江陆地港、安踏一体化物流产业园区、菜鸟网络晋江园区4家被列为省级示范物流园区，占泉州市总数4/5。现代物流园、泉州顺丰创新产业园等12个物流园区加快建设。支持SM、宝龙等商业综合体向场景化、体验式、互动性、综合性消费场所转型，引导世贸御龙湾酒吧街、阳光路步行街等商业街区特色化发展。引导各大商圈开展商贸促销活动，策划举办晋江市“十行百场千企万店”和“全闽乐购•全城联动”暨第四季晋江购物节活动等系列活动，政府投入汽车、购房和通用消费券，带动各行各业商家让利促销，促进消费回补。加快发展夜间经济。统筹规划全市夜间经济发展布局，支持五店市、全民健身中心、梧林传统村落等景区、街区、市民集聚区丰富业态布局、延长营业时间、策划多元活动。组织“晋江夜色直播间”活动，联手阿里巴巴本地生活旗下的口碑、饿了么，与优质美食、酒店、休闲娱乐商户联合让利，邀请知名网红在各大商圈、夜间经济带巡回直播。

（黄仕明）

·更高水平全面小康建设·

【危房改造】 2020年，晋江市住建局累计审批个人住宅翻建2821宗，拆除石结构及危险房屋3004栋、60.71万平方米，指导做好成片改造的报批工作，推进安海溪边、东石洪塘村等成片改造项目。2020年，印发《关于落实贫困户住房安全有保障工作的通知》，要求各镇街对辖区内贫困户住房进行安全等级鉴定及挂牌上墙；2020年，合计评定5189户贫困户（含相对贫困帮扶对象），其中A级975户、B级4214户。

2020年，市住建局制订《晋江市2020年农房抗震改造试点实施方案》，推进晋江市抗震设防烈度7度及以上的地震高烈度设防地区（包含金井、深沪两镇8度区）的农房抗震改造试点工作。根据市政府《关于石结构及危旧房屋改造工作协调会议的纪要》，简化和规范成片改造流程，建立石结构改造工作联席会议制度，印发《晋江市人民政府办公室关于危旧房屋翻建审批补充事项的通知》，由市石改办牵头，自然资源、农业农村、交通运输等有关部门进行联席会议，协调解决石结构改造审批和推进中遇到的困难和问题，适当放宽重大安全隐患房屋翻建审批。在磁灶、东石和安海等镇推行村级代办服务，由各村（社区）村务工作者负责各村危房翻建申请名单报送，翻建资料收集、初审及进度跟踪，提升危房翻建审批效能和服务水平。

（黄　宏）

【贫困对象帮扶】 截至2020年底，晋

江市共有相对贫困帮扶对象251户708人。晋江市统筹做好新冠肺炎疫情防控和脱贫攻坚，组织开展帮扶活动，帮助贫困帮扶对象度过新冠疫情防控困难时期。开展“两不愁三保障”和饮水安全排查，组织国家扶贫日“六个一”（一村一查找、档卡一户一校准、帮扶一项一项抓落实、资金一笔一笔审核、政策一条一条落地、责任一级一级到人）系列活动，为相对贫困帮扶对象免费体检，建立健康档案。

（吴文振）

【教育补短板项目实施】 2020年，晋江市教育局按照“一主两辅”布局规划，重点实施176个教育补短板建设项目（2017—2020年），推动实施在建校舍项目44个，预备校舍项目67个，完工21个，建筑面积161535平方米，新增学位8370个，完成投资62051.44万元。2020年，晋江市教育局抽选2019年度176所学校重大基建工程和零星修缮项目接受审计。

【校舍及设施新改扩建】 2020年，晋江市教育局新改扩建池店镇龙湖嘉天下配套幼儿园等10所公办幼儿园，计划投资9000万元，新增学位3600个，停办英林镇马山、英山、锦江、海峰等4所小规模学校，升格东石镇井林小学、罗山街道军民小学、新塘瑞鹊小学为中心小学。深沪科任小学纳入深沪中心小学管理，更名为深沪中心小学科任校区。改造内坑怀斧幼儿园、转制星星幼儿园升格市直园，新建新塘中心、安海霓裳幼儿园等4所公办幼儿园。2020年晋江市共有公办幼儿园82所（含16所分园），在园幼儿2.56万人。开展小区配套幼儿园专项治理。2020年新改扩建20所小学自办食堂均投入使用。

【清华附中晋江学校落户】 2020年1月2日，清华附中晋江学校举行签约暨动工仪式，落户在晋江市紫帽片区。标志着晋江新增一所优质基础教育学校。11月24日，经泉州市人民政府同意，紫帽片区晋江学校设立高中部，晋江市再增一所公办高中。

（林金国）

【医疗卫生项目建设】 2020年，晋江市对接上级申请资金支持，累计申请资金2.77亿元。其中，2020年地方政府债券1.15亿元、2020年中央预算投资900万元、2020年抗疫特别国债1.62亿元。2020年规划建设项目20个。公立医疗建设项目方面，青阳街道社区卫生服务中心建设、深沪镇卫生院装修改造项目、市疗养院室外工程——病人康复活动场所等3个项目完成投用；市医院迁建、市口腔医院、紫帽镇卫生院迁建、内坑镇卫生院迁建、罗山街道社区卫生服务中心搬迁等5个项目年底前投用；东石中心卫生院后勤保障楼于2020年4月开工建设，市医院晋南分院医疗综合楼、第三医院扩建项目完成施工单位、监理单位招投标工作；市医院晋中分院、新塘街道社区卫生服务中心迁建等项目加快推进前期工作。民营医疗建设项目方面，百大妇产医院（民营）项目完成桩基施工，龙华康复医院进行主体六层浇筑。推进信息化建设。智慧卫生信息二期—1项目上线运行，完成三级等保备案，世行贷款医改促进项目——福建省县域医疗卫生信息项目晋江通过初步验收（泉州统一组织），实现13家试点医疗卫生机构医疗数据互联互通。上线“健康晋江便民服务平台”微信公众号，为群众提供全市公立医疗机构统一预约挂号、在线咨询、检查检验查询、档案调阅等便民服务。启动智慧卫生平台云资源服务迁移项目，完成22套系统迁移工作，与国产密码硬件设备对接，开始进行综合监管平台的软件端国产密码改造，11月上线试运行。完成《智慧卫生信息工程暨电子健康卡（多码融合）项目可行性研究报告暨初步设计方案》第一稿。

【“三医联动”机制健全】 2020年，晋江市推进药品耗材采购改革，超额完成国家第一批药品集中带量采购任务，完成约定采购量的210.43%，药品价格平均降幅52%，市医院组建泉州首个采购联盟，并组织第一次集中采购，为联盟每年节约资金1888万元；推进医疗服务价格改革，2020年新增2项医疗服务项目自主定价；深化医保支付方式改革，建立卫健医保部门联席会议制度和医保付费方式改革谈判会商机制，为合理确定医保基金总额预算做好前期准备。建成紧密型医共体，明确各成员单位功能定位，落实分级诊疗和上下转诊，开展暖心服务和加强学科建设提升县域内就诊率和基层诊疗量占比。推进人事薪酬制度改革。制定出台《晋江市公立医院人员总量控制备案管理暂行规定》，在市医院、中医院等7家公立医院试点人员总量备案制管理；推进卫技人员“市管镇用”改革，将紧密型医共体内的人力资源由牵头医院统筹管理和统一调配使用，促进医共体成员单位之间内人员合理流动。深化医共体建设内涵。探索医养康融合新模式。制订长期护理险工作方案，筛选确定2020年试点村（社区）8个，引入舒孝评估机构，入驻福寿康、邻鹿、康乐年华等3家护理机构，更好地开展护理工作。发布《关于确定2020年嵌入式养老机构建设试点项目的通知》，确定西园街道居家社区养老服务照料中心等5个建设项目名单。

【医疗服务水平提升】 2020年，晋江市打造顶级医疗服务高地。继续深化与树兰医疗集团合作内涵，持续推动13位院士、名医入驻院士专家工作站和名医工作室，帮助开展脑血管、心血管、血管外科介入治疗、腹腔镜下盆腔淋巴结清扫术等，带动全市医疗技术水平的提升。对接顶级医疗资源，晋江市与上海六院签订合作协议，共建国家区域医疗中心，“张长青名医工作室”常态化运作。健全医疗质控体系。结合疫情防控需要，规划成立其他专业质控中心，防范、控制医疗风险，提升医疗安全水平；制订重大医疗过失行为、医疗事故防范预案和处理程序，及时报告、分析、处理重大医疗过失行为和医疗事故。提升医疗资源运行效率。依托3个医共体，建成消毒供应、心电诊断、临床检验、医学影像、病理检验和远程会诊“六大中心”，面向全市医疗卫生单位提供集约化服务；推行集约化行政管理模式，实行行政管理、医疗服务、药械管理、财务管理、人力资源管理、信息管理等“六个一体化”，降低医院运营成本。筑牢镇村医疗服务网底。以开展“优质服务基层行”活动为契机，推动10家基层医疗卫生单位完善服务功能、改进服务质量、提高服务能力，提升群众满意度和获得感；持续推进村级医疗机构标准化建设和一体化管理，全市一体化卫生所规划291家，完成标准化建设村卫生所232家，对接医保局纳入医保定点协议管理，实现村卫生所医保“村村通”。落实乡村医生养老保障和岗位津贴。

（郑玲燕）

·公共服务体系建设·

【城区学校扩容】 2020年秋季，晋江中心城区泉州五中桥南校区、第七实验小学、紫帽片区晋江学校、第五实验小学江浦校区、新塘中心幼儿园、安海霓裳幼儿园等开始招生。

【学校优质创建】 2020年，晋江市教育局组织开展义务教育管理标准化学校、省级教改示范校创建工作，潘径实验小学、远华中学等69所中小学通过福建省义务教育管理标准化验收。

【示范幼儿园创建】 2020年，晋江市教育局指导省级、市级示范性幼儿园创建工作，第八实验幼儿园于2020年12月接受省级示范园评估验收。实验幼儿园嘉天下第二分园、钻石海岸、池店海丝、滨江等4所幼儿园接受泉州示范园验收。2020年秋，示范幼儿园在园幼儿3.42万人，比率达41.46%。

【普特教育融合】 2020年，晋江市新增围江、群英、紫帽中心3个特殊教育辅读班。联合民政、卫健、残联成立特殊教育专家委员会，建立组织机构，完善普特融合机制，开展中重度残疾儿童入户鉴定，为中重度残疾儿童做安置建议。推动安海水头小学、内坑三民中心小学、第二实验幼儿园和第三实验幼儿园开展普特融合试点工作。

（林金国）

【创业驿站设立】 2020年，晋江市人社局设立晋江市创业驿站，为有意向在晋江创新创业的各类高层次人才提供免费一站式创业服务的综合服务载体。为2名博士在晋创业提供创业场所及人才服务。

【网络招聘】 2020年，晋江市人社局组织搭建用人单位和毕业生双向对接平台。开发线上即时对接、视频面试新系统，扩展毕业生线上招聘新网络，举办线上校园招聘59场，包括大中专毕业生就业网络对接会5场、高校校园网络招聘会49场，精准就业帮扶招聘会5场。

【线上线下技能培训】 2020年，晋江市人社局开展线上线下相结合职业技能提升培训。实施百日免费线上技能培训行动，线上培训6590人次。共有249家企业参与技能提升行动，开展制鞋工、服装缝纫、商旅服务、电工等培训11430人次。

（余诗楠）

·安全和谐社会环境构建·

【社区民警进住村】 2020年，晋江市公安局以“大抓基层、大抓基础”为导向，以“强基促稳”三年行动、保障和提升公安基层基础工作21项重点任务为抓手，深化完善社区民警“住村”模式，开展“百万警进千万家活动”，推进强基固本战略，推动全市公安工作提档升级。公安派出所所长全部进镇（街道）党委班子，“住村”民警进村（社区）“两委”班子。“住村”民警履行信息收集、人口管理、治安防范、服务群众等职责，发动群防群治力量，与“六守六无”（守诚无失信、守德无纷争、守约无陋俗、守规无事故、守法无案件、守廉无贪腐）平安社区创建、“访民情、解民忧、化矛盾、防风险、查问题、治乱点”为主要内容的“百万警进千万家”活动等紧密结合，形成基层治理合力，夯实基层基础根基。9月，泉州市公安机关保障和提升基层基础工作现场推进会在晋江召开。

【社会治安防控体系构建】 2020年，晋江市公安局推动融合共治。突出发挥三级巡防队伍职能作用，做大做强交警、巡特警、派出所联勤联动工作，坚持屯警街面，实行棋盘式布警、网格化巡逻，提高见警率、管事率。深化“110”接处警勤务改革，巡特警反恐大队负责中心市区接处警、行政案件查处的包干兜底，派出所全面建成综合勤务指挥室并实体运作，市区、镇区、城乡接合部分别设立民警驻点岗亭、警务工作点、警务站，实现“一点布控、全网响应”。深化基层治理。树牢“纠纷可解、命案可防”理念，深化纠纷排查化解“五个一”（一个矛盾纠纷，一个排查处置小组，一个处置方案，一个工作目标，一抓到底）快速响应机制和“三所一庭”（基层司法所、派出所、律师事务所、法庭）公调对接机制，持续开展“枫桥式公安派出所”创建活动。2020年，东石派出所获评首批省级“枫桥式公安派出所”。突出智慧防控。为全警配备升级移动警务终端1435部，开展基础信息采集，推动基层基础工作模式由“多散杂”向“核实信息、核实线索”转变。推进“雪亮工程”、智能卡口、人像大数据系统等具体项目建设，实现面上防控、市际卡口、指挥服务等多个环节提档升级，推动全市刑事案件持续下降。2020年，全市共立刑事案件7815起，同比下降5.3%。

【社区警务室建设】 2020年，晋江市公安局组织星级警务室创建活动，评定出市星级警务室创建示范点1家；五星级警务室10家；四星级警务室16家；三星级警务室30家。完成“一村一警务助理”配备及规范化警务室建设，全市共设置中心警务室167家，中心警务室以外的村（社区）设置警务联络点230个，警务室、警务联络点对村（社区）的覆盖率100%。

【小案合成快侦】 2020年，晋江市公安局健全完善“三即十快”（“三即”指有警即处、有案即破、有损即挽。“十快”涵盖案件侦办的五个方面：指挥调度，做到快指令、快处警；资源集成，做到快共享、快封堵；同步上案，做到快合成、快预警；固定证据，做到快回访、快结案；责任落实，做到快倒查、快总结）、小案合成快侦警务机制。2020年，破获的案件中63.9%的案件在24小时内侦破、75.2%的案件在72小时内侦破；晋江市公安局先后在公安部“破小案、保民生”佛山现场会、公安部五局与中国刑警学院主办的“刑事侦查前沿与热点问题研讨论坛”做主题发言。

【社会治理便民服务中心】 2020年，晋江市公安局社会治理便民服务中心建立持续整合政府、社会、市场等各方资源，推行“12345+网格化”模式。将便民服务平台与社区网格化平台、“110”接处警平台等对接，做到数据共享。对需现场处置事项，第一时间下派网格，实现“人在网中走，事在格中办”。推行“12345+大数据运用”模式。运用互联网、物联网、大数据等信息技术手段，汇集梳理数据，针对社会治安、城市管理、民工讨薪等热点问题进行预警研判，形成分析报告，为市委、市政府决策提供参考依据。推行“12345+监管”模式。聚焦生态环保、水体治理、安全生产等群众关注的问题，发挥“12345”统筹协调作用，推动有关部门形成常态长效管理机制，推进城市综合整治成效。推行“12345+督察”模式。便民服务中心下设督查室，督查室主任由市委、市政府选派工作经验丰富的科级干部进驻办公，负责全程跟踪督查联动单位指令接收情况、事项处理进度和处置结果，对执行指令不及时、不到位的单位进行通报，通报情况纳入各单位年度绩效考评内容，倒逼干部转变工作作风，确保“事事有回音，件件有落实”。2020年，“12345”便民服务热线共接电话呼入52.5万余个，累计为群众解决难题35.2万余件。

【智慧警务】 2020年，晋江市公安局深入实施改革强警战略和公安大数据战略，构建起以全量汇聚、按需共享、智能应用为核心的大数据应用智慧链。累计完成93个物联网安防小区系统建设，建设起高清视频监控探头6.5万个、人像卡口1331路，破获的案件有72%利用到视频监控。推进智慧公安检查站、智能小区、金井智慧镇区、东石石佛山警务室云上调解室、池店桥南智慧警务室等项目建设，探索基层智慧警务之路。研发“晋江疫情数据汇聚平台”，实时整合疫情重点区域进入晋江人员数据资源225万条；开发“晋江疫情管控系统”，实现各级联动共享。打造“大数据+执法监督”体系，实现对办案轨迹全流程跟踪、执法对象全方位管控、执法活动全过程回溯。升级打造执法办案管理中心，加速推进智慧执法应用，提升执法办案智能化水平。

（陈志龙）

【安全工作】 2020年4月14日，晋江市教育局组织召开晋江市教育系统道路交通安全隐患排查整治专题培训会。对校园及周边道路交通“一校一策”方案的制订进行规范；4月23日，晋江市教育局、市场监督管理局、卫健局等三部门召开第二季度学校食品安全联席会议，晋江市人民检察院第六检察部检察官应邀出席会议。市检察院检察官结合校园周边“学校食品安全”检察公益诉讼专项监督检查活动，针对学校开学特点，为解决校园安全问题提出意见和建议；5月11日，晋江市教育局联合晋江市公安局、交通运输局、应急局、交警大队、融媒体中心、晋江经济报社、红十字会、陈埭镇人民政府、“120”急救指挥中心举行第九个“晋江市学校交通和防溺水安全教育周”启动仪式暨水上安全教育公开课线上直播活动；7月10—17日，晋江市教育局联合红十字会、晋江海事处等部门组织开展“水上安全教育进校园”宣讲周活动；8月12日，福建省建设工程地震安全监管检查指导组到象山中心小学开展检查指导工作采取听取汇报和现场实地查看等方式。重点查看学校建设工程施工图、抗震设计说明文本及相关审批文件资料，并就学校建设工程的一些具体情况向建设单位、设计单位做详细了解；8月28日，晋江市教育局组织召开晋江市校车安全管理专题培训会。校车所在学校（幼儿园）的办学业主、校（园）长和校车驾驶员，各镇（街道）教委（育）办领导及校车第三方监管公司负责人等190余人参会。2020年11月17日，晋江市教育局、交警大队、交通运输局首次联合召开预防道路交通事故暨校车安全管理专项整治行动视频会议。校车所在学校（幼儿园）的办学业主、校（园）长和校车驾驶员，各镇（街道）教委（育）办主要领导及校车第三方监管公司负责人等200余人参会。推动校车交通安全隐患全面排查整治，确保校车安全运行。

（林全国）

·重大赛事筹办·

【第18届世界中学生运动会筹办宣传】 2020年，晋江市委宣传部根据赛事最新筹办时间节点，完善制订《第18届世界中学生运动会赛事新闻宣传总体方案》，协调本级媒体紧跟宣传节奏，陆续推出第18届世界中学生运动会场馆巡礼、第18届世界中学生运动会党员故事、第18届世界中学生运动会部门动态、《世中运·新晋江》英文周刊等系列报道，全方位、立体化呈现第18届世界中学生运动会筹办动态和成果；对接推动中央、福建省、泉州等各级主流媒体聚焦第18届世界中学生运动会筹办动态，其中，新华社刊发《国际中体联主席：相信中国能带来史上最好一届世中运》，央视《新闻联播》《东方时空》《朝闻天下》栏目多次关注报道晋江第18届世界中学生运动会场馆建设；建设赛事官方网站、微信公众号，在海外社交软件Facebook（脸书）、Instagram（照片墙）、Youtube（优兔）、Twitter（推特）等主流软件上运维晋江专页，做好内容更新维护，先后策划推出第18届世界中学生运动会党员风采、“Hello！世中运！”、第18届世界中学生运动会场馆海报、探访第18届世界中学生运动会执委会办公室、“幸福笑脸助力世中运”等特色宣传，持续传递赛事筹办动态。

（谢佩龙）

【福建省中学生足球锦标赛承办】 2020年10月17—22日，2020年福建省青少年校园足球联赛暨中学生足球锦标赛在晋江市举行。赛事历时6天，由福建省教育厅、福建省体育局主办，晋江市体育局、晋江市教育局承办，晋江文旅集团协办。来自全省各设区市的18支男子高中组代表队和15支女子高中组代表队报名参加。并分别在晋江足球训练中心、罗山中学、内坑中学和安海职业中专学校4个赛区同时进行，晋江市教育局及有关学校为该届比赛做详细的筹备工作和相关的保障工作。

【“两校”体育馆投用预验收】 2020年4月29日，由第18届世界中学生运动会执委会、晋江市住建局及设计单位、监理单位、勘察单位等相关参建单位组成的验收组同意晋江职校体育馆通过竣工预验收。

晋江职校体育馆位于晋江市金井镇新市村的晋江市毓英中学体育馆，总投资4500万元，总建筑面积约9329平方米，建筑高度18.45米，最大单跨跨度45.4米。建设用地面积约6666.66平方米，以第18届世界中学生运动会(击剑赛)为主，同时满足学校体育教学需要，配置一个主馆(比赛场地区为57米×40米)和一个多功能热身馆(场地区为38米×25米)，观众席位约1310位。

(林金国)

乡村振兴

【概况】 晋江市先后获批全国农村集体产权制度改革试点县、福建省乡村振兴重点县、全国乡村治理体系建设试点县。英林镇、磁灶镇被确定为省级乡村振兴特色乡镇。安海镇曾埭村、上垵村、瑶前村，东石镇檗谷村，永和镇玉溪村，英林镇西埔村、三欧村、嘉排村、东埔村，金井镇三坑村、南江村、围头村、塘东村、福全村、溜江村，龙湖镇埭头村，内坑镇长埔村，深沪镇东华村、华海村、运伙村等20个村被确定为省级乡村振兴试点村。

2020年，英林镇被评为省级重点特色乡镇，磁灶镇大埔村、东山村获评省级实绩突出村。2020年，晋江市对原2条泉州市市级乡村振兴示范线进行重新打造，形成英林镇沪厝垵村—湖尾村—嘉排村—三欧村、金井镇围头村—塘东村—南江村—三坑村、东石镇梅塘村—潘山村—潘径村—檗谷村3条乡村振兴示范线路。

【乡村振兴领导组织】 2020年，晋江市重组中共晋江市委乡村振兴办，抽调8名专职人员16名兼职人员集中办公，形成周例会、月调度、季推进的工作机制。2020年，领导小组专题研究部署乡村振兴工作4次，市委乡村振兴办召开工作协调会15次。

【乡村振兴政策出台】 2020年，晋江市委乡村振兴办先后出台《关于贯彻落实抓好“三农”领域重点工作确保如期实现全面小康的实施意见》等统领全市乡村振兴战略实施的纲领性文件，先后制定《晋江市乡村振兴试点示范工作方案》《2020年晋江市实施乡村振兴战略重点任务》《晋江市乡村振兴试点村2020年十大重点任务》等文件。逐步形成全市一盘棋、共促共推振兴乡村格局。

【产业振兴】 2020年，晋江市加快发展特色农业产业，策划生成“14+1”田园风光建设项目库，规范土地有序流转，推动553.33公顷九十九溪流域田园风光建设，带动约1.5万名村民稳定增收。推动“五色产业”布局，全市胡萝卜年种植面积3600公顷，年产量32.4万吨以上，年产值7亿元，为全省最大胡萝卜种植基地、全国冬春季胡萝卜生产和出口优势区。深沪中心渔港扩建、金井围头一级渔港改造和新建东石白沙二级渔港3个项目纳入省渔港建设项目盘子，入选第二批省级海洋产业发展示范县。增强龙头示范带动作用。新创建示范农场15家，新增国家级龙头企业1家(现有国家级4家、省级37家、泉州市级49家)。开展一、二、三产业“百千”农业产业增产增效行动，纳入省级行动方案3家、泉州市市级行动方案27个，新增产值14.27亿元。打造农产品产销平台。先后举办“爱心助农——一起来围头‘鲍团’”、“振兴产业•庆丰收”农民丰收节等4场对接活动，直接展销对接农产品超千万元。推动农业示范典型培育。新增绿色食品认证产品2个(累计有无公害生产基地42个、绿色食品认证产品38个)、农业GAP认证产品1个、国家农产品地理标志登记保护产品2个(累计有4个)。2020年，东石镇获评全国农业特色产业强镇，金井镇围头村获评全国乡村特色产业亿元村，金井镇南江村获评全国“一村一品”特色产业示范村。

【人才振兴】 2020年，晋江市打造“凤凰归巢”项目、实施“桑梓人才计划”，邀请晋江籍在外医学、法律等类型专家返乡开展义诊、咨询等义务服务十几场。金井镇引进虾妈蟹爸(晋江)电子商务有限公司，共建金井镇智慧渔村项目；龙湖镇发挥“侨”优势，创设“龙湖智库”，与新加坡国立大学搭线合作，在东石镇潘山村设立“院士工作站”；市委乡村振兴办选聘10名青年设计师驻点20个省级乡村振兴试点村，每季度组织驻村设计师、驻村第一书记交流沟通、推动工作。2020年8月，组织全市50多位驻村第一书记开展为期一周的乡村振兴专题培训。实施“人才反哺农村”计划，构筑“内培外引”人才培养机制，全市共有农村实用人才7330人，组织参与新型职业农民培训2262人，认定新型职业农民350人。实施“星火工程”“蓝领计划”“求学圆梦行动”，400多名农民工获得学历能力提升。

【生态振兴】 2020年，晋江市以“一革命四行动”(农村“厕所革命”、农村垃圾治理行动、农村污水治理行动、农房整治行动、村容村貌提升行动)为中心，“三清一改”(清理农村生活垃圾、清理村内塘沟、清理畜禽养殖粪污、改变影响农村人居环境的不良习惯)为重点，结合第18届世界中学生运动会筹办、“两高”(高附加值、高颜值)及重要通道环境整治，推进农村人居环境整治工作，获评省级村庄清洁行动先进县。推进农村“厕所革命”。全市无害化户厕覆盖率99.97%，2018—2020年新建改建公厕360座，完成建制村均1座公厕任务。开展农村垃圾治理。健全镇村保洁管理“七个一”(明确工作要求、落实工作责任、细化奖惩措施、规范采购招标、严格经费管理、提高考核标准、强化追责问责)机制，实现村级日常管理、镇级半月检查评比、市级月考评督促的三级管理制度。在泉州市城乡环境卫生考评中成绩持续提升，2020年，有4个月取得90分以上优秀等次。在13个村和252个单位开展生活垃圾分类试点，回收380多吨可回收垃圾。深化农村污水治理。全市293个建制村农村生活污水治理项目完成244个，建成农村污水管道4193千米，农村生活污水治理率83%。建成污水处理厂7座，镇级生活污水处理设施100%建成并投入使用。抓农房整治工作。在全市范围大力整治裸房、拆搭盖，完成“两高”及重要通道沿线裸房整治2320宗，平改坡1359宗，拆除违章搭盖431宗10.54万平方米，绿化面积134.26万平方米。编制农村住宅建筑设计通用图集。以组团改造、成片改造和就地翻建三种形式持续推进石结构及危旧房屋改造工作，累计拆除2426栋49.58万平方米。全面提升村容村貌。招募10名设计师驻村参与乡村建设。深入开展"全民动员、绿化晋江"活动，引导房前屋后和村庄"四旁"绿化，2020年新建乡村公园5个、"五彩色带"(花成带、绿树成行的乡村特色景观)10条。建成高标准农田2000公顷，规划在建1900公顷。创建初级版以上的"绿盈乡村"192个，占比65.5%(其中中级版28个，高级版3个)。

【文化振兴】 2020年，晋江市加快建设村(社区)综合文化服务中心，利用古厝、祠堂、礼堂、戏台等，拓展一批基层特色文化服务中心，组织开展特色文化活动。综合文化站创建达标率100%；图书馆总藏书量225.463万册，人均1.05册；图书馆总分馆制建成，文化馆总分馆授牌。全年共举办文艺精品公益性演出174场，其中"大美晋江"惠民演出44场、戏剧精品基层公益性演出130场。13个市级文化阵地向社会免费开放，全年举办活动111场。重点打造第十四届南音演唱节、第三十三届戏剧展演节、第十届晋江市"悦"读节、"艺术讲堂"等。推动非遗人才传承提升工程、晋江艺术人才培养计划纳入市人才重点工作。新增"送王船"入选人类非物质文化遗产代表作名录。组织第一批晋江市级非遗传承人申报，评选出53名第一批晋江市级代表性传承人。组织参加"中国非物质文化遗产传承人群研修研习培训计划"及省、泉州举办的各类专题培训。实施乡村文化记忆工程，建设"乡村记忆乡村文化"示范村(社区)，建设乡土传统历史遗产保护点，完善乡村基础信息库，完善提升乡村特色文化阵地，培养乡村记忆乡村文化传承队伍。完成安海港古码头水心亭渡头的保护修缮工程和磁灶窑主题展览的改版，启动安平桥保护修缮前期工作；挖掘乡村旅游资源，培育乡村旅游精品线路，提升乡村旅游文化内涵，晋江市完成打造"围头村—塘东村—福全村—运伙村""檗谷村—潘径村—潘山村""湖尾—嘉排—三欧—沪厝垵"示范线创建。以示范线带动全局发展；打造梧林传统村落，打造成为集闽南华侨建筑展示、生活体验、文化创意、田野风光等多功能为一体的闽南文化旅游景区，及时间多元建筑文化集中展示区；举办"晋江市乡村振兴我参与"村标设计有奖征集活动，晋江市20个省级乡村振兴试点村公开征集村标，打造乡村文化"符号"。82件入围作品交给20个省级乡村振兴试点村，由村里组织村民代表和党员投票确定最终入选村标。

【组织振兴】 2020年，晋江市坚持走"三治融合"(自治、法治、德治)乡村治理道路。以入选全国乡村治理体系建设首批试点单位为契机，打造善治乡村。在全省率先出台首份村级《自治章程》，推广基层议事协商机制。坚持法治保障，全面规范"四议两公开"(村党组织提议、村"两委"会议商议、党员大会审议、村民会议或者村民代表会议决议，决议公开、实施结果公开)制度，推行"民警住村""一村一法顾""三所一庭联调"(基层司法所、派出所、律师事务所、法庭)等机制。注重政策引领，引导村庄将农村人居环境整治、移风易俗等相关约束纳入村规民约。晋江市"全力解决乡村治理的'人、钱、事'难题"入选第二批全国乡村治理典型案例，获中央农办行文推介。全面铺开乡村网格化管理。在全省率先构建"一个中心、若干网格"运行机制，规范村级组织业务、政务、服务"三张清单"。完善农村集体经济组织财务管理规定，在泉州市率先推行村级财务网上公开，在全省率先全面推行"村务卡"，进一步规范农村集体"三资"(集体资金、资产、资源)监管。晋江市集体"三资"监管典型经验获泉州市行文推广。开展平安村社保障行动。纵深推进扫黑除恶专项斗争，2020年就打掉农村黑恶团伙5个，抓获犯罪嫌疑人34人。严打"食药环"违法犯罪，破获"食药环"刑事案件84起。加快基层法律服务体系建设，受理法律援助案件1173件。设立评理调解室417个，评理员队伍4804人，实现市、镇、村三级全覆盖。构筑"1+2+3+N"("1"是指一个中心，成立晋江市矛盾纠纷多元化解中心；"2"是成立市人民调解中心和行政争议调解中心；"3"是指三调对接；"N"是指多元化的专业性行业性调委会)调解格局。

(戴斌斌)

市情概貌

自然地理

【位置面积】 晋江地处福建省东南沿海,位于北纬24°30′44″～24°54′21″,东经118°24′56″～118°41′10″。东濒台湾海峡,西和南安市接壤,南与金门隔海相望,北同鲤城区、丰泽区毗邻,东北与石狮市相连,境内陆地面积649平方千米;三面临海,海岸线长121千米,海域面积957平方千米。

【地质地貌】 晋江市地质属闽东滨海加里东隆起带。地势由西北向东南倾斜。地貌以台地平原为主,丘陵多为低丘,呈条带状或弧丘状分布。西北部的紫帽山海拔517.8米,为境内最高峰。海拔100～300米的罗裳—灵源和灵秀山脉分别纵贯中部东西。福建省四大河流之一——晋江,流经东北部,与横贯市境的支流九十九溪于泉州湾汇合入海。流域一带的晋东平原是泉州市最大的冲积平原,土地肥沃,河网密布,为水稻主要种植区。中部及南部广大地区丘陵起伏,多属侵蚀剥蚀台地,为甘薯、花生、大豆主产区。湖泊分布在滨海一带。东部的龙湖、虺湖是福建著名的淡水湖。海岸曲折,多港湾、岛礁,海岸线长,主要港湾有泉州湾、深沪湾、围头湾。

(市委党史方志室)

【气候】 2020年,晋江市年平均气温21.8℃,比历年平均偏高1.0℃,气温显著偏高。年极端最高气温39.2℃,出现在9月1日,年极端最低气温4.3℃,出现在12月31日。全年无霜日,无倒春寒和五月寒。“23”型秋寒出现在10月17日(属偏晚),“20”型秋寒出现在10月22日(属偏早)。年内有38天出现大风天气,年极大风速27.0米/秒(10级),出现在8月11日。年降水量672.9毫米,比常年偏少665.9毫米,偏少50%,一日最大降水量45.8毫米,出现在9月12日,全年未出现日雨量≥50.0毫米的暴雨。全年日照时数1981.7小时,比常年偏少37.3小时。

2020年气候总体平稳,晋江市气象灾害偏轻,属较好年景。年前汛期(5月6日至7月3日)开始偏晚7天,结束偏晚4天,历时58天。主要气象灾害有:暴雨、强对流天气、台风、高温、干旱,以暴雨和强对流造成的气象灾情为重;与往年相比,影响台风个数少,整体影响偏弱,为近年来最平稳的一个台风季节;气象旱情持续不断,夏秋连旱尤其严重,出现气象特旱;12月降雨偏多,气象旱情得到缓解;夏季气温异常偏高,降水显著偏少。

(杨舒琳)

【水文】 晋江市域河流除晋江、九十九溪外,其他溪河均发源于县境的丘陵、台地,源短流促,且自成单元向东、向南独流入海。河道浅窄、河网密度大。流量、水位季节变化明显,春夏季溪河水量多、水位上涨,为丰水期,尤其7—9月受台风影响,流量激增,水位暴涨,在干旱季节则多为断流。龙湖、虺湖是境内两大淡水湖。

(蔡聪语)

环境质量

【空气环境质量】 2020年,晋江市城市环境空气质量达到国家环境空气质量标准(GB3095—2012)二级标准,空气质量指数AQI为48,空气质量优良以上的天数为366天,优良率首次达到100%,比2019年提升3个百分点,无轻度污染及以上天气,首要污染物为O_3(臭氧)。空气质量综合污染指数为2.59,比2019年下降17.0%,空气质量综合污染指数位列泉州13个县(市、区)第七位。六项主要污染因子均优于国家环境空气质量二级标准,平均浓度分别为可吸入颗粒物(PM10)40微克/米、细颗粒物(PM2.5)19微克/米、二氧化硫4微克/米、二氧化氮18微克/米、一氧化碳日均值第95百分位数值0.9毫克/米、臭氧日最大8小时值第90百分位数值是118微克/米。其中,除一氧化碳持平外,其余5个指标均有下降,PM10下降14.9%、PM2.5下降17.4%、二氧化硫下降60.0%、二氧化氮下降14.3%、臭氧下降18.1%。2020年,降水pH在5.35~7.59之间,酸雨(pH值低于5.6)出现频率为7.1%。

【水环境质量】 晋江市城市地表水环境质量。2020年晋江市地表水水体监测点位断面是乌边港，所属水体名称为九十九溪，功能类别为Ⅳ类，执行GB3838—2002《地表水环境质量标准》Ⅳ类标准。2020年度监测频次共7次，监测达标频次3次，全年水质达标率43%，水质符合Ⅴ类标准。

城市饮用水环境质量。晋江市饮用水源地分为市级饮用水源和乡镇饮用水源。其中，市级饮用水源为南高干渠（晋江段），乡镇饮用水源为"三库一湖"（草洪塘水库、东山水库、溪边水库、龙湖），都达到GB3838—2002《地表水环境质量标准》Ⅲ类标准，水质达标率100%。

21条生态水域质量。截至2020年12月底，晋江市21条生态水域末端水（COD）平均浓度为58.1毫克/升（比2019年上升5.1%），氨氮（NH_3—N）平均浓度为9.74毫克/升（比2019年上升12.6%），总磷（TP）平均浓度为0.81毫克/升（比2019年上升1.3%）。

【声环境质量】 晋江市道路交通噪声。2020年度对晋江市21条交通干道进行监测，总长15.35千米，车流量均值为2828辆/小时，交通噪声监测均值为71.3分贝，超过《声环境质量标准》环境噪声限值4a类声环境功能区标准（70分贝）。

城市区域噪声。2020年晋江城市区域噪声共设置监测点位128个，监测均值为59.4分贝，达到《声环境质量标准》环境噪声限值2类声环境功能区标准。

（王丹妮）

自然资源

【土地资源】 2020年，晋江市土地总面积73403.35公顷。其中耕地13351.51公顷，种植园用地1321.90公顷，林地8041.59公顷，草地2839.18公顷，商业服务业用地1735.63公顷，工矿用地9344.41公顷，住宅用地14376.77公顷，公共管理与公共服务用地2211.80公顷，特殊用地1132.43公顷，交通运输用地6644.09公顷，水域及水利设施用地3838.03公顷，湿地7053.06公顷，其他土地1512.95公顷。

（张金前）

【矿产资源】 截至2020年底，晋江市境内已发现矿产12种，其中金属矿产2种，非金属矿产10种。优势矿产主要是饰面用花岗岩、建筑用石材、玻璃用砂和铸型用砂四种。其中深沪镇有一探明石英砂矿区（1986—1988年勘探），位于深沪湾海积一级阶地，为一大型优质玻璃砂、型砂矿床，石英砂总储量7534万吨（其中：玻璃砂储量1671万吨、型砂5863万吨），分布面积6.51平方千米，尚未开发利用。晋江市花岗石资源较为丰富，主要分布于永和、东石、英林、龙湖、金井等镇。已开发利用的主要为饰面用花岗岩和建筑用石材。石材荒料的主要品种有巴厝白（G3503）、清透白（G3515）、陈山白（G3532）、内厝白（G3533）、东石白（G3540）等5个品种，其中巴厝白、内厝白花岗石1998年被评为"中国名特石材品种"。

（王玉志）

【水资源】 晋江市境内水资源贫乏，多年平均水资源量3.22亿立方米，2020年地表水资源量为2.592亿立方米，地下水资源量为0.797亿立方米，扣除重复计算量，全市水资源总量2.747亿立方米，人均水资源量130立方米，属于绝对贫水区，只能依靠外引晋江客水来弥补工业、农业、生活和生态用水需要。

（蔡聪语）

【水产资源】 晋江市海岸线长121千米，有滩涂面积0.7万公顷，10米等深线以内浅海面积1.16万公顷，内陆水域面积0.2万公顷。水生生物资源丰富，种类繁多。海洋捕捞的主要渔获种类有100多种，经济价值较高的有带鱼、鲨鱼、海鳗、鲳、鲷、毛虾、梭子蟹、鱿鱼、乌贼等。浅海滩涂和陆上工厂化养殖的主要贝藻类有牡蛎、缢蛏、花蛤、鲍鱼、紫菜、海带、江蓠等。淡水鱼类有青鱼、草鱼、鲢鱼、鳙鱼、鲤鱼、鲫鱼、罗非鱼、胡子鲶、鲈鱼等20多种。海珍品有大黄鱼、石斑鱼、西施舌、鲍鱼、海参、日本对虾、青蟹等10多种。

（王宝珍）

人文历史

【建置沿革】 晋江历史悠久，早在新石器时代即是古闽人聚居地。春秋战国时，越人迁入，融合成为闽越族。西晋永嘉年间（307—313年），中原战乱，大批士庶南迁避乱，在这里沿江而居，称江为晋江。唐开元六年（718年），析南安县东南部置县，因地处晋江下游而得名。历来是泉州首邑。北宋太平兴国六年（981年），析东乡十六里置惠安县。南宋乾道七年（1171年）起，兼辖澎湖列岛；澎湖列岛至清康熙二十二年（1683年）方划属台湾府。元时，属泉州路。明清时，属泉州府。民国元年（1912年），实行省、道、县三级建制，泉州府所领晋江等县属南路道。民国16年（1927年）废道，晋江县直属福建省。中华人民共和国成立后，晋江行政区域几经析变。1951年划出县城及部分近郊建立泉州市，县治南迁青阳镇；1958年和1971年分别划出部分与泉州近郊相邻地归泉州市管辖；1988年，划出石狮、永宁等乡（镇）设立石狮市。1992年3月6日，经国务院批准撤县设市。2001年，晋江市被列为福建省中等城市，是福建省综合改革试验区、加快闽东南开放开发、建设海峡西岸经济区的前沿区域。2003年11月，为适应建设中等城市的需要，加快农村城市化进程，启动行政区划调整和社区建设，撤销青阳、罗山2个镇建制，设立青阳、梅岭、西园、罗山、新塘和灵源6个街道。

（市委党史方志室）

【行政区划】 2020年，晋江市辖13个镇、6个街道，293个建制村、104个社区。

（陈建造）

【古代海上交通贸易】 晋江的发展，离不开港口的开放、国门的开放和与世界的经济交流。晋江地理条件优越，沿海港湾多，水陆交通便利。早在一千多年前的唐代，晋江入海口的泉州港就是中国对外贸易的四大港口之一。宋元时期，泉州港更加鼎盛，号称"东方第一大港"，是"海上丝绸之路"的起点之一，海外交通贸易直达东西大洋彼岸。

海外贸易是晋江人走向海洋、走向世界的主要途径，晋江人的足迹遍布菲律宾、新加坡、泰国、印度尼西亚、越南、马来西亚、朝鲜、美国、日本等国家，宋元时期，晋江人从事海外贸易，市场十分活跃，使县城泉州成为当时国内屈指可数的大城市。海外贸易迅速发展，使晋江的农业、手工业获得较快发展。为适应海外交通贸易进出口物资的集散转运，晋江在两宋时期共造石桥90座，而以“天下无桥长此桥”闻名的安平桥(俗称五里桥)为最，因而赢得“闽中桥梁甲天下”之称。

【文化积淀】 晋江历史悠久，孕育丰富的文化，山川毓秀，人文荟萃，素享“声华文物、雄称海内”“泉南佛国”“海滨邹鲁”之美誉。晋人南迁到晋江后，中原文化即在晋江这块土地上扎根、衍化。同时，海外交通贸易空前繁荣，招来四面八方商旅。中世纪的晋江县城，既是贸易大港，又是中外文化交流中心。外国商人及传教士把他们的文化习俗、宗教信仰传入晋江，使晋江文化既有中原古老文化遗风，又有外来文化痕迹相映交融的特色。出现既有中国古老的道教、汉化的佛教，又有阿拉伯世界的伊斯兰教、中亚的摩尼教、南亚次大陆的印度教和欧洲的基督教等多种宗教自传共存的盛况。境内拥有市级以上文物保护单位156处(186个点)，其中有全国重点文物保护单位9个(13个点)，有全国唯一、世界仅有的保存比较完整的摩尼教遗址“草庵”。在艺术方面，既保留中原文化遗韵又吸取闽南风土文化精华的南音、民间乐曲、舞蹈，以及木偶、梨园、高甲等戏曲，风靡海内外。海外贸易发展也促进晋江文教事业兴旺发达，使晋江人才辈出，历史上先后出现16名宰相、8名文状元、3名武状元、1853名文武进士。海洋文化造就晋江人富于冒险的精神和强烈的商业意识和创业意识。

【华侨和港澳台胞重要祖籍地之一】 晋江是全国著名侨乡和台湾汉族同胞的祖籍地之一。“十户人家九户侨”。早在宋元时期，即有晋江人移居海外。在明中后期、鸦片战争、抗日战争期间、中华人民共和国成立前后等4个时期，晋江人大量外迁，侨居东南亚及世界58个国家或地区，以东南亚为最。晋江与台湾一衣带水，与隶属福建的金门相隔仅5.2海里。历代迁居台湾宝岛者为数不少，世代相传，绵延不断，地理相近，语言相通，习俗相同，血缘相亲。晋江有“海内外500万晋江人”之说。

(市委党史方志室)

人口　民族　宗教

【人口】 2020年，晋江市总户数340105户，户籍人口数1212438人(男性618216人，女性594222人)，比2019年总人口数1193686人增加18752人。其中，出生15684人，死亡4481人；迁入21772人，其中福建省内迁入17525人、福建省外迁入4247人；迁出14157人，其中迁往福建省内11782人、迁往福建省外2375人。流动人口1117543人，比2019年流动人口数1103933人增加13610人，其中2020年新登记流动人口信息1248366人，注销1234756人。

(陈志龙)

【民族】 晋江人口以汉族为主，回族次之。晋江先民主要为中原南迁的汉族，也有当地的土著和先期到达的部分畲族及来自北方的少数民族，来华经商滞留的东南亚、中东地区其他族裔。晋江市回族人口以陈埭镇四境、花厅口、溪边、西坂、江头、岸兜、鹏头等7个回族建制村(社区)，以丁氏回族为最多，也有散居在汉族村落或散居户。郭氏回族分散在西园街道、罗山街道、龙湖镇、金井镇、东石镇，其祖先是来自波斯、西域的阿拉伯人。畲族主要聚居在内坑镇霞美村。满族主要聚居在龙湖镇衙口村、福林村粘厝铺，均为粘姓，其原来姓氏为“完颜”。还有散居在东石的蒲氏回族、白氏回族，内坑雷氏(现为许氏)畲族，青阳出氏蒙古族，以及壮族、藏族、彝族、高山族等少数民族。

【宗教】 晋江宗教主要有佛教、道教、伊斯兰教和基督教，也有较小宗教流派摩尼教、印度教及信众众多的天公、王爷等民间宗教流派。每种宗教都有相对固定的宗教群体、固定的活动场所和活动仪式，定期开展宗教活动，各宗教之间和谐相处，有序发展。20世纪90年代初，晋江县政府陆续开放各种宗教活动场所，宗教活动场所及信教群众日益增多。

晋江的草庵不大，但因存有世界保存最完好的摩尼石雕佛像而闻名于世。1990年10月23日，联合国教科文组织“海上丝绸之路”考察团，由30多个国家的50多名史学家、考古学家和记者组成，乘坐“和平号”考察船，从意大利威尼斯启航，沿“海上丝绸之路”东行，沿途考察15个国家。1991年2月16日，考察团到草庵参观、访问、考察，对草庵摩尼教遗址的文物价值给予高度评价，称其发现是“海上丝绸之路”考察活动的最大收获。

(市委党史方志室)

经济社会发展

【概况】 2020年，晋江市实现地区生产总值2616.11亿元，比2019年增长4.2%，总量分别占全福建省、泉州市的6.0%和25.8%。其中，第一产业增加值20.26亿元，同比增长2.8%；第二产业增加值1577.32亿元，同比增长3.7%；第三产业增加值1018.52亿元，同比增长4.9%。三次产业增加值占地区生产总值的比重，第一产业为0.8%，第二产业为60.3%，第三产业为38.9%；一般公共预算总收入227.67亿元，比2019年增长2.7%，其中一般公共预算收入139.28亿元，同比增长1.0%；规模以上工业产值5906.97亿元，同比增长5.8%，产值超亿元企业1025家；限额以上批发和零售业销售额3267.79亿元，同比增长10.2%，销售额超亿元企业544家；社会消费品零售总额1513.54亿元，同比增长0.1%；城乡居民人均可支配收入44827元，同比增长3.2%，比全省平均水平高出7625元。

2020年12月31日，由福建省人民政府发展研究中心和福建日报社主办的2020福建省县域经济高质量发展报告会在福州举行。会上宣布2020年度福建省县域经济实力“十强”、经济发展“十佳”县（市）评价结果，晋江市连续27年领跑福建县域经济。

【县域经济基本竞争力保持全国第四位】 2020年12月16日，全国县域经济专业研究咨询机构和社会智库——中郡研究所发布《第二十届县域经济与县域发展监测评价报告》，揭晓第二十届县域经济与县域综合发展前100名县市等监测评价结果。评价结果显示，晋江市县域经济基本竞争力继续居全国第四位。

（郑智政）

【名牌商标】 2020年，晋江市共有有效注册商标138463件，比2019年增加21490件。全市共有中国驰名商标46件、马德里国际注册商标375件、地理标志商标12件。

（柯雅思）

【“城乡环境整治深化年”活动】 2020年，晋江市住建局牵头制订《晋江市“城乡环境整治深化年”活动实施方案》，从基础设施、城市管理、综合整治和乡村振兴“四个深化”切入，重点推进27个整治目标任务和108个具体实施项目，总投资128.58亿元，年度计划投资37.78亿元，全年累计完成投资37.83亿元，完成年度任务的100.13%。

【城建专项攻坚】 2020年，晋江市住建局策划生成192个项目并纳入晋江市“六稳”“六保”城建专项攻坚活动盘子，总投资621.15亿元，年度计划投资131.5亿元。全年累计完成投资165.04亿元，完成年度任务的125.5%。

【历史文化名镇名村和传统村落保护】 2020年，晋江市在历史文化名镇名村和传统村落保护中向上级部门争取补助资金和政策支持，金井镇塘东村获得2020年福建省重点改善提升“十镇百村”补助资金350万元，五店市20栋历史建筑获得2020年历史建筑保护利用省级补助资金70万元；完成161栋历史建筑挂牌、测绘；金井镇塘东村策划生成“十镇百村”项目12个，年度计划投资1540万元，全年累计完成投资1717万元，完成年度任务的109.36%。

【农房整治】 2020年，晋江市住建局推广使用晋江市农村住宅设计通用图集。在2019年设计院初步完成文本编制的基础上，经组织有关部门及专家评审，进一步优化设计后，4月，印发免费提供给各镇街推广使用。继续推进新闽派小区试点建设。2020年继续以晋江市东西三路住宅小区为试点，按照布局合理、功能齐全、质量可靠、设施配套、环境优美、特色明显的要求精心打造，彰显乡土、传统和地域特色，进一步探索新闽派村镇住宅小区建设。该项目竣工验收并交付使用。结合“两高”（高铁、高速）沿线及重要通道周边重点区域农村人居环境整治，开展既有裸房整治，全年开工2700栋，完工2700栋，完成上级任务100%。

【小城市培育试点】 2020年，晋江市按照福建省、泉州市关于小城市培育试点工作的部署，深入落实“人才强市、新型城镇化、国际化”总体战略，以人的城镇化为核心，以提升品质为关键，以项目建设为抓手，继续深化小城镇综合改革建设试点工作，加快培育小城市，推进安海、金井、东石、磁灶4个小城市试点建设。2020年，晋江市共梳理整合92个小城市建设项目，总投资360.94亿元，年度计划投资88.12亿元，全年累计完成投资112.9亿元，完成年度任务的128.12%。

【特色村镇试点创建】 2020年，晋江市根据《泉州市人民政府办公室关于公布第二批市级特色村镇创建扶持试点名单的通知》精神，晋江市新塘街道梧林社区被列入第二批市级特色乡村扶持创建试点名单。金井海丝人才梦想小镇、英林泳装时尚小镇、梧林社区共策划生成22个特色村镇项目，总投资43.18亿元，年度计划投资4.83亿元，全年累计完成投资5.92亿元，完成年度任务的122.57%。

【民生基础设施补短板行动】 2020年，晋江市策划生成民生基础设施补短板项目171个，总投资452.11亿元，年度计划投资109.42亿元，推进交通畅通工程、水环境治理工程、供水安全工程、防洪防涝工程、城乡洁净工程、管网建设工程、景观提升工程、配套服务工程、智慧城市工程等九大民生补短板工程及历史文化保护利用提升项目。全年累计完成投资111.39亿元，完成年度任务的101.79%。

（黄　宏）

综　述

【经济运行】　2020年，中共晋江市委坚持和加强党对经济工作的领导，坚定不移贯彻新发展理念，做好“六稳”工作，落实“六保”任务，按下复工复产加速键，对冲疫情影响，全年实现地区生产总值2616.11亿元，比2019年增长4.2%，一般公共预算总收入比2019年增长2.7%；城乡居民人均可支配收入4.48万元，比2019年增长3.2%，县域经济基本竞争力位居全国第四位，获评国际化营商环境建设示范县市。编制全方位推动高质量发展超越优化产业结构行动计划，“4341”(4个优势主导产业、3个新兴产业、4个现代服务业和1个未来产业)现代产业体系加速构建，三次产业结构优化为0.8:60.3:38.9，新增上市企业3家、产值超亿元企业85家、限额以上值企业177家，系列促消费活动掀起全城乐购浪潮，家博会、体博会、食交会等三大展会交易额200亿元，全年网络商品零售额300亿元，晋江品牌“双十一”销售近百亿元，上榜十大新国货之城。抢滩布局六大“两新”基地，晋东、高铁、紫帽等新区规划建设步伐全面加速，恒安、361度、特步、渠梁等龙头企业加快增资扩营，安踏科研基地、中纺院绿纤、集成电路等强链补链项目签约落地，国际会展中心、乔丹品牌工业园、京通物流、柒牌5G智慧工厂等项目建成投用，SAP创新中心、华为工业互联网平台落地运作，项目投资实现扩大。制订出台30条纾困政策，通过保障企业防疫物资、推行“共享订单”“共享员工”新模式、推进供应链产能对接等措施，打通“五难”操作链(企业用工难、疫情防控难、交通物流难、供应链协同配套难、市场拓展难)，全年促成产能对接25亿元，争取上级纾困资金50亿元，减免税费、兑现本级资金40亿元，帮助企业转续贷430亿元，推动银企融资近80亿元，新增各类贷款270亿元。

【发展后劲】　2020年，中共晋江市委推进国家创新型县(市)建设，归口管理“国字号”科研平台，启动建设福州大学微电子研究院，落地福建省首支国家科技成果转化子基金，新认定国家高新技术企业126家，新增上市企业3家、各类高层次人才超千人，获“国际化营商环境建设示范市”称号，入选国家“双创”示范基地。召开12次深改委会议，抓改革任务落地见效，新增县城新型城镇化建设示范、乡村综合治理等4项国家级改革试点，推动县域集成改革全面铺开，“工改工”、综合行政执法、国资国企、农村集体产权制度等改革扎实推进，镇(街道)机构改革、国企第二轮整合重组完成。推进更高水平对外开放，稳妥应对复杂外贸局势，持续拓展新兴市场，落地市场采购贸易方式试点、阿里巴巴LAZADA(来赞达)分拨中心，加快泉州晋江国际机场扩建步伐，启用陆地港国际城市货站，境外快递业务实现翻番。加强与港澳侨交流合作，深化晋台融合发展，向金门供水突破千万吨。

【城乡建设】　2020年，中共晋江市委坚持“三不变三不降”(目标不变、任务不变、时间不变，标准不降、要求不降、效率不降)，备战第18届世界中学生运动会，16个品质提升专项行动稳步推进，30个赛事场馆如期建成，18个单项竞赛委员会组建运作，赛事效应持续释放。“三区一走廊”(晋东新区、高铁新区、紫帽片区、世纪大道创新活力走廊)加快建设，科创新区基本完成征迁，二体中心、清华附中、市民广场等20个项目建成投用，厦漳泉城市联盟路晋江段等重要通道实现贯通，福厦高铁客专、泉州“聚城畅通”等项目加快推进，市政设施持续提档升级，超千个5G基站、122座公共充电站落地运行，天然气管网实现镇镇通。打好污染防治攻坚战，完成第二次全国污染源普查，城乡人居环境整治形成比拼亮晒氛围，农村污水处理基本实现全覆盖，晋江南岸、崎山等一批公园绿地建成开放，九十九溪田园风光加快建设，21条流域水质持续向好，全年空气优良率首次达到100%。城市管理“双提升”行动全面推开，58个城市品质提升工程推进，小区物业、“两违”、共享单车等专项整治深入开展，垃圾分类试点、“智慧停车”覆盖面加快扩大，一批城市管理难点堵点问题得到解决。加强农业稳产保供，扎实推进“一革命四行动”，在全省率先建成“一平台两中心”、率先推行“村务卡”，全市村(社区）年经营性收入全部超20万元，村均突破100万元，入选省级海洋产业发展示范县，乡村治理入选全国典型案例。

【民生福祉】 2020年，中共晋江市委把72.22%的本级财政支出用于民生建设，高质量完成20件为民实事、200件民生微实事。密切关注受疫情影响的困难群体，持续深化“四帮四扶”（帮就业、帮就医、帮就学、帮安居和扶贫困、扶老幼、扶伤残、扶志气），加快危旧房屋、老旧小区改造和安置房建设回迁，救助困难群众超5万人次，新帮扶186户家庭纾难解困，新增城镇就业人口2.1万人。在全省率先启动长期护理险试点，市社会福利中心二期竣工，建成各类养老服务机构32个，创新开展老年人智能技术教育培训，进入中国社会保障百佳县前三。扩容提质教育医疗资源，新增优质学位7650个，新改扩建公办幼儿园10所，福州大学科教园实现本硕一体化培养、在校学生突破千人，中国科学院大学智能制造学院、清华附中晋江学校招生，泉州五中桥南校区建成投用，晋江一中、养正中学、季延中学等名校分校区加快建设，学生用餐、课后延时服务等社会关切问题加快解决。扩大卫生健康资源供给，新增病床位1692张，上海六院福建医院签约落地，“张长青名医工作室”揭牌运行，市医院新院、福医大附属口腔医院等建成投用。创建国家公共文化服务体系示范区，推进草庵、金交椅山窑址、安平桥等申遗点修缮保护，五店市北区启动建设，梧林传统村落开放迎客，获评全省全域生态旅游示范市。扫黑除恶专项斗争三年行动收官，“强基促稳”专项行动、“六守六无”（守诚无失信、守德无纷争、守约无陋俗、守规无事故、守法无案件、守廉无贪腐）平安创建深入开展，“平安行公益慈善基金会”募集善款超亿元，群众安全感满意率99.53%。全市动员开展房屋安全“百日攻坚”、安全隐患大排查大整治，房屋安全、消防安全、森林防火、渔船安全、食品药品安全等得到全面加强。

【党的建设】 2020年，中共晋江市委全面落实新时代党的建设总要求，用好用活福建省委“三四八”（在时间维度上，抓好三个具体阶段：年初研究部署、年中协调推进、年底总结提升；在工作链条上，突出四个重点：全面学习领会、深化细化举措、扎实贯彻执行、检验落实成效；在工作进程上，抓好八个环节：严格对标对表、夯实主官主责、精细分解分工、强化盯办推进、确保落细落实、接受干群监督、加强激励奖惩、推进持续深化）机制，引导组织全市上下学好《习近平谈治国理政》和《习近平在福建》系列采访实录等鲜活教材，不断增强“四个意识”、坚定“四个自信”、做到“两个维护”，在思想上政治上行动上同以习近平同志为核心的党中央保持高度一致。大抓党支部标准化规范化建设，深化“一个中心、若干网格”村级组织运行机制改革，推动城市基层党建“两长一户”（楼栋党小组组长、楼栋长、骨干户）制度、民营企业党建融入公司治理“1533”（围绕促进“两个健康”这一目标，明确党组织融入企业制度建设、和谐企业建设、人才队伍建设、企业文化建设和企业廉洁建设等五个方面内容，采取打造坚强堡垒、建强书记队伍、完善融入途径等三项措施，努力实现企业党组织组织力、企业科学管理水平、企业发展质量效益等三个提升）机制落地运转，在全省率先探索非公党组织赋能改革，基层组织基础得到夯实。坚持“一二三四”选人用人导向（一个导向即“只要干得好就能用得好、哪里出政绩哪里就出干部”的用人导向；两个一线即“一线考察干部、一线追责问责”；三个更加注重即“更加注重选用基层干部，更加注重在项目一线发现干部，更加注重重用敢担当、善于攻坚克难的干部”；四个绝对不能即“绝对不能怕得罪人不敢为，绝对不能遇到问题绕道走不作为，绝对不能等靠要慢作为，绝对不能简单把问题上交不愿为”），推进镇（街道）机构改革人员转隶，提拔重用一批优秀干部，健全运行容错纠错机制，设立并运作关心关爱干部资金，实施疫情期间“暖心十条”激励关爱一线党员干部，队伍精气神持续激昂。全面贯彻《中国共产党宣传工作条例》和意识形态工作责任制，推进融媒体中心、新时代文明实践中心建设，完成电视剧《爱拼会赢》摄制，持续深化移风易俗、志愿服务、公民道德等文明创建，晋江市公安局、金井镇围头村获全国精神文明建设表彰。压紧压实“两个责任”，深入实践“八个坚定不移”（坚定不移维护核心，坚定不移学习贯彻习近平新时代中国特色社会主义思想，坚定不移落实党中央决策部署，坚定不移正风肃纪，坚定不移反对腐败，坚定不移强化党内监督，坚定不移深化监察体制改革，坚定不移紧抓“关键少数”）、“五抓五看”（看有没有抓加强教育，看有没有抓制度建设，看有没有抓“一把手”，看有没有抓查处，看有没有抓部署、检查、落实），抓好各级巡视巡察反馈问题整改，推进政治监督具体化常态化、为基层减负工作，持之以恒纠治“四风”（形式主义、官僚主义、享乐主义和奢靡之风），实现十三届市委巡察全覆盖。支持人大、政府、政协有效开展工作，保障司法机关独立行使职权，统战、群团、人武、老干、党校、审计、统计、双拥、民族、宗教、老区建设等工作取得新进展，获得全国双拥模范城“七连冠”。

（林逸超）

·重要会议和重要决策·

【学习贯彻中共十九届五中全会精神】 2020年11月3日，泉州市委常委、晋江市委书记刘文儒主持召开十三届市委常委会第176次（扩大）会议，传达贯彻中共十九届五中全会和福建省委常委会（扩大）会议、泉州市委常委会（扩大）会议精神。会议要求，各分管市领导、各级各相关部门要结合工作实际，逐条逐项分析研究《中共中央关于制订国民经济和社会发展第十四个五年规划和二〇三五年远景目标的建议》，细化项目举措，推动党中央决策部署在晋江落地生根。要结合决胜更高水平全面小康和“十三五”收官工作，全力冲刺攻坚年底各项工作，加强全面评估、补缺补短、盘点总结，高质量、高水平完成“十三五”规划各项目标任务。要充分吸纳体现新思想、新理念、新内涵，紧扣全方位推动高质量发展超越任务，组织专班深入研究，把晋江市“十四五”规划与中央精神、各级部署以及国家规划、各级地方规划与专项规划相衔接，精准测算、科学谋划目标任务、战略重点和项目抓手，充分听取吸纳各方意见，确保“十四五”规划更具前瞻性、指导性和可操作性。会议强调，学习宣传贯彻十九届五中全会精神是当前和今后一项重要政治任务。各级各部门要高度重视、精心组织，深入开展学习宣传贯彻活动。要加强舆论宣传引导，推动全会精神走进基层、深入人心。各级党委(党组)、党员领导干部要发挥示范带动作用，先学一步、学深一层，推动全会精神在晋江落地落实。

【统筹推进疫情防控和经济社会发展】 2020年1月26日，泉州市委常委、晋江市委书记刘文儒主持召开十三届市委常委会第148次会议，传达贯彻中央政治局常委会、省委常委会和泉州市委常委研究新型冠状病毒感染的肺炎疫情防控工作会议精神，对进一步做好晋江市防控工作再研究、再部署、再动员。会议决定，市新型冠状病毒感染的肺炎防控工作领导小组升格为市新型冠状病毒感染的肺炎防控工作指挥部。会议强调，各级各部门深刻认识做好新型冠状病毒感染的肺炎疫情防控的重要性和严峻性，坚决克服"过节思想"。要做到人员到位、责任到位、措施到位，全力以赴落实疫情防控工作。要做到科学防控、及时防控、无死角防控，切实做好重点场所消杀等各项工作。要做到全民动员、全民防控，加强正面宣传、科学引导。要强化保障，做好市场物资供应和疫情防控资金保障工作。要强化统一领导、统一指挥、统一行动，切实形成疫情防控的强大合力。

2月21日，刘文儒主持召开企业复工复产融资保障工作专题会，研究部署新冠肺炎疫情期间，企业复工复产融资保障有关工作。要求全市上下要统一认识，坚定信心，携手共济，落实好各项帮扶措施，解决企业资金困难，推动企业有序复工复产。会议强调，各级各部门要着眼长远，主动关注思考新冠肺炎疫情可能引发的新趋势、新变化，引导企业提升创新能力，健全完善公共卫生应急管理等制度，不断提升县域治理能力和治理体系现代化水平。

2月26日，刘文儒以视频会议形式主持召开十三届市委常委会第152次(扩大)会议，传达贯彻习近平在中央政治局会议、全国统筹推进新冠肺炎疫情防控和经济社会发展工作部署会议上的重要讲话和习近平就关心爱护参与疫情防控工作的医务人员专门做出的重要指示以及省委常委会、泉州市委常委会的主要精神。会议强调，当前疫情防控形势依然严峻复杂，输入性、潜伏性风险压力持续叠加。各级各部门要高度警惕麻痹思想、厌战情绪、侥幸心理、松劲心态，坚持把各项防控工作抓严抓实抓到位。要坚持抓好"防输入"，牢牢把住进入晋江的关口，分层分类服务管理外来人员，坚决防控国内国外输入性疫情。要坚持抓好"防失管"，加强网格化管理，盯牢外来人员、居家隔离人员、康复人员以及解除隔离观察人员，严格落实信息排查和健康管理等各项防控制度，坚决做到疫情防控不落一人。要坚持抓好"防漏洞"，紧盯薄弱环节，加强巡查宣传和指导督导，推动企业、群众、项目业主和各类市场主体严格落实各项疫情防控措施，防范家庭性、社会性聚集感染，确保疫情防控工作无漏洞、无死角、无盲区。

3月23日，刘文儒以视频会议形式主持召开十三届市委常委会第155次(扩大)会议，学习贯彻中共中央总书记习近平在中央政治局常委会会议上、在北京考察新冠肺炎疫情防控科研攻关工作时和在湖北省考察新冠肺炎疫情防控工作时的重要讲话精神以及省委常委会(扩大)会议、泉州市委常委会会议精神，研究《2020年主要经济指标目标任务分解方案》。会议强调，要慎终如始抓防控，准确研判当前疫情防控工作形势，高度重视境外疫情输入和国内人员流动带来的双重风险，坚持不麻痹、不厌战、不松劲，毫不放松抓紧抓实抓细各项防控工作。要严防境外疫情输入，把好入境防控关口，充分利用"大数据+网格化"，全面细致摸排，分级分类管控，做到全查清、见到人、管到位、责到岗，切实守住基层防控阵地；加强宣传动员，劝导海外乡亲、侨亲暂缓返乡，全力关心帮助海外乡亲、侨亲。要严防人员流动风险，严格落实各类公共场所防控措施，加快制订湖北(武汉)返程乡亲和返晋务工就学人员服务管理操作细案，关心善待湖北(武汉)籍人员，加强正面宣传引导，稳妥处置负面舆情，切实为争取外来务工人员返晋营造良好氛围。要严格规范管理集中隔离点和健康管理中心，切实做好防疫安全、房屋安全、消防安全、食品安全及环境卫生等各项工作。会议要求，要多管齐下抓发展，牢固树立"抓发展就是抓未来"理念，推动全市经济发展逆势而上。要着力打通"五难"操作链，解决融资难题，推动企业加快复工复产、达产满产。要加强"点对点"跟踪服务，加速推进在建项目、技改项目和产业项目建设，确保项目早落地、早开工、早投产、早见效。要加强各项指标监测，加快补齐指标缺口，全力冲刺一季度经济工作，确保完成全年及"十三五"规划任务目标；坚持"开源节流、量入为出"原则，着力保运转、保刚性、保民生、保重点，紧盯龙头企业和纳税大户，加快培育新的财税增长点。要及早谋划，加快推进"十四五"规划编制、传承创新发展"晋江经验"及各项改革工作，全面提升县域治理能力和治理体系现代化水平。要持续做好第18届世界中学生运动会、亚洲大体联足球亚洲杯等赛事筹办工作，科学有序谋划系列展会组织安排，认真做好企业订货会指导服务工作。会议强调，要强化统筹抓民生，在防止人员大规模流动聚集感染风险的前提下，有序恢复商贸业和服务业，加快梳理启动"为民办实事"项目，推进消费复苏、脱贫攻坚、民生项目等民生工作，逐步恢复群众正常生活秩序。要毫不放松保稳定，坚持以最高的标准、最严的要求、最实的措施，抓好抓牢安全生产、强基促稳、金融风险、信访维稳等各项安全维稳工作，真正做到万无一失。要注重干部的身心健康，加强人文关怀，切实保障一线工作人员安全。

4月21日，刘文儒以视频会议形式主持召开十三届市委常委会第158次(扩大)会议，传达贯彻中央政治局会议、中央政治局常委会会议精神，中共中央总书记习近平在浙江考察时的重要讲话和对安全生产、四川西昌市经久乡森林火灾做出的重要指示精神，全国安全生产电视电话会议精神，省委常委会会议和2020年第一季度全省经济运行调度座谈会精神，泉州市委常委会会议和2020年第一季度泉州市经济运行分析会精神，部署晋江市疫情防控、经济运行、安全生产工作。会议强调，各级各部门要牢树发展信心，科学研判当前形势，尽快建立常态化防疫与应急处置预案相结合的防控机制，在保证安全的前提下，把更多精力投入抓发展上来，确保上半年国内生产总值增长与2019

年拉平，下半年实现稳定增长。会议要求，要紧抓发展不停步，统筹抓好疫情防控、安全生产、复工复产复商复市各方面工作，全力稳外贸、促消费、降成本，紧盯企业订单、物流通道、流动资金等困难，引导企业“外转内、转类别、创品牌、提品质”，全力推动外贸转型升级。要持续推进项目攻坚，加强项目策划，争取更多项目纳入上级政策盘子；要加快梳理完善全链条招商机制，加大力度开展电商、平台经济等新业态招商，吸引更多电商中心落地回归。要持续抓好制造业全链条全流程升级，引导企业开展“五个创新”，发挥龙头带动作用，推动产业链供应链协同升级。要紧抓安全不放松，科学统筹集中攻坚与常态长效，持续抓好疫情防控、安全生产、社会稳定、贸易安全等工作，集中力量开展安全隐患大排查大整治和房屋安全“百日大整治”活动。要紧抓底线不失守，全面落实中央“六稳”“六保”工作要求，结合年度为民办实事项目，策划推进一批受众面广、亟须解决、低本高效、群众有感的民生项目，切实解决疫情期间企业群众关心关注的热点难点问题。会议强调，各级各部门要善于科学统筹，分清急重轻缓，讲究方式方法，合理分配、科学安排工作精力，做到近中远期结合，系统整体推进，常态长效并举，全面提升工作专业化、法治化水平。各相关部门要进一步理顺工作机制，坚决杜绝形式主义、官僚主义，避免多头向基层派活、避免只当“统计局”“督查局”，切实为基层减负降压。

4月24日，刘文儒主持召开“十行百场千企万店”促消费活动汇报会，听取相关工作情况汇报，研究部署下阶段工作。要求各级各相关部门要在做好疫情防控的基础上，开展“十行百场千企万店”促消费活动，强化宣传引导，提振消费信心，吸引广大消费者参与活动。要主动出击、多措并举鼓励消费、带动消费、刺激消费，加快推进复工复产复商复市。

5月11日，刘文儒以视频会议形式主持召开十三届市委常委会第160次（扩大）会议，传达贯彻中共中央总书记习近平在中央政治局常委会会议、党外人士座谈会上的重要讲话精神以及《国务院应对新型冠状病毒感染肺炎疫情联防联控机制关于做好新冠肺炎疫情常态化防控工作的指导意见》的主要精神，听取疫情防控、复工复产有关情况汇报，并部署毫不松懈抓好常态化疫情防控和经济社会发展工作。会议强调，各级各部门要提速提效促发展，按照中央“六稳”“六保”部署要求，紧盯指标、项目、外贸、集成改革、经营运作等关键抓手，因时因势调整工作重点，加强常态化疫情防控，加快推进复工复产复商复市，确保各项主要经济指标实现5月“拉平”、6月“转正”，全力完成全年目标任务。要坚持“抓招商、抓投资、抓片区、抓新区”，加强向上沟通对接主管部门、对口部门，全力争取政策、项目、资金落地。各分管市领导及国资管理部门、行业主管部门要加强指导，统筹推进国企改革工作，推动机关事业单位与国企领导人员流动通道制度化，全力争取国企发债项目获批，全面加快国企市场化实体化步伐。会议要求，各级各部门要慎终如始抓常态，推动疫情防控和安全生产工作由应急状态逐步转向应急处置与常态化防控相结合，确保各项措施更加精准到位。要坚持“外防输入、内防反弹”，盯紧重点场所、重点人群、重点机构，抓实抓细核酸检测、公共场所防控等重点工作，毫不放松织密织牢疫情防控“五张网”（外防输入网、核酸检测网、无症状感染者管控网、重点场所防控网、社区（村居）精准防控网）。要统筹推进安全生产大排查大整治“百日攻坚”、房屋安全“百日大整治”和安全生产三年专项行动，扎实做好消防安全、学生安全、道路交通、防汛防台等各项工作。要有条不紊抓常规，按照原定计划有序推进民生保障、文明创建、信访维稳等重点工作。

6月17日，刘文儒主持召开积极扩大有效投资加快推进“两新一重”项目建设专题会，听取相关工作情况汇报，研究部署下阶段工作。会议要求，各级各部门要坚持“以人为本、全市一城、城乡一体、产城融合、产城联动”，立足当前，着眼长远，积极向上对接，通过补短板、强弱项，推动公共服务、城市环境、产业配套等向高端化发展，实现提档升级。要抓实抓好项目策划、招商引资、建设、投产各个环节，全力以赴拼规划、拼招商、拼进度、拼服务，争取更多项目落地建设、投产见效。要强化“人、地、钱”等要素保障，打破要素瓶颈制约。要组建专业团队，帮扶行业、项目、企业解决卡脖子问题。要结合“工改工”、批而未供和闲置土地清理等专项工作，盘活存量土地。要强化经营运作，通盘考虑融资、筹资问题，精准投入，确保每一分钱花在刀刃上、关键处。

7月20日，刘文儒主持召开十三届市委常委会第166次（扩大）会议，传达贯彻省委和省政府工作调研检查组在泉州开展调研检查、省委常委会会议和2020年省委和省政府上半年经济形势分析会暨工作调研检查总结会精神，泉州市委常委会会议、2020年上半年泉州市经济运行分析视频会精神，研究上半年全市经济运行情况，部署进一步抓好统筹推进常态化疫情防控和经济社会发展、安全生产有关工作。会议要求，要稳住基本大盘，抓好指标运行，紧盯重点领域、重点行业、重点企业，加强运行调度，确保完成“全年指标转正、国内生产总值增长3%以上”目标。要保住市场主体，帮扶企业抢订单、拓渠道、畅通道、占份额，引导推动企业“外贸转内销”，实现“国内国际双循环”。要强化融资保障，加快降费政策落地见效，创新融资方式，缓解中小微企业融资难题。要狠抓项目攻坚，紧跟政策走向，提前谋划“两新一重”（新型基础设施、新型城镇化，交通、水利等重大工程）等重点项目，全面梳理半年攻坚任务，重点实施招商选资、“两新”基地、项目攻坚三大比拼活动，加快征迁遗留问题“拔钉清障”，争取在比拼活动中走前列、作表率。要强化经营运作，全面梳理现行政策，提升政策熟悉度和政策争取力度，准确把握土地出让节奏，建立高效财税运行机制，激发国企潜力，推动财政收入尽快拉平转正。会议强调，要谋划长远大局，加快产城人融合发展，进一步强化规划引领，全面发力全方位推动高质量发展超越目标。要大力推动产业升级，紧盯“产业质量高、产业结构好、产业生态优”目标，以先进制造业立市、高新产业强市、现代服务业兴市为抓手，加快推进传统产业创新升级，引导企业数字化、智能化、信息化改造，培育壮大新兴产业集群。要全力推进城市提质，以“规模框架科学、功能布局完善、环境品质优美”为发展目标，做强做优城市平台，持续深化新型城镇化建设，推进六大新增长区域等新片区融合发展，助力城市能级提升。要确保百姓增利，聚焦“民生保障升级、人均收入增加、幸福指数提高”，加快补齐高端教育、医疗、养老等民生短板，持续推进第18届世界中学生运动会、国际大体联世界杯等重大赛事筹办，加快推进清华附中、国家区域医疗中心、中国科学院大学等公共服务项目，按时保质完成为民办实事项目，持续深化人居环境整治，全力做好文明城市总评迎检，不断提升社会治理现代化水平。会议要求，要守牢风险底线，抓紧抓实常态化疫情防控，持续落实公共场所各项常态化防控措施，严防中高风险地区、境外疫情输入，常态化推进爱国卫生运动和环境卫生整治。要筑牢安全生产防线，紧盯防台防汛、学生安全、消防安全等重点领域，提高排查整治质量，及时消除各类安全隐患，确保人民群众生命财产安全。要抓好社会治安、信访维稳等各项工作，防范企业金融风险，持续推进强基促稳，切实维护社会安定稳定。

10月28日，刘文儒主持召开十三届市委常委会第175次（扩大）会议，分析晋江市前三季度经济运行情况并部署下阶段经济工作。会议强调，全市上下要全力冲刺攻坚第四季度，加快完成全年既定目标任务，确保全面建成小康社会和“十三五”规划圆满收官。要围绕经济指标增长，加强运行调度，统筹推进税源争取、国有企业实体化运作和土地出让工作，充分挖掘空间潜力，全力补齐财税、固投、社消等指标缺口。要抓好谋划、招引、推进、配套等项目建设全过程，保持招商韧劲恒心，加快在建项目进度，推动项目尽快落地见效。要全面盘点民生保障任务，逐项对照落实全面小康指标，加快完成为民办实事项目，扎实推进人居环境整治，确保兑现党委政府承诺，如期完成更高水平全面小康目标。要聚焦全省县域集成改革试点、老旧工业园区改造提升、国家区域医疗中心试点、国际鞋纺城市场采购贸易方式试点、机构改革、全国农村改革试验区等工作，加强对接跟踪，全力攻坚突破。会议要求，各级各部门要压实疫情防控责任，加强应急能力建设，提高核酸检测能力，坚决制止非法入境行为，关注季节性传染病和食品安全等风险，做好校园卫生健康工作。要守牢稳定底线，抓好安全生产、信访维稳、金融风险防控等工作。要系统谋划未来发展，靠前谋划“十四五”规划，统筹做好大会筹备和重大赛事筹办等工作。

【第18届世界中学生运动会筹办工作】 2020年2月13日，泉州市委常委、晋江市委书记刘文儒主持召开第18届世界中学生运动会工作专题会，听取有关工作情况汇报，研究部署下阶段工作。要求第18届世界中学生运动会执委会办公室及各级各相关部门要保持高度的政治敏锐性，牢固树立责任意识、主人翁意识，克服疫情带来的困难，协同协作，全力以赴推动各项筹办工作。要加强统筹。要认清当前工作形势，坚持“两手抓、两不误、两促进”，在抓好筹办工作的同时，全面落实防疫举措，按照“目标不变、任务不变、时间不变”的原则，进一步整合资源，重新梳理完善工作计划，全面加快各项筹办工作进度，切实做到“标准不降、要求不降、效率不降”。要加大力度。要把握“力度再加码、工作再提速、责任再落实”的方向，把握时间节点，组织工作力量深入筹办工作一线，全面推进场馆建设、资金保障、疫情防控以及测试赛筹备等各项工作，持续加快16个专项行动计划，同步强化与国际中体联、中国中体协，以及中央部委、省和泉州的衔接，加强信息交流，协调解决各项问题。要落实保障。要统筹考虑食宿、交通、环境、安保、志愿服务等各项因素，认真听取专家意见，全面落实各项保障举措，特别是疫情防控工作要作为一项专项工作来抓，确保万无一失。要协同攻坚。建立协同协作、合力合拍的工作机制，全面构建执委会办公室与相关部门、各镇（街道）的沟通协调渠道，强化信息沟通，紧紧围绕筹办重点，逐一抓实抓细抓到位，及时协调解决各项问题，确保筹办工作按计划推进。

3月26日，刘文儒主持召开第18届世界中学生运动会筹办工作会议，听取有关工作情况汇报，研究部署下阶段工作。会议强调，当前第18届世界中学生运动会筹办工作进入冲刺阶段，受新冠肺炎疫情影响，筹办任务时间更紧、责任更重、压力更大。各相关部门务必高度重视，坚持“目标不变、任务不变、时间不变，标准不降、要求不降、效率不降”工作要求，将“办赛事”与“办城市”相结合，统筹推进第18届世界中学生运动会筹办各项工作。要全力抓进度，紧盯场馆建设、测试赛举办、单竞委运作、报名组织、后勤保障等环节，全速推进各项筹办工作，在抢抓工期同时，严把安全施工和工程质量关口，要按照正式比赛标准筹办测试赛，适当控制规模、合理安排时间，要依法依规抓紧做好招标采购工作，同步开展相关审计工作，要结合文明城市建设，持续推进第18届世界中学生运动会16个专项行动，推动城市形象全面提升。要全力抓运作，全方位强化赛事宣传推介，进一步提升赛事及城市知名度、影响力，助力产业转型升级和城市品质提升，抓好赛事资源专业化运作，全力实现市场开发效益最大化。要全力抓统筹，坚持上下联动、左右协同和内外沟通，积极争取上级资金资源支持和倾斜，强化各部门、各镇（街道）之间协同协作，确保与国际中体联、上级有关部门沟通对接高效顺畅。要全力抓规范，坚持安全办赛、节俭办赛、阳光办赛，严格按照外事工作规范，进一步提升外事接待工作水平，细之又细做好各项服务保障工作。要全力抓预案，统筹考虑新冠疫情等因素，全面做好时间节点、公共卫生、安保维稳、外事及赛事筹办各项工作预案，确保筹办工作万无一失。

5月18日，刘文儒主持召开会议，听取“世中运”夜景提升工程建设管理工作方案汇报，研究部署相关工作。会议强调，建设“世中运”夜景提升工程是展示城市形象、造浓办赛氛围的重要举措，晋江市城市管理局和各相关部门要高度重视，坚持有所为有所不为，以雅致美观、不过度、不过亮、不俗气为导向，以既有夜景改造提升为重点，抓紧方案设计优化提升和组织实施等具体工作。

9月1日，刘文儒主持召开第18届世界中学生运动会筹办工作专题会议，听取有关工作情况汇报，研究部署下阶段工作。会议要求，第18届世界中学生运动会执委办要增强信心，坚持“用更高标准严格要求，办更高水平世中运”的要求，做到准备工作更充分、举办质量更高、市场开发更有效、宣传推广更广泛、城市品质更提升、百姓群众更得利。要抓住重点，所有方案要再梳理调整，所有环节、时间节点、工作要再整合充实优化，所有经费要再依法精细节约，所有责任要再明确过细，所有项目要确保廉洁，依法依规推进。要通盘考虑，从各方面、各环节着手，提前考虑、逐一过细，将第18届世界中学生运动会办成全民性、全面性的赛事。要加强管理，全面提升办赛团队素质水平，严格人员考评、奖惩，落实精准预算，科学安排经费，强化监督审计，确保不碰红线，守住底线。

12月11日，刘文儒主持召开第18届世界中学生运动会筹办工作专题会议，听取赴成都考察及第18届世界中学生运动会筹办工作进展情况汇报，研究部署下阶段工作。会议强调，全市上下要统一思想认识，进一步增强“主人翁”意识，按照“以赛兴城、以赛促产、以赛惠民”理念，高标准、高质量推进各项筹备工作，确保举办一届成功、出彩、安全的第18届世界中学生运动会，向世界展示中国县级市的发展水平和综合实力。各相关市领导、第18届世界中学生运动会执委办及各工作部要自觉扛起使命，主动担当作为，高效协同协作，全面梳理赛事筹备工作，充分学习借鉴成都筹备大运会的经验做法，进一步优化提升赛事筹办工作水平。会议要求，第18届世界中学生运动会执委办及各工作部要全过程对标找差，发挥既有优势，着力补齐工作机制、氛围营造、经营运作、干部动力等方面短板。要全方位优化提升，全面优化完善工作方案、预案，加强各关键环节实战演练，统筹研究解决医疗防疫保障、专业机构委托、宣传、住宿、审计等问题。要全市域造浓氛围，落实高水准宣传推广、高品质提升环境、高水平组织活动、高效益开发市场，全力扩大赛事影响。要全方位理顺机制，全面优化对接沟通、干部择优使用和培养考核、日常运作等工作机制，确保各项目标任务有序有效落实。

【全面深化改革】 2020年4月2日，泉州市委常委、晋江市委书记、市委全面深化改革委员会主任刘文儒主持召开市委全面深化改革委员会第五次会议，听取晋江市县域集成改革各专项工作小组进展情况汇报，研究审议各专项改革工作方案、《晋江市乡村治理体系建设试点示范工作实施方案》。会议强调，要牢固树立“一盘棋”意识，按照“向上争取和自主突破相结合、点上突破和面上推开相结合、推进项目和总结经验相结合”的思路，理顺机制、积极探索，集中力量重点抓好能够核心破局、引领带动的改革事项，确保2020年取得实际成效；对行之有效、取得突破的好经验好做法好成效要及时梳理总结，上升为制度性成果，在更高层面进行复制推广。

6月30日，刘文儒主持召开市委全面深化改革委员会第八次会议，研究《关于推行容错纠错机制激励干部干事创业的若干规定(试行)》。会议强调，各级各部门要认真抓好落实，推动容错纠错制度落地生根。要突出激励导向，强化干部担当作为，加大宣传力度，切实鼓舞干部队伍士气。

7月10日，刘文儒主持召开晋江市委全面深化改革委员会第九次会议，传达贯彻中央全面深化改革委员会第十三、十四次会议和福建省委全面深化改革委员会第十次会议、泉州市委全面深化改革委员会第十四次会议精神，研究《晋江市长期护理保险试点工作方案》《晋江市深化改革加强食品安全工作实施方案》。会议要求，各相关部门要按照各自职责分工，加强协同协作，加快研究提出相关配套措施，共同把实事办好、好事办实。要创新模式，优化服务，学习借鉴先进地区好经验好做法，不断完善长护险制度，打造“医养康融合”的晋江模式。会议强调，各级各部门要统筹抓好疫情防控和食品安全监管工作，全力守护群众“舌尖上的安全”。要把准关键重点，按照“四个最严”要求，把好每道关口，加强全链条、全过程监管，守住食品安全底线。

8月13日，刘文儒主持召开中共晋江市委全面深化改革委员会第十一次会议，传达贯彻上级医改工作有关会议精神，听取2019年以来晋江市医改工作开展情况汇报，研究《中共晋江市委 晋江市人民政府关于认真学习“三明经验”深化医药卫生体制改革的实施意见》《晋江市紧密型医疗卫生共同体建设实施方案》。会议强调，各级各部门要提高站位，充分认识医改工作的重要性和紧迫性，把深化医改作为改善民生工作的重中之重和政治任务，不断完善全方位、全周期的全民健康服务体系，推动晋江市医疗卫生事业高质量发展。要盯紧高端医疗资源等医疗短板，加强部门协作配合，抓好医共体班子队伍建设，推进紧密型医共体建设全覆盖，探索建立具有晋江特色、符合晋江实际的医改“晋江模式”。

8月28日，刘文儒主持召开市委全面深化改革委员会第十二次会议，研究《晋江市老旧工业区改造项目入园标准操作指引（试行）》《晋江市人民政府关于工业物业分割和转让的实施意见(试行)》。会议强调，要加速推进，争取实质性突破。要坚持试点先行，对可作为试点、示范的项目要加强指导、跟踪服务，加快推动项目实施，尽快形成示范带动效应，为后续推进工改项目创造经验、树立标杆。要加强业务培训，精准解读政策，充分调动各方主体积极性，确保老旧工业区改造提升工作有序推进。

9月15日，刘文儒主持召开晋江市融媒体中心深化改革建设汇报会，听取晋江市融媒体中心深化改革建设汇报，研究部署相关工作。会议要求，要加强顶层设计，坚持先易后难、分步推进，针对性出台相应指导方案、扶持政策，确保队伍稳定，通过上级验收。要加快打通3家媒体机构壁垒，通过机构整合逐步实现资源互通共享。要依托一中心、一公司，统筹做好人、财、物、业务资源的整合融合，加快建立自上而下、立体高效的全媒体传播体系，推进扁平化、市场化管理，探索“媒体＋政务”“媒体＋服务”等模式。要严明纪律要求，坚持依法依规，既讲政治、讲原则、讲大局，又严格落实新闻纪律、财经纪律、人事纪律等各项纪律，确保改革不出任何问题。

11月12日，刘文儒主持召开市委全面深化改革委员会第十五次会议，传达贯彻中央全面深化改革委员会第十五次、十六次会议，福建省委全面深化改革委员会第十一次、十二次会议以及泉州市委全面深化改革委员会第十七次会议精神。要求全市各领域、各方块要精准发力，强化落实，全面梳理盘点重点领域、关键环节改革工作，在抓落地、见成效上加大力度、拓展深度，确保高水平、高质量如期完成各项改革任务。要立足实效，强化谋划，结合“十四五”规划，学习借鉴深圳等先进地区的制度性成果，紧扣贯彻新发展理念、融入新发展格局，提前谋划布局“十四五”时期改革工作，抓紧策划、推出一批具有战略性、全局性、牵引性的改革项目和举措，全面释放发展活力，不断丰富“晋江经验”新内涵。

12月22日，刘文儒主持召开市委全面深化改革委员会第十六次会议，传达贯彻全国深化农村宅基地制度改革试点电视电话会议精神，研究《福建省晋江市创新农村集体经济运行机制提升乡村治理水平试验实施方案》《晋江市农村宅基地制度改革试点实施方案》。会议强调，各级各部门要注重改革实效，争取在宅基地退出、使用和集约化利用集体建设用地等方面实现突破、取得实效。要坚持问题导向，摸清问题根源，不断发展壮大农村集体经济，提升农村治理水平。要树牢大局意识，加强协同配合，集中力量、系统推进。

【强基促稳】 2020年4月29日，泉州市委常委、晋江市委书记刘文儒主持召开十三届市委常委会第159次（扩大）会议，研究《晋江市“强基促稳”三年行动2020年实施方案》。要求各级各相关部门要提升政治站位，把“强基促稳”工作与疫情防控、安全生产、经济社会发展有机融合，实现两不误、两促进，维护安定稳定的良好局面。要突出问题导向，紧盯社会治理中的难点堵点、风险隐患，围绕“组织有力、治理有方、化解有效、群众有感”要求，聚焦21个专项行动，精准施策、破题解题，着力再化解一批矛盾隐患问题，形成一批经验、制度、机制，打造一批典型示范亮点。

8月28日，刘文儒主持召开十三届市委常委会第171次（扩大）会议，听取“强基促稳”工作情况汇报，研究部署下阶段工作。会议强调，各级各相关部门要扛牢政治责任，统筹推进“强基促稳”三年行动与疫情常态化防控、“六稳”“六保”、安全生产等工作，不断提升攻坚克难、化解矛盾、应对风险、驾驭复杂局面的能力。要坚持问题导向，深入推进21个专项行动及51个年度项目，从源头上机制上妥善化解薄弱环节、问题短板、风险隐患、难题积案。

【“十四五”规划】 2020年6月10日，泉州市委常委、晋江市委书记刘文儒主持召开“十四五”规划《基本思路》成果汇报会，听取“十四五”规划《基本思路》成果汇报，研究部署相关工作。

6月30日，刘文儒带队到东石镇开展调研活动，并在东石镇政府召开会议，听取相关工作情况汇报，研究部署下阶段工作。会议指出，东石镇作为闽西南协同发展区和泉厦漳都市圈的重要节点、泉州南翼新城的重要组成部分、晋江的南大门，区位优势明显、多重利好叠加，迎来千载难逢的发展机遇，要坚定发展信心，充分发挥优势，有为运作，将思路转化为措施、项目，努力重振古镇雄风。会议强调，东石镇要“谋定而后动”，科学规划发展思路，提高站位、找准定位，进一步提升镇域规划、园区规划，打造产城融合示范区；要整合腾挪空间，精细规划土地空间，加大力度推行“工改工”，不断淘汰落后产能，提升产业空间利用效率；要提高策划运作水平，谋划一批传统产业升级、集成电路、特色农业、文化旅游、物流、海洋、临空及道口等产业项目；要凝聚“四支队伍”合力，紧密依靠群众，进一步发挥侨亲乡贤作用，引导企业家参与家乡建设，带好干部队伍，不断提升基层治理水平，切实把东石规划好、建设好、发展好。

7月7日，刘文儒带队到内坑镇开展调研活动，实地察看莲山路内坑黄塘段、站前商务区、内坑智能制造区等项目，并在内坑镇政府召开会议，听取相关工作情况汇报，研究部署下阶段工作。会议指出，内坑镇作为革命老区，是全市六大新增长区的重要组成，区位优势明显，多重利好叠加，成为全市最有潜力、最有前景的区域之一。内坑镇要坚定发展信心，充分发挥各方优势，着力打造新增长极，为未来发展打下坚实基础，全力打造晋江门户新城。会议强调，内坑镇要立足一体化发展，坚持城乡统筹一体建设，产城人融合联动发展，用好用足红色资源，挖掘“三高一港”发展潜力，整合盘活空间资源。要画好一张发展蓝图，找准自身定位，不断完善自身规划，明确发展计划，狠抓项目策划，确保干一件成一件。会议强调，要下好发展一盘棋，强化系统思维，加快提升产业基础，扩大拖鞋、建陶等传统产业规模、集群品牌效应，对接智能装备产业基地建设，打造品牌工业园示范区，推动形成上下游产业链；要提质城镇平台，大力发展镇域中心商贸业，落实乡村振兴发展战略，统筹推进交通路网和公共配套设施建设，顺势而为推进人居环境整治和水系治理；要注重人才引育，依托泉州职业技术大学等载体，努力培养一批留得住、用得上的实用型人才。要算好发展一本账，切实摸清家底，紧盯空间、项目、资金、资源等要素，持续强化经营运作。要拧成发展一股绳，持续发扬“烽火内坑”人文精神，激发干部队伍冲劲，不断团结凝聚各方合力，鼓励更多乡贤、企业家反哺家乡，共谋家乡发展。

7月22日，刘文儒带队到永和镇开展调研活动，实地察看高铁新区站前核心区项目，并在永和镇政府召开会议。会议强调，永和镇要找准定位，把握“双高”落地窗口期、腾笼换鸟转型期、后发潜力释放期，主动融入高铁新区建设大局，盘活闲置土地和厂房资源，统筹空间、区位、人文等方面优势，实现后发赶超目标；要找准思路，精密谋划，主动融入闽西南协同发展区、泉州环湾建设和晋江发展规划大局，按照产城互动、区域联动、创新驱动发展思路和招商选资“五个围绕”工作要求，全面梳理今后五年产业发展主导方向及空间，不断完善交通基础设施建设，谋划一批新型纺织服装、智慧物流、高端服务业、绿色循环产业等项目；要找准重点，有为运作，把生态修复作为当前工作的重中之重，加快推进城乡品质提升，着力提高公共服务水平，统筹推动镇域产业、城镇、民生等项目建设；要找准办法，凝聚合力，将干部的作为、企业家的作用、群众的支持和各方的合力凝聚起来，发动乡贤侨亲、社会各界共谋家乡发展。

9月11日，刘文儒主持召开“十四五”规划《基本思路》成果汇报会，听取“十四五”规划《基本思路》成果汇报，研究部署相关工作。会议要求，要立足新的国际形势、国内大局，站位全国、全省及泉州规划，把握“国内大循环为主体、国内国际双循环相互促进”新发展格局，结合中共中央总书记习近平对“十四五”做出的指示、中央对“十四五”做出的建议、国家发改委对“十四五”做出的指导意见，全面融入闽西南协同发展区、泉州环湾城市建设，进行全方位谋划，明确近期、中期、远期目标，为晋江市长远发展明确方向。

（林逸超）

组织工作

【概况】 截至2020年底，晋江市共有厅级干部1人，处级及以上干部56人，科级干部1292人（其中，正科级干部423人，副科级干部869人。不含教育、医疗卫生单位），市直医疗卫生单位市管干部9人，中学（职校）市管校级干部159人，一类国有企业正职14人；国家级人才6人、省“百人计划”专家29人、泉州市高层次人才3253人，拥有院士工作站19家，博士后工作站2个，在晋工作博士超200人；党委（含派出工委）99个，其中镇党委13个，市直系统党委17个，派出工委11个，镇、街、经济开发区企业和社会组织党委20个，建制村党委1个，社区党委2个，机关党委15个，国有企业党委3个，“两新”组织（新经济组织和新社会组织）党委16个（新社会组织党委3个，非公企业党委13个）。党总支96个，其中村党总支16个，社区党总支4个，机关事业、公有经济组织党总支58个，“两新”组织党总支18个（非公经济组织总支15个、社会组织总支3个）。党支部2325个，其中村支部331个，社区支部112个，机关事业、公有经济组织党支部711个〔镇（街道）236个，开发区3个，市直机关447个，国有企业25个〕，“两新”组织1171个（非公经济组织党支部1076个，新社会组织党支部95个）。党员52411名，其中各镇党员29708名，各街道党员8900名，开发区党员555名，市直机关党员12740名，国有企业工委党员458名，社会组织综合党委党员50名。全市建制村党员20149名，社区党员8506名（街道社区6602名，镇社区1904名），“两新”组织党员6985名（非公6388名，社会组织597名），机关事业、公有经济组织党员13198名。

【领导班子和干部队伍建设】 2020年，晋江市坚持新时代好干部标准，持续深化选人用人导向，选拔使用一批“孺子牛”“拓荒牛”“老黄牛”，引领干部队伍在新冠肺炎疫情防控等重大斗争中昂扬奋进、实干争先，为全方位推动高质量发展超越提供坚强组织保证。制定实施《晋江市领导干部政治素质考察评价暂行规定》，聚焦干部政治忠诚、政治定力、政治担当、政治能力、政治自律等方面的表现，在科创新区项目专项考核中试行关键时刻的干部政治表现考察，结合换届集中考核组织政治素质自我剖析，开展政治素质反向测评，保障选出来的干部政治上过得硬、靠得住。全年共调整市管干部465人次，其中提拔正科27人，提拔副科165人，提任中学、市直医疗卫生单位市管领导人员10人。根据领导班子专业短板选配副职特别是镇（街道）科级副职和事业副科级岗位，选拔60名市直单位专业干部到镇（街道）任职，镇（街道）领导班子搭配更趋合理、总体功能得到加强。

【人事制度改革】 2020年，晋江市委组织部顺应新公务员法实施、党政机构改革、司法体制改革、边防体制改革带来的变化，做好改革“后半篇文章”，制发《晋江市职级公务员工资政策实施方案》，兑现公务员职级工资及相应的津贴补贴，完善制度配套。制定出台《关于进一步加强机关事业单位平时考核的意见（试行）》，开发启用线上干部考核测评系统，指导各单位制定平时考核办法，动态掌握干部日常表现和履职情况。抓好司法体制改革背景下两院领导班子和队伍建设，组织实施领导岗位调配6人次、职级晋升15人次、跨序列交流5人次。把握集成改革契机，持续深化机关事业单位与国有企业领导人员流动试点，加强市属国有企业人员因私事出国（境）和请销假管理，起草《晋江市市属国有企业领导人员管理暂行规定》，向上争取县级国有企业领导人员调任科级行政领导职务的政策口径，逐步完善国有企业干部管理机制。

【干部培养锻炼】 2020年，晋江市委组织部制订《2020年晋江市干部教育培训计划》，策划生成“制度执行力和治理能力提升系列”“扫黑除恶专项斗争暨法治建设”等36个核心班次，举办中共第十九届四中全会培训班，分类分期推进“晋江干部学堂”股级序列培训。印发《晋江市关于加快年轻干部培养的实施方案》，召开全市年轻干部培养工作座谈会，进一步压实党委（党组）干部培养主体责任。将重点项目、重大斗争作为检验干部成色的“试炼场”。采取“订单式”精准调度、分类分批选派200多名机关干部逆行抗疫，结合疫情一线考察工作，把扛过重活、打过硬仗的干部选出来、用起来，32名在抗疫期间表现突出的干部得到提拔使用。优化全市干部资源配置，先后抽调选派超千名干部参与第18届世界中学生运动会筹办、科创新区建设等中心任务，保障一线用人需求，从中发现选拔一批好干部，倾斜一线的导向更加鲜明。大胆使用群众公认、经过实践检验的优秀年轻干部，新配备“80后”镇（街道）副书记9名，新提拔30周岁左右镇（街道）科级干部10名。优化科级以下优秀年轻干部人选推荐方式，新推荐30周岁左右年轻干部62名，保持年轻干部源头活水，为梯队建设提供支撑。

【干部关爱激励】 2020年，晋江市委组织部发挥好公务员职务与职级并行制度，制订职级晋升工作原则，旗帜鲜明地为实绩突出、担当作为的“排头兵”和个别一贯表现较好，长期默默奉献的“老黄牛”分批晋升职级329人次，树立正确导向。出台《关于推行容错纠错机制激励干部干事创业的若干规定》，正确把握干部在工作中出现失误错误的性质和影响，推动被问责和受处分影响期满、符合有关条件的干部合理使用。建立失实检举控告澄清机制，采取当面澄清、书面澄清等方式，为10名被失实举报的干部说明事实、消除影响，引导广大干部心无旁骛干事创业。建立更加务实有效的干部关爱机制，制定实施疫情期间干部“暖心十条”（制发《关于进一步激励关爱疫情防控一线党员干部人才十条措施的通知》，从工作力量、待遇保障、职级评聘、关心关爱等角度为一线干部解决后顾之忧），完善干部保健联络制度，健全健康档案，延伸解读体检报告、辅导治疗康复等服务。设立全市关心关爱干部资金并运行，筹措启动资金700万元。持续引导、支持各镇（街道）建设“五小设施”（食堂、厕所、宿舍、淋浴室、活动室），累计投入近300万元，为一线干部提供更加舒适、温馨的工作环境。

【干部日常监督管理】 2020年，晋江市委组织部按照新修订的《党政领导干部选拔任用工作条例》规定的程序选拔使用干部，严格执行各项审核审批制度。共按规定组织22人次呈报泉州市委组织部审批或征求上级业务部门意见，均获得审批同意。全面实行考察对象廉政表现“双签字”，考察对象、拟任人选征求晋江市纪委监委、晋江市委政法委等有关部门意见，将4名不符合条件的对象挡在门外，防止“带病提拔”。开展股级干部选任调研督导，规范股级干部选任程序，进一步前移干部选任关口。把选人用人、干部担当作为情况纳入巡察监督检查的重要内容，实行巡察四方会商，优化完善纪委监委、组织部与巡察机构协调机制，运用联系督促、日常检查、党建督查等方式，巩固巡察整改成果。持续落实各级巡视巡察整改要求，督促党委（党组）执行好请销假、出国境、借用抽调等干部日常管理制度，下发《严格控制和规范领导干部在社会团体基金会兼任职务的通知》，明确管理范畴，严把资格条件，切实堵住违规兼职的制度漏洞。

（郑良侨）

【基层党建工作推进机制】 2020年，晋江市委组织部压实基层党建工作责任，抓党支部标准化规范化建设，召开全市基层党支部标准化规范化暨党员队伍建设现场经验交流会，按照农村、社区、机关事业、非公企业和社会组织等8个领域制发百分制评价指标《指导手册》，设立3家医共体党委、首个镇离退休干部党委，升格18个村（社区）党委。推动市党代表、党组（党委）成员挂钩兼任784个支部党建指导员，遴选第二批15名市委片区组织员、83名镇（街道）专兼职组织员，选配865名市、镇两级党建指导员、联络员，评定星级党支部1172个。建立基层党建工作个性化清单评估机制，持续推进抓基层党建述职评考核制度，统筹抓好乡村振兴、扫黑除恶、乡村治理、集成改革、强基促稳等有关任务落实。

【基层组织运转集成改革】 2020年，晋江市深化“支部+中心+网格+楼户”运行机制，试点选聘党员楼栋长、街巷长、中心户3500多名。总结乡村善治经验，在50个村（社区）实施自治章程“草根立法”项目，充实村务（社区）专职工作者350名，健全完善以网格为基本单位的村级组织基本办公经费补助制度，推动建立村党组织领导下的群众说事、村民议事、乡贤参事、两委干事“四事”闭环工作机制，相关做法入选第二批全国乡村治理典型案例，《晋江市建议加快村级组织运行机制改革破解乡村治理“四难”》得到省委常委、组织部部长杨贤金批示，《村级党组织在统筹推进疫情防控和乡村振兴中提升组织力的评估和启示》专题调研，获评泉州市2020年度党建重点调研课题优秀成果一等奖。

（林雨铳）

【发展党员及党员教育管理】 2020年，晋江市委组织部指导恒安集团全省非公企业发展党员工作联系点建设，实行发展党员“管辖、孵育、培养、考察、积分”等五项制度，深化农村党员管理“宽松软”问题专项整治，开展全省违规违纪发展党员排查整顿全域试点，集中处置一批不合格党员。适应数字时代发展趋势，建设“JIN智先锋”大数据平台，统筹推动5067名在职党员到社区报到服务。落实党内关爱帮扶措施，常态化开展春节、“七一”走访慰问生活困难老党员工作，指导各级党组织创建“精品党课”，主题宣传片《七一•正青春》在新华社、人民网等主流媒体播放量超200万次。

（朱东阳）

【非公企业和社会组织党建】 2020年，晋江市委组织部推进民营企业党建工作融入公司治理，实施“强党建 促发展”联合行动，推行先锋导师、政策联络等5项制度，开展“益企创”主题党月活动，《福建战“疫”》8集纪实片收录柒牌集团党委先进事迹。推进组织赋能改革。以组织、职责、政策、要素“四大赋能”为抓手，推动党群组织一体化、实体化建设，搭设“JIN企先锋”全省首个“钉钉”政策服务平台，创建20个泉州“1533”工作机制示范点，推动1.7万家企业完成党建入章。开展职级认定改革，出台《非公企业和社会组织党群工作者岗位职级管理实施方案》，在全省首创6级职业发展体系，首批评定党群工作者940名。深化党建指导员改革。选派56名党组（党委）书记、市级以上党代表担任党建指导员，30名党员中层骨干担任党建联络员；向全市重点园区、市场、商圈楼宇和行业协会商会等20个同业联盟派出15名市委片区组织员兼任同业联盟党建指导员；全市共派出748名片区党建指导员，覆盖企业12652家。抓实园区党建工作。整合设立2个园区党委，实行晋江经济开发区直管园“直接管”、联管园“属地管”党建工作领导体制和运行机制，设置集成电路产业园“一园三区”党建架构。2020年，被福建省委党建办确定为全省非公企业党建唯一联系点、福建省委组织部确定为全省“两新”组织发展党员唯一联系点。

（陈霞琳）

【机关党建】 2020年，晋江市委组织部出台《关于加强和改进新时代机关党的建设的若干措施》，制定机关事业单位基层支部标准化规范化建设指导手册，进一步理顺机关党建工作机制。开展模范机关“一堂好课”创建暨第10轮市直机关特色党建项目展评工作，汇聚91堂特色课程，相关做法获2020年度泉州市机关党建课题调研一等奖，泉州机关工委特色党建项目评展二等奖、优秀组织奖，进一步深化“一党委一品牌、一支部一特色”品牌创建思路。开发“JIN邻先锋”党群义工服务平台，创新公职党员到小区报到服务积分评价机制。获评全省机关工委系统先进集体。

（蔡滨琪）

【人才工作】 2020年，晋江市人才工作落实泉州人才“港湾计划”及市委“人才强市”战略要求，突出“强链补链、集成服务”主线，聚焦人才生态链条提升、用人主体活力激发、人才引聚服务末端落实。构建“引才机构+行业协会+晋籍社团+学生组织”四位一体联动机制。鼓励人力资源服务机构开展引才活动，新增引进人力资源服务机构11家，服务用人单位1423家，达成就业意向3443人。支持协会开展31项涉才项目，依托聚才网建设人力资源共享平台做法得到央视新闻频道《新闻30分》报道。创设全国晋江籍大学生联合会引才工作矩阵，选聘32名高校宣传专员、覆盖28个城市。实施在外晋江籍人才回归“灯塔工程”，开展首届晋江籍大学生进机关企业事业单位实习选拔活动，入选128名优秀大学生。制定《落实〈泉州市吸引国内外高水平高校毕业生专项行动方案〉若干措施》，引进高校大学毕业生336名。举办第四届海峡菁英人才节和首届“留学报国·智汇晋江”留学人员交流大会，持续办好第三届全国集成电路“创业之芯”大赛。年度新增福建省ABC类人才97名、福建省工科类青年专业人才15名、福建省“百人计划”考察人选8名、泉州市高层次人才1129名、集成电路人才159名，入选泉州市智能制造产业集群高端人才31名。统筹做好医疗卫生人才、教育人才、社工人才、农业人才等各支人才队伍培养建设，新增卫生、教育、电商等领域人才超2000名。制订《“探索激发用人主体活力的有效办法”项目实施方案》，推动12条措施落地见效。核定44名在企业生产及医务一线表现突出的人才，确认123名产业领军企业自主认定人才，累计28家企业获批泉州市自主认定试点，新增企业自主认定人才59人。制定出台产业实训基地建设项目及技能大师工作室扶持政策，创建以安踏公司为试点的鞋服行业首个新国家职业资格标准，设立晋江国家职业资格培训鉴定试验基地，泉州轻工职业学院获批国家级高技能人才基地，晋工机械吴景毅技能大师工作室入选福建省级技能大师工作室，年度选树优秀工匠1500名。培育股权激励重点发展对象。推广利郎公司股权期权激励人才做法，累计推动10余家企业开展股权激励。组织领航班三期28位学员开展“后疫情时代企业转型升级力”等学习，举办首个“知己共著·盛宴山海”领航日，借助人才之家（驿站）开展现场学习、企业家沙龙。完成全市“国字号”科研平台归口管理，累计集聚科研人才824人。中国科学院大学智能制造学院完成2020级研究生招生工作，招生数超100人；全省首支国家科技成果转化引导基金子基金3.75亿元、泉州市创新引导基金落地晋江；8项科技成果获得2019年度福建省科技进步奖，位居全省县域前列。运作以晋江市三创园为龙头的“大孵化”联盟，促进福州大学晋江科教园、泉州职业技术大学等高校与园区双创资源的共建共享，引进哈尔滨工业大学研究院、米格实验室等多个项目。推进“晋金私募汇”基金集聚区建设，新增私募基金39家。推进“人才贷2.0版”（1.0升级）落地，合计授信金额6550万元，发放人才卡120张、授信额度1063万元。深耕“一港一窗一网络一公司一热线一节日”（泉州（晋江）国际人才港、“一站式”服务专窗、聚才网、福建省晋江人力资本有限公司、人才服务热线、海峡菁英人才节），构建“六个一”服务机制（服务事项一港集成、一窗通办，服务链条一网打通，服务要素一站供给，服务流程一帮到底，服务职能一体落实），制发《晋江市优秀人才服务链条建设实施意见》，整合20多个部门66个涉才线上服务事项，开通“晋爱人才”小程序，实行“一码通”服务，完成对接事项300多条，服务500多人次。泉州（晋江）国际人才港获评2019泉州市优化营商环境“最具获得感”十大举措之一。持续活跃人才社群，开展5期人才疗休养，6场晋江市“人才杯”趣味运动比赛，开设“相约人才港·共话人才路”人才交流平台，举办10期闽南语系列培训班，常态化开展80余场沙龙研讨。创新特色宣传形式，打造人才工作IP“聚才哥”，推出“聚才哥”微信表情包，上线《我是人才》宣传漫画，在腾讯、哔哩哔哩等网站精准投入，吸引超500万人次观看。

（蔡晓喆）

【招才引智】 2020年，晋江市人社局会同市委组织部、人才办出台《晋江市优秀人才服务链条落实要求》《晋江市优秀人才服务事项处理流程》，建立人才服务评价机制，进一步理顺涉才服务事项。设立晋江市创业驿站，为有意向在晋江创新创业的各类高层次人才提供免费一站式创业服务的综合服务载体，为2名博士在晋创业提供创业场所及人才服务。

【人才认定】 2020年，晋江市人社局认定晋江市优秀人才690名、泉州市高层次人才1129名，引进博士后研究员6名。在产业领军企业、高新技术企业开展人才自主认定，审核认定2018年度晋江市产业领军企业自主认定人才18家123名，审核2019年度符合纳税条件可享受人才自主认定权限的企业认定方案17家。

【优秀人才引进】 2020年，晋江市人社局组织参评上级人才政策项目，推荐申报百千万人才工程国家级人选1人、享受国务院政府特殊津贴人选3人、百

2020年11月5日，晋江市举行第三届全国集成电路“创业之芯”大赛总赛颁奖仪式 （市委组织部 供）

千万人才工程省级人选1人、省“雏鹰计划”青年拔尖人才人选1人、中国留学人员回国创业启动支持计划申报人选2人。组织申报省引进高层次人才(ABC类)项目入选17人、省级自主认定高层次人才4人、省工科类青年专业人才支持对象项目入选11人、省引进台湾高层次人才人选73人。发动申报2020年度泉州市智能制造产业集群高端人才人选149人;入选31人。

(余诗楠)

宣传工作

【概况】 2020年，晋江市宣传战线坚持以习近平新时代中国特色社会主义思想为指导，深入学习贯彻中共十九大和十九届二中、三中、四中、五中全会精神，学习贯彻习近平总书记关于宣传思想工作的重要批示和部署要求，聚焦举旗帜、聚民心、育新人、兴文化、展形象的使命任务，严格执行《中国共产党宣传工作条例》，围绕中心，服务大局，统筹抓好理论武装、舆论宣传、文明创建、文化建设等各项工作，掌握意识形态主导权，推进融媒体中心、新时代文明实践中心建设。疫情期间主动服务疫情防控和经济社会发展工作大局，发挥媒体融合联动优势，推出抗疫主题报道近3万条，总阅读量超2.5亿次，市委报道组连续11年获评全省“十佳报道组”，全国县级市传播热度位居第二;第18届世界中学生运动会赛事氛围渐浓，央视《新闻联播》多次关注报道，海外主流社交软件持续更新晋江专页;传承创新发展“晋江经验”，晋江市被列入中宣部全面建成小康社会“百城千县万村”调研点，《传承创新发展“晋江经验”打造国际化创新型品质城市——晋江市全面建成小康社会的实践探索》入选福建省优秀县级调研报告，入围中宣部向全国推荐的县级典型;探索新时代文明实践中心“民企参与、公办民营、民办公助”形式，培育一批实践示范点，有关做法入选全省全面深化改革案例汇编；探索推出“云上三下乡”“云展览”“云展播”“云剧场”等新模式，“大美晋江”惠民工程、文化产业周、文化旅游节、网络文化节等文化品牌出彩出新，国家公共文化服务体系示范区创建工作通过实地验收，电视剧《爱拼会赢》完成摄制;市委宣传部获评全省宣传系统先进集体，1人获评全省宣传系统先进工作者。

(苏晓君)

【深入学习贯彻习近平新时代中国特色社会主义思想】 2020年，晋江市推动理论学习和宣讲进机关、进企业、进农村、进社区、进校园、进军营、进“两新”组织、进网络，推动学习宣传贯彻习近平新时代中国特色社会主义思想往深里走、往实里走、往心里走，不断增强“四个意识”、坚定“四个自信”、做到“两个维护”。开展“学‘实录’、担使命”主题征文活动，围绕深入学习贯彻习近平新时代中国特色社会主义思想，将学习 《习近平在宁德》《习近平在厦门》《习近平在福州》《习近平在福建》采访实录与《学习“晋江经验”》《学习“晋江经验”现在仍然有指导意义》相结合，组织发动党员干部将学“实录”与自身工作实际相结合，通过学思结合推动工作，共收到稿件319篇，评出优秀稿件33篇，并举办《习近平谈治国理政》第三卷读书会暨“学‘实录’、担使命”主题座谈会。党员领导干部学在前、走在前，市委理论学习中心组共组织系列实录专题学习5场，市委理论学习中心组成员撰写学习“实录”的心得体会，各基层党委理论学习中心组撰写学习“实录”的学习反响。8月5日，《泉州晚报》理论专版“扎实推进‘大学习’走深走实”专栏刊发晋江市委理论学习中心组学习《习近平在厦门》《习近平在宁德》《习近平在福州》《习近平在福建》 心得体会文章。根据“泉民开讲”工作部署，结合晋江特色，策划开展宣讲工作，向“泉民开讲”首场宣讲推荐报送1个宣讲节目，并开展晋江专场试讲工作。深入开展中共十九届四中全会精神、《中华人民共和国民法典》宣讲。举办中共十九届五中全会精神泉州市委宣讲团报告会，成立晋江市宣讲队，在全市各单位和各基层党组织广泛开展宣讲。创新宣讲阵地，探索在永和镇巴厝村建立“巴厝红”大舞台宣讲示范阵地，推动习近平新时代中国特色社会主义思想在农村化为生动实践、在群众中成为自觉行动、在基层落地生根。

【党委理论学习中心组学习】 2020年，晋江市始终坚持把学习贯彻习近平新时代中国特色社会主义思想作为党委理论学习中心组首要政治任务，抓牢抓实党委理论中心组学习，推动党的创新理论走深走心走实。市委理论学习中心组累计开展学习31场，各基层党委理论学习中心组累计开展学习942场，编发《中心组学习参考资料》15期，寄送《习近平在宁德》《习近平在厦门》《中国制度面对面》《论党的宣传思想工作》《月读》等书刊25本。规范组织年度学习工作，印发《晋江市党委(党组)理论学习中心组学习巡听旁听工作实施方案(试行)》，落实理论学习中心组巡听旁听工作机制。按照“大学习”活动要求，持续深入学习习近平新时代中国特色社会主义思想，开展中共十九届五中全会精神、全国两会精神、《中华人民共和国民法典》、《习近平谈治国理政》第三卷暨《习近平在厦门》《习近平在宁德》《习近平在福州》《习近平在福建》系列采访实录等专题学习，用新思想武装头脑，做到入脑入心。针对新冠疫情防控要求，采取集中学与分散学、专题学与个人学、现场学与网络学的方式，集中学习研讨得到强化。注重学用有机结合，树立问题导向，理论学习中心组成员深入基层开展调研活动，把学习内容与推动工作所需要的知识结合起来，撰写心得体会或调研文章，把学习转化为推动发展的举措。

【“晋江经验”理论研究】 2020年，晋江市委宣传部依托中国社会科学院社会学研究基地专家资源，由社会学所副所长王春光带队，紧扣疫情防控常态化、双循环等局势，对晋江实体经济的韧性进行深入调研，形成《深度挖掘“晋江经验”指导意义，切实提升县域经济应对危机育新机的能力》《关于全面提升县域人才结构，推进县域经济高质量发展的政策建议》等调研成果，刊登在中国社科院《要报》。调研总结全面建成小康社会的晋江实践做法，根据中宣部全面建成小康社会“百城千县万村”调研活动安排，晋江市、青阳街道阳光社区、磁灶镇大埔村、金井镇围头村、内坑镇长埔村被确定为省级调研点，各调研点分别组建课题组，并形成5篇调研报告，其中《传承创新发展“晋江经验”打造国际化创新型品质城市——晋江市全面建成小康社会的实践探索》入选福建省优秀县级调研报告，经福建省委宣传部向中宣部推荐，入围中宣部向全国推荐的80个县级典型，《求是》《人民日报》等报刊进行专题采访报道。承办“双循环新发展格局下亚太经济与两岸关系”学术研讨会，共有来自全国各地高校、研究机构的100多名专家学者和经济类核心期刊主编参加，主要围绕“双循环新发展格局”“亚太区域经济合作”“海峡两岸融合发展”等相关议题进行广泛深入探讨，为双循环新发展格局下亚太经济合作与两岸关系发展提供晋江智慧、发挥晋江力量。

（刘岩澍）

【重大主题宣传】 2020年，晋江市委宣传部围绕学习宣传贯彻中共十九届五中全会精神，紧扣“晋江经验”主题，持续做大做强正面宣传，在各级主流权威媒体推出新闻报道近千篇。协调本级媒体开设“认真学习贯彻十九届五中全会精神——传承创新发展‘晋江经验’扛旗领跑率先超越”“晋江我的1314”等专题专栏，宣传中国决胜全面建成小康社会取得的决定性成就、党中央制订“十四五”规划和2035年远景目标的战略考量，深入报道晋江各级各部门贯彻落实全会精神，全方位推动高质量发展超越的最新举措和工作成效；深化“晋江经验”主题宣传，按照中宣部“全面建成小康社会‘百城千县万村’调研活动”工作安排，配合《人民日报》《求是》《福建日报》、江苏广播电视总台等媒体做好专题采访工作，先后在《人民日报》推出《探索以人为核心的新型城镇化之路——晋江再塑发展新貌》，《求是》《红旗文稿》推出《“晋江经验”现在仍然有指导意义》，江苏广播电视总台推出《福建晋江：爱拼敢赢 奔流向海！》等专题报道；围绕晋江党代会、“两会”、高质量发展、双循环、全面建成小康社会等重点工作开展宣传报道，在新华社客户端、抖音、微信等新媒体平台推出一批专题宣传产品，累计获得超1000万人次点击量。

【重大活动宣传】 2020年，晋江市委宣传部统筹做好全市复工、复产、复市、复学以及重大经贸文化活动宣传。先后策划市委主要领导促消费活动、夜市经济、线上家博会、市长直播带货、促消费月活动、产业直播节、第四届晋江购物节、文化旅游节、创新创业大赛、工业设计大赛、文化产业周等重要经贸文化活动的宣传；联合阿里巴巴集团做好鞋（体）博览会首次线上启动、签约和宣传策划工作；持续关注晋江市重大项目、重大工程、重大招商等方面的进展动态，展示晋江经济社会发展的活力。全年在中央、福建省、泉州市等上级媒体累计推出新闻报道上万篇，在各类“声、屏、报、网、端、微”全媒体平台推出的专题宣传累计获得超1亿人次关注度，市委报道组连续11年获福建日报社“十佳报道组”称号。

【网络宣传管理】 2020年，晋江市委网信工作综合运用各级网络资源，策划制作图文、音视频、H5等网络宣传报道6000余篇（条），总阅读量超千万次，人民网首页刊发《福建晋江复工复产进入“快车道”规模以上工业企业全部复工》，新华网客户端、新华体育等刊发《以赛兴城，“鞋都”晋江开启新篇章》，人民网福建频道到晋开展“爱拼夜泉州 一起走透透”直播活动，东方网到晋开展“了不起的小镇”主题采访。举办晋江市第七届网络文化节、网络安全宣传周等活动。组织传达学习网络生态治理规定和要求，建立晋江市网络安全和信息内容管理执法联席会议制度，开展晋江市网络恶意营销账号专项整治行动、“清朗”专项行动，查处网络违规信息40多条。强化属地网站、自媒体管理，规范网络信息传播纪律，推动落实信息发布主体责任。

（丁志俭 许金墅）

【对台及对外宣传】 2020年，晋江市对上对接外宣主流媒体，策划各类专题节目到晋江拍摄、采风。7月20—22日，借助第四届海峡两岸食品交易会暨第七届闽台（泉州）食品交易会契机，专门

2020年7月20日至22日，第四届海峡两岸食品交易会、第七届闽台（泉州）食品交易会暨首届线上食品交易会在晋江举办 （市委宣传部 供）

设置第18届世界中学生运动会市场开发展区，立体化宣传第18届世界中学生运动会品牌及筹办成果展示。结合“海峡杯”工业设计大赛、东石数宫灯、安海“三大节庆”等大型赛事、文化活动，对外宣传推介晋江城市品牌形象。8月25日，举办第六届海峡两岸（晋江金井·围头）七夕返亲节，首次采用“线上+线下”相结合的形式，突出互动交互、突出乡愁味道、突出经贸交流，引发两岸同胞热烈反响。以重大赛事举办为契机，持续做好城市形象海外宣传落地，在海外社交软件Facebook（脸书）、Instagram（照片墙）、Youtube（优兔）、Twitter（推特）等主流软件上持续更新晋江专页，运维好第18届世界中学生运动会（中英）双语官网和“晋江2020年世中运”官方微信公众号。

（谢佩龙）

【社会主义核心价值观培育践行】 2020年，晋江市围绕贯彻落实《新时代公民道德建设实施纲要》《新时代爱国主义教育实施纲要》，深化培育和践行社会主义核心价值观。加强新时代爱国主义教育，出台《关于贯彻落实〈新时代爱国主义教育实施纲要〉的实施方案》，命名许集美革命事迹陈列室为晋江市爱国主义教育基地，晋江市展馆获评习近平新时代中国特色社会主义思想实践示范基地。举办“礼赞新中国 畅想世中运”晋江市中学生创意演讲大赛总决赛、红色故事讲解员大赛、《新时代爱国主义教育实施纲要》有奖问答活动、晋江市民族团结进步宣传月歌曲演唱大赛，组织开展庆祝中国人民抗日战争暨世界反法西斯战争胜利75周年群众性主题教育活动。征集一批作品参加第四届社会主义核心价值观主题微电影征集展播、“我所经历的脱贫攻坚故事”展示展播等。抓好典型事迹宣传，组织“十佳美丽晋江人”道德模范新春座谈会，通报表扬88名战“疫”优秀志愿者和一批在疫情防抗中做出突出贡献的学雷锋示范点、岗位学雷锋标兵。向上推荐学雷锋活动示范点、岗位学雷锋标兵等先进典型，福建柒牌时装科技股份有限公司获评2020年全省学雷锋活动示范点、泉州市级学雷锋活动示范点，市疾控中心获评泉州市级学雷锋活动示范点，市中医院重症医学科护师张丽碟、郭龙燕获评泉州市级岗位学雷锋标兵，福建柒牌时装科技股份有限公司常务副总裁洪炳文获评全国抗击新冠肺炎疫情先进个人。

（陈瑞清）

【意识形态工作责任制贯彻落实】 2020年，晋江市进一步加强党对意识形态工作的领导，坚持主管主办、属地管理原则，严格落实意识形态（网络意识形态）工作责任制，牢牢掌握意识形态主导权、话语权。成立市委宣传思想工作领导小组（意识形态工作领导小组）及办公室，组建工作专班，出台议事规则，强化组织领导。制定贯彻落实《中国共产党宣传工作条例》责任分工方案和《晋江市党委（党组）落实意识形态工作责任制规范化任务清单》。建立健全文化安全协调机制、市委巡察机构与市委宣传部工作协调机制等，组建专项督查巡察人才库，加强队伍制度保障。开展2020年宣传思想文化工作暨意识形态工作责任制培训班、新闻发言人视频培训班、文化产业培训班等，提升党员干部意识形态工作能力素质。12月底，市委宣传部会同市委督查室、市政府督查室、市效能办组成6个督查组，通过实地督查、查阅资料并结合平时掌握情况，对85个党委（党组）、有关单位开展意识形态工作责任制落实情况专题督查，并做好结果运用。

（苏晓君）

【移风易俗】 2020年，晋江市以“坚持抓重点带社会，推进喜俗治理”“坚持存精华弃糟粕，开展宗俗治理”“坚持缩时长促简办，深化殡俗治理”理念，与深化爱国卫生运动、培育文明健康绿色生活方式相结合，综合施策推进移风易俗工作。2020年底，市民对移风易俗工作的支持率达100%，知晓率、满意率相较2019年同期分别提升6%、1.2%。强化督导落实。通过制度约束、暗访机制、重点抓手三个方面，推进疫情防控期间的移风易俗工作。加强动态排摸、文明劝导和有效管控，持续落实“不超三天、不举法事、不办公饭、不行路祭、不请阵头、不搞游丧”等从简治丧“六不”规定，在疫情期间，一律不得举办联宗联谊、祔祧晋禄、觐香谒祖、迎神赛会、普度神诞等较大规模的活动，加强对喜事新办的引导和劝导。出台《2020年晋江市移风易俗工作实施方案》和责任清单，推进喜俗、宗俗和殡俗三方面治理。在喜俗方面，重点抓重要环节，发挥人大代表、政协委员、商会会员和党员公职人员尤其是农村党员干部的示范作用，做好适婚青年的宣传动员工作，并在行业自律、依法监管和农村“家宴中心”“共享厨房”试验等方面发力。在宗俗方面，实施宗俗的综合治理、协作发力。在殡俗方面，落实疫情期间从简治丧规定。婚喜事新办、丧葬事简办、迷信事不办、公益事共办渐成风气，市区核心区占道搭棚举办红白喜事、冰棺殓具随意暂置的陋俗绝迹，大规模、长时间“游丧”现象越来越少，社会成本和群众负担进一步减轻。开展主题活动。深化“学案例、用案例、促提升”移风易俗主题活动，组织党员干部、企业职工及学校教师等观看泉州市移风易俗典型案例交流专题视频，学习《泉州市移风易俗典型案例汇编》宣传读本，并签订2020年度移风易俗承诺书。组织开展泉州、晋江两级“百个移风易俗示范镇（街道）、村居”“百名移风易俗带头人”“百佳移风易俗村（居）规民约”参评和推荐活动，6个镇（街道）、56个村（居）、61个村（居）规民约、75人进入泉州、晋江两级表彰范围，推进磁灶镇大埔村、金井镇围头村、池店镇御辇村、永和镇马坪村等福建省、泉州市级乡风文明联系点及家风家训馆建设。

（张燕妮）

【文化惠民】 2020年，晋江市加强基层文化建设，深入推进文化惠民，提升群众幸福感。1月9—10日，分别走进磁灶镇大埔村、龙湖镇福林村，组织“我们的中国梦”2020年文化、科技、卫生集中性“三下乡”活动，策划文艺演出、科技服务、义务诊疗、政策咨询和法律宣传等20多项惠民服务，紧扣习近平新时代中国特色社会主义思想、第18届世界中学生运动会专题、移风易俗、扫黑除恶、文明创建等主题，通过现场有奖问答、灯谜展猜等形式，推进形势政策进基层。通过网络平台进行直播，累计吸引超43万人次观看。各镇（街道）、市直有关单位策划开展“鼠兆丰年•盛世贺岁”“不负韶华•情暖高霞”“我们的节日•春节”“民族团结一家亲”“浓浓邻里情•欢乐迎新春”“防疫有我 爱卫同行”“移风易俗、创建文明城市”及晋江市第九届老年文化艺术节等主题“三下乡”活动，创新推出“云看场”“云剧场”“手机看展”、文雅慕课等新模式，举办晋江市（安海）第五届中秋线上文化节等，满足疫情期间群众精神文化生活需求。鼓励扶持文艺精品创作，选送草书《题南安一片寺》、长篇报告文学《晋江，奔流向海》分获福建省第九届百花文艺奖二等奖、三等奖。发动全市文艺工作者创作抗疫主题文艺作品，音乐作品《白色战衣》、高甲小戏《众援战“疫”》、木偶小戏《亲姆拜年》等在“学习强国”平台展播，引导民间艺人创作一批抗疫主题闽南四句、闽南童谣等。组织申报上级文化文艺专项资金，获批泉州市优秀传统文化传承发展专项资金35万元、2020年度福建省文艺发展专项资金补助经费30万元。落实《晋江市基层宣传文化建设专项资金管理使用暂行规定》，开展2019年度基层宣传文化建设专项资金项目申报工作，经项目申报、评审，兑现基层宣传文化建设专项资金近500万元，保障村级综合公共文化中心、爱国主义教育基地、社科普及基地等公共文化设施建设和“三下乡”活动、传统戏曲进校园活动等公共文化活动开展。

（陈瑞清）

统一战线工作

【概况】 2020年，晋江市委统战部围绕市委、市政府中心工作，为民主党派履职参政、发挥作用创造条件，各民主党派结合“主题教育”举办“七一同心”图文展等活动10多场次，参与抗击新冠肺炎疫情，180多名党派医护人员抗疫在一线，民主党发动捐款1000多万元支持抗疫；晋江市探索新的社会阶层人士统战工作方式方法，组织开展联谊交流活动，把新的社会阶层组织起来、凝聚起来，服务社会，助力经济发展，举办同心志愿者活动10场；依托晋江市海外联谊会、世界晋江同乡总会、世界晋江青年联谊会及晋江市留学人员联谊会等平台，发挥侨务资源优势，履行各项工作职能，促进海外联谊工作向纵深发展。经验成果《福建晋江“侨+N”模式构建新时代侨务工作共同体》在中央统战部、国务院侨办、福建省委统战部等部门刊物上宣传推广。

【统一战线主题教育】 2020年，晋江市委统战部支持民主党派、无党派人士、党外知识分子持续深入开展“不忘合作初心，继续携手前进”主题教育活动，举办“七一”同心图文展，收集书画、诗词、摄影、视频等作品200多件并分类展出。各民主党派将主题教育活动向更深层次、更广范围延伸，并结合到各类日常活动当中，累计开展各类主题教育活动10多场次。

【参政议政助力】 2020年，晋江市委统战部按照工作部署，协助市委相关部门制订、实施《2020年度政党协商计划》，举办由市委书记刘文儒主持召开的“‘十四五’发展规划基本思路”等2场专题协商座谈会和市委、市政府分管领导分别主持召开的“产业转型升级”“民主党派基层组织建设”2场调研协商座谈会，以及多场次协商座谈会。组建3个联合调研组，围绕“产业转型升级”“民主党派基层组织建设”“落实人才政策情况”开展重点调研。其中，“民主党派基层组织建设”调研课题获福建省统战理论研究基地三等奖。以抗击疫情、复工复产复学为主题刊发两期《党外献策专刊》共11篇调研文章。严格落实年度调研计划，形成调研成果40多项。其中，1篇获福建省统战理论研究基地三等奖，1篇获福建省委书记、省长批示，3篇获泉州市委书记、市长批示，7篇获晋江市委书记、市长批示。

【民主党派工作】 2020年，晋江市委统战部指导各民主党派深入学习贯彻习近平新时代中国特色社会主义思想，围绕“四新”“三好”要求，夯实共同团结奋斗的思想政治基础。通过举办专题学习、主题讲座、考察调研等活动，提升履职能力。加强党派代表人士队伍建设，以换届为契机，着力培养后备力量，发现、培养、使用一批优秀民主党派干部。制定实施《晋江市民主党派领导工作规章制度》，出台《晋江市民主党派专项业务经费使用管理规定》，推动民主党派领导工作制度化、规范化、程序化。完成民主党派办公新址搬迁，改善民主党派机关办公条件。

（陈红瑜）

【新阶联工作】 2020年，晋江市委统战部指导推动市新阶联加强与各镇（街道）联系，共同策划考察交流活动，推动新的社会阶层人士统战工作深入开展。强化党建核心引领，通过开展学习强国知识竞赛、参观古田会议会址等庆祝中国共产党成立99周年系列活动，发挥市新阶联党支部政治核心作用，以党建促会建。指导市新阶联定期召开会长会、秘书处办公会，举办线上分享会、主题沙龙等10多场活动。晋江市委统战部按照泉州五个“同心100”要求，组织新的社会阶层人士开展同心助医助学助困活动40余场、捐赠20多万元，提供同心律师法律援助服务32件，举办同心志愿者活动10场，提供同心就业岗位160个，完成同心图书馆建设11座。引导新阶联会员建言献策，参与各类座谈、联合调研等活动，形成调研文章4篇、提案3件。

【实践创新基地建设】 2020年，晋江市委统战部规范基地日常活动及标准化管理，新设立晋江产业直播基地、兔牙网红直播基地等4个网络人士实践创新基地和卡尔美实践创新基地。海明文化城实践创新基地作为唯一县级单位在全省新的社会阶层人士统战工作实践创新基地建设经验交流会上做典型发言。

【网络人士统战工作】 2020年，晋江市委统战部组织召开全市网络人士统战工作会议，出台《关于加强网络人士统战工作的若干措施》，通过把网络人士找出来、聚起来、用起来，营造良好的网络舆论氛围。推动成立泉州县（市、区）首个网络人士联谊组织—海丝新媒体联盟。《晋江市“三个注重”扎实推进网络统战工作》得到泉州市领导的批示肯定。

2020年10月26日，晋江市委统战部举行全省民营经济人士理想信念教育基地(晋江经验)揭牌仪式
（市委统战部 供）

【民营经济人士思想引领】 2020年，晋江市委统战部组织各基层商会学习习近平总书记关于民营经济统战工作的重要指示精神和全国民营经济统战工作会议精神，加强对民营企业家的思想政治引领，教育引导广大民营企业家与党同心同向，听党话、跟党走，推动民营经济健康发展、民营经济人士健康成长。加强对年轻一代民营企业家的教育培养，举办新生代民营经济代表人士培训班，引导青年企业家洞悉时代脉搏、探索创新变革、遵法合规经营、履行社会责任，建设一支数量充足、素质优良、结构合理的市新生代民营经济代表人士队伍。"晋江经验"教育基地被福建省工商联设立为全省民营经济人士理想信念教育基地。

【服务中心发展大局】 2020年，晋江市委统战部通过异地晋江商会发动晋江乡贤参与晋江市"灯塔工程"，开展在外科教文卫政企等优秀晋江籍人才信息采集，助力建立健全全市人才信息库。联合人才办、人社局、团市委、工商联等单位推动成立全国晋江籍大学生联合会，促进在外晋江籍大学生互动交流，并聘任一批优秀大学生担任高校人才宣传专员，引导晋籍高校毕业生、优秀人才回归家乡、反哺家乡。指导福州晋江商会成立以晋籍在榕各大医院医疗专家为主体的健康委员会，服务在榕晋江人及家乡寻医问药乡贤，通过开展义诊、卫生健康讲座等活动，促进晋榕两地医疗资源共用共享。发挥异地晋江商会优势和作用，配合高铁新区招商专班赴上海走访对接相关高校，助推高铁新区优质教育招商工作开展。

【基层商会协会工作】 2020年，晋江市委统战部深入基层商会开展调研，指导商会做好党建、换届筹备等工作，推动池店、新塘商会完成换届工作。强化党建引领，引导本异地商会党支部在"七一"期间通过重温入党誓词、参观红色教育基地等活动庆祝中国共产党成立99周年，发挥商会党组织政治核心作用，确保商会工作始终保持正确的政治方向，促进商会全面健康有序发展。持续推动"四好"商会创建，打造一批品牌商会，安海商会、磁灶商会、南京晋江商会获全国"四好"商会称号。

【民企履行社会责任引导】 2020年，晋江市委统战部发动晋江商协会、民营企业支持抗击新冠疫情工作，发扬"一方有难、八方支援"的强烈责任感和使命感，履行社会责任。2020年，晋江商协会、民营企业累计捐款捐物2亿元。注重加强信息统计和舆论引导，通过微信公众号、微信群等线上渠道持续宣传全市广大民营经济人士奋战抗疫前线的典型事迹和科学有序复工复产的经验做法。英林商会获评"全国工商联抗击新冠肺炎疫情先进商会组织"称号，安踏、七匹狼、盼盼、鸿星尔克4家晋江企业获"抗击新冠肺炎疫情先进民营企业"称号。

（李志辉）

【海外联络联谊】 2020年，晋江市委统战部在新冠肺炎疫情期间，通过网络视频、线上云交流等方式，加强与日本晋江同乡会、菲律宾晋江同乡会达沃分会等海外乡亲联络联谊；指导金井镇举办"云上鹊桥 两岸家园"第六届海峡两岸七夕返亲节，以"云旅游""云示爱""云乡亲"为主线，采取"线上直播+线下互动"模式，进行企业"云签约"仪式，推动全方位、多领域、深层次地开展文化交流活动。做好在晋、到晋旅外乡亲联络联谊工作，先后接待来自菲律宾、阿联酋、缅甸、越南、意大利、柬埔寨、马来西亚等国家和地区的乡亲，组织和海外侨胞返乡参观第二体育中心、梧林古村落及福州大学晋江科教园等晋江重点项目，增强他们对家乡的认同和归属感。

【晋青工作】 2020年，晋江市委重视与新生代的联谊。召开青年企业家座谈会，汇聚青春合力；组织世界晋江青年联谊会理事赴莆田、泉州开展拜访考察活动，促进青年交流互动；开展圆梦微心愿助学活动，为30名学生完成微心愿；举办"相约人才港 共话人才路"第六期闽南语主题沙龙活动暨闽南语培训班开班第一课。引导青年参政议政。引导青年筑牢精神支柱、激发青年责任担当、厚植青年家国情怀，颜奕萍、宋碧琪、吴池力、李子树、周士渊等5名晋江青年当选全国青联第十三届委员会委员。推动青年社团工作。推动成立澳门泉州青年联合会(其会长为晋江人)，支持澳门晋江青年联合会、澳门东石青年会进行换届。推动龙湖镇侨界青年联合会与澳门龙湖青年促进会联合举办"龙门•濠江汇"交流活动，引导澳门金井青年会举办"金井人识金井"闽南语分享活动，进一步推动青年交流联谊。做优做强世界晋江青年联谊会建设。加强世界晋江青年联谊会活动信息宣传和"世晋青菁英show"专栏运作，开设《世晋青•一起走过的日子》系列宣传专栏，举办闽南语视频评选、世晋青

2020年9月25日，晋江市委统战部举办“晋乡晋情　月圆中秋”港澳乡亲座谈会　　（市委统战部 供）

吉祥物征集等线上活动，升级改版“说咱闽南话”App，拓展线上活动；丰富提升“世晋青之家”会址，推动落实会长轮值、考勤管理办法等制度，进一步规范秘书处工作。

【海归工作】　2020年，晋江市委统战部深化海外留学回国就业的人员交流，组织留学人员代表走进罗山、新塘、灵源开展“共联未来　汇聚菁英”活动；举办晋江新生代海外留学回国就业的人员创业者活动，共话“疫情后的新机遇新挑战”，进一步拓展新生代青年联络联谊；引导晋江留学人员报名参加泉州市“同心杯”留学人员创新创业大赛，推荐21组项目参赛，共8个创新创业项目获奖，市委统战部获“最佳组织奖”，举办首届晋江市留学人员交流大会，推动5个“同心杯”留学人员创新创业项目落地晋江市三创园，晋江获评福建省“海归之家”示范点；成立晋江市留学人员创新创业基地，推动留学人员创新创业；切实提升海外人才服务质量，晋江市委服务海归人才的经验成果《晋江市多措并举吸引海外人才纷至沓来》在《八闽快讯》刊登，得到市委主要领导批示肯定。

【港澳联络联谊工作】　2020年，晋江市委统战出台关于加强港澳社团建设和加强港澳青少年工作的指导文件，明确工作职责，形成工作合力；推动成立香港晋江罗山旅港同乡会和香港旅港社店同乡会，进一步拓宽基层社团网络，壮大爱国爱港爱澳队伍；持续开展港澳乡情普查工作，发挥“镇、村、侨联”组织优势，运用“大数据+网格化”技术，通过内外配合形式，进一步健全完善港澳乡亲数据；开展3个重点镇8个村“乡亲乡情互助计划”试点工作，推动香港晋江社团转型升级；举办“晋乡晋情　月圆中秋”港澳乡亲中秋座谈会，走访青阳、新塘、罗山、龙湖、安海、金井、深沪等镇（街道）乡亲代表；鼓励港澳社团、乡亲参与港澳社会事务活动，施清流、庄元苳、王志钟、丁煌、陈巧莉、施荣恒6位旅港乡贤获香港特别行政区授勋。

（曾金珠）

机构编制

【概况】　2020年，晋江市机构编制部门统筹推进镇（街道）机构改革、经济发达镇行政管理体制改革、事业单位改革、综合行政执法改革等多领域改革，统筹配置机构编制资源，全面提升机构编制工作水平，为晋江建设国际化创新型品质城市提供坚实的体制机制保障。市委编办连续三年获评全市绩效考核优秀单位，获“2017—2019年度泉州市文明单位”称号，获“福建省2018—2020年度文明单位”称号。

（陈镜安）

【镇（街道）机构改革】　2020年，晋江市机构编制部门根据上级关于镇（街道）机构改革的总体要求，以加强党的建设为统领，以放权赋能减负增效为核心，系统构建简约高效的基层治理体系。指导完成全市19个镇（街道）“三定”（定机构、定编制、定职能）规定编制和组织实施工作；规范并优化各镇（街道）机构设置、职能配备、力量配备，调剂核增各镇（街道）行政编制60名、事业编制370名，整合设置66个副科级事业单位，推动劳动事务保障所、城市管理执法中队等派驻机构及教育管理职能下沉至镇（街道）管理，进一步整合加强基层审批、服务、执法力量。

【镇（街道）权责清单梳理】　2020年，晋江市机构编制部门按照深化镇（街道）机构改革要求，围绕坚持党的领导、依法依规、权责一致、实用易懂、服务便民的原则和构建功能明确、权责清晰、运转顺畅、治理有效的镇（街道）职责体系的目标，在以安海镇、金井镇作为省、市经济发达镇类试点先行推进经验的基础上，组织对各镇（街道）权责清单“一单四表”进行重新梳理调整、修订完善，每个镇（街道）平均保留法定事项200项，市直部门委托事项31项（其中执法事项25项）、赋权事项66项（其中执法事项59项）、派驻机构事项1037项。探索梳理市镇“属地管理”责任事项35项，进一步明晰市镇权责关系，推动镇（街道）“照单办事”，推进权责清单规范化标准化建设。

【经济发达镇行政管理体制改革】 2020年，晋江市机构编制部门在上级明确将晋江市9个小城镇机构改革试点转型为经济发达镇行政管理体制改革的背景下，立足晋江市经济发达镇占全市乡镇70%的实际，结合镇(街道)机构改革工作，构建起符合晋江市基层政权定位、适应城镇化发展需求的新型行政管理体制，出台9个经济发达镇行政管理体制改革实施方案，小城镇(经济发达镇)行政管理体制改革工作成效得到中央编办的肯定评价并在中国机构编制网上刊发宣传，获得市委主要领导的批示肯定。

【综合行政执法体制改革】 2020年，晋江市机构编制部门深入贯彻落实中央关于推进基层整合审批服务执法力量的要求和镇(街道)机构改革的有关精神，紧抓晋江被列为全省县域集成改革试点契机，围绕实现“市级专业+镇街综合”全域综合执法的改革思路，按照“干部队伍专业化、执法流程规范化、硬件配备现代化”的目标要求，重点推进“五个一”(一套方案管推进、一张清单管权责、一支队伍管执法、一个标准管规范、一个平台管监督)任务。调剂下沉19个镇(街道)执法人员编制145名，编制《镇(街道)集中行使的行政处罚权事项目录》，共涉及人社、住建、城管、农林、水利、公用事业等11个赋权部门行政处罚权59项，城市管理部门委托执法事项六大领域102项。晋江市作为全省唯一的县(市)被省委编办推荐为中央规范市县综合行政执法队伍机构编制试点县。

(黄一峰)

【事业单位改革】 2020年，晋江市机构编制部门持续深化事业单位改革，按系统、分领域逐步对“小、散、弱”事业单位进行整合撤并，进一步优化布局结构，不断提高事业单位服务中心工作的能力水平，整合晋江市委统战部下属事业单位机构和职能，设立晋江市爱国统一战线事务保障中心；整合晋江市委政法委下属事业单位机构和职能，设立晋江市综治中心；结合发改局经济运行和营商环境工作重点，整合设立市经济运行与营商环境服务保障中心；根据市场采购贸易服务试点、第18届世界中学生运动会赛事筹办、高新技术产业发展战略等全市中心工作，配套设置机构。

【生产经营类事业单位改革】 2020年，晋江市机构编制部门根据《福建省从事生产经营活动事业单位改革工作方案》的要求，对接人社、财政和经营类事业单位的行政主管部门，推动整合撤销市工人电影院、建筑设计室、侨联大厦、电影发行放映公司等4家职能转移弱化事业单位，做好人员分流安置，全部完成晋江市8家经营类事业单位改革。

【公立医院机构编制管理模式创新】 2020年，晋江市机构编制部门适应晋江市深化医药卫生体制改革和公立医院综合改革需要，创新人事编制管理，根据《中央编办关于创新事业单位机构编制管理方式的意见》和省委《关于加快医疗卫生事业发展的实施意见》等文件精神，紧扣晋江作为全省县域集成改革试点的有利契机，制定出台《晋江市市直公立医院人员总量控制备案管理暂行办法》，核定全市公立医院人员控制总量10190名，从根本上解决长期困扰晋江医疗卫生单位的人员编制不足问题。

【机构编制资源统筹配置】 2020年，晋江市机构编制部门创新编制管理理念，将“严格编制总量管理与保障经济社会发展需要”相结合，向上争取编制资源扩容增量，争取泉州市委编委下达晋江市军转行政编制22名、中小学教职工专项事业编制350名。持续深化完善机构编制“实名制”管理和用编计划申报机制，保障涉及社会民生、经济发展等重点领域用编需求，补齐教育、卫生等民生短板，完成选调生安排、团营级军转干部安置等政策性安置任务，晋江市军转安置工作连续三年获得市委主要领导的批示肯定。

(陈弘光)

【事业单位登记管理】 2020年，晋江市机构编制部门以信息公开和规范管理为抓手，履行登记管理职能，在完善年度公示制度的基础上，梳职权明职责，进一步优化审批流程、简化办事环节，依法有序推进事业单位法人登记管理和网上名称管理。2020年，晋江市事业单位法人登记总数636家，应年度公示630家，实际公示630家，完成域名注册、网上名称挂标单位820家，其中机关单位80家、事业单位740家，实现事业单位法人年度公示率100%和注册挂标两个“双覆盖”。开展事业单位“双随机一公开”(在监管过程中随机抽取检查对象，随机选派执法检查人员，抽查情况及查处结果及时向社会公开)抽查工作，逐步提高抽查比例和批次，强化对事业单位的事中事后监管，通过查问题促提升，探索实地核查与书面审查、网络监测、专项审核等多种形式监管方法的综合运用。

(吴雪莲)

老干部工作

【概况】 2020年，晋江市老干部工作创新打造“三银一红”(银领先锋、银耀晋江、银上乐活，传承红色基因)工作品牌，推动老干部工作持续健康发展，全市老干部幸福感、满意度不断提高。截至2020年末，晋江市有离休干部51人，“5·12”退休干部6人，其中地厅级离休干部3人；离休干部遗属161人，其中无工作遗属87人；退休干部7088人，其中实职县处级干部61人，享受县处级待遇干部34人，科级干部773人。

【老干部服务保障】 2020年，晋江市委、市政府主要领导带头落实挂钩联系老干部制度，在重大节日带头走访慰问老干部、为老干部祝寿；1月和8月分别主持召开通报会，向老干部通报全年、半年工作情况。各镇(街道)制度化召开老干部工作领导小组会议，研究解决老干部工作问题。持续推进老干部工作“三化”(信息化、精准化、规范化)建设，更新完善福建离退休干部服务管理信息化平台相关数据，完善300多条次基本信息，持续更新离休干部“一人一策”内容；坚持每季度传达文件、组织参观学习，常态化开展“三节”(中秋节、国庆节、重阳节)活动，用好“离退休干部帮扶解困基金”，开展离退休干部长期护理保险，推进处级离退休干部“精准医疗服务项目”，落实老干部“两项待遇”；制发做好离退休干部工作6条有关具体事项的通知、离退休干部“七个一”（一次组织谈话、一次政策解读、一次纪律提醒、一次家庭走访、一次志愿服务、一个文化礼包、一场荣退仪式）服务管理制度、规范在社会团体基金会兼任职务等3份服务管理老干部指导性文件，梳理34份历年有关文件规定汇编成册，制定《离退休干部职工党支部标准化规范化建设基本指标》，编印《党建工作手册》，并召开全市首次离退休干部服务管理工作会议，解读相关文件政策。打造离退休干部“三银一红”工作品牌，在泉州各县（市、区）委老干部局工作品牌展示交流测评中位居第一。全年累计在上级报刊、公众号等刊发文章42篇次，市委老干部局获评全省老干部信息工作、宣传工作突出单位和全国涉老工作部门战疫防控宣传报道工作先进荣誉证书。

【老干部作用发挥】 2020年，晋江市委老干部局推进市老年活动中心三期外立面及景观绿化改造项目，开展市老干部活动中心改造修缮项目，建好老党员之家，提高阵地品质。加大基层支持力度，安海镇老干部活动中心获评福建省离退休干部先进集体，内坑镇泉州中心县委纪念馆获评省离退休党员干部传承红色基因学习教育基地。开展晋江市第九届老年文化艺术节，以“银耀新晋江·文艺新风尚”为主题，系统推进5个篇章34项活动，出版《“寻找最美夕阳红·助力晋江新跨越”》人物风采辑，同步拍摄人物专访视频，在晋江电视台《新闻天天报》栏目播出，展示晋江市老干部的心态和风采。落实疫情防控工作任务，制发倡议书，动员广大离退休党员干部加强自我防护同时，力所能及增添正能量。全年全市离退休党员干部累计创作500多首防疫诗词，助推全市减办200多场“红白事”。响应中央号召，致力推进勤俭节约工作，动员离退休干部带头推进“光盘”行动，推广“公筷公勺”。录制《勤俭节约 从舌做起》公益视频，用老干部忆苦思甜的切身经历教导年轻一辈。围绕助力晋江市创城复查整改，开展“我为创城添银辉”主题党日活动，发挥老干部独特优势，协助党委、政府做好复查整改工作。

（王东兴）

晋江市关心下一代工作委员会

【概况】 2020年，晋江市关工委坚持“急党政所急，想青少年所需，尽关工委所能”的工作方针和“围绕中心，服务大局，积极配合，主动作为”的工作定位，推动全市关心下一代工作再上新台阶。先后开展庆祝市关工委成立三十周年、“基层建设提升年”、关爱帮扶活动，以及开展社会主义核心价值观教育等活动。

【庆祝市关工委成立三十周年】 2020年，晋江市关工委编印《盛世关工情》庆祝画册和《大手牵小手，“五老”护新苗》大事，录制《润物无声——晋江市关工委30周年纪》宣传片。12月25日，晋江市关工委成立三十周年座谈会在梅岭街道文体活动中心召开，中共泉州市委常委、晋江市委书记刘文儒，泉州市关工委常务副主任傅福荣等领导，以及市关工委前任主任亲属代表，市关工委“五老”代表，市关工委成员单位，各镇（街道），青少年社会教育活动中心负责人等100多人参加。

【“基层建设提升年”活动】 2020年，晋江市关工委按照福建省、泉州市两级的要求，联合市委组织部印发《关于深化开展关工委“基层建设提升年”活动的实施方案》的通知，制订“12345”（1个指导思想、2个工作目标、3个基本原则、4个工作措施、5个工作要求）的实施方案，以基层创“五好”活动为抓手，组织各镇（街道）关工委开展一次“五好”关工委“回头看”活动，各镇（街道）关工委重新规范村（社区）关工委办公场所建设和上墙材料，进一步推进镇（街道）、村（社区）关工委规范化建设。灵源街道、安海镇、永和镇关工委召开各村（社区）关工委负责人参加的创建基层“五好”关工委工作推进会，就如何创建基层“五好”关工委和推进“基层建设提升年”活动进行具体布置。安海镇关工委建立“微信工作群”，促进各村（社区）关工委工作交流互动，并重新为41个村（社区）统一制作关工委铜牌和上墙材料。全市成立基层关工委组织595个，“五好”关工委占比62%。泉州市关工委常务副主任陈元殿带队到晋江市观摩检查关工委“基层建设提升年”活动开展情况，对晋江市3个现场观摩点和开展“基层建设提升年”活动进行点评和交流，肯定晋江各级党委、政府对关工委工作的重视和支持。

【关爱帮扶活动】 2020年7月，晋江市关工委启动2020年度家庭困难学生

2020年12月25日，晋江市关心下一代工作委员会成立三十周年座谈会在梅岭街道文体活动中心召开

（市关工委 供）

爱心助学金申请工作。2020年，晋江市关工委共审批发放晋江市慈善总会“爱心助学”金262.9万元、扶助困难学生933人；审批发放市委、市政府为民办实事项目晋江市特困家庭“四帮四扶”帮就学扶助金239.2万元、扶助困难学生615人。梅岭街道、罗山街道、池店镇、东石镇关工委等召开“爱心助学”金发放仪式或座谈会，向家庭困难学生发放助学金。

“六一”节前夕，晋江市关工委深入28所中小学校、幼儿园，送上6.3万元慰问金，为少年儿童带去节日的问候，了解学校的复学情况以及少年儿童的学习、生活情况。配合泉州市关工委、泉州市老促会在磁灶镇明江实验小学举办“六一”节慰问活动，泉州市关工委、泉州市老促会、晋江市关工委各向学校捐赠5万元奖教奖学金，磁灶镇党委、政府向学校捐赠4万元奖教奖学金。新塘街道、磁灶镇关工委到辖区中小学校开展慰问活动并送去节日慰问金；池店镇关工委向辖区中小学校、幼儿园赠送价值2.6万元书籍，助力书香校园建设。市关工委开展关爱外来学生活动，为1200名外来学生赠送书包；池店镇关工委在唐厝小学开展关爱贫困外来工子女活动，为10名学生送去学习用品。

在庆祝抗日战争胜利75周年之际，晋江市关工委联合市档案馆整理编印《晋江华侨与抗日战争》画册，分发到各中小学校、离退休党支部、机关单位等。龙湖镇关工委在辖区中小学校组织开展以“祭英烈，铭历史”为主题活动，包括绘画、手工，观影、“革命歌曲大合唱”等，引导未成年人缅怀先辈、铭记革命先烈光荣事迹，倍加珍惜今天幸福生活。内坑镇关工委在泉州中心县委历史纪念馆组织学生代表宣读《红色基因传承倡议书》，倡议广大青少年铭记党史国史，传承红色基因。

【社会主义核心价值观教育】 2020年，晋江市关工委开展以社会主义核心价值观教育为核心，组织多种多样的活动。开展重阳节敬老活动。晋江市关工委联合青阳街道关工委在市实验幼儿园举办“老少同乐•孝道代代传”主题教育活动，组织“投壶、夹珠子、蒙眼摸宝、抢杯子”等多项闽南传统游戏，进一步弘扬中华传统孝文化，加强幼儿的思想道德建设和感恩孝敬教育。内坑镇关工委组织学生为老年人送上精彩的慰问演出，营造尊老敬老氛围，弘扬孝道文化。

西滨镇青少年社会教育活动中心联合西滨镇中心小学开展以“光盘行动，你我同行”为主题的宣传教育活动，教育引导青少年爱惜粮食、杜绝餐饮浪费，树立文明节俭新风尚。龙湖镇关工委在辖区中小学校组织开展以“珍惜粮食”为主题的教育活动，活动形式包括主题班会、知识竞赛、手抄报比赛。

【银龄护学】 2020年，晋江市关工委联合市教育系统关工委、青阳街道关工委、青阳退教协分会在晋江市特殊教育学校举行晋江市“大手牵小手•银龄护学”项目启动仪式，分别向青阳街道退教协分会、第二实验小学退教协分会授予“银龄护学”志愿服务队旗帜，晋江市关工委、青阳街道教育办关工委、青阳街道退教协分会、第二实验小学退教协分会分别向特教学校捐赠活动经费、爱心书包及爱心款。永和镇关工委发挥老干部的优势，组织“和美银龄志愿服务队”到各村学校门口进行交通疏导，让学生上下学安全、家长安心。

暑期期间，晋江市关工委部署各镇(街道)关工委发挥“五老”人员作用，支持、协调配合村(社区)两委会、学校、老协会、巡逻队、学校家委会等共同做好暑假青少年安全防护工作，筑牢安全网，让青少年安全度“夏”。磁灶镇、东石镇关工委组织全镇各村(社区)、学校负责人召开青少年暑假安全工作会议，并组织“五老”人员协调和配合辖区所在村、学校在辖区内危险水域进行全面排查，及时增设危险水域的警示牌、防护栏等设施。龙湖镇关工委邀请交警、消防人员到辖区学校开展交通安全知识讲座、防溺水专题教育视频、“消防安全演练”等教育活动。

(郑清爽)

精神文明建设

【全国文明城市复查整改】 2020年11月，晋江市按照中央文明办反馈和福建省委指示，启动全国文明城市复查整改工作，研究部署、组织开展、推进落实整改。强化统筹指导。在创城指挥部基础上，成立由市委书记、市长担任组长的整改领导组和由分管市领导担任组长的6个专项工作组，并抽调包括6名科级干部在内的13名精干人员专门充实复查整改队伍，各镇(街道)、经济开发区参照建立整改领导组和专项工作组，29个单点设施类牵头部门各自组建创城办，把主要领导直接抓、分管领导具体抓、部门镇(街道)合力抓的创建领导机制落到实处。先后印发《关于切实抓好全国文明城市复查整改工作的通知》《关于建立市直单位挂钩联系建成区社区文明城市复查整改工作制度的通知》等通知，编制《晋江市全国文明城市创建复查整改工作方案汇编》《创建全国文明城市备检点位自查和督导工作手册》《农贸市场及周边环境整改指导细则(试行)》等指导手册，推出《老旧小区专项整改以奖代补实施方案》《农贸市场整改提升奖励方案》等扶持政策；6个专项整改小组牵头部门、各备检点位主管部门和属地镇(街道)制订整改细案29个；按照“反思、行动、改观、长效”的思路，在农贸市场、交通秩序、摊贩经营、市容卫生、老旧小区、公益广告等方面深化整改。强化宣传引导。以“晋江文、没我不行”为主题，策划开展市民问政、民生观察及媒体曝光、暗访活动19次；组织全市74个机关企事业单位、社区和30个社会志愿服务组织，广泛开展家园清洁、交通劝导、文明旅游、“烟头不落地、晋江更美丽”等志愿服务活动200多场次，参与志愿者18000多人次；制作《致敬城市美容师》《安全才是回家最快的路》《文明健康、绿色环保、欢乐过年》等“晋江文明、没我不行”主题宣传H5，形成全员参与、全民动手、全城创建的氛围。强化督导问责。协调衔接好福建省委文明办、泉州市创城指挥部到晋江开展的文明城市调研、明察暗访活动5次。市领导以上率下，共开展各类复查整改督导活动112次，其中市委、市政府主要领导督导活动15次。发挥综合协调组实地督导小组作用，每天开展明察暗访，共发出整改提示41期，信息动态29期，列出整改问题清单4528条，整改完成率98.34%。整改过程中，共通报批评4个单位和2名科级干部，批评教育2名科级干部，效能问责履职不力干部8

名，约谈镇（街道）、部门主要领导15人；约谈1个驻晋江垂直单位（电信晋江分公司）主要负责人，并责成其对整改不力相关责任人员进行追究问责。强化整改措施。在农贸市场治理方面，采取“一场一案一专班”和疏堵结合、引摊入市、规整改造等措施，制订市场奖补方案，共投入1390多万元用于提升治理市区8个市场和优化整改镇村68个圩场以及全市村居自办小规模集市。在交通秩序治理方面，采取强化针对显见性交通违章行为的小微执法、施划停车线位等标志标线双管齐下的措施，核心整改区共施划共享（电）单车可视化电子围栏681个、各类交通标线5732.1平方米，施划汽车停车位3000个、两轮车辆停车位17986个，修补减速带2332米，增补施划交通标线25594.8平方米，增设人车隔离护栏8307米，拖锁违章机动车961起，拖离乱停共享单车12620部，查处闯红灯、不礼让斑马线行为、逆行等交通违规行为6397起。在市容市貌方面，重点突出治理背街小巷脏乱差、生活垃圾乱投放和违章搭盖、占道经营等城市顽疾，共更新垃圾转运车184部、分类垃圾桶10178个，整治背街小巷5.8万米；规范设置便民服务点37个，增补施划摊点经营线位42051米；拆除违规广告牌284块、违章搭盖86209.2平方米；修补市区及近郊各类市政设施3541处、坑洼道路17239.2平方米、破损人行道7880.4平方米。在老旧小区治理方面，按物业管理、业委会自治、单位自管、安置房村居管理和无管理主体等5类，分类采取推进整改的措施，共投入500万元修缮提升市区小区，填补坑洼10276.2平方米，清除小广告19800多平方米，规整架空管线500多处。在公益广告治理方面，统一设计公益广告版面供各备检点参照使用，形成景观小品设计方案22个，完成景观小品建设7处，更新阅报栏、环网柜、公交站、扬招站、路名牌等路面载体公益广告500余幅，学校、医院、商超、农贸市场、通信营业厅、公园、机场、动车站等点位公益广告近4000幅。在迎检方面，制定《2021年全国文明城市创建整改复查临检预案要则》，明确24个责任主体和51项临检任务，组建五类队伍，及时处理临检阶段市政工程设施毁失、交通信号标志突发性故障、交通秩序维护、动态垃圾等问题。

【新时代文明实践中心全国试点建设】 2020年，晋江市以新时代文明实践中心建设全国试点为契机，贯彻《关于扎实推进建设新时代文明实践中心试点工作的通知》等系列文件精神和上级工作部署，落实“14534”（一个目标、四个定位、五项工作、三个到位、提升四大能力的要求落到实处。即着眼“凝聚群众、引导群众，以文化人、成风化俗”。牢牢把握传播新思想、引领新风尚的工作目标，统筹推进学习实践科学理论、宣传宣讲党的政策、培育践行主流价值、丰富活跃文化生活、持续深入移风易俗五项工作内容。真正做到阵地资源整合到位、体制机制健全到位、服务群众精准到位。不断提升动员能力、整合能力、引导能力、服务能力。努力把中心建设成为学习传播科学理论的大众平台、加强基层思想政治工作的坚强阵地、培养时代新人和弘扬时代新风的精神家园、开展中国特色志愿服务的广阔舞台，为决胜全面小康、决战脱贫攻坚提供思想保证、精神动力和文化条件要求，着眼“凝聚群众、引导群众，以文化人、成风化俗”，探索文明实践之路、试点工作方法，取得阶段性成效，涌现一批案例典型：《围头“主题村日”：1=2+N》入选中央文明办《建设新时代文明实践中心工作方法100例》，福建省仅有一县两村入选。《激活社会资源，推进文明实践》《“侨乡杏坛”教育志愿服务团》《主题村日》3篇案例入选《2020年福建省新时代文明实践创新案例》。持续壮大队伍，继续提升党政机关、企事业单位、社会团体、民间组织等各个层面的新时代文明实践志愿服务队伍的服务效能，依托新时代文明实践平台、镇（街道）实践所、村居实践站等常态开展主题系列活动和志愿服务，2020年在“志愿云”注册的服务队伍较2019年新增75个，实名志愿者新增7587人。参与疫情防控，累计4.5万名志愿者直接参与各级各类疫情防控，通报表扬88名战疫优秀志愿者和一批在疫情防抗中做出突出贡献的学雷锋示范点、岗位学雷锋标兵。统筹推进工作，将文明实践与文明城市常态创建、疫情防控、第18届世界中学生运动会筹办等工作有机结合，推动文明实践常态开展。策划开展“文明创城、志愿同行”“文明健康、有你有我”“防疫有我、爱卫同行”“珍惜餐食、厉行节约”“晋江文明、没我不行”“助力世中运、创城我先行”等主题文明实践志愿服务活动超2000场，服务市民群众近20万人次，解决宣传教育、关心服务群众的最后“一百米”问题，使党和政府的声音及时传播到基层、主流意识形态的影响深入基层。探索创新实践，因地制宜，探索文明实践落地路径，鼓励基层首创精神，新塘街道“戏台宣讲团”将新思想、身边事融入小戏、小品，戏台变讲台、舞台；东石镇串联东石寨、鳌江书院等10个实践点打造新时代文明实践示范带；磁灶镇东山村探索“民意问策—两委商策—支部议策—集体决策—村民督策”五策管理法，“有事要商量、有事好商量”的共识在文明实践中逐渐积累；内坑镇黄塘村探索的“请本村人、讲本地话、用身边事、让政策入心惠民”形成“榕树下”乡土党课品牌，成为宣讲常态；永和镇巴厝村的“巴厝红”文艺大舞台成为该村文艺爱好者的展示平台等。

（陈志耐）

【文明创建】 2020年，晋江市以全国文明城市总评和复查整改为契机，统筹精神文明创建的各项工作，创城与基层创建工作互动共进，各项创建深化发展。开展创建考评。出台《晋江市各类精神文明创建动态管理负面清单》，组织开展晋江市2016—2018年度各类文明先进考评，配合做好全国、省级2018—2020年度，泉州市2017—2019年度各类文明先进推荐考评以及泉州、晋江两级新一届各类文明先进创建申报工作。晋江市拥有晋江市级及以上文明村、镇172个，占全市306个村、镇总数的56.21%；晋江市公安局、福建恒安集团有限公司、福建浔兴集团有限公司获评第六届全国文明单位，晋江市第二实验小学获评第二届全国文明校园、金井镇围头村获评第六届全国文明村，毛娟文和王炼武家庭获第二届“全国文明家庭”称号。开展联创共建。加强村镇、单位、学校、家庭与城市的联创共建，引导文明村镇、文明单位、文明校园、文明家庭参与文明城市创建、乡村振兴、强基促稳、重大赛事服务等重点任务。鼓励文明先进之间结对共建，相互帮助、共同提升。探索开展文明行业、文明窗口等创建。贯彻落实中央文明委《关于深化新时代文明单位创建工作的意见》精神，把履行社会责任作为文明单位创建的重要任务，引导文明单位发挥自身优势，在志愿服务、诚信建设、扶贫攻坚、防疫抗疫等工作中体现新时代、新任务、新要求，发挥示范作用，服务社会、造福人民。

(苏桂清)

【未成年人思想道德教育】 2020年，晋江市委宣传部坚持立德树人，持续引导广大未成年人“扣好人生第一粒扣子”。以“新时代好少年”“清明祭英烈”“童心向党”“向国旗敬礼”等活动为抓手，把立德树人贯穿学校教育全过程，2020年推选晋江市第二实验小学学生许苡晗获评泉州市第二届“新时代好少年”。全面深化文明校园创建活动。疫情期间在文明校园创建活动中广泛开展爱国卫生运动，全面动员文明校园参与疫情防控工作，引导青少年养成文明健康行为习惯，注重经验展示和品牌宣传，2020年推荐晋江第二实验小学获评第二届全国文明校园。推进校外未成年人心理健康辅导站建设。针对疫情防控后期复课复学和考前心理调适的需要，以线上直播为主，线下授课为辅，先后举办中学复学心理疏导工作专题研讨和实务操作培训5场、初高三考前心理调适工作实务培训2场、心理健康教学设计评选活动1场，面向全市中小学心理教师开展辅导；利用微信公众号“晋江心理辅导”推出《疫情期间家庭教育系列微课》《考生备考迎考心理辅导微讲座》29场次。

(颜燕秋)

【市民文明素质提升】 2020年，晋江市委宣传部以市民共有的显见性不文明行为为标靶，倡议“共建文明城，喜迎世中运，当好东道主，精彩世中运”口号，策划系列主题活动，通过线上、线下的形式，在交通文明、卫生习惯、观赛礼仪、涉外交往、言谈举止、志愿服务等方面制作H5网络接力，将宣传教育和实践活动相结合，将文明理念融入各种主题实践活动当中，市民文明素质得到进一步提升。开展文明宣传教育活动，结合市民素质提升行动在《晋江经济报》“文明实践”、晋江电视台“聚焦晋江”专栏刊播33期专题。结合第18届世界中学生运动会主题，策划推出“人人讲卫生，健康世中运”“人人守秩序，和谐世中运”等8个H5传播，网络传播超过170万人次转发。发起“讨厌它就盘它，口罩等你拿”不文明行为网络调查，累计近90万人次参与。开展文明健康科普活动，结合爱国卫生月，开展“防疫有我，爱卫同行”活动，将“文明健康有你有我”“防疫有我、爱卫同行”“舌尖上的浪费”作为宣传重点内容，制作低碳环保、文明用餐、使用公筷、家园清洁、垃圾分类等系列公益宣传画，传播健康生活方式理念，弘扬社会文明风气。组织文明单位和志愿者参与环境整治、家园清洁行动、生态保护和心理健康工作，推动爱国卫生运动各项任务落实到基层。制作12万张主题桌贴和“珍惜餐食 反对浪费”桌签，向群众推广派送公筷7万多双，组建光盘联盟。开展文明行为实践活动，结合全国文明城市复查整改，组织开展“晋江文明 没我不行”主题系列活动，形成全员参与、全民动手、全城创建的氛围，截至2020年底，累计开展市民问政、民生观察及媒体曝光、暗访活动19次，参与活动的“两代表一委员”、干部、媒体记者、普通市民、志愿者累计147人次。召开城市文明志愿服务工作会，加强部门、镇(街道)、社会共建协作，先后有74个机关企事业单位、社区和30个社会志愿服务组织参与，开展“JIN邻先锋”、文明交通劝导、文明旅游及“爱家您就用公筷”“珍惜餐食、反对浪费”“烟头不落地、晋江更美丽”“助力世中运、创城我先行”等主题志愿服务活动200多场次，参与志愿者18000多人次。

(吴文博)

党校行政学院工作

【概况】 2020年，晋江市委党校(行政学校、社会主义学院)(统称“晋江市委党校”)围绕晋江市委、市政府中心工作，坚持党校姓党、从严治校、质量立校等办学原则，以建设一流县级党校为目标，以续创省级文明单位为载体，开展“让党中央放心、让人民群众满意”的模范机关创建工作，推进党校各项工作。获评“2018—2020年度福建省文明单位”“2019年度晋江市绩效评估优秀等次”“2019年度晋江市一类五星级平安单位”等荣誉。

【培训轮训】 2020年，晋江市委党校共举办晋江市市管干部学习贯彻中共十九届四中全会精神专题培训班，晋江市第四、五期新提任股级干部培训班等14个班次，培训人数5300余人次；立足“晋江经验”宣传窗口定位，承接福建省委组织部加快机械装备产业发展专题培训班、河南省焦作市党政代表团培训班、泉州市组织人事系统学习贯彻新时代党的组织路线专题培训班10余个委托培训班，培训700余人次。与福建省晋江人力资本有限公司开展战略合作，协助人力资本公司开展委托培训4期。持续深化“领导干部上讲堂”工作，邀请市相关部门领导干部30余人次到校授课。

【理论宣传】 2020年，晋江市委党校将学习贯彻习近平新时代中国特色社会主义思想、中共十九大和十九届二中、三中、四中、五中全会精神系列课程及“晋江经验”系列专题课等列为重点宣讲主题，纳入2020年度镇(街道)党(工)委党校干部教育培训要求。落实党委、政府各项宣讲任务，共组织教师开展习近平新时代中国特色社会主义思想、中共十九届四中全会精神、中共十九届五中全会精神、《习近平谈治国理政》第三卷、习近平在福建系列采访实录、“不忘初心、牢记使命”系列专题、传承弘扬“晋江经验”、牢牢把握党对意识形态工作领导权和党史国史、党规党纪等宣讲活动150多场次。

【科研调研】 2020年，晋江市委党校集中力量针对重热点问题，组织开展习近平新时代中国特色社会主义经济思想、习近平民营经济论述、“晋江经验”等重点课题研究，共9项课题获得福建省委党校、泉州市委党校和全市党建重点课题立项，9项课题结项。2篇论文入选福建省委党校(院)主办的“习近

2020年11月25日，晋江市委办、市委党校联合举办“智库党建馆”开馆仪式（市委党校 供）

平总书记在福建工作时的探索实践、创新理念”理论研讨会，其中《习近平新时代中国特色社会主义经济思想与“晋江经验”》作为全省两个县级党校代表之一在大会上发言交流。选派老师参加第七届“县域治理与发展”理论研讨会等。《晋江实践——习近平新时代中国特色社会主义经济思想探源》课题成果获评2019年度全省党建课题调研优秀成果二等奖，并得到市委主要领导批示肯定；《“晋江经验”成功的最本质基因密码》课题获评福建省委党校（行政学院）2019年度优秀调研成果。结合2020年市委工作要点，确定“晋江集成改革”为年度科研工作重点方向，形成调研报告并呈送晋江市委、市政府领导，供决策参考；持续推进“智库党建”，联合晋江市委办举办“智库党建馆”开馆仪式，发挥科研智库作用，助推党的建设高质量发展。常态化开展“晋江经验”基层巡礼科研调研系列活动，刊发4期《晋江市情研究参考》，得到福建省委党校（院）主要领导、泉州市领导、晋江市领导批示肯定。围绕“疫情应对”“中国共产党精神福建谱系”“社会治理”“基层协商民主”等重点主题开展研究，发表文章10篇。组建“晋江精神”课题组，走访党政、文艺、企业界人士10余人次，形成“晋江精神”调研材料，提交福建省委党校。

（刘雅铮）

党史和地方志

【概况】 2020年，中共晋江市委党史和地方志研究室（简称“晋江市委党史方志室”）围绕“三大任务决胜年”、疫情防控、“庆祝中国共产党成立99周年暨庆祝中国人民抗日战争胜利75周年”、巡察整改等重点工作，牢树精品意识，推动史志事业再上新台阶。党建工作项目案例《流动的晋江家风家训》被评为晋江市市直系列精品案例。晋江市委党史方志室被评为“泉州市2017—2019年度文明单位”。2020年，晋江市委党史方志室聚焦党史编研、志鉴编纂主业，以实现“两全目标”为工作重点，出版一批高质量的地方志成果，挖掘晋江故事，服务地方经济发展大局。全年出版史志书籍9本，总计954.1万字。

【《晋江市志（1988—2007）》出版】 2020年1月，《晋江市志（1988—2007）》由海峡文艺出版社出版。该志记述1988—2007年20年间晋江市（县）自然、经济、政治、文化、社会和人民生活的状况，展示这一时期改革开放和经济社会发展的重大成就，该书由卷首、各类分志、大事记、人物、荣誉榜和附录组成，其中各类分志40卷，共计412.8万字。突出晋江著名侨乡、历史文化名城、发达贸易海港，特别是发达民营经济、著名品牌之都以及打造“晋江精神”，创造“晋江模式”“晋江经验”的地方特色，是一部社会主义、爱国主义和革命传统教育的乡土教材。中共泉州市委常委、晋江市委书记刘文儒，晋江市市长张文贤联合为该书作序。

【《晋江县志》（清道光版）再版】 该志共有77卷，全书共计188.1万字。全面反映古代晋江（包括今泉州市区、洛江区、丰泽区、石狮市在内）的地理环境、政治制度、军事设施、经济生活、文教事业以及社会风貌诸多方面史实，具有较高的史料价值。2017年，市委党史方志室组织人员对全书进行校勘，改正发现的断句、标点错误，纠补文字错漏，补充人物传遗漏部分。受到福建省委党史方志办主任黄誌批示肯定。

【精品年鉴打造】 2020年5月，《晋江年鉴（2019）》由方志出版社印刷出版发行，全书共计105.7万字，设36个类目、253分目、1511个条目、52个表格，反映2018年晋江市各行业、各部门工作和经济社会发展新貌，该年鉴获第七届全国地方志优秀成果（年鉴类）三等奖。

【地情丛书出版】 2020年，市委党史方志室出版地情丛书2部。其中，《一言难尽》以“生活在晋江”和“漂泊在外地”2个栏目收集作者黄良与黄子午发表在报刊上的以晋江历史人物及风景名胜为主要内容的文章共73篇，计30.1万字。《耕余集》收录作者粘良图自1992年开始，从事学术研究在刊物上发表或在研讨会上宣读过的相关文章60余篇，其内容立足于泉南家乡，分“史海蠡测”“谱牒钩沉”“神庙探源”“民谷摭谈”4辑，计47.9万字。福建省委党史方志办主任黄誌批示：“《一言难尽》《耕余集》视角独特，展现晋江丰厚的历史文化，很有意义。”

【《晋江文库》整理出版】 2020年，市委党史方志室加强典籍文献的挖掘、整理、研究，整理出版2套典籍文献，《柯淳菴诗文集》（63.5万字）、《山家清供》（18.6万字），受到省委党史方志办主任黄誌批示表扬。《柯淳菴诗文集》收录柯淳菴自幼年至86岁的大量诗文。该书为后人研究柯淳菴其人其事及清代闽台地方社会提供翔实的一手资料。《山家清供》是宋代晋江人林洪的著作，记录100多种山家食品。该书在介绍每一种菜肴时引经据典，引用有关的诗词及人物典故，展示作者的博学多识及其雅洁的情怀，饮食与文化相结合。

【《风雨番仔楼——安海十九间郑厝革命斗争故事》出版】 2020年10月，《风雨番仔楼——安海十九间郑厝革命斗争故事》由海峡文艺出版社出版。该书再现郑厝一家三代在革命战争年代无私无畏、勇于担当的斗争事迹，内容包括人物传略、红色篇章、纪念诗文、附录4部分，共30万字。其出版进一步充实中共晋江地方史资料库。

【《晋江重要文献选编》第十八辑(1998年)汇编】 2020年9月，《晋江重要文献选编》第十八辑(1998年)内部汇编成书。该书收录1998年1—12月间的中共晋江市委、晋江市人民政府、晋江市人大、政协晋江市委员会及人民武装部的重要文件资料，共计57.4万字。

【理论调研】 2020年，市委党史方志室撰写发表理论调研文章9篇，其中4篇党建文章在全市各级征文中获奖，5篇文章发表于省、市各级刊物。党建论文《不忘初心扛使命 重整行装再出发》获全市"学'实录'、担使命"主题征文比赛一等奖；《林洪与山家清供》等发表于《闽南》杂志等期刊。

【史志宣传】 2020年，晋江市委党史方志室围绕庆祝中国共产党成立99周年暨庆祝中国人民抗日战争胜利75周年等，结合主题党日活动，创新宣传方式，通过军地共建、政企合力、干群互动等形式，拓宽宣传渠道，加大地方史志宣传力度，宣传地方党史方志工作成果，讲好晋江故事，提升地方党史方志的影响力。

开展主题宣教活动。制作"庆祝中国共产党成立99周年暨庆祝中国人民抗日战争胜利75周年"主题图片展，内容包括：日本侵略军暴行铁证；抗战时期党的组织；坚持抗日民族统一战线，开展抗日救亡运动；晋江爱国华侨奋起抗日，共4个篇章，16块展板，124张图片。结合主题党日活动的开展巡回展出8场。

史志文化"六进"活动。开展史志文化宣传教育工作，推动史志文化"进机关、进社区、进校园、进企业、进农村、进军营"，面向社会各界开展史志书籍捐赠、史志知识竞答、红色故事会、网络直播等活动。全年开展12场史志文化"六进"活动，向晋江市老年大学、三创园入驻企业、泉州轻工职业学院、陈村社区、驻晋部队等单位和群众赠送史志文化书籍97种1万余册。人民日报文创网、搜狐网、晋江电视台等媒体报道相关活动。

打造史志宣传线上、线下窗口。立足传播传统文化，突出侨乡特色，注重史志文化交流，为广大读者打造了解晋江深厚历史文化底蕴、多彩风土民情、卓越老区精神，传承红色文化的线上、线下窗口。按时编辑出版《晋江史志》(季刊)4期。广泛分发各方面人士，并与福建省内外史志部门进行史志交流、资源共享。做好"晋江史志"微信公众号的日常维护、信息更新。与《晋江乡讯》合作，联合刊登地方史志知识。

传播红色文化。"七一"前夕，与晋江电视台《老闽南》栏目联合制作的《红色粮仓忆往昔》节目，入选学习强国平台。与市委组织部、内坑镇政府等单位联合主办"晋江市红色故事讲解员电视大赛"等，全市共有560位老中青选手报名参加；非公企业和社会组织"四史"大学习知识竞赛，全市22支代表队参赛。

【传统文化资源开发利用】 2020年，晋江市委党史方志室与晋江市档案局(馆)、文旅局等部门共同推进"乡村记忆文化"项目，助力乡村振兴战略。做好金井镇塘东村、磁灶镇岭畔村和苏垵村的泉州"乡村记忆文化"项目建设指导工作，并全部通过验收，其中晋江市金井镇围头村获"泉州市'乡村记忆文化'示范村"优秀等次。晋江成为泉州市首个全部通过验收的县(市)区。发挥史志部门的专业优势，提供业务咨询。为晋江市城市展馆、许集美革命事迹陈列室、中共泉州中心县委历史纪念馆等馆室布展提供有关图片和业务指导。为市委组织部等单位及个人提供业务咨询或资料查询服务约计20次。

(吴安玲)

档案工作

【概况】 2020年，晋江市档案局配合全市房屋安全"百日大整治"专项行动，重点排查七类场所和问题建筑土地档案；协助科创新区项目指挥部及征迁区域百姓查找土地档案1800卷次、接待档案利用者944人次，为征迁项目抢抓"晋江速度"提供查档服务保障。2020年度配合晋江市委办、自然资源局等部门查阅"晋江经验"档案资料及老照片608份，协助华大研究生、地方史专家查阅馆藏档案资料，为市委、市政府决策和学术研究、修史编志等工作提供参考。

【档案服务】 2020年，晋江市档案局采取戴口罩、测体温、扫健康码、一米线、排队分批进馆、电话预约等方式，继续常态化疫情防控查档服务工作。新增1个"毕业生服务"窗口，与福建省、泉州、南安市档案馆分别签订跨馆服务协议，应到期档案开放率达89%。2020年，累计接待档案利用者2.6万人次，查阅档案2.4万卷次。推进苏垵、岭畔、塘东3个泉州市级"乡村记忆文化"项目试点村开展特色文化建档和抢救保护工作，并先后以高分通过项目验收。

【档案管理规范】 2020年，晋江市档案局规范机关、企事业单位档案管理工作，指导老年活动中心、晋华集团、九牧王集团、亲亲食品等企事业单位开展规范建档。全面梳理疫情档案归档范围，指导全市各机关单位做好疫情防控相关文件资料收集整理。2020年，晋江市档案局在全省率先编制《晋江市大型体育赛事档案工作方案》，推进土地确权颁证登记、第二次污染源普查、地名普查等专门档案规范整理，指导第18届世界中学生运动会、大体联执委会做好赛事档案收集整理，进一步规范全市专门领域档案工作。推进全市2020年度在建重点项目档案登记管理，其中监管类登记实现100%。吸取国内外重大安全事故教训，指导全市各机关、企事业单位从场所设置到规章制度、从工作流程到作业现场、从实体管理到信息安全，全方位开展档案安全风险隐患排查，对发现的问题及时整改到位。

【档案基础业务】 2020年，晋江市档案局做好全市到期应进馆档案及撤并单位档案移交的检查、清点、编目、消毒、入库等工作，确保档案完整与安全。全年共接收文书档案737卷、4668件，婚姻档案1247卷，重大活动档案2个，接收属于主动公开范围的政府信息公开文件纸质、电子文本各2281份。晋江市档案局按照“存量数字化、增量电子化、利用网络化”原则，分期分类推进档案信息化建设，建立完善的档案目录数据库和多门类档案专题数据库。至2020年底，档案目录数据库基本完成，馆藏档案数字化约20.65万卷、1382万页，数字化比例约占馆藏档案量的95%。新冠肺炎疫情防控期间，面向社会各界征集“抗疫”照片档案1297张、录音录像110分钟、实物档案35件等，并将晋江市剪纸协会、老年大学剪纸班捐赠的28幅“抗疫”主题剪纸作品永久收藏入馆。

【档案宣传利用】 2020年，晋江市档案局在疫情防控常态化基础上，以爱国主义教育基地为依托，采取“预约参观、限流进场、保持安全距离”等措施，适时开放展厅（览）参观，做到疫情防控和宣传教育两手抓、两不误。全年累计接待参观1169人次。晋江市档案局深挖馆藏档案价值，在《中国档案报》开设的“百年跨国两地书”专栏，发表刊发《两代鞋业巨贾 一段桑梓情深》《“扬善、存真、成美”——晋江华侨心系家乡捐资兴学》《烽火连三月 家书抵万金——晋江侨批中的抗战印记》等文章5篇，《侨批蕴乡情，今时更灿烂》被新华社客户端转发，浏览量突破百万人次。联合泉州档案馆开展“泉州侨批故事”系列宣传活动，与《晋江乡讯》开展“侨批故事”连载，以扩大档案文化辐射力。融入梧林传统古村落保护规划，以“侨批+文化”模式，设立“侨批馆”展示平台，通过展陈侨批、老照片和闽南老物件等136件馆藏珍贵档案资料，推动侨批文化与旅游线路、爱国教育、研学实践深度融合，为晋江文旅再添一张新名片。2020年10月1日，“侨批馆”向社会免费开放，累计接待参观1.5万人次。10月30日，国家档案局副局长、中央档案馆副馆长王绍忠到晋调研侨批档案工作，肯定“侨批馆”建设。启动“战疫”口述档案建档项目，以“一人（企）一档”形式，完成张丽碟、郭龙燕等2名晋江援鄂医务工作者，以及恒安、柒牌2家转产抗疫物资企业的信息采集和口述采访，记录保存新冠肺炎疫情防控中的珍贵记忆。

（高少蓉）

保密工作

【概况】 2020年，晋江市委、市政府主要领导对保密工作高度重视、多次做出重要批示，要求领导干部不碰保密红线、不越保密“雷池”。市委保密委先后召开市委保密委员会全体会、全市保密工作培训会，市委保密委紧紧围绕主线，在疫情期间，走访涉疫重点单位，加强保密监督指导工作，深化保密督查，做好各项保密服务保障工作，持续巩固管理、宣传防线，不断提升保密综合防范能力。

【保密督查】 2020年，晋江市委保密办、国家保密局与晋江市委机要局、晋江市公安局、工信局（数字办）等部门组成联合检查组，对部分镇（街道）、市直单位的现场督查任务，通过查阅资料、检查计算机等形式，全面了解受检单位保密自查自评开展情况，坚持真督实督，提升保密综合防范能力。

【保密宣传】 2020年，晋江市委保密办、市国家保密局采取线上线下相结合模式，利用新媒体便捷化、即时化、互动化为各单位提供线上保密宣教，深入开展“保密讲座进机关、单位”品牌活动，为相关单位提供一堂“量身定制”的保密讲座。推广国家保密局金城出版社“保密观”微信公众号，组织领导干部、涉密人员进行关注学习。

【中考和高考保密监管】 2020年中、高考前夕，晋江市委保密办、市国家保密局强化对中、高考保密管理工作，做好中、高考试卷保密室规范化建设的检查验收工作。高考期间，晋江市委保密办、市国家保密局联合晋江市公安局、教育局做好高考试卷的接送、押运工作，对全市9个高考试卷保密室进行安全保密巡检、巡查，确保高考试卷安全保密，实现“平安高考”目标。

（上官泽伟）

2020年11月13日，晋江市委党史方志室联合市直相关单位举办非公企业和社会组织“四史”大学习知识竞赛决赛，图为获团体优秀奖的队员上台领奖 （市委党史方志室 供）

晋江市人民代表大会

综 述

【会议召开】 2020年，晋江市人大常委会全年召开常委会会议8次、主任会议17次，做出决议、决定23项，听取审议专项工作报告16项，任免地方国家机关工作人员53人次，补选泉州市人大代表1名、晋江市人大代表14名，完成市十七届人大四次会议确定的目标任务。

【人大工作创新】 2020年，晋江市人大常委会开创人大理论研究和宣传工作新局面。“一镇街一亮点”和“安海镇人大代表建议办理新模式”入选《新时代福建省县乡人大工作创新案例》。集成打造人大融媒体宣传体系，创新推出《代表监督镜》《热点观察室》栏目，全年有47篇通讯、信息被省级以上媒体、刊物采用。

（沈梅梅）

工作监督

【规划实施监督】 2020年，晋江市人大常委会调研晋江市“十四五”规划编制工作。针对科技创新、产业结构、环境容量等发展问题提出38条具体建议，要求突出谋划重大改革、重大政策、重大平台和重大项目，为晋江“十四五”发展蓝图和二〇三五年远景目标谋好篇、布好局。

【财经运行监督】 2020年，晋江市人大常委会听取和审议计划执行情况报告，支持保民生、倾力助企业、聚力促改革，推动经济发展行稳致远、年度目标落地落实。持续加强对全口径预算编制、执行、调整和决算的审查监督，启用预算联网监督系统，提升全天候监督实效。严格跟踪监督审计查出问题整改，力促提高财政资源配置效率、管理效能、使用效益。听取和审议国有资产管理情况综合报告，重点审议企业国有资产专项报告，促进国有资产规范管理、高效运营、保值增值。关注政府债务管理，推动完善债务风险监测、预警、化解和应急处置机制，防控债务风险。依法批准政府债务限额和抗疫特别国债，支持疫情防控、民生保障及重点项目建设。

【生态环境监督】 2020年，晋江市人大常委会依法审议年度环境状况和环境保护目标完成情况，督促攻坚生态环保督察整改任务，推动河长制、污染源普查等工作落实。坚持长年“问”水、

2020年6月18日，晋江市人大常委会调研九十九溪入河排污口排查工作（市人大常委会 供）

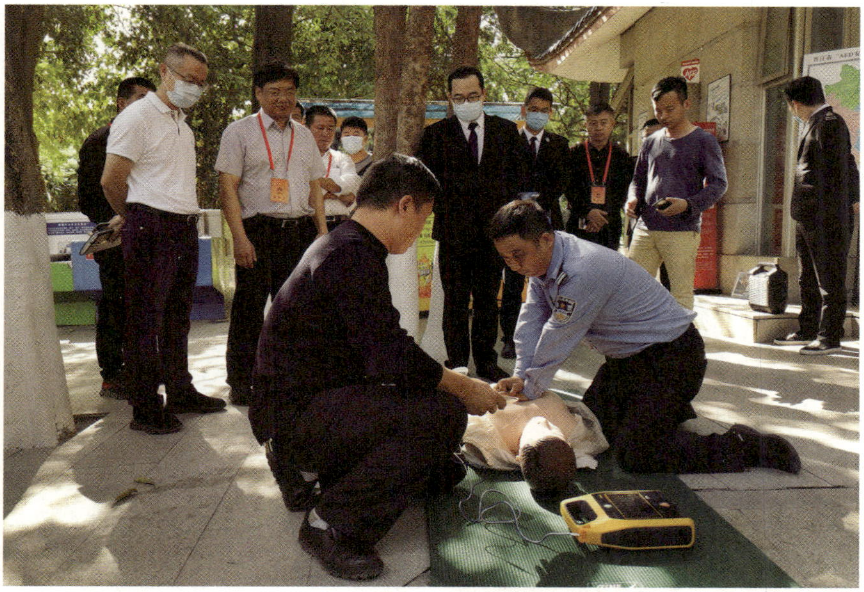

2020年11月26日，晋江市人大常委会组织各级人大代表实地查看2020年为民办实事项目

（市人大常委会 供）

接力监督，持续跟进生态水域建设的决议执行由"法定作业"变为"生态蓝图"，推动全市21条流域水质持续向好。专题调研紫帽山生态保护利用情况，聚焦山体保护、林分改造和景观提升等焦点提出建议，推动紫帽山生态综合治理。组织视察海岸带保护利用，要求刚性执行晋江市海岸带保护利用规划。

【民生实事监督】 2020年，晋江市人大常委会对照年度目标任务，将监督为民办实事贯穿全年，成立5个检查组，组织各级人大代表深入学校自办食堂、一门式行政服务大厅建设等20个项目一线解难题、促落实。紧盯滞后项目，围绕手续申报、要素保障、施工安全等问题提出建议，督促倒排时序进度，强化攻坚力度，让每一件民生实事落地见效。深入调研职业教育工作，针对办学转型、扩容提质、师资建设、产学融合等方面提出建议，助力现代职业教育体系建设。听取传染病防治专项报告，要求系统总结疫情防控经验，在改革创新中补短板、强弱项、促提升，织密织牢公共卫生防护网。关注精神卫生工作，坚持速质并举、推动市第三医院改造提升，以点带面助推精神卫生事业高质量发展。围绕基层养老提质增效工作，着眼基层养老服务设施"建管用"薄弱环节提出建议，督促构建多元普惠养老服务体系。

【经济建设监督】 2020年，晋江市人大常委会视察传统优势产业全链条、全流程升级情况，助推产业质量变革、效率变革、动力变革，形成搬不走的产业优势。紧扣县域集成改革，将"加快改造提升老旧工业区"列为重点督办的代表建议，从审批、用地、机制等方面梳理改革堵点，深入实地调研，推动破解症结，为转型发展拓空间、添后劲。听取晋江市公安局"放管服"改革专项报告，要求进一步优化服务方式、细化职责清单、简化办事流程，打造市场化法治化国际化营商环境。调研新生代华侨资源涵养工作，着眼"传承侨的文化、发挥侨的优势"提出建议，为改革发展凝侨心、聚侨力、汇侨智。

【城乡建设监督】 2020年，晋江市人大常委会跟踪检查市区交通秩序整治，立足治标与治本、当前与长远、建设与维护相结合，及时交办规范共享单车停放、科学设置交通信号灯等14项建议。聚焦市区路面停车收费管理，从完善机制、整合资源、规范秩序、宣传引导等方面提出建议，助力打造民生交通。专题调研农村人居环境整治工作，将"深化农村人居环境整治"列为重点督办的代表建议，紧盯农村污水处理设施建设、垃圾分类管理、缆线整治等焦点，助力"一革命四行动"，推动问题同步整改，环境同步提升，让美丽乡村从田间地头延伸到房前屋后。

（沈梅梅）

法律监督

【普法宣传】 2020年，晋江市人大常委会举办"国家宪法日"法治宣传教育

2020年11月24日，晋江市人大常委会举行常委会第30次会议。图为新任命人员向宪法宣誓

（市人大常委会 供）

活动，激励和教育全市干部群众忠于宪法、遵守宪法、维护宪法。坚持宪法宣誓制度，依法组织31名国家工作人员进行宪法宣誓。支持晋江市监察委员会开展工作，助推晋江监察体制改革法治化进程。聚焦平安晋江建设，在全省县级首创决定设立"平安晋江共建日"。举办《中华人民共和国民法典》《中华人民共和国监察法》《中华人民共和国土地管理法》等专题法律讲座，学习贯彻各级人大关于疫情防控、野生动物保护、公共卫生等决定精神，推动尊法、学法、守法、用法成为全市人民的共同追求和自觉行动。

【执法检查】 2020年，晋江市人大常委会组织视察、调研、执法检查、跟踪检查等活动18次，检查《泉州海上丝绸之路史迹保护条例》实施情况，围绕加强全社会保护意识、全链条协同管理、全要素保障机制、全方位开放利用提出22条审议意见，推动海丝文化遗产融入"一带一路"、塑造城市形象、贴近群众生活。深入推进食品安全三级联动执法检查，确保群众"舌尖上的安全"。持续关注《中华人民共和国农产品质量安全法》实施情况，在走市场、下田地、访农户中摆问题、提建议、促整改。

【司法公正维护】 2020年，晋江市人大常委会支持深化司法体制综合配套改革，依法任免65名人民陪审员，推进司法民主，促进司法公正，提升司法公信力。深入调研知识产权司法保护情况，审议晋江市法院专项报告，要求发挥司法保护的主导作用，打造公平有序的营商环境。关注未成年人检察工作，推动筑牢"捕、诉、监、防、教"链条，形成全社会保护合力，为未成年人健康成长营造良好法治环境。发挥人大信访"窗口"作用，加强人大信访工作制度建设，健全涉法涉诉信访处理机制，全年共受理来信来访207件412人次。

（沈梅梅）

代表工作

【人大代表联系群众活动室建设】 2020年，晋江市人大常委会持续推进人大代表联系群众活动室建设提标扩面、提档升级，紧扣行业特点，创新设立鞋业、陶瓷、渔业、装备制造和伞业等5个市级行业活动室，构建多层次、专业化、短平快的沟通联系平台，为促进传统产业发展凝聚群众智慧，汇合多元力量。依托活动室开展专题座谈会、政策宣讲会和代表小组活动，听取一线意见建议，提出打通"五难"操作链、支持陶瓷企业错峰生产等建议，全年人大代表走进活动室履职2100多人次，收集整理意见建议650条。

【代表建议办理】 2020年，晋江市人大常委会聚焦晋江市十七届人大四次会议期间提出的190件代表建议，坚持统一交办和重点督办相结合，完善常委会领导牵头督办、委办对口跟进的工作机制，重新交办10件首次办理不满意件，确保件件有落实，事事有回音。策划开展"控疫情、抓安全、促发展"专题"双联"活动，将部分代表意见转化为"保障疫情防控人员薪酬待遇"等7件建议，为中心任务建真言、献良策。开展代表优秀建议评选，确定"加快传统优势产业全链条发展"等11件优秀建议。

【代表作用发挥】 2020年，晋江市人大常委会坚持依靠代表、服务代表，发挥人大代表主体作用。广大代表在抗击新冠肺炎疫情中，以实际行动诠释人大代表的责任担当和为民情怀。全市1300多名各级人大代表奋战在医疗救治、联防联控、物资保障、复工复产、安全生产各条战线，涌现一批先进典型，一批代表和代表企业受到各级表彰。全年人大代表参与常委会组织的各类会议、活动2600多人次。

（沈梅梅）

重要会议

【市政府常务会议】 2020年1月16日，晋江市市长张文贤主持召开市政府第65次常务会议，研究《晋江市职业技能提升行动实施方案（2019—2021年）》《晋江市产业实训基地建设项目实施管理暂行规定（试行）》《晋江市技能大师（名师）工作室建设管理暂行规定（试行）》《关于推进老旧工业区改造提升工作的实施意见》《关于扶持老旧工业区改造提升项目的若干措施》及泉州市制鞋全流程智能化装备项目，晋江市P2019—10号、P2019—36号、G2019—19号、G2019—24号地块公开出让等有关事宜。

3月6日，张文贤主持召开市政府第66次常务会议，研究《“城乡环境整治深化年”活动实施方案》《“三大任务决胜年”活动实施方案》《关于扶持梧林传统村落商业休闲街区建设和运营若干措施的方案》及晋江市G2020—3号、G2020—4号地块公开出让等有关事宜。

3月20日，张文贤主持召开市政府第67次常务会议，研究《2020年主要经济指标目标任务分解方案》、设置晋良社区和紫祥社区、晋江市G2020—2号地块公开出让、全市财政差额拨款医疗卫生单位纳入地方公务员医疗补助统一管理等有关事宜。

4月3日，张文贤主持召开市政府第68次常务会议，研究晋江市P2019—14号、P2019—50号、P2019—70号、P2020—1号、G2019—17号地块公开出让及科技部科技成果转化基金落地晋江等有关事宜。

4月30日，张文贤主持召开市政府第69次常务会议，研究《晋江市老旧工业区改造项目入园标准操作指引（试行）》《关于工业物业分割和转让的实施意见（试行）》《镇（街）经济新业态招商培育及财税分成办法》、村级治安巡逻队伍改革、重点龙头企业“一企一策”纳税奖励政策、《晋江市挂钩帮扶专项资金管理暂行规定》《2019年度机关事业单位年终奖金补贴发放方案》等有关事宜。

6月4日，张文贤主持召开市政府第70次常务会议，研究福建（泉州）哈尔滨工业大学工程技术研究院与晋江市人民政府深化合作、泉荣远东污水处理厂一级A提标工程、《关于危旧房屋翻建审批事项的补充通知》《海峡石化产品交易中心专项扶持补充措施》、设立晋江新发展产业投资基金等有关事宜。

6月13日，张文贤主持召开市政府第71次常务会议，研究调整晋江市第二体育中心PPP项目实施方案、晋江市人民政府与上海第六人民医院合作共建福建省国家创伤骨科区域医疗中心等有关事宜。

6月28日，张文贤主持召开市政府第72次常务会议，研究经济运行调度、《晋江市深化改革加强食品安全工作实施方案》《晋江市长期护理保险试点工作方案》、晋江市G2020—19号地块公开出让等有关事宜。

7月15日，张文贤主持召开市政府第73次常务会议，研究《晋江市安全生产专项整治三年行动实施方案》《晋江市推进新型基础设施建设行动方案（2020—2022年）》《晋江市规范农村宅基地审批建设管理规定》，晋江市电力股改资金使用情况及2020年股改项目安排，滨江商务区企业运营中心B—2—04A/B地块总部大楼总承包工程及B—2—06、08、10地块总部大楼幕墙工程重大设计变更，晋江市P2019—73号、P2020—11号地块公开出让，《青阳组团和平路拓改项目选房安置实施方案》，《进一步促进建筑业发展壮大的若干措施》等有关事宜。

8月21日，张文贤主持召开市政府第74次常务会议，研究《晋江市消防安全反向约束机制若干规定（试行）》《晋江市贯彻落实第二轮中央生态环境保护督察反馈意见整改方案》《晋江市关心关爱干部资金管理规定（试行）》及晋江市P2019—11号、P2019—17号、P2019—57号、P2019—63号地块公开出让等有关事宜。

9月7日，张文贤主持召开市政府第75次常务会议，研究《晋江市罗裳片区一期拓展改造项目土地房屋征收补偿安置实施方案》及晋江市P2019—16号、P2020—4号、P2020—5号、P2020—23号、G2019—5号地块公开出让等有关事宜。

9月17日，张文贤主持召开市政府第76次常务会议，研究《"健康晋江2030"行动规划》，2021年度城乡居民医保参保缴费，《晋江市污水处理费征收管理规定》《晋江市污水处理费资金管理规定(试行)》，晋江市P2019—38号、P2019—58号、P2019—59号、P2019—71号、G2020—23号地块公开出让，调整福州大学晋江科教园PPP项目实施方案，在泉州综合保税区设立阿里LAZADA(来赞达)分拨中心等有关事宜。

9月24日，张文贤主持召开市政府第77次常务会议，研究《晋江市促进直播电商发展三年行动方案》《关于扶持直播电商产业发展八条意见》《晋江市科创新区项目土地房屋征收补偿安置实施方案》等有关事宜。

9月29日，张文贤主持召开市政府第78次常务会议，研究调整城乡低保和特困人员救助供养标准及保障金市镇分担比例，晋江市P2020—9号、P2020—10号、G2020—22号地块公开出让，《支持晋江国际鞋纺城市场采购贸易方式试点发展的若干措施》等有关事宜。

9月30日，张文贤主持召开市政府第79次常务会议，研究SAP海丝工业互联网(泉州)创新中心项目有关事宜。

10月26日，张文贤主持召开市政府第80次常务会议，研究《晋江市全方位推动高质量发展超越优化产业结构行动计划 (送审稿)》《晋江市全方位推动高质量发展超越科技创新行动计划(送审稿)》《晋江市全方位推动高质量发展超越促进居民增收行动计划(送审稿)》《晋江市城乡临时救助实施方案 (送审稿)》 及泉州市创新引导基金落地晋江等事项。

11月6日，张文贤主持召开市政府第81次常务会议，研究《关于修订党政机关事业单位公用经费管理规定的通知 (送审稿)》《关于落实消防安全责任制实施办法的若干措施 (送审稿)》，P2020—20号、P2020—21号、G2020—27号地块公开出让，福建柒牌集团有限公司工业用地土地用途变更等事项。

11月26日，张文贤主持召开市政府第82次常务会议，研究《福建省晋江市创新农村集体经济运营机制 提升乡村治理水平试验实施方案 (送审稿)》《晋江市农村宅基地制度改革试点实施方案(送审稿)》《晋东新区(六源路、晋新路、晋东医院等)项目征收补偿安置实施方案 (送审稿)》 及G2020—20号、G2020—25号、G2020—28号、G2020—29号、G2020—30号、G2020—31号地块公开出让，晋江大桥晋江接线公路鹏青路至省道308线段工程重大设计变更等事项。

12月15日，张文贤主持召开市政府第83次常务会议，研究各镇(街道)权责清单修订、《晋江市政府财政投资项目评审管理暂行规定 (送审稿)》《晋江市公用事业及公共服务国有企业托管运营指导意见 (送审稿)》《晋江市本级财政专项资金管理暂行规定 (送审稿)》《2020年度本级预算调整方案 (草案)(送审稿)》、P2020—6号地块公开出让、《福建省(晋江)智能装备产业园梧林传统村落保护发展项目选房安置实施方案(送审稿)》等事项。

12月23日，张文贤主持召开市政府第84次常务会议，研究《晋江市2021年国民经济和社会发展主要预期目标建议方案(送审稿)》《晋江市河道管理范围和水利工程管理与保护范围划定实施方案(送审稿)》、晋江市370县道(快速通道东石连接线) 重大设计变更、P2021—1号地块公开出让、华为(晋江)工业互联网云孵化中心项目等事项。

12月30日，张文贤主持召开市政府第85次常务会议，研究共建福建中关村中试熟化服务平台、设立青阳街道晓升社区等事项。

(李超鹏)

政务纪要

【概况】 2020年，晋江市面对新冠疫情的巨大冲击，坚持"晋江经验"引领，深入开展"三个年"活动，落实"六稳""六保"要求，统筹抓好疫情防控和经济社会发展，全年地区生产总值2616.11亿元，比上年增长4.2%；一般公共预算总收入227.67亿元，增长2.7%，其中本级收入139.28亿元，增长1.0%。

【经济运行】 2020年，晋江市打好"政策+服务"组合拳，稳住经济基本盘，经济止跌回稳向好。精准帮扶纾困。聚焦打通"五难"操作链，快速出台30条纾困政策，统筹保障口罩620万片，协调用工8.6万人，率全省之先护航企业举办订货会38场，促成产能对接25亿元，争取上级纾困资金50亿元，减免税费、兑现本级资金40亿元，帮助企业转续贷430亿元，新增各类贷款270亿元。地区生产总值由一季度下降13.8%到上半年转正，持续保持回暖向好态势。

攻坚内外循环。开启家博会、体博会、食交会"双线"展会模式，交易额超200亿元。开展"全闽乐购"、十行百场千企万店等系列促消费活动，并发放消费券。全社会消费品零售总额逆势增长。举办产业直播系列活动，网络商品零售额超300亿元。上榜十大新国货之城。拓展外贸通道，获批市场采购贸易试点，落地阿里LAZADA(来赞达)分拨中心，开通2条国际"客转货"航线，启用国际城市货站，国际及港澳快递业务量比2019年增加49%。

扩大逆周期投资。541个在建重点项目超额完成年度投资任务，282个重点技改项目完成投资153亿元，恒安、361度、特步、渠梁等48家龙头企业加快增资扩营，新增上市企业3家，舒华成为年度A股唯一上市体育公司。抢滩布局六大"两新"基地，晋华集成电路公司实现量产，聪勤装备、利郎物流园等34个项目动工建设，国际会展中心、京通物流等51个项目投产投用。安踏科研基地、中纺院绿纤、迪瑞医疗等145个项目签约落地，总投资680亿元。数字化赋能加快推进，5G网络组网运营，柒牌、百宏等5G智慧工厂建成启用，SAP创新中心、华为工业互联网平台落地运作，新增省级智能制造示范企业7家、两化融合贯标企业7家，规模以上企业上云普及率超80%。

【赛事筹(举)办与城市建设】 2020年，晋江市坚持"办赛兴城"，推进落实16个城市专项行动计划，全面提速提质。高效筹办赛事。坚持"三不变三不降"(目标不变、任务不变、时间不变，标准不降、要求不降、效率不降)备战第18届世界中学生运动会，常态运行国际中体联、中国中体协、执委办三方联络机制，如期建成30个比赛场馆，组建运作18个竞赛委员会，竞赛组织、市场开发、外事外联、志愿服务等有序推进，赛事效应加速释放。完善功能布局。“三区一走廊”（晋东新区、高铁新区、紫帽片区、世纪大道创新活力走廊）加快建设，科创新区基本完成征迁，二体中心、清华附中、市民广场等20个项目建成投用，中心城区首位度持续增强。内外交通持续优化，厦漳泉城市联盟路通车，福厦客专加快建设，东石连接线完工，“聚城畅通”工程有序推进，11个交通项目建成投用。市政设施提档升级，公交枢纽站增至8座，公交线路新增6条，新增110千伏输变电站3个，建成公共充电站122座，天然气管网实现镇镇通，18个水利工程建成投用，3个自来水厂互联互通。精致管理城市。推进58个城市品质提升工程，整治裸房4100宗，完成“三拆一清”（拆违建、拆搭盖、拆违规广告牌、清垃圾）3737宗，提升绿化154万平方米，高铁高速沿线、沿海大通道、机场连接线等43条重要通道景观明显提升。大件垃圾处理站启用，垃圾焚烧发电厂完成提标，餐厨垃圾收运试点加快推广。开展文明创建，深度推进市容市貌、农贸市场、老旧小区、交通秩序等322个整治项目，新增智慧停车位3450个，摊点经营、共享单车秩序不断规范，城市更加文明、干净、有序。强化生态治理。完成第二次全国污染源普查。深沪污水处理厂投用，建成324个农村生活污水处理项目，打通29条污水“断头管”。启动“蓝色海湾”综合治理，划定河道和水利工程保护范围，整治河道12.5千米，梧垵溪等流域水质持续提升。晋江下游南岸生态公园、崎山公园全面开放，植树造林483.33公顷，绿化矿山迹地27.67公顷，整治废弃石窟10个，全年空气质量优良率首达100%。攻坚乡村振兴。落实“一革命四行动”，新建公厕140座，新增乡村振兴示范村20个，获评全省村庄清洁行动先进县，乡村治理入选全国典型案例。建设高标准农田1900公顷，省级以上农业产业化龙头企业增至38家，入选省级海洋产业发展示范县，东石镇获评全国农业产业强镇，金井镇围头村入选全国乡村旅游重点村。全市村（社区）集体经营性收入全部突破20万元。

【改革发展】 2020年，晋江市不断深化改革创新，持续释放城市发展活力。纵深推进改革试点。集成改革全面铺开，新增县城新型城镇化建设示范、农村综合改革试验区等4项国家级改革试点。基本完成省级自然资源资产清查试点任务，清理批而未供和闲置土地204公顷。出台老旧工业园区改造配套政策，启动4个改造项目。完成国企第二轮整合重组，培育2A+国企2家。持续增强创新动能。科研平台实现归口管理，建设福州大学微电子研究院，中国皮革和制鞋工业研究院（晋江）二期投用，平台效应加快释放。新认定国家高新技术企业126家，新增省科技小巨人企业26家、省级以上“专精特新”企业6家、泉州市级以上新型研发机构12家，8项成果获省科技进步奖。设立国家科技成果转化子基金，技术合同登记（晋江）分中心启用运作，技术合同登记金额翻两番，达5072万元。新增市级以上高层次人才1242名。获批鞋服（食品）国家级知识产权快速维权中心，万人发明专利拥有量10.14件。

【民生建设】 2020年，晋江市财政投入民生建设资金90亿元，占本级财政支出72.22%。20件为民实事、200件民生微实事全面完成。社会保障位居中国社会保障百佳县前三。新增公益性岗位118个，新增城镇就业人口2.1万人。发放临时救助资金605万元，救助困难群众8100人次。低保标准提升至每月775元，“四帮四扶”186户家庭。创新开展长期护理保险，社会福利中心二期建成投用，新增养老床位600张。2682户家庭回迁安置。新设社区治丧场所10个。新增优质学位7650个，新改扩建公办幼儿园10所，小学自办食堂20个。晋江一中、养正中学、季延中学分校区加快建设，泉州五中桥南校区招生。新增病床位1692张，柔性引进高层次医疗人才235名，上海六院福建医院签约落地，“张长青名医工作室”开诊运行，市第三医院扩建提升，市医院新院区、省口腔医院闽南分院建成投用。建设公共文化服务体系示范区。编制6个古村落保护规划，梧林传统古村落开放试运营，紫帽山入选省级旅游度假区，获评全省全域生态旅游示范市。完成安平桥、草庵摩尼光佛、金交椅山古窑址3个申遗点文物保护修缮和周边环境整治，潘山庙宇木雕入选国家级非遗名录，“送王船”被列入联合国人类非遗代表作。

【社会治理】 2020年，晋江市持续深化扫黑除恶专项斗争，推进“强基促稳”三年行动，成立平安行公益慈善基金，群众安全感满意率提高到99.33%。全方位开展安全隐患大排查大整治，累计排查房屋29万栋、各类生产经营场所6万家，整治安全隐患10万个，生产安全事故起数下降12.3%、死亡人数下降12.9%。粮食安全行政首长责任制有效落实，12万吨粮食储备库建成投用，食品“一品一码”追溯体系更加完善，粮食食品安全更有保障。完成第七次全国人口普查。获得全国双拥模范城“七连冠”。

【政务环境】 2020年，晋江市巩固深化“不忘初心、牢记使命”主题教育成果，全面加强政府系统党的建设。抓好意识形态责任制落实。接受人大法律监督和政协民主监督，办好198件人大代表建议、217件政协委员提案，满意率、基本满意率100%。行政服务中心搬迁投用，“最多跑一趟”“一趟不用跑”事项占比98.61%，审批时限平均压缩至法定的16.73%。办理便民服务热线诉求事项35万件。推进基层政务公开标准化规范化省级试点，主动公开政府信息2.7万条。坚持过“紧日子”，一般性支出压减14.47%。推动审计监督与巡察监督有机结合，基本完成福建省审计反馈问题整改。

（林齐帆）

行政审批

【行政服务大厅建设】 2020年，晋江市行政审批中心建设“一门式”行政服务大厅，整合各个分中心，重新设置服务功能区块，并启用自主查询一体机、自助服务机、智能排队叫号系统、窗口平板等智能化设备，推进中心信息化建设推动政府服务走向场景化、O2O化、平台化，推动审批服务集中办理和线上线下协调发展，提高便民利企服务水平。

【审批服务事项细化梳理】 2020年，晋江市行政审批中心根据全省深化“放管服”改革，做好“五级十五同”事项标准化梳理工作，细化梳理行政审批事项，推动省、市、县、乡、村五级行政审批事项名称、申请材料、办事流程等15个要素全省范围内规范统一。推动同一事项审批服务无差别受理，同标准办理，规范事项填写标准，细化事项颗粒度，促进政务服务“一网通办”“异地可办”。推动全市1677个审批事项平均审批时限压缩至法定时限的16.73%，审批服务事项网上可办率97.38%，其中“最多跑一趟”“一趟不用跑”事项占比98.61%。

【一体化平台向镇村延伸】 2020年，晋江市行政审批中心根据晋江市委编办牵头权责清单，晋江市审改办牵头行政审批和公共服务事项目录，梳理编制便民服务事项清单，结合实际编制标准化办事指南。镇（街道）接入泉州市“互联网+政务服务”一体化行政服务平台，推动市、县、乡、村各级行政审批服务事项的绑定工作，将更多事项延伸至村（社区）办理。推进“不见面审批”改革，坚持群众办事创业为导向，打造市、镇（街道）、村（社区）三级一体化政策服务模式，实现“马上办、网上办、就近办、一次办”，进一步激发市场活力和发展动力，增强人民群众获得感，创造良好营商环境。

【“一件事”集成套餐服务改革】 2020年，晋江市行政审批中心对“一件事”集成套餐服务事项流程改造。全面梳理经办流程、办理深度、承诺时限、表格样式、审查要点、办理条件等项目，实现系统融合、数据共享、业务协同。主动对接“互联网+政务服务”一体化平台，实时全量汇聚更新业务数据，保证数据互联互通，协同共享。完成首批11个“一件事”集成套餐服务事项，基本覆盖与企业群众密切相关的重点领域和高频事项。

【工程建设项目审批制度改革】 2020年，晋江市行政审批中心对与企业生产经营活动密切相关的小型工程建设项目以及由政府计划安排的小型市政公用工程项目，分类制定审批流程图，再造审批流程，实行“并联办、网上办、简化办”，压缩审批时限，提高审批效率。对工程建设项目审批制度改革实行全覆盖改革，按照立项用地规划许可、工程建设许可、施工许可、竣工验收等四个阶段的事项配置投入使用泉州工程建设项目审批系统。

【二手房登记行政服务提速】 2020年，晋江市行政审批中心提升二手房登记办理效率。“一窗制”受理业务、“一揽子”收齐材料、“一体式”压缩时间、“一站点”办税出件，服务提速提效，保证一窗办理。实现相关业务系统和中心一体化平台对接，推进信息化数据化建设。并在“一窗受理、集成服务”的基础上，将水、电、气等事项一并纳入联办流程，方便群众办事。

【企业开办便利度提升】 2020年，晋江市行政审批中心持续推进企业开办“一窗通办”服务。6月，中心管委会、市场监管、税务、人社、医保等部门建立业务协同和信息共享机制，精简申请材料、减少办事环节、压缩办理时限，全流程审批时限从2.5个工作日逐步压缩至1个工作日。12月，通过业务流程的进一步优化整合，推出5小时开办套餐服务，可一次完成企业设立登记、印章刻制、发票申领以及社保和医保相关事项的办理，完成住房公积金企业缴存登记受理，实现“一窗受理、一次采集、一口发证”。持续释放制度改革红利，将开办企业“零费用”和便民“服务礼包”的办事红利落到实处，截至2020年12月底，累计为7596家企业压缩办理时限约1.7万个工作日，提供免费印章22788个，为企业节省开办成本100多万元。

【电子证照库系统完善】 2020年，晋江市行政审批中心实现省级和泉州市级的电子证照数据对接，完善电子证照（批文）的生成推送和实时调用功能。各部门通过电子证照库共享平台可以实现部门间政务信息共享、协同协作，以及市、县两级政务对接共享。推动各

2020年，晋江市行政审批中心提升二手房登记办理效率，实现“一窗受理、集成服务”。图为二手房交易综合受理窗口

（市行政审批中心 供）

部门审批结果、新核发证照100%实时生成电子证照，提高服务事项电子证照调用比例。从电子证照库可以调用的信息，一律不再要求申请人提交纸质证照，使老百姓享受到政务服务信息化带来的惠民便利。

【政策兑现服务】 2020年，晋江市行政审批中心逐步完善中心优惠政策咨询兑现窗口的咨询、对接、导办、收件“一条龙”服务机制。政策兑现受理参照审批办件做法进中心受理，重点梳理部门间的审查流程，明确主办部门、协办部门、办事时限，梳理成办事须知，一次性告知群众，部门审查结果上报市政府。2020年制定完成10份政策操作程序，归纳梳理274项办事事项。截至2020年12月底，累计受理申请176宗。

（肖志鹏）

信　访

【领导干部接访】 2020年，晋江市信访局共组织开展市领导接访群众活动126场，共受理群众诉求104件，其中主要领导现场接访34件，接听专线电话32件，化解整体性问题共11项。

（王玲莉）

【信访基础业务】 2020年，晋江市信访事项及时受理率、按期办结率均达100%，群众对信访机构参评率90.8%、满意率95.6%，对责任单位参评率83.6%、满意率90.9%。

（陈全象）

【信访评理】 2020年6月，晋江市召开全市信访评理调解工作推进会，全面推行党政主导、信访部门主抓、社会力量参与的信访评理机制，全市共设立评理调解室417个。2020年，全市共组织开展评理584件，化解566件，化解率96.9%。

（林春宝）

【涉疫信访问题化解】 2020年，晋江市信访局按照“四个第一”（第一时间受理、第一时间处理、第一时间报告、第一时间反馈）要求，办理群众涉疫情防控信访问题1707件，及时化解涉疫信访风险。开展防控举报、个体工商户复工复产、学生复学等多个建议征集，为市委、市政府正确决策、科学防控提供信息参考。

（陈全象　骆雅云）

【网上信访】 2020年，晋江市开展市领导接听专线电话7场，镇（街道）、职能部门主要领导接听61场。市长专线电话共接听群众来电18668件，转交办11714件，办结反馈率99.45%。共办理泉州市“12345”便民服务平台办件8743件，按期查阅率和按时办结率100%，满意率98.01%。

（王玲莉）

为民办实事

【概况】 2020年，晋江市委、市政府确定20件为民办实事项目，年度投资7.05亿元，涉及教育文体、医疗养老、城市管理、精准帮扶等多个领域。至2020年末，20件实事项目全面完成。

【新建或改建20个小学自办食堂】 2020年，晋江市确定新改建21个小学自办食堂。其中：金井毓英、四小、五小江浦校区、陈埭江头、三小金针分校、东石锦青、深沪华峰、安海启慧、永和群滨、永和重华、金井岱峰、龙湖恢斋、西园车厝、二小晓聪校区、安海梧山、罗山梧垵、东石廷都中心小学、潘径实小等20个小学自办食堂完工投用；实小完成设备招投标。累计完成投资2064.58万元。

【新建或改建10所公办幼儿园】 2020年，晋江市新建或改建10所公办幼儿园。其中深沪钻石湾配套幼儿园完工投用；龙湖嘉天下实幼第二分园、磁灶世茂云玺、晋江经济开发区阳光城等3所配套幼儿园完工；金井骏昇华庭、紫帽世茂紫帽府、池店保利上城、新塘世茂云城等4所配套幼儿园完成主体封顶，正在装修；西园王厝安置区、安海梧山等2所幼儿园进行主体施工。累计完成投资约8000万元。

【文艺精品百场公益性演出】 2020年，晋江市共举办文艺精品公益性演出174场，其中“大美晋江”惠民舞台演出44场、戏剧精品基层公益性演出130场。累计投入486.2万元。

【建设40个基层体育设施】 2020年，晋江市共完成43个基层体育设施建设，其中篮球场15个、健身路径21条、笼式足球场2个、健身苑4个、气排球场与乒乓球室各1个。累计投入414万元。

【建设50个“AED安心场所”（二期）】 2020年，晋江市50个“AED安心

2020年6月14日，晋江市文旅局在祖昌音乐厅举办晋江市第十四届南音演唱节

（市文旅局　供）

场所”均建成投用，共开展急救技能培训108场次，培训10079人次。累计完成投资193万元。

【建设5个“嵌入式”社区小型养老机构】 2020年，晋江市新塘街道、西园街道居家社区、梅岭街道桂山(桂园人家)、梅青社区(梅龙小区)、紫帽镇湖盘村5个“嵌入式”社区小型养老机构完工投用。累计完成投资900万元。

【继续开展“计生特殊家庭”关爱行动】 2020年，晋江市完成符合“计生特殊家庭”关爱行动条件对象审核、缴费，累计审核通过9929人，兑现金额1237.6万元。

【继续推进“一门式”行政服务大厅建设】 2020年，晋江市“一门式”行政服务大厅完工。累计完成投资5234.89万元。

【持续提升公交服务】 2020年，晋江市2条市区“社区巴士”线路于12月31日开通运营；深沪镇、东石镇、磁灶镇微循环公交线路分别于2020年3月24日、5月15日、8月1日开通运营；100部公交车辆全部投用。累计完成投资1.0337亿元。

【实施“一镇(街道)一快检室”工程】 2020年，晋江市紫帽后厝街、东石三居、西园王厝、池店古福、罗山社店、金井政通路、灵源灵水、新塘后洋菜市场和龙湖、磁灶市场监管所等10个快检室工程完工投用。累计完成投资270万元。

【建设人行天桥及整治交通事故多发点】 2020年，晋江市刺桐大桥凤池路口人行天桥完工投用；泉安南路路中隔离带缺口、池店池峰路下穿通道，竹树下灯控北侧世纪大道下坡辅道、游泳馆灯控西侧迎宾路出口道，南区灯控东侧长兴路、奥林春天灯控西侧迎宾路进口道、格林春天灯控南侧晋宁路进口道、安海庄头村路段、磁灶双龙路路口、池店苏厝村路口等10处事故多发点完成整治。累计完成投资1217.42万元。

【推进5G网络工程】 2020年，晋江市共建设开通5G基站1201个。累计完成投资3.10亿元。

【实施5个老旧小区改造示范项目】 2020年，晋江市确定实施7个老旧小区改造示范项目。其中，青阳霞行社区国贸大厦、供销社商品房一期、曾井社区建委宿舍楼、梅岭梅山社区糖厂生活楼、邮政宿舍楼、罗山华美小区等6个小区完工，晋江市木材公司宿舍楼进行扫尾工作。累计完成投资299.96万元。

【改造建设10个社区治丧场所】 2020年，晋江市确定改造建设10个社区治丧场所，普照、桥南(华洲、大洲、霞美村)、梅青、官前、灵水、桂山、赤西、竹树下等10个治丧场所均完工。累计完成投资658.44万元。

【实施15个大中型小区单电源改造工程】 2020年，晋江市滨海新城和祥苑、金祥苑、晋南经济房、桂馥苑、阳辉华庭、梅华苑、锦峰小区、桂华苑、世纪华庭、百宏雅苑、陈埭外来职工廉租房、陈埭安置房C地块、金丘紫金城、溜溪花园、世界贸易中心等15个小区单电源改造全部完成。累计完成投资590万元。

【深化实施“四帮四扶”工程】 2020年，晋江市帮安居工程共85户，69户动工建设，7户完成手续报批，9户正进行手续报批；帮就医工程：共141户，其中本年度新增100人，拨付首批医前救助金197万元；帮就学工程：共615人，其中本年度新增161人，拨付就学资金239.2万元；帮就业工程：共2户，均就业或自主创业。累计投入1512.5万元。

【为全市低保特困对象购买人身意外保险】 2020年，晋江市共为8600多名低保对象(特困人员)购买人身意外保险。截至2020年12月，共理赔63名对象，理赔金额19.8万元。累计投入69.05万元。

【持续实施残疾人帮扶工程】 2020年，晋江市重度精神病残疾人服药补助工程：投入20万元，补助200名受助对象；困难残疾人补助工程：投入10万元补助100名困难残疾人；助学工程：发放460名受助对象助学金，共计59.3万元，超额完成年度任务。累计投入89.3万元。

【建设和改造垃圾处理(转运)站垃圾站】 2020年，晋江市大件垃圾处理站(位于内坑镇黄塘村)于2020年8月1日投用；市区东站、南站和梅岭站3个垃圾转运站改造完工投用。累计完成投资1023万元。

【实施仙石污水处理厂再生水回用工程】 2020年，晋江市仙石污水处理厂再生水回用工程完工通水。累计完成投资4907.17万元。提升晋东区域水生态环境。

(市政府办)

综 述

【概况】 2020年，晋江市政协常委会贯彻落实各级决策部署，坚持发扬民主和增进团结相互贯通、建言资政和凝聚共识双向发力，发挥专门协商机构作用，紧扣全市中心工作履职尽责，助力疫情防控工作和经济社会平稳发展。全年组织召开常委会5次，其中议政性常委会2次，开展各类重点协商13场，组织协商式监督6次，立案交办提案313件。晋江市政协党组协助召开首次市委政协工作会议，探索设立功能型党小组。打造政协“党建+”做法在全省市县政协主席座谈会上，受到省政协主席崔玉英肯定。发挥政协优势，参与新冠疫情防控，全市共有312名政协委员参与一线防控，累计捐资捐物超2000万元，政协委员洪炳文获评全国抗疫先进个人，一批政协委员和委员企业获评各级抗疫先进个人、先进集体。以新理念谋划思路，用新举措破解短板，建新机制推进工作，加强委员多级联动，发挥专委会效能，凸显界别集体声音，营造履职氛围。

【政协常委会会议】 2020年4月9日，晋江市政协主席许宏程主持召开十三届市政协常委会第十八次会议，传达学习习近平总书记在全国统筹推进新冠肺炎疫情防控和经济社会发展工作部署会议、在湖北省考察新冠肺炎疫情防控工作时、在二十国集团领导人特别峰会上、在浙江考察时的重要讲话精神及福建省政协十二届三次会议、泉州市政协十二届四次会议精神，听取晋江市委政法委关于平安建设情况通报，审议修订后的十三届市政协专门委员会组成人员名单、晋江市政协常委会2020年工作要点，协商

2020年4月9日，十三届市政协常委会第十八次会议在梅岭文体活动中心举行 （市政协 供）

通过有关人事事项，通报晋江市政协2020年度协商与监督计划，部署2020年重点工作。

2020年7月2日，许宏程主持召开十三届晋江市政协常委会第十九次会议，举行晋江市委与市政协专题协商会议，泉州市委常委、晋江市委书记刘文儒出席会议并讲话。会议传达学习习近平总书记在全国两会期间的重要讲话精神和全国政协十三届三次会议精神，学习《泉州市移风易俗典型案例》，组织全体政协常委、部分委员和机关干部签订践行移风易俗承诺书。泉州市委常委、晋江市委书记刘文儒强调，要通过赛事带动产业升级、城市提质，加快制造业升级、服务业提升、高新产业发展，把赛事效应转化为实实在在的效益；要通过在办赛事中办城市，加快补短板、强弱项，让城市既有品牌、更有品质；要通过赛事举办推进治理体系和治理能力现代化，让社会治理实现精细化、专业化、国际化、标准化。

2020年11月10日，许宏程主持召开十三届市政协常委会第二十次会议，并举行晋江市人民政府与市政协专题协商会议，晋江市市长张文贤出席会议并讲话。

2020年12月28日，许宏程主持召开十三届市政协常委会第二十一次会议，会议传达上级有关会议精神；审议通过市政协十三届五次会议有关文件，协商通过有关人事事项，通报十三届市政协常委2020年度履职报告情况和委员履职量化考评情况。

【政协主席会议】 2020年，晋江市政协共召开主席会议14次。传达学习习近平总书记关于坚决打赢疫情防控阻击战的一系列重要讲话重要指示批示精神，习近平总书记在中央政治局常委会会议和中央政治局会议上、党外人士座谈会上、在陕西和山西考察时的重要讲话和在国际护士节做出的重要指示精神，各级党委全会、政协全会、政协工作会议、纪委全会等会议精神，听取民主生活会、履职报告和委员履职量化考评等情况通报，审议有关文件和人事事项，研究讨论市政协每月重点工作，部署推进市政协机关全面从严治党、精神文明建设、平安建设、意识形态、党建、提案办理、委员管理服务、信息宣传等工作。

（高希杰　王键涛）

政治协商

【围绕城市品质汇智献策】 2020年，晋江市政协聚焦“以世中运为契机，推进国际化创新型品质城市建设”议题，开展晋江市委与市政协专题协商。助推罗裳片区拓展改造、科创新区等重点项目，引导委员支持参与征迁攻坚，以空间拓展、区域优化助力城市品质提升。紧盯全国文明城市复查整改工作，联合开展“民生观察眼”，督促整改农贸市场、环境卫生薄弱点，建言全面提升城市精细化管理水平。关注交通秩序管理、交通拥堵、停车难、公交车服务等问题，组织专题视察，开展提案办理情况“回头看”。

【围绕经济高质量发展汇智献策】 2020年，晋江市政协做好“老旧工业园区提升改造”专项监督，组织委员深入镇(街道)、企业持续调研，建言工改项目提速。关注“国有企业改革”，借助专家学者、界别委员的智力优势，深入开展调研，提出理顺国企发展多元关系、健全运营管理机制等6个方面29条建议。协助全国政协开展“科技创新企业发展”专题调研，搭建协商在一线平台，建言提高企业科技竞争力，加快推动企业创新发展。开展“提升机械制造业国际竞争力”“做大做强食品饮料业”“加快推进工业互联网赋能制造业高质量发展”等专题调研，在泉州市委与市政协专题协商会上建言发声。

【围绕优化营商环境汇智献策】 2020年，晋江市政协紧扣服务“六稳”“六保”，抓住优化金融服务和加强诚信建设两个支点，召开市政府与市政协专题协商会议，就创新金融服务、加强全社会诚信体系建设、构建银企命运共同体等提出建议，推动金融和实体经济携手并肩、互动共赢。建言营造更优引才聚才、用才留才环境，就“促进人才供需双方在创新创业等方面精准匹配”开展对口协商。

（王键涛）

参政议政

【基层治理建言】 2020年，晋江市政协关注治理体系建设。开展完善基层治理体系建设等民生重点提案办理协商，引导界别、联络组沉到基层找准症结。关注治理能力提升。聚焦精准脱贫，坚持实地视察、走访慰问、建言支招一体推进，深入镇(街道)开展“四帮四扶”。围绕抓治理、抓服务、抓环境优化，开

2020年8月12日，市政协开展“增加高中中职教育学位供给，保障初中毕业生就学升学需求”3号重点提案督办活动。图为政协委员视察调研晋兴职校　（市政协 供）

展联动调研，共同推动基层治理"门前事"难题破解。关注公共安全保障。紧盯安全生产、应急处置等薄弱环节，组织委员开展专项视察监督，引导参与全市安全生产大排查大整治"百日攻坚"行动，为增强群众的获得感、幸福感、安全感献计出力。

【生态整治谋策】 2020年，晋江市政协聚焦生态文化。组织开展庵山青铜时代沙丘遗址保护利用专题调研，围绕"传承和保护晋江市少数民族传统文化"对口协商。聚焦垃圾分类。围绕"推进实施垃圾分类，促进资源环境保护利用"专项监督。聚焦人居环境。持续关注城乡环境综合整治工作，引导界别、联络组多方调研、建言。

【公共服务关注】 2020年，晋江市政协着眼医疗卫生保障。组织2名基层代表参加第三届两岸基层治理论坛，围绕"完善基层基本公共卫生服务"主题交流建言。协助省政协开展"福建寺庙医药文化遗产保护和发展"界别调研，建言中医药文化传承发展。关注"守护"主题，深入少数民族村开展"心手相连"走访慰问、义诊关怀；组织开展"民生观察眼"活动，建言做实女性健康、女性权益保障工作。围绕医疗服务改善提升，陈埭联络组就中医药事业发展、对接引进高端优质医疗资源开展调研。着眼教育事业发展。围绕高水平推进产教融合等课题深入调研，在泉州市人民政府和市政协专题协商会上交流发言，意见建议得到肯定吸纳。关注就学问题，指导佛教慈善基金会启动"成学·致远"助学项目，帮扶22名困难大学生。围绕高中、中职教育学位供给、初中毕业生就学升学需求等问题开展重点提案督办。着眼养老服务提升。协助省政协开展"推动社区养老，保障老年生活"重点提案督办调研，建言养老事业高质量发展。深入调研养老服务、养老机构运营情况，组织开展对口协商。

（王键涛）

平台及履职建设

【协商平台阵地建设】 2020年，晋江市政协加强上下联动。协助全国、福建省、泉州市政协开展课题调研22场次，承接泉州市县（市、区）政协工作交流座谈会。加强对政协联络组工作指导力度，组织业务培训，召开工作会议，强化共识共为。加大与党派团体、社会各界的沟通联系，共同画好"同心圆"。打造开放平台。注重"搭台"工作，深化协作协商。倡导开门协商、开放协商，推进"简易协商""上门协商"和"调研协商"，邀请界别代表、专家学者参与协商会议，增强协商的针对性和实效性。注重团结联谊，增进与各党派团体的合作共事，加强与台港澳侨、异地商会的沟通联系，组织视察调研"台胞台企登陆'第一家园'"，畅通交流渠道。拓展履职阵地。健全委员联络基地，依托联络组建立首批2个委员基层联系点，按照要求，把学习交流、视察调研、服务民生、团结联谊等纳入联系点履职内容，持续探索多级委员履职阵地建设的新途径，打造委员之家。

【履职能力建设】 2020年，晋江市政协优化机构设置。落实改革要求，调整更名和组建经济和农业农村委员会、教科卫体委员会、文化文史和学习委员会、人口资源环境委员会。做实做优"一委一品"，开展"政协讲堂""委员论坛"活动，紧抓专题协商、视察调研，推动专委会"专"出特色、"专"出水平。完善工作制度。配合市委出台《关于新时代加强和改进人民政协工作的决定》，建立健全专委会定期向主席会议报告工作机制，落实常委提交年度履职报告办法，健全委员履职服务管理制度，完善谈心谈话、联系走访等机制，督促做好"委员作业"。提高履职能力。拓展提案"直通车"渠道，做实重要提案摘报、重点提案培育等工作。深入开展文史研究，组织编撰《晋江体育故事》。拓展"一委牵头、多界别联动"的合作方式，全年共开展视察调研46场次，形成政协专报19件。

【推动责任担当】 2020年，晋江市政协着力规范提升。以"加强和改进"为重点，开展"联络组规范提升年""机关提质增效年"活动，明确联络组10项和机关13项规范提升的具体举措，全面推进履职一线、对标对表、服务保障等行动，强化责任担当和质效提升。开展模范机关创建，推进书香政协建设，完善服务保障工作。坚持委员"全员入委"，持续推进"界别活动月""委员活动日"。深化委员素质提升行动，开展委员履职"六个一"活动，引导委员在本职岗位中做贡献，在政协工作中展风采、在界别群众中走在前。严格落实党建工作、意识形态工作和党风廉政建设"三个责任制"，建立健全党组工作规则，自觉接受市委对机关巡察和监督，支持驻市政协机关纪检监察组履行职责。坚持从严教育、从严要求、从严管理、从严监督，严格抓好政协委员和机关干部"两支队伍"建设。

（王键涛）

纪检 监察

综 述

【双重领导体制落实】 2020年，晋江市纪委监委完善党对反腐败工作集中统一领导的体制机制，发挥党委反腐败协调小组作用，进一步强化党的全覆盖、全方位、全过程领导。完善对派驻机构“三为主”(派驻机构负责人的人员提名和考察，以派驻机构监察组会同党委组织部门为主；线索处置和案件查办工作，以派驻机构监察组为主；派驻机构考核，以派驻机构监察组为主)、对基层纪委“两为主”(纪委书记、副书记提名考察以上级纪委会同组织部门为主，查办腐败案件以上级纪委领导为主)工作机制，推进派驻市法院、检察院纪检监察组政法专项编制划转，核增股级职数20个用于配备镇(街道)和晋江经济开发区监察组副组长，增强基层监督力量。

【纪法贯通及法法衔接】 2020年，晋江市纪委监委贯彻落实《监督执纪工作规则》《监督执法工作规定》，制定《晋江市纪委监委派驻(派出)机构监督检查审查调查措施使用管理操作规程(试行)》《谈话工作指导意见》等，不断健全纪检监察业务运行制度体系。贯通使用纪法“两把尺子”，加强对办理职务犯罪案件调查、审理、审查起诉和审判等阶段的协作配合，促进监察机关与司法执法机关相互衔接、监察程序与司法执法程序有序对接。

【监督合力形成】 2020年，晋江市纪委监委发挥巡察综合监督平台作用，制定晋江市委巡察机构与职能部门工作协调制度5份，明确责任分工和程序要求，总结形成“四联四促”工作机制，稳步推动纪律、监察、派驻、巡察“四项监督”一体推进、同向发力。强化协助引导推动功能，建立健全党内监督与其他监督的协调协同机制，及时掌握人大执法检查、调研视察、询问质询等工作中发现的问题，定期移送处理纪检监察业务内外信访件，联合职能部门开展“1+X”专项督查，促进各类监督贯通融合、形成合力。

【纪检队伍建设】 2020年，晋江市纪委监委围绕高素质专业化要求，持续深化全员培训，组织全市纪检监察干部参加政治学习和业务培训9批570余人，开展业务专题测试2次。搭建干部成长平台，抽调干部参与审查调查、信访办理、市委巡察等217人次。全面加强纪检监察干部“八小时”内外监督，全市纪检监察机关共排查廉政风险点338个、制定防控措施446条，开展家访活动223人次、交心谈心379人次，办结涉及纪检监察干部信访问题线索1件，持续防治“灯下黑”。

(吴家添)

预防和惩治腐败

【扶贫领域腐败和作风问题专项治理】 2020年，晋江市纪委监委深化扶贫领域腐败和作风问题专项治理。聚焦低收入边缘困难群体，紧盯扶贫主体责任落实、扶贫对象动态监测、相对贫困对象帮扶、扶贫惠民资金使用、对口帮扶政策落实等情况，综合运用入户访查、随机抽查、资金监管平台、“最后一公里”专项督查等方式，发现问题62个并督促整改。加强农村低保“漏保”“错保”问题整治，推动开展跨部门联审，全市新增低保对象、特殊困难人员1041户1823人，取消259户497人，促进帮扶政策精准落实。

【民生领域突出问题专项治理】 2020年，晋江市纪委监委深化民生领域突出问题专项治理。紧盯“舌尖上的安全”、义务教育阶段学生营养餐、住房租赁中介机构乱象、公立医院违规收费等15个方面的问题，督促职能部门开展专项整治17项，查处问题线索2件7人。开展农村乱占耕地建房专项督查，督促对疑似占用耕地图斑进行摸排核实，查处乱占耕地问题1起6人，推动职能部门行政立案72宗，坚决守住耕地保护红线。

【涉黑涉恶腐败专项治理】 2020年，晋江市纪委监委深化涉黑涉恶腐败专

2020年12月11日，纪检监察干部实地了解相关农业惠民政策的落实情况

（市纪委监委　供）

项治理。深入推进扫黑除恶“打伞破网”，进一步完善与公安机关线索移送、案情会商、案件办理“三个同步”协作机制，制订配合措施12条，过细筛查政法机关移交的37件问题线索和公安机关通报的43件黑恶势力犯罪案件，精准查处涉黑涉恶腐败和“保护伞”21件22人；协助上级纪委监委查处涉黑案件“保护伞”2件2人。

【移风移俗专项治理】 2020年，晋江市纪委监委深化移风易俗专项治理。注重与常态化疫情防控工作一体谋划，推动制定疫情期间简化治丧活动有关要求，督促各单位、镇（街道）严格执行红白喜事、民俗宗教活动每日“零报告”制度，开展专项督查12次，累计劝停劝延操办喜事200多场、简办白事2000多场、停办聚集性活动8场。

【正风肃纪反腐】 2020年，晋江市纪委监委坚持标本兼治，推动不敢腐的惩戒机制、不能腐的防范机制、不想腐的保障机制相辅相成，形成叠加效应。聚焦“三类人”（中共十八大后不收敛不收手的干部，问题线索反映集中、群众反映强烈的干部，现在重要岗位且可能还要提拔使用的领导干部），以及涉黑涉恶、工程建设、行政执法等重点领域，坚决查处违纪违法行为，形成持续震慑效应。全年共接收检控类初次举报165件，立案311件318人；给予党纪处分286人次，政务处分33人次，双重处分9人次。紧盯腐败易发频发节点，综合运用廉洁提醒、案例通报、明察暗访、交叉检查和重点督办等方式，持续加强对落实中央八项规定精神情况的监督检查，共查处“形式主义、官僚主义”问题12起18人，查处“享乐主义、奢靡之风”问题11起12人。堵塞体制机制漏洞。深化以案促改，针对监督检查和审查调查中发现的问题，及时向相关单位发出纪检监察建议并督促落实，推动建章立制30项，切实以纪法刚性约束推动问题落实整改。持续构建亲清政商关系，抓好《泉州市公职人员政商交往负面清单》贯彻落实，引导鼓励督促公职人员既大胆开展工作、服务企业，又不触碰纪律“红线”和法律“底线”。

【廉政教育】 2020年，晋江市纪委监委常态化近距离开展纪法宣讲、案例通报、旁听庭审等活动，做实同级同类干部警示教育。组建《中华人民共和国公职人员政务处分法》宣讲团，开展专题讲座13场1750人次。组织9批、199人次拟提拔干部参加任前测试，发挥党规党纪知识测试的廉政提醒作用。持续推进“一镇一孝廉”创建，完成五店市、龙湖施氏等5个家风家训馆提升改造，摄制展播本地孝廉人物专题片，举办“翰墨廉风”主题书法笔会，以群众喜闻乐见的方式讲好正风肃纪反腐的晋江故事。

（吴家添）

巡察监督

【概况】 2020年，晋江市纪委监委坚守巡察政治定位，紧扣“两个维护”根本任务，将统筹推进常态化疫情防控和经济社会发展部署要求的落实情况作为巡察重点，发现问题106个并督促整改，推动上级决策部署落地见效。立足市直单位和国有企业、学校、医院等领域特点，采取“板块轮动、条块结合”模

2020年9月11日，晋江市纪委监委举办“翰墨廉风”主题书法笔会　（市纪委监委　供）

式，分批分块开展常规巡察3轮4批次，巡察单位27个，发现问题1133个、移交问题线索26条，坚决纠正政治偏差，彰显政治巡察权威性、震慑力、推动力。

【巡察质效提升】 2020年，晋江市纪委监委注重把握巡察工作规律特点，修订完善市委巡察工作制度15份，将巡察6个环节工作细化分解为48个程序、227个要点，实现对巡察全流程的规范化、精细化管理。建立与晋江市委宣传部同步开展意识形态工作检查的协同机制，提高发现意识形态问题的精准度。深化巡察与审计联动实践，采取先审后巡、巡审同步、先巡后审3种模式，联查问题58个、问题线索1条。

【巡察成果运用】 2020年，晋江市纪委监委做深巡察整改"后半篇文章"，建立巡察整改约谈机制，制订加强巡察整改日常监督工作办法，实行"点题整改、带题监督"，对整改情况进行"三方会审、三维评估、三级联审"，客观评价成效，倒逼责任落实。全年共梳理巡察发现的国有企业、学校等行业领域共性问题67个，向职能部门提出意见建议5条，督促被巡察单位整改问题1699个、建章立制827项，挽回经济损失1336.8万元。

（吴家添）

党风廉政建设

【政治监督】 2020年，晋江市纪委监委坚守政治机关定位，落实"见人见事、精准高效"要求，推进政治监督具体化常态化。压实政治责任，推动贯通联动。协助党委推进全面从严治党，把党的政治建设、重大决策部署等落实情况纳入全面从严治党主体责任检查，督促整改上级检查交办问题20个、本级检查发现问题415个，推动主体责任、监督责任贯通协同、落到实处。抓实政治监督，保障政令畅通。加强对执行党章党规党纪和宪法法律法规、落实习近平总书记重要讲话重要指示批示精神和党中央重大决策部署、重大战略举措等情况的监督检查，督促推动全市各级党组织和党员干部传承好、弘扬好习近平总书记在福建工作期间的创新理念和生动实践，将"两个维护"落实到实际行动上。落实政治要求，严管"关键少数"。坚持"分级分类、责任到人"原则，构建领导干部政治监督分工"责任树"，多维采集政治行为表现，建立健全领导干部职责档案和廉政档案各1364份。深化政治生态分析，运用"听谈察访验"工作法，系统开展资料分析调研和下沉一线蹲点调研，形成政治监督专项报告48份、政治生态分析报告61份，持续提升监督实效，促进形成"头雁效应"。

【信访举报受理】 2020年，晋江市纪委监委深入开展"四访"(开门接访、全员接访、带信下访、入户走访)活动，及时回应群众关切，纪检监察信访举报呈现"四降"态势(接收信访举报总量、检控类初次举报、业务内信访和赴省越级访分别比2019年下降45.4%、53.7%、42.3%、38.5%)。加强市镇村上下联动，推动业务内和业务外问题责任单位协同发力，打好重复信访举报件大起底大排查大化解攻坚战，累计化解重复信访件74件、化解率98.67%，化解多年多层多头信访积案3件，开展领导带信下访化解信访难题19件。持续深入推进"末梢神经"监督全覆盖专项行动，践行乡镇纪检监察组织"5533"(扎实推进乡镇纪委"五统一"规范化建设，推行乡镇纪检监察干部进村入户"五个必"工作法，构建市纪委监委班子成员"三挂钩"机制、拧紧乡镇纪检监察专干和村级"两员"监督力量的"三元主体"监督链条，直抵监督"末梢神经")工作机制，推动各镇(街道)纪检监察干部进村入户走访6828人(户)，发现收集问题303个，协调解决问题261个。

【重点领域监督】 2020年，晋江市纪委监委聚焦土地、规划、建设等容易滋生腐败领域，重点从权力制约、资金监控、履职行为规范等方面切入，加强监督管理，堵塞制度漏洞。突出以强监督促强监管，督促职能部门落实监管责任，持续深化农村集体"三资"(在集体所有制下，农村集体所有的资金、资产和资源)领域综合治理，全市累计清理问题合同253份，收回被侵占资源资产180宗。紧盯基层权力运行的共性问题，推动制定《村集体小额工程项目建设管理指导意见》，对中介服务、施工方式和验收管理等进行系统规范，有效压减权力设租寻租空间，解决基层反映报批程序繁杂和中介服务费用负担较大的问题。全年共组织村集体小额工程项目126个，累计减免村财负担140多万元，反映"三资"问题信访件比2019年下降68%。

【"四种形态"运用】 2020年，晋江市纪委监委精准用好问责利器。注重抓早抓小，全市运用"四种形态"批评教育帮助和处理共1223人次，其中第一、二种形态占比88.47%。注重保护干部干事创业积极性，按程序向79名被函询人反馈函询采信了结情况，对10件失实检举控告予以澄清，推动履职尽责、担当作为。贯彻落实"三个区分开来"(把干部在推进改革中因缺乏经验、先行先试出现的失误和错误，同明知故犯的违纪违法行为区分开来；把上级尚无明确限制的探索性试验中的失误和错误，同上级明令禁止后依然我行我素的违纪违法行为区分开来；把为推动发展的无意过失，同为谋取私利的违纪违法行为区分开来)要求，协助晋江市委制定《关于推行容错纠错机制激励干部干事创业的若干规定(试行)》，为省县域集成改革试点工作和干部干事创业提供坚强制度保障。

（吴家添）

中国国民党革命委员会晋江市委员会

【概况】 2020年，中国国民党革命委员会晋江市委员会（简称“民革晋江市委会”）有下属支部6个，党员134人，平均年龄49.3岁。其中，女党员43人；本科以上学历96人（硕士6人），占党员总数的71.6%；中高级职称63人（高级职称27人），占党员总数的47%；离退休党员占18.66%；有陕西省政协委员1人、泉州市人大代表2人、泉州市政协委员1人、晋江市人大代表1人、晋江市政协委员6人。12月，民革晋江市委会被民革泉州市委会评为抗击新冠肺炎疫情先进集体。

【参政议政】 2020年，民革晋江市委会先后参加政党协商座谈会、晋江市政协、市委统战部等工作会17场。在晋江市人大十七届五次会议、市政协十三届五次会议上，民革晋江市委会提交人大议案和政协提案34篇，其中集体提案12篇，个人议案、提案22篇，被予以立案共计23篇，其内容涉及晋江市工业、农业、科技、经济、民生等多方面。其中《关于完善晋江市社会信用体系建设的建议》《关于金融服务和企业诚信双向发力，促进金融和实体经济互动共赢的建议》被合并为晋江市政协1号重点提案。2020年，张子牙执笔的晋江市统一战线理论联合调研重点课题《关于加快线上线下融合发展，推动晋江经济新一轮发展的建议》获得市领导的肯定，召开调研协商座谈会，为履行党派政治职能做出贡献。

【社会服务】 2020年，民革晋江市委会传承孙中山“博爱”精神，“博爱助学”活动共收到67名党员捐款17.95万元，其中安海水心禅寺主持吴仁仁以水心禅寺名义捐款10万元，2020年共捐助大学生8人、高中生42人、初中生1人、小学生1人，支出13.2万元。民革晋江市委会通过微信、电话、走访等方式，与受助同学、家长、老师保持联系，鼓励受助同学努力进步。疫情期间，民革晋江市委会以“疫情防控路，博爱助学心”为主题开展走访慰问活动。第二支部开展“献爱心、暖童心，关爱市育婴院”社会服务活动；第三、第六支部联合晋江市交通局等开展助力“绿色出行宣传活动”，鼓励市民用环保方式出行；第四支部组织党员前往晋江市育婴院，给儿童们带去节日祝福，并和院方进行病情交流，第四支部党员肖青福趁“摆摊”热点，推广心肺复苏急救知识；第五支部举行晋江民革“博学慎思·爱我中华”助学基金成立仪式暨2020年慎中实验学校博爱助学捐助仪式，慎中实验学校教育发展促进会会长、党员许连椅为6位慎中学子颁发每人2000元助学金。与灵源街道结对共建活动，开展每年一届的“同心行”图书捐赠活动，向灵源中心幼儿园捐赠价值1万元的儿童绘本。

【组织建设】 2020年，民革晋江市委会完成支部换届选举，新成立第五支部、第六支部，形成一个市委会下设六个支部的组织框架。所属4个支部重视示范性支部创建工作，召开专题工作部署会议，进行责任分工。2020年，许连椅获评民革中央“抗疫先进个人”；洪兴世被评为民革福建省抗击新冠肺炎疫情先进个人；洪树林、洪振华被评为民革泉州市2020年抗击新冠肺炎疫情先进个人。李志勇受聘为晋江市监察委员会第一届特约监察员。

【学习调研】 2020年，民革晋江市委会组织召开学习教育活动专题工作部署会，成立领导机构、制订工作方案、明细学习教育重点项目，多次深入各地征求老党员、骨干党员的意见建议，组织民主生活会，开展批评与自我批评。曾献礼率先做好主题教育宣讲。第二、第四、第六支部分别组织前往泉州永春党内生活体验馆和德化县支部生活体验馆学习。其他支部召开工作部署会，并组织各具特色的教育活动。

民革晋江市委会坚持考察调研项目与节日特色活动相结合。教师节组织党员前往晋江市第二体育中心、九十九溪田园风光项目进行考察，调研第18届世界中学生运动会场馆建设；并结合主题教育活动进行征求意见与建议。第三支部持续关注社会民生，推动城市

2020年6月19日，民革福建省委会调研组到晋江调研　　（民革晋江市委会 供）

公共自行车精细化管理水平有效提升，并促成陈埭民族中学校门前自行车站点迁移。

【涉台工作】 2020年，民革晋江市委会学习领会习近平总书记在《告台湾同胞书》发表40周年纪念会上讲话精神，落实民革中央祖国统一工作的指导方针，6月，晋江民革主委曾献礼带队泉州民革祖国统一工作调研组到龙湖镇和金井镇开展金门供水工程、围头对台民间交流等涉台课题进行调研。民革晋江市委会以“凝聚力量”为核心，密切与台湾同胞的关系，组织对台资企业的走访活动。年初，在主委曾献礼的率领下，前往位于东石镇的台商企业——万裕达服饰有限公司，走访泉州台商企业促进会副会长、晋江市台商企业投资协会会长吴志超。

（王雅雯）

中国民主同盟晋江市委员会

【概况】 2020年，中国民主同盟晋江市委员会（简称“民盟晋江市委会”）有下属支部9个，盟员288人，平均年龄46岁。其中高级职称81人，中级职称118人，中高级职称盟员占总数的70%。2020年7月，陈埭支部获民盟中央表彰“盟务工作先进基层组织”称号；9月，陈埭支部获民盟福建省委会表彰“2019年度‘创特色、增活力’先进基层组织”称号；12月，民盟晋江市委会获民盟中央表彰“民盟思想政治建设和宣传工作先进集体”称号。盟员许文林被评为2019年度民盟福建省反映社情民意信息工作先进个人。

【参政议政】 2020年1月18日，民盟晋江市委会召开2019年工作年会，表彰通报一批在社情民意、提案工作方面表现突出的盟员。授予9名盟员为参政议政积极分子，8名盟员为参政议政优秀分子，9名盟员为盟务工作积极分子。在晋江市政协第十三届委员会第四次会议上，民盟晋江市委会共提交提案62篇、立案55件、社情民意9条、大会发言1篇。其中，《关于传承中华传统文化 凝聚海外“华裔”向心力的建议》被选入大会上发言。《关于完善基层治理体系建设，提升城乡社区治理能力的建议》被纳入市政协重点提案。民盟晋江市委会跟进督办，及时反馈建议，协调解决有关问题，推进提案的办理落实。1月6日，在泉州市两会会议上，泉州市人大代表、民盟晋江市委会主委张开端接受《泉州晚报》记者采访，就垃圾分类再往前一步提出意见建议。2月，民盟晋江市委会与民建晋江市委会、台盟晋江支部联合组成调研组，对《关于民主党派基层组织建设的建议》进行专题调研，民盟晋江市委会

2020年1月18日，民盟晋江市委会2019年工作年会召开　　（民盟晋江市委会 供）

主委张开端作为调研组组长多次组织调研组成员召开座谈会，收集信息材料，制订调研计划，于6月底前完成调研成果，调研成果纳入《晋江市2020年政党协商计划》。12月21日，主委张开端参加市委召开的“党派组织建设”调研协商座谈会进行专题协商座谈。

2020年，民盟晋江市委会领导班子围绕中共晋江市委中心工作，建言献策。参与中共晋江市委、市政府专题协商会、通报会、民主生活会及听取民主党派意见等10多次；参与晋江市政协、市委统战部“民主协商会”等8次；参与晋江市人大、晋江市政协议案提案审议意见落实情况跟踪检查10多次；参加晋江市人大、晋江市政协常委会会议数十次。盟员中的人大代表、政协委员、特邀监察员、行风监督员履行监督职责，利用人大视察、政协视察、议案提案办理会、大会发言等形式开展民主监督。民盟晋江市委会全年向民盟组织、晋江市政协、市委统战部等有关部门报送各类社情民意、建议类信息40余条，完成调研、论文20多篇。

【社会服务】 2020年，民盟晋江市委会持续开展对晋江市8所中学“教育帮扶”爱心助学活动。组织对接盟员与27名挂钩贫困学生实施一对一帮扶，帮扶助学金5.1万元。2020年，帮扶学生53人，共帮扶助学金24.3万元，其中参与帮扶盟员44人，盟员个人捐助12.15万元。民盟晋江市委会挖掘盟员特长及资源，创新理念思路，开展义务法律咨询进校园活动。2020年，组织盟内律师盟员走访挂钩的几所学校开展义务法律咨询服务，了解各学校在法律方面的困惑与现状，帮助各学校提供法律援助。

2020年，民盟晋江市委会组织各支部成立文明单位学雷锋志愿服务队，利用节假日期间开展学雷锋志愿服务活动。10月24日，南英支部志愿服务队一行9人到晋江嘉排敬老院开展“情暖金秋，爱在重阳”活动；10月26日，东石支部志愿服务队一行11人赴东石镇敬老院开展“敬老、爱老、助老”献爱心活动；12月11日，毓英支部志愿服务队一行8人前往金井围头村幸福院开展“义工服务送温暖”活动；12月31日，民盟晋江市委会志愿服务队一行7人赴梧林社区开展文化科技卫生“三下乡”活动。

民盟晋江市委会参与“海西春雨行动”。1月15日，盟市委组织10多名书法法律界盟员参加2020年晋江市“海西春雨行动•共建共治共享同心社区”新春社会服务活动。现场举行体检义诊送药、书赠春联、法律咨询服务、卫生知识宣传与咨询、走访慰问等，书法家现场书写赠送近千副春联。民盟晋江市委会引导全市盟员参与扶贫济困、爱心慈善、社会救助等社会公益活动。2020年，盟员科研、教育、文艺创作成果获得奖项50余项，作品、论文60余篇发表在刊物或专业性网站微信上，文艺作品数十件发表或参加各级各种展览。

【组织建设】 2020年，民盟晋江市委会注重吸纳政治素质好、作风正派、学有专长、富有生机的中青年入盟，并在发展中听取考察对象所在单位和群众的意见。2020年新发展盟员7人，盟员队伍年龄结构和知识结构进一步改善。春节前夕，盟市委领导上门探望盟内老领导、老盟员，送去节日慰问；盟员生病住院，及时前往探望；盟员去世，第一时间上门吊唁。10月31日，民盟晋江市委会召开2020年重阳节座谈会，近50位老盟员参加活动。

【学习调研】 2020年，民盟晋江市委会深化主题教育，凝聚思想政治共识。推进主题教育。2020年，民盟晋江市委会把加强学习、提高认识贯穿主题教育活动始终，突出学习重点、完善学习制度、丰富学习形式，加强政治引领、理论武装、共识教育，营造重学习、善学习、比学习的浓厚氛围，全面贯彻开展“不忘合作初心，继续携手前进”主题教育活动。共举办参加会议、专题讲座宣讲、社会实践教育、书画展、摄影展等13场，参加盟员近500人次。借助《中央盟讯》《群言》《福建民盟》《泉州民盟》《福建乡土》等多种刊物，福建、泉州民盟网站与微信公众平台，定期组织盟员开展自主学习。2020年，民盟晋江市委会及各支部深入开展专题学习，利用每月、季度召开的主委办公会议、全委（扩大）会议及理论中心组学习，以会议、培训、微信等形式开展20余次学习讨论活动。多次选派盟员参加各类培训学习，提高对统一战线理论内涵的深刻理解。2020年，民盟中央、民盟福建省委会、民盟惠州市委会等多个省内外盟组织先后到晋江市考察交流，接待考察交流约100人次。

（雷翠云）

中国民主建国会晋江市委员会

【概况】 2020年，中国民主建国会晋江市委员会（简称“民建晋江市委会”）共有8个支部，3个工委会，共有会员278人。其中经济界人士212人，占会员总数的76.25%；大专以上文化程度186人，占会员总数66.91%；具有中、高级职称的61人，占会员总数的21.94%；担任各级人大代表、政协委员24人，占会员总数的8.63%。2020年，新吸收16名积极分子入会。

【参政议政】 2020年，民建晋江市委会在晋江市人大第十七届四次会议及晋江市政协第十三届第四次会议上，共提交人大议案和政协提案42篇，其中集体提案22篇，个人议案、提案20篇，被予以立案共计33篇，其内容涉及晋江市工业、农业、科技、经济、民生、环保、城建、教育、文化、卫生、社区建设、精神文明建设等多方面。会员蔡嘉陵撰写的《关于进一步完善国际人才港建设》由政协常委张榕代表民建晋江市委会在政协大会上作大会发言。

为更好地完成2020年晋江市统一战线理论调研重点课题拟定工作，民建晋江市委会与民盟晋江市委会、台盟晋江市支部进行调研考察，共同完成《关于支持推动晋江市各民主党派基层组织建设的建议》等调研文章。在应对新冠疫情中，会员纷纷献策，提交《引导聚集性行业错峰复工，警惕疫情二次扩散风险》《关于因将新冠肺炎纳入不可抗力原因的建议》《积极应对疫情对中小企业的不利影响》《关于加强应急情况期间舆情引导的建议》等疫情防控意见建议。

履行民主监督职能，参与政协民主协商。民建晋江市委会主要领导及骨干会员分别多次出席有关单位行风评议

2020年6月，民建晋江市委会举办安海镇秀冬评理调解室授牌暨流动评理室启用仪式
（民建晋江市委会 供）

征求意见座谈会。出席政府组成各部门绩效评估，社会公共测评会工作及座谈会。多次参加上级民建、晋江市政协、统战部等有关单位组织的各类视察工作会及调研考察活动。城区二支部副主委蔡坤普代表参加市政协以“晋江市居家养老工作开展情况”为主题的对口协商活动；民建晋江市委委员、城区第三支部主委张文钲代表参加晋江市政协组织“以世中运为契机，推进国际化创新型品质城市建设”为议题的协商会议；主委庄天怀参加晋江市委统战部组织召开的“产业转型升级”调研协商座谈会；6月，民建福建省委会主委吴志明一行到晋江调研“提升产业链现代化水平”；同月，举办会员吴秀冬的“秀冬评理调解室”授牌仪式；9月，作为晋江市人大代表的陈艺娟开展接待选民群众活动，共收集意见建议10件；11月，由民建城区三支部牵头前往泉州联亨文旅山庄开展“生态人文和田园文化”调研考察工作。民建晋江市委会不定时向市政协提供社情民意信息，及时反映民生问题。

【社会服务】 2020年，民建晋江市委会引导会员敬业、诚信、守法、拼搏，并在各自的本职领域中取得优异的成绩。多名会员获得“民建泉州社会服务工作先进个人”“民建福建省委社会服务工作先进个人”“泉州青年五四奖章”“2019—2020年度反映社情民意信息工作先进工作者”“2020年度民建福建省社会服务优秀个人”及民建泉州市“抗击新冠肺炎疫情先进个人”、民建泉州市“2020年度社会服务工作优秀个人”等称号。

民建晋江市委会坚持把开展支援社会主义新农村建设的“海西春雨”行动及重点扶贫工作作为社会服务工作的重中之重，把为群众送医送药，慰问“五老人员”和贫困群众作为开展活动的重要内容之一。年初，在中共晋江市委统战部的统筹下，民建晋江市委会带队到晋江梅岭街道双沟社区举行现场体检义诊送药、书赠春联、法律咨询服务、卫生知识宣传与咨询、走访慰问等活动。民建晋江市委会城区第四支部与中共池店镇党委开展帮扶救困活动；7月，民建晋江城区二支部和城区三支部合资为丰宁光伏捐建1个光伏电站，共计2.42万元；9月，民建晋江市委会携手城区第二支部走进晋江市育婴院，开展“关注孤残儿童，凝聚爱的力量”献爱心活动等；12月，民建晋江市委会携手城区一支部分别前往紫帽镇紫星村、园坂村、湖盘村慰问多名困难户，并送去慰问金共计6000余元。

【组织建设】 2020年，民建晋江市委会围绕履行参政党职能，贯彻落实民建福建省委会的工作计划和目标任务，加强领导班子建设、基层组织建设、会员队伍建设、代表人士队伍建设和后备干部队伍建设，夯实基层组织基础，推动党派自身的持续良性发展。2020年初，民建晋江市委会在民建福建省2019年度组织管理信息系统工作中受到民建福建省委会表扬。民建晋江城区第二支部、晋江城区第四支部获民建福建省委会“优秀支部”称号，民建晋江安海第一支部、晋江安海第三支部获民建泉州市委会“优秀支部”称号，民建晋江市委城区第二支部被民建福建省委会评为“全省先进集体”，民建晋江安海一支部被评为“民建泉州市先进集体”。

严把组织发展关。民建晋江市委会坚持贯彻民建中央《关于进一步加强基层组织建设的意见》精神，注意将代表性强、知识层次高、参政议政能力强的同志吸收加入民建，严格按照程序发展会员。建立健全后备干部数据库，做好人才储备工作和后备干部推荐工作。通过各种会务活动和实践锻炼，从会员中发现人才，向中共晋江市委组织部、统战部推荐后备干部。

增强组织凝聚力。民建晋江市委会连续坚持开展走访新会员和慰问老会员活动。2020年，以庆祝民建组织成立75周年为契机，开展各种形式的支部活动：各支部分别以“喜迎国庆，欢度中秋”暨庆祝中国民主建国会成立75周年为主题开展的学习交流座谈会；民建晋江市委会城区第一支部联合民建石狮总支第四支部开展“迎中秋、庆国庆”暨社会调研及“民建一家亲，结对子仪式”活动；民建晋江市委会结合庆祝民建组织成立75周年组织老会员共同学习中共十九届四中全会精神，并带队前往晋江市新塘梧林古村落调研考察重阳节活动；组织会员前往参加民建泉州市委会庆祝民建成立75周年书画摄影展等等；深化晋江民建之声品牌论坛活动，举行学习“十四五规划经济投资浅见及哲学浅思”主题活动；民建晋江城区四支部与中共永和镇党委开展结对共建活动。

【学习调研】 2020年，民建晋江市委会坚持把加强思想建设和组织建设放在首要位置，引导和组织会员学习中共十九大、十九届五中全会精神以及民建中央十一大以来历次会议精神，学习中共中央总书记习近平系列讲话精神，以强化自身建设，提高建言献策、参政议政的水平，为建设创新型、学习型的领导班子奠定坚实的思想基础。把开展民建中央“作风建设年活动”和学习中共十九届五中全会精神作为年度重点工作来抓。7月，民建晋江市委会向各支部传达关于贯彻落实《中共中央关于加强中国特色社会主义参政党建设的意见》《各民主党派中央关于新时代组织发展工作座谈会纪要》的实施议案和民建中央开展“作风建设年”活动。多次组织会员共同学习中共十九届五中全会精神，并开展相关论坛讲座。2020年，在晋江民建公众号平台发布活动报道、学习资料等共计65篇，包含学习园地、组织建设、参政议政、社会服务、会员风采等多个版块，向会员传递会内相关活动、调研等。民建晋江市委会组织会员参加各级培训。

（叶钰清）

中国民主促进会晋江市总支部委员会

【概况】 2020年，中国民主促进会晋江市总支部委员会（简称“民进晋江市总支部”）有下属支部4个：财经支部、文化支部、综合支部、教育支部。共有会员74人，其中财经支部15人、文化支部8人、综合支部24人、教育支部27人。会员中有泉州市人大代表1人、晋江市人大代表2人、泉州市政协委员2人、晋江市政协委员7人（其中常委2人）。

【参政议政】 2020年，民进晋江总支部参加民进市委会参政议政工作务虚会、市政协、泉州市委会、统战部专题调研工作会12场，总支部开展课题走访主办调研工作6次、专题调研讨论会7次。2020年在晋江市政协十三届四次会议，民进晋江总支部共提交提案、社情民意23件，立案15件。民进晋江市总支部提交的《关于增加高中职业教育学位供给，保障初中毕业生就学升学需求的建议》被列为重点提案；与民革晋江市委会、九三学社晋江支社开展调研课题《关于加快线上线下经济融合 推动晋江经济新一轮发展的建议》；会员周莹参加泉州市人民政府、市政协关于“加快建设小微企业园助推泉州高质量发展的建议”重点提案督办活动，结合实地考察，并提出建议。在十二届泉州市政协常委会第二十二次会议上，中共泉州市委与市政协开展“加快推进泉州市制造业高质量发展”专题协商，周莹作题为《技术创新引领 做大做强食品饮料业》发言。

【社会服务】 2020年，民进晋江市总支部由主委许维蓄带头发起会员践行微公益，爱心驰援，共抗疫情活动，共有56人进行公益捐款，捐款金额合计70000元。通过民进泉州市委会防抗疫情爱心捐赠泉港区红十字会21000元；通过民进福建省委会向南平市澄源乡政府捐赠18000元；推出“致最美逆行者，公益暖人心”爱心活动，首批启动为疫情防控一线的晋江市医院全体医务工作者子女提供疫情期间的免费一对一线上教学服务花费2400元；捐赠龙湖镇4所小学体温枪，共计1744元，消毒液机器人50台共计19950元，会员张小聪另外捐赠2000个口罩；捐赠英林中学消毒液机器人15台。

6月，开展“关爱儿童 温暖进校园”活动，走进学校捐书；9月，开展“金秋助学 走进一中”帮助10名贫困学子排忧解难，圆梦校园。开展庆祝第36个教师节系列活动，为教师会员们送去节日的祝福。10月，开展“迎国庆”义诊社会服务活动，走进西园街道打造党派社会服务活动品牌，提高村民健康保健意识，方便村民就医。开展纵横联谊活动。定期走访关心民进总支骨干会员，共走访青阳高霞小学、梅岭双沟小学、龙湖龙桥中学、龙湖英峰小学、龙湖阳溪中学、龙湖蓝天外来工子弟学校、晋江第一中学等单位。

【组织建设】 2020年，民进晋江市总支部先后召开四次委员扩大会并建立长效机制。贯彻落实《民主党派代表人士队伍建设规划（2018—2022年）》，建立人才数据库，加大培养锻炼使用力度。贯彻落实《各民主党派中央关于新时代组织发展工作纪要》精神，推进基层组织科学化、规范化，打造“会员之家”。通过“会员之家”及时帮会员排忧解难。

【学习调研】 2020年，民进晋江市总支部组织会员学习贯彻习近平新时代中国特色社会主义思想，深入学习领会中共十九届五中全会精神，深化“不忘合作初心，继续携手前进”主题教育活动，提升会员思想认识水平，提高参政议政意识。2020年，民进晋江总支部组织开展统战工作调查研究。通过充实调整调研工作委员会，集聚民进晋江市总

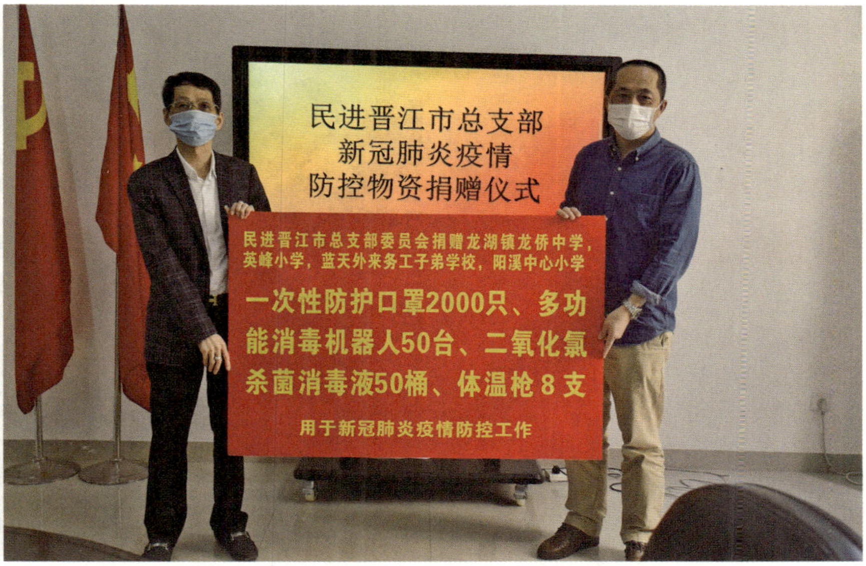

2020年4月10日，民进晋江市总支部举行新冠肺炎疫情防控物资捐赠仪式

（民进晋江市总支部 供）

2020年5月8日，民进晋江市总支部邀请中宣部《中国报道》金融主编到晋江一同调研融媒体工作
（民进晋江市总支部 供）

支部参政议政能力较强的精干力量。以各支部为支点，分解各项调研工作责任，成员超过20人。通过制定调研工作制度，建立“年初布置、年中推动、年末总结”的运作机制。5月，邀请中宣部《中国报道》金融主编到晋江与民进晋江市总支部一同调研融媒体工作，先后走访晋江市电视台、晋江市经济报、福建融媒体管家文化科技有限公司。进一步提炼和完善调研报告，推动调研工作成果落实。8月，与民进石狮总支部开展结对共建活动，双方各自以支部工作实际，本着“携手发展、资源共享、互利共赢”的原则，就构建合作机制，加强项目协作、开展联合调研、研讨交流等达成共识。

（黄圆阳）

中国农工民主党晋江市委员会

【概况】 2020年，中国农工民主党晋江市委员会（简称“农工党晋江市委会”）共有党员273名。其中，男党员159名，女党员114名；医卫界131人，教育界93人，公务员及事业单位干部36人，其他13人；高级职称83人，中级职称73人。共设8个支部。2020年1月，农工党晋江市委会被农工党泉州市委会评为“五星级基层组织”；8月，被农工党福建省委会评为优秀市（县）级组织。

【参政议政】 2020年，农工党晋江市委会在晋江市政协十三届四次会议上，共向大会提交集体提案20篇、立案15篇，委员个人提案12篇、立案10篇，其中有5篇提案被表彰为优秀提案。在十三届市政协常委会第二十次会议上，提案《关于金融服务和企业诚信双向发力，促进金融和实体经济互动共赢的建议》《关于完善基层治理体系建设，提升城乡社区治理能力的建议》《关于增加高中中职教育学位供给，保障初中毕业生就学升学需求的建议》被确定为发言材料。2020年，共提交《新基建风口下，探索全方位推动县域科技创新高质量发展》《浅谈基层政企沟通协商机制建设》《关于推进儿童青少年近视防控试点建设工作方案》《加快推进我市健康管理行业发展和规范化管理的建议》《新时代背景下民主党派履职能力建设研究》等5篇调研文章。

【社会服务】 2020年，农工党晋江市委会在东石镇敬老院开展“同心健康行”中秋慰问活动，为老人们送去牛奶、面线等节日慰问品。转变思路，创新服务形式，开展“同心线上卫生健康知识宣传”，邀请农工党晋江市委会老主委、国家级名老中医、晋江市中医科主任郭为汀作为访谈嘉宾，参与侨乡频道“聚焦晋江”特别节目的录制。节目从饮食、运动、日常作息、生活习惯、心理健康等方面介绍如何正确地养生，倡导健康的生活方式。联合农工党毓英支部、金井卫生院支部及中共金井镇党委，在晋江市金井镇福全村及溜江村开展“同心助医”活动，走访慰问福全村及溜江村十户因病致困家庭，为病人及家属进行测量血压、心电图等身体检查，建立健康档案，并送上慰问品。组织医生党员参加2020年晋江市“海西春雨行动·共建共治共享同心社区”新春社会服务活动，为群众开展义诊及健康宣传。

创建“同心图书室”。为助力晋江创

2020年8月1日，农工党晋江市直第一支部在晋江市医院开展捐书活动
（农工党晋江市委会 供）

建国家公共文化服务体系示范及书香城市建设，引导各支部开展“同心图书室”创建活动。分别在罗山街道军民小学、青阳普贤小学、晋江市第三实验幼儿园、罗山街道福埔小学、西滨中学、安海实验幼儿园新校区、毓英中学、毓英中心小学先后开展“同心图书室”挂牌活动，设立图书专柜，陈列符合孩子阅读需求的图书。开展支部特色活动。市直第一支部参与“教育改变安溪”捐书活动，向安溪支教点捐赠图书，与中共晋江市第三医院党支部、中共晋江市医院党总支晋南分院支部开展结对共建，进行党建及学术交流，在世界卫生日走进福州大学晋江科教园，为新生做《心理适应教育》讲座，帮助新生学会正确处理不良情绪。市直第三支部与青阳街道共建，连续第四年开展扶贫活动，慰问青阳街道中和中心小学、普贤小学家庭困难学子，为他们送去慰问金。安海支部在中国电建集团福建分公司开展卫生健康宣讲，作题为“溺水急救方法”“疫情防控知识”的讲座，在西隅小学为全体教师作新冠病毒肺炎防控知识讲座。罗山支部在教师节来临之际，开展教师节读书会活动，通过读书交流讨论，增进支部凝聚力。陈埭支部开展“重阳新风尚、环保健康行”活动，组织支部党员开展公益实践。

【组织建设】 2020年，农工党晋江市委会在换届之年制订换届方案，确保换届前工作有秩序地开展。提高党员队伍素质。开展教育培训工作。召开中共十九届四中全会精神专题学习会、十九届五中全会精神专题学习会。组织党员参加晋江市统战系统中共十九届四中全会精神培训学习。按照有关组织发展程序，明确入党条件，规范入党考察程序，从源头入手，严把党员质量关。2020年，支部共上报入党积极分子10名，最终确定6名入党积极分子为发展的新党员。其中，本科生5名（其中1名为硕士学位），均为中级职称。发动党员参与各级活动。全年共有36名党员受到各级表彰，其中主委王金象被农工党中央授予“先进个人”称号，专职副主委张琳琳、市直第一支部主委蔡秀群分别获得农工党福建省委会“优秀党务工作者”“先进个人”称号。

（周培瑜）

中国致公党晋江市委员会

【概况】 2020年，中国致公党晋江市委员会（简称“致公党晋江市委会”）有6个直属支部，党员189人，其中各级人大代表6人、政协委员10人。2020年，致公党晋江市委会履行参政党职能，发挥“侨”“海”特色。被致公党福建省委会授予“对外联络十佳单位”“抗击新冠疫情先进集体”称号。

【参政议政】 2020年，致公党晋江市委会在晋江市政协第十三届四次会议上提交集体提案20件，内容涵盖经济建设、创业创新、生态环境、民生福祉、社会稳定等方面。其中《晋江民营经济对接菲律宾发展现状及存在问题调查研究》被确定为大会交流材料，《关于增加高中中职教育学位供给，保障初中毕业生就学升学需求的建议》被确定为重点提案加以督办。与中国农工民主党晋江市委员会、新阶联成立联合调研组，深入开展《关于精准聚才的几点建议》的课题调研，形成调研报告提交给市委作为决策参考。落实一支部一课题，确定《关于运用城市营销提升我市竞争力的建议》《关于继续推行疫情期间丧事简办的建议》《关于农村自建房质量安全过程管控的建议》等课题作为2020年的调研课题，成立调研课题组，制订调研计划，组织开展调查研究，为领导决策提供参考。《当前人才工作“三大难题”“六大动向”值得我省关注借鉴》被《八闽快讯》刊登。

履行协商、监督职能。参加晋江市政协组织的《关于增加高中中职教育学位供给，保障初中毕业生就学升学需求的》重点提案督办，参与《促进人才供需双方在创新创业等方面精准匹配，实现“四个一”》对口协商活动等，参加“支持民主党派组织建设”“转型升级专题调研”等政党协商活动，参加晋江市“十四五”规划征求意见会、中共晋江市委、市政府民主生活会征求意见会等。

建立社情民意反映长效工作机制，2020年，致公党晋江市委会依托各支部活动、微信群等形式，每个支部结合支部活动定期开展社情民意征集工作，全年共反映社情民意18条，有6条得到采用。《关于基层反映基层在防控疫情中存有几点隐患应重视》被致公党中央采用；《关于基层对新冠病毒疫情防控信息数据采集工作中的问题及建议》《关于加强基层疫情防控工作人员防护保障的建议》《关于优化疫情期间物流行业防控管理机制的建议》《关于妥善应对海外华侨华人返国避疫现象及相关舆论问题的建议》《关于将城乡居民医疗保险纳为强制性参合保障的建议》等被致公党福建省委会采用。

【社会服务】 2020年，致公党晋江市委会参加中共晋江市委统战部组织的

2020年9月19日，致公党晋江市委会举行社会服务联络点及党员之家揭牌仪式

（致公党晋江市委会 供）

晋江市“海西春雨行动•共谱民族团结发展新篇章”新春社会服务活动，到梅岭街道双沟社区开展为群众送医送药、书赠春联，开展法律知识宣传与咨询等服务。慰问帮扶各镇(街)特困归侨、侨眷27户。联合泉州致公爱心妈妈到龙湖、英林、磁灶、池店、陈埭镇等走访慰问5名在监服刑人员贫困未成年子女，关心他们的学习生活情况并为他们送去慰问金和图书。在致和三社共享园共同设立社会服务联络点，为共享园捐赠价值5000元的图书。

【组织建设】 2020年，致公党晋江市委会做好致公党晋江市委会换届筹备工作。择优发展新党员，全年共发展新党员4名，学历均为本科以上。搭建平台，引导年轻党员通过撰写提案、参与各种调研活动和社会服务等，提高他们的政治把握能力、参政议政能力、组织协调能力和合作共事能力。向中共晋江市委组织部门推荐优秀骨干党员，营造人才脱颖而出的平台机制。学习贯彻落实中共泉州市委统战部关于印发《贯彻落实〈中共中央关于加强中国特色社会主义参政党建设的意见〉〈民主党派代表人士队伍建设规划(2018—2017)〉〈各民主党派中央关于新时代发展工作座谈会纪要〉的实施方案》《泉州市各民主党派市委会领导工作规章制度》《晋江市民主党派领导工作规章制度》等相关文件精神和要求，确保各项工作更加制度化规范化。强化支部建设。各支部建立规范的学习工作机制，各项工作更加常态化。西园支部党员之家被致公党福建省委会授予省级党员之家称号；青阳支部设立党员之家，并与青阳街道党工委签订结对共建协议。共有两个支部有党员之家，安海第一支部党员之家在筹建中。

(黄辉雅)

九三学社晋江支社

【概况】 2020年，九三学社晋江支社有社员70人。其中，高级职称40人，中级职称15人；博士2人；各级政协委员6人，人大代表1人。

【参政议政】 2020年，九三学社晋江支社在泉州市、晋江市政协会议上，提交提案20余件，内容涵盖经济发展、生态环保、民生保障、社会治理等方面。蔡秋红执笔的《关于进一步加强国有资产管理的建议》作为九三学社福建省委提案提交省政协十二届三次会议，林水龙执笔的《关于进一步推进儿童青少年近视防控工作的建议》、颜达加执笔的《关于发展晋江市婴幼儿托育服务机构的建议》得到中共泉州市委书记康涛和泉州市市长王永礼的批示。完成2020年晋江市统一战线理论调研重点课题工作，提交《企业转型背景下产业工人队伍建设研究》为重点调研课题。与民革晋江市支部、民进晋江市支部联合调研《关于加快线上线下经济融合，推动晋江经济新一轮发展的建议》。九三学社晋江支社领导和骨干社员、政协委员、人大代表等出席晋江市政府、政协举行的协商会、座谈会，在调研基础上提出意见、建议，参与政治协商、民主监督活动。依托各种会议活动，引导全体社员关注经济、社会难点热点问题，全面征集社情民意，全年向各级提交社情民意10余篇。

【社会服务】 2020年，九三学社晋江支社组织部分社员参加中共晋江市委统战部组织的2020年晋江市“海西春雨行动•共建共治共享同心社区”新春社会服务活动，前往梅岭街道双沟社区开展为群众送医送药、书赠春联，开展法律知识宣传与咨询等服务。九三学社晋江支社鼓励社员打好疫情防控阻击战，压紧压实疫情防控工作责任。九三学社晋江支社进行公益捐款，共计38100元，会员林水龙通过福建广播网络互动云平台为学生开展“近视科学防控，从我做起”网络科普讲座。

【组织建设】 2020年，九三学社晋江支社发展新社员4名，涵盖政府机关、文化教育、医疗卫生等行业。通过主委会、支社骨干社员座谈会等形式，学习《习近平谈治国理政》第三卷等权威著作和重要读物，学习习近平《在统筹推进新冠肺炎疫情防控和经济社会发展工作部署会议上的讲话》《坚定不移走中国特色社会主义法治道路，为全面建设社会主义现代化国家提供有力法治保障》等重要讲话重要指示批示精神，学习中共十九届四中、五中全会精神，学习《中共中央关于加强中国特色社会主义参政党建设的意见》等文件精神，巩固深化“不忘合作初心，继续携手前进”主题教育活动成果。参加学习晋江市统战系统中共十九届五中全会精神专题学习会。组织骨干社员和政协委员参加社中央全国新闻宣传骨干网络培训、收看九三学社第六届全国青年论坛直播、《民主科学 风雨同舟》《弘扬优秀传统文化 深入践行文化自信》等5期专题政治辅导“网络课堂”和“泉民开讲”的《人民至上的泉州故事》《脱贫攻坚的泉州故事》。社员蔡秋红被九三学社福建省委会评为年度参政议政先进个人；苏成喻获省科学技术进步奖三等奖；蔡秋红获晋江市“三八红旗”称号。

(苏芙蓉)

台湾民主自治同盟晋江市支部委员会

【概况】 2020年，台湾民主自治同盟晋江市支部委员会(简称“台盟晋江市支部”)有盟员42人，其中中级以上职称36人，各级政协委员4人、人大代表2人。

【参政议政】 2020年，台盟晋江支部围绕中共晋江市委、市政府中心工作建言献策、提交会议发言，内容涉及经济建设、民生保障、社会治理、城市管理等方面，为政府相关部门科学决策提供有益参考，并得到相关单位的重视与反馈。2020年，提交泉州台盟调研课题1份，提交晋江政协提案12份，提交中共晋江市委统战部调研课题1份。台盟晋江支部委员参加晋江市政协组织的围绕“传承和保护晋江市少数民族传统文化”课题视察活动及对口协商会议，提出意见和建议；参加中共晋江市委与市政协围绕“以世中运为契机，推进国际化创新型品质城市建设”议题专题协商会议；参加晋江市政协“增加高中中职教育学位供给保障初中毕业生就学升学需求”3号重点提案督办活动；参加中共晋江市委统战部召开的晋江市党外代表人士新春座谈会。支部主委参加

2020年6月6日，台盟晋江支部组织晋江台企联在晋江工作的台胞台商到石佛寺参观

（台盟晋江支部 供）

“十四五”发展规划基本思路专题协商座谈会，并对做好晋江“十四五”规划编制工作提出意见建议。

【社会服务】 2020年，台盟晋江支部组织盟员参与各种社会活动，服务社会。开展以“扫黑防骗保平安 除恶迎新送祝福”为主题的“六守六无”平安创建暨新春送温暖送祝福送平安活动；组织盟员参加2020年晋江市“海西春雨行动•共建共治共享同心社区”新春社会服务活动，盟员黄家兴为群众提供义诊送药服务，工作人员协助书法家书赠春联；与晋江市政协、市民宗局共同组织到金井镇钞岱村走访慰问少数民族患病群众；组织盟员参加中共晋江市委统战部、统战系统党委、市纪委驻晋江市委统战部纪检监察组联合举办的“不忘合作初心 继续携手前进”同心图文展作品征集活动，台盟晋江支部主委书法作品《不食野生动物》《相知无远近 万里尚为邻》，入盟积极分子陈冬挺国画作品《战疫者》、陈依依书法作品一幅均入选优秀作品，并在“晋江统战”微信公众号展出。台盟晋江支部响应上级台盟组织关于捐建赫章县金银山街道儿童活动中心的倡议，向全体盟员发起捐款倡议，募集捐款4050元。

【对台工作】 2020年，台盟晋江支部发挥党派优势，通过开展各种形式的活动，加强对台交流，做好对台宣传和联谊工作，为台湾同胞到晋江工作生活创业等各项交流活动提供服务。春节及重阳节台盟晋江支部成员走访慰问老盟员，走访慰问生病住院的老盟员及其家属。到五里工业园区慰问泉州市台资企业协会晋江市联谊会，对晋江台企联为晋台两地同胞交流交往作的工作表示感谢，并向在晋江工作的台商致以新春的问候；台盟晋江支部与副主委前往晋金供水工程走访慰问，并与晋金供水工程有限公司部分工作人员开展座谈。组织晋江台企联在晋工作的台胞台商到东石镇石佛寺、龙湖镇晋金供水工程参观交流，丰富台胞台商周末生活；为丰富在疫情期间仍坚守在晋江工作的台湾同胞的业余生活，支部主委组织晋江羽协会员与部分在晋工作的台胞开展羽毛球交流活动。

【学习调研】 2020年，台盟晋江支部组织委员与华侨大学教师开展座谈交流。支部主委在疫情期间到泉州市孝夕阳生物科技有限公司，实地调研口罩生产情况。台盟晋江支部主委与副主委到英林镇英铺中心小学开展调研，进一步了解晋江市镇域小学疫情防控和复学情况，并捐赠部分防疫物资。台盟晋江支部委员到台商企业调研复产复工情况，与安鼎体育用品、兰峰皮革、矽品电子公司台商座谈，就落实国家发改委等十部门于5月15日出台的《关于应对疫情统筹做好支持台资企业发展和推进台资项目有关工作的通知》听取台商们意见建议，并捐赠部分防疫物资。8月，接待台盟上海市委会调研组一行到晋江开展调研。

（苏婷婷）

晋江市工商业联合会

【概况】 2020年，晋江市工商业联合会（简称“晋江市工商联”）的《“会”聚合力 复苏经济——晋江市工商联担当复工复产“助推器”》《创新实施“五个一”举措 营造法治化营商环境》《晋江市工商联做实“四企”铺就“五路”，携手共续“晋江辉煌”》等3项经验交流

2020年10月26日，全省民营经济人士理想信念教育基地（晋江经验）揭牌仪式在晋江市委党校广场举行

（市工商联 供）

2020年10月26—27日，晋江市工商联召开第十届晋江市工商联(总商会)主席(会长)第十一次会议　　（市工商联 供）

文章获得福建省政协副主席、省工商联主席王光远批示肯定；调研文章《村企"联姻"一条心，携手奋进共富路》获得中共福建省委统战部副部长、省工商联党组书记李家荣批示肯定。"晋江经验"教育基地获批福建省民营经济人士理想信念教育基地。晋江市工商联被福建省工商联评为2020年度信息工作先进单位；推送英林商会获评全国工商联"抗击新冠肺炎疫情先进商会组织"，助推安海、磁灶、南京晋江商会评选全国"四好"商会，推荐英林、经济开发区商会和食品行业协会评选省级"四好"商会。

【服务企业】　2020年，晋江市工商联及时印发《关于主动服务企业复工复产和企业疫情防控的通知》，指导会员企业做好复工复产和疫情防控工作，推广"共享员工"模式，促成蜡笔小新公司与欣悦餐饮公司签约400名"共享员工"，协调畅通返回晋江和招工渠道。东石镇商会发起"暖心专车"、晋江市泳装产业协会实施"点对点"统一包车，帮助企业省外员工尽快返岗。推动会员企业利用晋江产业直播基地平台，开展近200场次品牌企业直播，总成交额近15亿元。晋江市总商会微信公众号先后推出多篇惠企政策解读实用信息，方便民营企业获取政策信息。晋江市工商联与晋江市检察院出台《关于建立健全检察机关与工商联沟通联系机制继续深化相关工作的实施意见》，为民营企业复工复产和经济发展提供法治保障。

2020年，晋江市工商联与晋江市公检法部门开办晋江市预防企业职务犯罪培训班10期，覆盖全市20个镇（街道）、开发区，共有1084名高层管理人员及财务、采购等其他敏感岗位负责人参加培训。

【考察和学习】　2020年，晋江市工商联先后召开凸显"党政商恳谈"特色的第十次会长会，邀请晋江市工信局、商务局、税务局等部门解读惠企政策；召开第十一次会长会暨对标学习活动，实地考察中国科学院晋江智能制造学院和中国皮革和制鞋工业研究院（晋江）有限公司，并赴福州参观达华智能、网龙科技、福耀玻璃等多家企业，为企业发展开辟新视野；召开市工商联（总商会）十届五次执委会议；举办2020年全国晋江商会秘书长培训班，打造更高素质商会秘书长队伍。

【"晋江经验"教育基地创建】　2020年，晋江市工商联整合民营企业、经验展馆、非公党建、商协会等一系列资源，打造全省民营经济人士理想信念教育基地（晋江经验）教育基地，传承弘扬"晋江经验"，把教育基地打造成为新时代民营经济创新发展的招牌。

（黄奖白）

晋江市总工会

【概况】 2020年，晋江市总工会围绕服务中心大局，以实际问题和职工需求为导向，关口前移、主动作为，团结动员广大职工在决胜三大任务、“六稳”“六保”、助力疫情防控，加快国际化创新型品质城市建设中发挥工人阶级主力军的作用，获“全国模范职工之家”“2017—2019年度泉州市级文明单位”等称号。

【职工思想政治引领】 2020年，晋江市总工会坚持将学习宣传贯彻习近平新时代中国特色社会主义思想作为工会组织的首要政治任务，开展劳模宣讲、职工“大学习”演讲选拔赛、读书分享会等活动，并通过市总工会微信公众号、电子职工书屋等载体开展系列专题宣传，推动新思想、新精神进园区、进商圈（楼宇）、进企业、进班组；开展4期职工大学习网络有奖知识竞答活动，答题次数累计69.8万次，活动浏览量累计149万次，掀起“大学习”热潮，引导广大职工群众坚定不移听党话、跟党走。深化“中国梦•劳动美”主题宣传教育。弘扬社会主义核心价值观，在加强疫情防控知识和相关法律普及宣传基础上，紧抓宣传引导工作。“五一”期间，在晋江电视台、《晋江经济报》和晋江市总工会微信公众号开辟《致敬劳动者》专栏，宣传劳动模范、工匠先进事迹，倾力打造“劳模”“工匠”招牌。

【“六稳”“六保”助力】 2020年5—6月，晋江市总工会拨出1500万元专项资金开展职工消费节活动，向职工发放消费券，鼓励职工积极消费，协助推动扩大内需，实际发出1410万元消费券，带动职工消费3922多万元，支持晋江市商贸流通企业及生产性企业，助力企业复工复产。开展小微企业工会经费全额返还工作。6月，启动晋江市小微企业工会经费全额返还工作，计划返还期限2年，截至2020年12月，共返还8910家企业377.06万元工会经费，助力晋江市小微企业平稳过渡。开展医疗互助金减半工作。在2020年职工医疗互助活动中，对受疫情影响导致生产经营困难、职工数300人以下的非公小微企业，经企业申请对互助金予以减半收取（24元/人），全年共有117家企业的14182名职工申请，共为企业和职工减免34.04万元。开展就业帮助活动。联合晋江市人社局、中国海峡（晋江）人才市场、晋江市人力资源市场开展新春公益招聘月活动，为1368多家企业发布17187个岗位，求职人数9975人，达成求职意向5678人。建立全市工会就业信息资源共享平台，共为1400多家企业发布2.58万条用工信息。

【劳动竞赛】 2020年，晋江市总工会在晋江市各行各业开展以“十大项目”为龙头的职工职业技能竞赛，联合相关单位举办数控车床工、教师教学、企业电工、钳工、服装制版师等十几场晋江市级职工职业技能竞赛活动；协办全国、全省经编机操作工技能大赛和全省汽车维修工、省服装制版师职业技能竞赛活动；承办泉州市汽车维修工职业技能竞赛暨福建省泉州市选拔赛。推荐全市378个项目参评2020年省职工“五小”创新大赛，获一等奖7个，二等奖16个，三等奖61个，优秀奖202个。晋江市职工发明创新成果在国际和中国发明展夺得金奖2个、银奖2个、铜奖2个，中国发明协会二等奖2项。

【素质提升工程】 2020年，晋江市总工会继续开展农民工学历与能力提升“求学圆梦行动”计划，依托泉州轻工职业学院职工培训基地，在企业中推行“二元制”校企合作产教融合新型学徒制技能人才培养模式，2020年，毕业84人，“二元制”在校生有2401人。持续开展“名师带高徒”活动，落实师徒结对2011对，2020年晋级一级技师9人、二级技师5人，晋江市晋工机械公司的张达斌和七匹狼公司的胡牛崽入围2020“八闽工匠”30强年度人物。

【劳模精神弘扬】 2020年 晋江市总工会共推荐参评全国劳动模范3人（获评2人）；推荐参评省五一劳动奖状2个单位、省工人先锋号3个、省五一劳动奖章6人；推荐表彰“泉州好师傅”10人、“泉州工匠”6人；评选和表彰“晋江工匠”15人。继续开展“劳模工作室”建设，福建省、泉州市劳模创新工作室4个，申报“泉州工匠”工作室4个。

【服务职工】 2020年，晋江市总工会继续开展“情满返乡路”活动，为1118名到晋江务工人员提供团体购票服务。发放“幸福返泉”交通补助金，全市共为审核通过的3789人发放交通补助金73.61万元。截至12月底，晋江市有14.27万人次参加2020年度职工医疗互助活动，有2.42万人次参加女职工特病医疗互助活动，2020年，共为2487人次发放604万元的补助金。常态化开展送温暖活动，共慰问环卫工、殡仪馆工、户外建筑工、困难职工、困难女职工等944人，共发放慰问金157.72万元。开展“金秋助学”活动，为113名困难职工子女发放58.4万元的助学金，圆困难职工子女的“大学梦”。“六一”期间，走访慰问市、镇两级17所小学，发放总计价值29万余元的慰问品。

2020年，职工健康运动指导中心深入企业、机关和学校授课，普及太极拳运动、推广职工太极拳工间操，培养健身运动骨干400多人。每周三实行“工会开放日”，开展市总工会领导接访，律师现场接访、宣传、代写法律文书。开展脊椎养护义诊活动，全年共为1300多人次提供脊椎免费治疗和养护。参与推动“托管班”工作，在安踏、百宏、晋江市特教学校等共举办24个暑托（托育）班，招收职工子女479名。福建百宏聚纤科技儿童暑期夏令营获2019年度“全国工会爱心托管班”称号。确定3家泉州市农民工创业联盟示范基地培育项目、4家晋江市农民工创业联盟示范基地培育项目。

加强服务阵地建设。加强市、镇两级职工服务中心规范化建设。晋江市工人文化宫项目加快建设进度，2020年完成投资1.10亿元。持续推进“妈妈小屋”建设，晋江市在机场、火车站、医院、五店市、商超等地建立25家“妈妈小屋”。晋江市医院、安平桥景区“妈妈小屋”获评福建省“我最喜爱的妈妈小屋”。

【职工权益维护】 2020年，晋江市总工会加强工会劳动法律监督，落实“一函两书”（《工会组建意见函》《工会组建法律监督检查意见书》《工会组建法律监督检查建议书》），扩展工会维权宏观参与渠道。承办泉州市三方联合咨询活动，500多名职工参加。与晋江市人社局、工商联、经贸局等部门每季度联合召开一次三方协商会议，将规范劳动用工秩序、维护职工稳定等议题列入会议议案。3—4月开展要约行动，组织基层工会签订集体合同4800多份，要求采取协商薪酬、调整工时、轮岗轮休、在岗培训等措施，保留劳动关系。

开展法律援助工作。成立晋江市总工会劳动法律监督委员会，推动全市工会劳动法律监督工作的启动和运作。晋江市职工法律服务中心2020年共接到电话及现场咨询67个，代理案件13件。市级职工服务中心共接待职工信访47起，涉及职工52人，涉及欠薪金额20.77万元。

2020年1月2日，晋江市总工会举行晋江市工人文化宫暨人防工程开工仪式

（市总工会 供）

加强企业民主管理。坚持将职代会、集体协商建制情况作为镇级工会量化考核和市级基层工会规范化建设的重要考核内容，深化创新以职代会为主要形式的民主管理工作，不断扩大非公企业职代会、厂务公开制度的覆盖面，百人以上建会企业职代会、工资集体协商建制率达到95%以上，职工的知情权、参与权、选举权、监督权得到有效保障。福建凤竹集团有限公司获评“2020年全国厂务公开民主管理示范单位”。

加强劳动保护工作。开展以“平安你我他，安全同构筑”为主题的职工安全生产网络知识竞答活动。开展尘肺病防治法治宣传教育、健康教育和科普宣传，普及粉尘危害防治知识和相关法律法规。做好户外作业及一线职工防暑降温慰问活动，共走访慰问36家企业，惠及职工3万多人。做好“清凉驿站”建设，联合晋江市邮政公司在主要街区设立34处网点，新设置动车站、五店市清凉驿站“流动茶水点”，为有需求的务工人员提供纳凉、饮水、应急药品等方便。

【工会基层基础建设】 2020年，晋江市新组建604家企业工会，发展会员24722人。启动晋江市非公企业工会典型培育工作系列短纪录片拍摄工作，拍摄一部综合性影片和10个非公企业工会系列短纪录片，以“一企一亮点、一企一特色”为主线，展现晋江市工会典型培育工作的成效。晋江市总工会机关工会委员会获评“全国模范职工之家”，泉州寰球鞋服有限公司帮面车间第十生产小组工会小组获评“全国模范职工小家”；晋江市医院工会委员会等6个基层工会获评福建省“模范职工之家”，泉州寰球鞋服有限公司开发技术部工会小组等6个工会小组（分会）获评福建省“模范职工小家”。通过实施“党建+职工之家”项目，打造一批“党建+职工之家”示范单位。柒牌公司工会获评福建省“非公企业党建带工建示范点”。

加强工会干部队伍建设。加强工会干部队伍建设，深入开展“面对面、心贴心、实打实服务职工在基层”活动，2020年市镇两级工会干部共走访企业534家，访谈职工10450人。通过年度考核等措施，抓好工会专干队伍建设。进一步完善工会干部教育培训体系，实行统筹管理、分级负责、分层组织、分批实施，通过开设工会大讲堂、举办专题培训班、现场观摩会等形式，进一步增强培训的贴近性、计划性和实用性，不断提高基层工会干部的能力和水平，2020年共培训各级工会干部1785人次。

（许泽润）

中国共产主义青年团晋江市委员会

2020年7月15日，共青团晋江市委开展“红领巾进军营”主题国防教育日活动 （团市委 供）

【概况】 2020年，中国共产主义青年团晋江市委员会（简称“共青团晋江市委”）围绕组织、引导、服务青年，维护青少年合法权益等四项基本职能，助力晋江市“三大任务冲刺年”“城乡环境整治深化年”“县域治理效能提升年”活动，服务重大赛事筹办，建设国际化创新型品质城市。2020年，全市分别有1个少先队集体、1名个人获国家级表彰，9个集体和10名个人获省级以上表彰。2020年，全市共有基层团组织1963个，其中团（工）委82个（街道团工委6个、镇团委13个、经济开发区团工委1个、企业团委19个、中学团委21个、市直团工委1个、系统团工委17个、公安局团委1个、驻外团工委2个、社会组织综合团委1个），团总支140个（中学团总支118个、市直团总支8个、非公团总支14个），团支部1741个；全市共有团员3.9万名，少先队员20.8万名。14—28周岁青年30万人。

【服务重点工作】 2020年，共青团晋江市委组织干部赴福建省外开展劳务招聘。在全市各重点项目建设中深入开展青年文明号创建等活动。助力市委“人才战略”，深入开展“晋江大学生菁英引航工程”，举办“准大学生生涯规划营”等系列活动，开展多场青年交友联谊活动。启动第18届世界中学生运动会青年志愿者招募工作，召开第18届世界中学生运动会青年志愿者动员大会等。

【青少年思想道德建设】 2020年，共青团晋江市委常态化开展市级少先队主题队课教研活动，打响市级主题团课教研品牌，组织团员青年依托“青年大学习”、智慧团建，定期开展团组织生活。研发少先队心理微队课课程包推广使用，进一步提升晋江市少先队员心理建设。开展“从小学先锋，长大做先锋”“大美晋江红领巾寻访”“红领巾进军营”主题队日活动，引导青少年增强听党话、跟党走的思想和行动自觉。举办纪念五四运动101周年暨第14届晋江青年文化节活动，以“书声满侨乡”朗读、晋江青年说、“我的最美青春”摄影比赛、“美丽晋江·青春行动”2020净滩行动等形式，丰富青少年文化生活。扩大“晋江共青团”微信公众号影响力，长期位居泉州政务类前十、团委类前三，位列全国基层团组织百强。深化青年文明号创建工作，2020年，共有1家单位获评省级青年文明号，11家单位获评泉州市级青年文明号。

2020年4月18日，共青团晋江市委在书香花园举办“晋江青年说”活动 （团市委 供）

【凝聚青年】 2020年，共青团晋江市委以晋江青联列入全国青联改革试点单位为契机，召开青联八届二次、三次常委会，进一步加强对新兴青年群体的覆盖面，树立青联在青年社会组织体系中的枢纽地位。召开晋江青年商会第六届四次理事大会，举办第四期“青商大讲堂”，搭建创业青年分享交流平台。全年举办各类线上线下创业培训班10余场，服务创业青年300余名。联合青年文学协会发起“青年战‘疫’”征文，联合青年艺术协会创作抗疫MV《我们相信爱》《抗疫闽南四句》《掌中木偶〈亲姆拜年〉》等，引导广大团员青年科学防范新冠肺炎疫情。

【基层团队建设】 2020年，共青团晋江市委建立晋江市团代表联络站，建立团的委员会成员联系团代表、团代表联系团员青年的"两联"工作机制；抓好"智慧团建"工作，截至2020年12月底，全市团员报到数36909人，星级团支部创建工作稳步推进，达标以上团支部1825个，创建率94.07%，创建数量位居泉州第一、全省前列；持续开展团建项目总动员，通过招标、投标、定标、验收等程序，推动基层团组织培育68个团建工作品牌；重点推动"两新"组织团建、农村领域团组织创建，推动成立青年合作社，推进"青年共享创业计划"，助力乡村振兴。在全市小学少工委组织100%覆盖基础上，完成全市58所中学少工委建设，成立3家非公企业少工委、4家社区少工委、1家村级少工委、1家少先队校外实践基地，扩大少先队工作的辐射面；成立3批17家少先队员辅导工作室，打造市级少先队课题，举办第二届少先队论坛，评出140篇优秀少先队领域论文；常态化开展团队干部培训，落实少先队辅导员及中学团干政治待遇。

【青年创新创业】 2020年，共青团晋江市委深化银团合作，累计发放青年创业贷款3072万元，服务创业青年300余名，累计推动200家青年企业挂牌青创板"展示板"，完成试点任务，逐步形成"面向青年、团委推动、政府扶持"的区域化股权市场。推动"创二代"成长，举办首届晋江青年"网红"主播培训班，帮助青商企业迅速转变思路。举办"后疫情时代，青商怎么办？"青年企业家沙龙，邀请不同行业青商代表与分管市领导及涉企部门负责人共话议题，探讨出路。助力市委"人才战略"，深化"晋江大学生菁英引航工程"，首创晋江大学生赴机关企事业单位实习选拔活动，牵头成立全国晋江籍大学生联合会，打通晋江籍大学生在校"最后一公里"；聘用第二批11名福州大学晋江科教园"青商辅导员"，推动青年学生"筑巢"晋江。

【青年志愿服务】 2020年，共青团晋江市委深化文明创建，持续开展"美丽中国·青春行动"，组织青年志愿者常态化开展人居环境整治、巡河护河志愿服务等行动，发出《共创文明城 青年当先锋》倡议，集中开展"晋江文明没我不行"团青在行动系列活动。助力赛事承办，深化晋江青年志愿者赛事行动计划，召开第18届世界中学生运动会志愿者动员大会，启动第18届世界中学生运动会赛会志愿者招募工作，开展第18届世界中学生运动会志愿者口号、昵称征集等活动，做好大型赛事筹备保障。弘扬社会新风，常态化开展"文明出行进校园""文明出行志愿劝导"等"文明出行"新风活动，持续打造"情暖回家路""晋江青年志愿者协会春节三下乡""公益微课堂"等公益品牌，提升志愿服务质量。联合晋江市文明办表彰88名疫情防控优秀志愿者，进一步发扬志愿者精神。

【青少年民生聚焦】 2020年，共青团晋江市委强化团属社工事业建设，依托晋江市青少年事务社工中心和社会组织综合团委，加快青少年事务社工队伍建设，承接青少年社工项目32个、青少年岗位社工41个，发挥团干部、青少年社工、志愿者在加强社会治理创新方面作用，建立"团干部+青少年社工+志愿者"的服务模式。倡导"小微公益 大爱晋江"理念，持续打造"暖冬行动"活动品牌，引导青年企业家捐款捐物，为困难群体筹集善款。"爱心格子铺·爱心储蓄所"定期开展捐资助学、结对帮扶等各类爱心主题活动。全年累计帮扶困难青少年87人，捐赠爱心善款27.5万元。开展青少年校外培训，晋江市青少年宫全年共开设850个班次，培训学员1.4万余人次。加快推进青少年活动中心项目建设，12月，项目主体结构全部完工，设备安装、外立面安装同步交叉进行，二次装修招标及景观施工进行前期准备，全年累计投资8930万元。

（陈维维）

晋江市妇女联合会

【概况】 2020年，晋江市妇女联合会（简称"晋江市妇联"）获"全国舆论宣传阵地先进单位"称号，晋江市被列入实施"县级妇联改革破难行动"省级试点，改革经验纳入福建省深化妇联组织建设改革案例课程，获省妇联《海峡姐妹》县级唯一专题推广。定点帮扶甘肃省西和县脱贫攻坚工作取得实效。第六届海峡两岸（晋江金井·围头）七夕返亲节获省妇联党组书记、主席徐姗娜批示肯定。第四期中国女性社会地位调查工作"晋江经验"获全国妇联督导组一致好评。《婚姻与家庭》《党的生活》《泉州通讯》《侨区快讯》《丝路纵横》《晋江调研》推广晋江妇联改革创新经验。

【品牌活动】 2020年，晋江市妇联在庆祝第110个"三八"国际妇女节期间，举办"战疫中的晋江姐妹"优秀作品线上展播，共征集视频、照片、诗歌等作品300余件，点赞最美"巾帼逆行者"，推出疫情防控宣传片——晋江市妇联机关干部诗朗诵《我分明看见，那些挺拔的身姿》、抖音视频《爱心传递》《白兰记"疫"》，总阅读量和播放量5000次。在晋江市妇联微信公众号开设《巾帼战疫》《战"疫"家行动》《"童"心抗疫》《战疫中的晋江姐妹》4个微信专栏，携手广播电台FM91.4频道《对话晋江》栏目隔空为疫情防控前线的妇女干部加油打气。命名表扬2020年晋江市级三八红旗手63人、三八红旗集体23个。

打造"家"字号活动品牌，开展2020年晋江市家风家教主题宣传月暨直播活动，以"家风家教+乡村振兴/移风易俗/产业推广"的方式，先后在池店镇御辇家风家训馆（曾氏宗祠）、晋江市妇联挂钩的福建省级乡村振兴试点村——金井镇围头村、闽南古早味传承基地——龙湖镇来旺良品堂开展3期直播活动，线上网友观看10.7万人次，点赞超4万。开展晋江市第七届网络文化节、中国共产党成立99周年系列活动——"哩贺，@晋江闽南话"短视频挑战赛，共征集晋台文化、世界中学生运动会、疫情防控、垃圾分类、家庭文化、南音、人生道理等各类主题作品118份，有围头村金门籍、围头村台湾籍、新晋江人、晋江本土等28个家庭获奖，"#哩贺，@晋江闽南话"抖音话题播放量288.8万人次。

（邱钰婧）

【舆论宣传】 2020年，晋江市妇联做好抖音、微信官方号运营，发布妇联微信公众号560条信息，粉丝数增至19529

人。发布51个原创抖音作品，创新抖音视频拍摄方式和内涵，采用群众喜爱的剧情、记录、刷屏等方式展现妇联工作，单个视频点击量1.4万人次，获赞4070+人次，粉丝数4667+人次，传播"妇联好声音"，增进女网民特别是年轻女性对妇联组织的认同感和归属感。打响巾帼志愿者服务品牌，在疫情防控、邻里关爱、爱国卫生运动、光盘行动、文明创城等方面中发挥独特作用。《经济日报》《中国妇女报》、国务院妇女儿童工作委员会网、学习强国、中国妇女网、中国经济网等中央主流媒体多次专题报道晋江妇联改革经验。《党的生活》《婚姻与家庭》《海峡姐妹》《泉州通讯》《侨区快讯》《丝路纵横》等内刊推广晋江妇联改革创新经验。

（邱钰婧　陈晓雯）

【家庭教育】 2020年，晋江市妇联成立全国首家"军营儿童之家四点钟学校"，全国妇联《婚姻与家庭》《中国双拥》专题报道儿童之家四点钟学校工作经验。疫情期间开设"课后三点班"线上学习平台，社工每天15：00—17：00在线为学员答疑。推出6.0服务——儿童生命教育课程，在微信公众号开设《家庭教育》专栏和"树洞"倾诉服务。2020年，共为2218名小学生提供免费的课业辅导、兴趣培养和成长教育等服务，服务108980人次。

打造晋江市白兰花家庭驿站品牌，试点拓展至永福里社区、华泰社区、王厝社区、梅青社区等4个点，编制《共建共治共享——市妇联白兰花家庭驿站5年印记》。《中国妇女报》及学习强国、中国妇联新闻等媒体专题报道《白兰花家庭驿站把服务延伸到千家万户》；《晋江市妇联：打造"疫情不打烊""亲情零距离"综合服务》获《侨区快讯》推广；《社区家庭服务现状及工作情况的调查与思考——以晋江市妇联白兰花家庭驿站试点社区为例》获《晋江调研》推广，获2020年度晋江市党建调研课题三等奖；《社区家庭工作创新——打造"疫情不打烊""亲情零距离"白兰花家庭驿站项目》获晋江市党建工作项目化管理优秀案例（2018—2020年）精品案例。将驿站项目服务典型个案拍摄成"育儿有道，拒绝暴力""女性成长与蜕变"短视频，向社会大众深层次地展示及推广项目服务经验，2020年累计服务28554人次。

实施家庭教育支持行动。联合晋江经济报社举办晋江市第二届亲子阅读节，开展寻找"小小阅读推广大使""最美阅读1平方米"评选、故事创意续编大赛等线上线下活动。依托市直机关儿童之家亲子阅读基地开展亲子阅读活动12场，144个亲子家庭参与。组织开展福建省、泉州、晋江级"家庭教育公益大讲堂"暨《福建省家庭教育促进条例》宣传活动65场。推荐家教讲师团成员郭小军参加2020年福建省家庭教育宣讲员风采展示活动，进入决赛并获二等奖。

（王婷婷）

2020年9月28日，晋江市妇联成立全国首家"军营儿童之家四点钟学校"并举行揭牌仪式

（市妇联　供）

【妇女权益维护】 2020年，晋江市妇联开展婚姻家庭纠纷排查化解工作，把婚姻家庭矛盾纠纷化解在基层，以家庭平安促进社会平安。三八维权月期间，组织基层妇联开展"2020年三八维权月暨反邪教知识进家庭"活动，开展网上有奖知识问答活动，参与15608人次。开通24小时疫情心理援助热线，依托各种媒体，开展法治宣传，在微信公众号上连续推出5期反邪教警示教育片，发动并组织广大妇女儿童线上收看学习，推文浏览量累计超1万人次。12月25日，联合梅岭街道举办晋江市2020年国际消除对妇女暴力日宣传暨梅岭街道第五届文明新风进社区活动，妇联主席下乡接访，进行创平安家庭、预防婚姻家庭纠纷宣传，全年共接访138人，其中来访52人、来电80人、来信信访6人；开展各类普法宣传活动及讲座92场，受益36558人。不断推进维权队伍，依托钉钉平台举办3期晋江市妇女援助调解员线上"云培训"，参训2000人次。开展晋江市"女性健康公益大讲堂"活动，巡回讲座共23场，受益约1800人。联合晋江市委政法委、市教育局在晋江市青阳街道象山中心小学举行晋江市第11届"创平安家庭　助力世中运"绘画创意大赛，让"平安家庭""七无一好"（无家庭暴力、无吸食（种）毒品、无非法宗教信仰活动、无赌博行为、无邻里纠纷、无家庭成员参与"黄丑"行为、无违法犯罪。安全防范工作做得好）走进家庭、走进校园、走进社区。

（李育蓉）

【妇女发展】 2020年，晋江市妇联开展"春风行动"就业创业线上招聘会、精准帮扶专场招聘会，征集女企业家企业复工复产用工岗位需求信息，及时对接晋江市人社局、人才办等部门将岗位需求纳入招聘系统，帮助解决巾帼企业用工和疫情期间求职人员"就业无门"的问题。各级巾帼文明岗发挥示范引领作用，通过"网上办""上门办""快捷办"，为企业复工复产服务保障。捐赠2万元帮扶云南在晋务工人员家庭，促进农村劳动力返岗就业；联合龙湖镇、晋江经济开发区发送6000份"晋江复课暖心包"，助力巾帼企业复工复产活动。对接晋江农商银行，推出升级版"巧妇贷"，

2020年8月25日，第六届海峡两岸七夕返亲节在晋江市金井镇围头村举行（市妇联 供）

缓解复工复产资金周转难题。联合晋江市农业农村局评选36个“最美庭院（阳台）”、10个“最美庭院（阳台）入围奖”，作为晋江绿化、美化的庭院（阳台）典范，推进生活垃圾分类“五个一”（举办一场专题讲座、组织一次主题党日活动、开设一个宣传专栏、进行一轮专项督导、选树一批先进典型）工作，为晋江“颜值加分”。联合晋江市计生协会举办为期5天的2020年度晋江市“白兰花家服计划”妇女实用技能培训班暨就业对接会；联合晋江市人社局举办为期3天的2020年晋江市巾帼直播培训班；联合晋江市中医院举办为期14天的母婴护理师培训班两期。开设《巾帼分享汇》专题访谈17期，邀请晋江社会各界的女企业家、女干部、女社会工作者及相关专家学者走进电台，分享女性创新创业、婚姻家庭、法制维权、家教育儿等话题。开展各级巾帼文明岗复查走访活动，举办2020年“悦读风尚我引领 移风易俗倡文明”巾帼志愿服务活动27场，创新下基层推介方式。承办第六届海峡两岸（晋江金井·围头）七夕返亲节，以“云上鹊桥·两岸家园”为主题，首次以“线上直播+线下互动”“主会场+台湾分会场”方式，举办开幕式、“云上鹊桥”网络直播、两岸家庭共放天灯祝福许愿活动、“同心·相望”焰火表演等系列活动。

（苏雅雅）

【女企业家联谊会】 2020年，晋江市女企业家联谊会共筹集来自194个单位及个人捐款50.782万元，向泉州市妇联捐款20万元，用于支持泉州市疫情防控工作。慰问全市92名疫情防控一线医护人员家属，发放慰问金10万元，购买额温枪、口罩、消毒纸巾等防疫物资。助力第二体育中心、科创园区等重点项目建设者的疫情防控。开展科创新区项目征迁慰问活动，给征迁一线工作人员带去牛奶、点心等慰问品。“六一”儿童节先后走访全市10所小学、幼儿园、机构开展慰问活动，并送慰问金10万元用于支持学校、机构的软硬件建设。开展巾帼拥军活动，捐赠价值10万元军营儿童之家四点钟学校设备和价值10万元“拥军专线”车票。

（高蓉蓉）

【“两纲”实施】 2020年，晋江市妇联贯彻落实新一轮“两纲”（《晋江市妇女发展纲要》《晋江市儿童发展纲要》），晋江市妇女儿童事业快速发展。晋江市妇女儿童工作委员会对晋江市“两纲”重难点指标实施情况做进一步工作安排和部署，确保晋江市2020年如期完成“两纲”目标任务。5月22日，各成员单位收听收看全省妇女儿童工作委员会视频会议。6月初，市妇儿工委办对涉及重难点指标的成员单位“两纲”实施情况进行走访调研。6月19日，晋江市妇儿工委举行“两纲”重难点指标落实情况推进会，扎实推进“两纲”重难点问题的解决。7月2日，泉州市人民政府副秘书长温锦辉、泉州市妇联副主席黄宝玲一行到晋江开展“两纲”重点难点指标调研。11月18日，泉州市新“两纲”编制小组成员华侨大学博士讲师陈洪淼带队到晋江开展专题调研。“六一”儿童节期间，晋江市妇儿工委、女企业家联谊会走访慰问10所学校及福利机构，并送上20万元慰问金。

（李育蓉）

【基层妇联建设】 2020年，全国妇联启动“县级妇联改革破难行动”，晋江市妇联作为福建省“破难行动”试点县之一，紧扣四个“破难”任务，巩固33个“四新领域”（新领域、新业态、新阶层、新群体）妇联和25个异地商会妇联创建成果，推动文旅集团、旅游协会、劲霸男装、安泰鞋材、海明文化城等成立8家新妇联组织，在书香花园、桥南妈妈协会、MCN产业直播基地、金砖文化传媒、社会组织、高甲艺术、动车站等建立22家妇女微家，成立东石镇妇女发展促进会，推动全市妇联组织建设改革。《海峡姐妹》专题报道晋江市妇联破难改革成效：《乘风破“难”开新局 白兰姐妹伴身边——晋江市妇联改革创新见实效》，晋江市妇联是获此类推广的全省唯一县级妇联。晋江市妇联改革破难“晋江经验”成果被列入福建省深化妇联组织建设改革案例课程。指导11个2020年“三百四有”〔百个达标的乡镇（街道）妇联、百个达标的村（社区）妇联和百名优秀妇联主席。

（邱钰婧）

【妇女儿童关爱】 2020年，晋江市妇联联合晋江市卫健局、财政局落实2020年泉州市委、市政府为民办实事“实施呵护母婴健康工程”项目，为2600名城乡居民35—64周岁妇女免费提供宫颈癌、乳腺癌检查，为1700名孕妇免费提供产前筛查诊断。加强贫困“两癌”妇女救助，救助晋江市三批85名对象34万元、福建省两批31名对象13万元，2020年“母亲健康‘1+1’公益募捐”超35万元。为全市2510名低保特困妇女购买女性安康保险25.1万元，并向全市推广女性安康险，个人自主投保9043人11128份111.28万元。2017—2020年累计为31名符合条件的对象理赔456万元。母亲节期间，慰问全市100名贫困母亲，每人2000元，送上慰问金20万元。

开展儿童关爱服务活动。开展晋江市“守护童年 牵手成长”暑期安全营，创新推出生命安全主题教育课程，开班试点21个，共为592名儿童提供免费的课业辅导、兴趣培养和安全教育等服务，服务25149人次。举办《如何帮助孩子做好复学的心理调适》公益线上讲座，保障孩子的健康安全，帮助孩子更好地适应和投入正常的学习生活。在内坑镇举办“快乐伴我成长”爱心结对帮扶活动，共20对亲子家庭、结对的爱心妈妈与困境儿童参加。联合检察院、妇幼保健院等单位成立“晋江未成年人关爱中心”，开启未成年被害人“一站式”办案模式，保障未成年被害人的合法权益。牵线吴栋辉等企业家开展助学活动，2020年共资助贫困优秀高中、大学学生251人次，资助金额共计12.55万元。开展“精准脱贫•春蕾圆梦”助学行动，推荐2名高中应届优秀贫困毕业生受资助。

（王婷婷）

晋江市科学技术协会

2020年5月16日，晋江市科协举办“院士大讲堂”，邀请中国工程院院士李兰娟到晋江作疫情防控讲座

（市科协 供）

【概况】 2020年，晋江市科学技术协会（简称“晋江市科协”）围绕晋江市中心工作和疫情防控工作特点，开展疫情防控应急科普宣传，助力企业复工复产，服务创新驱动发展、提升全民科学素质。晋江市科协举办的“全国科普日”主题科普活动、全民科学素质网络竞赛活动获中国科协、福建省科协通报表扬，部分工作做法受到福建省科协表扬和推广，在泉州市创先争优绩效评估中获得综合优秀，市直涉人才工作单位2020年度人才工作目标责任制考评等次优秀，获评“泉州市级文明单位”称号。晋江市被中国科协评为2016—2020年度全国科普示范市总结评估优秀县（市）。

【创新驱动发展战略实施】 2020年，晋江市科协承办中国科协海智科技服务团泉州行晋江站活动，邀请一批海外专家走进企业，进行技术项目对接。帮助多家企业对接华中科技大学、厦门大学、湖南农业大学、东华大学等多所高校院士专家项目合作。2020年，依托院士（专家）工作站人才平台载体，柔性引进院士及其团队25名，专家及其团队16名，院士对接合作项目9项、专家对接合作项目6项。晋江市科协组建企业科协5家，组织一批企业科协入驻中国科协“绿平台”，引导企业利用这一国家级科技资源对接平台。促成福建浔兴拉链科技股份有限公司与福建省纺织工程学会合作，获批省级学会创新驱动服务站。晋江市科协举行“院士专家晋江行”活动，邀请李兰娟、许厚泽、郑树森、余艾冰等多名院士专家到晋江调研指导。2020年，共有2家企业获评省级院士工作站，2家企业获评省级示范院士站，2家企业被重新认定泉州市级院士工作站，1家企业获评泉州市级专家工作站。

【科普宣传】 2020年，晋江市科协开展新冠肺炎疫情防控应急科普工作。落实两大重要科普工作任务，在晋江市范围内组织做好2016—2020年度全国科普示范市总结评估，开展2021—2025年全国科普示范市创建工作。召开全市全民科学素质工作推进会暨科普工作培训会，发动镇（街道）、市直单位做好第11次中国公民科学素质调查测评工作。策划组织晋江市全国科普日系列活动。先后举办科普日主场、“共读一本科普好书”、青少年线上科技等主题活动8项，发动各单位和基层科协开展活动70余项，晋江市科协被中国科协评为“全国科普日”活动优秀组织单位，部分活动项目被表彰为优秀项目。做好2020年福建省全民科学素质网络竞赛活动组织发动工作，晋江市科协被省科协表彰为省全民科学素质网络竞赛活动优秀组织单位。依托“晋江科协”、公交车载视频终端科普专栏开展主题科普宣传，挂出《乡约科普》微信视频专栏。《晋江科普之窗》全年累计播放科普视频22期，制作主题宣传视频2个，推送主题科普文章近500篇，发送科普短信22万条次。

【学会管理】 2020年，晋江市科协强化学会动态管理，督促市级学会按时进行换届，及时组织年检。鼓励学会不断聚集体制内外科技工作者、产业界优秀科技人士，指导学会开展一系列服务经济社会发展的工作。在疫情防控工作中，各学会依托载体，深入开展科普宣传工作和慈善捐赠活动。宣传晋江市农学会、中医药学会等团体在防疫一线的工作情况，进一步提升群众对党和国家方针政策的理解及疫情防控意识。

【青少年科技活动】 2020年，晋江市科协联合中国科技馆、其他县市科技馆策划开展“科学放大镜”“小彩虹实验室”等一系列线上科普主题和科学实验秀课程28场。全年接待观众13719人次，开展主题活动36场，工作坊2期。举办钉钉直播课堂，举办线上直播科普主题课程，打造全新线上青少年科技教育平台，让广大科技爱好者和科技工作者们零距离、面对面的接触。建立全市青少年科技竞赛评委库，做好全国青少年人工智能活动、福建省科技创新大赛、福建省青少年创意编程与智能设计比赛、泉州市青少年科学影像作品竞赛等活动的组织工作。开展骨干辅导教师培训，共培训613人次。加大科技馆升级改造力度。为发挥科技馆作为晋江市重要科普场馆的功能作用，实施常设展厅提升工程，在前期投入近500万元建设“生命科学”展厅的基础上，再次投入近400万元建设“探索发现”展厅。做好泉州市青少年科技教育示范学校评选工作。设立一批青少年科技教育实践基地学校，深入开展青少年科技教育示范校创建活动，共有6所中小学获评第九批“泉州市青少年科技教育示范学校”。

（张世荣　林美泳）

晋江市社会科学界联合会

【概况】 2020年，晋江市社会科学界联合会（简称“晋江市社科联”）发挥党委、政府联系哲学社会科学工作者的桥梁和纽带作用，坚持正确的政治方向和学术导向，把学习宣传贯彻习近平新时代中国特色社会主义思想和中共十九大精神作为主线，在理论研究、决策咨询、社科普及、学术交流、阵地建设等方面努力工作，为繁荣发展晋江哲学社会科学事业、服务全市经济社会高质量跨越发展作贡献。

【意识形态工作】 2020年，晋江市社科联成立晋江市社科联宣传思想工作领导小组（意识形态工作领导小组），抓好网络意识形态工作，内联外动实现意识形态责任制在社科领域的全面落实，确保社科工作正确的政治方向。把意识形态工作的具体事务抓到位，按照主管主办和属地管理原则，结合《晋江市社科类社团管理暂行办法》《晋江市社会科学普及基地建设与管理办法》等文件要求，加强对晋江市属社科社团、各级社会科学普及基地等意识形态阵地的引导和管理，严格落实报告会、研讨会、讲座论坛的审查审批和报备制度，管住守牢各类学术活动阵地，确保各项社科活动零差错、高水平举办，牢牢把握党对意识形态工作的领导权。

【社会科学普及宣传周】 2020年10月17—23日，晋江市以“决胜全面小康·决战脱贫攻坚”为主题，举办晋江市2020年社会科学普及宣传周，发掘全市社科资源，策划面向群众、面向基层的普及项目，展示哲学社会科学的丰富内涵，在全市营造学习社会科学知识的氛围。10月20日，晋江市2020年社会科学普及宣传周启动仪式在泉州市级社会科学普及基地五店市传统街区举办。启动仪式上，中共晋江市委常委、宣传部部长林惠玲为获评2020—2022年度晋江市社会科学普及基地的晋江市图书馆、博物馆、工艺美术馆等9个单位授牌；晋江市社科联兼职副主席许明月向五店市传统街区、晋江市图书馆、晋江市老年大学、泉州职业技术大学、泉州轻工职业学院等单位赠送《李灿煌研究》《读庄杂咏》等社会科学图书。启动仪式结束后，由晋江市委宣传部、市社科联牵头，会同晋江市社会科学普及联席会议成员单位、市属社科社团、各级社科普及基地等单位在五店市戏台广场联合开展“社会科学在你身边”普及咨询活动。科普周期间，采用市、镇（街道）、社科社团、社科普及基地上下联动、错时实施的组织形式，开展数十项社科知识普及宣传活动，把活动向基层全面拓展。

开展网络社科知识普及活动，组织发动全市党员干部群众、学校师生参加福建省社科联举办的“深入学习贯彻《习近平谈治国理政》第三卷”第13期社会科学知识竞答和“深入学习贯彻中共十九届五中全会精神”社会科学知识竞答活动，参与人数居泉州前列。

【推进社科普及基地建设】 2020年8月，晋江市社科联联合晋江市委宣传部开展2020—2022年度晋江市社会科学普及基地申报评选工作，经实地考察、审核认定，推动晋江市图书馆、博物馆、工艺美术馆、老年大学、磁灶镇传统陶瓷烧制技艺展示体验基地、安海镇新店村、泉州轻工职业学院、来旺良品堂闽南古早味传承基地、泉州市绿薇农业科技有限公司都市农业文创基地等9个单位创建为2020—2022年度晋江市社会科学普及基地。指导五店市传统文化旅游区、晋江市展馆、围头传统村落、梧林传统村落争创新一批泉州市级社会科学普及基地。

【晋江社科研究成果】 2020年，晋江市社科联启动《晋江蓝皮书》智库项目，对接福建省高校特色新型智库民营经济发展研究院科研力量，联合中国社会科学院、泉州轻工职业学院、晋江市委党校等科研院校团队，围绕破解经济社会发展的机制体制障碍，进行深入调查研究。编撰出版一批社科丛书，组织社科领域内高水平学者撰写面向广大群众的科普读物，资助出版《李灿煌研究》《五店市保护与开发研究》《龙湖侨史资料》等一批晋江人文社科丛书。

【学术交流】 2020年8月26—29日，晋江市社科联策划举办“晋江城市新地标巡礼”文艺采风创作活动，邀请一批在福建省内外有一定影响力的作家、画家、摄影家，对近年来动工建设的八仙阁、第二体育中心、全民健身中心、福州大学晋江科教园、市医院新院区、梧林传统村落等重点项目进行采风创作，形成一批反映新地标的美术、摄影、文学作品，举办画展、摄影展并出版美术摄影文学作品集。9月20日，联合泉州市社科联、泉州市孔子学会、福建农林大学新农村发展研究院、晋江市农业农村局、晋江市委党史和地方志研究室等单位，召开“乡村善治与现代教育”研讨会，邀请来自福建农林大学、厦门大学嘉庚学院的高校学者以及晋江市省级乡村振兴试点村的第一书记，围绕“现代教育助推‘三治融合’”主题展开深入研讨，26篇论文收录汇集成书出版。10月17日，组织开展“乡愁五店市”海峡两岸（晋江）金秋论坛暨征文大赛，邀请30多位海峡两岸的社会科学工作者（文史作家）进行实地采风和论坛活动，深入挖掘五店市的民宅民居、民风民情、家训家规、乡俗乡音及非物质文化遗产中的社会科

2020年10月17日，"乡愁五店市"海峡两岸（晋江）金秋论坛暨征文大赛在五店市举行
（市社科联 供）

学文化内涵，创作一批展现海峡两岸乡愁文化的精品佳作。

（郭劲彬）

晋江市文学艺术界联合会

【概况】 2020年，晋江市文学艺术界联合会（简称"晋江市文联"）落实意识形态（网络）工作责任，传承创新发展"晋江经验"，组织全市文艺工作者在防控疫情、推进双循环新的发展格局中开展系列文艺工作和活动，为服务晋江高质量发展服务。

【文艺活动】 2020年，晋江市文联以"世中运""晋江经验"等为主题进行创作的文学、音乐、影视等征集活动7场。文学方面：1—9月，举办"助力'世中运'·奋斗成就梦想"主题征文；3月，举办宅家抗疫征文；3—5月，举办"扬正气 树清风"晋江市原创"闽南四句"有奖征集活动；4—12月，举办"新店人家"主题征文大赛。音乐方面：5—6月，举办晋江首届青年原创歌曲征集；11月，举办福建省第五届"金钟花奖"声乐比赛晋江赛区选拔赛。影视艺术方面：11—12月，举办首届"美丽中国"青少年电影剧本征集；10—12月，开展"本土文艺作品"进学校、进社区、进企业、进军营活动5次，陆续走进新塘街道新侨中学、梧林社区、卡尔美公司、实验小学、晋江二中赠送图书1000多册，精品戏剧公益性下基层演出100多场，以本土作家、本土素材的创作成果服务基层文化体系建设。

【文艺创作】 2020年，晋江市文联加强现实题材创作，推出讴歌党、讴歌祖国、讴歌人民、讴歌英雄的作品。1月28日，晋江市文联通过《晋江经济报》、晋江电视台、"晋江文艺"微信公众号在泉州市文艺界率先发出"致全市广大文艺工作者的倡议书"，引导全市文艺工作者在打赢疫情防控攻坚战中贡献文艺力量。晋江文艺工作者共创作文学、戏剧、音乐舞蹈、美术、剪纸等文艺作品300多篇（幅、首），其中音乐作品《白色战衣》在学习强国平台展播，音乐舞蹈MV《让爱传出去》先后在腾讯视频、福建文艺网、中国舞蹈家协会等平台传播推广，剪纸协会为院士李兰娟创作的剪纸作品在中国青年网刊发，戏剧家协会创作抗疫作品木偶戏《亲姆拜年》，高甲戏《众援抗"疫"》，被新华社转发，当天115万人次点阅量，《中国文化报》、中新社等媒体作专题及创作报道，获2020年度福建省"抗疫情，福建非遗在行动"系列活动优秀作品奖。晋江市文联、市作家协会、南音协会及文艺工作者吴谨程、张国滨等受到泉州市文联通报表扬肯定，陈诗章被中国木偶皮影艺术学会评为抗击新冠肺炎疫情工作先进个人。

【文艺社团工作】 2020年，晋江市文联组织美协、书协、戏剧等16个文艺社团开展换届工作，晋江市音乐舞蹈协会重新拆分为晋江市音乐家协会、晋江市舞蹈家协会，晋江市蓝鲸诗社并到晋江市作家协会作诗歌专业委员会，舞蹈家协会、音乐家协会、美术家协会、影视艺术协会也分别成立专业委员会，把党建写入各协会章程，兼合式党组织覆盖所有文艺协会。10月31日，召开晋江市文联第五届委员会第二次全体会议，组织全体文联委员参加学习中共十九届五中全会精神、"晋江经验"专题讲座。建立晋江市文艺社团活动报备制度，督促各文艺社团依法依规组织开展各类活动。

【文艺交流】 2020年，晋江市文联对内组织作协、蓝鲸诗社等文艺社团分别开展"美丽晋江""文化进万家""晋江城市新地标巡礼""秋行·海丝路"等主题采风创作，接待上级文联到晋江采风、会议活动。1月5日，开展福林村采风暨"文化进万家"作家赠书活动；8月26日，开展"晋江城市新地标巡礼"文艺采风创作活动；10月7日，开展"秋行·海丝路"采风活动；12月1—3日，全程配合做好2020年全省文联系统干部能力素质提升读书班的后勤保障工作和考察工作，并由晋江市文联主席黄华东进行"一县一品"晋江南音传习基地汇报，受到福建省文联的书面肯定和感谢。如期举办第14届南音演唱节、第30届侨乡谜会、元旦春节集中性"三下乡"活动。邀请著名文艺家到晋江开展讲座。1月6日，举办张智真合唱公益讲座；8月29日，举办《当代漆画艺术创作现象》专题讲座；9月21—22日，举办国家级非遗传承人姚道成传承成果汇报演出暨高甲行当传承工作交流座谈会，中国戏剧家协会秘书长崔伟作《文艺环境与戏曲课题》专题讲座。

【文艺展览】 2020年，晋江市文联创新组织形式，结合线上线下分别举行文艺展览。线上展览方面：3月，在"晋江文艺"微信公众号展出"倡导移风易俗 倡树文明新风""扫黑除恶 共建平安晋江"主题摄影展；9月，在"晋江文艺"微信公众号、晋江青少年宫微信公众号分别展出晋江市第22届少儿美术书法优秀作品“云展览”。线下展览方面:8月4日至23日,举办“海丝韵·瓷都情”德化云溪刻纸作品展;9月20日至10月20日,举办2020年福建水彩名家晋江写生作品展;12月11—17日,举办“不负韶华·追求卓越”福建省美术家协会主席团成员作品展;11月25日至12月24日,举办“最后之胜利——纪念弘一法师诞辰140周年暨手书墨宝、拓片展览”。

【文艺成果】 2020年,晋江市文联组织晋江市文艺工作者参加各级展览、比赛和会演,共有30多人次在省级以上赛事或展览中入展(获奖),有些作品在该领域取得突破性成绩。南音方面,10月,苏统谋获评全国曲艺界最高奖——“中国文联终身成就曲艺艺术家”称号。美术方面,8月,陈建斌创作的农民画《风调雨顺》入选“决胜全面小康”第二届全国农民画作品展,并获中国美术家协会入会资格;11月,翁小华的综合材料作品《痕迹》入选第三届全国(宁波)综合材料绘画双年展,是晋江市首次在该领域入选全国性大展。摄影方面,许宝全、蔡础梅、许师伟、蔡朝阳、许宝全分别获第27届福建省摄影展生活类、艺术类、风光类、创意及商业摄影类奖项。书法方面,10月,张聪明的草书《题南安一片寺》获福建省第九届百花文艺奖二等奖;张聪明、吴剑男书法入展中国书协主办的全国第五届青年书法篆刻作品展;11月,龚子猛、王丽新书法作品入展全国第五届正体书法作品展。音乐舞蹈方面,12月,原创舞蹈《古厝·乡韵》获“第14届福建音乐舞蹈节”舞蹈类一等奖、创作二等奖和优秀舞美奖;独唱《我的中国》获声乐类三等奖。新增陈金矿(国家级剪纸会员)、王常婷(中国作家协会会员)、李锦秋(中国文艺评论家协会会员)、颜培蕾(中国书法家协会会员)、蔡乾坤(中国书法家协会会员)国家级会员5人。

(连小妹)

晋江市归国华侨联合会

【概况】 2020年,晋江市归国华侨联合会(简称“晋江市侨联”)按照“654N”整体思路推进多项重点活动项目落地生效,即围绕中国侨联章程规定的6项职能,因势利导搭建5个平台(侨资侨智集聚平台、华侨权益保障平台、海外联络联谊平台、涉侨宣传交流平台、侨胞之家组织平台),重点锻造4个品牌(“创业中华—兴业晋江”的服务大局品牌、“亲情中华—大美晋江”的对外联谊品牌、“情暖侨心—公益晋江”的华侨公益品牌以及“活力侨联—和谐晋江”的组织建设品牌)。凝聚归侨侨眷和海外侨胞、港澳台同胞力量,参与新冠肺炎疫情防控和经济社会建设,创建和谐侨界,推动侨联工作不断向前发展。晋江市三创园获评“福建省新侨创新创业服务联系点”称号,青阳、梅岭、龙湖、内坑、深沪、英林、金井侨联获评省级“侨胞之家”示范点称号,罗山灵源新塘、紫帽、泉州轻工职业学院侨联获评省级“侨胞之家”称号。引导侨界力量参政议政,组织侨界人大代表、政协委员,围绕晋江市经济和社会发展中的热点、难点等问题,进行考察调研。

【侨资引导】 2020年,晋江市侨联引导海外侨亲捐资建设公益事业。牵线搭桥助力海外侨胞捐赠华侨冬奥冰雪博物馆捐建事项,参与发动引导澳门侨亲陈明金捐建东石情霞体育馆、光渺幼儿园、敬老院、农贸市场等项目;引导上海晋江商会会长孙晋忠、加拿大侨亲王一平各捐赠500万元用于慈善事业。

【对侨交流联络】 2020年,晋江市侨联开展“亲情中华·为你讲故事”网上冬令营活动。组织来自菲律宾的45名华裔青少年全程参与网上冬令营,在“云端”学习中华优秀传统文化。加强人才工作力度。印发《晋江市侨联关于2020年人才工作要点的通知》;联系新加坡以及中国香港、澳门地区等晋籍同乡会商讨成立海外招商引智联络点等事宜;在泉州市领航文化传媒有限公司建立新侨创新创业基地,在紫帽镇蔡其矫纪念馆成立“晋江市侨界文化人才交流基地”,在洪山新侨创新创业基地举办“都市农业的技术应用和市场推广”主题侨智沙龙。

【为侨服务】 2020年,晋江市侨联践行为侨服务宗旨。走访慰问全市19个镇(街道)的贫困归侨侨眷,并送达泉州市侨联“黄仲咸慰问金”和晋江市“陈祖昌慰问金”;参与晋江市人大涉侨权益保护工作情况汇报调研活动;受理信访件3件、寻亲1件,均给予满意答复;对全市各镇(街道)所属村(社区)普查表登记情况进行质量检查验收。派员参加重点项目工作。

【“侨”文化打造】 2020年,晋江市侨联创建侨乡文化名镇名村。评定首批“晋江市侨乡文化名镇名村”,其中安海镇被评为省级侨乡文化名镇,建设镇、村级侨史馆,打造侨乡展示平台。

(蔡婉婷)

2020年7月16日,晋江市侨联召开十二届四次全委会暨基层侨联主席办公会 (市侨联 供)

【基层组织建设】 2020年，晋江市侨联深化侨联机构改革。出台《晋江市侨联改革方案》，推进侨联体制机制改革，优化侨联组织机构设置，创新侨联工作方式方法。召开晋江市侨联十二届四次全委会暨基层侨联主席办公会。传达学习习近平总书记在2020年全国两会期间重要讲话及重要指示批示、全国两会及各级常委扩大会议、中国侨联十届三次全委会议、2020年晋江市统战工作会议精神；组织签订《晋江市侨联委员“带头移风易俗、弘扬时代新风”承诺书》；侨联系统委员、企业及基层侨联组织的代表们分享疫情防控期间的工作经验和感受体会；为基层侨联颁发统一社会信用代码证书。拓宽组织覆盖范围，新成立梅岭街道赤西小学、桂华中心幼儿园、平山中心幼儿园、双沟小学、心养小学5个侨联会，在双沟社区草田尾自然村成立全省首家自然村侨联小组。筑牢“网上侨联”宣传平台。

（蔡婉婷）

晋江市台湾同胞联谊会

【概况】 2020年，晋江市台湾同胞联谊会（简称“晋江市台联会”）按照中央对台工作方针和决策部署，团结广大台胞，深入践行“两岸一家亲”理念。开展沟通、联谊、服务、团结台胞等各项工作，发挥“台湾之家”的作用。召开晋江市第九次台湾同胞代表会议并完成换届选举任务，产生新一届台联会领导班子。

【服务台胞】 2020年，晋江市台联会走访全市台胞家庭和台胞党员，与台胞拉家常、交朋友，了解他们的生产生活情况。建设办事流程公开栏，印制便民办事流程表，配合有关部门做好台胞台籍身份的认定，中高考加分等工作。农历春节前举办“两岸一家亲”为台胞送春联活动。10月，连续第5年组织老龄台胞进行免费健康体检，提高老龄台胞的健康素质和晚年生活质量。

【对台交流】 2020年12月31日，晋江市台联会按照以青少年为重点的两岸基层交流工作思路，举办晋江市第六届“中华情 两岸缘”新生代台胞联谊结对暨晋台家庭AI（人工智能）体验亲子活动，共邀请40个晋台家庭参加联谊结对，通过沉浸式的活动内容加强两岸青少年的往来和交流。

【晋江市台联第九次台湾同胞代表会议召开】 2020年11月26日，晋江市台联会召开第九次台湾同胞代表会议，会议选举产生晋江市台联会新一届理事会，吴朝晖任会长，王巧虹、叶明阳、骆仲平、黄德财任副会长，黄德财兼任秘书长，李幼梅、吴灿阳任副秘书长。中共晋江市委常委、统战部部长黄文福对晋江市台联会5年来的工作给予肯定，并希望晋江市台联会新一届领导班子不断把全市台联工作推向高质量水平。会上为10名台胞颁发“积极参与台胞工作 真心奉献台胞事业”纪念牌。

（蔡 菁）

晋江市残疾人联合会

【概况】 2020年，晋江市残疾人联合会（简称“晋江市残联”）全面贯彻落实各级党委、政府关于加快残疾人小康进程一系列重要部署，围绕“全面建成小康，残疾人一个也不能少”目标，不断完善残疾人社会保障和服务体系。2020年11月，晋江市残联在2020年全省县级残联理事长培训班作经验典型发言；12月，晋江市残疾人辅助器具服务工作成效得到中残联肯定；晋江市残联机关党支部获泉州市级“文明单位”称号。

【工作机制改革创新】 2020年8月，晋江市残联在总结巩固2019年晋江市作为中国残联基层残联组织专项改革试点单位经验和成果的基础上，向中共晋江市委常委会汇报晋江市残联关于改革实施方案汇报。同月，晋江市出台实施晋江市残联改革实施方案，方案突出“增强党支部战斗力”“动员社会力量参与”“培育社会组织”“深入开展志愿服务”“维护残疾人合法权益”等具有晋江特色的亮点。11月4日，福建省残联推荐晋江市残联理事长蔡尚才在2020年全省县级残联理事长培训班作题为《践行承诺 永葆初心 携手残疾人朋友共奔小

2020年12月31日，晋江市台联会举办晋江市第六届“中华情 两岸缘”新生代台胞联谊结对暨晋台家庭AI（人工智能）体验亲子活动

（市台联会 供）

康》的经验典型发言，全省仅晋江、永安两个县级市进行经验交流。

【残疾人帮扶】 2020年，晋江市残联聚焦“一个不能少”，提前超额完成中共晋江市委、市政府为民办实事项目。2020年“持续实施残疾人帮扶工程”计划投入110万元开展重度精神病残疾人服药补助、困难残疾人补助、助学工程，实际投入119.3万元，超额完成年度计划。落实泉州市级为民办实事项目。为“一户多残”家庭残疾人发放生活补贴，对重度、轻度每人每月发放100、50元生活补贴，全年为1061户、2263人发放补助资金159.89万元；为350名低保重度肢体残疾人发放居家养护补助，发放补助金30万元。建立完善残疾人基本福利制度。为晋江市28326名残疾人发放每人每年300元的生活保障金849.78万元。补助26501名残疾人参加城乡基本养老保险，重度残疾人补助400元，轻度残疾人补助200元；补助21658名残疾人参加城乡居民基本医疗保险、对个人参保费给予全额补助；连续12年开展市领导和市直各单位挂钩帮扶贫困残疾人“一助一”活动，2020年确定102名对象。2020年12月，劲霸男装股份有限公司、劲心劲意健康科技公司赠送残疾人服务机构2万个爱心口罩；晋江市残联联合晋江市红十字会开展“关爱生命·爱心助残”志愿慰问活动，走访慰问市特教学校等5家扶残助残社会组织，发放2.5万元慰问金为50名听障、智力障碍、自闭症等残疾儿童送去关心和温暖。组织晋江市残联助残志愿服务队西园分队开展全国助残日主题志愿活动，入户走访慰问5户贫困残疾人、每户1000元。

【辅助器具适配及康复服务】 2020年，晋江市残联着眼“人人享有康复”目标，落实省级辅助器具补贴新目录，做好提标扩面工作，将助听器补贴对象年龄由60周岁以下扩大至全年龄段，实现全覆盖，2020年辅具申请146人，发放辅具补贴资金46.13万元；在晋江市残联微信公众号进行专题宣传，在“全国助残日”期间推出辅具知识普及有奖竞答。2020年12月15日，中国残疾人辅助器具中心主任李晞一行到晋江市调研，肯定晋江市残疾人辅助器具服务工作取得的成效。实施2020年省级重度残疾人居家托养项目。补助80名重度残疾人，每人补助2000元，发放补助金16万元。继续开展儿童康复救助工作。补助395人次，发放补助金244.7万元。开展第四次全国残疾人预防日宣传活动，通过举办线上知识讲座、有奖竞答等活动提高全社会残疾预防意识。提前完成2020年精准康复服务率和辅助器具适配服务率任务，两率均达100%。

【残疾人就业创业】 2020年5月27日，晋江市残联举办残疾人就业网络专场招聘会。联合晋江市人社局举办以“助残稳就业、圆梦创未来”为主题的晋江市2020年残疾人就业网络专场招聘会；采取报纸、手机短信、微信公众号、朋友圈、抖音、网站、H5等宣传渠道转发推广网络招聘活动，邀请晋江市鞋服纺织、食品饮料、建材陶瓷、制皮制革、雨伞玩具、互联网+、电商贸易等44家企业参会，提供507个爱心就业岗位。经过电话回访，登录上线残疾人46人，达成求职意向21人。

2020年，晋江市残联扶持10名贫困残疾人就业创业，发放补助金5万元。做好按比例安置残疾人用人单位残保金申报审核工作，审核认定用人单位62家。开展高校残疾人毕业生就业服务。对2020年8名高校残疾人毕业生就业需求摸底调查，建立残疾人大学生档案。开展残疾人自主就业创业社会保险补贴工作，补贴50人，发放补助金19万元。开展“创翼计划”线上指导培训工作。培训内容涵盖就业权益保障、职业发展规划、求职实用技能、就业准备、职业规划方面，计33课时，近600名残疾人参加。组织8名盲人保健按摩技师参加泉州市2020年度中级盲人保健按摩培训班。落实超比例就业奖励政策工作。对沃尔玛深国投百货有限公司晋江SM分店、喜多多食品有限公司、361度（福建）体育用品有限公司等3家企业发放奖励金21万元。全年征收残疾人保障金3745万元。

【保障接受教育权利】 2020年，晋江市残联开展泉州、晋江两级助学工程，全年投入65.76万元扶助532名在校残疾学生及贫困残疾人家庭子女就学。面向全市征集优秀残疾人书画作品，选送7幅优秀书法绘画作品参加泉州市2020年残疾人艺术作品网络展销会。组织3名残疾人参加泉州市残疾人中国象棋赛，其中两位选手获肢体组三等奖和四等奖。晋江市残联阿旦工作室开设公众号，为社会推送残疾人励志故事、残疾人服务相

2020年9月16—17日，晋江市残联举办2020年第二期基层残疾人联络员培训班 （市残联 供）

关信息。全面完成“十三五”残疾人体育健身示范点建设等重点任务。

【扶残助残服务】 2020年，晋江市残联发挥75家扶残助残社会组织作用，参与残疾人康复、托养、教育、培训、就业、婚恋等系列扶残助残服务，在第三十次“全国助残日”期间走访慰问部分扶残助残社会组织；采取公开招投标的方式，委托致和社工事务所开展残疾人婚恋辅导服务，通过入户走访、个案辅导、小组活动、线上网络交流会等载体开展活动，全年服务残疾人超4012人次；该服务项目获泉州市“筑梦港湾·社会工作创新创业”大赛“项目成功奖”银奖。购买残疾人意外险服务，委托平安保险晋江中心支公司，为28955名残疾人购买意外伤害保险。购买基层残疾人联络员培训服务，首次与高校合作，委托泉州轻工职业学院举办计算机培训班，培训60名学员。购买专项法律服务，为残疾人提供法律维权服务。购买微信公众号服务，强化宣传，营造全社会扶残助残的氛围。

【残疾人权益维护】 2020年，晋江市残联理事长兼任市政协常委，围绕改善残疾人民生，建言献策，为残疾人诉求新增渠道。晋江市残联理事长轮值接听市长热线，接到来电2件，均给予满意答复。日常接待来信来访事项30件；开通法律援助网络服务平台、“12345”便民服务平台残疾人便民服务事项，畅通残疾人诉求渠道，维护残疾人合法权益。开通“绿色通道”，继续发挥市社保中心残疾人服务窗口作用，专人专岗为残疾人提供办证、信访维权、政策咨询等服务。志愿服务常态开展。

【残疾人证换发与管理】 2020年，晋江市残联推进第三代残疾人证（智能卡）换发工作。2020年6月联合晋江市财政局、卫健局制定出台《关于做好第三代残疾人证（智能卡）换发工作的通知》，推动晋江市第三代残疾人证有序开展。全年完成23592名残疾人信息采集，批量制作第三代残疾人证。举办全市新增残疾评定机构评定医师培训班，培训医师30名，筑牢残疾评定业务知识基础。做好残疾人证动态管理，与市殡仪馆对接，及时在办证系统中注销死亡对象，确保残疾人证精准管理。

【残疾人基本信息动态更新】 2020年，晋江市残联开展动态更新工作。开展2020年晋江市残疾人基本服务状况和需求信息数据动态更新工作，组织400多名村（社区）信息采集员参加视频培训，完成全市415个村（社区）（含市直镇直）、28943名残疾人信息采集和录入工作，完成率100%。

（蔡美玲）

晋江市国际贸易促进委员会

【概况】 2020年，晋江市国际贸易促进委员会（简称“晋江市贸促会”）推进展会服务创新、管理创新、业态模式创新，布局线上云展会，打造线上展会新平台。举办的第22届中国（晋江）国际鞋业暨第五届国际体育产业博览会，成为世界范围内首个线上举办的鞋类、体育产业综合盛会，再次引领行业风向标。2020年，举办第27、28届泉州（晋江）汽车展览会，举办家博会、体博会、食交会等“双线”（线上线下）展会。拓宽内外贸易新渠道，助企业抓订单、保客户。拓展法律服务新模式，帮助企业维护权益。

【第22届中国（晋江）国际鞋业（线上）博览会暨第五届国际体育产业（线上）理会】 2020年4月，晋江市贸促会在全国各地会展活动因受疫情影响面临延期举办的情况下，组委会把握线上营销机遇，举办第22届中国（晋江）国际鞋业（线上）博览会暨第五届国际体育产业（线上）博览会，吸引德国、意大利、孟加拉国、印度尼西亚等“一带一路”沿线国家以及361度、舒华、卡尔美、森地客、双驰等知名品牌共计近3000家企业入驻参展。展会期间，线上累计商品交易额超10亿元，采购商、观众线上访问近百万人次。

【内外贸易渠道拓宽】 2020年，晋江市贸促会共组织100家企业参加7场展览项目，推动晋江市与境内外国家和地区的经贸合作，实现经济效益、社会效益共赢互促。依托“互联网+”培训方式，引导企业应对国际疫情和经济形势，共组织100多家企业参加防疫物资出口法规、国际商事合同履行和争议化解等多场抗“疫”微课堂，指导企业疫情下防范和化解国际贸易各类风险；发动企业参加一对一视讯采购、韩国生活消费品视频对接、线上中国路演等对接会、洽谈会，帮助企业抓订单、保客户，为企业复工复产、疫情下“走出去”提供指导。

【法律服务】 2020年，晋江市贸促会拓展法律服务新模式。推动服务企业云沟通、云办证，确保疫情防控期间政务服务“不断档”，保障医疗物资有序出口。2020年，晋江市贸促会共签发一般原产地证书8755份，出具国际商事证明书405份，代办领事认证166份，签发优惠原产地证书1278份，累计为出口企业获取进口方关税减免将近500万美元。新增注册企业102家，开通20家企业的自主打印原产地证书业务，累计32家企业实现自主打印。开通疫情不可抗力证明“绿色通道”，为8家企业出具新冠肺炎疫情相关的不可抗力事实性证明11份，涉及合同金额近2亿元。

（林子文）

晋江市红十字会

【概况】 2020年，晋江市红十字会被福建省红十字会、福建省人社厅授予“全省红十字会系统先进集体”称号。2020年，晋江市红十字会开展新冠肺炎疫情防控捐赠物资的接收管理与发放工作，按期向社会发布接收社会捐赠公告和接收捐赠款物公示，做好捐赠款物的公开透明与反馈工作，晋江市红十字会累计接收社会捐款630.08万元，接收社会捐赠物资价值约1168.55万元。推进全市50个“安心场所”的建设步伐。

【红十字志愿服务】 2020年，晋江市红十字会结合“学雷锋纪念日”，组织红十字志愿者开展无偿献血、应急救护技能演练等活动，宣传造血干细胞、器官与遗体捐献知识。在春节前，晋江市红十字志愿者协会义诊队深入东石镇侨联开展义诊活动，义诊300多人次，送药价值1000多元。晋江市红十字会海尾江上救援队、围头海上救护队以及九十九溪义务救援队义务出船搜寻水上失踪人员，打捞漂尸6具，组织水上救援63次，救起落水人员56人。组织队员全年义务值守海边码头，巡视江边、海边，防止学生、游客和钓鱼人员发生溺水事故，晋江市医院120急救中心医生王建川被福建省红十字会授予“最美红十字救护员”称号。

【红十字援助】 2020年，晋江市红十字会按照福建省红十字会制订的“四有”(有健全的组织机构和热心红十字事业的带头人、有规范的管理制度、有稳固的服务平台、有红十字特色活动)标准，完成晋江市红十字会博爱驿站建设，定期安排红十字知识宣传、健康讲座、救护技能普及、志愿服务等活动，发挥驿站的作用。2020年元旦、春节期间，晋江市红十字会筹集救济款物11万多元，组织开展“红十字博爱送万家”活动，向223户生活特困户、残疾人、社会孤寡老人送去红十字会的温暖。2020年，晋江市红十字会为9户生活困难的重大病患者送去应急救助款2.65万元。

【救护技能培训】 2020年，晋江市红十字会持续推进应急救护技能知识的普及培训，深入基层开展应急救护知识“六进”(进机关、进社区、进农村、进企业、进学校、进家庭)活动，培训红十字救护员599人，普及现场急救知识7493人次，发挥红十字会在公众参与应急救护培训的主体作用。与卫健局配合，筹集专项资金，在人流密集区域和公共场所设置50台AED和急救器材。

【无偿献血与器官、遗体捐献】 2020年，晋江市红十字会继续做好晋江市无偿献血的宣传工作，组织晋江市红十字志愿者无偿献血服务队，坚持每月一次的街头无偿献血活动。截至10月底，全市共有1.6万人次、献血320万毫升。晋江市红十字会组织稀有血型爱心志愿者参加应急献血，抢救3位生命垂危的稀有血型急重病患者，完成器官捐献1例、遗体捐献1例。

2020年5月11日，晋江市红十字会与市教育局等单位联合在九十九溪举办第九个“晋江市学校交通和防溺水安全教育周”水上安全教育公开课 (市红十字会 供)

【红十字博爱宣传】 2020年，晋江市红十字会建立晋江市红十字会微信公众平台，及时向社会发布新冠肺炎疫情防控接收社会捐赠公告和接收捐赠款物公示，回应人民群众关切的疫情防控捐赠工作。印制小天使基金与天使阳光基金宣传折页6000份，利用传统媒介和互联网新技术，加强人道救助与现场救护知识等宣传力度。2020年5月8日世界红十字日前后一周，晋江市红十字会开展“红十字博爱周”宣传活动，与晋江市残联、慧源文化TS8团队联合，筹集2.5万元救助晋江市50名自闭症及残疾儿童，联合晋江市教育局等单位开展水上安全教育公开课线上直播活动，通过央视新闻移动网、晋江电视台微信等平台进行全程视频直播，收看观众超过70万人次。

【学校红十字会工作】 2020年，晋江市红十字会加强对学校红十字会工作的指导，持续推进红十字体验式生命教育进校园活动，组织1000名红十字青少年参加中国红十字会总会举办的“抗击新冠肺炎疫情暨红十字应急救护知识竞赛”，侨声中学红十字会与金山中学红十字会获竞赛“单位组织三等奖”；晋江市红十字会组织开展“情暖回乡路”春运志愿服务、“学子赠春联，义诊进社区”等活。配合政府做好青少年学生水上安全工作，组织水上安全知识宣讲队深入10所中学开展水上安全知识普及宣传，帮助广大青少年树立“规避水患风险”意识，掌握遇险科学自救互救的方法。

【旅港乡贤曾志标获评“抗疫战士”】 2020年，晋江市旅港乡贤曾志标在新冠疫情募捐活动中，为家乡筹集抗疫物资，累计捐赠防疫款物价值超过6000万元，中国红十字会总会事业发展中心授予其“抗疫战士”称号。

(杨豪杰)

人民武装部

【概况】 2020年，晋江市人民武装部(简称“晋江市人武部”)落实党管武装6项制度。组织召开镇(街道)党(工)委书记落实党管武装工作述职报告会，讲评党管武装工作开展情况，确保党管武装各项工作在基层末端有效落实。构建军人荣誉体系，组织随军家属和退役士兵专场招聘会，走访慰问辖区现役军人家庭、2020年参与全国各地防汛救灾工作现役军人家庭、二等功臣和军龄满30年现役军人，解决军人子女入学入园问题，抓好随军家属随调和就业安置工作。发挥地方党委军事部、军地联系协调部的桥梁作用，协调解决相关问题。召开议军会讨论研究成立海上动员办公室事宜；为海防哨所哨员交纳社会养老保险和医疗保险；研究解决融通农业发展有限公司就接管原西滨农场提出的相关问题，在政策允许的范围内给予支持，帮助解决历史遗留和新矛盾新问题，确保军队资产保值、增值。

【思想政治建设】 2020年，晋江市人武部按照“学懂弄通做实”的政治要求，学深学活习近平强军思想，夯实思想政治建设基础。坚持在学用结合、知行统一上下功夫，贯彻军委主席负责制，引导全体干部、文职、职工进一步增强“四个意识”、坚定“四个自信”、做到“两个维护”。巩固深化“不忘初心、牢记使命”和“传承红色基因、担当强军重任”主题教育成效，夯实全部人员“听党话、跟党走”的思想根基，确保部队纯洁巩固。严密组织各类讨论交流活动，进一步提高思想站位、培育战斗精神、净化思想灵魂、筑牢法纪底线、强化责任担当。

【军事斗争准备】 2020年，晋江市人武部贯彻落实主席训令，深度纠治和平积弊，对表备战打仗新要求，强化备战打仗新导向，推进战备训练落实。4月中旬，福建省军区首长带工作组对部本级机关、哨所进行检查指导，对晋江市人武部疫情防控工作给予肯定。组织多批次参加保障部队卡点布设、巡逻警戒国防动员保障任务；组织多批次和有关人员参加专武干部集训、民兵技术骨干培训；组织专武干部、民兵营长集训，组织专武干部、应急分队、民兵营长和民兵哨员实弹射击，提高现役干部指挥能力、专武干部任职能力、专业骨干组训能力以及基干民兵遂行任务的能力。

【国防动员】 2020年，晋江市人武部按照“平时服务、急时应急、战时应战”的要求，抓好国防动员能力建设。核准动员潜力。对退伍军人、地专对口人员、现役预编预备役人员、基干民兵、医疗卫生单位、科研院所等人员和单位数据调查采集进行重点核查，确保数据真实精准。

建强民兵组织。按照调整布局、优化架构、健全组织、拓展领域，创新模式，全面展开精细化编组整组，常态化教育管理和精确化快速动员，完成晋江市基干民兵组织规模(按照应急、专业、特殊三类队伍进行编组)。

抓好兵员征集准备。2020年，晋江市人武部按照“一季征兵，全年准备”的工作思路，在2019年抓好“感动晋江·军旅成长记”的基础上，2020年重点抓好“美丽晋江·现役军人风采”征兵宣传系列报道活动，进一步营造“参军报国、无上光荣”氛围。

【依法从严治军】 2020年，晋江市人武部按照“常态教育抓预防、常态管控抓规范、常态纠治抓落实”的思路，抓好安全管理工作。按照“安全大检查”活动要求，持续抓好安全常识的学习。围绕征兵工作和民兵训练，展开安全风险评估，突出抓好季节性事故预防，持续推进“百日安全活动”。

抓重点管理。始终把保障军事训练工作摆在中心位置，把有限的经费都使用到军事训练工作，保证军事训练完成。做好车辆保障，在配备北京吉普80后，严格管理好车辆，定期做好车辆保养工作，保证车辆的各项性能指标。

(庄文晓)

武装警察

【概况】 2020年，武警晋江中队贯彻

落实三级党委扩大会议精神，按照“抓班子强队伍、抓经常打基础、抓训练保中心、抓作风正风气、抓安全谋发展”的年度工作思路抓经常性基础性工作落实，全面提升中队整体建设水平。2020年，武警晋江中队坚持抓好组织建设在入党、考学、技术学兵推荐等热点敏感问题上，党支部发扬民主，实施“阳光作业”，做到“一碗水端平”，从源头上营造风清气正。

【思想政治工作】 2020年，武警晋江中队以“传承红色基因，担当强军重任”主题教育和“深入学训词，奋斗决胜年”专题教育活动为牵引，以学习贯彻习近平强军思想和军委主席负责制精神，学懂悟透全国两会和中共十九届五中全会精神为主线，召开会议传达学习，研究制定措施，深入搞好宣传教育。坚持落实“七合一”教育机制，结合每周的教育主题，利用黑板报、每日一案、课后讨论、影视欣赏、小广播制作、电子LED显示屏等载体不断深化学习教育的效果，营造氛围，每个人都身在其中。指导员郑琼册在支队组织的基层优秀“四会”政治教员评比竞赛中获得二等奖。靠活动载体暖心。针对全国疫情严峻形势，响应党员自愿捐款活动，号召中队党员为战“疫”前线捐款2250元；4月4日，组织全体官兵为新冠肺炎疫情牺牲烈士和逝世同胞进行哀悼。抓住官兵思想做工作，确保官兵思想稳定。在思想分析、谈心交流等方面下功夫，及时掌握战士思想动态，做好思想工作。2020年，中队做好2名家庭困难人员的补助申请工作、1名战士的评残工作，组织服役期满的战士到医院进行身体检查。邀请国家二级心理咨询师到队进行心理辅导，联系晋江市第三医院心理老师开展心理疏导活动。立足营区丰富文体活动，让每名战士在文体活动中释放压力，确保部队绝对安全稳定。靠警营文化育人。每季度组织官兵在荣誉室内召开一次班务会，通过重温中队历史、唱队歌、宣队魂队训等环节。

【军事训练和战备执勤】 2020年，武警晋江中队着眼“两个维护”使命定位，强化练兵备战鲜明导向，抓中心练精兵，严战备强力量，不断提升部队执行任务能力。战备工作坚持不懈。贯彻武警部队、总队战备工作会议精神，着眼“两个不经，一个保持”(不经人员装备补充，不经临战训练即能投入战斗，始终保持箭在弦上，引而待发的高度戒备状态)，突出抓好战备值班力量体系建设，以元旦、春节、两会、国庆等重点时期为契机，抓战备制度落实，开展实战化战备训练，强化官兵战备意识，通过采取学案件通报、看警示教育片等方法，开展战备教育。汲取“3·7”事故救援工作的经验教训，及时清点、维护中队救援物资器材，确保装备完好率。根据支队狠抓执勤官兵能力建设的有关要求，开展官兵执勤能力训练，进一步提升官兵的执勤素养和情况处置能力，确保执勤目标的绝对安全。2020年，中队共担负押解勤务多次、押解服刑人员多人、出动兵力多人多次，完成临时勤务多起。完成“智慧磐石”工程建设，全面实现“四看”要求，且各项设施设备运行稳定，提高执勤目标的安全系数。瞄准军事训练不放松。按照新的应急班编成及时选拔编配人员，开展应急处突课目训练。特别是结合驻地发生山林火灾的实际(2020年11月11日，灵源山森林大火)，开展灭火抢险救援专项训练。认识到战斗力是确保任务高标准完成的根本保证，坚持每周议训，盯住体能、教学法、战术、射击等薄弱环节开展训练，利用负重、跳绳、握力器、哑铃等辅助器材，开展趣味体能训练，开展群众性练兵和创破纪录活动。通过每周会操每月考核，制作军事训练“龙虎榜”、颁发流动红旗，将军事素质与年终评优、骨干任用直接挂钩等，调动全体官兵的训练积极性，达到以“训练促能力，用能力保中心”的目标。在2020年勤训轮换中，王志育和郑琼册分别取得干部总评第二名和第三名，中队在勤训轮换中取得总评第二名的成绩。

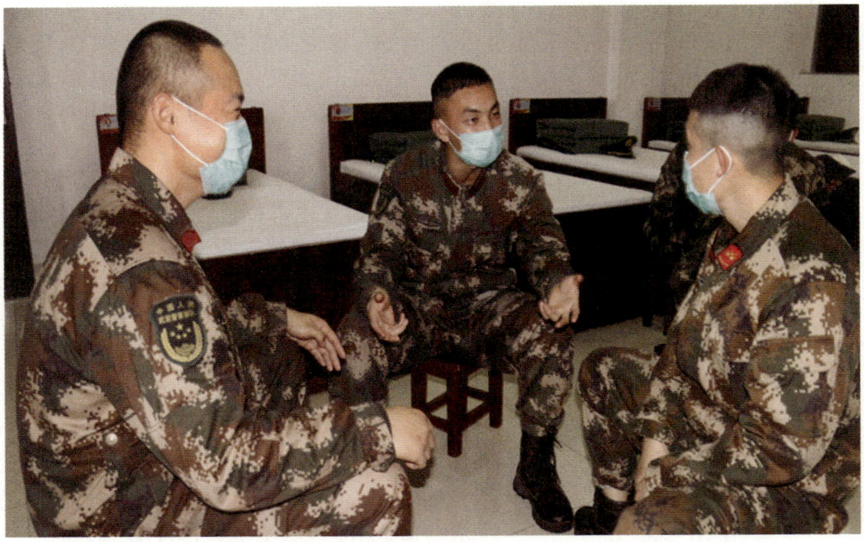

2020年2月13日，武警晋江中队为帮助新兵快速适应部队组织开展“三互”活动

(武警晋江中队 供)

【部队管理和保障】 2020年，武警晋江中队在日常管理中坚持抓经常、打基础，提升部队安全发展底数。强化法规意识。组织官兵学习中国人民解放军共同条令等内容，解决“不懂法”的问题，形成办事依法、遇事找法、解决问题用法、化解矛盾靠法的法治环境。为让新兵尽快融入中队生活，度过第二适应期，统一制作新兵“第二适应期”30个怎么办新兵手册和干部骨干手册。

严格规范养成。深入开展“条令年”活动，对标“德化中队现场会”精神，制订“晋江中队量化考评”实施细则，培养官兵法纪意识和过硬作风。2020年，中队在支队开展的“条令年”队列会操中获得第一名。用好活动载体。召开安全形势分析会，开展安全隐患大排查。坚持每月组织观看《人生警戒线》，并邀请晋江市人民法院到队开展“12·4”宪法宣传周活动。

2020年，武警晋江中队坚持“服务第一”的理念，加强后勤建设，提升保障能力。严格经费管理。中队坚持一支笔和联签制度，凡是重大经费开支，一律由支部研究审批，双主官签字，做到科学计划，合理开支。强化服务意识，抓队伍建设。根据武警部队对后勤人员的要求，抓好后勤队伍能力建设，科学制订后勤训练计划，严格落实军事基础训练和专业训练，严密组织炊事员、网管员自训。增强保障能力。通过与晋江市医院签订协议，开通医疗绿色通道，为中队官兵看病就医提供便利。

（郑琼册）

海　警

【概况】　2020年，泉州海警局晋江工作站以维护部队内部和辖区海域“双稳定”，谋求工作站建设和驻地经济“同发展”为总目标，维护辖区海域平稳。

【海上执法】　2020年，泉州海警局晋江工作站联合驻地涉海部门开展晋江地区海域治安管控、海上抢险救助等重大任务，创新应急处置突发事件联动机制，密切与渔政、海事、海关等涉海部门的联勤联动。开展“碧海2020”“国门利剑2020”“亮剑2020”“严防疫情海上输入”“封港清湾2020—1”“整治打击涉渔‘三无’（无船名船号、无船舶证书、无船籍港）船舶”等专项行动，持续深入辖区走访、普查基础信息，履行海警部队海上维权执法职责。全年共办理行政案件7起、刑事案件1起，其中无证驾驶机动船舶2起、“三无”船舶1起、非法采砂1起、非法捕捞水产品1起，现场调解3起，共罚款102800元，没收“三无”船舶1艘。

【海上抢险救助】　2020年，泉州海警局晋江工作站针对辖区金沙湾旅游区海域情况复杂，常出现游客、渔民落水事故的特点，定期组织开展海上救生演练，服务海上救助。全年共参与海上抢险救灾3次，救助遇险船舶3艘，抢救落水群众3名。发挥海警海上专业特长优势，主动出击，帮助渔船民做好防抗台风、暴雨等自然灾害工作，在台风“黑格比”“米克拉”来临之际，工作站官兵为渔民抢修固定渔排20余座，受到各级媒体的广泛关注。

【爱民共建】　2020年，泉州海警局晋江工作站帮扶孤寡老人等弱势群体，深入开展爱民实践活动，专门成立“爱民服务队”，不定期到围头敬老院开展“敬老献爱心”活动，逢年过节组织官兵带慰问品去看望老人，形成长效走访慰问机制。在晋江市双拥共建工作领导小组的牵头下，分别与晋江市公安局、泉州海事局晋江海事处、晋江市金井镇政府、晋江市金井镇岩峰村、毓英中学、石圳华侨中学签订军地结对共建协议书。在中国人民解放军建军节期间，联合驻地派出所、附近幼儿园等单位开展军警民联谊活动，营造军警民一家亲的氛围。

【警政共建共卫】　2020年，泉州海警局晋江工作站利用晋江市党政机关和涉海部门到站开展走访慰问的时机，汇报、反映工作情况，争取地方党委、政府和社会各界对海警部队建设和工作的支持。加强与党委、政府及相关涉海部门的沟通联系，与晋江海事处、晋江市农业农村局、自然资源局、烟草专卖局等相关部门签订执法合作协议，全面建立执法协作机制，构建海陆联动的海上综合执法新格局。

【普法宣传】　2020年，泉州海警局晋江工作站根据渔港区生产活动和治安维稳情况，结合防台期、休渔期、出海执法、走访调研等工作时期，组织官兵成立法律宣传小分队，向辖区沿海一线渔船民开展法制宣传和防台抗灾安全知识宣讲，增强渔船民的法制意识和自我防范意识。其间，累计发放宣传教育传单2000余份，发放“95110”宣传单900余张，走访各类船舶200余艘、渔船民1000人次。依靠辖区群防群治力量，排查整治治安热点问题和社会矛盾纠纷，帮助群众化解渔事纠纷10起，处理海上斗殴案件5起。

（童晓霞）

人民防空

【重点人防项目建设】　2020年9月17日，晋江市疏散基地指挥中心建成并投入使用。完成战时急救医院竣工验收。多次现场指导战时急救医院工程防护设备安装及调试工作，年底完成人防战时急救医院竣工初步验收。

【人防工程安全隐患排查】　2020年，晋江市人民防空办公室（简称“晋江市人防办”）制定出台《晋江市人防工程安全生产隐患大排查大整治工作方案》，对全市人防工程开展排查，并督促相关单位落实整改存在问题。

【人防专项规划评审】　2020年11月11日，泉州市人防办组织召开《晋江市城市人民防空建设专项规划（2018—2030）》评审会议，晋江市人防专项规划通过专家会审。

【人防专业力量建设】　2020年，晋江市整合利用晋江市民间应急救援队伍力量，成立晋江市人防蓝天救援专业队，并在疏散基地指挥中心设立人防救援救助服务中心，探索出人防专业队伍建设新路子。

【实战化人防演练】　2020年，晋江市人防办结合“9·18”防空警报试鸣及疏散演练活动，按照全系统全要素全过程的标准，第一次组织晋江市战时工勤转进演练，并突破传统疏散演练模式，督导基层参演单位实施实战化演练，首次将演练现场视频同步传输至上级部门指挥机构，确保组织指挥上下联通。

（黄　宏）

政法委及综治

【社会稳定维护】 2020年，晋江市委政法委维护稳定，完成全年一系列重大活动和敏感节点安保维稳任务，实现全国两会、中共十九届五中全会期间“零非访”。严打犯罪，全年立刑事案件7815起，同比下降5.3%，破案率70.9%，高出全省平均破案率16.8个百分点，位居全省第二，其中的现行命案、八类案件、“两抢案件”均保持100%侦破。扫黑除恶专项斗争中，晋江市好评率98.94%，位列泉州第二。统筹开展涉及政法领域的7个专项行动，完成市、县两级通报的整治点。全市共发生安全生产事故55起、死亡27人，同比下降15.4%、12.9%；发生建筑火灾事故256起，同比下降36.31%；发生酒驾交通事故和死亡人数同比下降33.33%、50%。两篇经验性文章被泉州“强基促稳”专刊刊发，强基促稳三年行动考评位列泉州第二名，年度群众安全感率达99.534%，创晋江历史新高，位列泉州第二位、全省第11位；由晋江市人大常委会通过决议，确定每年6月6日为“平安晋江共建日”。举办“慈善日•平安行活动”，募集平安行公益基金1.08亿元；深化“六守六无”(守诚无失信、守德无纷争、守约无陋俗、守规无事故、守法无案件、守廉无贪腐)建设，“六守六无平安创建提升”项目获评泉州市优秀创新案例，开展平安村社评选、司法救助和综治保险认定以及流动人口落户和优待把关。政法各单位一批案件入选，获评全国、福建省典型案例。全市政法干警499人次获各级表彰，其中获省部级表彰14人次、地厅级表彰29人次；继晋江市法院之后，晋江市公安局被新评为全国文明单位，晋江市委政法委被评为全省政法委系统先进集体，政法委、检察院蝉联全省文明单位，司法局获评全国法律援助先进单位。

【平安晋江建设】 2020年，晋江市成立市、镇级平安建设领导小组及其办公室，研究制订平安建设领导小组及其办公室工作规则，设立9个专项工作组，配齐镇(街道)政法委员；晋江市人大常委会通过决议确定每年6月6日为“平安晋江共建日”，晋江市财政年度投入平安建设资金1.38亿元；晋江市委常委会听取半年、年度平安建设工作汇报，晋江市政协定期听取平安建设情况通报，市领导小组开展镇(街道)党政领导落实平安建设责任书半年督导和年度述职、考评，组织《政法工作条例》培训，严把综治平安审核关，全年录入综治诚信系统信息15万余条，执行综治平安审核2万余人次。

【安全社会环境建设】 2020年，晋江市委政法委出台《晋江市疫情防控期间维护社会稳定十二条措施》，公安、检察、法院联合发布“九个从严从重”通告，严惩涉疫等九类违法犯罪，组织76000多名平安志愿者、网格管理员、治安巡逻队员、人民调解员参加维稳、网格防控、交通检疫、涉疫矛盾纠纷排查、司法保障工作，服务、保障复工复产。共破获涉疫刑事案件66起，查处行政案件216起，妥善处置一起家族聚集疫情；组织开展12次市级维稳会商，深化公共安全领域、重点行业、突出治安问题等的风险隐患排查整治，下发4期问题清单，推动“清单销号，问题归零”，推进“六清”(线索清仓、黑财清底、逃犯清零、案件清结、行业清源、伞网清除)行动，打好扫黑除恶收官战，专项斗争连续两年考评位列泉州第一。

【“六守六无”平安系列创建】 2020年，晋江市深化“六守六无”平安系列创建活动，践行“平安+法治+慈善”理念，设立“6•6”平安共建日，举办“慈善日•平安行”活动，在全省首创平安行公益慈善基金，筹集善款1.08亿元；构建共融共享模式，评选2019年度“六守六无”星级平安单位88个、星级平安村(社区)181个，发放奖补1800余万元，惠及近40万人；升级星级平安村(社区)“九大奖励”，新增获评星级平安村(社区)群众社会治安保险补助比例，升级社会治安综合保险，将平安志愿者第三者责任补助纳入保险范畴，综治险理赔637万元，办理流动人口落户12439人，新申请参与积分优待排名18997人。成立全省首个诉调对接特邀调解员协会，建立矛盾纠纷多元化解工作联席会议、维稳形势

2020年6月6日，晋江市举行首个“平安晋江共建日”暨创建平安示范企业启动仪式

（市委政法委　供）

月会商和季度分析制度，组建行业性专业性调委会43个、个人调解工作室11个，形成“网格化+人民调解”“三所一庭联动调解”“宗教+调解”“异地商会联合调解”等一批创新调解机制，全年共调解矛盾纠纷2138起，化解多起积案，实现全国两会、中共十九届五中全会期间“零非访”。

【公共服务体系建设】　2020年，晋江市完成“E通政法”试点工作，成立市政法融媒体联盟，构建“一次采集、多种生成、全媒传播”宣传格局，推出“扫黑除恶”“唐生学法”宣传片，推进“亲清护企”服务，健全全省首个非公企业法制教育基地，举办全市预防企业职务犯罪专题培训，市法学会开展“预防职务犯罪”百场宣讲进企业活动；推进政法服务窗口前移，推出社区民警“背包驻村”模式，把司法为民落实到群众家门口；创新平安宣传载体，举办“政法机关开放日”活动，邀请高校学子、校园小记者、企业家走进政法机关，学习感悟政法正能量；在磁灶镇东山村综治中心设立“晋江市平安村（社区）建设体验馆”；开展“共建平安晋江示范企业”活动，推出平安企业（社会组织）创建升级版，在安踏公司设立“共建平安示范企业”展区，展示政企联动共建平安的成果。平安宣传提质扩面，“平安晋江”微信公众号年度发布信息203期691篇，平安建设工作在省级以上媒体刊发228篇；完善防控体系，公开招标采购为期2年的视频监控系统运维管理服务项目，督促提升相关单位响应速度，全年监控在线率保持96%以上。出台方案，改革精简村级巡防队伍，减职数提待遇，巡防队员从3054人降为2650人、工资从2500元升至2800元。在全省率先推行村级组织“支部+中心+网格”村社干部选聘分离运行机制，完成网格平台三期项目建设，推动“综治中心+网格化服务管理平台”实体化运作，开展“百优十佳”网格员风采展播，激励网格队伍士气，提升乡村治理组织力和网格队伍战斗力。

（庄永明）

法治政府建设

【概况】　2020年，晋江市人民政府先后制定出台《中共晋江市委全面依法治市委员会2020年工作要点》和《中共晋江市委全面依法治市委员会办公室关于印发晋江市“法治政府建设年”拓展提升项目清单的通知》等指导性文件，坚持依法治市、依法执政、依法行政共同推进，坚持法治晋江、法治政府、法治社会一体化建设，为晋江市建设国际化创新型品质城市提供法治保障。

【行政管理体制改革】　2020年，晋江市坚持依法建立权责体系，推进机构改革，规范政府行为。制定《晋江市市直部门权责清单管理规定》，确保本级事项与上级事项调整的有效衔接，与审批服务事项办理的有效对接。以安海镇、金井镇为经济发达镇类试点，开展对镇政府（街道办事处）权责清单的修订完善工作，进一步明晰镇（街）行使的权责事项，通过对委托和下放事项、“属地管理”等事项的梳理，理顺市、镇两级权责关系，推进镇（街道）权责清单规范化标准化建设。

坚持马上就办，统筹推进审批服务便民化。全市共有1327个审批事项严格控制在“受理—审查—决定”3个环节，平均审批时限压缩至法定时限的

2020年7月4日，晋江市委政法委举办“政法开放日”活动　（市委政法委　供）

17.75%，当场即办率82.15%，“最多跑一趟”和“一趟不用跑”事项占比93.09%。实行“网上办”，推动所有进驻事项全部开通网上预审功能，752个事项实现全流程网上审批，362个审批事项、479项材料支持电子证照应用工作。

坚持高效便民，推进审批服务集约化。推行“一件事”套餐服务，在巩固深化不动产交易登记、不动产抵押登记“一窗通办”改革成果的基础上，将改革范围拓展到企业开办、工程建设等领域。强化政务数据协同共享，完成审批服务中心与省级平台的系统对接，实现省、市、县三级统一平台，56个业务系统有效支撑各部门信息化建设，推动电子政务朝集约、高效、安全方向发展。启动本级政务信息资源目录编制工作，初步实现本级主要信息系统的数据汇聚，基本实现与上级共享平台的数据对接。

【规范性文件审查】 2020年，晋江市开展规范性文件审查工作。政府法制机构会同政府法律顾问主动靠前，全程参与重大政府投资、重大项目采购、重大工程建设、土地房屋征收、体制机制改革、环境资源保护、科教文卫发展、基本民生保障等事关经济社会发展全局和涉及群众切身利益的决策事项，严格决策合法性前置审查，强化风险防控，为政府重大行政决策把好关、护好航。全年累计开展提交市政府常务会、市长办公会研究事项的材料合法性审查62件次；审查规范性文件47件。

严格执行规范性文件备案审查规定，2020年向泉州市人民政府和晋江市人大常委会报备规范性文件30件。根据经济社会发展需要及上位法的立改废，建立定期清理和专项清理规范性文件相结合的长效清理机制。2020年，共开展专项规范性文件清理4次，定期清理规范性文件1次。

【依法决策】 2020年，晋江市人民政府健全重大行政决策机制。严格落实《晋江市人民政府重大行政决策若干规定》，建立健全晋江市重大行政决策程序规定，完善重大行政决策公众参与机制，对事关经济社会发展全局和涉及群众切身利益的重大行政决策事项，听取群众、利害关系人、人大代表、政协委员、人民团体、基层组织、社会组织的意见建议。完善重大民生决策事项民意调查机制，推行文化教育、医疗卫生、资源开发、环境保护、公共事业、社会保障等重大民生决策事项民意调查制度，构建多方监督格局，增强行政决策的科学性、民主性、合法性。优化营商环境，出台《晋江市2020年优化营商环境工作要点》，从市场环境、政务服务、法治保障等6个方面提出34项年度重点任务，并细化梳理形成117项工作任务，不断疏通“堵点”、破解“痛点”、攻克“难点”，营造法治化、国际化、便利化的营商环境。8月30日，在第二届中国国际化营商环境高峰论坛暨《2020中国城市营商环境投资评估报告》发布会上，晋江市获“中国国际化营商环境建设示范县（市、区）”称号。

【公正文明执法】 2020年，晋江市人民政府推行证明事项告知承诺制。根据《司法部关于印发开展证明事项告知承诺制试点工作方案的通知》精神，科学制订工作方案，全面推开“减证便民”工作。市直各有关部门共报送10项实行证明事项告知承诺制的行政服务事项，并统一在晋江市门户网进行公示。全面推行行政执法“三项制度”（行政执法公示制度、执法全过程记录制度、重大执法决定法制审核制度）工作。制定出台《晋江市全面落实行政执法公示制度执法全过程记录制度重大执法决定法制审核制度实施意见》和《晋江市全面推行行政执法“三项制度”任务分解表》，编制推行行政执法“三项制度”工作标准，将行政执法“三项制度”确定的每项任务措施进行细化量化，重点涉及20个工作任务、38项具体措施、26个责任单位。12月2—4日，组织人员对各行政执法机关全面推行行政执法“三项制度”的落实情况开展实地检查，及时通报检查结果并纳入年度绩效考评。组织开展行政执法案件评查工作，组织工作人员及部分市行政执法监督员对行政机关2020年上半年和下半年的执法案件卷宗进行评查，提高行政执法案卷质量，推进依法行政。

【社会矛盾化解】 2020年，晋江市人民政府提升办案质量，加强行政复议和应诉工作。坚持复议为民，加强行政争议多元化解工作，组织双方进行调解或者释理说法的方式，达到案结事了的目的，实质性化解行政争议，维护人民群众的合法权益，维护行政机关的执法权威。2020年，共收到行政复议申请78件，审结64件，法定期限内结案率达到100%；办理以晋江市人民政府为被告的行政诉讼案件41件，其中一审案件24件、二审案件16件。因被申请人自行撤销行政行为、申请人撤回申请、和解协调结案等做出终止决定的22件，占行政复议案件的28.2%。针对案件中存在的共性问题及需要处理善后工作，依法对相关行政机关发出的行政复议意见书2份，倒逼相关行政机关在法律法规的框架内严格依法行政。

实施乡村振兴战略。开展乡村善治试验，晋江市395个村（社区）全部开展“民主法治村（社区）”创建活动，创建率100%。其中，青阳街道永福里社区、龙湖镇前港村等2个村（社区）受全国表彰命名，磁灶镇东山村等12个村（社区）受福建省表彰命名，安海镇东鲤居委会等46个村（社区）受泉州市表彰命名，自治、法治、德治相结合的乡村治理体系逐渐形成，晋江市获评全国乡村治理体系试点示范县。提升群众安全感。在全国率先推出“六守六无”平安创建活动，2020年4月，经晋江市第十七届人大常委会第二十六次会议审议通过，将每年6月6日设立为晋江市“平安晋江共建日”。打造以“雪亮工程”为基础的智能感知网络，实现无缝对接全覆盖，持续提高群众安全满意度，2019年晋江市群众安全感率达到98.27%，晋江市公安局刑侦大队获评全国“人民满意的公务员集体”。

完善矛盾纠纷多元化解机制。不断推进晋江市“1+3+N”多元调解模式，以晋江市矛盾纠纷多元化解中心为核心，继续深化公调、诉调、检调对接，持续推进专业性、行业性调委会和个人品牌工作室建设。2020年，李海庭被评为全国模范人民调解员，“阿登人民调解工作室”被评为全省金牌调解工作室。

深化依法行政与行政审判良性互动。定期召开府院联席会议，建立信息共享、工作交流、案件协调机制，发挥司法建议在促进依法行政建设法治政府中的作用。进一步提高政府依法行政水平，发挥行政审判在依法及时、有效化解行政争议，促进法治政府建设的作用，提升政府依法行政水平和司法公信力，助推政府依法行政，努力实现法治政府建设目标。

【行政行为规范】 2020年，晋江市人民政府做好政府信息公开。坚持以公开为常态，不公开为例外，推进决策、执行、管理、服务、结果“五公开”。重点推进财政预算、公共资源配置、重大项目审批、社会公益事业建设等领域政府信息公开。进一步完善依法申请公开制度，严格落实《关于印发政务公开信息处理流程两份制度的通知》，明确办理流程，规范受理环节，提高答复质量，确保人民群众的知情权和监督权。

接受各方监督。立足“转职能、转方式、转作风”，强化内部权力制约，规范权力运行程序，接受党内监督、人大监督、民主监督，加强司法监督、行政监督和审计监督，重视社会监督和舆论监督，构建多方共管的大监督格局，增强监督合力与实效。

发挥市检察监督指导中心作用。坚持“共建法律智库、深化‘两法衔接’（行政执法与刑事司法衔接）、构建预警机制、理论调研交流”工作理念，继续发挥市检察监督指导中心功能，进一步深化行政执法与刑事司法互动衔接，召开联席会议，通报重大案情，强化双向交流，深化监督治理，切实纠正行政执法机关以罚代刑、降格处理、监管缺位等问题，推动检察机关监督职能得到充分行使，为经济社会发展提供保障。

实施“七五”普法规划。紧扣建设一流法治城市的目标，深入开展“七五”普法，打造“深度普法”新模式。全面实施“法治宣传全屏计划”，在晋江电视台每周播出一期闽南语法治栏目《说法》；在《晋江经济报》推出《司法行政在线》《律政有声》专栏报道；与侨乡之声广播电台合作，开通《我问你答》普法互动栏目；每月在晋江新闻网“1+N”微媒体联盟推出“以案释法”案例解读；在“法治晋江”微信公众号开展“宪法有奖知识竞答”“法治图书免费送上门”等群众参与性高的普法活动。2020年，晋江市共建成市级法治文化阵地12个、镇级法治文化阵地20个、村级法治文化阵地320多个，实现镇级覆盖率100%，村级覆盖率80%。其中，在五里工业园区建设全省首个非公企业犯罪预防警示教育基地——泉州（晋江）非公企业法治教育基地，新华社及《光明日报》《法制日报》《检察日报》《福建法治报》等多家媒体予以推介。2020年9月，晋江市通过省、泉州市“七五”普法工作检查验收。

【法治建设第一责任人】 2020年，中共晋江市委、市政府主要领导认真履行党政主要负责人履行推进法治建设第一责任人职责规定，多次对党内法规、法治建设工作做出批示，5月22日，召开中共晋江十三届市委常委会第161次会议（同时作为市党内法规工作联席会议），听取晋江市2019年党内法规工作情况汇报，研究制定《2020年晋江市党内法规工作要点》。中共晋江市委全面依法治市委员会全年共召开五次会议，针对疫情防控、2020年全面依法治市工作要点等重点工作进行部署。强化督促检查。把党内法规制度建设情况作为考核评价领导班子和领导干部的重要内容，纳入领导班子和干部考察、党组织书记抓基层党建述职评议考核工作内容，把党内法规制度实施情况作为党委督促检查、巡察的重要内容，将《中国共产党党内监督条例》等党内法规制度实施情况纳入《2020年晋江市督查检查考核计划》，加强对党组织执行落实党内法规情况的监督检查和巡察工作，列入全面从严治党主体责任落实情况检查和常规巡察的重要内容。

（林雨杰　张贻潜）

【深化改革和监管】 2020年，晋江市市场监管局深化商事登记制度改革，按照国家和福建省统一部署，持续开展市场准入负面清单制度，执行国家公布的负面清单，放宽市场准入。加强规范性文件合法性审查，规范合法性文件的制订与备案。规范行政执法行为和行使行政处罚裁量权，保证行政处罚的公平公正，提高执法水平。全年共立案查处案件3970件，罚没1732.9万元。全面推行“双随机一公开”监管方式，按照2020年双随机抽查事项清单中的任务安排，根据抽查事项工作部署，突出具体检查事项，掌握检查对象基本情况，有针对性地开展检查；执法人员在检查过程中加强对企业的行政指导，寓服务于监管中，引导企业守法诚信经营。加强日常监管，保障食品、药品、特种设备等安全，全面完成食品生产经营企业风险等级评定和数据录入工作。加强普法宣传，提高人员法治素质。加强干部职工学法用法，提高干部职工依法行政能力和水平。加强对市场经营者和消费者法制宣传教育。结合普法主题宣传日，开展系列宣传活动，深化法律“六进”宣传活动。

（柯雅思）

【公检法联席机制】 2020年，晋江市公安局与晋江检察院联合出台《关于重大案件侦查终结前开展讯问合法性核查的衔接配合工作意见》《关于规范晋江市强制医疗的工作建议》《关于办理性侵未成年人案件的证据指引》《未成年被害人医疗救助合作协议》《关于未成年被害人“一站式”询问室的管理办法（试行）》《关于未成年被害人“一站式”办案工作》《关于办理性侵未成年人案件的证据指引实施意见（试行）》。在疫情期间对接晋江市检察院、法院开展会商，严格犯罪嫌疑人羁押必要性审查，加大对在押人员批捕起诉力度。

【“E通政法”项目启动】 2020年，晋江市公安局被选定为泉州市“E通政法”项目晋江试点单位。按照泉州市和晋江市两级政法委要求，建设试点项目集中协同办公场所和硬件设施，建立公、检、法、司协商机制，加强组织领导，横向联合、纵向畅通，保障“E通政法”平台应用工作运行。晋江市公安局进一步完善平台运行过程中涉及的案件提取、信息录入、材料扫描、环节流转、线上线下流程衔接等方面内容，打造“智慧政法”新模式，提高政法工作智能化建设水平。

【执法办案管理中心建设】 2020年，晋江市公安局完成执法办案管理中心（一期）建设。中心围绕书面记录、视频记录、电子数据记录等方面，打造覆盖接处警、现场执法、调查取证、办案区管理使用到案件处理终结的全流程执法记录机制，确保全过程留痕、可回溯管理，实现对执法活动全程闭环监督。

(陈志龙)

【城市执法大队转隶】 2020年9月，根据《晋江市镇(街道)机构改革组织实施方案》要求，晋江市城市管理行政执法大队145名行政执法大队队员划转下沉到镇(街道)综合执法队，统一纳入各镇(街道)日常管理，同等享受镇(街道)干部职工有关待遇，划转下沉人员按照“属地管理”责任，负责所属行政区域内的综合执法工作。

(周嘉庆)

公　安

【概况】 2020年，晋江市公安局弘扬新时代晋江刑警“背包”精神，战疫情、防风险、保安全、护稳定，为“晋江经验”的传承发展和晋江市加快建设国际化创新型品质城市营造安定稳定的社会环境。2020年5月，晋江市公安局森林分局转隶晋江市公安局，更名为晋江市公安局森林警察大队。协助做好防疫检查、保障应急物资运输畅通，助力复产复工、出台便民服务十项措施，优化营商环境；在交通管理方面，推进“一盔一带”安全守护和“减量控大”等专项行动，确保全市交通安全形势平稳、道路交通保持畅通。持续开展治安系列清查整治行动，整治“黄赌毒”“食药环”“涉众经济犯罪”等问题，防止滋生新的治安热点问题。2020年，晋江市公安局立足打击主业，完善“三即十快”警务机制、小案合成快侦机制，推进扫黑除恶、“云剑—2020”、打击传统“盗抢骗”犯罪等专项行动，严打各类犯罪。

2020年，全市共立刑事案件7815起，同比下降5.3%；破5544起、破案率70.9%。其中，现行命案(16起)连续9年保持100%侦破，未留下一个命案逃犯；“两抢”案件(23起)连续5年保持100%侦破；八类案件(264起)连续3年实现100%侦破。晋江市人民群众安全感率99.53%，位列泉州第二。晋江市公安局获“第六届全国文明单位”称号。

2020年5月29日，晋江市公安局森林警察大队转隶入列暨揭牌仪式举行

(市公安局 供)

·刑事犯罪侦查·

【扫黑除恶专项斗争】 2020年，晋江市公安局继续将扫黑除恶作为政治任务、首要中心工作来抓，坚持“破案攻坚”“打伞破网”“打财断血”“问题整治”“组织建设”等相结合，严厉打击黑恶犯罪，扫黑除恶专项斗争取得决定性胜利。2018—2020年，晋江市公安局在为期三年的扫黑除恶专项斗争中共打掉黑社会性质组织6个、恶势力犯罪集团24个、恶势力团伙15个(占泉州市总数23.7%)，破获九类涉恶典型案件1349起，刑事拘留九类涉恶典型案件犯罪嫌疑人2006名，查封、冻结、扣押涉黑恶案件财物价值约7.1亿元(占泉州市总数32.2%)，扫黑除恶专项斗争工作考评连续三年位居泉州市县级公安机关第一；全年晋江市扫黑除恶专项斗争好评率98.94%，位列泉州第二。

【电信网络诈骗犯罪打击】 2020年，晋江市公安局坚持以打开路，紧盯电信诈骗警情，快速开展信息流、网络流、资金流、人员流研判落地及赴外打击工作，推进涉诈重点人员排查、“断卡”行动，严厉打击整治涉“两卡”违法犯罪活动，挤压“两卡”(手机卡、银行卡)犯罪活动空间。2020年，全市共立案3120起，破1532起，破案率49.1%，比2019年同期高出20.1个百分点；开展集中打击治理涉案银行账户专项行动，采取强制措施236人，移送惩戒名单1245人至各商业银行予以惩戒。

【“盗抢骗”犯罪打击】 2020年，晋江市公安局固化完善打击传统“盗抢骗”工作机制，持续开展打击传统盗抢骗犯罪、“天鹰2020”等专项行动，提升传统“盗抢骗”犯罪打击质量。2020年，共立传统“盗抢骗”案件2028起、同比下降31.9%，破1673起、破案率82.5%、位居全省第一。

【禁毒工作】 2020年，晋江市公安局持续打击毒品违法犯罪，结合疫情防控常态化工作要求，深化“警种协作、所队配合”大侦查联动机制，提升破案成效。2020年，全市共破获毒品案件124起，其中破获部督案件3起，福建省督案件8起，起诉涉毒嫌疑人142人，查获录入吸毒人员220人次，缴获各类毒品1186.47克，共审批易制毒化学品购买、运输申请1125件，确保易制毒化学品的购销、使用安全。晋江市社区戒毒社区康复执行率100%，强制隔离戒毒未满三年管控率99.9%。

【追逃工作】 2020年，晋江市公安局坚持以网上追逃、“云剑”追逃专项行动、集中抓捕涉黑涉恶逃犯专项行动为抓手，坚持以科技手段与传统方法、专门工作与群众路线、集中抓捕与政策劝投相结合，加大对各类逃犯的缉捕力度，实现“有赃必追、有逃必追”。2020年，共追缴赃款赃物价值2383.4万元，抓获在逃人员1639人，其中抓获晋江市在逃人员813人、抓获外地在逃人员826人。

【经济违法犯罪打击】 2020年，晋江市公安局坚持以“云端”打击为主战模式，以“惊雷”“猎狐行动”及打击恶意逃废债务等系列专项行动为抓手，严厉打击各类突出经济犯罪，维护晋江市经济安全。2020年，全市共破获各类经济犯罪案件503起，抓获经济案件犯罪嫌疑人350人，起诉371人，挽回经济损失1.2亿元。其中，部督案件2起，福建省督案件2起，发起集群战役27起；抓获“猎狐”逃犯5名，库存逃犯2名。晋江市公安局经侦大队被公安部、国家外汇管理局评为2017—2019年度打击外汇买卖先进集体；破获部督“5·7”妨碍信用卡管理案被公安部经侦局评为十大精品案例，破获“7·31”妨碍信用卡管理案得到公安部贺电表扬，并受到福建省副省长、公安厅厅长田湘利等领导批示肯定。

（陈志龙）

·治安管控·

【黄赌违法犯罪打击】 2020年，晋江市公安局聚焦农村赌博、黄赌猖獗的场所、网络卖淫嫖娼和赌博、跨境赌博等重点，开展打击整治黄赌违法犯罪专项行动，组织全市扫黄打非集中统一行动，打击整治黄赌问题。2020年，全市共接处涉黄警情884起、同比下降28.4%，接处涉赌警情2517起、同比下降12%；破获涉黄刑事案件86起、涉赌刑事案件182起。其中，破获一起利用网络直播平台传播淫秽物品案件，获福建省副省长、公安厅厅长田湘利等领导批示肯定。

【“食药环”违法犯罪打击】 2020年，晋江市公安局持续打响“碧水”“净土”“蓝天”保卫战，深入推进打假“利剑”“昆仑”行动，快侦快破一批公安部督办大要案和集群战役，保障群众舌尖安全、生命健康安全。2020年，全市共破获“食药环”及知识产权、野生动植物等刑事案件145起，抓获犯罪嫌疑人151人，捣毁窝点93个，涉案金额3.4亿元。

【缉枪治爆专项行动】 2020年，晋江市公安局开展缉枪治爆专项行动，查获涉爆涉枪涉危案件193起193人，收缴管制刀具328把，各类枪支36支，各式子弹257发，烟花爆竹13000余件。开展安全生产“三个专题、十二个领域、一项机制”工作，全面排查危爆物品单位、寄递物流企业网点等387家次，约谈36人次、处罚1家。查处非法储存、经营、燃放烟花爆竹案件176起。

（陈志龙）

·公安行政管理·

【户政管理】 2020年，晋江市公安局共新登记流动人口信息1248366人，注销1234756人，办理居住证51195张。全市出生登记15684人，死亡注销4481人，办理户口迁入21772人，迁出14157人；办理二代身份证63682张、临时居民身份证2219张、港澳台居民居住证3409张。

【出入境及往返港澳台管理】 2020年，晋江市公安局共受理内地居民出国（境）申请28907人次，其中护照4542人次；往返港澳探亲2589人次，港澳旅游16906人次，港澳定居185人；往返台湾3617人次；办理台胞证139人次；办理出入境通行证147人次；办理港澳居民往返内地通行证477人次。全市共查处“三非”（非法入境、非法居留、非法就业）案件23起95人次，境外人员住宿登记3974人次，受理各类外国人签证证件申请1094件。

【监所安全管理】 2020年，晋江市公安局严格执行疫情期间勤务封闭管理机制，从严从实从细落实好各项疫情防控措施，实现监所疫情“零感染”、安全“零事故”，晋江市公安局拘留所获评公安部“一级拘留所”。

【公安队伍管理】 2020年，晋江市公安局以全国文明单位创建为抓手，弘扬新时代晋江刑警“背包”精神，开展“队伍检视教育”“坚持政治建警全面从严治警”教育整顿，打造出一支“对党忠诚、服务人民、执法公正、纪律严明”的过硬公安铁军。2020年，晋江市公安战线有86个集体、735人受各级表彰。其中，晋江市公安局获“全国文明单位”。晋江市公安局经侦大队获评全国“猎狐2019”专项行动成绩突出集体。晋江市公安局刑侦科学技术室获评“全国示范刑事科学技术室”。晋江市公安局治安大队获评“省级五一先锋号”，有1个集体、5人被推报记一等功、二等功，1人获评省五一劳动奖章。

（陈志龙）

·交通安全管理·

【概况】 2020年，晋江市公安局交警大队在疫情严防初期，按照各级部署，迅速制订新型冠状病毒性肺炎防控工作方案，成立新型冠状病毒性肺炎应急处置工作小组，在辖区高速出入口、动车站及机场每日安排59名警力开展全天候防疫检查，在全市各主要路口出动警力2128人次，做好应急抢救、医务人员、药品运输等道路交通保障工作。疫情转入常态化防控后，晋江市公安局交警大队迅速出台限时取消货车限行、提升通行效率、事故快速处理、实行柔性执法、保障路面施工、推行快捷办理、实行特事特办、推广网上处理、启动助力平台、深化服务引导等服务保障企业十项措施，全年共为群众办理各项车辆管理业务50万余笔、机动车驾驶人管理综合业务5.5万余笔。

【交通设施完善】 2020年，晋江市公安局交警大队共施划标线11万余平方米，增设维护各类交通标志牌600余块、减速带2000余米、交通护栏近5000米；全省首创“红月牙”右转危险区标线，在晋光路灯控、竹树下灯控、池店镇政府灯控等3个大型路口的右转车道进行试点，设置一条醒目的红色防滑标线区域，标注“右转危险区”的字样，提示右转车辆驶离警示区，注意减速慢行，切实预防和减少大型路口“内轮差”事故；启用全市首个全车型、全灯型远光灯自动抓拍系统，提高晋江市打击滥用远光灯违法行为的能力；持续推进智能停车收费车位建设，全年共新增收费车位4819个，其中，青阳、梅岭等中心城区分布3167个，池店桥南片区分布1652个。

【交通安全宣传教育】 2020年，晋江市公安局交警大队持续开展“七进”(进企业、进农村、进机关、进校园、进社区、进军营、进网站)宣教活动的同时，深化交通安全宣传教育形式，首次推出“交警云课堂”，连线福建交通广播并联合《晋江经济报》，分别针对执法工作和业务介绍在央视移动网进行线上双平台同步直播，在线上开展交通安全宣传教育活动。并联合晋江人保、美团、姚司机等单位举办“电动自行车安全骑行月活动”，推进“一盔一带”安全守护行动。创新推出工程运输车违法驾驶员“2+1教育模式”，采用“2天路口志愿执勤+1天网上理论学习”的方式对其进行违法处罚前教育，通过实地执勤换位思考，提升大型车辆驾驶员安全驾驶能力。

【道路安全共创】 2020年，晋江市公安局交警大队联合辖区6家共享单车运营企业，通过警企共管，创新共享单车用户“黑名单”制管理新模式，视具体情况实行相应禁用期限，开展共享单车乱停乱放专项整治行动，提升市民文明、有序、安全使用共享单车的意识；以晋江市公安局部署开展为期5个月的“局领导包片挂点、交警派出所联勤”参与全市预防重特大道路交通事故专项整治行动为契机，推动“全警管交通”落地，进一步增强晋江市道安防控力量，为晋江市创造更加安全、和谐、文明的道路交通环境。

（郭镇蓉）

·森林公安·

【概况】 2020年，晋江市公安局森林警察大队强化意识形态工作，加强民警思想政治工作，严格落实全面从严管党治警责任，恪守政治纪律和政治规矩，履行职责，锻造“四个铁一般”的森林公安铁军队伍。2020年，未发生民警违法违纪事件。

【开展系列专项行动】 2020年，晋江市公安局森林警察大队保持对涉林违法犯罪行为的高压态势，坚持严打整治行动为统领，保持实战化、常态化高压态势，开展“春季行动”“昆仑行动”“绿剑2020”等一系列专项，对各类涉林违法犯罪展开凌厉攻势。行动期间，共立刑事案件6起，移送起诉5起，抓获嫌疑人7人，协助福建省森林公安机关查破案件1起，查处林业行政案件6起，收缴罚没款约24万元。通过加大案件查处力度，严厉打击破坏森林资源和野生动物违法犯罪的行为，保护森林资源安全。

【监测和卫生管理】 2020年疫情期间，晋江市公安局森林警察大队全体人员提前做好工作预案及工作安排，排摸各种隐患，采取拉网式巡护和台账式摸排，落实疫病防控应急措施，加强对野生动物养殖的监测和卫生管理。期间，拆除捕鸟网2次，放生野生动物1只，开展宣传教育22次，发放宣传材料、保护野生动物倡议书700多份，经媒体宣传报道2次。清查农贸市场153次，酒店、餐馆137次，巡查野生动物分布区75次。联合林业园林、商务、市场监管局、交通运输局等部门，深入疫情防控一线，开展野生动物保护执法专项检查工作。

【森林防火】 2020年，晋江市公安局森林警察大队在全市开展集中查处森林火灾案件专项行动，对火灾多发区、重点地区，不定期组织民警实行巡逻，严格执行森林防火期严禁一切野外用火的规定，做到“见烟就查，见火就罚”。专项行动以来，共出动警力87次，车辆

2020年9月17日，晋江市公安局在晋江市祖昌音乐厅联合举办福建·晋江2020国家网络安全宣传周“法治日”主题宣传活动

（市公安局 供）

32台次，共查处森林火灾案件2起，处罚2人，罚款3万元。

（蔡菲飞）

·海防·

【非法入境防控组成立】 2020年，晋江市公安局海防大队在新冠疫情期间，以海防大队为班底，抽调各边防派出所骨干，成立非法入境防控组。在沿海重点港口设置33个船舶集中管控点，专人24小时值班。联合公安、海警、海事和农业农村局对海上、陆地开展24小时不间断巡查。2020年，共查处非法入境案件12起，其中边境偷渡入境再潜入晋江市的案件11起57人，海上非法出入境案件2起2人。

【沿海管防】 2020年，晋江市公安局海防大队推动晋江市沿海镇党委、政府与各通过采取与渔船民、船主层层签订责任状，向渔船民宣传疫情防控工作中非法入境的危害性和协助偷私渡违法犯罪人员的法律责任。共查处违法船舶200艘次，整改问题300余条。紧盯重点、热点问题，整合职能、人员、装备优势，保持对沿海一线的高压防控，完善涉私类案件奖励制度，织密海岸线防控网。共查获涉私类案件200起，其中刑事案件7起，缴获无合法手续柴油150余吨，涉案金额80余万元。

（彭萍实）

检 察

【概况】 2020年，晋江市人民检察院按照“稳进、落实、提升”的检察工作总基调，围绕全市中心工作，履行检察职能，锻造检察队伍，各项工作稳步开展。全年共审查逮捕、审查起诉案件3515件4648人，比2019年分别下降38.84%和39.35%，办理诉讼监督、公益诉讼、控告申诉监督等各类监督案件2885件，比2019年下降43.16%。

【涉疫犯罪惩治及联防联控】 2020年，晋江市人民检察院惩治涉疫犯罪。联合晋江市人民法院、公安局发布《关于依法打击涉疫类违法犯罪“九个从严从重”的通报》，快审快结妨害疫情防控、制假售假、诈骗等涉疫犯罪24件25人，维护疫情期间生产生活秩序稳定。参与联防联控，深入排查涉疫安全隐患，针对废弃口罩的回收处置问题，向晋江市疫情防控指挥部发函，促成职能部门落实废弃口罩一体化回收处理机制，得到市政府的肯定。加强晋江市看守所疫情防控检察监督，提出检察建议，促成晋江市公安局向看守所增派警力。加强抗疫检察宣传。创作《一份关于涉疫情常见刑法罪名图鉴》普法动漫短视频，获中央网信办指令全网转发。

【优化营商环境】 2020年，晋江市人民检察院优化营商环境，落实保障民营经济健康发展13项检察措施，依法平等保护民营企业。服务企业复工复产。制定《关于涉民营企业因讨要合法债务引发犯罪案件的办理机制》，依法从宽处理涉案民企负责人及相关人员，得到最高检、福建省检察院肯定推广，被晋江市委办、市府办联合下发给各镇（街道），要求配合执行。对2名企业负责人、5名企业员工适用该机制，并做出不诉处理。注重打击和保护双向并举。

【涉企犯罪和预防企业职务犯罪打击】 2020年，晋江市人民检察院严厉打击涉企犯罪，依法批捕制假售假、合同诈骗、职务侵占、破坏外汇管理秩序等犯罪嫌疑人19人，起诉148人；慎重采取强制措施，对涉民营企业案件落实“一案一审查”，办理一起民营企业负责人羁押必要性审查案，获评全省“刑事执行检察精品案件”。强化企业职务犯罪预防。配合晋江市委政法委在非公企业法治教育基地举办首个“平安晋江共建日”暨创建平安示范企业启动仪式，并为安踏、恒安等企业高管举行廉洁从业宣誓仪式。基地接待企业人员及社会各界学习培训190场22000余人次。扫黑除恶全力决胜收官。全面清剿黑恶势力，做好案件清结，开展行业整治，不断巩固和深化专项斗争成果。

【“六清”行动】 2020年，晋江市人民检察院推进“六清”（线索清仓、逃犯清零、案件清结、伞网清除、黑财清底、行业清源）行动。全年共查办黑恶势力犯罪组织、团伙16个，批捕涉黑恶犯罪嫌疑人61人，起诉145人，办案量居泉州市第一，案件清结率100%；把好事实关、证据关、程序关和法律适用关，共追加认定涉黑恶案件4件5人；聚力“打伞破网”。坚持逐案筛查，将摸排“保护伞”线索作为案件审查的必经环节，依法起诉黑恶势力“保护伞”6人，向市纪委监委移送线索1条；高效“打财断血”。发挥引导侦查、量刑建议、监督执行等作用，共监督移送立案执行96人，追赃335.09万元；深化源头治理。对行业领域、重点地区的制度漏洞和管理漏洞及时监督，提出检察建议5件，均回复到位，其中向住建系统提出检察建议的相关经验做法被《检察日报》、人民网等媒体报道。

【助推生态文明建设】 2020年，晋江市人民检察院推动生态环境持续改善。围绕生态文明建设，不断完善“打击保护+源头治理+修复补偿”生态检察模式。坚持以执法办案为中心，依法起诉非法采矿、非法占用农用地等破坏生态和环境资源犯罪16件24人，推动生态环境质量不断提高。坚持以综合治理为手段，加强预防。构建协作通道，完善“河长+检察长”联合治河机制，开展巡查15次，发现随意倾倒垃圾、非法种植破坏护堤、违章搭盖侵占河道等问题，提出检察建议31件，得到反馈落实27件，推动河域深度治理；突出源头防范，分析非法盗采海砂新动向，提出预警建议，相关信息获最高检、福建省委办公厅采用，得到有关省领导批示。坚持以生态修复为目的，健全机制。加强专项行动，联合相关单位及部分晋江市人大代表开展增殖放流活动，放养鱼虾贝苗53万尾；延伸个案效果，办理宏盛模具技术有限公司污染环境监督案，追偿环境损害费36万余元，用于替代性修复，获评全省检察机关“参与社会治理典型案例”。

【刑事犯罪打击】 2020年，晋江市人民检察院打击刑事犯罪力度不减。履行审查逮捕、起诉职责。批准逮捕各类刑事犯罪嫌疑人1096人，提起公诉3268

人。批捕故意杀人、抢劫、放火等严重暴力刑事犯罪嫌疑人116人，起诉130人，保障群众生命财产安全。起诉性侵、拐卖等侵害未成年人犯罪103人，深化未成年人保护工作。着力防范化解金融风险，办理陈某某洗钱案等一批金融领域疑难复杂案件，涉案金额近8.98亿元。突出专项治理。配合公安机关开展“断卡”专项行动，批捕电信网络诈骗、泄露个人信息等犯罪166人，起诉403人。参与反腐败斗争。受理纪委监委移送职务犯罪案件7件7人，起诉5件5人，另外2件2人在办理中。办理“庄某明挪用公款、贪污、受贿，杨某梅挪用公款案”获评全国检察机关“职务犯罪检察精品案例”。认真履行修改后刑诉法赋予检察机关的侦查权，立案侦查司法人员职务犯罪3人，均起诉到法院。

2020年6月12日，晋江南安文化遗产(申遗点)公益保护联盟启动仪式举行（市检察院 供）

【刑事检察监督】 2020年，晋江市人民检察院不断强化刑事检察监督。加强对刑事立案、侦查、审判活动的监督。督促侦查机关立案2件，撤案21件，依法追捕3人，追诉14人；对适用强制措施不当等问题向侦查机关提出纠正意见和检察建议49件；对认为确有错误的刑事裁判提请抗诉8件，获泉州市检察院支持3件，得到泉州市中级人民法院改判3件。加强刑事执行监督。提出纠正违法意见和检察建议18件，纠正判处实刑罪犯未及时交付执行28人。推动社区矫正对象监管措施落实，对入矫的720人和解矫的664人实现监督核对100%。加强对社区矫正刑罚执行变更情况的监督，监督收监罪犯6人，办理1名罪犯社区矫正监督案件，获评全省“刑事执行检察精品案件”。加强财产刑执行监督。督促立案执行财产刑案件619件。办理“沃客”传销执行监督案中，监督法院执行部门对涉案车辆重新进行评估，促成最终拍卖溢价137万元。

【民事行政检察监督】 2020年，晋江市人民检察院深入开展民事行政检察监督。受理民事诉讼监督案件15件，提出检察建议12件，法院采纳10件，改判1件，挽回当事人损失279万余元。加强外来务工人员司法保护，支持起诉追索劳动报酬8件，帮助追回劳动报酬7.27万元，提升“新晋江人”安全感、获得感。严惩套路贷虚假诉讼，监督纠正8件虚假诉讼案件，法院均启动再审，及时遏制“以法实现不法目的”行为。做实行政检察监督。受理行政非诉执行案件29件，提出检察建议29件，法院采纳16件。

【公益诉讼监督】 2020年，晋江市人民检察院强化环境、食药安全公益保护。依法对9件损害生态环境资源、食药安全刑事案件提起刑事附带民事公益诉讼，其中5件得到法院判决支持，追偿生态资源损失、生态修复及治理费用188.7万余元，让违法者付出相应的经济代价。办理行政公益诉讼案件88件，提出诉前检察建议77件，行政部门均采纳并主动履职。探索文化遗产公益保护监督。助力泉州申遗，督促开展安平桥协同保护，该案例获评最高检“文物和文化遗产保护公益诉讼典型案例”。加强跨域协作，推动晋江、南安两地相关部门成立申遗点文化遗产公益保护联盟，开展专项行动8次，督促职能部门对50余处文物保护单位开展检查，推动文物保护工作落到实处。

【社会矛盾化解】 2020年，晋江市人民检察院落实宽缓刑事政策。对犯罪情节轻微的，依法不捕144人，不诉220人。全面落实认罪认罚从宽制度，严格按照最高检“可用尽用”的要求提升覆盖面，适用人数2961人，适用率83.79%，量刑建议采纳率99.24%。不断推进认罪认罚社会服务机制，动员119名轻微犯罪嫌疑人到养老院、儿童福利院等参与社会服务，对其中表现良好的114人适用不起诉，对表现不好的5人依法起诉。做好息访息诉工作。响应最高检“群众来信件件有回复”的承诺，首次来信132件均于7日内回复、3个月内答复。落实检察长接待日、信访矛盾排查等工作机制，与相关部门配合办理涉法涉诉案件169件，办理检调对接案件3件，促进案结事人和。控申接待室被省检察院推荐参评全国检察机关“文明接待室”。

【未成年人健康成长关注】 2020年，晋江市人民检察院关注未成年人健康成长。在办理未成年人案件中，努力做到“多问一句、多想一层、多做一些”，让司法更有温度。关爱救助未成年被害人。推行“一站式”办案机制，联合晋江市公安局、卫健局、妇联等7个部门建立“一站式”询问办案场所，避免反复询问造成“二次伤害”。在全省首创外来未成年被害人临时救助机制，帮助2名未成年人申请临时救助2万元。探索建立未成年被害人异地返乡复学机制，帮助未成年人回归正常校园生活。教育挽救涉罪未成年人。对主观恶性不大、犯罪情节轻微的未成年人，坚持少捕慎诉少监禁，依法不捕18人，不诉34人，为他们回归社会预留通道。在办理1名未成年人盗窃案过程中，检察官与司法社工用心帮教，该未成年人真诚悔过，并在疫情期间参与梅青社区志愿活动，被晋江市文明办、共青团晋江市委评选为“疫情防控优秀社会志愿者”。该案例入选“2020年福建省妇女儿童维权十大优秀案例”。

【行业整治】 2020年，晋江市人民检察院推动行业整治落实。直击群众关注的社会治理难点、痛点，对办案中发现的社会治理问题，提出检察建议28件，收到反馈24件，促进常治长效。推动肉牛屠宰场所规范整改。针对人大代表高度关注的晋江市无肉牛定点屠宰场所、牛肉食品质量存在安全隐患的问题，向相关职能部门提出诉前检察建议，并牵头召开圆桌会议、听证会议，推动问题解决。加强校园及周边食品安全问题整治。联合相关部门对全市中小学食堂、集中供餐单位开展检查23场次，保障校园“餐桌上的安全”。开展娱乐场所专项治理。针对娱乐场所接纳未成年人消费和有偿陪侍等问题，共督促职能部门检查娱乐场所28家、责令停业整顿2家、行政罚款3家、责令改正并给予警告7家。

【法治宣传创新】 2020年，晋江市人民检察院创新法治宣传亮点。不断丰富普法形式，加强新时代检察宣传。打造“唐生学法”宣传品牌，让普法更加生动有趣。构建漫画、动画、微信等新媒体宣传网络，“唐生学法” 系列漫画有7期获得最高检正义网“正点巡检”栏目周冠军，4期获评月冠军，被中国检察出版社连续出版发行4辑，作为青少年普法宣传材料在全国推广，被福建省检察院评为十大新媒体精品栏目。在最高检联合八部委下发《关于建立侵害未成年人案件强制报告制度的意见》时，第一时间制作主题动漫视频，得到中央网信办指令全网转发。结合机构改革后的职能变化，制作《检察机关十大业务漫画图解》，被CCTV今日说法公众号采用。拍摄廉政微电影《门楣》，获第五届检察“三微”作品征集展播活动“十佳作品奖”和“最佳编剧奖”。2020年，共有4个普法短视频被“学习强国”采用。组建专业法治宣讲团，让检察宣传更有针对性。立足当地普法需求，开展法治进企业、进校园、进社区活动，不断拓宽法治宣讲覆盖面。发挥头雁效应，院领导带头走进安踏集团，为近1500名高管及员工授课。宣讲团成员共为企业开展培训41场，共有9300多名企业高管和员工接受教育。落实“一号检察建议”要求，8名检察官担任中学、职校法治副校长，开展法治进校园活动14场，受教育师生达19000余人；推出“唐生学法”漫画校园巡回展，打造《校园奇葩说》和《少年模拟法庭》普法栏目。

（李燕萍）

法 院

【概况】 2020年，晋江市人民法院坚持司法为民、公正司法工作主线，围绕“社会治理保障年”工作主题，协同推进疫情防控和执法办案，加强社会治理职能，深化司法体制改革，从严治党治院管队，完成各项工作任务。全年共受理各类案件37815件，办结35200件，收、结案数位居全省基层法院前列，员额法官人均结案数374件，全国首创“执行+慈善”司法扶贫工程，得到最高法院院长周强批示和肯定，被评为福建生态环境司法“十个标杆示范”单位，编纂出版《晋江市人民法院志》，连续四届获“全国文明单位”称号。

2020年，晋江市人民法院成立“福建法院司法文明研修中心晋江实践基地”和“新时代文明实践中心晋江法院实践点”，金井法庭获评“2020年—2022年泉州市青年文明号”称号；成立院志编纂委员会，历经2年时间，广泛收集资料，反复修订打磨，多次征求专家意见，最终将近70年的院史编纂成志，成为泉州首个系统编纂院志的基层法院。

【司法工作优化与创新】 2020年，晋江市人民法院联合晋江市公安局、检察院发布通告，“九个从严从重”打击涉疫违法犯罪，在泉州市法院系统先行推进刑事案件互联网庭审，并在晋江看守所设立远程视频审理室3间。向社会发布通告4次，妥善安排疫情防控期间立案、开庭、调解、执行等工作；推行“互联网+审判”模式，制定互联网开庭规则，开展互联网庭审评比活动；推出微信取号预约立案系统，为所有科技法庭配备互联网设备，引入“公道互联”App智能庭审平台，在泉州法院系统首次应用VR全景系统带看司法拍卖房产；组建“法官+调解员”团队，全流程、一站式为当事人提供在线立案、调解服务，共网上立案3375件，开庭906次、调解131次。通过微信公众号、抖音等渠道宣传防控知识，发布专题报道27篇、典型案例16篇，引导群众支持配合防控工作。成立专项工作组，审慎办理涉及疫情案件，审结泉州首起销售假冒口罩附带消费民事公益诉讼案件，设立法商诉调工作室，配套出台司法服务企业十大措施；“活封” 企业财产26处，“云和解” 涉企执行案件16件，涉案财产3100万元。一起调解结案的金融借款纠纷案件，入选最高法院首批十个全国法院服务保障疫情防控期间复工复产民商事典型案例。

【刑事案件审理】 2020年，晋江市人民法院审结各类刑事案件2402件、4018人，依法改变定性、裁定准许撤回起诉案件15件，结案率92.07%。严惩电信诈骗、“套路贷”等涉众型经济犯罪，审结192件，公开审理涉案金额845万元的典型“杀猪盘”诈骗案件；审结1件涉案金额近5000万元的集资诈骗案，追缴违法所得1000万余元。深入开展“扫黄打非”行动，审结黄赌毒案件345件430人，其中公开宣判毒品犯罪案件63件。快速审结危险驾驶案件651件669人；严厉打击信用卡犯罪案件160件269人。审结“呼呼出行”非法吸收公众存款案，涉案金额近6000万元，涉及被害人2000余名。审结贪污贿赂、渎职犯罪案件2件2人，配合市人大常委会、纪委监委组织100余名干部旁听庭审。审结未成年人犯罪案件47件66人，轻刑适用率97%，持续推进未成年人帮教工作。

【民商事案件审理】 2020年，晋江市人民法院审结各类民商事案件17090件，标的额36.2亿元，结案率93.32%。7个派出法庭深入基层，发挥高效治理优势，审结民商事案件8264件，占全院民商事案件结案数的48.4%。全院审结婚姻家庭纠纷案件1004件，审结侵犯生命权、健康权等侵权案件55件，审结民间借贷、房屋买卖合同纠纷案件2755件。受理金融纠纷案件4504件，审结4493件，比2019年分别增长1.1倍、1.16倍，其中受理信用卡纠纷案件2631件，审结2628件，比2019年分别增长4.63倍、4.82倍；创新推出要素审理模式，40分钟内当庭宣判10起案件，并同日送达“表格+要素式”裁判文书，该经验做法在泉州法院系统得到推广；与晋江防控办、金融局等部门就破产清算案件的立案问题初步形成联动机制，共同化解重大金融敏感案件10余件，到金融机构走访、开展座谈讲座30余次。准确适用新修订的民事诉讼证据规定，对12起民事诉讼案件中的虚假诉讼、伪造证据行为，依法予以罚款或移送公安立案侦查。2020年，晋江市人民法院参与晋江市行政争议调解中心开展调解工作。

【执行攻坚】 2020年，晋江市人民法院执结各类案件15199件，到位标的额20.5亿元。面对疫情影响，提起线上查询财产43325次，冻结、扣划17330次，现场集中查封房产、土地252次，涉案标的额6.2亿元；曝光失信被执行人名单88期759人次，发布悬赏公告33人次；引入阿里“智锤”系统，实现拍卖标的全流程数字化管理，提起网拍518件，成交288件，成交额达7.72亿元，比上年增长17个百分点。深入推进与晋江公安局、检察院司法协同创新机制建设，移送公安立案侦查涉执犯罪案件25件30人，判决9件11人，山东某广告设备公司等被执行人拒不执行判决、裁定一案入选福建省十大执行案件。

【司法助力帮扶工程】 2020年，晋江市人民法院全国首创推出“一十百千万”(创设一个执行慈善基金，联络十个行业协会，动员百家爱心企业，化解千起执行难案，进而惠及万户困难家庭)司法帮扶工程，设立执行慈善基金，并制定基金使用管理办法，筹集到位资金1700万元，为34件案件申请执行人发放慈善救助金51.74万元，梳理登记11名有就业意向帮扶对象，帮助1名申请执行人找到适岗工作，该工程得到上级法院和福建省、泉州市、晋江市委的肯定和认可，其中最高法院院长周强批示全国推广“执行+慈善”机制。

【涉黑恶案件审理】 2020年，晋江市人民法院快速审结涉黑恶案件32件149人，全部公开宣判，收、结案数及被告人数均居泉州市两级法院第一。公开审理首起利用网络、通信工具实施“软暴力”涉恶案件。成立专门执行小组，开辟执行“绿色通道”，受理“黑财”执行案件35件115人，涉案金额1317万元，摸排财产线索33条，快速执结20件，执行到位金额1112万元。开展“亮剑八闽——扫黑除恶 利刃行动”直播活动，通过“远程视频+网络同步直播”方式，集中宣判4件、执行3件，查封、评估涉案房产3处70.9万元，发放退赔款54万元，当日吸引50多万网友关注，相关经验做法被借鉴推广。

【司法助力营商环境优化】 2020年，晋江市人民法院出台优化营商环境以及助力晋江市创建全域生态旅游示范市等司法保障意见，成立法治化营商环境促进中心、闽西南五地基层法院民营企业协同保护基地，推动建立“1+2+5+N”法治化营商环境促进机制。打击非公职务犯罪，审结非公职务犯罪案件3件14人，选派法官开展讲座，配合组织盼盼、安踏等企业的员工观摩庭审2场次。审结知识产权案件779件，出台强化知识产权司法保护实施意见，设立知识产权司法保护工作站，首次在知识产权犯罪案件中适用禁止令，以七人大陪审方式，公开开庭审理泉州首例侵犯知识产权刑事附带民事公益诉讼案件；连续两年发布知识产权司法保护白皮书，公布五大典型案例。成立诉非联动中心、7个派出中心，以及全省首个诉调对接特邀调解员协会，聘请396个特邀调解组织、408名特邀调解员参与中心工作，共结案5832件，作为典型代表在全省法院诉非联动中心启动仪式上介绍经验；设立全省首个“人民陪审员法治服务站”，引导人民陪审员参与社会治理。出台推进繁简分流、委派委托调解意见，成立跨域服务中心，联合德化法院制定跨域诉讼服务标准，启动11项跨域工作，实现跨域立案496件；与驻晋解放军、武警晋江中队开展共建交流活动2场次，被评为“双拥共建模范单位”。

【生态环境案件审理】 2020年，晋江市人民法院审结生态环境资源案件118件，其中审结泉州首起非法处置工业污泥污染环境案，审结晋江首起非法捕捞水产品公益诉讼案件；发布首部生态环境资源审判白皮书，公布2015—2019年生态环境资源审判十大典型案例；成立驻市河长制办公室法官工作室，联合开展重点流域水环境保护专项督导。“从业禁止”污染防治方式、晋江生态司法教育实践体验馆以及晋江市人民法院分别入选福建生态环境司法“十种修复方式”“十个体验基地”“十个标杆示范”。

【法治宣传教育】 成立民法典宣讲团，在泉州职业技术大学开设民法典教学课程，开展“百姓身边的民法典”等活动104场次，宣讲范围覆盖19个镇（街道）。召开加强诉非联动等新闻发布会3场次，在国家级媒体上发布宣传稿110条；聚焦房地产、网络诈骗、扫黑除恶、禁毒等民生热点领域，发布《微言民生 法护安居》《防骗专刊》《共建平安 晋法普法》等系列专刊47次，推出举案说法案例18期，接受法律咨询1750人次。在泉州法院系统率先成立“融媒体中心”，被最高人民法院新闻传媒总社授予“司法宣传和通联工作先进单位”称号。

【司法改革】 2020年，晋江市人民法院出台法官等级晋升办法以及员额法官绩效考核意见，得到福建省高院院长吴偕林的批示和肯定，按期晋升法官等级17人，晋升综合、司法辅助岗位人员14人，完成职务系列套转105人，遴选入额法官4人。在青阳法庭成立泉州首个房地产专业审判合议庭，出台做好房地产纠纷案件审判工作意见，特邀专业调解员5人，审结房地产纠纷案件773件，平均审理周期56天，服判息诉率86.4%；设立涉外民商事专业审判团队，推出涉外当事人“云面签”“云授权”等便民措施，审结涉外案件349件，涉案金额达3.4亿元。高效保质推进审判法庭大楼工程建设，完成所有工程量的80%；研发审判绩效考核系统和人脸识别安保系统。

（王燕军）

司法行政

【概况】 2020年，晋江市司法局按照各级政法工作会议和全省、泉州市司法行政工作会议的部署要求，围绕晋江市委、市政府中心工作，坚持发挥职能、服务发展，坚持防控风险、保障中心，坚持巩固基础、打造亮点，全面推动晋江市司法行政工作创新突破、提质增效，为晋江市建设国际化创新型品质城市提供优质法律服务和坚实法治保障。2020年，市法律援助中心被司法部评为全国法律援助工作先进集体。

【法治建设】 2020年，晋江市司法局切实加强党对全面依法治市工作的领导，发挥全面依法治市牵头抓总、协调各方职能作用，推动召开中共晋江市委全面依法治市委员会第一至第五次会议；制定《中共晋江市委全面依法治市委员会2020年工作要点》，明确牵头单位、责任单位、完成时限，推动全面依法治市工作责任到位、措施到位、落实到位。

【法治宣传教育】 2020年，晋江市司法局推进法治晋江建设，做好"七五"普法总结迎检工作，召开全市"七五"普法总结检查验收工作动员部署会，组织两个检查组深入全市19个镇（街道）和有关单位实地开展"七五"普法成果验收。8月，晋江市普法工作通过泉州市"七五"检查验收，并得到检查组肯定。推动落实"谁执法谁普法"责任制，抓好重点对象学法用法工作，组织开展国家工作人员统一学法考试，加快提高国家工作人员法治素养和运用法治思维开展工作的能力，推动全市形成崇尚法律、遵守法律、维护法律的良好风尚形成。深入推进"法律六进"（法律进机关、进乡村、进社区、进学校、进企业、进单位）活动，坚持以《中华人民共和国宪法》《中华人民共和国民法典》、疫情防控、党内法规、安全生产法治宣传为主线，在市直各系统党委及东石镇埔头村、梅岭街道桂山社区、安踏集团、拔萃双语学校等各类不同社会组织中，组织开展《中华人民共和国民法典》主题巡回宣讲、"创平安•送法下乡村""12•4"国家宪法日普法游园会、"党内法规宣传进企业""消防安全知识进校园"等普法活动520场次，营造全民守法用法浓厚氛围。深入实施"法治宣传全屏计划"，制作推出《匠心筑梦•法治晋江》系列普法公益广告，在全市100多辆公交车、800多部楼宇梯视进行滚动播放。宪法宣传周期间，由晋江市司法局制作推出的两部原创普法公益广告被福建电视台综合频道、东南卫视选中展播。高质量打造县级法治文化阵地建设示范点，加快桂华法治文化园项目等一批基层法治文化实体平台建设步伐，进一步完善市、镇、村三级法治文化特色示范群。推进基层民主法治建设进程，充分发挥民主法治示范村（社区）引领、示范、带头作用，对全市范围内各级民主法治示范村（社区）开展复核检查工作，强化动态管理，提升建设成效；加强法治宣传栏、法治图书角等法治文化阵地建设，组织村（社区）培养3名以上"法律明白人"，每个村（社区）组织开展1场以上法治宣传教育活动，打通法治宣传"最后一公里"。2020年，西滨镇跃进村被推荐为第八批"全国民主法治示范村（社区）"。

【矛盾纠纷排查化解】 2020年，晋江市司法局发挥人民调解维护稳定"第一道防线"作用，实施《坚持发展"枫桥经验"实现矛盾不上交三年行动实施方案》，组织人民调解组织和人民调解员围绕党委政府中心工作，针对劳资、医疗、环保、民间借贷、房产物业等重点领域，开展矛盾纠纷排查化解活动，实现基层矛盾就地化解、不上交、不激化。2020年，全市共受理人民调解案件2149起，调解2138起，调解成功率达99.5%。开展基层法治建设及调解能力提升专项行动，加强村（社区）人民调解委员会规范化建设，推动"简易调解"案件登记纳入晋江市委政法委"六守六无"平安创建活动；优化调解卷宗格式，将"简易调解"案件登记工作纳入司法所季度综合工作考评，促进基层"简易调解"案件登记工作规范开展。保障人民群众参与司法工作的广泛性和公平性，联合晋江市法院、公安局选任2020年度人民陪审员64名。

【社区矫正帮教】 2020年，晋江市司法局抓好全国两会、疫情防控等重要节点和关键时期的社区矫正安全管控工作，利用"线上+线下"信息化手段，动态掌握社区矫正对象活动情况，加强请销假管理和出行轨迹追踪，实行日报告、零报告等制度，确保做到"行知去向，动知轨迹"，坚决维护重大敏感时期社会环境安全稳定。探索创新社区矫正管理模式，强化社区矫正规范化常态化建设，制定《加强和规范晋江市社区矫正监督管理工作的若干要求（试行）》，推动惩罚与教育、管理与矫正、回归与帮

2020年8月19日，泉州市"七五"普法检查验收组实地检查晋江市七彩狐青少年法治教育示范基地
（市司法局 供）

扶等环节实现有机衔接、深度融合。提升矫正教育活动实效,完善矫正教育机制。按照上级工作部署和要求,广泛深入组织开展《中华人民共和国社区矫正法》业务培训和学习宣传活动,通过举办研讨班、培训班、集中教育等多种形式。推动更新社区矫正监管执法理念,确保新旧法律法规有效衔接、过渡。加强刑满释放人员衔接管理,加大对新衔接刑释人员排查力度。2020年,累计新接收422名刑满释放人员;安海镇丰源雨具公司、磁灶镇美胜陶瓷实业有限公司、新塘街道品言服装制造有限公司分别新设立安置帮教职业培训和就业基地。

【公共法律服务体系建设】 2020年,晋江市司法局发挥公共法律服务实体、网络、热线"三大平台"服务效能,完成19个镇(街道)公共法律服务工作站规范化建设,推动镇(街道)公共法律服务工作站设立公共法律服务窗口,统一开展法律咨询、法律援助案件初审、重点疑难矛盾纠纷化解、普法宣传教育等业务,为基层群众提供"一站式"优质高效法律服务。坚持应援尽援、应援优援,深入推进刑事案件律师辩护全覆盖试点工作和法律援助值班律师工作,分别在市检察院、市退役军人事务局新设立法律援助工作站。2020年,全市累计受理法律援助案件2433件,其中受理扩大辩护案件668件,法律帮助案件1015件,解答群众咨询2530人次。实施"一村(社区)一法律顾问"属地化管理模式,组织对2019—2020年度选聘的村(社区)法律顾问开展年度考核工作。制定下发《关于开展2020年度村(社区)法律顾问示范点建设的通知》,推动基层加快打造一批具有示范引领带动作用的村(社区)法律顾问示范点。2020年,全市村(社区)法律顾问示范点120个,创建覆盖率30.2%。提升公证服务质效,深入开展简易公证事项"最多跑一趟"服务,引导当事人采用EMS速递邮寄公证文书,让群众"少跑腿";落实司法惠民利民举措,2020年,公证处累计开展下班延时服务130多人次,为特殊原因的困难人员提供公证上门服务20多人次,增强群众获得感。护航疫情防控工作,在泉州市率先成立晋江市抗击疫情律师公益法律服务团,协助各类企业强化疫情防控合规管理,开辟疫情防控涉企矛盾纠纷排查化解绿色通道,服务保障企业复工复产;运用"法治晋江"微信公众号发送疫情防控推文300多篇,在泉州晋江国际机场投放8块疫情防控普法公益广告。

(王名乙)

仲　裁

【概况】 2020年,泉州仲裁委员会晋江分会共受理各类经济合同纠纷案件1168件,比2019年减少53件,下降4.34%。涉案标的额10.9亿元,比2019年减少8.4亿元,下降43.5%。在受理的案件中,交通事故赔偿纠纷案件685件,占受理案件总数的58.65%;经济类纠纷案件483件,占受理案件总数的41.35%。2020年,晋江分会审结各类经济合同纠纷案件1148件,结案总标的额7.15亿元,结案率98.29%。其中调解1093件,裁决46件,撤诉案件9件。未结案件20件。

【案件质量提高】 2020年,泉州仲裁委员会晋江分会进一步完善仲裁案件立案及审理的管理措施:通过加强立案的审核、评估等方式从源头上把好案件质量关。分会要求各办案点的仲裁秘书在立案时要严格审查当事人的相关材料,并将相关材料通过书面、电子工具传输等方式由分管业务的秘书长审核后方可立案;对存有疑问的案件在裁决前先提交分会主任会议讨论,提出指导性意见;必要时,提交本会仲裁业务咨询顾问小组研讨,为仲裁工作提供业务指导和解疑;坚持案件质量评查制度,每半年组织一次对审结生效的案件质量进行评查,并将评查结果与年度优秀案件奖挂钩,做到奖惩分明,促进案件质量评查制度常态化。

【"套路贷"打击】 2020年,泉州仲裁委员会晋江分会为贯彻落实泉州市深入推进扫黑除恶专项斗争工作会议精神,进一步打击"套路贷"违法犯罪活动,根据上级的部署,开展"套路贷"违法犯罪排查整治活动,坚持打防并举,源头治理,强化高压严打。根据立案规则,在立案时严格审查相关材料,对不符合规定的案件不予以立案。

(李宗民)

外事 侨务 台港澳事务

外 事

【外事礼宾接待】 2020年，晋江市人民政府办共接待重要外宾来访团组4批次41人次。6月12日，菲律宾驻厦门总领事馆副领事、代理馆长何怡莲一行34人到晋江访问。9月11—12日，英国驻广州总领事馆外交事务联络领事诺杰一行2人到晋江参访。10月16日，新加坡驻厦门总领馆总领事吴俊明一行3人到晋江访问。11月11日，美国驻广州总领事馆领事安德一行2人到晋江访问。

【国际友城交往】 2020年，晋江市加强与国际友城菲律宾达沃市、意大利库内奥省的往来，携手抗疫。

2月，达沃市市长萨拉•杜特尔特第一时间向晋江市发来慰问信，声援和支持晋江抗击疫情。3月，晋江市人民政府向达沃市市长萨拉•杜特尔特发去慰问信。4月，晋江市人民政府向达沃市捐赠一次性口罩10万个、医用无菌防护服3000套、额温枪500支；晋江企业盼盼集团向达沃市捐赠一次性口罩100万个。5月，达沃市市长萨拉•杜特尔特致信晋江市人民政府，对组织捐赠防疫物资表示诚挚感谢。5月，晋江市人民政府向库内奥省捐赠医用一次性口罩5万个，保障物资送达库内奥省政府。6月10日，库内奥省政府收到晋江市捐赠的防疫物资，库内奥省省长费德里科•博尔尼亚第一时间致信晋江市市长张文贤，对晋江市的帮助和支持表示感谢。7月，萨拉•杜特尔特再次向晋江市发来慰问信。9月16日，晋江市市长张文贤与达沃市市长萨拉•杜特尔特及达沃市投资促进中心、卫生局、旅游事务办公室等代表共同参加"福建—东盟友城大会"省市长论坛暨线上签约仪式。

【因公出国(境)管理】 2020年，晋江市加强对因公出国(境)团组事前、事中、事后监管。2020年晋江市因公出国团组共计1批次2人次。9月，晋江市医院詹朝土等2人随国家卫健委组团赴博茨瓦纳执行援外医疗任务。

【APEC商旅卡管理服务】 2020年，晋江市人民政府落实"外事为民"理念，发挥外事职能优势，加大APEC商务旅行卡推介力度。全市共办理APEC商务旅行卡7批次10人次(张)。

【领事保护工作】 2020年，晋江市配合中国驻外使领馆，维护晋江市机构、人员在海外的安全与合法权益。加强领事保护宣传工作，在校园、旅行社、出入境大队办证窗口等场所分发外交部领事保护与协助指南等相关手册。

（黄晓芬）

侨 务

【概况】 2020年，晋江侨务工作紧扣"根""魂""梦"主线，发挥侨务资源优势，凝侨心、汇侨力、护侨益，经验成果《福建晋江"侨+N"模式构建新时代侨务工作共同体》在中央统战部、国务院侨办、福建省委统战部等部门刊物上宣传推广。加强党对侨务工作的统一领导，树立"大侨务"工作格局，出台《晋江市新时代侨务工作实施方案》，制定《晋江市侨务工作专题会议制度》，建立健全侨务工作领导体制和协调机制。

【侨乡文化弘扬】 2020年，晋江市出台《关于组织开展晋江市创建"侨乡文化名镇名村"五年行动(2020—2024年)的通知》，将侨乡文化保护规划纳入镇村发展规划，新塘街道梧林社区获评"2020年泉州市侨乡文化名村"；评定安海镇、金井镇、新塘街道梧林社区、金井镇溜江村、金井镇围头村5个首批"晋江市侨乡文化名镇名村"；引导镇(街道)、村(社区)收集整理侨批档案、历史记载、名人名记等蕴含华侨文化精髓的文献、资料，打造侨乡展示平台；推动建成青阳街道、安海镇，灵源街道灵水社区、新塘街道梧林社区、金井镇溜江村、金井镇围头村6个镇村侨史馆；建立华侨历史建筑信息档案库，摸排建档656栋，

2020年7月16日，晋江市委统战部组织各镇（街道）统战委员、侨联主席到安海学习侨史馆规划建设经验　（市委统战部　供）

评定首批晋江市华侨历史建筑41栋；推出“侨厝风情”“侨馆风采”“侨乡风韵”“寻找他乡的故事”等宣传专栏。

【惠侨举措落实】 2020年，晋江市委统战部为每户贫困归侨建立详细个人档案；春节期间走访慰问贫困归侨35人次；为4名散居低保贫困归侨申办生活困难补助，为23名归侨离退休职工办理生活补贴；疫情防控期间开展以“同心战疫　暖心行动”为主题的海外侨胞“七个一”人文关怀活动；为21名贫困归侨发放疫情慰问补助，缓解疫情期间贫困归侨生活困难问题。

【提升窗口服务】 2020年，晋江市委统战部为海外侨胞提供预约及线上微信咨询服务。共开具《出入境记录查询函》214份，帮助83名华侨办理回国定居手续，为108名国外中国公民出具《不具备华侨身份认定书》，为10名“三侨生”出具中考升学照顾身份证明，为4名归侨、2名侨眷出具身份证明。

【侨权侨益维护】 2020年，晋江市委统战部引导海外侨胞捐资兴办公益事业，强化“一季一报”侨捐信息数据采集制度，定期更新侨捐资料库，维护捐赠人合法权益；2020年侨捐项目883个，总额1.03亿元，侨捐总额连续第11年突破1亿元；以《中华人民共和国归侨侨眷权益保护法》颁布30周年为契机推出“法护侨益　情暖侨心”侨法宣传专栏，通过报刊媒体、微信公众号等普及涉侨法律法规与政策；到双沟社区开展侨法下乡活动。落实投诉信访件办理机制，走访调查核实信访反映事项。

（许凤仪）

台湾事务

【涉台经贸文化交流】 2020年，晋江市举办涉台赛事展会。第22届“线上”鞋（体）博会，5家台湾鞋机企业参展；2020年“海峡杯”工业设计（晋江）大赛和海峡两岸大学生设计营，高雄师范大学、亚洲大学30余名台湾学生报名参加，通过云平台征集台港澳作品1147件，创历届新高。落实重点交流项目。推进晋江向金门供水工程创建“海峡两岸交流基地”，全年接待在泉州台胞等4团55人次参访交流；举办国台办重点对台交流项目第六届金井围头七夕返亲节活动，122个围头新娘家庭、68名台胞参加活动。深化民间交流。联合台南艺术大学举办五店市海峡两岸（晋江）诗歌大赛活动。举办“晋台两地青年大学生交流系列活动”情况通报会，扩大两地青年大学生交流特色品牌效应。

【惠台利民措施】 2020年，晋江市将台胞台商台企同等纳入晋江市防疫免租、延长医疗保险费用缴纳时限、金融服务等政策支持和服务范畴，文创园减免4家入驻园区台企租金；晋江市台商陈桂兰获授首批泉州市台商台胞金融信用证书。开展“海峡两岸集成电路产业合作试验区”实施方案调研工作，落细集成电路产业惠台举措；晋江市检察院聘请3名台商台胞作为涉台检察联络员，保障台胞权益；依托泉州（晋江）国际人才港，整合台湾青年创业就业服务载体，实现台湾人才政策公共服务“一窗通办”。全市73名台湾人才入选省级台湾高层次人才，147名台湾人才入选泉州、晋江市级人才计划。全年发放台湾青年就业创业补助184万元，渠梁公司获批福建省台湾青年就业创业基地，晋华公司获批省级台湾青创基地年度考评合格奖励。

（郑媛媛）

港澳事务

【疫情防控宣传指导】 2020年，晋江市委台港澳办对接香港晋江同乡总会、澳门晋江同乡会等社团，做好意向返晋乡亲疫情防控宣传解释和沟通引导工作，劝导返晋乡亲延期或取消一切到晋江探亲、考察等活动。要求返晋乡亲做好个人防护，并将晋江市疫情防控指挥部发布的相关通告、公告、通知等，通过邮箱、微信发送至港澳社团，畅通在港在澳乡亲疫情防控信息传达渠道。

【贯彻落实“香港国安法”】 2020年，晋江市委台港澳办贯彻落实《中华人民共和国香港特别行政区维护国家安全法》（简称“香港国安法”）。通过国务院港澳办网站以及微信公众号下载“香港国安法”原文、全国人大常委会有关决定及说明、中央有关部门负责人新闻发布会上的讲话及问答实录等内容，在相关工作群进行推送和宣传，扩大影响面和覆盖面。统一集中购买“香港国安法”原文读本，分送相关市领导及市委港澳工作领导小组各成员单位研读、学习，进一步强化“香港国安法”宣传力度，促进全市各有关单位、相关工作人员全面了解“香港国安法”。组织有关人员参加学习“香港国安法”，持续强化宣传力度，确保“香港国安法”落地落实。

（林伯新）

综　述

【概况】 2020年，晋江市应急管理局持续推动《晋江市突发事件总体应急救援预案》和《晋江市自然灾害应急救援预案》《晋江市生产安全事故灾难应急救援预案》等晋江市级预案及泉州市应急管理局职责范围内3部预案的修编工作。协调指导全市应急演练活动，全年累计开展应急演练1286场，组织应急救护知识授课75场。

【房屋安全隐患大排查】 2020年，晋江市应急管理局在晋江市委、市政府指导下成立安全隐患大排查大整治指挥部，实施"战时"运作机制，采取"战役"推进模式，建立"一表通查"机制，攻坚行动期间，累计排查自建房加工场所、小作坊小加工厂、出租房、分租厂房等各类场所5.1万余家次。

【消防安全整治】 2020年初，晋江市应急管理局共摸排登记自建房加工场所12054幢，涉及经营主体13912家，累计发放告知书、摸底表12061份，发放告知率100%。

【重点领域整治】 2020年，晋江市应急管理局加大市域重点领域的整治力度。在森林防灭火方面，做好森林防灭火工作职责、人员隶属、工作经费、应急物资的划转，补充、更新救援器材和后勤保障物资储备，清明节期间，增派280名安保人员，协助市、镇两级开展森林设卡检查、防火巡查、火灾扑救等工作；处置灵源山脉"11·11"森林火灾，调动晋江市7支森林消防联动队，协调泉州、漳州2支森林专业消防队、安溪5支森林专职消防队，共计293人投入救援。控制、扑灭山火，未造成人员伤亡。在减灾救灾方面，为660名受灾困难人员申领发放补助过渡性救灾资金6.6万元，与中国人民财产保险股份有限公司晋江市分公司签订2020年度农村住房保险与自然灾害及公共责任险，累计投入资金551.6万元；完成对43个镇级避灾点、3个市级避灾点的检查验收工作，推动梅岭街道梅青社区申报2020年度全国综合减灾示范社区，全市有18个村（社区）获评全国综合减灾示范社区。在防汛抗旱方面，启动防台风（暴雨）响应11次，防御7场强降雨过程和4个影响台风，实现人员零伤亡，最大限度减少灾害损失，得到市主要领导肯定。在地震和地质灾害方面，在120所学校新建地震预警终端，组织防震减灾讲师团到8所中小学开展新生入学地震安全教育讲座，受众人数约4500人；修订地震应急响应预案，细化岗位职责，提高处突水平。

（孙伟兴）

防汛抗旱

【概况】 2020年，晋江市防汛抗旱工作平稳可控。汛期全市28座小（2）型以上水库水位均在汛限以下水位运行，水库累计蓄水量676.03万立方米，比常年同期少587.65万立方米，占汛限库容的23%。

【防汛抗旱工作过渡交接】 2020年，晋江市水利局与应急管理部门无缝衔接，4月30日前，将防汛抗旱工作全面移交晋江市应急管理局，实现平稳过渡，并在汛前完成全市水利工程防汛"三个责任人"404名防汛责任人的核查、调整、公示。

【防汛抗旱预案及设施建设】 2020年，晋江市完成全市28座中小型水库《2020年度汛期防洪调度运用计划和防洪抢险应急预案》审查批复工作，规范水库调度，制定各水库汛限水位，在确保度汛安全的基础上，尽可能多的蓄水保水。做好防汛高清视频会商系统调试维养，委托社会第三方专业机构对建成的山洪灾害预警平台系统、机房设备和53个水雨情监测站点进行巡检维护，保障系统设备良好运行；为各镇（街道）更换218个简易雨量报警器，提升基层预警能力；落实水利工程巡查制度，加强水库水情、水位实时监控,以及53.79千米市区水系和16个重要水闸联排联调,在确保安全的前提下预排预泄、蓄水保水。组织开展全市水库汛期防洪调度运用计划推演、防汛抢险应急预案演练,提升全市水利工程防汛应急抢险救援能力。

(蔡聪语)

【堤坝围塘加固】 2020年,晋江市水利局累计完成投资约2237万元,完成金井镇石圳海堤、东石镇东潘海堤张厝至潘山段、英林镇嘉排海堤岑张段共2.11千米海堤除险加固;金井海堤石圳至溜江段、深沪华峰至华海海堤(深沪湾海底古森林保护区段)等水毁堤段的抢修;完成五道水库常态化除险加固工程建设,完成溪边水库常态化加固工程招投标和东山、英塘、后望坑、埔坑、洋柄、前村、科任、群洋等8座水库安全鉴定工作,对东山、洋柄、吴厝、前村、塘下、钞岱、群洋等7座水库进行安全检测工作。开展2020年小型水库放水涵洞探测工作。

(李培波　周文从　柯天玺)

安全生产监督管理

【健全工作机制】 2020年,晋江市应急管理局持续深化"152030"隐患排查治理机制,每月循环实施"排查、分解、整改、反馈"四项任务,累计整改销号95条重难点安全隐患问题,摸排筛选出20个重大风险、重大事故隐患,建立重大安全生产问题库;牵头制定安全生产暗访督查办法和消防安全反向约束工作机制,实施安全生产明察暗访5次。

【安全生产隐患排查】 2020年,晋江市应急管理局对全市154家危险化学品生产、经营企业,22家烟花爆竹经营单位进行全覆盖检查,累计检查企业288家次,排查发现安全隐患401项,整改安全隐患401项,立案处罚6起,取缔关闭不合规危化品场所9处,查扣危化品22.3吨,移送公安追究刑事责任1起;组织3场重点企业警示教育会议及3场重点企业负责人和安全管理员线上安全培训。全覆盖监管三类重点领域企业(有限空间作业企业411家,粉尘涉爆企业10家,涉氨制冷企业25家),排查各类安全隐患2494条,全部完成整改;累计办理安全生产违法案件21起,罚款人民币18.46万元。

【安全生产社会化服务】 2020年,晋江市应急管理局推行年度专家派驻储备制度,整合和调动各中介机构优势力量,2020年,累计开展驻点专家34人/月次,深入685家企业进行现场"一对一"检查指导,排查各类安全隐患1.1万余条,制订整改帮扶计划或措施6500余份(条)。

【应急知识宣教】 2020年,晋江市应急管理局宣教培训基地累计为市直各部门讲解50场次,接待各类参观团体1310人次;"晋江应急管理"公众号累计发布微信347期、1826篇次;开展生产经营单位主要负责人和安全管理人员培训12期1819人,入企宣讲44期1736人;针对疫情特殊形势,创新推出"云体验""云课堂""云展馆"等三大线上平台,多形式开展"安全生产月"活动。

【推进安全生产专项整治】 2020年,晋江市应急管理局坚持"边部署、边排查、边整治"原则,印发《全市安全生产专项整治三年行动方案》,在全市范围内部署开展安全生产专项整治三年行动工作,督促各镇(街)、经济开发区、各有关部门立足本辖区、本领域特点和实际,制订细化实施方案,进一步深挖、细查12个重点领域安全隐患,推动专项整治工作开展。

(孙伟兴)

消防救援

【概况】 2020年,晋江市消防救援大队下辖6个消防站,有人员269人,车辆45部,执勤消防车34辆。2020年,消防救援大队接警出动5788起,出动车辆8469辆,出动警力50328人次,抢救被困人员588人,疏散被困人员175人,抢救财产价值7155.7万元。与2019年比,晋江市火灾起数下降29.41%,死亡人数下降10%,受伤人数下降28.57%,直接财产损失上升36.74%。

【消防队伍建设与管理】 2020年,晋江市消防救援大队坚持抓规范执行。先行在大队部、青阳站打造"样板",推动全市消防队伍同步开展"两严两准"(严肃的纪律、严密的组织、准现役、准军事化)正规化建设。规范各队站值班室人员工作职责,及时做好接警出动、出警各项指令的传达等工作;对辖区出警特别是较大的救援及时做好战评工作,及时查找不足,补齐作战短板。紧盯问题防范,固化队伍管理教育工作周联席会议制度,强化危机意识,把安全列为党委工程,吸取全国各地教训,抓实作战训练安全工作;强化"八小时"外的监督管理,逢会必讲出警车辆驾驶员安全驾驶、作战救援中落实好安全举措等,搞好风险预测。签订《保密安全责任状》等各项工作责任状,将责任落实到每名指战员,严格落实每一起救援的保密等责任。总结提炼"敢于担当、敢闯敢试、敢打必胜"的晋江消防三敢文化,拍摄完成《大队改革转隶以来成果汇报片》,晋江市消防救援大队、青阳站正规化建设有序推进,初具晋江特色模式。在全市"红门故事会"演练比赛中获二等奖。

【岗位练兵】 2020年,晋江市消防救援大队组织大中队(站)骨干召开战训工作研讨会、每周四队列训练、常态化开展疫情防控洗消演练,组织开展负重跑、篮球赛等文体相结合的活动,掀起全员岗位大练兵;在队站营造"比学赶超"氛围,明确大队2020年度比武练兵计划,组织开展第一季度队列竞赛、比武竞赛等,提升队员综合业务素质。立足晋江市实际,着重开展高层住宅救援、水域救援、大厂房大空间跨度灭火救人等实战演练,组织精兵强将成立地震重型救援队,奔赴漳州参与总队"闽动—2020"地震救援跨区域演练,以练促战,进一步提升战斗力。在"3·7"鲤城欣佳酒店坍塌事故救援中得到各级领导的高度肯定,青阳消防救援站获得"3·7"坍塌救援集体三等功。

2020年,晋江市消防救援大队在泉州市消防救援队伍指战员职业技能竞赛获得百米障碍救助操第一名、2名政府专职消防员分别获得负重上10楼第一名、400米疏散物资救人第三名,1名政府专职员获评“泉州市金牌工人”、2名政府专职员获评支队“救援之星”；2个队站分别获总队集体三等功、获评先进党组织，王俊峰等人在增援江西抗洪中重大抢险救援中记总队个人三等功。

【联勤联动机制建设】 2020年，晋江市消防救援大队完善与晋江市应急管理局、公安局、卫健局、电力公司等社会应急联动单位联勤联动，加强信息资源共享，建立定期的联训、联勤、演练和情报会商研讨机制，提高联动单位之间的协同作战能力。组建重型高层救援队，晋江市人民政府自2018年开始分三年拨款3800万元，用于购置远程供水系统和举高喷射消防车等高新消防装备，定期开展高层救援专业化训练，提升晋江市处置“一高一低一大一化”的综合灭火应急救援能力。2020年，推进专职消防队和微型消防站提档升级，全市累计征地8.67公顷、投资2亿元，先后建成池店，东石、磁灶、内坑、开发区、英林、金井、深沪、永和、西滨等10个乡镇专职消防站；完成180个村级志愿消防队、206个微型消防站力量及村级重点推进“一村一个微型消防站”建设，实现全市村（社区）全覆盖。加强专职消防队、微型消防站的统一调度指挥和业务指导，严格落实联勤联训。

【消防安全责任属地管理】 2020年，晋江市消防救援大队推动消防安全责任属地管理落实。2020年晋江市委、市政府召开各类消防安全工作会议或研究消防工作10余次，其中市委常委会3次；市领导刘文儒、张文贤、李自力多次带队督导检查消防安全工作。出台《晋江市消防安全反向约束机制若干规定（试行）》，从反向约束情形、反向约束措施、组织实施、补救减责机制、监督检查、附则等6方面，推动消防责任落实。协调指导部门落实行业管理责任，推进各相关部门按照《消防安全责任制实施办法》等要求，落实消防安全行业管。2020年，晋江市消防救援大队下发《消防安全整治三年行动专项实施方案》，推进各行业部门抓好行业系统消防安全工作。依托晋江市安全排查指挥部，抽调行业部门人员到指挥部实体化办公，落实约谈、督查、检查、考核等日常工作制度。督促单位落实主体责任。对重点单位消防安全工作落实情况进行督促帮扶，持续抓好消防安全“四个能力”（检查消除火灾隐患的能力，组织扑救初起火灾能力，组织人员疏散逃生能力，消防宣传教育培训能力）建设和“三提示”（提示公众所在场所火灾危险性，提示公众所在场所安全出口和疏散通道，提示公众所在场所逃生设备器材具体放置位置和使用方法）工作，单位主体的消防安全意识和自主管理水平不断提升。

【重点领域消防安全监管】 2020年，晋江市消防救援大队坚持强化重点领域的源头管控。针对陈埭“8•8”自建房火灾事故，晋江市人民政府先后下发《晋江市消防安全整治攻坚行动1号令》《晋江市自建房加工场所消防安全整治2号令》，开展小作坊小加工厂、改用仓库、既有自建房加工场所、出租房、出租或分租厂房仓库等重点场所，聚焦“三合一”场所彻底整治、消防安全通道整治、电动车违规停放违规充电整治、违规用火整治、违规用电整治、市场主体清查整治、临时搭盖清理整治、缺失消防安全设施整治、全覆盖消防安全宣传教育、全覆盖消防安全应急演练等10项专项整治内容。强化重点区域的风险管控。针对安平工业区、陈埭西板区域性火灾隐患，指导各属地政府落实风险管控措施，重点区域健全完善社会自防自救力量体系，推进整治工作落实落地，确保重点镇（街道）抗御火灾整体能力得到有效提升。陈埭镇创新推出打更巡查机制，严防“三合一”场所回潮。5月，晋江市人民政府在全市推广打更巡查机制，发挥各镇（街道）基层力量作用，群防群治严查火灾隐患，筑牢“三合一”场所消防安全。强化重大活动的风险管控。2020年，晋江市消防救援大队将重大活动消防安保任务作为核心工作主抓，重点抓好中秋、国庆等重要节日期间安保工作，对标战时标准，落实战时措施，巩固大队消防安全保障水平。攻坚行动期间，联合镇（街道）及相关部门累计排查自建房加工场所、小作坊小加工厂、出租房、分租厂房等各类场所3.9万余家，发现隐患问题8.4万余条，完成整改4.6万余条，查封“三合一”场所1120家，关闭取缔各类场所282家，停产停业2109家，拆除堵塞、占用消防安全通道的临时搭盖5万多平方米，刑事拘留5人，治安拘留87人，罚款182万元，纳入失信联合惩戒“黑名单”11家。

【消防安全基础建设】 2020年，晋江市财政预算安排7175万元，比2019年提高1.47%，筹建2021年“世中运”消防安保中心工作、承担泉州市“智慧消防”建设试点工作。针对火灾隐患“查不上来、整不下去”问题，在出台的《消防安全整治三年行动》方案中，明确在全市实行“152030”隐患排查治理、重大安全生产问题领导挂钩整治、重大危险源督长制、推行“保险+服务”模式、落实“属地+行业+专业”整治等10项机制。推动7个老旧小区消防设施改造纳入晋江市委、市政府为民办实事项目，居住小区建立党建引领下的红色业委会、党员楼长制的居住小区消防安全管理模式。完成科普教育基地建设、采购消防宣传车及有序推进消防主题公园建设。

“智慧消防”建设。全年重点锁定全市7190家人员密集场所、14393家厂房（仓库）、23110家群租房、204家住宅小区，突出解决消防安全设施薄弱和老化问题，安装智慧用电14372套，完成12896家工业企业、14863家沿街商铺电气线路套管改造，完成204家住宅小区完成消防车道划线。开展消防宣传。改装完成消防宣传车，在陈村建设消防应急科普教育馆，推进八仙山消防主题公园建设。推进消防宣传“五进”工作，启动“消防巡查打更”宣传活动、百场千家万户消防宣传演练、制作普通话和闽南语“双语”版本消防宣传公益视频、音频，发动全市394个村（社区）、物业服务企业利用“村村响”“社区广播”等媒介每日播报防火提示。印制晋江市消防安全整治攻坚行动参考图册，实施挂钩联系机制，解决基层检查人员“查什么，怎么查”的问题，制作一份消防安全主题宣传课件、一个警示教育短片、组织企业主参与消防安全知识培训及演练，拓宽群众接受消防宣传教育渠道。

（于腾飞）

经济管理

宏观经济管理

【经济发展】 2020年，晋江市地区生产总值计划增长7.5%；实际完成2616.1亿元，增长4.2%。其中，第一产业增加值完成20.26亿元，同比增长2.8%；第二产业增加值完成1577.32亿元，同比增长3.7%；第三产业增加值完成1018.52亿元，同比增长4.9%。三次产业比例为0.8∶60.3∶38.9。规模以上工业产值计划增长9.5%；实际完成5906.93亿元，同比增长5.8%。公共财政总收入计划增长2.2%；实际完成227.67亿元，同比增长2.7%。其中，本级财政收入计划增长0.8%，实际完成139.28亿元、同比增长1%。全社会固定资产投资计划增长7.5%；实际下降2.7%。其中，工业投资计划增长7.5%，实际下降3.4%。实际利用外资计划增长2%；实际完成15.74亿元，同比增长4.9%。社会消费品零售额计划增长10%；实际完成1513.54亿元，同比增长0.1%。其中，限额以上零售额计划增长13%；完成358.42亿元，同比增长4.4%。全体居民人均可支配收入计划增长7.5%；实际完成44827元，同比增长3.2%。

【项目建设】 2020年，晋江市发改局把扩大有效投资作为稳经济的重要举措，推动项目加快建设、释放效益。综合投资热力居全国百佳县第六。抓项目服务。开展征迁扫尾专项攻坚行动以及拔钉清障挂牌督办等工作，按月发布问题销号责任清单，全年累计组织召开重点项目会商协调会21场，梳理协调55个项目涉及的148个问题，解决销号40个项目涉及的110个问题，并向上争取57个项目享受用地、用林等指标倾斜支持。配合上级开展9场综合督查、专题督查。全年共办理项目立项、节能评估1726件，总投资1474.4亿元，其中政府性投资、民间投资项目总投资分别为478.2亿元、996.2亿元。抓项目管理。制订重点项目年度攻坚活动方案、镇域单位绩效考评奖励方案、问题销号督查考评方案，进一步完善项目攻坚机制，推动项目建设提速提效。776个重点项目完成投资884.0亿元，完成年度计划的110.2%。紧抓逆周期调解下“新基建”发展机遇，编制出台“两新”基地建设比拼方案、6个“两新”产业基地（园区）建设行动方案，累计梳理项目140个、总投资931.3亿元，全年共推动33个项目开工建设、24个项目投入运营、44个项目签约落地。抓项目谋划。围绕壮大产业优势、补齐产业短板，聚焦本土企业增资扩营和上下游配套延伸、发展“晋江人经济”、发挥科研教育平台效应，共计谋划“十四五”重大支撑项目874个，总投资达6076亿元、“十四五”期间计划投资4188亿元。其中，2021年重点项目800个，总投资4244.2亿元、年度计划投资835.6亿元。与2020年相比，项目个数增加24个，总投资增加23.4亿元，年度计划投资增加33.7亿元，同比增长4.2%。

【发展环境优化】 2020年，晋江市发改局把营商环境建设作为提升城市软实力和核心竞争力的重要举措，深化“放管服”等各项改革任务，激发区域发展活力。制定深化“放管服”改革和优化营商环境年度工作要点，提出年度重点任务33项、工作任务117项，系统性协调推动市场环境、政务服务、法制保障等领域持续提升。清理不符合《优化营商环境条例》的规范性文件和其他政策文件，废止、修改政策13份。协调推动11件事项完成“一件事”集成套餐服务，企业开办、不动产交易登记分别压缩至一天内、三天内办结，进口、出口通关作业时间分别下降34%和66%，医保、不动产等领域共82项高频事项“全市通办”，实现网上办理、区域通办、异地可办；“互联网+政务服务”延伸至村（社区），“最多跑一趟”“一趟不用跑”事项占比98.61%，群众办事“好差评”满意率99.99%，营商环境蝉联全国百强县第二，获评国际化营商环境建设示范市。深化新型城镇化建设。21个特色小镇工程包项目建设完成投资38.65亿元，全年新增流动人口落户1.4万余人，常住人口城镇化率提升至68%。入选全国县城新型城镇化建设示范名单，率先出台《县城新型城镇化建设示范区补短板强弱项工作方案》，并同步策划生成41个项目，计划总投资242亿元。推进生态环境建设。出台实施生态文明建设年度实施计划，研究提出深化国家生态文明试验区建设、优化国土空间开发格局等8方面、32项工作任务。持续深化国家生态文明试验区建设，制订福建省第三批改革成果贯彻落实工作计划，提出全流域系统治理、自然生态空间统一确权登记等9项改革任务，部分改革成效初显。开展塑料污染治理，印发实施塑料污染治理工作方案，实现全市塑料垃圾污染管控。加快社会信用体系建设。全年实现3.85万条行政许可信息、6894条行政处罚信息上网共享，369家企业通过“信用中国”网站完成信用修复。开展“信易贷”试点，推动12家银行机构入驻全国信易贷平台并授信502家企业、5.85亿元，占泉州市授信总金额的57%。强化公共资源交易管理。全年共办理公共资源交易892宗，交易金额228.95亿元，增值18.81亿元，节约财政资金5.32亿元。其中，建设工程项目265宗，交易额51.44亿元，节约资金4.26亿元；政府采购项目430宗，成交额14.24亿元，节约资金1.06亿元；土地使用权出让项目91宗，成交额61.81亿元，增值金额18.67亿元；国有产权项目106宗，成交额1.46亿元，增值金额1400多万元。

【产业转型】 2020年，晋江市发改局发挥重大项目、重大平台载体牵引性作用，加快三产培育、新兴产业发展，获批国家第三批双创示范基地建设。推进三产扩量提质。依托重点项目协调调度机制，推动130个三产重点项目完成投资311.8亿元，完成年度计划的126.9%。其中，晋江物联网电子商务产业园等14个项目新开工建设，国际会展中心、利郎文创园等30个项目竣工。重点推动49家规模以上其他营利性服务业企业做大做强，全年实现营收12.3亿元、增长23.7%。全年第三产业完成1018.52亿元、比2019年增加4.9%，占国内生产总值比重提升至38.9%。推进“互联网+鞋业”区域化链条化试点。服务企业500多家次，通过线上平台为企业出具7000多份检测报告，开展各类培训10余次，推荐企业参加标准制修订20家次。企业入驻总数1614家，交易额54.25亿元。筹建医疗器械产业基地。会同晋江市卫健局对接高端医疗资源，推动与上海六院签约落地并上报国家发改委纳入创伤区域医疗中心建设试点建设范围。筹建医疗器械产业基地，编制《加快推进医疗器械产业基地建设的若干意见（征求意见稿）》，并对接福建省医疗器械协会、恒锦翔、仲景医药、益医等16家招商对象。争取上级支持。对接国家政策申报动向，全年共推动福厦客专晋江段、晋江市应急医疗救助提升、晋江市医院晋南分院二期等7个项目获得地方政府专项债券资金20.99亿元；推动晋江市少体校、国际鞋纺城片区防洪排涝工程等17个项目获得中央、省级预算内资金4844万元。推动54家企业列入国家疫情防控重点保障企业名单，企业数占泉州36.5%（位列泉州第一），并为24家企业争取贷款7.2亿元；推动23家企业列入福建省疫情防控重点保障物资生产企业名单，享受税费优惠。

【民生保障】 2020年，晋江市发改局围绕提升价格公共服务水平、维护群众切身利益。价格监测管理。关注粮油、副食品等重要民生商品的价格变动情况，为加强疫情期间物价监测，新设15家平价商店、5家药店、8个农贸市场作为应急监测点（合计46个），并将口罩、医用酒精等与疫情防控有关商品和粮食、食盐等生活必需品纳入监测范围，实行“日报价、日采价”机制，及时掌握市场价格情况和变化趋势。持续启动24家平价商店平价运行机制，春节期间平价销售粮、油、蛋、菜、猪肉等重要民生商品。完成泉州中远学校、子江中学学费收费标准的成本监审和调整工作，晋江拔萃双语学校学费、住宿费试行期通过审核并执行。贯彻落实上级价费措施，全年累计为企业降低成本4.1亿元，其中用电2.92亿元、用气1.18亿元。价格认定。全年共办结价格认定481件，其中涉纪案件2件、刑事案件468件、行政案件10件，标的总金额3434万元，业务量及标的额呈现“双降”，以“零复核”工作成效为快速打击犯罪、保障行政执法工作开展提供价格依据。办理侵权案件46件，涉及商标26个、金额2697万元，为打击知识产权犯罪、维护企业合法权益保驾护航。建立审核、集体审议、风险防控等6项内部管理制度，形成工作量化积分机制，全面推动办理流程标准化、精细化，创下办案“电子化”率、存量案卷“数字化”量全省“双第一”的成绩，获评“全国价格认定工作先进机构”，为泉州唯一入选单位。

（熊俊诚）

财　政

【概况】 2020年，晋江市一般公共预算总收入227.67亿元，比上年增长2.7%。地方一般公共预算收入139.28亿元，比2019年增长1.0%。全市一般公共预算支出125亿元，比2019年增长3.43%。

【疫情防控资金拨付和监管】 2020年，晋江市财政局打好“政策+服务”组合拳，帮扶纾困，加强应对疫情防控财税政策和资金保障，提高财政应急处突能力。强化疫情防控资金保障，建立突发事件应急处置财政保障机制，开通资金拨付“绿色通道”，简化拨付程序，加强拨付资金监管，全年累计拨付疫情防控资金4.07亿元。强化疫情防控物资供给，落实采购便利化政策，简化政府采购流程，确保应急医疗物资及时采购到位；统筹保障防疫物资需求，落实企业转产防疫物资鼓励政策；支持医疗卫生机构、镇（街道）及村（社区）购置急需救治设备、防疫物资和隔离医学观察点建设。强化复工复产政策支持，加大政策对冲，及时出台和实施抗疫财税支持政策，支持企业复工复产复市，助力市场主体纾困发展。

【财税收入组织】 2020年，晋江市财政局研判财政经济形势，提升财政综合实力。加强财源培植，支持推动产业集群全链条全流程升级，推进供给侧结构性改革，落实惠企政策措施，实施龙头企业“一企一策”，争取重点税源回流；支持“内外循环”畅通行动，助推企业拓展市场释放潜力。支持创业创新，优化财政支持经济发展方式，发挥产业基金引导作用，撬动招商引资效应；引导金融服务实体经济，加大政策性担保扶持力度，创新实施5和银企担合作模式，厚信担保公司净资产放大倍数位居泉州各县（市、区）首位。挖掘增收潜力，正确处理减税降费与依法组织收入的关系，坚持应减尽减、应免尽免、该收要收，堵塞漏洞、争取流动，紧抓重点行业、重点企业等基础税源；出台经济新业态招商培育政策，引导股权投资企业回归落地，规范非税收入征缴，开展国有资产清查，加强安置房等城建资产资源盘活处置，增加财源支撑。

【财政资金配置优化】 2020年，晋江市财政局坚持量入为出、量力而行原则，提升财政资金配置效率。持续优化支出结构，规范财政分配保障次序，严格按照“保工资、保运转、保基本民生”统筹预算执行，确保刚性支出应保尽保。全年安排“三保”支出62.54亿元，占全年一般公共预算支出50.03%。压减一般性支出，树牢过“紧日子”思想，压减全市定额公用经费、经常性业务费等支出；除基本民生支出之外的专项资金预算执行中统一压减20%；办公设备等资产购置一律暂缓，办公场所修缮“非危不修”。全面实施预算绩效管理，坚持“花钱必问效、无效必问责”原则，建立健全专项资金管理办法，强化专项资金绩效评价，组织对40个专项资金项目开展预算绩效重点评价；加强财政投资评审管理，全年完成政府性投资项目预(结)算评审445个。盘活存量资金，坚持盘活就是增收理念，加大结转结余资金清理力度，清理收回结转结余沉淀资金、往来款项及工程结算款项，提升资金使用效益。

【公共服务供给保障】 2020年，晋江市财政局突出民生兜底，持续加大民生投入，年度民生支出90.27亿元，增长4.97%，占一般公共预算支出72.22%，推进民生补短板，提高基本民生保障水平。教育总投入42.04亿元，保障生均公用经费、教师薪酬待遇以及教育项目建设；卫生健康投入15.24亿元，支持推进医疗卫生体制改革、应急医疗救治体系建设，提高基本公共卫生服务标准；社会保障投入15.79亿元，支持实施20件为民办实事项目和200件民生微实事；支持如期打赢脱贫攻坚战，持续加大困难群体帮扶力度，各类保障继续提标扩面；支持实施乡村振兴战略，统筹9.45亿元支持发展特色现代农业、海洋经济、“美丽乡村”建设以及城乡人居环境整治；支持生态保护和污染防治，投入14.26亿元持续推进水资源保护、重点流域水环境综合整治、城乡污水处理和造林绿化，启动“蓝色海湾”综合治理；支持文旅体育事业发展，投入1.57亿元支持第18届世界中学生运动会赛事筹办，投入8110万元支持开展体育竞赛、全民健身活动和文化惠民活动；支持开展扫黑除恶专项斗争和强基促稳专项行动，投入8.56亿元用于法治晋江、安全生产等公共安全体系建设，不断提升治理效能。

【资源运作整合】 2020年，晋江市财政局坚持经营财政理念，深化投融资机制改革，创新公共资源资产配置方式，增强服务经济发展和民生保障能力。强化资金统筹运作，建立健全项目资金清单台账，加强重大项目投融资策划，统筹运用预算综合财力、地方政府专项债券、国有企业市场化融资等方式筹集资金，保障重点领域和重点项目资金需求。深化国有企业改革，完善国有资本经营管理机制，推进国企第二轮整合重组，支持国企提升资信评级，做强做优做大国有企业；发挥国有企业投融资主体作用，推进公用事业和公共服务项目托管运营，引导国有企业策划并承接实施重大项目投资建设，拓宽政府性项目资金保障渠道。挖掘资源资产价值，紧抓晋东新区、高铁新区、世纪大道创新活力走廊等区域基础配套优化，提升土地资源价值；强化策划推介，加快土地出让节奏，盘活回笼资金68.1亿元。

（庄永速）

税　务

【概况】 2020年，国家税务总局晋江市税务局（简称“晋江市税务局”）坚持“三个务必”（务必把该减的税减到位、务必把该降的费降到位、务必把该征的税费依法依规征收好）、“三个坚决”（坚决打击虚开骗税、坚决不收“过头税费”、坚决做好留抵退税工作），统筹落实减税降费和组织收入工作。全年累计组织各项税费收入222.4亿元，其中税收收入187.4亿元、非税收入35亿元。

2020年，晋江市税务局连续六届获评全国文明单位，第一分局获全国税务系统先进集体、创建省级青年文明得到考核组充分肯定，磁灶办税服务厅通过市巾帼文明岗考核验收，毛娟文家庭被中央文明委表彰为第二届全国文明家庭。

【税制改革】 2020年，晋江市税务局完成大中型水库移民后期扶持基金、国家重大水利工程建设基金收入、可再生能源发展基金等非税收入职责划转，完成2020年城乡居民两险征收目标。落实落细减税降费，开展政策实施情况评估，及时跟踪分析政策执行效果，推行网格化管理模式，全年新增减税降费19.71亿元。增值税税率调整及配套措施惠及全市纳税人2.21亿元。

【依法治税】 2020年，晋江市税务局建立税收执法事前、事中、事后公示机制和领导班子学法机制，开展“三项制度”（行政执法公示制度、执法全过程记录制度、重大决定法制审核制度）各项工作。对接泉州市税务局“两基”建设（加强税收管理基础工作和基层建设工作）总体

2020年2月，国家税务总局晋江市税务局工作人员运用税收大数据开展企业复工复产分析

（市税务局　供）

部署，成立征管基础建设工作小组。加强工商、税务登记差异比对，制订《网络巡查工作方案》，全面提升征管质量。

【营商环境优化】 2020年，晋江市税务局推行“非接触式”办税缴费服务。探索纳税信用动态管理机制，开发运行“电子税务局纳税信用动态提醒服务系统”并在全省上线运行，得到福建省税务局党委书记林京华、局长赵静及泉州市委常委、晋江市委书记刘文儒肯定批示。运用“智能化、集成化”理念推出“办税一点通”小程序，引导办税人员利用碎片时间对全周期涉税业务进行学习。上线后，登录体验人数超1.9万人次，业务收藏总数突破1500次，留言好评率超九成，得到福建省税务局总经济师郑元芳、晋江市人民政府市长张文贤的肯定批示。推动“银税互动”，6家合作银行累计授信企业1538户，授信8.66亿元。在2020年国家税务总局纳税人满意度调查中，排名全国第68名，全省第三名。

（王远航）

审　计

【概况】 2020年，晋江市审计局完成审计项目35个、结合实施审计任务10个，审计过程涉及69个部门单位，延伸抽查59个基层单位，累计发现问题402个、涉及金额5.3亿元，移送疑点线索3条，下达审计决定8份、处理金额8417.86万元，提出审计建议135条，向市委、市政府呈报要情专报17篇，编发《审计动态》12期，市领导批示审计报告、综合报告、要情专报等95篇次。局机关工作获得各类荣誉12次，机关干部被表彰12人次。

【预算执行审计】 2020年，晋江市审计局聚焦新冠疫情防控、“六稳”政策落实、本级预算执行、“世中运”赛事筹备、国有资产管理等重点工作，关注政策落实和措施执行情况、专项资金使用效益等方面，揭示公共财政运行中的风险隐患和薄弱环节。审计共发现问题160个、涉及金额4.5亿元，提出审计建议50条，促进盘活财政存量资金3.4亿元、补入库非税收入1.6亿元、追缴应交财政款876.03万元、兑现政策专项资金7063.43万元，推动相关单位制订完善规章制度31项。依法代市政府向市人大常委会作预算执行审计工作报告，现场测评满意率100%。

2020年3月16日，晋江市审计局开展“世中运”赛事筹办经费专项审计工作　（市审计局　供）

【领导干部经济责任审计和自然资源资产离任（任中）审计】 2020年，晋江市审计局贯彻落实党政主要领导干部和国有企事业单位主要领导人员经济责任审计规定，紧盯“权力”和“责任”，完成9个经济责任审计项目。关注重大决策部署落实、重大经济事项决策、财政财务管理、生态文明及党风廉政等8个方面，试点“巡审联动”模式，审计内容覆盖面拓展、监督力度增强。审计共发现问题104个、涉及金额5254.9万元，移送疑点线索2条，下达审计决定2份。完善“一体两翼”领导干部责任审计制度，开展自然资源资产离任审计，共发现问题7个。

【政策跟踪审计】 2020年，晋江市审计局采取结合各类审计项目实施的方式进行，重点关注应对疫情“六稳”措施、“六保”任务和挖掘财力财源等重大政策落实情况，涉及金融服务保障、减轻中小企业税费负担、企业增产增效、促进就业优先、财政资金提质增效、优化营商环境等领域。审计共发现问题7个，移交疑点线索1条，统筹兼顾做好审计服务疫情防控和复工复产工作，保障晋江市经济社会发展运行。

【政府投资审计】 2020年，晋江市审计局以节约建设资金、规范建设程序、保证建设进度、提升建设质量为目标，推动政府投资审计方式和内容的深化。关注重点建设项目进展情况，对罗裳象山高端人才社区、养正中心小学（新校区）2个项目进行跟踪审计；抽审财政投资项目评审中心备案建设项目，对滨江商务区企业运营中心总部大楼工程、城北组团河道整治工程等4个项目开展概（预）算执行情况审计，送审投资额3.5亿元。审计共发现问题73个，下达审计决定4份，核减投资额1210.89万元，提出审计建议23条。

【民生专项审计】 2020年，晋江市审计局加强对惠民政策及资金的审计监督。2020年开展流域生态保护和修复专项审计调查，重点关注水环境质量、污水管网建设、流域整治工程项目等情况及相关省级补助资金使用情况。结合经济责任审计，配套实施义务教育阶段免作业本费、石结构及危旧房屋改造、金融服务实体经济政策等3个专项审计调查，检查项目资金使用、政策落实情况及社会经济效益等。结合精准扶贫和乡村振兴审计开展革命老区扶贫建设资金“最后一公里”专项督查，持续关注扶贫领域。审计共发现问题22个，提出审计建议12条，促进惠民政策和资金真正惠及群众。

【企事业单位审计】 2020年，晋江市审计局按照“强化管理、促进发展”的思路，加强对企事业单位的审计监督。2020年开展红十字会财务收支审计，关注预算内外资金管理、内部控制、政策制定落实等情况；开展城投集团及其下属房屋征收公司等2个国企资产负债损益审计，重点关注国企贯彻执行晋江市委、市政府决策部署、重大经济决策、资产负债损益和对下属企业的监管等情况。审计共发现问题40个、涉及金额1182.18万元，提出审计建议12条。

【审计强技增效】 2020年，晋江市审计局围绕强技增效，加大工作力度。在晋江市委巡察与审计工作协调机制框架内，就巡审协作配合等一系列具体问题进行沟通协商，明确巡审联动重点项目、组织方式和人员配置，实现项目上的"并轨"监督；加强对巡察反馈情况和审计结果及整改情况的分类运用，节约监督资源，增强监督实效。自市委启动巡察工作起，累计选派审计干部参与巡察53人次，通过锁定疑点、移交核实的方式，协助巡察发现问题109个、线索10条，并于2020年首次试点审计项目与巡察同步开展，组建大数据分析工作组开展大数据分析，累计提供疑点数据27项。

依托上级审计机关大数据审计经验交流、本级计算机案例评选演示及青年干部交流分享会等平台，促使审计干部深入思考、提升技能，推动大数据审计理念融入日常工作。选派3名业务骨干参与泉州市审计局大数据审计交流会并做经验分享；组织开展本级计算机审计应用案例评选演示，其中选送《公共卫生资金项目计算机审计应用案例》获审计署办公厅数据分析技术方法创新应用优秀案例二等奖。盘活数据分析团队资源，首次开展数据分析团队数据预分析，形成预分析报告，为立项决策提供服务；同级审期间，由团队成员牵头开展财政一级预算单位财务数据采集、标准化和分析工作，并以此为基础作"大数据与审计全覆盖"专题交流。

加强对内审工作的指导和监督，印发《晋江市审计局内部审计工作联系点制度》，促进与内审机构建立工作联系机制和沟通渠道，发挥内部审计的"触角"作用，打通基层审计"最后一公里"；引导12个重点行业、部门按要求建立内部审计制度，健全内部审计工作机构，及时报送备案内部审计报告、整改情况等资料，并组织部分内审人员赴审计部门跟班学习，帮助内审机构和人员提高自身素质，增强内部监督和管理；开展内部审计建设情况审计调查，推动内审工作健康有序发展。

（施振裕）

统计与调查

【概况】 2020年，晋江市统计局落实全国、全省统计工作会议精神，紧跟统计改革思路、强化基层基础建设、优化服务质效全面提高统计能力水平，加强经济运行监测，强化统计信息服务，全年共完成统计信息200余条，其中《季度国内生产总值核算制度改革对晋江市的影响情况分析及建议》获市长张文贤批示。加强联网直报工作。做好人口普查。强化统计规范化建设，做好消费市场统计、固定资产投资统计及消费市场统计等工作。

【经济运行监测】 2020年，晋江市统计局坚持疫情防控和经济运行两手抓，按照任务不减、质量不降的要求，抓好经济运行监测，注重国内生产总值、工业、商贸、固定资产投资、人民生活水平等指标数据搜集整理、分析研判和预警工作，确保统计数据真实反映晋江市经济发展态势。2020年，全市国内生产总值完成2616.11亿元，比2019年增加4.2%，增幅分别比全国、全省、泉州市高出1.9个、0.9个、1.3个百分点；规模以上工业产值完成5906.93亿元，同比增长5.8%；社会消费品零售总额1153.54亿元，同比增长0.1%；固定资产投资比2019年下降2.7%；城乡居民人均可支配收入44827元，同比增长3.2%。

【统计信息服务】 2020年，晋江市统计局坚持"用数据说话，为决策服务"理念，增强统计服务的前瞻性、预警性、时效性，强化统计数据资源的开发利用，重点挖掘新常态下晋江市经济增长速度、经济结构、发展动力等方面呈现的新特点，发挥"智库"和"数库"的作用。高质量完成月度全市经济运行状况监测分析、季度分析和全年预测分析，为中共晋江市委、市政府科学决策提供有效的参考意见。

【联网直报】 2020年，晋江市统计局加强基本单位名录建设。严格在库单位核查，注重源头摸排、开展重点核查，多措并举推进名录库维护更新工作，确保调查单位真实完整。截至2020年底，在库法人及产业单位70565家。做好"四上"（规模以上工业、有资质的建筑业、房地产开发经营业；限额以上批发和零售业；限额以上住宿和餐饮业；规模以上服务业法人单位）单位新增纳统工作。加强部门联动，及时跟踪新开业企业和成长型企业的生产经营情况，切实做好新增单位的核实、筛选、审核把关、上报工作，全年新增"四上"单位380家。强化数据质量审核。联网直报期间，各专业科室严格"即报即申"，指导各镇（街道）、企业提升联网直报质量，减少数据错误。

【人口普查】 2020年，晋江市统计局安排第七次全国人口普查登记。从11月1日起，市、镇（街道）两级人口普查办加强组织协调，全面发动普查员深入普查小区、企业进行现场入户登记，全市人口普查现场登记工作有序开展。加强机制建设。制定入户登记工作步骤，严格入户登记程序，规范入户登记操作，明确时间进度节点，保质保量全面完成普查现场入户登记工作。加强检查督促。市人口普查办先后3次对各镇（街道）进行督查，查找存在的问题，及时协调解决，推进工作进展。加强质量审核。要求普查员灵活运用部门行政资料，规范PDA操作，确保普查对象如实提供数据资料。提高登记质量。11月16至12月10日，开展人口普查比对复查工作，对登记数据进行质量检查，对漏报错报情况进行查遗补漏。以国务院人普办对人普工作的事后质量抽查为契机，于2020年12月13—20日开展自查自纠，夯实普查数据质量，如实反映晋江市的人口发展状况，为制订规划、决策提供数据支撑。

【统计规范化建设】 2020年，晋江市统计局强化统计服务产品，通过"晋江统计"微信公众号、政务门户网站、晋江经济报统计之窗等渠道，强化统计工作动态发布和统计资料展示，统计出版物线上线下互为补充，为社会公众提供统计服务；组织月报、年报、统计公报等资料编撰。全年完成《统计月报》11期、《统计公报》1期、《统计年鉴》1期；向晋江市档案馆、晋江市图书馆报送政务公开信息各12期，方便群众查阅了解晋江经济运行情况和统计工作近况。

加强镇域规范化考核。梳理基层统计队伍配备情况，根据镇（街道）统计工作实际，督促镇（街道）按要求配足统计人员，着力提高基层统计队伍稳定性。严格落实基层辅助统计调查员绩效考核工作，严格执行《镇域辅助调查员绩效考核办法》，尊重镇（街道）意见，把镇域辅助统计调查员考核权力下沉至镇一级，强化量化的真实、客观性，促进考核工作真实体现基层辅助调查员工作实效。落实《晋江市镇域统计工作规范化管理实施细则》，对21个镇（街道）基层基础、统计业务、统计法制内容进行考核，加强对镇域统计基础工作的指导和检查。

（林胜利）

【消费市场统计】 2020年，晋江市实现社会消费品零售总额1513.54亿元，比2019年增长0.1%。在限额以上企业商品零售额中，体育娱乐用品类增长161.0%，家用电器和音像制品类增长30.7%，服装鞋帽针纺织品类增长24.1%，中西药品类增长21.5%，家具类增长19.2%，日用品类增长18.5%，五金电料类增长7.0%，汽车类增长5.5%，粮油食品类下降6.5%，建筑及装潢材料类下降17.3%，石油及制品类下降35.7%。2020年，晋江市共有1107家限额以上批发和零售业企业，全年实现销售额3267.79亿元，增长10.2%。其中，销售额超亿元企业544家；实现销售额2994.76亿元，增长18.0%。

（洪钦佩）

【固定资产投资统计】 2020年，晋江市固定资产投资（不含农户）比2019年下降2.7%。分产业看，第一产业投资增长29.8%；第二产业投资下降3.4%，其中，工业投资下降3.4%；第三产业投资下降2.3%。基础设施投资下降4.7%，占固定资产投资的13.7%。民间固定资产投资下降0.3%，占固定资产投资的71.0%。高技术产业投资下降2.4%，占固定资产投资的6.4%。

2020年，晋江市房地产开发投资182.91亿元，比2019年增长18.2%。其中，住宅投资144.15亿元，增长15.7%。商品房销售面积398.25万平方米，增长5.1%。其中，住宅销售面积310.29万平方米，下降0.9%。年末商品房待售面积68.63万平方米，比2019年末减少43.59万平方米。

（王江畔）

【城乡居民收支调查】 2020年，晋江市城乡居民人均可支配收入44827元，比2019年增长3.2%。其中，城镇居民人均可支配收入54594元，增长2.6%；农村居民人均可支配收入27344元，增长5.3%。城乡居民人均收入比值为2.00，比2019年缩小0.05。城乡居民人均生活消费支出26943元，比2019年下降1.9%。其中，城镇居民人均生活消费支出31282元，下降2.3%；农村居民人均生活消费支出19166元，下降1.0%。

（陈明红）

市场监督管理

【概况】 2020年，晋江市市场监督管理局深化商事登记制度改革，优化营商环境。推行"一网通办"，实施名称、企业全程电子化登记和个体工商户全程智能化登记，企业开办登记时间压缩至1个工作日，2020年全市新设立市场主体50448户，市场主体总量233367户，其中企业76219户、个体工商户157148户。完善知识产权服务体系，2020年晋江市有效注册商标138463件，国家市场监督管理总局认定的驰名商标46件、马德里国际注册商标375件、地理标志商标12件。全年专利累计申请量、授权量分别为12442件、9919件，累计万人发明拥有量10.04件。在加大知识产权专利申请的同时，加强知识产权保护平台建设，2020年4月成立晋江市知识产权纠纷人民调解委员会。2020年10月26日，中国晋江（鞋服和食品）知识产权快速维权中心获批建设。

2020年，晋江市共有13家企业品牌入选2020年中国品牌价值评价上5亿元榜单。累计有6家次企业参与5项国际标准制订、367家次企业参与243项国家标准制订、416家次企业参与251项行业标准制订、96家次企业参与32项地方标准制订。1家企业获得第五届泉州市政府质量奖。

【质量计量监管】 2020年，晋江市市场监督管理局强化质量监管，开展对儿童和学生用品、消防产品、塑料污染治理等质量专项整治，重点开展口罩等防护产品及原辅材料综合监管，共查处口罩相关违法案件80起，查封扣押口罩26.4万只，落实计量监督和检验检测，开展定量包装、加油机等计量监督检查和检验检测机构的监督检查，依法查处计量与检测认证案件321起。

【市场监管执法】 2020年，晋江市市场监督管理局共立案查处案件3970件，罚没1732.9万元。全年开展3批次双随机抽查企业3460家，实施企业经营异常名录和个体户异常标注管理。营造健康消费环境，全年共接收投诉、举报、咨询

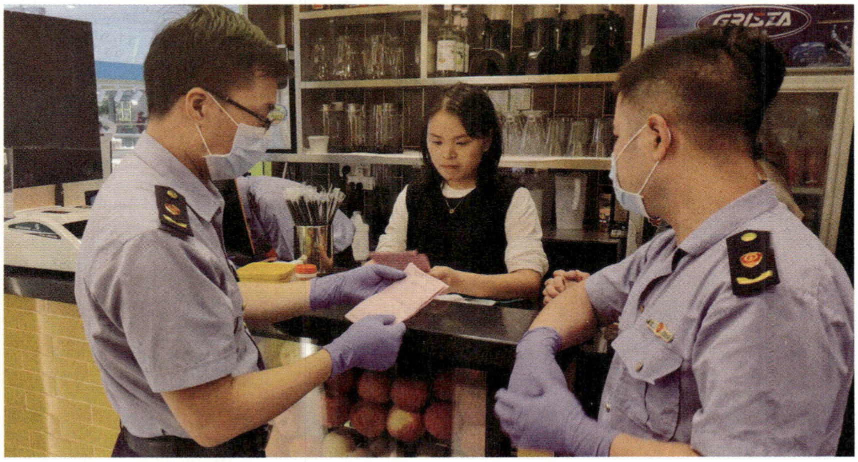

2020年，晋江市市场监督管理局开展餐饮行业食品安全检查（市市场监督管理局 供）

18367件，为消费者挽回经济损失839.18万元；查处侵害消费者合法权益案件38件。查处无证无照经营案件980起；晋江市市场监督管理局牵头开展全市小作坊小加工厂排查处置。查处商标侵权案件129件，办结专利纠纷案件8起。查处知识产权违法行为，加大价格违法、不正当竞争、虚假违法广告、网络市场、证照等监管力度，配合做好文明城市创建复查整改。开展市场监管领域安全生产大排查大整治行动，2020年共督促完成整改闭环特种设备1056台，查处案件51起；协同各镇（街道）督促完成“土制升降机”拆除（或去功能化）882台。

【食品药品安全监管】 2020年，晋江市市场监督管理局围绕“两超一非”、网络食品、学校食堂、集体用餐配送单位、食品加工小作坊、进口冷链食品等组织专项整治，共查处食品安全案件978起，开展进口冷链食品疫情防控，完成库存进口冷链食品批批核酸检测、件件消毒，定期组织从业人员核酸检测，牵头设立进口冷链食品集中监管仓；推进食品安全重点项目抽检。2020年共开展监督抽检5937批次，合格率98%；开展快速检测141459批次，合格率99.84%。推进“一品一码”追溯体系建设，2020年新建10个食品安全快检室，实现“一镇街一快检室”目标，做好“世中运”食品安全保障筹备，开展防疫药械质量、中药饮片质量等药械安全专项整治，查处案件190起。加强对新建、转产口罩、防护服等防疫生产企业的指导帮扶工作，2020年度晋江市食品安全满意率、药品安全满意率分别位列泉州市各县（市、区）第一、第二。

（柯雅思）

海关监督管理

【概况】 2020年，泉州海关驻晋江办事处查获7起进境大麻毒品案，推动市场采购新业态落地，促进跨境电商高质量发展，晋江陆地港跨境电商零售出口突破650万单；新冠肺炎疫情防控期间，检获厦门关区口岸首例阳性病例并累计发现5例，贯彻秋冬季疫情防控冷链“人物同防”理念，多渠道筹措和保障疫情防控物资入境，协调全国、快速验放进出口口罩16819.69万个、防护服5.6万套、护目镜及面罩55.9万只。全年共接审进出口报关单40463份、同比减少16.3%；货运总量679.19万吨，同比增加20.16%；货运总值42.47亿美元，同比减少55.52%。共监管快件393.31万件，9283.26吨，货值9.54亿元，征收税款3135.39万元，同比分别减少29.81%、41.68%、28.16%、增加4.19%；6月开始，恢复跨境电商出口，全年共监管跨境电商出口货物658.89万件，2525.49吨，金额4.87亿元，同比分别上涨273.4倍、101.9倍、7.25倍。监管出境邮件86.08万票，同比增长36.22倍。监管进出境航班1190架次、旅客98640人次，分别同比下降84.9%、98.26%。共签发各类原产地证14088份、金额7.29亿美元，份数比降8.56%，金额比增1.81%。

【检疫流程优化】 2020年，泉州海关驻晋江办事处严格实施“查、排、转、询、报”检疫流程，对重点航班、国际航线船舶实行“一航次一方案”精准监管，对进口冷链食品落实严格的采样技术规范，严密构建全流程闭环管理。登临检疫296架次，发现症状人员302人，在厦门关区率先检出首例新冠病例。指导泉州晋江机场建设“海关检疫E码通”平台，检疫一体化通道和采样作业间，添置健康申报审核终端，推动复航。开展口岸污染环境、运输工具、进口冷链产品查验场地等各类消毒。

【通关流程和服务优化】 2020年，泉州海关驻晋江办事处推进贸易便利化，全力压缩通关时间。2020年，泉州海关驻晋江办事处出口整体通关时间1.32小时，出口海关通关时间0.29小时，整体进口通关时间为15.71小时，海关进口通关时间为3.04小时。研究制定通关服务保障措施，促进外贸稳增长。全面推广原产地证书自助打印，自助打印原产地证书7942份，金额3.68亿美元，利用率达可自助打印数量的91%；落实对美国加征关税商品排除工作，帮助企业及时办理退税手续。全面上线应用海关金二加贸系统系统。全年为首办加工贸易企业免除风险担保金5家，免除担保金229.5万元。推进保税电商出口业务准备。针对LAZADA电商设立分拨中心及9610出口项目开展可行性政策研究，确立现设仓再视量争取设立9610监管中心的思路。整理出台泉州综保区业务工作提示，对当前1210、9610、9710、9810四种形态跨境电商知识点普及。

【企业进出口业务帮扶】 2020年，泉州海关驻晋江办事处落实海关总署“促进外贸稳增长”十条、厦门海关帮扶企业“防疫情、稳外贸”十四条措施。加速防疫物资通关，对恒安、百宏等龙头企业进口生产防疫物资设备实行先安装、即时投入生产。推行“全程网办”“不见面审批”等举措，设立出口绿色通道与专门受理窗口，助力进出口货物快速通关。收集有关国家（地区）因新冠肺炎疫情对中国出口食品采取入境限制措施共21期102条信息。帮扶机场开通“客改货”航班运行，重新打通国际空运渠道，理顺进口转关业务流程，为进口转关业务开展做好准备工作，帮助泉州晋江机场化解国际客运航班停航困局，盘活国内航段航空资源，维持进出口航空货运业务开展。

【动植检疫监管】 2020年，泉州海关驻晋江办事处严防埃博拉、登革热、基孔肯亚热等传染病传入，防止疫情叠加，加强动植检疫监管，维护国门生物安全。全年共确诊传染病23人次，检出检疫性有害生物2种、2种次，检出一般性有害生物11种、31种次。开展“2020国门利剑行动”，持续聚焦洋垃圾、象牙等打击重点，全年共查发侵权情事28起，涉濒危物种情事45起。

（卢　意）

海事管理

【概况】 2020年，晋江海事处坚持疫情防控和履职工作两手抓，在做好海上疫情防控工作同时，强化海上安全监管与服务保障，保障辖区海上交通持续稳定，为晋江港航经济发展保驾护航。2020年辖区进出港船舶7581艘次，比2019年减少5.7%；港口货物吞吐量1575万吨，比2019年下降4.1%；集装箱41.4万标箱，比2019年下降15.4%；实施船舶安检初查143艘次，查出缺陷1035项，滞留船舶16

2020年3月26日，泉州晋江海事处现场保障安海湾特大桥最后一根桥梁主钢梁吊装

（晋江海事处 供）

艘次。全年共接到海上遇险报警23起，遇险人员45人，救助45人，人命救助成功率100%，挽回直接经济损失约3500万元。

【海上交通安全保障】 2020年，晋江海事处根据季节防范特点和辖区监管重点，相继组织开展“两船”（住家船、餐饮船）整治、水上交通安全隐患大排查大治理、百日攻坚行动、水上无线电秩序管理专项整治、2020船舶专项检查、福建海事局非法采运海砂综合整治攻坚行动、长期逃避海事监管船舶专项整治行动以及安全生产和专项整治三年行动等专项行动，打击海上交通安全领域中各类违法违章行为，破解辖区监管难点、热点。针对非法采运砂作业海域由湾内向台湾海峡转移新动向，及时部署调整海上执法巡查模式，重点关注空载出港散货船涉嫌在台湾海峡过驳海砂非法行为，依托电子巡航手段，加大远程监管力度，追踪船舶海上航行轨迹，持续保持高压态势，全年共核查进出港船舶502艘次。

【晋江港口经济发展保障】 2020年，晋江海事处贯彻落实“一断三不断”（一断是坚决阻断病毒传播渠道；三不断是公路、交通、网络不能断，应急运输绿色通道不能断，必要的群众生产生活物资运输通道不能断）工作要求，做好港口建设费和船舶油污损害赔偿基金减免工作，累计对179艘国际航行船舶免征港口建设费约186万元，并服务保障好围头作业疏浚、安海湾特大桥建设复工复产，3月26日完成厦漳泉城市联盟路安海湾特大桥最后一根桥梁主钢梁吊装现场安全警戒保障工作。为晋江市防控办制定出台《国际航行船舶中国籍船员换班工作导则》建言献策，坚持做到“应上尽上、应换尽换”，推动船员换班常态化管理，安全保障153名中国籍船员换班，助力航运生产全面复工复产达产。

【海上搜救工作】 2020年，晋江海事处做好晋江市海上搜救分中心的日常工作，坚持“以人为本，科学决策、快速高效”的搜救原则，做好应急管理和海上搜救工作，完成搜救责任海区“两防一救”（防台风、防污染和人命救助）的任务。提升辖区海上搜救应急能力建设，促成晋江市人民政府出台《晋江市人民政府办公室关于进一步加强海上搜救工作的通知》，推进各项工作的落实。

【水上安全知识宣传】 2020年，晋江海事处推动地方政府在晋江市电视台和全市公交车车载电视上滚动播放《滨海旅游注意事项动漫》，与深沪镇政府联合开展“平安共建 守护海岸线”活动，增强人民群众“滨海游”安全出行意识。与晋江市教育局签订平安共建协议，常态化开展“水上安全知识进校园”活动，2020年先后联合走进5所中小学校开展水上安全知识巡回宣讲，受教学生近2000名。联合晋江市农业农村局开展防范商渔船碰撞事故安全警示教育现场教学活动，组织两批渔船船“老大”登上商船实地参观学习，建立商渔船“老大”面对面共商航行安全新途径。

（刘金华）

2020年8月27日，泉州晋江海事处与晋江市教育局平安共建签字仪式举行

（晋江海事处 供）

农业 农村

综 述

【农业农村发展】 2020年，晋江市农林牧渔业总产值40.59亿元，比2019年增长1.9%。其中，农业产值7.58亿元，增长1.5%；农林牧渔服务业产值1.90亿元，增长5.6%；渔业产值26.46亿元，增长1%；牧业产值4.63亿元，增长6.4%；林业产值120万元，下降19.5%。截至2020年12月，晋江市共有383个村（社区）（不包括12个新型社区）2020年度集体经济经营性收入2.09亿元，村均54.65万元，比2019年增长31.91%。全市各村（社区）集体经营性收入全部突破20万元。

【农村综合改革】 2020年，晋江市农业农村局编制并提交改革试点方案。《晋江市农村宅基地制度改革实施方案》于2020年11月2日经福建省委、福建省人民政府同意，农村宅基地制度改革实施方案和农村综合改革试验区项目制试验任务实施方案先后通过市政府常务会和市委常委扩大会议审议。推进农村宅基地建设审批工作，2次组织召开农村宅基地建设管理联席会议预审会，研究讨论2批次46宗农村宅基地建房申请和建设用地建房申请。引进上海飞未信息科技有限公司为农村宅基地制度改革提供技术支撑。乡村治理体系建设工作经验案例入选全国第二批乡村治理体系建设案例。

（尤德文）

【山海协作对口帮扶】 2020年，市农业农村局持续完善和丰富山海协作模式，2020年3月中旬，与龙岩市长汀县签订山海协作对口帮扶补充协议，明确帮扶目标任务、资金安排、保障措施等，拨付对口帮扶资金2000万元，完成两地党政主要领导互访。2020年，新增对口帮扶龙岩市上杭县，共拨付600万元帮扶资金。

（吴文振）

【农村实用人才培育】 2020年，晋江市举办13期高素质农民培训班，培训1272人次，农村实用人才认定127人，其中高级6人、中级9人、初级112人；组织评选第二届优秀农村实用人才20人，推荐参评泉州市优秀实用人才5人，入选2人；新增1名全国创业创新带头人；举办农村优秀实用人才座谈2场、125人次，收集农村人才培育途径和建设性意见5条。全市农村实用人才26927人，评（认）定农村实用技术职称1818人，占比6.75%，其中高级职称15人、中级职称14人、农民助理技师129人、农民技术员1660人。

【农业科技成果】 2020年，晋江市梓源农业发展有限公司完成2019—2020年度胡萝卜新品种试验2批次230多个，确定H18210、H1877、H1879和紫誉212等4个优良新组合，为晋江市胡萝卜种植提供种植品种借鉴。晋江市首家农作物种子生产经营许可证获得批准，落地东石镇潘山村，品种编号“GPD番茄(2018)210534”，改变农作物种子长期外购的格局，并提供价格优惠和种植指导一条

2020年2月，“晋江胡萝卜”入选国家农产品地理标志。图为晋江东石镇坑园村村民正在采收胡萝卜

（陈巧玲 摄）

龙服务。

（陈建福）

【农业“三品”认证】 2020年，晋江市有效无公害农产品认证42家51个产品，有效绿色食品认证数7家38个产品，4月，新增“安海土笋冻”“晋江胡萝卜”2个国家农产品地理标志登记保护产品。

【农产品质量监测结果】 2020年，晋江市完成福建省农业厅抽检44批次，泉州市抽检108批次，完成晋江市监督抽检172批次，第三方完成风险监测1423次，市、镇两级果蔬快检6261批次。

（陈坤明）

农村经济管理

【概况】 2020年，晋江市践行“绿水青山就是金山银山”重要理念，贯彻落实中央一号文件精神，以“实施乡村振兴战略”为总抓手，围绕重点指标、重点工作、重点项目，强基础、优服务、提品质，推动全市农业农村健康稳定发展，推动乡村休闲旅游高质量发展。在休闲农业示范创建、农业资源可持续利用项目示范、休闲农业与乡村休闲发展规划、都市农业、创意农业研究和农业区划宣传等方面，发挥农业区划的职能作用，促进农业资源高效利用和农业多功能拓展，优化农业产业结构和区域布局，推动晋江现代农业的跨越发展。创建福建省美丽休闲乡村1家、泉州市休闲农业示范点1家，新增休闲农业示范点和精品线路点5家。

【农村集体“三资”监管】 2020年，晋江市完成村级财务网上公开平台的数据迁移和平台建设工作，共完成12期村级财务网上公开。组织开展农村集体“三资”（资金、资产、资源）工作机制落实情况调研，将调研情况与镇（街道）年度绩效挂钩，推进镇、村两级工作开展。将村级离任审计工作时间提前，设置审计重点，实行审计单位准入制，提升审计实效性。根据镇、村两级工作意见，及时健全完善村集体工程项目规范管理机制，综合评估村集体工程项目建设频次、乡村治理能力、村集体经济发展水平等的前提下，放宽村（社区）“两委”会议的决策限额。简化村集体工程项目的报支报批程序。

（尤德文）

【休闲农业示范项目建设】 2020年，晋江市农业农村局开展农业资源可持续利用示范项目建设，以示范创建为抓手，为具备条件的休闲农业企业或乡村开展休闲农业示范点创建工作，开展农业区域规划，做到“先规划，后开发”，指导紫帽镇紫星村、绿泉现代农业园、晋江市新灵休闲农庄进行专项规划，结合晋江市田园风光区域布局提出发展休闲旅游、农家乐和生态旅游的发展思路；引导晋江市益农投资发展有限公司申报泉州市和晋江市休闲农业发展资金项目，加强农业基础设施建设、提高农业综合生产能力，改善农业生态环境、促进农业企业可持续发展。

【区划研究和宣传】 2020年，晋江市农业农村局聘请福建农林大学编制《晋江市休闲农业产品本地供应管理研究》的课题并通过专家评审，指导晋江市九十九溪流域田园风光与阿里巴巴合作，打造“农业+文旅+体育+智慧”为一体的田园风光示范基地，设立“田园智慧+”专业实践基地，利用技术优势、人才优势和公共资源平台，促进科技成果转化。引导果蔬协会在龙湖绿萌农场联合开展四季水果栽培技术研究，提高果蔬产业的科技含量。

市农业区划办高度重视休闲农业与乡村旅游宣传促销工作，以节庆活动为契机，加大宣传投入力度，扩大产业的影响力。继续加大农业文化遗产的发掘保护传承工作，推动遗产地经济社会可持续发展。

【农业资源可持续研究】 2020年，晋江市农业农村局与果蔬协会在龙湖绿萌农场联合开展四季水果栽培技术研究，提高水果产业的科技含量，通过利用既有的水果品种园区进行嫁接栽培，调整农业产业结构和农村经济结构，改善农业生产条件和生态环境，提高农业的科技含量，晋江市农业区划办倡导规划先行，科学发展，继续与福建农林大学联合开展研究，建立农场农业资源可持续利用评价指标体系和评价体系，找出影响农业资源可持续利用的症结所在，提出切合农场实际的资源可持续利用相应对策，为农场的长远发展，为实现农业生产的增产增收、节本增效，保持和恢复当地良好的生态环境，实现富农强场的战略目标找到一条可行之路，为新时期新的生产力布局和产业调整提供科学依据。

【休闲农业工作】 2020年，晋江市农业农村局把推动休闲农业发展作为一项工作重点，通过加大扶持力度，加强规划指导，在开展推进休闲农业与乡村旅游创建工作中，因地制宜，注重与新农村建设紧密结合，指导特色产业发展、一村一品。

示范创建，打造休闲农业品牌。充实完善基础要素，使其整体水平和影响力进一步提升。加强规划，引导科学发展。重视开展休闲农业项目规划工作，加强规划指导，引导、推动休闲农业企业和乡村编制实施休闲农业发展规划，倡导规划先行，科学发展。在开展推进休闲农业与乡村旅游创建工作中，因地制宜，注重与新农村建设紧密结合，指导特色产业发展、一村一品。晋江市农业区划办针对晋江市休闲农业企业及相关企事业单位对休闲农业发展的需求，举办“晋江市休闲农业和乡村旅游职业经理人”培训班。加强宣传、营造氛围。为做好休闲农业与乡村旅游宣传推介，扩大休闲农业与乡村旅游景点线路的知名度，营造促进农民就业增收、拉动城乡居民休闲消费氛围，晋江市农业区划办向上级推荐申报以福祥山庄、围头村的“滨海乡村旅游”等精品休闲农业与乡村旅游线路。为整体提升乡村旅游的竞争力和市场影响力，实现“以旅促农、农旅一体”的发展新格局，在晋江电视台开辟晋江休闲软文报道，扩大影响，提升经济效益。

（林英波）

种植业

【概况】 2020年，晋江市农作物播种

面积16173.33公顷。其中粮食播种面积3466.66公顷，产量2.34万吨；蔬菜8126.66公顷，产量19.58万吨；其他农作物播种面积4580公顷。

【化肥农药施用】 2020年，晋江市开展水稻病虫害绿色防控工作，推广无人机专业化统防统治技术，应用水稻无人机专业化统防统治面积146.66公顷次；建设1个蔬菜绿色防控示范点，示范面积13.33公顷；1个水稻绿色防控示范点，示范面积100公顷；实施农作物统防统治1.133公顷次、绿色防控12万次；实施测土配方示范24次；推广商品有机肥6666.66公顷。推广水稻机收秸秆还田技术，设置4个核心示范片，示范面积46.66公顷；带动周边稻作区机械化收割秸秆还田面积500公顷，进一步减少化肥使用量。

【作物良种良法技术推广】 2020年，晋江市承担泉州市粮食高产创建项目，设置百亩高产创建核心示范片10个，包括3个早稻、2个晚稻、2个秋玉米、3个马铃薯。水稻示范片亩产约500千克，玉米亩产900千克以上，马铃薯亩产超过2000千克。作物品种示范。承担3个省级优质甘薯示范项目、泉州市级农作物新品种试验示范项目，包含1个水稻、1个玉米试验示范项目。省级优质甘薯示范片亩产2400~3500千克，水稻产量508千克，玉米亩产937千克。

【设施农业项目建设】 2020年，晋江市农业农村局组织验收新建成的3家企业的智能温控1个0.77公顷、温室大棚3个面积6.57公顷，拨付省级补助资金110万元；新增备案智能温室0.13公顷、温室大棚3个33.33公顷。

【现代农业园区建设】 2020年，晋江市省级农民创业示范基地通过验收，拨付省级补助资金140万元，泉州市级配套资金24万元。组织申报2019年、2020年泉州市级产业园建设项目，初步确定4个建设项目。

【蔬菜应急保供基地】 2020年，晋江市农业农村局按照《晋江市农业农村局关于印发促进农产品稳产保供推动农业生产复工复产八条措施操作程序的通知》的相关要求，组织符合晋江市2020年蔬菜应急保供基地项目补贴标准和范围的农业场户、经营主体申报，并开展现场实地测量验收。符合2020年蔬菜应急保供基地项目补助标准的农业场户、经营主体11家，总面积45.06公顷，按照规定兑现补助资金33.79万元。

【种植业保险】 2020年，晋江市农业农村局组织农户参与各项农业保险，其中水稻种植保险，全市共16户农户参保，投保面积527.3公顷（其中早稻306.3公顷，晚稻221公顷），合计保费11.86万元；胡萝卜种植保险投保6户，投保面积64.2公顷，合计保费9.6万元；大棚设施及作物投保4户，投保面积26.13公顷，合计保费25.79万元。

【水稻规模种植补贴】 2020年5月、9月，晋江市农业农村局通知各水稻规模种植场户申报水稻种植补贴，2020年晋江市早稻规模种植补贴申报种植场户16户，验收面积320.46公顷。10月，组织申报晚稻规模种植项目，共申报12户，验收面积170.57公顷，每亩补助本级资金250元，共计兑现补助资金184.25万元。

【耕地地力保护补贴】 2020年，晋江市农业农村局印发《晋江市2020年耕地地力保护补贴发放工作方案》，开展耕地地力保护补贴发放指导工作，全市补贴面积9419公顷，其中种粮大户补贴面积316.54公顷。根据种粮每亩补贴100元，其他农户每亩补贴60元的规定，共计发放专项补贴资金866.7万元。

（黄伟彬）

林　业

【概况】 2020年，晋江市持续深入开展“全民动员、绿化晋江”活动，扎实推进造林绿化工作，建立义务植树基地。全年完成植树造林483.33公顷，完成年度任务100%。

【义务植树活动】 2020年3月16日，晋江市党政军民学义务植树活动在第二体育中心海滨公园开展，共种植丛生朴树、蓝花楹、香樟、大叶榕等各类苗木近120株，拉开2020年“全民动员、绿化晋江”义务植树活动月的序幕。4月11日，泉州市党政军民学义务植树活动在第二体育中心周边地块开展，共种植火焰木、宫粉紫荆、菩提榕、多花风铃木、水蒲桃等树种。11月7日，在紫帽山开展以“大手拉小手 共守绿水青山”为主题的义务植树活动，活动征集25组小记者和粉丝家庭，共种植银叶金合欢、花叶富贵榕等300株苗木。

【重点山体林分修复】 2020年，晋

2020年11月7日，晋江市在紫帽山开展以“大手拉小手 共守绿水青山”为主题的义务植树活动

（市林业和园林绿化局 供）

江市持续以修复城市秀美背景山体为目标，以裸露山体及紫帽山松材线虫病除治施工便道林分修复为主线，加快重点山体林分修复和提升，全年共完成山体修复20公顷。

【乡村绿化】 2020年，晋江市加快村级公园建设步伐，在村庄入口、道路两旁、河边湖畔等关键景观节点，统筹规划，建设公园绿地。2020年，共完成6个村级公园的评审工作和1个村级公园的建设工作。“五彩色带”乡村景观林建设利用“村边路旁”等非规划林地，种植珍贵和优良乡土树种，开展“五彩色带”乡村景观林营造活动。2020年，共完成7个“五彩色带”乡村景观林营造。提升沿海风口防护林建设。2020年，续建完成沿海大通道陈埭外线绿化景观提升工程，全线长9.3千米，绿化范围包括中央分隔带、两侧边分带及西侧50米，完成绿化面积约50万平方米，累计完成投资约7000万元。

（王辉庭）

畜牧业

【概况】 2020年，晋江市完成肉蛋奶产量1.2565万吨全市生猪存栏2.9346万头，出栏3.8721万头；牛存栏0.2377万头，出栏0.3915万头；羊存栏0.5742万头，出栏0.3674万头；家禽存栏63.4272万羽，出栏144.2143万羽；兔存栏2.4109万只，出栏2.378万只。成年公马12匹、母马38匹，兑现补贴资金6.2万元。晋江市动物卫生监督所获“全省农业农村系统先进集体”称号。

【养殖废弃物资源化利用】 2020年，晋江市农业农村局根据农业农村部养殖场直联直报信息平台核算结果，晋江市2020年畜禽粪污综合利用率96.99%，规模养殖场粪污处理设施装备配套率100%。

【动物疫病防控】 2020年，晋江市共免疫家禽94.8534万羽次、牛0.7332万头次、羊1.1238万头次、生猪3.62万头次，应免畜禽免疫密度100%，集中免疫期间抗体合格率80%以上。全年未发生区域性重大动物疫情。

晋江市选派专业技术人员组队参加泉州市举办的动物防治员技能竞赛，晋江市农业农村局获得团体二等奖；有2名参赛选手分别获得泉州市一等奖、三等奖，获奖选手同时被泉州市总工会、泉州市人社局授予“泉州五一劳动奖章”“泉州市技术能手”称号。9月，晋江市农业农村局职工朱金阳代表福建省出征全国职业技能竞赛，获得全国三等奖并获得农业农村部颁发的优秀选手证书，实现福建省该项目竞赛零的突破。

（郭明好）

【动物卫生检疫】 2020年，晋江市生猪屠宰检疫29.96万头，生猪产地检疫2.43万头，羊0.54万头，牛0.30万头，检出252头病死畜，均按GB16548规范作焚烧、发酵法进行无害化处理。

【动物卫生监督执法】 2020年，晋江市农业农村局在动物卫生监督执法中，立案10起，罚没金额89万多元，行政警告2起。

【瘦肉精抽检】 2020年，晋江市生猪养殖环节抽检“瘦肉精”12批次，120头份；生猪屠宰环节抽检“瘦肉精”8845批次，21594头份；羊屠宰环节抽检“瘦肉精”347批次，1301头份；牛屠宰环节抽检“瘦肉精”229批次，1578头份。盐酸克伦特罗、莱克多巴胺和沙丁胺醇检测结果全部为阴性。

（郭建福）

海洋与渔业

【概况】 2020年，晋江市开展省级海洋产业发展示范县申报工作，委托自然资源部第三海洋研究所编制三年实施方案，深入企业征集海洋产业发展示范项目，9月28日通过福建省海洋与渔业局组织的专家评审，11月被福建省海洋与渔业局、财政厅确定为省级海洋产业发展示范县，获得省级海洋经济2400万元专项补助；开展2020年泉州市级渔业专项资金摸底工作和省级渔业结构调整专项资金摸底工作；做好标准化海洋捕捞渔船更新改造项目验收及资金审核工作，兑现标准化海洋捕捞渔船更新改造项目补助资金9400万元；组织开展2019年度机动渔船油价补贴申报工作，兑现2019年度机动渔船油价补贴资金（第一批）3502.79万元；加快推进渔港建设，建成晋江智慧渔港1期——晋渔港执法App项目；向上级主管部门争取渔港建设政策资金扶持，东石白沙二级渔港、深沪中心渔港扩建、围头一级渔港等3个项目被列入省沿海渔港建设规划，东石白沙二级渔港项目工程可行性研究报告暨初步设计报告通过专家评审。

（丘宝强）

【渔业资源增殖放流】 2020年，晋江市共开展2次渔业资源增殖放流活动，在深沪湾海域分别共计放流西施舌63.18万粒、中华鲎苗16.89万尾，共计投入放流资金59.4986万元。

【水产品质量安全监管】 2020年，晋江市农业农村局配合福建省、泉州市海洋与渔业局抽检晋江市水产品质量安全，抽取鲍鱼、牡蛎、对虾和鱼类样品12份送福建省水产研究所检测，检测结果合格。对晋江市水产养殖环节开展例行监测，第四季度组织水产品中禁用药物快速检测抽检6次，采集鲍鱼24份、对虾6份、牡蛎6份共计36个样本，产品检测结果均为合格，合格率100%；组织水产品质量安全监督和风险抽检4次，采集鲍鱼10份、对虾4份、牡蛎2份和鱼类4份共计20个样本，产品检测结果为合格，合格率100%；组织渔船渔获物新型冠状病毒核酸检测4次，随机采集110个样品，产品检测结果全部为阴性，合格率100%。加强抽检执法保障工作，抽检与执法巡查同步进行，有检必查。依法检查是否存在违法违规用药以及“三项记录”（《养殖生产记录》《用药记录》《销售记录》）落实情况，全年执法检查水产品养殖场12次、检查水产品养殖场户37家，无发现使用违禁药物问题。

【水产养殖技术服务】 2020年，晋江市完成水产养殖动植物病害测报工作，完成2个水产监测品种（南美白对虾、鲍鱼）病害测报，及时预估晋江市水产养殖病害发展形势，指导水产养殖户做好相关病害防治措施。开展重点海水养殖区水质环境监测。根据《泉州市重点养殖区的水质环境监测与预警报方案》要求，2020年泉州市农业农村局每月2次到晋江市围头湾内养殖区水质抽样，及时掌握重点养殖区水质状况，保障海区养殖安全。开展渔业科技服务，2020年晋江市农业农村局实地走访养殖户33户，为每位受访户量身定做指导方案，为全市水产养殖户解决养殖过程中存在问题。

【规划外养殖清退】 2020年，晋江市农业农村局对围头湾影响航道通行、填海区和禁养区超规划海水养殖实施清退，共清退面积697.18公顷；2020年，全市共清退超规划海水养殖面积1212.4公顷，全面完成超规划海水养殖设施清退任务。

（赖永铅）

【涉渔“三无”船舶整治】 2020年，晋江市农业农村局开展打击涉渔“三无”船舶非法建（改）造点执法行动，9月30日开展13艘涉渔“三无”船舶集中拆解活动，2020年，共拆除3个非法建（改）造船点和18艘涉渔“三无”船舶。严格按照上级要求，开展“封港清查”专项行动，抓扣涉渔“三无”船舶2艘。

【渔业船员培训】 2020年，晋江市农业农村局利用休渔期间渔民相对集中的时机，组织渔业船员参加“四小证”（熟悉和基本安全培训合格证、精通救生艇筏和救助艇培训合格证、高级消防培训合格证、精通急救培训合格证）、渔业安全知识、各类实用技能和渔业法律法规等培训，2020年组织渔船船员培训14期，培训2729人次；职务船员培训1期，培训107人次。

（魏重翼）

农业机械化

【概况】 2020年，晋江市农机总动力约26.81万千瓦，全市主要农作物机耕作业面积4460公顷，其中水稻540公顷；机插作业面积1546.67公顷，其中水稻400公顷；机收作业面积2600公顷，其中水稻533.33公顷。实现水稻耕种收、植保全程机械化，综合机械化率88.64%。

【农业机械购置补贴政策】 2020年，晋江市共使用农业补贴资金475.267万元，其中中央补贴资金348.032万元、省级补贴资金127.235万元。

【农业新机具、新技术推广】 2020年5月，晋江市梓源农业有限公司被确定为2020年福建省农业“五新”（在农业生产过程中推广应用新品种、新技术、新肥料、新农药、新机具）中的“农机新机具”示范推广项目承担单位，开展胡萝卜生产全程机械化实验示范，通过农机农艺结合，进行胡萝卜全程机械化探索。引进德国GRIMME公司生产的CM1000C胡萝卜收获机，进行机械化收获的实地测试。4月，晋江市豪泰农业发展有限公司被确定为农业机械化转型升级发展项目花生监测点。全年共开展3期现代农业与农机化培训班，共培训场户318名。

【春耕备耕】 2020年，晋江市开展宣传农业生产中农业机械化新技术新机具，推进主要农作物全程机械化的示范带动作用。及时发布与宣传农机生产主要作业环节适用农机产品信息、机械化生产技术。组织技术人员，深入春季生产一线开展技术指导。鼓励机主报废更新农机具。向172位农机户发送信息宣传农机报废更新补贴政策，鼓励报废更新农机具。甘薯、花生、马铃薯等主要农作物机耕作业面积、机插作业面积和机收作业面积分别为4166.67公顷、1300公顷和300公顷，完成泉州市下达的农机化生产指标。2020年，省农业农村厅公布的第二批省级主要农作物生产全程机械化示范县（市、区）名单中，晋江市名列其中。敦促农机户抓好有利气候条件，适时做好水稻春耕备耕工作。要求农机手做好体温检测与消毒防疫措施。将《致全市农机社会化服务组织的一封信》送至全市5家农机合作社和1家农机维修点，引导督促各农机场户做好疫情防控和春耕备耕工作。组织农机人员深入农机合作社、农机维修点、水稻种植大户，宣传讲解水稻育插秧、机械化收获等技术，指导做好农机具保养、维修服务、安装调试等工作。疫情期间通过网络形式对拖拉机检修、操作、农户检修机具和安全操作进行培训。

【农机专业合作社建设】 2020年，晋江市成立晋东联、现时代、万顺、东石绿泰和农昌达5家农机专业合作社。拥有社员157人，合作社占地156.67公顷，建有机库棚5个，建成机库面积1890平方米，农机具总动力1302千瓦，农机具217台/套，其中：大中型拖拉机96台/套，联合收割机4台/套，乘坐式插秧机4台/套，植保机械67台/套。晋江市坚持农机合作组织培育和发展，着眼建立一批设备完备、功能齐全、规范运作、诚信服务的农机专业合作社示范点，提高农机服务专业化、组织化程度，提高农机作业效率和经营水平，把农机服务组织培养作为延伸农机公共服务的载体和引领农机化发展的龙头，其中晋江市东石绿泰农机专业合作社服务规模达到万亩以上。

【农机监理管理】 2020年，晋江市在全市范围开展农机安全生产大检查，以农机专业合作社、农机大户为重点，检查农机安全生产规章、规程以及各项安全生产制度等制定和贯彻执行情况。2020年，开展检查18次，出动检查人员55人次，检查合作社、农机大户40个，拖拉机126台次，安全教育拖拉机驾驶人60人次。开展农机安全宣传教育。做好农机“安全生产月”工作，开展农机安全生产咨询日活动。利用网络，向到期应检验的拖拉机车主发送提示，向广大车主、农机手发送专项整治内容的信息600多人。张贴、分发“平安农机倡议信”“农机安全生产宣传教育材料”“致拖拉机驾驶员的一封信”等共700余条。开展农机安全隐患排查整治。及时纠正超期未检、无牌无证、无证驾驶、非法改装等违法行为。进行排查整治11次，出动农机监理人员56人次，检查车辆105台次，排查整改隐患10起。

（徐学锋）

水土保持

【概况】　2020年，晋江市申报实施水土流失综合治理项目11个，建设挡土墙989米、排水沟1618米。协调林业等其他部门及镇（街道）共同推进并完成水土流失治理面积296.53公顷，完成泉州市下达任务的143%，累计投资640万元。其中：水利部门完成治理面积128.73公顷，林业等其他部门完成造林面积167.8公顷。加强水土保持监督管理，年度累计出动执法人员512人次，现场核查扰动图斑450个，检查各类生产建设项目128个。优化水土保持审批服务质量，批复生产建设项目水土保持方案79件，征收水土保持补偿费275.86万元。

【审批服务管理】　2020年，晋江市提高水土保持方案审批效率，缩短审批时间，优化审批流程，提升审批时效。优化水土保持审批服务质量。强化服务意识，落实财政性投资项目水土保持方案并联审批，规范项目审批受理流程，推行“最多跑一趟”，实现水保方案快审、快批。2020年共批复生产建设项目水土保持方案79件，征收水土保持补偿费275.86万元。强化工程项目土石方动态监管。建立生产建设项目土石方调配台账，遵循土石方“优先就地利用，就近合理平衡”原则审批项目，严把平衡利用关口，减少外运。督促工程项目对施工中遗留下的取土、采石、弃土（石渣）堆放场、工程施工裸露地等采取必要的水土保持临时措施，避免施工过程造成二次水土流失。

【水土保持预防监督管理】　2020年，晋江市加强水土保持监督管理，坚持“属地负责、部门联动、综合治理”原则，形成市、镇上下联动的水土保持监督管理网络。打击破坏水土资源违法行为。坚持经常性巡查，多部门协同开展生产建设项目水土流失治理预防监督和水土保持执法专项行动，特别是市、镇两级联合执法，严厉打击非法取土、挖土洗砂等违法行为。强化项目事中事后监管。全面落实“双随机一公开”监管方式，提升事中事后监管规范性和有效性。年度累计出动执法人员512人次，检查各类项目128个，对水土保持防治措施不到位、未按时足额缴纳水土保持补偿费等违法行为，依法发放执法文书，督促建设单位履行主体责任，确保“三同时”制度落到实处；推进自主设施验收。加强水土保持设施自主验收政策宣传，会同相关镇（街道）对完工未及时报备水土保持设施验收项目进行集中清理，发放落实水土保持设施自主验收通知书，督促建设单位及时组织验收，累计督促完成验收报备32个。提升信息化监管水平。实现“天地一体化”卫星遥感监管全覆盖，并通过信息系统的信息汇集、处理、传送、自动识别与判断功能，围绕项目水土流失防治责任范围、扰动地表情况、弃渣场数量与位置、水土保持措施落实情况等逐步开展项目日常监管、巡查，2020年累计核查扰动图斑450个。

【水土保持宣传教育】　2020年，晋江市水利局通过微信平台载体，持续开展水土保持宣传工作，推送10篇晋江市水土保持工作动态、政策法规、科普知识等水保资讯；利用“3·22”世界水日、中国水周等节日时间节点，开展系列水土保持宣传。

（陈萍萍）

水　利

【概况】　2020年，晋江市水利工作落实中央关于加快水利基础建设的战略部署，按照“水利工程补短板、水利行业强监管”的总基调，围绕晋江市委、市政府提出的决胜“三大任务”、落实“六稳”“六保”任务、建设国际化创新型品质城市等重点工作，“建、管、治”并举，推动水利建设，发挥水利支持发展、改革民生、修复生态的独特作用，为全市经济社会可持续发展提供水利支撑与保障，全年完成水利投资10.65亿元。

（周良偶）

【水资源管理制度落实】　2020年，晋江市水利局严控“三条红线”，加强水资源节约、配置和保护，严格落实取水许可及水资源有偿使用制度，晋江市全年征收及追缴水资源费1185.2944万元。加强“三库一湖”饮用水源保护区水质监测，在饮用水源地布设监测点，每月或每两月进行一次水质监测，及时掌握水质变化情况，排查隐患。

【水利工程保护范围划设】　2020年，晋江市完成全市河道、水利工程（海堤、水闸、水库）管理与保护范围界线划设，报请晋江市人民政府常务会审议通过，实现河道及水利工程管理与保护线电子矢量化。

【水利依法行政】　2020年，晋江市水利局严格行政执法，规范水利行政审批，细化梳理审批事项，完成关联绑定福建省水利厅审批事项，统一事项名称、基本编码、法律依据、事项类别等基本要素，实现福建省行政审批和公共服务事项办理“一事项一标准”，全年受理252件（其中并联审批5件、取水类18件、排水类150件、水保类79件），办结231件，其余21件按规定时限推进；规范信访诉求件办理，全年共受理群众信访诉求件499件，全部按时按规办结，依法办理行政复议案件1起，行政诉讼案件1起；加大水事违法行为打击力度，专项安排6名执法人员，分两个巡查组全天候对全市13条行管流域、28座水库进行例行巡查，全年累计出动执法人员498人次，巡查里程5949千米，整理巡查记录表246份，当场协调处理各类水事纠纷案件39起，立案办理4起，依法罚款6.5万元。持续开展水利领域的扫黑除恶专项斗争，出台《晋江市水利局关于建立扫黑除恶长效常治暨矛盾纠纷化解机制工作方案》，落实“六清行动”（线索清仓、逃犯清零、案件清结、伞网清除、黑财清底、行业清源）。

【生态水域综合治理】　2020年，晋江市持续推进市区水系综合运行调度、水面保洁、交叉工程施工巡查管理、九十九溪清淤等工作，建立监测信息化平台和运行调度机制，对市区水系运行状况实时监测，实现九十九溪乌边港断面水质平均值达到Ⅴ类及以上。开展防洪排涝和水资源综合调配调度，引调金鸡南渠生态水量约1.2亿立方米，发挥水系防洪减灾、提升城区生态环境、保障灌溉的作用。全年投入419.5万元，新建晋江市（中心城区）水资源监控与调度管理平台一期项目，增加覆盖中心城区的梧桐溪、梧垵溪和缺塘溪等水系监测站点，整合并入山洪灾害二期、原水调水系水循环调控平台、市区加沙泵站、沟头泵站和东山泵站等监测数据，实现智能水闸、泵站监测、巡查管护App和运行管理系统建设。

推进市区水系连通及生态提升工程建设，完成C1标生态补水工程验收；开展总长约32.3千米的缺塘溪、梧桐溪、梧桉溪等3条河道生态修复提升。完成梧垵溪及缺塘溪河道前期工作并开工建设，梧桐溪完成梧垵溪流域景观提升工程，全年累计完成投资3000万元（占合同工程量的56.6%）。投资3000万元推进大坝溪、湖盘溪、下落沙溪等流域整治工程，其中湖盘溪、下落沙溪完工并验收，大坝溪进入扫尾阶段，累计完成河道整治3千米。有序推进牓湖综合整治，完成牓湖水闸建设，以及景观桥主、副拱圈和管理房主体框架建设，完成牓龙堤8万立方米、环湖路和截污管道1.8千米、湖区排水清淤约55万立方米，累计完成建安投资3900万元。解决片区洪涝灾害问题，提升片区水环境品质。

【水利工程监管】 2020年，晋江市水利局组织对水库大坝、河道整治、水闸、海堤、供水管道、道路桥梁等各类项目进行质量检查，共检查水利工程16处，组织43人次，排查隐患90项，发放整改通知书14份，对排查发现的质量安全隐患严抓整改落实，对水利行业安全生产、自然灾害安全隐患等影响安全的环节进行多轮次检查，共排查出安全隐患204处，其中防汛安全隐患85处，其他一般安全隐患119处，全部完成隐患整改，保障在建工程施工安全、水利设施运行安全。

2020年，晋江市水利局落实小型水库和山塘等水利工程日常维护和监管，落实日常巡查制度，通过晋江市水库视频监控系统、福建省水库运行管理信息平台及手机App加强水库运行管理及巡查检查工作，以公开招标方式委托第三方机构承担2020年度小型水库山塘日常维修养护，落实管理人员124人，完成89座小型水库山塘除草、灭蚁、灌浆等日常维修养护工作，购买社会保险服务规范长期养护机制；全市22条海堤、28座水库、62座山塘等水利工程设施全面投保，规避大面积自然灾害风险。鼓励多元化市场主体参与小型水库运行管护，通过政府采购公开招标方式选定全市27座小型水库物业化管理服务单位，服务期两年，实现全市小型水库全面物业化管理。

【库区移民工作】 2020年，晋江市人民政府落实移民直补3096人，发放直补资金185.04万元。推进移民项目建设，完工项目11个，8个项目抓紧施工，10个项目编制实施方案，6个项目因耕地、环境变化等原因正在变更。重视移民信访工作。与属地镇（街道办事处）政府保持密切联系，加强上下联动，关注移民信息动态，对移民存在的困难问题及时帮助移民解决，可能发生的上访情况，做好解疑释惑，化解移民心中疑虑，引导服务库区移动科学发展，做好扶持发展力度。

【污水处理】 2020年，晋江市共有7座污水处理厂，实现全市域生活污水处理全覆盖，日污水处理规模34万吨，全年日均处理31.1万吨，日产污泥190.65吨。晋南污水处理厂二期扩建工程于2020年4月开工建设。实施泉荣远东污水处理厂一级A提标改造工程，工程于2020年1月开工建设。深沪污水处理厂、泉荣远东污水处理厂排海工程（海域段）于2020年6月启动前期工作；泉荣远东污水处理厂排海工程（陆域段）和深沪污水处理厂排海工程（林贤路至海域段）于2020年6月开工建设，完成27千米管道建设，完成计划的79.41%。

晋江市于2015年全面启动农村生活污水治理工作，截至2020年12月底，晋江市395个村（社区）农村生活污水治理项目完成污水治理村（社区）338个（其中通过片区改造完成截污35个、完工303个），在建项目57个，基本完成率85.6%。建成小型污水处理设施102座，建成农村污水管道4225千米，完成投资16.8亿元。其中，2020年计划实施全市农村生活污水治理项目170个，完工113个、在建57个，完成投资6.1亿元。

推进“断头管”攻坚项目和截污工程建设，全市77个“断头管”攻坚项目，2020年度完成管道建设72千米，完成投资22257万元。生态流域截污工程，重点是阳溪、钞井溪、九十九溪支流双溪内溪和湖漏溪等流域截污工程建设，完成4.6千米截污管道埋设，其中九十九溪支流双溪内溪、湖漏溪等流域截污工程完工，加塘溪、大坝溪等截污工程抓紧施工。加强污水设施设备管理。截至2020年5月，市区排水管养护市场化招标到期，2020年6月起，管道维修维护工作移交晋江水务集团，完成市区（易涝点）积水点改造17处、断头管改造建设3处，完成“12345”等便民受理平台应急举报件处置500余件，指定专人负责15个泵站的运行管理，确保污水泵站正常运行，收集生活污水至污水厂处理。经组织全面梳理排查，全市共发现易积水点108处。其中：99处列入常年维护，加强对雨水口、检查井和排水管道等进行日常巡查，加强清淤、疏通，以确保排水畅通；9处需进行专项整治，2020年完成6处，按计划推进整治3处。

【节水型城市创建】 2020年，晋江市成立创建国家节水型城市工作领导小组，明确创建目标、重点工作、责任单位，编制《晋江市城市节水专项规划》《晋江市中心城区海绵城市专项规划》等一系列节水相关规划，出台《晋江市节约用水管理规定》《晋江市城市供水用水管理规定》等规范性文件，制定《晋江市水平衡测试管理办法》《晋江市区非居民用户计划用水管理实施方案》等一系列管理制度，完善城市节水统计、节水财政投入、再生水利用等工作方法，市区供水管网漏损率控制在8%以上，达到省内先进水平。开展25家企业、22家单位、13家居民小区节水型载体建设，为全市的城市节水工作起到示范引领作用。2020年12月，晋江市获评省级节水型城市。

（李培波　周文从　柯天玺）

综　述

【工业企业发展】　2020年，晋江市1898家规模以上工业企业（年主营业务收入2000万元及以上企业）完成产值5906.93亿元，比上年增长5.8%。五大传统产业、五大新兴产业分别增长8.2%、1.4%，全年规模以上工业单位增加值能耗下降13.2%，工业运行经受住新冠肺炎疫情的短期冲击，仍保持稳中向好态势，承办智能制造进园区（泉州站）等重大活动。

分经济类型看，股份制企业完成产值3084.19亿元，增长10.8%；外商及港澳台投资企业完成产值2801.09亿元，增长1.0%；股份合作制企业完成产值1.23亿元，下降6.1%；其他经济类型企业完成产值20.42亿元，下降19.3%。

分企业规模看，产值超亿元工业企业1025家，比2019年增加85家；完成产值5501.49亿元，增长11.9%。其中，产值超10亿元的企业131家，完成产值2679.31亿元，增长8.9%；产值在5亿元—10亿元的企业166家，完成产值1114.96亿元，增长17.6%；产值在2亿元—5亿元的企业376家，完成产值1209.20亿元，增长10.6%；产值在1亿元—2亿元的企业352家，完成产值498.01亿元，增长20.1%。

分行业情况看，纺织服装业产值1694.09亿元，增长9.7%；制鞋业产值1448.30亿元，增长3.3%；建材陶瓷业产值699.13亿元，增长11.3%；食品饮料业产值600.97亿元，增长15.7%；纸制品及包装印刷业产值427.02亿元，增长5.8%；新材料业产值302.32亿元，增长0.7%；智能装备及机械制造业产值221.04亿元，增长9.8%；海洋生物业产值88.25亿元，增长25.5%；汽车制造及零部件业产值33.05亿元，增长19.4%；光伏电子业产值29.78亿元，下降54.5%。

全年规模以上工业企业实现营业收入5246.62亿元，增长2.8%；实现利润总额344.72亿元，增长7.9%，每百元营业收入中的成本为86.3元，营业收入利润率为6.6%；资产负债率45.7%，比2019年提升1.2个百分点；"两金"占比（应收账款和产成品库存占流动资产比重）37.1%，比2019年提升1.1个百分点。

全年全市用电量161.13亿千瓦时，比2019年下降1.2%。其中，工业用电量120.63亿千瓦时，下降3.1%。

（许承龙　颜伟杰）

【企业运行稳中向好】　2020年，晋江市重点企业稳步提升。引导市场出清产能向一线品牌、优势企业集聚，推动龙头企业、成长型企业产能业绩释放，福建省、泉州市级龙头企业分别增加到41家、78家，实现产值4415.97亿元，增长13.1%；中小企业差异成长。推动企业通过专注产品、管理、渠道差异创新，率先步入高速扩张期，有海纳、易宝、优安纳等3家企业入选工信部专精特新小巨人企业名录，海纳、天守公司入选泉州市级企业技术中心；智能示范效应显现。新增省级智能制造试点示范企业7家（累计28家），省级智能制造重点项目22个；百凯、恒安等2家企业完成国家级智能制造综合标准化与新模式应用项目验收。

【传统动能加速升级】　2020年，晋江市引导企业进行技术改造。发挥各级技术改造政策叠加效应，鼓励推动企业加快技术改造。策划实施232个本级重点技改项目，带动技改投资增长20.3%；承办2020年度"智能制造进园区"（泉州站）、制鞋产业智能制造现场推介会，举办首届晋江智能制造创新设计大赛、"5G+互联网"研讨会、工业互联网建设应用推进会、服装行业数字化应用技术交流对接会以及工业企业智能制造公益诊断、企业信息化诊断等系列活动，组织企业对接智能化系统集成商和科研机构，发挥各级智能制造政策叠加效应，加快企业智能化、自动化改造步伐；围绕提升企业产品差异创新能力，策划举办"2020海峡杯设计加速营"系列线上直播设计公开课、2020年晋江海峡两岸大学生线上设计营，办好第七届"海峡杯"工业设计大赛，累计收到有效参赛作品13383件，作品数量再创新高。

【发展环境优化提升】　2020年，晋江市引导企业强链补链。聚焦产业链缺失环节，实施补链强链工程，引进落地

SAP、华为工业互联网平台以及华宝鞋业智能化成型线、炜兴陶瓷智能分拣及包装、聚赢数控伞中棒智能工厂等智能制造项目；围绕破解中小企业订单不足、产能过剩困难，促进龙头企业产能回归，策划召开纺织服装产能对接专场活动等对接活动，促成30家（次）中小企业与龙头企业达成贴牌代工协议，合同金额超过10亿元；引领企业树立精益理念，梳理优化供应、生产、销售管理流程，向精益要品质、要效益。组织140多家纺织鞋服企业前往莆田等地开展精益管理对标学习活动，组织食品企业核心管理人才及高管近200人赴九牧王服装公司开展跨界对标学习活动；加强推进新型高端面料产业基地、人机交互产业基地等两新基地项目招引工作，深入对接通用公司、融通公司。

【惠企政策实施】 2020年，晋江市贯彻落实各级关于企业减轻负担的政策措施，成立民营企业和中小企业应收账款清欠工作组，协同各部门开展清欠工作，其中拖欠中小企业欠款清欠完毕，清欠工作完成进度100%。调查梳理出371家有融资需求的龙头企业供应链配套企业，配合推广创新5种银企担合作模式，促成金融机构为龙头企业供应链配套企业提供担保贷款授信1.2亿元、放款9180万元；加快推进老旧工业区改造工作，提格和优化晋江市改造提升老旧工业区工作领导小组领导及成员单位，筛选27宗项目纳入全市工改项目培育库，先后出台实施“1+3”的工改政策体系，致力于构建便捷、高效的老旧工业区改造提升政策环境；协调安东园热电公司提前开工运行，满足工业热用户节后开工需求。协助促成福能热电公司机组开机运行，完成东海安企业集中供热任务。组织开展工业用户天然气限减措施，确保全市天然气供给有序。开展企业电力直接交易试点，降低企业用电成本。围绕提升企业员工素质，会同相关协会相继策划举办电工、运动茄克、商务茄克、陶瓷工艺、染整配色、服装制版师等职业技能竞赛，举办食品行业核心人才高级研修班、装备制造业卓越经营绩效管理培训，组织评选食品行业、装备制造行业“十佳经理人、十佳管理干部、十佳员工和优秀党务干部”。

【行业规范提升】 2020年，晋江市推进印染行业转型升级。通过举办晋江市印染行业规范培训班、启动市染整行业协会筹建工作、举办市内首届染整行业职业技能竞赛加快提升染整行业规范，有福建福田纺织印染科技有限公司、福建省向兴纺织科技有限公司等2家企业入选工信部符合《印染行业规范条件（2017版）》企业公示名单，通亿（泉州）轻工有限公司、福建福田纺织印染科技有限公司等2家企业入选福建省第三批绿色制造名单。推动船舶制造业规范运作。建立联合监管机制，会同市直相关部门、各镇（街道）围绕全市所有修造船厂（点）开展全面细致摸排。建立信息联动机制，同各沿海乡镇实施信息共享，指导属地修船企业进一步落实企业主体责任，落实修造船厂订单日报制度。

【“智能制造进园区”活动】 2020年9月27—28日，工业和信息化部指导，国家制造强国建设战略咨询委员会、智能制造系统解决方案供应商联盟、中国纺织机械协会、泉州市人民政府联合主办的“智能制造进园区”活动首站走进晋江。中国工程院院士周济、工业和信息化部装备工业一司一级巡视员苗长兴、中国纺织工业联合会党委书记兼秘书长高勇、福建省工业和信息化厅副厅长陈传芳、泉州市人民政府常务副市长洪自强、中国电子技术标准化研究院副院长程多福，以及受邀专家学者、来自行业供应商和企业代表等共120余人出席活动启动仪式。50余位专家细分成服装行业组、纺织装备行业组、面料行业组等6个组别，分别对12家企业进行问诊把脉，对企业智能制造现状、存在的共性问题以及解决路径进行现场指导。28日下午，召开“智能制造进园区”泉州站总结交流会，6个组的专家代表分别做诊断总结报告。

【企业提优升级】 2020年，晋江市新增福建省向兴纺织科技有限公司、福建福田纺织印染科技有限公司2家企业通过工信部发布符合《印染行业规范条件（2017版）》公告（截至2020年，全省共5家，其中晋江3家）。2020年，福建夜光达科技股份有限公司、361度（中国）有限公司被认定为省级企业技术中心，福建省向兴纺织科技有限公司、晋江市天守服装织造有限公司被认定为泉州市级企业技术中心，晋江市拥有泉州市级以上企业技术中心70家，其中省级企业技术中心50家；晋江海纳机械有限公司、泉州寰球鞋服有限公司、艾派集团（中国）有限公司被认定为泉州市级工业设计中心。晋江市有泉州市级以上工业设计中心25家，其中国家级工业设计中心3家、省级工业设计中心12家。华泰、易宝、夜光达、港益4家企业产品获得省级单项冠军产品称号，励精、联诚、万兴隆3家企业获得省级“专精特新”中小企业认定，海纳、易宝、优安纳3家企业获得工信部专精特新小巨人企业认定。77家企业入选2020年泉州市级产业龙头企业。

（颜伟杰）

集成电路产业

【概况】 2020年，晋江集成电路产业园区持续深化龙头企业“单一窗口”服务机制，及时协调或提请上级部门解决项目在扩产运营过程中遇到的问题和困难，保障晋华、渠梁等龙头项目。加快推动中探针集成电路测试探针暨中国运营总部、深圳广塑导光膜生产项目、创电内存模组生产项目、8英寸半导体石墨烯项目开工建设。

【招商引资】 2020年，晋江集成电路产业全产业链生态圈初步构建。结合产业发展实际，制定2020年招商战略和路线图，发挥龙头企业带动效应。对接基金平台、行业协会、咨询机构、园区院校等单位，参与“创业之芯”大赛、异地商会换届、行业展会、专业论坛等活动，全方位开展产业链招商，累计对接集成电路、新能源、石墨烯产业领域企业及项目团队100多家。其中，广塑导光膜、牧月科技物流自动驾驶、康芯电子雷管芯片模组、高精度物联网定位芯片模组研发及生产、兴泽RFID电子标签研发生产、银达锦物联网芯片设计、千芯科技AI芯片设计等19个项目签约落地，总投资42.5亿元，进一步完善集成电路产业链条。

【投融资服务】 2020年，晋江集成电

路产业创新融资方式，增强集团整体融资能力，挖掘、整合母、子公司资源，实现“资源到资产、资产到资本、资本到资金”的转变。对接红桥创投、前海创投、迅捷投资、中和元控股等多家行业内知名基金管理公司，寻求合作，推动设立政府引导性基金。

【优化营商环境】　2020年，晋江集成电路产业完善人才引育留全链条，举办第三届“创业之芯”大赛，开展20余场线上活动、八大赛区线下路演，218个项目报名参赛，100多个项目参与路演，有20个项目入围总决赛并角逐大赛奖项。晋江市及时兑现优秀人才政策，2020年度发放优秀人才补贴、培训补贴、优秀人才子女学杂费补贴、购房补贴等合计1046人次，2033.22万元。深入开展产教融合工作，推进微电子学院人才培养，针对区域企业人才需求，持续开展专业硕士校企联合培养。举办2020年寒假回乡晋江籍大学生人才政策推介座谈会，累计吸引来自清华大学、北京大学等高校近300名晋江籍大学生参与。

（陈钰莹）

纺织服装业

【概况】　纺织服装业是晋江两大千亿产业集群之一，主要集中在龙湖、英林、金井、深沪、东石等镇。2020年，有规模以上工业企业790家，从业人员近13.4万人。全年实现规模以上产值1694.09亿元，增长9.7%，占全市规模以上产值比重28.7%。

2020年，安踏入选“2020全球最有价值的50个服饰品牌”。英国品牌评估机构“品牌金融”（Brand Finance）发布“2020全球最有价值的50个服饰品牌”排行榜（Brand Finance Apparel 50 2020）。其中，安踏入选并升至第18位，比2019年上升3位。劲霸男装、柒牌、安踏、七匹狼、361度等晋江品牌上榜2020年中国500最具价值品牌榜。福建七匹狼实业股份有限公司——七匹狼中国男装博物馆入选第一批福建省省级工业旅游示范基地。福建凤竹纺织科技股份有限公司针织成品布涤纶单面布等6款产品入选工信部“第五批绿色设计产品”。

2020年，晋江市发挥行业协会公共服务职能，组织设计协会、染整协会、福建省服装设计师协会相继策划举办茄克、染整配色、服装制版师等职业技能竞赛。12月，由向兴、凤竹、信泰、维盛、万兴隆、六源等企业共同发起成立晋江市染整行业协会，并邀请福建省纺织行业协会共同策划，会同泉州师范学院纺织与服装学院共同举办晋江市级首次染整行业职业技能竞赛（配色小样技能竞赛）。

【纺织服装产业链优化】　2020年，晋江市形成集化纤、织造、染整、成衣生产为一体的产业体系，建立起专业市场和市场网络，形成从服用纺织品到家用、产业用纺织品，从婴童服装到成人服装，从内衣到运动、休闲、正装等产品结构，市场竞争力逐步增强。晋江经济开发区“一区多园”的建设推动总体产业布局更加集中，原料运输、上下游企业连接更加紧密，既节约成本，又带动规模效应，加强产业的竞争力。

【产业集聚发展】　2020年，晋江市坚持产业集聚发展，拥有七匹狼、利郎、柒牌、劲霸等中国休闲服装名牌，成为与广东、浙江国内区域品牌男装齐名的三大板块之一，纺织服装上市公司10余家，龙头企业数量及规模居全省前列。七彩狐、号手、达丽等泳装、内衣品牌企业崛起，90%以上的产品出口东欧、中东、德国、法国、日本等国家和地区。

（颜伟杰　许逸琳　蔡育新）

制鞋业

【概况】　制鞋业是晋江两大千亿产业集群之一，主要集中在陈埭、池店、西滨、青阳、梅岭等镇（街道），代表性企业有安踏、361度、中乔、特步等。2020年，有规模以上工业企业492家，从业人员近15.6万人，全年实现规模以上产值1448.3亿元，增长3.3%，占全市规模以上产值比重24.5%。晋江安踏体育用品有限公司上榜2020年《财富》中国500强。

【制鞋业产业链】　2020年，晋江市形成全球知名的集鞋成品、鞋机、鞋材、皮革、鞋类化工、专业化市场等为一体的产业配套链条，在市域内可实现一双鞋从原料采购到生产销售的全过程，拥有一批专注细分市场、专注为品牌企业做配套的中小型企业，拥有稳定的订单和市场。信泰公司通过向后道延伸产业链，实现从鞋面材料供应商向运动鞋整体方案提供者的转变，产品打进阿迪达斯、斯凯奇、迪卡侬、安德玛、安踏、特步、361度等国内外知名运动品牌供应链。

【供给和营销渠道优化】　2020年，晋江市的斯兰、宗兴相继发起搭建一品嘉综合型供应链生态平台、辅料全产业链交易服务平台等生产原材料B2B交易平台等，加速鞋辅材料供给渠道扁平化进程；在产品营销上，安踏、特步等品牌企业加快布局O2O平台，打造线上交易、线下体验的新型营销体系。

（颜伟杰）

食品业

【概况】　晋江市食品业主要集中在罗山、新塘、安海等镇域。2020年，有规模以上食品工业企业73家，全年实现规模以上产值600.97亿元，增长15.7%，占全市规模以上产值比重10.2%。食品业响应“一带一路”的国家倡议，打造“中国食品工业强市——晋江”区域品牌，不断扩大晋江食品行业品牌影响力和国际知名度。

【食品展会策划】　2020年7月，福建晋江国际会展中心主办第四届海峡两岸食品交易会暨第七届闽台（泉州）食品交易会，参展面积5万平方米，2400个标准展位，吸引来自全国各省的食品企业包括台湾及台企委托代理商共693家特色食品企业参展，累计达成交易额约138.6亿元，比2019年增长28.6%。展会期间同期举办中华之星食尚盛典暨第七届中国休闲食品行业年度颁奖盛典、海峡两岸名优食品新品推介会、中国国际烘焙工艺技术对接会、中国巧克力工艺高端技术研讨会、食品交易会采购商对接会、中国休闲食品工艺技术高峰论坛。组委会与第三方结盟,强强合作,主动邀请京东、零售通、三只松鼠、良品铺子、百草味、来伊份等重大销售渠道商、新零售商参会。针对疫情带来的全新挑战,加快布局未来数字展会,探索"双线会展"模式,将"线下食交会"进行"云上延伸",实现线下+线上的"双线融合"。展会期间,线上参展企业1000多家。参展企业依托会展,结合线上+线下战略,与天猫、苏宁易购等电商平台合作,配套电商直播专业团队,拓展营销渠道。

【抱团外出参展】 2020年,晋江市食品企业以"走出去,引进来"为目的,组织抱团参加第21届中国国际食品和饮料展览会。参展期间,考察当地食品市场及企业,了解当地食品需求情况及发展现状,学习先进经验及加工技术。集中展示晋江品牌风貌,彰显行业实力,将晋江市食品行业形象推向国际,宣传推介2021年海峡两岸食品交易会及开展招商招展工作,增强食品交易会在境内外食品业界的影响力。

【人才培训】 2020年9月,晋江市工业和信息化局联合晋江食品协会、福建省食品企业商会、中共晋江市委食品行业协会兼合委员会举办第三期食品行业核心人才研修班暨走进九牧王跨界对标学习活动,打造高素质、具备现代企业管理思维和能力的企业经营者,建立企业标准管理体系,并到九牧王学习高新信息和技术,参观考察西裤智能生产车间,了解九牧王公司的发展历程,学习借鉴跨界合作的新领域,与现场食品企业家们进行问答交流。12月,晋江食品协会联合福建省食品企业商会举办第一期食界共赢会沙龙,助推福建食品企业提升经营管理水平及战略规划能力。依托微信公众号等新媒体宣传方式,拓宽食品企业接受行业信息渠道,在线宣传新食品安全法、食品安全常识、行业新动态、优秀企业事迹等,引导社会大众对食品行业的理性认识,拓宽企业管理者视野,促进企业开拓创新,树立社会责任意识。

【新品牌及新赛道拓展】 2020年,晋江市食品企业拓展新赛道、做强新品牌。2020年3月,渔家翁与荣誉酒店跨界联合推出"鲍汁鲍鱼米饭"等系列高端自热米饭;4月,盼盼食品在企业电商渠道上推出自热米饭、酸辣粉等方便食品;8月,好彩头食品推出"搭膳"系列方便食品,盼盼、蜡笔小新、好彩头、美善实等企业也纷纷跨界进入方便食品赛道。晋江食品企业把眼光转向膨化食品。盼盼食品研发出麦香鸡味块、玉米锅巴、盼盼雪饼、"领鲜"牌清熟系列吐司等含谷物产品。亲亲食品、蜡笔小新均推出不同种类的创新膨化食品。2020年,晋江食品在国潮、跨界、内容营销等多个领域做强自身品牌。好彩头食品旗下品牌"小样"牵手流量明星鹿晗,推出企业在乳酸菌、休闲零食等方面的新品;亲亲食品推出魏大勋联名款"蕴能"吸吸冻,携手首位品牌推荐官国民小鲜肉金瀚辰"带货"取得成效,与网红汉口二厂联名、牵手CBEL线上电竞赛事;主营炒货、坚果的旺瓜食品推出新品"磕瓜桶";盼盼食品联合梵高美术馆推出"梅尼耶定制"西饼礼盒。盼盼国潮椰汁传递"海上丝绸之路"中华传统文化内涵及"乘风破浪、勇敢逐梦"少年精神;乐隆隆冰糖燕窝竹耳露表现"社燕归来春正浓",盼盼豹发力再度携手CBA联赛,盼盼食品官宣成为2022年北京冬奥运会、残冬奥会的官方包装零食赞助商。

(许逸琳)

陶瓷建材业

【概况】 陶瓷建材业主要集中在晋江市的磁灶、内坑、紫帽等镇。2020年,晋江市建材陶瓷行业有企业720家,共有138家规模以上企业,陶瓷建材业规模以上工业产值699.1亿元,增长11.3%,占全市规模以上工业总产值11.8%,从业人员近3.1万人。

【行业升级】 2020年,晋江陶瓷建材业历经多次行业规范整治,启动清洁能源替代工程后,整个行业在能源革命带来的成本提升倒逼下,逐步向高端发展,产品结构转化。晋江陶瓷产品原有结构较为单一,以釉面外墙砖居多,随着国内其他五大陶瓷主产区(佛山、淄博、高安、法库、夹江)的形成,以及福建省内漳州陶瓷基地的崛起,国内陶瓷产品市场竞争更趋激烈,倒逼晋江市陶瓷企业加快先进设备引进和技术革新,实现由原来单一的外墙砖生产格局向外墙砖、内墙砖、地板砖、功能陶瓷多元并进,尤其是随着喷墨技术、薄型砖技术的兴起,晋江的陶瓷产品可高度还原出石材、金属、木材、墙布等花色,陶瓷产品厚度可以做到传统外墙砖的二分之一以下,产品规格可以做到600毫米×1200毫米的大规格薄砖。相继推出地铺石砖、环保杀菌砖、保温隔热轻质砖、TOB陶板、太阳能陶板等陶瓷新品。生产环节转化。晋江陶瓷企业实现陶瓷业全行业清洁能源替代,改善晋江陶瓷产区周边环境。改造生产线。改造生产大板、地铺石等产品的生产线,提升施釉工艺及品质;引进包装线。多家企业引进自动化包装线,用设备代替人工,实现瓷砖的自动分选、打包,解决生产线末端用工量大、成本高、效率低等痛点,满足柔性生产模式需求,产品从分选、打包到码垛都交由机器人来完成,整体效率和稳定程度都有所提高。开发智能仓储。在自动仓储的基础上,进一步寻求突破,实现从自动化转向智能化,实现实时对仓储物流环节的智能化管理,了解产品的库存情况、排单等。市场领域转化。

【市场拓展】 2020年,晋江部分陶瓷企业在巩固国内市场的同时,把眼光转向国际市场,通过参加西班牙、阿联酋迪拜、美国奥兰多等国外陶瓷博览会和组建专业进出口公司、委托外贸公司代理等办法,开拓境外市场。销售方式转化。培育自主品牌。相继有丹豪、华泰、腾达等一批企业着重培育自主品牌,掌控终端销售渠道,并先后有部分陶瓷企业在国内多个城市建立终端销售门面;传统产业向科技创新转型发展。

【行业活动】 2020年4月1日,中国(晋江)国际家装建材博览会线上展会发布。采用多会场连线的形式共设置1个晋江主会场和福州2个分会场、广东佛山及加拿大多伦多各1个分会场等共4个分会场，实现四地同步连线。线上展会平台涵盖智能供需对接、在线接受询盘、实时参与连线、产品直播推广、活动快速预约、观众信息互通等功能，借力“互联网+”创新传统会展业的发展模式打造一场数字展会，将“线下家博会”进行云上延伸，形成互联网上的会展产业闭环生态圈和经济圈，实现线下+线上会展的“双线融合”。

（林银泷）

智能装备及机械制造产业

【概况】 晋江市智能装备及机械制造产业主要集中在安海、东石、永和、罗山、西园等镇（街道），至2020年，晋江市有智能装备及机械制造产业企业1300多家，其中规模以上企业76家。全年规模以上产值221.04亿元，增长9.8%。代表性企业有晋工、佶龙、凯嘉、海纳、盛达等公司。

2020年，晋江市新增省级智能制造试点示范企业7家，泉州级数字化车间7家，新获省级首台（套）重大技术装备4项，省级智能制造重点项目22个。晋工机械叉装机获评工信部第五批制造业单项冠军产品；《农用轮式挖掘机的关键技术研发及产业化》项目获得福建省科学技术进步三等奖；入选福建省工业和信息化省级龙头企业名单、高成长培育企业。盛达机械通过高新技术企业审核，连续4次获“高新技术企业”称号；获“中国石材切割装置专利TOP10”。海纳机械入选泉州市级服务型制造示范企业；海纳智能香港主板上市，为晋江第47家上市企业；被认定为泉州市级企业技术中心、泉州市市级工业设计中心。中德顺机械入选福建省工业和信息化高成长培育企业。军鹏特种装备入选福建省科技型中小企业名单。光宇鞋模入选2020年福建省科技小巨人领军企业。

【行业门类及代表】 2020年，晋江装备制造行业有纺织机械、制鞋机械、石材机械、工程机械、园林机械、汽车和工程机械配件、锻造铸造基础部件等多个门类。其中，纺织机械企业主要从事经编机、大圆机、电脑提花机、印花机、定型机生产，并有数家从事经编机、大圆机、喷水、喷气织机机针生产的中小型企业。经编机产量居全国前列。制鞋机械企业重点集中在安海一带，主要从事自动化制鞋流水线、鞋底一次成型注射机生产。在纸制品机械方面，因国内二孩政策红利，纸制品企业迅速崛起，以纸尿裤机械为主的纸制品机械市场前景良好，带动顺昌、海纳等一批企业崛起。石材机械有安海盛达、和盛等企业，产品包括单柱组合切石机、红外线桥式切边机、电脑仿型线条机、弧形板材切石机、仿型柱座帽切机、龙门切石机、高架桥式切石机、连续抛光机。工程机械形成以晋工公司为龙头，劲牛、威盛、升泰等一批中小型工程整车及配件企业为补充的工程机械产业体系，产品包括装载机、挖掘机、叉装机以及工程机械配件。其中，晋工机械位列国内工程机械前列。园林机械的三力公司是全国规模最大、品种最全的园林机械企业之一，草坪机出口量位居全国首位。汽车配件在晋江装备机械业中拥有的企业数量最多，产品基本涵盖汽车主要总成各个部类。其中，机械基础部件主要集中在安海、东石两镇，包括铸造、锻造、热处理、机件加工、电镀等工序；铸锻造企业主要集中在安海梧山、西畲，电镀企业集中在东石华懋电镀集控区，机件加工企业集中在安海，有4米以上龙门刨床100多台。

【行业活动与共建】 2020年，晋江市举办首届晋江智能制造创新设计大赛，开展制鞋产业智能制造现场、工业互联网建设应用、服装行业数字化应用等技术交流对接推介会、“5G+互联网”研讨会以及公益诊断等系列活动，加快企业智能化、自动化改造步伐。装备制造业协会与泉州轻工职业学院共建二元制人才培养模式教学基地，获评金牌合作行业协会。

（蔡育新）

电 力

·国网福建省电力有限公司晋江市供电公司·

【概况】 2020年，国网福建省电力有限公司晋江市供电公司（简称“晋江市供电公司”）全年累计完成售电量154.45亿千瓦时，比2019年下降2.12%，售电量稳居全省县级供电单位之首。供电可靠率99.948%；全年电网日最高负荷273.07万千瓦，日最高用电量5716万千瓦时。公司业绩考核位列市公司A级单位，保持“全国文明单位”称号，获“2020年度实现安全目标先进单位”“10千伏及以下配电网标准化建设管理提升劳动竞赛先进集体”称号，获“泉州市第13届‘刺桐·电网杯’高压线路带电检修工（10千伏配电线路）职业技能竞赛团体竞赛”第二名。

【疫情防控供电保障】 2020年，晋江市供电公司组建防疫保电“特战队”，保障全市25家防疫管理单位、企业和44家隔离观察点“零停电”；提前2天完成陈埭医学观察点送电。发布助“六稳”、促“六保”38项举措。执行降价政策，减少用电成本2.92亿元；推广转供电费码429个，改造转供电主体4家。开发复工达产电力指数，开展电量“大数据”分析270余次。“百千万”客户大走访561家，“现场办、限时办”解决诉求13项。携手纾解资金困难，落地“电e票”7.31亿元，占福建省总交易金额33%以上；“电e贷”累计主动预授信367户、8895万元；上半年推行欠费不停电，缓收电费6500万元、免收滞纳金240万元。完成“不发生公司系统员工确诊、疑似病例”和“不发生因供电问题影响党委政府疫情防控工作”目标。

【电网建设】 2020年，晋江市供电公司完成电网“十四五”规划和晋江能源互联网示范区规划，完成电网投资3.17亿元。推动晋江市人民政府调整市电网

2020年2月20日，晋江市供电公司开展防疫保电“特战队”模拟演练　（市供电公司　供）

建设领导小组成员单位及其办公室人员组成，召开首次全市电网建设工作会议。主网建设推进，竣工投产110千伏百宏聚纤二间隔扩建工程等3个工程；开工建设英塘110千伏输变电工程等5个工程；完成11个基建工程财务决算，超长工期工程决算攻坚基本完成。完成3个“一流新型城镇配电网”示范区建设，实现区内平均故障停电时间降至5分钟以内，供电可靠率99.99%；获评福建省供电公司配电网优质工程1项、福建省供电公司配网工程优秀项目部2个，业主项目部获评福建省供电公司配网工程十佳项目部。

农配网运维稳步提高。全年配变停运率36.1%，比2019年下降37.4%。供电可靠性有效提升，用户平均停电时间4.6小时，比2019年下降51.374%。开展配电带电作业1779次，比2019年增加104.1%，节约停电12.34万时户，增供电量1795.5万千瓦时。实现电压合格率99.98%，完成全部低压台区整治，过电压台区占比比2019年压降10个百分点。完成31回标准自动化馈线建设，一、二次同步率比2019年提升27.7%。《配网调度“全研判全遥控全流程”故障智能化处置》获评国家电网调度运行最佳实践。

【电力安全生产】 2020年，晋江市供电公司未发生考核责任的电网、设备、人身事故。修订安全生产奖惩考核方案，完成安全性自评价和专家查评，组建应急基干队伍，建设安全工器具试验中心。督查监督保持高压，完成安全管控中心建设，建立隐蔽督查机制，探索与其他单位交叉执规机制，全年督查现场比2019年增加22.56%，查处严重违章、处罚人次和处罚金额分别增加23.1%、7.2%和0.8万元，责令3支队伍停工整顿。推进安全生产专项整治三年行动工作，梳理“一下一上”问题隐患清单44项；开展倒闸操作提升、房屋隐患等9个专项检查。实现输电线路故障跳闸率0.34次/百千米•年，连续两年排名市公司正向第一；完成五里埔等4个变电站全顺控功能上线，全年实现变电设备“零故障”。

【优质服务】 2020年，晋江市供电公司开展“战疫情助六稳，实施新时代‘双满意’工程”社会责任月活动。推行“阳光业扩”，实体化运作业扩联合中心，高低压全流程平均时长39.78天、2.34天，平均压降24.93%，“获得电力”指数位列泉州地区第二名。强化政企协同，推动晋江不动产登记中心完成联动过户，促成低压小微企业办电涉及的电力施工占掘路审批实施“备案制”；窗口人员入驻行政服务中心、安海镇综合便民服务大厅。提升服务品质，推广“线上办电”，实现2项复杂业务“最多跑一次”，19项简单业务“一次都不跑”，业扩线上办电率98.79%；启动第一批7个营业厅减柜引流，池店自助营业厅试运行；国网意见工单比2019年下降39.6%，百万客户投诉量位居泉州地区正向第二。助力企业降低成本，实现“三零”(零上门、零审批、零投资)服务全覆盖，160千瓦及以下小微企业执行低压接入51户，临时用电设备租赁服务3户。

【社会供电保障】 2020年，晋江市供电公司落实供电保障。严守电网安全底线，应对夏季持续高温大负荷及“米克拉”台风等恶劣天气考验，108项迎峰度夏项目竣工投产，确保人民群众度过

2020年9月1日，市供电公司开展第18届世界中学生运动会开闭幕式及二体主场馆全负荷测试演练　（市供电公司　供）

"清凉之夏"。全年完成81场次重要保电任务，出动保电人员1108人次，保电车辆319车次，移动发电车63架次。用时2个月完成全市中高考考点用电负荷增容工作，完成两会、中考高考、第四届海峡两岸食品交易会等重要活动保供电任务。靠前做好重要赛事保电筹备。制订"世中运"保供电工作总体方案，构建"一馆四片区"工作机制，全面覆盖30个比赛（训练）场馆和27家拟入住酒店，编制"一站一案""一线一案""一馆一案"保电方案163份。完成16处比赛场馆双电源建设及19处场馆内部业扩配套工程；完成开闭幕式主场馆二体中心保障电源建设及全负荷测试。开展2轮次输变配电保电设备隐患排查，闭环整改132处缺陷隐患。上线智慧保电指挥平台，打造"智慧保电"新模式。服务绿能发展。开拓综合能源服务，建成国网首个楼宇用能（晋江荣誉国际）、泉州地区首个智能站房运维（泉州轻工职业学院）示范项目；联合福建省综合能源公司以凤竹纺织为试点，推进智慧能效系统建设；完成综合能源收入4943.19万元，比2019年增加349%。推进电动汽车业务，城区营业厅率先开展电动汽车等新零售；完成内坑充电站送电，全年完成充电量616万千瓦时。拓展电能替代领域，投运太平洋港口1#泊位智能岸电示范项目；完成替代电量10.15亿千瓦时，减排二氧化碳101.24万吨。

（陈思怡）

·晋江热电有限公司·

【概况】 2020年，福建晋江热电有限公司（简称"晋江热电公司"）完成上级公司下达的各项经济技术指标，发电量4.3亿千瓦时，售热量590.2万吉焦，供电标煤耗199.4克/千瓦时，先后获福建省环保诚信企业、福建省青年文明号、泉州市级产业龙头企业等称号。

【安全环保】 2020年，晋江热电公司实现全年安全生产无事故、人身零伤害、环保零违规、机组无非停，连续4年未发生锅炉"三管"（水冷壁、省煤器、过热器）泄漏。开展安全生产专项整治和"安全环保风险管控年"活动，建立21个方面问题隐患和制度措施"两个清单"，确定23项重点整治项目。开展安全生产标准化建设，健全全员安全生产责任，严格执行"十必须"承包商安全管理要求，推行业主代表监督检查和风险预控审核许可工作机制。提高体系运行质量和高风险管控力度，修订安全生产管理制度。严守生态环保红线，抓好环保监管和无组织排放管理，依法转移危废品20.91吨，固体废物利用率100%，污染物排放达标率100%，通过ISO14001环境管理体系认证，连续2年获得福建省环保诚信企业称号。规范技术监督工作，发挥技术监督保安作用，开展控非停三项措施、25项反项和涉网安全专项排查治理。完成2台机组等级检修，实施检修项目752项，更换#1炉空预器消除锅炉漏风重大缺陷，提升设备经济性能和可靠性。加强安全教育和高风险作业安全技能培训，全年组织安全培训86场，参加培训1435人次11480学时。加强应急能力建设，修订完善现场应急处置卡38项，开展演练146次1956人次。加强安全监督检查，组织安全检查39次，发现问题1003项，整改率99.51%；查纠违章190起，违章教育学习8场次，始终保持对反违章的高压管理。截至2020年12月底，安全生产3765天。

【供热主业】 2020年，晋江热电公司强推动热用户自建供热管道，出台"一户一策"营销方案，全年新增热用户6家，新增供热5.5万吨；制定重点用户用气激励措施，7—12月售热量连续6个月比2019年实现正增长。提升服务品质，完成热用户信用等级评定，国内首创"供汽贷"商业模式落实落地。推进智慧热网建设，利用互联网、大数据和移动终端技术搭建智能化热网管理平台，实时监测热网温度和压力，实现智能数据分析和负荷预测。加强热网管理，建立健全热网管理标准，编制《热网调度规程》，完善热网风险预控、隐患查治和应急处置，严格管控管损，不断提升供热管理水平。

【高质量发展】 2020年，晋江热电公司启动扩建工程，1×50兆瓦热电联产机组扩建项目完成项目立项和投资决策上报，深入进行技术研究比较，选用亚临界超高温参数机组，凸显清洁高效性能。启动超低排放改造，主体工程和运行培训按计划完成，为公司清洁发展再添动力。启动蓄热项目建设，发挥顶峰填谷作用，增发效益电。启动锅炉全负荷脱硝科技创新项目。开展"五小"技术革新和专利申报，背压机供热改造项目获福建省总工会"五小"创新项目大赛三等奖，完成25项专利授权。

【经营管理】 2020年，晋江热电公司针对疫情对生产经营的冲击，及时研判分析、精准施策，化解经营困难，利润比2019年基本持平、超年度目标55%。调整经营策略，启动#1机实施以电补热，全年发电量超目标1.3亿千瓦时，比2019年增发0.65亿千瓦时；供热量比2019年减少控制在5%以内。挖潜降本增效，加强运行管理，发挥背压机效益，供电煤耗比2019年下降约37克/千瓦时；研判煤炭市场和把握采购时机，到厂标煤价和滞期费比2019年下降49.95元/吨和7元/吨；严格预算管控，以问题为导向着力提高经济分析质量，提高成本意识。优化融资结构，带息负债余额比2019年减少0.4亿元，存量流贷置换降低利率0.75%，全年压降财务成本100多万元。政策助力增效，研究国家有关节能减排、电力交易、疫情后减税降费和融资贷款等政策，取得中央大气污染防治资金补助、节能项目专项补助、免除交易电量配额等，全年获得收益近千万元。

【治理效能】 2020年，晋江热电公司健全完善制度，组织开展制度废改立和修编工作，发挥内控、审计和绩效导向作用，推动制度执行。完善法人治理，按集团公司规定完善党建工作要求进章程。加强依法治企，推进"法治晋电"建设，落实以法治建设第一责任人为中心的法治建设责任制，开展宪法宣传周系列活动，举办民法典等法治专题讲座；严格落实涉法重大决策、合同和制度合法性规范性审核把关，"三项审核"率100%；开展审计发现问题整改"回头看"，问题整改完成率100%；制订《合规管理体系建设工作方案》，逐步推进合规审查与业务流程融合。组织创一流工作研讨，制订《创一流工作实施方案》，分类对标提升管理工作正逐步开展。

（吴清珮）

·福建晋江天然气发电有限公司·

2020年5月30日，晋江气电4号机组扩大性B级检修重要节点燃机转子吊出（晋江气电 供）

【概况】 2020年，福建晋江天然气发电有限公司（简称“晋江气电”）拥有晋江燃气电厂项目、金井风电项目、光伏发电项目。在晋江市深沪镇投资建设晋南热电联产项目。总装机容量152.8万千瓦，建设4台38.2万千瓦的9FA燃气——蒸汽联合循环机组，项目总投资50亿元，年发电能力60亿千瓦时。金井风电项目建设16台2兆瓦风机，总装机容量3.2万千瓦，年发电量9000万千瓦时。分布式光伏发电项目装机容量1.17兆瓦，光伏板面积约1.8万平方米，光伏发电接入气电厂用电系统，年发电量超过100万千瓦时。

【安全环保管理】 2020年，晋江气电出台《安全生产专项整治三年行动实施方案》，开展消防、房屋和建设施工、危险化学品、自然灾害、设备治理等5个专项安全检查。紧抓“两票三制”（“两票”：工作票、操作票；“三制”：交接班制、巡回检查制、设备定期试验轮换制）和现场反“三违”（违章指挥，违章操作，违反劳动纪律）督查管理，保障现场生产安全。健全安全风险分级分类管控制度，组织修订安全生产风险辨识及主要安全风险清单、安全生产事故应急预案，不断健全安全管理体系。重视环保合规，完成排污许可证变更，连续四年获评福建省“环保诚信企业”。落实疫情防控，成立工作组，制订方案和预案，做好员工健康情况、行程等信息的跟踪及登记，加强外来人员管理，购买防疫物资，实行体温测量、厂内消杀、错峰用餐、弹性工作时间制等举措，强化“冷链”防控监管，员工无疑似病例和确诊病例。

【生产管理】 2020年，晋江气电抓好抓实检修与技改。完成4号机扩大性B级检修及技改工作，修后一次点火并网，轴系振动良好，设备运行经济性及可靠性显著增强，环保排放值下降。开展1号机及公用系统DCS电源模块升级改造、调压站天然气ESD阀双电源和双气源改造、风机偏航扭缆接触器优化技改等项目，提高设备可靠性。推进检修计划，完成1号机组C级检修、风机年检等检修工作。落实技术监督及设备隐患治理，做好台账及分析，夯实生产精细管理。着力节能技改提升，对三台机组真空泵进行节能改造，开展运行小指标竞赛，节约生产成本。

【精益管理】 2020年，晋江气电创新优化精益管理载体。出台《实施对标世界一流管理提升行动方案》，推进企业一流创建。2020年获得6项实用新型专利，通过绿色工厂、三标体系认证，通过泉州市数字化车间评审。深化7S特色管理，开展精益大课题，实行五星班组机制，推动管理优化。编写授权手册，完善内控管理，促进管理规范化。加强采购及降库存工作，落实降库增效。

（蔡诗雯）

泉州综合保税区

【概况】 2020年，泉州综合保税区工业产值78.64亿元，规模以上产值19.2亿元、社会固定资产投资3.6亿元、限额以上零售额2.9亿元；进出口总额152.66亿元，其中进口额73.44亿元，出口额79.42亿元；税收1.02亿元。2020年泉州综合保税区主要支柱产业贵金属加工、航空维修、保税物流等产业因受全球新冠疫情影响较大，进出口额下降。泉州综合保税区立足区位优势和产业发展特点，统筹推进新冠疫情防控和经济社会发展双协调，在跨境电商产业方面逆势发力，推动跨境电商集聚，取得指标性工作突破。全年累计为企业减免物业管理费用、租金等公共管理费用55.3万元，落实兑现企业扶持奖励资金1300余万元。

【基础建设】 2020年，泉州综合保税区区内建有6栋10.8万平方米标准厂房、监管仓库、验货平台、保税物流仓库等设施，建有专用11万伏变电站、两级供水加压泵站和日处理量1万吨的污水处理厂；区外配套区域建有综合服务大楼、3栋3.8万平方米宿舍楼、食堂、商业服务、文化、娱乐、体育、休闲设施等生活设施，配套2个商业住宅房地产项目金丘小区和蓝光雍锦源小区，可居住规模约3000户。泉州海关入驻园区驻点监管，卡口24小时执勤快速通关，区内设立报关行等专门办事机构，入区企业享受叠加保税区、出口加工区、保税物流园区及口岸通关的所有政策功能，手续办理方便快捷。

【招商引资】 2020年，泉州综合保税区贯彻国家高水平开放高质量发展总体战略，培育综合保税区产业配套、营商环境等综合竞争新优势，推动泉州综合保税区发展成为具有国际竞争力和创新力的海关特殊监管区域。2020年，泉州电子商务综试区线上公共服务平台在泉州综合保税区运行并设立首个服务窗口。依托引进御金跨境电商产业园项目，引领跨境电商产业集聚。引进阿里巴巴集团LAZADA（来赞达）跨境电商平台，建设阿里巴巴集团全国第三、福建首个LAZADA（来赞达）分拨中心；引进全球最大的企业管理解决方案供应商SAP公司，建设SAP海丝工业互联网（泉州）创新中心；引进庞珀珞斯宠物鞋服项目，成为德国、芬兰、瑞典等国宠物用品龙头企业的供应商、指定开发制造商；引进燕皇世家毛燕加工、爱乡亲食品加工、冷链物流等一批优质项目，拉动综合保税区新

2020年11月9日，中国（泉州）跨境电子商务综试区线上线下公共服务平台在泉州综合保税区启动运作
（泉州综合保税区 供）

的经济增长点。截至2020年12月底，泉州综合保税区共引进企业134家。其中，围网外企业85家，围网内企业49家，涵盖航空修造、高端印刷、光电电子、检测研发、酒类食品、保税物流、跨境电商等产业。

（苏达丽）

晋江经济开发区

【概况】 福建晋江经济开发区系福建省级开发区连续四年排名省级开发区首位；入选第九批国家新型工业化产业示范基地，获评2017—2019年泉州市文明单位。在2020年泉州高新区“一区多园”考核评价结果中，经济开发区五里高新区位列总排名第五名。

【经济发展】 2020年，晋江经济开发区坚持疫情防控和经济发展“两手抓”，加大服务企业帮扶力度，推动经济平稳复苏向好。7月，主要经济指标扭负为正。全年税收实现逆势增长，增速达37.37%。2020年，完成规模以上产值1135.96亿元，比2019年增长6.18%；完成批发业472.55亿元，比2019年增长22.66%；完成零售业18.48亿元；完成固定资产投资50.02亿元；新增规模以上企业29家、“四上”企业（规模以上工业企业、资质等级建筑业企业、限额以上批零住餐企业、国家重点服务业企业）41家、高新企业10家。晋江经济开发区坚持以服务企业为重点，主动协助企业办理项目手续报批工作，完成供地29宗69.8公顷，协助企业办理48宗89.23公顷用地的不动产权证；帮助企业化解不良贷款3083.34万元。加大人才培育力度，紧盯园区企业人才需求，首设“人才服务日”，开展“人才+科技+产业”政策宣传18场次、地市以上职业技能竞赛3场。

【项目建设】 2020年，晋江经济开发区强化重点项目调度推进机制，实行重点项目建设“一季一调度、半年一点评、一年一总结”工作制度，加大重大项目调度，开展石墨烯等重点项目保障性施工，完成华宇项目红线问题等3个征迁问题销号，保障项目落地建设及快速推进。2020年90个重点项目完成投资76.25亿元，完成年度计划的111.09%，京通易购等11个项目全面开工建设，足力健老人鞋生产项目（二期）等23个项目投产投用。围绕新材料、现代物流等新兴行业补链强链，引进华宇高性能纤维经编复合材料、冠和卫生用品等11个大型优质项目，总投资额约62亿元。新旧动能有序接续，53个技改项目累计完成投资20.72亿元，福建凤竹纺织科技股份有限公司迁建项目等实现扩产扩能。

【园区管理】 2020年，晋江经济开发区健全完善配套功能。完成五里园、安东园控规修编及食品园、时尚园控规并全部获批，建成灵安路等15条道路，启动灵石路拓改、纵一路、横六路与泉州环城高速石狮收费站匝道工程等主干道建设。完成林格廉租房主体建设，推进养正中学开发区分校前期工作，实现第九实验小学部分主体建设，完成第九实验幼儿园项目方案设计，拓展优质教育辐射半径。持续优化人居环境。抓生态水域治理，坚持源头监控与综合治理并重，创新数字化监护、专业化管护、社会化共护、生态化修护机制，逐步构建河湖治理管护新体系。常态化做好河道清淤整治工作，安东园综合污水处理厂项目8万吨完成建设及联动调试。梧垵溪河段劣五类水质摘帽，坝头溪河段水质明显转好，打造梧垵溪英塘支流周边风景，初步实现“水更清、岸更绿、管更畅、景更美”的总体目标。实施网格化机制，完成512家企业固定污染源排污许可清理整顿；开展省级工业园区生态环境专项整治，完成环境应急预案编制短板问题整改；推广电控管理、试点“刷卡排污”、强化视频监控等科技手段，打造生态环境智能化监管园区。2020年共约谈30家企业负责人，立案查处违法企业17起，移送治安拘留2起、查封扣押案件5起，累计罚款82.7万元。实现精细化管理。完成第七次全国人口普查工作，“智慧园区”建成启用，实现信息化成果与园区管理日常工作深度融合。聚焦全国文明城市复检专项整治重点内容，推行“清单式”工作法，压紧压实各方责任。依法拆除违章建筑22起，开展打击城市“牛皮癣”专项行动56次，出动执法检查行动19次，环卫保洁工作连续8年名列全市前茅。

【经营运作】 2020年，晋江经济开发区盘活闲置资产。策划生成凤竹鞋业“工改工”试点项目；拓展地产开发，引入绿城集团开发建设英塘商住用地；加快五里安置店面、车位、大山后廉租住房等闲置资产处置，加速资金回笼；以林格廉租房退出廉租房管理平台为契机，探讨林格廉租房运营模式，逐步实现效益。抓牢土地运作模式。策划1.93公顷商业用地开发，实现土地出让收入1.6亿元；出让工业用地47.62公顷，实现土地出让收入2.4698亿元；持续关注司法拍卖，收购福马咪咪部分不良资产，抓好园区土地储备和成片连片运营。参与共建开发，与宁夏固原开发区、三明尼葛开发区结对共建单位，共同建设运营开发区，实现协同发展。拓宽融资渠道。2020年2月发行福建首单绿色企业债券（7.6亿元），申报地方政府专项债，运作开发公司退出政府融资平台，构建起以发行债券及流动贷款为主，融资租赁、信托及理财产品为辅的多元化资金筹措机制。

【安全生产和保障】 2020年，晋江经济开发区开展房屋安全大排查大整治、消防整治攻坚和安全生产专项三年行动。坚持贯彻落实《地方党政领导安全生产责任制规定》，全年召开20次党工委会、安委会等，对重点安全问题进行专题研究部署，配合“1+X”全交叉专项督导，聘请安全生产专家充实一线技术力量，提高安全隐患辨识水平。2020年累计排查房屋2757栋，处置重大安全隐患建筑14栋，整改消防安全隐患问题3169条，查处“三合一”场所31家，查封违法违规经营单位7家，行政拘留2人，“1+X”全交叉专项督导整改问题全部销号。完善安全员队伍建设，指定企业中高层管理人员担任安全管理员，不断强化安全生产保障体系。开展主题宣传教育活动，并定期组织应急演练，全年共发放消防安全手册、告

2020年，晋江经济开发区定期组织应急演练。图为开展消防警示教育培训应急演练活动 （晋江经济开发区 供）

知书2000余份；开展消防警示教育培训演练活动70多场次，累计参加演练12200余人，提升企业应急救援体系。

（施晓君）

晋江市创新创业创造园

【概况】 2020年，晋江市创新创业创造园（简称“晋江市三创园”），常态化接待国家、福建省、泉州市各级参访，全年累计接待考察124批，共计2029次。其中省级以上考察团8批、122人次，海外团体3批、29人。福建省纪委副书记、省监委副主任薛云官，省委第一检查组组长、省纪委副书记、省监委副主任黄汉升，省政协主席崔玉英等省市各级领导先后到访视察晋江市三创园建设发展情况。

（郭真真　丁　洁）

【项目建设】 2020年，晋江市三创园（一期）完成投资2.84亿元，累计完成投资21.46亿元。建成服务中心、海归人才创业中心、创客大街、人才公寓、研发设计中心等项目，先行完成孵化器室外景观工程建设。

（叶德明）

【招商引智】 2020年，晋江市三创园跟进晋江市新基建新经济战略布局，重点发力新基建、大健康等领域，全年新增孵化企业23家，引导推动园区10家在孵企业抢滩布局新基建项目，累计在孵企业87家（其中，新基建企业34家、大健康企业11家，占比达51.72%）。联合晋江市发改局，以晋江市三创园为主体，推动晋江市申获第三批国家级双创示范基地。

紧扣晋江市产业发展实际需求，持续引进对口公共服务平台，全年新增米格实验室、哈尔滨工业大学（晋江）2家平台，累计引入公共平台9家，同步对接中纺院海西研究院、国家服装服饰质量监督检验中心（福建）等平台搬迁入驻运营；与复旦大学张江研究院、东华理工大学等5家院校签约共建协同创新中心。

全年新引进本科以上人才219人，其中硕博62人，占比约28.3%；累计集聚本科以上学历人才1205人，其中硕博士594人，占比约49.3%。申获福建省新侨创新创业服务联系点。

（颜璐璐）

【“海峡杯”双创大赛】 2020年，晋江市人民政府主办，晋江市三创园牵头承办，晋江市委人才办、晋江市科技局、晋江市人社局、晋江市洪山文创园、福建省集成电路产业园协办第五届“海峡杯”（晋江）创新创业大赛。本届大赛打破往届大赛全产业、全覆盖的赛制模式，聚焦本土产业创新需求。根据赛前本土产业创新需求调研结果，确定“新材料、新基建、大健康”三大行业赛道，以“精准产业、精准引才、精准孵化”为重要导向，垂直深挖产业创新与人才需求，全程开展当地产业与优质项目的精准对接。大赛征集1030个海内外参赛项

2020年，市三创园完成研发设计中心项目建设，图为三创园区鸟瞰图 （市三创办 供）

2020年12月15日，晋江市人民政府市长张文贤在双创大赛颁奖仪式上致辞（市三创园 供）

目，经初赛筛选出140个优质项目，参与深圳、合肥、上海、晋江、海外新材料、新基建、大健康视频专场等7场分站赛的选拔，优选前30强项目走进对应行业代表的本土企业内部进行半决赛比拼。12月14日完成总决赛，新材料、新基建、大健康三大赛道角逐出一等奖、二等奖、三等奖、优胜奖各1名。赛事配套项目展示交流区，为产业、资本及创业者搭建高品质的交流平台；大赛颁奖仪式发布医疗工作站启动仪式及协同创新中心、华为(晋江)工业互联网云孵化中心、重大孵化项目、参赛项目落地等晋江双创领域重要签约活动。

（庄君楠）

【园区活动】 2020年，晋江市三创园累计组织开展各类创业培训、交流、对接活动共计22场，包括项目路演汇4场、创业大讲堂8场、资本/产业对接活动3场、政策辅导4场、“千百计划人才”讲座3场，共吸引近1000人次参与。

1月10日，举办晋江市“科技(院士)大讲堂”暨第七期“千百计划人才”讲座；4月8日，邀请市金融工作局相关负责人对企业上市及挂牌申报条件和扶持政策进行解读；8月27日，举办晋江市第八期“千百计划人才”讲座暨“新基建”项目对接会；10月14日，组织开展“税企同心 助力发展”税收政策进企业宣讲，邀请晋江市税务局罗山税务分局相关负责人进行宣讲，帮助企业学习减税降费政策及高新技术企业优惠政策；11月30日，举办企业资本对接会暨BP撰写及路演指导活动；12月29日，在晋江经济开发区豪新食品市场开展晋江市第九期“千百计划人才”讲座暨食品产业对接会，邀请集美大学食品与生物工程学院特聘教授周永波做主题分享，并邀请晋江当地食品产业优质项目进行路演对接。

【成果转化】 2020年，晋江市三创园14家企业实现产业化生产落地，产生效益3075万元；45家企业实现产业化技术落地，与当地139家企业合作，产生效益8781万元。14家企业实现产业化项目落地，产生效益527万元。全年新增6家国家高新技术企业、6家省级高新技术企业、21家省科技型中小企业、3家入选省高层次创业创新团队、1家省级科技小巨人企业、2家瞪羚企业、1家新四板交易板挂牌企业；49家企业与安踏、舒华、盼盼、达利、劲霸、娃哈哈等泉州知名企业和国内外品牌企业达成合作。

（许育胜）

晋江市洪山文化创意产业园区

【概况】 2020年，晋江市洪山文化创意产业园区(简称“洪山文创园”)重点落实高质量赶超目标要求，融入世纪大道科创产业带，推进洪山文创园企业改造和运营建设。2020年，园区新引进企业21家，累计在驻企业251家，其中文化企业105家，集聚各类创意人才2200多名，整体平稳发展。2020年，洪山文创园再次获得福建省文化改革发展工作领导小组授予的“福建省文化产业重点园区”(2020—2022年)称号。

【园区建设】 2020年，洪山文创园继续推进企业自行改造进程，美达项目1号楼封顶、明丰项目1号楼封顶、东安项目2号楼封顶，信达公司完成地质勘查。

【招商引智】 2020年，晋江国际工业设计园及拓展区新增企业12家，清退4家，存续76家，其中省级院士工作站1个，拥有专利766项，各类创新人员753人。海峡青年创客坊新入驻项目9家，在驻38家，场地出租率92.7%，吸纳就业近300人。

【成果转化】 2020年，洪山文创园推动入驻企业熊仔动漫、漫鱼动漫、蒙太奇科技通过“国家高新技术企业”认定(园区累计7家)，推动创鑫机械、数坊科技、睿策智能科技通过省高新技术企业认定，推动数坊科技、漫鱼动漫、熊仔动漫入围福建省2020年科技型中小企业名单；正扬科技成为海峡股权交易中心交易版挂牌企业，纸匠文化科技股份、正扬科技股份、漫鱼动漫入选2020年度泉州市场外市场挂牌后备企业名单。

【创新创业主题活动】 2020年，洪山文创园定期开展创新创业主题活动。依托园区共享空间载体，联合市直部门、机构、行业协会、运营方等，开展以“创业集训营”为龙头的设计师部落、开放式沙龙、主题讲座、人才交流、项目对接等多样化活动共28场，吸引超千名园区企业员工参与。举行“打造必胜团队专题培训”“晋兴职校厂中校产学研”等活动等。

（许雅琪）

通　信

·中国电信股份有限公司晋江分公司·

【概况】　2020年，中国电信股份有限公司晋江分公司（简称“晋江电信”）下辖7个部室、5个中心、22个分局，全口径员工近730名。晋江电信融入地方经济建设，开展基础网络建设和信息化建设，满足晋江广大市民的智慧生活需求。

【智慧晋江建设助力】　2020年，晋江电信依托基础网络、技术实力与服务体系，以“专属定制+属地服务”的云服务为抓手，结合物联网、大数据等技术优势，拓宽和加深信息技术在各领域的应用。在建设晋江市智能化道路停车服务一期项目的基础上，依托物联网技术和天翼云平台，推进智能化道路停车服务二期项目，即聚集市区主要车流密集区改造5000个停车位，升级管理调度中心，助力智慧交通建设，被福建省委“主题教育”巡视组列为主题教育活动的典型项目。在独家打造智慧晋江数据运营中心100%汇聚晋江市政务数据的基础上，独家承建晋江政务云平台一期、二期项目，为晋江市党政部门提供横纵一体的政务信息网，奠定智慧晋江基石。聚焦“互联网+”领域，签约晋江市医院晋南分院、紫帽卫生院智慧医疗、晋江市三创园研发中心智能化建设、“智慧水务”等智能化项目，助力智慧晋江建设。加快云业务、物联网等新兴业务发展，为151家学校提供“智慧消防”服务，为晋江市卫健局智慧卫生平台、晋江市口腔医院全院、晋江市医院影像存储平台、医保监管视频云系统等提供上云服务。

【5G新基建建设与服务】　2020年，晋江电信建设高速的5G网络。6月11日，初步实现晋江市区、主要乡镇街道、商业广场、重要政企客户的5G信号覆盖，推进5G技术应用。2020年，与多家重点单位达成5G战略合作。与部分龙头企业携手开展5G内网试点，智能化改造生产车间，推动智能制造转型升级；联合工信局举办首场5G+工业互联网推进会，邀请行业专家及标杆企业共同探索5G在晋江产业的应用场景；在晋江第二实验小学、晋江岱峰中心小学运用5G直播互动课堂技术，与3个分会场校区远程线上连接，实现5G环境下的沉浸式直播互动；为第22届中国（晋江）国际鞋业暨第五届国际体育产业（线上）博览会提供全程5G支撑，让2000多家知名企业的4万商家通过线上直播了解晋江鞋产品，促进展会现场134.57亿元的项目签约；完成第四届海峡两岸食品交流会、第28届泉州国际车展、南洋华裔族群寻根谒祖综合服务平台演示等重要活动的5G通信保障任务。

2020年，晋江电信完成5G工程建设。图为工作人员在安装基站设备　（晋江电信　供）

【服务质量提升】 2020年，晋江电信坚持优化装维服务体系，践行宽带业务“当日装、当日修、慢必赔”服务承诺，压缩装移修平均历时，强化中国电信宽带金牌服务品质，晋江电信承诺的区域100%覆盖全市，当日装、当日修完成率均超99%。落实电话用户实名登记管理制度，严格落实批量团购、批卡批销管理要求和审批流程，做好防范打击通信信息诈骗专项工作和断卡行动。

【疫情防控和灾害性天气通信保障】 2020年，晋江电信在疫情期间，对接党政机关、卫生管理部门、疾控中心以及定点疫情防治医院等重点单位，协助开展疫情防控工作，累计向全市天翼用户发送防疫提醒公益短信超450万条，完成10个隔离区超1810个房间的通信保障任务；聚焦中小企业上云、天翼智慧社区、天翼看家乡镇版、天翼大喇叭、天翼云会议、来电名片、教育上云、天翼云课堂、医院上云等九大信息化产品，为中小企业复工复产、学校复课等任务做好支撑工作。在2020年“米克拉”台风、汛期及寒潮低温等极端天气期间，调集人员、物资加强通信设施维护，修复损坏的线路、设备，累计出动25个抢修小组共150人次、车辆60辆次、油机48台次，确保网络整体平稳，其间未出现重大通信阻断、干线故障及大面积用户申告，为人民群众提供通信保障。

(洪少蓉)

·中国移动福建公司晋江分公司·

【概况】 2020年，中国移动福建公司晋江分公司(简称“晋江移动”)，共设4个部门，其中，市场部下设5个科室、19个网格，政企部下设3个科室、7个政企组，员工超290名。

【网络建设】 2020年6月，晋江移动完成年初预定的共600个5G基站建设，实现晋江市区、罗山、陈埭、池店连片覆盖，以及其他镇(街道)的重点区域覆盖。全年宽带端口累计新增11万个，建制村覆盖率100%。

【网络保障】 2020年，晋江移动4G网络覆盖全市地域范围99.7%，5G基站达600个。完成晋江市医院、喜得龙等5个重保隔离中心和晋江国际会展中心车展保障、食品交易会等26场重要活动保障，解决金佰利公司、会展中心等34个重要企业的信号覆盖支撑。

【信息化建设】 2020年，晋江移动紧抓5G先发优势，推动5G产业与各行业领域深度融合。与泉州装备所联合成立5G联创中心，联合开展5G工业互联网平台的建设和开发。其中，晋江移动与福建柒牌合作“5G智慧工厂”成为5G龙头示范项目，与福建百宏集团联合开展5G智慧工厂项目合作。2020年，数字中国峰会期间，央视财经频道《经济半小时》《潮起东南》节目，采访播出晋江移动协助福建柒牌落地实施的5G智慧工厂应用。在泉州智能化服装生产线上，从人工作业到智能化生产环节，都有5G智能助手的参与，生产效率提升15%。2020年9月27—28日，由国家制造强国建设战略咨询委员会、中国纺织机械协会、中国电子技术标准化研究院(智能制造系统解决方案供应商联盟)等主办的“智能制造进园区”活动在福建泉州启动。晋江移动与福建百宏集团联合开展的5G智慧工厂项目作为唯一企业项目代表，进行现场签约。

【客户服务】 2020年，晋江移动通过深化服务文化建设、提升营业厅服务品质、强化宽带装维提升，推动口碑升级。塑造“人人讲服务、懂服务、会服务”的全员服务氛围，提升内外部客户满意度，汇集的服务质量提升课题研究获得全省服务金点子奖等。聚焦营业厅服务品质提升，打造营业厅“榜样力量”管理模式，整合满意度、投诉质量、业务技能等多维度评比，实现全区厅店的“比服务”氛围。强化宽带装维提升，重点提升宽带装维及时率、装维服务态度及规范等工作，建立装维回访及上门修复机制，强化社区经理服务质量的提升。

(蔡丽玲)

·中国联合网络通信有限公司晋江市分公司·

【概况】 2020年，中国联合网络通信有限公司晋江市分公司(简称“晋江联通”)按照福建省市公司和晋江市委、市政府相关疫情防控要求常态化抓实抓细工作的同时，坚持深化改革、坚持数字化转型、坚持创新驱动，推动晋江联通健康发展。协助政府精准稳妥推动复工复产工作的同时、加快推进疫情产品营销，实现重大项目突破签约。

【客户服务】 2020年，晋江联通以客户为中心，线上线下开展客户满意度评价，通过“找茬”、星享服务计划等系列活动，从被动到主动，听客户声音、代客户发声，进一步规范窗口服务标准，优化改善客户感知“痛点”，客户口碑得到明显提升。

【网络建设】 2020年，晋江联通的网络承载能力进一步提升，5G基站与电信共建共享开通529个，4G基站到达1781个，宽带网接入端口达到24万个。50%以上的用户光纤接入能力达1000兆。80%以上提供200兆以上的光纤服务。

(张秋煌)

邮 政

·邮政管理·

【概况】 2020年，晋江市邮政业继续保持“稳中有进”的发展态势，全市邮政业业务总量完成183.69亿元，增幅63.47%。其中，快递业务量8.4582亿件，比2019年增加66.7%，业务年增量超3亿件。

2020年2月28日，泉州市委常委、晋江市委书记刘文儒到福建中通调研快递业防疫及复工复产工作。7月8日，晋江市市长张文贤调研智慧物流快递基地项目——顺丰创新产业园项目，现场协调解决项目推进困难问题。11

2020年9月25日，在中国快递示范城市创建工作会议上，晋江市成为首批获评"中国快递示范城市"称号的县级市

（市邮政管理局　供）

月17日，国家邮政局邮政业安全中心数据管理处副处长许良锋一行前往晋江实地调研寄递信息导侦应用情况并召开座谈会。11月18日，泉州市委书记康涛到晋江视察智慧物流产业基地建设情况，实地察看顺丰创新产业园项目进展。

【邮政监管】　2020年，晋江市邮政管理局共出动执法人员400人次，检查快递企业176家次，共计排查出整改安全隐患228个，立案查处11家违法违规企业。行业安全生产形势总体稳定。

【中国快递示范城市授牌】　2020年9月25日，晋江市副市长李志强带队参加在浙江义乌举办的中国快递示范城市创建工作会议。会上，25个"中国快递示范城市"市政府领导及邮政管理局负责人上台领取"中国快递示范城市"牌匾。晋江市成为首批获"中国快递示范城市"称号的县级市。

【智慧物流产业基地建设】　2020年，晋江邮政管理局结合智慧物流产业基地建设，推进"六稳""六保"工作。截至2020年底，纳入"智慧物流基地"的10个快递项目，完成年度投资6.44亿元。顺丰创新产业园项目完成前期工作，启动场地平整建设。

（庄子瑜）

·邮政经营·

【概况】　2020年，晋江市邮政分公司（简称晋江邮政，含寄递事业部）累计实现业务收入3.64亿元，其中寄递业务收入1.98亿元、代理金融业务收入1.21亿元、邮务业务收入4389万元；全市26个代理邮政储蓄网点金融存款余额规模为65.68亿元，规模继续保持全省县（市）邮政第一；人均产能37万元，继续保持全区县（市）邮政公司第一。

2020年1月，晋江邮政获中国邮政集团工会福建省委员会授予的"2015—2019年度工会工作先进单位"称号；2020年3月，晋江邮政获2019年度"晋江市三八红旗集体"称号；2020年7月，晋江邮政党总支获评"2019年度泉州市邮政系统党建工作先进单位""党支部建设示范点"；2020年10月，晋江邮政职工书屋被晋江市总工会授予"晋江市职工书屋"称号；晋江邮政获泉州市邮政系统第八届职工岗位职业技能竞赛"团体二等奖"；晋江邮政获第14届"省级文明单位"称号。

【通信建设】　2020年，晋江邮政下辖20个分（支）局、26个金融网点、72台自助终端设备（ATM）、21个EMS揽投站、270个便民服务站，EMS营运车辆49部，揽投段道150段，普邮段道235段，实现全市各乡镇（街道）、农村全覆盖。

【社会服务】　2020年1月，晋江邮政联合晋江市农业农村局、总工会于晋江阳光广场、安海镇白塔广场举行2020年"农情邮惠礼·情暖职工心"大型年货会暨"山海协作"（长汀、德化）优质农产品展销活动；2—3月，晋江邮政落实"四不中断、四免费办"服务承诺同时，助力政府"一趟都不用跑，最多跑一趟"，为全市1.3万名群众提供行政寄递服务；助力学校"停课不停学"工作为全市55所学校5.8万名学生配送教材29万册；为小微客户免费赠送防疫物资等；5月，晋江邮政开展"致敬逆行者　感恩护士节"活动，走访各乡镇当地的医院、卫生院等医疗机构，为奋斗在一线的医护人员们献上鲜花、小礼物以及节日问候，并且向各位医护人员宣传特惠购、积分好礼等活动；配合晋江市总工会拍摄《"工"献力量　爱拼敢赢》五一劳动者战"疫"主题视频；6月，晋江邮政助力晋江市委政法委、西园街道党工委、办事处联合主办的首个"平安晋江共建日"线上马拉松；7月，晋江邮政联合晋江市委组织部、农业农村局及其他相关企业共同搭建的"乡村共享驿站"服务平台授牌营业；9月，晋江邮政与晋江鞋都电商园签署战略合作协议，共同为构建双方合作发展的新平台、新机制，推进资源共享，推动业务创新，促进晋江市电子商务产业发展；晋江邮政助力"见义勇为　民族团结"新疆伊犁马捐赠仪式；晋江邮政与晋江市农业农村局联合发行丰收节专属纪念封。10月，晋江邮政助力晋江市人民政府、长汀县人民政府、上杭县人民政府主办的晋江长汀上杭三地山海协作特色农产品展销活动。2020年晋江邮政策划执行多场"大美晋江"文化惠民工程演出项目，演出内容涵盖音乐会、戏曲、魔术演出等，并获"2020年中国邮政文化惠民项目全国县级创新奖"。

【关注公益】　2020年5月，晋江邮政发挥"晋江市巾帼文明集体"典范作用，组织全司员工开展"母亲健康1+1"公益线上募捐活动；11月，晋江邮政携手晋江交警大队、老干局联合开展晋江市"关爱老年人·出行报平安"宣讲志愿服务活动，依托晋江邮政各分（支）局、网点开展村社共建、宣传交通出行安全知识宣传。

（周伟疆）

综 述

【交通事业发展】 2020年，晋江市共推进17个交通公路建设项目，年计划投资33.19亿元。截至12月底，累计完成投资约33.6亿元，占年计划投资的101.2%；完成交通项目固定资产投资约32.46亿元，占年度计划的101.4%。

2020年，晋江市汽车客运站完成旅客运输量187.48万人次，同比减少51.21%；完成旅客周转量7667.55万人，同比减少60.84%。2020年，出租汽车客运实现出车班次41558次，出车率78.4%，载客量约112.96万人次；晋江火车站客运吞吐量420.4万人次（其中发送旅客206.2万人次、日均发送旅客5634人次），客运收入2.5亿元（日均客运收入68.52万元）；泉州晋江国际机场全年完成航班起降5.03万架次、旅客吞吐量562.06万人次，分别相当于2019年的77.36%和66.63%；货邮吞吐量7.75万吨，比2019年增加2.94%，在全国235个民用航空机场中分别位列第53位、第43位和第34位。共有37家国内外航空公司驻场运营，通航航点74个（国内61个、国际地区13个），完成总营收7.9亿元，建设项目投入3.1亿元，停机位增至34个。

【道路项目建设】 2020年，晋江市交通运输局共负责36个交通、市政道路项目，其中交通道路项目15个，市政道路项目21个；完成固定资产投资32.46亿元，比2019年同期增长6.15%。其中：横九线龙湖段、深安线马坪至安海外曾段、香港路及殡仪馆用地西侧规划路、莲屿片区改造（一期）市政配套道路、鞋纺城配套市政道路等工程建成通车，新增道路通车里程30.79千米（公路24.9千米、市政道路5.89千米）；快速通道东石连接线基本实现主车道15.76千米贯通；东部快速通道于6月完成施工、监理招标并组织施工单位进场，比年初计划提前3个月开工建设；刺桐大桥—江滨南路节点改造工程天桥完工通道。

【现代物流发展】 2020年，晋江市推动网络货运、甩挂运输、多式联运等物流方式发展，推动晋江市中小物流企业应用建设信息平台，为企业争取各级补助优惠政策，减轻企业负担。牵头成立网络货运扶持专班，协助网络货运企业解决发展中遇到的各种难题，鼓励个体司机、物流企业等入驻晋江市网络货运平台。全市网络货运企业从2019年的2家增加到5家，优惠政策兑现从3个月缩短至7个工作日。全年佳迅通、闽运兴、飞畅、传化陆鲸等4家网络货运平台完成纳税3998.65万元。

【运输能力提升】 2020年，晋江市新增许可运输企业39家，公路运输总周转量619380.05万吨千米，增幅5.3%；水路运输总周转量164291.86万吨千米，增幅15.2%。其中：2020年新增1家水路运输企业，新增3艘货运船舶，新增船舶运力113720吨。新增投放112部纯电动公交车辆，公交线路增至55条，镇区微循环公交线路达10条，优化2条公交线路，延长2条线路的末班营运时间，公交月载客量突破117.1万人次。

【交通运输审批服务】 2020年，晋江市交通运输局对申报事项中提交的申请材料、申报时限、申报环节等事项进行重新整理办事指南，所有办事环节压缩在3个环节以内，所有办事时限全部压缩至35%以内，优化审批服务“一趟都不用跑”事项达到65.29%，“最多跑一趟”事项达到33.78%，共达到99.07%，促进审批服务工作进一步便民化。采取“申请材料一窗受理、审批过程并行协同、审批结果关联共享”服务模式，推进交通工程建设制度，全程审批时间压缩60%以上，减至60个工作日以内。全年交通运输窗口受理办件累计16688件，获评“红旗窗口”8次。

【交通执法】 2020年，晋江市交通运输局针对道路客货等重点领域安全隐患及违法乱象问题，强化源头安全检查及重点路段时段的突击整治，持续开展“两客一危一货”专项整治、联合治理超限超载及打击非法客运等专项执法行动，实现执法领域监管全覆盖和案件查处基本全覆盖。2020年，共立案查处交通非法违法行为2326件，其中：查处违法客运114件、出租车31件、公交车15件、驾培案件72件、危货8件、普货案件

436件、物流企业30家；联合查处违法超限超载货车1579辆。

（陈天祥）

公 路

·公路建设·

【概况】 2020年，晋江市公路建设以实施“大交通撑起大城市”“十三五”规划为战略，重点打造“152030”快速交通体系，完善“两横一纵两连”高速路网和“三环七射”快速路网。重点完成X370快速通道东石连接线项目、龙狮公路龙湖段2条道路建设任务，新增公路里程25千米；其中X370快速通道东石连接线项目提前24天通车。截至2020年12月底，晋江市拥有公路里程2429.022千米，其中高速公路80.946千米（互通出入口5个）、国省道117.718千米、县道167.536千米、乡道835.382千米、村道849.64千米，未定级公路377.8千米。按公路技术等级分：高速公路80.946千米、一级公路64.017千米、二级公路457.879千米、三级公路173.571千米、四级公路1343.399千米、等外公路309.21千米，等级道路87.3%；全市陆域公路网密度为374.367千米/百平方千米，是全国公路密度网平均水平的7.4倍。

【推进在建项目】 2020年，晋江市市域8号路一期工程完成路基工程61.5%、市政管线工程70.4%、路面工程50.2%，桥涵工程41.5%，安全设施及预埋管线工程10.3%；国际企业大道南延伸（侨晖路至围头支线段）工程完成驻地建设，进行桩基施工和路基清表工作；泉州市二重环湾快速路（晋江段）新建工程一期工程完成路基工程70.6%，桥梁工程29.7%，市政管线工程11.24%；晋江市东部城市快速通道一期工程完成围护桩1243根，降水井54口，高压旋喷桩669根，抗拔桩完成96根，挖方29.7万立方米、桥梁桩基47根等工作。

【前期项目策划推进】 2020年，晋江市完成泉州南站站前核心区市政道路工程完成施工图审图、预算编制、财政初审；泉州市环湾一环路晋新路至石狮连接线工程完成项目建议书报批、方案审查及修编、工可审查、勘察设计招投标、初测初勘和初步设计审查及修编；高铁新区配套市政道路一期工程完成方案、工可审查及修编、初设审查及修编；高铁新区配套市政道路二期工程完成方案和工可审查及修编；西部快速通道完成高铁下穿段安全评价审查及施工图审查和修编、预算编制；晋江南高速出口连接线延伸段工程完成施工、监理单位招标工作，并进行进场施工前各项准备工作；X370（福田至旦厝段）工程完成项目建议书报批；X371深东线东石段（市域14号线）工程及配套道路完成方案审查及修编、工可立项，勘察设计招投标、初测初勘及初步审查。

【春节旅客运输】 2020年春运从1月10日开始，至2月18日结束，共计40天。2020年春运期间，泉州晋江国际机场累计完成客运量25.7万人次，同比下降43.79%；动车站发送旅客34.8万人次，同比下降43.81%；客运总发车4234班，旅客65066人，同比下降58.7%；公交车46615班，运送旅客921602人，同比下降29.4%。

（陈天祥）

·公路养护与管理·

【市骨干农村道路养护】 2020年，晋江市交通运输局强化市骨干农村道路养护。委托晋江市路桥公司实施市域骨干道路及桥梁养护工作，加强道路、桥梁日常巡查及经常性检查，发现问题及时处置，闭环结案，实现路面清障以及井盖、路缘石维护等项目在24小时内完成，零星路面修复48小时内完成，交通安全设施72小时完成，较大修复项目在1周内完成。全年管养道路22条，总里程129.73千米。管养桥梁92座。全年养护工作完成情况：完成对市域骨干及部分镇域桥梁养护技术状况完成系统性检测，保障桥梁通车运行安全。修复雨污水井盖215套、破损雨水篦379个、钢管警示反光柱525根、道路热熔型涂料标线7866.68平方米、波形护栏72米，新增单柱式交通标志37套，安装PVC钢护栏525米、中央水泥隔离墩280米，更换橡胶减速带678.45米、铸铁减速带480.95米，水泥混凝土路面修复面积2846平方米，沥青混凝土路面修复面积667平方米。道路巡查期间发现私开路口、涉路施工47处、恢复私开路口4处，解决政府平台市民反馈、“12345”热线等60条。

【乡村道路路况提升】 2020年，晋江市交通运输局完成“村村通”工程项目1个共415米，补助资金20.07万元；开展东石镇石东路等38个农村公路养护专项工程，累计投资3113万元，补助金额1333万元；完成桂林二桥、埭边桥等两座危病桥梁改造，投入资金294万元；实施深沪镇华海村及英林镇湖塔村生态示范路建设6.9千米，累计投入276万元，向上级争取补助资金69万元。

强化隐患排查治理。组织晋江市交通运输局、应急局、交警大队、林业园林局、交通综合执法大队及沿线各乡镇对大深路、金深路、陶东路等主干农村道路沿线开口交通安全隐患排查梳理，共排查整治安全隐患121处，其中封堵安全隐患路口28处、调整调头区7处，投资118万元。

（陈天祥）

【小修养护】 2020年，晋江公路分局负责管养晋江境内国道228线、国道324线、国道358线共117.718千米路程。全年干线好路率达到100%。晋江公路分局完成小修养护资金投入1621万元；组织实施专案工号16个，完成投资1394.4万元；补助地方路面改造工号2个。

做好日常保洁，每天组织7部扫路车、120余名工人在各条线路进行保洁作业。加大日常小修养护投入，加强公路路面及其附属设施的维护。通过实施清灌缝、裂缝、啃边等病害处治、水泥路面破碎板修复等项目，开展国、省道路况提升专项行动。督促站班动态掌握公路情况，消除危及通行安全的各种隐患。完善公路排水系统养护与加强防台抗毁，强化桥梁养护管理，落实桥梁养护分级管理的工作制度，加强对桥梁的日常巡查，组织人员展开桥梁专项检查和桥梁病害处治。落实公路防汛防台工作，修订《晋江公路分局防汛防台应急预案》，充实抢险物资储备，做好公路应急准备。

2020年1月15日，晋江公路分局路产所到晋江高速出口开展路政宣传活动

（晋江公路分局 供）

【路产路权保护】 2020年，晋江公路分局以迎国评为契机，参与干线公路路域整治，排查上报问题点位90余处，配合晋江市交通执法、城管部门进行整治，营造良好路容路貌。开展危及公路设施与安全通行的隐患排查与整治工作，包括开展公路平交道口、桥下空间、危化管线、涉路工程设施、公路限高限宽设施、违法设置的广告牌等隐患排查整治。开展路政宣传，提高民众爱路护路意识。

全年共组织路政巡查489人次/168车次，现场劝止违法搭接平交道口、污染公路、毁坏公路设施等行为165起，开展联合行动18次，办理各类路政案件17起，收取公路赔（补）偿费81858元。

【交通安全综治】 晋江公路分局落实安全生产责任制，健全各项安全管理制度，加强安全教育。2020年共组织召开各种形式的安全会议15场；发送、制作宣传标语71条；举办安全生产教育培训8场；开展交通安全宣传进校园活动1场；组织开展防汛应急演练1场；组织开展消防演练1场。开展安全隐患排查整治。开展日常安全检查13次，发现安全隐患14项，发出整改通知书13份，整改率100%；组织安全生产大排查大整治专项活动，发现并整改各类安全隐患65处。推进“平安公路”创建工作。以“打造六守六无平安品质”为标准，组织“平安单位”创建活动。到基层一线统筹开展矛盾纠纷排查调处化解工作，预防和化解各类矛盾。持续开展扫黑除恶专项斗争。参评上级主管部门组织开展的“平安公路站”“平安路段”“精品文化班站”创建活动。

【养护机械化信息化管理】 2020年，晋江公路分局为提高公路管养的机械化信息化水平，添置剪叉升降机1台，增设华表山隧道内监控38处，实现公安共享监控平台的接入；完成公路专网电脑视频监控、车载采集及应急指挥系统软件的安装；实现车载指挥系统在路网中心拼接屏的投放。完善设备巡检、应急报备等制度，落实路网中心24小时值班值守与信息（含晋江市便民服务中心与数字城管系统信息）的上报反馈。

（张　丹）

·公路运输·

【公路运输审批】 2020年，晋江市交通运输局根据福建省、泉州市人民政府和晋江市人民政府三级纵向权力清单的公布，结合晋江市审改办的工作部署，对行政权力清单、公共服务事项清单和责任清单进行动态调整，共编制“权责清单”416项，并在“晋江市人民政府”网站上公布；推进“多证合一”，按照晋江市委、市政府统一要求，涉及交通运输行业的货运代理（代办）备案、货物运输配载备案等3项行政服务事项统一整合到营业执照上；按照“五级十五同”要求重新梳理交通窗口涉及群众办理事项的168项“办事指南”，按照法律、法规、规章及上级出台的规范性文件及时动态调整交通“办事指南”的办理条件、办理流程、申请材料、办理时限等，并上报市行政服务中心在福建省网上办事大厅、市行政服务中心网站上公布，打造规范服务平台，推进行政审批服务“阳光化”；全年交通窗口受理办件累计16688件；其中行政审批服务事项承诺件111件；行政审批服务事项即办件共

2020年6月9日，晋江公路分局组织志愿者到学校开展交通安全宣传进校园活动

（晋江公路分局 供）

16577件，主要包括从业资格业务3215件、新增道路运输车辆846部、道路运输车辆过户90部、道路运输车辆迁入159部、道路运输车辆换证4635部、道路运输车辆年审6671部、道路运输车辆补证52部、道路运输车辆迁出241部、道路运输车辆注销289部、道路运输车辆复驶26部、道路运输车辆报停73部、网络预约出租车证办理184部、学校车辆办理96部。

【公路旅客运输】 2020年，晋江市道路旅客运输业以国有、民营和股份制等多种经济成分并存为经营主体，经营分类为班车客运、公共交通客运、出租汽车客运等，基本满足广大市民出行商旅需要。

2020年，晋江市汽车客运站5家，其中一级站1家、二级站1家、三级站1家、四级站1家，简易站1家，分布在市区及部分镇(街道)。班车分为快速班车、直达班车、普通班车等。客运线路分为省际、市(地)际、县际等。2020年，全市拥有从事营业性客运企业6家、客运车辆125辆、4513座位。营运线路：省际(始发)30条，通达9个省市；市际9条，通达5个地市；县际11条。完成旅客运输量187.48万人次，同比降低51.21%，完成旅客周转量7667.55万人次，同比降低60.84%。

出租汽车客运。2020年，顺通出租汽车有限公司是晋江市唯一一家出租车企业，拥有出租汽车动力指标200辆，实有116辆，2020年实现出车班次41558次，出车率78.4%，载客量约112.96万人次。

公共交通客运。2020年，晋江市公共交通客运保持快速发展，新增3条微循环公交线路和2条社区巴士线路，分别为海上银滩至首峰森林宫的环深沪镇Z7路、东石公交站至养正中学边门的环东石镇24路、环磁灶镇的Z8路、老年大学至全民健身中心的S1路、曾井公交站至满堂红小区的S2路，优化延伸15路、33路2条公交线路，开通安海、英林、内坑、金井、深沪、永和、陈埭、东石、磁灶等多个镇区的微循环公交线路。2020年，公交发车118.7万班次，运营总里程2382.8万千米，客运量1284.5万人次。持续推进场站建设。金井、磁灶、东石、深沪公交枢纽站建成投入使用。安海和英林公交枢纽站完成路面硬化、充电桩建设，先行作为换乘站使用，配套办公楼也将组织规划建设。池店、城北等其他镇区的枢纽站做好立项、土地证等相关手续。建设公交充电桩，满足纯电动公交车辆的充电需求，建成的公交充电站18处，可为350部公交车充电。晋江市共有纯电动公交车422辆、气电混合公交车50辆、LNG清洁能源公交车60辆。加强文明公益宣传，为迎接文明城市复检，提升晋江人居环境，截至2020年底累计更换公益广告。公交站台882张，出租车扬招站198张，公交首末站77张，公交车车身公益广告版面156张。为迎接第18届世界中学生运动会，针对全市55条公交线路、1344个公交站的标识进行双语改造。

【公路货物运输】 2020年，晋江市人民政府出台《晋江市促进物流业发展行动方案》《促进物流业发展四项措施》等各项优惠税费政策，简化相关审批手续，推动运输企业发展。

推动智慧物流发展。许可无车承运物流企业3家，分别为泉州市闽运兴物流股份有限公司、晋江飞畅网络科技有限公司、福建省佳迅通物流科技有限公司。泉州市闽运兴物流股份有限公司依托龙易配智慧物流平台，实现“线上交易+线下服务、物流金融+技术赋能”的现代物流服务模式，基本实现全国大部分地区的加盟站点覆盖，发展有效车辆会员87826辆，物流经营业户数6295户，截至2020年末，累计成交36.73万次。

围绕供给侧结构性改革，发展甩挂运输、多式联运，力促鸿达、英豪、晋江陆地港等成为国家级甩挂运输试点单位。贯彻执行晋江市交通物流行业优惠政策，落实各级优惠政策。2020年，晋江市参加道路质量信誉考核的运输企业129家。AAA级客运企业5家，A级客运企业1家，AA级货运企业73家，A级货运企业33家，B级货运企业17家。2020年新审批许可运输企业39家，新增营业性车辆1078辆，总吨位为14098.98吨；公路运输总周转量近619380.045万吨千米，增幅为5.3%。

【机动车维修业】 2020年，晋江市拥有机动车维修企业86家，其中一类13家、二类37家、三类36家，分布在全市各镇(街道)、工业园区。

【机动车驾驶员培训】 2020年，晋江市稳妥推进驾培行业，落实《机动车驾驶员培训机构资格条件》和《机动车驾驶员培训教练场技术要求》两项国家标准，规范培训学时管理系统使用，实施先学后付、计时收费、分段式收费模式，使用机动车驾驶理论网络教学平台。全市拥有机动车驾驶员培训机构31家，教学车辆1297辆，驾驶操作教练员1441人，理论教练员147人，全年度结业学员28251人。

【交通综合执法】 2020年，晋江市交通综合行政执法大队开展交通运输安全“打非治违”工作，持续组织“两客一危一货”“打击非运客运”“联合治超”等各类专项整治行动，加强客货源头重点领域及重点路段时段的安全执法监管力度。全年共出动10835人，立案查处违法行为2326起，罚款金额109.16万元。其中：客车114辆、公交车15辆、出租车31辆、非法客运15辆、教练车72辆、货车436辆、危货8辆、货运物流30家、维修企业8家；联合公安交警查处违法超限超载货车1597辆。

(陈天祥)

水 路

【概况】 2020年，晋江太平洋港口发展公司拥有围头、深沪两港区。其中，2号泊位长441米，前沿水深-15.3米，可减载靠泊7万吨级船舶。围头港区有内外贸航线10多条，覆盖北至环渤海湾、南至广西北部湾以及长江沿岸，主要港口直达菲律宾及中国香港、台湾、金门和厦门(内支线)。主要开展建材、钢铁、化工原料、荒料石、水泥等散杂货的装卸、储存业务。2020年，围头港区完成集装箱吞吐量41.9万标箱。深沪港区完成散杂货吞吐量159.55万吨。水路运输总周转量近164291.86万吨千米，增幅为15.2%。

【运输业务】 2020年，晋江太平洋港口发展公司上半年根据市场需求加大

2020年,晋江太平洋港口发展公司拥有围头、深沪两港区。图为围头港
(太平洋港口发展公司 供)

运力投入和航线调整,完善围头港航线布局。3月,集装箱吞吐量突破6万标箱创单月历史新高。在疫情的影响下,下半年,围头港区集装箱吞吐量下降。外贸箱方面,上半年受疫情的影响,外贸箱量整体大幅下降,随着国内疫情防控的稳定及“六保”“六稳”措施的落实、通关环境改善,6月开始,外贸箱业务逐渐回升。2020年外贸箱完成2.47万标箱。散杂货方面,晋江太平洋港口发展公司在稳定PTA、乙二醇、水泥等基础货源的同时,拓展新业务、新客户,推进业务多元化,重点拓展卷钢、风电设备及供应链延伸服务等新业务,增强抵御风险能力。

【港口安全管理】 2020年,晋江太平洋港口发展公司开展“安全生产月”、冬防、防暑降温、防汛防台风、生产作业装卸安全和港口设施保安工作;落实安全生产责任制、推进安全生产风险分级管控体系建设、安全生产三年行动建设、港区生产安全事故应急预案工作,加强安全隐患排查与整改,健全安全生产管理体系,全年未发生一般等级以上的安全生产事故。

(洪鹤鸣)

铁　路

【概况】 2020年,晋江火车站坚持“外防输入,内防反弹”的防疫政策,推行“经营精益化、投入精准化、成本精细化、组织精干化”四精管理,抓细抓实服务、经营、管理这三条主线,延伸服务内涵、拓展经营空间、规范管理流程。晋江火车站根据晋江经济发达地区人流量大,商务流、探亲流、学生流、务工流和香客较多的特点,拓展火车票代售点,编辑制作系列铁路出行小提示,并借助媒体平台宣传高铁客运“安全、便捷、舒适”等特点,加强客运市场营销,精心组织售票,开拓客运市场。全年晋江站受疫情防控的影响,客流量较2019年有所下降,客运吞吐量420.4万人次(其中发送旅客206.2万人次、日均发送旅客5634人次),客运收入达2.5亿元(日均客运收入68.52万元)。

【服务旅客】 2020年,晋江火车站以“服务旅客争先创优”活动为抓手,打造“温情伴你行,满意在晋江”客运服务品牌。成立党、团员突击队与青年志愿者协会,帮助老幼病残孕等重点旅客,开设“爱心通道”做好重点旅客预约服务,突出对重点旅客的候车、进出站、上下车等环节提供重点服务。设置残疾人无障碍购票专窗,实行购票、登记、交接、信息通报等环节的“无缝衔接”。

【运输经营】 2020年,晋江火车站推行旅客运输电子客票,更新售检票系统,改进身份查验方式,为旅客提供“一证到底”的乘车服务,创新旅游交通产品,促进“运游结合”。2020年,晋江站优化改造进站流线,新增1个进站口,更改作业模式,缓解进站压力,减少旅客排队进站等候时间。车站利用电子显示屏、微信公众号、新闻媒体等手段,向旅客及时公布加开及停运班次运行等信息,为旅客制订调整出行方案提供便利。晋江站与晋江市公交公司建立协调联动机制,深化合作,结合铁路“一日一图”的动车开行方案,统筹开通公交专线夜间班次和定制客运服务,提升旅客“最先和最后一公里”的出行效率。

【铁路运输安全管理】 2020年,晋江火车站落实安全风险管理,抓好高铁车站安全和客车安全,以加强现场安全管理为重点,以深化“五标”(标准化车务段、标准化科室、标准化车间、标准化班组、标准化岗位)创建为抓手,练内功、强基础,促进班组、岗位全面达标,提升车间、班组管理能力。结合车站实际情况,突出抓好安全关键点和关键作业的卡控,细化整治项目和整治内容,落实责任,限期整改,实行动态管理、闭环管理,消除一批安全隐患。加强安全管理、技术管理、设备管理和专业管理,夯实安全基础,确保高铁安全和客车安全。制订、落实节假日铁路旅客运输方案,在春运、暑运,清明、国庆期等法定节假日期间,合理组织岗位人员,采取合理措施,加大安全风险防范力度,确保铁路运输安全有序可控、稳定发展。

(刘亚丽　吴国富)

民用航空

【实现第25个航空安全年】 2020年,泉州晋江国际机场坚守民航安全底线,安全管理水平稳步提升。被民航局评为全国“净空2020”禁毒示范创建先进机场;在2020年度“平安民航”建设考评中获华东地区二类机场第三名、福建辖区第一名。建立防控专班组建七小组指挥体系,织密防控网,制定《常态化疫情防控处置方案》《疫情防控应急处置预案》《个人防控标准》等防控制度,规范疫情防控措施。落实“外防输入、内防反弹”总体要求,强化“人、物、环境”同防，对不同风险等级航班实施差异化防护标准，落实中高风险地区到泉州人员信息登记、测温、验码、核酸查验等措施，严格执行货物、冷链食品消杀程序，对医疗废弃物、污水统一集中处置，实现科学精准防控。增配口岸通关及检验检疫设施设备，加强国际（地区）航班防控力度，以92.4分通过口岸核心能力考核。推出企业返岗务工人员包机包座、返校学生免费地面接驳服务，完成国际全货机防疫物资保障任务；出台收费及对候机室、相关店铺、房屋出租租金减免政策，减免航空性业务收费2477万元，减免85户商家租金573.6万元。强化安全生产责任制。健全安全工作责任体系，制订安全管理人员、从业人员法律责任及岗位人员风险“双责一险”告知卡。各保障部门设立质控室，聘用19名专职安全员及25名兼职安全员，实现质控工作分级监督负责，强化安全生产基础工作落实。改进安全考核方式和评分标准，分解细化安全生产指标91项。落实安全双预防机制。深化民航法定自查，将风险分级管控与安全隐患排查治理有机融合，建立隐患事项清单，实行“每日一报”安全工作报告制度，设立“守护者”隐患排查平台，推动隐患排查关口前移；深化SMS、SeMS体系建设，围界入侵报警装置和监控系统投用，自主研发的安检通道反恐智能应急联动装置受民航局方肯定；梳理更新各层级危险源964条，印发图册汇编，推进安全风险分级管控体系建设。全面排查整治隐患问题，坚持“四不两直”（不发通知、不打招呼、不听汇报、不用陪同接待、直奔基层、直插现场）现场检查，开展安全生产百日攻坚、大排查大整治和安全生产专项整治三年行动。狠抓建筑施工监管，开展建筑施工安全大检查，排查普通修缮类问题35项，全部完成整改。加强“三基”（抓基层、打基础、苦练基本功）建设，结合“抓作风、强三基、守底线”作风整顿和“三个敬畏”（敬畏生命、敬畏规章、敬畏职责）宣教活动，开展作风问题自查整改，抓好员工“平时养成”。强化飞行区管理，加大净空巡查力度。组织道面综合评价、跑道维护、围界整治等工作，开展飞行区虫害、鼠情、鸟击等专项治理，建设国内首个机场净空AI智能监控系统，对周边违建、浓烟进行实时监控，全年处理AI监控安全预警70余起，防范超高隐患30余宗，完成跑道换板10块，跑道注浆4万多平方米。不断完善应急处置预案，开展航空应急事件、防汛抗台、消防灭火等应急演练76次，提升应急处置能力。

【地面运行保障效率提升】 2020年，泉州晋江国际机场不断健全航班正常性管理措施，建立联合运行平台，设立保障单位及驻场单位席位，面对面协调解决运行保障问题；成立航班正常性管理专班，以A—CDM放行时间为基准，跟踪、监控每个保障环节，及时对不正常保障环节进行预警、干涉；建立提醒、预警及快速过站保障机制，每月召开航班正常性分析会，督促整改提升，做到事前预警、事中干预、事后改进。持续推进军民航深度融合发展，增设塔台军民协调席，定期召开军民航空工作协调会，做到调配预案精细化管理、空域使用合理释放等工作，确保军民航同场运行安全有序。

推动空域资源开发利用。推进管制方式转变，设立进近管制室，进近空域申请获民航空管局批复，12名管制员取得进近管制执照；利用年度校飞验证厦门雷达对泉州晋江国际机场拟划设进近空域的覆盖性，提高空域容量。2020年，年航班正常率83.62%、放行正常率83.10%，分别比2019年提升12.65%和6.08%。

【生产经营】 2020年，泉州晋江国际机场优化航线网络和航班结构。新增12个航点，基本实现省会城市和主要千万级机场全覆盖。优化航线布局和航班结构。提高中远程航线航班密度，优化干线航班网络，在发挥基地航空公司稳增长作用的基础上，引进中联航、长龙航、红土航、重庆航和吉祥航，增开国内航线航班。

创新产品推介方式和营销方式。首次与泉州广播电台、泉州移动合作直播换季推介会，近22万人次在线观看；与OTA（在线旅游）平台合作，通过携程网推广中转联程产品。首次开通菲律宾马尼拉、马来西亚沙巴等国际“客改货”航班，深化与顺丰公司、晋江陆地港合作，启动顺丰速运配送中心扩容项目。

2020年，泉州晋江国际机场面对新情况坚持做大主业、做优辅业，完善法人治理结构，助力辅业自主发展；油料公司推进油库迁建工程建设，应对新冠疫情和航煤价格大幅下降带来的双重影响，尽量降低经营亏损。开发公司配合泉州航空服务中心建设合作单位完成项目竣工验收并取得房产不动产证，在候机楼商业业态中新增VR/AR文化娱乐产品销售区。物流公司出台货邮增量奖励方案，拓展航空货运延伸服务，在稳住既有全货机运力的基础上，新增国际“客改货”全货机业务，加密全货机杭州段，引进中州航空全货机进驻，实现货邮吞吐量逆势上涨。电子公司推动信息化建设和网络安全工作，开发进港旅客身份疫情填报核验系统及微信公众号航班动态查询软件。物业公司参与市场竞争，开拓外部市场，新增1家物业服务单位。商旅公司推进航空保障楼人文建设，开拓新的业务增长点，通过全赞助或半赞助模式引进三福、鲁艺、九牧等品牌进驻；拓展航司机组摆渡和头等舱旅客接驳业务。食品公司注册“一齐飞”品牌，开展特色航食研发，拓展节日伴手礼销售和航延餐食保障业务。

【争取政府支持】 2020年，泉州晋江国际机场先后获得泉州、晋江两级财政民航发展基金预拨付1700万元，推动市政府给予国际货运航班奖励资金1200万元、国内客运航班正向奖励资金4000万元，助力泉州晋江国际机场发展。

【航线航班】 2020年，泉州晋江国际机场有厦门航空、深圳航空、东方航空、西部航空等38家航空公司在机场运营，通航国内外航点74个，其中国内航点61个、国际和地区航点13个，实现省会城市（拉萨、福州除外）和主要千万级机场全覆盖，新增南阳、连云港、张家界、襄阳、十堰（武当山）、茅台航点，恢复兴义、淮安，加密上海、广州、合肥、重庆、贵阳、昆明、南京、呼和浩特、济南、无锡、长春、太原、郑州、石家庄、岳阳等航班。每天进出港航班248架次。

【机场服务优化】 2020年，泉州晋江国际机场以“丝绸”“刺桐”“泉心”品牌班组建设为主要载体，打造精品机场服务品牌，以特色服务暖人心，设置儿童、

2020年，晋江机场加强基础设施建设。图为晋江机场广场正面 （晋江机场 供）

学生专用柜台、流动茶水车，推出“爱心预约”“我帮您”红马甲服务，开展“健康快乐•与你‘童’行”“福满中秋，欢度国庆”“情暖金秋，爱在重阳”等节日主题特色服务，提升旅客乘机体验，为服务品牌持续赋能。以“人文机场”“智慧机场”建设为抓手，新建航空保障楼，推动民航机场智能设施工程技术研究中心海西分中心落户泉州，构建千万级机场智慧化应用实践基地，推出行李推车“对车门服务”、黑车专项整治、厕所革命、“失物找失主”及与滴滴出行合作运营远程“门对门”无缝接驳等服务项目，加强投诉管理，定期对投诉案例进行分析和总结，查找服务工作中存在的薄弱环节，投诉处理满意度100%。

【基础设施建设】 2020年，泉州晋江国际机场完成建设投资2.05亿元。中央机坪及滑行道改建工程竣工验收投入使用，北机坪及配套设施工程第三阶段验收投入使用，扩能改造工程取得可研性批复，航空保障楼工程完成主体及地下室结构验收，安防提升工程、油库及航空加油站迁建工程竣工，第18届世界中学生运动会提升项目有序进行。机场入口、边检通道及国内航站楼局部改造工程完工，公共区域景观提升项目完成施工招标，广场城市雕塑项目完成社会及特邀方案征集。规划项目如期开展。机场总体规划报审，机场“十四五”规划编制初稿和临空产业调研完成；受泉州市发改委委托开展泉州市航空运输发展问题研究并通过专家评审；机场综合交通规划和防洪排涝规划结题，“绿色机场”建设按计划展开，逐步完善机场内充电设施，购置新能源车辆7台，完成44辆国3以下内场车辆尾气改造，APU替代设施使用率提升至96.2%。

【机场智能技术研究海西分中心挂牌】 2020年9月22日，民航机场智能设施工程技术研究中心海西分中心揭牌仪式在机场举行。海西分中心的成立将致力于创新千万级智慧机场运行控制技术，推进构建基于5G的多形态网络技术的机场物联网和自动感知设施设备建设，探索大数据、人工智能等先进技术在机场运行、服务、安全、管理等领域的应用。

【安防提升工程验收投用】 2020年3月，泉州晋江国际机场安防提升工程开工建设，12月竣工验收。对隔离区内飞行区场道、弱电、供电、道口等工程进行安防设施设备进行升级改造，达到《民用运输机场安全保卫设施》标准要求，解决机场安防设施存在的问题。

【泉州晋江国际机场航空保障楼建设】 2020年，泉州晋江国际机场航空保障楼共9层，建筑面积12500多平方米，设有贵宾进出通道、餐饮厅、政务厅和商务厅等，建成后将作为机场政务和商务的贵宾通道，也是第18届世界中学生运动会的接驳点和服务点。该项目投资约1亿元开工，该项目是晋江市第18届世界中学生运动会配套项目，也是晋江市重点服务工程，建成后将作为泉州晋江国际机场政务和商务专用的贵宾通道，对满足泉州地区高端出行服务体系建设具有示范性作用。

【泉州晋江国际机场城市货站设立】 2020年5月6日，泉州晋江国际机场与福建陆地港集团达成战略伙伴关系，双方签订战略合作框架协议。双方共同在陆地港集团进出境快件管理中心区域设立泉州晋江国际机场国际城市货站，为货运企业提供进出口货物分拨、途中运输、舱单管理、进出口申报、查验放行、异常处理、快速安检等服务；共同推动联程中转业务，利用航线资源、货邮资源，通过航班或采用卡航运输进出口货物方式，拓展以泉州晋江国际机场为始发站或目的站的国际联程业务。

（苏江梅）

商业零售

【概况】 2020年，晋江市社会消费品零售总额1513.54亿元，比2019年增长0.1%，完成总额占泉州总量22.1%，总额排名泉州地区第一，增速排名泉州地区第三。其中限额以上零售额实现358.42亿元、增长4.4%，完成总额占泉州总量24%，总额排名泉州地区第一，增速排名泉州地区第三。全市限额以上值批零企业1211家，全年销售额完成3267.79亿元、增长10.2%。其中，销售额超亿元企业544家，完成销售额2994.76亿元、增长18.0%。

【现代服务业集群培育】 2020年，晋江市坚持生产性服务业和生活性服务业并重，加快培育一批现代服务业集群。全市共培育大型专业市场21个，经营总面积超700万平方米，年销售总额超500亿元，吸引石化、纺织、陶瓷、五金、钢铁等行业贸易企业集聚发展。豪新食品市场2020年成为食交会战略合作伙伴。海峡石化2020年线下实现营业额约260亿元，比2019年增加4%，纳税额约1.2亿元，比2019年增加25%；线上交易累计交易量167.04万吨，交易额70.20亿元。五金机电城一期、二期加快融市。

【物流快递枢纽加快建设】 2020年，晋江市物流快递枢纽作用更加凸显，物流业注册企业从2015年的450多家增加到900多家，AAA级以上物流企业有32家，约占泉州市总数30%。2020年晋江市物流业纳税额达2.45亿元，快递业务量突破8.46亿件，比2019年增加66.26%。泉州传化公路港、晋江陆地港、安踏一体化物流产业园区、菜鸟网络晋江园区4家被列为省级示范物流园区，占泉州市总数4/5。现代物流园、泉州顺丰创新产业园等12个物流园区加快建设。支持SM、宝龙等商业综合体向场景化、体验式、互动性、综合性消费场所转型，引导世贸御龙湾酒吧街、阳光路步行街等商业街区特色化发展。

【商贸促销活动】 2020年，晋江市引导各大商圈开展商贸促销活动，策划举办晋江市“十行百场千企万店”和“全闽乐购•全城联动”暨第四季晋江购物节活动等系列活动，带动各行各业商家让利促销，营造氛围，促进消费回补。加快发展夜间经济。统筹规划全市夜间经济发展布局，支持五店市、全民健身中心、梧林传统村落等景区、街区、市民集聚区丰富业态布局、延长营业时间、策划多元活动。组织“晋江夜色直播间”活动，联手阿里巴巴本地生活旗下的口碑、饿了么，与优质美食、酒店、休闲娱乐商户联合让利，邀请知名网红在各大商圈、夜间经济带巡回直播。

（黄仕明）

粮油贸易

【概况】 2020年，晋江市粮食局按照福建省粮食安全办公室和泉州市粮食安全办公室相关要求，组织协调农业、自然资源、财政、水利、生态环境、海关等部门，对2020年度全市粮食安全行政首长责任制工作落实情况进行梳理、整理相关佐证材料，按时按质完成自查评分和粮食安全行政首长责任制考核落实情况总结上报工作。

2020年，晋江市粮食局组织企业向上级申报奖励政策。有2家粮食企业获得省级“引粮入闽”奖励补助资金87.41万元；有2家粮食企业获得省级“粮食加工企业技术改造补助资金”88.01万元。兑现本级产业经济发展鼓励扶持政策。对福建顺成面业发展股份有限公司新建粮食加工生产线补助7.5万元。

【粮食保供稳价】 2020年，晋江市粮食局在新冠肺炎疫情防控期间每天实时监测25家粮油应急供应网点的粮食购、销、存情况，形成《每日粮情价格监测动态》报市新冠肺炎防控指挥部后勤组。及时制订粮油保障应急预案，通过分析研判形势、采取增加储备粮阶段性库存、增设应急供应网点、增拓引粮进入晋江渠道、协助提升粮食企业生产经营能力等措施，提高疫情防控期间粮食保供稳价工作。

【政策性粮食库存管理】 2020年，晋江市粮食局组织储备粮原粮轮换。2020年度储备粮由往年的“先出后进”轮换方式，调整为“先进后出”，阶段性增加晋江市新冠肺炎疫情期间储备粮库存，提升晋江市粮食保障能力。落实储备粮增储任务。开展政策性粮食库存安全检查，落实“保粮食能源安全”主体责任。

【国有粮食企业改革】 2020年，晋江市粮食局按照晋江市人民政府批准的《晋江市国有粮食企业改革实施方案》，将原13家国有粮食企业通过资源整合等方式重组、改制为4家现代化企业制国有粮食企业（组建“晋江市瑞谷粮食发展有限公司”下设全资子公司“晋江市瑞谷仓储有限责任公司”“晋江市瑞谷贸易有限责任公司”，以及受委托管理的“晋江市瑞谷军粮供应有限公司”）。在完成2017—2019年度专项审计、清产核资、尽职调查、管理层遴选及人员划转等工作的基础上，4家新国有粮食企业于10月15日举行揭牌仪式并运行。

2020年晋江市改革/改制前后国有粮食企业一览表

表1

改革/改制前原国有粮食企业	改革/改制后新国有粮食企业
福建省晋江市青阳粮业有限公司	晋江市瑞谷粮食发展有限公司
福建省晋江市粮食购销有限公司	晋江市瑞谷仓储有限责任公司
福建省晋江市陈埭粮业有限公司 福建省晋江市池店粮食购销站 福建省晋江市罗山粮食购销站 福建省晋江市龙湖粮食购销站 福建省晋江市英林粮食管理站 福建省晋江市东石粮食购销站 福建省晋江市磁灶粮食购销站 福建省晋江市金井粮食购销站 福建省晋江市安海粮食购销站 福建省晋江市粮食直属库	晋江市瑞谷贸易有限责任公司
晋江市军粮供应站	晋江市瑞谷军粮供应有限公司

【市场粮食供应】 2020年，晋江市粮食局分别与江苏扬州市邗江区、江西乐平市等产粮区粮食行政管理部门签订粮食流通产销合作框架协议，双方企业之间签订具体购销合同1.3万吨。晋江市粮食行政管理部门组织粮食企业参加中国粮食交易大会等各项粮食产销协作活动，多渠道引粮进入晋江。开展“粮食应急供应网点”认定，经企业自愿申请、组织审核，全市共确定25家粮油经营企业为“粮食应急供应网点”。

【粮食流通市场监督检查】 2020年，晋江市粮食局加强对政策性粮食购销活动的监督检查，全年共开展粮食流通执法督查47次，检查企业64家次，其中，开展餐桌污染抽检31批次，合格31批次，质量合格率100%；开展储备粮出入库抽检53批次，合格率100%。

【粮食安全管理】 2020年，晋江市粮食局组织开展国有粮食系统安全生产检查，督促相关企业落实企业安全生产主体责任，确保安全生产责任落实落地。开展房屋安全生产隐患大排查大整治工作，企业自查出动130人次，自查319栋房屋（含仓库、店面等）；会同晋江市纪委监委驻市发改局纪检监察组对下属国有粮食企业开展督查，全年出动检查人次18次，检查6家国有粮食企业，并对检查发现的隐患进行登记造册、落实整改，彻底消除安全隐患。其中：对东石粮站5栋排查为D级的房屋进行拆除，对龙湖粮站深沪科任点1栋排查为D级的房屋进行硬隔离。

【救灾物资储备管理】 2020年，晋江市粮食局根据市领导检查粮食安全和物资储备工作的纪要，确定晋江市瑞谷仓储有限责任公司为救灾物资承储单位，负责晋江市救灾物资的采购、储备和日常管理，定期向发改局及应急局上报物资储备情况；晋江市瑞谷仓储有限责任公司下设救灾物资储备库。为确保救灾物资常储常新，根据晋江市应急保障局规划，于8月25日通过委托第三方中介机构公开采购救灾物资进入储备。因职能划转，晋江市民政局将19类共7298件救灾物资转移到救灾物资储备库存放。该库共存放帐篷、折叠床、棉被等救灾物资22类9720件。

（王德意）

供销合作

【概况】 2020年，晋江市供销合作社联合社（简称“晋江市供销社”）实现商品总购进141397.3万元，比2019年增长18.26%；商品销售总额217487.29万元，比2019年增长17.9%。其中，生活消费品零售162709.43万元，比2019年增长20.42%；农业生产资料销售9351.09万元，比2019年下降1.07%；化肥销售30540吨，比2019年增长2.11%。

【春耕物资供应保障】 2020年，晋江市供销社下发《关于出台七条措施服务农业春耕生产的通知》，做好农业生产资料供应服务工作，确保农用物资供应不断档、不脱销。至3月底，全市供销社库存各种化肥6763吨，完成泉州市发改委下达冬储计划4400吨的153.7%，库存农药162.97吨、农用薄膜52.33吨。晋江电视台民生频道、泉州电视台综合频道、福建电视台综合频道，先后对晋江市供销社春耕农资储备供应服务工作做相关报道。

【服务方式创新】 2020年，晋江市供销社围绕深入实施乡村振兴战略，更好地服务“三农”。5月13日，在西园街道霞浯村开展农资科技下乡进村活动，现场向农户免费发放有机肥10吨、蔬菜种子500包、农技科普材料350份，接受农民咨询152人次。1月17—23日，分别在青阳、梅岭、罗山及所在镇区设立14个春节平价蔬菜物资供应网点，各点供应主要蔬菜品种在20种左右，供销系统共组织各种优质新鲜蔬菜25万余千克投放市场，供应价格低于当时当地市场价格30%以上，平抑春节市场蔬菜价格，保证春节市场蔬菜供应。《泉州晚报》《晋江经济报》及晋江电视台作专项跟踪报道。

【供销改革】 2020年，晋江市供销社加强与《新农村现代流通服务网络工程(2020—2025)建设规划》的衔接。持续完善深化改革协调推进机制，成立晋江市供销社创新发展领导小组，下设资产盘活提升、企业经营运作、服务“三农”发展3个专项小组，统筹谋划新时期供销社系统改革创新发展任务。12月，启动网络主播、基层弱势群体集中供应网点、再生资源互联网收储平台、生鲜果蔬产品集中供应、农药集中采购调配、海鲜产品供销一体化等项目，开展调研讨论。12月25日，与晋江农商银行签订《战略合作协议》和《支部共建协议》，通过加强在业务规划、市场协同、服务模式相关方面的密切协作，共同搭建“三位一体”综合合作体系。晋江农商银行授信晋江市供销社10亿元支持服务“三农”和社属国有企业改革发展。

【服务网络构建】 2020年，晋江市供销社搭建信息平台，支持现代化农业发展，全系统建立1个农副产品信息服务中心，19个信息服务站，23个信息服务点，主动为农产品生产者、加工企业提供无偿信息服务。2020年，供销社收集发布各类农资产品价格信息312条、接受各种咨询5756人次，发布市场价格行情及大宗农产品价格走势预测796次。

【供销基层网点建设】 2020年，晋江市供销社新建农资连锁经营网点3个、日用消费品连锁经营网点1个，按照全国总社行业标准改造提升农资网点1个、日用消费品网点1个。兴办10家农民专业合作社、1家农民专业合作社联合社，累计达50家(含4家联合社)。晋江市供销社有直属公司4家、基层社12个、农村综合服务社114个、农村社区综合维修服务站点35个、行业协会11个，服务范围覆盖全市90%的乡镇和社区，基本实现乡镇全覆盖。

【农资市场资源整合】 2020年，晋江市供销社完成安海农资配送中心、仓储设施、运输配送体系、消防设施等建设。改扩建仓储设施面积2108平方米，连锁经营店51个，其中直营店22个、加盟店29个，农资连锁经营网络覆盖14个乡镇57个行政村，配送服务范围覆盖全市90%的乡村，农资销售市场占有率达80%以上。

【乡村振兴战略助力】 2020年，晋江市供销社到挂钩乡镇(磁灶镇)及所属各个村庄，发挥再生资源回收利用职能，与城市管理局、农业农村局等部门沟通协调，共同推进以居民主体分类为主的资源回收体系建设，采取在试点村(社区)内适当位置设置宣传标语，并组织志愿者进行生活垃圾分类科普知识宣传，教授居民如何对垃圾进行分类、如何在家中对垃圾进行打包，引导居民用最简单的办法分拣垃圾、投放垃圾。

【各类生活物资储备】 2020年，晋江市供销社通过健全机制、制订方案、建立台账、组建专班等一系列措施，较好保障疫情期间物资供应渠道的畅通。其间，共储备各类生活物资1906吨，销售1592吨；储备化肥6763吨、库存农药162.97吨、农用薄膜52.33吨、两用喷雾器572台。帮助系统企业复工复产，并减免降租系统12个基层单位共计125.5万元。

(章生辉)

电子商务

【概况】 2020年，晋江市商务局顺应数字经济发展新要求，完善电商生态圈，推动电子商务与优势产业加快融合发展。2020年，实现网络零售额349亿元，是“2020新国货之城”TOP10唯一县级市。

【电商群落培育】 2020年，晋江市商务局以园区为抓手，培育电商群落，推动聚集发展。鞋都电商园继国家电子商务示范基地后，2020年再度获评泉州市级现代服务业集聚示范区；五里电商园4楼直播基地完成建设并开始初步试运营。

【电商平台建设】 2020年，晋江市商务局引导汇拍直播基地落户晋江市，基地与10多家国际一线品牌达成合作。推动本土平台建设，一品嘉平台入驻客户超过8000家，2020年交易额54.24亿元，累计交易额突破300亿元。策划举办市长直播带货、产业直播节等活动，产业直播节拉动全网销售额超18亿元。推动网商会举办人才培训活动15期；鞋都电商园开展电商培训交流活动21期，吸纳68名大学生创业。

【跨境电商建设】 2020年，晋江市商务局推动跨境电商协会成立。举办福建“数字海丝”跨境电商峰会，邀请行业专家到晋江传经授宝。推动亚马逊、eBay(易贝)、LAZADA(来赞达)等国际第三方平台到晋江举办商家见面会，搭建企业转型触网的高效渠道。

(郭　寅)

烟草专卖

【概况】 2020年，晋江市烟草专卖局查处涉烟违法案件381起，其中5万元以上案件57起；查获各类违规卷烟1520件，比2019年增加385件，增幅33.9%。其中假烟318件，走私烟17件，违规真烟1185件(其中福建省外真烟517件，占全区43.14%)；总案值1237万元，比2019年增加220万元，增幅21.6%。2020年，晋江市烟草专卖局先后梳理违法违规大户204户，分类建立健全监管档案。通过强化专卖内部监管、物流寄递监管、许可证管理和三线协同管理，发挥信息研判中心数据分析、研判导侦功能，保持对辖区市场及违法违规大户的常态化高压管控，做到有的放矢。2020年，查处违规大户经营案件85起、物流寄递真烟案件90起，查获异常流动真烟1044件，其中没收550件，总案值708万元，依法取缔违法违规大户22户。

2020年，晋江市烟草专卖局获评泉州市2017—2019届文明单位，并完成2020—2022届泉州市级文明单位申报工作，陈埭所部参加国家级基层文明窗口创建活动并入围。

【卷烟打假打私】 2020年，晋江市烟草专卖局定期向晋江市人民政府分管副市长汇报卷烟打假打私形势，与晋江市委政法委会商卷烟打假事宜，推动地方党委政府重视并支持打假打私工作。结合晋江市“平安村”创建，对全市建制村(社区)开展打假专项考评。结合房屋安全整治，联合镇(街)政府开展2次制假隐患大排查。联合公安、邮政管理部门开展“闽剑2020”和“打击物流寄递环节涉烟违法犯罪”等专项行动。结合当前形势，及时与晋江海警部门签订《合作协议》，建立海上涉烟执法协作机制。坚持“上追源，中打伞，下破网”一体化打假策略，完善“两法”衔接，落实公安烟草专案组联合办案制度，提高移送案件破案率、破网率和追刑率。全年查处涉假涉私案件47起，查获假私烟335件，烟丝1.61吨，总案值440万元。移送公安机关立案侦查14起，被列为“省督”案件5起，破获“国标”网络案件4起，刑拘27人，逮捕13人，判刑12人。

【卷烟营销】 2020年，烟草专卖晋江分公司协同福建中烟开展宣讲、陈列竞赛、线上宣传等活动。发挥课题对销售的促进作用，开展《加强省产烟品牌培育推动省产烟结构优化升级课题》，构建“1+3”品牌培育模式。优化客户分布结构，加强限大扩中扶小力度，协同专卖打击非法大户帮扶中小户。截至12月底，晋江15件以上大户1户，中户户数占比92.97%，比2019年增长7.24%。

【企业管理】 2020年，烟草专卖晋江分公司持续推进全员、全过程、全方位的精益管理。坚持战略目标引领，制定《2020年目标指标体系》，建立涵盖企业、部门、班组岗位3个层级的“三级三维”目标指标体系。对标管理实践，按照“对标杆、找短板、消缺陷、创标杆”的总体思路，选取南安分公司作为结对共建对象，推动结对共建活动。推进QC活动，2020年共选定小组课题12个，推广应用优秀QC课题4个。开展管理诊断管理，共修订标准化文件4份、废止1份，实现质量管理体系与标准体系的融合。开展安全生产工作，完善安全责任体系，制订年度安全培训计划，2020年共开展20场安全知识培训，参加人员500余人次。推进平安综治工作，坚持落实24小时常态化值班工作。强化法规普法宣传，提升员工法律意识，全年开展法律培训6场。

(陈　猛)

食盐专营

【概况】 2020年，晋江盐务局依照《食盐专营办法》，参与维护盐业市场秩序，保障合格碘盐供给，确保群众用盐安全。全局人员18人，设置2个盐政辅助管理中队，两大营销区域，A类碘盐配送网点19个，B、C类碘盐配送网点24个。全年供给盐产品20081吨。全年盐政发现福建省外违规盐案件247起，发现福建省外违规盐小包装共计18.88吨，移交市场监管部门立案20起，罚没总额28241元。全市碘盐合格率、碘盐覆盖率、碘盐食用率达95%以上。

【食盐供应保障】 2020年，晋江盐务局分析食盐市场现状，按盐业体制改革的形势要求，投入市场，做好食盐供应保障工作。走访市场，掌控辖区内碘盐批发网点和食品加工用盐厂家的销售、运输、质量、价格、供需信息，掌握客户的经营现状。建立电子商务系统，举报投诉电话，“福盐云商”平台订货，货款启用POS机刷卡。通过永辉、大润发、新华都等大中型商超，推广“生态海盐”系列中高端品种，形成多层次、多品种、多价位的盐产品结构。通过入户抽查、检测，以大超市为平台，深入乡镇、社区、村进行“生态闽盐”品牌宣传引导。加强与食品药品监督管理局联系和配合，规范食品生产企业的进货渠道，防范工业盐或非法食用盐流入食盐市场。重申《晋江市食盐市场异常波动应急工作预案》，加强对各大碘盐销售网点的管理，建设地方贮备盐仓，增加食盐库存量，应对意外事件的发生。年初新冠肺炎初期出现抢米抢盐现象，晋江盐务局启动应急预案，第一时间深入晋江的超市、农贸市场、配送商等了解库存，加快补仓，安抚群众，及时把抢盐苗头打压下去。晋江的盐业市场相对密集，为占领市场，应对盐改带来的冲击，晋江盐务局坚持市场检查与宣传工作相结合，宣传盐业法律法规。通过市场和客户走访、粘贴和分发各种海报和宣传单，了解市场的信息和市场动态，采取有效的措施，加强对食盐销售用盐客户的宣传，促成食盐经营者与盐业公司签订各种经销协议，规范客户的经营行为，把各类违规盐的销售控制在萌芽的状态；通过盐业公司提供的客户资料档案信息、碘盐网点的分布和销售情况，及时发现存在的问题，并采取措施予以及时解决。对福建省外盐比较集中的地区进行重点的入户宣传、检测、调查，准确及时地了解市场信息。加强闽盐生态盐品牌宣传，增强消费者的品牌意识和消费意识，把宣传工作做到家喻户晓，提高群众对碘缺乏病危害和食用碘盐重要性的认识，提高闽盐的市场知名度。

【食盐安全宣传教育】 2020年，晋江盐务局在疫情得到控制的下半年，加强对盐业法律法规的宣传，通过开展大、中型和专题宣传活动及深入商超网点、农贸市场、学校、社区进行“吃好盐，选闽盐”的品牌宣传，利用周末和傍晚深入晋江各镇(街道)的商超、公园、社区等公众场所共组织21场宣传活动。向消费者宣传展示福建省食盐品牌“闽盐”各个品种，为到场的群众讲解食用加碘盐的好处及识别真假加碘盐的方法，对食盐的市场销售渠道等情况做解答，倡导消费者提升食盐安全消费意识，活动以识别闽盐与其他省外矿、海盐的特质对比、口感鉴别，“一品一码”现场演示，宣传普及低钠盐适用人群、购买途径和注意事项。通过系列宣传活动，推介“闽盐”系列产品。继续利用永辉超市“8•18”“8•24”“双十一”“回家吃饭节”等促销活动做堆头促销宣传引导。

【盐政辅助执法】 2020年，晋江盐务局加强对辖区各类餐饮业、工厂学校食堂的巡查力度，共巡查饮食店、食堂8232家，学校食堂25家，批发零售店9191家，加工用盐厂家84家。在巡查中发现小工厂食堂和饮食店没有形成有效的监管机制，市场情况比较混乱，为规范用盐秩序，晋江盐政大队对辖区内餐饮业进行不间断的巡查，并对其进行政策性的宣传，对违规者进行相应的整改，小配送及时跟进，引导盐业市场规范经营。在巡查中查处的有代表性典型外省省级盐业公司或生产企业涉嫌“假

2020年，晋江盐务局加强“吃好盐，选闽盐”的品牌宣传　（晋江盐务局 供）

配送，真销售”的食盐违规销售案件，及时移交给市场监管部门进行相应的调查处理。晋江盐务局加强对碘盐网点销售情况和食堂餐饮店的跟踪管理，发现销售有异常，及时介入，给予必要的整治和教育。

（吴培铨）

天然气销售与供应

【天然气基础建设】 2020年，晋江新奥燃气有限公司完成天然气管道建设投资3527万元，铺设中压管网51.88千米，新增通气居民用户0.91万户，新增E城E家蓝牙智能卡用户1.29万户，新增接驳工商业用户211户。

【供气用气】 2020年，晋江市共有1782家工商业用户/福利户、9.46万户居民用户使用管道天然气，全市天然气用气规模最高达320万立方米/日，中低压管网总长1104.06千米，天然气管网实现镇镇通。

（林雪琪）

会展业

【概况】 2020年，晋江国际会展中心建成投用。2020年线上鞋博会吸引国内外2000多家企业入驻参展，展会期间线上累计GMV（网站成交金额）交易额超10亿元，采购商、观众线上访问近百万人次。晋江市举办的中国（晋江）国际家装建材博览会是疫情发生后，福建省首个线上大型专业展会。食交会创新“双线会展”模式，展会期间达成意向交易额138.6亿元，比2019年增加28.6%。策划开展“十行百场千企万店”“全闽乐购全城联动”等系列促消费活动。其中，“十行百场千企万店”活动期间，全市销售额超过100亿元，主要商圈街区、楼市车市、品牌鞋服企业销售额均好于预期。“全闽乐购·全城联动”暨第四届晋江购物节结合传统消费旺季和国庆、中秋、元旦等重点节假日，举办11项主题活动，晋江市商务局获“全闽乐购”优秀组织奖。举办第28届泉州（晋江）国际车展。展览总面积逾3万平方米，共吸引120多家企业参展，现场订售车辆超7600台，成交金额近20.3亿元，较2019年同期增长103%。率先出台《晋江市企业订货会疫情防控工作导则》，保障安踏、利郎、柒牌、361度等20家企业先后举办38场订货会，企业订货量超出预期。

【第三届中国（晋江）国际家装建材博览会】 2020年4月，晋江市举办第三届中国（晋江）国际家装建材博览会，这是疫情发生后福建省首个线上大型专业展会。该届博览会探索“双线会展”模式，借力“互联网+”创新传统会展业的发展模式，将“线下家博会”进行“云上延伸”，形成互联网上的会展产业闭环生态圈和经济圈，实现线下+线上会展的“双线融合”。展会采用多会场连线的形式共设置1个晋江主会场和福建福州2个分会场、广东佛山及加拿大多伦多各1个分会场等共4个分会场，举行四地连线“云签约”，活动共吸引参展企业213家、采购商2247家，访问量达18.7万人次，确认成果对接参展企业96家。

【第22届中国（晋江）国际鞋业（线上）博览会暨第五届中国（晋江）国际体育产业（线上）博览会】 2020年4月19—22日，晋江市举办第22届中国（晋江）国际鞋业（线上）博览会暨第五届中国（晋江）国际体育产业（线上）博览会。博览会首次采用“线上鞋体博会”模式，并在网上举办整个展览，与阿里巴巴集团合作，阿里巴巴电子商务平台1688是主会

2020年4月1日，中国（晋江）国际家装建材博览会线上展会发布会举行（市商务局 供）

场，阿里巴巴国际站和全球快递平台是分会场，设有鞋类产品、体育用品、鞋材机械5个展区，晋江现场直播，来自世界多个国家和地区的2000多家外贸企业参展。

（黄仕明）

【第27、28届泉州(晋江)汽车展览会】 2020年6月，晋江市国际会展中心举办第27届泉州(晋江)汽车展览会。展会严格落实防控主体责任，建立主办方、运营方、晋江市公安局、商务局、卫健局、疾控中心等多部门联防联控机制，推出八闽健康码、红外测温、人脸识别、实名制入场、大数据分析等一系列防控手段。10月，举办第28届泉州(晋江)汽车展览会。第27、28届展会合计展出面积达6万平方米，现场订售汽车共计14100多台，成交金额37.3亿元。

（林子文）

【第四届海峡两岸食品交易会暨第七届闽台(泉州)食品交易会】 2020年7月20—22日，晋江市举办第四届海峡两岸食品交易会暨第七届闽台（泉州）食品交易会暨首届线上食品交易会。展会期间达成意向交易额138.6亿元，比2019年增长28.6%。大会共吸引693家参展商和86000名专业观众，分别比2019年增长35%和9.5%，其中75%为食品生产企业、采购商、经销商。参展商和观众覆盖中国23个省、5个自治区、4个直辖市、2个特别行政区，意大利、乌克兰、俄罗斯、荷兰、德国、英国、土耳其、日本、马来西亚、越南、泰国、印度尼西亚、菲律宾等13个国家委派境内负责人或代理商参会。展会拉动晋江市商贸业、住宿餐饮业、旅游业、交通物流业、广告策划等第三产业消费1亿元以上。

（黄仕明）

对外经济贸易

【概况】 2020年，晋江市推动服务企业云沟通、云办证，确保疫情防控期间政务服务“不断档”，特别是保障医疗物资有序出口。2020年，晋江市贸促会共签发一般原产地证书8755份，出具国际商事证明书405份，代办领事认证166份，签发优惠原产地证书1278份，累计为出口企业获取进口方关税减免将近500万美元。新增注册企业102家，开通20家企业的自主打印原产地证书业务，累计32家企业实现自主打印。开通疫情不可抗力证明“绿色通道”，为8家企业出具新冠肺炎疫情相关的不可抗力事实性证明11份，涉及合同金额近2亿元。

（林子文）

【外资利用】 2020年，晋江市新批外资项目106个、增资项目17个。合同外资23.8亿元，比2019年增加15.0%。实际利用外资15.7亿元，比2019年增加4.9%。

（倪侨瑜）

【外经】 2020年，晋江市商务局引导企业通过国际产能合作，参与全球市场竞争和价值链重构，截至2020年12月底，晋江市企业经备案到境外投资设点达86家。

【外贸】 2020年，晋江市全面落实稳外贸各项政策，实施精准帮扶，推动外贸稳中提质。晋江国际鞋纺城市场采购贸易方式试点于2020年9月15日获批，于12月22日起实施。辅导鞋服、泳装、内衣、伞等近200家外贸生产企业入驻淘宝C2M产业带超级工厂项目，推动百佳、大创、祥麟等45家企业入驻淘宝官方直营天天特卖工厂店，快速实现出口产品转内销。组织294家企业参加第127届、128届线上广交会，组织135家企业和单位参加第三届中国进口博览会，组织100多家企业召开外贸云展会推介活动，引导外贸企业通过数字展览开拓海外市场。全年国际及港澳快递业务量909.35万件，比2019年增长67.08%。国际小包28.92万件，比2019年下降73.16%。

（王美蓉）

2020年7月20—22日，第四届海峡两岸食品交易会暨第七届闽台(泉州)食品交易会暨首届线上食交会在晋江举行。图为活动现场
（市商务局 供）

综　述

【旅游业发展】 2020年，晋江市入选福建省首批全域生态旅游示范县（市、区），新增全国乡村旅游重点村1家、福建省滨海休闲度假福地1处、福建省金牌旅游村1家、福建省乡村旅游特色村1家、福建省工业旅游示范基地1家、晋江市观光工厂1家；全域生态旅游建设逐渐成形。创建福建省首批全域生态旅游示范县（市、区），启动《晋江市全域旅游发展总体规划（2021—2035）》编制工作。2020年，旅游接待810.01万人次、旅游总收入163.61亿元，总收入位居泉州市第二。旅游业从业人数14000人，总人数居泉州第三。

【旅游资源】 2020年，晋江市共有国家AAAA级景区2家、AAA级旅游景区3家、中国乡村旅游模范村1家、中国乡村旅游金牌农家乐4家、国家工业旅游创新单位1家、中国乡村旅游创客示范基地1家、全国休闲农业与乡村旅游三星级示范企业（园区）2家、福建省特色旅游景观名镇2家、福建省旅游度假区1家、福建省特色旅游名村1家、福建省乡村旅游特色村9家、福建省金牌旅游村2家、福建省观光工厂5家、福建省工业旅游示范基地1家、福建省（三钻）智慧旅游景区1家、福建省乡村旅游经营单位2家、泉州市特色文化旅游示范基地1家、泉州市旅游村1家、晋江市农业旅游示范点7家、晋江市级观光工厂5家、晋江市级工业旅游示范点20家，获评泉州特色伴手礼21种，评选晋江伴手礼42种。

【旅游宣传推介】 2020年，晋江市文旅局开展线上、线下旅游宣传推介。与人民网共同举办“夜游五店市”直播，305.6万人次在线观看；7月6日，协同金井镇开展“清凉一‘夏’好去处，书记带你游金井”线上直播，50多万人次在线观看；组织旅游企业参加第16届海峡旅游博览会暨2020年第六届中国（厦门）国际休闲旅游博览会、闽宁特色产品展示展销嘉年华、中国（大连）国际文化旅游产业交易博览会以及2020年福建旅游生活展。

（留美婉）

【旅游主题活动】 2020年，晋江市结合端午、中秋等传统节日及“5·19”中国旅游日、“9·27”国际旅游日等节庆开展线上、线下旅游主题活动。5月19日，结合“5·19”中国旅游日开展“文旅局带你游晋江”云游晋江直播、“寻镜晋江”——文化旅游摄影·短视频大赛活动，12.7万人次在线观看；6月21日，结合“端午·我们的节日”开展“解锁不一样的五店市”直播，25万人次在线观看；9月27日至10月8日，结合“9·27”国际旅游日、“中秋·我们的节日”举办“美好生活·主客共享”晋江市2020年文化旅游节，推出“我为食狂”美食节、“百年闽南·梧林轶事”“我是晋江旅游推荐官”晋江市文旅讲解员大赛等系列活动。

（李秋兰）

【五店市传统街区宣传】 2020年，晋江市文旅局带你“云游晋江”——解锁不一样的五店市直播活动，在央视频、五店市官方抖音号、最福建抖音号平台直播，共25万余人次在线观看互动；“爱拼夜泉州 一起走透透”夏日夜经济融媒体直播活动在五店市举行，人民网总网微博、人民网总网抖音、人民网总网快手、人民视频、人民网福建频道微博、哔哩哔哩等平台同步直播，共305.6万人次观看；“非遗+科技”木偶互动式表演体验秀在五店市布政衙广场举行；求是杂志社、党建杂志社、新华社福建分社、《福建日报》《泉州晚报》《晋江经济报》等各级媒体对五店市进行不同方位报道。

（骆锦恋）

景区建设

【景点建设】 2020年，晋江市入选福建省首批全域生态旅游示范县（市、区），围头村获评第二批全国乡村旅游重点村，金井镇获评福建省滨海休闲度假福地，梧林传统村落获评福建省金牌旅游村，英林镇湖尾村获评福建省乡村旅游特色村，七匹狼中国男装博物馆获评福建省首批工业旅游示范基地，来旺良品堂获泉州市特色文化旅游示范基地，福建省百匠文化传播有限公司入选第九批泉州市文化产业示范基地。

2020年，开展“云游晋江”——解锁不一样的五店市直播。图为夜色五店市全景

（市文旅集团 供）

【旅游公共服务建设】 2020年，晋江市文旅局继续提升泉州晋江国际机场旅游集散中心，并被认定为福建省旅游集散服务中心（三级）；开发建设“e游晋江”小程序，并于9月27日上线试运行。规范旅游场所名称，完善导航定位。打造第45路公交路线成为晋江市第二条“大美晋江旅游公交专线”，启动景区外部旅游交通标识系统建设。制定《晋江市旅游厕所建设与管理导则》，完成4座旅游厕所建设验收，分布在晋江市博物馆、石佛山景区及来旺良品堂等地，满足游客出游需求。

（留美婉）

【五店市传统街区】 2020年，福建省委书记尹力，全国政协常委、副秘书长、民革中央副主席兼秘书长李慧东到五店市调研；住建部、公安部、国办、国家发改委、国家统计局、国家税务总局、侨联、妇联等各领域领导专家以及福建省委、省政府，泉州市委、市政府，晋江市委、市政府等各级领导多次参观五店市。2020年，五店市传统街区共迎接上百团次各类专题调研团。2020年，五店市共主办、承办、协办各类活动25场。主要有“同心筑梦红砖里 携手远航共乡情”海峡两岸（晋江）诗歌大赛；“全闽乐购 全城联动”暨第四届晋江购物节启动开幕仪式；“梦回汉唐”晚会暨首届“美丽中国”青少年电影剧本颁奖典礼等。

2020年，五店市街区先后迎来海内外多个参访团及考察学习代表，其中来自中国香港、澳门、台湾地区及德国、菲律宾的参访团8个，来自河南、湖南、江苏、山东、新疆、上海、四川、甘肃等国内其他省市的考察学习团达107个。

【梧林传统村落】 2020年，晋江市文旅集团打造旅游精品。3月9日，晋江市人民政府将梧林传统村落西式建筑群之朝东楼、德鑨楼、顺意楼等特色建筑确定为晋江市级文物保护单位，并纳入第六批市级文物保护单位名录。4月17日，梧林传统村落项目启动招商；11月30日，梧林传统村落被评为福建2020年金牌旅游村。

【晋江市展馆】 9月10日，由文旅集团下属子公司清新文旅运营产业公司负责运营的晋江市展馆被确定为全省民营经济人士理想信念教育基地；10月

2020年，梧林传统村落获评福建省金牌旅游村，图为梧林传统村落

（市文旅集团 供）

13日，晋江市展馆被中共福建省委宣传部评为习近平新时代中国特色社会主义思想实践示范基地；10月20日，晋江市展馆被确定为晋江市级社会科学普及教育基地。

（李秋兰）

旅游行业管理

【旅游市场监管】 2020年，晋江市文旅局定期开展旅游市场“不合理低价游”等旅游专项整治，联合有关部门开展旅游市场秩序检查，打造“放心游晋江”旅游环境。运行旅游投诉机制，通过“12301”全国旅游监管服务平台、福建省“12315”旅游服务监管平台、晋江便民热线“12345”和电话投诉等方式共受理旅游投诉41件，按时办结率达100%。

【酒店服务优化】 2020年，晋江市文旅局完成《第18届世界中学生运动会酒店设施设备优化整改调研报告》，制定并完成论证评审《第18届世界中学生运动会酒店设施设备优化标准手册》。组队参加泉州市星级饭店服务技能大赛，获团体第二名。严格执行星级酒店准入退出机制，晋江市皇冠假日酒店被泉州市星级评定委员会取消三星级旅游饭店资格。

（留美婉）

旅游市场开发

【旅游宣传营销】 2020年，晋江市文旅局在晋江电视台、《晋江经济报》开设“创建全域生态旅游”宣传专栏。开展3场线上直播活动，吸引400多万人次在线观看。举办“美好生活 主客共享”2020年文化旅游节和首届文化体育消费季活动。选送参赛商品在2020中国特色旅游商品大赛中获1金2银2铜，在2020中国旅游商品大赛中获1银1铜。组织参加海峡旅游博览会、“闽西南e家人”旅游产品发布会及公众销售会、闽宁特色产品展览展示、中国（大连）国际文化旅游产业交易博览会、2020福建旅游生活展等活动。

【“云游晋江”】 2020年，晋江市文旅集团全方位、多角度宣传推介晋江旅游产品。6月21日，晋江市文旅局带你“云游晋江”——解锁不一样的五店市直播活动，以“遇•文化街区、赏•非遗古韵、觅•民俗风情、尝•中西美食、悦•慢调之夜”五方面“解锁”五店市新花样，带领观众认识不一样的五店市。该直播在央视频、五店市官方抖音号、最福建抖音号平台直播，共计25万余人在线观看，并参与互动。

【“爱拼夜泉州 一起走透透”直播】 2020年7月4日，晋江市文旅局联合人民网福建频道，走进五店市传统文化旅游区开展“爱拼夜泉州 一起走透透”直播活动。该次直播系人民网“夏日夜生活”大型融合报道活动之一，通过人民网微博、抖音、快手、人民网福建频道哔哩哔哩等平台同步直播。截至直播结束时，累计有305.6万人次阅读观看。

【梧林传统村落项目招商推介会】 2020年9月30日，梧林传统村落举行项目招商推介会。晋江市针对梧林传统村落出台专项招商扶持政策：“给予入驻梧林传统村落的优质商家更多扶持，2021—2023年，每年发放奖励扶持资金，专项用于兑现开业奖励、装修补贴及工程造价咨询等服务费用。对于入住商户和业主，最高给予200万元装修补贴和15万元开业奖励。”10月1—7日，梧林传统村落举行“百年侨 梧林轶事”主题快闪活动。活动通过《人民日报》等15家媒体进行报道，在朋友圈、抖音、小红书等自媒体上进行传播，曝光总量达50万+人次，游客量超10万人。

（李秋兰）

【农民丰收节】 2020年，晋江市文旅集团组织多场专题活动以带动旅游业恢复。9月19日，由晋江市农业农村局、商务局、文旅局、妇联、金井镇人民政府、晋江文旅集团、福建省餐饮烹饪行业协会主办的晋江市2020年“振兴产业 庆丰收”农民丰收节在金井镇围头村举行。现场举行开幕式、中国农民丰收节纪念封首发式、首届“益农杯”围头湾海鲜烹饪邀请赛开赛、围头湾优质海产品推介会等活动。

【晋江五店市传统文化旅游区系列活动】 2020年9月22日，晋江市“全闽乐购、全城联动”暨第四届晋江购物节活动启动仪式在晋江五店市传统文化旅游区举办；9月23日，“我为吃狂”海丝泉州美食嘉年华晋江分会场暨五店市畅游卡推介活动在五店市传统文化旅游区拉开序幕；9月27日，晋江市2020年文化旅游节启动仪式暨“秋分弦月 晋

2020年10月1日，“奋进小康路，共筑中国梦”文化进万家文艺志愿服务活动在梧林传统村落举行

（市文旅集团 供）

2020年10月4日，在晋江市全民健身中心举办首届晋江城市音乐节　（市文旅集团　供）

江市古琴音乐会在五店市传统文化旅游区举行；10月1日，由文旅集团承办的“奋进小康路，共筑中国梦”——文化进万家文艺志愿服务活动在梧林传统村落举行；12月26日，“梦回汉唐”晚会暨首届“美丽中国”青少年电影剧本颁奖典礼在五店市露天戏台举行。

【首届晋江城市音乐节】　2020年10月1—5日，晋江市文旅集团下属子公司体城公司负责运营的全民健身中心举办首届晋江文化体育消费季之首届晋江城市音乐节，连续5天制定不同主题演出内容，分别为“足球之夜”“摇滚之夜”“岁月留声”“流行荟萃”“青春舞曲”。演出阵容以福建省内各地优秀年轻歌手为主，以20世纪70年代、80年代、90年代不同年代多元化的音乐类型，涵盖民谣、R&B、流行、摇滚、说唱、DJ等多种音乐风格，吸引近3000名市民前往观看。

【晋江市消费促扶贫“全面小康·全民健身”田园九九健步走活动】　2020年12月13日，2020年福建省“运动健身进万家”系列赛事活动——清新福建运动之旅生态户外休闲赛（晋江站）——晋江市消费促扶贫“全面小康·全民健身”田园九九健步走活动，在晋江市九十九溪流域田园风光拓展区启动，全程11.22千米，总参与人数为800人。举办优质农产品展销会，活动现场设有展位，各地推荐选送当地贫困农户共50家（个）生产的农产品进行展销。

【国内旅游宣传】　2020年10月22—26日，晋江市文旅局牵头，会同文旅集团组织清新文旅公司及五店市传统文化旅游区、梧林传统村落两个景区及部分伴手礼企业赴大连参加2020中国（大连）国际文化旅游产业交易博览会暨辽宁省乡村旅游产业博览会；12月4—7日，五店市传统文化旅游区、洪山文创园亮相第13届海峡两岸（厦门）文化产业博览交易会。

（李秋兰）

2020年12月13日，2020年福建省“运动健身进万家”系列赛事活动 清新福建运动之旅生态户外休闲赛（晋江站） 晋江市消费促扶贫“全面小康 全民健身”田园九九健步走活动在晋江市九十九溪流域田园风光拓展区启动　（市文旅集团　供）

综 述

【金融业发展】 2020年，晋江市金融业增加值、存贷款余额、保费收入、证券交易额等各项金融指标均实现正增长。其中，存贷款方面，截至12月末，本外币各项存款余额2147.74亿元，比2019年上升18.65%，较年初上升337.61亿元，新增存款系2019年同期1.79倍；本外币各项贷款余额1680.55亿元，比2019年上升11.33%，比年初增加171.06亿元，新增贷款系2019年同期2.09倍。

【疫情防控金融保障】 2020年，晋江市金融局在晋江市人民政府出台支持企业防抗疫情的扶持政策中，导入8条金融保障措施，给予企业利率优惠、延缓缴息、展期等方面优惠政策。累计支持企业延期还本1891家次，贷款45.74亿元，调整付息282家次、利息3.86亿元，利率优惠5242笔、贷款96.76亿元。针对企业在疫情期间新增或续贷贷款，晋江市给予基准利率50%的贴息补助，全市符合贴息政策的企业4000多家（笔），贴息金额约4588万元。帮助晋江市企业争取政策性低息贷款，累计向省上上报17家中小微企业，申请福建省进出口行专项低息贷款48.5亿元，其中4家企业获得19.69亿元贷款。支持562家企业争取福建省人民政府100亿元专项纾困贷款，推动338家企业获得该项贷款17.66亿元，放款家次、放款金额均位居泉州各县（市、区）首位。

【金融服务创新】 2020年，晋江市金融局推进金融服务创新，发展供应链金融，推动银行机构借助核心大型企业，帮助978家次上下游中小企业获得银行融资50.52亿元。通过中小微融资服务平台，支持龙头企业上下游企业371家获得新增授信15.86亿元，放款14.36亿元。支持一品嘉、陆地港与省进出口行、政策性担保公司合作开展供应链金融，获授信4.5亿元，放款2亿元。做大政银合作信用金融。支持银行机构做大“银税互动”“信易贷”“云电贷”等政银合作金融产品规模。截至2020年末，各类政银合作金融产品规模约30亿元。其中，“银税互动”产品贷款余额17亿元，惠及350多家企业；“云电贷”授信户数64户，授信额度2302万元；“信易贷” 共有82户，授信额度11.83亿元。

【资本市场建设】 2020年，晋江市金融局推进市域新增上市公司3家，包揽泉州市2020年上市企业。晋江市上市公司数量增至49家。首发融资金额超200亿元，证券市场总市值超3500亿元，再融资累计超540亿元，并购重组累计超580亿元。新三板累计挂牌15家，新增海交所挂牌交易4家，累计挂牌交易7家，有1家证监会过会，3家获证监局辅导备案，3家香港联交所递表。持续推进后备梯队建设，先后启动福建省、泉州市、晋江市三级后备企业滚动申报工作，其中福建省重点上市后备企业完成线上申报，晋江市28家企业入围，占泉州入围企业总数的52.8%。发债再融资持续活跃，推动上市企业通过增发配售股份、银行间非金融企业直接债务融资产品，发行公司债券、超短融债券、可转股债券，境内外发行“熊猫债”“绿色债”等债务融资工具实现再融资。2020年，晋江市上市公司新增再融资195.98亿元，其中安踏国际发行可转换债券154.5亿元，恒安国际发行交易商协会熊猫债项下首笔疫情防控主题债30亿元。

【金融领域风险稳控】 2020年，晋江市金融局压降信贷风险。突出大户企业防控重点，成立帮扶处置专项工作小组，拟定“一企一策”方案，加强运作政司银联动工作机制，稳步化解、处置大户风险，加快出清存量不良。其中，冠朗、龙峰等企业不良贷款实现当年出清，全市42家重点风险企业，累计出清36家不良风险。2020年，晋江市全年累计处置不良贷款超85亿元，不良贷款率压降至1.97%。整治非法金融乱象。开展“六守六无”（守诚无失信、守德无纷争、守约无陋俗、守规无事故、守法无案件、守廉无贪腐）平安创建宣传以及“六守六无”网络有奖知识答题活动，累计参与群众超万人次，发放宣传材料5000多份。定期召开多部门联席会议，建立非法金融排查整治常态化工作机制，组织4场“扫楼”排查行动，共排查17家经营各类虚拟货币的风险隐患，并协同公安、市场监管介入处置。开展扫黑除恶

"六清行动"(线索清仓、逃犯清零、案件清结、伞网清除、黑财清底、行业清源)。出台《各类民间投融资机构专项整治行动方案》，紧盯群众关注的非法集资、"套路贷"及暴力催收等黑恶行为，深入开展"六清行动"。2020年，排查涉嫌暴力催收、套路贷等2条黑恶线索并移送市扫黑办调查打击。

(许锦灿)

金融管理与金融服务

【概况】 2020年，晋江市共有银行业金融机构22家(政策性银行1家，大型国有银行6家，股份制商业银行8家，城市商业银行4家，农村商业银行2家，财务公司1家)，网点290个。晋江市本外币各项存款、各项贷款余额分别为2147.74亿元、1680.55亿元，分别比2019年增加337.61亿元、171.06亿元。有保险业机构52家(财险17家、寿险20家、代理公司15家)，111个网点。2020年度保费收入54亿元，其中财险收入18.23亿元，寿险收入35.73亿元。赔付支出13.25亿元，其中财险赔付支出10.1亿元，寿险财险赔付支出3.15亿元。

(陈进发　吴振辉)

【金融基础监管】 2020年，晋江银保监管组加强准入管理，全年办理行政许可事项44份，涉及机构迁址更名19家，高管人员准入24名，章程修订1份。配合开展现场检查，派人参加银保监会2020年意外险清理整顿等3个现场检查项目，累计投入111个工作日。参加政府会议161场，答复政协提案及处理政府材料305份。加强银行业协会指导工作，督促认真梳理现有规章制度，开展社团组织制度建设"回头看"，强化和规范社团管理。

【金融风险防控】 2020年，晋江银保监管组加强形势研判，按照"真实反映、加快处置"的总体思路，开展辖区银行业机构2020年信贷运行情况调查分析，撰写《晋江市银行业信贷运行情况调查及信贷风险状况分析报告》，受到市领导的肯定和支持。参加市政府组织的金融风险防控化解工作会25场，研究提出重点风险户化解方案；推进不良处置，全年辖内银行业机构共处置不良贷款77.69亿元，不良贷款额较年初减少14.6%，关注类贷款额较年初减少30.3%，逾期贷款额较年初减少15.9%。配合政府"出台两份政策、搭建三个平台、推动四方合力、开展五项创新"保障企业复工复产；联合《晋江经济报》创建"疫情防控复工复产—银行在行动"专栏，宣传金融服务，督促机构创新金融产品，提高民营企业金融服务水平，推动保险机构出台"复工防疫险种"，推动银行机构创新"医护贷""农创贷"等产品。

【法人监管】 2020年，晋江银保监管组辖区内有法人银行机构1家（晋江农商银行），晋江农商银行总资产501.71亿元，比年初增加68.24亿元；总负债462.62亿元，比年初增加67.34亿元。各项贷款255.48亿元，比年初增加32.96亿元，各项存款405.42亿元，比年初增加34.03亿元；存贷款比例63.02%，比年初增加3.10个百分点。晋江农商行全年创收22.79亿元，实现账面净利润2.46亿元，资产利润率0.53%。2020年，晋江银保监管组强化监管措施，开展全方位嵌入式监管。全年召开监管约谈共计5次，重点提出包括优化公司治理机制、加大风险处置力度、规范整治资金业务、强化流动性风险预警、强化服务实体经济等20余条监管意见。2020年，晋江农商银行自2015年来首次实现不良贷款及占比"双降"，全年清收表外不良2.92亿元，数额创历史新高。全年发出监管意见书、风险提示书5份，主要包括：强化小微涉农支持力度、提高自身风险抵补能力、优化信访消保工作机制等，督促该行端正经营理念、摆正支农定位、矫正发展方向。与福建省农村信用社联合社泉州审计中心检查组开展座谈，加强信息互通，强化内外部审计联动，督促完成审计自查项目18项，问责358人、1477人次，处罚138.22万元。加强日常查处。主监管员坚持每周开展"进行入社"，了解经营管理状况；及时对公司治理自评估、关联交易自查、流动性自查、1104数据错报、退出代客理财等情况问题进行跟进核查，对存在问题及时督促整改。开展年度高管履职评价工作，2020年度对3名违规行长分别给予"基本称职""不称职"评价。

(陈进发)

【金融支持】 2020年，中国人民银行晋江市支行(简称"人行晋江市支行")通过建立"一把手负责制+专班机制"、加强监测、约谈和专题会制度，督促经办银行落实政策，走访企业开展政策满意度调查，开展金融支持稳企业保就业工作宣传，推进"3000亿元+5000亿元+1万亿元"央行资金精准落地。晋江市28家全国疫情防控重点保障企业有24家共获贷7.2亿元，企业数和贷款额占泉州市的32.8%和48.1%，居泉州前列。为辖内法人银行晋江农商银行申请4笔共计3亿元的专项再贷款，支持晋江农商银行发放支小支农贷款75笔共计3.05亿元。办理3笔共计8.34亿元的再贷款，累计支持小微企业、个体工商户、农户等1631户，金额共8.35亿元，完成支小再贷款下达额度的127.13%，位居泉州第二名，支持和保障中小微企业平稳发展及农村春耕备耕。组织做好征信查询、外汇服务便利化、国库资金拨付绿色通道、现金供应、金融消费权益保护等工作。

【货币政策执行】 2020年，人行晋江市支行畅通货币信贷政策传导，贯彻供给侧结构性改革，支持实体经济高质量发展。加强货币政策、信贷政策的宣传和窗口引导，及时转发有关文件，并开展2020年金融支持实体经济高质量发展调研活动，走访辖区部分重点银行机构，传导落实稳健货币政策的意见要求。贯彻实施双平均法考核存款准备金制度，强化准备金政策的调控功能与监测管理，加强对辖内法人金融机构流动性的监测，关注法人金融机构的流动性和杠杆率，引导和督促加强流动性管理、坚持稳健经营。着重做好辖内法人银行的窗口指导，引导严格贯彻双支柱调控框架下的宏观审慎发展政策理念。指导辖内法人银行科学、合理、稳健规划信贷业务增量，加强日常监测与宏观审慎管理(MPA)评估工作。发挥宏观审慎评估的结构性引导作用，引导法人银行在资本充实、风险可控的基础上进一步下沉金融服务，加大对涉农、小微领域的信贷投放，扩大普惠金融供给。做好制造业高质量发展金融服务。开展专项行动，加大制造业转型升级提质增效支持力度。至12月末，晋江市制造业贷款余额439.6亿元，比年初增加6.3亿元，比2019年多增59.3亿元。推广专利质押融资，支持全国首个疫情防控题材熊猫债券、泉州首只非金融企业绿色债券发行。落实支持小微企业金融政策措施。推广运用互联网信贷产品，创新推出“互联网+信贷”模式，做好无还本续贷业务，协助晋江市政府出台《关于应对新型冠状病毒感染的肺炎疫情支持中小微企业共渡难关十五条措施的通知》，开展中小微企业金融服务提升活动，服务小微企业。至12月末，辖内小微企业贷款余额（含个体工商户和小微企业主经营性贷款）364.8亿元，比年初增加57.3亿元，比2019年多增39.2亿元。开展小微企业供应链融资倍增活动。力推多方供应链融资服务平台，指导银行机构加快供应链金融产品创新，引导核心企业让渡部分信用给上下游企业，为链上企业融资增信，提升小微企业金融服务水平。至12月末，全市银行机构开展供应链融资贷款余额50.7亿元，比2019年增长65%，业务涉及龙头企业22家，累计受惠小微企业1134家。落实利率市场化改革措施，降低融资成本。传导政策精神、督促落实LPR（贷款基础利率）转换工作、组织开展宣传活动。第四季度末，辖区银行业金融机构人民币贷款加权平均利率为5.17%，与上季度末相比下降3个基点，比2019年同期下降79个基点，社会融资成本呈不断下降趋势。发展普惠金融，提升“三农”金融服务成效。持续推动“农股贷”，激活农村集体股权“沉睡资产”，破解农民融资难题，激发创业活力，拓宽增收渠道。全市累计办理“农股贷”35户，金额513万元。持续推动银行机构运用“农房乐”“信用船贷款”“农E贷”等产品和“专业合作社+基地+农户”“信用评定+整村授信”服务模式，支持胡萝卜规模种植、鲍鱼产业化养殖、海洋捕捞增产等特色农业产业发展。指导晋江农商银行制定出台《晋江农商银行农村土地承包经营权抵押贷款“农田贷”管理办法（暂行）》，7月30日，与晋江市农业农村局签订《晋江市农村承包土地经营权抵押贷款合作框架协议》，“农田贷”取得零突破，截至2020年12月底，累计办理“农田贷”授信金额1000万元。至12月末，全市涉农贷款余额1094.7亿元，比2019年增长5.03%。其中，农户贷款余额311.2亿元，比2019年增长15.1%；农村企业及各类组织贷款余额767.7亿元，比2019年增长2.0%。持续打好“三大攻坚战”，创新金融产品支持精准扶贫。针对辖区贫困户“少分散、小聚集、老弱病”特点，推进“插花式”金融精准扶贫，推出妇女创业小额贴息贷款、计生小额贴息贷款、农村青年创业贷款、生源地信用助学贷款、“光伏贷”等小额信贷产品。至12月末，建档立卡贫困人口贷款余额0.33亿元，比年初下降13%；脱贫人口贷款余额2.2亿元，比年初增长27.5%。推行绿色信贷助力污染防治。强化绿色信贷政策传导，督促引导辖区商业银行贯彻国家货币政策和产业政策，拓展绿色环保信贷项目投放，助力打好污染防治攻坚战。至12月末，辖内绿色信贷投放余额27.8亿元，比年初增加1.68亿元。

【金融稳定维护】 2020年，人行晋江市支行贯彻“货币政策+宏观审慎政策+央行评级”三位一体的管理方式，通过对辖区法人银行存保评级、监督管理、风险监测、现场核查等，提升地方法人金融机构防范化解金融风险能力。开展稳健性现场评估，持续夯实“两管理、两综合”。组织开展2019年度辖区银行业金融机构综合评价工作，加强金融重大事项报告制度，配合人行泉州市中支完成对晋江农商银行的综合执法检查，促进辖区银行机构依法规范发展。开展金融风险监测、防控和处置，确保不发生系统性金融风险。加强对辖区金融风险的监测和动态排查，严格落实重大事项报告，将防范和化解金融风险放到重要的位置，重点加强大型重点企业资金链断裂、不良贷款等风险高发领域以及银行机构表外业务、同业业务等跨行业、交叉性金融产品的风险研判和排查。全年共上报《疫情下金融机构风险及不良防控举措建议》等5个专题调查报告。多方联动有序推进金融风险防控，推动制订不良贷款防控工作考核办法和效能问责方案，完善信贷风险防控处置机制。至12月末，辖区不良贷款余额36亿元，不良贷款率1.97%。配合地方政府整治各类非法金融活动。完善非法金融活动监测预警机制，协助出台《晋江市防范和化解重大金融风险攻坚战实施方案》，组织开展2020年防范非法集资宣传月活动。开展金融领域扫黑除恶专项斗争，将金融放贷行业专项整治工作融入扫黑除恶专项斗争中，实施精准打击。合力开展非法金融排查整治，印发《晋江市打击和处置非法集资工作领导小组办公室关于建立重点楼宇街区非法金融排查整治常态化工作机制的通知》，建立常态化工作机制，全年共配合晋江市金融局7次对重点楼宇街区排查行动，共排查企业（机构）超300家次。加强风险监测调研和金融稳定宣教建设长效机制。加强日常风险监测和调查研究，8月上报《当前形势下晋江市信贷风险防控情况、主要困难及对策建议》被泉州市中支、福州中支采用。做好存款保险标识启用有关工作，加强对辖区银行机构存款保险标识使用的指导和跟踪监督，将存款保险标识使用和加大存款保险宣传融合推进，提高公众对存款保险的认知。

【外汇管理】 2020年，人行晋江市支行持续优化外汇营商环境。坚持“特事特办、急事急办、随到随办”要求，畅通绿色通道，改进服务管理，做好外汇服务民营企业工作。稳外贸、稳外资工作取得新成效，至12月末，晋江全辖出口78.5亿美元，进口16.45亿美元，收汇72.57亿美元，付汇11.87亿美元，汇入外汇投资款62笔6106.23万美元。宣传推介区块链融资平台和为企业办理股权期权激励登记。防范跨境资金流动风险。推进资本项目便利化试点，规范办理台资企业试点业务，指导银行为台资企业矽品电子（福建）有限公司办理3笔外汇资本金结汇金额共333万美元，1笔外债结汇6000万美元。指导推进外汇资金池业务办理。至12月末，福建百宏聚纤科技实业有限公司和兴业皮革科技股份有限公司作为三办企业，通过外汇资金池办理收支79笔、共14927.01万美元。加强案件查处和举报调查力度。查处福建龙峰纺织科技有限公司违规办理贸易融资业务和1名个人非法出卖外汇388万美元案件。

对北京安杰律师事务所举报福建晋江农村商业银行股份有限公司涉嫌违规办理相关出口收汇业务进行调查，未发现该银行办理相关收结汇业务涉嫌外汇违规行为。

【金融调查统计和研究】 2020年，人行晋江市支行持续加强调查统计和金融研究。贯彻落实2020年金融统计制度，做好各项制度性调查和统计及监测分析，向上级行反映基层经济金融运行中的热点、难点和苗头性问题，特别是纺织鞋服、民营和小微企业等重点行业和重要领域的跟踪与监测，密切关注经济新形势对晋企经营状况、就业趋势和金融风险的影响，开展金融支持企业复工复产的专项统计工作。提高新形势下调查统计数据的有效性。组织做好调研课题申报，深入开展特色研究工作。

【征信服务】 2020年，人行晋江支行配合上级行做好二代征信系统切换上线工作，推进征信服务标准化建设。扩大征信自助查询网点覆盖面，全年共新增3处个人信用报告自助查询点。持续加强征信合规和信息安全管理，加大征信宣传力度，推进诚信建设制度化，改善农村信用环境，持续支持银行开展“信用户”“信用村”“信用镇”与“信用船”创建工作，推进社会信用体系建设，促进农村信用环境优化。提升央行内部（企业）评级覆盖面，推动地方法人银行机构做好推广信贷资产质押和央行内部（企业）评级工作，完成全年新增评级企业任务170户。推广中征应收账款融资服务平台，全年通过该服务平台新办理的供应链类应收账款融资74笔、金额15.5亿元，笔数和金额较2019年同期实现翻倍。引导法人银行机构强化金融支持，开展信用修复，保障征信权益，累计对受疫情影响进行征信修复、延长还款或调整结息方式225次，其中涉及个人151人、企业74家（其中小微企业69家）。

【支付结算服务管理】 2020年，人行晋江支行新增移动支付商户6629户，商户移动支付交易1359.94万笔，公交“云闪付”交易共计40.4万笔，整体呈不断增长趋势。推动刷脸支付发展，创新移动支付新模式。全面推进服务点规范化升级改造工作，进一步完善农村地区支付环境。至12月末，在农村地区设立ATM机825台，布放POS机14744台。

【电信网络新型违法犯罪防范打击】 2020年，人行晋江支行与晋江市公安局联合召开全辖强化企业银行账户风险管理推进电信网络诈骗犯罪源头治理工作会议，及时转发文件与开展排查；深化源头治理，通过核查、排查、约谈等，推动辖内各银行落实账户管理主体责任。至12月末，辖内银行排查个人账户216.9万户、企业账户7.87万户，并对6.53万个异常账户采取管控措施。

【反洗钱工作】 2020年，人行晋江市支行指导金融机构将可疑交易监测工作贯穿于金融业务办理的各个环节，甄别可疑交易线索，强化与公、检、法部门的沟通、会商、协作，配合中国人民银行泉州市中心支行推动两起洗钱罪案件判决，数量较2019年增长明显。对两家机构开展反洗钱监管走访，参加晋江农商银行综合执法检查反洗钱检查项目，进一步加强监管检查力度。发挥职能优势坚决打赢扫黑除恶收官战。制订《晋江市金融放贷领域专项整治工作方案》，组织协调晋江市金融放贷领域专项整治工作。

【国库管理】 2020年，人行晋江市支行做好应对春节期间新冠肺炎疫情防控工作，畅通国库资金流转渠道，确保财政疫情防治资金及时快速到位，支持晋江市打好疫情防控战。春节期间，共拨付疫情防控资金5笔，金额3053.7万元。夯实国库会计核算基础，严守国库资金安全和系统安全两个底线，防范国库资金风险。推进“国库县支库示范库”创建准备工作，并被泉州市中支授予“市级国库县支库示范库”称号。

【货币金银业务】 2020年，人行晋江市支行通过成立领导小组、加强横向联系、组织宣传教育、开展暗访调查和联合督查等方式做好违规使用人民币图样行为专项整治工作和整治拒收人民币现金相关工作。强化流通人民币管理，维护人民币信誉和人民群众的利益。至12月末，全市共收缴假人民币3917张，面额32.31万元。加强金融宣传，推进金融消费权益保护工作。探索金融知识进校园机制，通过泉州轻工职业学院新生入学之际，普及“套路贷”“校园贷”等非法金融的特征常识，引导树立正确消费投资观念，防范金融风险。通过推进“3·15金融消费者权益日”“普及金融知识，守住‘钱袋子’”“全民国家安全教育日”“6·14征信记录关爱日”“金融知识普及月”“宪法宣传周”等宣传活动，普及金融法律知识，提高消费者维权意识及技能。受理金融消费投诉，推动社会公众提升金融风险防范、金融消费维权意识，全年共受理及办结11起投诉。

（吴振辉）

银行业

·中国农业发展银行晋江市支行·

【概况】 2020年，中国农业发展银行晋江市支行（简称“晋江市农发行”）各项贷款余额76.76亿元，较年初增长16.14亿元、增幅26.62%。

【地方经济发展支持】 2020年，晋江市农发行成立应急攻坚服务队，线上线下多渠道对接防疫物资生产企业，支援防疫减灾工作，帮助解决疫情期间生活及医疗物资“难买”、市场“断供”等矛盾；晋江市农发行针对疫情期间贫困地区难以返工的实际，通过“公司+产业+贫困户”模式，对接企业资金需求，实行办贷优先、规模倾斜、利率优惠等优惠政策，帮助在4家企业务工的128名国定建档立卡贫困人员实现增收；响应工商联“万企帮万村”的号召，与工商联建立互联互通机制，采用“贷款支持企业，企业帮扶村落”的方式，参与扶贫工作，通过村企对接，解决扶贫村资金短缺、因病致贫、因学致贫、就业难等问题，帮助带动建档立卡贫困户发展产业、转移就业、提升技能，建立稳定收入渠道实现精准脱贫，累计公益帮扶7万元；累计获批中长期项目5个、金额18.75亿元，主要围绕晋江市人民政府重点关注的第

18届世界中学生运动会配套项目、文化教育产业提升、水利工程和安置房等项目建设开展营销评审。

【合规管理】 2020年，晋江市农发行树立“稳健合规”的工作理念，管好用好新核心系统，强化柜面人员操作规范，为集中运营打好业务基础；加大柜面标准化、电子化建设，转变金融服务方式，满足客户多样性便捷性需求，实现由“以交易为中心”向“以客户为中心”转变；深化贷后检查尽职管理系统运用，强化信贷全流程标准化建设；推行“三化”（过程管理规范化、责任落实制度化、结果运用公开化）管理，开展内控评价及专项检查，检查整改问责制度，查找问题全部实现整改；加大对15家商业性客户的风险监测与预警力度，加强对担保链、民间融资的跟踪监测，做实担保措施，强化押品折率动态管理，对不足以全额覆盖的，通过追加担保、置换担保等方式缓释潜在风险，落实尽职免责要求，促进干部员工依法履职、合规操作。晋江市农发行连续23年保持资产质量零不良。

【监督机制落实】 2020年，晋江市农发行强化内外监督。通过领导干部定期走访客户、聘请兼职行风监督员、制定《“三心”服务窗口方案》、向客户发放民主评议表、公布监督电话及设置意见箱、客户服务评价器、客户意见簿等方式，接受社会监督，增强互动，改进服务方式，提高服务质量。落实案防措施。加强重要岗位、重点环节人员日常监督管理，针对风险高发的重点区域、重点贷款、重点人群，强化案件风险排查，加强案防形势分析和案件性质研判，落实安全保卫、声誉、信息科技等管理要求，实现案件风险的有效管控。开展员工异常行为排查，通过观察员工日常行为活动、与员工谈心谈话、检查出勤及监控等相关资料、借助中国人民银行征信系统和中国执行信息网、中国裁判文书网等公共信息平台查询相关信息等方式。就员工行为问题进行细致排查，通过自查与排查相结合方式，确保排查工作落实到位，并按时上报排查报告及材料。未发现支行员工存在异常行为。

（林 静）

·中国工商银行股份有限公司晋江分行·

【概况】 2020年，中国工商银行股份有限公司晋江分行（简称“工行晋江分行”）坚持以依法合规经营为前提，加强风险防控，采取措施做好疫情防控金融服务，支持地方复工复产，不断提高服务实体经济质量效益。截至2020年末，工行晋江分行存款余额270.87亿元，比年初增加67.81亿元。

【支持地方经济】 2020年，工行晋江分行加大对疫情防控企业信贷支持力度。对全国性重点防疫企业建立信贷关系11户，授信8户，地方性重点防疫企业开户23户，建立信贷关系14户，授信14户，发放贷款3户；为3家全国性疫情防控重点保障企业发放贷款2700万元。

加大减费让利力度，加强受困客户金融帮扶，支持企业有序复工复产。累计为61户晋江市人民政府对接清单客户新增授信3.61亿元，为56户名单内客户新增贷款8.63亿元，为70家受疫情影响行业及其他困难企业发放9.46亿元贷款，为“六保”“六稳”名单中的22家企业共发放融资21.21亿元；累计为46户小微企业主贷款1017万元延长贷款到期日，为108家企业办理延期还本业务，涉及贷款金额合计22.39亿元；为2家受疫情影响较大的制造企业到期贷款合计985万元给予办理延期，为两家酒店客户融资合计4.94亿元调整利率优惠；为3家鞋服企业2.6亿元贷款结息周期调整为按季结息，为某高速公司6.43亿元贷款付息日延后。

提升制造业金融服务水平，突出支持制造业高质量发展，聚焦新兴制造业、传统产业转型升级、各细分领域龙头企业及供应链企业等重点领域优质客户，将制造业作为支持实体经济、服务供给侧结构性改革、推动转型发展的重要手段，创新服务方式，挖掘有效客户，扩大金融服务供给。累计新增授信1000万元以上制造业法人客户40户、累计新增投放制造业企业贷款19.34亿元。

扶持民营经济发展，加强对优质民营企业日常运营资金需求的对接支持，推进短融中票、ABS（资产支持证券）等投行创新手段的运用，为优质民企提供新式融资渠道，降低融资成本，支持民营经济发展。累计实现民营企业贷款新增投放22.04亿元，比2019年增加166.83%；以理财资金投资某优质制造业企业疫情防控债3亿元、投资某优质制造业企业中票票据1.5亿元。

【金融产品创新】 2020年，工行晋江

2020年，工行晋江分行工作人员为抗疫企业办理业务，并为企业申请贴现利率优惠

（工行晋江分行 供）

分行创新开展商业联盟活动，为商家、消费者、银行建设合作交流平台，以优势产品和专业服务为突破口，整合行内外资源为客户提供综合服务。2020年，开展“向新而生”商家联盟启动会，紧跟市场需求采用“线上直播+现场摆摊”的方式，为合作商户搭建宣传平台，为商场拓客引流，实现多方共赢。在个人客户上，发行“八闽振兴灵通卡”等主题借记卡，除可使用工行晋江分行标准借记卡的所有金融功能外，持卡人享受专属结算套餐、商户优惠、理财服务、服务渠道、融资服务，为乡村振兴贡献工行力量；为县域客户推出专属定期存款、大额存款、结构性存款等产品；加大工银e钱包、第三方支付、汇款直通车、个人结算套餐等产品覆盖面，将住房按揭贷款、融e借、分期、信用卡、个人质押贷款、私享贷作为拓展优质个人客户的主打产品，提升对个人客户的服务水平；开展手机银行“登陆有礼”“交易有礼”营销活动，丰富工行晋江分行融e行“幸福生活版”等场景内容，改善客户体验；持续开展“爱购福建”促销活动，重新构建e分期、汽车分期、车位分期为主的高质量发展模式；推动高附加值的定期卡面萌娃卡、传统文化主题特色卡、宝贝成长卡等拳头产品的发行。在普惠金融方面，工行晋江分行响应普惠金融的政策导向，推进跨境贷、E抵快贷、税务贷、用工贷、商户贷、结算贷、园区e贷等特色业务，立足于“百行进万企”热点活动，为小微企业提供多样化的创新融资方式。国业方面，运用外汇衍生组合融资产品引存、争揽某龙头企业美元存款、为某新客户提供外汇掉期方案等。在票据业务方面，运用“大票据平台”，为不同客户提供分层次、差异化的优质服务。

【便民渠道升级】 2020年，工行晋江分行完善精细化和高品质的金融服务，优化办理流程、提升办理效率、强化合规文化建设，做好智能银行的维护升级和对外普及工作，为晋江市民提供更为优质的金融体验，全面保障消费者权益。在网点优化上，逐步开展网点改造工作，顺应时代潮流和民众金融需求的变化，完成6个网点迁建改造计划，开展低效自动柜员机治理、提高智能设备使用效率，提升渠道运行效能和客户服务水平；发挥“工行驿站”服务功能，将疫情防控与客户服务有效结合，通过高考助学、关爱客户健康等服务活动，打造暖心服务亮点、提高客户满意度；与晋江市不动产登记中心合作，设立便民服务点，为一线减负，提升个人房产抵押效率；设置法人信贷作业监督岗位职责，整合信贷条线人力资源、优化业务办理流程，提高法人信贷业务办理质效。在机构管理上，成立小微金融业务中心试点方案获总行、省行批复，成为全省第7家获批的试点分行，在总、省行批复的基础上成立普惠金融事业部（小微中心）；探索以小微中心为支撑的“分散受理、集中处理”业务模式，做实小微专营机制，打通专营机构与支行网点互动，服务地方实体经济。通过梳理普惠产品属性，以“标准业务全行做，非标准业务专营”为指导思想，发挥该行物理网点营销优势，线上、线下产品双轮驱动，实现普惠业务全行办。在服务提升上，深入落实“2020，服务先行”主题活动，落实“完善10个小细节”具体内容，通过改善微观层面提升网点基础服务面貌；推进行长坐班制，科学制订排班计划，化解柜面服务压力，提升服务效率。

【地方民生服务】 2020年，工行晋江分行根据晋江地区的区域特点和网点规模，响应市政府构建完善民生体系的规划，优化经营环境，探索优质服务路径，持续提供高质量金融服务。深入普惠金融。发挥线上融资产品的支撑作用，解决银企信息不对称问题，提高小微企业贷款的体验感和可得性。整合部门设立普惠金融事业部（小微中心），助力普惠服务实体。结合“工银普惠行”“万家小微成长计划”专项活动，扩大普惠金融服务面；累计为30户纾困客户新增贷款23070万元；法人经营快贷生效金额33149万元，惠及小微企业198户；个人经营快贷余额1239万元，惠及小微企业主和个体工商户73户；“e抵快贷”贷款余额42778万元，惠及小微企业主和个体工商户259户。乡镇拓展服务取得成效。建立“一乡镇一策略”服务机制，定期组织专题分析会议，推动“乡镇支行+专职外拓团队”策略执行落地，每月开展不少于12次乡镇联动外拓；明确商户、社保卡、信用卡重点客群，建立商户客群“拓展维护一体化”机制，乡镇商户客群贡献度显著提升。开展168场外拓营销，实现信用卡发卡11207张、公务卡2940张，分别占全分行的66%、61%，带动相关业务发展；将收单专业化公司、保险公司、房产行业机构发展为乡镇市场拓展合伙人，形成合力提高乡镇市场拓展能力。做好泉工惠卡、社保卡的推广办理工作。联系各单位工会，将外出上门现场办卡与批量办卡相结合，为民众办理社保卡，提升便民服务质量，扩大便民服务范围，促进金融社保卡业务健康发展。开展客户服务改进暨服务面貌整治，2020年全面提升服务水平及服务面貌，为客户带来更高品质的服务体验，并通过金融进社区、金融进校园、“3·15”金融消费者宣传、守住钱袋子、金融知识进万家等宣传活动、推动诈骗整治及金融普及工作，全年共组织开展金融知识进社区、进校园、进企业等现场活动15场，发送5500多条短信，发布19篇金融知识普及宣教文章，拍摄原创宣传短视频2条。通过融e购网上平台向总行对口扶贫地区四川省凉山州金阳县织女星食品专营店等采购农副产品1161份，采购金额417400元。

（许智云）

·中国农业银行股份有限公司晋江市支行·

【概况】 2020年，中国农业银行晋江市支行（简称“农行晋江市支行”）围绕市委、市政府经济发展战略，持续加大对地方经济社会发展的支持力度，深度融入地方经济社会发展，支持实体经济、服务乡村振兴、助力复产复工、落实“六稳”“六保”。先后获评中国农业银行总行普惠金融优秀支行、中国农业银行福建省分行“创服务品牌”工作先进单位。年末本外币各项存款余额298.31亿元，比年初增加37.54亿元，增量位居全省农行一级支行首位，存款存量“四大行”市场份额排名第二；本外币各项贷款余额249.52亿元，比年初增加22.86亿元。全行不良贷款余额3.10亿元，不良率1.24%，比年初下降0.09%，不良贷款控制在计划范围内。

【服务实体经济】 2020年，农行晋江市支行把支持疫情防控、助力企业复工复产和落实“六稳”“六保”作为首要任务，为疫情防控提供优质高效的金融服务。深入企业了解复工复产面临的现实困难，根据新增融资、续贷安排、期限结构、服务效率等方面需求，提供针对性金融支持，确保企业不因资金问题影响复工复产。开辟绿色金融通道，做好政府机构、防疫相关企事业单位及个人紧急取现、资金划转等金融服务。农业银行晋江支行为政府、村居委会、防疫及卫生部门等单位提供现金取款103笔，小面额现金调剂17笔，为大型商超上门收款19笔。全年普惠小微贷款新增3.60亿元，贷款总量在全省农业银行一级支行排名第一。服务乡村振兴“惠农e贷”新增5.8亿元，支持和帮助近3000户农户和农民解决生产资金问题。

【数字技术服务】 2020年，农行晋江支行布局“金融+科技”战略，坚持以金融科技和数字技术为支撑，实现数字化生态建设和数字化用户体验的全面升级。落地全省农行首笔“质押e贷”，丰富线上贷款品种；落地全省农行首笔普惠型信易贷业务，丰富普惠金融产品体系；落地全省农行首笔全国版“单一窗口”国际汇款业务，办理全市首笔“大额人民币结构性存款+外币流贷”创新型存贷组合业务，提升企业贸易便利化程度，优化外贸企业体验。

2020年12月31日，晋江青年商会和中国农业银行股份有限公司晋江支行金融合作协议签约仪式举行

（农行晋江支行　供）

【金融知识普及】 2020年，农行晋江市支行与晋江青年商会签订金融合作协议，强化对会员企业的综合金融服务，组建青年突击队连续多年参加由晋江人行、晋江银保监、《晋江经济报》主办的“2020年第十届中国品牌之都金融理财节”，针对不同人群金融知识的薄弱环节和金融需求，持续做好金融知识宣传活动，重点普及人民币知识、防范电信诈骗、非法集资、外汇知识、反洗钱知识、银行卡账户等金融知识，提高群众的金融素养，构建和谐的金融环境。青年突击队在福州大学科教园区新生入学之际开展“防范电信诈骗　杜绝非法买卖银行卡”宣传教育活动、开展文明交通劝导活动、深入社区开展“爱心慰问·助力精准扶贫”主题党日活动、“信用记录关爱日”征信宣传活动。

（苏炳秋）

·中国银行股份有限公司晋江分行·

【概况】 2020年，中国银行股份有限公司晋江分行（简称“中行晋江分行”）深入贯彻落实中国银行总行“强化执行年”战略部署，践行“三比三看三提高”工作要求，全年无案件事故发生。2020年末，本外币客户存款余额122.30亿元，较年初增加9.80亿元。本外币各项贷款余额94.96亿元，较年初增加6.08亿元，其中公司金融贷款51.93亿元、个金金融贷款43.03亿元；不良贷款余额1.83亿元，较年初减少14.03亿元，不良率1.93%，较年初减少13.19个百分点。全年实现净收入3.03亿元，增幅21.46%；完成拨备前利润2.22亿元，增幅29.23%。2020年绩效考核得分100.64分，排名中行泉州分行第二位。

【疫情防控助力】 2020年，中行晋江分行响应中国人民银行总行抗击疫情再贷款号召，实现中行泉州分行辖内首笔再贷款发放，全年累计为5家重点企业发放优惠贷款（专项再贷款）0.96亿元。指派专人对接监管部门下发的龙头企业及密切配套企业，做好融资服务需求，全年为11家企业授信1.11亿元，为13家企业发放贷款1.34亿元，其中完成百亿省级纾困贷款授信企业10家，金额0.71亿元，放款10笔0.52亿元；为疫情期间符合相关政策要求的客户拨付贷款贴息专项资金80笔，金额202万元。为恒安国际发行全市场首笔疫情防控债券——熊猫债10亿元，创当时企业境内最低票息率记录。

【实体经济服务】 2020年，中行晋江分行加大信贷投入，全年信贷投放累计19.12亿元。在巩固扩大优质资产同时，谋求转型发展，重点关注国有企业、房地产和普惠金融，通过深挖国有企业潜力，实现对晋江五大国有集团授信全覆盖，至12月末，国有企业贷款余额8.43亿元；加强与优质房地产信贷合作，实现房地产贷款从无至12月末5.90亿元的跨越式增长；推广普惠金融线上融资产品，带动普惠金融持续向好发展，至12月末，实现人民银行口径普惠金融贷款余额6.87亿元，较年初新增2.76亿元，新增额占中行泉州分行26%，排名第一；“中银企E贷”92万元，提升小微企业金融服务。降低企业融资成本，合理向企业让利，陆续为符合条件的授信客户减免利率至少30个基点，覆盖70%以上的存量授信客户。

【行政事业单位客户拓展】 2020年，中行晋江分行通过维护重点客户，营销土地拍卖保证金，实现行政事业存款大幅提升，全年累计营销土地拍卖保证金14.28亿元。通过持续营销，叙做同业金融机构5000万美元定期存款，至12月末，存量重点行政事业单位日均存款较年初新增1.84亿元，客户黏性不断提高。全年行政事业单位客户存款日均余额9.17亿元，较年初新增1.54亿元，完成中行泉州分行下达任务指标161.92%。指导网点加强中、小型行政事业客户拓展，全年累计开立幼儿园账户42户，工会账户241户；重点攻坚具有战略意义的行政事业单位，一把手亲自率队营销，营销一些重点单位，并建立合作关系。获得晋江市国库集中支付代理资格。全年累计新增行政事业客户313户，完成中行泉州分行下达任务289.81%，累计开户数、计划完成率、期末贡献度排名均位居中行泉州分行辖内第一位。

【客户基础巩固】 2020年，中行晋江分行推进“双户双基”建设，改变依赖大户谋求发展局势。加强过程管理，梳理对公开户标准化流程，提高客户体验，提升业务效率，每日梳理下发对公无效户清单，督促网点清单式跟进，至12月末，存量账户8296户，较2019年11月末净增1092户；考核口径对公加权基础客户总数211户，占中行泉州分行贡献度20.29%，排名第一位。“抓大不放小”，采取“试点突破、全辖推广”批量方式。拓展企业网银交易，推广企业手机银行业务，紧抓疫情期间企业移动办公需求，加大对网点业务传导，强化网点触角作用。全年企业网银交易客户3926户，占中行泉州分行21.76%，较年初增加600户，增量占中行泉州分行19.14%，排名第一位；企业手机银行新增激活交易客户1057户，占中行泉州分行23.10%，排名第一位。实施项目带动，夯实客户基础。结合工会卡、智慧工地、智慧食堂等重点项目，做好客户的内控外拓，全年新落户智慧食堂3户；新增代发薪客户47户，代发金额累计15.33亿元；实现个人手机银行当月活跃客户数35392户，较2019年同期增18.67%；个人信用卡新增有效客户7753户，完成全年任务73.67%，排名中行泉州分行第一位；全年累计发放工会卡17896张，完成中行泉州分行下达任务119.63%，排名中行泉州分行第一位。

【全量资产做大】 2020年，中行晋江分行多渠道营销客户，合理配置客户资产，通过专属大额存单、中银智惠存、智能通、优惠利率、结构性存款等优势产品加大揽存力度。至12月末，个人全量金融资产时点余额87.83亿元，较年初增加9.17亿元；日均余额85.31亿元，较年初增加7.96亿元。

【非息收入提升】 2020年，中行晋江分行以基金、理财、贵金属等产品和投行业务为抓手，拓展中间业务，有效提升非息收入水平。全年基金销售累计2.1亿元，较2019年同期新增1.72亿元；代理保险标准保费收费1.08亿元，销量居中行泉州分行第一位；实物贵金属累计销售1068万元。加强与政府合作，拓展投行业务，承销债券保持四大行第一，全年累计发债16.6亿元。

【资产质量提升】 2020年，中行晋江分行高度重视资产质量化解，与上级行、监管部门沟通配合，排好时间进度，落实相关责任，综合使用批量转让、核销、清收等手段，推进不良资产化解，完成某企业15.52亿元大额不良化解。至12月末，不良贷款余额1.51亿元，不良率2.89%、较年初下降20.39%。

【零售贷款投放】 2020年，中行晋江分行拓展市场，加大零售贷款及卡分期业务投放。至12月末，零售贷款累计投放11.1亿元，贷款余额36.11亿元，较年初新增6.62亿元，增幅22.45%；专项分期累计发放2.80亿元，较2019年同期增长36.1%，实现零售贷款提质增效。

【内部风险防控】 2020年，中行晋江分行加强反洗钱业务指导与培训，开展反洗钱、员工异常行为、安保消防风险排查，强化案件警示教育与问题整改，组织宣传教育活动，全年未发生重大违规事项及案件风险，有序保障业务开展。细化过程管理，对网点反洗钱工作每日进行抽查，配合省行对异常行为客户采取风险管制措施，有效进行风险管控；年度开展30多次反洗钱可疑线索排查，对可疑账户采取管理措施，阻止多起异常客户开户，协助公安机关抓获2名涉案人员，上报人行4笔重点可疑交易报告，上报3笔一般可疑交易报告；共组织开展16次反洗钱培训，培训1265人次，人均培训时间超过16小时，组织6次反洗钱考试，并全员通过测试，有效提升反洗钱岗位人员业务素质。深入开展案件警示教育活动，持续学习上级行下发的案件警示教育材料，教育全体员工守底线、懂合规、强执行。做好“涉刑案件管理办法”转培训，组织全行员工开展金融违法犯罪警示教育测试。强化合规管理，规范经营行为，通过现场检查、员工访谈、客户回访、员工异常行为问卷调查、查询中国执行信息网及裁判文书网等外部网站等方式对全体员工进行排查，及时化解行为风险；针对泉州银保监2020年大客户授信专项检查工作，成立工作领导小组，制订方案并开展相关排查工作，提高业务合规率。有序开展安全生产隐患大排查大整治工作，加强责任管理，逐级签订《消防工作责任书》《建设“平安中行”目标责任书》，做到层层签订，全覆盖签订，明确各级管理者责任，与业务工作同规划、同部署、同检查、同落实。

（胡传龙）

·中国建设银行股份有限公司晋江分行·

【概况】 2020年，中国建设银行股份有限公司晋江分行（简称“建行晋江分行”）各项存款日均余额329.26亿元；日均新增44.03亿元，四行占比35.77%。各项贷款、对公贷款、个人贷款（含信用卡）余额分别为285.18亿元、164.05亿元、121.13亿元。银监口径不良贷款额17.22亿元，完成晋江市人民政府下达年末控制目标。

2020年，建行晋江分行获评第六届“全国文明单位”，被建设银行总行授予2020年度“优秀对公外汇旗舰网点”称号、2020年度国际业务发展先进集体，有6个网点获评总行“建行理财季”突出网点奖，1名员工获评总行“网点外汇服务明星”。建设银行晋江分行获评2020年度福建省建行资金结算与会计工作先进单位、福建省建行渠道管理先进单位、福建省建行私人银行业务先进单位，被福建省分行授予2020年资金结算业务数字化经营工作优胜奖二等奖、福建省建行私人银行客户保有先锋奖、福建省建行优秀私人银行“1+1+1+N”专业团队等。

【企业分类帮扶】 2020年，建行晋江分行累计为18家疫情防控白名单企业投放信贷资金28.31亿元、办理还期2000万元，其中为两家全国重点防疫企业投放再贷款9700万元，居全省银行系统首位。为56家企业投放纾困贷款4.31亿元，投放量排名全省银行系统首位。为104家晋江市金融局中小微企业融资需求对接名单客户投放贷款13.16亿元，居当地同业首位。

【服务实体经济】 2020年，建行晋江分行民营企业贷款余额155.28亿元，占比94.65%；制造业贷款余额122.11亿元，占比74.43%，其中制造业中长期贷款、制造业信用贷款余额分别为41.57亿元、16.56亿元，分别较年初新增21.13亿元、8.63亿元，分别居全省银行系统第一位、第二位；绿色贷款余额1.33亿元，实现零的突破；扶贫贷款2.07亿元，较年初新增0.6亿元；网络供应链贷款余额5.90亿元，其中普惠贷款余额1.90亿元，占比32.21%，“双大”带“双小”效果明显。其间，联动总行、省分行和建银亚洲为恒安国际集团承销发行5亿元超短期熊猫疫情防控债，取得建行系统首笔民营企业疫情防控债突破。

2020年，建行晋江分行推进普惠金融、住房租赁、金融科技、乡村振兴战略。试点办理全省第二笔撮合式存房交易业务，为晋江市住建局住房维修资金管理系统接入“政务云”。深化“互联网＋不动产抵押登记”合作模式，实现不动产抵押注销登记业务代理，让客户“最多跑一趟”。“8+1”口径普惠贷款余额34.14亿元，比年初新增7.68亿元，完成省行目标新增计划的102.4%，“两增两控”(“两增”指单户授信总额1000万元以下(含)的小微企业贷款同比上年增速不低于各项贷款同比增速，贷款户数不低于上年同期水平；“两控”指合理控制小微企业贷款资产质量水平和贷款综合成本；突出对小微企业贷款量质并重、可持续增长的监管导向)口径普惠金融贷款较年初增长28%，高于全行各项贷款增速23.56个百分点。相继上线晋江市体育中心、晋江市全民健身中心、晋江五店市传统街区、晋江市行政审批中心等智慧停车场项目，持续打造建行“智慧交通”品牌。截至2020年末，“裕农通”服务点27个，双达标22个，双达标服务点占比81.48%，排名全省第三位。善融扶贫交易额完成全年计划的161.76%，居系统第三位。

【金融风险防控】 2020年，建行晋江分行推进全面主动风险管理，加快不良资产的防控和化解处置工作，持续筑牢风险控制底板。坚持因户施策，强化司法催收，提升不良处置“质”“效”“量”。全年累计完成不良资产处置19.87亿元，计划完成率224.44%。强化落实上级行和监管部门要求，推进市场乱象“回头看”工作；履行反洗钱核心义务，做好客户身份信息识别完善，全年对公客户信息补录率99.86%、对私补录率99.75%，均居全省第七位；强化账户合规管理，推动账户涉赌涉诈风险排查与整治，挖掘可疑交易线索，全年向中国人民银行晋江市支行报送3条重点可疑交易线索。严落实风险排查。做好日常案防管理，强化员工行为排查，通过观看警示教育片、召开专项警示教育会、组建警示教育宣讲团开展宣讲活动等，实现警示教育机构和员工“两个全覆盖”。

（王真真）

·交通银行泉州晋江支行·

【概况】 2020年，交通银行泉州晋江支行(简称“交行晋江支行”)坚持业务发展和风险控制并重，围绕金融服务实体经济，严控疫情，以防疫贷款、纾困贷款助力当地企业走出困境，业务向普惠小微企业倾斜。围绕转型发展及风险防控的工作方针，结合支行的实际情况，坚持“一手抓风控，一手抓发展”，抓好工作落实。截至2020年底，支行人民币存款余额5.62亿元，人民币贷款余额6.50亿元。

【业务拓展】 2020年，交行晋江支行加大新客户的拓展力度，坚持做大客户群体，疫情期间走访客户，了解客户复工复产情况，推进各项业务深层次合作发展。零售业务方面，通过总行惠民贷、线上快抵贷等产品，推进个人消费业务及个体工商户的资金需求，加快业务办理时效，降低贷款成本，解决客户需求点，各类零售业务指标多元化发展。公司业务方面，响应政府及上级行宏观政策引导，主要业务向普惠小微企业倾斜，推进防疫贷款和纾困贷款，与客户沟通，了解客户需求，推动多笔防疫贷款、纾困贷款及普惠贷款项目的落地。加大对政府和国企的拓展力度和交流沟通，营销开展授信合作，与泉州晋江国际机场、晋江水务集团建立合作关系。拓展和加强同当地民营企业的授信合作，为企业提供优质的金融服务。恒安集团、恒安家庭、百凯精编等辖内优质民营龙头企业均与交行晋江支行有良好合作。

【风险防控】 2020年，交行晋江支行持续开展合规文化提升强化活动，全面加强风险管理，提升资产质量。坚持风险排查制度，通过每季度的风险防控会议制定一户一册等手段，加强企业资产质量甄别，提高风险防控水平。向上级争取核销打包资源，加快不良贷款处置力度，发挥减退加固工作主动管控风险、降解风险的作用，确保发展质量。坚持支行晨会制度，利用晨会学习有关政策法律法规，最新信贷政策，授信审查审批要求，及时关注内外部监管部门最新动态，保障各项业务健康发展。

（陈小红）

·兴业银行股份有限公司晋江支行·

【概况】 2020年，兴业银行股份有限公司晋江支行(简称“兴业银行晋江支行”)坚持以“稳发展、保安全、促转型、夯基础”为基本工作主线，扶持晋江实体经济的发展。提升区域的业务推进能力和风险管控水平，业务规模稳步增长，市场份额继续巩固，客户基础进一步夯实，业务总体上保持平稳发展态势。至2020年末，晋江区域各项存款余额192.79亿元、各项贷款余额180.95亿元。

【金融业务创新】 2020年，兴业行晋江支行公司业务储备及对接项目，通过融资业务延期、产业基金等产品对接好各类政府业务，继续支持地方经济建设。加大对上市、龙头企业的拓展力度。在授信主体选择上，强化对实际经营、现金回流率的考量，加强对上市龙头企业的投放力度，采取产品组合方案。对中型客户，通过设计差异化产品和金融服务方案，满足企业的发展需要。协调解决支持疫情防控和复工复产的相关工作，开辟绿色通道做好金融服务，支持参与防疫的重点医用物品和生活物资的重点企业，通过延期、展期或续贷等方式支持受疫情影响的企业，并给予延期支持利息、下调贷款利率的优惠。

兴业银行晋江支行与晋江市人民政府签订战略合作协议，提供20亿元的综合金融服务，重点用于支持晋江民营企业的资金需求，在“金服云”设立晋江专区，为企业提供融资对接窗口、提供各类产品、政策解读等一站式全方位金融服务。截至2020年12月末，通过“晋江专区”放款43户，授信金额337902万元，信贷投放105802.20万元。

兴业银行晋江支行在晋江地区展开新型供应链金融业务，该业务以围绕大型核心企业，服务上下游中小企业集群为主要特点，借助核心大型企业的实力和信誉，运用预付融资、存货融资和应收账款融资等三大类融资产品，帮助供应链中的中小企业获得便捷的银行融资支持。以票据业务为抓手，结合票据在线融资推广契机，深挖产业链条，围绕核心企业向上游供应商前端继续延伸，结合当地食品产业链条特点及其交易节点的特定需求，提供个性化的供应链金融服务。截至2020年12月末，供应链融资余额约40.44亿元(7家大型龙头企业)，支持解决80多家供应链中小企业的融资需求，占分行供应链融资规模超90%。

运用“连连贷”和“自助循环贷”等产品，降低企业续贷转贷成本；截至12月末，兴业银行晋江支行办理连连贷15户，贷款余额22597万元；办理5户自助循环贷，贷款余额2036.47万元。对于“转产企业”和“新建企业”，推介福建省技改基金业务，支持有潜力的企业加快技改、快速转产扩能。截至2020年12月末，兴业银行晋江支行为7家企业办理“技改贷”，贷款余额129776万元。

加大对先进制造业的投放力度，推进产业集群营销。支持传统产业转型升级，创新推出银政、银政保合作的福建省科技型中小微企业风险补偿贷款业务，助力科技型中小企业快速成长，截至2020年12月末，为4家科技型企业办理福建省科技型中小微企业风险补偿贷款业务，贷款余额6550万元。

【服务实体经济】 2020年，兴业银行晋江支行全面梳理受疫情影响出现临时困难的企业，对接客户，在企业开户、信贷资金审批、资金划转等各方面开辟绿色通道，截至2020年12月末投放纾困贷款30笔，纾困贷款金额20083万元。

坚持金融服务实体经济发展本质，健全完善绿色金融体制机制，加强考核激励，推进业务创新，加大对绿色发展重点领域、节能环保产业和绿色金融重点客户(项目)的支持力度。业务覆盖低碳经济、循环经济和生态经济三大领域，涵盖污水处理、清洁能源、集中供热、能效提高、新能源与可再生能源开发利用、污染防治、固体废弃物循环利用等众多项目类型，主要分布在水资源、能源、交通、环保、化工、造纸等行业。重点支持晋江公交新能源公交车采购项目、晋江市自来水生产和供应等项目。截至2020年12月末，兴业银行晋江支行绿色贷款余额54395.71万元。

【金融服务普及】 2020年，兴业银行晋江支行在服务区域开展金融知识普及和宣传活动。2020年春节期间，由于疫情影响，主要开展线上专项金融知识宣传活动，利用各类宣传教育方式及资源，开展宣传教育活动，扩大社会影响面和覆盖面，提高社会公众的法律金融知识和风险防范意识。在日常金融服务与营销工作中，通过进企业、进社区、商区驻点等各种方式，发放宣传折页，驻点咨询金融知识，对商户发放政策红宝书，为中小微企业稳定发展送政策，践行银行业社会责任，以满足广大社区民众日益增长的金融服务需求。开展金融知识进万家、防范电信诈骗、整治拒收人民币现金、“3·15”金融消费权益日、反假币、存款保险知识、国家网络安全宣传等活动，保障金融消费者权益。截至2020年12月末，兴业银行晋江支行累计开展各类宣传活动30余次，发放宣传资料3.5万份等。

【机构改革】 2020年9月16日，兴业行晋江支行根据总行调整优化经营管理体系的精神，撤销各企业金融业务总部、企业金融业务部，人员与业务整合并为支行，零售支行全部转型为综合型支行。综合型支行作为兴业银行晋江支行各类客户和综合业务的公共服务平台与营销阵地，是经营机构组织体系的基础单元，接受分行管理，主要负责对公、零售客户的经营管理以及各项业务的联动发展，并为周边的社区支行提供服务、资源等支持。

【风险防控】 2020年，兴业银行晋江支行针对市场环境，以及总、分行考核力度、财务资源倾斜、人力资源配置等多方面加大对不良贷款管控工作的支持。坚持“控新”与“降旧”两手抓，打好不良资产防控攻坚战，确保实现年度目标。遵循政府部署既定“一企一策”方案，有计划、有次序暴露并加快处置风险项目，帮扶还款意愿较强的风险企业，不抽贷、不压贷，通过给予续贷、转化业务品种、降低利率等方法维持企业还款意愿，通过重组续作等方式化解不良贷款，对于经营无法为继或逃废银行债务的企业通过司法途径主张债权，通过以资抵债、核销、转让等方式处置不良贷款。机构负责人、客户经理增强主动管理意识，对所辖客户的资产质量状况做到心中有数，坚决避免因管理环节出现问题，导致不必要的临时性逾期、欠息。有限落实“风险为本”的反洗钱工作要求，加强客户身份识别，强化可疑交易检测分析。

(李双玲)

·福建晋江农村商业银行股份有限公司·

【概况】 2020年，福建晋江农村商业银行股份有限公司(简称“晋江农商银行”)下设有公司业务部、个人金融部、金融市场部等16个职能部门，下辖101个营业网点，在岗从业人员887人，在辖区内布设自助设备275台，普惠金融服务点143个。

至2020年末，全行各项存款余额405.42亿元，存款市场份额连续8年保持晋江市银行业机构首位；各项贷款余额255.48亿元，市场份额位居第二位；2020年上缴税收1.68亿元，连续多年被晋江市人民政府评为纳税大户企业、经济发展先进企业、行风评议“好”的金融单位，发挥本土银行服务“三农”、服务小微、服务民生的金融“主力军”作用。

【实体经济服务】　2020年，晋江农商银行加强与辖区内党政部门、行业协会、企业等沟通协调，建立合作关系，服务实体经济发展。运用纾困专项资金贷款及支小贷款政策，至2020年末，累计发放纾困贷款授信、用信123户，金额3.73亿元；累计发放支小贷款授信、用信2918户，金额13.95亿元；普惠小微贷款余额150.22亿元，普惠小微贷款增速15.64%，比各项贷款增速高0.83个百分点，普惠小微贷款户数43157户，较年初增加14户，实现普惠小微贷款“两增两控”。

【乡村振兴助力】　2020年，晋江农商银行践行服务“三农”的社会责任，以“整村授信”活动、信用工程建设为抓手，提高申贷获得率和授信覆盖面。至2020年末，全行贷款总用信80672户，比2019年底增加6424户。个人贷款覆盖面24.71%，比2019年底增加0.59个百分点。农户覆盖面22.01%，比2019年底增加0.81个百分点。涉农贷款余额228.9亿元，较年初增加27.78亿元，增幅13.81%，实现涉农贷款“一个不低于”目标。

【普惠产品创新】　2020年，晋江农商银行围绕农户、小微企业、民企融资难问题，通过产品优化和整合，创新推广农民住房所有权及所占宅基地使用权抵押贷款“农房乐”、渔船抵押贷款“信用船”、无还本续贷“年审贷”等特色拳头产品。至2020年末，“农房乐”授信537户，贷款余额3.71亿元；“信用船”授信4.52亿元，用信余额3.62亿元；存量“年审贷”5822笔，余额45.29亿元。其中，2020年，共办理无还本续贷5185笔、金额43.78亿元。加强与晋江市利农融资担保有限公司、晋江市厚信融资担保有限公司2家政策性融资担保机构合作，拓宽企业融资新渠道，2家公司在该行担保余额突破3亿元。

【渠道建设服务】　2020年，晋江农商银行设立自助银行125个（其中离行式26个），累计投放自助设备271台，开展13家医院银医通合作，投放机具60台；与晋江公交开展“智慧公交”合作项目，开通线路51条，共计570辆公交车支持“智慧公交”移动支付服务；微信缴费平台共上线项目36个，累计交易52.77万笔，金额5901.43万元。推出“线上贷款”业务，打造线上“进件系统”，提高办贷效率。至2020年末，通过线上申请“小额信用贷”2392笔，授信总额3537.10万元，用信余额2430.70万元；线上申请普惠金融卡、普通贷记卡2548笔，授信金额9009.40万元，用信余额3044.25万元。

【品牌形象提升】　2020年，晋江农商银行选派277位乡村振兴金融助理，打造“党建+金融助理+多社融合”模式。对接晋江市财政局、农业农村局、民政局、供销社、发改局等部门，与12家单位签订战略合作协议，共同探索构建“信息共享、资源互补、风险共担”的合作机制，推动金融助理每周5个半天驻村入社区，密切与地方村两委联系。至2020年末启动75个村居的“整村授信”项目，解决“最后一米”金融服务。

（姚智清）

·中国邮政储蓄银行晋江市支行·

【概况】　2020年，中国邮政储蓄银行晋江市支行（简称“邮储晋江支行”）坚持服务实体经济、服务中小企业、服务“三农”，承担“普之城乡、惠之于民”的社会责任。截至2020年12月末，邮储晋江支行各项存款余额813967.24万元，各项贷款余额375152.56万元。累计发放抗疫贷7笔2850万元。累计授信纾困贷款28户18580万元，发放贷款10425万元。为存量贷款企业办理无还本续贷2.40亿元；为32户企业办理贷款财政贴息补助96.89万元。

【绿色金融发展】　2020年，邮储晋江支行对接绿色制造、清洁能源及节能环保等行业客户，推广污水处理收益权质押贷款、节能环保贷款等绿色金融产品，为污水处理行业客户、节能环保行业客户提供信贷支持3100万元，截至2020年12月末，贷款结余1229万元。

【普惠金融】　2020年，邮储晋江支行加大普惠金融领域的信贷投放，截至2020年12月末，涉农贷款结余7.98亿元；普惠小微企业贷款结余4.82亿元，年增0.59亿元。加大乡村振兴战略的服务力度，全年新增创建13个信用村、1个信用镇，累计创建53个信用村、2个信用镇。

2020年9月19—20日，晋江农商银行助力“互联网+农产品出村进城”授信“E农贷”供应链商户1亿元

（晋江农商银行　供）

【金融风险防范化解】 2020年，邮储晋江支行不良贷款实现“量率双降”，2020年，把好新增入口、存量管控、不良处置“三道闸口”，压实防范化解金融风险的主体责任，截至2020年12月末，晋江邮储银行不良贷款率1.48%，资产质量在辖区主要银行金融机构中名列前茅。

（朱培榕）

·中国民生银行股份有限公司晋江支行·

【概况】 2020年，中国民生银行股份有限公司晋江支行（简称“民生银行晋江支行”）主动适应新常态，坚持依法合规经营，加大力度支持民营企业，服务实体经济，落实疫情防控，助力复工复产。截至年末，支行本外币各项存款余额430432万元，各项贷款余额260924万元。

【服务企业】 2020年，民生银行晋江支行利用小微企业信贷政策优惠的窗口期，宣传小微企业信贷投放的相关政策，加大资源配置倾斜。优先保障小微企业的信贷额度供给，对小微贷款增量进行创利补贴，鼓励员工加大小微企业信贷支持力度。

2020年，民生银行晋江支行针对优质楼盘的“优盘贷”，大幅优化业务受理流程、简化授信审批材料，截至2020年12月末，共办理“优盘贷”31笔，金额2446万元。推广抵押率最高85%的“高抵贷”，加大存量优质小微抵押客户融资支持。2020年，民生银行晋江支行共办理“高抵贷”近千万元。加大“流水贷”、50万元以下信贷工厂微贷及“增值贷”业务的推广。2020年，民生银行晋江支行为降低企业融资成本，推广无还本续贷模式，为客户提供额度内转期业务，2020年累计办理无还本续贷53笔，共计6426.59万元。

【“懂你的银行”打造】 2020年，民生银行晋江支行打造“懂你的银行”全新零售银行品牌，日均接待客户150人以上，厅堂团队成员推广手机银行、网上银行、微信银行、远程银行等电子服务渠道，为客户提供更便捷的选择，并设有硬币兑换机、多台综合智能柜员机和客户回单打印机，以供客户进行自助服务。在2020年总分行一系列劳动竞赛中，晋江支行获得总行线上门店“点亮金字招牌”12月榜单全国第一、分行开门红老年客群推动优秀厅堂三等奖、开门红销售优胜团队第四名。

（刘清清　黄永刚）

·招商银行股份有限公司泉州晋江支行·

【概况】 2020年，招商银行在晋江设有3家一级支行，分别是招商银行泉州晋江支行、招商银行晋南支行、招商银行晋江安海支行。2020年招商银行致力于成为晋江地区“最懂客户的银行”“消费群众周边的金融服务管家”。截至2020年底，招商银行晋江地区各项贷款余额382314.25万元，各项存款余额275996.37万元。

【金融科技服务】 2020年，招商银行晋江支行以金融科技为引擎，科技敏捷，实现资源、产品和客户的最大整合，2020年累计签约缴费学校27家，累积缴费4.5万人次，交易6.37万笔，交易金额11185万元，实现晋江市高中和职校的基本覆盖。招商银行晋江支行联合晋江市委人才办、人社局、晋江人力资本有限公司共同发行的福建省县级首张具有银行储蓄卡功能的人才卡；打造人才专有的交流平台圈；线上专区可在招商银行App搭建晋江人才专区，为晋江优秀人才提供专属服务权益。

【金融宣传】 2020年，招商银行晋江支行开展形式多样的活动共计85场，涉及4万人次。通过活动带动支行品牌宣传以及客群增长。金葵花杯足球赛、小小银行家体验课程、中秋博饼、百场理财公益财富讲座、年终进企宣传活动、12周年厅堂感恩回馈等等线上、线下活动，提高金融服务质量。2020年，招商银行晋江支行开展反诈骗现场直播、市民广场公益宣传，被晋江市反诈骗中心授予《宣传防范电信诈骗先进单位》。

（刘海鹰）

·平安银行股份有限公司泉州晋江支行·

【概况】 2020年，平安银行股份有限公司泉州晋江支行（简称“平安银行晋江支行”）全面定位为零售支行，通过“综合金融+互联网”和“互联网+综合金融”两个模式，整合客户和产业链上下游资源，向客户提供一站式、多样化的金融服务。截至2020年12月31日，平安银行晋江支行各项存款余额126165.97万元。其中公司存款余额4766.10万元，个人存款余额121399.87万元。各项贷款余额86423.68万元，其中公司贷款24190.46万元、个人贷款62233.22万元。

【业务办理】 2020年，平安银行晋江支行结合晋江区域特色，推出“房易贷、宅易通”等产品，为中小企业提供经营周转资金，缓解中小企业融资困难，降低企业融资成本。在零售业务方面服务晋江区域的个人客户，提供便

2020年8月1日，招商银行晋江支行百场理财公益型财富讲座现场　（招商银行晋江支行 供）

利的个人结算，结合中国平安的综合金融平台优势，提供合法合规有竞争力的理财产品。

【业务创新】 2020年，平安银行晋江支行新门店以提供“一个客户、一个账户、多个产品、一站式综合金融服务”为目标，打造“全产品、共享式”零售门店，办理投资理财、信用卡、消费信贷、汽车金融等银行零售业务。平安银行晋江支行新门店设立“综合金融服务区”。零售风险创新技术升级。全零售统一客户级审批平台Apollo，将授信由彼此独立的产品级授信走向统一的客户级授信，并在此平台上搭建宙斯盾统一反欺诈系统，利用AI智能风险排查有效提升准确率，链式聚类系统有效进行团案防控；平安银行零售风险持续保持着评分算法的行业领先优势，并在此基础上打造以全面AI和全面价值管理为基础的下一代智能风险管理体系风险3.0。

平安银行基础零售业务在获客模式上，构建创新用户获取生态，打造开放银行，让用户走进来，让产品和服务走出去；在线下，力求智能网点升级，打造综合金融门店平台，实现流量翻倍；在经营模式上，实现综合经营模式升级，以客户为中心打通AUM、LUM、证券、保险等集团内外产品服务和销售；全面落实AI战略，搭建AI中台，支撑各业务单元对AI的广泛需求。

打造线上线下无边际服务。平安银行晋江支行新门店通过引进智能化设备和工具，利用金融+科技的手段，打造线上线下融合的无边际服务，延伸服务时间和空间。平安银行构建的智能服务系统方便客户随时随地通过口袋银行App、微信公众号、网银等多途径完成业务预约、填单等事项。客户提交信息后，系统立即将个人基本需求、风险偏好评估数据，与内置的平安智能数据库结合，进行深度需求分析及智能服务推荐匹配，将个性化、定制化的解决方案同步至网点。平安银行晋江支行新门店中90%的业务均可以通过自助业务办理区快速完成。该区域布放的多台智能化设备可以支持七大类30余种银行业务的自助办理，包含开户业务、信用卡业务、投资理财业务等。设置FB自助设备、大额存取款机、CTM等设备。

借助新门店贯彻平安银行零售转型“从柜台走出来”策略的契机，在厅堂中向客户提供一对一、面对面、一站式的服务。平安银行晋江支行新门店通过移动式家具构建“百变空间”，可以快速对家具进行移动拼接，将门店切换为沙龙模式、会议模式、影院模式等，以满足不同活动场景的需求。

（杜明谊）

·泉州银行股份有限公司晋江区域支行·

【概况】 2020年，泉州银行股份有限公司晋江区域支行（简称“泉州银行晋江区域支行”）推进“产品优化创新、服务实体经济、扎根社区金融、企业文化建设”等工作。截至2020年末，泉州银行晋江区域支行各项存款余额152.01亿元，同业排名第六，较年初增加28.22亿元；各项贷款余额78.04亿元，较年初增加8.97亿元。

【产品优化创新】 2020年，泉州银行晋江区域支行持续强化产品和服务创新，产品体系覆盖公司、普惠、零售、金融市场等板块，逐步构建特色化的新型营销模式。

“泉行快贷”线上产品持续发力。“快贷”品牌产品以“信用、小额道义担保、政策性担保公司担保、抵押”等担保方式，满足不同层次客户融资需求；借助互联网等现代信息技术手段，创新产品和服务渠道，实现标准化、低成本的产品，提升服务可获得性，培育普惠金融服务新动能。

“泉行惠贷”线下产品深耕普惠金融。泉州银行晋江区域支行响应国家“大众创业 万众创新”的号召，率先落地晋江首笔个人创业担保贷，支持农村自主创业人士、高校毕业大学生、网络商户等11类人群的创业资金；以“普惠无间”为切入点，根据地域特色，针对小微企业客户梳理出“一三五”产品体系，涵盖农林渔牧、衣食住行等民生弱周期行业，主推惠渔贷、惠农贷、惠民贷三类金融产品。

提升零售产品服务质效。泉州银行晋江区域支行致力于客户提供涵盖个人信贷、储蓄结算和财富产品等零售金融服务，创新启动个人微贷业务，延伸社区银行服务触角。通过金鲤贷、公务（超能）卡、贷生活、个人经营贷等产品，打造零售核心信贷产品新形象；在客户财富管理和生活需求方面，推广大额存单、惠生活等系列品牌产品，灵活运用“福利卡”“权益商城”等线上工具，为客户衣食住行提供丰富便捷的金融服务。

【服务实体经济】 2020年，泉州银行晋江区域支行深化“无间贷”品牌内涵。泉州银行晋江区域支行“无还本续贷”被推广至全国。全年累计办理“无间贷”623笔，贷款金额18.81亿元。截至2020年末，“无间贷”贷款余额17.22亿元。推动制造业贷款投放。支持“泉州制造2025”“数控一代”企业，将高端装备制造业纳入行业信贷指引中的优先支持类。2020年，信贷投放重点为晋江当地普惠型小微客户、民营制造业等重点实体经济领域。截至2020年12月末，泉州银行晋江区域支行制造业贷款余额29.38亿元，较年初增加1.43亿元；绿色信贷余额1923万元。

【社区金融】 2020年，泉州银行晋江区域支行在晋江主城区和成熟商圈周边设立社区银行网点8家。为居民提供特色化、便捷化的金融及非金融服务，逐步形成社区与网点互惠互利、合作共赢的新局势。联合各方开展儿童朗读赛、国学礼仪夏令营、“福佑善缘”礼佛、公益讲座、义诊等活动，以儿童多样化课程体系为核心、活动与产品为抓手，打造儿童主题银行——晋江宝龙国际社区支行。

（庄金燕）

保险业

·中国太平洋财产保险股份有限公司晋江中心支公司·

【概况】 2020年，中国太平洋财产保险股份有限公司晋江中心支公司（简称“太平洋产险晋江中支”）有员工128名，经营险种包括机动车辆保险、财产保险、责任保险、意外伤害保险以及船舶险等

1000多个主险和5900多个附加险。太平洋产险晋江中支全年实现保费收入2.64亿元，全年综合赔付率54.04%，综合成本率89.09%，向政府缴纳税额2737.13万元(车船税1973.37万元)。

【服务企业】 2020年，太平洋产险晋江中支采用线上化方式，应用新技术新工具，利用微信平台、VPN、电子邮箱、太保E办等线上渠道完成业务追踪、险种核保、保前初勘、费用管理、续保管理等各项工作，恢复正常有序的服务工作状态。将雇主责任险、团意险、国民意外险、君安康、任我行健康版、任我行1.0、乐驾人生2.0、乐驾人生3.0、任我学1.0、商户综合保险2.0、复学保等保险产品扩展新冠肺炎责任，为个人及企业定制附加扩展新型冠状病毒肺炎的保险方案，定期向客户宣传复工指南、防疫指南知识等防疫知识，开展复工前风险查勘工作。

【车险综合改革宣传】 2020年，太平洋产险晋江中支落实客户服务经营、产品组合经营、队伍融合经营及补齐短板等实施策略，完成车险综合改革落地工作。太平洋产险晋江中支开展车险综合改革知识宣传。通过拜访大型车队等重要客户，结合金融知识普及月、“第十届中国品牌之都(晋江)金融理财节”等宣传活动，向消费者宣传车险综改知识，着重介绍综改后保险责任、保险费率等关键要素的变化，让消费者提前了解车险综改后的变化。

【“互信赔”推广】 2020年，太平洋产险晋江中支按照中国太保产险持续推广车险理赔服务品牌“太好赔”新政，对车险理赔服务、流程和工具进行全面梳理和系统规划。推出“互信赔”自助理赔服务，车主从报案、索赔全流程自主掌握，简易操作，极速赔付。私家车客户通过使用“互信赔”，可获得车险理赔互信额度，损失金额在额度范围内的单车事故，在“互信赔”微信小程序上传驾驶证、行驶证、车辆受损部位等信息，直接赔付，无须人工审核。“互信赔”基于“互信”，改变传统理赔先审核、后赔付的模式，大大缩减理赔周期。

(陈雅真)

·中国人寿保险股份有限公司晋江市支公司·

【概况】 2020年，中国人寿保险股份有限公司晋江市支公司(简称“人寿晋江支公司”)以打造“全国保险综合实力第一县”“全国科技营销第一县”和“全国首个四升三县支机构”为奋斗目标，推动公司发展。2020年，在中国人寿全国系统“双百强”县域评比中，保费业绩和人力两项核心指标均位居全国第一。总保费收入突破18亿元，比2019年增长20%。其中，长险首年保费4.34亿元，比2019年增加41%；十年期交保费2.17亿元，比2019年增加33%；标准保费2.17亿元，比2019年增加40%；短期险8103万元，比2019年增加27%。营销员队伍总人力4745人，营销主管547人，其中营销总监13人。在全国系统内赶江阴，超广东顺德，一举夺得规模、标保、人力、举绩四项全能第一，获得国寿系统综合实力第一县(市)的成绩。个险期交对标比值为302%，较2019年提升184%；人力对标比值为206%，较2019年末提升16%，两项指标与市场主要竞争对手进一步扩大领先优势。各项经营指标全面达成“四升三”任务目标，率先在全国系统第一个实现由县市支公司(四级)升格为地市分公司(三级)的机构。

【网点建设】 2020年，人寿晋江支公司网点建设在布局时，要求每一行政村或社区要力争招募1名村委会和社区干部为营销员，每一个自然村必须保证招募至少2名营销员，一旦客户有任何服务需求，营销员可在第一时间赶到客户家中提供服务建议和解决方案。人寿晋江支公司加快网点建设步伐，营销职场达43个，近5000名营销员及其家庭背后的资源，为“社区保险服务，国寿在您身边”注入新的内涵。

【小微企业服务】 2020年，人寿晋江支公司密切与地方政府机构的协作，运营政府平台，建立企业客户服务档案，上门开展金融咨询服务。组织营销队伍参与晋江市人民政府组织的各类金融活动，运用晋江市金融节活动，服务小微企业。通过保单借款，激活金融工具，解决小微企业资金流短缺的问题。

【服务品质提升】 2020年，人寿晋江支公司在相对偏远的9个乡镇网点设置“柜面服务延伸”试点，将柜面一体化终端配置到网点，将30多项保全服务权限下放到网点。职场内勤人员重新培训上岗，在乡镇农村网点就近为客户办理业务。科技赋能客服转型升级，运用“大数据”将保单服务衔接到多平台智能终端，用多元化的“e化服务”分流客户服务方式，引导临柜客户通过手机通道办理相关业务，实现一站式掌上自主保单服务，分流客户服务需求，减少客户临柜等待时长，优化客户体验，提升客户满意度，被中国人寿保险股份有限公司授予“百强e化服务支公司奖”，中国质量万里行促进会授予人寿晋江支公司全国保险业“顾客满意度AAA单位”。

(刘　毅)

·中国人民财产保险股份有限公司晋江市分公司·

【概况】 2020年，中国人民财产保险股份有限公司晋江市分公司(简称“人保财险晋江市分公司”，为直属省公司管理)辖区覆盖晋江、石狮、泉州经济开发区，下设8个县公司级分支机构，员工1000余人，服务网点遍布辖区城乡。2020年，人保财险晋江市分公司保费收入8.51亿元，承担社会风险责任8573.98亿元，缴纳地方税收10036万元，支付赔款4.18亿元，获人保财险福建省分公司2020年度车险经营管理精英银奖、理赔质量考核评比获奖单位三等奖、系统先进办公室三等奖、印章管理综合考评第二名、信息宣传工作先进单位三等奖等，推出的安全生产责任险获2019年度创新金融产品(项目)——创新应用奖三等奖，所辖石狮支公司、福埔营销服务部、陈埭支公司分获人保财险福建省分公司2020年度经营管理先进单位一、二、三等奖。

【业务创新】 2020年，人保财险晋江市分公司持续承保辖区农房保险、校园方责任险、自然灾害公众责任险、渔工渔船保险、水稻和森林保险等政策性保险，提供各类保险服务，协助开展社会治理，获得地方党委和政府的信任和支持，探索新型保险产品，助力补齐民生和治理短板，联合政府部门陆续推出社会治安综合保险、女性安康保险、安全生产责任险、法定传染病保险等民生类、治理类险种，开展“警保联动”，响应地方政府经济发展与和谐社会建设的各项政策。

【严管内控】 2020年，人保财险晋江市分公司严格加强内部监控，夯实后台管理持续强化落实科技赋能，加大信息科技队伍管理，助力分公司各项发展。持续依法合规经营，自觉遵守监管规定、自律公约、上级公司的有关规定，开展重大违法违规问题“扫雷专项行动”、非法集资风险排查、治理乱象回头看等合规宣传教育活动；定期巡查，整改问题，堵塞漏洞。加强综合服务，督促所辖各经营单位对办公用房进行规范，强化落实公文、综合管理、印章管理、安全管理等工作，每季度开展1次安全生产检查工作，对存在的安全隐患进行排查，消除各类隐患。

【服务和保障优化】 2020年，人保财险晋江市分公司强化客户投诉处理，修订完善考核方案，咨询投诉量逐年下降。持续开展泉州晋江国际机场贵宾厅候机服务，提升客户黏性。落实移动查勘、定损、提赔等，实现移动理赔，推广线上化理赔，实现数字化理赔。深化“警保联动”，做好6个便民服务站、8个农村交通劝导站、交通事故“快处平台”及志愿者交通疏导队建设，提升服务品质。在线上承保、线上理赔、线上工作开展上增加IT支持，加快数字化进程，提升内部管理和运营工作效率。

（连文兰）

证券业

·兴业证券股份有限公司晋江崇德路证券营业部·

【概况】 2020年，兴业证券股份有限公司晋江崇德路证券营业部（简称“兴业证券晋江营业部”）拓展创新型业务，定价服务、股票、理财产品、港股业务、融资融券、科创板、机构业务、金融衍生品等多元化。全业务经营，进一步实现收入的多元化，通过各项业务的协调发展，形成较为完善的业务结构，减少盈利波动性，增强自身抵抗风险的能力。截至2020年底，总客户数66110户，客户总资产44.67亿元，全年A股和基金累计成交额559.71亿元，有员工20人。

【合规经营】 2020年，兴业证券晋江营业部加强内部风险管理，落实各项公司制度措施，加强从业人员对行业、公司各种规章制度的学习和执行，发展各类业务。加强创新业务的研究，做好创新业务的资格审批工作，完善业务流程和风险控制。坚持对员工进行定期或不定期地合规专项业务培训，定期开展合规专项自查工作，消除风险隐患，全年未发生重大违规事件。

【投资者教育】 2020年，兴业证券晋江营业部在晋江营业部现场悬挂理性投资的宣传标语，向社会公众和投资者进行宣传；通过营业现场及分公司微信公众号等新媒体平台推广《中华人民共和国反洗钱法》漫画宣传、反洗钱宣传微电影《利益的诱惑》系列；编制和订制理性投资知识手册、宣传手册、宣传单，摆放在营业部展架上，供社会公众和投资者领取，并向办理业务的客户进行发放。通过公司统一技术平台，短信平台向客户提供提醒服务。向社会公众和广大投资者宣传公民反洗钱配合义务及防诈识骗知识，增强反洗钱意识，防范洗钱风险，保护自身安全。

（吴洁琪）

·中国中金财富证券有限责任公司晋江迎宾路证券营业部·

【概况】 2020年，中国中金财富证券有限公司晋江迎宾路证券营业部（简称“中金财富证券晋江营业部”）在福建省证券业协会公布的省内券商营业部交易份额排名中，居晋江区域内15家营业部第一位；泉州地区86家营业部排名为第九位；福建省409家营业部中排名为第四十五位。

【投资者教育】 2020年，中金财富证券晋江营业部通过线下模式对广大投资者进行风险警示宣传。通过公司统一的技术平台、短信平台向客户提供提醒服务，确立投资者教育目标、工作计划和实施方案，本着“全员参与，分工明确，责任到人”的原则，明确各成员在投资者教育工作中的具体职责，保证投该项工作在各个环节都能落到实处，做好投资者教育和保护投资者利益。

【合规经营】 2020年，中金财富证券晋江营业部贯彻执行廉洁从业有关规定，建立健全内控制度，落实员工每月合规宣导，对重点的合规事项进行解读，排除员工合规风险；防范日常客户服务风险事项，及时解决客户问题意见，避免和解决客户投诉；加强与相关监管部门的沟通，配合相关活动要求。营业部始终把防范和化解金融风险作为重要任务来抓，落实各项监管要求，始终将合规问题立于运营之上，逐步建立、完善合规管理的长效机制，贯穿于各项业务流程和工作环节，增强员工合规风险意识，落实客户服务工作。

（蔡昌远）

城乡建设与管理

城乡规划

【概况】 2020年，晋江市做优城市品质。完成第二体育中心、晋江下游生态整治、九十九溪田园风光启动区、鞋纺城片区人工湖、崎山自行车公园等锚固节点的建设，串联形成“晋江南岸”“世纪大道”“九十九溪”生态连绵带品牌线路。完成新行政审批服务中心周边区域交通专题研究，论证世纪大道等重要节点城市设计，编制完成梧林传统村落特色乡村发展规划、紫帽山整体规划，推进“聚城畅通”工程6个子项目前期工作，形成方案设计编制。

【国土空间规划编制】 2020年，晋江市加快推进市、镇两级国土空间总体规划统编工作，印发《晋江市国土空间总体规划编制工作方案》，省级生态保护红线评估成果和调整建议方案获批，完成空间战略与布局、城乡融合发展等重大专题研究及现有规划评估中间成果，统筹划定生态保护红线、永久基本农田及城镇开发边界“三线”。

【城乡规划编制】 2020年，晋江市建立网上规划方案评审机制，编制(修编)完成晋东新区、高铁新区、紫帽片区等重点区域控制性详细规划，首批控规编制成果上报备案并录入全省阳光规划系统，推进规划管理规范化、公开化。形成村庄布局规划任务书(初稿)及村庄规划编制两年计划，统筹指导全市村庄规划，批复应编“多规合一”村庄规划40个，服务引领乡村建设。2020年4月，村庄规划编制“五留”(留白、留绿、留旧、留文、留魂)做法在全省空间规划工作会上代表县域作唯一典型发言。

(魏智文)

市政公用事业

【园林景观绿化】 2020年，晋江市共启动实施园林景观绿化及配套项目52个，累计完成投资约1.78亿元，建成区绿化覆盖率44.03%、城乡绿地率39.96%、人均公园绿地面积13.78平方米，主要园林绿化指标稳中有进，崎山山地自行车公园等一批优质园林项目持续建成投放，民生绿化短板加快补齐，城市景观风貌不断提升。

【公园建设与管理】 2020年，晋江市进一步推进公园建设与管理。崎山山地自行车公园建设，2020年基本完成石艺、花海、山林3个主题景观框架的建设，景观效果全面展现，向公众全面开放；人民公园，2020年2月开工建设、12月底全面对外开放，位于世纪大道罗山街道，项目总面积约6.67万平方米，总投资约1500万元，主要建设内容为广场铺装、绿化种植、景观步道、水系、景观灯及相关配套设施等；八仙阁及附属设备用房建设，2020年累计完成八仙阁主建筑内外装修80%工程量，设备用房、配

2020年，八仙阁及配套项目完成。图为八仙阁外景　（市林业和园林绿化局 供）

电室、电梯、石雕构件、廊亭楼台、周边景观等配套项目基本完成，下部广场对外开放；晋阳湖公园景观改造提升，2020年完成晋阳湖公园景观提升工程一期项目的一标段、景观照明、智能化系统等施工内容，修缮厕所5座，设置健身器材等，公园形象提升，服务功能完善。二期项目前期设计工作有序推进。

公园管理养护。2020年，晋江市公园绿化养护及保洁进入新一轮养护周期（2020—2022年），面积增加为235万平方米，共分成4个作业标段，养护资金投入约2400万元。

【第18届世界中学生运动会城市绿化景观提升】 2020年，晋江市继续以“提升城市生态环境，展现晋江精神风采”为目标，按照“增绿、添彩、提质”的工作思路设计实施，推进江滨南路道路旁绿地景观提升、晋江市双龙路东拓（二期）两侧景观绿化、21条重要通道景观提升等绿化工程。严把工程建设质量，专门组建成立项目技术组，全程跟进项目建设，抓好苗木、整地、栽植等环节质量关，统筹抓好第18届世界中学生运动会绿化景观提升项目。

【道路绿化管养】 2020年，晋江市公共事业局持续推进新一轮道路绿化精细化管理提升。全年共实施道路绿化养护及硬地保洁服务面积约424万平方米，日均投入养护作业人员约746人次，完成养护资金投入约4611万元。

【鲜时花摆放种植】 2020年元旦、春节、“五一”“十一”等节假日及“4·19”鞋博会等重大活动期间，晋江市林业和园林绿化局利用广场、各主要交通节点、街头绿地等空地摆放、种植鲜时花，完成道路鲜时花种植约184.43万株，完成投资约205万元。

（王辉庭）

【自来水供给升级】 2020年，晋江市水利局制订出台《晋江市供水企业管理运行规程》等制度，印发《关于开展2020年度供水企业规范化管理评估考核的通知》，定期开展供水企业日常规范化管理监督检查，督促整改落实到位，组织专业技术人员对全市自来水厂开展疫情防控及用电用气消防等专题安全生产检查，共排查安全生产隐患32处，全部整改落实，形成闭环管理。各自来水厂加大资金投入，进行水厂工艺及化验设备升级改造，其中晋江市自来水公司投入2000万元对化验室进行升级改造，2020年7月通过省级CMA水质检测实验室认证，具备开展生活饮用水42项、水和废水29项的检测能力，检测能力处于福建省县级市自来水企业领先水平。安平水厂投入400万元对化验室进行升级改造，检测能力、检测环境均得到较大提升。2020年各自来水厂出厂水抽样40份，合格39份，合格率97.5%；管网末梢水抽样204份，合格198份，合格率97.1%。全市水厂年度106项全化验均达标。

持续推进二次供水设施新建改造工作，新建学府·海岸明珠、东西三路安置房、东石世宝等住宅小区二次供水设施建设，累计新建户数19422户，完成投资8964.70万元。改造湖景花园、御景花园、锦州瑞苑和金丘紫金城等4个住宅小区共4996户的二次供水设施设备，完成投资2650万元，实现4000户的目标任务。联合住建、卫健部门组织抽检38个尚未改造的住宅小区的二次供水管理情况，共发现并完成整改问题38处，二次供水管理水平明显提升。

【智慧水务】 2020年8月起，晋江水务集团开展全市污水管网（污水、合流管线）及其附属设施的普查，以全面摸清排水管网现状，建立排水管线台账，将地下管线信息以数字的形式进行获取、存储、管理、分析、查询、输出、更新，建立公共数据交换服务平台，为晋江污水管网改造提供基础数据。全年累计完成510千米污水管网普查，完成率达72%。实现政府监管和企业经营两类信息系统的信息共享、相互协同，提升水务信息化方面的决策和管理能力，晋江水务集团启动智慧水务平台建设，通过物联网、信息化手段改变传统水务的运营和经营模式，构建基于物联网、云计算的智慧水务平台，覆盖从水源地到排污口的全过程监控，包括城市源水、供水、自来水、排污、节水实施建设、管理平台系统及基础设施建设六大块内容，项目总投资约6500万元。2020年，全面铺开智慧水务一期建设，完成智慧水务平台及应用系统建设，同步完成有监测设备的数据接入，建成一批水情、水质、工情及视频监控点。

（李培波　周文从　柯天玺）

【市政道路建设】 2020年，晋江市市政道路项目25个。完成晋江牛山高速出入口及池店高速出入口交通改善工程、晋江市动车站站前广场交通改善工程一出站口雨棚工程、鞋纺城配套市政道路（三、四、五标段）、高速出入口立面改造工程、莲屿片区改造（一期）市政配套道路工程、江滨南路—刺桐大桥节点改造工程（天桥部分）、南山路（梅园路至世纪大道）改造工程、晋江市动车站北侧停车场改造提升及附属工程、新行政服务中心周边配套道路9个项目；新开工海峡花卉市政道路、第二体育中心

2020年6月，晋江水务集团有限公司启动智慧水务平台建设，为晋江污水管网改造提供基础数据

（市水利局 供）

项目人行天桥工程、江滨南路—刺桐大桥节点改造工程（匝道部分）等8个项目；持续推进池店南片区一期市政配套道路、西环路南延伸（晋光路—长兴路）及天桥工程等6个项目。

【市政道路养护与管理】 2020年，晋江市交通运输局承担着731万平方米市政道路（其中车行道约501万平方米，人行道约230万平方米）、4万座雨（污）水井盖、71座城市桥梁、230千米路缘石、45千米河道石栏杆以及1.2万座树池维修维护监督管理工作。

加强道路巡查，及时修复、更换损毁的市政设施，要求井盖、雨篦维修不过天，道路及其他市政设施维修不过周，保证路面平整，通行顺畅。2020年，共计修复人行道砖1万平方米，修复破损路面约2.7万平方米，路缘石2530余米，修复河道护栏280余米，更换雨污水井盖、雨篦约1800余套。做好管辖范围内主次干道的雨污检查井日常检查，陆续更换、安装3000余套尼龙防护网。

完善养护措施，提高养护技术。因交通流量较大，重载车辆较多，普通的混凝土井盖无法承受荷载，经常破损塌陷，市区内的主次干道全部采用双层SMC及防沉降双层铸铁井盖（雨篦）；在晋江市市政维修维护信息化管理平台基础上，实现实时在线监管养护过程，有效控制管养时限、质量和数量；为确保沥青路面的修复质量，达到环保目标要求，引进沥青热再生修补技术，提高沥青路面的养护水平。

做好城市道路挖掘审批工作。截至2020年底，共受理152件挖掘申请、30份出入口设置审批及8份市政公用管道使用申请，严格按照福建省住建厅《城市道路挖掘修复费标准》执行，对审批事项从现场、工期、质量入手，强化监督验收，确保文明施工。

（陈天祥）

【路灯设施管理维护】 2020年，晋江市城市管理局排除1489次线路故障，修复普通路灯2597盏，修复景观节能灯5218盏，补缺路灯187套（路口改造、外力撞击损坏），保证路灯设施完好率达95%以上，亮灯率达98%以上。以LED灯具替换传统路灯钠灯灯具，完成梅岭路（心养段）、金溪路、滨阳路、阳光路、疏港路、靖海路、沪江路、安海埔边、审批中心等道路的节能改造，共计1332盏灯具；以钢杆替换梅岭路（心养段）、金溪路、滨阳路3条道路的139杆老旧玻璃钢灯杆，完成35台路灯控制柜柜体（一期）防腐工程。完成江滨南路改造第二合同段（陈泉路口—晋江大桥）路灯工程、晋江市泉安路辅路（崇德路—长兴路）改造路灯工程，深安线（马坪—外曾）改造路灯工程，梅岭三光天市政道路路灯工程，晋江市晋新路（鹏青路—省道308）路灯工程，罗裳片区改造一期第二标段路灯工程，鞋纺大道、二号路、三号路、鞋纺二路（第三、四、五标段）路灯工程，香港路延长线及殡仪馆用地西侧规划路路灯工程，莲屿片区改造（一期）市政配套道路工程9个路灯工程项目。

【夜景照明工程】 2020年，晋江市城市管理局对全市夜景设施进行全面的巡查，通过接管、修复、改造等方式，实施《晋江市中心市区及沿江两岸商住小区夜景设施修复改造工程》《夜景一期、二期及城北夜景修复项目工程》的修复工作。组织完成第18届世界中学生运动会夜景提升工程的设计、招标、夜景电源点建设工作。

【市政设施建设】 2020年，晋江市金井镇、英林镇综合固定废物填埋场暨废弃石窟生态修复项目全面完工，垃圾焚烧发电厂提标改建项目，累计完成投资8.8亿元，占总投资额的99%，主体工艺两炉一机建设完成，并投产运行；土建工程完成98.5%；设备安装完成99%。2020年6月22日大件垃圾处理站项目竣工验收，总投资773万元，处理能力达50~70立方米/小时，8月1日起正式运行，向所有镇（街道）开放。

【"厕所革命"提标】 2020年，晋江市城市管理局编制完成《晋江市公厕专项规划》《公共厕所设计指导手册》，制定《厕所设置规范》《固定式公共厕所类别及要求》等，指导全市公厕规范化建设。2020年全市新改建140座公厕，三类及以上水冲厕1100余座，每个建制村至少有一个水冲厕，中心市区基本实现步行10~15分钟有一座公厕，城市公厕全部配备规范的标识和引导牌。引导党政机关、事业单位以及公共服务企业对外开放公厕，2020年中心市区共有64个单位自用厕所对外开放，主要包括各级文明单位、酒店、商场等。

【公用自行车管理】 2020年，晋江市先后投建249个公用自行车站点，基本覆盖全市达到成网成系的网络化布局。租用量达12484963次（含手机扫码），手机注册量达65501部。单日租用量首次高达17054次，日均租用量约6512次。调运量767808次，自行车维修66781辆，锁止器维修15740个，中控维修1858个，续费租用9075次，免租率达99.93%。

（周嘉庆）

城市行政执法

【概况】 2020年，晋江市城市管理局围绕晋江市"三大任务决胜年""城乡环境整治深化年""县域治理效能提升年"中心工作，坚持"为民管城"服务理念，提升城市管理精细化和执法规范化。2020年，晋江市城市管理局获住建部"'强基础、转作风、树形象'专项行动表现突出单位"称号。

【城市管理提升】 2020年，晋江市城市管理局牵头制订《晋江市临时占道（出店）经营行为管理规范》，按照"规范不放任、包容不纵容，依法依规、耐心服务"的原则，综合考虑交通通行、市容秩序、环境卫生、环境保护、食品安全及社会稳定等因素的前提下，划分"红、黄、绿"区，规范经营位置、时间、设施、秩序，设置16个临时占道（出店）经营点位，可容纳摊位930个，引导摆摊设点经营。组织开展占道（出店）经营规范管理行动，对中心市区各类占道经营行为落实"五不"（不影响交通、不影响市容、不影响环境、不影响安全、不影响稳定）要求，服务于民，规范管理占道（出店）经营行为，2020年，共规范管理出店经营1476宗次，流动摊点9254宗次，烧烤摊点105宗次，夜市大排档117宗次。

持续对道路两侧违规户外广告开展全面排查。2020年，共发现户外广告存在问题688宗，其中未获得审批或审批失效擅自设置户外广告639宗、存在安全隐患243宗。截至年底整改632宗，其中拆除496宗，补办手续136宗，整改率91.9%。2020年，晋江市城市管理局从建筑垃圾产生、运输、处置三个环节入手，制订渣土运输管理导则，提高日常监管效率；持续开展核准、巡查、执法专项整治行动，2020年累计查处各类违规车辆3460部，渣土运输亡人事故发生率比2019年下降9%。围绕中心市区统筹规划建设，采用政府授权、主管部门监管考核、企业投资建设、市场经营收费的实施模式，与市区慢行系统、公交系统无缝对接，建设一个共享电单车监管平台、1300个实体电子围栏，实现“一个平台管量、一个围栏管乱”，达到城市共享电单车总量控制、规范设置、有序停放。截至2020年底，实体电子围栏完成380个。

【“两违”综合治理】 2020年，晋江市城市管理局坚持“控新增、去积案、消隐患”的工作思路，深入开展“两违”综合治理工作。全年共拆除违建581宗，拆除面积49.158万平方米。应用卫星影像技术结合人工巡查，加大“两违”治理力度，组成专项督查小组，严格卫片图斑整改销号。2020年晋江市共下发7期图斑，图斑总数为8645宗，销号8582宗，销号率为99.27%。以春季攻坚行动和房屋安全“百日大整治”行动为契机，启动违法建设调查摸底大排查，整治历史“两违”，摸清每宗违建的业主、位置、性质、年限、面积、用途和安全隐患情况，建立“一违一档”电子档案。“百日大整治”共拆除两违181宗，拆除面积67923.72平方米，其中拆除历史两违102宗，拆除面积49477.58平方米，拆除新增两违79宗，拆除面积18446.14平方米。开展临时搭盖专项整治，摸排晋江市所有违规乱占地建设的临时搭盖和建筑屋面违章搭盖，对小加工厂、小作坊、分租厂房、改用仓库和出租房等建(构)筑物上的违规搭盖进行重点摸排。截至2020年底，全市共上报摸排图斑41549宗，摸排率为100.23%，拆除违法建筑494宗，拆除面积13.2661万平方米。

【垃圾分类】 2020年，晋江市城市管理局在19个镇(街道)各1个村(社区)和252个单位垃圾分类试点基础上，推动青阳、梅岭街道全覆盖。2020年，先后投用金井、英林飞灰填埋场，建成首座大件垃圾处理站，投入运行垃圾焚烧发电厂提标改建项目，启动餐厨垃圾处理设施建设，生活垃圾处理能力提升。改造市区3个垃圾转运站、184部收运车辆，其中125部收运车辆安装定位监控，实现市区垃圾收运密闭化运输。扩大分类收集转运。扩大餐厨垃圾收运范围至市区部分住宅小区，设置有害垃圾处理暂存点，对有害垃圾实行统一收运、集中存放。

【城乡环卫考评】 2020年，泉州市、晋江市两级城市卫生管理考评中心累计考评晋江市1175个次村（社区、园区），发现环境卫生问题10986处，整改10909处，整改率99.3%。晋江市在泉州市城乡环境卫生考评年度成绩89.7分，比2019年87.66分提高2.04分，排名上升1个位次，列各县(市、区)第9位，摆脱近三年排名末位局面。创新工作机制，3—9月整合全局人员车辆，分区划片开展全市城乡环境卫生检查考评和业务指导，加大对薄弱村、薄弱区域巡查力度，督促镇(街道)、村(社区)落实整改。出台《城巡查采集和考评工作方案》，通过加强巡查采集和“双随机”考评，推动镇(街道)提升环卫管理水平。加大环卫联动执法处置力度，每月通报环卫管理案件乡环境卫生分片检查与考评工作方案和进一步加强城乡环境卫生查处情况，2020年共立案查处环卫管理案件223宗。

【燃气安全】 2020年，晋江市城市管理局共出动人员236人次开展“打非治违”专项行动，发出整改通知书59份，排查隐患190条，查处取缔无证燃气经营站点63家，扣押钢瓶1907瓶。推行政府购买安全生产社会化服务，依托泉州市安信安全技术服务有限公司为晋江市9家燃气企业开展安全生产技术顾问服务工作，累计排查隐患190处，整改190处、整改率100%。推进瓶装燃气销售实名制，通过建立企业信息系统、完善用户资料、落实钢瓶可追溯管理，实现瓶装燃气安全监管环节的闭环，全市瓶装燃气企业建档户数约8.8万户、占用户总数的100%。依托远程视频监控系统建设，通过监控平台不定期对全市8家瓶装企业进行实时或者回放查看各站内视频监控，掌握厂区日常管理情况，督促提升企业内部管理，切实消除安全隐患。

【“数字城管”】 2020年，晋江市城市管理局建立起“一级平台、集中派单、三级联动、监管分离”的城市管理监管指挥工作机制，整合城管资源力量，缩短城市管理问题处置周期，对接高铁新区、中国科学院大学园区“两违”监控系

2020年，晋江市城市管理局建成晋江市大件垃圾处理站 （市城市管理局 供）

统、城市地下管网监管系统，并向通信、水司、燃气等企业提供地下管网查询服务。智慧城管平台全年共接收上报案件135635件，审核立案135477件，处置结案134628件，按期处置率93.65%，一次性完成率98.32%，结案率99.37%，综合指标评定97.44分。

（周嘉庆）

新型城镇化建设

【概况】 2020年，晋江市城镇化率提升至68%，户籍人口城镇化率达59.11%，全年空气质量优良率首达100%，建成区面积达115平方千米。

【外来人口融入本地政策】 2020年，晋江市推动外来人口与当地居民融入融合。在全省率先实行居住证管理制度，全面放开落户限制，2020年，共办理流动人口落户14174人，居住证48376张；推进基本公共服务体系建设，全市参加职工基本养老、失业、工伤保险人数分别增至37.84万人、17.48万人、28.32万人。全市参加城乡居民基本养老保险人数63.36万人。

【多元化体制机制改革】 2020年，晋江市探索多元化体制机制改革。新增县城新型城镇化建设示范、农村综合改革试验区等4项国家级改革试点。推动行政管理体制改革，支持各经济发达镇按照“一镇一品”在事业单位中选设特色机构，倾斜保障镇（街道），调剂下沉各镇（街道）行政、事业编制430名。探索投融资机制改革，推动“晋金私募汇”基金集聚区项目落地，2020年全省新设私募证券类管理人备案11家，晋江市“晋金私募汇”基金小镇占5家，占比达45.45%。

【产城融合】 2020年，晋江市推动产城融合，实现工业化与城镇化良性互动。培育2个超千亿集群、5个超百亿产业集群，县域经济基本竞争力位居全国第四。基本完成省级自然资源资产清查试点任务，清理批而未供和闲置土地204公顷。出台老旧工业园区改造配套政策，启动4个改造项目。

【现代化治理与文明水平】 2020年，晋江市推动现代化治理与文化文明同步提升。在全省率先实行市、镇、村三级网格化管理，全市网格化管理试点村覆盖率达98.5%。实施市民文明素质提升工程，完成所有村（社区）移风易俗村规民约的制订。2020年慈善总会礼俗简办公益捐赠达3598万元。

（柯婉瑜）

小城镇建设

【安海镇】 2020年，安海镇在传承发展“晋江经验”中探索提升安海实践，推动产业、乡村、名镇“三大振兴”，推动经济社会平稳较快发展，打造更高品质的“安平古镇，海丝名城”。安海省级小城市项目15个，总投资42.76亿元，年度计划投资14.92亿元，累计完成投资16.54亿元，完成年度任务的110.86%。坚持“办赛事”与“建城市”相结合，持续推动城乡功能品质提升，高品质建成养正中学新校区、市少体校，围绕服务保障第18届世界中学生运动会，深化“两高”沿线环境整治，完成裸房整治133宗，平整绿化裸地1.8万平方米。实施深安线、南环路、桥山路等主干道改造提升，打通镇区主要交通动脉循环，缓解交通拥堵。同步推进龙山寺、安平桥等重要节点周边和桥山路、深安线等主要通道沿线绿化美化。

【金井镇】 2020年，金井镇统筹推进新型城镇化建设。获全国特色小镇等5项“国字号”称号（全国第二批特色小镇、全国重点镇、国家建制镇示范试点、全国宜居小镇示范镇、国家卫生镇）、省级小城市等4个省级示范试点（省级小城镇综合改革建设试点、“镇级小城市”培育试点、小城镇机构改革试点、全省首批特色小镇创建单位）。入选中国特色小城镇品牌百强，位居第5位，获评全省首批滨海休闲度假福地、泉州市先进党组织、泉州市首批特色村镇扶持创建试点等荣誉。金井镇省级小城市项目28个，总投资133.95亿元，年度计划投资30.41亿元，累计完成投资39.84亿元，完成年度任务的131.01%。福州大学晋江科教园启动区全部完成建设并投入使用，在校学生突破千名。项目二期及周边配套完成方案设计，进行施工图设计及用地手续报批。颐生园养老院进行相关配套设施设备安装。装备制造业基地金井园基础设施工程园中大道路基平整、山坑支一路人行道铺设，山埔路续建项目招投标事宜稳步推进。

【东石镇】 2020年，东石镇以打造晋西南新门户为目标，融入厦漳泉同城化进程和泉州南翼、晋西辅城发展大局，持续实施项目带动、拓展连片开

2020年，福州大学晋江科教园建设完成并投入使用 （董严军 摄）

发、统筹城乡发展，推进东石镇小城市培育试点建设暨宜居环境改造提升。获评国家伞具外贸转型升级示范基地、全国文明村镇、全国综合实力千强镇，福建省乡村治理试点示范镇、国家农业产业强镇，通过"中国伞都复评"认定。东石市级小城市项目24个，总投资75.23亿元，年度计划投资13.54亿元，累计完成投资17.79亿元，完成年度任务的131.39%。坚持产城融合，依托高新技术产业园区，加快高新技术产业落地建设，园区基础配套设施建设项目有序推进，环湾新区连片提升。总造价1.5亿元厦漳泉城市联盟路东石段安置房项目，施工队进场施工；东石园滞洪人工湖建设项目，滞洪区一期完成回填施工便道，二期完工。加快推进中小企业金属材料交易中心项目、华闽棉纺织布生产项目、京东粤港澳智能物流园项目及中通福建总部项目建设工作。

【磁灶镇】 2020年，磁灶镇确定"三个一"的定位要求（一个现代产业基地，一个商贸物流中心，一个现代化新区），着力推动产业融合、产城融合、城乡融合、人的融合以及资源创新融合等5个融合，探索小城市培育试点建设新路子。磁灶泉州市级小城市项目25个，总投资109亿元，年度计划投资29.25亿元，累计完成投资38.73亿元，完成年度任务的132.41%。世贸云玺、中骏丽景府、财富新城等一批商住项目建设，完成福谐小区、瑶琼小区、中心居住区和陶东路等安置房配套建设，推动商业街区商贸业态提升。特步鞋服生产项目一期工程内外装修并投入使用，二期工程主体施工。361度（晋江）综合基地三期项目内外装修工程扫尾。建成镇中心卫生院新院并促成该院升格成为市中西医结合医院，推进村级卫生所标准化创建，构建形成市镇村三级联动医疗服务体系。

（黄　宏）

房地产业

【概况】 2020年，晋江市房地产市场呈现量涨价稳，继续保持平稳健康的发展态势，继2019年蓝光地产、中海地产、中南地产、正荣地产等大型上市房企入驻晋江市，2020年，守正地产首次入驻晋江市，并拍得3块商住用地，分别定名书香名邸、陶然新苑、格瑞新苑，中心市区、晋东新区等晋江市当前重要发展区域，均有大型房企入驻开发，其中中南地产再次拍得世纪大道4块商住用地，分别定名中南美的和樾、中南璞樾院、中南禧樾院、中南雍锦院，中南美的和樾一开盘即售罄。

【土地市场】 2020年，晋江市累计出让商住用地19幅，出让面积57.90万平方米，总成交价为46.00亿元，均价为529.65万元/亩，比2019年上升0.50%，最高成交楼面价首次突破9568.4元/平方米。

【商品房销售】 2020年，晋江市批准商品房预售许可面积333.11万平方米，其中住宅面积244.31万平方米，占比73.34%；2020年全市房地产累计完成投资182.91亿元，比2019年上升18.2%；商品房销售面积398.25万平方米；比2019年上升5.1%，其中住宅销售面积310.29万平方米、比2019年下降0.9%、新建住宅均价9840.09元/平方米，比2019年上升6.54%。

【行业发展】 2020年，晋江市共有房地产开发企业141家，其中二级资质11家，暂定二级资质1家，三级资质53家，暂定三级资质66家，四级资质8家，暂定四级资质2家。2020年，晋江市交付项目218个，建筑面积3343.06万平方米，辐射人口范围约62万人。

（黄　宏）

建筑业

【概况】 2020年，晋江市完成建筑业产值95.74亿元。建筑企业资质门类逐步齐全（包含施工总承包9类，专业承包18类，施工劳务），全市取得资质建筑企业277家，其中总承包企业149家、专业承包企业87家、施工劳务企业41家。

【建筑市场监管】 2020年，晋江市住建局强化市场行为监管，开展建筑市场专项执法检查，打击串通投标、弄虚作假投标、违法发包、转包、违法分包及未按基建程序组织建设等建筑市场违法违规行为。执行全省统一的房建市政施工项目招投标"3+2+1"机制，运用福建省公共资源交易电子行政监督平台开展招投标监管，维护"便捷、高效、公开、透明"的招投标环境。2020年，累计招投标项目265个，招标控制总价约55.7031亿元，中标总价约51.4428亿元，节约资金约4.2603亿元，节资率约7.65%。

【绿色建设】 2020年，晋江市加大绿色建筑推广力度，全市累计82个项目按照绿色建筑标准进行设计并进入实施阶段，总建筑面积近426万平方米；竣工绿色建筑面积占竣工民用建筑面积比例为91.6%。推动将装配式建设要求纳入建设项目土地出让合同及规划设计条件，全市新出让建设用地、总建筑面积2万平方米以上的商品住宅项目，设定装配式建筑面积达到商品住宅项目总建筑面积的20%以上。2020年，东海正荣府、安腾幸福里等16个装配式项目启动实施，全市装配式建筑面积近36余万平方米；推进当地企业投资建设装配式建筑基地。列入省公共建筑节能改造示范的市口腔医院项目竣工。

（黄　宏）

自然资源管理

【概况】 2020年，晋江市自然资源局面对征收程序等变化，配强用地报批专班，指导镇域解剖把脉项目等方式，开展新《中华人民共和国土地管理法》政策研究及用地报批谋划工作，梳理出台《新土地管理法(2020年修订版)实施后晋江市集体土地征收工作流程》。办理完成晋江市人大建议、政协提案75件。晋江市自然资源局被泉州市自然资源和规划局推荐参评“全国普法先进单位”。不动产登记中心获“2020年—2022年泉州市青年文明号”“2020年福建省五一先锋号”“2020年晋江市三八红旗集体”等称号。晋江市展馆晋江经验馆完成验收及运行，服务接待参观团750个、2.11万人次，承接举办中小学生研学实践教育活动课程67场次、接待中小学生3410人次，通过微信公众号、电视台等渠道开启“小小讲解员”招募等活动，展现展馆新形象。2020年，晋江市展馆获省级“习近平新时代中国特色社会主义思想实践示范基地”“泉州市2020—2022年度社会科学普及基地”等称号。

2020年，晋江市发改、人社、林业、水利、生态环境等部门联动协作，提供项目立项核准、社保、林地审批等一条龙服务，共组件上报项目用地132.52公顷。开展全市临时用地现状调查，制订《晋江市临时用地到期复垦工作方案》，规范全市41宗到期临时用地时间节点、复垦计划。晋江市自然资源局牵头10个部门联合出台《晋江市机制砂管理暂行规定》，从规划环节管控、用地选址性质及要求、行业准入条件等要素明确流程，规范用地秩序，盘活用地存量。促进存量空间“地尽其用”，开展批而未供与闲置土地清理处置专项行动，通过批而未供土地清理处置“445”(在措施上做到“四个一”、在处置上分类“四种模式”、在制度上构建“五个机制”)工作法完成批而未供土地清理处置148.73公顷；对下发的闲置土地按照上级要求处置65.07公顷，超额完成上级下达年度处置任务。2020年利用消化“批而未供”等存量资源保障用地供给，完成供地150宗、381.47公顷，其中出让项目用地100宗、215.60公顷，出让金额60.83亿元。针对经营性用地，成立市级土地经营运作专班，搭建地产招商推介平台，稳地价、稳预期。发挥土地储备“蓄水池”功能，统筹谋划2020年度土地储备计划和土地储备三年滚动计划，完成土地收储64宗、119.53公顷。

【集成改革及老旧工业区改造提升】 2020年，晋江市自然资源局加快集成改革及老旧工业区改造提升，发挥改革办专班作用，建立老旧工业区改造项目服务机制及联席会议制度，明确工业物业分割转让办理流程等问题。出台《晋江市老旧工业区改造项目入园标准操作指引(试行)》及《晋江市工业物业分割和转让的实施意见(试行)》等“工改工”配套文件，亮出“合理灵活确定土地剩余使用年限”“允许纳入改造项目工业物业分割转让”等10条惠企政策。实地走访、靠前服务若干镇(街道)老旧工业区改造提升试点项目，现场指导项目用地、规划难题，召开4次专题研究工改项目，协调解决规划建设手续办理等“卡脖子”问题。

【自然资源数据库管理】 2020年，晋江市作为全省探索省级全民所有自然资源资产清查试点工作的3个试点地区之一，率先在全省建立自然资源资产数据库管理系统，实现自然资源全要素的信息化、系统化、可视化管理。获福建省自然资源厅主要领导肯定。

【生态修复】 2020年，晋江市为压实耕地保护主体责任，层层签订耕地保护责任书，将耕地保护、“两违”治理纳入镇(街道)绩效考评，强化粮食安全保障。推进全市农村乱占耕地建房专项整治，运用卫星遥感影像对比等手段先行在金井镇湖厝村、三坑村以及内坑镇砌坑村、黎山村启动试点工作，按时完成自然资源部、福建省自然资源厅下发的18742个疑似图斑的初步摸排工作。配备镇级专门执法巡查队伍，布设43处矿山视频监控，实行全天候无死角巡查，借助矿产卫片图斑核查、矿山越界违法开采专项检查及矿山净增恢复治理遥感检查图斑核实等契机，排查修复矿山防护措施，实现连续四年矿山无盗采。加强矿山生态环境综合治理及海洋生态修复，启动编制矿山生态恢复治理五年规划，明确废弃矿山生态恢复治理模式、计划步骤，形成规划初稿并征求相关镇意见。组织整治废弃石窟10个、迹地绿化27.67公顷，超额完成泉州下达的石窟整治和矿山迹地绿化任务。推进历史围填海项目生态修复，“四湾两片区”历史围填海生态修复项目实施方案全部编制完成并上报自然资源部。以政府办名义出台《福建省集成电路产业园区（工业园）围填海项目生态修复任务分解方案》，拆除陆域面积4.95公顷、修复岸线1.2千米、恢复海域面积4.95公顷，完成万岁水闸改建工程90%。

【海湾治理】 2020年，晋江市自然资源局泉州湾“蓝色海湾”综合整治行动项目通过自然资源部、财政部评审并纳入2020年中央海洋生态保护修复项目清单，获中央海洋生态保护修复资金9660万元，是泉州历年获国家批准最大规模的海洋生态修复保护项目，获福建省主要领导批示表扬。项目完成开工批复、方案设计评审、生态效果监测采购等前期工作，工程一期招标。

【自然资源执法监察】 2020年，晋江市自然资源局加大执法监察力度。开展卫片疑似图斑核查处置专项行动，整改自然资源部2019年度季度卫片及福建省自然资源厅月监测图斑，核查上报2020年度卫片执法图斑，联合部门、镇（街道）开展“两违”治理春季攻坚战，对各类违法占地行动及时予以立案查处，公开曝光违法典型案例，查处一起、警示一片。推进2019年耕地保护督察整改工作，涉及整改问题清单28宗；12宗第二轮中央生态环保督察信访件全部整改并验收销号。

【地籍和房屋调查】 2020年，晋江市自然资源局按照全国第三次国土调查部署，在统一时间节点完成县级更新调查，调查成果通过国家级内业核查和数据库质量检查。地籍和房屋调查全市294个建制村实现全覆盖，全部完成地籍测量工作，65个建制村通过地市级验收、125个行政村完成县级互检。启动全市农业地质调查，完成1:50000及1:10000农业地质调查评价，基本摸清耕地质量状况。

【基准地价修编】 2020年，晋江市自然资源局开展新一轮基准地价修编工作，初步形成新一轮基准地价成果。开展测绘中介机构资质和成果质量检查，加强测绘地理信息市场监管，完成全市执业测绘中介机构登记备案。开展1:5万地质灾害风险点专业调查，该调查评价项目申报2020年中央特大型地质灾害防治资金储备项目，获福建省自然资源厅评审通过。

【存量土地盘点】 2020年，晋江市自然资源局完成新一轮存量土地盘点。晋江市自然资源局推进自然资源信息化建设，推广数字晋江地理空间框架应用，实现多平台多系统互联基础地理信息数据共享；启动并完成自然资源一体化信息平台建设的可行性前期调研工作，为进一步促进资源共享奠定基础；启动自然资源存量历史档案归整和数字化工作，加强数据应用推广。

2020年，晋江市开展“蓝色海湾”综合整治行动，图为天然滨海岸线之一——金沙湾

（市自然资源局 供）

【水污染防治】 2020年，晋江市自然资源局落实外曾溪流域保护，定期开展污染源头排查，推进流域所涉河道整治工程，完成河道方案编制、安海段施工图设计及农村污水管网规划等。落实地下水污染防治，全面巡查地下水地质环境监测设施，完好率100%。基本完成全市辖区晋江干流和泉州湾河口湿地范围内自然资源统一确权登记。

【自然资源领域安全生产专项整治】 2020年，晋江市启动自然资源领域安全生产专项整治三年行动，围绕矿山安全（废弃石窟）隐患、违法占地和房屋结构安全隐患、地质灾害安全隐患、测绘安全隐患等4个专项整治全面排查风险隐患，建立隐患清单、整改清单、销号清单、制度措施等“四个清单”，落实安全生产责任，落实每月安全生产检查日制度，局领导包片挂钩国土所开展安全生产督查巡查，组织全市地质灾害防治与管理培训班3期共培训223人次，开展地质灾害演练9场共710人次参加，强化应急处置能力。根据市房屋安全指挥部部署，开展房屋安全大数据分析工作，组建房屋安全整治专班，汇集选取六类大数据分析基础数据进行全类别比对，共发布7批1178宗疑似存在违法违规地块清单。通过大数据分析比对，排查整治更精准，精确到户，晋江市运用大数据开展房屋安全排查的做法被泉州市房屋安全隐患大排查大整治指挥部推广。

【权力清单和责任清单优化】 2020年，晋江市自然资源局梳理修订权力清单、责任清单。重新梳理执法工作流程和法律依据，出台《重大执法决定法制审核事项清单》《行政执法案例指导制度》《行政执法举报制度》等行政执法机制，规范日常执法业务，加强法制审查工作，促进行政执法权力规范运行。

【预防自然灾害隐患宣传】 2020年，晋江市自然资源局通过“4·22”世界地球日、"6•8"世界海洋日、"6•25"全国土地日等主题，开展自然灾害隐患宣传，在国土所、审批服务窗口分发1000余册地质安全手册，在梯视广告、公交车载广告等媒体平台滚动播放6.3万次，推送地质灾害主题宣传短信20万余人次，在微信公众号、微信朋友圈推送H5主题宣传片、防灾宣传片。梳理汇编《常用自然资源管理文件汇编》《自然资源知识100问》等常用政策读本，征订学习《自然资源管理以案说法》《自然资源管理100问》等图册。

【"放管服"改革】 2020年，晋江市自然资源局深化"放管服"改革，将审批服务事项全部入驻晋江市行政服务中心，推进工程建设项目审批制度改革，落实"多审合一""多证合一""多测合一"改革措施，推行用地预审和规划选址合并、用地规划和划拨审核合并，在行政服务中心窗口实现统一受理、同步核发，工程建设项目审批全流程(选址、预审、立项、用地规划、划拨审核)审批时限由35个工作日缩短为17个工作日，全年办理建设项目用地预审140宗、面积267公顷。借助互联网，实行"全程网办+邮政速递"，将"一趟不用跑"和"最多跑一趟"事项清单落到实处，通过内部审核内循环，实现电子证照内部调用1345件，规划事项审查材料仅需内部征询，助力外部服务大循环。实行规划许可"交地即交证"，建设单位以出让方式取得国有建设用地使用权并签订出让合同后，同步核发建设用地规划许可证。解决外商投资企业国有划拨土地使用年限期满补办出让等历史遗留问题，化解企业融资难题。探索建立区域评估机制，联合七部门出台《晋江市工程建设项目区域评估工作方案(试行)》，制定《区域地质灾害危险性评估工作的实施意见》，实现区域评估成果共享，变事后评审为事前服务、由单一项目把关变整体区域把控，提升审批效率。2020年，晋江市探索商品房"交房即交证"改革，精简办证流程、压缩办证时限，各项登记业务办理平均用时提速至0.4天，一般抵押登记实现即办。办理安置房登记办证3844宗，化解安置房不动产登记发证等历史遗留问题，安置房及企业办证压缩至3个工作日。推行抵押登记"一口式"受理窗口，实现抵押权设立及注销登记不见面服务，在建设银行、农商银行等20家金融机构设立抵押登记便民服务点，共受理抵押登记业务4631笔，真正实现抵押登记"一趟不用跑"。推行线下一窗受理、线上全流程网办，实行外网申请、内网审理，外网申请率73.39%，除信息缺失外实时数据汇交率达100%。利用不动产数据整合成果，完成不动产登记系统与法院查控系统对接，一手房、二手房及安置房业务入驻行政审批中心，实现双向信息共享及业务联动，让数据多跑路。2020年，共受理各项登记业务13.64万宗，办结13.68万宗，颁发不动产权证书及证明13.38万本(份)，服务抵押融资超516亿元。

【地质灾害防治】 2020年，晋江市自然资源局落实市、镇、村三级地质灾害风险点(隐患点)全覆盖监测摸排，为10个镇(街道)更新发放"防灾明白卡""避险明白卡"43份，设置警示标志牌80块，实行地质灾害隐患点问题清单、责任清单、销号清单全链条闭环管理，实现地质灾害零伤亡。完成地质灾害点治理核销1处，3处地质灾害隐患和4处高陡边坡完成地质灾害点搬迁避让，另外有4处地质灾害隐患和4处高陡边坡开展工程治理。

【危旧房翻建】 2020年，晋江市自然资源局落实晋江市人民政府办出台《晋江市人民政府办公室关于危旧房屋翻建审批补充事项的通知》，审核无权属来源证明的个人危旧房翻建补办用地手续480宗，进一步规范危旧房屋翻建审批，解决"四帮四扶""二女户"等住房困难群众无权属来源危旧房翻建困难；为相关部门、群众提供档案查询服务超10万人次。

(魏智文)

环境保护

【概况】 2020年，晋江市区空气质量优良天数比例首达100%，公众满意度测评从2017年的72.15%提升到2020年的92.25%，党政领导生态环境保护目标责任书连续三年获评优秀，一批生态环境问题得到解决，完成梧垵溪整改销号任务、仙石污水处理厂再生水回用工程建设、垃圾焚烧发电厂提标改建项目建设，深沪污水处理厂、东海垵集中供热工程建成投运，晋江西南片区污水处理厂尾水深海排放工程开工建设，凤竹公司启动搬迁，生态环境损害赔偿制度改革工作取得阶段性成效，全省生态环境损害赔偿工作推进会在晋江市召开，晋江作为全省唯一县级单位在会上做典型发言，第二次全国污染源普查任务圆满完成，泉州市晋江生态环境局(简称"晋江生态环境局")被国家普查办评为"第二次全国污染源普查先进集体"。

【环保督察整改】 2020年，晋江生态环境局以党政领导生态环保目标责任书、中央生态环保督察反馈意见、审计发现问题等为抓手，统筹推进全市生态环境问题整改。第一轮中央环境保护督察涉及晋江市14项共性问题及5项个案问题全部完成整改，交办信访件178件全部完成销号；第二轮中央生态环境保护督察涉及晋江市的8项全省共性问题，按序时进度推进，交办信访件157件，通过验收销号156件。

【环保审批和排污许可】 2020年，晋江生态环境局坚持绿色发展理念。对125个市重点项目提前介入服务，对社会事业与服务业等10个大类30个小类的环评登记表项目实行豁免管理，对工程建设、制造业等多个领域的17个大类44个小类实行环评文件审批告知承诺制。全年累计通报6家环评中介机构并责令其停止业务、限期整改，办理环评审批270件、排污许可证576份、午(夜)间作业施工许可229份；持续开展排污权有偿使用和交易，共有7家企业通过市场完成17笔排污权交易，交易总额为88.95万元。组织开展主要污染物减排工作，提前完成"十三五"排放总量指标控制任务；完成固定污染源清理整顿。形成13086家固定污染源清单，基本实现晋江市固定污染源排污许可全覆盖的目标；完成第二次全国污染源普查扫尾工作，形成普查清单。晋江市建立三级联动普查体系、破解普查难点、健全质控机制等普查工作做法获《中国环境报》等媒体宣传报道。

【大气污染管控】 2020年，晋江市开展建筑陶瓷、造纸和印染等重点行业能效对标，超额完成能源消耗总量和强度“双控”目标任务。推广新能源汽车，2020年晋江市有新能源汽车4494辆，淘汰全部柴油公交车辆，成为全省首个公交车100%实现新能源与清洁能源的县级市。突出建陶整治。从物料进仓入库、车辆净车出厂、厂区扬尘治理、道路扬尘治理、落实错峰生产、强化路面执法六个方面，系统开展建陶行业扬尘专项治理，根据干燥塔废气在线监控数据对在产建陶企业实行评级制，完成洗车台建设，46家完成堆料场进仓入库改造，累计开展18次测管联动专项执法。强化专项治理。“禁燃区”内新增淘汰锅炉36台，东海垵集中供热工程建成投运，集中供热范围内16家企业共淘汰燃煤锅炉67台；完成39个大气污染精准治理减排项目，完成“长空亮剑”大气污染强化监督发现的30个问题整改；推进制鞋、铸造、印染、制革、电镀行业有机废气专项治理，完成40家制鞋企业水性胶替代工作；对陈埭镇、晋江经济开发区等敏感点位周边企业开展走航监测；开展5次机动车尾气超标排放联合执法行动，检查75辆，查处20辆尾气排放超标车辆，罚款4000元。完善应急管理。修订《晋江市轻微污染天气应急工作预案》，制订《晋江市大气环境联合执法检查工作方案》，强化部门执法联动，精准执行应急措施，区域联防联控到位。

【水环境治理】 2020年，晋江生态环境局在水域治理上系统布局，加强水质监测。强化17套水质在线监控设施运用，落实185个水质断面监测工作，每月分析水质变化，数据异常及时预警。推动企业纳管。分阶段推进全市21条流域周边335家涉水工业企业尾水纳管，完成纳管及整治304家。实施小流域综合治理。完成九十九溪入河排污口专项排查，抽调30名干部组成10个小组，全脱产、组团式对九十九溪主河道及8条主要支流全面开展入河排污口“排查、监测、溯源、整治”专项工作，按照“有口皆查，应查尽查”要求，对排查的排口均做到定位落图、信息登记、拍照存档、采样送检、溯源整改。强化饮用水源地保护。开展东山水库、草洪塘水库、溪边水库饮用水源保护区勘界定标，完成31家私营加油站128个地下油罐改造，配合上级推进9家国营加油站改造工作。开展农村污水治理行动。晋江市395个村（社区）农村生活污水治理项目完成301个（建成小型污水处理设施82座），建成农村污水管道4160千米，完成投资16.28亿元，农村生活污水治理完成率76%。海域环境治理。启动120.46千米海岸线的入海排污口专项调查，持续开展海漂垃圾清理，开展水产养殖尾水排放监测。

【土壤污染防治】 2020年，晋江生态环境局坚持科学改良土壤。完成耕地土壤环境质量类别划分，完成280公顷受污染耕地安全利用任务，安全利用率达到91%。将47家企业纳入重点监管名单，督促指导21家重点行业企业用地土壤污染调查工作。开展2020年度危险废物规范化检查考核，实行危险废物动态信息管理，率先在省内推行固体废物视频监控体系建设试点，完成97家企业视频安装。完成294个村的“绿盈乡村”信息系统基础信息补充录入工作，完成192个初级版、7个中级版建制村“绿盈乡村”的创建工作。

2020年6月，晋江生态环境局工作人员在九十九溪入河排污口排查行动中取水监测水质 （晋江生态环境局 供）

【环境监管监测】 2020年，晋江生态环境局共办理环境行政处罚案件187件、罚款928万元，查封扣押53起，限产停产4起，移送行政拘留19起、刑事案件1起、法院强制执行56起。开展生态环境信访投诉增质减量专项工作，落实信访件星级管理、重难点信访件领导包案销号、突出生态环境问题攻坚件化解销号制度，建立“三个不过夜”“四个第一时间”“四个百分百”工作机制，“12369”平台全年共受理信访件524件，比2019年下降46.96%。其中，销号化解攻坚件127件、领导包案销号35件、领导带案下访94件次。

重点对辖区内的废弃危险化学品、放射源和危化品等环境风险源的安全隐患进行排查整治，发现一般环境安全隐患问题160个，全部完成整改；加强放射性物品“一体化”监管工作，提升放射性物品安全管控水平。以电镀、皮革、印染、陶瓷4个重点行业为试点，通过分发《告知书》《检查要点》、宣传培训、协助企业自查、让企业依法承诺、开展企业环境守法诚信等级评价等措施，打造“监管+服务”的执法样板，2020年上述四大重点行业被处罚案件数比2019年减少70%。做好市区3座空气自动站运维，完成水质定期监测和采样分析，完成21家农村污水处理设施出口监测，组织开展年度重点排污单位和直排海企业污染源监督性监测，全年共出具监测报告单293份，开展2200多个样品监测，提供6600多个数据。

【环保信息化建设】 2020年，晋江生态环境局强化生态环保数据支撑能力建设，推动建设生态云指挥中心，推进生态云平台应用；落实污染源在线监控，转运废水槽车、转运一般工业污泥车辆均按要求安装GPS定位，对行驶轨迹进行监控管理；以建陶企业干燥塔废气自动监控数据为评级依据，进行建陶企业A类、B类分级；在印染行业试点开展生产设施及有动力污染治理设施的用电监控管理，分批推进设施安装，实现精准执法，共28家企业完成安装联网；与晋江市水利局建立城镇污水处理厂自动监控数据共享机制，及时查处企业或污水处理厂超标违法行为。

【环保宣传教育】 2020年，晋江生态环境局以“6•5”环境日为契机，在晋江南岸生态公园、晋江市第二实验小学开展宣传活动，举办主题绘画和摄影大赛、微信公众号有奖问答、生态环境普法讲师团宣讲等活动；以公众媒体为载体，开展“环保铁军”抗疫、九十九溪排查、生物多样性等工作宣传，通过直播方式将泉荣远东污水处理厂等环保基础设施向公众云开放。2020年，在主流媒体宣传报道信息30多篇、微信公众号推送信息1165篇，其中有6篇获省厅微信公众号转载、30多篇获泉州市局微信公众号转载；开展生态环境损害赔偿，责令24家违法企业登报承诺，完成42家企业环境污染责任险投保，307家企业环境信用等级评定。

（王丹妮）

林业资源保护

【森林资源管护】 2020年，晋江市林业和园林绿化局完成年度森林资源管理“一张图”更新，晋江市林地面积为8190公顷，森林覆盖率达14.53%，森林蓄积量达35.34万立方米，完成“十三五”期间上级对晋江市的考核指标要求。推进全国林地占补平衡扩大试点工作，全年共筛选1282宗255.53公顷地块，完成不动产林权登记发证166宗33.47公顷地块，总发证数量大于林地报批数量，通过占补平衡扩大试点验收。严格开展森林督查自查和森林资源监测巡查，查处各类涉林案件6起。

【林业行政审批】 2020年，晋江市林业和园林绿化局继续优化林业行政审批服务，梳理完成“五级十五同”项目，推进“放管服”工作，完成“电子证照”生成及调用，梳理互联网监管涉及的检查清单，开展行政监督检查事项的“双随机一公开”检查工作，落实行政许可、行政处罚“双公示”制度。全年共办理林业审批237件，其中森林植物检疫审批137件，林木采伐许可49件；优化林地审批统筹组合，保障泉州市二重环湾快速路（晋江段）新建工程一期工程、晋江市东部快速通道一期工程、晋江南高速出口连接线延伸段工程项目等重点项目的用林需求，全年共获批17宗，总面积46.12公顷。

【森林防灭火】 2020年，晋江市林业和园林绿化局重点做好春季、清明、秋冬季三个重要防火期的森林防火宣传；制订《晋江市森林防火隐患大排查大整治百日攻坚行动方案》《晋江市森林火灾隐患专项整治行动方案》，对一些重点部位和隐患点提前有组织、有计划地进行清理，减少和消除森林火灾隐患；严格火源管控，对需在林区林分改造等野外用火加强审批报备，在清明等重点时段全面禁止野外用火；强化护林员管理，制定出台《晋江市专职护林员网格管理暂行规定》《晋江市护林员网格化管理考核细则》，提高晋江市护林员巡查覆盖面，重新选聘100名专职护林员，并划分成为100个巡查网格。

【林业有害生物防治】 2020年，晋江市林业和园林绿化局完成挂设诱捕器604套，捕捉松墨天牛60380只，完成率100%；完成以菌治虫1333.33公顷，完成率100%；清理松枯死木14000株。完成除治性林分改造19.6公顷，完成率100%。松枯死木数量明显下降，发生小班数量明显减少。

【自然保护地及湿地保护】 2020年，晋江市林业和园林绿化局主要对涉及泉州湾河口湿地自然保护区（晋江段）、晋江深沪湾省级森林公园（坫头林场）、福建深沪湾海底古森林遗迹自然保护区、晋江深沪湾国家地质公园4个自然保护地开展调整优化。申报泉州市“蓝色海湾”综合整治行动项目，通过自然资源部评审并纳入2020年“蓝色海湾”整治行动项目库。9月，获财政部下达2020年度奖补资金9660万元。多部门联合集中开展保护地湿地联合巡查执法、“绿盾”专项行动问题台账抽查等工作。

【野生动植物保护】 2020年，晋江市林业和园林绿化局根据全国人大常委会和福建省人大常委会有关决定要求以及福建省人民政府办公厅《关于全面禁止非法野生动物交易、革除滥食野生动物陋习、切实保障人民群众生命健康安全的通知》精神，引导相关养殖经营单位转产退出。晋江市林业和园林绿化局联合晋江市市场监管局、农业农村局、公安局森林警察大队集中组织5轮300多人次的全市养殖场所、农（集）贸市场、酒店、宾馆饭店等区域执法检查，未发现非法走私和贩卖野生动物等违法犯罪行为。开展救护放飞活动，共救护野生动物99只，其中国家一级保护野生动物1只、二级保护野生动物40只；开展放飞活动3场，共放飞56只鸟类动物。

（王辉庭）

海洋资源保护

【用海要素保障】 2020年，福建（晋江）集成电路产业园区内环湾大道、伞都大道、东石连接线等基建用海项目通过泉州市自然资源和规划局预审，共组件上报40.23公顷；西南片区污水处理厂尾水深海排放工程深海管道桌面路由通过自然资源部东海分局审查；泉州湾“蓝色海湾”综合整治行动项目共273公顷取得用海预审。编制完成围填海历史遗留问题“四湾区、两片区”及省道201道共7项报告，《晋江市围填海历史遗留问题处理方案》上报自然资源部，全市540余公顷历史围填海盘活；推进晋江经济开发区安东园7宗工业项目、福州大学科教园等历史围填海用海项目共计28.67公顷的手续上报，提高历史围填海处置率。

【海洋基础调查】 2020年，晋江市自然资源局开展新一轮海岸线及35个无居民海岛现状调查，建立“一岛一档一图一表”，启动全市养殖调查摸底工作，先行完成272.20公顷围海养殖调查。2020年自然岸线保有率51.68%，海洋生态红线超60%以上。晋江市人大常委会成员组织巡查121千米海岸线，海岸带管理、保护与利用工作获得肯定。

【海上执法监管】 2020年，晋江市自然资源局处置部级疑似围填海卫片图斑8宗、省级图斑15宗，开展整治非法围填海及打击非法盗采海砂专项执法行

2020年11月27日，晋江市自然资源局与泉州海警局晋江工作站签署《晋江市海上执法合作协议》 （市自然资源局 供）

动，组建海岸带、海域、海岛执法巡查工作专班，建立涉海联合协调机制，与泉州海警局晋江工作站签署《海上联合执法协议》，会同多部门开展海上联合巡查187次，巡逻里程4385海里，查扣处置非法盗采海砂船舶3艘，罚款30万元，拆除沿海5宗零散砂场，遏制海上非法盗采海砂现象。

（张文福）

【海上巡航执法管理】 2020年，晋江市农业农村局共开展351次海上巡查，出动执法人员2528人次，巡查里程6041海里，登临检查船舶550艘次，排查人员50542人。检查出入港船舶10661艘次，排查人员46433人次。

【涉渔“三无”船舶整治】 2020年，晋江市重点开展打击涉渔“三无”船舶非法建（改）造点执法行动。9月30日开展13艘涉渔“三无”船舶集中拆解活动。2020年，共拆除3个非法建（改）造船点和18艘涉渔“三无”船舶。开展“封港清查”专项行动，抓扣涉渔“三无”船舶2艘。

【渔业安全宣传教育】 2020年，晋江市农业农村局召开2场渔业防灾减灾宣传活动、渔业“安全生产月”系列活动，向渔民朋友宣传渔业安全生产知识，组织召开14场渔船警示教育会和约谈会，强化全市457艘渔船船东船长防控教育培训，对伏休过后需复工生产渔船船长开展出海前安全生产谈话，增强船东船长安全生产意识。开展防范商渔船碰撞警示教育，组织两批次31名重点渔船船长上货船交流学习，与货船船长面对面交流提高避碰技能。

【伏季休渔监管】 2020年，晋江市农业农村局在伏季休渔前利用《晋江经济报》、晋江三农公众号、晋江新闻网等媒介广泛宣传伏季休渔通告，通过侨乡频道和广电点播台播放为期1个月的伏休宣传视频，加强新修订的《福建省实施〈中华人民共和国渔业法〉办法》的解读和普及。2020年休渔期逐船发放伏季休渔通知书485份，制作悬挂横幅30条，渔港张贴通告和宣传海报100张。

（魏重翼）

【渔业保险】 2020年，晋江市完成渔船承保257艘，保费1299万元；渔工承保3411人，保费673.84万元。养殖台风指数保险100万元，全年总保费2072.84万元。

（曾长沛）

深沪湾海底古森林遗迹保护

【概况】 2020年，深沪湾保护区管理处贯彻落实“绿水青山就是金山银山”理念，以“保护珍稀地质遗迹、维护生态安全”为目标，加强日常巡查，开展联合保护，完善管护设施，开展生态修复，加大科普宣传，推进整合优化，提高保护区管护成效，迎接“绿盾2020”国家督查组环保督查。

【海洋环境监测】 2020年，深沪湾保护区管理处委托专业机构根据保护区功能区划，结合实地勘察情况，综合考虑环境监测规范要求，在保护区范围内海域设置7个海洋水质站位、4个沉积物站位、6个生物质量站位，依据《海洋调查规范》和《海洋监测规范》的执行标准进行取样分析，开展春秋两季大小潮的海洋生态环境质量监测4次。监测结果显示，深沪湾保护区范围内总体海水水质指标良好、沉积物质量良好。

【巡查管护】 2020年，深沪湾保护区管理处加强日常巡查，坚持每日对保护区进行巡查和核心区值勤，及时发现和制止保护区内违法违规行为，及时向相关主管部门通报巡查发现的问题，配合进行整改。2020年，巡护队累计巡逻433次，巡护路程11520千米，制止村民非法采砂18起，救援村民轻生1起、发现沿海防护林着火，报警并协助消防人员灭火3起。联合生态环境局、林业局等相关职能部门和属地政府开展联合执法检查活动，查处保护区内的违法违规行为，拆除违章搭盖10处，总面积1400平方米，拆除违规捕捞网具250平方米。配合自然资源部门开展保护地疑似别墅图斑核查和处置。

【生态保护】 2020年，深沪湾保护区管理处加大海漂垃圾治理力度，建立日常保洁长效机制，清理、转运保护区岸线海漂垃圾。2020年，累计清理海漂垃圾488次，清理垃圾约101吨。开展保护区首峰村砂堆场整治，配合征收首峰村集体土地12.8公顷，调换为国有林场林地，清退砂堆41堆，面积1.87公顷，拆除临时搭盖6处，面积1000多平方米，植夹竹桃近7公顷，进行生态修复。配合林业部门，开展保护区调查、调研、座谈，整理资料，提供数据，推进保护区整合优化，提出保护区调整意见建议，为形成保护区优化预案提供参考。

【科普宣传】 2020年，深沪湾保护区管理处建立总面积近1600平方米的海洋科普馆，2020年通过弧幕联动地幕沙盘系统、半球幕投影系统、互动体验、

VR、实物标本模型等方式，阐释深沪湾地质景观和海洋知识，传递生态环境保护理念。与南侨中学开展“环湾健步 生态文化行”研学实践活动，参加师生600多人。全年接待福建省民宗厅、泉州市林业局、晋江市妇联等各单位及中小学参观人员500多人次。通过中新网和微信公众平台发布保护区工作动态信息26篇，扩大保护区信息宣传。

（吴世恩）

河长制工作

2020年6月2日，晋江市河长办联合市检察院到九十九溪六源港右岸洋埭村现场察看联合督办涉河涉水有关事项
（市河长办 供）

【概况】 2020年，晋江市河长办完成综合治水项目投资11.83亿元，晋江市河湖面貌持续巩固提升。梧垵溪中央环保督察问题通过福建省生态环境厅、住建厅、水利厅环保核查销号，其“四法四零”（四个工作法、四零目标）经验得到福建省水利厅厅长批示肯定并专刊报道推广。《吾安归来》《守护》等2部微视频参选水利部“守护美丽河湖——争创示范河湖”公益大赛获优秀奖和网络人气奖。部分镇（街道）制定“河长制村规民约”，深沪镇人大主席团组建19人湖漏溪护河志愿队。

【河长制责任落实】 2020年，晋江市河长办引导各镇（街道）、晋江经济开发区、12条市辖流域流经单位逐一制订年度计划，实现一镇（街道）一方案，一流域一对策，实现治理精准化。创新实施河长履职述职、年度工作报告、流域区域联防联控等制度，深化晋石晋南跨境流域管理保护、“河长＋检察长”协同机制，从机制层面压实工作责任。调整河湖长63名，确保责任不缺位、工作不断档。根据河长制工作动态，组织召开工作联席会、业务培训会、水质会商会、工作约谈会，推动履职尽责，推进工作落实。2020年市、镇两级河长累计巡河5962次，发现并解决问题649个。联合晋江市检察院、法院、市政府督查室等单位对晋江流域、九十九溪、坝头溪等重点流域进行专项督导，解决难点问题46个。

【河湖管理保护】 2020年，晋江市河长办对九十九溪下游及南低干渠采取现场及视频巡查、月度考核相结合的方式，督促保洁单位实现垃圾日产日清。晋江市21条流域172千米主河道保洁纳入属地常态化管理，委托第三方对21条流域、龙湖开展巡查，将河湖及镇村沟渠保洁工作纳入环境卫生考评范围，每月考核曝光。加密103个河道监控视频点位，通过“现场巡查、视频监控、公众举报、专项行动”等方式拓宽问题发现渠道，实行涉水问题交办、督办制度，2020年完成问题整改1726个。

【治水创新】 2020年，晋江市河长办突出治水思路创新，创新问题发现途径。2020年3月起，委托第三方采取“无人机+人工陆巡”的方式对辖区21条流域、龙湖开展巡查，实现流域巡查一季度一覆盖，全年巡查整改问题1498个。试点流域污染一张图。以阳溪流域为试点，委托第三方对流域周边工业、农业、生活等进行全面摸底排查，编制污染一张图，明晰治水方向。开展“溯口清源”行动。以入河排污口为切入口，开展“九九清源”专项行动，完成九十九溪810个入河排水口排查登记，并对186个入河排污口进行溯源，制订整治方案。探索“司法+”模式。召开河湖司法保护联席会，探索司法助力河长制。2020年，晋江市检察院发出检察建议31份，督促行政机关履行河道监管职责，并联合河长办对泉州市交办的3个涉河问题及本级排查的7个涉河问题联合督办，全部按期整改。

【河长制宣传】 2020年，晋江市在中央、福建省、泉州市、晋江市媒体及微信公众号推送河长制工作报道1301篇，以世界水日、世界环境日等重要节日和热点话题为契机，运用微信朋友圈、超级短信、H5、原创漫画、话剧、展销会等新形式新载体开展河长制宣传工作。青阳、梅岭、陈埭等镇（街道）携手民间河长及志愿护河队，建立联动机制，开展各类巡河宣传活动50余次，西园、池店、安海、磁灶等镇（街道）发动青年志愿者、巾帼护河队、河小禹等开展爱河护河活动。

（吴我彬）

科学技术

科技创新和高新技术产业

【概况】 2020年，晋江市实施创新驱动、人才强市战略，冲刺国家创新型县(市)创建总目标，晋江市科学技术局持续深化科技体制改革，壮大企业创新主体、搭建多元创新平台、聚集高端创新人才、锤炼科技干部队伍，造优一流创新创业生态，传承创新发展“晋江经验”，为全方位高质量超越提供科技支撑。2020年，晋江市入选科技部、财政部科技成果转化“百城百园”行动名单。

【科技创新发展】 2020年，晋江市科技创新工作活力持续增强，19项建设目标任务胜利完成，获批国家第三批“双创”(创新创业)示范基地，区域创新指数位居2020中国县域科技创新百佳县市第七位；牵头编制《晋江市全方位推动高质量发展超越科技创新行动计划》。

（丁明坤）

【科技项目成果】 2020年，晋江市实施“科技助力经济2020”重点专项1项、中央引导地方科技发展项目1项、福建省科技计划项目9项、泉州市科技计划项目31项（其中3个项目入选泉州市抗击新冠肺炎疫情科技专项），形成安踏“超临界氮气回弹科技”、乔丹“巭PRO回弹科技”等一批硬科技、黑科技产品，8项科技成果获评福建省科技进步奖。泉州装备所获批福建省级技术转移机构，累计培育2家省级技术转移机构，海峡科技大市场运营功能逐渐完善，累计入驻服务机构10家。晋江市技术合同认定登记点启动运作，全年共登记技术合同36项，成交金额5072万元，比2019年增长330%；吸纳技术203项，成交金额3.7亿元，比2019年增长44.53%。

【高新技术产业】 2020年，晋江市新认定国家高新技术企业126家、净增86家，新迁入1家，认定数占福建省十六分之一、泉州市四分之一；总量达251家，比2019年增长52.1%。相关工作在泉州市科技工作推进会上做典型发言。新增科技型中小企业154家、省级高新技术企业112家、科技小巨人领军企业26家、泉州市瞪羚企业18家、泉州市高成长性科技企业20家。8项科技成果获评福建省科技进步奖。2020年完成规模以上高新产值1304亿元、比2019年增长4.6%，占规模以上工业总产值比重达22.1%，比2019年提升0.5个百分点。

（陈　璐）

科技服务

【科技扶持】 2020年，晋江市海峡科技大市场运营功能逐渐完善，晋江市技术合同认定登记点启动运作，引进落地福建省首支国家科技成果转化引导子基金、泉州市创新引导基金，总规模合计7.75亿元。扩大科技金融信贷产品服务范围，5家企业获福建省中小微企业“纾困贷”授信3540万元，3家企业获人保财险“科技贷”保险保额610万元，兴业银行“科技贷”发放贷款金额累计6560万元。科技型企业上市挂牌稳步推进，2020年新增上市公司3家，累计培育49家；新增海交所挂牌交易4家，累计7家。2020年晋江市推动106家企业享受研发投入分段补助5999.05万元，比2019年增长36.8%。联合税务落实169家企业研发费用加计扣除减免所得税额2.09亿元，比2019年增长67.8%。晋江市科技局依托“大走访、大调研”活动，深入镇（街道）、企业一线服务1100多家次，“承诺、践诺”近百项。

【科技市场运营】 2020年，晋江市海峡科技大市场运营功能逐渐完善，2020年共登记技术合同成交金额5072万元，吸纳技术合同成交金额3.7亿元。定期开展科技大讲堂、成果交易对接会、军民融合项目专场、专家企业行对接等活动23场；常态化联合高校科研机构开展科研成果推介、技术需求对接等活动；全年对接服务企业1100多家（次），促成泉州装备所联合柒牌科技开展基于5G的服装生产物流机器人项目研发，中国纺织研究院联合凤竹纺织科技股份有限公司等开展聚乙烯/锦纶复合纤维凉感面料的研发及应用，中国皮革研究院联合泉州装备所、晋江源泰皮革有限公司开展皮革质量智能检测系统研发，累计促成产学研合作金额达1.41亿元，比2019年增长143%。

【科技特派制度】 2020年，晋江市实施科技特派员制度。2020年新增福建省、泉州市科技特派员(团队)87个。实现乡镇科技特派员全覆盖。

(陈 璐)

科技成果

【科学技术进步奖】 2020年，晋江市科技局组织企业参评2019年度福建省科学技术进步奖。福建省人民政府12月1日公布2019年度省科学技术奖励名单，晋江市8项科技成果涉及9家企业获评2019年度福建省科学技术进步奖。

(陈 璐)

【“海峡杯”科技大赛】 2020年，由晋江市科技局牵头组织的第五届“海峡杯”双创大赛举办，吸引5个创业项目落户晋江。

【科技人才队伍】 2020年，晋江市遴选运营机制全面优化“海峡计划”，推动4个创业团队落地。高端创新人才不断增多，推动126个团队(专家)申报上级创业团队高层次人才项目，2020年新增各级高层次人才近2000人。

(徐锡烽)

科研基地

【众创空间】 2020年，晋江市新增泉州市级众创空间2家、星创天地1家，累计培育各级科创孵化载体15家。与复旦大学张江研究院、东华理工大学等5家高校签约共建协同创新中心，福建中关村中试熟化服务平台引进落地，“众创空间+孵化器+加速器”的孵化体系逐步完善。开展创业项目路演、创业指导培训等活动143场，吸引世新机器人、云天科技、四相智联等42个项目入驻孵化。

(徐锡烽)

2020年4月，晋江市知识产权人民调解委员会成立 (市市场监督管理局 供)

【科技创新平台】 2020年，晋江市创新平台先后投入使用，公共创新平台完成统一归口管理，中国纸业研究院、中国皮革研究院二期建成投用；哈尔滨工业大学机器人研发中心实现企业化模式运营；福州大学国家大学科技园A区竣工验收，福州大学科教园发展中心调整为公益二类，人才招引、产学研合作开展更加灵活；中国科学院大学智能制造学院首批研究生招生工作圆满完成；泉州装备所获批全市首个一级学科博士学位培养点，智能装备制造产业基地项目建设有序推进，新增1家省级技术转移机构、2家省级新型研发机构、8家泉州市级新型研发机构。

(张昱生)

知识产权保护

【概况】 2020年，晋江市市场监督管理局贯彻落实福建省、泉州市“双打”工作部署，开展净化重点市场环境、知识产权行政保护、专利代理行业“蓝天”专项整治等专项行动，履行监管职责；协助利郎、亲亲等公司异地维权，保护晋商品牌，全年共查处商标侵权案件129件，办结专利纠纷案件8起。

【知识产权综合性服务平台】 2020年，晋江市市场监督管理局打造知识产权综合性服务平台，中国晋江(鞋服和食品)；4月，晋江市成立知识产权纠纷人民调解委员会，拓宽企业维权、解决知识产权纠纷的处理渠道；10月26日，获批知识产权快速维权中心。

【知识产权保护联席会议制度】 2020年4月，晋江市市场监督管理局联合晋江市法院、检察院、公安局出台《关于建立知识产权司法保护联席会议制度的意见》，明确细化职责，增强各部门和机构之间的通力协作，保护企业和个人的知识产权，促进知识产权的申报。2020年，晋江市每万人发明专利拥有量达10.14件，1件专利获评福建省专利奖，新培育福建省知识产权优势企业3家、专利服务机构3家。

(柯雅思)

气象科技

【气象观测】 2020年，晋江市四季气温皆偏高，以夏季为甚。夏季平均气温为28.9℃，比常年偏高1.3℃。降水偏少，年降水量为1981年以来最少，其中夏季降水偏少尤为突出，且暴雨呈分散性，持续天数较短，强度偏弱。6月中旬至9月中旬，持续温高雨少致晋江市出现气象干旱；10月中旬至12月中旬，持续少雨致气象干旱再度发生。

强对流天气强度大，影响范围广。春季，出现一次冰雹天气：5月6日，出现历史罕见的冰雹天气，西园街道、罗山街道、内坑镇、磁灶镇、灵源街道均出现冰雹，最大冰雹直径达40毫米，历史罕见。

高温过程偏多偏强，经历14次高温过程。春夏秋三季皆出现高温过程，大于及等于35℃高温日数有27天，刷新晋江市历史纪录。极端最高气温39.2℃（9月1日）刷新晋江市历史纪录。台风登陆个数少，影响个数偏少，影响以大风为主、程度较轻。台风“米克拉”登陆漳浦沿海，晋江市遭受风雨影响。

2020年晋江及近海地区地震一览表

表2

序号	时间	纬度	经度	深度(米)	震级(M)	参考地名
1	2020-01-18 4:46:02	24.328°	119.004°	17	2.1	晋江海域
2	2020-02-11 15:28:53	24.335°	119.008°	21	1.5	晋江海域
3	2020-03-08 7:06:51	24.497°	118.894°	7	1.8	晋江海域
4	2020-05-06 20:10:22	24.354°	118.785°	26	1.6	晋江海域
5	2020-09-05 15:16:19	24.41°	118.761°	26	1.7	晋江海域
6	2020-10-03 23:48:30	24.43°	118.778°	16	1.0	晋江海域
7	2020-11-29 15:02:07	24.289°	118.748°	13	1.8	晋江海域

【“清新福建 气候福地”申报】 2020年，晋江市气象局助推晋江金井镇申报“清新福建 气候福地”认证，福建省气象学会、福建省旅游协会认定晋江金井镇为首批海滨休闲度假福地。

【气象迁建工程】 2020年1月，晋江风廓线雷达配套工程完成主体建筑物封顶，晋江市气象局新台站硬件设施得到升级。2020年初，晋江国家气象观测站迁建项目完成主体工程、挡墙工程施工许可证的办理，年底项目主体工程、挡墙工程基本完成。

（陈文龙）

地震科技

【概况】 2020年，晋江市地震办公室获中国地震局评为“2020年度市县防震减灾工作考核先进单位”，连续9年获此荣誉；晋江市石圳防震减灾科普体验馆被福建省地震局评为2020年防震减灾优秀成果奖三等奖。

2020年，晋江及近海地区发生里氏≥1.0级地震7次，均发生在晋江海域，其中里氏1.0~1.9级地震6次，里氏2.0~2.9级地震1次。最大地震为1月18日晋江海域里氏2.1级地震。

【地震监测预警】 2020年，晋江市地震办坚持对地震观测仪的维护保养，全年地下流体数字化地震前兆观测仪器性能优良，观测资料质量稳定、可靠。2020年6月，晋江深沪、青阳监测井的水温测项分别获2019年度福建省地震监测预报工作质量评比第二、三名，晋江深沪、安海监测井的水温测项分别获得第二、三名。

青阳监测井水位数据完整率99.86%。深沪监测井水位数据完整率99.98%。安海监测井水位数据完整率99.94%。

青阳监测井水温数据完整率99.56%。深沪监测井水温数据完整率99.95%。安海监测井水温数据完整率99.92%。

2020年12月，晋江市原有的宏观观测点敏月公园动物园因城市治理需要、疫情防控和经营不善等多方面的原因，该园按农业部门要求关闭，不再作为晋江市宏观观测点。继续推进地震预警终端建设，全市终端数量累计建成960个，晋江市全年地震预警终端发布地震预警信息5次，其中蓝色等级预警信息3条（2020年6月14日04时18分台湾宜兰县海域5.5级地震、7月26日20时52分台湾花莲县海域5.5级地震、12月10日21时33分台湾宜兰县海域5.8级地震），无预警等级的震情信息2条；发布地震速报信息1115次，其中国内地震速报信息671条、国外地震速报信息444条。

【地震科普展馆】 2020年7月，晋江市地震科普展馆逐步恢复开放，全年分别接待参观者6300人次。7月，晋江市地震办利用VR技术，制作开通线上3D展馆，市民借助电脑、手机等终端，即可获得身临其境的视听体验，实现随时上网学习防震减灾科普知识。

【地震科普宣传】 2020年1月9—10日，晋江市地震办参加中共晋江市委、晋江市人民政府组织的2020年两节期间新时代文明实践——文化、科技、卫生集中“三下乡”活动，先后到磁灶大埔村、龙湖福林村进行科普宣传；参加共青团晋江市委组织的晋江市第22届青年志愿者春节“三下乡”活动，分别到晋江顺丰产业园、英林三欧村开展防震减灾知识宣传服务活动。9—11月，晋江市地震办联合教育局组织防震减灾科学传播师到晋江市华侨职业学校、养正中学、季延中学等8所学校，为入学新生开展防震减灾安全教育讲座，受众7000人。

【震灾防治与应急】 2020年7月，晋江市地震办公室协调住建、教育、卫健、交通等行业主管部门，联合开展建设工程地震安全监管检查，全面掌握全市建设工程领域及学校、医院等重点场所的地震安全性评价和抗震设防要求执行情况，排查并督促整改存在的地震安全隐患。8月12日，通过福建省建设工程地震安全监管检查组到晋江市的现场检查工作。8—10月，晋江市地震办合同晋江市应急管理局，对全市32个地震应急避难场所进行一次全面巡查，督促存在问题的单位及时整改，保障避难场所各项功能完备，需时可用。

（张群英）

教育

综　述

【学校思想政治工作】 2020年，晋江市教育局组织践行社会主义核心价值观，深入开展新时代爱国主义教育活动，指导各学校开展第27届“辉煌七十年　奋进新时代”全国青少年爱国主义读书教育、庆祝中国人民抗日战争暨世界反法西斯战争胜利75周年、烈士纪念日公祭、“爱国心•报国情•强国志”征文等主题教育活动，加强《中华人民共和国国旗法》宣传教育和国旗升挂使用规范管理，广泛开展“共抗疫情　爱国力行”主题宣传活动。晋江一中、毓英中心小学的思想政治教育示范课获评第二批福建省中小学思想政治理论课百堂示范课建设。组建晋江市第二届德育指导组，遴选确认91名中小学(幼儿园)班主任为第三届晋江市中小学(幼儿园)名班主任，调整增加班主任奖励性绩效工资，提高班主任队伍的整体工作水平。

【教育信息化建设】 2020年，晋江市教育局建设“智慧资助云平台”，对学生资助进行信息化管理，持续做好教育信息化建设，针对相对薄弱的学校教育信息化仪器设备等给予资金补助，持续深化推进教育城域网、教育数字图书馆、网络名师工作室、数字校园建设工作。2020年晋江一中获评教育部“网络学习空间人人通”优秀学校，成为教育部“网络学习空间人人通”培训基地校。

【校园综治安全】 2020年，晋江市教育局在学校综治安全工作方面着力开展安全隐患排查整治，加强安全教育和应急演练，健全校园安全管理制度，强化联防联控联治，做好消防、道路交通、校车、防溺水、食品卫生、校园及周边安全等系列工作，开展扫黑除恶专项斗争突出问题专项整治行动，统筹推进学校安全隐患大排查大整治行动，从建筑安全、食品安全、校园安防建设、校车安全等11个方面入手，共排查学校(含教学点)717所，发现隐患问题2610条，完成整改100%。重点开展房屋安全、消防安全隐患排查整治攻坚行动，全面启动安全生产专项整治三年行动。

【学校安全教育】 2020年，晋江市教育局法治宣传工作突出防溺水、防交通事故、禁毒、防治校园欺凌、用火用电、防洪防汛、防恐防暴等主题教育，举办第九个“晋江市学校交通和防溺水安全教育周”活动，其中交通云课堂送达各班级学习，水上安全公开课超80万次的播放量，线上安全承诺24万多名学生家长。落实应急疏散演练常态化机制，组织各镇(街道)教委(育)办开展校门口防暴恐实战演练。加强“家校”沟通协作，开展暑期大家访活动，通过四次致家长的一封信向全体家长告知关于防溺水、防交通事故的安全知识，暑期每日通过电话、微信、钉钉等方式向家长发送安全提醒。推进建设“1+N”安全教育示范基地升级改造项目。

【教育督导】 2020年，晋江市教育局建成并启用“责任督学挂牌督导信息管理平台”，开展平台操作使用和《责任督学培训班》专题培训，组织督学参加福建省贯彻《关于深化新时代教育督导体制机制改革的意见》专题网络培训，聘任新一届中小学、幼儿园、中职学校责任督学，实现幼儿园至高中阶段责任督学挂牌督导全覆盖。2020年遴选责任督学挂牌督导优秀工作案例报送泉州市参评优秀督导案例；指导督促晋江市第七实小、紫帽片区晋江学校、泉州五中桥南校区等新办校按程序制定《学校章程》；分析跟踪2020—2021学年度义务教育优质均衡发展指标，形成“晋江市2020年义务教育优质均衡发展情况”；完成30多所幼儿园“办园行为”的评估工作。组织学习2019年福建省质量监测结果进行反馈报告，制定《2019年福建省义务教育质量监测整改方案》；完成2020福建省义务教育质量监测工作。

【民办教育管理】 2020年，晋江市教育局完成民办学校审批权限职能业务调整。继续实施《关于落实民办学校年检“双随机　一公开”工作的实施方案(试行)》。采取镇级初检、市级抽检方式对267所民办学校进行年检，评定2019年度年检合格240所，年检不合格10所，

2020年12月22日，晋江市教育局举办“大美晋江 清新家园”晋江市第二届中小学生垃圾分类知识竞赛 （市教育局 供）

暂缓年检3所，停办14所。疫情期间，联合晋江市卫健局对全市证照齐全的95家培训机构进行逐一验收。按照“属地管理、分类整治，疏堵结合、稳妥有序”的原则，开展无证民办幼儿园的清理整顿工作，全市共摸排出无证民办幼儿园10家。2020年，10家无证幼儿园审批3家，待审批5家，启动关停程序2家。

【健康教育】 2020年6月4日，晋江市教育局与晋江市卫健局以网络视频形式，开展晋江市2020年全民营养周、中国学生营养日和世界无烟日宣传活动，教育局设立主会场，各镇（街道）设立分会场。会议要求，各学校要结合健康食堂和健康学校建设，利用健康教育课、讲座、板报、广播、知识竞赛等形式，加强营养健康和控烟知识信息科普宣传，及时纠正有关“伪科学”对师生的误导，倡导分餐制，使用公勺、公筷等新食尚。将普及营养知识和控烟知识纳入常规宣传教育工作中，实现集中宣传和日常宣传有机结合，推动营养与控烟宣教活动在校园常态化。

【心理健康与生命安全教育】 2020年，晋江市教育局组建晋江市学校心理健康教育专家指导组，制发《晋江市中小学校心理健康教育工作方案（试行）》，开通心理咨询热线和网络心理辅导平台，组织开展“防控疫情 珍爱生命”“因爱成长 为心护航”心理健康专题宣传实践教育系列活动，举办心理健康教育系列专题培训和初高中毕业班备考复习指导暨心理调适专题讲座，形成《关于晋江市中小学心理健康教育情况汇报会的纪要》，推动学校将心理辅导室建设纳入2021年度晋江市为民办实事项目。

【劳动教育】 2020年，晋江市教育局组织开展“新时代好少年——美好生活劳动创造”“制止餐饮浪费、培养节约习惯”等专题教育实践活动，举办“大美晋江 清新家园”中小学生垃圾分类知识竞赛、第三届“环保情 晋江梦”朗读选拔比赛、“绿水情 家园梦”小剧场表演等活动；组织参与泉州市“生活技能 家务劳动”网络展示活动，协助开展省级中小学劳动教育专题调研活动，晋江市中小学生劳动技术教育基地、金井镇围江学校劳动项目获评福建省第二批百个中小学劳动教育实践特色项目。

【实践教育】 2020年，晋江市教育局组织举行900多人次的研学师资培训，开展85078人次中小学生研学实践教育活动，开发厦门—漳州、武夷山—闽越王城—福州、龙岩—漳州等研学线路与课程，遴选确定5家单位为晋江市第三批中小学生研学实践教育基地，选送4个实践基地参评并入选泉州市第二批市级中小学生研学实践教育基地，派人员赴教育部对接全国中小学研学实践教育营地建设验收工作，并组织到北京、浙江、内蒙古等地的中小学主研学实践教育基地、营地参访考察学习。

【家校合力教育】 2020年，晋江市教育局组织开展“争做合格家长 培养合格人才”家庭教育宣传实践活动，举办晋江市“创平安家庭 助力世中运”绘画创意大赛，紧扣中小学生心理健康教育主题，定期推送“共战疫情 守护心灵”家庭教育微信推文和“健康心理温馨提示”专题心理预警信息，进一步加强家校联动，引导家长树立“生命至上，健康第一”教育观，掌握科学教育方法，依法履行家庭教育义务。

【儿童少年近视防控】 2020年，晋江市教育局推出三期晋江儿童青少年眼健康科普知识公益讲座，超150万人次点播收看。加快建设晋江市儿童青少年成长视力健康档案系统，联合民营眼科机构“探索公益模式，实现筛查全覆盖”，免费为全市中小学生筛查视力，防控近视做法多次被人民网、《中国教育报》、学习强国等媒体报道，并在福建省教育厅、泉州市教育局举办的活动上做经验介绍。

【体艺教育】 2020年，晋江市教育局做好全国青少年校园足球特色学校、试点县（区）、“满天星”训练营复核，承办2020年福建省青少年校园足球联赛暨中学生足球锦标赛，两位学生入选2020年福建省青少年校园足球夏令营最佳阵容。2020年，全市新增7所全国青少年

2020年10月22日，晋江市教育局承办福建省青少年校园足球赛暨中学生足球锦标赛
（市教育局 供）

校园排球体育传统特色学校、1所全国青少年校园冰雪运动特色学校，52人在泉州市少儿电视艺术节暨泉州市中小学生艺术节获奖。申请拨付学校运动场所向社会开放专项经费20万元到平山中学等10所学校。

（林金国）

·教师队伍建设·

【人才引育】 2020年，晋江市教育局实施教育人才“5121”引育计划、“千百十一”名师名校长名班主任孵化计划，12人被确认为泉州市教学名师、学科教学带头人，7人被确认为泉州市名校长。2020年，晋江市教育局常态化做好教育人才引进，组织业务考核1场，确定拟引进骨干人才3人。组织开展引进人才考核和认定工作，确认各层次人才52人，发放人才资金175.425万元；教育人才“5121”引育计划，五年共引育高端人才13人，高级人才25人，骨干人才94人，优秀人才513人，分别完成计划目标的2.6倍、2.5倍、4.7倍、5.1倍。晋江市教育局加强调研，合理制订教师招聘计划，2020年招聘公办新教师315人、合同教师955人、编外卫生保健人员24人、学校食堂人员121人。其中，引进研究生86人、“双一流”高校毕业生53人。

【教师团队建设】 2020年，晋江市教育局修订名教师名校长年度考核管理细则，对2501名各级各类名教师和120个工作室（工作团队）进行2019—2020学年度考核，新增828名教师纳入晋江市名教师考核管理对象，组建127个“1+3+N”（由1名名教师为领头，3名骨干为中坚，N名同一学科教师为基础组成的工作团队）工作团队。

【干部培养】 2020年，晋江市教育局开展晋江市骨干校长、中青年管理干部高级研修班等多个核心班次的网络培训，举办晋江市第四期学校中青年管理干部培训班，遴选培养后备干部；组织中学（职校）第二轮中层干部聘任工作，指导学校有序开展聘任，规范学校选人用人机制。

【教师管理改革】 2020年，晋江市教育局制订实施《关于进一步加强新办直属学校参与筹办工作人员管理的意见》《晋江市教育系统教师评先评优管理暂行规定》《关于严格控制和规范教育系统校级干部在社会团体基金会兼任职务的通知》等制度，2020年组织教师支教交流508人，骨干教师占交流总数的16.67%。继续选派14位公办教师到季延初级中学、子江中学帮扶支教。晋江市教育局对合同教师进行分级管理等级考评，2020年共评定一级合同教师50人，二级合同教师100人。晋江市教育局实施教师职称全员竞聘改革，探索建立“职称能上能下、待遇能升能降”的用人机制，在2020年新一轮教师职称聘任中，212人被降级聘任，教师职称终身制“破冰”。

【师德师风建设】 2020年，晋江市教育局完善关爱保障机制，关心教师身心健康，定期组织教师体检，加强心理疏导，解决教师工作热情倦怠、心理问题。2020年晋江市落实义务教育教师工资水平不低于公务员，义务教育阶段班主任奖励性绩效标准提高到每班每年1万元，义务教育教师综治平安奖由财政给予保障。坚持正面宣传师德楷模，挖掘先进事迹，树立正确师德师风导向，以师风带学风养校风，营造良好工作氛围。2020年，晋江市21名教师获福建省优秀教师称号，4名教师获福建省优秀教育工作者称号。修订完善相关规章制度，依法治教，认真实施师德档案制度，师德提醒制度，实现师德建设具体化、规范化。实施《晋江市中小学教师违反职业道德行为处理规定（试行）》，保障教育各方主体的合法权益。

（林金国）

【教师培训】 2020年，晋江市教师进修学校做优做实教师培训。共开展20个培训项目，组织32个培训班次和275场培训活动，学历与非学历教育培训教师达12590人次，全市教师培训率达90%以上，全年培训经费支出591.908万元。截至2020年底，小学幼儿园U-D-S校本研修、初中物理教育协同创新工程、高考备考九学科培训等3项培训模式在组织运用中产生品牌效应。

晋江教师进修学校聚焦课堂，策划开展市级教研活动80场、市级教科研评选活动49场、高中教学协作活动52场，常规视导活动130多次，推进晋江市基础教育研究，为提高教学质量提供支撑，为晋江市基础教育改革发展提供专业支持。

组织晋江市名师名校（园）长孵化工作室和“1+3+N”名教师工作团队2019—2020年度考核，凸显2544个各级名教师、44个名师孵化工作室、5个名校（园）长孵化工作室和127个“1+3+N”名教师工作团队的示范辐射作用，进而带动优化晋江市教师队伍建设。

2020年，晋江市加大教师全员培训力度，重点推进新教师培养机制，开展学科教师培训、乡村助力工程、信息能力提升等专项培训工程，提升培训的针对性和实效性。晋江市教育局督促各校完善和落实教研活动、岗位培训制度，督促各校校本教研、校本培训制度的完善和落实。开展青年教师“教坛新秀”比赛，推选出58名晋江市小学幼儿园“教坛新秀”，其中18人获泉州市小学幼儿园“教坛新秀”称号。

（郑铃华　林金国）

学前教育

【概况】　2020年，晋江市幼儿园在园幼儿8.2403万人，比2019年秋季8.6868万人减少4465人，减幅5.14%。其中，在晋江务工人员子女3.7252万人，占45.21%，比2019年减少4465人，减幅4.65%。全市学前三年入园率98.95%；学前一年入园率99.79%。

【扩大学前教育资源】　2020年，晋江市教育局开办安海镇淑惠中心幼儿园、内坑镇怀斧幼儿园、星星实验幼儿园、新塘街道中心幼儿园等4所公办幼儿园，新增学位1620个。2020年晋江市为应对“二孩”首个入园高峰，公办幼儿园扩容新增公办优质学位，在园幼儿从2.23万人增加至2.561万人，比2019年增加14.84%，占全市在园幼儿8.24万人的31.08%。

【示范幼儿园建设】　2020年，晋江市第八实验幼儿园接受福建省示范性幼儿园的评估验收，东石钻石海岸幼儿园、池店滨江幼儿园、池店海丝幼儿园、晋江实幼龙湖嘉天下分园等4所通过泉州市示范园验收，梅岭中心、青阳中心高霞园区、湖中幼儿园、龙湖龙厦中心幼儿园、青阳象山幼儿园等10所幼儿园通过晋江市级示范幼儿园验收。2020年晋江市拥有各级示范性幼儿园101所，示范幼儿园在园幼儿3.42万人，占8.24万在园幼儿的41.46%。

【普惠幼儿园创建】　2020年，晋江市新认定一批普惠性幼儿园，截至2020年，晋江普惠性幼儿园392所，占全市幼儿园数的90.95%，在园幼儿7.39万人，普惠性幼儿园覆盖率89.69%，达到福建省、泉州市提出的到2020年普惠性幼儿园覆盖率达85%的规划目标。

【学前教育疫情宣传】　2020年，晋江市教育局结合“特殊的时光，不一样的陪伴”主题，多角度立体式宣传疫情防控知识，丰富幼儿宅家活动形式，提高亲子陪伴质量。

（林金国）

义务教育

【概况】　2020年，晋江市接受义务教育阶段的小学生18.9050万人，比2019年增加746人，增幅0.40%。其中，在晋江务工人员子女10.2565万人，占54.25%，比2019年减少5973人，减幅5.50%。全市小学适龄儿童入学率100%。2020年，全市接受义务教育阶段的初中生6.9885万人，其中在晋江务工人员子女3.7097万人。应届初中毕业生升入高中阶段教育的升学率98.26%。

【基层小学升格改造】　2020年，晋江市教育局进一步提升学校办学水平，推动各乡镇教育优质均衡发展，指导东石井林小学、罗山军民小学、新塘瑞鹊小学按中心小学办学条件标准分别对学校软硬件方面进行升级改造。其中，东石井林小学、罗山军民小学升格为中心小学；青阳象山中心小学、深沪科任小学分别纳入第二实验小学、深沪中心小学管理，分别更名为“第二实验小学象山校区”“深沪中心小学科任校区”。

【义务教育管理标准化创建】　2020年，福建省教育厅发布《关于认定福州市船政小学等学校为义务教育管理标准化学校的通知》，晋江市潘径实验小学等63所小学通过福建省“义务教育管理标准化学校”检查。截至2020年底，晋江市共有158所小学通过省义务教育管理标准化学校创建验收，占264所全市公办小学的59.85%。

【办学资源整合】　2020年，晋江市整合教育资源，优化教育资源配置，提升区域教育质量，停办英林马山小学、英山小学、锦江小学、海峰小学，新塘街道梧林外来工子弟学校等小规模学校，将撤办学校的校舍用于举办幼儿园，满足片区学前教育需求。

【新校区投用】　2020年，晋江市教育局为加快学校项目建设，推动新的教育资源服务于社会，晋江市第七实验小学、晋江市第五实验小学江浦校区、晋江市第二实验小学晓聪校区于2020年秋季投入使用，晋江市第七实验小学、清华附中晋江学校小学部2020年秋季开始招生。

【居家学习管理】　2020年2月13日，晋江市教育局制定下发《晋江市教育局关于做好疫情防控延期开学期间学生居家学习管理的工作建议》，要求各校科学施策，加强家校联系，不断完善学生居家学习管理。4月8日，下发《晋江市教育局关于做好2020年春季学期开学教学工作的通知》文件，指导各校成立教学质量提升攻坚行动领导小组，确立新学期教育教学的基本工作和攻坚目标，统筹做好新学期教育管理和教学组织的规划部署。下发《关于做好在疫情防控延期开学期间小学、幼儿园“停课不停学”工作的通知》《晋江市小学、幼儿园“停课不停学”参考指南》，及时传达上级教育教学要求，指导学校根据实际制订“一校一策”应对方案，切实做好停课不停学工作，有序组织全市小学、幼儿园采取分批次复学，小学六年级2020年5月11日复学，明确小学三至五年级2020年5月18日复学，小学一、二年级和幼儿园6月2日复学。

【课后延时服务】　2020年，晋江市教育局根据社会需求启动课后延时服务，在全市选出30个试点学校，191个教学班，服务学生9937名，学校参与教师近千人。

【合作办学】　2020年，晋江市教育局指导多所学校开展合作办学。5月7日，晋江市教育局有关人员到金井镇就促进毓英中学、石圳华侨中学进一步深化合作办学事宜进行专题研究，推动晋江一中与实验中学、远华中学、新侨中学合作办学。6月8日，晋江市教育局下发《晋江市教育局关于同意晋江一中与实验中学、远华中学合作办学的批复》文件。9月14日，下发《晋江市教育局关于同意晋江一中与新侨中学合作办学的批复》文件，原则上同意晋江一中与实验中学、远华中学、新侨中学参照“小片区管理”模式开展合作办学。

【民办初中政策落实】 2020年6月30至7月2日，晋江市教育局完成民办初中招生报名资格审核、照顾对象资格审核、公示及录入工作。7月13日，在晋江市教育局学术报告厅进行电脑派位，完成晋江市第一批民办学校招生派位录取工作，有6644名学生参加电脑派位，根据志愿派位2610名学生录取到相应民办学校。7月24日，泉州市教育局组织2020年泉州市民办初中第二批招生电脑随机派位。

【控辍保学】 2020年9月13日，晋江市教育局下发《晋江市教育局关于开展2020年秋季义务教育阶段适龄中重度残疾儿童少年“送教上门”服务工作的通知》。根据晋江市实际，制订《晋江市义务教育阶段适龄中重度残疾儿童少年“送教上门”服务工作实施方案》，指导各校组织实施。2020年秋季，晋江市30所中学、54所小学分别为146名长期居住在晋江不能正常到学校接受教育、又基本具有接受教育能力的义务教育对象（中重度残疾少年儿童）提供“送教上门”服务。

【中考与会考】 2020年7月1日，泉州市委常委、晋江市委书记刘文儒在晋江市委三楼会议室主持召开专题会议，研究部署全市21个考点753个中会考考场空调配装事项；考前，所有中考、初二会考考场空调配备完毕。7月14日，晋江市召开2020年中、会考考务工作会暨中、会考疫情防控专题培训会议，会上详细布置2020年疫情防控形势下的考务工作。2020年晋江市参加中考人数20448人，投用考场695个；初二会考人数达22231人，投用考场753个，中考、初二会考共设置21个考点。

【六所中学“标准化”验收通过】 2020年12月31日，福建省教育厅发布《福建省教育厅关于认定福州市船政小学等学校为义务教育管理标准化学校的通知》文件，晋江市南侨中学、远华中学等6所中学获得“福建省义务教育管理标准化学校”的称号。截至2020年末，晋江市有31所公办中学通过验收，完成全市创建目标任务的63.27%，提前完成福建省教育厅要求的2020年达到50%的目标任务。

（林金国）

特殊教育

【概况】 2020年，晋江市有1所特殊教育学校，1个市级特殊教育资源中心、1个镇级特殊教育指导中心，3个随班就读基地校，4个特殊教育融合试点校，13个特殊教育辅读班。其中，特殊教育学校学生421人，特殊教育辅读班在校学生92人，随班就读262人，6~14周岁三类残疾儿童入学率为99.18%。

【特殊教育专家委员会设立】 2020年，晋江市教育局联合晋江市民政局、卫健局、市残联成立晋江市特殊教育专家委员会，对残疾儿童进行入户鉴定，对406名儿童少年做出分别入普通学校随班就读、特殊教育学校、特殊教育辅读班、送教上门等安置建议；对49名不具备接受教育能力的重度残疾儿童少年不做教育安置。明确对小学阶段的77名、初中阶段75名中重度残疾学生进行送教上门服务，保障中重度残疾儿童受教育的权利。

【教育部调研晋江特教】 2020年11月4日，教育部基础教育司副司长朱东斌一行5人，到晋江市安海镇水头小学、晋江市特殊教育学校开展调研，调研组详细了解水头小学的规划设计、特教师生数量和比例、特教学生课时安排等情况。晋江市特殊教育学校负责人向调研组介绍学校的办学理念、校园文化、专业建设、师资配备等情况，详细汇报市特殊教育资源指导中心、普特协作、送教上门等工作。调研组在听、看、问之后对晋江特殊教育的创新发展和推进赞许，对晋江市持续加大财政投入、支持特殊教育发展的做法给予肯定。

（林金国）

普通高中教育

【概况】 2020年，晋江市普通高中生2.9012万人，比2019年增加1440人，增幅5.22%。其中，在晋江务工人员子女1.4110万人，占48.64%，比2019年增加1069人，增幅8.20%。2020年高中阶段毛入学率达144.51%。

【“省一级校”建设】 2020年，晋江市教育局继续推动福建省一级达标高中建设，12月9—11日，陈埭民族中学接受泉州市教育局组织的专家组评估。经过10名专家的实地考察，陈埭民族中学通过泉州市教育局的预评估。磁灶中学、内坑中学创建“福建省一级达标高中”，2020年11月10日，《晋江市磁灶中学创建福建省一级达标中学发展规划》通过晋江市教育局的论证评审，磁灶中学按照学校三年发展规划抓好组织实施。

【学科竞赛】 2020年，晋江季延中学、养正中学3名学生入选2020年福建省“中学生英才计划”，入选学生在厦门大学教授洪文晶等19位导师的指导下进行为期一年的培养；2020年第34届中国化学奥林匹克初赛中，晋江市6名同学获省一等奖。其中，南侨中学罗宇入围福建省代表队；2020年第37届全国中学生物理竞赛，泉州赛区晋江市55人获奖，其中一等奖18人，占36%；二等奖24人，占32.4%；三等奖13人，占14.6%；2020年全国高中数学联赛（福建赛区），晋江市王宇翔等11人获奖。2020年全国信息学竞赛中，晋江市共有3人获奖，其中晋江市养正中学王子乐获一等奖，晋江一中尹新祥获二等奖，晋江市养正中学蔡书畅获三等奖。

2020年泉州市高二年化学奥赛中，晋江市39人获奖，其中一等奖9人，占23.1%；二等奖17人，占34.7%；三等奖13人，占34.2%；园丁奖7人，占21.9%。

2020年，泉州市普通高中数学学科竞赛中，晋江市39人获奖，其中一等奖10人，占20%，二等奖12人，占17.9%，三等奖17人，占18.3%。

2020年泉州市中小学作业设计评选活动中，晋江市116人次获奖，其中初中学段一等奖23件、二等奖16件、三等奖21件，获奖总共60人次；高中学段一等奖16件、二等奖14件、三等奖26件，获奖总共56人次。

（林金国）

职业教育

·中等职业教育·

【概况】 2020年，晋江市中职在校生14334人，较2019年增长7.7%，其中在晋江务工人员子女8079人，较2019年增长12.4%。

2020年，晋江职业教育学校、安海职业技术学校、晋兴职业技术学校、华侨职业技术学校共有3898名学生参加福建省学业水平考试，其中本科上线数达210人，本科上线率达5.4%，合格率均达到97%以上，有16人在各专业类别考试成绩中排名进前10。

2020年，晋江市4所中等职业学校组织师生参加国家、福建省技能比赛，其中，在福建省中等职业技术学校（学生）技能比赛中，共有56个学生团队获得省级奖项（因疫情原因，2020年度未开展国家级技能竞赛），其中省级一等奖14个、省级二等奖22个、省级三等奖20个。2020年在福建省中职学校（教师）教学技能比赛中，晋江市共有8支队伍获得省级及以上奖项，其中国家级三等奖1名、省级一等奖2个、省级二等奖4个、省级三等奖1个。2020年1月3—5日，2020年福建省职业院校技能大赛“建筑智能化系统安装与调试”在晋江职校举行。晋江市组织参赛的职教学子摘得该赛项第一名，获得参加全国竞赛的资格。

【省示范性职校创建】 2020年7月，结合网上评估和现场核查的时间节点，按照“两个回合三个一次”（网评前邀请专家组预评一次，本校自改一次，职教中心牵头互评一次；实地核查前专家组预评一次，本校自改一次，职教中心牵头互评一次）的要求，晋江市教育局、职教中心邀请福建省、泉州市两级职教专家组到校问诊把脉、开展自查自评工作。2020年9月，根据《福建省教育厅 福建省财政厅关于公布福建省示范性现代职业院校名单的通知》，晋江市4所职校均被确定为福建省示范性现代中等职业学校。

【职教政策解读】 2020年11月，晋江市教育局、市职教中心邀请福建省、泉州市职业教育专家为晋江四所职业中专学校管理人员及教师解读“双高”（中国特色高水平高职学校和专业建设计划）文件，指导4所职校“双高校”“双高专业”申报工作，截至2020年，4所职校都申报“双高校”及两个“双高专业”。

【教学研究与创新】 2020年，晋兴职业技术学校以《多专业“股份制”联合双创模式在中职生创新创业教育中的实践探究》为题的教学研究成为泉州市唯一参加现场答辩的科研成果，获2020年福建省职业教育教学成果奖二等奖。晋江职校教师参与编写的6部教材入选“十三五”职业教育国家规划教材。2020年12月30日，全国职业院校教学工作诊断与改进专家委员会《职业院校教学工作诊断与改进制度建设优秀案例的通知》、晋江职校《践行晋江经验，推进教学诊改》案例、华侨职校《内部质量保证体系目标链和标准链建设》案例被评为优秀案例。

【职业教育周活动】 2020年5月，晋江市疫情期间“职业教育活动周”采取线上宣传形式，共拍摄4期宣传视频，对接泉州电视台、晋江电视台、《晋江经济报》和今日头条等10多家新闻媒体，宣传晋江市中等职业教育办学成绩；根据各校的办学条件制订2020年招生计划，编印《晋江市2020年中职学校招生服务指南》。2020年9月晋江中等职业学校均完成招生计划数，其中华侨职校、晋江职校超额完成招生计划数。2020年秋季，晋江职业学校共招生2845人。2020年12月，晋江市教育局组织4所职校开展晋江市中等职业学校公开教学周活动，共涉及25个专业、37门课程和59名教师。

【“二元制”教育幼师培养】 2020年，晋江市教育局通过“二元制”教育政策，与泉州幼高专、泉州职业技术大学、泉州轻工职业学院联合举办“二元制”幼师培养教学点，在福建省率先对民办学前教育教师开展量身定做“二元制”师资培训项目，共有273名民办幼儿园教师成为“二元制”学员。

【产创融合示范建设】 2020年，晋江市教育局和相关中等职业学校重视创新创业创建教育示范校和产创融合教育工作，申报福建省产创融合教育示范基地建设。2020年1月，晋兴职业技术学校被确定为省级产创融合教育示范建设基地。

【对口帮扶】 2020年10月，晋江市教育局、职教中心组织人员赴宁夏彭阳、盐池开展中等职业教育对口帮扶工作座谈，总结交流对口共建工作经验、探讨2020年秋季面向宁夏招生，商讨互派挂职干部及师生交流等工作。看望慰问晋江职业中专学校派至宁夏支教的教师李园园和宁夏彭阳县职业中学的对口帮扶学生。

【西藏班毕业生回访】 2020年6月，晋江华侨职校与晋江经济报社联合开展“十年，格桑花又开”回访西藏班毕业生活动，到西藏拉萨、山南、日喀则、林芝等地，采访近20名毕业于晋江华侨职业技术学校的学生，了解他们在西藏的工作、生活情况，鼓励他们在家乡建功立业。

（林金国）

·高等职业教育·

【概况】 2020年，晋江拥有泉州职业技术大学（本科校）、泉州轻工职业学院（专科校）两所高等职业院校。2020年两所高校开设专业71个，其中本科14个，专科57个，在校生总规模17922人，其中本科3621名、专科生14301人。2020年，两校毕业3099人。

【产教学融合】 2020年，泉州职业技术大学和泉州轻工职业学院结合晋江市产业发展需求，以市场需求为导向调整专业设置培养人才。两所高校新增体育运营与管理等4个晋江市急需专业，共开设51个契合晋江市产业发展需求的专业，在校生1.4万多人。2020年，两校通过网课等方式开展“二元制”教学。泉州职业技术大学与中国石油福建销售分公司合作油气储运专业“二元制”人才修养达成初步意向。泉州轻工职业学院与股东企业及区域产业龙头企业等单位合作建设5个产教深度融合的企业学院，搭建校企一体化“二元制”人才培养平台。其中，浔兴建筑产业学院于2020年11月入选省第二批高职院校产业学院试点项目，2020年学校共录取“二元制”学员960人。

【实训基地建设】 2020年，泉州职业技术大学和泉州轻工职业学院深化产教融合、校企合作，建立与企业生产同步、具备实际生产能力的校内实训基地。2020年6月，泉州轻工职业学院获得国家级高技能人才基地建设授牌，并获得500万元中央财政支持资金，用于基地项目建设，支持学校开展各类高技能人才培训。截至2020年底，泉州职业技术大学建有校内、外教学实训基地275个，其中，中央财政支持实训基地1个、省级实训基地3个。泉州轻工职业学院建成机器人、电商物流020、建筑、食品等校内实训基地，并获评泉州市产业实训基地。

【泉州职业技术大学】 2020年，泉州职业技术大学作为“全国首批本科层次职业教育试点学校”，有本科专业14个，专科专业28个，在校生9600余人。建有福建省示范性院士专家工作站、应用技术协同创新中心、应用技术工程中心等17个省、市科研平台。截至2020年底，共承担市厅级以上科研项目297项、横向课题97项，获得国家专利300项（在校生规模的2.64%），向社会、政府提供咨询报告52篇，教师出版教材111部、发表论文659篇，获得省部级科研成果奖24项，获省级教学成果特等奖2项、一等奖2项、二等奖3项。

2020年，泉州职业技术大学相继与利郎集团共建“利郎产业学院”，与福建国科科技共建“云+人工智能学院”，与泉州市数字云谷联合成立“数字产业研究院”，与华为联合成立“华为ICT学院”；与舒华体育共建一流的体能训练中心；与厦门金拱门食品有限公司、南王等知名企业开展订单式的现代学徒制人才培养。为支援抗击疫情，卫生用品企业纷纷转产口罩和防护服，面对新的生产设备，学校“卫生用品学院”联手机械装备企业开展培训，保障防疫物资生产的人员需求。

2020年，泉州职业技术大学学生在各级各类赛事中，市级以上竞赛获奖共423项，比2019年增长180%，其中国家级268项，省级148项，市级7项。学校BIM项目夺得全国四大赛事特等奖4项、团体总冠军1项、一等奖5项、二等奖9项、三等奖和优秀奖若干项。在第三届全国装配式建筑职业技能竞赛中，3支队伍继分别获省赛一等奖后，在全国总决赛获团体冠军1项、二等奖1项、三等奖1项。在第六届“鲁班杯”全国高校BIM毕业设计三大赛中获全国一等奖5个；泉州职业技术大学获“优秀组织单位奖”。在2020年全国大学生数学建模竞赛中，本科组首次组织参赛获得省赛一等奖1个、二等奖3个；专科组取得国赛二等奖1个、省赛二等奖1个。首次组织参加第13届中国大学生计算机设计大赛，获得国赛三等奖1项、优胜奖1项，省赛三等奖2项。2020年参与三创系列赛事7项，参赛7000余人次，创参赛人次新高，获市级以上奖项19项。其中，在第六届福建省“互联网+”大学生创新创业大赛获银奖3项、创意奖1项、十佳人气奖3项，获奖总数在相应赛道的参赛民办高校中位列第一，泉州职业技术大学首次获“优秀组织奖”。首次组织参加第七届海峡两岸大学生职业技能竞赛的7个赛项，获二等奖1项、三等奖2项、优秀奖5项。老师曾芳芳在第三届福建省剪纸职业技能竞赛中获一等奖，获评“福建省技术能手”。“漳浦剪纸”项目在全国第一届职业技能大赛中获“最受欢迎的中华十大绝技”称号。

2020年获批7个1+X证书制度试点、2个省级二元制试点专业、2个省级新工科研究与改革实践项目、5个省级本科高校教育教学改革研究项目、1门省级社会实践一流本科课程、1位省级2019年职业院校专业带头人、1位泉州市技能大师；培育立项6门校级优质课、5本校级自编教材。

泉州职业技术大学连续11年获“福建省职业技能鉴定工作先进单位”称号。截至2020年底，累计组织职业技能鉴定报考78679人次，其中组织技工类培训鉴定12485人次、技师、高级技师以上441人次。职业技能培训的合格率不断提高，其中计算机高新技术有关模块考试合格率提高到90%以上。12月，学校获批福建省首批职业技能等级认定试点院校，将承担16项职业（工种）的技能等级认定工作。

为提升职业教育对民族地区发展的支撑力，按照教育部部署要求，泉州职业技术大学对口支援西藏昌都市职业技术学校。7月，两校进行实地互访交流，签署对口支援协议。12月29日，泉州职业技术大学（围头）乡村振兴学院在晋江市围头村揭牌，成为全国职业本科成立的第一个乡村振兴学院。

2020年，泉州职业技术大学教师与业界导师合作完成的《穿越泉州刺桐城》获批2020年省级社会实践一流本科课程立项，这是泉州职业技术大学升格本科

2020年12月29日，泉州职业技术大学(围头)乡村振兴学院在晋江市围头村揭牌

（市高教中心办 供）

后首次立项一流本科课程。成立传统文化教育联盟，以当地非遗文化为重要资源，开展会议论坛、传习教学、课题研究等活动。10月，在教育部职业院校文化素质教育指导委员会第二届全国职业院校传统以及传承与发展研讨会中，泉州职业技术大学获得“非遗教育传承示范基地”称号，《手工剪纸》获技艺大师示范项目二等奖，《非遗项目——十项杂耍一演金》获三等奖，论文《非遗物质文化遗产传承与本科层次职业教育融合研究——以“泉州职业技术大学”为例》获三等奖。12月，泉州职业技术大学举办主题为“心之所向 一路花香”的首届大学生艺术节，非遗进校园、大咖文化讲座、新生歌手大赛、啦啦操表演赛、演讲比赛、课程汇报、青岸电影节暨18级同学毕业作品展、迎新年晚会等活动。“学习强国”、人民网、《晋江经济报》《东南早报》、闽南网等媒体做相关报道。泉州职业技术大学职业教育概念片《另一条奔涌的河流》在2020年开学典礼上发布。

【泉州轻工职业学院】 2020年，泉州轻工职业学院秉承“明道、励学、笃行”校训，践行群教育、被需值教育理念，发扬“校企合作”特色，落实《全就业计划》，培育“三动”（动手、动脑、动口）、“四会”（会学习、会交往、会生活、会工作）专业人才。8月2日，福建省示范性现代职业院校建设项目专家组对泉州轻工职业学院示范校建设项目进行终期评估验收实地核查，最终以第九名的成绩通过验收。2020年是实施高职院校分类考试招生改革的第一年，5月20—21日，泉州轻工职业学院作为14所职业技能测试主考院校之一，在保障考生和涉考工作人员的生命安全和身体健康前提下，进一步落实落细各项工作，完成测试服务。

做好线上教育教学工作，泉州轻工职业学院毕业生“职业启航活动”启动。7月1—8日，学校举行2020届学生职业启航仪式，各二级学院分别举行2020届学生毕业活动。7月7日，泉州轻工职业学院2020届“二元制”学生——2017级二元制“机械设计与制造”专业毕业典礼，分别在浔兴拉链科技股份有限公司、百宏实业控股有限公司举行。根据学生实际需要学生服务中心组织多场“云招募”招聘会。福建省人事人才研究所调研组向泉州轻工职业学院授予“国家级高技能人才培训基地”牌匾。完成福建省示范性现代职业院校建设工作。2020年下半年，对标“双高计划”各项目标任务，开展“双高建设年”工作。2020年，泉州轻工职业学院新成立二级学院——教育学院。学校教育类（学前教育、幼儿发展与健康管理、体育运营与管理）全年招生653人。建成艺体中心、艺美中心、琴房、舞蹈室等实训场所近10间。在2#实训楼建设高水平理实一体化实训室，满足教育学院日常教学需求。

（赖辉婷）

2020年12月9日，泉州职业技术大学举办主题为“心之所向 一路花香”的首届大学生艺术节

（市高教中心办 供）

驻晋江高校

·福州大学晋江科教园·

【概况】 2020年，福州大学晋江科教园区招收首届全程在晋江培养的全日制研究生291名。园区在校本科生、研究生规模突破1000人。福州大学晋江科教园区结合地方特色，倡导科技创新。开展福州大学第27届大学生学术科技节系列活动，累计组织开展博学论坛系列讲座4场。2020年，园区学生获第六届中国国际“互联网+”大学生创新创业大赛铜奖、全国食品科学技术学会CIFST—2020年度“李锦记杯”学生创新大赛二等奖、福建省大学生电子设计竞赛一等奖等国家级奖项30项，省部级奖项17项。

【教育教学改革】 福州大学晋江科教园区深化教育教学改革，开创研究生培养“晋江模式”。人才培养面向先进制造业，打破学科壁垒，整合多个优势专业类别，创建在新工科背景下具有晋江特色的交叉融合性、创新融通型、高层次专业学位研究生培养新模式。培养方案获批省级研究生教育教学改革研究重大项目。美学美育特色课程引入南音、高甲戏和掌中木偶戏等非物质文化遗产，得到学习强国、中国学位与研究生教育学会等媒体报道。研究生教育设置电子信息工程系、智能制造系、先进材料系、生物与环境工程系和工程管理系等5个系，首次在电子与通信工程、集成电路工程、机械工程、材料工程、土木工程材料、环境工程、生物工程、物流工程等8个专业招收生。

面向地方产业需求，调整优化本科人才培养结构。在园区办学的海洋学院6个本科专业在福建省教育厅闽台高校联合培养人才项目质量评估中均为优秀，为全省唯一全优高校。本科教育在原“3+1”培养模式基础上，增设“4+0”培养模式。福州大学厦门工艺美术学院服装系三年级学生整建制入驻园区，逐步形成“3+1”培养模式，深入

2020年12月30日，泉州职业技术大学成立传统文化教育联盟 （市高教中心办 供）

晋江企业开展实习和课程、毕业设计等，为晋江服饰产业注入新鲜血液。搭建恒安、鸿安、盛大等5家企业实践平台，组织学生赴晋江企业开展实习实训工作。

【高层次人才工作】 2020年，福州大学晋江科教园区完善人才引进体制机制，高层次人才初具规模。调整“晋江市福州大学科教园区发展中心”机构编制类型及主要职责，畅通园区晋江编制高层次人才入编流程，打开校地人才合作新思路。累计组织5轮博士招聘面试考核，拟录用博士21名，入职入编9人，其中晋江科教园编制6人。2020年，完成新认定泉州市、晋江市高层次人才62人次，园区分别有完成认定的泉州第二、三、四、五层次人才9人、10人、25人、10人。

【科学研究与社会服务】 2020年，福州大学晋江科教园区新增福建省高品质特殊钢工程研究中心和福建省增材制造创新中心（晋江）分中心等2个省级研发平台。获批纵向项目8项，总经费122万元，签订横向项目9项，经费202万元，申请发明专利32件，授权3件。教授向红亮主持的“高品质铜合金线、管、带及箔材开发与应用”获福建省科技进步奖二等奖。专家教授进企业，为企业经营“把脉问诊”，服务当地产业转型升级。面向社会开放的园区，成为毓英小学、英林中学等晋江中小学的研学基地，成为泉州市创建第四批国家公共文化服务体系示范区的元素之一。

【配套设施建设】 2020年，福州大学晋江科教园区加快教学配套建设，提升学院办学效率。优化整合原有实验室1万多平方米，新建实验室1300平方米，完成改造阶梯教室、多功能教室7间。开启实验室第二期建设，投入3400万元集中建设福建省高品质特殊钢工程研究中心、福州大学测试中心晋江分中心等。获批全国英语四、六级考试晋江校区考点，并举行首次考试。

（赖运琴）

·中国科学院大学福建学院智能制造学院·

【概况】 中国科学院大学福建学院智能制造学院（简称“国科大智能制造学院”）由中国科学院大学、泉州市人民政府、中国科学院海西研究院、晋江市人民政府于2019年11月19日在北京签约共建。智能制造学院是隶属中国科学院大学福建学院的专业学院，以泉州装备制造研究所为依托，秉承科教融合理念，围绕“智能制造”领域开展高层次创新创业人才培养，促进科技创新和成果转化，为地方经济社会高质量发展提供高质量科技与人才支撑。

【智能制造学院设立与规划】 2020年10月，中国科学院大学福建学院智能制造学院设立，是中国科学院大学福建学院下属专业学院，协调中国科学院人事局推进智能制造学院注册事宜。智能制造学院建设规模约27.33公顷，规划总建筑面积约22万平方米，并以国科大智能制造学院为核心规划建设晋江市科创新区。2020年12月成立中国科学院大学福建学院智能制造学院项目建设领导小组，完成土地和房屋征迁，进行规划设计和建设报批等工作。

【办学进展】 2020年，国科大智能制造学院以研究生培养为主，研究方向以电力电子、机械工程、人工智能、通信、大数据等为主，办学规模规划3000人，2020年各类在学研究生170多人。

2020年12月，泉州装备制造研究所依托中国科学院海西研究院，通过由中国科学院大学第五届学位评定委员会第5次会议审议的中国科学院大学控制科学与工程一级学科学术型博士与硕士学位培养点线上答辩。

（伊芳芳）

群众文化活动

【概况】 2020年，晋江市文化馆优化提升第33届戏剧展演节、第30届（紫帽）侨乡谜会、第14届南音演唱节等品牌活动。举行“不忘初心·牢记使命——庆祝中国共产党成立99周年民族器乐音乐会”、“情系华夏·月满金秋”晋江合唱音乐会、“秋分弦月”晋江市古琴音乐会、“闽南印象”晋江市民族器乐音乐会、2021晋江市民族乐团新年音乐会“大美晋江”文化惠民等演出共5场。举行艺术讲堂7期，内容涵盖南音、声乐、书法、古琴等多个领域。组织辅导未成年人艺术普及，举行“五羊—本田杯”晋江市第19届中小学生器乐独奏比赛、“水保杯”晋江市中小学生小合唱比赛，开设晋江市文化馆暑期、秋季少儿公益培训班，每期涉及钢琴、声乐、合唱、绘画、南音等10个班级，吸引累计1000余人次参与。扶持晋江南音艺术团、晋江焕之声合唱团、晋江市民族乐团、晋江市文化馆少儿合唱团等本土文艺社团发展，指导并提供每周例行排练场地。投入泉州市公共文化示范区创建工作，晋江市文化馆19个镇（街道）分馆授牌，将文化送到基层。南音国家级代表性传承人苏统谋获“中国文联终身成就曲艺艺术家”称号，成为福建省首位获此称号的艺术家。

（江柠葳　谢艺芳）

2020年10月20日，“五羊—本田杯”晋江市第十九届中小学生器乐独奏比赛在祖昌音乐厅举行　（市文旅局 供）

2020年7月1日，庆祝中国共产党成立99周年民族器乐音乐会在祖昌音乐厅举行
（市文旅局 供）

【节庆文化活动】 2020年1月1日，晋江市文化馆秋季公益培训班汇报演出“逐梦·启航”在祖昌音乐厅举行。1月9日、10日，分别参与到磁灶镇、龙湖镇开展“我们的中国梦”晋江市2020年文化科技卫生“三下乡”集中活动。1月10日，“文化惠民生，春‘廉’送厝边”新春送春联活动在晋江文化中心举行。1月11日，由晋江市纪委监委、文化和旅

游局以及民盟晋江市委会共同主办，文化馆等承办的“家风传承，我为五店市书写春‘廉’”新春送春联活动在五店市尚书第举行。1月19日，“古韵薪传”2020晋江市新春少儿南音专场音乐会在南音厅举行。9月27日，晋江市2020年文化旅游节启动仪式暨“秋分弦月”晋江市古琴音乐会在五店市露天舞台举行。

【群众文艺活动】 2020年7月1日，晋江市举行“不忘初心、牢记使命”——庆祝中国共产党成立99周年民族器乐音乐会。7月，晋江市第22届少儿美术、书法比赛优秀作品展。全市各小学、幼儿园共选送3896幅作品参赛，400幅作品获奖参展。7月17日，举行晋江艺术讲堂第74期暨中共晋江市文化和旅游局机关委员会主题党日活动。7月25日，举行晋江艺术讲堂第75期。8月29日，举行晋江艺术讲堂第76期“2020泉州美术家走基层系列活动（晋江站）——当代漆画艺术创作现象”。9月11日，举行“翰墨廉风”主题书法笔会。9月24日，举行“丝路海韵”晋江·舟山民间绘画与文创产品交流展。华侨大学、晋江文创企业与舟山红钳蟹海洋文化发展有限公司签订合作协议举办“丝路海韵”晋江·舟山民间绘画与文创产品研发研讨会。9月26日，举行“情系华夏·月满金秋”晋江合唱音乐会。9月30日，举行“闽南印象”晋江市民族器乐音乐会。10月16日，举行“琴怀家国”古琴雅集。12月31日，举行“大美晋江”文化惠民演出——2021晋江市民族乐团新年音乐会。

2020年11月19日，“水保杯”晋江市中小学生小合唱比赛在祖昌音乐厅举行 （市文旅局 供）

【线上文艺活动】 2020年，晋江市文化馆推出网络学习平台“文雅慕课”及防疫安全公益课“防疫专题”。晋江市文化馆微信公众平台推出原创音乐作品《逆行的行囊》、原创南音作品《守望生命》《齐心协力抗疫情》，南音、民乐、古琴音乐会等视频36期，防疫专题灯谜作品15期、《晋江南音的集体记忆》微展3期、书画作品微展4期等，发布平安灯谜和“同心筑梦红砖里，携手远航共乡情”诗歌大赛征稿启事。

2020年12月31日，“大美晋江”文化惠民演出工程——2021晋江市民族乐团新年音乐会在祖昌音乐厅举行 （市文旅局 供）

【传统品牌项目】 2020年6月13—27日，晋江市文化馆举行第14届南音演唱节。6月13日，晋江市南音艺术团上演南音新剧《闽南印象·玉兰花开的地方》。8月19日起，举行第33届戏剧展演节。10月21—23日，举行“五羊—本田杯”晋江市第19届中小学生器乐独奏比赛（钢琴、民乐）。11月19—20日，举行“水保杯”晋江市中小学生小合唱比赛。12月19日，举行晋江市第30届（紫帽）侨乡谜会，来自晋江19个镇（街道）的95名谜手参赛。

【掌中木偶交流演出】 2020年，晋江市掌中木偶传承中心开展传统木偶艺术进校园演出20场、进企业演出12场活动，参加“文化三下乡”演出3场，开展“晋江市创建国家公共文化服务体系示范区系列活动”、“大美晋江”文化惠民工程演出19场，其中引进外来院团高水平优秀剧目演出9场，文化下基层公益性演出46场，参加非遗展示演出5场，开展常态化演出75场，赴杭州演出26场，赴深圳演出2场，参加“2020两岸青少年木偶研学营活动”演出6场，福州三坊七巷7场，梧林大篷车9场，参加晋江市第33届戏剧展演节演出1场，参加晋江市2020年文化旅游节演出1场，全年累计演出232场。

（江柠薇）

非物质文化遗产保护

【非遗传承】 2020年，晋江市推动非遗人才传承提升工程、晋江艺术人才培养计划纳入市人才重点工作。新增“送王船”入选联合国教科文组织人类非物质文化遗产代表作名录。组织第一批晋江市级非遗传承人申报，评选出53名第一批晋江市级代表性传承人。组织参加“中国非物质文化遗产传承人群研修研习培训计划”及福建省、泉州市举办的各类专题培训，持续开展“文化和自然遗产日”非遗活动、非遗进校园（社区）等。

（陈 瑜）

【掌中木偶传统剧目保护】 2020年，晋江市掌中木偶传承中心复排木偶传统戏《玉杯记》《玉骨鸳鸯扇》，对其进行艺术加工，再现传统经典，启动线上线下同步直播模式进行公演。在传统舞台的基础上加以创新改造，让观众在露天舞台上也能欣赏到剧场式的视觉冲击力，两个剧目作为年度传统大戏进基层演出48场。

【掌中偶艺传承】 2020年，晋江市掌中木偶传承中心开展木偶进校园演出活动，与晋江市实验小学、第二实验小学、青少年宫合作办班，设立小木偶剧团，每周进行木偶教学，推动非物质文化遗产的“活态”传承工作，培养潜在传承人。参加由省文化和旅游厅主办的“2020两岸青少年木偶研学营活动”。参与福州大学先进制造学院2020级研究生《美学与美育》课程之“活态非遗偶艺”讲授。

【掌中木偶艺术创作】 2020年，晋江市掌中木偶传承中心根据省文化和旅游厅《关于征集抗击疫情主题文艺作品的通知》要求，创作排练抗疫题材的掌中木偶短剧《亲姆拜年》，入选“并肩战疫——福建戏剧界抗疫作品展播”，获2020年度福建省“抗疫情.福建非遗在行动”系列活动优秀作品奖。

（谢艺芳）

公共文化服务

【公共文化服务示范区创建】 2020年，晋江市创建第四批国家公共文化服务体系示范区进入收官年，全市19个镇（街道）综合文化站创建达标率100%；图书馆总藏书量225.463万册，实现人均1.05册的创建指标，图书馆五项创建指标均实现达标，图书馆总分馆制基本建成，文化馆总分馆授牌。

【线上文化活动展演】 2020年2月起，晋江市文旅局创新文化活动形式，推动数字资源共享，推出在线非遗展示，在线藏品赏析、在线图书阅读等，线上推送南音、民乐、古琴音乐会等视频、防疫专题灯谜作品、书画等近100期。创新线上文化活动形式，人民网直播“云游晋江”打卡五店市活动，超300万人次观看。市图书馆文创作品设计大赛官网浏览量达22.37万人次，线上全渠道关注流量破50万。文物保护中心将泉州古代外销陶瓷博物馆的展览和特色外销产品赏析以及龙泉书院的《晋江状元》《晋江宰相》主题展览，用图文并茂的方式在公众号连续推出“手机看展”系列，累计26篇推文被推送至“学习强国”福建学习平台。

2020年12月19日，晋江市掌中木偶传承中心推动非物质文化遗产“活态”传承工作。图为尤天相为福州大学研究生展示各行当表演程式及唱腔道白 （市文旅局 供）

【文化惠民】 2020年，晋江市共举办文艺精品公益性演出174场，其中“大美晋江”惠民演出44场、戏剧精品基层公益性演出130场。13个市级文化阵地向社会免费开放，全年举办活动111场。重点打造第14届南音演唱节、第33届戏剧展演节、第十届晋江市“悦”读节、“艺术讲堂”等。市图书馆图书借阅124.95万册次，新增办证读者6275人。

【文艺创作】 2020年，晋江市选送的绘画作品《痕迹》入选全国美展，《风调雨顺》入选第二届全国农民画作品展。书法作品《题南安一片寺》获福建省第九届百花文艺奖二等奖。群舞《古厝•乡韵》获福建省第14届音乐舞蹈节一等奖。大型多媒体动漫木偶剧《金星花—小萝卜头》入围2021年全国红色旅游创意产品和红色旅游演艺创新成果名单。复排、创排《玉骨鸳鸯扇》《薛刚反唐》《三打周仁》《掌中逐“疫”》等木偶、高甲剧目，扶持地方戏曲发展。

【文化空间提升】 2020年，晋江市文旅局推出“文化空间共享计划”，全市13个市级公共文化阵地向公益性活动免费开放，共举办活动111场。推进市非物质文化遗产展示馆、五店市记忆馆建设。完成文化中心美术展厅，图书馆数字阅读体验区、外墙装修整改项目，博物馆智慧管理系统等。文化中心及周边规划提升工程进场施工，着手打造智慧旅游项目、文保单位远程监控系统等。

（吴丽佳）

【文化空间共享】 2020年5月27日起，晋江市文化馆恢复开放。5月27日至6月10日，举行“寻镜晋江”摄影文学书法融合展。6月3日,"文化空间共享计划"向青阳街道象山中心小学开放录制2020年晋江市中小学生"童心向党"歌咏活动。6月24日,举行深航泉州福州基地团总支读书会。6月,晋江市民族乐团、晋江合唱团恢复集中排练。9月17日,举行福建•晋江2020国家网络安全宣传周"法治日"主题宣传活动。文化馆暑期及秋季公益培训班正常开课。

(江柠薇)

公共图书馆服务

【概况】 2020年,晋江市图书馆接待读者50.15万余人次,图书借阅124.95万册次,新增办证读者6275人;全市35个24小时城市街区自助图书馆,接待读者190146人次,文献外借198741册次;网站访问量320201次,数字资源平台访问量2374258次;接收56个单位共3529份政府信息文件。全年开展各类主题展览、大咖在线直播讲座、优秀电子图书推荐、"4•23"世界读书日大型图书漂流、"悦读拾年•书香晋江"晋江市第十届"悦"读节暨2020年全民读书月大型系列活动、"语乐圈"语言培训班等"线上+线下"阅读活动338余场次,参与读者20.9万余人次。公众号微信推文394条,阅读量达47.4万次,新增粉丝量1.7万人,公众号粉丝达到9.24万人。

2020年,晋江市图书馆获中国图书馆学会颁发的2019年阅读推广星级单位称号;被中国图书馆学会推荐为"中华传统文化经典•领读图书馆";在2020年福建省公共图书馆联盟网上元宵系列活动中获优秀单位组织奖;在"读吧!福建"第三届福建文学好书榜评选及阅读推广活动中获"优秀组织单位"称号,获得由泉州市图书馆学会颁发的"2020年度阅读推广工作先进单位"称号。

【馆藏资源建设】 2020年,晋江市图书馆馆藏纸质文献133.6万余册,数字资源馆藏量达到50太字节,电子图书达82.6万册。年新增藏书99814册,其中普通文献95191册,地方文献502册,台湾文献802册,外文文献443册。全年共接收单位及个人赠书707册。参加第16届海峡两岸图书交易会。4月,开展首届"云"采书读者荐购活动,邀请市民线上采选文献。

【阅读空间整改提升】 2020年,晋江市图书馆对原电子阅览室进行空间整改提升,保留部分公共电子阅览区,增设瀑布流图书体验区、耳机森林(听书)区、书法体验区、AR物种科普体验区、移动阅读体验区,打造一个集传统数字阅读、AR图书、休闲听书、移动阅读、数字音乐为一体的数字阅读体验新空间。在体验区,读者可通过固定上网终端使用数字服务产品,感受视觉、听觉及互动的全新体验。

【志愿服务】 2020年,晋江市图书馆开展"志愿我先行""用心相伴、'疫'路同行"等志愿服务活动。全年有421位志愿者参与到图书馆公益文化服务,服务时长累计3082小时。志愿者参与图书整理、信息录入、读者引导、文明督导、疫情防控等多项工作。

【基层阅读服务】 2020年,晋江市图书馆延伸服务触角,拓展服务领域,新增晋江市拔萃双语学校分馆和泉州廉政教育基地流通点,推进"阅读进基层"活动:利用晋江各镇(街道)街区图书馆及书房,以图书漂流方式开展读书寻鲤活动,共计198741册图书在各服务点借阅;组建一支领读队伍,打造基层文化品牌;借助少儿分馆、内坑分馆、华泰实验小学分馆"阅读讲堂""烽火学堂"等线下品牌活动,培养基层领读志愿者队伍共32人,开展阅读推广活动32场次;精选优秀图书,送读书进军营,现场借还、咨询、退证。

【创建示范区基础业务培训】 2020年9月16—20日,晋江市创建国家公共文化服务体系示范区基础业务培训班在晋江市图书馆举行。晋江市图书馆、文化馆和博物馆工作人员,各镇(街道)文体服务中心(社会事务办)负责人及业务骨干,晋江市图书馆分馆及流通点工作人员参加培训班。培训班采取专家现场授课和网络学习方式进行,邀请泉州市文旅局公共服务科科长李伟才、三明市图书馆馆长黄泽民、厦门文化馆副馆长苏华琦和厦门图书馆业务协调部、新媒体编辑洪尔雅开讲《公共文化空间的"活化"利用》《"阅读联盟"案例分享》《摄影让工作生活更美好》《图书馆玩跨界——新媒体流量带你乘风破浪》专题讲座。

(郑小娇)

晋江市第十届"悦"读节

【概况】 2020年,晋江市图书馆根据防疫工作实际情况,把握疫情之下的读者需求,在活动策划、资源建设与保障、服务效能等方面及时调整工作思路,以"线上+线下"的灵活方式开展阅读活动,提升晋江市阅读氛围,掀起晋江城市阅读新风尚。

【防疫主题阅读】 2020年1月24日至4月22日,晋江市图书馆在疫情闭馆的特殊期间开辟"防疫"阅读主题活动,通过微信公众平台及时推送新冠疫情资讯、防疫图书、防疫小知识等防疫主题推文,以图文、音频、视频等多种方式展现。利用图书馆官网、官微等界面整合推出防疫专题栏目块,推出《新型冠状病毒肺炎预防手册》《写给孩子们的"冠状病毒"绘本》等主题书籍及防疫小知识推文,提高读者对新冠疫情相关知识的了解。开展"共战役•不孤读"元宵"云"祈福活动、抗疫主题剪纸作品展、"众志成城 抗击疫情"连环画作品展、"非常战疫,秀出您的宅家趣事"线上征集、"让阅读滋养心灵•阅读战疫"线上阅读挑战等防疫主题互动活动。

【图书资源"上线"】 2020年,晋江市图书馆与多个数据厂商合作,推选出一批批优秀的电子图书、期刊、音视频文件等文献资源,开展各类主题展览。推出数学阅读共享服务。整合超星数字图书馆、QQ阅读、超星名师讲堂、云图听书等阅读平台,开展"好书推荐""有声图书推荐"等栏目,提供数百万电子书、有声音频等在线阅读资源。全年共开展好书推荐24次,阅读量2.3万余人次。开展多主题线上展览活动。举办"窥道之径"晋江写生作品展、"《全民抗战 伟大胜利——抗日战争暨世界反法西斯战争胜利75周年》”图片展、“今日来说法”——《中华人民共和国公共图书馆法》线上图文展、“春夏秋冬——诗意醇厚的唐宋四季”展览、世界著名城市图书馆展览等多主题展览，全年共开展线上展览24场次，浏览量1万余人次。

【图书漂流活动】 2020年，晋江市图书馆在世界读书日期间依托线上及线下渠道，开展大型图书漂流活动。通过邮政寄送的方式，向晋江200多个机关事业单位赠送精心挑选的漂流图书。每个单位均收到1本习近平新时代中国特色社会主义思想及1本科技类书籍。晋江市图书馆倡议漂流图书在单位内接力阅读，或放于单位公开阅读处，供各单位的服务对象阅读。

【线上阅读活动】 2020年，晋江市图书馆组织开展“让阅读滋养心灵·大咖分享”网络直播，在小程序小鹅通上，邀请熊亮、陈苗苗、肖宏文、王志庚等知名阅读推广人、绘本作家开展网络直播阅读、育儿主题讲座；“让阅读滋养心灵·阅读战疫”少儿线上阅读挑战活动。0~15岁儿童可以通过樊登小读者App，阅读不同主题书单；“非常战疫，秀出您的宅家趣事”线上征集、“送您一本好书”互动留言赠书活动等惠民活动，鼓励更多市民读者参与全民阅读。

【读者视野开拓】 2020年8—12月，晋江市图书馆开展大美晋江国际英语沙龙、语言培训班、中英文晋江故事等活动，营造国际化、包容化的城市文化氛围。开展大美晋江国际英语沙龙“名师巡讲”活动，走进晋江市第一中学、晋江市季延中学、晋江市养正中学和晋江市实验中学等4所学校开展英语活动，每所学校均以名师巡讲、场景式主题学习沙龙、国际英语沙龙的形式开展活动。12月，共开展4场次，为校园师生搭建一个英语交流平台，推动书香校园建设。开展“我爱学语言·助力世中运”公益语言培训班，包括韩语、日语两个小语种培训班。其中日语培训班邀请精通日语口译和笔译的老师带领30名学员学习日语五十音图。课程共设置8期课程，结合简单的日语语法、词汇和句子分析，融入日常情景对话，循序渐进地引导学员们进行学习。韩语培训班邀请母语为韩国语的Helen Hong老师到晋江授课，共设置10期课程，主要讲授韩语的基本音节、发音，并穿插介绍韩国的礼仪文化、饮食文化等，带领读者掌握入门技能。在微信公众平台推送“你身边的文化”中英文晋江故事，用中英文对照的形式介绍晋江小吃文化，方便外籍人士了解本土文化。

【传统文化体验】 2020年，晋江市图书馆以现场体验、展览、沙龙、培训班等形式传承中华优秀传统文化及地域特色文化。1月，开展“传承经典·浸润书香”系列活动，包括活字印刷术、“二十四节气”纸作、古琴茶艺体验3场活动。开展现场写春联赠送读者活动。开展晋江写生作品展、“海丝韵·瓷都情”德化杨梅乡云溪刻纸作品展，向市民展现本土画家画作、德化杨梅乡云溪刻纸的艺术魅力。11月，开展“语乐圈”首届茶语文化沙龙活动，带领16名读者了解地方特色茶文化知识、品鉴观音茶韵。8—12月，开展30场次的古琴亲子培训班，邀请晋江市古琴学会秘书长为8组亲子家庭讲授古琴知识及现场指导弹奏。

【“悦读风尚”服务】 2020年，晋江市图书馆品牌服务项目——“悦读风尚我引领 移风易俗倡文明”巾帼志愿服务活动走进基层开展线下服务。通过与晋江市妇联合作的方式，邀请晋江各学校的优秀老师前往举办包括闽南童谣、绘本阅读指导、亲子手工、诚信爱国等不同主题的活动。活动地点拓展到紫帽中心幼儿园、英林镇红黄蓝亲子园、青阳街道阳光商圈党群服务中心、兰峰城市花园小区公共服务中心等基层单位。9—12月，共开展22场次，参与读者404人次。

【文创作品设计大赛】 2020年12月11—24日，晋江市文改办、文旅局主办，晋江市图书馆承办“创见未来·晋尚晋美”晋江市图书馆文创作品设计大赛优秀作品展暨实物展。大赛于9月1日至10月31日面向全国征集，征集官网浏览量达22.37万人次，线上全渠道关注流量破50万，共收到来自全国各地的优秀作品217件。这些作品的作者覆盖北京、广东、浙江、江苏等18个省、直辖市内的48所优秀高校设计专业师生。评选出一、二、三等奖及优秀奖作品11件。其中《晋图三宝》获一等奖，《图书馆IP形象zi仔》《珍藏书签——五店市传统建筑手绘》获二等奖。

【全民阅读月活动】 2020年国庆期间，晋江市图书馆开展“悦读拾年·书香晋江”晋江市第十届“悦”读节暨2020年全民读书月系列活动。活动启动仪式于10月1日举行。市直相关部门以及镇（街道）、晋江经济开发区分管领导，悦读进基层活动定点合作单位代表、优秀读者代表等100余人参加。在仪式现场开展“悦读拾年”晋江市悦读节成果展、晋江市“护苗2020·绿书签”集中活动、“悦读风尚我引领 移风易俗倡文明”首场推介等活动，晋江市图书馆于10月开展

2020年10月1日，晋江市图书馆举行“悦读拾年·书香晋江”晋江市第十届“悦”读节暨2020年全民读书月活动启动仪式

（市委宣传部 供）

2020年10月1日，晋江市启动"悦读拾年 书香晋江"2020年晋江市全民读书月活动。图为图书馆一楼举行百种优秀少儿读物推荐
（市委宣传部 供）

"读吧！晋江"线上全民朗读、"阅读花开·书香满城"线上答题、"悦读风尚我引领·移风易俗倡文明"进基层活动、"让书回家"取消滞纳金等丰富多样的活动。系列活动参与读者2.6万人次。

（林瑞凰）

图书经销

【概况】 2020年，福建新华发行集团晋江分公司（简称"新华晋江分公司"）全年营业收入9891.82万元。其中一般图书销售收入1194.86万元、大中专教材销售收入94.02万元、多元产品销售收入288.97万元、教育装备销售收入27.34万元、教材销售收入4444.22万元，教辅销售收入3503.36万元。

2020年，新华晋江分公司取得"晋江市图书馆2021—2022年图书、期刊采购项目"及"晋江市慎中实验学校图书采购及服务""晋江市图书馆拔萃双语学校分馆图书和设备采购"3个项目的馆配图书业务，共计馆配图书码洋508.8万元。

【政治读物发行】 2020年，新华晋江分公司发挥政治读物宣传推广发行的主渠道、主阵地作用。做好相关政治理论读物发行。发行《习近平在宁德》《习近平在厦门》《习近平在福州》及《习近平谈治国理政》第三卷等7.58万册。新华晋江分公司联合晋江市委宣传部、晋江市融媒体中心、晋江经济报社、晋江新闻网，开展"学'实录'、担使命"系列活动。活动中征集稿件319件，精选优秀文章在晋江市主要媒体刊发。

【"课前到书"保障】 2020年。新华晋江分公司及时将中小学教材配送到各地中小学校。配合学校开网课的需求，新华晋江分公司将各出版社制作的电子教材第一时间通过学校教师群及朋友圈推荐给师生使用。针对2020年疫情影响外来生变动大的特点，优化"共享库存"工作模式，保证各中小学的教学需求，避免大规模的教材报废。向晋江市760家中小学幼儿园赠送《预防新型冠状病毒肺炎科普系列挂图（校园版）》，共计2200套。

【线上图书销售引流】 2020年，新华晋江分公司组织爱国主义读书活动、"寒假读一本好书""暑假读一本好书"等主题出版物的发行工作，推送的第27届读书活动、"寒假读一本好书""暑假读一本好书"的宣传推文，点击阅读量最高达6.6万人次。"寒假读一本好书"销售8.19万册。新华晋江分公司通过转变经营方式，线上引流，开拓店外销售渠道，做细微信客服线上服务、微书店等手段，在"暑假读一本好书"活动中销售8.37万册。

【新华阅读品牌开拓】 2020年，新华晋江分公司开拓新华阅读品牌。组织开展第六届"海峡读者节"。4月23日第六届海峡读者节开幕，新华晋江分公司引导顾客进店第一时间收悉活动资讯，活动期间门店开展8折优惠销售。门店开展"蜗牛童书指定品种4折优惠""蜗牛小书坊、林良美文书坊及拇指班长（升级版）5折限时特价""好书聚惠6.9折""新华荐品""龙门书局全品种促销""博集天卷精选品种7折优惠"等活动。新华晋江分公司门店开展2019年度"中国好书"获奖作品推荐以及东野圭吾作品等专柜陈列。折扣书目类别涵盖广，包括社科、文学、教辅等。开展"全民阅读月·新华悦读季"。开展"全民阅读月·

2020年9月4日，晋江市举办《习近平谈治国理政》第三卷读书会暨"学'实录'、担使命"主题座谈会
（新华晋江分公司 供）

2020年8月17日，新华晋江分公司晋江书城卖场正式启动升级改造。图为改造后书城内景　（新华晋江分公司　供）

新华悦读季”国庆中秋双节系列活动。开展“文化惠民图书大联展全场图书8折销售”“秋日书语”送券活动、“国庆中秋双节博饼”等卖场促销活动，开展“我为祖国朗诵一首诗歌”“新华趣味科学秀”“开心故事会”“线上故事会”等线上线下互动活动。

【晋江书城升级】　2020年8月17日，新华晋江分公司晋江书城卖场启动升级改造。装修工程于2020年12月底完工，并开放营业。晋江书城升级改造后，经营面积扩大至1965.4平方米，经营业态进一步丰富，设立儿童绘本馆、数码产品展示区、轻饮休闲区、校服展示区、文化用品、玩具专区等特色专区。

【乡村智慧书屋建设】　2020年，新华晋江分公司探索新零售模式，对安平综合楼进行提升，引入自助结算系统、重力感应系统、远程客服协助、人体感应技术、人脸识别等创新技术，2020年6月在安平综合楼一楼建设安平乡村智慧书屋。新华晋江分公司通过打造无人值守的阅读空间，探索书店到乡镇的经营方式，提升新华书店的在乡镇的覆盖面，运用新技术新模式为乡镇居民提供环境舒适的阅读场所。

（庄嘉宏）

文博工作

【概况】　2020年，晋江市的福建省保单位总数达15处（31个点），总数居泉州首位；新晋省级非遗代表性项目1个，总数60个，世界级、国家级非物质文化遗产项目总数居泉州首位。开展“泉州：宋元中国的世界海洋商贸中心”项目晋江3处申遗点的迎检准备工作，完成安海港古码头水心亭渡头的保护修缮工程和磁灶窑主题展览的改版，启动安平桥保护修缮前期工作。2020年，晋江市博物馆举办11场次的专题展，并把馆藏文物带进社区、学校、部队巡回展出6场，接受学生实践教学30场，参与1490人，接受文物捐赠3次4件（幅），投入安全建设346万元。

（陈　瑜　庄钰颖）

【申遗工作】　2020年，晋江市开展新增申遗点安平桥之安海港古码头水心亭渡头的保护修缮和展示利用工作。做好草庵摩尼光佛造像、磁灶窑金交椅山窑址的本体监测、日常管理及安全保卫等工作。草庵摩尼光佛造像、磁灶窑金交椅山窑址2处申遗点共接待各类参观考察8000余人次。2020年，晋江市公布“六个一批”项目。其中“公布一批”：补充公布新塘街道梧林传统古村落内的朝东楼、德鑨楼、顺意楼3栋特色建筑为晋江市第六批市级文物保护单位，合称为梧林西式建筑群；“启动一批”文物保护单位保护修缮工程：国保单位东石镇南天寺石佛造像和摩崖石刻之南天寺保护修缮工程完成财政审计，福建省保单位金井镇围头八二三炮战遗迹之达屋楼抢险加固工程、池店镇钱头状元第之书房修缮保护工程竣工，并通过泉州市文物局初验，钱头状元第之状元第及宅院完成招投标；“完成一批”：福建省保单位东石玉记商行建筑群玉记巷7号、玉记巷14号、海路13号的保护修缮工程完工并通过泉州市文物局初验。

【文物晋级与管理】　2020年，晋江市5处文保单位（7处文物点）晋升为福建省级文保单位，其中池店镇江上塔、新塘街道梧林近代建筑群纳入第十批省级文保单位，金井镇围头1—4号炮台、战地坑道、民兵哨所作为扩展项目并入第八批省级文保单位围头“八·二三”炮战遗迹。2处国保单位及3处市保单位纳入《泉州市第二批海上丝绸之路史迹推荐名单》。报送21处晋江市省级以下革命文物名录。启动晋江市安文化遗产（申遗点）公益保护联盟，成立晋江市人民检察院驻文物保护中心检察工作室，会同晋江市检察院督促保护安平桥文物和文化遗产行政公益诉讼案被列入2020年最高人民检察院10起文物和文化遗产保护公益诉讼典型案例。完成省级以上文物保护单位智慧用电系统和4处国保单位电气线路套管敷设项目，为省级以上建筑类文保单位安装智慧用电监控系统65台。

推动文物保护工程。国保单位西资寺石佛造像附属建筑西资寺大殿抢险加固工程的设计方案报经国家文物局批复同意。省保单位围头“八·二三”炮战遗迹之达屋楼、毓秀楼抢险加固工程进行技术初步验收；福全所城的保护工程及环境整治方案设计完成初审；长顺建筑群之当铺保护修缮工程完成技术交底启动施工。完成第六批市级文物保护单位（18处20个文物点）

的竖碑工作；完成22处省级以上文保单位（37个文物点）的定线落图工作。

完成国保单位施琅宅祠、陈埭丁氏宗祠、南天寺石佛和摩崖造像、西资寺石佛造像电气线路套管敷设。做好各级文保单位安全工作应急预案的编制、省级以上文保单位安全风险防控管理系统建设，完成22处（37个文物点）国家级、省级文保单位文物安全风险评估。为第六批市级文物保护单位配备142台灭火器，共为全市建筑类文保单位配备902台灭火器，并提供保护维护，为建筑类“三普点”（第三次全国文物普查的登录点）配送1074台灭火器。加强文物安全巡查，每周不少于一次文物安全巡查，组织开展3次全市文物安全大排查大整治，做到文物安全检查全覆盖。共检查出文物安全隐患66处，发出隐患整改通知书53份，督促完成53处文物安全隐患整改。

2020年1月22日，晋江市博物馆举办“我们的节日·春节‘瓶’安纳福——馆藏历代瓷瓶展”（市文旅局 供）

2020年1月17日，晋江市博物馆举办“我们的节日·春节 瑞鼠吐宝——庚子鼠年新春生肖文物图片联展”（市文旅局 供）

【博物馆建设】 2020年，晋江市博物馆《宝藏晋江》馆藏精品文物故事系列栏目在3个官方微信公众号展示，点击量13万次。举办线下展览、社教活动等66场，线上活动51场，全年参观接待11.5万余人次。修复文物藏品3件，开展文物征集18件，接受捐赠文物藏品137件/套。开辟蔡其矫展览专区。

【文物宣传与利用】 2020年，晋江市文保中心启动晋江南安文化遗产（申遗点）公益保护联盟、成立晋江市人民检察院驻文物保护中心检察工作室；举办第七届龙泉书院祭孔大典仪式；举办“龙泉书院国学讲堂”。开展线上活动：2月起，推出“手机看展”，在公众号连续推出泉州古代外销陶瓷博物馆展览、特色外销产品赏析以及龙泉书院的《晋江状元》《晋江宰相》主题展览系列，推送至“学习强国”福建学习平台的推文累计26篇；推出富有晋江文物特色的创意海报“如果文物会说话”。

（陈 瑜）

【主题展览】 2020年，晋江市博物馆举办和引进主题性展览11场。其中“瑞鼠吐宝——庚子鼠年新春生肖文物图片联展”“瓶安纳福——市博物馆馆藏历代瓷瓶展”“海国微澜——故宫博物院院藏外国文物图片展”“匠心独运——市博物馆藏工艺文物精品展”“最后之胜利——纪念弘一法师诞辰140周年暨手书墨宝/拓片展览”“不负韶华·追求卓越—福建省美协主席团成员作品展”等展览。同步开展10场线上展览活动。

【社教研学】 2020年，晋江市博物馆开展“展览进校园、进社区、进企业、进部队”巡展活动，共开展“清廉自律 慎守儒风——林则徐家风展”巡展6场。举办“乐高带你体验闽南文化”活动、“魁星赐福”（五店市）手作体验课程和全国女性画友游学活动（晋江站）等8场社教活动。配合晋江市中小学校中小学生示范性综合实践基地，开展30场形式多样的研学实践，参与1494人次。

【藏品征集】 2020年，晋江市博物馆接收退休干部陈幼青捐赠当代闽南木眠床家具1套；接收画家张及时捐赠油画《五店市》《新五店市》2幅，画家施美莱《闽南人家》油画1幅，雕刻大师郑银聘《归巢》香柏木雕1件等。

【文物保护】 2020年，晋江市博物馆完成展厅和库房文物数字化一期建设；福建省文物局批准资金412万元；充实库房文物保护条件，采购一批文物保护囊匣和储存柜设备。博物馆安防系统提升改造工程竣工验收。

（庄钰颖）

文化市场管理

【文化行政审批服务优化】 2020年，晋江市文旅局把4个审批服务事项承诺件永久的改为即办件，全面梳理“一趟不用跑”事项41项，事项占比达83.7%，梳理“全流程网办”事项25项，事项占比达51%；为40家“网吧”更换新版本的网络文化经营许可证，推广群众审批结果邮寄服务。

【文化市场监管】 2020年，晋江市文旅局开展无证无照黑网吧、娱乐场所、演出市场专项整治行动，制订《无证网吧处罚自由裁量权》，明确“黑网吧”整治过程中的执法依据，落实“谁执法谁普法”责任制，与公安、环保及镇（街道）等部门组织开展联合执法检查行动。加大校园周边文化市场整治力度，全年完成4轮检查，出动执法人员98人次，检查24所学校周边的文化市场。

【“扫黄打非”】 2020年，晋江市“扫黄打非”工作在泉州绩效考评中获得第一名。1月16日，组织收听收看福建省、泉州市“扫黄打非”工作电视电话会议，并套开全市“扫黄打非”工作会议。5月15日，晋江市委常委、宣传部部长林惠玲主持召开全市“扫黄打非”工作会议，听取各镇（街道）、晋江经济开发区党（工）委宣传委员汇报关于“扫黄打非”的阶段性工作，并对下阶段的“扫黄打非”工作提出明确要求。加强行业监管。结合新闻出版广电领域安全生产大排查大整治百日攻坚行动，实现印刷出版企业监管全覆盖。加大对无证无照印刷经营行为整治力度，深入开展“扫黄打非”进印刷企业。围绕“正道”“新风”集中行动方案，结合全国文明城市复查整改工作，联合相关部门开展集中清缴整治宣扬自杀的少儿出版物和有害信息专项行动、2020年春秋季开学期间“扫黄打非·护苗”专项行动等，加大校园周边文化市场检查力度，检查各类出版物市场、摊点、网点1341个（次），下架不适宜青少年阅读的出版物800多件，实现校园周边出版物市场检查全覆盖；核查学校413所、发现学习类App共66种；对全市营业网吧进行拉网式检查，检查网吧制度落实情况共计414家次。全年检查寄递企业（含邮政企业）及其分支机构和末端网点共计256家，出动检查人员400人次，开具责令改正通知书8份、通报1份，对未严格落实“三项制度”的企业立案3起，并处罚3万元。邮政管理局与寄递企业负责人及所有员工、各报刊亭签署“扫黄打非”安全责任书，网信、公安、商务等部门加强对互联网和手机媒体相关网上信息的监测。突出宣传引导。结合文化“三下乡”、全民读书月等重大活动，开展“扫黄打非”工作宣传进学校、社区、行业等场所90余次，受教育群众5000余人次，张挂专项整治宣传横幅34条，张贴宣传海报800余张，分发宣传页20多万份；全民读书月期间，相关公众号宣传累计阅读超20万人次，举办“悦读风尚我引领 移风易俗倡文明”阅读分享活动12场，并发放绿书签购书代金券等。结合疫情实际，联合晋江市人民法院、晋江市市场监管局、晋江健康协会在版权宣传周期间开展“知识产权与健康中国”2020年全国知识产权周线上有奖问答活动。强化案件处置。制订网络文化市场专项整治行动方案，对全市互联网文化企业进行全面摸排，建立信息库。查办相关案件，全年处置2起“扫黄打非”案件，督促晋江市公安局国保大队对一起涉嫌组织利用邪教组织破坏法律实施案和一起利用邪教危害社会案件进行立案侦查，前者被列入全国“扫黄打非”重大备案案件。市文化市场综合执法大队全年共出动执法人员1114人次，检查经营场所524家次，确保文化市场安全。

（骆锦恋）

文化产业

【概况】 2020年，晋江市文化产业增加值为110.46亿元（错年值），位居泉州各县（市、区）第一位，约占泉州市文化产业增加值总量的五分之一。晋江市通过政策扶持、典型培育、平台搭建、交流合作等多形式、多渠道助推文化产业发展，打造配套完善、要素齐全的文化产业生态圈。2020年累计拨付兑现中央、福建省、泉州及晋江市级文化产业政策资金约1347.6万元，惠及文化产业项目146个。指导推荐洪山文创园获评福建省文化产业重点园区及奖励资金100万元，推荐1家企业获评2020年度福建省“文化企业十强”提名奖及奖励金10万元，5家企业获2020年度福建省文化产业专项资金210万元，2家企业获2020年度泉州市文化产业专项资金40万元，2人获评2019—2020年泉州市文化产业优秀人才。举办2020年晋江市文化产业周暨2020年晋江VR文博会，开展七大专场16项配套活动，推出四大主题展区；举办2020年晋江市文化产业培训班，组织文化企业、园区、协会等负责人到厦门、漳州参加培训，提升文化产业人才队伍建设水平。组织文化企业赴大连、厦门、泉州等地参加文化产业博览会、交易会和文创市集等展会，推动文创企业和项目交流对接。

【晋江市文化产业周暨2020年晋江VR文博会】 2020年12月11—17日，晋江市举办“云上晋江 多彩文创”2020年晋江市文化产业周暨2020年晋江VR文博会。重点围绕文化和科技融合，以“线上+线下”活动相结合形式，通过线上举办晋江VR文博会，线下利用各文化阵地开展配套活动，打造文化产业宣传展示平台。开展“文创+艺术”“文创+非遗”“文创+旅游”“文创+教育”“文创+论坛”“文创+赛事”“文创+会展”等七大专场16项活动。活动以五店市传统街区、文化中心、全民健身中心等文化体育平台为载体，通过基层文创活动直播、社区绘本文化节等活动向基层社区拓展延伸，凝聚各方力量共同办好“晋江家门口的文博会”。2020年晋江VR文博会为全省首个VR文博会，共设置“全域旅游馆”“文化产业馆”“晋江经验馆”“世中运馆”四大主题展区，通过VR和3D建模技术，搭建近万个场景，汇集100多家文创企业，系统配备语音讲解、视频展示等功能，市民群众通过手机实现在线交互，活动期间累计点击量近50万人次；以晋江VR文博会平台为入口，举办10多场文化产业活动直播，观看量超200万人次；开展文化惠民促销费活动，通过线上发放文化惠民电子券，线下同步开展促销活动，活动参与量达6万余人

2020年12月11日，晋江市举办2020年晋江市文化产业周暨晋江VR文博会启动仪式

（市委宣传部　供）

次，拉动文化领域消费。

（肖海阳　黄亚衡）

【广播影视工作】 2020年，晋江市审核转报广播节目制作许可证4件，完成全市18家电影放映经营单位电影放映经营许可证的年检、换证等工作。争取上级政策资金扶持，兑现中央补助地方国家电影专项资金27.7万元，惠及大地影城、中影华艺影城等9家电影放映机构；推荐时空文化传媒、优一影视等2家影视制作公司和万达影城、逸时影城等3家电影放映机构获得晋江市文化产业政策资金超66万元。推动文化服务均等化，全年累计放映农村公益电影3516场，社区公益392场，实现“一村一月一场电影”的电影放映工作目标，较好落实农村电影放映“2131”（在21世纪初实现“一村一月放映一场电影”）工程。

（朱诗琳）

【新闻出版（电影）领域安全生产】 2020年，晋江市委宣传部抓好新闻出版（电影）领域安全隐患大排查大整治，做好安全隐患防范化解工作。2020年，晋江市新闻出版（电影）领域安全生产零事故、零伤亡，多次在泉州安全生产季度会议上重点发言。安全检查落实到位。2020年，市委宣传部全员上岗，牵头开展安全生产检查800余人次、摸排消防隐患757条、开具整改通知书105份，实现全市355家印刷企业、17家电影放映机构和102家书店安全生产检查、隐患整改、材料建档和企业承诺四个100%，并对355家印刷企业安全生产状况按好、中、差进行分级管理。坚持“属地+行业”双监管模式，明确各镇（街道）宣传委员牵头做好属地新闻出版电影领域安全生产责任，并纳入年度“扫黄打非”、基层意识形态工作、宣传思想文化工作和平安建设（综治工作）考评，2020年镇（街道）累计开展安全生产大整治大排查检查1100余人次。无证整治统筹推进。2020年共排查出无证印刷企业25家（引导办证24家，停业查封1家）、书店6家（均引导办证），规范新闻出版市场的有序经营。推动将无证无照印刷经营活动综合治理纳入网格化社会管理体系，依托网格化+开展宣传教育、全面摸排、举报监督等工作，2020年通过网格化发现无证印刷企业3家。行业自律有效发挥。全年多次联合协会开展走访印刷会员企业活动，就企业安全生产、技术提升、环保减排和疫情期间生产经营问题开展调研交流。结合安全生产检查，到企业一线开展安全生产教育，印发企业办证须知，鼓励对无证无照印刷经营活动进行举报。全年举办两次消防安全演练，一次宣教基地学习教育。对新办证企业要求业主亲自到位，并观看安全教育警示片。

（黄亚衡）

工艺美术

【概况】 2020年，晋江市城镇集体工业联合社（简称“晋江市工业联社”）以晋江工艺美术馆为平台，扩大工艺美术宣传推介。举办2020年晋江市首届工艺美术文创融合作品展、“匠心独运”晋江市博物馆馆藏工艺品精粹展、“廉政·清风”楹联书法展等特色主题展览，吸引晋江籍工艺美术匠人、工美企业入驻展馆，展示晋江工艺美术精品，传播晋江工艺美术文化。定期开展公益文化主题活动，在工艺美术馆组织免费听古琴活动，突出工艺美术馆公益性。

【工艺美术参展】 2020年，晋江市工

2020年8月27日，晋江市委宣传部举行2020年晋江市电影行业安全生产部署会暨消防安全演练活动

（市委宣传部　供）

2020年，福建省(晋江)“白兰花”杯工艺美术现场技能大赛比赛现场 (市工业联社 供)

业联社强化办展扶持，组织工艺美术企业、艺人参加国内工艺美术知名展会及赛事。组团参展第12届中国(大连)轻工商品博览会，选送优秀作品参评“中轻万花杯”，获金奖10件、银奖4件。组团参展第13届海峡两岸(厦门)文化产业博览交易会，布设“晋江工艺美术”展馆，以闽南庙宇木雕为造型，彰显闽南建筑文化特色，集中展示晋江优秀工艺美术作品30余件。

【工艺美术人才培养】 2020年，晋江市工业联社牵头举办首届晋江市工艺美术大师评选和福建省(晋江)“白兰花”杯工艺美术现场技能大赛，首届评选出9名晋江市工艺美术大师，评出“白兰花”杯金奖3件、银奖5件、铜奖7件。联合中国轻工晋江海峡直属基地组织民间工艺品雕刻培训班、宝石琢磨师师资培训等行业技术工人培训，推动建立技术技能人才培养模式改革试点。

(苏奕拉慈)

融媒体

·市融媒体中心·

【概况】 2020年2月，晋江市广播电视台20名在编人员(不含原市广播电视事业局参公身份干部、机关工勤人员)、晋江市网络宣传管理中心3名在编人员、晋江乡讯社2名在编人员转隶到市融媒体中心。3月17日，经市委宣传部部务会研究同意，市融媒体中心“三定”(定机构、定职能、定编制)初步方案按程序报批。4月30日，经市委编办审核、市委机构编制委员会审定后，市委批准《晋江市融媒体中心职能设置、内设机构和人员编制规定》。在“三定”的内设机构中，设置“报刊编辑部”“新媒体部”等科室，加强与《晋江经济报》、晋江新闻网日常业务协作。

2020年，晋江市融媒体中心下辖晋江电视台、晋江市人民广播电台、新媒体(官方网站、微信公众号等)平台、晋江乡讯社、晋江市舆情监测中心。电视台有自办时政、财经、民生新闻、方言、少儿、综艺、专题等七大类9个栏目，自办节目播出总时长189分钟。广播电台自办11档节目，全天24小时播出。《晋江乡讯》每月出刊4期，每期4版。中心拥有2个现代化的高清演播室、600平方米演播大厅，拥有1台数字高清电视转播车。2020年12月，晋江市融媒体中心通过全省县级融媒体中心建设工作验收，验收结果为优秀，名列泉州各县(市、区)第一名。

(谢佩龙 陈 燕)

【宣传报道】 2020年，晋江市融媒体中心坚持内容为王，创新创优，增强采编播队伍“四力”(脚力、眼力、脑力、笔力)。2020年晋江市融媒体中心的13条新闻报道在中央电视台刊播，72条新闻报道在中央人民广播电台刊播，200余条新闻报道在福建电视台刊播，学习强国App收录稿件54条。2020年7月起，中心联合市人大常委会办公室开设“代表监督镜”版块，围绕晋江市重点工作、民生项目、城市治理、营商环境等观察主线开展舆论监督活动。2020年，中心开设《在习近平新时代中国特色社会主义思想指引下——新时代新使命新担当》《众志成城防控疫情晋江在行动》等主题专栏及系列主题报道近50个。

【作品创优】 2020年，晋江市融媒体中心创作的电视消息《“搬不走”的晋

2020年10月29日，晋江市融媒体中心完善指挥调度中心技术平台建设。图为融媒体建设验收现场 (市融媒体中心 供)

江鞋材产业链韧性十足》获2019年度福建新闻奖一等奖。5件作品获2019年度福建省广播电视艺术6个奖项，其中，《国际大体联足球世界杯宣传片》包揽省广播电视艺术奖创新奖及一等奖。16件作品获2019年度泉州市广播电视艺术奖，其中2件作品获一等奖。《甜蜜溪边》获2020年度“圆梦小康”电视短纪录片扶持二类作品。电视新闻专题《解密晋江30天建成医用防护物资产业链》《七个音符　一部人生》《坚持——百岁党员洪肇服》《山海圆梦》及宝藏晋江系列《碗里乾坤》、短视频新闻《海浪卷走12岁男孩　三勇士策马下海相救》等多个节目被福建省广播电视局推荐到国家总局季度推优。10集广播连播《晋江，奔流向海》被福建省广播电视局确定为重点扶持项目，并被福建省广播电视局推荐到国家广电总局作为扶持项目。3集广播剧《第一家园》确定为泉州优秀传统文化传承发展专项基金扶持项目。

【融媒体建设】　2020年，晋江市融媒体中心完成领导配备、人员转隶、机构“三定”，加快完善指挥调度中心技术平台建设。借力融媒体中心建设，有序推进相关部室革新改版。中心集合电视、广播、乡讯、网站、微信公众号、抖音号、新华社现场云、今日头条等平台，形成全媒体矩阵，立体化融合传播。微信公众号粉丝达40万人，日均访问量达18万多人次，视频、图文消息日阅读量超20万，抖音用户数8.5万户，浏览总量突破6000万人次；网络直播活动参与（观看）累计突破1500万人次，实力位居全国县级台前列。2020年福建省县级融媒体建设验收获优秀等级，位列泉州市首位。

【《晋江乡讯》工作】　2020年1月，晋江市人民政府主管的《晋江乡讯》转隶为晋江市融媒体中心主办。根据省委宣传部、省新闻出版局的要求，原半月刊改为周刊，每月出刊4期，每期4版。2020年2月，经由晋江市融媒体中心提出，晋江市人民政府向省新闻出版局提出申请变更主办单位的请求，获省新闻出版局批准。2020年3月省新闻出版局向《晋江乡讯》颁发新的出版许可证。

（陈　燕）

·晋江经济报·

【概况】　2020年，晋江经济报日均发行量达5.8万份。全年围绕宣传贯彻习近平新时代中国特色社会主义思想和中国共产党第十九次代表大会系列内容为主线，宣扬抗疫精神，宣传“晋江经验”，服务中共晋江市委、市政府大局。

【抗击新冠肺炎疫情报道】　2020年春节，晋江经济报社原计划停刊至大年初六的报纸，在初三便全面复刊。报道晋江各级党委政府防控疫情的举措，医疗卫生工作者不懈努力的事迹。及时报道疫情信息并普及防治知识，服务群众，引导群众。累计刊发有关疫情防控版面数百个。

2020年，晋江经济报社策划制作宣传科普知识、防控指令、政策举措等公益专版（累计刊发近50个公益专版），成为农村、城市社区防控宣传的传单、海报、招贴画；拓宽报纸功能，精准地实现“最后一公里”传播，开辟基层防抗疫情宣传战线的“第二战场”。

2020年，晋江经济报社官微在抗疫第一时间传播晋江战“疫”的好声音、好故事、好消息，报道与疫情有关的10万+推文共有31条，其中有3条推文得到福建省网信办肯定，要求全省各级媒体微信公众号转发。晋江经济报社微博、今日头条、抖音等推出防抗疫情推文300多条（次），合计阅读量超过2000万人次。

【“晋江经验”报道】　2020年全国两会期间，晋江经济报社推出《牢记总书记嘱托　创新发展“晋江经验”》系列两会特稿，聚焦习近平总书记强调“‘晋江经验’现在仍然有指导意义”，2020年晋江广大干部群众牢记嘱托、艰苦奋斗、再创佳绩的生动实践。开辟《传承创新发展“晋江经验”扛旗领跑率先超越》专栏。

【围绕中心工作造势】　2020年，晋江经济报社开辟《做好“六稳”落实“六保”》《育新机　开新局》《奋战九十天　收官“十三五”》等专栏；策划推出的“寻找晋江城市烟火气”、文明城事问政团等系列报道；围绕社会热点，重磅推出的“晋江三勇士骑马救人”系列报道；推出的“请喝一瓶水”“致敬！高温下的劳动者”公益行动，并首次与龙岩长汀合作，推出“晋江长汀山海协作三部曲”。

【线上马拉松赛首创】　2020年，晋江市举办的2020卡尔美晋江国际马拉松线上跑吸引全国34个省级行政区的18多万名跑友报名，完赛83196人，创历届新高。

2020卡尔美晋江国际马拉松线上跑由晋江市人民政府主办，晋江经济报社承办，卡尔美体育总冠名，支持单位为晋江市跑步协会、晋江市健跑协会、晋江市长跑协会。受疫情影响，2020晋马采取线上跑的形式，打破参赛时间和场地的限制。这是晋马自2016年创办至2020年，首次举行线上跑。2020年12月

2020年12月，2020卡尔美晋江国际马拉松线上跑开启　　（晋江经济报社　供）

31日0:00:00至2021年1月6日23:59:59，设有5千米、10千米、21.0975千米（半程马拉松）3个组别。于2020年12月21日12时在咕咚App开启报名通道。推出晋马探路跑暨奔跑世中运、创意轨迹跑及跑量挑战赛3个配套活动。

【融媒体产品】 2020年，晋江经济报官微在清博指数排行榜中，多次处于县级融媒体第一名，10万+人次推文43条。晋江经济报官微推出一系列充满正能量的文、图、音频、视频报道。好平台+好故事"双好"效应叠加，讲述晋江好故事，传播晋江好声音；与市长专线微网站共同策划助力工商个体户复工复产建议征集、暑期学生安全隐患征集、"一盔一带"道路交通隐患征集、2021年为民办实事项目征集等，开通平台渠道让市民、网友发声；结合全市开展"一盔一带"守护行动，主动策划两场"交通问答千个头盔免费送"系列活动，并制作H5，访问量突破50万。拍摄的晋江首部《一盔一带校园情景剧》视频在腾讯、抖音等多个平台播放，提高市民的交通安全意识；抓住全国各地倡导节约粮食的契机，首次尝试条漫，推出《你，别瞧不起一只鸡》，以晋江特色、婚宴民俗风俗为切入点，以漫画形式体现，生动、形象、活泼，深受网友喜欢、点赞。

【小记者"宅家计划"系列活动】 2020年疫情期间，晋江经济报社推出小记者"宅家计划"系列活动，举办灯谜、闽南俗语、文学常识、诗词大会等各类线上答题活动23场，参与人数超过3000人次。针对网课学习，推出"晋江青少年近视防控科普讲座"，6期观看流量近12万。助力抗疫，举办《没有过不去的……》同题征文，以小记者视角书写疫情期间的所见所闻所悟。联合三峡晚报宜昌小记者团发起"云上传书、携手未来"两地小记者书信活动，并于"六一"前夕举行两地小记者微博直播见面会。致敬英雄，小记者采访李兰娟、给钟南山写信，并获得两位抗疫英雄的回信勉励。

【"晋江后浪"推出】 2020年，晋江经济报社年终大型策划"晋江后浪"，展现晋江企业与产业在充满各种不确定性的2020年中怎样创新与突围，为晋江经济高质量跨越赶超找寻密匙。策划借助视频、文字等多种形式，讲述晋江年轻一代企业家在2020年当中对于实体的坚守与创新。

（付 建）

·晋江广电网络·

【概况】 2020年，福建广电网络集团晋江分公司（简称"晋江广电网络"）按照集团"实施四大战略（电视+宽带、互联网+TV、质量+服务、改革+创新），做好做强四大板块（基础业务、智慧产业、融媒体、资本运营），做细做优四精管理（精细管理、精准营销、精品网络、精致服务）"的部署要求，坚守"对外以用户为中心，对内以员工为中心，部门为一线减负，后台为业务赋能"的"四为"理念，突出改革创新的工作主线，建章立制，优化队伍，弘扬正气，保持斗志，努力建设美丽公司、活力公司、高效公司和清新公司。晋江广电网络下辖14个镇（街道）广电网络站、13个标准营业厅。2020年晋江广电网络获评省广电网络系统优秀县（区）分公司。被评为"泉州市2017—2019年度文明单位"。

【广电惠民政策】 2020年，晋江广电网络与晋江市民政局、退役军人事务局联合，落实数字电视优惠政策，共为晋江市1116户重点优抚对象、46户"五老"对象、462户特困对象、4084户低保户减免基本收视维护费；为1080户重点优抚对象减免高清、互动电视、宽带服务费；为晋江市1061户困难学生家庭免费提供高清、互动电视和宽带服务。

【广播电视安全播输】 2020年，晋江广电网络对晋江市各前端存在的问题和安全隐患逐一排查，针对供配电进行不间断的演练，做好突发事件的应急措施和快速抢修工作。完成中共十九届五中全会等重大安播期广播电视安全播出保障工作。

【广电网络优化改造】 2020年，晋江广电网络成立网优小组，加强网络指标考核，提升宽带网络质量。持续推进广电双向网络建设，2020年完成4.5万个双向端口建设。成立工程验收小组，加强零星工程考核管控，零星工程费用比2019年下降40万元。

【完善管理制度】 2020年，晋江广电网络细化网优、干线、视频保障考核管理工作，持续对宽带网络进行优化，保障全市推流网、宽带信号稳定，做好各级防汛视频、财政视频、政务网视频会议保障。

（郭灿辉）

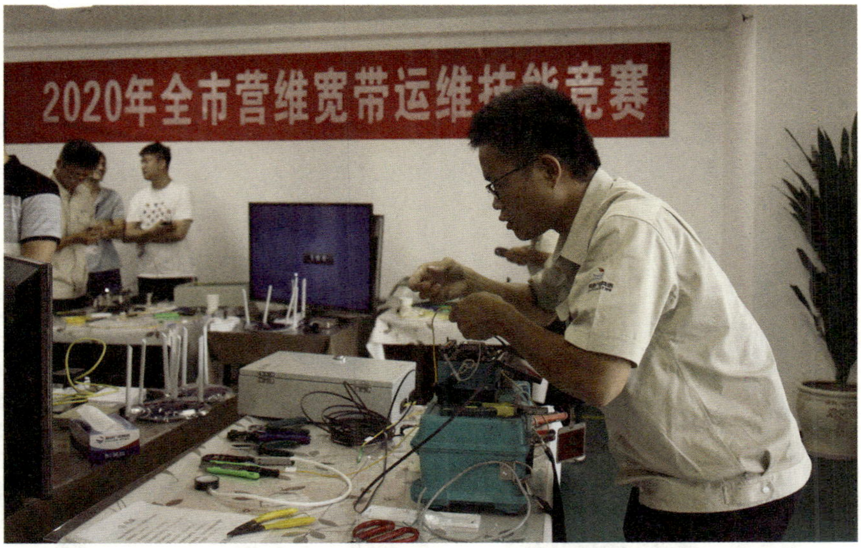

2020年9月11日，晋江广电网络开展2020年全市营维宽带运维技能竞赛

（晋江广电网络 供）

综　述

【卫生事业发展】 2020年，晋江市共有医疗卫生机构1106家。三级公立医疗机构2家(市医院为三级综合医院、中医院为三级甲等中医院)，二级公立医疗机构7家（其中妇幼保健院为二级甲等妇幼保健院，晋江市第二医院、晋江市医院晋南分院为二级甲等综合医院，陈埭中心卫生院、磁灶中心卫生院、东石中心卫生院、英墩华侨医院为二级乙等综合医院)，其他镇卫生院9家，街道社区卫生服务中心6家，晋江经济开发区卫生服务中心1家，第三医院(精神卫生中心)1家，市疾控中心1家，卫计执法大队1家，卫生进修学校1家，急救中心1家，市口腔医院1家(未定级)，镇卫生院分院3家（晋江市磁灶镇中心卫生院张林分院、晋江市池店镇卫生院桥南分院、晋江市英林中心卫生院伍堡分院)。民营医疗机构379家，其中医院26家、门诊部54家、个体诊所299家；2020年新设置98家。社区卫生服务站112家，村卫生所581家。编制床位4282张，实有床位8144张，开放床位6444张，各类卫技人员7725人(不含乡村医生472人)。其中，执业(助理)医师3259人，注册护士2965人，药剂师440人，技师(含检验人员)455人，其他卫生技术人员606人。全市千人卫技人员数3.64人，千人床位数3.85张。全市医疗卫生机构接诊673.20万人次，出院病人9.88万人次。

(黄保驾)

【卫健硬件标准化建设】 2020年，晋江市卫健局开展补改提“八大行动”。持续推进新一轮医疗卫生单位硬件标准化建设，启动新一轮医疗卫生单位硬件标准化建设。“十三五”期间，晋江市卫健局共牵头策划生成卫生建设项目37个，完成投资24.19亿元，完成市医院迁建、市口腔医院(一期)、磁灶中心卫生院、内坑镇卫生院、紫帽镇卫生院迁建等19个建设项目，新增建筑面积29.53万平方米，新增床位3864张，实有床位8144张。

(施荣盼)

【医疗服务改善】 2020年，晋江市卫健局开展“暖心服务”三年行动，在9家二级及以上公立医院设置医院服务中心，全市推行叫号提醒、急诊首诊、夜间

晋江市中医院门诊大楼(2020年摄)　　(市卫健局 供)

门诊和“先诊疗后结算”等便民措施，在全省满意度调查中，晋江市位居泉州前列，其中市第二医院满意度调查位居全省第五、泉州第一。全市二级及以上公立医院服务中心设置率达100%，自助服务设施设备配置率达100%，提供医技结果查询、自动打印报告等互联网运用技术达100%；三级综合医院医技检查集成预约率达100%，院外预约提醒信息（电话）推送率达100%。2020年，市医院神经外科、重症医学科、普通外科、心血管内科、病理科入选福建省县级医院临床重点专科，全市拥有省级重点（特色）学科13个，泉州市重点学科6个，晋江市级重点学科9个。推进家庭医生签约服务工作，户籍人口签约617644人，签约率为52.51%；重点人群签约172338人，签约率为52.73%。

（黄保驾　苏远连）

【慢性非传染性病综合防治】 2020年，晋江市实现19个镇（街道）媒生物监测全覆盖。加强慢性病综合防治工作，开展心血管病高危人群早期筛查项目和居民慢性阻塞性肺疾病监测，持续巩固省级慢性非传染病综合防控示范区建设；试行“医患合作、患者互助、自我管理”的干预措施，以家庭医生签约为基础，组建慢病患者自我干预小组223个，为慢病患者搭建交流平台，加强患者自我管理保健。推行严重精神障碍患者网格化服务管理工作。全市划分网格884个，配备专兼职社区网格员903名、村医网格员437名、民警网格员178名。晋江市第三医院为每个镇（街道）配备1~2名挂钩联系精神专科医生。在晋江市医院、磁灶中心卫生院、灵源街道社区卫生服务中心增设3个精神门诊；开通24小时心理援助热线；晋江市第三医院院内危房改造项目投用；推进职业健康检查机构建设。指导晋江市医院、中医院通过职业健康机构资质认证，具备检测五大类职业健康检查项目资质。

（苏远连）

【医疗信息化水平提升】 2020年，晋江市智慧卫生信息二期—1项目竣工验收，完成三级等保备案、测评，结合实施世行贷款医改促进项目福建省县域医疗卫生信息项目（泉州统一组织，晋江通过初步验收），完成26家公立医疗机构双向转诊、区域影像等系统应用培训，全市26家公立医疗机构信息数据基本实现互联互通。实施智慧卫生信息平台云资源迁移项目，云资源迁移基本完成，进行国产密码设备上线应用。推进智慧卫生信息工程暨电子健康卡（多码融合）项目，完成项目招投标等前期工作。

（施荣盼）

【卫生项目建设】 2020年，晋江市卫健局规划建设项目20个，累计申请到上级资金2.36亿元用于支持项目建设（2020年地方政府债券1亿元、2020年抗疫特别国债资金1.27亿元、2020年中央预算投资900万元），累计完成投资4.58亿元。其中，晋江市医院迁建、晋江市口腔医院一期、晋江第三医院病人康复活动场所、青阳街道社区卫生服务中心建设、深沪镇卫生院装修改造项目、内坑镇卫生院迁建、紫帽镇卫生院迁建、罗山街道社区卫生服务中心搬迁等8个项目建成，新增床位1692张。加快东石中心卫生院后勤保障楼、晋江市医院晋南分院医疗综合楼、第三医院改扩建、龙华康复医院（民营）、百大妇产医院（民营）等5个项目形成更多实物量；推进晋江市医院晋中分院、新塘街道社区卫生服务中心迁建、疾控中心实验室扩建、妇幼保健院搬迁、“120”急救能力提升、晋东医院、晋江经济开发区院区改造等7个项目前期工作。引导民营医疗个体专精发展，2020年新增口腔专科门诊部11家、个体诊所68家（口腔专科类35家、中医类15家、全科等其他类18家），累计投资4000余万元。

（施荣盼）

【“十四五”卫健事业谋划】 2020年，晋江市卫健局提早谋划“十四五”晋江市卫生健康事业，印发《“健康晋江2030”行动规划》，配合晋江市发改局等部门编制《晋江市国民经济和社会发展第十四个五年规划纲要和二〇三五年远景目标》以及上级卫健委“十四五”卫生相关专项规划。启动晋江市“十四五”卫生健康领域专项规划编制工作，会同相关部门和各镇（街道）、晋江经济开发区及各医疗卫生机构，策划、筛选、论证一批优结构、提效益、促发展建设项目、储备项目，强化规划项目支撑，并聘请上海复旦大学罗力教授团队为晋江市编制《晋江市“十四五”卫生健康事业发展专项规划》《晋江市“十四五”深化医药卫生体制改革规划》《晋江市中医药健康发展规划（2021—2025年）》等3份规划。

（施荣盼）

【审批服务优化】 2020年，晋江市卫健局做好审批服务规范化、标准化工作，按照审批事项“三集中三到位”的要求，规范办事流程，压缩审批时限，简化审批环节，精减申报材料，梳理“一趟不用跑”和“最多跑一趟”的办事清单，确保审批事项各个环节严格规范。2020年，共依法受理审批办件22232件。其中审核办结各类计生证明12268件，发放供水单位卫生许可证4家，发放公共场所卫生许可证1398家，医疗机构设置及执业许可328家，放射诊疗许可证278家，放射工作人员证156件，医疗广告审查证明113件，医师执业注册4231件，护士执业注册3456件，乡村医生注册506件。

（童方杰）

【重大活动医疗保障】 2020年，晋江市卫健局按照第18届世界中学生运动会总体方案以及新冠疫情防控要求，借鉴南京、杭州、成都等地经验，形成《医疗卫生保障总体方案》和医疗保障、疾病防控、卫生监督、卫生应急、突发事件处置、新冠疫情防控应急预案等“‘1+6’医疗卫生保障方案（第五稿）”。优化升级大型活动（赛事）医疗卫生保障指挥子系统和大型活动公共卫生平台，实现任务指派、角色分配、急救物资药品线上管理、急救信息实时传输、健康申报、症状和疾病监测、物资管理、隔离点管理等一体化智能管理，标志着大型活动（赛事）医疗卫生保障进入智能化时代。定期对第18届世界中学生运动会赛事场馆（酒店）及周边重点公共场所、医疗卫生机构布雷图指数、“四害”密度控制水平以及生活饮用水开展监测、评估和卫生监督。

（郭伟坛）

医疗卫生体制改革

【紧密型医共体建设】 2020年8月，晋江市卫健局出台《晋江市紧密型医疗卫生共同体建设实施方案》，以晋江市医院、中医院、第二医院三家市级医院为牵头医院，根据医院服务能力和辐射范围科学规划建设3个紧密型县域医共体，出台行政、人事、财务等6个一体化指导方案，实现医共体内资源高效整合，构建“3+4+5+X”的医疗卫生资源格局。推动“六大中心”建设，依托3个医共体建成消毒供应、心电诊断、临床检验、医学影像、病理检验和远程会诊“六大中心”，面向全市医疗卫生单位提供集约化服务。医共体牵头机构实施慢病管理服务下沉工作，在梅岭等院区设立慢病门诊，以高血压、糖尿病、恶性肿瘤等常见特殊病种为抓手，安排相关科室专家定期坐诊，推动慢性病患者下沉基层医疗机构就诊管理。晋江市医院在梅岭院区建立日间化疗中心。收治病情相对稳定、既往有治疗史，维持治疗中肿瘤化疗、靶向治疗或内分泌治疗的病人，推动肿瘤化疗病人下沉基层医疗机构管理。晋江市中医院成立慢病管理中心，对出院慢病患者定期随访，引导医共体辖区内慢病患者到基层单位就诊。

（陈志彬）

【公立医院综合改革】 2020年，晋江市在晋江市医院等5家公立医院试点现代医院管理制度建设，实行院长年薪制和工资总额，完成医院章程、专家委员会和13项制度（医疗质量安全管理、人才管理、后勤保障服务、预算管理等制度）建设，通过委托会计师事务所派驻总会计师方式，提高医院财务管理水平，推动“专家治院、制度管院”，晋江市中医院成为首批福建省、泉州市现代医院管理制度试点医院，市医院成为泉州市现代医院管理建设试点、章程制订试点。5家试点医院现代医院管理制度建设平均完成率达96%。实施院长年薪制，出台2021年度院长年薪制管理规定和考核规定，完成2020年度院长年薪制考核工作，5家医院院长年薪制试点医院年度考核结果均高于90分，达到优秀等次。强化医改重点指标监测。坚持每月评估分析26个医改重点监测指标、12个世行贷款医改促进项目关联指标和6个政府绩效考核医改成效指标的运行情况，及时组织对薄弱、滞后指标进行分析研讨，形成对策；医疗服务收入占比、药品耗材占比等多个医改指标居全省前列。2020年9月，2019年度世行贷款医改促进项目通过国家专家组现场验证，12个指标全部达标。

【人事薪酬制度改革】 2020年，晋江市全面推行“市管镇用”机制。晋江市卫健局出台《晋江市公立医院人员总量控制备案管理暂行规定》，在市医院等7家公立医院试点人员总量备案制管理。设立晋江市基层卫技人员服务中心，统筹全市卫技人力资源，并将紧密型医共体内的人力资源由牵头医院统筹管理和统一调配使用，推动医共体牵头医院实施名医专家、管理骨干、高年资医师三类优质资源下沉，促进医共体成员单位之间人员合理流动，提升基层管理服务能力。试点推进薪酬制度改革。按照院长年薪制考核结果和《晋江市公立医院工资总额管理暂行规定》，完成5家试点医院的总额核定和发放。落实“两个允许”（允许医疗卫生机构突破现行事业单位工资调控水平，对医疗卫生机构单独制订绩效工资总量核定办法。允许医疗服务收入扣除成本并按规定提取各项基金后主要用于人员奖励，在核定的绩效工资总量内合理提高人员奖励水平）要求，出台《晋江市推进“一类保障、二类管理”薪酬制度改革工作方案》，在晋江市妇幼保健院、晋江市第三医院试点“一类保障、二类管理”薪酬制度改革，科学核定试点医院绩效总量，实行“多劳多得、优绩优酬”。统一医共体内各成员单位的人员绩效评价和分配办法，在核定工资总额内，充分考虑不同类别单位的差异性，合理确定各成员单位的绩效工资水平，建立医共体内人员统一的绩效考核评价和薪酬分配体系，做到多劳多得，优绩优酬。

【医保制度改革】 2020年，晋江市卫健局主导推进医保基金总额预算管理工作，建立卫健医保部门联席会议制度和医保付费方式改革谈判会商机制，在3个医共体实施医保基金打包支付。持续推进按病种收付费为主的多元复合式支付方式，指导晋江市中医院开展DRG收付费试点工作。探索在第三医院、乐康医院推行按床日收付费试点工作。推进药品耗材采购改革。落实跟进国家、福建省组织药品集中采购和使用改革，超额完成国家第一批药品集中带量采购任务，完成约定采购量的210.43%，药品价格平均降幅达52%，为晋江市群众降低药费负担2381.78万元。开展医疗器械（医用耗材）阳光采购结果全省共享工作，指导9家二级以上公立医疗机构落实高值医用耗材集中采购。创新耗材采购形式，发起成立全省首个松散型医用耗材采购联盟，以自愿组合、抱团谈判、共建共享为目标，设计专门采购网站，通过联合带量、以量换价、集中采购，有效降低采购价格，开启医用防控物资团购模式。自2020年5月成立，联盟成员单位从17家扩容至114家，医用耗材单品价格累计平均降幅达56.62%。探索创新智能稽核工作。建设晋江市医保结报智能审核系统，构建事前预警、事中跟踪、事后稽核、机构申诉等信息化监管机制，智能审核系统得到福建省医保局肯定。建立医保定点药店云端监控系统，实现全天候可监管，破除稽核查处取证难问题。打造多层次医疗保障体系。实施基本医保、大病保险、医疗救助的三重医疗保障体系，落实生育保险与职工基本医保合并实施。关心关爱医护人员，将财政差额拨款医疗卫生单位纳入晋江市公务员医疗补助统一管理。制定《晋江市城乡居民医保25种特大病种报销标准》，将25种特大病种分为两大类，实行转外就医差别化补充报销比例。以“打造长期护理保险‘医养康融合’晋江模式，拓展‘晋江经验’民生保障内涵”为目标，出台《晋江市长期护理保险试点工作暂行规定》，做好经办商保机构选择、信息系统建设、评估标准制订、服务清单开发、护理机构选择、开展服务试体验等工作，成为全国首个以县域为单位开展长期护理保险试点的县级市。推进村级医疗机构标准化建设和一体化管理，完成全市一体化卫生所286家标准化建设，实现医保“村村通”。

（陈志彬）

【世行贷款医改促进项目】 2020年，结合晋江市医改工作实际开展情况，按时完成国家卫生统计信息网络直报网月报、快报等报表报送，进一步完善区域医疗“六大中心”信息化建设，完成第三批世行贷款医改促进项目资金119万元申请。

（施荣盼）

【医疗质量管理改革】 2020年，晋江市二级及以上医疗机构建立健全医院质量管理委员会组织体系，包括医疗质量与安全管理委员会、伦理委员会、药事管理与药物治疗学术委员会、医院感染管理委员会、病案管理委员会、输血管理委员会、护理质量管理委员会等。定期研究医疗质量管理等相关问题，记录质量管理活动过程。职能部门履行指导、检查、考核、评价和监督职能。各业务科室相应成立医疗质量管理小组。其他医疗机构设立医疗质量管理工作小组或者指定专（兼）职人员，负责具体管理工作。健全医疗质量安全管理制度，细化18项医疗质量安全核心制度检查细则，定期组织开展医疗质量安全检查。完善院内耗材准入遴选机制，更新医用耗材管理制度，定期跟踪分析耗材采购使用情况。加强医疗技术临床应用管理，推进临床路径管理，落实患者安全管理，及时发现医疗质量和安全隐患，提升医疗安全水平。

（黄保驾）

公共卫生体系建设

【概况】 2020年，晋江市完善突发公共卫生事件应急处置体系、疾病预防控制体系、卫生监督综合执法体系、医疗救治体系和公共卫生信息系统等公共卫生体系建设，建立健全卫生应急机制。并在疫情防控全过程加以检验和调整。开展健康讲座224场次，建立居民健康电子档案1849953份，建成“120”指挥中心1个，分中心4个，成立心理干预队伍8支，开展应急演练7次，全市传染病例登记2100例。

【公共卫生服务项目】 2020年，晋江市卫健局制订《2020年晋江市基本公共卫生服务项目实施方案》和《2020年晋江市基本公共卫生服务项目绩效考核方案》，明确职责分工和年度目标任务，市、镇、村三级纵横联动机制顺畅，季度督导和指导落实到位，问题反馈和整改机制基本落实。晋江市专业公共卫生机构全面参与项目工作，发挥公共卫生指导团队的技术支撑作用。各基层单位均结合实际细化实施方案，制订工作计划，完善多部门沟通协调机制；推进家庭医生签约服务工作，全科团队日趋完善；深化卫计整合内涵，整合镇村计生服务资源，优化人口健康员职责，提升基本公共卫生服务力量；加强业务指导工作，明确镇、村两级职责，量化村卫生室考核内容，加强村级督导管理；绩效考核稳步推进，考核奖惩逐步兑现，项目质量和群众满意度均有较大提升。设置健康教育宣传栏，向居民提供健康教育宣传材料、健康教育咨询和讲座服务。全市设置更新宣传栏134期，医疗机构每天播放音像资料4.95小时；开展公众健康咨询活动165场次，参加咨询16662人次；开展健康知识讲座224次，参加16358人次；印发宣传材料83.7万份；居民电子健康档案共计1849953份，电子建档率达87.3%；65岁及以上老年人健康管理63744人，健康管理率达68.33%；2020年高血压、糖尿病患者分别建档74525份、30165份，健康管理任务数完成率分别达到62.1%、73.57%；2020年严重精神障碍患者健康管理8993人，检出率4.26‰，管理率89.3%，规范管理率82.48%；全市新生儿访视率95.29%，产后访视率93.23%，辖区内接受13次及以上随访的0～6岁儿童102212人次，0～6岁儿童健康管理率95.58%，高危孕产妇管理率100%；各基层医疗卫生单位登记传染病病例2100例，报告率和及时报告率均保持在较高水平。

2020年，晋江市9家基层医疗卫生单位承担泉州市居民健康素养监测工作，工作人员深入社区（村）开展健康素养调查，共收回有效问卷900份，健康素养水平为18.11%（国家卷）。

（苏远连）

【卫生应急体系建设】 2020年，晋江市新增深沪急救站及池店仕春急救站，增配7辆负压转运车，建设手机定位服务，对呼入的求救号码实行较为精准的位置定位。建成1个“120”急救指挥中心、4个急救分中心、11个急救站，配置急救车44辆（监护型37辆、负压转运型7辆），实现实时定位监控和高效调度，急救能力得到大幅提升，急救反应时间提升至14分22秒。完善应急预案体系建设。晋江市卫健局出台《晋江市应对新型冠状病毒感染的肺炎疫情应急预案》《晋江市应对冬春季新冠肺炎疫情应急预案》等专项预案，指导新冠疫情应急处置。优化卫生应急队伍结构，更新晋江市突发公共卫生事件专家咨询委员会，对原有应急队伍按职能重组，组成紧急医学救援、突发传染病防控、突发化学中毒处置、核辐射应急处置、卫生监督、心理干预等8支卫生应急队伍，提高队伍的应急反应和处置能力。2020年晋江市人民政府投入2227万元建立委托晋江市医药公司建立应急医疗物资储备库，完善应急物资储备，储备足够的应急物资；修订《晋江市卫生应急基本物资储备参考目录》《晋江市卫生应急队伍装备参考目录》，下拨专项经费207万元，完善物资和队伍装备。2020年新冠肺炎疫情发生后，晋江市立即启动应急调配机制设置临时调配库，统筹卫健系统防控物资，优先保障防控一线，出台《晋江市新型冠状病毒感染的肺炎疫情防控后勤保障工作方案》和《晋江市卫健系统秋冬季新冠肺炎疫情物资保障工作方案》等文件，建章立制，明确物资管理、调配、采购、申请程序。2020年全市医疗卫生单位制订储备清单，并按计划储备。通过报表对各医疗卫生单位防控物资动态监测管理。市医院牵头泉州市县域公立医院组成医用耗材采购联盟，采用联合带量、以量换价、集中采购模式与66家提供防控物资的医用耗材生产商竞价谈判，使防护物资降价幅度达到40%~66.25%。修订《晋江市防汛防台风卫生应急预案》，制定防汛防台风应急物资目录，建立局领导挂钩制度，提升防汛防台风能力。依托医疗卫生单位组建21支市、镇两级卫生防疫队，开展汛前大排查和汛期大检查，开展3次台风、2次寒潮的应急处置。2020年结合疫情防控举办紧急医学救援包、突发事件心理应急处置、重点传染病防控、突发中毒卫生应急处置等市级培训班7场次，培训500余人次，组织开展新冠疫情应急处置、大规模人群核酸筛查检测、急性氨气中毒事件卫生应急处置等实战演练3场次，开展新冠疫情应急处置、大规模人群核酸筛查检测、心理危机干预桌面推演3场次。晋江市卫健局在重点场所再投放50台AED（便携式体外除颤仪），新增50个“安心场所”，全市建成66个“AED安心场所”，持续推进应急救护知识“六进”活动，累计培训10万余人次。2020年，晋江市建立卫生应急考评机制，首次对各医疗卫生单位卫生应急工作开展考评，考评结果纳入院长年薪考核。

（郭伟坛）

【防病意识提升】 2020年，晋江市卫健局常态化开展“三减三健”专项行动：晋江教育局组织各健康学校开展健康口腔、减糖专项行动；晋江市市场监督管理局组织各健康食堂、健康餐厅开展减盐、减油专项行动；梅岭街道办事处组织辖区内各健康社区开展健康骨骼专项行动；晋江市卫健局组织各健康单位开展健康体重专项活动。2020年，晋江市卫健局借力宣传媒介，构建传播平台。依托《晋江经济报》“婚育新风和健康专栏”栏目，每周刊发1期卫生健康知识专题宣传，共投稿出刊22期；与晋江电视台合作，在节假日或重点传染病流行期间，电视台对公众疫情防控个人防护健康提示进行报道22场次；联合制作疫情防控宣传情景剧和广播，共制作疫情防控宣传情景剧11部、广播节目4个；依托晋江市疾控中心微信公众号和“健康晋江”微信平台，刊出212篇健康信息和12篇月健康提示，方便网民阅读到最新的疾病防治知识。发挥讲师团优势，提供健康课程服务。结合晋江市实际，组织健康教育讲师进机关、学校、社区和企业等四类重点场所，开展健康生活方式、传染病防治、除“四害”、艾滋病等疾病防控知识讲座活动。2020年，讲师团共开展59场进学校、企业、社区等授课活动，受益8300余人次。在各主要卫生日期间，围绕宣传主题与口号，组织人员开展健康教育宣传活动，受新冠肺炎疫情的影响，活动主要通过远程视频讲座、专题访谈、有奖问答、微课、知识竞赛、咨询等形式，共组织开展健康宣传活动12场，参与活动约6200人次。根据新冠肺炎疫情防控的需要迅速开发制作具有科学性、实用性的宣传折页2种、墙报3种。2020年，共发放新冠疫情防控宣传墙报31265张、折页14.15万份。

（苏远连）

【健康服务项目拓展】 2020年，晋江市为全市离休干部、“5·12”退休干部、处级（含享受）退休干部、全市在职干部、退休干部进行健康体检，体检29208人。建立1019份重点保健对象体检健康电子档案。在晋江市医院、中医院、第二医院、晋南分院4个基地（定点）医院设立保健办，提供全方位健康管理。出台《关于建立干部保健联络制度延伸健康体检服务的通知》文件，建立干部保健联络工作制度。晋江市医院、晋江市中医院、晋江市第二医院和晋江市医院晋南分院分别组建干部保健团队，共77人，分片区为干部职工提供全方位服务。提供就医绿色通道。体检医院为干部提供专用就医通道，指定联络专员服务，简化院内就诊流程，为重点保健对象提供优先、优质、快捷、便利的就医就诊服务。提供暖心服务。根据体检单位实际，体检医院远程或者到单位现场为干部开展检前服务，指导选择体检项目，并以短信、微信或电话等形式提醒体检时间和检前注意事项；通过线上小程序体检报告查询或邮递到家的方式将体检报告送至干部手中，并通过电话等方式开展体检回访；组织多学科专科专家咨询团队，进驻单位为干部提供体检报告解答9场次，为干部提供全流程个性化服务。提供健康咨询服务。干部保健团队通过微信、电话等方式向干部提供个性化健康咨询，普及健康咨询。针对行动不便的干部，组织专员定期到家为其开展体检和健康咨询等家庭巡访14人次。开展健康宣传活动。针对干部关心的健康管理、健康老龄化、预防心脑血管病、预防颈椎腰椎病等医学问题进行健康普及教育23场。晋江市医院成立线上健康大课堂，拍摄20多个优质的健康视频，通过健小管的抖音号来普及健康知识和科学锻炼方法。加强干部慢病管理。市医院推出慢病人群饮食和运动干预，通过微信、App等形式对运动、饮食等生活方式动态打卡，养成系统评估干部生活方式，科学指导干部健康的生活习惯。

（郭伟坛）

医政管理

【概况】 2020年，晋江市卫健局持续建立健全医疗质量控制体系，改善医疗质量管理制度，加强医疗技术临床应用管理，落实患者安全管理，发挥晋江市医院院感质控中心、急诊急救质控中心作用，筹备建设临床用药质控中心等；指导、督促各医疗卫生机构落实医疗质量关键环节、重点部门管理标准与措施，防范、控制医疗风险，及时发现医疗质量和安全隐患，提升医疗安全水平。加强药品安全管理。严格麻醉药品、第一类精神药品管理，组织举办麻醉药品、第一类精神药品使用和管理培训班，加强临床合理用药监测，做好辅助药物等重点监控药品的临床使用评价，严格落实药品用量动态监测和超常预警机制、不合理处方进行院内通报和点评制。开展抗菌药物临床应用专项整治活动，关注重点药品使用监管，定期向晋江市卫健委报送抗菌药物使用管理情况。强化医疗风险和安全意识，全面加强医疗质量管理，二级及以上医疗机构均落实医院、科室的质量管理责任体系，制订落实医院质量与患者安全管理方案，定期专题研究医院质量和安全管理工作，建立医疗质量安全岗位目标责任制，签订责任状，将工作责任、管理措施、奖惩规定落到实处，一级医疗机构参照执行。对外对接高端医疗资源，深化辖区内医疗机构与20余家省内外三级医院、高等院校的协作内涵；对内推进医共体、医联体建设，持续提升医疗服务质量和水平。对接上海市第六人民医院，2020年7月31日，上海六院张长青名医工作室在晋江市医院常态化运作；9月22日，福建省人民政府与上海六院签署合作共建协议，在晋江市医院合作共建国家创伤区域医疗中心。

【医患关系构建】 2020年，晋江市卫健局贯彻落实《福建省医疗纠纷预防与处理办法》《泉州市医疗纠纷预防与处置规定》，推进“平安医院”创建活动，落实医疗纠纷预防与处置“五位一体”工作机制，加强医院内部安全防范能力建设。根据《晋江市医疗纠纷突发事件应急处置工作预案(试行)》,按照分级响应原则妥善处理晋江市医疗纠纷。通过引导鉴定、调解等方式,全年妥善处置各类医疗纠纷21起。

(黄保驾)

【抗疫医务人员关爱】 2020年,晋江市卫健局关心关爱抗疫一线医务人员:全面落实薪酬待遇,及时向抗疫一线医务人员发放临时性工作补贴;做好工伤待遇落实和保险保障,2020年,晋江市投入47.33万元为全市公立医院5916名医务人员购买医疗意外险;开辟职称评聘和人员招聘绿色通道,对援鄂抗疫的郭龙燕、张丽碟两位医务人员以及到泉州定点医院的医务人员优先晋级聘任;一线考察识别使用干部,对疫情防控表现突出的7人给予重用或提拔;按上级要求核增各医疗卫生单位2020年度考核优秀等次比例,优秀等次向疫情防控工作一线表现突出人员倾斜;对在疫情防控一线表现突出的人才,给予优先支持参评各级各类人才项目遴选,优先资助进修培训,优先推荐申报科技计划项目等,对积极参与疫情防控工作并表现特别突出的15位优秀一线医务人员,破格认定为优秀人才并享受相关优秀人才待遇。

【卫技人才引进】 2020年,晋江市卫健局多渠道引才实施"名医引进"计划,协助推进医疗卫生单位利用现有渠道引进人才。2020年,引进高职称卫生人才3人;推动吸引国内外高水平大学毕业生专项行动,通过公开招聘,吸引到硕士研究生36人;依托晋江市医院成立的院士专家工作站和名医工作室进行"聚才共享",签约8位院士和10位名医专家入驻,依托晋江市中医院成立的名医工作站签约5位名医专家,在晋江市中西医结合医院设立的首个基层名医工作站,签约上海、福州、泉州等三甲医院专家11人,其中主任医师7人,副主任医师4人,包括医学博士6人,定期提供高水平坐诊、带教、手术等活动;晋江市有11家医院与全国45家省内外三级医院建立协作关系,用好医院人才发展专项资金、镇级卫生健康人才发展基金等经费,对接泉籍名医专家。

【人才政策落实】 2020年,晋江市卫健局全面贯彻泉州人才"港湾计划",全面落实人才政策,组织开展人才政策解读培训,指导各医疗卫生单位人才申报认定,做好卫生人才住房补助、生活补助、交通补助等政策待遇指导和申报;为泉州市高层次医疗卫生人才和晋江市优秀卫生人才提供医疗保障服务,推行高层次人才"4+N"医疗服务,在晋江市医院、晋江市中医院、晋江市第二医院等3家市直公立医院为高层次人才开通绿色通道,提供专人专线服务、专组专档管理、住院暖心服务、深化体检服务等4项规定项目,人才家属提供服务延伸、名医坐诊号源预留、医疗服务精准宣传、人才定期走访关怀等N项自选项目。为高层次人才提供优质便捷的医疗卫生服务。实施卫生人才孵化提升工程。设立卫生人才素质提升专项补助资金,制订《晋江市卫生人才素质提升工程实施方案》,实施卫生素质人才提升工程,分批次组织各医疗卫生单位的年轻医疗卫生专业技术人员152名到上级医院住院医师规范化培训,鼓励各医院选派优秀医务人员到上级知名医院进行进修学习,提升专业技术水平,带动医院学科建设和发展,2020年共238名医务人员参与进修学习。

【人才管理机制创新】 2020年,晋江市探索"市管镇用"人才管理机制,通过推动医共体建设,建立紧密型医共体,由牵头医院对成员单位人才统筹管理使用,逐步实现紧密型医共体成员单位人员招引招聘、岗位设置、职称聘任、薪酬分配等人力资源管理一体化。试点一类保障二类管理薪酬制度改革。出台一类保障二类管理试点方案,在晋江市妇幼保健院、晋江市第三医院启动试点并指导两家医院制订院区薪酬分配和绩效考核方案,推动多劳多得、优绩优酬。试点卫生人才成长管理制度改革。发挥卫生健康人才发展基金激励作用,在市中西医结合医院试点建立一套完整的人才成长管理制度,搭建培育引进优秀卫生人才平台,择优分批选派18人次到上级医院进修培训,为群众提供优质医疗服务1300多人次。

(颜呈坊)

【乡村卫生服务管理一体化】 2020年,晋江市卫健局按照保基本、全覆盖的要求,通过全面调查摸底和严格审查,将全市纳入乡村卫生服务一体化管理村卫生所(社区卫生服务站)全面实施国家基本药物制度和药品零差率改革,并实现行政村(居)全覆盖。

【乡村医生多渠道补偿机制】 2020年,晋江市村级医疗卫生机构(含个体诊所)960所,卫技人员1887人。全市村级卫技人员中执业医师555人,占29.41%;执业助理医师222人,占11.76%;乡村医生467人,占24.75%;其他人员643人,占34.08%。2020年,晋江市决定对晋江市原有补助标准进行调整。建立退出长效补偿机制。凡是从事农村医疗卫生工作满40年(1970年12月31日前进入农村合作医疗站工作),男年龄达70周岁、女年龄达65周岁且在岗在册乡村医生,《晋江市乡村医生养老保障补助实施意见(修订)》实施后,不再从事农村医疗卫生工作或离开工作岗位的,仍可继续享受相应补助标准。至12月底,全市完成发放乡村医生养老保障补助和岗位津贴合计271.62万元,享受补助1151人。

(马红)

【医疗安全督查】 2020年,晋江市卫健局成立由晋江市卫健局主要领导担任组长、分管领导担任副组长的卫健系统安全生产专项整治三年行动领导小组和安全隐患大排查大整治领导小组,晋江市卫健局党组9次听取安全生产工作汇报,研究协调推进各个时间节点的安全生产工作。特别是在"3·7"鲤城欣佳酒店坍塌事故和"8·8"陈埭西坂火灾事故发生后,及时召开专题会议,传达中共晋江市委、市政府关于安全生产的工作要求,部署卫健系统安全隐患大排查大整治百日攻坚行动和安全生产专项整治三年行动工作。落实监管责任。按照《晋江市卫健局关于健全强化安全生产"党政同责、一岗双责"工作机制的通知》,完善"26号安全生产检查日"工作机制,做好每个月"26号安全生产检查日"活动。晋江市卫健局主要领导带队到部分医疗卫生单位开展安全生产检查4次,督促市医院、中医院、市第二医院、深沪镇卫生院等单位落实房屋、消防隐患的整改工作。压实主体责任。制定出台《晋江市卫健局关于印发〈晋江市医疗卫生机构安全生产责任制记分管理制度(试行)》的通知》,完善“15号安全生产检查日”工作机制,召开4次季度防范重特大生产安全事故形势分析会,邀请晋江部分医疗卫生机构在季度会上汇报安全生产专项整治三年行动、安全隐患大排查大整治百日攻坚行动和“15号安全生产检查日”等落实情况,组织全市各医疗卫生机构对照《企业安全生产主体责任落实情况自查指引导则(试行)》开展主体责任落实情况自查自纠。2020年,晋江市卫健局制订《卫健系统安全隐患大排查大整治工作方案》和《卫健系统安全生产专项整治三年行动实施方案》,督促各医疗卫生单位、民营医疗机构建立“隐患清单、整改清单、销号清单”,实现隐患“一抓到底,见底清零”。2020年9月17日,召开卫健系统安全生产暨应对重大风险专题研讨班。2020年晋江市卫健局完成晋江市房屋安全整治办公室确定的房屋隐患整改工作,邀请监理工程师指导检查房屋隐患整改,完成新塘街道社区服务中心宿舍楼、晋江市医院晋南分院教学楼、中山街旧院区、晋江市疾控中心原卫生防疫站、晋江市第三医院宿舍楼(480平方米宿舍楼、560平方米宿舍楼)、英墩华侨医院综合洗衣房等7宗晋江市确定重大隐患拆除工作,将计生服务站移交文旅集团,晋江市医院晋南分院南浔村旧院区纳入龙湖镇房屋整治“应保尽保”名单中。消防安全方面,开展2020年卫健系统消防综合整治行动、消防安全隐患大排查大整治、消防安全专项整治三年行动等整治,组织第三方安全技术顾问等专业力量开展卫健系统“行业+专业”大排查和“行业+专业”安全隐患专项摸排工作,分别累计发现整治284条和360条隐患,下发206份交办通知和复查反馈意见。结合“行业+专业”大排查,督促各医疗卫生单位、民营医疗机构排查危化品使用、燃气安全、防汛防台等隐患排查整改。联合晋江市市场监督管理局,开展卫健系统特种设备专项整治工作,重点排查是否存在未办理使用登记的特种设备,督促各医疗卫生机构加强特种设备管理,及时到晋江市市场监管局登记,并且定期检查安全联锁装置是否完好有效、安全阀铅封是否完好并在检验有效期内、作业人员是否持有效的特种设备作业人员证并掌握安全操作技能等。

(黄育龙)

【麻醉药品、第一类精神药品监督管理】 2020年,晋江市卫健局加强对麻醉药品、第一类精神药品使用环节的日常监管,及时发现管理漏洞,随时纠错整改,杜绝麻醉药品、第一类精神药品流弊;部门间加强沟通协调,采取对麻醉药品、第一类精神药品协同监管的方式和措施,共同应对和处理麻醉药品、第一类精神药品监管和安全管理突发事件;加强规范培训和考核工作,提高相关人员守法意识和业务水平。

(黄保驾)

【精神卫生】 2020年,晋江市卫健局推进市第三医院建设,优化就诊环境。加快对晋江市第三医院院区的规划设计,及时形成全院规划设计方案,并于4月完成项目设计招标,10月动工建设。项目总投资预算约2.5亿元,总建设面积为41268.83平方米,设置医疗床位600张。

晋江市第三医院组建新冠疫情防控心理危机应急干预队伍;开通24小时疫情心理援助热线,为在疫情防控中有心理困顿的人员提供免费的心理援助服务,全年共提供服务1627人次,心理危机干预13人次;开展3轮次医务人员心理健康调查,共4000多人次参与,分析疫情下对医务人员心理健康状态并制订相应干预措施;晋江市第三医院医生潘洪润获得中共福建省委宣传部、福建省卫健委、福建省总工会联合推选的2020年“最美医师”称号,李长远获得民建福建省委员会抗击新冠疫情先进个人表彰。

强化协同协作,开展多样诊疗服务。晋江市第三医院与泉州职业技术大学进行“医校合作”签约,成为泉州职业技术大学心理健康工作协作单位,成立大学生心理健康教学团队,承担泉州职业技术大学学生心理健康课程的教学任务,开设情绪心理学课程;参与首批全国老年人心理关爱项目试点创建工作,探索老年人系统、科学、可行、可持续的心理关爱模型;在市医院、灵源街道社区卫生服务中心和磁灶中心卫生院增设失眠、抑郁门诊;开展无身份信息人员身份确认工作,为晋江市第三医院89位长期滞留在院的无身份信息精神病人开展专项“寻亲之旅”,其中有31位患者找到亲人并回到亲人身旁,其他58位无身份信息的精神病人按规定办理身份信息。

加强宣教引领,营造良好宣传氛围。采取微信公众号平台、义诊活动、志愿服务、印刷宣传制品、电台宣传、报刊媒体的宣传等途径宣传精神卫生知识;做好主题活动,围绕“世界精神卫生日”,开展精神卫生宣传进社区、校园、机关、企业活动,通过免费举办心理健康讲座、公益性心理义诊等方式,广泛宣传心理健康精神知识,提高广大群众心理健康知识知晓率和精神健康保健能力;开展丰富的康复活动,市第三医院为丰富病友的住院生活,举办“辞旧迎新·乐享春节”活动、2020端午节康复活动、内务整理比赛活动、“谁是棋王·象棋比赛”、“庆中秋迎国庆”系列活动、“情暖冬至·喜迎元旦”系列活动等,全年开展患者作业治疗项目,共计621人次。

(苏远连)

【无偿献血】 2020年,晋江市深入贯彻实施《中华人民共和国献血法》《福建省公民献血条例》,科学安排和实施献血计划和任务,确保晋江市临床医疗急救和突发公共事件应急用血需要,保障人民群众身体健康。2020年,晋江市公民无偿献血达15738.5单位。

【卫生系统监督与专项整治】 2020年,晋江市卫健局开展行业不正之风专项整治行动,委托第三方开展满意度测评和医德医风考评,正风肃纪,遏制和打击医疗机构及其从业人员收受“红包”“回扣”“违规收费”“过度医疗”等行业不正之风,规范执业行为,塑造优良行业风气。

(黄保驾)

【卫生系统安全教育宣传】 2020年,晋江市卫健局加强法律法规知识培训。召开局党组理论学习中心组专题学习安全生产相关文件,加强党组对安全生产工作的领导,健全落实安全生产责任制,树立安全生产发展理念。加强安全知识培训。定期邀请安全生产专家组织对卫计系统各单位进行业务培训，重点加强消防安全知识、电气安全知识、职业健康知识等的培训，不断提升业务能力。开展卫计系统安全生产宣传月活动。全年共制作安全生产宣传板报70多块、悬挂安全生产标语150多条，共发放宣传资料近4万份，接受群众医疗安全、卫生安全常识咨询近万人次。

（郑玲燕　黄育龙）

疾病预防控制

【概况】　2020年，晋江市公立医疗卫生机构的传染病网络直报率99.97%，传染病及时报告率99.98%，报卡审核及时率100%。法定传染病报告发病率345.25/10万，与2019年同期相比下降23.88%；死亡率0.91/10万，与2019年同期相比上升13.20%；病死率0.26%，与2019年同期相比上升44.44%。全年无甲类传染病报告，报告新冠肺炎确诊病例28例，无症状感染者4例；报告乙类16种4749例，丙类7种2068例，传染病防控工作有效落实。

【霍乱和手足口病防治】　2020年，全年霍乱监测项目中外环境和食品采检水样210份，海水产品420份，哨点监测单位腹泻病人肠道标本887份，检验结果均为阴性；全市各医疗卫生单位疫情监测均未发现霍乱确诊病例、疑似病例及病原携带者。加强哨点医院手足口病监测工作技术指导，哨点医院实验室监测采集手足口病标本133份，检测结果均反馈到送检单位并进行网络订正。开展业务培训，加大宣传工作力度，提高医务人员霍乱防控意识和水平。规范处理疫情，防止疫情的进一步扩散。全年晋江市未发现霍乱确诊病例、疑似病例及病原携带者。2020年，共发现手足口病疑似聚集性疫情3起，均及时开展调查处置，控制疫情扩散。开展专题督导工作，确保各种防控措施的落实。2020年7月，组织开展医疗机构霍乱、手足口病等肠道传染病防控工作督导，对督导中发现的问题、存在的隐患逐一整改到位。

【鼠疫防控】　2020年，晋江市卫健局根据省级监测安排规范、科学开展鼠疫监测点工作：全年共在西园、新塘、罗山、灵源、池店等镇（街道）布放鼠笼3242笼次，捕获鼠类268只，总捕获率为8.27%，全年检测鼠类标本357份，结果均为阴性；继续做好防控工作所需药品、器械的贮备更新；开展相关单位及人员业务培训，提升防控意识和能力；结合相关宣传活动继续开展鼠疫防治知识宣传活动，通过开展健康讲座、出版教育专栏、发布网络宣教推文、发放鼠防传单及礼品等方式，对群众进行鼠防知识教育，提高群众的自我保健意识，宣传普及鼠防“三不”（不私自捕猎疫源动物、不剥食疫源动物、不私自携带疫源动物及其产品出疫区）、“三报”（报告病死鼠（獭）及其他病死动物、报告疑似鼠疫病人、报告不明原因的高热病人和急死病人）制度。

【出血热防控】　2020年，晋江市卫健局共调查处置26起出血热散发疫情，其中晋江市医疗机构报告10例，及时做好病例流调、主动搜索、病原消杀灭、健康教育、宿主动物监测等疫点处置工作，阻止疫情扩散。开展相关单位及人员业务培训及群众防治知识宣传教育。

【布鲁氏菌病防控】　2020年，晋江市卫健局制订《2020年晋江市布鲁氏菌病防控项目实施方案》，提高全市医疗机构布鲁氏菌病疫情监测及处置能力，及时发现报告布鲁氏菌病现症病例，控制人间布鲁氏菌病疫情扩散和蔓延。全年共调查处置8起布鲁氏菌病散发疫情，均及时做好病例流调、主动搜索、环境消杀灭、健康教育等疫点处置工作。对全市7家牲畜屠宰场及畜肉加工厂职业人群（牲畜饲养、屠宰、出肉加工人员等）采样检测109人，检测结果均为阴性；对2家哨点综合医院送检可疑发热病人血样35份检测结果均为阴性。开展布病防治知识基线调查和效果评估工作，其中基线调查203人，防治知识知晓率为55.66%；效果评估共调查200人，防治知识知晓率71.42%。

【人感染H7N9流感防控】　2020年，晋江市卫健局制订《晋江市2020年职业暴露人群和环境禽流感监测实施方案》，通过哨点医院流感样病例和外环境人感染H7N9流感病原学监测，对人感染H7N9流感推行常态化监测，及时掌握晋江市H7N9流感病毒活动强度，了解外环境污染情况，及时排查人感染H7N9流感病例，指导临床用药。在紫帽农贸市场、内坑古山菜市场、西园赖厝菜市场、英林综合菜市场外围、新塘沙塘菜市场等活禽交易市场和池店御辇活禽调运站开展职业暴露人群血清流行病学监测，共采集活禽屠宰/经营从业人员血液标本10份，送泉州市疾控中心检测，均为阴性。开展3轮外环境监测，采集活禽交易市场共60份禽类外环境标本，经市疾控中心实验室检测，H7N9、H5N1及H5N6均为阴性。在哨点医院流感样病例采集标本277份，经实验室检测，流感病毒阳性标本183份，阳性率66.06%。

【登革热防控】　2020年，晋江市共报告5例登革热病例，均为输入性病例，通过对病人进行流行病学调查及严格隔离救治，在疫点及周围迅速开展以防蚊灭蚊为主爱国卫生运动等防控措施，阻断疫情传播，未发生输入后关联当地病例。在各镇（街道）常态化开展病媒生物监测，及时掌握病媒生物季节消长规律变化，为防控登革热提供基础数据支持。3月，举办登革热等重点传染病防控师资培训班，并要求各医疗卫生单位对本单位及辖区村级医务人员进行二次培训。

【艾滋病防治】　2020年，晋江市坚持以“预防为主，减少艾滋病新发感染”为主要任务，结合“艾滋病综合防治示范区”工作，落实宣传教育、预防干预、监测检测、抗病毒治疗管理、关怀救助、职业暴露防控等措施，保障艾滋病防控工作任务完成。拓展宣传教育面。多部门合作，通过“三下乡”“进社区、进公共场所、进企业、进学校”及卫生宣传日开展社区居民、外来务工人员、妇女、青年学生、医务人员的宣传教育活动共128场，发放宣传材料约1.63万份。开展高危人群干预。干预暗娼人群7648人次；发放艾滋病宣传单、小册子共22008份，安全套61793个，检测1066人次；开展多次针对MSM人群的防艾宣传活动，被干预1194人次，发放宣传材料1338份、安全套5092个，检测290人；干预吸毒人群达1542人次，发放宣传材料2948份；面对面宣传干预性病门诊就诊者9066次，9066人接受艾滋病病毒检测，检测率达100%，共发放安全套12080个、性病服务包9066个；2020年开展老年人群干预75场次，干预6075人，发放艾滋病宣传单、小册子共5975份，检测2051人。加强艾滋病病例随访管理。加强感染者和病人的管理，对所有存活、现住址在晋江的AIDS/HIV人群做到定期随访和关怀，每月定期通知未完成检测人员及时到医疗机构进行检测。2020年，晋江市艾滋病疫情报告质量良好，HIV/AIDS7病例随访检测率为94.1%，结核筛查率96.3%，配偶检测比例为95.5%。

【梅毒等性病防治】 2020年，晋江市卫健局每月定期向泉州报告梅毒病例报告订正情况，及时查询审核全市梅毒报告质量。组织开展2020年性病病例报告质量核查工作，深入晋江市医院、晋江市中医院、晋江市第二医院、晋江市妇幼保健院、晋江市医院晋南分院、陈埭中心卫生院等6家性病报告单位，现场复核梅毒、淋病、生殖道沙眼衣眼原体感染报告质量准备性，抽查报告卡，开展性病漏报检查工作，对于核查发现的存在问题及时督促整改。

【麻风病防控】 2020年，晋江市卫健局根据《全国麻风病防治规划(2011—2020)》要求，结合泉州市麻风病防治项目实施方案及晋江市2020年麻风病工作计划，开展麻风病人的早发现、早治疗、防畸形和康复工作，认真贯彻落实各项防治措施，保障人民群众身体健康。2020年，麻风病的发病率控制在1/10万以下，达到基本消灭麻风病的目标；4月，举办麻风病防治知识培训班，培训村医187人；调查近10年现症病人家属3户密切接触者15人，未发现可疑新发麻风患者。

【国家免疫规划疫苗接种】 2020年，晋江市严格按照疫苗免疫程序对所有适龄儿童开展国家免疫规划疫苗的常规免疫工作，加强管理，规范接种，按中国免疫规划信息管理系统统计晋江市适龄儿童各苗(一类)预防接种率(基础苗)：卡介苗99.9%、脊髓灰质炎疫苗99.59%、百白破疫苗99.56%、含麻类第一针疫苗99.92%、乙肝疫苗99.85%(乙肝疫苗及时率为99.8%)、乙脑疫苗第一针99.63%、A群流脑疫苗98.27%、甲肝疫苗(一类)99.34%。各苗加强针接种率：脊髓灰质炎疫苗（第四针)99.37%，百白破疫苗(第四针)99.55%，白破疫苗99.54%，含麻类第二针疫苗99.93%，A+C群疫苗99.53%，乙脑疫苗第二针99.66%。

新冠疫情后免疫规划疫苗催种补种。2020年，全市各接种门诊于3月陆续恢复预防接种工作，开展因新冠肺炎疫情防控疫苗迟种补种活动。制作通俗易懂的查漏补种知识宣传信息在全市各医疗卫生单位公众号进行转发，提高群众对查漏补种的知晓率。累计发放查漏补种宣传单9400张，张贴查漏补种宣传画419张，墙报65版次，利用镇(街道)有线电视宣传63次，广播宣传280次，发送34943条短信进行点对点通知宣传，扩大宣传效果。全市共摸底调查各种国家免疫规划疫苗需补种儿童123609人，接种114337人，补种率为92.5%。

入托、入学儿童查证补种。2020年，晋江市卫健局联合教育局印发2020年入托入学儿童预防接种证查验工作方案；11月组织对19家接种门诊和38所小学和幼儿园开展儿童入托、入学查验预防接种证工作督导检查，汇总督导情况并形成报告，查验覆盖率达100%，共调查380人，查验380人，查验率100%。开具接种证明379人，开具率为99.13%。

疫苗追溯系统建设。2020年，晋江市卫健局完成全市24个预防接种门诊、13个犬伤门诊和12个产科接种单位追溯系统的编码设置，账号分配及追溯系统软件的升级与安装，并指导客户端升级及投入使用；为全市24个接种单位共采购配置63台签核机、扫码枪109支、身份证读卡器79台及88台打印机。

疑似预防接种异常反应监测与处理。2020年，晋江市卫健局严格按照《全国疑似预防接种异常反应监测方案》和上级的要求开展疑似预防接种异常反应(简称“AEFI”)监测，定期对全市医疗卫生单位上报AEFI进行网上审核，各接种门诊AEFI监测疫苗种类覆盖提供接种服务的所有疫苗。2020年，全市共报告疑似预防接种异常反应(AEFI)个案报告70例，48小时内报告率为100%；需调查个案25例，48小时内调查率为100%；3日内调查表报告率为100%，个案调查表完整率为100%；AEFI分类率100%，均达到全国监测方案指标要求。70例AEFI中，一般反应44例，占62.86%；异常反应25例，占35.71%；待定1例，占0.01%。无疫苗质量、实施差错事故、心因性反应及群体性AEFI情况发生。召开1次福建省、泉州市、晋江市AEFI专家联合诊断会，对1例接种麻风腮疫苗引起的“病毒疹”和1例接种甲型肝炎灭活疫苗和冻干人用狂犬病疫苗引起的“急性脑损伤综合征”进行专家诊断。

【重点免疫规划疫苗针对传染病防治】 2020年，晋江市卫健局按照《全国急性弛缓性麻痹(AFP)病例监测方案》要求，在晋江市医院、晋江市中医院和晋江市第二医院等二级以上综合医院开展AFP病例的监测，做好AFP病例的调查、标本采送检、随访工作，共主动监测108旬次，未发现漏报病例；共报告疑似AFP病例11例，其中AFP病例7例，排除4例，无脊髓灰质炎确诊病例、临床符合病例。2020年，全市15岁以下人口AFP病例报告发病率2.3/10万；48小时内调查率100%，14天内合格标本采集率100%；7天内标本送达福建省疾控率100%，75天内及时随访率100%。

2020年，共报告51例风疹麻疹疑似病例，均按要求及时开展流行病学调查并录入麻疹专病系统，48小时个案调查率100%，调查后48小时内录入个案率100%，血清标本及鼻咽拭子标本采集率均为100%，达到《全国麻疹监测方案》90%的采血指标要求。其中4例为风疹确诊病例，47例为其他疾病，全市排除麻疹风疹病例报告发病率为2.23/10万。2020年，全市无确诊麻疹病例发生，报告1例疫苗株引起的病例，严格按照监测方案要求，组织处置小组赶赴病家、医院等现场开展流行病学调查、主动搜索、疫点消杀、标本采检等处置工作。

2020年，晋江市共报告乙肝病例终审卡1742例，所有报告病例均开展ALT检测，检测率100%，附卡填写完整率100%。对未能明确为慢性乙肝的病例，及时根据每月报告的检测结果开展流行病学调查并进行个案录入，将数据库上报福建省疾控中心。按要求每月及时上报乙肝监测项目开展情况。

2020年，晋江市卫健局结合国家、福建省、泉州市要求的三大乙肝课题项目制订晋江市乙肝课题实施方案，组织培训并布置三大乙肝课题项目。制订晋江市乙肝疫情评估技术及乙肝流行病学效果评价工作方案，继续做好泉州PVST婴幼儿乙肝疫苗全程免疫后血清流行病学监测及15岁以下乙肝调查课题工作。

2020年，晋江市卫健局按照新生儿破伤风、乙脑、流脑等疾病监测方案和上级要求开展疫情监测，密切注视疫情动态，晋江市报告3例百日咳病例，无新生儿破伤风、白喉、流脑和乙脑病例发生。

【慢性非传染性疾病防控】 2020年，晋江市开展慢性非传染性疾病监测工作，加强高血压、糖尿病患者的登记及管理工作，开展"三减三健"专项行动，推动控烟工作，全面建设无烟党政机关、无烟企事业单位、无烟医疗卫生机构、无烟学校，构建全方位的健康检测服务，提供个体化健康指导；全市共计报告7136例死亡个案，报告死亡率361.40/10万，报告数据统计分析显示，年内晋江市居民死因顺位前五位从高到低分别是恶性肿瘤、脑血管病、心脏病、损伤及中毒、呼吸系统疾病；全市各医疗机构共报告恶性肿瘤患者866例；高血压、糖尿病患者分别建档74525份、30165份，健康管理任务数完成率分别达到62.1%、73.57%；加强35周岁以上慢性病（高血压、糖尿病）高危人群的早期筛查登记报告工作，进一步完善慢性病防治一体化工作；开展国家心血管病高危人群早期筛查与综合干预项目、慢性阻塞性肺部疾病监测工作项目；按照国家、福建省项目组的要求，承接2020年度国家级心血管病高危人群早期筛查与综合干预项目工作任务、慢性阻塞性肺部疾病监测工作任务。

【结核病防治】 2020年，晋江市实施晋江市疾控中心、晋江市医院、基层医疗卫生机构"三位一体"分工明确、协调配合的结核病防治服务模式，初诊可疑肺结核患者2598人，确诊并建档治疗833人，结核病人转诊到位率50.1%，追踪到位率93.4%，总体到位率96.6%。涂阳肺结核病人密切接触者共调查698人，未发现涂阴肺结核患者；筛查可疑耐药者45例，对7例耐多药患者按耐多药项目要求进行随访管理。3月，结合新冠疫情防控形势，开展世界防治结核病日宣传活动，利用晋江新闻网和晋江经济报刊等传统媒体及微信公众号发布结核病科普文章，宣传结核病防治知识，委托磁灶中心卫生院开展百千万志愿者结核病防治知识宣传活动。4月，召开2020年结核病工作会议并举办结核病防治知识培训班，共培训村医210人。制订学校结核病防控工作计划，开展学校结核病疫情监测。全年对基层医疗卫生单位开展督导76次，访视患者153人次。

【地方病和寄生虫病防治】 2020年，晋江市卫健局制订2020年防治碘缺乏病工作方案，加强碘缺乏防治工作。

开展8～10岁儿童盐碘监测。共采集205份碘盐，按照国家规定的碘盐含量18～33毫克/千克（福建省限值）进行判定分析，其中碘盐193份，非碘盐12份，碘盐覆盖率为94.14%。

孕妇盐碘含量监测情况。共采集103份孕妇盐，按照国家规定的碘盐含量18～33毫克/千克（福建省限值）进行判定分析，其中碘盐101份，非碘盐2份，碘盐覆盖率为98.1%，监测结果显示晋江市合格碘盐食用率保持在较高水平。

甲状腺检查情况分析。共检查8～10岁儿童205名，甲状腺肿大6名，甲状腺肿大率2.93%，达到甲状腺肿大率<5%的消除水平。

2020年，晋江市卫健局制订《晋江市2020年消除疟疾后监测方案》，保持疟疾防治工作能力，巩固防治成果，防止输入性疟疾引起继发传播。全年发现输入性疟疾病人1例，完成疫情处置，未发生第二代病例。举办寄生虫病防治培训班，培训各医疗卫生单位人员共91人次。全年各医疗卫生单位送"三热"（疟疾病人、疑似疟疾病人、不明原因发热病人）病人血检片327人份，完成"三热"病人血检任务，未发现阳性片。未发现血吸虫、丝虫病例，无其他寄生虫病暴发疫情。

2020年，晋江市卫健局制订《晋江市2020年食品安全风险监测方案》，并组织采集检测各类相关食品。配合泉州市采样监测各类食品样品任务217份，监测完成率100%。监测生食鱼类、寿司、婴幼儿谷类辅助食品、冷冻饮品、调味品、海产品、巴氏杀菌乳、发酵乳、甜品、大米、蛋类、动物肝脏、贝类、杏仁、蔬菜、咖啡、熟肉制品、笋干、干制菌类、醋、饮料、果酒、烧烤、蛋类、月饼、奶茶、土笋冻、龙头鱼、鱿鱼、茶叶等30种食品217份。晋江市本级共开展消毒餐饮具、碘盐、直饮水、饮用水等三大类食品样品监测任务862份，实际监测867份，监测完成率101%。其中，消毒餐具监测320份，合格303份，合格率94.7%；碘盐检测205份，合格202份，合格率98.5%；直饮水监测30份，合格27份，合格率90%。饮用水监测312份，合格309份，合格率99.3%。

2020年，晋江市卫健局制订《晋江市2020年度食源性疾病监测工作方案》，在全市23家哨点医院食源性疾病病例监测共审核上报1738例，完成率131.6%。其中，市医院报告178例（完成率148%），中医院报告149例（完成率124%），市第二医院报告144例（完成率120%），晋南分院报告136例（完成率113%），妇幼保健院报告130例（完成率108%），陈埭中心卫生院报告120例（完成率100%），东石中心卫生院报告131例（完成率109%），磁灶中心卫生院报告188例（完成率157%），金井中心卫生院报告61例（完成率203%），英林中心卫生院报告59例（完成率197%），英墩华侨医院报告235例（完成率196%）。

2020年，晋江市卫健局根据《食品安全事故流行病学调查技术指南》（2012年版）要求，共调查疑似食物中毒事件11宗，调查完成率达100%，原因查明率基本达到100%，确认食物中毒事件4起。

【环境卫生监测】 2020年，晋江市卫健局组织开展公共场所健康危害因素监测。10月，按照上级要求完成辖区内住宿场所3家、商场超市2家、美容美发场所1家、候车室1家等4类7家公共场所的健康危害因素监测与调查任务。

【饮用水卫生监测】 2020年，晋江市卫健局组织开展市政供水末梢水监测。根据《2020年晋江市治理餐桌污染建设食品放心工程工作方案》的要求，对市政供水末梢水10个固定点监测120份，合格率100%；对城区二次供水监测80份，合格率100%。

国家项目监测。对10个自来水厂的基本情况进行重新核实，进一步深化明确晋江市生活饮用水的提供方式、制水工艺、饮用水卫生培训，消毒方式、水质检测安全、卫生安全隐患，实验室检测能力等内涵。

晋江市项目监测。对辖区内10家集中式供水单位的出厂水和末梢水进行抽检，共监测出厂水40份，合格率100%，监测末梢水272份，合格率为98.9%。出厂水和末梢水均符合生活饮用水卫生标准要求。

【职业病防治】 2020年，晋江市卫健局根据泉州市《关于做好2020年职业性尘肺病患者随访调查的通知》要求，对全市108例职业性尘肺病患者基本情况做进一步核查调查，调查任务完成率达到100%；根据泉州市《2020年工作场所职业病危害因素监测工作方案》要求，完成工作场所职业病危害因素监测企业70家，监测任务完成率达到100%；根据福建省《关于开展职业病危害现况调查的通知》要求，在陈埭镇、安海镇、磁灶镇、内坑镇、罗山街道、晋江经济开发区、安平开发区开展调查工作，共调查企业3813家，从业人员183402人，存在职业病危害因素企业3747家，接触职业病危害因素作业人员115535人。

（苏远连）

【职业卫生监督】 2020年，晋江市卫健局多措并举做好职业卫生监督执法工作。规范企业档案。对涉尘企业落实“一户一档”制度，实行统一编号、封皮、专柜存放，做到入档及时、更新及时、内容真实，真正发挥档案资料备案、备查的作用，推动精细化管理，提高监管效能。修订裁量标准。根据《职业病防治法》等法律法规，修订《晋江市部分卫生健康行政处罚自由裁量权细化标准（试行）》，确保执法人员实施自由裁量规范操作。举办业务培训。实施“全员轮训”计划，邀请福建省职业病与化学中毒预防控制中心专家，对全市职业健康监管人员开展业务讲座和现场执法培训，实现全市职业健康监管执法人员培训率100%。利用第三方在线教育平台“考试云”及“晋江卫计监督”等微信公众号，举办2020年度全市放射卫生工作人员线上培训班，培训医护人员372人。开展专项行动。开展“职安2020—X”系列行动，重点检查涉尘企业和不配合落实职业病防治主体责任的用人单位。对执法检查中发现的问题，现场开具监督意见书，限期整改；对整改不及时、不到位或拒不整改的，依法予以查处。2020年，建档涉尘企业216家；开展“职安2020—X”行动9场次，监督检查76家次，开具监督意见书74份，立案查处4家。

【放射卫生监测】 2020年，晋江市卫健局根据《泉州市卫生健康委关于印发2020年医疗机构医用辐射防护监测工作方案的通知》要求，开展全市医疗卫生机构医用辐射防护监测专项工作，进一步完善全市医疗卫生机构医用辐射防护相关信息；对辖区内50家医疗机构医用辐射单位放射诊疗机构基本情况、医疗机构开展放射诊疗频度进行调查，调查任务完成率100%；对辖区内存在非医疗机构放射性危害因素的企业进行调查13家（均为测厚仪），开展用人单位职业健康管理情况调查1家，配合上级开展放射性职业病危害因素监测1家，调查任务完成率100%。

（苏远连　黄臻涛）

【学校卫生监测】 2020年，晋江市共组织23家医疗机构对全市285所学校的在校学生进行免费健康体检，其中小学225所小学、中学52所、职业技术学校4所、九年制学校1所、中小学校1所、特殊教育学校1所。2020年学生视力情况体检246209人，视力不良检出173939人，检出率70.65%；龋齿情况体检246209人，检出76245人，检出率30.97%；肥胖情况体检246209人，检出37824人，检出率15.36；营养不良情况体检246209人，检出14521人，检出率5.90%；沙眼情况体检246209人，检出300人，检出率0.12%。监测结果提示：全市中小学生常见病患病情况不容乐观，检出率依次为视力不良（70.65%）、龋齿（30.97%）、肥胖（15.36%）、营养不良（5.90%）、沙眼（0.12%）。

2020年，在梅岭街道和内坑镇4家中小学开展近视调查，调查学生1492人，全面完成调查任务并录入系统上报。

【消毒管理】 2020年，晋江市卫健局对市级公立医疗机构消毒效果监测4家，共检测样本160份，合格率97.5%。其中医院环境空气监测12份，合格率100%；物体表面监测40份，合格率100%；医护人员手表面监测40份，合格率97.5%；使用中消毒剂监测40份，合格率100%；灭菌器监测8份，合格率100%；内镜监测16份，合格率93.8%，医院污水监测4份，合格率50%。

2020年，对辖区内幼托机构消毒效果监测4家，共检测样本140份，合格率87.9%。其中环境空气监测20份，合格率100%；餐具监测40份，合格率95%；物体表面监测40份，合格率100%；手表面监测40份，合格率57.5%。

2020年，对辖区内2家持证单位进行消毒后餐具的监督抽检70份，合格率95.7%，抽检合格率符合《2019年泉州市餐饮具集中消毒服务单位专项监督检查方案》规定的消毒餐具抽检合格率达到90%以上的指标要求。

【病媒监测】 2020年，晋江市卫健局开展蚊虫国家级和省级监测。根据《2020年晋江市蚊虫监测工作方案》要求，对晋江市蚊类及其密度进行监测。

布雷图指数法监测。3—11月，对新塘街道后洋社区、池店镇浯潭村、英林镇西埔村、东石镇梅塘村等4个监测点进行调查900户，发现白纹伊蚊幼虫阳性积水容器数126个，布雷图指数平均为14。

勺捕法监测。3—11月，定期对晋阳湖、绿洲公园、内沟河、八仙山小溪、竹树下水库、泽沟等6个大中型水体进行监测160处，向水体中捞取1600勺，阳性勺数0勺，阳性勺指数为0。

诱蚊灯法监测。3—12月，对居民区、公园、医院、民房、养殖场等10个监测点进行成蚊密度监测，共布放诱蚊灯200个，捕获雌蚊1027只，蚊诱密度指数为5.1［只/（灯·夜）］。其中致倦库蚊978只，占比95.2%；白蚊伊蚊48只，占比4.7%。

双层叠帐法监测。4—11月，对宝龙小区、八仙山公园、高霞加油站轮胎堆积处等3个监测点进行成蚊帐诱指数监测，共布放双层叠帐96个，捕获白纹伊蚊雌蚊163只，平均帐诱指数为3.4［只/（帐次·时）］。

【重要活动卫生安全保障】 2020年

6—7月，晋江市卫健局开展高考和中考考点40多个校医卫生安全操作指南培训，组织人员对8家高考考点进行学校传染病防控和消杀技术指导，达到预期无发生传染病或突发公共卫生事件的目标要求。开展国际大体联赛事期间卫生安全保障活动。

【公共场所卫生和卫生用品监督监测】 2020年，晋江市卫健局对各类游泳场所的游泳池水进行监督检测，共监督抽检31家，抽检水质62份，水质合格率61.3%。开展住宿场所卫生监督检测。对晋江市辖区内53家住宿场所提供给顾客使用的公共用品进行卫生监督检测，合格率71.7%。对床单、毛巾、茶杯等3类公共用品进行监督抽检515份，合格率94.4%。开展沐浴场所卫生监督检测。2020年，对辖区内9家沐浴场所提供给顾客使用的公共用品进行卫生监督检测，共监督检查场所8家，合格率88.9%。对被单、毛巾、茶杯、修脚工具等4类公共用品进行监督抽检39份，合格率97.4%。开展美容美发场所卫生监督检测。对辖区内美容美发场所提供给顾客使用的公共用品用具进行监督检查8家，合格率62.5%，对毛巾、理发工具、美容工具等各类用品进行监督检测40份，合格率92.5%。开展商店超市卫生监督检测。2020年，对辖区内商场超市场所的空气质量进行监督检测2家，监测空气中二氧化碳、甲醛2个指标，合格率100%。开展文化娱乐场所监督检测。2020年，对辖区内影剧院、游艺厅场所的空气质量进行监督检测6家，监测空气中二氧化碳、甲醛2个指标，合格率100%。开展消毒产品监督检测。2020年，按照国家双随机监督抽检的原则对辖区内消毒产品生产企业生产的卫生巾、卫生护垫、纸尿裤等消毒产品进行监督检测，实际监督抽检24份，合格率100%。

（苏远连）

妇幼保健

【概况】 2020年，晋江市妇幼卫生工作贯彻落实“一法两纲”（“一法”指《中华人民共和国母婴保健法》，“两纲”指《中国妇女发展纲要》《中国儿童发展纲要》）和妇幼卫生工作方针，围绕医药卫生体制改革工作重点，以规范管理、创新机制、突出特色和项目带动为抓手，不断优化服务模式，拓展服务领域，妇幼卫生工作“两个”系统管理不断规范，推进公共卫生项目，服务能力持续得到提升，完成各项工作目标任务。全市共有产妇10941人，住院分娩率100%；孕产妇系统管理率92.08%，产前检查率97.69%，产后访视率94.35%；孕产妇死亡率9.06/10万；5岁以下儿童死亡率2.72‰；婴儿死亡率1.81‰。各项妇幼卫生指标均达到或超过年初制定的目标要求。落实预防艾滋病、梅毒、乙肝母婴传播项目任务，共检测艾滋病20187人次、梅毒20239人次、检测乙肝20258人次，免费发放叶酸8315人。

【妇幼卫生工作会议】 2020年，晋江市妇幼保健院举办两场全市妇幼卫生信息会议暨三网监测培训班，分别于7月15日及12月26日举行针对5岁以下儿童死亡监测、孕产妇死亡监测、妇幼信息等多项内容进行讲解，共计327人参加。9月26日，召开女性盆底康复技术学习班，共110人参加。9月30日，开展全市健康教育知识培训班、共33人参加。11月18日，召开2020年出生医学证明管理培训班、共计67人参加。11月26日，召开全市第四季度妇幼保健例会，共计128人参加。11月30日，举办全市预防艾滋病、梅毒和乙肝母婴传播的培训班，共332人参加。

【助产技术服务机构监督管理】 2020年，晋江市妇幼保健院加强母婴保健法律证件管理。通过“易联众—基层卫生信息系统”规范“出生医学证明”的管理、签发，协助公安部门核查“出生医学证明”。分别于8月、12月结合助产技术执法检查对全市助产机构出生医学证明管理工作进行督查。加强母婴保健技术服务机构和人员监管，组织开展2020年晋江市母婴保健技术服务人员进行理论及技能考核。于6月8日组织第十五期母婴保健技术服务理论合格人员进行技能考核，并于11月17日组织对参加第十四期、十五期母婴保健技术服务技能考核未通过人员进行补考。定期召开围产协作组会议，分别于10月、12月组织市围产保健协作组成员、市妇幼保健相关人员参加会议，总结抢救工作经验与教训。经过两轮的爱婴医院复核评估，全市共11家助产机构通过省级爱婴医院的复核，获得“爱婴医院”的称号。结合妇幼卫生工作考核，进行一年两次的爱婴医院工作督导。

【优生婚检整合】 2020年，晋江市在基层医疗单位全面铺开孕前优生检查，群众在“家门口”即可享受免费服务。2020年全市婚检6076人次，婚检率51.82%，检出疾病1006人次，疾病检出率16.56%，孕前优生健康检查3076对；实施地中海贫血防控筛查3698对，检出地贫基因携带者39人。

【妇女病普查普治】 2020年，晋江市通过降低收费标准、主动上门服务等措施，定期开展妇科病普查普治。开展晋江市农村妇女宫颈癌和乳腺癌检查项目。共完成国家项目宫颈癌检查6800人，乳腺癌检查6800人，完成率100%，确诊宫颈癌4人，其中浸润癌3人，其他恶性肿瘤1人），均手术治疗；确诊乳腺癌15人（其中导管原位癌2人，浸润性导管癌12人，其他恶性肿瘤1人），均手术治疗及化疗治疗。共完成泉州市为民办实事项目宫颈癌筛查2600人，乳腺癌检查2600人，完成率均100%，确诊宫颈癌2人，其中浸润癌2人，均手术治疗；确诊乳腺癌5人，其中4人为浸润性导管癌，1人为导管原位癌，均手术治疗。2019年全市女干部、女职工妇女病普查时间延续至2020年9月。2020年，妇女病普查2194人，检出妇科病631人，其中检出乳腺癌0人，宫颈癌1人，TCT检出HSIL 0人；LSIL 4人；ASC—US 7人。乳腺彩超为BIRADS3类有82人，BIRADS4类有2人，建议检查异常者进一步检查或治疗。

【艾滋病母婴传播预防】 2020年，晋江市确诊11例HIV阳性孕产妇，孕期外地转介1名，人工终止妊娠10名，分娩2名，抗病毒药物用药2人，HIV感染孕产妇所生婴儿2名，均预防性用药。共随访12例艾滋病感染产妇所生儿童，其中2019年度续管10例；2020年度新增2例，其中1例由泉州转入；流动人口11例，当地人口1例；其中阻断5例，失访0例，转出1例（满月后回户籍地），在访6例。

【盆底康复和产后康复】 2020年，晋江市妇幼保健院设独立妇女病普查室，宫颈及乳腺检查门诊，改进妇女病普查软件功能，优化服务流程；多家医疗机构开展盆底康复治疗，其中市妇幼保健院项目开展成熟，在原有盆底康复项目的基础上，增购5台普林格尔产后康复仪，进一步完善“晋江市产后康复中心”的配套，并引进专业的产后康复新技术，将产后恢复过程进行系统化整合，纳入科学化、规范化和标准化的轨迹，尽可能地帮助产妇身体恢复到产前的状况，包括对子宫、阴道、乳房、形体、身心等方面的恢复，解除产后形体改变、性生活不适及心理状态异常等问题。

【儿童早期发展项目实施】 2020年，晋江市被福建省妇儿工委、福建省卫生厅列为儿童早期综合发展项目市，晋江市妇幼保健院被授予“福建省儿童早期发展示范基地”。晋江市妇幼保健院作为实施机构，完善工作机制，加强科技创新，落实干预措施，服务能力不断得到拓展和提升；开展全市儿童早期发展示范基地工作，向基层医疗单位推广，灵源街道卫生服务中心和磁灶中心卫生院被评为“晋江市儿童早期发展示范基地”，其中磁灶中心卫生院2020年被评为泉州市第一批儿童早期综合发展示范点；晋江市第一实验幼儿园、晋江市第二实验幼儿园、晋江市第三实验幼儿园、灵源中心幼儿园、东石中心幼儿园设为晋江市儿童早教基地。为进一步拓展儿童早期发展项目，在晋江市妇幼保健院设立儿童青少年心理门诊和儿童康复中心，填补晋江市公立机构专业空白，与厦门仙岳医院开展协作，由仙岳医院精神科专家每周三全天在市妇幼保健院青少年心理门诊坐诊，康复训练师开始不定期坐诊妇幼保健院传帮带，增强晋江市心理门诊及儿童保健技术力量，促进晋江市早期综合发展项目及儿童康复科发展，方便群众就医。

2020年，市妇幼保健院结合疫情特殊情况，通过开展“空中课堂”（共计34场）、早教相关课题、育儿专题对话等宣传活动，提高群众早教意识；继续强化与泉州妇幼保健院眼科、厦门仙岳心理门诊建立协作机制，推动晋江市人才建设；为进一步整合社会资源，逐步将项目拓展覆盖到校园，实现《健康中国行动（2019—2030）》关于儿童青少年心理健康相关指标，普及心理健康知识，协助家长与教师解决学生成长过程中的心理困扰，搭建学校、家庭、医疗卫生机构联动心理健康服务模式，促进儿童青少年心理健康和全面素质发展，与第一实验小学、第二实验小学、养正中学建立卫生保健合作关系；儿童青少年心理门诊与全市多家幼儿园、小学共同举行线上心理健康讲座21场，线下4场心理健康讲座。

【妇幼保健宣传教育】 2020年，晋江市推广“健康晋江便民服务平台”，实现预约诊疗、智能导诊、数据查询等服务，安排医生为妇女儿童提供在线问诊和保健服务，让“数据跑”代替“群众跑”，实现“非必须、零到院”；探索“云上妇幼”服务模式，依托微信公众号、线上课堂、《晋江经济报》等平台，提供健康宣传教育、咨询指导、远程培训等服务，实时推送妇幼健康知识、政策及疫情防护指南；共编印地中海贫血宣传折页6200份，婚前保健宣传折页1500份，其他婚检宣传单1500份，“两癌”相关折页23300份，产前筛查宣传折页11500份，泉州市孕产妇系统保健管理手册1.75万份。

（苏远连）

中医药事业

【概况】 2020年，晋江市卫健局进一步加强中医药服务工作，巩固中医药工作先进单位复审成果，投入专项资金210万元，对村级医疗机构在政策扶持、中医科室设置、人员配备、中医医疗和康复服务、中医预防保健、信息化建设等多个方面加快实施。发挥中医药在新冠肺炎防治中的优势作用，推动中医药全面参与新冠肺炎相关病例医疗救治工作。

【中医药人才引进与培养】 2020年，晋江市卫健局加大中医药人才的引进与培养。根据服务人口数和编制床位数、经济社会发展水平等综合因素，核定镇卫生院、街道社区卫生服务中心的人员编制数，引导基层卫生机构按不低于20%比例配备相应中医药卫技人员。晋江市把中医药学纳入急需紧缺专业目录，每年统筹全市事业编制资源，通过进高校招聘、当地统一招聘等方式招聘中医相关专业人才。

【中医药诊疗及服务能力建设】 2020年，晋江市根据上级政策控制幅度，按最高比例核定市医疗卫生机构组织医疗、卫生高级专业技术岗位，增加基层中医高级职称岗位设置。其中三甲医院28%、三乙医院25%、二甲医院22%、二乙医院20%、其他及基层卫生院18%、社区卫生服务机构15%以内。整体拓宽基层医疗卫生单位中医专业技术人员的职称晋升空间。晋江市中医院医共体单位推进建设网络心电中心、影像诊断中心、检验中心、远程会诊中心、消毒洗涤中心、临床模拟实训中心和慢病管理中心等七大共享中心，面向医共体单位以及全市其他医院共享使用，引导医共体辖区内慢病患者到医共体单位就诊。2020年，向上级医院发出远程医疗服务邀请5777人次，向基层医疗机构派出专业技术人才52人次，上转病人274例，下转病人956例，接收下级医院上转982例。强化市中医院在中医药领域的带头引领作用，率先试点和紫帽镇卫生院共建紧密型医共体，实现中医院对紫帽镇卫生院的人、财、物等资源统筹管理，推动市中医院将中医药领域的专技人员下沉到基层一线，加强基层中医药队伍的工作力量。

【中医药事业财政扶持】 2020年，晋江市列支210万元设立中医药事业发展专项经费，用于中医药基础条件建设、服务能力建设、人才培养等工作，补齐医疗卫生短板。2020年，晋江市卫健局按床位专项列支2200万元对晋江市中医院给予倾斜补助，用于市中西医结合医院、晋江市中医院紫帽院区等基层医疗机构基础设施建设，提升基层中医药诊疗条件。严格执行《国家中医药管理局关于进一步加强中药饮片处方质量管理强化合理使用的通知》，中药饮片不实行零差率销售，以实际购进价为基础，加价率在

25%以内。全面实行包括基本医疗保险药品目录、诊疗项目目录、医疗服务设施标准“三大目录”，执行2019版的国家药品目录，其中包括常用的中成药1316种；中药饮片892种，并规定部分不能纳入医保基金支付的中药饮片。符合条件的针灸；推拿等中医诊疗项目也纳入医保支付范围，其中绝大多数不设立个人自付比例，随着社会的发展和人民群众生活水平日益提高的变化调整提高。在中医药治疗率考核达标的基础上，各级中医院的基本医保报销比例按降低一个医院等级标准执行。

【中医药传承】 2020年，晋江市卫健局落实名老中医师传承带徒政策，选派青年中医骨干师承名老中医，鼓励退休老中医返聘公立医疗机构工作，发挥老中医的传帮带作用。鼓励市级公立医院达龄老中医延迟退休、到基层医疗机构工作，鼓励以师承方式学习传统医学或者经多年传统医学临床实践医术确有专长的人员参加医师资格考试。组织晋江市优秀中医药人才参与泉州市中医药系列讲座。晋江市全国名老中医药专家郭为汀、郭森仁等6名中医药专家讲述其中医药学术思想、临床治疗、从医经历、经验传承等。晋江中医机构借力互联网创新思维，免费配送中医药。以中医院为核心，通过对医院信息化管理进行升级改造，建设涵盖所有基层医疗卫生单位及部分村级医疗机构的中医药互联服务体系，实现基层医疗机构中药饮片处方的信息化传输、中医院审方、调剂、代煎及配送。2020年通过互联网免费配送中药75320人次，344696贴。

【中医药文化宣传】 2020年，晋江市卫健局通过国医节等中医节日开展义诊、举办中医健康大讲堂，让群众更深刻认识中医药，了解中国中医药事业的伟大成就和晋江市本土中医药事业的发展和传承，组织各医疗机构开展宣传活动。将“贯彻实施《中华人民共和国中医药法》”“传承精华，守正创新”等宣传标语及宣传片在医院LED屏幕上滚动播放，制作《中华人民共和国中医药法》宣传海报、展架等，在各区域张贴摆放；制作折页3000份向群众发放相关宣传材料，通过网络、微信公众号等宣传中医药法的精神，向辖区群众宣传中医药法地方性法规和相应的配套制度。启动中医药文化惠民工程：通过进乡村、进社区、进家庭、进企业、进机关、进学校“六进”活动，让中医药文化惠及更多晋江百姓。为广大群众提供健康咨询、刮痧、伏贴、针灸等免费中医药服务，开展中医药灯谜有奖竞猜、香囊制作、中药贴画、中医体质辨识、中医药知识图片展板、中医药膳展、养生茶、中医药展示、养生八段锦表演等活动，向群众发放中医药宣传材料400多份，义诊受众约200余人次，宣传推广中医药法。在基本公共卫生服务中，抽调中医骨干为慢性病患者进行体质辨识，指导其疾病的用药、家庭护理和生活方式、心理卫生保健知识。充分展示中医药的法律法规，引导广大群众知晓中医药法，认识中医药，了解中医药，喜爱中医药，使用中医药，形成合力促进中医药事业健康发展，营造全社会“信中医、爱中医、用中医”的浓厚氛围。

【中医药参与疫情防控】 2020年，晋江市卫健局考虑确诊、疑似病例、医学观察、愈后康复等不同对象的实际情况，制定差异化中医药救治方案，推动中医药全程参与新冠肺炎相关病例救治。邀请中国中医科学院院士陈可冀、国家级老中医药专家郭为汀以及晋江市中医院医生蔡文墨等专家针对疫情发病情况及当地气候条件拟定中医药方剂，供闽南地区人员预防新冠肺炎使用。并根据时令季节气候变化，适当调整预防方的用药或剂量，确保预防方在不同时令季节仍然能发挥最佳的功用。印发《晋江市新冠肺炎健康管理中心和集中医学观察点中医保健方案》。普及中医预防保健知识，倡导“饮中药茶、喝药膳粥、灸足三里、练八段锦、泡洗浴包、挂香囊袋、听静心乐”科学生活方式和习惯，做好集中医学观察点和健康管理中心观察对象中医预防保健工作。2020年，晋江市卫健局广泛采用微信、网络等形式，宣传中医药在疫情防控中的作用。制作香囊、香袋让医务人员随身佩带，或悬挂在墙上，医院在各个角落熏蒸艾绒或艾炷达到预防作用。推荐艾灸足三里、大椎穴，推广八段锦、太极拳锻炼增强免疫措施。拟订推广中医药方供医务人员、职工亲属等人群预防使用。

（黄保驾）

爱国卫生运动

【环境卫生整治】 2020年，晋江市爱卫会组织全市开展多次城乡环境卫生整治、除“四害”活动。组织各镇（街道）、市直各单位，开展全市环境卫生整治和除“四害”工作。在全市开展爱国卫生和健康教育，普及流行性出血热、登革热、人感染禽流感等防控知识，倡导科学、文明、健康生活方式，提升人民群众的健康意识和健康素养。

【卫生防病知识宣传】 2020年，晋江市卫健局结合各种卫生宣传日（周）开展卫生防病知识宣传，利用世界卫生日、全国预防接种日、世界艾滋病日和职业病防治宣传周分别在广场、车站等场所开展大型主题宣传活动。印制卫生防病宣传材料，通过卫生、妇联和老年网络，发放到群众手中，宣传养成健康生活方式、除“四害”和禁烟等爱国卫生知识。利用有线电视和报刊、公交车车载电视等传媒工具，进行爱国卫生健康教育和健康促进宣传活动。在全国第32个爱国卫生月期间，对集中整治城乡环境卫生、病媒生物防制、卫生创建、禁烟工作等爱国卫生月活动进行周密部署，结合全国卫生城市创建工作，动员各镇（街道）、市直各单位，以LED电子屏幕宣传、手机短信、社区宣传栏等形式，在机关、学校、企事业单位、社会团体和城乡居民中，开展爱国卫生健康教育和健康促进宣传活动。

【除“四害”活动】 2020年，晋江市实行除“四害”药物采购采用统一采购、直接配送各镇（街道）、爱卫办应急储备的方式。根据“四害”繁殖期，坚持采取“环境综合整治为主，药物消杀为辅”，消除“四害”栖息繁殖场所，降低和控制“四害”密度，做到统一布置、统一时间、统一药物、统一投药，巩固除“四害”成效，降低“四害”相关疾病的发生与传播。全年共投入除“四害”活动经费120多万元,“四害”密度得到控制。

【公共场所控烟】 2020年5月，晋江市卫健局举办2020年晋江市世界无烟日视频会。主会场组织开展赠书仪式，学生代表宣读控烟倡议书。开展《保护青少年远离传统烟草产品和电子烟》知识讲座，提高对学生合理膳食和控烟等知识的认识。

【改水改厕】 2020年，晋江市爱卫办通过电视、广播等媒介广泛宣传，深入各镇村对广大群众进行改水改厕宣传教育；结合农村危房改造和农村生活污水治理项目，完成171户改厕任务。

（苏远连）

老龄健康

【概况】 2020年，晋江市按时、足额发放80周岁及以上老年人高龄补贴，1—12月，80~99周岁老年人共发放19891人次，发放资金3736.7万元。执行《泉州市老龄办等33个部门关于进一步加强老年人优待工作的意见》文件精神，协调各级各部门为老年人提供优待服务，老年人优待证办理实现常态化，免费为60周岁以上老年人办理福建省老年人优待证，共办结福建省老年人优待证612张。全年累计办理福建省老年人优待证15436张。与晋江市公交公司联系，为全市65周岁及以上老年人提供免费公交搭乘服务，共申请经费165万元。为70周岁及以上老年人免费购买人身意外险。强化基层老年协会建设，用好老年协会专项扶持资金，下拨391个老年协会基本运转经189.199万元，为老年协会订阅《福建老年报》，为会长统一办理意外保险。

【基层老年协会建设】 2020年，晋江市为全市20个镇(街道、良种场)的老协会会长和涉老专干共425人购买人身意外险，共计4.25万元。贯彻落实《晋江市基层老年协会规范化建设三年行动计划》，强化老年协会经费保障，经费预算380万元。开展全市基层老年协会基本情况调查摸底，做好年度老年协会信息统计。

【老年人心理关爱项目国家试点】 2020年，晋江市开展老年人心理关爱项目国家试点工作。晋江市磁灶镇下官路村作为晋江市老龄工作基础较好、老年设施配套较完善、常住老年人相对稳定的村，纳入国家卫健委老龄健康司专题设立的老年人心理关爱项目福建省首批试点单位之一。依托晋江市第三医院的心理医师、村委会工作人员为下官路村65岁以上的常住居民开展心理健康调查与评估工作，举办7场老年人心理干预活动。

【为全市老年人购买意外伤害保险】 2020年，晋江市政府继续为全市老年人购买意外伤害保险，投保金额186万元，从2020年9月1日起，全市户籍70周岁及以上老年人可继续免费享受最高2.18万元的意外伤害险（其中，意外身故和伤残最高赔1万元，意外住院最高赔1.08万元，意外骨折赔1000元）。

【医养结合】 2020年，晋江市卫健局组织举办老年健康宣传周系列活动，普及老年健康知识。开设“医养结合康养护理师高级班”，建立“村级医疗机构每周巡诊+镇级医疗机构每月坐诊”制度，建成医养结合巡诊服务点25个，提升基层医疗服务养老事业能力。培育医养结合服务机构3家。规范医养结合签约服务，推进医疗机构与养老机构签约服务342家，其中设立或下设医疗机构的32家。

（黄保驾）

卫生监督

【卫生监督体系建设】 2020年，晋江市卫健局继续深化卫生综合执法改革，持续推进执法全过程记录工作制度、重大执法决定法制审核制度及行政执法信息公示制度等三项制度的建设与落实，建立健全法律顾问参与法制审核工作激励机制与重大疑难复杂卫生行政处罚案件现场执法工作制度。晋江市卫生计生执法大队不断健全KPI绩效考核管理方案，进一步提高卫计执法水平与效率，撰写的论文《关键绩效指标(KPI)在卫生监督机构中的开发、实施与运用》在《中国卫生监督杂志》刊发。晋江市卫生计生执法大队被推荐参评2016—2019年度全福建省卫生健康系统先进集体；女子特别中队创建“晋江市巾帼文明岗”。

2020年度，晋江市卫生计生执法大队办理群众投诉举报件274件，与2019年同期相比降低13.9%，及时办结率100%；办理卫生计生案件234件，罚没款433.34万元，比2019年分别降低40.46%、28.80%；监督检查被监管对象4680家次，出动执法人员5268人次，比2019年分别增加64.04%、10.7%。

【公共卫生监督】 2020年，晋江市卫健局结合新冠肺炎疫情防控、第18届世界中学生运动会医疗卫生保障、国家双随机抽查等工作，做好公共场所、学校卫生、生活饮用水卫生等公共卫生监督执法工作。开展全市理发店、住宿场所、游泳场所、KTV、公共交通工具及等候室等重点公共场所卫生监督专项检查，督促依法规范经营。全面落实公共场所卫生监督量化分级管理，实现住宿场所、游泳场所、沐浴场所及美容美发场所四类公共场所卫生监督量化率达100%。全面完成中小学校卫生监督综合评价，覆盖率100%。加强生活饮用水卫生监督，联合市疾控中心开展集中式供水水质监督监测，联合晋江市水利局、住建局开展住宅小区二次供水管理检查。加强全市第三方消毒服务机构监管，举办晋江市消毒服务机构管理工作培训。

【医疗卫生与传染病防治监督】 2020年，晋江市开展新冠肺炎防控、传染病分类监督、依法执业、医疗废物、放射卫生等专项检查，全面实施医疗机构不良执业记分管理制度，依法查处医疗机构违法违规行为。严厉打击无证行医行为。结合卫健系统扫黑除恶专项斗争行业乱象整治行动，开展打击无证行医“猎黑”“利箭”系列专项行动，对各基层医疗单位上报、部门抄告及群众信访等涉及“黑诊所”线索进行全面排查，依法严厉查处。加强与公安、检察院、法院、市场监管等部门联合，提高多部门打击成效。晋江市卫生计生执法大队推进扫黑除恶专项斗争工作得到晋江市卫健局、晋江市委政法委督导组的肯定。全年查处医疗类案件77件，罚没款达332.39万元；给予医疗机构不良执业记分51家次；移送公安机关7件、申请法院强制执行63件、抄告市场监管部门15件。

【卫生普法宣传】 2020年，晋江市卫生计生执法大队发挥利用新媒介宣传优势，打造"晋江卫计监督"官方微信平台，通过《卫监先锋》《以案说法》《执法动态》等6个卫监品牌栏目，集中报道全市卫生健康监督执法重要政策措施、重大活动及重点工作，及时发布新出台实施的政策文件解读。集中推送及时回应社会热点、焦点问题，快速传播突发事件处置情况。"晋江卫计监督"微信公众号推送文章30篇，被福建省卫监所推送1篇次；编发简讯47篇，其中被福建省卫监所录用8篇次，在全省县级卫生监督机构中排名第一。

（黄臻涛）

计划生育

【概况】 2020年，晋江市坚持以人民健康为中心，深化计划生育服务管理改革，稳妥实施全面两孩政策，促进生育政策和相关经济社会政策配套衔接。晋江市获得2018—2020年全国计划生育优质服务先进单位称号。2020年，晋江市兑现农村计生家庭奖励。实际发放14629人，奖励资金按政策发放3552万元；城镇计生家庭实际发放2423人，落实资金按政策发放584.28万元；福建省独生子女死亡或伤残对象209人，落实资金按政策发放250.8万元；晋江市计生特殊低保家庭奖励对象30户，落实资金按政策发放36万元；福建省农村部分计划生育家庭贡献奖励对象1306人，落实资金按政策发放47.016万元；晋江市农村部分计划生育家庭节育奖励及贡献奖励（上半年）对象13470人，落实资金按政策发放242.46万元。

（童方杰　叶　华）

【意外伤害保险】 2020年，晋江市通过购买服务为高龄孕产妇、新生儿投保，提高其抵御风险的能力，促进医患关系稳定。全年理赔28个案件，其中高龄孕产妇理赔5例，赔付金额8万元；新生儿理赔23例，理赔金90.4万元。

（童方杰）

【重点人群康养保障服务】 2020年，晋江市创新重点人群康养保障服务。对农村二女、独女、失独、贫困等特殊计生家庭夫妻康养问题，实施补助特殊计生家庭夫妻按2000元最高标准参加养老保险工作。2020年，督促指导各镇（街道）开展宣传发动工作，组织符合条件的对象自愿参加基本养老保险。至12月，晋江市自愿申请补助并符合条件的有9929人，镇级补助416.59万元，市级补助821万元，合计补助1237.59万元。

（叶　华　童方杰）

【医养结合服务】 2020年，晋江市发挥乡村医生在"医养康"工作的作用，建立乡村医生每周巡诊+镇级卫生医疗机构卫生每月坐诊制度，下发《医养结合巡诊服务点建设工作实施方案》，确定有条件的养老机构25家作为首批试点。落实医养签约服务工作，促进晋江市医疗机构和养老机构的合作。全市有居家养老服务站305家，医疗机构与之签约医疗服务的287家，有设立或下设医疗机构的18家；全市建成投入使用的养老院（敬老院）46家，签约医疗服务的25家，设立医疗机构的20家，筹备建设中的1家，实现"养中有医"。完善老年医疗资源布局，指导二级及以上综合性医院开设老年医学科。指导全市一级及以上综合性医院全部设立老年人绿色通道，方便老年人就医。全市8家二级以上公立医疗机构均设置老年病专科或老年（中医）康复科，全市24家公立医疗机构均设立老年人绿色通道。

【妇幼健康服务】 2020年，晋江市继续推进母婴设施基础建设工作。按照省卫计委办公室印发《关于加快推进母婴设施建设的实施意见》要求，对2019年度新建立的母婴设施点进行规范，完善机关、企业、事业等用人单位女职工休息哺乳室等配置设施，建立健全母婴设施运行管理制度，确保母婴设施整洁卫生、功能正常。根据福建省卫健委、总工会、妇联联合下发的《关于开展寻找"我最喜爱的妈妈小屋"活动的通知》，晋江市推荐2家"妈妈小屋"参选，晋江市医院、安海镇安平桥母婴设施点获省级"我最喜爱的妈妈小屋"称号。

促进3岁以下婴幼儿照护服务发展。晋江市卫健局参与省级实施普惠托育服务专项行动，于3月6日向泉州市卫健委、发改委和财政局申报3岁以下托育服务机构省级试点项目，并制订出台托育机构试点的建设方案，提出将试点单位通过改造建成符合国家卫生健康委制订的托育机构设置标准和管理规范的省级示范性托育园。建成后，试点单位面向社会大众招生，采取民办公助的形式，收费执行政府指导价。培训一批托育机构持证合格人员，提升晋江市婴幼儿照护服务整体水平。试点单位在原有60个托位的基础上，拓展为157个托位，6月营业，有入托幼儿100人。完成备案相关工作，11月上旬经福建省卫健委、财政厅、发改委验收评估通过。

（叶　华）

【流动人口健康教育和健康促进】 2020年，晋江市计生协会开展流动人口卫生计生服务均等化服务工作。提高流动人口卫生计生均等化服务的可及性。做好流动人口出生上报工作。推进网上流动人口生育服务登记工作，把流动人口出生信息核查作为一项常规工作，及时处理系统中的数据，减少出生错漏报。以出生信息为引导，重点突出生育对象的服务管理，及时核查流动人口出生和防疫信息，并予以及时上报或通报。做好流动人口信息的采集、变动、通报和协查反馈工作。继续推广应用流动人口健康信息共享平台、流动人口信息移动采集后台子系统，实现流动人口基础数据和健康档案信息的智能比对、健康信息的查询和统计，提高成批采集信息准确率和工作效率。全面实行流动人口电子婚育证明。持续推进流动人口计生家庭"五大项目"。主要是3个方面：兑现奖扶政策；开展生育关怀行动；提供免费技术服务。开展流动人口社会融合均等化服务等宣传工作。通过印发宣传服务指南，定制健康宣传工具包，制作动画宣传短片，平面公益广告等形式，利用各新闻媒体、自媒体等加大宣传力度，让新市民了解、熟悉、掌握晋江市流动人口均等化服务和健康教育促进工作。开展流动人口关怀关爱活动。加强健康教育和政策宣传服务;落实优惠政策和便民服务措施;开展关怀关爱和帮扶解困活动。

(黄种竹)

【计生家庭帮扶】 2020年,晋江市计生协会落实第二十期计生安居工程,投入487.5万元,采取补助购房、危房翻建、修缮房屋、批地建房,以及帮助解决建房用地等多种形式,帮助105户贫困计生家庭改善住房条件。提高帮扶精准度,围绕复产复工、消费经济复苏等需求,将地摊商贩、餐饮店、小型便利店、小作坊等类型列为重点帮扶对象,帮助8户计生家庭落实小额贴息贷款50万元,投入4万元幸福工程救助金,无偿资助8户自力更生创业的困难计生家庭渡过疫情难关并扩大经营规模。开展金秋奖助学工作,投入140万元对农村纯女户大学新生进行奖励,投入30万元对150名计生困难家庭学生进行资助;持续开展助学活动,按照每人5000元的标准,连续4年帮扶80名品学兼优的困难计生女孩。做好计生家庭保险工作,共为3.7万户计生家庭办理意外伤害保险,缴纳保费370万元。

【生育关怀行动】 2020年,晋江市计生协会坚持开展“暖冬行”等慰问活动,按照每户1000元的标准,组织对全市300户计生困难家庭和计生特殊家庭进行关怀慰问。持续开展生育关怀紧急救助,制订下发《关于进一步规范生育关怀市级补助审批材料的通知》,对生育关怀市级补助审批工作进行规范,及时帮助遭受困难的计生家庭渡过难关,2020年市级共紧急救助遭受严重病灾的计生困难家庭25户,共计发放补助金额8.1万元。巩固创新失独家庭服务项目,在原有“阳光·暖心港湾”项目基础上,新增设立“心理慰藉援助中心”,设立多个功能区域,开设兴趣课程,为服务对象定期开展活动提供主要场所,进一步提升对失独家庭服务对象心理援助的环境和水平,初步形成心理疏导、组织活动、订制服务的关怀扶助体系。

【儿童早期发展】 2020年,晋江市计生协会联合晋江市妇联举办2020年度晋江市妇女实用技能培训班,加强育婴师、保育员队伍建设。加强对市级儿童早期发展指导中心的建设指导,向福建省计生协会申请10万元儿童早期发展项目资金,用于完善晋江市级儿童早期发展指导中心(东石镇中心幼儿园),并制订儿童早期发展工作计划,专款专用。

【健康服务项目】 2020年,晋江市计生协会持续开展不孕不育症治疗服务活动,依托晋江市生殖健康服务中心,定期邀请厦门大学附属第一医院生殖健康中心专家到晋江坐诊,开展不孕不育症义诊活动;落实不孕不育治疗补助政策,帮助有生育意愿的家庭实现生育,全年共补助2户不孕不育家庭治疗费用4万元。做好晋江市各级协会干部和广大会员的心理健康工作,联合润合心理咨询工作室,围绕疫情家庭关系和心理防护、婚恋家庭、孕产妇心理调适、亲子养育、幼儿性格引导及情绪管理、青春期心理健康、老年人精神慰藉等7个主题,持续开展心理健康普及项目。

【异地计生协会活动】 2020年,晋江市各省级异地晋江商会计生协会组织会员配合当地开展防疫防控活动,武汉晋江商会计生协会通过线上传播疫情防控知识、健康宣传,扩大宣传覆盖面,配合当地党委政府、村(居)委会开展疫情防控工作。福州晋江商会计生协会专程返乡,联合市计生协会和东石镇计生协会进村入户开展“5·29”慰问活动,对东石镇许西坑、潘径、大白山等村的失独、计生病灾及困难家庭进行走访慰问,从政策引导、就业帮扶、奖学助学、关怀慰问等方面帮助计生贫困家庭早日摆脱贫困和疾病的困扰。上海晋江商会计生协会联合晋江市计生协会和安海镇、东石镇计生协会,进村入户开展儿童早期发展工作进万家暨暖冬行慰问活动,投入16.8万元对安海、东石140户计生贫困、新生儿及流动人口家庭进行慰问,为新生儿家庭赠送儿童早期发展教具,宣传家庭养育、感统及体能训练等儿童早期发展工作常识。

【计生家庭权益宣传维护】 2020年,晋江计生协会加强群众性法律法规知识宣传,采取线上线下相结合方式,重点宣传涉及民生领域的各类法律法规和防诈骗等知识。推进计生家庭法律援助工作,各级共开展法律援助宣传活动43场,参与维权志愿者1066人,接受法律咨询500多人次,代理案件5起,调解民事纠纷24宗,协调维护权益19件,挽回经济损失或争取经济利益合计1.2万元。

(周　达)

体育

群众体育

【概况】 2020年，晋江市完成43个体育基层场地建设，截至2020年底，全市拥有体育场地3808个；场馆总面积428.76万平方米，位居泉州第一。全民健身活动多样。2020年各类全民健身活动比赛项目200个；全年组织培训三级体育社会指导员2000名；特步公司获评国家体育产业示范单位，舒华体育上市，晋江国际马拉松赛获福建"金牌赛事"称号，首创线上马拉松赛，吸引183人报名，83人完赛。

【全民体育设施建设】 2020年，晋江市深化国家、省级全民运动健身模范县创建工作，推动全民健身设施建设。继续将基层体育设施建设列入为民办实事项目，全市建成43个基层场地设施。推进足球场地建设，新增社会足球场地23块，省级为民办实事项目洪宅垵笼式足球场建成。组织开展体育场地调查工作，截至2020年底，全市有体育场地3808个，场地总面积428.76万平方米，总面积位居泉州市第一，人均场地面积2.02平方米，超额完成"十三五"全民健身实施计划的建设任务。

【全民体育活动】 2020年，晋江市实施体育场馆便民惠民活动，体育中心、体育场持续向市民免费开放，游泳馆、羽毛球馆低收费对外开放，国民体质监测室常年免费开放。推动社会力量参与公共体育场馆运作，市全民健身中心交由文旅集团全面运营，推动其与八仙山全园联动互动，发挥其公益性与普惠性。晋江市体育局暑期开办足球、射箭体育项目公益培训班，共培训近500名中小学生。创新体育健身活动形式，搭建线上、线下赛事平台，满足疫情形势下的群众健身需求。持续举办全民健身运动会，全市各类赛事活动超200项。篮球赛事继续成为线下最热门项目，福建省全民健身运动会男子篮球联赛在东石镇举行。开展线上活动，举办晋江马拉松线上跑、少儿围棋线上

2020年，晋江市体育局推动晋江市全民健身中心场馆对外服务。图为羽毛球馆内景 （市体育局 供）

赛等活动，组织参与2020年宜昌马拉松线上跑助力活动。举办晋江市全民健身运动会，市、镇两级举办“我们的节日”传统节日体育活动。搭建线上、线下赛事平台，满足疫情形势下的群众健身需求。

【公共体育服务】 2020年，晋江市体育局坚持体育利民惠民，完善公共体育服务体系建设，持续推动晋江市体育中心、全民健身中心等一批公共体育场馆对外免费或低收费开放。倡导“科学健身”，加强社会指导员队伍建设，采用鼓励自学、分散教学的灵活方式，组织培训三级体育社会指导员2000名。加强社会体育指导员培训，举办广场舞、柔力球、跆拳道、健跑等三级社会体育指导员培训班；按照国家体育总局及省、市要求，进行全市体育场地调查，全面更新并准确掌握体育场地数据。

（张志丹）

竞技体育

【概况】 2020年，晋江籍林超攀、施嘉洛、陈倩缘等运动员在国内体育竞技舞台上屡获佳绩。少体校运动员备战参赛，在前三季度因疫情未参赛的情况下，仍获省级及以上竞赛奖牌11金6银11铜成绩。少体校男篮实现省三对三篮球联赛“五连冠”和福建省青少年U系列篮球锦标赛冠军。

【体教融合】 2020年，晋江市以市少体校“国家高水平体育后备人才基地”为平台，立足“选好苗子，着眼未来，打好基础，系统训练”原则，持续发现、培养、输送更多的体育后备人才。全市有15个训练基地，18个训练项目，在训学生700多人。2020年，向省级和泉州市级体训单位输送人才52人，高考录取到南京体院等高校共18人，高考录取率达80%。

【训练基地保障】 2020年9月，晋江市少体校投用，作为国家羽毛球队训练基地，持续完善基础设施配套，做好国家羽毛球队一行到晋江集训工作。成立后勤保障工作专班，落实落细集训期间食宿、训练等各项保障，得到国家羽毛球队教练和运动员的肯定。

（张志丹）

体育产业

【概况】 2020年，晋江市起草《关于促进全民健身和体育消费推动体育产业高质量发展的实施意见》，完善体育产业扶持政策。产业品牌持续提升，特步公司获评国家体育产业示范单位。舒华体育在上海证券交易所上市，成为2020年全国首家在A股上市的体育公司，舒华体育公司董事长张维建获评2020年全国体育事业突出贡献奖。举办首届晋江文化体育消费季活动，组织2批次超130家企业线上发放体育消费券，有效激发体育消费。

【体育赛事品牌打造】 2020年，晋江国际马拉松赛获“金牌赛事”称号。受疫情影响首次举行马拉松线上跑，吸引超18万人报名，8万人完赛。持续优化职业赛事，继续办好CBA联赛、WCBA联赛，福建男篮连续2年闯入季后赛8强，福建女篮成军3年首次闯入季后赛。

【“体育+”加速融合】 2020年，晋江市体育局以“体育+”“+体育”为抓手，推动体育与其他业态融合发展。举办首届晋江文化体育消费季活动，组织2批次超130家企业线上发放体育消费券，激发体育消费。举办首届晋江企业电竞大赛，吸引32支战队报名参赛，线上直播吸引近百万人次。开展晋江首届“人才杯”系列趣味运动会、田园九九健步走等系列活动。

（张志丹）

人力资源和社会保障

·事业单位工作人员管理·

【“1+X”专项督查】 2020年，晋江市人社局会同晋江市委组织部、财政局、教育局等部门并邀请中共晋江市委纪委监委驻市人社局纪检监察组组成联合督查组，开展2轮督查检查，涉及全市8个单位，共发出14份《整改意见函》，指导和督促相关单位对存在问题进行整改，全部整改到位。

【公开招考】 2020年，晋江市人社局完成事业单位招聘人员工作，晋江市事业单位共招聘36人。组织福州大学晋江科教园区发展中心公开招聘教研人才工作，共招聘8名博士研究生。组织完成2020年晋江市公立学校教师招聘工作，共招聘新教师313名。

【职称评聘】 2020年，晋江市人社局做好事业单位人员职称评聘工作，发挥职称聘任管理的正向激励和指挥棒作用。完成专业技术人员任职资格申报推荐、资格确认和公布工作，把好职称资格推荐评审关口。全年共出具委托评审函203份，申报高级职称评审225人、中级职称评审333人，办理确认初级职称资格人员2733名。公布中级职称资格215人、高级职称资格236人。完成2020年度169名卫生专业高级技术职务实践技能考试申报初审、2018年度1096名卫生专业技术资格考试报名初审工作。组织73名全市机关事业单位工勤人员报名参加技能等级岗位（职务）升级考核。组织开展1期中小学（幼儿园）教师初级专业技术职务评审、1期土建专业初级职称评审、2期非公有制企业初级职称评审，共有210人通过评审。启动2020年度全市专业技术人员公共课网络培训工作，发动专技人员按要求参加继续教育培训。

【学历等材料审核】 2020年，晋江市人社局规范学历更改程序，严格审核申请对象的学籍档案、学历学位证书等证件材料，为69名干部职工办理学历更改审批手续，250名干部职工办理调动手续。重新对全市机关事业单位编外用工情况进行摸底，梳理修订编外人员规范管理办法。

【绩效考核】 2020年，晋江市人社局会同晋江市委组织部出台《关于进一步加强机关事业单位工作人员平时考核工作的通知》，深化干部绩效考核试点工作，完成2019年市直政府部门和部分驻晋直属单位绩效评估集中考评工作；完成全市19816名事业单位工作人员（含机关工勤人员）2019年度考核工作，共核准优秀等次3464人，合格16051人，基本合格4人，不合格31人，不定等次266人，不属考核对象1人，不参加考核对象68人。做好全市事业单位工作人员（含机关工勤人员）的职务聘任、辞职解聘等日常管理工作，全年共办理职员（专业技术人员）考核期满聘任77人，任职250人、辞职（解聘）21人，代市政府拟文件25份。开展2019年度全市事业单位工作人员（含机关工勤人员）定期奖励，对2019年度考核优秀的3460人给予嘉奖奖励；全年共审核推荐参评省级及以上系统先进集体8个、先进个人11人。

【抗疫表现突出人员嘉奖】 2020年，晋江市人社局根据有关奖励规定，推荐晋江市卫健局、交通运输局、中共晋江市陈埭镇委员会等3个单位申报并获得全省抗击新冠肺炎疫情先进集体；推荐洪兴世、龚飞群、郭协力、吴为军、吴清呼、张少娟等6人获得全省抗击新冠肺炎疫情先进个人；协助泉州市人社局、泉州市卫健委给予张丽蝶、郭龙燕等2人记功奖励。根据《事业单位工作人员奖励规定》《关于进一步激励关爱疫情防控一线党员干部人才十条措施的通知》，以晋江市委、市政府名义给予疫情防控期间表现突出的晋江市疾病预防控制中心王金象嘉奖奖励，优先给予晋江市医院、晋江市医院晋南分院、中医院、安海医院、疾病预防控制中心等单位2位援鄂医疗队队员、4位疫情防治一线优秀医务人员和防疫工作者直接晋级聘任。

【事业单位岗位设置和人员聘任】 2020年，晋江市人社局组织开展新一轮事业单位岗位设置和人员聘任“回头看”，及时总结相关经验做法，形成《守正创新 增量提质——发挥职称聘任管理的正向激励和指挥棒作用》的调研报告。指导晋江市教育、卫健部门制订新一轮岗位设置管理和人员聘用工作方案，支持晋江市医疗卫生改革，按最高比例核定晋江市医疗卫生机构组织医疗、卫生高级专业技术岗位。

(余诗楠)

·劳动就业·

【稳定就业】 2020年，晋江市人社局实施“互联网+就业”2020行动计划，依托侨乡人才网、聚才网打造线上“春风行动”系列招聘活动，累计举办网络招聘会108场，1423家企业提供岗位19378个，达成就业意向3443人。组成新春用工招聘联盟，对接南方人才市场及河南、贵州等8个省、市人社部门，搭建全国线上招工云平台，将当地企业招聘信息“联网”国内省、市线上招聘会，32家企业达成400多个招聘意向。推动一批晋籍异地商会建设劳务协作工作站，加强与当地人力资源服务机构、大中专院校对接，持续引进就业人员和毕业生到晋江就业创业。建成劳务工作站3个。持续保障农民工返岗复工包车、包机“点对点、一站式”服务，推广“削峰填谷”“余缺调剂”等用工模式，促成“牵手”用工调剂近500人。率先在全省组建7个“逆行”返岗招聘对接工作小组，分赴四川、云南等劳动力资源富足的输出地对接，累计接返新老员工3811人，签订各类劳务合作协议32份。

【就业创业活动】 2020年，晋江市人社局开展重点帮扶活动、实施多项措施丰富就业创业活动；实施“促进就业帮扶计划”，聚焦高校毕业生、农民工、就业困难人员等重点群体，在侨乡网开通“一对一”就业帮扶绿色通道，做好政府购买基层公共管理和社会服务岗位公开招聘工作，拟招聘劳动保障协理、人力资源开发协管、基层农业服务等37人；持续实施大学生就业促进和创业引领计划，依托福建省毕业生就业创业公共服务网，先后举办4场晋江市大中专毕业生视频招聘会，共吸引170家企业提供5474个岗位，1500名毕业生应聘求职，共有320名毕业生与用人单位达成工作意向；筛选12个劳务输出重点地区，加强与当地人社部门、大中专院校对接，实时推送晋江市就业招聘信息及就业创业政策，对接全国45所大中专院校，并建立微信联络群和劳务协作工作机制。做好档案和人事代理服务，接收流动人员档案652份，档案库累计55464份；新增人事代理102人次，人事代理累计4829人次。

【就业创业政策落实】 2020年，晋江市人社局完成青年就业见习90人，组织申报初审认定高校毕业生安居补助1459人，一次性吸纳就业补贴30家用人单位(涉及103名毕业生)，一次性创业补贴3人；推荐泉州市中霆拓展有限公司、泉州川已青铖商贸有限公司等两家公司入选泉州市级毕业生创业资助项目评选。

【职业技能培训】 2020年，晋江市人社局制订出台产业实训基地建设项目及技能大师工作室扶持政策，推荐泉州职业技术大学、泉州轻工职业学院和晋兴职业中专学校纳入泉州市开展补贴性免费职业培训学校名单，泉州轻工职业学院获批“国家级高技能人才培训基地”。举办电工职业技能竞赛、晋江市首届(茄克)技能竞赛系列等，并授予获奖选手“晋江市技术能手”称号。4月中旬至6月底，在全市范围内组织实施百日免费线上技能培训行动，鼓励“企业职工线上培训”和“简易岗前技能培训”。全年开展技能提升行动累计培训各类劳动者9780人次。实施职业培训补贴制度。全年累计兑现失业保险技能提升培训补贴285人49.75万元、职业培训“见证补贴”204人37.165万元，涉及劳动关系协调员、企业人力资源管理师、电工、美容师、汽车维修工等工种。

【职业技能标准开发】 2020年，晋江市人社局继续开展“制鞋工”国家新一轮职业技能标准开发工作，优化完善鞋服行业首个新的国家职业资格标准，建立国家职业资格培训鉴定试验基地，引导行业协会参与更多新职业开发，通过市财政评估和单一采购流程，签订中标协议。

(余诗楠)

·社会保障·

【参保扩面】 2020年，晋江市人社局摸清各镇(街道)已参保和应保未保人员名单，分类引导应参未参人员参加相应的基本养老保险。全年全市参加职工基本养老保险、失业保险、工伤保险人数分别增至38.70万人(新增2万人)、17.71万人(新增1.86万人)、28.57万人(新增0.57万人)。机关事业单位社会保险参保单位540个，在职参保2.34万人。参加城乡居民基本养老保险64.2万人。被征地人员养老保障230个村(社区)11.75万人参保，达龄领取10.43万人。

【社保业务信息化建设】 2020年，晋江市人社局以全省基层平台信息化提升工程试点为契机，推行“网上办、就近办、自助办”等综合柜员制改革，构建城乡一体的基层服务平台。推行网上办业务。累计开通网办企业16906家，其中通过网办平台办理业务25.17万人次，网办率提高至91.26%。推行自助办业务。引入8台自助填表终端设备，群众“不用填”几分钟即可快速完成自助填单和业务办理，办件量从零增至日均80件左右。推行就近办业务。推进市镇村三级经办服务体系建设，一期选择陈埭等7个镇(街道)作为试点，将单位参保登记、增减员、缴费证明打印等23项高频业务向镇(街道)下沉，实现“一窗通办”“就近即办”，辖区居民足不出镇、足不出村即可办理各项社保业务。

【社保降费】 2020年，晋江市人社局全面落实晋江市支持企业和项目有序复工复产十二条保障措施，抓好社保费阶段性减免、失业保险稳岗返还、就业补贴等政策，支持企业稳定和扩大就业。2020年1—12月，减免减收职工养老、失业、工伤三项社会保险费8.44亿元，惠及对象1.74万户。

(余诗楠)

·劳动保障·

【和谐劳动关系构建】 2020年，晋江市人社局规范提升人力资源产业园、阳光社区、陈埭镇、江头村、乔丹和安踏公司等和谐劳动关系示范点。持续深入开展和谐劳动关系创建活动，推荐指导安踏（中国）公司、泉州半导体高新技术产业园区晋江分园区获评福建省级劳动关系和谐单位，中乔体育股份有限公司职工岩龙获评全国优秀农民工。总结完善和谐劳动关系综合试验区建设工作经验材料，在《晋江经济报》专题报道《打造和谐劳动关系的"晋江样本"》，试验区建设通过福建省人社厅验收。

【普法宣传】 2020年，晋江市人社局开展在建项目"三个一"宣传活动，深入工地开展一次现场政策咨询解答活动，组织在建项目负责人、劳资专员和现场管理人员等开展一场学习培训会，印发《疫情防控期间企业规范用工政策指南》《条例宣传手册》《创建"无欠薪项目部"工作指导手册》等一套宣传材料共1.5万份，通过多种形式加强宣传劳动保障法律法规。制订《关于印发学习宣传贯彻实施〈保障农民工工资支付条例〉工作方案》，借助《晋江经济报》、晋江市人社局微信公众号、侨乡人才网等媒体平台推送条例全文及相关政策解读。

【劳动监察】 2020年，晋江市人社局组织开展人力资源市场秩序整治、高温天气劳动保护等监督检查活动，共监察各类用人单位397家次，涉及劳动者3.2万人次，为291万名劳动者追发工资244.23万元。结合全市房屋安全"百日大整治"行动，开展租赁厂房企业欠薪整治，制订《晋江市加强租赁厂房经营用人单位拖欠工资整治工作方案》，调研走访晋江市法院、公安、应急、市场监管等相关部门及青阳、陈埭、池店等租赁厂房经营用人单位较多的镇（街道），对全市租赁厂房经营用人单位摸排工作，摸排租赁厂房经营用人单位6515家次。

【"无欠薪项目部"提升行动】 2020年，晋江市人社局全面推行农民工工资支付保障措施，实名制管理和工资专户管理制度基本实现全覆盖，2020年1—12月通过专户代发工资约8亿元；在疫情防控期间，按照福建省人社厅缓缴保证金文件要求，允许工程建设项目暂缓缴存工资保证金，截至2020年6月底政策结束，共有27在建工程项目申请缓缴农民工工资保证金，为建筑企业减轻经济负担1446.75万元；健全联合奖惩机制，共评价劳动保障守法诚信A级企业43家、C级8家；工资支付行为守信单位48家、严重失信单位3家，公布重大劳动保障违法行为4起，列入"2020年欠薪黑名单"企业2家。晋江市人社局建立属地政府、行业主管部门联合约谈制度，全年共约谈建筑施工企业30家次，移送公安机关拒不支付劳动报酬罪案件2件，联合法院开展强制执行行动10次。

（余诗楠）

·医疗保障·

【疫情防控医保助力】 2020年，泉州医保局晋江分局严格落实疫情报告机制，加强与医疗机构对接协调，了解定点收治医院救治药品和物资储备情况，及时向上报告并协调保障。落实"两个确保"（确保企业离退休人员基本养老金按时足额发放，确保国有企业下岗职工基本生活费按时足额发放），累计预拨医保基金4078万元（其中职工医保973万，城乡居民医保3105万）到4家疫情集中救治定点医疗机构。制定《疫情期间本区域医院隔离收治人员医保核查支付流程》，分类协调解决确诊、疑似患者和隔离留观人员的医保服务问题。晋江市参保的22例确诊对象、3例疑似对象均完成结算，医疗费用34.1395万元，医保基金报销14.7143万元。落实"不见面办""放心办"等措施，持续拓展"968919"服务热线功能并广泛宣传，提供"互联网+"非接触服务方式，2020年，电话及微信办理业务74820人次。组建5个企业医疗保障服务队，依托镇企业办、商会，以网格化形式开展"医保服务进万企"活动。落实减征缓征政策，晋江共有13429家企业享受减征政策，减免金额累计8496.45万元；缓缴期限延期至2020年10月底，共有74家企业办理缓征手续，缓征金额累计2275.13万元。

【城乡居民基本医保】 2020年，泉州医保局晋江分局按"以收定支、收支平衡、略有结余"的原则，泉州市行政区划内城乡居民基本医保参保对象同属一个统筹区，实行"六统一"（统一覆盖范围、统一筹资政策、统一保障待遇、统一医保目录、统一定点管理、统一基金管理）并建立统一的城乡居民大病保险和城乡医疗救助制度。2020年城乡居民基本医保筹资标准为800元/人，其中个人缴费250元/人、各级财政补助550元。

【城镇职工基本医保】 2020年，泉州医保局晋江分局按"基本保障、广泛覆盖、双方负担、统账结合"原则，适应社会主义市场经济体制，根据财政、企业和个人的承受能力，建立保障职工基本医疗需求的社会医疗保险制度。基本医疗保险费由用人单位和职工个人共同缴纳。用人单位按职工工资总额的7.5%缴纳，职工个人按其工资总额的2%缴纳。职工个人所缴的医保费，由单位直接从其工资中代扣代缴。

【生育保险】 2020年，泉州医保局晋江分局坚持生育保险基金按"以支定收，收支基本平衡"的原则筹集。其中，企业生育保险费用由用人单位按职工工资总额的0.5%缴纳；机关事业单位生育保险费用由用人单位按职工工资总额的0.35%缴纳，个人无须缴纳生育保险费用。2020年1月1日起，职工医保、生育保险两险合并实施，实行参保同步登记、基金合并运行的新模式。2020年5月1日起，生育津贴发放延长30天，进一步提高生育保险待遇水平。新冠肺炎疫情期间，企业缴纳的职工基本医疗保险（含合并实施的生育保险）单位缴费费率降至4.35%，阶段性减征实施时间为2020年2—6月。

【医保参保覆盖面扩展】 2020年，泉州医保局晋江分局坚持保基本、可持续、全覆盖的原则，做实全民参保计划。截至2020年12月31日，城镇职工医保参保缴费196826人，比2019年同期增加20401人，基金收入71645.563万元；生育保险缴费172332人，基金收入3442.66万元。2020年度城乡居民医保参保缴费981399人，筹集基金78511.92万元。2021年度城乡居民医保参保缴费974043人，比2019年同期增加11301人。

【脱贫攻坚医保助力】 2020年，泉州医保局晋江分局健全重特大疾病医疗保险和救助制度，开展疫情期间医疗救助对象就医情况排查工作，及时了解医疗救助对象医疗保障需求。定期与卫健、民政、残联、退役军人事务等相关部门衔接更新医疗救助人员名单，跟进落实各项补助政策，增强医疗救助托底保障功能。2020年，共资助医疗救助对象参保16419人，资助金额410.48万元；一站式结算医疗救助对象52313人次，救助金额1069.86万元；一次性定额救助和重特大疾病救助48人次，金额26.19万元。

【医疗保障体系】 2020年，泉州医保局晋江分局继续实施基本医保、大病保险、医疗救助的三重医疗保障体系，落实生育保险与职工基本医保合并实施。2020年，医保基金结报274.17万人次，基金结报支付9.004亿元。关心关爱医护人员，经市政府同意将财政差额拨款医疗卫生单位纳入晋江市公务员医疗补助统一管理。继续实施晋江特殊医疗保障项目，为全体城乡居民购买晋江大病补充医疗保险和附加意外保险；城乡居民医保个人缴费补助减免对象涵盖最低生活保障对象、特困户等16类人员，2020年本级财政减免补助对象144370人，金额2198.52万元；提高特定人群医保报销比例，2020年住院结报5498人次，结报金额862.59万元；调整优化25种特大病种补助政策，将25种特大病种以本级能否治疗为标准分为两大类，实行县域内外就医报销比例差别化对待，2020年结报428人次，结报金额307.71万元。

【医保服务提升】 2020年，泉州医保局晋江分局开展医保服务提升年主题活动：实现医保业务一窗通办，实施“好差评”制度，前置延伸业务至驻医院医保服务站。继续实施全城通办，2020年为晋江以外泉州市域内群众提供服务9879人次。推进异地就医“一站式”结算，优化异地商会医保代结报服务，2020年跨省异地就医结算4108人次。拓宽个人账户用于家庭共济功能，全面推广医保电子凭证，推进晋江市医院“互联网医院”慢病续方试点工作，方便群众就医结算。

【医保政策宣传】 2020年，泉州医保局晋江分局制订宣传方案，通过媒体报道、公众号推送、开发宣传精品、情景剧小视频等方式，加大医保政策、资讯的宣传力度，回应群众关注热点，2020年共开发4样宣传精品，宣传报道75篇，报送信息34篇，晋江分局列为国家医保局医保信息直报点。继续开展“服务人民保障健康”暖心服务进村居活动，拓展进医院、进企业政策宣讲及服务方式，加强与参保群众的沟通交流。

【医保基金监管】 2020年，泉州医保局晋江分局做好定点医药机构协议管理工作及机构人员信息维护工作，开展2019年度医保定点医药机构服务质量考核并进行续签，2020年新增定点医药机构311家。截至2020年，共监管定点医疗机构308家、定点药店187家，实现医保“村村通”。设立专门的责任机构或明确专门人员监管。要求二级(含)以上医疗机构、连锁药店设立医保科，其他定点医药机构明确医保分管领导及医保管理专员，共设立负责人及医保专员168人，落实单位自我管理责任。构建“3+1”(联席会议制度、协管员制度、重点对象培训制度、互联网视频监控平台)工作机制，提升医药行业协会自我治理能力，倡导各定点药店签订规范经营承诺书，强化行业自律意识。

【医保基金监管机制健全】 2020年，泉州医保局晋江分局建立数据信息管理工作专班，定期分析基金运行数据。与晋江市市场监督管理局建立会商联动机制，与晋江市医药协会、3个县级医院建立联动稽查机制，参加上级培训、福建省医保基金专项治理抽查复查以及泉州市医保、卫健部门“双随机一公开”检查，强化监管队伍建设。健全“经办—初审—复核”机制，开展医保基金专项治理自查自纠工作，加强内控管理。做好福建省局医保基金专项治理抽查复查迎检，按要求完成整改。开展2020年医疗保障基金监管集中宣传月、定点医疗机构专项治理及“回头看”行动，以安徽太和县多家医院欺诈骗保事件为案例，对定点医疗机构集中开展警示教育并签订承诺书。综合运用“三函两牌”监管措施，持续加大打击欺诈骗保力度，2020年共出动稽查人员896人次，检查定点医药机构583家次，发出“函、牌”148张，对2名参与冒卡就医的参保人予以约谈，拒付医保基金534.87万元，收取违约金745.41万元。

【医保智能稽核】 2020年，泉州医保局晋江分局探索开发定点医疗机构医保自查自控系统，在晋江市8家定点医疗机构试运行。引导晋江市医药行业协会组织全体医保定点药店建设云端监控系统，实现全天候可监管，破解稽核查处过程中的取证难问题，并利用该系统查处一家定点药店将医保目录外项目按目录内申报医保结算，予以解除医保协议。2020年4月22日，福建省医保局稽查处处长陈德广带队到晋江市调研医保服务现场监管工作并召开座谈会，对晋江市医保结报智能审核系统给予肯定。

【“三医联动”】 2020年，泉州医保局晋江分局坚持改革创新，推进药品耗材采购改革。全面落实跟进国家、福建省组织药品集中采购和使用改革，超额完成国家第一批药品集中带量采购任务，晋江市共采购中选药品2102.86万片(袋、支)，采购金额2580.26万元，完成约定采购量的210.43%，药品价格平均降幅达52%，为晋江市群众降低药费负担2381.78万元。续签国家第一批药品集中采购，推进国家第二、三批及福建省药品集中带量采购，组织辖区医疗机构参与国家第四批药品集中采购预采购量填报。截至12月31日，晋江市各公立医疗机构续签国家第一批药品集采，采购药品1388.78万片(袋/支)，采购金额1004.30万元；国家第二批药品集采，采购药品1189.06万片(袋/支)，采购金额274.23万元；福建省药品集采，采购药品185.48万片(袋/支)，采购金额

327.17万元。开展医疗器械(医用耗材)阳光采购结果全省共享工作，指导9家二级以上公立医疗机构落实高值医用耗材集中采购，组织晋江市医院、中医院参加国家冠脉支架集中带量采购。晋江市医院发起成立泉州县域松散型医用耗材采购联盟。

推进医疗服务价格改革。按照“腾空间、调结构、保衔接”的原则，开展公立医院医疗服务价格调整摸底，征求医疗机构医疗服务项目及价格调整的意见297条，及时上报上级主管部门作为调整参考，推动医疗服务价格合理调整，不断优化医药收入结构。对市场竞争比较充分、个性化需求比较强的医疗服务项目(不纳入医保支付)实行目录管理。

深化医保支付方式改革。推进紧密型县域医共体医保基金打包支付和绩效考核工作，建立县域医管委、医保、卫健、财政、各医共体牵头机构等部门会商机制，细化实施方案，根据晋江实际，明确晋江市医院、中医院、安海医院3个医共体牵头机构分别作为各医共体医保基金打包支付签约主体，完成签约工作。持续推进按病种收付费为主的多元复合式支付方式，全市县级公立医院(市医院、中医院、安海医院)开展按病种收付费，2020年按病种出院19743例，占比51.22%，群众按病种报销比例比按项目报销提高约11个百分点。指导晋江市中医院参与DRG收付费试点前期工作。在确保病案首页传送的基础上，督促定点医疗机构严格把控病案首页质量，为医保支付方式改革提供准确基础数据。

(许培鑫)

·长期护理保险试点工作·

【概况】 2020年6月，晋江市组织居家上门试体验长期护理保险服务，7月20日，印发《晋江市长期护理保险试点工作暂行规定》，9月1日开始启动服务，成为全省率先开展长护险试点工作的地区。10月28日举行“八闽长护 晋江启航”长期护理保险主题日活动。晋江市参保24.2万人，覆盖全体职工医保对象和28个试点村(社区)城乡居民，扩展到离休干部和伤残军人等特殊对

2020年10月28日，福建省医药卫生体制改革研究会授予晋江“长期护理保险服务站”牌匾
(泉州医保局晋江分局 供)

象，全年参保缴费2178万元；9—12月，待遇享受对象累计433人，覆盖全年龄段，待遇支付108.587万元；待遇享受对象按季度100%回访，回访满意率100%，被评为晋江市2020年度十大市民关注事件之一；福建省医改研究会将晋江定为“长期护理保险服务站”；《晋江：试点“医养康融合”拓展民生保障内涵》在新华社内参刊发，《晋江在全省率先启动“长护险”试点工作，为失能家庭撑起一片晴空》在《福建日报》刊发。

【长期护理保险“1+4”发展目标】 2020年，泉州医保局晋江分局承担长期护理保险的试点任务，试点工作明确政府“战略购买者”“标准制订者”和“监督实施者”的角色定位，制定构建“医养康融合”长期护理保险工作格局的总目标，围绕4个目标导向，致力于将改革发展成果更多更公平惠及群众，提升群众获得感、幸福感、安全感。瞄准“四个导向”：精准纾困解难导向，为失能人群提供必要的生活照料和个人健康相关的护理服务，帮助他们减轻痛苦，过上有尊严、有质量的生活；激活有效需求导向，构建老龄社会中失能人员家庭负担过重的社会化互助共济机制，让一般失能人员家庭有能力购买护理服务，形成护理服务有效市场需求；增加市场供给导向，撬动护理服务产业发展，提高失能护理和老年人护理等专业市场供给能力，使专业健康护理能够走入千家万户；预防失能导向，融合卫生健康和养老服务等资源，探索预防失能的有效措施和工作机制。

【长期护理保险机制探索】 2020年，泉州医保局晋江分局在长期护理保险试点工作中，以“县域集成改革”和“医保治理体系建设”为平台，整合探索七大工作机制：

建立“1+4+X”领导机制。晋江市成立长期护理保险工作领导小组，办公室挂靠医保晋江分局，下设医养融合组、民政养老组、综合协调组。医保晋江分局、民政局、卫健局、财政局4个主导部门联动配合，其他相关部门落实各自职责，发挥镇村主体作用，调动社会各界力量，统筹推进试点工作。

建立长期护理保险参保征缴和管理机制。强调个人责任和政府责任相结合，发动政府、社会、集体、家庭和个人实现多元化筹资，构建可持续筹资机制。长期护理保险资金按照“以收定支、收支平衡、略有结余”的原则筹集和使用，筹集标准暂定为90元/人·年。在晋江区域内参加职工基本医疗保险的全体参保人在2020年开始就全部参保，个人按60元/人·年标准缴费(从职工医保个人账户划转)，政府补助30元/人·年；组织城乡居民以村(社区)等为单位集体参加长期护理保险。2020年选择10%~20%村(社区)为试点，城乡

居民个人按60元/人·年标准缴费，政府补助30元/人·年。个人缴费部分以村（社区）为单位组织集体参保缴费，村（社区）集体可以采用个人缴费、集体出资或社会公益等多种渠道筹资。为鼓励村集体参与试点，市政府再按15元/人·年的标准补助村（社区）集体，各镇（街道）按不少于10元/人·年的标准补助村（社区）集体。

建立长期护理保险失能等级评定标准体系和评估管理机制。以需求为导向，引入参照“上海标准”，并按照“引入—实践—改造—生成”推动评估标准本地化。

建立长期护理保险保障项目和待遇享受机制。充分考虑群众生活习惯和多层次需求，设置机构护理、社区护理、居家护理三种主要护理服务，开展中度失能对象及特殊群体的护理服务试体验，坚持以实物方式兑现待遇。机构护理，待遇享受对象入住提供长期24小时连续护理服务的定点专业机构，按1500元/人·月标准予以补助；社区护理，有条件的村（社区）可将待遇享受对象集中到社区合适场所集中生活，并申请向定点服务机构集中购买护理服务入驻场所提供护理服务，按1350元/人·月标准予以补助；居家护理，待遇享受对象向定点服务机构购买居家上门护理服务（10次/月），按1050元/人·月标准予以补助。

建立长期护理保险服务机构和人员管理机制。通过外引内育确定7家定点服务机构，建立长护险护理人员培训考核基地，做到护理服务人员凡上岗前必培训和考核合格。建立长期护理保险委托经办管理机制。借鉴多地商保经办工作经验，因地制宜建立信息化管理系统，探索开展长护险前期经办和后期承办的第三方管理模式。建立开展失能预防管理的有效措施和工作机制。探索制订失能预防规划，推进健康管理。

【长期护理保险模式创新】 2020年，泉州医保局晋江分局在长期护理保险试点中，坚持创新和因地制宜：坚持城乡一体，即把职工群体和其他城乡全体居民全部纳入，覆盖“全体人群”，把60周岁以下失能人群也同步纳入，覆盖“全年龄段”；调研中发现一些老年群体接受治疗意愿不强，考虑民俗及其心理因素，明确年老失能对象可直接申请评估，取消其“6个月治疗”的待遇享受限制符合老年病“以养为主、治疗为辅”导向，能够减少医疗资源占用，确保医保基金用在刀刃上；晋江市长护险资金由个人缴费和政府补助组成，职工个人缴费从医保个账划转，首创城乡居民个人缴费以村（社区）为单位集体参保缴费模式，首批筛选10%~20%试点村（社区），发挥村集体功能，联动带动社会多元筹资，推进移风易俗，弘扬社会慈善；完成“标准服务清单+个人服务计划”的服务组织方式。统一制定标准服务清单（47项）可自由选择组合，并由定点服务机构根据需求制订个人月服务计划。

（许培鑫）

民　政

·社会救助·

【概况】 2020年，晋江市民政局完成全省特殊困难群体帮扶试点任务。印发《晋江市特殊困难群体帮扶服务试点实施方案》，联合晋江市扶贫办、医保等八部门出台《关于开展困难群体全面排查落实民生兜底专项行动方案的通知》，在全市范围内开展特殊困难对象摸排工作，摸排收集各类对象1.8万人次，及时将1048户、1817名困难对象纳入保障范围，净增长率17.6%，确保困难群众救助不漏一户、不漏一人。

【低保工作】 2020年，晋江市民政局精准实施兜底保障，为全市最低生活保障和特困人员发放保障金5176万余元，惠及5783户、9910人。城乡低保标准由每人每月630元提高至775元，特困人员救助供养标准根据护理需求分为全自理、半护理及全护理三档，分别由1010元/人·月、1235元/人·月、1460元/人·月提高到1182元/人·月、1440元/人·月、1698元/人·月，机构集中供养的救助供养标准再提高40%。投入69万余元，为全市9000余名低保对象（特困人员）购买人身意外保险和重疾保险，完善困难群众保障体系，防返贫、控新贫、稳脱贫。

【四帮四扶】 2020年，晋江市民政局投入2000万元专项基金，深入实施“四帮四扶”工程，创新实施兜底安居项目，通过财政资金+社会爱心资金全兜底帮扶形式，采取统一标准、统一施工、统一验收、统一入住等“四统一”方式，为无能力建房的低保家庭建设保障性住房，全年共确定帮扶家庭184户，其中兜底安居11户。晋江市社会救助工作典型经验获福建省民政厅行文推介。

【临时救助】 2020年，晋江市民政局扩大临时救助保障范围，采取放宽户籍限制、实行实物救助等方式，兜牢困难群众基本生活。全年发放临时救助金605万余元，救助8107人次。

（陈建造）

2020年1月28日，晋江市民政局开展2020年度“四帮四扶”工程兜底安居对象入住及慰问活动

（市民政局 供）

·养老服务·

【养老服务设施建设】 2020年，晋江市民政局推进养老服务设施建设，晋江市社会福利中心二期工程竣工通过验收。打造5个“嵌入式”小型养老机构、推进龙湖镇鲁东村敬老院等5个村级敬老院建设、新建青阳街道陈村社区等20个单位居家养老服务站，截至2020年末，全市共有各类养老机构72所，在建筹建村级敬老院30所，居家养老服务站325个，养老床位7326张。试点将龙湖尚善养老院打造成集居家、社区、机构的综合性区域性养老服务中心。将东石镇敬老院打造成“以专业化运营为支撑、以本土化融合为特色、以社会慈善相助力”的本土化、区域性、示范性、兜底性养老机构。将紫帽镇全镇养老服务设施打包运营，构建“1+N+X”养老设施布局（1个镇级养老照料中心、N个村级辅助养老机构、X个托养式日间照料设施）。落实床位运营补贴，发放床位补贴近504万元。

【居家养老服务】 2020年，晋江市为60周岁及以上特困人员、城乡低保对象、重点优抚对象、“五老”人员、计生特殊家庭成员、建档立卡贫困人口、80周岁及以上特殊困难有意愿接受服务的1300多名老年人提供免费助餐、助洁、健康护理、精神关怀等专业化上门服务。开展养老院服务质量建设专项行动、农村幸福院运营质量专项治理行动，提升农村幸福院运营质量，推动养老机构服务质量提升。

推进养老服务设施安全生产建设工作，委托专业机构每月对养老机构开展安全生产检查工作，组织开展养老机构消防安全综合应急演练，投入10万元建立5个养老服务设施微型消防站。开展养老机构智慧用电安全建设行动，在有入住老年人的41家养老机构全面开展智能型电气火灾监控系统建设。

【老年人福利和特殊困难救助交接划转】 2020年，晋江市民政局交接晋江市卫健局划转老年人福利和特殊困难老年人救助工作，每月为220余名特困失能老年人发放护理补贴300元。为90周岁及以上的高龄老年人发放重阳节慰问补贴近80万元。组织镇（街道）结合节假日开展200多场的尊老敬老活动，弘扬尊老爱老传统美德。

（陈建造）

·基层组织建设·

【村（居）务公开制度】 2020年，晋江市加强村级组织建设，印发《关于全面落实“四议两公开”制度进一步规范村务决策公开监督工作的通知》，完善村（居）务公开制度。征集优秀村规民约，培育和推广4个先进典型，以点带面促进村规民约规范化。规范社区准入，开展“社区万能章”专项整治行动，推动清理工作职责、精简台账档案、控制检查评比等社区减负措施落到实处。

【社区治理体制创新】 2020年，晋江市创新社区治理体制，试点建设50个居民议事厅，培育创建4个泉州市级重点培育社区、11个共建共享示范社区，总结提炼当地特色的社区工作法，提高晋江市社会治理能力和服务水平。

【社区治理民主协商制度】 2020年，晋江市完善社区治理民主协商制度，协商重心下移，构建协商议事模式，总结形成英林镇西埔村协商民主议事工作法、内坑镇长埔村乡村发展促进会等优秀协商案例，《“三治”融合 协商共治——晋江市新时代城乡社区治理体系建设研究》获全省民政政策理论研究一等奖。

【“民生微实事”项目库】 2020年，晋江市完善“民生微实事”项目库，梳理优化工程类、实物类项目，征集实施民生微实事项目203个，下拨资金376万元。研究制订社区公共服务配套设施建设、移交和管理办法，确保公共服务配套设施留得足、用得上，增强服务设施综合承载力和吸引力。

（陈建造）

·社会事务管理·

【社会组织管理】 2020年，晋江市民政局实施社会组织规范管理建设年活动，推进8个社会组织专项整治行动，注销登记8家长期不开展活动、不进行年检、不正常换届的社会组织。培育登记社会团体34家、民办非企业单位5家、非公募基金会2家。

【社工队伍建设】 2020年，晋江市民政局加强社工人才队伍建设，组织社工人员培训，选拔评定“星级督导”4人、“星级社工”20人，培育发展1家社会工作服务机构。

【扶贫助困】 2020年，晋江市民政局开展“百社解千难”社会组织助力脱贫攻坚活动，搭建社会组织参与脱贫攻坚平台，动员引导111家社会组织与44个相对薄弱村（社区）结对挂钩帮扶，筹集扶建资金571万元、扶贫资金184万元，帮助合作村（社区）建设基础设施，开展助学、助老、助残、助困等公益扶贫活动。

【“阳光1+1牵手计划”】 2020年，晋江市民政局深入开展“阳光1+1（社会组织+老区村）牵手计划”，推动社会组织与革命老区村结对，以“一家帮一村”“一家帮多村”“多家帮一村”等方式进行帮扶，共有32家社会组织、29家企业和14个老区村牵手共建，策划生成合作项目28个，投入帮扶资金1195万元（其中社会组织609万元、企业586万元），受惠3万多人次。

【社会组织规范化建设】 2020年，晋江市民政局推进社会组织规范化建设，确定晋江市慈善总会等13家社会组织评估等级结果。完善社会组织孵化园功能建设，晋江市社会组织孵化园被确定为全省首批社会工作专业人才基地。

【婚姻登记】 2020年，晋江市民政局提升婚姻登记规范化水平，建立疫情期婚姻登记高峰应对机制，推进婚姻登记与疫情防控“两不误”。全年办理婚姻登记7735对、补发婚姻登记证1190件。

【殡葬管理】 2020年，晋江市严格落实殡葬基本费用全免政策，全年为7303户次群众减轻负担517万元。试点在

"新建住宅区、回迁安置社区、城市老旧小区、农村社区"推进10个村级治丧场所为民办实事项目建设，探索破解群众治丧难点。搭建清明节"网上祭扫"平台，解决群众疫情期间祭扫需求，清明期间共接待网上祭扫约27万人次。持续开展违法违规私建"住宅式"墓地等突出问题专项摸排整治工作。晋江市殡葬改革工作经验获福建省民政厅推广。

【行政区划管理】 2020年，晋江民政工作根据城市化进程带来的变化，稳妥推进行政区划调整工作，新设置新塘街道晋良社区和紫帽镇紫祥社区，对全市342个居住小区的行政隶属关系进行再次梳理，协调解决11个居住小区行政隶属纠纷问题。

【地名工作】 2020年，晋江市民政局编制完成《晋江市城市地名专项规划》，新增命名道路57条，设置地名标志200座，更换、维护地名标志35座。按时完成《政区大典——晋江卷》编纂任务和全国第二次地名普查工作，编印《晋江市行政区划图》(2020年版)。

【残疾人两项补贴工作】 2020年，晋江市民政局全面落实残疾人两项补贴政策，一、二级重度残疾人护理补贴标准分别提高至每人每月115元、85元，累计发放残疾人两项补贴资金1641万余元。

【留守儿童和困境儿童关爱】 2020年，晋江市民政局加大农村留守儿童、困境儿童关爱保护力度，试点建设10个儿童关爱示范点，推进"儿童之家"建设，实现"儿童之家"建设村村全覆盖。

【老区工作】 2020年，晋江市民政局继续实施《晋江市扶持革命老区村建设三年规划(2019年—2021年)》，争取中央、福建省、泉州市等上级资金5462万元，策划生成87个老区扶建项目。

开展4场市领导老区村现场办公，下拨600万元帮扶内坑东村等4个老区村解决19个项目建设问题。确定安海上垵、磁灶三吴等2个老区跨越发展工程重点帮扶村，每村各一次性补助50万元。投入350万元扶持45个老区(基点)村46个项目完善老区村基础设施建设，投入70万元扶持5个非文物革命遗址维修维护项目，集中财力助力老区村发展。出台并实施《晋江市革命"五老"人员及遗偶解困补助专项资金管理办法》，两次调整革命"五老"人员定期生活补助标准，由每人每月2164元提高到每人每月2395元，革命"五老"遗偶由每人每月703元提高到每人每月738元。实施革命老区医疗保障优惠政策，投入759.2万元为全市92个革命老区(基点)村30367名60岁以上人员缴交城乡居民医保个人参保费用。

(陈建造)

支前 双拥

【概况】 2020年，晋江市开展拥军优属、拥政爱民工作，不断巩固和发展军政军民团结的局面。晋江市蝉联全国双拥模范城"七连冠"，名列全省参评县(市)第一位；军鹏特种装备股份公司郑东升获评"全国爱国拥军模范"。

【双拥创模机制完善】 2020年，晋江市党政军主要领导坚持"一把手"亲自抓、亲自负责，把双拥工作纳入地方和军队建设重要议事日程，及时解决双拥工作中遇到的各种问题。推进双拥创模。对照《全国双拥模范城(县)考评标准》，细化考评项目，印发《晋江市争创全国双拥模范城"七连冠"实施方案》，明确迎检任务和责任单位，指导五大类11个迎检点建设，对双拥创模工作进行全面部署。健全完善工作机制。印发《晋江市双拥共建工作领导小组工作规则》《关于建立健全双拥若干机制的实施意见》，修订《晋江市双拥共建领导小组成员单位工作职责》《晋江市双拥共建工作领导小组办公室职责和工作制度》。

【双拥氛围营造】 2020年，晋江市双拥办利用《晋江经济报》、新闻网、广播电视台等当地媒体，开设双拥宣传和国防教育、军人故事专栏，深入宣传双拥工作的政策法规、工作成果和先进事迹。开展"奋进新时代，聚力强军梦"为主题的第二十个全民国防教育日有奖问答活动。利用市区公交车载显示屏、车尾广告、公交站台广告位等，营造双拥创模氛围。编印《晋江双拥简报》15期，推出双拥相关宣传报道212条(次)，其中被国家退役军人事务部官网、《中国双拥》杂志、中国双拥网、《中国社会报》、福建省退役军人事务厅官网、福建双拥、学习强国、东南前哨等省级以上媒体报道采用89条(次)。丰富活动载体。组织开展"新时代双拥工作风采"主题征文活动，并择优推荐上级媒体平台刊登16篇，其中《"四点钟学校"开进驻晋部队》获全国新时代双拥工作风采主题征文三等奖，《烈火青春——爱上一座城》《双拥工作二三事》分别获泉州"新时代双拥工作风采"主题征文二等奖、三等奖。利用春节、清明节、"八一"、烈士纪念日、国防教育日等，组织开展双拥共建活动。组织历时一个月的"双拥月"系列活动，包括科技拥军现场办公、慰问驻训部队、"关爱功臣"等，涵盖干部职工、学校师生、企业员工等不同群体。传承双拥文化。依托爱国主义教育基地和国防教育基地，加强双拥国防教育。组织开展"致敬·2020清明祭英烈"网上祭扫活动，通过"云平台""云服务"为广大烈属、退役军人和社会各界开展网上祭扫服务。宣传双拥先进典型，礼遇关爱功臣英模和先进人物，在福建省电视台、《泉州晚报》、晋江电视台宣传全国爱国拥军模范郑东升事迹。挖掘优秀退役军人事迹，进行宣传推广，其中吴金营获"全国模范退役军人"称号，推选吴奕澈参评"全省最美退役军人"。

【优待抚恤政策】 2020年，晋江市双拥办推进荣誉体系建设。推行"军人军属优先"，实行"军人免费乘坐市内公交"，推行"军人军属优先诊疗"，公园、博物馆、旅游景区对军人免费开放。退役军人信息采集和光荣牌悬挂，做到应采尽采，应挂尽挂。春节、"八一"组织大走访大慰问活动。晋江市双拥办将立功受奖名单刊登在8月1日《泉州晚报》予以宣扬，晋江市人武部、退役军人事务局联合举行晋江籍立功受奖军人光荣牌匾授予仪式，得到《中国社会报》《中国双拥》杂志、学习强国报道。做好"情

2020年7月15日，晋江市“红领巾进军营”主题国防教育日活动现场

（市退役军人事务局 供）

系边海防官兵”工作，走访慰问海防部队晋江籍现役军人家庭。走访慰问参与全国各地防汛救灾工作晋江籍现役军人家庭和立二等功（含）以上及服役30年晋江籍现役军人家庭。开展“烈士寻亲活动”，拍摄《寻途》宣传纪录片，为14名烈士寻得家属。成立退役军人法律援助工作站，畅通退役军人法律援助渠道。提高优待抚恤水平。解决官兵“三后”（后路、后院、后代）问题。实行就近就好照顾，让部队军人子女享受优质教育资源。

【拥政爱民】 2020年，驻晋江部队参与晋江经济社会建设，支持一重环湾、二重环湾、晋江市医院建设，刺桐大桥立交改造等。参加文明创建活动。驻晋江部队以开展共建“和谐家园”活动为载体，支持驻地城市建设、文明创建、生态建设、平安建设等工作。组织11名优秀战士担任金井围江小学“校外辅导员”，协助学校开展军事日、国防教育等活动。组织晋江市第四实验小学40多名少先队员代表走进驻晋江某部队开展“红领巾进军营”主题国防教育日活动，培养学生爱国主义和集体主义精神。参与“平安晋江”建设。驻军某部和海警晋江工作站参与海上疫情输入防控工作。发动退役军人投入疫情防控，配合地方开展机场空中整治工作。

【军民共建活动】 2020年，晋江市军民坚持双向奉献宗旨，开展军民共建活动，在全社会形成“爱我人民爱我军”的氛围。加强军地基层党组织结对共建。以党建为引领，在军地结对共建中加强基层党组织共建，开展军地共学中共十九届五中全会和全国双拥模范城（县）命名表彰大会精神等共建活动。《晋江市军地基层党组织“三学三促”推动党的十九届五中全会精神落地生根》在《中国双拥》杂志、学习强国、《中国社会报》刊登。持续打亮“两新”组织（新经济组织、新社会组织）拥军品牌。开展双拥共建活动。春节期间，晋江市爱国拥军促会为100名困难退役军人免费健康体检。“八一”期间，晋江市双拥办联合晋江市妇联、晋江市女企业家联谊会在驻军某部创办“军营儿童之家四点钟学校”，为部队官兵解决课后辅导孩子作业问题；晋江市爱国拥军促进会先后走访驻晋江某部队和白沙民兵哨所，为全市农村籍退伍军人提供免费健康体检；协调福建省爱国拥军促进会、福建省慈善服务协会、福州东南眼科医院“八闽拥军光明行”走进晋江活动，为全市军人军属、退役军人及家属提供眼健康检查服务，并进行免费手术治疗。推进拥军常态化开展。围头村持续每月开展“双拥主题日”，与驻军开展互办实事好事活动；泉州市企业家书法协会连续10年送书法进军营，开展“墨香送祝福·双拥绘真情”赠春联字画活动；市耀师汽车公司连续11年开通“拥军专线”，每年捐赠“拥军车票”；军鹏特种装备公司常态化开展社会拥军工作，为部队演训提供保障，帮助部队官兵排忧解难；马可维奇鞋业公司连续两年组织驻晋江部队官兵代表开展“我为爸妈做双鞋”敬老孝老活动。晋江市教育局联合部队联合开展军地青年联谊活动。市女企业家联谊会荣誉会长施丽容为部队外出驻训捐赠移动式空调。

（黄志刚）

退役军人事务

【概况】 2020年，晋江市退役军人事务工作按照中共晋江市委、市政府决策部署，围绕抓好“三个结合”（荣誉激励与教育引导相结合、权益保障与困难帮扶相结合、优化服务与精准管理相结合），深入开展“三项活动”（“思想政治工作年”“基层基础基本建设年”“不忘初心担使命、退役军人立新功”活动），晋江蝉联全国双拥模范城“七连冠”。

【退役军人思想政治与优抚褒扬工作】 2020年，晋江优抚工作强化思想引领，深入开展“思想政治工作年”活动，构建党组织+服务站+志愿服务组织三轮驱动的退役军人党员教育管理工作机制和常态化挂钩联系制度，市、镇、村三级退役军人事务系统全体人员全面联系退役军人，做好退役军人政策解释、思想疏导、权益维护、党员教育管理等工作。

逐步提高抚恤优待补助标准，优抚政策落实到位。

全面优化优待措施，落实新兵入伍“四尊崇”（做好欢送仪式、举行座谈、挂光荣牌、拍集体照）、退役返乡“五关爱”（迎接仪式、开展谈心、宣讲政策、推介岗位、高效办事）、日常关爱“六必访”（退役返乡必访、立功受奖必访、英模典型必访、重要节日必访、遇到困难必访、重大变故必访）暖心工程，持续开展“关爱功臣”活动，推行“优先诊疗”“高清收视”“免费公交”“军人依法优先”“拥军专线”等优待措施。

加强烈士褒扬工作，完成安海革命烈士纪念碑广场改造工程二期建设，全面提升烈士褒扬工作的“硬条件”；创新祭扫服务，开展网上祭扫，清明期间共有17万人次参加网上祭拜，发表祭扫评论15万条；完善烈士褒扬系统资料、烈士英名信息，提升烈士褒扬服务的“软条件”；启动“为烈士寻亲”活动，为14名烈士找到亲人，收到烈士亲属赠送锦旗4面。

【退役军人移交安置与就业创业】 2020年，晋江市落实安置政策，办理退役军人党员关系转接、档案移交工作。拓宽安置渠道，挖掘安置岗位，推行阳光安置，军转干部全部安置到机关事业单位，转业士官安置到央企和国企。扎实做好秋冬季退役士兵接收报到及返乡欢迎仪式工作，创新建立集落户办理、预备役登记、职业技能提升报名、社保关系接续、党员组织关系转接等服务项目为一体的“一站式”返乡报到服务工作流程，为退役军人开展优质便捷服务。

依托晋江市退役军人就业创业基地（中国海峡（晋江）人才市场）和晋江市退役军人和随军家属就业创业导师服务团队，开展就业创业扶持工作。组织开展“云招聘”和线下专场招聘会2场，共有128家企事业单位和企业提供岗位。依托晋江市退役军人教育培训基地，组织开展技能培训3场。

【退役军人服务保障】 2020年，晋江市退役军人事务局搭建三级服务保障体系，在12个镇（街道）和76个村（社区）开展“示范型服务站”创建活动，在全市打造一批典型的枫桥式“退役军人之家”，推动晋江市退役军人服务保障体系规范化、标准化、实体化运行。推行“网格化+退役军人”服务管理模式，构建“村（社区）+机关（企事业单位）”互为体系、相互补充的网格管理体系，全市退役军人全部纳入网格，打通退役军人服务保障管理“最后一公里”。落实军休干部政治待遇和生活待遇，开展“挂钩结对·关爱服务”军休人员活动，组织开展政治学习、组织生活、党建活动15场（次），做好退休费发放、遗属待遇、生活慰问等工作，提升军休工作服务水平。成立退役军人志愿服务总队，全市基层退役军人志愿服务分队参与疫情防控、文明创城、关爱社会、帮扶解困等学雷锋志愿服务活动。

（王懿心）

老区建设

【概况】 2020年，晋江市老促会按照老促会的职能定位，服务老区工作。围绕年初确定的目标任务，始终坚持不忘倾斜扶持老区的政策导向，以“战疫战贫”为主线，继承发扬红色革命老区精神，加大老区扶持力度，推动全市革命老区科学发展、跨越发展。

【老区村扶建】 2020年，中共晋江市委、市政府主要领导到内坑镇东村老区村现场办公，给予东村村专项资金300万元；晋江市分管领导到金井镇山苏村、东石镇光渺村、内坑镇宅内村等3个老区村现场办公，给予每村专项资金100万元，带动社会资金投入3000万元。21个项目有序推进，促进老区村的发展。全年晋江市财政安排老区村建设专项资金350万元，扶建项目涵盖老区村道路硬化亮化、办公场所修缮、公厕建设、农田水利设施建设等，帮扶45个老区村46个项目。

【老区建设资金争取】 2020年，晋江市老促会以项目运作，协助相关职能部门做好项目筛选，全年有5个项目获得中央预算内补助3262万元，7个项目获得省级预算内补助990.57万元，3个项目获得福建省老区办补助资金70万元，3个项目获得泉州市级补助资金20万元。重点帮扶建设。选择安海镇上垵村、磁灶镇三吴村等实施跨越发展工程，进行重点帮扶，给予每村一次性扶持资金50万元。

【扶贫资金监管】 2020年，晋江市老促会落实《晋江市革命老区发展专项资金管理办法》，组织对2019年老区村建设专项资金扶建项目、2019年前尚未完成的扶建项目及历年市领导现场办公、跨越发展工程尚未完成的扶建项目进行验收、检查。做好省级老区扶贫资金在线监管系统录入工作，做到“办文全程在线，监管到人到岗”。开展革命老区专项资金“最后一公里”落实情况专项督导，下发整改通知，指导抓紧整改。对革命“五老”安居工程落实情况进行调研，发现1例因建房手续不完整且“五老”本人病故，补助资金长期滞留龙湖镇，补助资金4万元收缴国库。

【老区光荣传统传承】 2020年，晋江市挖掘老区村经典革命故事，开展老区宣传推介，在共产党员网、中国新闻网、中国老区网、泉州民政网等网站及《中国老区建设》《红土地》《泉州晚报》

2020年4月9日，晋江市退役军人事务局开展线上和线下专场招聘会。图为晋江市退役军人就业助力区

（市退役军人事务局 供）

《晋江经济报》等媒体撰文宣传晋江老区村。办好《晋江老区建设》小报，通过微信公众号发布105篇推文。设立革命老区发展（革命遗址保护利用）专项资金，推进晋江市革命遗址保护利用工作，投入70万元扶持内坑镇“中共泉州中心县委历史纪念馆”、土坡村“中共泉州中心县委第六次干部会议（后溪会议）旧址”、东石镇塔头刘村“地下党交通站（塔头中山小学）旧址”、大房村“张清水 张百钧 张温谆革命烈士纪念碑”、龙湖镇龙园村“中共泉州中心县委农村基层干部训练班旧址”等非文物革命遗址保护利用项目。

【“五老”生活保障】 2020年，晋江市老区建设促进会继续为革命“五老”人员落实政策。实施革命“五老”人员定期补助标准自然增长机制，确保革命“五老”人员生活水平与晋江市经济发展和人民群众生活水平同步提高，革命“五老”人员定补标准为每人每月2395元，超福建省定标准875元，位居全省前列；革命“五老”遗偶定期生活补助为每人每月738元。落实革命“五老”人员及遗偶基本殡葬服务费用免除政策，革命“五老”人员死亡后再增加发放6个月定补金，革命“五老”遗偶增加发放3个月定补金。春节、重阳节期间，全面开展革命“五老”人员及“五老”遗偶慰问活动，发动社会组织开展“传承光荣传统，感恩革命前辈”为主题走访慰问革命“五老”人员活动。联合财政局出台《晋江市革命“五老”人员及遗偶解困补助专项资金管理办法》，解决革命“五老”人员及遗偶突发性、临时性、紧迫性生活困难。发放高龄和特困补贴3.4万元、价格临时补贴近5万元、用电优惠补助1.08万元，免除革命“五老”人员有线电视基本收视费用。组织革命“五老”人员健康体检，发放门诊医疗及健康体检补助2.7万元。

【“三年规划”实施】 2020年，晋江市老促会实施第五轮《晋江市扶持革命老区村建设三年规划》（2019—2021年），全市25个市革命老根据地建设委员会成员单位推进老区村乡村振兴发展，晋江市财政投入759.2万元，为全市92个革命老区（基点）村30367名60周岁及以上人员缴交城乡居民医保个人参保费用。

（黄飞华）

老年教育

【概况】 2020年，晋江市老年大学开设线上政治理论学习专栏。“晋江老年教育”微信公众号推出“学习新思想”“学习强国”知识答题两个板块，全年共推送26期。开展人口老龄化国情教育展示“有作为、有进步、有快乐”新时代老年人精神风貌。做到“停课不停教、停课不停学”，统筹推进疫情防控、教学工作和高水平示范性老年大学创建三大任务，促进办学水平的整体提升，获评“晋江市文明单位”“福建省高水平示范性老年大学”。

【线上教学】 2020年，晋江市老年大学探索线上教学方式，通过“新媒体电视平台”“网上老年大学”App等学习载体，打造“云课程”，让老年学员实现停课不停学。科学设置课程。针对老年人的兴趣爱好，结合教学设施、师资力量等因素，组织开展专题研究，按照“通俗易懂、喜闻乐见”的原则，安排26堂线上教学课程，内容涵盖疫情防控知识科普、乡土文化、剪纸与手工、音乐舞蹈、卫生保健等，吸引9946人次参与学习。为帮助引导学员使用日常智能化设备，设置“闽政通”App的注册和使用、智能手机基础知识、安全上网、微信的使用4门公共课程。注重分类培训。线上教学对全校师生员工是一种新尝试新体验，学校分别组织工作人员、教师、学员进行分类培训。工作人员侧重于直播器材使用、直播流程操作的熟练掌握，教师重点培训网上教学的备课、讲课，掌握OBS软件的使用，学员突出智能技术应用培训。下半年共组织各种培训16批次，参与4345人次（线下812人次，线上3533人次）。改进教学方法。运用多媒体教学设备，开通网上教学互动平台，吸引学员参与线上学习。开播的线上教学课程，每个课程观看及回看的学员都达300人次以上，最多达600多人次。

【老年智能培训】 2020年，晋江市老年大学贯彻《国务院办公厅印发关于切实解决老年人运用智能技术困难实施方案的通知》，就老年人在运用智能技术中遇到的痛点、难点问题，先行先试开展智能技术运用培训，帮助学员消除“数字鸿沟”。探索智能教育，把智能教育培训纳入老年教育重要内容。从引导老年人了解新事物、体验新科技、融入智慧社会的角度出发，明确教学方向和教育目标。把智能技术运用课程纳入教学内容，采用公共课程和专题讲座相结合的方式。加强对基层老年学校智能培训工作的指导，安排专业教师到池店、青阳等镇（街道）老年学校授课，采取“面对面”“手把手”的方式开展助教帮

2020年10月28日，晋江市老年大学迎接福建省高水平示范性老年大学实地评审验收

（市老年大学 供）

学。引导学员利用学习强国平台、"网上老年大学"App、中国老年大学协会公众号以及老年教育等载体,根据个人需求进行选择性学习。会同市老教委办录制教学视频(普通话版和闽南语版)、刻录U盘,制作宣传折页,分发到全市各基层老年学校,提高老年人智能化培训覆盖范围。整合资源,开展"智慧助老"。学校充分借助网上老年大学等网络资源优势,发挥党员和志愿者模范带头作用,开展"智慧助老"行动。引进高端资源。主动对接老年教育专业机构、上级老年大学,定期开展研讨,针对老年人智能技术运用需求制订教学计划。创新导学模式。针对老年人学习和接收能力较慢,记忆力较差的实际情况,组建"云课堂导学助手"队伍,13名"云课堂导学助手"通过培训并分批上岗,缓解教学压力。新华社客户端首发《福建晋江:老年大学里的智能手机课》报道,阅读量突破100万人次。"学习强国"学习平台、《中国老年报》、"老年教育""中国老年大学协会"公众号、光明网、腾讯网、湖南卫视、台海网、《福建老年报》、泉州电视台、《泉州晚报》、晋江市电视台、晋江经济报和福建老年大学网站相继报道或转发,《八闽快讯》《侨区快讯》《晋江信息》刊登相关报道文章,形成书面材料在全省老年教育工作会上交流。

【配套教材建设】 2020年,晋江市老年大学对教材进行全面梳理,鼓励教师结合实际,尝试再编诗词、灯谜、24式太极拳,新编书法、摄影等课程教材。编写《灯谜入门》《42式太极拳》《诗词曲联知识》《手机摄影入门》4本教材。

(高斌娜)

慈善事业

【概况】 2020年,晋江市慈善总会新设立冠名慈善基金10个3218万元,新增捐赠及定向捐赠9669万元。截至2020年底,共设立冠名慈善基金183个,留本付息慈善基金61个,基金总额31.37亿元。2020年,晋江市慈善总会共向社会募集慈善资金1.85亿元(历年累计37.71亿元),投入慈善工程2.94亿元(历年累计22.42亿元),帮扶困难群众2217人次(历年累计179862人次)。2020年,晋江市民政局启动慈善馆建设项目,做实慈善城市品牌。

【慈善工程】 2020年,晋江市慈善总会为符合救助条件、情况属实的1045名贫困重病灾户开展救助活动,投入804万元;根据捐赠者意愿,定向投入教育、卫生、老人福利等慈善公益事业2.79亿元;联合晋江市委统战部、统战系统党委、统战系统妇委会、各民主党派、梅岭街道党委政府等部门开展"海西春雨行动•共建共治共享同心社区"新春社会服务活动,为群众义诊送药、义赠春联,提供法律咨询、义务医疗、卫生咨询等,并走访慰问贫困家庭25户,投入5万元;配合中共晋江市委、市政府中心工作,在晋江市高铁新区项目、科创新区项目安置征迁过程中,投入善款87.5万元,救助59户安置征迁特困群众;联合晋江市妇联、晋江市女企业家联合会开展2020年"浓情五月感恩母亲"母亲节活动,慰问100名贫困母亲。投入10万元;联合晋江市妇联开展"两癌"特困妇女救助活动,对符合救助条件的65名"两癌"特困妇女实施救助,投入13万元;联合共青团晋江市委开展困难青少年帮扶活动,对居住一年以上的贫困新晋江人青少年调查摸底,走访慰问50名新晋江人青少年,投入10万元;联合晋江市卫健局在学校、住宅小区、敬老院等公共场所配备AED急救设备,投入50万元;联合晋江市关工委开展爱心助学工程活动,投入262.9万元,扶助939名困难学生圆就学梦;联合晋江市民政局开展革命老区村扶建项目,投入60万元;为保障困难群众在疫情期间的正常生活,联合晋江市民政局为城乡低保、特困人员及孤儿等对象每人发放价值200元的"爱心消费券",投入88.11万元。

【慈善慰问】 2020年元旦、春节期间,由晋江市慈善总会牵头,各镇(街道)联络组配合,分别到各村(社区)、企业慰问低保户、特困户、五保户、贫侨、下岗困难职工、到晋江务工人员等862人次,走访慰问9个社会福利机构,共投入慰问资金185.4万元。1月9日,晋江市慈善总会荣誉会长许经波代表慈善总会慰问龙湖尚善敬老院,送去1万元慰问金;晋江市慈善总会永远荣誉会长张道辉代表慈善总会慰问金井山头敬老院及金井围头敬老院,分别送去1万元慰问金;安海镇党委书记张健龙联合晋江市慈善总会慰问内坑张坑护理院,送去1万元慰问金;1月10日,晋江市民政局党组书记吴晋居联合慈善总会慰问磁灶深垵敬老院,送去1万元慰问金;1月15日,晋江市民政局联合晋江市慈善总会慰问晋江市福利院及晋江市社会福利中心养老院,分别送去1万元慰问金;1月14日,晋江市慈善总会联合晋江市人力资源和社会保障局举办到晋江务工特困人员春节慰问座谈会,慰问90位特困到晋江务工人员;1月14

2020年9月24日,晋江市慈善总会联合麦都公司走访慰问晋江市特殊教育学校学生

(市慈善总会 供)

日，晋江市慈善总会牵头组织晋江市书法家在金锭慈善大厦为群众义写春联1000多幅。1月16日，晋江市慈善总会会长许连捷走访慰问晋江市育婴院，送去2万元慰问金和日常用品纸尿裤、纸巾；随后走访慰问安海静慈敬老院，送去2万元慰问金；走访慰问内坑潘厝村革命烈士李定奕遗孀姚页，送去1万元慰问金；9月18日，联合晋江市见义勇为协会召开2020年度见义勇为助学仪式，向受助对象颁发见义勇为助学金和慈善总会助学金。

【慈善文化宣传】 2020年，晋江市慈善总会与各级新闻媒体联系，弘扬慈善先进典型，宣传报道晋江市慈善活动及慈善人物先进事迹20多条次。编印《晋江慈善》信息专刊14期14000份，加强晋江市慈善总会网站管理，及时更新慈善信息和宣传内容。总会倡导移风易俗，简办婚丧喜庆活动，节约礼金捐赠慈善事业，理事会成员纷纷响应，持续参与捐赠礼金活动。2020年，共有11名理事会成员婚丧喜庆捐赠3598万元。累计共收到婚丧喜庆捐赠16.47亿元。

晋江市慈善总会每年均受邀参加各级慈善活动，及时开展慈善工作交流，宣传推介晋江慈善文化。4月13日，收到福建省慈善总会第三届理事会通讯会议材料；5月20日，收到泉州市慈善总会第三届理事会通信会议材料；4月28日，厦门市委文明办副主任虞圣坚、厦门市民政局副局长李丽红一行9人到总会交流慈善工作经验；5月13日，福建省民政厅慈善事业促进处处长沈锦文、福建省司法厅立法三处二级调研员肖晋瑜一行5人到总会交流慈善工作经验。7月9日，中华慈善总会第五届会员代表大会以线上会议方式召开，晋江市慈善总会应邀参加会议。8月20日，广东省民政厅厅长卓志强一行10人在福建省民政厅、泉州市民政局及晋江市相关领导的陪同下至晋江市慈善总会考察，交流慈善工作经验。12月6日，“东西方慈善文化国际论坛”筹备组嘉宾在晋江市领导的陪同下至晋江市慈善总会参观交流慈善工作经验。

【慈善表彰和平安行公益基金捐赠】 2020年12月18日，晋江市慈善总会召开第四届理事会第三次会议暨平安行公益慈善基金捐赠仪式。会议授予张长春、许维蓄、施纯锡“慈善世家”称号；授予洪天祝、苏炳源“慈善家”称号；授予吴鸿岩“慈善大使”称号。大会为20位“两癌”特困妇女送上元旦、春节的慰问，每人1万元。大会举行平安行公益慈善基金授牌授印及捐赠仪式，现场捐赠金额超1亿元。

（林桂林）

【疫情防控慈善助力】 2020年，晋江市民政局突出对“一老一小”兜底保障和关爱照料，对全市民政福利机构实施全封闭式管理，从严从紧落实各项防控措施，“零事故”“零感染”，保障民政服务对象健康、平安。牵头推进红白喜事新办、简办，在全省率先发布《关于新型冠状病毒感染的肺炎疫情防控期间简化治丧活动的通知》。协调有关部门和社会爱心人士，发动全市社会组织履行社会责任，为民政服务机构和社区一线工作人员筹集口罩300余万只，全市社会组织累计接受捐资超过5000万元。发挥临时救助“兜底中兜底”作用，聚焦特殊群体，开启救助“绿色通道”。

动员慈善类社会组织，助力民生保障。全市慈善组织接受社会疫情防控专项资金捐赠2660.4万元、物资3223.6万元，支出疫情防控慈善款项3515.8万元。发挥公益性捐赠税收优惠政策效应，10家慈善公益组织获得税前扣除资格。晋江市“慈善+救助”工作获最高人民法院院长周强批示肯定，慈善事业典型经验获福建省民政厅行文推广。

（陈建造）

民族宗教

·民族事务·

【民族团结进步创建】 2020年，晋江市委统战部持续推进民族团结进步创建进机关、进学校、进企业、进村（社区）、进镇（街道）、进宗教活动场所等“六进”活动。开展为期2个月的民族团结进步宣传月主题活动暨歌曲演唱大赛、支持晋江华侨职校开展西

2020年10月16日，晋江市举办第十三个民族团结进步宣传月歌曲演唱大赛 （市委统战部 供）

藏班办学10周年回访大型报道等活动。组织小记者走进陈埭镇回族史馆、内坑镇霞美畲族村、龙湖镇粘厝埔采访民族文化、经济发展成效，开展民族文化体验活动，通过晋江电视台彩虹桥栏目播出，进一步展示晋江各民族的历史沿革、民族融合发展、民族文化传承保护等。在全市范围内征集少数民族脱贫致富奔小康、各民族交往交流交融、少数民族流动人口服务管理等典型故事。

【民族团结进步示范窗口培育】 2020年，晋江市委统战部在陈埭镇岸兜村、陈埭民族中学、陈埭回族史馆、陈埭镇宇踏公司成立“民族之家”，建立少数民族流动人口服务管理站，培育“一村、一学校、一史馆、一企业”等4个示范窗口。每个示范窗口按照“8个一”标准（有一名优秀的解说员，一个突出的工作亮点，一份精炼的总结材料，一份简明扼要的宣传折页，一部高质量的创建汇报片，一套简明的观摩流程，一套完整的档案资料，一种浓厚的宣传氛围）建设，为全市民族团结进步创建活动深入开展起到示范引领带动作用。

【民族村(社区)振兴发展】 2020年，晋江市委统战部向各级申请民族补助资金404万元，帮助晋江市民族村（社区）经济文化事业发展。全面调查摸底少数民族群众生产生活情况及少数民族贫困大学生情况，走访慰问困难群众126户，发放资金6.85万元。抓好龙湖镇后溪村民族特色村寨试点工作，支持建设光伏发电项目，帮助壮大村集体经济收入，增强造血功能。落实对口帮扶霞浦县盐田畲族乡工作，拨款100万元支持盐田畲族乡门口塘水闸改建工程。

【民族领域安定稳定维护】 2020年，晋江市委统战部建立健全民族工作机制，出台民族工作联席会议制度。定期走访少数民族较集中的企业，走访慰问困难员工。指导少数民族较集中的企业做好后勤服务保障工作，加强语言培训及技能培训，支持设立图书室、开展各项文体、文艺活动。

（许美娟）

·宗教事务·

【宗教领域安全维稳】 2020年，晋江市委统战部召开宗教领域意识形态、安全维稳、反邪反恐反极端等一系列会议，承办泉州市2020年度安全工作会议和“安全生产月”活动，推动“红线意识”“底线思维”入脑入心；开展宗教领域安全隐患大排查大整治和房屋安全百日攻坚行动，实现火灾隐患、建筑隐患排查全覆盖，督促188处安全隐患、6处D级危房整改到位；在宗教界开展安全警示教育活动，参观安全生产宣教培训基地，在4个宗教团体、10多处场所分别开展消防安全演练和应急演练，推广“智慧用电”安全管理系统等，宗教领域“扫黄打非固边”专项行动、佛道教商业化治理、基督教有关工作稳步推进。

【宗教事务管理】 2020年，晋江市委统战部实行晋江市委统一战线工作领导小组宗教工作专题会制度，健全部门协调协作、工作协同、矛盾协处工作协调机制。抓实抓细三级网络两级责任制，网格化管理平台数据更新常态化。梳理市民宗局权力清单、责任清单，强化权利监管运行。举办“宗教政策法规学习月”学习活动，指导镇（街道）理论学习中心组安排专题学习，宣讲宗教理论政策。引导宗教界人士加强政策法规学习，组织召开宗教团体联席会议，专题学习中共十九届五中全会精神及《宗教团体管理办法》等。配合中央统战部到晋江调研宗教养老、福建省委统战部到晋江调研宗教组织财税管理、福建省政协到晋江调研寺庙医药文化遗产保护和发展等多项工作，为上级科学决策提供依据。深入开展民间信仰联系点备案登记工作，规范民间信仰场所的内部管理，指导妈祖文化研究会和道教协会设立5个晋江市级民间信仰联系点，督促6个民间信仰场所办理对公银行账号。深化文明敬香创建工作，持续推进“一少三无一规范”（少烧香；无烧金纸、点蜡烛、放鞭炮等影响环境、危害安全行为；规范佛教、道教和民间信仰活动场所管理），安全生态和谐寺观创建工作成效显著。

【宗教正面作用发挥】 2020年，晋江市委统战部动员宗教界配合科创新区项目建设，妥善解决动迁区域宗教、民间信仰和民俗问题。引导宗教界助力移风易俗，出台《关于坚持移风易俗助力疫情防控的通知》，在信教群众中倡导厚养薄葬、文明治丧。引导民间信仰场所将每年传统的“佛生日”改为“文化节”，助推城乡精神文明建设。提倡“节俭办教”，深化“百家场所帮百村”活动，开展“个十百千”帮扶活动。

（林承标）

2020年12月4日，晋江市佛教协会在龙泉书院举行中共十九届五中全会精神学习会暨中华传统文化现场教学活动

（市委统战部 供）

青阳街道

【概况】　青阳街道位于晋江市区，辖区面积约11平方千米，下辖阳光、锦青、青华、永福里、莲屿、霞行、曾井、青新、高霞、普照、洪宅垵、陈村、象山等13个社区。常住人口6.5万人，流动人口4.5万人。

【经济发展】　2020年，青阳街道完成财政收入14.54亿元，比2019年增长3.09%，总收入多年保持全市各镇（街道）第四名；规模以上工业产值完成27.6亿元，比2019年增长11.8%；固定资产投资完成3.4亿元，比2019年增长10.8%；限额以上批发零售业销售额完成522亿元，比2019年增长29.2%，继续领跑全市。

【产业发展】　2020年，青阳街道构建大格局理念，推动洪山文创园、宝龙广场、利郎创意园和金融广场等区域有机融合；拓展产业空间，培育阳光夜市等夜间经济区，推动老旧工业厂房改造提升，策划实施罗裳片区一期拓展改造项目，推动三产主体培育、平台集聚、业态升级。明鑫、高森、金山、华泉等重点楼宇初具规模。全年签约引进6个三产项目，总投资8.4亿元，其中"税务筹划归集平台"落地金融广场，每年可新增纳税6000万元。惠企政策有效落实，协助辖区62家企业申请参展补助87万元，协助上市后备企业申请资金奖励390万元。防范化解金融风险，化解不良贷款1.39亿元，不良贷款率保持在合理区间。

【城市建设】　2020年，青阳街道以文明城市复查整改为契机，坚持"点线面"结合，街道层面累计投入1000万余元，对143个备检点位及其周边环境进行全面对照整改，改造提升58个居民小区、8个农贸市场、17条背街小巷，整治占道经营、车辆乱停乱放、环境脏乱差等现象。累计拆除临时搭盖350多宗、面积9600多平方米，清理小广告1.2万余处、大件杂物480多车次；施划经营线位16万米、垃圾桶位1600多处、停车线位1.4万处；路面硬化修补8000多平方米，绿化补植1000多平方米，粉刷楼道走廊500多梯。持续深化移风易俗工作，青阳街道入选泉州市"百个移风易俗典型乡镇（街道）"。

【民生福祉】　2020年，青阳街道投入教育经费超1200万元，教育项目投资1亿元以上，颁发奖教奖学金650万元以上，推动晋江市第二实验小学晓聪校区按时投用，中和中心小学新校区、晋

2020年，青阳街道推动区域有机融合。图为利郎创意园　（青阳街道　供）

江市实验幼儿园拓改、莲屿幼儿园等项目加快建设，星星幼儿园外迁、晋江市第二实验小学主校区改扩建、晋江市实验中学扩建项目启动。发放低保等各类补助资金400多万元。社区集体经济总收入超4600万元，收入超百万的社区10个、占社区总数的76.9%，总量、平均量都位居全市第一。推进“四帮四扶”工程，累计补助低保户、临时困难人员、残疾人等困难群体400多万元。完成社区卫生服务中心搬迁，建成街道居家养老照料中心，实现居家养老服务项目全覆盖。

【社会治理】 2020年，青阳街道完善提升网格化服务管理，借助“大数据+网格化+智能化”开展疫情防控、房屋安全、消防安全、人口普查等中心工作。打造社会矛盾“1+N”快处体系，化解上级交办信访积案3件、国家级重点信访积案1件，连续四年实现“零非访”。治安形势持续好转，全年刑事案件立案817起，比2019年下降7.2%；治安案件立案1454起，比2019年下降41.9%。安全生产形势稳定，全年开展联合行动43次，检查企事业单位5370处，发出整改通知书3944份；完成6120栋房屋建档归类，涉及一般隐患378栋，基本完成安全鉴定；排查自建房加工场所127家。

【党建工作】 2020年，青阳街道突出党建引领作用，在科创新区征迁工作中组建党员突击队，成建制单位第一个完成房屋签约任务。开展达标创星活动，推动各党支部晋位升级，居民小区全部成立党支部，夯实党建基础、延伸党建触角。加大软弱涣散党组织整顿力度，高霞社区基本完成治理转化任务。创新党建载体，依托智慧党建平台开展党员活动80多场次；把匠心智造理念融入党的建设，打造工业设计园“匠心党建”品牌。在青新社区试点推行“党员楼长制”“党员街长制”，阳光夜市“十二分制”管理模式入选泉州市近邻党建典型案例。建强群团组织，离退休干部党支部获评泉州市“党建示范点”、晋江市“五好党支部”，成立“三新”(新产业、新业态、新模式)组织妇女联合会。

(张国荣)

梅岭街道

【概况】 梅岭街道地处晋江市北部，东与陈埭镇接壤，北与池店镇相邻，西临西园街道，南接青阳街道。梅岭街道因处于青梅山与岭山交界处而得名，地形自西向东稍微倾斜，地势较为平坦，辖区面积约11平方千米，下辖15个社区28个自然村，常住人口约12万人。拥有国家AAAA级旅游景区五店市传统街区，晋阳湖公园、江滨公园、敏月公园、八仙山公园、体育公园和崎山公园等公园，晋江荣誉大酒店、荣誉国际酒店、宝龙大酒店、爱乐国际酒店等星级酒店，世茂御龙湾、万达城市广场、格林春天、中航城等城市综合体。中心城区拥有集文化、旅游、购物、休闲、娱乐、商贸服务为一体的三大商圈、五条特色街区。

2020年，梅岭街道围绕“品质生态智慧城 商贸服务核心区”的奋斗目标，深入开展“三个年”活动，落实“六稳”“六保”要求，抓好疫情防控，推动社会各项事业持续、平稳、健康发展。

【经济发展】 2020年，梅岭街道优化营商环境。落实纾困惠企政策，帮助159家工商企业申请参展、房租等优惠政策补助686万元，争取税费减免措施，为益医产业园减免税收885万元，推动优质企业做大做强，提升产业辐射带动力。增强三产活力。抢抓网红经济风口，招引汇拍直播基地、云鲸新媒体人才孵化基地等9个新基建项目，年营收增加20亿元，限额以上批发零售业销售额达334.37亿元，比2019年增长20.55%，第三产业占比不断提升。加速项目实施。开展重点项目专项攻坚行动，破解一批征迁扫尾和要素保障问题，39个重点项目完成投资55.6亿元，超时序进度23.61个百分点，累计完成金龙壹号、世茂御龙湾等15个项目，其中2个技改项目竣工投产。

【城镇建设】 2020年，梅岭街道投入近1000万元，完成景观提升、配套服务、环境整治等4类37个社区民生项目。改造提升3个老旧小区，完成3个小区消防管道改造、2个小区二次供水改造，成立2个小区业委会，完成12个业委会换届。优化人居环境。深度推进文明城市六大专项整治，完成“三拆一清”(拆违建、拆搭盖、拆违规广告牌、清垃圾)40宗，整治裸房29处，推进2个市场搬迁、3个市场改造提升，取缔3个小集市，设置便民摊点137位，新增公益广告689处。强化生态治理。完成梅山、竹树下2个污水改造工程。推进河长制工作，排查整改污染源8处，完成生活污水整治30处，取缔河道乱堆乱占3起，流域水质持续提升。加快崎山公园收尾，推进公园全面建成开放。

【社会民生】 2020年，梅岭街道发放低保、特困、残疾人等各类对象补助补贴296万元，帮助困难群众280人次，完成4户“四帮四扶”。完成10个民生微实事项目。新建社区治丧场所3处。社会事业暖心优质。投入1.98亿元保障教育事业发展，完成晋江华侨中学教学楼、希信中心小学综合楼等3个教育基建项目，新增中小学学位3150个。新建嵌入式养老照料中心2个，新增床位31个。设立晋阳社区卫生服务站，由晋江市医院梅岭院区医生定期驻点接诊，延伸到3个小区居家养老服务站巡诊。社会持续稳定。持续深化“强基促稳”专项行动、“六守六无”平安创建，获评晋江市五星级平安街道。开展安全隐患大排查大整治，共排查房屋5086幢、各类生产经营场所4387处，处置重大危险房屋30幢，整治生产安全隐患点1458处。全年未发生安全生产事故。

【党建工作】 2020年，梅岭街道组织领导班子成员进社区、企业、学校宣讲18场，制定落实全面从严治党主体责任清单、自查清单，压紧压实全面从严治党各方责任。推进双沟社区“奋蹄马”转化提升，实施党支部标准化规范化建设，深化党员队伍“宽松软”整治工作，为辖区3751户党员家庭贴上“共产党员户”牌子，选聘小区党员楼栋长、街巷长331名，发挥“红色业委会”“红色物业”服务功能，让党员在小区治理上当主力。开展第二届城市基层党建案例评选活动，形成晋阳社区“家·服务”等17个党建创新案例，其中1篇被福建省委宣传部刊发在《理论与评论》，3篇案例入选泉州近邻党建案例选编，2篇案例分别获得晋江市党建优秀案例一等奖、三等奖，12月29日，梅岭街道代表晋江在泉州市委组织部近邻党建推进会上做经验交流。梅岭街道撰文《"红色网格"基层党建+社会治理的新探索》获晋江市党建重点课题优秀调研成果二等奖。

（李倩雯）

西园街道

【概况】 西园街道位于晋江中心市区西北部，东南面与梅岭街道相接，西抵磁灶镇，北邻池店镇，南与罗山街道交界，是晋江中心市区西大门的重要门户。2020年辖区总面积21平方千米，下辖11个社区，103个居民小组，户籍人口42681人，流动人口9375人。有党工委1个，企业党委1个，党总支1个，党支部38个，党员1290名。辖区内有各级各类学校24所，其中大专院校1所（泉州轻工职业学院），国家重点职业中专1所（晋江华侨职校），中学1所（晋江市远华中学），市属实验小学1所（晋江第四实验小学）、市属实验幼儿园1所（晋江第四实验幼儿园）、12年一贯制学校1所（晋江市拔萃双语学校），其他小学7所、幼儿园11所。辖区企业主要涉及汽配、钢结构、卫生材料、现代物流等产业，规模以上企业23家，限额以上批发零售企业8家。

【经济发展】 2020年，西园街道稳实体发展、调产业结构、强项目支撑，牢牢把握稳中求进总基调。在确保疫情防控到位的前提下，全面推行复工复产"六个一"工作机制（建立一套会商机制、制订一张申报导则、形成一份政策汇编、实行一项挂钩制度、实施一线现场办公、组织一轮学习借鉴），2020年3月4日，推动辖区龙头企业、规模以上企业、限额以上企业、建设工程企业复工率达100%。全年财税总收入2.3亿元。完成规模以上工业产值19.74亿元，比2019年增长12.99%；固定资产投资1.55亿元（其中工业投资3030万元）；限额以上批发零售业销售额完成22.54亿元，比2019年增长29.93%，零售额8759.8万元，比2019年增长9.55%；限额以上住宿餐饮业营业额90.2万元。新旧动能加快转化。展志钢材、五金机电如期签约，龙豪安踏一体化物流园配套物流分拣中心、飞畅科技、德志物流、耀中物流、壳牌加油站等一批项目落户西园，签订招商引资合同金额近10亿元。美明达商务大楼招商进驻企业12家。策划车厝老旧工业区改造项目和益联鞋材老旧厂房改造项目等"工改工"项目2个。新建兴机械与北京航天三院建立合作关系，5G自动化智能仓储中试车间5G基站完成安装；红日袜业、联合纸业参加淘宝晋江专场线上直播；伟顺机电、联合纸业参加国内外大型展会和网上参展，以产品销售带动行业、以产业推介营销。对接市经贸、发改、科技等部门，印制经济发展鼓励扶持政策汇编手册，组织企业负责人参加福建省、泉州市惠企政策宣讲会。

【重点项目建设】 2020年，西园街道牵头组织实施24个省市重点项目完成投资19.55亿元，完成年度计划投资122.01%，2个工业储备重点技改项目完成投资9900万元，完成年度投资计划110%。国际会展中心建成投用，开展双线展会模式，国际车展、食品交易会如期举行，累计成交金额175.9亿元，会展长尾效应逐步释放。拔萃双语学校宿舍楼建设项目竣工验收；海润·晋城学府开盘销售；百宏·御璟府项目加快建设；华侨职业中专学校学生公寓开工建设。田园风光、崎山公园征迁扫尾基本完成，完成王厝梅屿苑回迁安置。抽调31名干部成建制参与市科创新区项目，率先实现签约、送档、征地三个100%，各项数据指标排名居前列，年度考评为优秀等次。

【城镇建设】 2020年，西园街道持续加快生态建设和城乡建设，提升城乡品质。紧扣"现代服务业高地、生态宜居西城区"发展定位，启动西园街道国土空间总体规划修编工作，初步形成规划大纲。开展第18届世界中学生运动会城市环境品质提升工程综合整治，全面完成晋光路、迎宾路、沈海高速等主要通道沿线"三拆一清"任务，完成双龙路、晋光路、沈海高速、泉三高速公路沿线、田园风光项目周边沿线裸房（立面）改造500余幢。卫片图斑销号127宗，拆除违建2.98万平方米，临时搭盖整治销号1560宗，有效提升环境风貌。生态水域、工地文明施工、渣土车文明行车、小区治理等综合整治有序经营，占道经营、小区物业等热点问题得到有效解决。落实乡村振兴战略，霞浯、车厝、赖厝、王厝、砌田5个社区农村生活污水管网工程基本完工，建成公共厕所4座，建设社区道路2条。屿头社区乡村振兴工作方案完成编制。11个社区全面达成集体经济收入20万元以上目标。

【社会民生】 2020年，西园街道实施为民办实事20件、民生补短板项目29个、民生微实事8件。民生保障方面，精准扶贫对象1户4人纳入低保及"四帮四扶"对象，滚动更新低保对象181户374人。落实"四帮四扶"帮扶资金36.54万元，发放各类慰问、救助、保障资金549.4万元。完成危房就地翻建审批120宗、承租保障房14户、不动产登记15宗。社会事业发展方面，泉州轻工职业学院通过福建省示范性现代职业院校终期评估，获评"国家级高技能人才培训基地""福建省示范性现代职业院校"。第四实验幼儿园获评福建省示范性幼儿园。远华中学、车厝小学、砌田小学获评"福建省义务教育管理标准化学校"。官前幼儿园完成新址搬迁，王厝安置区幼儿园开工建设。街道综合文化中心建成投用，居家社区养老服务照料中心基本建成，民政、社区、社区卫生服务中心共同签订社区居家养老服务站医养结合服务合作协议。社会治理方面，持续推进"六守六无"平安创建，举办首个"平安晋江共建日"线上马拉松活动，后间、苏塘、烧厝、官前4个社区获评市级平安社区。建立现代物流园区综治中心，成立园区矛盾纠纷调解工作领导小组和传化物流公路港物流园区评理调解室，全年园区总警情数比2019年下降36%。完善基层治理机制，排查化解矛盾纠纷287件；高压惩治犯罪行为，破获刑事案件110起，受理各类治安案件257起，调解104起，行政处罚156人次。

【党建工作】 2020年，西园街道深化"学习强国"平台运用，注册率129.10%，参与度60.74%。举办《习近平在福建》《习近平谈治国理政》第三卷学习交流研讨会3场，组织开展庆祝中国共产党成立99周年系列活动。开展基层党支部书记和基层党员集中轮训，近1300名党员应训尽训。落实意识形态责任制，统筹运用传统阵地和新载体新手段，深化打造街道新时代文明实践所和王厝、屿头新时代文明实践示范站，完善“西园风光”微信公众号运营体系建设，采取群众喜闻乐见的方式，持续宣讲党的创新理论。持续推进移风易俗，结合疫情防控，引导群众树立健康文明的生活方式。基层组织不断夯实。“奋蹄马”霞浯社区问题清单基本完成整改。“车厝社区支部建在网格上”案例被评为晋江市党建工作项目化管理优秀案例三等奖，并纳入全市组织力提升案例汇编，刊载于新华社《高管信息》、泉州市委办《侨区快讯》等刊物。推行民营企业党建融入公司治理“1533”(全面落实党建工作责任制，开展五项党建工作和完善三项机制)工作机制，提升党组织引领带动企业战疫情、谋发展的能力，相关做法被《领导文萃》专版报道。从严把好党员入口关，全年共发展党员17名，性别、年龄、学历结构比例等呈显著优化态势。落实党支部标准化规范化建设要求，推进达标创星工作，机关、社区领域党支部全部达到先进等次。推进从严治党。坚持问题导向，抓好晋江市委巡察村(社区)反馈的33个具体问题和晋江市安全生产“1+X”全交叉督导检查发现21个问题全面整改。优化王厝社区孝廉主题宣传馆、洪富故居家风家训馆等宣传阵地，提升廉政文化建设。创新工作机制，设立联合督查组督促指导疫情防控、安全生产、创城复查整改等工作落实。

(吴翠云)

罗山街道

【概况】 罗山街道位于晋江市中部，以其境内“罗裳山”得名，东邻新塘街道，西通西园街道、磁灶镇，南连灵源街道、永和镇，北接青阳街道、西滨镇，总面积25平方千米，下辖16个社区，常住人口59075人。福兴路、社马路、泉安路、和平南路、世纪大道纵横辖区，交通便捷，地理位置特殊，是晋江市的行政中心区和城市核心区。

2020年，罗山街道完成规模以上工业产值172.94亿元，比2019年增长15.76%；全社会固定资产投资总额10.3亿元，比2019年增长8.9%；限额以上住宿餐饮业营业额3.36亿元，比2019年增长6.44%；限额以上批发和零售业销售总额120.2亿元；财政总收入3.95亿元。

【经济发展】 2020年，罗山街道推动复工复产。成立复工复产指导工作小组，以“保姆式服务+保安式把控”的模式，安排、指导工作人员对接企业，靠前服务、优化流程，第一时间给予政策解读、物资保障以及相关引导帮助，推进复工复产工作，在全市较早实现规模以上企业100%开工。与人社等部门对接，艾派集团在全省率先包“专机”接回返岗务工人员，久久王、雅客、鸿官通信等公司先后发起“暖心专车”47班次，“点对点”招收新工人3500余人，召回老员工5000余人。为困难企业申请稳岗补贴，累计返还41万余元；加大企业防疫物资保障力度，协调供应口罩38万个。多措并举加快转型升级。组织“甜蜜罗山”线上带货，引导食品企业牵手“网红”用好直播“带货”，食品龙头企业产值同比2019年增加近5.5亿元。实现矽品纳统，形成新的增长极；保障防疫物资供应，久久王无偿提供场所联合利郎在全省率先量产防护服；怡佳公司6条生产线转产口罩，实现税收产值较快增长。出台固定资产投资等指标奖励政策，发动企业、干部全面深挖存量、开拓增量；组建招商专班，明确招商奖励方案，发动广大干部、辖区乡贤共同招商，实现招商工作有所突破。

【城区建设】 2020年，罗山街道抽调以党员干部为主的精兵强将组建专班，承担科创新区任务最重(249个房屋图编，占总量1/4)的片区。统筹力量推进项目建设，完成罗裳片区拓展区项目罗山组征迁，保障新行政审批中心、市民广场、中南地产等重点建设项目推进，停滞7年的文渊路项目建成通车，罗裳片区、高铁新区等扫尾项目基本完成，二重环湾快速路、晋江南高速出口连接线等8个攻坚问题完成销号。21个市级重点项目有序推进，完成年度计划129.42%。功能配套更加完善。14个设计开工的农村生活污水管网工程完工或基本完成13个，铺设管道200多千米，平均接户率88.87%。持续做好石结构房屋改造工作，完成审批翻建房屋93宗。街道社区卫生服务中心迁址以及梧桐社区自来水管道改建等历时多年的问题得到解决。完成70套安置房不动产权证办理以及392套安置房税费核对办理不动产证。邀请设计团队规划社区整体景观，策划生成下埔微景观、梧垵洪厝和古塘自然村道路工程、樟井社区休闲广场等项目。城区管理更加精细。健全环卫保洁长效机制，环卫考评继续保持全市前列。坚持“天上看、地上查、网上管”动态执法，加大“两违”打击力度，拆除违法建设189宗次2.2万平方米。强化市容市貌整治工作，整治流动摊点352宗次，取缔店外占道经营276宗次，清理广告牌181宗，立案处罚滴洒漏车辆11宗、乱倾倒建筑垃圾26宗、建筑施工噪声77宗。生态环境更加优美。坚持全方位排查治理工业污染源，累计排查企业、加工点200多家次，行政处罚21起，移送行政拘留3起，查封4起；持续开展河湖“清四乱”(乱占、乱采、乱堆、乱建)工作，清理各类违建搭盖、垃圾废弃物130余宗，梧桐溪、梧垵溪、缺塘溪保持较好水质。组织开展80多次村庄清洁行动，清理社区沟渠70多千米、残破垣壁90多处。

【社会事业】 2020年，罗山街道基础保障提标扩面。实施12件为民办实事以及7件民生微实事。加大疫情期间困难群众帮扶力度，累计为486名困难对象发放物资、消费券约14.43万元。推荐上报“四帮四扶”对象15户，持续做好城乡低保、特困人员和残疾对象动态管理和补助工作，累计发放城乡低保金、特困人员救助供养金、用电优惠金及高龄补贴等帮扶资金230万元。通过生育关怀、暖冬行等活动慰问计生困难家庭71户，累计发放4.15万元慰问金。教育品牌愈发响亮。实施“大教育”战略，街道教育布局更加完善，季延中学罗山校区、育德小学、军民小学、第六实验小学山仔校区、第六实验小学梧垵校区、罗裳幼儿园、第六实验幼儿园、科创新区实验小学等8个教育建设项目同步推进。季延中学高考夺得晋江市文科第一、二名，季延初级中学和罗山中学高考、中考多项指标位居晋江同类校前列。街道师生获晋江市级及以上教育主管部门奖项1000多人次。社会环境更加安定。

深入开展"强基促稳"三年行动、"六守六无"平安创建,推行民警背包住村模式,5个社区获评市星级平安社区。实行"驻点领导+驻社区干部+社区主干+两委成员+网格员"的网格体系,建立周报月评机制,推动形成"多网融合、多方联动、多元共治"新格局。调解矛盾纠纷286起,刑事案件比2019年下降11.17%,群众获得感和满意度持续提升。用好用活"最多投一次"阳光信访工作机制,跟踪督办各类信访件,本级接访群众282人次,"12345"平台收件1148件,更多群众诉求在街道社区一级得到解决。安全管理不断强化。开展安全生产大排查大整治、房屋安全"百日大整治"、自建房加工场所消防安全评查等工作,累计排查场所1299家,发现并督促整改隐患、风险、问题2031个,辖区未发生重大安全事故;排查房屋12663栋,排摸重大安全隐患房屋17栋,拆除15栋,封房2栋,撤离65人,有关做法获得泉州、晋江媒体宣传推广。落实森林防火责任制,打赢清明防火攻坚战,实现清明节期间"零火情"。

【党建工作】 2020年,罗山街道夯实基层党建基础。坚持每周一上午机关"早课"、每周三"学习强国"学习情况通报等制度,推进学习教育常态化、制度化。配备27名专兼职组织员和党建指导员,开展3次季度党建督查,形成督查整改闭环。推行党员"三诺"(承诺、践诺、评诺),每季度结合重点工作引导党员认领项目,累计1381名党员参与承诺,承诺事项4145项。创新华泰社区为邻服务"517"工作法,入选泉州近邻党建案例汇编,"网格化+退役军人服务管理"得到退役军人事务部副部长调研肯定。树立"一线意识""一线导向",结合机构改革,调整充实中层干部,机关人员全部挂钩社区,实施编外人员双向选择,并健全绩效考评机制,既"压担子"又"架梯子"。坚持党政协同推进人才工作,开展校企对接活动3次,产才对接活动2次,资本对接活动1次,新增泉州高层次人才41名。实现增量企业100%"党建入章",存量企业入章比例达92.5%,2家非公企业入选泉州、晋江"党建入章"示范点。持续深化从严治党。深入学习习近平新时代中国特色社会主义思想及全国两会精神,丰富党员主题党日活动,狠抓"三会一课"。组织党风廉政宣传教育活动8次,排查科室廉政风险点23个;运用监督执纪"四种形态",共提醒谈话7人次,批评教育8人次,诫勉谈话7人次,通报批评13人次,党纪处分13人。加大意识形态领域管控力度,完善突发事件舆情处置应急管理预案和新闻发言人制度,及时跟踪辖区舆情动态,化解舆情风险2件。提高"品质新罗山"微信公众号运营水平,完善"指尖上"的党建阵地。许坑社区"红色小喇叭"广播站开播。征集"古今孝廉人物典型事迹"16个,指导建设后林社区"五线谱"党建宣传阵地,并利用各种渠道和形式强化正面宣传,凝聚发展共识。实行"工作点+社区党支部+红白理事会"的工作模式,全面深化移风易俗,2020年共简办丧事115起,停办喜事56起。强化党建核心引领。实施"一社区一集体经济项目",精准指导14个纳统社区挖掘集体经济项目,激发乡村振兴战斗力,集体经济收入全部超20万元,36%的社区超30万元。开展8场不同领域对象参加的"品质新罗山"大讨论活动,进一步凝聚街道上下发展共识。强化党管武装,加强"双拥共建",做好国防教育和夏季征兵工作。

(陈文财)

灵源街道

【概况】 灵源街道地处晋江市中部,东接永和镇,西靠灵源山脉,南连安海镇,北与罗山街道交界,泉安公路、世纪大道、泉州绕城高速、福厦铁路晋江疏解公路、社马路、灵石路贯穿全区,交通十分便利。辖区内灵源山系国家AAA级风景区,文化积淀深厚。街道下辖林口、张前、英塘、林格、小浯塘、灵水、曾林、大山后、大布林、小布林等10个社区,辖区总面积20.6平方千米,2020年常住人口31611人,外来人口22495人,财政收入4.16亿元。灵源侨亲遍布港澳台及东南亚各国。街道有企业150多家,其中规模企业10家,涉及纺织、食品、机械等主要行业企业。2020年,街道紧紧围绕"三大任务决胜年"活动要求,应对新冠肺炎疫情防控,推动全社会复工复产,"幸福新灵源"建设取得新成效。

【经济发展】 2020年,灵源街道坚持提质增效,产业经济稳中有进。数字赋能优化营商环境,多举措打通疫情期间"五难"(企业用工难、疫情防控难、交通物流难、供应链协同配套难、市场拓展难)操作链,累计帮助130余家次企业解决招工、申购物资、申办政策等难题。携手阿里巴巴钉钉共同打造首个"数字县域"试点,建立晋江市"JIN企先锋"政策服务平台,打通政企服务"最后一公里",并受邀在启动仪式上做经验交流。开展招商合作。签约引进晋江市大健康产业服务众创空间项目,打造互联网健康医疗平台支持。启动并基本完成灵源企业运营中心项目征迁,建立发展总部经济基础。科创赋能加快产业升级。加

2020年11月13日,晋江市"JIN企先锋"政策服务平台正式启动　(灵源街道 供)

强"菁英领航+"催化作用，借力"福大智慧"助推晋江产业新发展，实现产教融合"晋江模式"。推动凯蓝生态公司与福州大学光催化研究所签约合作泉州地区印刷鞋业大气污染治理暨光催化项目。

【项目攻坚】 2020年，灵源街道挖掘政策红利、投资潜力，超额完成18个市级重点项目投资5.49亿元。在推进重点项目征迁上，多线作战，多处发力，推进企业运营中心征迁、灵石路改造、科创新区项目征迁、殡仪馆迁建等重点工程，科创项目率先实现房屋征收"双百"，获市委、市政府主要领导肯定，殡仪馆迁建提前平稳完成土地征收。

【城镇建设】 2020年，灵源街道坚持建管并重，城市功能不断完善，功能布局日益明朗。完成盛辉物流园建设投用，实施工改工项目，加快打造"楚记微工业园"，促进产城共融。完成灵源山风景区总体布局规划、功能分区建设项目设计，推进农业创意产业(晋江)园装修设计，建设灵水村史馆，筹办亲子瑜伽、绿色地摊等活动，促进文旅集聚。城市管理日渐精细。加快张前等7个社区农村生活污水管网建设，启动灵石路拓改工程。开展"两违"和市容市貌综合治理专项行动，加快疏解公路及世纪大道两侧环境综合整治及景观提升，推进"三拆一清"和立面整治。

【民生事业】 2020年，灵源街道坚持惠民利民，民生保障更加健全，教育资源得到优化。加快灵水中心幼儿园、林口分园扩建工程，教育教学质量稳步提升。民生工程稳步实施，开展社会救助专项行动，帮助200余户困难家庭申请救助。新农合、新农保参保率分别达到99%、100%，全面开展爱国卫生运动。加强巡防体系建设，全年刑事案件发生同比下降超过20%。办理市长专线等各类便民平台转交办400余件，办结率均100%。开展房屋安全大排查大整治百日攻坚行动，累计排查房屋7240栋、人员密集场所484栋，组织封闭或拆除30余栋，撤离人员201名。

【乡村振兴】 2020年，灵源街道坚持统筹协调，小康基础更加坚实，稳固生态治理成效。持续推进河长制，实施18个河流整治项目，将梧垵溪打造为标杆河道。严格落实基本农田保护工作，新增绿化16.2公顷。增强社区发展动力。10个社区集体经营性收入均突破20万元。开展社区集体"三资"监管专项整治行动，追缴流失资产56.29万元，回收集体土地9宗0.27公顷。持续推进农村集体产权制度改革，曾林、大布林、张前3个社区完成改革，林口、英塘等5个社区有序推进。

【党建引领】 2020年，灵源街道夯基础、创品牌，凝聚党建引领向心力。突出党建引领，打造达标创星模范支部。完成机关站所、社区、"两新"组织党支部规范化建设先进比例100%，推选7个五星级党支部。启动"模范机关"创建工作，指导培育离退休干部党支部获评晋江市第三批"五好党支部"。激发组织活力，实施"奋蹄马跃升领头雁"计划，投入近400万元推动张前社区节能路灯、医养结合项目、小学加固等工程建设投用。党建孵育实现促产促能。推进"三个覆盖"，推动党建入章泉州示范点华宇公司支部完成"8+1"培育措施。从"聚才、引智、融合"出发，促成福州大学光催化、力利玩具课程导入等新的发展合作项目。

(王文灿)

新塘街道

【概况】 新塘街道东邻石狮市，西达罗山、青阳，南接永和，北通陈埭、西滨，交通便利，福兴路、晋新路、东西三路、侨辉路、泉州绕城高速贯穿其中。辖区总面积20平方千米，下辖上郭、湖格、梧林、荆山、沙塘、后库、后洋、杏田、杏坂、南塘、塘市等11个社区，户籍人口3.6万人，外来人口近3万人。有后洋宗祠八角井、扶西•黎刹广场、梧林传统村落、闽台田野风光等景点。

【经济发展】 2020年，新塘街道经济指标领跑全市。用足政策红利，坚持"四到"服务理念，全年累计完成规模以上产值177.86亿元，比2019年增长26.8%，完成年度目标任务119.7%；限额以上销售额142.91亿元，比2019年增长50.02%，完成年度目标任务121.63%，其中零售额55.76亿元，比2019年增长28.24%，完成年度目标任务109.66%；全社会固定资产投资5.88亿元，比2019年增长5.95%，完成年度目标任务105%。主要经济指标综合考核排名全市第一。组成3个复工复产核查小组，深入指导企业落实各项防控措施，累计帮助申购口罩共计13.99万个，申请各级补助资金810.9万元。搭建政企交流平台，举办商会暨外商投资协会、青创会、汽车销售协会换届和就职典礼。坚持"政府搭台、协企唱戏"理念，借助"五一"、国庆、"双十一"等重大节假日，举办汽车走廊购车节、线上直播活动，抢滩汽车销售"后疫情"市场，全年汽车企业销售额47.55亿元，比2019年增长21.63%，得到泉州市领导和晋江市人民政府主要领导的批示肯定。

【项目建设】 2020年，新塘街道对照年度投资计划，倒排月度投资和形象进度任务，定期现场督促、调度反馈、效能督查。2020年，街道24个重点项目完成投资13.51亿元，完成年度投资计划的125.05%，超出时序进度25.05个百分点。实施攻坚扫尾专项活动，全面梳理项目征收遗留问题，推行清单管理、挂图销号、量化考核等工作机制，动态跟踪、实地勘察、节点对账，完成高铁新区新增13幢房屋征收、东部快速通道土地征收、航空物流等15个遗留问题销号，项目攻坚销号积分加满40分，位列全市首位。梧林传统村落开门迎客，国庆节接纳游客10万人次。

【城乡建设】 2020年，新塘街道持续完善基础设施。推进农村生活污水管网工程，投入约8000万元，完成12个社区污水管网建设，农村污水管网基本实现全覆盖。实施"村村通"路网计划，投入1100万元，完成13条社区道路建设，社区路网体系逐步成环闭合。开展房屋安全"百日大整治"行动，累计排查房屋10236栋，发现重大危险房屋20栋、一般隐患房屋780栋，实行隐患房屋分类处置，拆除13栋、拆除面积7000平方米，封房7栋，完成一般隐患鉴定25栋。环境卫生不断改善。重新梳理日常巡查、抽查考评和业务指导工作机

2020年，晋江梧林传统村落开放运营。图为梧林朝东楼花海　（新塘街道　供）

制，组建环卫监察队，每日全域巡查、督促整改，逐步形成巡查、监督、整改"闭环式"管理，共开展巡查考评10次，整治环境卫生2613处。修订环卫考评奖惩办法，实行环考评"红黑榜"，定期张榜亮绩，奖优罚劣，全年累计发放奖金33.3万元。全面开展爱国卫生运动，共组织迎新春、疫情防控、爱国卫生月、灭蚊——防登革热等主题运动13轮次，消除各类卫生死角、积水点452处。河流水质不断优化。落实河长制，着力推进源头治污，108处入河排水口全部建档立卡，开发泉州市首个乡镇级河道智慧管理系统，实现"掌上治河"。开展清河行动，投入150多万元实施河流清淤整治、景观提升工程。完善动态监管机制，加强对沿岸工业、企业污水处理设施运行情况监督整治，域内4条河流污染源基本消除，水质达到Ⅴ类标准，"河畅岸美水清"景象日益形成。

【民生保障】　2020年，新塘街道开展帮扶救助。发挥低保兜底保障作用，全年累计发放城乡低保金181.96万元，特困人员供养金46.75万元，实现"应保尽保、应养尽养"。推进残疾人生活保障工作，发放困难残疾人"两项补贴"、一户多残生活补贴66万元。扎实做好属地双拥工作，走访伤残退伍军人20余人次，发放慰问资金物资4万元，解决退役军人的就业、住房以及养老病困等问题27件，营造"崇尚军人、参军荣耀"社会氛围。发展教育卫生事业。建成投用新塘中心幼儿园、杏田中心幼儿园，新增幼儿学位900个，实现普惠性幼儿园覆盖率100%。完成10所公办学校食堂改造，确保学生"饭盒子"安全。晋江一中合作办学，季延中学新塘分校项目落地，新侨中学教学楼封顶，新增学位200个。新塘街道社区卫生服务中心新建工程启动建设。

【社会管理】　2020年，新塘街道评理调解机制迈出新步伐。搭建"评理调解室"，组建156名专家评理调解库，充分发挥"老兵调解室"和"11支乡贤调解队"作用，化解矛盾23起。创新行业调解新模式，首创汽车销售行业"街道、行业、实体店"三级调委会，设立10家汽车4S店调解点，组建顾问13名、行业调委会31人、汽车销售店评理调解员59人队伍，调解纠纷35起，创新"小事不出店，大事有协会"的"枫桥经验"。治安巡防体系取得新进展。实施"缩编制、提待遇、定职责、严管理"巡逻队改革，优化治安防控、应急处突、护校安园、社区交通安全劝导职能。推进社区民警兼任社区党支部副书记，强化社区警务治理。全年立刑事案件210起，其中八类案件发案2起，比2019年下降80%，破案率100%；诈骗案件94起，比2019年下降6.93%，破案率50%，比2019年上升10.40%。社会综合治理开创新局面。开展街道首届"六守六无之最佳守门员"评选活动，推动12个社区创建"六守六无"平安村。组织"夜间涉酒""零点统一行动"等专项整治行动，查获交通违法行为3115起。开展各领域安全生产隐患大排查大整治，督促企业落实安全生产主体责任，排查经营单位和场所770家，发现消防安全隐患4207项，完成整改4139项，督促企业、店铺、出租房等场所77家次安装各类物防设施，公共卫生应急管理体系逐步健全。探索基层治理创建新模式。探索梧林传统村落民主协商项目，运用民主协商机制，组织群众参与和支持梧林传统村落保护开发，推进项目发展与社区治理融合互促、共建共享，焕发乡村振兴活力。该项目作为基层社会治理创新案例在人民网、学习强国等平台广为宣传，得到福建省委书记于伟国肯定。

【基层组织建设】　2020年，新塘街道全面从严治党深入推进。首创社区"纪检组织+事务监委会"协作监督机制，做好村级巡察整改工作，健全"三责一体"工作机制，紧扣"统抓、督查、指导、整改"四环，力促村级巡察整改落深落细落实。社区整改完成率达96%，挽回经济损失8.05万元。大抓党支部标准化规范建设，先进创建率超过50%。深化党员队伍管理"宽松软"专项整治，全年发展党员20名，比2019年增长11%，比例结构进一步优化。城市党建打造新品牌。首创央企和驻地社区党建抱团机制，成立"红旗工地"联合党支部，把党旗插在工地上，开展共享资源、共做公益、共帮贫弱、共解难题，促进福厦客专、二重环湾、东部快速路项目提速增效，"红旗工地"党建品牌在人民网报道推广。"两新"党建展现新亮点，加快建设2000平方米的最美党群活动服务中心，提升卡尔美"造梦者"特色品牌，入选泉州"党建入章"示范点。"奔跑的红色汽车联盟"等3个品牌分获全市党建优秀项目一等奖和三等奖。干部人才焕发新活力，《加强社区干部队伍建设，提振干部精气神》一文获全市党建重点课题调研成果一等奖。率先推行全员竞争上岗，一批在项目一线善打硬仗、实绩突出、群众公认的干部脱颖而出，20名科级干部、一般干部得到提拔重用，实现"干部促项目、项目出干部"共赢目标。实施"3T"人才培育机制，新推7名党员进入企业高管，新增20名市级以上优秀人才，4名社区书记认定为中级、初级人才。意识形态建设深入开展。建设社区新时代文明实践站13所，配套管理室、微讲堂、特色展馆等设施，实现新时代文明实践站全覆盖，统筹文明实践、网络平台、党建阵地等渠道，定期开展新时代理论学习。建设微景观24处、绘制文明新风彩绘110幅，打造“线上+线下”双线并行新阵地。以新时代文明实践站为平台，常态化开展“讲、评、帮、乐、庆”5种形式活动，创新运用短视频、闽南“四句”宣传先进典型，提升文明实践水平。

(柯伟家)

国际鞋纺城获国家级市场采购贸易方式试点。图为晋江国际鞋纺城(2020年摄)

(陈埭镇 供)

陈埭镇

【概况】 陈埭镇位于泉州湾畔繁华的三角地带，东临大海，居晋江入海口南岸，西与晋江市区毗邻，南与石狮市相连，北隔晋江与泉州市区隔江相望。镇域面积38.4平方千米，海岸线长13.6千米，是闽南重点侨乡和少数民族的聚居地。陈埭镇常住人口超38.1万人，其中户籍人口8.1万人、外来流动人口超30万人。陈埭镇率先试点户籍制度改革，参与积分优待政策近4万人，流动人口同城化、均等化待遇稳步推进。共辖26个行政村(社区)，其中回族村(社区)7个、2万余人。

2020年，陈埭镇获评“全省抗击新冠肺炎疫情先进集体”称号。拥有各类企业7000多家，其中规模以上工业企业255家、产值超亿元企业136家。全镇工业总产值完成733.98亿元，其中规模以上工业产值完成692.71亿元。财税收入34.81亿元。综合实力位居全国百强镇排行榜第21位。

【经济发展】 2020年，陈埭镇顶住新冠肺炎疫情影响，经济发展量质并进。应对突发疫情，实行“现场审核、现场批准、现场开工”的“三现场”工作法，提高审批效率，保障企业有序复工复产。审核复工企业5656家，审核复工项目37个。加大各级优惠政策宣传力度，引导企业用好用活惠企政策，帮助企业申请上级惠企资金1883.79万元。多部门联动保障辖区内258家企业2.8万人的用工需求，帮助企业解决口罩需求110余万个。集中力量攻坚项目，37个年度市级重点项目完成投资66.63亿元，完成年度投资计划143.63%；20个年度市级工业储备项目和重点技改储备项目完成投资6.21亿元，完成年度投资计划104.54%，重点项目考核和协调调度“三张清单”考核排名全市前列。对接引进“6·18”项目9个，总投资1.18亿元。国际鞋纺城中轴商业配套一期工程完成主体验收，乔丹品牌工业园开始试运行，第二体育中心建成投用。推进源泰皮革、嘉华青创园等老旧工业厂房改造试点项目，盘活厂房和闲置土地1.66公顷。转型升级步伐加快，龙头企业带动效应持续凸显，新增高新技术企业16家、福建省级科技小巨人领军企业4家。电商直播产业迅速发展，“鞋库网”线上交易平台、“货同运”网络货运平台、华升网络直播平台上线。国际鞋纺城获批国家级市场采购贸易方式试点，入驻鞋材商户847家，营业率达74.4%。闽海石化、焓彬霖进出口、世超文化传媒等一批企业回归落地陈埭。

【社会治理】 2020年，陈埭镇落实安全责任，深入开展安全生产专项整治三年行动，紧盯消防安全、房屋安全、建筑安全、道路安全、危险物品安全、燃气安全、自然灾害安全等重点领域安全隐患，打通安全生产工作“最后一米”。以“降低火灾荷载”为中心，全力攻坚15个消防安全专项整治行动，排查生产经营单位8579家，整治消防安全隐患4.07万个，组织培训演练活动139场。有序推进自建房加工场所消防安全评查工作，排查自建房加工场所3711栋，完成评查工作2185栋。地毯式开展房屋安全隐患排查整治，排查房屋2.6万余栋，处置重大安全隐患房屋44栋，完成一般安全隐患房屋鉴定469栋。守住环保红线，落实节能减排、污染整治、抑尘管理等环保措施，坚决打好蓝天碧水净土保卫战。出动执法人员897人次，检查企业459家次，立案查处违法排污企业(加工点)31家，罚款148.5万元。完成制鞋企业有机废气整治115家，关停“小散乱污”企业37家。落实“禁燃区”要求，整治燃煤锅炉企业134家。完成第二轮中央生态环保督察信访问题销号18起。固定污染源排污许可发证登记工作实现全覆盖。加大非法堆洗砂场打击力度，开展联合执法6次，清理堆砂2700立方米。防范金融风险，搭建政银企合作平台，主动协调对接解决企业融资需求。加强困难企业风险研判，制订重点风险大户“一企一策”方案，处置不良贷款103笔，合计18.49亿元。持续深化平安建设。深化扫黑除恶专项斗争，扎实推进“强基促稳”三年行动。成立陈埭镇矛盾纠纷多元化解中心，构建“三调联动机制”(人民调解、行政调解、司法调解)，成立镇村信访评理室27个，化解信访积案和矛盾纠纷88起。依法调处各类劳资纠纷1530

起，追回工资3862.9万元，为863家用人单位办理稳岗就业补贴超过6000万元。开展“六守六无”平安创建工作，南霞美村、庵上村、江浦社区获评“六守六无”星级平安村(社区)，辖区刑事、治安案件破案率持续提升。

【城乡建设】 2020年，陈埭镇攻克晋新路两侧景观提升、六源南北路和晋东医院3个项目总建筑面积6.67万平方米的征迁任务。加快推进七一北路、沟西路等道路改造工程，改造道路4.5千米，整治道路交通安全隐患点60余处。建成鞋纺城滞洪区、第二体育中心体育公园、海滨公园、滨江商务区滨河公园、九十九溪水利整治工程等公园景观，建设江滨南路绿化工程，新增公园绿地面积10.66公顷。完成仙石、霞村、洋埭等10个村生活污水管网建设，污水处理能力显著提升。精细城镇管理，持续推进文明城市创建，统筹抓好环境卫生、公益广告、农贸市场、路面交通、马路经济、校园周边等专项整治。开展“三拆一清”，保持制止“两违”高压态势，核查销号疑似卫片图斑638宗次，拆除违章建筑面积5.28万平方米，拆除非法广告牌362块，清理各类垃圾1.22万立方米。推行垃圾分类试点工作，工业废料上门收运服务全面普及，解决工业垃圾乱堆乱放问题。整治重要通道沿线裸房120余宗，完成仙石村平改坡115栋，完成机场周边及空中景观整治提升工程销号任务289宗。开展农村乱占耕地建房问题专项整治，摸排图斑975宗，面积99.16公顷。做好批而未供及闲置土地清理处置工作，完成项目供地6宗，处置闲置土地8宗。加快乡村振兴建设，建设村级“小微景观”，完成四境社区、仙石村乡村微景观申报工作，支持宫口村、江头村创建省级乡村振兴试点村。开展植树造林活动，新增绿化造林面积3.33公顷。持续推进“厕所革命”，新建城市三类公厕14座。启动泉州湾“蓝色海湾”综合治理，加快推进苏厝支流综合整治，完成仙石污水处理厂中水回用工程。实施阔沟、双湄沟等河道清淤整治工程和岸兜村西港沟护砌工程，完成河道清淤15.2千米，护砌162米。常态化开展河湖“清四乱”整治工作，处置“四乱”100余处，取缔各类养殖点30余处，清理脏乱河道约6000平方米。农村土地确权登记颁证工作有序开展，农村集体产权制度改革步伐加快。全镇村级集体经济经营性收入达1587.49万元，25个村(社区)集体收入均达20万元以上。

【民生事业】 2020年，陈埭镇办好办成12个为民实事项目和2个民生微实事项目。新农保、新农合参保率均达100%，发放低保、五保、残疾人两项补贴等各类补助资金506.89万元，完成10户“四帮四扶”工程，新增滚动被征地养老保险901人，受理审批群众危房翻建申请74宗。投入教育资金6378.34万元，新增优质学位2160个。支持民族中学创建福建省一级达标学校。第五实验小学江浦校区、湖中幼儿园综合楼B区、陈埭民族中学体育馆和运动场建成投用，第五实验幼儿园完成建设，群德幼儿园、高登中学运动场、西滨中学运动场、紫峰中学综合楼和体育馆等一批校园扩容项目加快推进中。启动西滨中心小学和西滨中心幼儿园升格扩建工作。民族中学、紫峰中学、龙林中心小学、西滨中心小学等9所学校通过福建省义务教育管理标准化学校评估，江头幼儿园升格为镇属公办园。拓展思想文化阵地，完成岸兜村、江头村镇级新时代文明实践示范站建设，启动纪录片《陈埭之路》拍摄工作，讲好“陈埭故事”。深化文明创建，获评晋江市文明镇，西霞美村获评福建省级文明村，南霞美、西坂等5个村获评泉州市文明村，岸兜、宫口等7个村获评晋江市文明村。

【政府效能建设】 2020年，陈埭镇持续转作风优服务，廉洁高效，政府效能不断提升。坚决落实镇党委决策部署，把法治思维贯穿政府工作全过程，接受人大监督。办好29件人大代表建议、25件政协委员提案。构建“互联网+政务服务”镇村一体平台，落实“最多跑一趟”“一趟不用跑”事项，便民服务大厅全年办理业务4.67万件，办结率100%。推进基层政务公开标准化规范化工作，主动公开政务信息58条。坚持过“紧日子”，“三公”经费比2019年下降67.79%。

【晋东新区】 晋东新区处在泉州环湾的核心区，毗邻泉州、晋江和石狮等中心市区，距泉州市行政中心一江之隔，到达泉州、晋江、石狮三地中心市区15分钟车程，是晋江全面对接融入泉州环湾规划的“桥头堡”和“主阵地”。在规划定位上，以打造“现代中国鞋都、花园式晋东新区”为总体定位，按照“快速城市化、产业集群化”的发展策略，扎实推动晋东新区战略项目化落地。其中，国际鞋纺城定位为“亚太地区最大鞋纺专业市场、鞋纺产销链集成服务平台、生产性服务贸易重点基地”，项目一期占地面积19.73公顷，建筑面积49.6万平方米，一期专业市场于2019年10月8日全面开业，入驻鞋材类商户923户，商铺招商入驻率达95.1%，二期专业市场规划设计中。品牌工业城包括安踏、乔丹两家国内一

2020年，陈埭镇政府成立陈埭镇矛盾纠纷多元化解中心　(陈埭镇 供)

线品牌企业。其中，安踏一体化产业园致力于打造成为国内鞋服行业标杆产业园和高度集成化、自动化与信息化为一体的数据处理平台，一期项目运营；乔丹品牌园在进行工程扫尾和设备安装调试工作，进入试运营状态。滨江商务区是泉州、晋江两级合力打造的总部经济特区，目标定位建成泉州“陆家嘴”。鞋都片区在完善市政道路基础设施的同时，规划建设城市综合体、文保区等商贸服务配套。第二体育中心建成投用。是第18届世界中学生运动会举行开、闭幕式，文化日活动以及篮球、游泳等竞赛项目的主场馆，集专业赛事、全民健身、休闲娱乐等功能为一体，体育馆为NBA标准场馆，最多可容纳1.5万名观众，为福建省最大的体育馆。

在城市建设方面，“十三五”期间晋东新区策划生成涵盖六大体系、55个项目、总投资122亿元的新区盘子，目标通过标准化、规模化、持续性地完善基础设施，拉动片区土地升值和固定资产投资增量，持续扩大晋东新区核心区辐射范围，把晋东新区打造成为以现代化服务业（含生产性服务业）为主体功能，涵盖智能制造、专业市场、楼宇总部、现代商贸、体育产业等功能配套的转型样板区。

【党建工作】 2020年，陈埭镇聚焦提升基层组织力，强化管党治党意识，压实党建主责，全面落实新时代党的建设总要求，推进党风廉政建设和反腐败工作，党委统揽全局、协调各方的领导核心作用得到强化。党建基础持续夯实。持续巩固“党建提升年”活动成果，高标准、严要求推进基层党组织标准化规范化建设，定期开展基层党建督查，督促26个村（社区）完成问题整改58个。深化党员队伍管理“宽松软”专项整治，推行党员负面行为“12分记扣”制度，谈话提醒党员140人次，批评教育党员14人次。强化基层党组织战斗堡垒作用，完善村级组织“一个中心、若干网格”运行机制，将村级网格作为新冠肺炎疫情防控的第一战场，运用“支部+网格”管理模式，建立49个村级网格临时党支部。空壳销号率达到41%，增量企业党建入章率达到100%。推进机构改革，完成内设机构职能配置。突出政治标准，提拔重用想干事、敢担事、作风正派的干部，调整不胜任干部，打通干部能上能下渠道。坚持在项目一线、征迁一线、农村一线培养锻炼干部，创造平台推动年轻干部迅速成长。全年提拔任用35周岁以下股级干部11人，选任调配驻点驻村干部26人。提升干部综合素质，队伍精气神持续昂扬。意识形态持续巩固。组织全镇上下学好《中国共产党宣传工作条例》《习近平谈治国理政》《习近平在福建》系列采访实录等鲜活教材，推动新思想新理论落地生根。拓展思想文化阵地，完成岸兜村、江头村等镇级新时代文明实践示范站建设，启动专题纪录片《陈埭之路》拍摄工作，发出“陈埭声音”，讲好“陈埭故事”。把握正确政治方向、舆论导向和价值取向，从严落实意识形态工作责任制，严格执行“六个纳入”，健全重大舆情和突发事件舆论引导机制，掌握意识形态工作领导权、管理权、话语权，全镇意识形态领域保持平稳可控。政治生态持续净化。压紧压实“两个责任”，始终把履行全面从严治党主体责任与经济社会发展同部署、同落实、同检查、同考核，聚焦疫情防控、脱贫攻坚、生态环保、移风易俗、安全生产、文明创建等开展专项治理15轮，发现问题52个，给予4人提醒谈话处理。坚持抓早抓小，强化廉政风险防控，用好监督执纪“四种形态”，谈话函询12次，党委履行主体责任谈话8人次。坚持挺纪在前，做到执纪必严、违纪必究，全年受理检控类初次举报件7件，办结6件；立案查处违纪党员案件20起，给予21人党纪处分。

（吴琼娥）

池店镇

【概况】 池店镇，唐宋时名“今石”，元代改称“凤池”。位于晋江南岸，毗邻泉州市区，是泉州“南大门”、晋江“北大门”。镇域面积24平方千米，辖25个行政村、社区，户籍人口约9万人，常住人口约27万人，海外华侨、港澳台同胞5万多人。

2020年，池店镇全年财政收入32.12亿元、比2019年增长1.73%，社会固定资产投资完成18.8亿元、比2019年增长29.59%，规模以上工业产值191.23亿元。综合实力进入全国50强。

【经济发展】 2020年，池店镇全面落实30条纾困政策，建立“一对一”帮扶机制，累计减免企业税费3.4亿元、电费2300万元，兑现“专精特新”、科技创新等补助98.7万元，调配35万个口罩支持生产、商贸企业、“五小”（小食品经营及加工单位、小理发美容店、小旅店、小浴室、小歌舞厅）行业复工复产，稳住经济大盘。龙头企业率先突围，支持安踏、舒华、名志等龙头企业增资扩营，安踏市

2020年，池店镇推进九十九溪整治。图为九十九溪流域田园风光　（池店镇 供）

值突破3000亿港元，贡献税收18亿元，舒华智能化改造项目和国盛ETPU技改项目建成投用，舒华体育登陆A股。项目支撑作用突显，紧抓项目不放松，40个省、市重点项目完成投资79.12亿元，完成年度计划129%，完成率位居全市前列。舒华、华闽科技等12个技改项目完成投资6.4亿元。百大妇产医院等7个项目入选市“服务业百大项目”，完成投资39.68亿元。龙湖地产、中海锦城等18个房地产项目完成投资65.53亿元。

【城镇建设】 2020年，池店镇持续发展，稳中向好。基础设施更加完善，推进“四好农村路”建设，加快推进陈泉路、东唐路、陈池路、仕春工业区配套路等镇级道路改造，实现通车。池店南片区一期市政道路、刺桐大桥互通改造加快建设，龙池路改造提升项目完成前期方案设计。仕春、屿崆、溜石等12个村基本完成污水管道铺设，新增污水管网8.8千米。城镇管理更加精细，结合创城创卫工作，开展交通秩序、镇容镇貌、农贸市场等专项整治行动，施划机动车位2800个、非机动车位2400个，更换垃圾桶600个，缆化电线26条，修补坑洼1560处。环境脏乱差、车辆乱停、占道经营等现象明显改观。融入“智慧”元素，提升现代小区治理水平，启用视频监控、人脸识别系统，打造百捷中央华府、锦洲瑞苑等7个“智慧小区”。严格管控“两违”，坚决遏制增量、减少存量，拆除“两违”面积2.9万平方米、各类违章广告牌1100多块。人居环境更加优美，开展“三拆一清”和“村庄清洁”行动，清理乱搭乱盖、黑臭沟渠350处，清退废品回收站167宗，整治裸房496栋、平改坡119宗，新增村级公园2个、微景观8个。落实河长制，推进九十九溪和晋江流域整治。完成华洲渠污染源摸排及清淤，基本完成小区雨污管道疏通修复。池店南景观水利一期工程加快建设，清理庆莲寺排洪沟等渠道3.1千米，整治积水点36处，拆除涉水违建、养殖点60处，查处环境行政处罚案件18起，办理环境信访250件。

【社会民生】 2020年，池店镇民生事业稳步发展。教育事业提质扩容，坚持教育优先，编制完成《(2020—2025)教育发展规划》，推进14个教育项目建设，完成投资超4亿元，新增优质学位4000多个。泉州五中桥南校区、第七实小崇法校区开办招生，晋江二中教学楼、艺术楼建成投用。实幼嘉天下第二幼儿园、滨江幼儿园、海丝幼儿园获评泉州市示范幼儿园。晋江一中、第三实小、第七实小等一批学校办分校项目加快前期。成立教育发展促进会，募集资金1.6亿元，先后投入500多万元奖教奖学，尊师重教氛围更加浓厚。民生保障不断夯实，20件为民办实事项目基本完成。“四帮四扶”11户困难家庭，为低保特困对象购买人身意外保险，发放保障金250万元，办理慈善和残疾人救助787人次，兜牢民生底线。桥南卫生分院“康复治疗室”、仕春村“120”急救站、唐厝、潘湖居家养老服务站建成投用，医养救助水平稳步提高。乡风文明持续提升，通过福建省级文明村镇考评，溜石、古福等11个村入选晋州、晋江文明村，文明创建成为风尚。文化阵地建设力度加大，镇级文化站加快建设，完成钱头状元第一期修缮工作。申报南少林五祖拳、晋江狮阵非遗项目传承人。李五纪念馆、曾氏家风家训馆先后举办40余场活动。

【党建工作】 2020年，池店镇从严治党纵深推进。加强党风党性教育，在“池店在线”设置“党风廉政”专栏，定期推送典型案例通报、廉政视频、家风家训宣传等，近9000人在线接受党风廉政教育。聚焦关键节点，定期发送廉政短信提醒，组织典型案例通报，观看《珍惜岗位　远离犯罪》警示教育片，举办《中国共产党纪律处分条例》《中华人民共和国公职人员政务处分法》《中华人民共和国监察法》专题讲座，镇村干部200余人接受警示教育，做到警钟长鸣。每季度定期更新机关廉政宣传栏，依托党委理论学习中心组、机关学习例会、主题党日活动等，通过举办专题讲座、开展学习研讨等，加强党纪法规、上级政策文件学习。加强日常监督检查，筑牢“镇纪委+村级纪检工作室+村务监督委员会”监督链条。深化“一线监督”工作，打通村级监督“末梢神经”。集中整治群众反映强烈的突出问题，深化扶贫领域、民生领域、涉黑涉恶、移风易俗等腐败和作风问题专项治理。创新村级监督模式，聚焦疫情防控、房屋安全整治、移风易俗、人居环境整治等，开展相关专项督查339次，督促整改问题402个。加强干部队伍建设，坚持德才兼备、以德为先，突出政治标准，全面提高队伍政治素质、道德水准和能力水平。搭建比学赶超平台，建立正向激励机制，激发干部干事创业热情和活力。继续选派年轻干部到“三重一线”担当作为，加压锻炼。不断提高党员发展质量，加强“传帮带”，壮大干事创业队伍。

(陈思宇)

2020年，池店镇加大文化阵地建设力度。图为池店镇仕春南音社　(池店镇 供)

安海镇

【概况】 安海镇是闽南著名侨乡，泉州南翼新城核心区的重要组成部分，也是福建省著名的文化古镇、经济强镇、产业重镇和商贸重镇，辖区面积55.72平方千米，下辖42个村（社区），户籍人口12.9万人，常住人口约23万人。系第七批“中国历史文化名镇”，连续五届获“全国文明镇”称号，获评福建省首批“小城市”培育试点、宣传思想文化工作示范镇、特色景观旅游名镇。2020年实现工农业总产值509.31亿元，比2019年增长12.89%，其中规模以上工业产值406.83.97亿元，比2019年增长13.35%，财政总收入17.16亿元，比2019年增长5.73%。在中央媒体聚焦“晋江经验”报道中，“安海实践”多次出镜。

【经济发展】 2020年，安海镇综合实力位列福建省前茅，稳居“全国综合实力千强镇”前29位，系泉州市唯一上榜中国“综合竞争力百强”乡镇。辖区内工业门类齐全，主要有食品饮料、纸制品、五金机械、玩具文具、制革五大产业。有恒安集团、兴业科技等上市公司及盼盼食品、晋工机械、盛达机器等多家全国知名大型民营企业。抓住民营经济、实体经济、集群经济、品牌经济这一命脉，推动传统产业强链延链，新兴产业建链补链，推进装备制造基地安海园建设。经济运行稳中有进。强化政企携手，开通“政策+服务”双车道，稳住经济基本盘。精准帮扶企业。425名政策联络员“一对一”指导企业用好纾困政策，8场“云招聘”“云培训”解决用工1.2万人。累计减免企业税费1.1亿元，争取上级纾困资金4.2亿元，帮助企业转续贷150亿元，经济快速回稳向好。融入内外循环。组织237家企业参加产能对接、线上展会，建设闽南智造工坊直播产业基地，直播推介安海优势产业，助力企业拓展线上市场。恒安集团被授予“一带一路”绿色供应链示范企业，盼盼食品成为北京2022年冬奥会、冬残奥会官方赞助商，晋工机械轮式叉装机获评全国制造业单项冠军产品，力绿食品出口额增长10%。扩大逆周期投资。68个市重点项目完成投资41亿元，超额完成年度投资任务。智能装备制造产业园安海基地加快建设，抢滩布局新基建新经济，金晖、炜兴等5家企业签约落地，闽投电力储能电站等14个项目建成投用。龙头企业纷纷加大创新投入和人才引进，国家高新技术企业增至36家，泉州市高层次人才新增61人，9家机械企业与中科院装备所达成产学研合作，研发成果落地27项，兴业皮革设立全市首家企业博士后科研工作站。

【城镇建设】 城镇品质持续提升 完善城乡规划。2020年，安海镇全面梳理安海发展脉络，优化完善古镇保护规划，完成赤店、前湖等5个试点村庄规划修编，上下游规划衔接。提升城镇建设。道路交通持续优化，改造提升深安线、桥山路、养正大道等5条重要通道，道路“白改黑”超10万平方米，上悦城、六角亭等4个交通节点完成改造。城镇配套加快完善，新增城乡公厕6座、公园绿地0.58公顷，第18届世界中学生运动会比赛场馆少体校建成投用，5个老旧小区完成改造提升，安平自来水厂与市自来水公司实现互联互通。精细城镇管理。深化城乡环境整治，完成“三拆一清”5000平方米，整治裸房133宗，推进龙山寺周边环境整治提升。落实文明城市复查整改，扩大垃圾分类试点，处置市容环卫问题4000多个，农贸市场、学校周边环境明显提升，摊点经营、交通秩序、共享单车管理不断规范，城镇环境更加整洁有序。深化生态治理。12条污水“断头管”、27个农村生活污水工程建成投用，流域水面及周边保洁市场化服务全面实施，河湖“清四乱”行动强力推进，高压打击环保违法行为。累计拆除违章搭盖8宗，取缔后蔡洗砂场，立案查处违法企业10家，治安拘留3起，刑事拘留1起。

【乡村振兴】 2020年，安海镇新增泉州、晋江市级乡村振兴试点村5个，示范带动超一半村（社区）参与乡村振兴创建活动，策划生成建设项目55个、投资2650万元，“瑶前—新店—上垵—坝头”入选泉州市乡村振兴备选示范线路。促

2020年，安海镇推动乡村振兴。图为安海镇瑶前村古厝修缮　　（安海镇 供）

2020年5月10日，安海镇溪边村健康农业合作社和乡贤许天涯共同出资成立的宝旺金属制品有限公司揭牌
（安海镇 供）

进集体增收。推进农村集体产权制度改革，农地确权基本完成。外曾、前蔡等22个村完成股改量化和经联社赋码登记，村集体经营性收入全面超20万元，桐林、可慕村超百万元，溪边经联社宝旺金属制品公司投产。改善乡村风貌。启动建设高标准农田306.33公顷，新增微景观15个，修缮古建筑9座，桐林村获市级"农村主干道综合整治战役"考评一等奖，新店村获评福建省"一村一品"示范村。推进乡风文明。2020年简办婚丧喜庆活动捐款支持公益慈善累计达到1172万元，下山后、前林村破除陋习陈规缔结睦邻友好发展乡村。新店村、上垵村入选福建省级乡村治理体系建设试点。

【党建工作】 2020年，安海镇巩固拓展"不忘初心、牢记使命"主题教育成果，贯彻落实《中国共产党宣传工作条例》和意识形态工作责任制，持续提升安海融媒体中心建设水平，推动"媒体+政务+服务" 新型融合体系建设。推出《安海战疫人物访谈》系列纪录片。推进"两学一做"学习教育常态化制度化。全镇4400多名党员认领承诺5600多项。完成年度党建重点任务清单，升格成立村级党委、党总支。火线提拔抗疫表现突出股级干部2名，3名安海籍白衣天使援鄂逆行出征。党员4435名集中轮训，新发展党员56名，转正83名。升格成立福建省首个镇级离退休干部党委，老干部活动中心获评福建省先进离退休干部先进集体。新增晋工机械、兴翼机械等2个泉州市级"党建入章"示范培育企业。举办"红色先锋"人才成长训练营。推进园区党建和商圈党建，在晋江市率先成立健康管理中心临时党支部和"两新"组织党员疫情防控突击队、复工复产先锋队。深化"一体两翼"抓乡促村专项行动，上垵、新店入选福建省级乡村治理试点示范村。42个村(社区)集体经济收入全部超过20万元。聘任71名党员楼长，8名党员街巷长。发挥安海产业协同创新平台、人才之家、人才驿站等三大平台作用，泉州高层次人才新增61人。抓好村(社区)巡察整改工作，办结信访件1件、问题线索6条，处置相关人员35人次，其中给予党纪处分7人次，通报批评12人次，谈话提醒16人次。2020年共办理党员违纪案件25件，其中自办件7件。开展重点工作监督检查15次，整改32处，督促整改农村集体"三资"管理问题64个。

（蔡婉菁　蔡连升）

磁灶镇

【概况】 磁灶镇地处晋江市西北部，镇域面积56平方千米，辖2个社区和24个行政村，户籍人口10.30万人，外来人口4.34万人。因自南朝晚期开始烧制陶瓷而得名，有1700多年的烧陶历史，是全国建陶产业主要聚集基地，2000年6月，磁灶镇被中国建筑卫生陶瓷协会授予"中国陶瓷重镇"称号；2010年5月磁灶镇被确定为泉州市小城镇综合改革建设试点镇；2011年1月晋江市委、市政府决定成立磁灶区域发展建设指挥部，统筹对磁灶区域开发建设并把磁灶区域定位为晋西北城市次中心。2012年底晋江市委、市政府决定将磁灶镇纳入全市"一主两辅"主城区范畴；2016年5月被确定为泉州市小城市培育试点。

【经济建设】 2020年，磁灶镇工业总产值比2019年增长9.8%，规模以上工业产值比2019年增长12.1%，一般公共预算总收入比2019年增长1.13%。实行领导干部挂钩帮扶企业制度，落实稳企助企政策措施，解决企业用工、销售、资金、物流等实际困难，累计减免税费1.2亿元，协助企业申请奖励资金1000余万元；新增国家级高新技术企业4家、入选泉州市龙头企业3家、晋江市"专精特新"中小企业3家，中国（晋江）国际家装建材博览会"云上"办展；30个重点项目、33个工业技改项目超额完成年度投资任务，顺丰泉州园区获评泉州市现代服务业集聚示范区，海峡五金机电城三期C1地块封顶，豪信产业园建成投用，特步产业园项目加速推进，策划6个老旧工业区改造，加快盘活低效土地资源。

【城乡建设】 2020年，磁灶镇实行全域统筹，"一盘棋"管理。中骏丽景府、世茂云玺、新业广场、财富新城等商住项目加速入市，西环路建成即将通车，莲山路启动项目前期工作，镇域公交微循环开通运营，自来水管道互通工程铺设完工；推进"两高"和重要通道沿线裸房及环境综合治理，铁腕整治"两违"行为，开展卫片执法检查，拆违110宗3.07万平方米。抓好全国文明城市复查整改，完善环卫保洁奖惩机制，推进交通秩序、占道经营等专项整治，镇容村貌明显改善；深化河长制、库埕长制，疏浚河道2.6千米，18个村级污水管网工程加紧收尾。三吴、太昌等一批村级公园陆续建成投用，林分改造持续推进，新增造林绿化53.33公顷。落实企业节能减排、抑尘管理等各项环保措施，污染

2020年1月12日，磁灶镇三吴村聚香公园揭牌 (磁灶镇 供)

防治成效进一步巩固。

【乡村建设】 2020年，磁灶镇启动村级“两规合一”规划修编，农村集体产权制度改革有序推进，策划生成乡村振兴战略项目182个，167.53公顷高标准农田建设启动实施，村级集体经营性收入实现新突破，全镇各村（社区）集体经济收入全部超过20万元；大埔、东山、苏垵等省级乡村治理试点示范村带动效应明显，“五策”工作法、“乡贤议事会”“乡贤议事微信群”等创新举措全面推广，乡村治理实践经验得到各级好评，在全市乡村治理工作中被广泛借鉴；实现新时代文明实践站全覆盖，60支志愿服务队伍、7000多名志愿者常态化开展各类文明实践活动300多场，成为乡风文明养成、乡村振兴发展的抓手。移风易俗成为全民共识，简办婚丧喜庆、捐款做慈善形成风尚，大埔被福建省委文明办确定为“文明乡风联系点”。

【社会民生】 2020年，磁灶镇16件为民办实事项目如期办成。坚持筑牢疫情防控防线，第一时间启动应急防控机制，建立战时指挥体系，抽调220名机关干部下沉一线。随着疫情防控转入常态，紧盯村居、企业、学校等防控重点，持续强化“外防输入、内防反弹”各项措施，发挥“大数据+网格化”作用，地毯式开展防控数据排查和重点人员管控，加大进口冷链物流企业的摸排查检。教育资源加快整合提升，镇级教育发展促进会抓紧筹建，多所学校加快扩容迁建，磁灶中学启动一级达标创建。持续优化危房翻建等办理流程，加快流转速度，办理危房翻建285宗；“四帮四扶”、低保特困、临时困难补助等救助机制不断完善，“3+3+6医养康”养老服务新模式全面推广，镇级敬老院落成，钱坡、洋尾、上厝3家村级敬老院相继投建，磁灶中心卫生院获得全国“敬老文明号”；安全生产党政同责、一岗双责全面履行，安全隐患排查整治扎实推进。“强基促稳”三年行动深入开展，持续开展重信重访、老访缠访专项攻坚，深入开展扫黑除恶专项斗争，“六守六无”星级平安村（社区）创建成效明显。

【党风建设】 2020年，磁灶镇坚持把法治思维贯穿政府工作全过程，落实镇党委决策部署，接受人大监督，办理人大代表建议、意见32件，办复率、满意率均达100%。紧扣“内强素质、外优服务”理念，推行机关挂钩服务村（社区）制度，协助梳理项目178个。推进市级基层政务公开标准化规范化试点，主动公开政务信息208条。持续开展机关效能督查，“12345”便民服务热线交办事项办结率100%。严格执行中央八项规定，严控“三公”经费，行政开支压减7.5%。

【党建工作】 2020年，磁灶镇组织19次镇党委中心组学习，带动各基层党组织开展专题学习、宣教活动200多场次，线上线下轮训党员3000多人次；深化农村发展党员违规违纪问题专项整顿和农村党员队伍管理“宽松软”整治，选派13名党委组织员、44名党建指导员，开展4次党建专项检查，党组织标准化规范化建设再上新水平，12个支部获评五星级；严格落实“八个纳入”和《中国共产党宣传工作条例》执行“四个纳入”，补齐经费保障、体制机制等方面短板，强化意识形态阵地建设管理，持续壮大主流好声音，策划《新磁灶》专题专栏，在各类主流媒体、刊物上刊发新闻报道

2020年10月24日，磁灶镇幸福敬老院暨晋江市磁灶社区深垵敬老院落成投用(磁灶镇 供)

300多条,"磁灶风采"公众号推文1500多篇,拍摄精品党课1部,镇村建设党建文化长廊5条;开展机关"一支部一项目、双结对双共建、三服务三促进"活动,协助村居梳理项目178个。推进"领头雁"与"奋蹄马"结对共建,三吴、太昌两个"奋蹄马"村实现华丽蜕变。实施村级组织后备人才"育苗工程",129名培育对象充实后备队伍。推进非公党建"两个覆盖",组建印刷基地园区党组织,全面完成整改,"五金党建"入选泉州党建入章典型案例;坚持压力传导,用好监督执纪"四种形态",开展集体廉政谈话3场400多人次,完成13项问题清单整改,带信下访14人次,批评教育和诫勉谈话等41人,党纪处分17人。

(蔡舒戎)

内坑镇

【概况】 内坑镇地处晋江南安交界,与安海、磁灶、官桥等镇接壤,镇域总面积47.52平方千米,下辖28个村,户籍人口73215人。2020年,内坑镇实现规模以上工业企业产值285.63亿元,比2019年增长10.03%;限额以上批发零售业销售额29.46亿元,比2019年增长20.37%;零售额7.31亿元,比2019年增长19.59%;税收收入3.37亿元。

【经济发展】 2020年,内坑镇推进重点项目建设。40个重点项目超额完成年度投资任务,39个重点技改项目完成投资12.16亿元,恒安、品质陶瓷、安泰建材等7家龙头企业加快增资扩营,嘉怡塑胶等5个项目动工建设,普斯特服饰、安婷妇幼、晓峰保安、宏淇汽配、新能源汽车运营服务中心一期等5个项目完成土地招拍挂,普洛斯物流园二期、丝路云仓医药物流园等11个项目加快前期手续办理,海峡人力资源、融腾供应链、新迪新材料、维也纳国际酒店等4个项目签约落地。规划布局智能装备制造基地、智慧物流产业基地建设,推进工改工项目。推进内外循环攻坚。举办拖鞋产业直播节、网购节等活动,启动拖鞋名镇线上营销。支持建陶行业研发功能陶瓷、岩板新品,创新融入家居、工程领域。恒安智能化生产基地携手阿里云开启数智化转型,启动营销中台项目。拓展外贸渠道,陆地港开通国际货运定期航线,跨境电商零售出口突破600万单,合作落地极兔速递福建转运中心。推进科技创新工程。泉州职业技术大学与华为、安踏等品牌企业合作设立产业学院。开辟跨区域人才引育合作、校企人才培养。逐步建设就业信息系统、行业用工调剂网络、建陶实训基地,改善优化产业人才结构。科技创新成效明显,新增7家福建省高新技术企业、5家福建省科技小巨人领军企业,易宝高分子材料获评工信部专精特新小巨人企业,恒安成为福建省级龙头企业,利友鞋业入库福建省科技型中小企业。

【城镇建设】 2020年,内坑镇开展城乡规划(国土空间规划大纲)编制、品牌控规及道路交通专项规划修编工作,扩面"多规合一"村庄规划试点。交通路网拓扩展升级,建成投用站前东西大道(新龙城至高铁城段)、品牌工业城二期横三路,启动莲山路改造提升前期工作,改造提升镇村道路8千米,整治道路安全隐患153处;湖内、坑尾、砌坑3个旧村改造项目有序开展,金龙城二期、保利•香槟云城、雅致•新天地项目加快建设。探索实施环卫分片保洁、绿化管养市场化运作等城镇管理机制,试点工业垃圾转运处置补助机制,启用全市首个大件垃圾处理厂。开展农贸市场、废品收购站、违章搭盖、占道经营、违规停车等专项整治行动,拆除临时搭盖4万平方米,清理乱堆乱放183处,整治广告牌13个,施划停车位1500多个。完成动车站区域景观提升,整治裸房538宗、平改坡343宗。摸排农村乱占耕地建房图斑2492个、耕地"非农化"行为疑似图斑199个。

【生态建设】 2020年,内坑镇完成第二次全国污染源普查。完成非规划造林和林分改造26.66公顷,治理水土流失2公顷。新建污水管网15千米、小型污水处理站13个。九十九溪左汉河段完成清淤,九十九溪内坑段入河排污口完成排查并着手整治,加塘溪(内坑段)治理一体化项目启动征迁,在全市率先探索河道建管养一体化新模式。护河视频《守护》获"守护美丽河湖"全国短视频公益大赛优秀奖暨网络人气奖。推动在产建陶企业物料进仓入库,干燥塔废气在线监控实现全覆盖。取缔"小散乱污"企业14家,立案查处10起,共处罚金51.45万元,行政拘留4起,查办的1起废塑加工点排放水污染物环境违法案入选福建省生态环境厅典型案例。

【民生保障】 2020年,内坑镇投入民生建设资金7458.07万元,占本级财政支出73.9%,13件为民实事、15件市级民生"微实事"全面完成。城乡医疗保险、养老保险参保率分别达98.15%、96.31%。开展职业技能培训755人次。发放临时救助资金74万元,救助困难对象1255人次,"四帮四扶"15户家庭,脱贫9户建档立卡贫困对象,改善534户群众住房条件。在白垵、亭顶、宅内、黎山村试点推进长期护理保险。

【社会事业】 2020年,内坑镇新增土垵幼儿园、怀斧幼儿园附设园2所镇属公办幼儿园,泉州职业技术大学二期动工建设,内坑中学福建省一级达标高中创建纳入全市重点教育项目盘子,内坑实验小学筹建、第二中心幼儿园新建、丰光中学迁建、国才中心幼儿园扩建等项目前期工作有序推进。内坑卫生院与市第二医院结成紧密型医共体,新院投用,免费为500名妇女提供"两癌"筛查。镇级养老院项目完成可行性报告编制。

承办全市红色故事讲解员电视大赛,启动五峰公园及泉州中心县委历史纪念馆改造提升,完成土垵村"后溪会议"旧址修复。深化移风易俗,劝导群众取消、简办红白喜事115场次,全面倡导节约"新食尚"。黑金推•沥金画传统手艺人杨桂林入选市级非物质文化遗产代表性项目代表性传承人。内坑镇、亭顶村、长埔村、砌坑村入选2018—2020年度福建省级文明村镇候选名单。获评泉州市2020年老年人体育强镇。做好国防双拥、民兵整组、征兵工作,获评泉州征兵工作先进单位。

内坑镇推进强基促稳"三强三稳"工程,开展法治宣传29场次,建成投用镇级矛盾纠纷多元调解中心,调处各类矛盾纠纷108起,涉及调解金额415.63万元,调处率100%,化解1件重点信访积案。深化平安村创建,黎山村被列为福建省级平安乡村建设积分制试点村。持续深化扫黑除恶专项斗争,刑事发案比

2019年下降10.2%，社会治安安定稳定。全方位开展安全隐患大排查大整治，累计排查房屋1.62万栋、各类生产经营场所4180余家，整治安全隐患8316个，消除2个地质灾害点隐患，评查自建房加工场所消防安全606家，内坑消防站基本建成。

【乡村振兴】 2020年，内坑镇完成集体经营性建设用地入市13宗，建成后山物流仓库等3个村集体经济创收项目，黎山首开晋江村级经联社摘得商住地块范例，全镇村集体经营性收入比2019年增长41%。黎山、黄塘获评泉州市级乡村振兴试点村。黎山、加塘高标准农田加快建设，支持含光农业打造省级现代蔬菜产业园，获评泉州市“平安农机”示范乡镇。全面开展村级民主协商，探索村民自治积分管理，深化“一村一法律顾问”工作，探索成立乡村振兴促进会、制订村民自治章程等举措，协商议定村级事项65个，长埔村、黎山村获评省级乡村治理示范村。

【基层组织建设】 2020年，内坑镇巩固深化“不忘初心、牢记使命”主题教育成果，严格落实全面从严治党，履行意识形态工作责任制。拓展“一个中心、若干网格”运行机制，推进“互联网+政务服务”建设，办理群众诉求事项315件。深化法治政府建设，自觉接受人大法律监督、政协民主监督，办好人大代表议案建议9件、政协委员提案2件，满意率、基本满意率100%。推进基层政务公开标准化规范化建设，主动公开信息207份。贯彻落实中央八项规定及其实施细则精神，坚持过“紧日子”，“三公”经费及会议费、差旅费、培训费等支出比2019年降低47.42%。

（陈长江）

紫帽镇

【概况】 紫帽镇位于泉州中心市区的西南部、晋江市的西北部。东与池店镇毗连，西接南安市官桥镇，南与磁灶镇隔梅溪相望，北邻鲤城区江南街道。镇域总面积20.4平方千米，户籍人口1.6万人，下辖紫星、紫湖、园坂、塘头、洋店、浯垵、湖盘、霞茂等8个行政村、22个自然村。辖区内依山傍水、山清水秀，有紫溪、紫湖两大水库，泉州四大名山之一——紫帽山坐落西北，风光秀丽，文物古迹丰富，高尔夫球场拥山而落，国道324线从腹地经过，两翼有泉州综合保税区、泉州经济技术开发区，距泉州火车站10千米、泉州晋江国际机场15千米，泉州南高速出入口在园坂村，福厦高铁从紫星村穿过，区位、交通、生态、公建配套等优势凸显，是泉州市南大门、晋江市后花园。

【经济发展】 2020年，紫帽镇完成财政总收入1.31亿元。实现规模以上工业产值20.6亿元，比2019年增长5.6%；固定资产投资7.9亿元，比2019年增长4.1%，其中工业固定资产投资1.2亿元，完成年度目标任务的100.8%；限额以上批发零售业销售额39亿元，比2019年增长5.5%，其中零售额26.5亿元，比2019年增长4.7%。15个省、市重点项目完成投资34亿元，完成年度计划的136.5%，比2019年增长36.7%。

【城镇建设管理】 2020年，紫帽镇全面提升城乡建设。紫帽片区紫园东路建设、浯垵大道拓改、湖兴路电力管沟建设等项目按期完工；兴紫大道、铁灶路雨污水管道移交。紫帽新垃圾中转站建设、紫湖路自来水管道改造等项目临近收尾。清华附中晋江学校一期工程竣工，紫帽中心小学一期工程完工，晋江中医院紫帽分院主体完工。城镇管理日益精细。11个安置小区业委会成立工作有序推广，霞茂、洋店业主委员会成立工作进入备案阶段。党员“楼长制”全市试点并有序推开，紫祥社区挂牌成立，进一步筑牢住宅小区治理根基。美丽乡村全面提质。140个美丽乡村建设项目完工，乡村基础设施更加完善。持续开展“两高”沿线和324国道紫帽段环境综合整治。扎实开展爱国卫生运动、“厕所革命”。紫星村获晋江市“村庄清洁”全面提升战役评比一等奖，被纳入泉州市乡村振兴试点村，被认定为福建省美丽休闲乡村；园坂村获晋江市农村主干道综合整治战役评比三等奖。

【生态建设】 2020年，紫帽镇巩固人居环境整治成效，完成紫帽山景区旅游综合开发方案及绿道工程设计，完成林分改造200余公顷。落实森林防火责任制，全年无发生重大森林火情。落实河长制，开展河道“五清”工作，解决涉河湖“四乱”问题64个，完成河道清淤清障2.1千米。下落沙溪综合整治工程进入收尾阶段，大坝溪紫帽段完成工程总量的75%，湖盘溪综合整治工程完成初步验收。

【社会事业】 2020年，紫帽镇关注困难群众，精准实施救助措施，共计发放低保（特困）对象救助供养金及用电优惠金58.7万元，“四帮四扶”帮扶资金14万元，生育关怀、暖冬行等慰问金2.2万

2020年7月3日，紫帽镇举行紫祥社区支部委员会成立揭牌仪式　（紫帽镇 供）

元。紫星村文创妇女微家作为市首批妇女微家挂牌成立。女性安康保险覆盖面占全市第一。文体事业持续发展。新建洋店村健身路径，改造提升塘头村综合文化服务中心。举办首届晋江“人才杯”系列趣味运动比赛、第四届百心文化节、基层篮球赛、紫帽山植树节等活动。结合疫情防控深化移风易俗，简办婚丧喜庆捐赠慈善事业超200万元。园坂、紫星、湖盘、洋店、霞茂获评晋江市文明村，紫帽中学获评泉州市2017—2019年度文明校园。清华附中晋江学校小学部招生。紫帽中学期末考试各科成绩稳步提升，紫帽中心小学、紫坂小学通过福建省义务教育管理标准化学校验收，辖区学校教育逐年提质。医养项目不断优化。完成晋江市中医院紫帽分院搬迁工作，开展孕前优生健康检查，完成率排全市第一。以园坂村为长期护理保险试点村，投入23.4万元为全村2604个户籍常驻人员办理长期护理保险。村级敬老院、居家养老服务站等项目推进。“医养结合”经验被《人民日报》报道。

【社会管理】 2020年，紫帽镇全镇刑事案件比2019年下降11%。紫帽派出所获评“泉州市公安局集体三等功”，紫帽镇连续5年获评“五星级”平安乡镇，全镇8个村均获评星级平安村。广泛开展普法宣传，完善法律顾问制度，新建紫星、紫祥法治图书角，组织开展矛盾纠纷集中排查调处30余场，纠纷受理和调解成功率均达100%。开展房屋安全隐患百日攻坚行动，共计排查房屋3230栋，重点排查人员密集型场所350宗。深化安全生产隐患大排查大整治行动，全市首创安全生产网格化监督管理信息平台，集中力量排查各类安全隐患715条，整改658条，整改率达92%以上，确保全镇无发生重大安全事故。自建房消防评查全市试点，评查率稳居全市第一。

【基层组织建设】 2020年，紫帽镇拓展学习形式，通过“三会一课”、机关例会、网络学习、紫帽新语微信公众号推送、组织外出参观及观看电影、主题宣讲、文艺会演等方式，深入学习宣传习近平新时代中国特色社会主义思想。稳步推进机构改革各项工作。注重一线锻炼干部，改革“下点”工作机制，每个村由1名班子成员带队“承包”，力求把村情摸清吃透，把工作落实落地，形成比拼效应；组建清华附中晋江学校项目专班，全方位全过程服务管理项目推进；抽调23名党员干部参与科创新区项目征迁，率先完成房屋签约任务。全年有2名后备干部得到市委提拔，5名科级干部得到市委重用，3名干部到职级晋升，1名在抗疫一线表现突出的年轻干部被提拔为副股级。实施“海丝先锋”达标创星专项行动，推进党支部标准化规范化建设，15个党支部获评星级，紫星、园坂在2019—2020年度村级党组织“领头雁”示范培育对象星级考评中均获评五星级。全面开展农村发展党员违规违纪问题排查和农村党员队伍管理“宽松软”专项整治，累计谈话提醒132人，批评教育22人，限期改正3人，除名处置1人，纪律处分6人。深化“强基促稳”，推行“党员楼长制”，构建新城镇小区治理服务模式，涌现塘头嘉园楼栋“随手拍”等典型，60%以上的村获评文明村。落细意识形态责任，定期分析研判意识形态领域工作，排查化解舆情风险，深化文明实践活动和创城工作，弘扬社会主义核心价值观，牢牢把握基层意识形态主导权。强化日常监督，共开展督查10次，发现问题25个，整改25个，函询8人，发现问题线索1个。党委统揽各方能力持续增强。

【机关效能建设】 2020年，紫帽镇深入开展“不忘初心、牢记使命”主题教育，严格落实全面从严治党，履行意识形态工作责任制。修订完善机关工作制度。接受法律监督和人大工作监督，落实市委、市政府决策部署，支持配合镇人大依法履职，办理人大代表建议意见8件，办结反馈率100%。

（许钰鎣）

东石镇

【概况】 东石镇位于晋江市东南沿海，海岸线长28千米，北与安海镇毗邻，东与英林、永和两镇连接，西临龙江（石井江）与南安市石井镇、水头镇隔江相望，南与金门岛隔海相望，背山面水。辖区面积65平方千米，有农业耕地1100公顷，滩涂1333.33余公顷，花岗岩矿区、荒山林地数百公顷。辖区共有29个行政村，5个社区，56个自然村。有户籍人口11.14万人，侨、港、澳、台胞30余万人，是闽南重点侨乡之一。辖内文物保护单位16处，其中国家级1处（南天禅寺）、福建省级4处（古檗山庄、东石古寨、白沙古战场遗址、玉记商行）、市级11处。全镇历史文化底蕴深厚，素有“海滨邹鲁，仁和之乡”之誉。

东石镇经济以外向型为主，以伞具制造、纺织服装、五金汽配、食品加工、木雕工艺等五大产业为支柱产业。2020年，有乡镇企业3712家（其中，内资企业3559家，外资企业153家）。2020年实现工农业总产值372.94亿元。工业总产值365.74亿元，年均增长8.88%；规模以上工业产值313.64亿元，年均增长8.32%。镇域综合实力连续5年位居全国百强镇行列，获国家农业产业强镇、福建省乡村治理试点示范镇等称号，通过全国文明村镇、中国伞都复查验收。

【经济发展】 2020年，东石镇现代农业稳步发展。有规模农场（户）135户，拥有3家省级农业产业化龙头企业，其中胡萝卜种植规模达1300公顷，总产量保持在12.6万吨，全产业链产值达5.2亿元，市场占有量占晋江市的1/3，福建省的1/6。东石镇拥有无公害农产品（胡萝卜）基地17个，20项农产品获“无公害”认证。果蔬冷藏保鲜加工厂（库）4家、蔬菜冷藏加工生产线4条，农产品质量安全检测中心1个，农业设施466.66公顷。获评“2020年全国农业产业强镇”“福建省农民创业示范基地”等称号。高质量通过“中国伞都”“国家外贸转型升级示范基地”等国字号荣誉复评。伞具制造、纺织服装、庙宇木雕、食品加工等四大传统产业工业产值贡献率达80%以上。其中，伞具制造行业年生产能力达5.87亿把，占全球总产量的1/4，是国内最大的成品伞、原辅材料生产和出口集散地。东石镇有国家工程实验室1个、省级企业技术研发中心6个、工业设计中心1个；拥有国家级品牌6枚、中国驰名商标8枚、福建省著名商标14枚、省级名牌13枚、福建出口名牌14枚。2020年，潘山庙宇木雕入选第五批国家级非遗项目，产品远销东南亚国家及中国台湾、澳门等

2020年12月25日，省高网泉厦漳城市联盟路泉州段通车仪式举行　（东石镇　供）

地区。新兴产业加速发展。“十三五”期间共投入技改资金14.77亿元，实施技改项目84个。创建8家省级科技小巨人领军企业，集成电路产业（工业）园落户东石。第三产业增加值持续提升，由2015年的50.2亿元增至2020年的167亿元，占全镇生产总值的30.94%。

【城镇建设】 2020年，东石镇立足泉州南翼新城、晋西南辅城发展定位，持续加快“晋西南新门户”建设。24个小城镇试点建设项目累计完成投资16.08亿元，城乡品质品位提档升级。项目建设加快步伐。振东、钻石海岸、世茂璀璨新城、东湖新区等城市综合体项目基本成型，凯旋壹号、金龙海悦城、中骏·东璟府等一批现代化小区加快建设步伐，商贸集聚力、物流承载力不断增强。交通路网不断健全。泉厦漳城市联盟高速路、快速通道东石连接线建成并通车，县道325东石段、金塔路、张清路、锦青北路等一批镇域道路相继建成运行，镇域内联外拓功能明显增强。东石港海域开阔，水深无礁，可停泊5000吨货轮，被列为国家二类口岸，成为闽南金三角对外贸易起运点及台轮停泊点。投入5000多万元实施村级建设项目250个，完工150个。严格落实河长制，完成4个流域整治项目和3个河道治理项目，梅塘等11个村污水管网工程完成建设。推进矿山生态修复治理，回填废弃石窟17.8万立方米，植被自然修复5.08公顷。华懋电镀集控区完成新污水厂及电镀专业标准厂房建设，新增潘山村等7个村为晋江市级以上乡村振兴和人居环境整治提升典型示范村。

【乡村振兴】 2020年，东石镇持续推动农业现代化发展。推进省级农民创业示范基地建设，做大做强胡萝卜特色品牌，以东石为主产区的晋江胡萝卜国家地理标志区域公用品牌通过农业农村部认证，培育大白山、檗谷等2个省级“一村一品”特色农业产业示范村。推进乡村有效治理。基层民主议事协商全面推行，解决协商事项83个，金瓯村议事经验在《侨区快讯》刊发，潘山村、洪塘村入选市委组织部典型协商案例。开展文明创建，井林等18个村（社区）获评晋江市级以上文明村（社区）。巩固提升新时代文明实践建设成效，持续深化移风易俗，全年通过移风易俗引导慈善捐款2180万元。农民收入水平不断提高。深入推进农村集体产权制度改革，推行“一村一项目”，鼓励各村（社区）多形式、多渠道壮大村集体经济收入，2020年东石镇34个村（社区）集体经济总收入1207.27万元，村集体经营性收入全部达到20万元以上。

【社会事业】 2020年，东石镇推进民生工程建设，完成8件为民实事。筑牢社会保障体系。新增“四帮四扶”困难家庭17户，帮扶26户相对贫困户实现脱贫。2020年累计慰问困难群众1283人次，发放低保金、慰问金、救助金等共计1343.82万元。推进24个教育项目，碧江小学教学楼、蓬山小学教学楼、檗谷小学科技综合楼完工投用；侨声中学与潘径中学、第二中心小学与檗谷小学联合办学；侨声中学2020届高考本科上线率达91.5%；潘径实验小学等12所小学通过福建省义务教育管理标准化学校评估验收，钻石海岸幼儿园获评泉州市示范幼儿园。东石中心卫生院后勤保障楼封顶，和泉州市第一医院合作运行，通过省级优质服务基层行验收。完成卫生所标准化建设、医保“村村通”建设和泉州市预防接种示范基地建设。镇级敬老院、坑园分院建成投用，34个村（社区）

2020年，以东石为主产区的晋江胡萝卜国家地理标志区域公用品牌通过农业农村部认证。图为工人在拣洗胡萝卜　（东石镇　供）

2020年10月29日，东石镇敬老院一周年庆举行　（东石镇　供）

居家养老服务站实现全覆盖，每千名老人拥有养老床位数提高至38.8张。启动国家级文保单位南天禅寺修缮项目，完成省级文保单位玉记古建筑群修缮工作；打造3条山海同游精品特色文化旅游路线，潘山村获评福建省乡村旅游村；举办福建省男子篮球联赛，建成东石公园五人制足球场等一批体育设施。全面推进社会治理能力现代化。开展“强基促稳”三年行动，扫黑除恶专项斗争收官，矛盾纠纷化解机制逐步完善，全年调解处置劳资纠纷181起，涉及金额2163万元，18个村（社区）获评“六守六无”星级村（社区）。东石派出所获省级“枫桥派出所”称号。全面推进安全生产专项整治三年行动，重点开展房屋安全“百日攻坚”、自建房加工场所消防安全评查等系列大排查、大整治，集中消除隐患问题4600多处。2020年，东石镇作为全国基层唯一代表，在国家应急部宣教中心、人民网向全国人民推介东石镇安全生产工作情况。

【基层组织建设】　2020年，东石镇夯实基层基础，健全党建工作指导督导机制，抽调62名党员干部挂钩指导各领域党支部党建工作。推进基层党支部标准化规范化建设，58个党支部获评星级党组织。开展党员中心户工作，成立5个小区兼合式党支部，深化党支部末端管理机制。开展农村发展党员违规违纪排查整顿，深化党员队伍管理“宽松软”专项整顿，进一步净化党员队伍。强化队伍建设，完善机关干部绩效考评机制，强化正向激励提升干部干事创业精气神。完成镇级机构改革，提拔股级干部6名。坚持一线练兵，优化工作点设置，新增9名科级干部、12名机关干部下点下村，强化基层工作力量。完善下村干部“住村”制度，相关工作经验以《激活基层治理“末梢神经”——晋江市东石镇创新下村干部“住村”工作机制》为题被《八闽快讯》专篇刊发，并获晋江市主要领导批示。全面从严治党，压紧压实“两个责任”，强化监督保障，开展13轮次专项监督检查。坚持抓早抓小，科学运用监督执纪“四种形态”，提醒谈话、批评教育67人次，党纪轻处分6人次，留党察看11人次，开除党籍3人。压实意识形态责任，全面落实意识形态工作责任制，严格执行“六个纳入”制度。组织学习好《中国共产党宣传工作条例》《习近平谈治国理政》《习近平在福建》系列采访实录等鲜活教材，加强意识形态阵地建设管理，宣传东石好故事、传播东石好声音，弘扬正能量主旋律。

【机关效能建设】　2020年，东石镇接受人大依法监督，办结市镇两级人大代表意见建议61件，满意率、基本满意率达100%。便民服务提质增效，接待办事群众4.2万人次，办理事项39997宗；全面受理信访件386件，办结386件，办结率100%；发布政府公开信息124条。落实机关效能管理制度，加强效能督查、综合监察、专项检查，发出效能通报7份，通报违纪干部职工85人次。

（苏少伟）

永和镇

【概况】　永和镇地处晋江市中南部，东临石狮市，南接深沪镇、金井镇，北临罗山街道，西接安海镇。新石东线、旧石东线、晋南快速通道、大深线、草马线、灵石线等数条市级主干公路纵横境内，地理位置优越，交通网络完善。永和镇土地面积50平方千米，辖24个行政村，63个自然村，户籍人口7.2万多人，旅居海外侨胞和港澳台同胞4万多人，是闽南著名侨乡之一。获评中国淘宝镇，被晋江市政府评为电商镇，全镇共有12个中国淘宝村。

【经济发展】　2020年，永和镇推动大数据、人工智能和实体经济深度融合，引导企业向智能、绿色、高端制造转型升级，做大做强产业链。迦南科技院士专家工作站认定为福建省院士专家工作站，信泰、集成入选省级技术创新重大项目，信泰入选泉州瞪羚企业培育库、泉州“年度十佳高成长性科技企业”，冠泓工业、跃升机械、鼻涕虫婴儿用品等7家企业入选福建省高新技术企业名单。持续发挥永和中国“淘宝镇”优势和云裳小镇互联网经济产业园集聚效应，引导重点及规模以上企业发展电子商务应用，商贸物流、环保建材等新兴产业加速集聚，产业结构持续优化。形成“挂钩领导+部门+工作点+企业”联动机制，落实复工复产“十个是否”清单，对接指导企业，由“企业自主申报”转变为“职能部门提前介入”，解决企业用工难、疫情防控难、交通运输难、供应链配套难、市场拓展难等问题，帮扶企业落实口罩6批18万个、兑现资金274万元，为116家企业减免基本电费112万元，减免企业税费2360万元，成立企业信贷风险处置专班，化解不良贷款678万元。

【城镇建设】　2020年，永和镇加快城镇建设，完善城镇配套，融入全市发展

2020年10月27日,"比干精神代代传"永和镇爱国主义教育基地暨家风家训馆揭牌仪式举行
（永和镇 供）

大局，完善镇总体规划修编和控制性总体规划编制。投入357万元完成学府路与学苑路整治（二期）、锦石街割山桥头道路整治等道路工程，启动古厝安置房项目建设，推动新石东公路污水管道、战备路（马坪至安海段）、群华路改造提升等道路项目建设。全面推进24个村农村生活污水处理工程并完成20个，持续提升路网建设、供水供电、排洪排水等设施保障功能，增强城镇综合承载力。优化城镇面貌，以全国文明城市复查整改为抓手，抓实抓细城镇管理，重点对违规设置广告牌、占道经营、违规摆摊、违规张贴小广告等镇容违法行为进行专项整治。拆除广告牌65宗，取缔占道经营93宗。保持打击"两违"高压态势，拆除违法建筑101宗2.61万平方米，完成国土卫片图斑违法建筑核销789宗。

【生态保护】 2020年，永和镇深入开展"一革命四行动"，创新实施环卫"红黑榜"制度，实施"垃圾不落地""垃圾分类"等制度，推进5个市级人居环境整治试点村建设，农村环境持续提升。全面落实河湖长制，深推"互联网+"智慧河流管理，拆除流域违章搭盖4.4万平方米、清淤护砌24.29千米，建成河道微景观6个，加强河道保洁，辖区流域水质显著改善。新增绿化造林122.93公顷，建成微景观52个，回填治理石窟10处53.7万立方米，矿山迹地绿化19处27公顷，生态修复石粉堆场3个，取缔非法生产点264家，立案查处环境违法案件188件，淘汰黄标车532辆，解决废塑污染等区域性环保问题，获评国家级生态镇。

【乡村振兴】 2020年，永和镇推进玉溪村省级乡村振兴试点村、旦厝村省级乡村治理试点村建设，以点带面，推进乡村振兴。完成高标准农田建设73.33公顷，发挥农业龙头企业示范带动作用，引导农户发展规模经营、休闲旅游农业。深化"人才反哺农村"工程，完成"奋蹄马"薄弱村问题转化率100%，坚持"走出去，引进来"，探索农村集体经济发展新方式，镇村集体总收入1899.76万元，4个村年经营收入突破200万元，全面消除年经营收入20万元以下村。提优人居环境。落实"城乡环境整治深化年"，开展"一革命四行动"，强化提升环卫保洁"红黑榜"制度，绿化20公顷，完成裸房整治17宗，新增晋江市人居环境整治试点村5个，组建"环卫保洁镇容观察团"，常态化推进农村人居环境整治督导工作。创新成立"老叔公"人民调解工作室、镇村信访评理工作室，多渠道化解信访积案，开展信访评理78次，信访案件比2019年下降73.92%。发挥综治协会桥梁纽带作用，打好"扫黑除恶"专项斗争收官战，实现涉黑线索办结清零，建成永和镇综合情报指挥中心，民警"背包"驻村深入开展，辖区刑事案件立案数同比下降8.9%，获评泉州市第二批创建零酒驾示范乡镇和晋江市五星级平安镇。深化安全整治，开展房屋安全"百日攻坚"、安全隐患大排查大整治及道路交通安全大整治行动，落实安全生产网格化管理，摸排整治房屋18611栋，整改安全隐患3768条，查封"三合一"场所93家，集中整治交通隐患点35个，交通事故比2019年下降9.01%，分类处置一批危险房屋，组织开展小作坊小加工厂、"土制升降机"等专项整治行动。

【民生保障】 2020年，永和镇完成59件镇级为民实事，办理危房翻建近2000宗，发放各类保障资金2413.94万元。凝聚海内外永和力量，先后成立永和镇教育发展促进会、南峰中学教育发展促进会，季延中学英墩校区教育促进会，筹集教育资金累计超1亿元。累计投入镇财政3021.6万元用于教育事业，推动一批校园扩容改造提升项目，开展基础教育质量评估，实施名校办分校、集团化办学、合作办学，深耕"一校一品"建设，提升素质教育水平。筹建高铁新城实验小学、晋中实验小学等优质学校，整体提升晋中片区教学质量。建成"比干精神代代传"爱国主义教育基地并入选泉州市第三批家风家训馆，"永和山前火把节"跻身泉州第六批"非遗"名录，提升永和文化底蕴。启动医界乡贤反哺家乡卫健事业系列活动，并入选2019年晋江"十大市民关注事件"，建立英墩医院"国医馆"、晋江市名医工作站，筹建晋中分院项目。

【政府服务】 2020年，永和镇配合支持镇人大依法履职，办理人大代表意见建议23件，满意率、基本满意率达100%。优化便民服务意识。提升网上办事大厅，梳理、精简行政审批事项，压缩行政审批办理环节，推行一个窗口办理，打造高效便民服务平台。坚持马上就办服务承诺，弘扬"马上就办、真抓实干"的工作作风。坚持过"紧日子"，"三公"经费比2019年下降22.33%。强化政务效能督查。完善机关运行五项制度，不定期开展督查工作，督查范围覆盖各执法领域，约谈函询11人次，加强效能督查、综合监察、专项检查，开展督查活动10次，机关作风明显转变。

（张金森）

英林镇

【概况】 英林镇地处晋江市南部沿海，与金门隔海相望，面积29.8平方千米。辖20个行政村，41个自然村，常住人口4.7万人，外来人员4.6万人，旅居海外乡亲和港澳台同胞约3万人，是晋江市的主要侨乡之一。英林镇以纺织服装为主导产业，形成男装、泳装两大生产基地，拥有柒牌、劲霸、锦兴等3枚中国驰名商标，泳装产业特色鲜明，是中国四大泳装生产基地之一，英林镇泳装被商务部认定为国家外贸转型升级基地，先后获评中国休闲服装名镇、国家级“生态乡镇”称号，被评为福建省商业重镇。2020年获评省级乡村振兴重点特色镇。

【经济发展】 2020年，英林镇通过召开党政商联席会议、举办“源头好货，晋江制造”英林镇专场直播活动、兑现惠企政策等方式，规模以上工业产值、固定资产投资、工业投资增长分别超出全市增幅1.3个、9.7个、44.9个百分点。

【项目建设】 2020年，英林镇实施市级重点项目30个，完成投资19.6亿元，超年度计划19.2个百分点；列入市级“五个一批”项目6个，逸锦化纤入选省级智能制造重点项目名单。实施技改项目23个，完成投资13.8亿元。

【产业转型】 2020年，英林镇男装、泳装产业持续拓展提升，中国鞋服行业首个5G专项应用落地柒牌，新增国家级高新技术企业1家、省级科技型中小企业3家、省级龙头企业5家。柒牌成为福建省首家“转产”并获得无菌型医用防护服生产资质的服装企业，劲霸转产口罩成为晋江入围国家药监局和商务部出口白名单“双认证”的企业之一，福建省医疗器械行业协会晋江工作站落地劲心劲意健康科技有限公司。

【乡村振兴】 2020年，英林镇以产业带动型为定位，创特色创亮点，获评福建省首批、泉州市唯一的省级乡村振兴重点特色镇，西埔、三欧、嘉排、东埔4个村列入省级乡村振兴试点村，湖尾村、沪厝垵村列入泉州市乡村振兴试点村，陈山、龙西、高湖、港塔、钞井、清内6个村列为晋江市乡村振兴试点村。

【城镇建设】 2020年，英林镇启动《英林镇发展规划大纲》编制，高湖、三欧、嘉排3个村完成“两规合一”修编评审。村级污水管网加快推进，新增铺设污水管道66.9千米。持续推进矿山生态修复，回填废弃采石坑4500立方米，新增绿化面积5.33公顷。投放拜米共享单车480辆，布置站点52个，打通群众出行“最后一公里”。

【社会事业】 2020年，英林镇7件民生微实事全部完成。落实城乡低保、特困人员、残疾人权益保障等兜底措施，发放各类救助、补助金348万元。落实“四帮四扶”工程困难家庭4户，临时困难救助557人次、发放救助金21.7万元。脱贫攻坚成果持续巩固，10户相对贫困对象得到有效帮扶。优化教育规划布局和资源配置，停办4所学生不足百人小规模小学，统筹推进龙西幼儿园、东埔幼儿园、迴澜幼儿园、嘉排中心幼儿园建设，英林中学、南湾中学改扩建等一批学校基础设施加快推进。举办2020年英林镇庆祝教师节活动暨英林心第五届“尊师重教”周奖教仪式，发放奖教金148.81万元，受奖教师近500人。加快基本公共卫生服务均等化，在全市首推医保移动家签服务，签约群众2070人，同步开通泉州市首个村级卫生所医保即时结报服务。

【社会管理】 2020年，英林镇相继开展安全生产大排查大整治百日攻坚、房屋安全“百日大整治”、消防安全整治攻坚、自建房加工场所消防安全评查等行动。深化平安英林建设，落实“强基促稳”三年行动，强势推进扫黑除恶专项斗争，“八类”案件大幅降低，“两抢一盗”案件断崖式下降。“六守六无”平安创建星级平安村覆盖率达75%，创建数量位列全市前列。

【政府建设】 2020年，英林镇持续开展镇级便民服务中心规范化建设。依法推行政务公开，接受人大监督，办理人大代表建议、批评和意见2件。受理、处置便民服务热线“12345”群众诉求625条。“三公”经费和一般性支出比2019年下降7%。完成夏秋季征兵工作，民兵整组、国防潜力调查及双拥优抚等工作加强。

（陈铭钦）

2020年，英林镇湖尾村利用闲杂地块建设微景观——七里香　（英林镇 供）

金井镇

【概况】 金井镇位于晋江东南隅，地处福建东南沿海围头半岛，距离金门5.2海里，是祖国大陆离大金门岛最近的地方。辖20个行政村、2个社区居委会、60个自然村，土地面积56.7平方千米，海岸线长26.5千米，常住人口10.2万人，旅居海外侨胞、港澳台同胞10余万人。先后获全国特色小镇、全国重点镇、国家建制镇示范试点、全国宜居小镇示范镇、国家卫生镇等5项称号及省级小城镇综合改革建设试点、“镇级小城市”培育试点、小城镇机构改革试点、全省首批特色小镇创建单位等。2020年，获评“国家卫生镇”、首批“福建省滨海休闲度假福地”，入选中国特色小城镇品牌百强第五名。

【经济发展】 2020年，金井镇完成规模以上产值360亿元、固定资产投资16.62亿元、财政收入5.31亿元。29个市级重点项目完成投资41.08亿元。福州大学科技园A区完成建设，七匹狼工业园智能化改造、恒禾海景酒店项目落地建设。帮助31家（次）企业申报并获批10项政策资金569万元。引导12家重点企业实施技术改造，累计完成投资3.51亿元。促成15个科研平台入驻福州大学晋江研究院，策划生成项目79个，总投资2.29亿元。

【城乡建设】 2020年，金井镇加快规划编制。启动国土空间规划（2020—2035）编制工作。完成老镇区部分地块控制性详规批复，湖厝等3个试点村村庄规划方案获批。加快危房整治。全面排查安全隐患房屋，妥善处置20宗重大隐患房屋。拆危拆违建筑面积超2万平方米。加快功能完善。有序推进一批道路景观提升、公交站点、污水处理设施、“厕所革命”项目建设。福州大学科教园、毓英中学、晋江职业中专学校等3座第18届世界中学生运动会比赛场馆竣工验收。

【乡村振兴】 2020年，金井镇坚持典型引路。围头村入选第二批全国乡村旅游重点村，三坑村、围头村入选省级乡村治理示范村。申报3个高级版“绿盈乡村”，指导6个省级乡村振兴示范村策划110个建设项目，投资4459万元用于乡村基础设施、生态产业建设。坚持试点探索。农村“三块地”（农村土地、集体经营性建设用地、宅基地）改革实践，围头村挂牌出让的集体建设用地项目动工建设，盘活村级闲置集体资产。坚持特色培育。拓展水产品繁育养殖，福州大学鲍鱼科技示范基地通过国家级鲍鱼良种省级初评。推进三坑村省级农村生活垃圾干湿分类试点建设，投用晋江市首个村级餐厨垃圾处理站。立足“侨乡生态、滨海风情”主题，打造围头、塘东、南江、三坑村12千米的泉州市乡村振兴示范线路。

【社会事业】 2020年，金井镇办好年度12件为民办实事项目。办理发放各类救助、慰问、保障资金158.64万元，帮助21户“四帮四扶”对象解困，推动15个相对贫困户脱贫。公共服务持续优化。围江、瀛洲、溜江等6所小学通过省义务教育管理标准化学校创建评估。镇级敬老院改造完成，居家养老服务站覆盖18个村（社区）。文化文明持续繁荣。举办第六届海峡两岸“晋江金井·围头”七夕返亲节、书记带你“云游金井”“溜江情·华侨心”摄影比赛等活动。溜江村、南江村、钞岱村获评省级文明村，全镇80%以上的村（社区）获评各级文明村（社区）。

【社会治理】 2020年，金井镇扫黑除恶专项斗争三年行动收官，“强基促稳”专项行动、“六守六无”平安创建深入开展。组织开展安全隐患大排查大整治工作，重点推进房屋、消防安全等专项整治。基层治理更加专业。完成“七五”普法验收，升级综治中心、综合服务管理平台建设，推行“一个中心，若干网格”运行机制。成立全省首家人民陪审员法治服务站，建立镇域社会治理现代化法治保障推进基地。推进村级治安巡逻队伍改革，推行社区民警驻村工作机制，整治区域性治安稳定突出问题，刑事案件比2019年下降19.3%，治安案件比2019年下降32.1%，实现“两抢”零发案。排查矛盾纠纷136起，调处成功率100%。

【党建工作】 2020年，金井镇开展“一体两翼”抓乡促村工作，持续整治软弱涣散党组织。健全工作推进、队伍管理、人才反哺农村机制，拓展志愿者、侨亲乡贤在乡村振兴、移风易俗、环境整治等领域作用。贯彻落实意识形态工作责任制，管好各类意识形态阵地。“海丝金井”电视云平台上线运行，组织开展新时代文明实践活动200多场。严格落实“两个责任”，推动政治监督具体化常态化。运用“四种形态”，健全“镇纪委+村级纪检组织+村务监督委员会”监督链条，堵塞廉政风险点。

（施雄达）

2020年，金井镇三坑村获评全国生态文化村。图为晋江市禁毒主题公园

（金井镇 供）

龙湖镇

2020年，龙湖镇全面落实“河湖长制”，恢复翫湖湖面 （龙湖镇 供）

【概况】 龙湖镇以湖得名，地处晋江东南沿海，辖区面积63.9平方千米，毗邻石狮市区，与英林、金井、深沪、永和4镇交界，是晋南重要的交通枢纽。全镇下辖42个行政村、84个自然村，2020年户籍人口约8.7万人，外来流动人口5万余人，海外华侨、港、澳、台同胞20.5万余人，是中国织造名镇、施琅将军故里和“侨乡中的侨乡”。全镇以化纤纺织、服装拉链产业为主，2020年全镇工业总产值445.81亿元、比2019年增长3.2%，财政收入6.36亿元、比2019年减少15.39%。

【经济发展】 2020年，龙湖镇推动1200多家企业复工复产，用两个月实现生产生活秩序全面恢复。打好“政策+服务”双组合。落实30条纾困帮扶政策，统筹保障防疫物资32批次，协调用工1300多人，协助200多家企业争取扶持资金超1.2亿元，减免税费超1亿元，促成银企对接贷款5亿元，化解4家企业金融风险。规模以上、固定资产投资等主要指标逆势增长，持续保持良好态势。攻坚“国内+国际”双循环。引导35家企业参加国内“双线”展会17场，限额以上批发零售业销售额达66.42亿元、比2019年增长36.06%。支持企业拓展国际市场，新增外贸企业3家，易和国际控股在香港鸣锣上市，累计上市企业达6家；实际利用外资8.96亿元，位居全市第一。激活“投资+创新”双引擎。18个重点项目完成投资42.16亿元，12个技改项目超额完成年度投资任务，龙头企业持续增资扩营，百宏位列福建制造业企业百强第27位，申报国家企业技术中心，百宏聚纤5个省级重点项目有3个全面投产、2个部分投产，合计释放产值超35亿元。服务时尚园企业入驻建设，组织3轮保障性施工统一行动，化解25个遗留问题，新增5家企业投产、6家企业主体建设，烯电、华兆、冠和等大项目有序推进。持续增强创新动能，新增高层次人才4名，强化产学研合作，组织对接“6•18”项目成果7个，总投资30.13亿元。

2020年，百宏聚纤投产5个省级重点项目 （龙湖镇 供）

【城镇建设】 2020年，龙湖镇加快新型城镇化建设，横九线龙湖段完成改造，龙狮路南山互通建成通车，智造大道时尚园段基本建成，泉州二重环湾、市域8号路有序推进，改造提升镇村道路10.48千米。市政设施更加齐全，改造自来水管道14.4千米，增设22个公交站点、2处红绿灯，新建改造2座人行天桥，500辆共享单车投放运营。改善人居环境。推进“三拆一清”，拆除违章建筑2.14万平方米、临时搭盖98宗、违规广告107个，立面改造裸房141栋，泉州绕城高速沿线景观提升。开展文明城市创建复查整改，组建6个专项整治小组，常态化推进镇容镇貌、农贸市场、交通秩序等20个整治项目。推进生态治理。完成第二次全国污染源普查。龙英公路污水连接工程建成投用，44个农村污水项目全部完工。全面落实河湖长制，清淤河道9.1千米，恢复翫湖湖面60公顷，东溪等4条流域水质持续提升。新增植树造林20公顷，绿化矿山迹地4.66公顷，整治废弃石窟2个，全年空气质量优良率首次达到100%。提速乡村振兴。埭头村省级乡村振兴试点村建设扎实推进。培育鲁东、福林2个省级乡村治理试点村。落实“一革命四行动”，投入1300万元实施115个美丽乡村建设项目，新建30个“微景观”，37座公厕竣工验收，内坑、龙园、西吴3个村获评晋江市农村人居环境整治示范村。启动建设565.2公顷高标准农田。42个村集体经营性收入全部突破20万元。对口帮扶长汀县羊牯乡

龙湖镇印象福林微景观(2020年11月3日摄)　　(龙湖镇 供)

工作取得成效。

【社会民生】 2020年，龙湖镇投入75%以上财政资金用于民生领域，推进12件为民办实事项目、4件民生微实事落实。全面完成第七次全国人口普查，普查登记57147户、145864人。密切关注困难群体，发放临时救助资金11.68万元，低保标准提升至775元，核准8户“四帮四扶”家庭、77名失地养老保险对象，城乡居民养老保险、医疗保险参保续保工作按时完成。实施6个教育项目，晋江市医院晋南分院二期综合楼动工建设，70%村级卫生所完成一体化提升改造。鲁东村幸福院揭牌运营，古湖、埔锦、衙口、湖北村级居家养老服务站完成建设。推动成立龙湖侨界青年联谊会，组建中国香港、澳门、菲律宾三地乡会群组，组织举办“龙盟会”澳门龙湖侨亲联盟活动，镇侨联获评省级“侨胞之家”示范点；编纂全市第一部镇级侨史书籍《龙湖侨史资料》，营建全市首个镇级线上侨史馆，组织拍摄4条侨文化微视频，推动“根魂梦”墙绘微景观全覆盖；引导侨捐近2500万元、占全市五分之一，埔头文化广场等侨捐项目完成建设；健全基层公共文化体系，实施7个基层体育场地设施补助项目，村级文体活动中心、“农家书屋”实现全覆盖。持续深化扫黑除恶专项斗争，推进“强基促稳”三年行动，完成基层综合治理体系对讲平台建设，建成2家企业综治中心，成立全市首个驻企警务室，建立信访工作联席会议制度，调处涉侨矛盾纠纷162起，群众安全感满意率提高到99.33%。开展安全生产隐患大排查大整治，累计排查房屋22535栋、各类生产经营场所3386家，整治安全隐患13625个，火灾事故起数下降28%。

【政府建设】 2020年，龙湖镇办理人大代表建议13件，满意率100%。办理便民服务热线诉求事项1076件，答复率100%。加强政务信息公开，2020年，公开政府信息40条。严格落实中央八项规定，坚持过“紧日子”，持续压减一般性支出，“三公”经费比上年下降46.15%；严格财经纪律，出台村集体财务审批专项管理规定。坚持依法行政，稳妥做好综合执法改革工作过渡。不断改进作风，落实“马上就办”“最多跑一趟”等事项，便民服务中心完成提升改造。

(张正平)

深沪镇

【概况】 深沪镇位于台湾海峡西岸东南沿海突出部，三面临海，一面依山，海岸线长18千米，素有“峙海金狮”之称。下辖12个村和7个社区，深沪镇域面积33.46平方千米，常住人口(含长期居住的外来人口)13万多人，有旅外侨胞、港澳台同胞10万多人，是著名的侨乡和台胞祖籍地，对台小额贸易试点及台轮停泊点。

2020年，深沪镇完成规模以上工业产值426.1亿元，比2019年增长7.78%；完成固定资产投资9.14亿元；完成住宿餐饮业7095万元；完成批发零售业13.52亿元，比2019年增长27.47%；实现财政收入8.8亿元，比2019年增长0.77%。新增规模以上企业16家，工业总产值超亿元企业77家。

【经济发展】 2020年，深沪镇实行党政领导挂钩制度，组建6个复工业务指导小组，深入一线指导182家规模以上企业复工复产。注重企业要素保障，及时引导企业用好上级惠企政策，累计帮助企业申请惠企资金1500万元，协助企业办理用电减免2.17亿元，落实减税降费1.53亿元。签约百宏薄膜八期项目，总投资3.2亿美元，组建百宏项目征迁领导小组，基本完成征地面积14.66公顷。新招引添越、长泰等项目入驻中小企业创业园。第二停车场、第二中心幼儿园等一批项目加速推进，全镇31个重点项目建设完成投资26.7亿元，完成年度计划的134.14%。创新转型不断升级。鼓励传统外贸企业直播“带货”、与淘宝超级工厂合作，促进线上线下深度融合。加快海洋渔业、纺织、漂染、拉链等优势产业创新发展。浔兴公司通过国家技术企业复评；通亿公司获评国家高新技术企业；万兴隆、健升印刷、嘉利服装入选省智能制造试点示范企业、省科技型中小企业；福田等一批企业入选泉州市高成长性科技企业。

【城镇建设】 2020年，深沪镇完成华海、首峰“两规合一”规划编制，村村基本完成规划编制。污水管网建设工程加速推进，19个村(社区)基本完成，累计铺设管道165千米，完成投资9174万元。新建便民公厕5个、工业固体废物中转站1个。新增海上银滩至首峰公交线路。投资800多万元用于乌山路道路改造提升，完成华科路、同心路路面破损修补，沪江路、金深路等8处交通隐患得到整治，新增标识车位600个，全镇交通路网状况持续优化。严格落实环卫保洁“挂图作战”，全年环卫考评综合排名位居全市第八。推进全国文明城市复查整改，加大镇区主要干道综合治理，处理占道经营240多起，拆除广告牌78处，清理陈年垃圾130吨。保持制止“两违”高压态势，拆除“两违”面积超2.7万平方米、搭盖面积超4680平方米。核查疑似卫片图斑335宗次，销号335宗。安排专项资金支持华海、运伙、东华等省级乡村振兴试点村创建，一批休闲公园、微景观、乡村道路等项目相继建成投入使用。累计投入资金约956万元，获得各级补助资金600万元。19个村(社区)集体收入均达20万元以上。完成东华、华海6处微景观建设，新增绿化造林面积22.4公顷。

【项目攻坚】 2020年，深沪镇动态管理贫困帮扶对象，完成5户13人相对贫困户帮扶任务。为29户贫困户购买人身意外险、重大疾病险。持续开展助学帮扶工作，累计发放助学资金1.6万元，解决7户贫困家庭学生就学问题。配合开展“绿盾”专项行动，做好沙场整治和生态恢复绿化，拆除临时搭盖8处2100平方米、清运建筑垃圾300余车次。实施水域污染治理工程，湖漏溪等流域水质得到改善。开展“清水蓝天”专项行动，累计查处违法企业3家，罚款14万元。金融风险全力防范。创新实施五种银企合作模式，搭建中小微企业融资平台，办理转续贷19亿元，新增各类贷款3.73亿元。加强困难企业风险研判，重点跟踪不良贷款企业，协调处置信贷资金16亿元。

【社会民生】 2020年，深沪镇投入100多万元完成深沪卫生院病房提标改造，改善群众就医环境。城乡居民基本医疗保险覆盖面不断扩大，参保率达99%，补助重大疾病保险900人。新增城乡居民养老保险、失地养老保险1482人，累计发放养老保险金近3000万元。持续开展“四帮四扶”工程，完成8户困难家庭帮扶工作。关注受疫情影响困难群体，累计发放救助金42万元，救助困难群众超383人次。动态更新低保贫困对象，新增帮扶对象71户85人。发放城乡低保、特困人员等各类保障金、慰问金300多万元。华峰小学通过福建省义务教育管理标准化学校评估，深沪中心小学新校区、深沪中心幼儿园翡翠湾分园建成投用，新增优质学位450个。推进新时代文明实践志愿服务活动规范化、常态化运作，巩固移风易俗成果，获评泉州市移风易俗典型乡镇，华海获评泉州市移风易俗典型村。深化文明创建，续评省级文明乡镇，华海、后山获评省级文明村(社区)，浔兴公司获“全国文明单位”称号。镇侨联获评省级“侨胞之家”。推进“扫黑除恶”专项斗争和“六守六无”平安创建工作，刑事案件发生数持续下降。完成人口普查登记工作。开展安全隐患大排查大整治，发现隐患问题532个，查封“三合一”场所545家。开展房屋安全“百日大整治”行动，完成13568栋房屋排查工作，查封房屋317栋，撤离人员368人，拆除重大危险房屋15栋。加强海上渔船管控，处置“8·30”海上商渔船碰撞事故。

2020年，深沪镇开展安全隐患大排查大整治，查封“三合一”场所　(深沪镇 供)

【党建工作】 2020年，深沪镇强化党建活动阵地建设，打造镇级党群服务中心、党建长廊。落实意识形态工作责任制，坚持正确舆论导向，守牢各类阵地，形成齐抓共管合力。队伍建设提质提效。机构改革有序推进，完成“七办四中心”职能配置。推荐使用年轻干部，提拔使用正股级干部4人、副股级干部15人。深化党员队伍管理，将1144名党员纳入“宽松软”专项整治。开展党员“带病入党”专项排查，对2名问题党员予以除名。落实流动党员常态化教育管理，组织开展党员集中轮训。实行村(社区)达标创星制度，激发村级党组织活力。推动非公党组织空壳化整顿治理工作，全面推进民营企业“党建入章”，浔兴公司入选泉州市党建工作融入公司治理“1533”工作机制示范点。持续抓好泉州市委巡察反馈问题整改，配合泉州市委巡察“回头看”工作开展。聚焦群众关切领域开展监督检查，累计发现并整改问题179个。全面落实履行“一岗双责”，强化对党员干部的日常监督，累计开展廉政提醒谈话206次。“化风成俗”廉政教育馆投入使用。综合运用“四种形态”处置问题线索18条，对25人进行通报批评，对13人进行提醒谈话。全年共立案8件，办结8件。支持人大、政府依法依章独立履行职能、开展工作，发挥统战、老干、武装、群团等作用，凝聚各方力量，不断增强党委统揽全局能力。

(林振贤)

西滨镇

【概况】 西滨镇地处晋江东南部沿海平原，东靠军垦农场，南邻新塘街道与石狮市，西、北面接陈埭镇，是晋江中心市区规划控制区，被列入泉州环湾发展规划区。前身是国营晋江西滨农场，1991年底建制设镇，并于1993年挂牌成立。辖区面积2.1平方千米，下辖海滨社区、跃进村和思进村(三峡移民村)3个村(社区),是福建省面积最小的乡镇。2020年,常住人口1637人,流动人口10760人。曾获全国绿化造林百佳乡镇、省园林乡镇、省卫生镇、省级生态镇、省级安全社区等称号,获"国家卫生镇"称号,连续三届获"省级文明镇"称号。

【经济发展】 2020年,西滨镇完成规模以上工业产值99.92亿元,比2019年降低8.57%;限额以上批发零售业销售额71.03亿元,比2019年降低28.76%;固定资产投资4.42亿元,比2019年降低14.51%;财政总收入1.19亿元,比2019年降低22.96%。全年新增市场主体276家,其中92家公司企业。精准帮扶纾困,抗疫扶企"15+3条""复工复产12条"等纾困政策落地,2亿元援企资金直达企业,减免税费1600万元,发放稳岗补贴150多万元,协助企业办理用电减免35.7万元。引导创新发展,支持振兴、石达等企业申报市重点技改项目9个,完成投资5.05亿元;支持华银、全亿、安亿等公司研发新产品,开拓新市场;支持企业增资扩营,做大做强产业链,提升行业竞争力,先后有元丰、振兴、雅仕达等公司进行"零用地"改扩建;新增卓睿等3家高新技术企业,新增有效发明专利31件,万人发明专利拥有量全市排名第一。做强项目支撑。2020年共筹划13个总投资达16.57亿元市、镇重点项目,涵盖工业、商贸服务、环保城建、民生保障、环境整治等,完成年度投资8.75亿元,6个项目建成投产投用或基本建成,跨年度项目基本按时序进度推进。实施"工改工",先后推动军垦农场、优兰发、华祥、新来发等老旧工业区的改造提升、招商引资工作,推进凯大工业园微改造,筹划生成泉州市新基建新经济项目——人机交叉产业基地,并列入民军融合示范区;盘活闲置厂房20万平方米,闲置土地30.67公顷,引进华宝智能、星城纸业、星达鞋服、品尊鞋材等50多家企业,产值超3亿元。

【城镇建设】 2020年,西滨镇完善基础设施,祥华路口改造通车;拥军路工业区路段改造前期工作基本完成,进入预算财审阶段;启动泉州环湾一环路军垦农场段前期征迁工作;投入200多万元设置交通设施和停车设施,疏通城镇"微循环"。永隆江滨城开工建设9万平方米,跃进村整村改造2020年新批5宗翻建手续,投入150万元小姐港西侧整治及景观提升工程基本完工,有序推进思进村周边景观提升工程、中心公园建设等。以全国文明城市复查整改和创建国家卫生镇为契机,加强精细化管理,推行社会化服务和市场化运作,改善镇村环境。实施设施更新计划,投入100多万元,维修安装路灯40套,更换垃圾桶、果皮箱400多个,增设分类亭2座,美化提升管线箱柜等节点设施10处。实施背街小巷整治计划,重点对拥军路、海滨街两侧的背街小巷进行拆违疏通、道路硬化等,累计拆违1.18万平方米,路面硬化2100平方米,整理各类缆线2000米。实施环卫提升计划,落实环卫保洁市场化,重新招标保洁公司;建立每季度开展一次的爱国卫生运动统一行动的财政补贴和督导落实机制;坚决处理保洁违规行为,扣罚环卫保洁公司6.5万元,处罚7家乱倾倒建筑垃圾商铺、企业、个人4.5万元,查扣"滴洒漏"车辆36车(次)。通过购买社会服务的形式,投入28万元对农贸市场及周边进行标准化改造和规范化管理。

【生态建设】 2020年,西滨镇坚决打好污染防治攻坚战,投入近1500万元基本完成全镇生活污水管网(二期)和小姐港护砌工程建设;推进清洁能源替代,基本淘汰燃煤(生物质)锅炉;全面排查小作坊小加工厂49家,取缔"散乱污"小作坊小加工厂5家,消除环境安全隐患;狠抓各级生态环保领域巡视巡察反馈问题整改,协助企业办理环评手续20家,涉水污染企业达标排放;强化网格监管,依法严查各类环保违法违规行为,常态化开展重点区域、重点企业常规检查和夜间巡查,共立案查处环境违法案件3起。

【社会事业】 2020年,西滨镇及时足额发放各类社会补助救助资金超10万元,发放现役义务兵优待金和奖励金、自主就业退役士兵一次性地方经济补助金10.26万元,协调银行发放农民创业及装修小额贷款超400万元,为22名当地育妇购买女性安康保险,居民医疗保险参保率超99.6%。镇居家养老照料中心作为市级嵌入式养老机构建设试点,按照市场化经营模式运营,养老床位达56张。在教育投入方面,58位爱心企业家出资,筹集865万元成立教育促进会。镇财政投入教育经费达271.85万元,重点投向西滨中学运动场及多媒体教室建设、西滨镇中心小

2020年9月5日,在西滨镇文体活动中心召开西滨镇教育工作会暨教育发展促进会成立大会
(西滨镇 供)

学综合楼建设、西滨镇中心幼儿园争创省级示范园建设。在教育提升方面，通过教育促进会的平台，建立治校治学、奖教奖学、教师培优等激励机制，促进会成立不到半年兑现奖励、补助资金23万元。西滨镇中心小学综合楼进入工程扫尾阶段；幼儿园新园上报市政府申请设立市直园，推进建设用地、建筑规划、手续报批等前期工作。推动医疗体制改革，西滨镇卫生院与陈埭中心卫生院建立紧密医共体关系，支持卫生院更新大型生化检测设备及彩超设备，改扩建海滨街一体化卫生所；建立公共卫生、应急设备、救治药品、医疗器械等物资储备机制，借力补强公共卫生服务领域短板；开展健康知识教育普及，引导群众参与群防群控，构建全民共建共享的健康格局。文体事业蓬勃发展，推进新时代文明实践站（所）建设，统筹组织开展镇村各类文明文化活动，“三下乡”、孝老敬老、书画培训、家园清洁、“防疫有我、爱卫同行”、“晋江文明、没我不行”等一系列文体活动陆续开展，进一步丰富群众文化生活。西滨镇入选2018—2020年度省级文明镇，跃进村入选省级文明村，海滨社区首次获评省级文明社区。

【社会管理】　2020年，西滨镇处置不良贷款超10亿元，防控工作逐步回归常态。社会持续安定稳定，推进“强基促稳”三年行动，“六守六无”平安系列创建不断深化。思进村、跃进村、海滨社区分别获2019年度创建“六守六无”四星级、四星级、三星级平安村（社区）称号；强化镇村“信访评理室”运行，化解重大疑难信访问题，全年共接待群众来访来信11件，初信初访事件全部在规定期限内办结，办结率100%；扫黑除恶专项斗争深入开展，打击各种违法犯罪活动，未发现辖区内有黑恶势力、“村霸”。全年共发生刑事案件35起，比2019年下降22%。安全生产总体平稳。加强属地整治，以3个村（社区）为单位，下设8个网格，深入开展安全隐患大排查大整治行动；加强企业主体责任整治，印发安全生产和消防安全两类《告知书》和《承诺书》，督促各类生产经营场所履行落实安全生产和消防安全主体责任承诺。加强专项整治，开展房屋安全“百日大整治”活动，共排查房屋728栋，其中14栋重大危险房分别采取鉴定、拆除、加固、封房等措施；晋新路与拥军路交叉路口、晋新路象屿公路港路口安装灯控，消除道路交通安全隐患。加强重点整治，开展消防攻坚行动，2020年共处罚“三合一”企业11家，罚款5.5万元；以海滨社区出租房综合整治为试点，全面铺开，以点带面，整治居住10人以上出租房共27家；全镇21栋自建房加工场所，完成消防安全评查17栋，坚持边评查边整改，对无法整改的2家企业进行取缔，督促其余企业在规定时间前完成整改。

【机关效能建设】　2020年，西滨镇推进机构改革和人员转隶，激励关爱一线干部，完成科创新区征迁任务后，共有4名参与征迁工作的干部接受组织的职级晋升考核。执行中央八项规定，强化建设工程招投标、政府采购、资金使用等关键环节的反腐倡廉。持之以恒反对“四风”，加强绩效管理，强化行政问责，机关作风和行政效能进一步改善。坚持“不叫不到、随叫随到、服务周到、说到做到”，健全“马上就办、办就办好”机制，推进综合便民服务中心改造及规范化建设，完善镇级微信公共服务平台，方便群众办事。

（黄巧巧）

国营晋江市良种繁殖场

【概况】　晋江市良种繁殖场辖区总面积1.2平方千米，常住人口374人。2020年4月，晋江市良种繁殖场辖区成立新塘街道晋良社区。10月揭牌，全面融入参与新塘各项工作建设，开展道路、路灯、绿化等基础设施建设及环卫保洁工作。按照街道党工委的安排部署，投入新分管的工作角色，主要领导主导落实新塘街道商会、青创会和车协的换届工作，分管领导完成高铁征迁、航空物流港、福兴路安置房、梧林以及二体、科创等各项市重点项目建设任务。

【经济发展】　2020年，晋江市良种繁殖场推动辖区经济健康稳步发展，辖区所有企业基本恢复正常生产经营活动，市重点项目豪川智慧物流园入驻开工建设；闽狮服饰有限公司规范建设。

【平安创建】　2020年，晋江市良种繁殖场严格安全生产管理工作。晋良社区实行三级网格化管理，划分3个片区、6个网格，每个网格由一名网格员和一名社区干部共同负责。结合人口普查和疫情防控，对网格每一家企业和小区进行拉网式摸底调查并登记造册，每个月至少对网格内每家企业进行巡查1次。开展房屋安全“百日大整治”行动，对存在重大安全隐患的3栋房屋进行全部拆除；整改“三合一”场所3处，约谈企业2家；开展自建房加工场所消防安全评查，14家全部完成评查；开展消防演练2次、开展安全生产培训讲座2次共120余人次参加，全年无发生重大安全生产事故。

（许施恩）

荣　誉

【省部级表彰的先进单位】

表3　2020年晋江市获省部级表彰的先进单位一览表

获奖单位	奖励名称	颁奖单位
晋江市	第三批大众创业万众创新示范基地	国务院办公厅
晋江市	全国计划生育优质服务先进单位	国家卫生健康委员会
晋江市	县城新型城镇化建设示范县	国家发展和改革委员会
晋江市	全国双拥模范城	全国双拥工作领导小组 退役军人事务部 中央军事委员会政治工作部
泉州市晋江生态环境局	第二次全国污染源普查表现突出集体	国务院第二次全国污染源普查领导小组办公室
国家税务总局晋江市税务局	复查确认继续保留荣誉称号的全国文明单位	中央精神文明建设指导委员会
晋江市市场监督管理局	复查确认继续保留荣誉称号的全国文明单位	中央精神文明建设指导委员会
晋江市人民法院	复查确认继续保留荣誉称号的全国文明单位	中央精神文明建设指导委员会
中国建设银行晋江分行	复查确认继续保留荣誉称号的全国文明单位	中央精神文明建设指导委员会
晋江市公安局	第六届全国文明单位	中央精神文明建设指导委员会
恒安集团	第六届全国文明单位	中央精神文明建设指导委员会
晋江市金井镇围头村	第六届全国文明村镇	中央精神文明建设指导委员会
晋江市金井镇	2017—2019周期国家卫生乡镇(县城)	全国爱国卫生运动委员会
晋江市西滨镇	2017—2019周期国家卫生乡镇(县城)	全国爱国卫生运动委员会
晋江市金井镇围头村	第二批全国乡村旅游重点村	文化和旅游部 国家发展和改革委员会
	全国乡村特色产业亿元村	农业农村部

续表3

获奖单位	奖励名称	颁奖单位
晋江市金井镇南江村	全国第十批“一村一品”示范村	农业农村部
晋江市园绿园农林专业合作社	国家农民合作社示范社	农业农村部
晋江市公安局经侦大队	“猎狐2019”专项行动成绩突出集体	公安部
晋江市公安局治安管理大队	“标兵集体”名单	公安部
晋江经济开发区	第九批国家新型工业化产业示范基地	工业和信息化部
晋江市法律援助中心	全国法律援助工作先进集体	司法部
国家税务总局晋江市税务局第一税务分局	全国税务系统先进集体	人力资源和社会保障部 国家税务总局
泉州市晋江生态环境局	2019年生态环境保护执法大练兵表现突出集体	生态环境部
晋江市衙口中心小学六(4)太阳中队	2020年度“全国优秀少先队集体(中队)”	共青团中央 教育部 全国少工委
劲霸男装股份有限公司团委	全国五四红旗团委	共青团中央
民盟晋江市委会	民盟思想政治建设和宣传工作先进集体	民盟中央
民盟晋江市委会陈埭支部	盟务工作先进基层组织	民盟中央
晋江市英林商会	抗击新冠肺炎疫情先进商会组织	中华全国工商业联合会
晋江市总工会机关工会委员会	全国模范职工之家	中华全国总工会
泉州寰球鞋服有限公司帮面车间第10生产小组工会小组	全国模范职工小家	中华全国总工会
晋江市陈埭镇党委	福建省抗击新冠肺炎疫情先进集体	中共福建省委 福建省人民政府
晋江市交通运输局	福建省抗击新冠肺炎疫情先进集体	中共福建省委 福建省人民政府
晋江市卫生健康局	福建省抗击新冠肺炎疫情先进集体	中共福建省委 福建省人民政府
晋江市梅岭街道办事处	2018—2020年度省级文明单位	中共福建省委 福建省人民政府
晋江市梅岭街道梅青社区	2018—2020年度省级文明社区	中共福建省委 福建省人民政府
晋江市梅岭街道梅庭社区	2018—2020年度省级文明社区	中共福建省委 福建省人民政府

【地厅级表彰的先进单位】

表4　**2020年晋江市获地厅级表彰的先进单位一览表**

获奖单位	奖励名称	颁奖单位
晋江市	村庄清洁行动先进县	中共福建省委农村工作领导小组办公室 福建省农业农村厅
晋江市	福建省节水型城市	福建省住房和城乡建设厅 福建省发展和改革委员会
晋江市	“攻坚2019”安全生产和消防工作年度目标责任制优秀集体	中共泉州市委 泉州市人民政府

续表4

获奖单位	奖励名称	颁奖单位
晋江市	“攻坚2019”重要交通廊道人居环境整治优秀集体	中共泉州市委 泉州市人民政府
晋江市	“攻坚2019”招商引资优秀集体	中共泉州市委 泉州市人民政府
晋江市人民政府	县级人民政府完成年度安全生产目标责任制创新单位	泉州市人民政府
中共晋江市委政法委	2020年度《长安》杂志宣传通联工作先进单位	中共中央政法委员会办公厅
晋江市价格认定局	2019—2020年度先进价格认定机构	国家发展和改革委价格认证中心
晋江市陈埭中心卫生院	2019年度“优质服务基层行”表现突出	国家卫生健康委办公厅
晋江市磁灶中心卫生院	2020年全国“敬老文明号”	国家卫生健康委老龄健康司
晋江市公安局刑事科学技术室	全国示范刑事科学技术室	公安部刑事侦查局
泉州市晋江生态环境局	生态环境损害赔偿磋商典型案例办案单位	生态环境部办公厅
晋江市南湾中学	2020年全国青少年校园排球体育传统特色学校	教育部办公厅
晋江市英林中学	2020年全国青少年校园排球体育传统特色学校	教育部办公厅
晋江市英林中心小学	2020年全国青少年校园排球体育传统特色学校	教育部办公厅
晋江市第十实验小学	2020年全国青少年校园排球体育传统特色学校	教育部办公厅
晋江市委报道组	全省“十佳报道组”	福建日报社
晋江市公安局治安管理大队	福建省工人先锋号	福建省总工会
中建海峡建设发展有限公司晋江市第二体育中心机电安装项目部	福建省工人先锋号	福建省总工会
福建省晋江市华宇织造有限公司经编事业部	福建省工人先锋号	福建省总工会
国网福建省电力有限公司晋江市供电公司陈埭镇供电所	福建省工人先锋号	福建省总工会
福建晋江天然气发电有限公司设备管理部热控班	福建省工人先锋号	福建省总工会
晋江市自然资源局不动产登记中心	福建省五一先锋号	福建省总工会
晋江市医院	福建省五一劳动奖状	福建省总工会
晋江市医院工会委员会	福建省模范职工之家	福建省总工会
沃尔玛深国投百货有限公司晋江店工会委员会	福建省模范职工之家	福建省总工会
劲霸男装股份有限公司工会委员会	福建省模范职工之家	福建省总工会
三六一度(中国)有限公司工会委员会	福建省模范职工之家	福建省总工会
福建省泉州喜多多食品有限公司工会委员会	福建省模范职工之家	福建省总工会
舒华体育股份有限公司工会委员会	福建省模范职工之家	福建省总工会
泉州市烟草公司晋江分公司青阳专卖所(客服部)工会小组	福建省模范职工小家	福建省总工会
泉州寰球鞋服有限公司开发技术部工会小组	福建省模范职工小家	福建省总工会

续表4

获奖单位	奖励名称	颁奖单位
福建柒牌时装科技股份有限公司供应链人力行政工会小组	福建省模范职工小家	福建省总工会
福建省晋江福源食品有限公司生产系统工会小组	福建省模范职工小家	福建省总工会
晋江市内坑镇国才中心幼儿园工会小组	福建省模范职工小家	福建省总工会
国网福建省电力有限公司晋江市供电公司变电运维一班工会小组	福建省模范职工小家	福建省总工会
晋江市人民检察院	“法治进校园”全省巡讲活动表现突出单位	福建省人民检察院 福建省教育厅 福建省司法厅
晋江市人民检察院	“唐生学法”获优秀新媒体品牌	福建省人民检察院
晋江市医院	2020年度“我最喜爱的妈妈小屋”	福建省卫生健康委员会 福建省总工会 福建省妇女联合会
晋江市安平桥景区	2020年度“我最喜爱的妈妈小屋”	福建省卫生健康委员会 福建省总工会 福建省妇女联合会
晋江市实验小学少先队大队	2020年度福建省优秀少先队大队	共青团福建省委 福建省教育厅 福建省少工委
晋江市第四实验小学五(1)中队	2020年度福建省优秀少先队中队	共青团福建省委 福建省教育厅 福建省少工委
晋江市青年商会	第十七届福建青年五四奖章集体	共青团福建省委 福建省青年联合会
晋江市审计局团支部	福建省五四红旗团支部	共青团福建省委
晋江市灵源街道团工委	福建省五四红旗团委	共青团福建省委
晋江市东石镇	省级乡村治理试点示范镇	中共福建省委农村工作领导小组办公室 中共福建省委组织部 中共福建省委宣传部 福建省农业农村厅 福建省民政厅 福建省司法厅
晋江市紫帽镇	省级乡村治理试点示范镇	中共福建省委农村工作领导小组办公室 中共福建省委组织部 中共福建省委宣传部 福建省农业农村厅 福建省民政厅 福建省司法厅
晋江市东石镇塔头刘村	省级乡村治理试点示范村	中共福建省委农村工作领导小组办公室 中共福建省委组织部 中共福建省委宣传部 福建省农业农村厅 福建省民政厅 福建省司法厅

续表4

获奖单位	奖励名称	颁奖单位
晋江市东石镇潘山村	省级乡村治理试点示范村	中共福建省委农村工作领导小组办公室 中共福建省委组织部 中共福建省委宣传部 福建省农业农村厅 福建省民政厅 福建省司法厅
晋江市紫帽镇紫星村	省级乡村治理试点示范村	中共福建省委农村工作领导小组办公室 中共福建省委组织部 中共福建省委宣传部 福建省农业农村厅 福建省民政厅 福建省司法厅
晋江市紫帽镇园坂村	省级乡村治理试点示范村	中共福建省委农村工作领导小组办公室 中共福建省委组织部 中共福建省委宣传部 福建省农业农村厅 福建省民政厅 福建省司法厅
晋江市英林镇嘉排村	省级乡村治理试点示范村	中共福建省委农村工作领导小组办公室 中共福建省委组织部 中共福建省委宣传部 福建省农业农村厅 福建省民政厅 福建省司法厅
晋江市英林镇清内村	省级乡村治理试点示范村	中共福建省委农村工作领导小组办公室 中共福建省委组织部 中共福建省委宣传部 福建省农业农村厅 福建省民政厅 福建省司法厅
晋江市磁灶镇大埔村	省级乡村治理试点示范村	中共福建省委农村工作领导小组办公室 中共福建省委组织部 中共福建省委宣传部 福建省农业农村厅 福建省民政厅 福建省司法厅
晋江市磁灶镇东山村	省级乡村治理试点示范村	中共福建省委农村工作领导小组办公室 中共福建省委组织部 中共福建省委宣传部 福建省农业农村厅 福建省民政厅 福建省司法厅
晋江市磁灶镇苏垵村	省级乡村治理试点示范村	中共福建省委农村工作领导小组办公室 中共福建省委组织部 中共福建省委宣传部 福建省农业农村厅 福建省民政厅 福建省司法厅

续表4

获奖单位	奖励名称	颁奖单位
晋江市金井镇围头村	省级乡村治理试点示范村	中共福建省委农村工作领导小组办公室 中共福建省委组织部 中共福建省委宣传部 福建省农业农村厅 福建省民政厅 福建省司法厅
晋江市金井镇三坑村	省级乡村治理试点示范村	中共福建省委农村工作领导小组办公室 中共福建省委组织部 中共福建省委宣传部 福建省农业农村厅 福建省民政厅 福建省司法厅
晋江市金井镇围头村	福建省第一批高级版“绿盈乡村”	福建省生态环境厅
晋江市金井镇三坑村	福建省第一批高级版“绿盈乡村”	福建省生态环境厅
晋江市英林镇西埔村	福建省第一批高级版“绿盈乡村”	福建省生态环境厅
晋江市紫帽镇紫星村	2020年福建省森林村庄	福建省林业厅 福建省绿化委员会
	福建省美丽休闲乡村	福建省农业农村厅
晋江市英林镇湖尾村	2020年度福建省乡村旅游村	福建省文化和旅游厅
晋江市公安局	2019年度全省公安机关执法质量优秀单位	福建省公安厅
晋江市公安局内坑派出所	集体二等功	福建省公安厅
晋江市公安局东石派出所	全省“枫桥式公安派出所”	福建省公安厅
晋江市应急管理局	全省打击整治枪爆违法犯罪专项行动成绩突出集体	福建省公安厅
中共晋江市委宣传部	全省宣传系统先进集体	中共福建省委宣传部 福建省人力资源和社会保障厅
中共晋江市委统战部	2016—2019年度全省统战系统先进集体	中共福建省委统战部 福建省人力资源和社会保障厅
晋江市交通运输局	福建省交通运输系统先进集体	福建省交通运输厅 福建省人力资源和社会保障厅
中共晋江市委市直机关工委	全省机关工委系统先进集体	中共福建省委省直机关工委 福建省人力资源和社会保障厅
晋江市动物卫生监督所	全省农业农村系统先进集体	福建省农业农村厅 福建省人力资源与社会保障厅
晋江市展馆	习近平新时代中国特色社会主义思想实践示范基地	中共福建省委宣传部
晋江市老年大学	福建省高水平示范性老年大学	福建省教育厅 中共福建省委老干部局
泉州半导体高新技术产业园区晋江分园区	2018—2019年省级劳动关系和谐工业园区	福建省人力资源和社会保障厅 福建省总工会 福建省企业与企业家联合会 福建省工商业联合会

续表4

获奖单位	奖励名称	颁奖单位
晋江市园绿园农林专业合作社	2020年度福建省"百佳农民合作社示范社"	福建省农业农村厅
晋江市磁灶镇大埔村	2019年度福建省乡村振兴实绩突出村	中共福建省委实施乡村振兴战略领导小组
晋江市磁灶镇东山村	2019年度福建省乡村振兴实绩突出村	中共福建省委实施乡村振兴战略领导小组
晋江市英林镇	2019年度福建省乡村振兴重点特色乡镇	中共福建省委实施乡村振兴战略领导小组办公室
晋江市统计局	福建省第四次全国经济普查先进集体	福建省第四次全国经济普查领导小组
晋江市安海镇人民政府	福建省第四次全国经济普查先进集体	福建省第四次全国经济普查领导小组
晋江市英林镇人民政府	福建省第四次全国经济普查先进集体	福建省第四次全国经济普查领导小组
晋江洪山文化创意产业园	福建省文化产业重点园区	福建省文化改革发展工作领导小组
晋江市融媒体中心	福建省县级融媒体建设验收优秀等级	中共福建省委宣传思想工作领导小组办公室
晋江市安海镇	福建省侨乡文化名镇名村	中共福建省委统战部 福建省住房和城乡建设厅 福建省文化和旅游厅 福建省归国华侨联合会
晋江市安海镇老干部活动中心	全省离退休干部先进集体	中共福建省委组织部 中共福建省委老干部局
中共晋江市卫生健康局离退休支部委员会	福建省首批省级离退休干部示范党支部	中共福建省委离退休干部工委 中共福建省委老干部局
中共晋江市东石镇离退休老干部支部	福建省首批省级离退休干部示范党支部	中共福建省委离退休干部工委 中共福建省委老干部局
中共晋江市委老干部局	2019年全省老干部信息工作、宣传工作突出单位	中共福建省委老干部局
晋江市地震办公室	2020年度全省市县防震减灾工作综合考核先进单位	福建省地震局
晋江市少年儿童业余体育学校	福建省百家星级青少年社会体育俱乐部	福建省体育局
晋江市工业和信息化局	全省军民融合系统加强疫情防控统筹推动企业和项目复工复产首批先进集体	中共福建省委军民融合发展委员会办公室 福建省国防科技工业办公室 福建省海防委员会办公室 福建省国防动员委员会国民经济动员办公室 福建省国防动员委员会交通战备办公室 福建省国防动员委员会支前办公室
晋江市梅岭街道侨联	2019年度省级"侨胞之家"示范点	福建省归国华侨联合会
晋江市英林镇侨联	2019年度省级"侨胞之家"示范点	福建省归国华侨联合会
晋江市龙湖镇侨联	2019年度省级"侨胞之家"示范点	福建省归国华侨联合会
晋江市创新创业创造园	新侨创新创业服务联系点	福建省归国华侨联合会
致公党晋江市委会	致公党福建省委抗击新冠肺炎疫情工作先进集体	致公党福建省委会
致公党晋江市委会	十佳对外联络突出贡献奖	致公党福建省委会
民建晋江市委会	抗击新冠肺炎疫情先进集体	民建福建省委会
民建晋江市委城区第二支部	民建全省先进集体	民建福建省委会

续表4

获奖单位	奖励名称	颁奖单位
民进晋江市总支部	民进全省先进基层组织	民进福建省委会
民盟晋江市委会陈埭支部	2019年度“创特色、增活力”先进基层组织	民盟福建省委会
农工党晋江市委会	优秀市（县）级组织	农工党福建省委会
晋江市红十字会	福建省红十字会系统先进集体	福建省红十字会 福建省人力资源和社会保障厅
晋江市工商业联合会	2020年全省工商联系统信息工作示范单位	福建省工商业联合会
晋江市妇女联合会	泉州市2017—2019年度文明单位	中共泉州市委 泉州市人民政府
中共晋江市委机构编制委员会办公室	泉州市2017—2019年度文明单位	中共泉州市委 泉州市人民政府
晋江市民政局	泉州市2017—2019年度文明单位	中共泉州市委 泉州市人民政府
中国农业银行股份有限公司晋江支行	泉州市2017—2019年度文明单位	中共泉州市委 泉州市人民政府
中国工商银行股份有限公司晋江分行	泉州市2017—2019年度文明单位	中共泉州市委 泉州市人民政府
晋江市总工会	泉州市2017—2019年度文明单位	中共泉州市委 泉州市人民政府
中共晋江市委党史和地方志研究室	泉州市2017—2019年度文明单位	中共泉州市委 泉州市人民政府
晋江市文化和旅游局	泉州市2017—2019年度文明单位	中共泉州市委 泉州市人民政府
晋江市文化馆	泉州市2017—2019年度文明单位	中共泉州市委 泉州市人民政府
晋江市博物馆	泉州市2017—2019年度文明单位	中共泉州市委 泉州市人民政府
晋江市体育局	泉州市2017—2019年度文明单位	中共泉州市委 泉州市人民政府
福建新华发行（集团）有限责任公司晋江分公司	泉州市2017—2019年度文明单位	中共泉州市委 泉州市人民政府
晋江市国家安全局	泉州市2017—2019年度文明单位	中共泉州市委 泉州市人民政府
晋江市人民政府信访局	泉州市2017—2019年度文明单位	中共泉州市委 泉州市人民政府
晋江市应急管理局	泉州市2017—2019年度文明单位	中共泉州市委 泉州市人民政府
晋江市发展和改革局	泉州市2017—2019年度文明单位	中共泉州市委 泉州市人民政府
晋江市统计局	泉州市2017—2019年度文明单位	中共泉州市委 泉州市人民政府
晋江市科学技术局	泉州市2017—2019年度文明单位	中共泉州市委 泉州市人民政府
中国移动通信集团福建有限公司晋江分公司	泉州市2017—2019年度文明单位	中共泉州市委 泉州市人民政府

续表4

获奖单位	奖励名称	颁奖单位
晋江市供销合作社联合社	泉州市2017—2019年度文明单位	中共泉州市委 泉州市人民政府
晋江市教育局	泉州市2017—2019年度文明单位	中共泉州市委 泉州市人民政府
晋江市教师进修学校	泉州市2017—2019年度文明单位	中共泉州市委 泉州市人民政府
福建晋江农村商业银行股份有限公司	泉州市2017—2019年度文明单位	中共泉州市委 泉州市人民政府
晋江市林业和园林绿化局	泉州市2017—2019年度文明单位	中共泉州市委 泉州市人民政府
福建省泉州市公路局晋江分局	泉州市2017—2019年度文明单位	中共泉州市委 泉州市人民政府
泉州晋江国际机场股份有限公司	泉州市2017—2019年度文明单位	中共泉州市委 泉州市人民政府
晋江市气象局	泉州市2017—2019年度文明单位	中共泉州市委 泉州市人民政府
晋江市水土保持委员会办公室	泉州市2017—2019年度文明单位	中共泉州市委 泉州市人民政府
晋江市卫生健康局	泉州市2017—2019年度文明单位	中共泉州市委 泉州市人民政府
晋江市安海医院	泉州市2017—2019年度文明单位	中共泉州市委 泉州市人民政府
晋江市医院晋南分院	泉州市2017—2019年度文明单位	中共泉州市委 泉州市人民政府
晋江市第三医院	泉州市2017—2019年度文明单位	中共泉州市委 泉州市人民政府
晋江市陈埭镇中心卫生院	泉州市2017—2019年度文明单位	中共泉州市委 泉州市人民政府
福建省晋江自来水股份有限公司	泉州市2017—2019年度文明单位	中共泉州市委 泉州市人民政府
晋江市烟草专卖局	泉州市2017—2019年度文明单位	中共泉州市委 泉州市人民政府
晋江市科学技术协会	泉州市2017—2019年度文明单位	中共泉州市委 泉州市人民政府
福建广电网络集团股份有限公司 晋江分公司	泉州市2017—2019年度文明单位	中共泉州市委 泉州市人民政府
晋江市文物保护中心	泉州市2017—2019年度文明单位	中共泉州市委 泉州市人民政府
晋江市归国华侨联合会	泉州市2017—2019年度文明单位	中共泉州市委 泉州市人民政府
晋江市司法局	泉州市2017—2019年度文明单位	中共泉州市委 泉州市人民政府
泉州市公安局晋江国际机场分局	泉州市2017—2019年度文明单位	中共泉州市委 泉州市人民政府
福建深沪湾海底古森林遗迹自然 保护区管理处	泉州市2017—2019年度文明单位	中共泉州市委 泉州市人民政府

续表4

获奖单位	奖励名称	颁奖单位
晋江市地震办公室	泉州市2017—2019年度文明单位	中共泉州市委 泉州市人民政府
晋江市档案馆	泉州市2017—2019年度文明单位	中共泉州市委 泉州市人民政府
晋江市金融工作局	泉州市2017—2019年度文明单位	中共泉州市委 泉州市人民政府
中国联合网络通信有限公司 晋江市分公司	泉州市2017—2019年度文明单位	中共泉州市委 泉州市人民政府
晋江市工业和信息化局	泉州市2017—2019年度文明单位	中共泉州市委 泉州市人民政府
晋江市商务局	泉州市2017—2019年度文明单位	中共泉州市委 泉州市人民政府
晋江市城镇集体工业联合社	泉州市2017—2019年度文明单位	中共泉州市委 泉州市人民政府
晋江市国际贸易促进委员会	泉州市2017—2019年度文明单位	中共泉州市委 泉州市人民政府
泉州市高教发展中心管理委员会 办公室	泉州市2017—2019年度文明单位	中共泉州市委 泉州市人民政府
中国银行股份有限公司晋江分行	泉州市2017—2019年度文明单位	中共泉州市委 泉州市人民政府
晋江市残疾人联合会	泉州市2017—2019年度文明单位	中共泉州市委 泉州市人民政府
晋江市退役军人事务局	泉州市2017—2019年度文明单位	中共泉州市委 泉州市人民政府
晋江市城市管理局	泉州市2017—2019年度文明单位	中共泉州市委 泉州市人民政府
晋江市自然资源局	泉州市2017—2019年度文明单位	中共泉州市委 泉州市人民政府
泉州市晋江生态环境局	泉州市2017—2019年度文明单位	中共泉州市委 泉州市人民政府
晋江市交通运输局	泉州市2017—2019年度文明单位	中共泉州市委 泉州市人民政府
晋江邮政管理局	泉州市2017—2019年度文明单位	中共泉州市委 泉州市人民政府
晋江市罗山街道办事处	泉州市2017—2019年度文明单位	中共泉州市委 泉州市人民政府
晋江市灵源街道办事处	泉州市2017—2019年度文明单位	中共泉州市委 泉州市人民政府
晋江经济开发区管委会	泉州市2017—2019年度文明单位	中共泉州市委 泉州市人民政府
九牧王股份有限公司晋江公司	泉州市2017—2019年度文明单位	中共泉州市委 泉州市人民政府
福建省晋江市美胜陶瓷实业有限公司	泉州市2017—2019年度文明单位	中共泉州市委 泉州市人民政府
福建省晋江市华宇织造有限公司	泉州市2017—2019年度文明单位	中共泉州市委 泉州市人民政府

续表4

获奖单位	奖励名称	颁奖单位
晋江市池店镇	泉州市2017—2019年度文明村镇	中共泉州市委 泉州市人民政府
晋江市内坑镇	泉州市2017—2019年度文明村镇	中共泉州市委 泉州市人民政府
晋江市安海镇坑边村	泉州市2017—2019年度文明村镇	中共泉州市委 泉州市人民政府
晋江市安海镇前林村	泉州市2017—2019年度文明村镇	中共泉州市委 泉州市人民政府
晋江市安海镇上垵村	泉州市2017—2019年度文明村镇	中共泉州市委 泉州市人民政府
晋江市安海镇社坛村	泉州市2017—2019年度文明村镇	中共泉州市委 泉州市人民政府
晋江市安海镇水后村	泉州市2017—2019年度文明村镇	中共泉州市委 泉州市人民政府
晋江市安海镇外曾村	泉州市2017—2019年度文明村镇	中共泉州市委 泉州市人民政府
晋江市安海镇梧埭村	泉州市2017—2019年度文明村镇	中共泉州市委 泉州市人民政府
晋江市安海镇西安村	泉州市2017—2019年度文明村镇	中共泉州市委 泉州市人民政府
晋江市安海镇西边村	泉州市2017—2019年度文明村镇	中共泉州市委 泉州市人民政府
晋江市安海镇西门村	泉州市2017—2019年度文明村镇	中共泉州市委 泉州市人民政府
晋江市安海镇型厝村	泉州市2017—2019年度文明村镇	中共泉州市委 泉州市人民政府
晋江市安海镇瑶前村	泉州市2017—2019年度文明村镇	中共泉州市委 泉州市人民政府
晋江市安海镇曾埭村	泉州市2017—2019年度文明村镇	中共泉州市委 泉州市人民政府
晋江市陈埭镇高坑村	泉州市2017—2019年度文明村镇	中共泉州市委 泉州市人民政府
晋江市陈埭镇涵埭村	泉州市2017—2019年度文明村镇	中共泉州市委 泉州市人民政府
晋江市陈埭镇江头村	泉州市2017—2019年度文明村镇	中共泉州市委 泉州市人民政府
晋江市陈埭镇南霞美村	泉州市2017—2019年度文明村镇	中共泉州市委 泉州市人民政府
晋江市陈埭镇西坂村	泉州市2017—2019年度文明村镇	中共泉州市委 泉州市人民政府
晋江市池店镇赤塘村	泉州市2017—2019年度文明村镇	中共泉州市委 泉州市人民政府
晋江市磁灶镇岭畔村	泉州市2017—2019年度文明村镇	中共泉州市委 泉州市人民政府
晋江市磁灶镇三吴村	泉州市2017—2019年度文明村镇	中共泉州市委 泉州市人民政府

续表4

获奖单位	奖励名称	颁奖单位
晋江市磁灶镇苏垵村	泉州市2017—2019年度文明村镇	中共泉州市委 泉州市人民政府
晋江市金井镇丙洲村	泉州市2017—2019年度文明村镇	中共泉州市委 泉州市人民政府
晋江市金井镇山头村	泉州市2017—2019年度文明村镇	中共泉州市委 泉州市人民政府
晋江市金井镇塘东村	泉州市2017—2019年度文明村镇	中共泉州市委 泉州市人民政府
晋江市东石镇檗谷村	泉州市2017—2019年度文明村镇	中共泉州市委 泉州市人民政府
晋江市东石镇大房村	泉州市2017—2019年度文明村镇	中共泉州市委 泉州市人民政府
晋江市东石镇梅塘村	泉州市2017—2019年度文明村镇	中共泉州市委 泉州市人民政府
晋江市东石镇塔头刘村	泉州市2017—2019年度文明村镇	中共泉州市委 泉州市人民政府
晋江市东石镇萧下村	泉州市2017—2019年度文明村镇	中共泉州市委 泉州市人民政府
晋江市东石镇潘径村	泉州市2017—2019年度文明村镇	中共泉州市委 泉州市人民政府
晋江市龙湖镇龙园村	泉州市2017—2019年度文明村镇	中共泉州市委 泉州市人民政府
晋江市龙湖镇龙埔村	泉州市2017—2019年度文明村镇	中共泉州市委 泉州市人民政府
晋江市龙湖镇坑尾村	泉州市2017—2019年度文明村镇	中共泉州市委 泉州市人民政府
晋江市龙湖镇鲁东村	泉州市2017—2019年度文明村镇	中共泉州市委 泉州市人民政府
晋江市龙湖镇秀山村	泉州市2017—2019年度文明村镇	中共泉州市委 泉州市人民政府
晋江市内坑镇砌坑村	泉州市2017—2019年度文明村镇	中共泉州市委 泉州市人民政府
晋江市内坑镇亭顶村	泉州市2017—2019年度文明村镇	中共泉州市委 泉州市人民政府
晋江市深沪镇华峰村	泉州市2017—2019年度文明村镇	中共泉州市委 泉州市人民政府
晋江市深沪镇华海村	泉州市2017—2019年度文明村镇	中共泉州市委 泉州市人民政府
晋江市深沪镇柳山村	泉州市2017—2019年度文明村镇	中共泉州市委 泉州市人民政府
晋江市英林镇东埔村	泉州市2017—2019年度文明村镇	中共泉州市委 泉州市人民政府
晋江市英林镇三欧村	泉州市2017—2019年度文明村镇	中共泉州市委 泉州市人民政府

续表4

获奖单位	奖励名称	颁奖单位
晋江市英林镇英林村	泉州市2017—2019年度文明村镇	中共泉州市委 泉州市人民政府
晋江市青阳街道青新社区	泉州市2017—2019年度文明社区	中共泉州市委 泉州市人民政府
晋江市青阳街道霞行社区	泉州市2017—2019年度文明社区	中共泉州市委 泉州市人民政府
晋江市东石镇第一社区居委会	泉州市2017—2019年度文明社区	中共泉州市委 泉州市人民政府
晋江市梅岭街道竹树下社区	泉州市2017—2019年度文明社区	中共泉州市委 泉州市人民政府
晋江市梅岭街道梅青社区	泉州市2017—2019年度文明社区	中共泉州市委 泉州市人民政府
晋江市西园街道赖厝社区	泉州市2017—2019年度文明社区	中共泉州市委 泉州市人民政府
晋江市罗山街道许坑社区	泉州市2017—2019年度文明社区	中共泉州市委 泉州市人民政府
晋江市罗山街道兰峰社区	泉州市2017—2019年度文明社区	中共泉州市委 泉州市人民政府
晋江市新塘街道湖格社区	泉州市2017—2019年度文明社区	中共泉州市委 泉州市人民政府
晋江市新塘街道南塘社区	泉州市2017—2019年度文明社区	中共泉州市委 泉州市人民政府
晋江市新塘街道梧林社区	泉州市2017—2019年度文明社区	中共泉州市委 泉州市人民政府
晋江市新塘街道杏坂社区	泉州市2017—2019年度文明社区	中共泉州市委 泉州市人民政府
晋江市灵源街道曾林社区	泉州市2017—2019年度文明社区	中共泉州市委 泉州市人民政府
晋江市灵源街道灵水社区	泉州市2017—2019年度文明社区	中共泉州市委 泉州市人民政府
晋江市灵源街道林口社区	泉州市2017—2019年度文明社区	中共泉州市委 泉州市人民政府
晋江市安海镇海东社区	泉州市2017—2019年度文明社区	中共泉州市委 泉州市人民政府
晋江市安海镇鸿塔社区	泉州市2017—2019年度文明社区	中共泉州市委 泉州市人民政府
晋江市磁灶镇磁灶社区	泉州市2017—2019年度文明社区	中共泉州市委 泉州市人民政府
晋江市磁灶镇延泽社区	泉州市2017—2019年度文明社区	中共泉州市委 泉州市人民政府
晋江市东石镇第一社区	泉州市2017—2019年度文明社区	中共泉州市委 泉州市人民政府
晋江市深沪镇后山社区	泉州市2017—2019年度文明社区	中共泉州市委 泉州市人民政府

续表4

获奖单位	奖励名称	颁奖单位
晋江市深沪镇南春社区	泉州市2017—2019年度文明社区	中共泉州市委 泉州市人民政府
晋江市深沪镇狮峰社区	泉州市2017—2019年度文明社区	中共泉州市委 泉州市人民政府
晋江市深沪镇东垵社区	泉州市2017—2019年度文明社区	中共泉州市委 泉州市人民政府
晋江市深沪镇璧山社区	泉州市2017—2019年度文明社区	中共泉州市委 泉州市人民政府
晋江市西滨镇海滨社区	泉州市2017—2019年度文明社区	中共泉州市委 泉州市人民政府
晋江市五店市传统文化旅游区	泉州市2017—2019年度文明风景旅游区	中共泉州市委 泉州市人民政府
晋江市实验幼儿园	泉州市2017—2019年度文明校园	中共泉州市委 泉州市人民政府
晋江市新塘街道道南小学	泉州市2017—2019年度文明校园	中共泉州市委 泉州市人民政府
晋江市安海镇养正中心小学	泉州市2017—2019年度文明校园	中共泉州市委 泉州市人民政府
晋江市安海镇西安小学	泉州市2017—2019年度文明校园	中共泉州市委 泉州市人民政府
晋江市磁灶镇梅里中心小学	泉州市2017—2019年度文明校园	中共泉州市委 泉州市人民政府
晋江市陈埭中心小学	泉州市2017—2019年度文明校园	中共泉州市委 泉州市人民政府
晋江市实验小学	泉州市2017—2019年度文明校园	中共泉州市委 泉州市人民政府
晋江市龙湖镇强民小学	泉州市2017—2019年度文明校园	中共泉州市委 泉州市人民政府
晋江市龙湖镇栖梧小学	泉州市2017—2019年度文明校园	中共泉州市委 泉州市人民政府
晋江市磁灶镇张林中心小学	泉州市2017—2019年度文明校园	中共泉州市委 泉州市人民政府
晋江市池店中心小学	泉州市2017—2019年度文明校园	中共泉州市委 泉州市人民政府
晋江市金井镇毓英中心小学	泉州市2017—2019年度文明校园	中共泉州市委 泉州市人民政府
晋江市永和中学	泉州市2017—2019年度文明校园	中共泉州市委 泉州市人民政府
晋江市阳溪中学	泉州市2017—2019年度文明校园	中共泉州市委 泉州市人民政府
晋江市紫峰中学	泉州市2017—2019年度文明校园	中共泉州市委 泉州市人民政府
晋江市紫帽中学	泉州市2017—2019年度文明校园	中共泉州市委 泉州市人民政府

续表4

获奖单位	奖励名称	颁奖单位
晋江市内坑中学	泉州市2017—2019年度文明校园	中共泉州市委 泉州市人民政府
晋江市松熹中学	泉州市2017—2019年度文明校园	中共泉州市委 泉州市人民政府
晋江市毓英中学	泉州市2017—2019年度文明校园	中共泉州市委 泉州市人民政府
晋江市华侨中学	泉州市2017—2019年度文明校园	中共泉州市委 泉州市人民政府
晋江市东石中学	泉州市2017—2019年度文明校园	中共泉州市委 泉州市人民政府
晋江市实验中学	泉州市2017—2019年度文明校园	中共泉州市委 泉州市人民政府
晋江市云峰中学	泉州市2017—2019年度文明校园	中共泉州市委 泉州市人民政府
晋江市高登中学	泉州市2017—2019年度文明校园	中共泉州市委 泉州市人民政府
晋江市季延初级中学	泉州市2017—2019年度文明校园	中共泉州市委 泉州市人民政府
福建省晋江华侨职业中专学校	泉州市2017—2019年度文明校园	中共泉州市委 泉州市人民政府
晋江市龙湖镇衙口中心小学	泉州市2017—2019年度文明校园	中共泉州市委 泉州市人民政府
晋江市陈埭民族中学	泉州市2017—2019年度文明校园	中共泉州市委 泉州市人民政府
晋江市首峰中学	泉州市2017—2019年度文明校园	中共泉州市委 泉州市人民政府
晋江市平山中学	泉州市2017—2019年度文明校园	中共泉州市委 泉州市人民政府
晋江市南侨中学	泉州市2017—2019年度文明校园	中共泉州市委 泉州市人民政府
晋江市磁灶中学	泉州市2017—2019年度文明校园	中共泉州市委 泉州市人民政府
晋江市南湾中学	泉州市2017—2019年度文明校园	中共泉州市委 泉州市人民政府
晋江市晋兴职业中专学校	泉州市2017—2019年度文明校园	中共泉州市委 泉州市人民政府
晋江市特殊教育学校	泉州市2017—2019年度文明校园	中共泉州市委 泉州市人民政府
晋江市灵源街道灵水中心幼儿园	泉州市2017—2019年度文明校园	中共泉州市委 泉州市人民政府
晋江市金井镇毓英中心幼儿园	泉州市2017—2019年度文明校园	中共泉州市委 泉州市人民政府
晋江市东石镇金山小学	泉州市2017—2019年度文明校园	中共泉州市委 泉州市人民政府
晋江市第五中学	泉州市2017—2019年度文明校园	中共泉州市委 泉州市人民政府

续表4

获奖单位	奖励名称	颁奖单位
晋江市退役军人事务局——中国人民解放军XXXXX部队政治工作部	泉州市2017—2019年度军民共建单位	中共泉州市委 泉州市人民政府
晋江市教育局——XXXXX部队XX分队	泉州市2017—2019年度军民共建单位	中共泉州市委 泉州市人民政府
晋江市文化和旅游局——XXXXX部队XX分队	泉州市2017—2019年度军民共建单位	中共泉州市委 泉州市人民政府
国网晋江市供电公司——XXXXX部队XX分队	泉州市2017—2019年度军民共建单位	中共泉州市委 泉州市人民政府
晋江市女企业家联谊会——XXXXX部队XX分队	泉州市2017—2019年度军民共建单位	中共泉州市委 泉州市人民政府
晋江市人民法院——武警泉州支队执勤二大队晋江中队	泉州市2017—2019年度军民共建单位	中共泉州市委 泉州市人民政府
晋江市金井镇围头村——泉州海警局晋江工作站	泉州市2017—2019年度军民共建单位	中共泉州市委 泉州市人民政府
中共晋江市疾病预防控制中心支部委员会	泉州市抗疫先进基层党组织	中共泉州市委 泉州市人民政府
中共晋江市福建柒牌集团有限公司委员会	泉州市抗疫先进基层党组织	中共泉州市委 泉州市人民政府
中共晋江市新塘街道工作委员会	泉州市先进基层党组织	中共泉州市委
晋江市社会保障综合服务中心	泉州市2017—2019年度精神文明建设先进集体	中共泉州市委 泉州市人民政府
晋江市磁灶镇市场监督管理所	泉州市2017—2019年度精神文明建设先进集体	中共泉州市委 泉州市人民政府
兴业银行股份有限公司晋江青阳支行	泉州市2017—2019年度精神文明建设先进集体	中共泉州市委 泉州市人民政府
晋江市医院晋南分院	泉州市2017—2019年度精神文明建设先进集体	中共泉州市委 泉州市人民政府

【省部级表彰的先进个人】

表5　**2020年晋江市获省部级及以上表彰的先进个人一览表**

姓名	籍贯	工作单位	奖励名称	奖励单位
侯国建	四川阆中	福建柒牌时装科技股份有限公司	全国劳动模范	中共中央 国务院
庄耀东	晋江青阳	晋江市中医院	全国先进工作者	中共中央 国务院
柯达斯	晋江安海	安海新菱电子有限公司	中国人民志愿军抗美援朝出国作战70周年纪念章	中共中央 国务院 中央军委
谢宝缘	晋江磁灶	福建医科大学附属第二医院	全国抗击新冠肺炎疫情先进个人	中共中央 国务院 中央军委
			“中国好医生、中国好护士”抗疫特别人物	中央精神文明建设指导委员会 国家卫生健康委员会

续表5

姓名	籍贯	工作单位	奖励名称	奖励单位
姚金向	晋江内坑	泉州市晋江生态环境局	第二次全国污染源普查表现突出个人	国务院第二次全国污染源普查领导小组办公室
林章佳	晋江青阳	泉州市晋江生态环境局	第二次全国污染源普查表现突出个人	国务院第二次全国污染源普查领导小组办公室
陈奕水	晋江安海	泉州市晋江生态环境局	第二次全国污染源普查表现突出个人	国务院第二次全国污染源普查领导小组办公室
陈国良	晋江青阳	晋江市磁灶镇人民政府	第二次全国污染源普查表现突出的个人	国务院第二次全国污染源普查领导小组
彭银福	泉州洛江	泉州市晋江生态环境局	强化监督工作表现突出人员	生态环境部
李新发	南　　安	泉州市晋江生态环境局	强化监督工作表现突出人员 2019年生态环境保护执法大练兵表现突出个人	生态环境部
王　伟	晋江安海	晋江市局公安局	个人一等功	公安部
王俊锋	龙岩长汀	晋江市局公安局	个人三等功	公安部
颜斯鸿	晋江安海	晋江市局公安局	个人三等功	公安部
何　宽	河南郸城	晋江市局公安局	个人嘉奖	公安部
庄金虎	晋江青阳	晋江市司法局	“大排查、早调解、护稳定、迎国庆”专项活动表现突出个人	司法部
詹雅须	晋江深沪	晋江市人民检察院	特赦检察工作表现突出个人	最高人民检察院
毛娟文家庭	闽　　清	国家税务总局晋江市税务局	全国文明家庭	中央精神文明建设指导委员会
俞　涵	龙岩长汀	晋江市拔萃双语学校	2020年度全国优秀少先队员	共青团中央 教育部 全国少工委
郑东升	晋江罗山	福建省军鹏特种装备股份公司	全国爱国拥军模范	全国双拥工作领导小组 退役军人事务部 中央军事委员会政治工作部
吴声团	晋江磁灶	福建省晋江市美胜陶瓷实业有限公司	全国建材行业劳动模范	人力资源和社会保障部 中国建筑材料联合会
朱金阳	晋江内坑	晋江市农业农村局	全国农业行业职业技能竞赛优秀选手	农业农村部
丁玉梅	晋江陈埭	晋江市妇女联合会	第四期中国妇女社会地位调查优秀个人奖	中华全国妇女联合会
苏统谋	晋江深沪	晋江市文体局退休干部	中国文联终身成就曲艺艺术奖	中国文艺学艺术界联合会 中国曲艺家协会
杨舒琳	晋江梅岭	晋江市气象局	第十五届全国气象行业职业技能竞赛个人全能三等奖 全国气象行业技术能手	中国气象局
叶荣聪	惠　　安	晋江市市场监督管理局	全国市场监管系统抗击新冠肺炎疫情先进个人	国家市场监督管理局

续表5

姓名	籍贯	工作单位	奖励名称	奖励单位
庄伏龙	晋江青阳	晋江市人大常委会	民建全国优秀会员	民建中央
王冬星	晋江青阳	利郎(中国)有限公司	抗击新冠肺炎疫情先进个人	民建中央
吴美莉	晋江安海	兴业皮革科技股份有限公司	抗击新冠肺炎疫情先进个人	民建中央
许连椅	晋江安海	恒隆公司	民革抗击新冠肺炎疫情先进个人	民革中央
黄家兴	台湾云林	晋江市灵源街道社区卫生服务中心	台湾民主自治同盟抗击新冠肺炎疫情先进个人	台盟中央
王金象	晋江金井	晋江市疾病预防控制中心	先进个人	农工党中央
洪兴世	晋江英林	晋江市交通运输局	福建省抗击新冠肺炎疫情先进个人	中共福建省委 福建省人民政府
郭协力	石　狮	晋江市医院	福建省抗击新冠肺炎疫情先进个人	中共福建省委 福建省人民政府
龚飞群	晋江安海	晋江市中医院	福建省抗击新冠肺炎疫情先进个人	中共福建省委 福建省人民政府
吴清呼	晋江永和	晋江市疾病预防控制中心	福建省抗击新冠肺炎疫情先进个人	中共福建省委 福建省人民政府
吴为军	晋江龙湖	晋江市龙湖镇埭头村	福建省抗击新冠肺炎疫情先进个人	中共福建省委 福建省人民政府
			福建省优秀共产党员	中共福建省委
张聪明	晋江磁灶	晋江市文化馆	福建省第九届百花文艺奖	中共福建省委 福建省人民政府

【地厅级表彰的先进个人】

表6

2020年晋江市获地厅级表彰的先进个人一览表

姓名	籍贯	工作单位	奖励名称	奖励单位
洪美容	晋江英林	晋江市局公安局	优秀指纹比对人员	公安部刑事侦查局
张建军	河北定州	晋江市局公安局	优秀视频侦查人员	公安部刑事侦查局
林开鑫	莆田荔城	晋江市局公安局	“净网2019”先进个人	公安部网络安全保卫局
林章艺	晋江青阳	晋江市局公安局	全国刑事情报研判“111 人才”工程研判人才	公安部刑事侦查局
蔡士达	晋江安海	晋江市局公安局	个人二等功	福建省公安厅
郭东汉	晋江罗山	晋江市局公安局	个人二等功	福建省公安厅
李福星	晋江池店	晋江市局公安局	个人二等功	福建省公安厅
聂冼振	湖北浠水	晋江市局公安局	个人三等功	福建省公安厅
陈奇男	晋江磁灶	晋江市局公安局	全省“标兵个人”	福建省公安厅
许小茴	晋江安海	晋江安海职业中专学校	福建省优秀教师	福建省教育厅 福建省人力资源和社会保障厅
颜巧艺	晋江安海	晋江市养正中学	福建省优秀教师	福建省教育厅 福建省人力资源和社会保障厅

续表6

姓名	籍贯	工作单位	奖励名称	奖励单位
蔡秀佘	晋江安海	晋江市慎中实验学校	福建省优秀教师	福建省教育厅 福建省人力资源和社会保障厅
邱超杰	莆田荔城	晋江市安海文峰小学	福建省优秀教师	福建省教育厅 福建省人力资源和社会保障厅
陈祖青	福州闽侯	晋江市陈埭民族中学	福建省优秀教师	福建省教育厅 福建省人力资源和社会保障厅
张劲松	晋江东石	晋江市侨声中学	福建省优秀教师	福建省教育厅 福建省人力资源和社会保障厅
刘美莉	晋江东石	晋江市第十实验小学	福建省优秀教师	福建省教育厅 福建省人力资源和社会保障厅
王　雯	晋江安海	晋江市教师进修学校	福建省优秀教师	福建省教育厅 福建省人力资源和社会保障厅
肖东亮	永　春	晋江市第五中学	福建省优秀教师	福建省教育厅 福建省人力资源和社会保障厅
颜乙红	晋江安海	晋江市实验小学	福建省优秀教师	福建省教育厅 福建省人力资源和社会保障厅
张雪清	石　狮	晋江市实验幼儿园	福建省优秀教师	福建省教育厅 福建省人力资源和社会保障厅
曾宝架	晋江东石	晋江市东石中学	福建省优秀教师	福建省教育厅 福建省人力资源和社会保障厅
施玲雅	晋江龙湖	晋江市龙侨中学	福建省优秀教师	福建省教育厅 福建省人力资源和社会保障厅
李玲玲	晋江池店	晋江第二实验小学	福建省优秀教师	福建省教育厅 福建省人力资源和社会保障厅
于凌华	江西都昌	晋江市龙湖镇栖梧小学	福建省优秀教师	福建省教育厅 福建省人力资源和社会保障厅
张文教	晋江东石	晋江市潘径中学	福建省优秀教师	福建省教育厅 福建省人力资源和社会保障厅
许秀治	晋江灵源	晋江市南岳中学	福建省优秀教师	福建省教育厅 福建省人力资源和社会保障厅
张春玲	南　平	晋江市永和镇集英小学	福建省优秀教师	福建省教育厅 福建省人力资源和社会保障厅
林金灿	泉州永春	晋江市平山中学	福建省优秀教师	福建省教育厅福建省人力资源和社会保障厅
左　淳	宁德霞浦	晋江市季延中学	福建省优秀教师	福建省教育厅 福建省人力资源和社会保障厅
张美丽	晋江梅岭	晋江市华侨中学	福建省优秀教师	福建省教育厅 福建省人力资源和社会保障厅
徐建平	南平 武夷山	晋江市第五实验小学	福建省优秀教育工作者	福建省教育厅 福建省人力资源和社会保障厅
李燕玉	晋江东石	晋江市特殊教育学校	福建省优秀教育工作者	福建省教育厅 福建省人力资源和社会保障厅

续表6

姓名	籍贯	工作单位	奖励名称	奖励单位
陈白鹭	晋江安海	晋江市第三实验幼儿园	福建省优秀教育工作者	福建省教育厅 福建省人力资源和社会保障厅
郭泉源	南安	晋江市毓英中学	福建省优秀教育工作者	福建省教育厅 福建省人力资源和社会保障厅
蔡东升	晋江深沪	中共晋江市委宣传部	全省宣传系统先进个人	中共福建省委宣传部 福建省人力资源和社会保障厅
陈文星	晋江深沪	晋江市住房和城乡建设局	2016—2019年度省人防系统 先进工作者	福建省人力资源和社会保障厅 福建省人民防空办公室
许逢其	晋江安海	晋江市人民法院	全省法院“基本解决执行难” 工作成绩突出个人	福建省高级人民法院
李燕萍	晋江陈埭	晋江市人民检察院	信息工作先进个人	福建省人民检察院
张燕妮	晋江东石	中共晋江市委宣传部	2020年全省精神文明创建信息工作 先进个人	中共福建省委文明办
石作洲	南安	中共晋江市委党校	全省党校（行政学校）系统 先进工作者	福建省人力资源和社会保障厅 中共福建省委党校 福建行政学院
蔡桦榕	晋江永和	晋江市统计局	福建省第四次全国经济普查 先进个人	福建省第四次全国经济普查 领导小组
潘洪润	黑龙江 双鸭山	晋江市第三医院	最美医师	中共福建省委宣传部 福建省卫生健康委员会 福建省总工会
庄子瑜	泉州泉港	晋江邮政管理局	全省邮政系统优秀通讯员	福建省邮政管理局
曾芳芳	漳州漳浦	泉州职业技术大学	福建省技术能手	福建省人力资源和社会保障厅
王建川	石狮	晋江市医院	2020年福建省“最美红十字救护员”	福建省红十字会
陈文经	泉州泉港	中共晋江市委宣传部	福建日报2019年度优秀通讯员	福建日报社
吴伟铭	三明将乐	泉州市晋江生态环境局	夏季臭氧污染防治监督帮扶 工作第三轮次表现突出人员	生态环境部生态环境执法局
陈宁	宁德福鼎	泉州市晋江生态环境局	2020年蓝天保卫战重点区域 秋冬季监督帮扶工作第一轮次表现 突出人员	生态环境部生态环境执法局
			2019年福建省生态环境保护 执法大练兵表现突出个人	福建省生态环境厅
曾少泽	晋江安海	泉州市晋江生态环境局	2019年福建省生态环境保护 执法大练兵表现突出个人	福建省生态环境厅
叶文艺	南安	泉州市晋江生态环境局	2019年福建省生态环境保护 执法大练兵表现突出个人	福建省生态环境厅
蔡芷萱	晋江永和	晋江市实验小学	2020年度福建省优秀少先队员	共青团福建省委 福建省教育厅 福建省少工委

续表6

姓名	籍贯	工作单位	奖励名称	奖励单位
陈佳文	晋江青阳	晋江市第一中学	2020年度福建省优秀少先队员	共青团福建省委 福建省教育厅 福建省少工委
杨丹琳	广东陆丰	晋江市池店中心小学	2020年度福建省优秀少先队员	共青团福建省委 福建省教育厅 福建省少工委
陈维维	晋江磁灶	共青团晋江市委员会	2020年度福建省优秀少先队辅导员	共青团福建省委 福建省教育厅 福建省少工委
刘晓东	晋江安海	晋江市安海中心小学	2020年度福建省优秀少先队辅导员	共青团福建省委 福建省教育厅 福建省少工委
邱泽明	厦门思明	晋江市青阳派出所	2020年度福建省优秀少先队辅导员	共青团福建省委 福建省教育厅 福建省少工委
洪炳煌	晋江金井	恒丰(福建)化纤有限公司	第十七届福建青年五四奖章	共青团福建省委 福建省青年联合会
洪锽淮	晋江英林	劲霸男装	第十七届福建青年五四奖章	共青团福建省委 福建省青年联合会
许章发	晋江龙湖	晋江市金井镇	福建省优秀共青团员	共青团福建省委
丁凯茜	晋江陈埭	晋江青年志愿者协会	福建省优秀共青团员	共青团福建省委
张丽碟家庭	晋江东石	晋江市中医院	福建省抗疫最美家庭	福建省妇女联合会 福建省卫生健康委员会
郭龙燕家庭	泉州丰泽	晋江市中医院	福建省抗疫最美家庭	福建省妇女联合会 福建省卫生健康委员会
何雪红家庭	泉州安溪	晋江市中医院	福建省抗疫最美家庭	福建省妇女联合会 福建省卫生健康委员会
赖志云家庭	晋江西园	晋江市中医院	福建省抗疫最美家庭	福建省妇女联合会 福建省卫生健康委员会
苏埙埙家庭	晋江磁灶	晋江市中医院	福建省抗疫最美家庭	福建省妇女联合会 福建省卫生健康委员会
许传芳家庭	泉州惠安	晋江市中医院	福建省抗疫最美家庭	福建省妇女联合会 福建省卫生健康委员会
陈良渠家庭	泉州永春	晋江市安海医院	福建省抗疫最美家庭	福建省妇女联合会 福建省卫生健康委员会
黄绿茵家庭	晋江安海	晋江市安海医院	福建省抗疫最美家庭	福建省妇女联合会 福建省卫生健康委员会
林荣华家庭	漳州龙海	晋江市安海医院	福建省抗疫最美家庭	福建省妇女联合会 福建省卫生健康委员会
林佳庆家庭	南　安	晋江市安海医院	福建省抗疫最美家庭	福建省妇女联合会 福建省卫生健康委员会
蔡燕瑜家庭	晋江安海	晋江市疾病预防控制中心	福建省抗疫最美家庭	福建省妇女联合会 福建省卫生健康委员会

续表6

姓名	籍贯	工作单位	奖励名称	奖励单位
林清爽家庭	晋江内坑	晋江市疾病预防控制中心	福建省抗疫最美家庭	福建省妇女联合会 福建省卫生健康委员会
朱锦州家庭	晋江安海	晋江市医院晋南分院	福建省抗疫最美家庭	福建省妇女联合会 福建省卫生健康委员会
许坤红家庭	晋江安海	晋江市医院晋南分院	福建省抗疫最美家庭	福建省妇女联合会 福建省卫生健康委员会
许娜娜家庭	晋江龙湖	晋江市英墩华侨医院	福建省抗疫最美家庭	福建省妇女联合会 福建省卫生健康委员会
朱荣坦家庭	晋江内坑	晋江市梅岭街道社区卫生服务中心	福建省抗疫最美家庭	福建省妇女联合会 福建省卫生健康委员会
刘湘如家庭	泉州洛江	晋江市陈埭中心卫生院	福建省抗疫最美家庭	福建省妇女联合会 福建省卫生健康委员会
黄丽萍家庭	南　　安	晋江市东石中心卫生院	福建省抗疫最美家庭	福建省妇女联合会 福建省卫生健康委员会
王天兵家庭	晋江东石	晋江市医院	福建省抗疫最美家庭	福建省妇女联合会 福建省卫生健康委员会
朱美玉家庭	晋江池店	晋江市医院	福建省抗疫最美家庭	福建省妇女联合会 福建省卫生健康委员会
张春发家庭	晋江内坑	晋江市医院	福建省抗疫最美家庭	福建省妇女联合会 福建省卫生健康委员会
施迎迎家庭	石　　狮	晋江市医院	福建省抗疫最美家庭	福建省妇女联合会 福建省卫生健康委员会
张银凤家庭	晋江东石	晋江市磁灶中心卫生院	福建省抗疫最美家庭	福建省妇女联合会 福建省卫生健康委员会
赖自煌秦娴	漳州南靖	晋江经济报社	福建省抗疫最美家庭	福建省妇女联合会 福建省卫生健康委员会
曾启清家庭	惠　　安	晋江市陈埭中心卫生院	福建省抗疫最美家庭	福建省妇女联合会 福建省卫生健康委员会
伍婷婷	晋江内坑	青阳街道办事处永福里社区居委会	福建省三八红旗手	福建省妇女联合会
谢萍萍	泉州洛江	安踏（中国）有限公司	2020年福建省五一劳动奖章	福建省总工会
宋庆明	西安临潼	福建盼盼食品有限公司	2020年福建省五一劳动奖章	福建省总工会
庄飞虎	晋江梅岭	晋江市公安局	2020年福建省五一劳动奖章	福建省总工会
张佳雄	惠　　安	福建省鸿官通信工程有限公司	2020年福建省五一劳动奖章	福建省总工会
黄清景	晋江东石	晋江市陈埭镇人民政府	2020年福建省五一劳动奖章	福建省总工会
王颖芳	晋江池店	晋江市总工会	福建省优秀工会工作者	福建省总工会
黄花莲	晋江东石	晋江市梅岭街道总工会	福建省优秀工会工作者	福建省总工会

续表6

姓名	籍贯	工作单位	奖励名称	奖励单位
刘惠美	南平邵武	泉州寰球鞋服有限公司	福建省优秀工会工作者	福建省总工会
林丽芳	莆　　田	福建省晋江福源食品有限公司	福建省优秀工会工作者	福建省总工会
王顺仁	晋江新塘	晋江大森制衣有限公司	福建省优秀工会工作者	福建省总工会
陈青青	三　　明	福建浔兴集团有限公司	福建省优秀工会工作者	福建省总工会
李茂忠	湖北建始	福建佶龙机械科技股份有限公司	福建省优秀工会工作者	福建省总工会
张盛峰	三明宁化	福建晋江天然气发电有限公司	福建省金牌工人	福建省总工会
杨明曙	晋　　江	国家税务总局晋江市税务局	素质提升“120”工程—专业骨干项目人员	福建省总工会
王东兴	惠安崇武	中共晋江市委组织部	2019年全省老干部信息工作突出个人	福建省委老干部局
王双环	晋江新塘	中共晋江市委组织部	2019年全省老干部信息工作突出个人	福建省委老干部局
郭嘉怀	晋江金井	晋江市老年活动中心	2019年全省老干部宣传工作突出个人	福建省委老干部局
张　榕	晋江安海	民建晋江市委会	2016—2019年度全省统战系统先进工作者	中共福建省委统战部 福建省人力资源和社会保障厅
林承标	晋江永和	中共晋江市委统战部	优秀信息工作者	中共福建省委统战部
杨平生	晋江罗山	晋江市自然资源局	全省优秀会员	民建福建省委会
张志雄	晋江安海	晋江市海纳机械股份有限公司	全省优秀会员	民建福建省委会
李长远	晋江磁灶	晋江市第三医院	抗击新冠肺炎疫情先进个人	民建福建省委会
周少雄	晋江金井	福建七匹狼实业股份有限公司	抗击新冠肺炎疫情先进个人	民建福建省委会
庄天怀	晋江青阳	晋江市人民政府	2019—2020年度反映社情民意信息先进工作者	民建福建省委会
林非余	莆田秀屿	福建省晋江水务集团有限公司	2019—2020年度反映社情民意信息先进工作者	民建福建省委会
洪奕元	晋江安海	晋江市海纳机械股份有限公司	2020年度全省民建社会服务工作先进个人	民建福建省委会
陈国栋	晋江陈埭	富士达(福建)鞋塑有限公司	民进全省抗击新冠肺炎疫情先进个人	民进福建省委会
吴谨程	晋江龙湖	晋江市龙湖侨联	民进全省抗击新冠肺炎疫情先进个人	民进福建省委会
温开镇	莆田秀屿	晋江市医院	民进全省抗击新冠肺炎疫情先进个人	民进福建省委会
许维蓄	晋江龙湖	福建省万兴隆集团	民进全省抗击新冠肺炎疫情先进个人	民进福建省委会
周　莹	南　　安	民进晋江市总支部	民进全省抗击新冠肺炎疫情先进个人	民进福建省委会
许文林	莆田涵江	晋江市陈埭民族中学	2019年度民盟福建省反映社情民意信息工作先进个人	民盟福建省委会
张琳琳	南　　安	农工党晋江市委会	优秀党务工作者	农工党福建省委会
蔡秀群	晋江罗山	晋江市医院晋南分院	先进个人	农工党福建省委会

续表6

姓名	籍贯	工作单位	奖励名称	奖励单位
蔡秋红	晋江梅岭	晋江市审计局	九三学社福建省2020年度参政议政工作先进个人	九三学社福建省委
刘文成	安徽肥东	晋江市人武部	三等功	中国人民解放军福建省军区
张丽碟	晋江东石	晋江市中医院	武汉市金银潭医院福建省援鄂医疗队先进个人	武汉市
张幼妮	晋江磁灶	晋江市中医院	在疫情防控阻击战中表现突出的先进个人	中共泉州市委 泉州市人民政府
张玉柱	晋江内坑	晋江市卫生健康局	在疫情防控阻击战中表现突出的先进个人	中共泉州市委 泉州市人民政府
张宇鹏	晋江梅岭	晋江市医院	在疫情防控阻击战中表现突出的先进个人	中共泉州市委 泉州市人民政府
刘启源	泉州泉港	共青团晋江市委	泉州市2017—2019年度军民共建精神文明先进个人	中共泉州市委 泉州市人民政府
黄志刚	晋江东石	晋江市退役军人事务局	泉州市2017—2019年度军民共建精神文明先进个人	中共泉州市委 泉州市人民政府
刘岩澍	福州永泰	中共晋江市委宣传部	泉州市2017—2019年度精神文明建设先进工作者	中共泉州市委 泉州市人民政府
洪琼琼	晋江东石	晋江市人民政府梅岭街道办事处	泉州市2017—2019年度精神文明建设先进工作者	中共泉州市委 泉州市人民政府
杨　猛	泉州鲤城	晋江市局公安局	泉州市2017—2019年度精神文明建设先进工作者	中共泉州市委 泉州市人民政府
王琦欣	泉州丰泽	晋江市城市管理局	泉州市2017—2019年度精神文明建设先进工作者	中共泉州市委 泉州市人民政府
张丽碟家庭	晋江东石	晋江市中医院	泉州市2017—2019年度文明家庭	中共泉州市委 泉州市人民政府
黄朝阳家庭	晋江东石	晋江青年志愿者协会	泉州市2017—2019年度文明家庭	中共泉州市委 泉州市人民政府
王义彬	莆田仙游	晋江市政法委	泉州市优秀党务干部	中共泉州市委 泉州市人民政府

热心家乡公益事业的单位

新菱电子有限公司
晋工机械
亲亲投资公司
厦门新日精工贸易有限公司
和盛机械公司
源泰皮革公司
兴业皮革科技股份有限公司
福建凤竹纺织科技股份有限公司
中国华文教育基金会
福建晋江侨成房地产开发有限公司
晋江万代好光电照明有限公司
福建信泰集团
安踏（中国）有限公司
晋江达亿经编织造有限公司
晋江市新达纸箱包装有限公司
特步（中国）有限公司
三斯达（福建）塑胶有限公司
福建凤竹纺织科技股份有限公司
三六一度国际有限公司
海纳智能装备国际控股有限公司
新合发集团
利郎（中国）有限公司
福建七匹狼实业股份有限公司
劲霸男装股份有限公司
福建胜海鞋业有限公司
冠达星股份有限公司
龙湖商会
名志体育用品（中国）有限公司
晋江市红十字会
福建浔兴房地产开发有限公司
泉州晋江胜康自来水有限公司
吴海水慈善基金会
晋江裕福集团有限公司
晋江市第六实验小学发展促进会
中梁慈善基金
恒安国际集团

法院执行慈善基金
舒华慈善基金
体育公益基金
教育公益基金
安海医院生命救助慈善基金
爱警基金
见义勇为慈善基金
锦兴(福建)化纤纺织有限公司
晋江农村商业银行
退役军人帮扶慈善基金
精准扶贫基金
晋江市关心关爱干部基金
凤竹纺织慈善基金
海纳智能慈善基金

(排名不分先后)

热心家乡公益事业的个人

许晋杭(青阳街道陈村社区)
曾志标(青阳街道)
李丽金(梅岭街道双沟社区)
李春兴(梅岭街道竹树下)
林水杰(灵源街道五里工业园区)
张长春(灵源街道五里工业园区)
王文默(新塘街道沙塘社区)
丁和木(陈埭镇岸兜村)
丁金山(陈埭镇江头村)
丁国雄(陈埭镇溪边村)
丁子虎(陈埭镇江头村)
张文彩(陈埭镇苏埭村)
林祥加(陈埭镇)
李侨生(池店镇)
蔡世团(池店镇仕春村)
许健康(安海镇溪边村)
张时跑(安海镇西边村)
陈永福(安海镇桥头村)
陈思红(安海镇)
赖新达(安海镇)
许连椅(安海镇)
柯金鐊(安海镇)
许大座(安海镇后林村)
吴鸿岩(安海镇)
许连捷(安海镇后林村)
施文博(安海镇)
苏永定(安海镇)
许共和(安海镇可慕村)
吴华春(安海镇)
王黑裳(安海镇后林村)
吴炳煊(磁灶镇下灶村)
吴友丁(磁灶镇下官路村)
吴贤德(磁灶镇岭畔村)
苏国川(磁灶镇钱坡村)
苏炳源(磁灶镇钱坡村)
苏南白(磁灶镇钱坡村)
苏松年(磁灶镇钱坡村)
苏志芳(磁灶镇钱坡村)
姚龙潭(磁灶镇钱坡村)
苏锦川(磁灶镇钱坡村)
苏梁渠(磁灶镇钱坡村)
苏永意(磁灶镇井边村)
林辉育(磁灶镇新垵村)
谢友尚(磁灶镇洋尾村)
曾国才(磁灶镇瑶琼村)
庄克服(磁灶镇锦美村)
张天明(磁灶镇上厝村)
张顺庆(磁灶镇上厝村)
蔡清华(内坑镇吕厝村)
林天晓(内坑镇柑市村)
王文品(内坑镇)
吴志毅(紫帽镇)
陈明金(东石镇光渺村)
陈明旭(东石镇光渺村)
王一平、黄瑞芳(东石镇光渺村)
王有志(东石镇金瓯村)
王安邦、颜乌喜(东石镇金瓯村)
刘丕周(东石镇塔头刘村)
孙晋忠、洪金梅(东石镇塔头孙村)
孙文俊(东石镇塔头孙村)
张恢复、许丽霞(东石镇许西坑)
王安邦(东石镇山前村)
王一平(东石镇)
蔡芳祥(永和镇坂头村)
李天平(永和镇梨星村)
许金潮(永和镇英墩村)
许文福(永和镇英墩村)
许恩典(永和镇坂头村)
蔡文献(永和镇坂头村)
陈汉河(永和镇菌边村)
许远南(永和镇英墩村)
洪忠信(英林镇英林村)
洪志勇(英林镇英林村)
吴远栖(英林镇东埔村)
吴建筑(英林镇东埔村)
吴天文(英林镇东埔村)
洪天祝、柯绿萍(英林镇英林村)
洪建库、洪瑞玉(英林镇高湖村)
吴传劳(英林镇东埔村)
吴辉民(英林镇东埔村)
吴志棍(英林镇东埔村)
洪肇坚、雷金玉(英林镇龙西村)
洪春节(英林镇英林村)
洪建艇(英林镇英林村)
刘宏达(英林镇三欧村)
柯文贵(英林镇锦江村)
吴辉哨(英林镇东埔村)
吴远练(英林镇东埔村)
吴清楚(英林镇东埔村)
洪青山(英林镇英林镇)
洪顶超(金井镇玉山村)
陈祖昌、陈德雄(金井镇溜江村)
洪游奕(龙湖镇烧灰村)
许鐘鑫(龙湖镇梧坑村)
许永康(龙湖镇梧坑村)
施教永(龙湖镇前港村)
吴金錶(龙湖镇枫林村)
施汉生(龙湖镇洪溪村)
许自更(龙湖镇福林村)
施文瑞(龙湖镇龙园村)
许文汀(龙湖镇埔锦村)
许海港(龙湖镇埔锦村)
许维蓄(龙湖镇烧灰村)
洪天排(龙湖镇烧灰村)
施天佑(龙湖镇枫林工业区)
施纯锡(龙湖镇南浔村)
施剑波(深沪镇华峰村)
施海涵(深沪镇华峰村)
施马良(深沪镇华峰村)
施天助(深沪镇华峰村)
施振荣(深沪镇华峰村)
林再生(深沪镇东山村)
施能坑(深沪镇)
陈著毅(深沪镇)

(排名不分先后)

新闻人物

【苏统谋】 苏统谋，男，汉族，1939年12月出生，福建晋江人。泉州南音申报人类口头及非物质遗产代表作专家组成员、《中国泉州南音集成》民间艺术家委员会委员、泉州师范学院音乐与舞蹈学院硕士生导师。曾获晋江市人民政府星光文艺奖传承奖和“十佳美丽晋江人”称号，被中国文联、福建省文联颁授“从事新中国文艺工作60年”和“从事福建文艺工作60年”纪念章。2020年，苏统谋获“中国文联终身成就曲艺艺术家”称号。

苏统谋自幼深受父辈影响，耳濡目染而酷爱南音，10岁入馆正式拜师。16岁加入晋江木偶剧团，进一步深入研习南音与木偶音乐。数十年来，始终抱着严肃的艺术态度，坚定不移地走正统南音之路，经过长期的实践和磨炼，不但以“饱曲”著名，而且各种乐器吹奏水平精湛，成为一名德艺双馨的南音艺术大师。作为国家级非遗传承人的杰出代表和南音入选联合国非遗的功臣，他曾两度进入北京人民大会堂接受表彰。

1982年，他率先倡议组织晋江南音协会，担任该会会长30余年。其间，还担任中国南音学会常务理事、福建省曲艺家协会常务理事、泉州市南音艺术家协会常务副主席，被众多海内外南音团体聘请为顾问和艺术指导。

在南音的传承事业上，苏统谋不但指导组建南音社、南音艺术团，倡导组织举办南音大会唱、大奖赛、演唱节，经常性开展对外南音艺术交流。更为突出的是，遵循南音口口相授、心手相授的师承之路，广收门徒，义务教授南音。2018年6月，苏统谋南音传习所正式设立。同年10月，晋江市委、市政府主办“春华秋实”苏统谋师生南音专场音乐会，由苏统谋及其不同阶段的学生近百人共同演绎，这些学生年龄跨度从5岁稚童到80岁老者，有幼儿园小朋友也有高校教师，有乡村南音爱好者也有专业院团演员，有公职人员也有海外华侨。

苏统谋的南音艺术成就及其贡献，更集中地体现在他对南音的研究工作。从2003年开始，他系统编校、整理、出版《弦管指谱大全》《弦管古曲选集》《弦管过支古曲选集》《泉南传统戏文四念白》等南音、戏曲书籍15个大卷，自弹自唱自录弦管过支曲光盘15碟，对弦管过支套曲联唱进行抢救性保护，期间还曾组织赴台交流。这些成果被视为“以现代方式保护和传播南音艺术”的一大突破，被誉为“弦管史上空前的大制作”，使泉州南音的指、谱、曲实现一次历史上最大限度的收集、汇总、编校，在弦管史上写下光辉的一页。

2020年10月15日晚，中国曲艺最高奖——第11届牡丹奖颁奖仪式在苏州市举行，南音表演艺术家、理论家苏统谋获“中国文联终身成就曲艺艺术家”称号，成为福建省首位获此称号的艺术家，填补福建省文艺事业该奖项的空白。

（江柠薇）

【侯国建】 侯国建，男，汉族，1973年1月出生，四川阆中人，福建柒牌时装科技股份有限公司车间主任。2020年获“全国劳动模范”称号。

1996年起进入柒牌任职。任职20余年中，踏实肯干，始终尽职尽责，一如既往地坚守在基层岗位，努力做好自己的分内工作，提前完成上级下达的指标，并协助上级管理完成相关事宜。他始终只做一件事：做衣服。早前的服装车工与现在不同，如今服装工程已具备生产流水线，车工往往只需要做其中的一两道工序；但20多年前侯国建刚到柒牌时，不仅要自己花钱买缝纫机，还得一个人独立做出一件衣服。柒牌所接到的订单款式众多，很多还是订制单，很考验工艺技术。作为公司的熟练工，几乎每一个款式他都做过，如何将一针一线车得精准，如何确保阵线平整，有棱角。这些都是他二十几年来每天都在思考研究的，自然不在话下。侯国建表示，他经常鼓励自己的组员要深信自己的价值，深信自己对于公司的重要性，只有每一个员工，每一个班组把好了质量关，公司才能得以发展，员工是公司赖以生存的基础。

侯国建说，当上主任之后，他觉得压力大了很多。因为以前只要自己一个人的工作做好就行，如今却要负责一个车间的员工，要兼顾公司的订单、质量、效益。还要保证员工们能够赚到钱，工作开心，责任重了很多。所以，他一直坚持再学习。2013年，侯国建取得“天津大学网络教育学院”的大专文凭。这是他花了四年时间，利用周末的时候学习的，很不容易。“我高中没毕业，虽然技术还不错，但是理论知识始终不如年轻人。趁现在多学一点管理知识，对以后的班组管理很有用，我希望能够走得更远。”

成绩的取得靠的不是运气，而是凭借着实力。实力则来源于日积月累，来自勤奋和毅力。在技能竞赛勇夺桂冠之后，侯国建不忘初心再接再厉，获得省人力资源和社会保障厅2014年度“福建省技术能手”称号；2015年，被福建省总工会授予“福建省五一劳动奖章”；2016年被聘请为泉州师范学院纺织与服装学院纺织鞋服专业群教学指导委员会委员，泉州师范学院纺织与服装学院兼职副教授等。

2020年新年到来之际，新型冠状病毒肺炎疫情来势汹汹。大年初一，柒牌响应国家号召，迅速从服装企业“转型”生产防护服，成为福建省首家转产并获得无菌医用防护服生产资质的服装企业。大年初一当晚，侯国建在接到公司急召后，没有半点犹豫，立即独自一人从四川驱车一天一夜返回公司。顾不上舟车劳顿，立刻投入紧急防护服的生产组建工作。侯国建在无车间、无设备、无面辅料的情况下，承担着临时生产车间的清扫、设备搬运、物资准备等工作，从接到任务到确定选址、改造车间、筹备物资、培训技术，带领着团队凭借多年的服装制造经验，反复试验从而迅速实现转产。在毫无防护服制造经验情况下从面料的选择测试，到工艺的更新，再到缝制技术的指导做出第一件合格品，只用了短短两天；最后实现了防护服转产，历时7天，便实现首批物资的发出，5万件防护服，紧急驰援战疫前线。

组建初期，侯国建主要负责组织人员的生产安排(包括计划、技术、到生产现场人员的安排)，根据防护服的款式难易度进行初步的分析，侯国建发现要想迅速提升防护服的产量必须攻克热封这一瓶颈工序。为攻破热封的瓶颈工序，侯国建立刻挑选适应能力强、学习能力强的一线员工，手把手开始进行热封机的操作技能培训，通过管理人员的培训和咨询热封机的相关专业厂家，在不断地试验练习下，员工熟练度很快提升，日产能从几百件提高到5万件，保质保量完成公司的生产任务。为更好满足防疫需求，柒牌不断扩产，采用两班倒，24小时不停歇加紧生产，当时公司制定两班倒生产计划，就意味着一半的人要上夜班，侯国建自告奋勇主动申请上夜班。侯国建说，在国家和人民需要的时刻，作为预备党员和劳动模范，自己必须挺身而出。

作为车间主任，侯国建是夜班生产的现场总负责人，除负责安全隐患排查、生产质量及效益产出外，还要解决线上设备和材料的衔接和质量，以及员工的各种突发状况。要不停地满场巡查巡视，摸摸机器是否过热，看看设备是否存在隐患，有情况必须早发现、早排除，保证生产线24小时不停歇地安全运转。有天晚上，侯国建发现保证防护服密闭性的热封胶条到了400摄氏度还是不粘，初步判断是质量问题后，立即联系公司计划科和仓储部门连夜调换，保证了生产需要。生产过程中，若有工人剪到手、手套磨破手的状况，侯国建也会及时亲手为他们处理。由于日夜颠倒，直到现在，侯国建都觉得白天的睡眠质量不是很好，时常处于半睡半醒状态，有时饭也不想吃。当有人问他“辛苦吗”，侯国建说：“看着一件件从我们手里做出来的‘能救人的衣服’，很有幸福感，那种奋斗的喜悦是从心底发出来的。”据了解，侯国建带领的车间每天生产防护服近2.5万件，占全公司的一半左右。

在疫情期间，侯国建与他的团队没有抱怨，没有推迟，不问报酬，一直用行动支持着公司和国家。虽然不能像一线医生一样上“战场”，但是他们在和疫情赛跑，做一件能救命的“战袍”！同样很赞！

(许泽润)

【庄耀东】 庄耀东，男，汉族，1958年8月出生，福建晋江人。晋江市中医院院长。2020年获“全国先进工作者”称号。

“让我来”，老将挂帅与疫情抗战到底。这是一场没有硝烟的战争。2020年初，新冠肺炎疫情当前，有着丰富抗疫经验的老将庄耀东率精兵强将挂帅亲征。

“国家需要我们，家乡需要我们，百姓更需要我们！”看着辛苦带大的“孩子们”冒着生命危险，奔忙在战“疫”一线，心中虽有不舍，但使命在召唤，医者当仁不让。

作为晋江医疗机构龙头之一，中医院临危受命，成为新冠肺炎定点收治、救治单位。庄耀东身先士卒，全身心扑在抗疫一线。在他的直接组织下，中医院迅速开放发热门诊、隔离病房、确诊救治病房、紫帽医学隔离观察点，从普通发热患者，到密切接触者，再到疑似、确诊病人，建立起一整套完善防控救治方案。

在对确诊患者的救治中，庄耀东凭借自身临床经验，亲自组织部署治疗方案，把中医运用于患者治疗，取得良好成效，晋江首例治愈出院确诊患者转至泉州时，症状都已消失，且中医方案也被运用到泉州定点医院治疗中。

如何让患者能早发现、早治疗，病毒检测是关键。三甲医院、生物安全二级以上实验室、三级防护能力……中医院多年积淀下的优势再次凸显，成功入选新冠病毒核酸检测定点医院，成为全省县域首家可以开展检测的医院，为晋江打赢疫情防控阻击战打下坚实基础。

连续半个多月，庄耀东每天24小时驻扎医院，既当院长总统筹，又当医生打头阵。有他在，晋江中医人就有底气和信心战胜疫情！

“我是医者，还是院长，这时候，我不上谁上！”庄耀东说，自从穿上白大衣的那一刻起，他的肩上就扛起了责任，纵然前方有险滩，依然义无反顾。

“我能行”，小诊所变身县域大“三甲”。1983年，庄耀东从福建医科大学毕业后，回到家乡成为一名消化内科医生，独创了多种特色疗法，广受百姓欢迎。

1995年，庄耀东调任中医院院长。这时候的中医院只有员工60多人，业务用房400多平方米，年收入不到200万元。

当时，有人就觉得，庄耀东只是个“挂名”院长，说出去好听罢了。但庄耀东固执地认为，这是组织给他机会，因为底子越薄越有提升空间，他要做的就是大胆放手干！

从这之后，庄耀东开始谋划晋江市中医院发展蓝图。他以“院”为家，白天给人看病，晚上抽空处理医院事务，休息时就去跑部门办理土地手续、找资金建医院大楼、寻医生壮大医疗队伍……每天，他都有着用不完的劲、做不完的事。

就这样，用了17年，庄耀东带领晋江市中医院步入三级乙等中医院行列。取得成绩后，按道理应该可以功成身退，但庄耀东不这么想，他那颗不安分的心又动起来了。

晋江是个经济发达地区，县域经济竞争力稳居全国百强县前列，但一直没有一所三甲医院，这是庄耀东的心结。随着国家对中医药文化越来越重视，庄耀东意识到，中医院的机会又来了。

2017年4月25日，中医院召开誓师大会，拉响创三甲暨公改跨越发展的号角。听到这个消息，有人曾劝他，你取得这么好的成绩已经很不简单了，何苦要在快退休时又折腾这么一出？

庄耀东这样回答：“没有最好，只有更好。从医路上，永无止境。作为医者，就是要去不断突破，方能取得更大进步，方能对得起从医的本心和办医的初心。”

2018年，中医院通过国家三级甲等中医医院评审，成为福建省县域首家三级甲等中医医院，打破晋江没有三甲医院的历史，推动地方政府扶持中医药顶层设计，为帮扶、辐射基层打下了重要基础。同年，中医院门诊量突破140万人次，出院人数3万多人次，年分娩量近1万人，病人满意度持续位居泉州市前列，业务量在全省县级中医院排名第一、全省中医院排名第四。

（郑玲燕）

【郑东升】　郑东升，男，1971年12月出生，福建晋江人，大专学历，1997年参加工作，中共党员，现任军鹏特种装备股份公司党支部书记、董事长。2019年，郑东升获评《中国双拥》2018年度人物。2020年，郑东升被评为全国爱国拥军模范。

根植心中的拥军情怀，贯穿郑东升创业选择、公司发展的整个历程。公司自1997年创办以来，始终坚持从部队需求为导向，秉承“服务国防、科技强军、产业报国”的经营理念，实现由一般加工型企业向技术密集型军工企业的转变，为国防军队建设提供一批批性能可靠、品质卓越的军工用品。2012年，军鹏成功研制出防电子泄密、抗干扰、防雷的信息屏蔽防辐射帐篷，成为国内唯一一家取得GJB5792—2006“B”级认证的企业。2014年，自主研发的《通用武器射击综合模拟训练平台》亮相首届军事训练器材和先进技术展览，受到总装备部部长张又侠及众多官兵的关注和高度评价，自主研发的激光对抗系列产品，其分部位的毁伤模型功能填补该领域的技术空白。2015年，公司研制的战术靶标系列产品，解决部队综合战术演练实弹射击保障和组训难题。2016年，着手实兵交战系统、靶标靶场设备等领域的研发，取得核心技术的重点突破。2018年，公司与中国人民解放军总参第XX研究所联合制定的电磁屏蔽帐篷标准正式颁发实施。开展校企产学研合作。

根植心中的拥军情怀，让郑东升把拥军工作作为自己的社会责任，作为企业文化建设的重中之重。郑东升把企业拥军纳入企业发展规划、纳入财务预算、纳入企业文化建设。成立企业双拥工作小组，亲自带领团队开展保障拥军、文化拥军、亲情拥军等工作。公司为全国各地军队演习、民兵训练提供物资人员保障，先后完成多项保障任务。每年联合泉州市企业家书法协会开展“赠春联”、书法进军营等活动，开展困难士兵慰问帮扶等。在2020年新冠疫情期间，在公司还没完全复工的情况下，郑东升带领团队到多个部队训练基地进行技术保障，并第一时间向当地政府捐赠防疫物资。公司还在人员招聘机制上实行退役军人优先招录、优先培养。

把拥军作为追求的幸福感、作为事业的责任感、作为承诺的使命感，是郑东升的追求。20多年来，郑东升这样想，这样讲，也这样做。

（王懿心）

领导名表

·机构及负责人名表·

行政机关

中共晋江市委

中共晋江市委领导一览表

表7

职　务	姓　名	籍　　贯	任职时间
书　记	刘文儒	德　　化	续任
副书记	张文贤	安　　溪	续任
副书记	陈晋永	晋江磁灶	至2020.12
副书记	王明元	泉州鲤城	2020.12任
常　委	林惠玲(女)	泉州丰泽	续任
常　委	许仰东	南　　安	续任
常　委	李自力	晋江池店	续任
常　委	黄文福	晋江金井	续任
常　委	潘子良	浙江温州	续任
常　委	吴忠刘	南　　安	续任
常　委	陈长义	晋江罗山	续任
常　委	刘文成	安徽肥东	续任
一级调研员	薛宗炎	泉州鲤城	2020.12任
二级调研员	薛宗炎	泉州鲤城	至2020.12
副处级干部	吴淞江	晋江安海	续任
三级调研员	陈云腾	晋江金井	2020.12任
副处级干部	陈云腾	晋江金井	至2020.12
二级调研员	林　跃	晋江安海	至2020.3
副处级干部	许畴料	晋江东石	续任

晋江市人大常委会

晋江市人大常委会领导一览表

表8

职　务	姓　名	籍　　贯	任职时间
主　任	林仁达	南　　安	续任
副主任	郭鸿荣(回)	晋江罗山	续任
副主任	曾献礼	晋江内坑	续任
副主任	连泉富	泉州泉港	至2020.11
副主任	姚志强	安　　溪	续任
副处级干部	林友竹	晋江陈埭	至2020.12
三级调研员	林友竹	晋江陈埭	2020.12任

晋江市人民政府

晋江市人民政府领导一览表

表9

职　务	姓　名	籍　　贯	任职时间
市　长	张文贤	安　　溪	续任
副市长	李自力	晋江池店	续任
副市长	张淑语(女)	晋江英林	续任
副市长	黄少伟	晋江安海	续任
副市长	李志强	晋江池店	续任
副市长	张汉杰	晋江内坑	续任
副市长	庄天怀	晋江梅岭	续任
副市长	李森建	泉州鲤城	2020.2任
副处级干部	颜宏达	晋江安海	续任
副处级干部	黄思添	南　　安	续任
四级调研员	陈传芳	晋江金井	2020.2任

政协晋江市委员会

政协晋江市委员会领导一览表

表10

职　务	姓　名	籍　　贯	任职时间
主　席	许宏程	晋江英林	续任
副主席	林庆峰	永　　春	续任
副主席	叶荣宗	漳州长泰	续任
副主席	洪元程	台　　湾	续任
副主席	洪忠信	晋江英林	续任

中共晋江市委机构

中共晋江市委机构及负责人一览表

表11

机构名称	职　务	姓　名	籍　　贯	任职时间
市纪委监委	纪委书记、监委主任	许仰东	南　　安	续任
	纪委副书记、监委副主任	庄祖奇	惠　　安	续任
	纪委副书记、监委副主任	蔡韵清(女)	晋江东石	续任
	纪委常委	郭培源(回)	石　　狮	续任
	纪委常委、监委委员	庄剑泓	晋江青阳	续任
	纪委常委、监委委员	谢东红	晋江池店	续任
市纪委监委	纪委常委、监委委员	翁洵钰	晋江灵源	续任
	监委委员	王龙头	晋江安海	续任
	监委委员	黄进苹	南　　安	续任
	办公室主任	史伯郎	晋江安海	续任
	组织和宣传部部长	施聪智	晋江龙湖	续任
	党风政风监督室主任	姚思明	晋江内坑	续任
	信访室主任	张清泉	晋江内坑	续任

续表11

机构名称	职　务	姓　名	籍　　贯	任职时间
市纪委监委	案件监督管理室主任	陈萍萍（女）	南　　安	续任
	第一纪检监察室主任	苏远志	晋江龙湖	续任
	第二纪检监察室主任	蔡金情	晋江东石	续任
	第三纪检监察室主任	张长仁	晋江梅岭	续任
	第四纪检监察室主任	郑金标	莆　　田	续任
	第五纪检监察室主任	桂卓迎	晋江安海	续任
	第六纪检监察室主任	施祖烈	晋江龙湖	续任
	案件审理室主任	苏瑛玉（女）	晋江安海	续任
	纪检监察干部监督室主任	林明温	晋江陈埭	续任
市纪委监委派驻纪检监察组	驻市委办公室纪检监察组组长	蔡开阳（女）	晋江东石	续任
	驻市委组织部纪检监察组组长	蔡东毅	晋江金井	续任
	驻市委宣传部纪检监察组组长	彭志翔	泉州洛江	续任
	驻市委统战部纪检监察组组长	陈激扬（女）	晋江永和	2020.10任
	驻市委政法委纪检监察组组长	罗敏（女）	广　　东	续任
	驻市人大常委会机关纪检监察组组长	陈丽娜（女）	晋江罗山	续任
	驻市政府办公室纪检监察组组长	柯金买（女）	晋江新塘	续任
	驻市发展和改革局纪检监察组组长	谢长春	永　　春	续任
	驻市工业和信息化局纪检监察组组长	张文盾	晋江东石	续任
	驻市商务局纪检监察组组长	杨竹裕	晋江安海	至2020.10
市纪委监委派驻纪检监察组	驻市商务局纪检监察组组长	颜秋娥（女）	晋江安海	2020.10任
	驻市教育局纪检监察组组长	王文出	晋江灵源	至2020.10
	驻市教育局纪检监察组组长	张尚府	晋江东石	2020.10任
	驻市公安局纪检监察组组长	吴世钦	福州闽侯	续任
	驻市民政局纪检监察组组长	李文程	晋江池店	续任
	驻市财政局纪检监察组组长	黄工作	晋江安海	续任
	驻市人力资源和社会保障局纪检监察组组长	林承狮	晋江永和	续任
	驻市自然资源局纪检监察组组长	柯清学	晋江灵源	续任
	驻市住房和城乡建设局纪检监察组组长	许永康	晋江东石	续任
	驻市城市管理局纪检监察组组长	蔡劲松	晋江池店	续任
	驻市交通运输局纪检监察组组长	吴炳灿	晋江西园	续任
	驻市农业农村局纪检监察组组长	张明智	晋江内坑	续任
	驻市水利局纪检监察组组长	陈玲玲（女）	晋江罗山	续任
	驻市文化和旅游局纪检监察组组长	陈丹蓉（女）	晋江安海	续任
	驻市卫生健康局纪检监察组组长	陈激扬（女）	晋江永和	至2020.10
	驻市卫生健康局纪检监察组组长	洪少艾	晋江英林	2020.10任

续表11

机构名称	职　务	姓　名	籍　贯	任职时间
市纪委监委派驻纪检监察组	驻市市场监督管理局纪检监察组组长	许竞峰	泉州鲤城	续任
	驻市政协机关纪检监察组组长	陈建新	晋江金井	续任
	驻市人民法院纪检监察组组长	林天宝	莆田仙游	续任
	驻市人民检察院纪检监察组组长	王云进	晋江内坑	续任
	驻市总工会纪检监察组组长	许文友	晋江永和	至2020.7
	驻市总工会纪检监察组组长	王平	安徽灵璧	2020.10任
市委办	主　任	谢建智	石　狮	续任
	副主任	陈建军	晋江陈埭	续任
	副主任(兼)	柯晓钟	晋江罗山	续任
	副主任	曾伙明	晋江内坑	续任
	副主任	林灿煌	晋江陈埭	至2020.1
	副主任	张清常	晋江内坑	2020.10任
	督查室主任	王展招	晋江西园	续任
保密办、国家保密局	主任、局长	柯晓钟	晋江罗山	续任
机要局、密码管理局	局　长	吴炳新	晋江磁灶	续任
台港澳办	主　任	陈建军	晋江陈埭	续任
档案局	局　长	谢建智	石　狮	续任
市委综合系统党委	书　记	朱丹红(女)	晋江池店	至2020.10
	书　记	曾伙明	晋江内坑	2020.10任
	专职副书记	宋豫闽	河南确山	续任
党群系统党委	书　记	林嘉达	晋江深沪	续任
	专职副书记	颜呈秒	晋江安海	续任
组织部	部　长	吴忠刘	南　安	续任
	常务副部长	林嘉达	晋江深沪	续任
	副部长	黄建华	南　安	续任
	副部长	许著赟	晋江安海	续任
	副部长	施嘉奕	晋江龙湖	2020.9任
	副部长(兼)	杨春雷	晋江龙湖	续任
公务员局	局　长	林嘉达	晋江深沪	至2020.9
	局　长	洪文惯	晋江英林	2020.9任
老干部局	局　长	许著赟	晋江安海	续任
	副局长	张蓓蕾(女)	晋江梅岭	续任
市直机关工作委员会	书　记	吴忠刘	南　安	续任
非公企业和社会组织工委	书　记	施嘉奕	晋江龙湖	2020.9任
人才办	主　任	黄建华	南　安	续任
	专职副主任	蔡文思	晋江永和	至2020.10
宣传部	部　长	林惠玲(女)	泉州丰泽	续任
	常务副部长	柯荣围	晋江安海	至2020.1
	副部长	陈多多	晋江深沪	续任
	副部长	吴清淡	晋江东石	2020.9任
	副部长	张培良	惠　安	2020.9任
	副部长(兼)	黄华东	南　安	2020.10任
	副部长(兼)	许自来	晋江东石	2020.10任
宣传系统党委	书　记	黄华东	南　安	至2020.10
	专职副书记	吴清淡	晋江东石	至2020.9
	专职副书记	许清源	晋江东石	2020.10任
精神文明建设办公室	主　任	陈多多	晋江深沪	续任
	副主任	吴成业	晋江磁灶	续任
统一战线工作部	部　长	黄文福	晋江金井	续任
	常务副部长	陈秋景	晋江永和	续任
	副部长	范飞跃	晋江金井	续任
	副部长	陈金尚	晋江罗山	续任
	副部长	陈贻得	晋江金井	2020.10任
	副部长(兼)	郑科伟	晋江龙湖	2020.9任
统战系统党委	书　记	陈金尚	晋江罗山	续任
	专职副书记	侯俊勇	南　安	至2020.10
	专职副书记	曾金珠(女)	晋江安海	2020.10任
民族宗教事务局	局　长	范飞跃	晋江金井	续任
	副局长	林春旭	晋江磁灶	至2020.10
侨务办公室	主　任	陈金尚	晋江罗山	续任
政法委员会	书　记	陈长义	晋江罗山	续任
	常务副书记	林劲松	晋江安海	续任
	副书记	陈清棋	晋江永和	续任

续表11

机构名称	职　务	姓　名	籍　　贯	任职时间
政法委员会	副书记	王经勤	晋江安海	续任
	副书记	林如欲	晋江陈埭	续任
政法系统党委	书　记	杨思程	晋江陈埭	至2020. 9
	书　记	张春晓	晋江池店	2020. 9任
	专职副书记	王义彬	莆田仙游	至2020. 9
	专职副书记	吴秋玲（女）	惠　　安	2020. 10任
机构编制委员会办公室	主　任	杨春雷	晋江龙湖	续任
	副主任	尤国盘	泉州洛江	续任
	副主任	王超猛	晋江英林	2020. 10任
	副主任	施建侨	晋江龙湖	2020. 10任
巡察办、巡察组	主　任	郭培源（回）	石　　狮	续任
	副主任	张谋苗	晋江磁灶	续任
	副主任	张彬彬（女）	晋江东石	续任

机构名称	职　务	姓　名	籍　　贯	任职时间
巡察办、巡察组	副主任	陈继添	晋江罗山	2020. 10任
	巡察一组组长	黄志坤	晋江安海	续任
	巡察二组组长	张小鹏	晋江内坑	续任
	巡察三组组长	高万里	晋江安海	续任
	巡察一组副组长	陈奕凯	晋江深沪	续任
	巡察二组副组长	陈流恭	晋江罗山	续任
	巡察三组副组长	陈孟哲	晋江磁灶	续任

晋江市人大常委会工作机构及专门委员会

晋江市人大常委会工作机构及专门委员会负责人一览表

表12

机构名称	职　务	姓　名	籍　　贯	任职时间
办公室	主任	陈钖岑	晋江罗山	至2020. 10
	主任	蔡文思	晋江永和	2020. 10任
	副主任	李蔚民	石　　狮	续任
	副主任	卢智健	漳州南靖	2020. 2任
人事代表委员会	主　任	蔡银青	晋江永和	至2020. 10
	副主任	陈晶晶（女）	石　　狮	续任
内务司法委员会	主　任	许良晓	晋江龙湖	续任
	副主任	谢丽明（女）	泉州洛江	2020. 10任
农村经济工作委员会	主　任	林明捷	南　　安	续任
	副主任	林友彬	晋江青阳	续任

机构名称	职　务	姓　名	籍　　贯	任职时间
财政经济委员会	主　任	颜宏哲	晋江安海	至2020. 8
	主　任	蔡银青	晋江永和	2020. 10任
	副主任	黄宁生	福州仓山	续任
教育科学文化卫生委员会	主　任	施正琛	晋江龙湖	续任
	副主任	许燕辉（女）	晋江安海	至2020. 10
	副主任	王鸿锦（女）	晋江永和	2020. 10任
华侨民族宗教委员会	主　任	柯碧玲（女）	晋江罗山	续任
	副主任	林　楠（女）	晋江深沪	2020. 10任
环境与城镇建设委员会	主　任	陈晓辉	石　　狮	续任
	副主任	陈萌雅（女）	晋江安海	续任

晋江市人民政府机构

晋江市人民政府机构及负责人一览表

表13

机构名称	职　务	姓　名	籍　　贯	任职时间
政府办	主　任	吴靖宇	晋江内坑	续任
	副主任	李宝泉	晋江梅岭	至2020. 10
	副主任	蔡斯坤	晋江东石	至2020. 9
	副主任	陈　凌（女）	泉州鲤城	至2020. 9
	副主任	郑志杰	惠　　安	续任
	副主任	蔡祈斌	晋江东石	续任
	副主任	张广德	广东普宁	2020. 10任

机构名称	职　务	姓　名	籍　　贯	任职时间
外事办	主　任	陈　凌（女）	泉州鲤城	至2020. 9
	主　任	吴靖宇	晋江内坑	2020. 9任
接待处	主　任	颜玉苗	晋江东石	续任
政府综合系统党委	书　记	颜才镖	晋江安海	续任
	专职副书记	傅劲峰	漳州芗城	至2020. 9
	专职副书记	李剑雄	晋江罗山	2020. 9任

续表13

机构名称	职　务	姓　名	籍　贯	任职时间
驻深圳办事处	主　任	施伟群	晋江深沪	续任
驻福州办事处	主　任	蔡长坚	晋江东石	续任
发展和改革局	局　长	许国鑫	晋江龙湖	续任
	副局长	饶一兵	湖北武穴	续任
	副局长	李文宏	晋江池店	续任
	副局长	吴荣世	晋江安海	续任
发展和改革系统党委	书　记	庄庆福	晋江梅岭	至2020.9
	书　记	林德生	晋江陈埭	2020.9任
	专职副书记	林景锋	惠　安	续任
教育局	局　长	陈建生	晋江磁灶	续任
	副局长	蔡惠琼(女)	晋江紫帽	至2020.9
	副局长	郭俊慨(回)	晋江金井	续任
	副局长	肖金枪	晋江东石	续任
	副局长	蔡朝阳	晋江梅岭	2020.10任
教育督导室	主　任	肖金枪	晋江东石	续任
教育系统党委	书　记	蔡惠琼(女)	晋江紫帽	至2020.9
	书　记	陈　凌(女)	泉州鲤城	2020.9任
	专职副书记	蔡朝阳	晋江梅岭	至2020.10
	专职副书记	杨青梅(女)	晋江紫帽	2020.10任
科学技术局	局　长	蒋家兴	德　化	续任
	副局长	施文协	晋江深沪	续任
工业和信息化局	局　长	林永红	晋江内坑	续任
	副局长	李忠思	晋江东石	续任
	副局长	陈连智	晋江罗山	续任
经信系统党委	书　记	曾勇军	晋江罗山	续任
	专职副书记	黄艺君(女)	晋江安海	续任
公安局 市局	局　长	李森建	泉州鲤城	续任
	政　委	苏家明	泉州丰泽	续任
	党委副书记	赖培猛	晋江西园	续任
	副局长	苏　琪	泉州鲤城	续任
	副局长	蔡水抽	晋江东石	续任
	副局长	李天平	晋江梅岭	续任
	副局长	曾朝阳	晋江内坑	续任
	副局长	洪进南	晋江英林	续任
	副局长	黄　泓	晋江梅岭	续任
	副局长	张卫东	泉州丰泽	2020.8任
	总工程师	施建忠	晋江深沪	续任
公安局机关党委	书　记	赖培猛	晋江西园	续任
	专职副书记	尤志贤	晋江内坑	续任
公安局 政工室	主　任	庄飞虎	晋江梅岭	续任
警务保障室	主　任	李章其	晋江金井	续任
警察公共关系室	主　任	陈耀宗	南　安	续任
警务督察大队	大队长	李建民	晋江安海	续任
指挥中心	主　任	龚志勇	石　狮	续任
	教导员	陈　勇	南　平	续任
国保大队	大队长	颜斯鸿	晋江安海	续任
	教导员	林拥军	晋江陈埭	续任
刑侦大队	大队长	李卫阳	晋江罗山	2020.8任
	教导员	施文生	晋江龙湖	续任
交警大队	大队长	张卫东	泉州丰泽	续任
	教导员	杨龙蒲	晋江东石	2020.8任
治安大队	大队长	林康育	晋江池店	续任
	教导员	蔡长翼	晋江金井	续任
法制大队	大队长	林宏展	晋江安海	续任
	教导员	赖晓山	龙岩武平	续任
经侦大队	大队长	王彬辉	晋江安海	续任
	教导员	林金福	漳州平和	续任
出入境管理大队	大队长	许春江	晋江金井	续任
	教导员	龚晶莹(女)	石　狮	续任
禁毒大队	大队长	蔡乔峰	晋江东石	续任
	教导员	庄剑能	龙岩上杭	续任
网安大队	大队长	洪松派	晋江金井	续任
	教导员	马永芳	三明宁化	续任
巡特警反恐大队	大队长	傅国平	河南滑县	续任
	教导员	刘　勇	山西平陆	续任
诈骗犯罪侦查大队	大队长	王培映	晋江梅岭	续任
	教导员	张　运	河北安平	续任
户政管理大队	大队长	颜向阳	晋江安海	续任
	教导员	姚红日	晋江内坑	续任
海防大队	大队长	邱国评	石　狮	续任
	政　委	许文鑫	泉　州	续任

续表13

机构名称		职务	姓名	籍贯	任职时间
公安局	森林警察大队	负责人	蒋灿阳	晋江金井	续任
	市看守所	所长	黄鹏程	晋江安海	续任
		教导员	张贻东	晋江磁灶	续任
	拘留所	所长	潘溶芳	泉州丰泽	续任
		教导员	李景峰	晋江池店	续任
	青阳派出所	所长	王伟	惠安	续任
		教导员	欧阳荣	湖南衡东	续任
	梅岭派出所	所长	陈黄河	晋江东石	续任
		教导员	谢世炎	晋江陈埭	至2020.8
		教导员	杨添福	晋江东石	2020.8任
	西园派出所	所长	施建	晋江龙湖	至2020.8
		所长	谢世炎	晋江陈埭	2020.8任
		教导员	庄育坪	晋江青阳	续任
	罗山派出所	所长	陈志远	泉州泉港	续任
		教导员	肖炜	晋江金井	续任
	灵源派出所	所长	郭东汉	晋江罗山	续任
		教导员	王维柱	晋江东石	续任
	新塘派出所	所长	陈峻峰	惠安	续任
		教导员	杨周阳	安溪	续任
	陈埭派出所	所长	李建设	晋江梅岭	续任
		教导员	王炼武	福州闽清	续任
	滨江派出所	所长	郑志朋	晋江罗山	续任
		教导员	许江洪	晋江安海	续任
	池店派出所	所长	姚常青	晋江永和	续任
		教导员	邱德民	龙岩上杭	续任
	安海派出所	所长	李卫阳	晋江罗山	至2020.8
		所长	施建	晋江龙湖	2020.8任
		教导员	李文权	南安	续任
	磁灶派出所	所长	李明星	晋江梅岭	续任
		教导员	江冬平	南平浦城	续任
	内坑派出所	所长	李进益	晋江池店	续任
		教导员	郑丽绥(女)	永春	续任
	紫帽派出所	所长	苏世源	晋江磁灶	续任
		教导员	李瑞斌	晋江池店	续任
	东石派出所	所长	张飞	内蒙古商都	续任
		教导员	洪源杉	晋江英林	续任
公安局	永和派出所	所长	张长光	晋江青阳	续任
		教导员	柳良顺	晋江陈埭	续任
	英林派出所	所长	蔡士达	晋江安海	续任
		教导员	唐劲松	泉州泉港	续任
	金井派出所	所长	蔡宗晨	厦门同安	续任
		教导员	洪光约	晋江英林	续任
	龙湖派出所	所长	柯长春	晋江新塘	续任
		教导员	施风扬	晋江深沪	续任
	深沪派出所	所长	洪清昌	晋江英林	续任
		教导员	黄恒梁	永春	续任
	西滨派出所	所长	林荣武	晋江安海	续任
		教导员	魏建烽	宁德柘荣	续任
	安平派出所	所长	林江涛	晋江陈埭	续任
		教导员	张谋泽	晋江英林	续任
民政局		党组书记	吴晋居	晋江磁灶	续任
		局长	吴丽婷(女)	晋江磁灶	续任
		副局长	张连侨	晋江内坑	续任
		副局长	施建生	晋江龙湖	续任
司法局	市局	局长	许嘉丰	晋江金井	续任
		副局长	张春晓	晋江池店	至2020.9
		副局长	张贻潜	晋江东石	续任
		副局长	柯涌	晋江新塘	2020.10任
	青阳司法所	所长	洪文峰	晋江龙湖	续任
	梅岭司法所	所长	柯涌	晋江新塘	至2020.10
		所长	吴华东	晋江灵源	2020.10任
	西园司法所	所长	陈晓君	晋江金井	2020.10任
	罗山司法所	所长	林祥星	晋江青阳	续任
	灵源司法所	所长	蔡建华(女)	晋江东石	至2020.10
		所长	章翠萍(女)	永春	2020.10任
	新塘司法所	所长	谢阳明	泉州洛江	至2020.10
		所长	金宏勃	晋江青阳	2020.11任
	陈埭司法所	所长	陈毅伟	晋江安海	至2020.10
		所长	傅龙福	安溪	2020.10任
	池店司法所	所长	庄婉萍	晋江梅岭	2020.10任

续表13

机构名称		职 务	姓 名	籍 贯	任职时间
司法局	安海司法所	所 长	佘胜琛	晋江永和	续任
	磁灶司法所	所 长	庄晓东	晋江梅岭	至2020.10
		所 长	陈卫星	晋江罗山	2020.10任
	内坑司法所	所 长	王说佳	晋江金井	续任
	紫帽司法所	所 长	魏志强	泉州丰泽	至2020.10
		所 长	陈 军	晋江安海	2020.10任
	东石司法所	所 长	庄舒怀(女)	晋江梅岭	续任
	永和司法所	所 长	赖雪芳(女)	晋江青阳	续任
	英林司法所	所 长	施少锋	晋江深沪	至2020.10
		所 长	黄清景	晋江东石	2020.10任
	金井司法所	所 长	陈毅旺	晋江安海	续任
	龙湖司法所	所 长	李培耀	晋江内坑	至2020.10
		所 长	陈 昇	晋江安海	2020.10任
	深沪司法所	所 长	林志强	晋江永和	2020.10任
	西滨司法所	所 长	陈明霞(女)	南 安	至2020.10
		所 长	李艳仪(女)	晋江池店	2020.10任
财政局		局 长	肖金树	晋江东石	续任
		副局长	吴绶明	晋江池店	续任
		副局长	陈元福	晋江磁灶	续任
		副局长	洪明照	晋江龙湖	续任
财税金融系统党委		书 记	吴东进	晋江永和	续任
		专职副书记	施永鑫	晋江龙湖	续任
财政国库支付中心		主 任	庄永速	晋江龙湖	2020.10任
人力资源和社会保障局		局 长	柯发音	晋江新塘	续任
		副局长	吴清瑜	晋江东石	续任
		副局长	尤金榜	晋江安海	续任
		副局长	林晓军	晋江金井	至2020.9
		副局长	张 杭	晋江西园	续任
社会保障系统党委		书 记	黄文铅	晋江东石	续任
		专职副书记	林金龙	永 春	续任
公共就业和人才服务中心		主 任	吴灵敏(女)	晋江磁灶	2020.10任

机构名称	职 务	姓 名	籍 贯	任职时间
自然资源局	局 长	蔡清渠	晋江东石	续任
	副局长	朱文育	晋江安海	续任
	副局长	蔡建明	晋江池店	续任
	副局长	陈英俊	晋江金井	至2020.9
	副局长	孙文欣	晋江东石	续任
	副局长	刘文斌	泉州泉港	续任
	副局长	张尧进	南平建瓯	至2020.10
	总规划师	张尧进	南平建瓯	2020.10任
	副局长	邱志军	石 狮	2020.10任
自然资源局陈埭分局	分局长	邱志军	石 狮	至2020.10
	分局长	蔡晓旭	晋江紫帽	2020.11任
住房和城乡建设局	局 长	蔡逸卿	晋江东石	至2020.1
	局 长	陈荣松	晋江罗山	2020.1任
	副局长	丁清松(回)	晋江陈埭	续任
	副局长	卓鸿源	晋江紫帽	至2020.9
	副局长	曾绍鹏	晋江龙湖	续任
	总工程师	洪逸群	晋江英林	续任
建设系统党委	书 记	陈文星	晋江深沪	续任
	专职副书记	李培植	晋江安海	续任
人民防空办公室	主 任	陈文星	晋江深沪	续任
住房和城乡建设局陈埭分局	分局长	洪鸿飞	晋江英林	续任
城建项目管理服务中心	主 任	李俊颖	晋江池店	续任
交通运输局	局 长	吴鸿斌	晋江紫帽	续任
	副局长	肖奕志	晋江安海	续任
	副局长	连碧龙	泉州泉港	续任
	副局长	李再生	晋江罗山	续任
	总工程师	颜呈忠	晋江安海	续任
交通运输系统党委	书 记	谢春雷	南 安	至2020.9
	专职副书记	蔡于洋(女)	晋江东石	至2020.9
	专职副书记	叶水滨	晋江东石	2020.10任
国防动员会交通战备办公室	主 任	尚建萍(女)	辽宁黑山	至2020.6
交通综合行政执法大队	大队长	颜呈云	晋江安海	续任

续表13

机构名称	职　务	姓　名	籍　贯	任职时间
农业农村局	局　长	李友加	晋江罗山	续任
	副局长	许建林	晋江青阳	续任
	副局长	朱志新	晋江池店	续任
	总农艺师	蔡章棣	晋江永和	续任
农业系统党委	书　记	施建成	晋江龙湖	续任
	专职副书记	王银姬(女)	晋江新塘	续任
林业和园林绿化局	局　长	王清龙	厦　门	续任
	副局长	陈少慰	晋江金井	续任
	副局长	洪海港	晋江西园	续任
水利局	局　长	蒋东晓	晋江金井	续任
	副局长	陈一啸	晋江安海	续任
	副局长	蔡景福	晋江新塘	续任
	总工程师	刘地强	泉州泉港	续任
商务局	局　长	蔡文卿	晋江东石	至2020.11
	局　长	蔡伟达	晋江安海	2020.12任
	副局长	蔡伟达	晋江安海	至2020.12
	副局长	苏孙慰	晋江安海	至2020.9
	副局长	丁永贵(回)	晋江陈埭	续任
文化和旅游局	局　长	柯国林	莆　田	至2020.4
	局　长	蔡　晖	晋江深沪	2020.9任
	副局长	李和范	晋江罗山	续任
	副局长	施清凉	晋江龙湖	续任
卫生健康局	局　长	纪刚宏	晋江金井	续任
	党组副书记	陈　铭	南　安	2020.2任
	副局长	张白茹(女)	晋江深沪	续任
	副局长	陈文添	晋江内坑	续任
	副局长	许辉荣	晋江内坑	续任
	副局长	陈鹭旭	晋江安海	续任
卫计系统党委	书　记	翁国明	晋江灵源	至2020.9
	书　记	王荣辉	晋江灵源	2020.9任
	专职副书记	雷　鸣(畲)	龙岩上杭	续任
退役军人事务局	局　长	王奇志	厦门翔安	续任
	副局长	陈孟桔	晋江磁灶	续任
应急管理局	局　长	施金钟	晋江龙湖	续任
	副局长	柯荣锻	晋江新塘	续任
	副局长	曾云开	晋江梅岭	续任
	安全监管总工程师	苏少森	晋江陈埭	2020.10任
	副局长	施得志	晋江龙湖	2020.10任

机构名称		职　务	姓　名	籍　贯	任职时间
审计局		局　长	陈恩典	晋江永和	续任
		副局长	蔡向阳	晋江东石	续任
		副局长	肖子新	晋江东石	续任
		总审计师	曾辉英(女)	厦　门	续任
市场监督管理局	市局	局　长	叶荣聪	惠　安	续任
		副局长	黄永豪	晋江安海	至2020.10
		副局长	许宗智	南　安	至2020.10
		副局长	苏少森	晋江陈埭	至2020.10
		副局长	洪德意	晋江龙湖	2020.10任
		副局长	庄志东	晋江青阳	2020.10任
		副局长	谢海青	晋江英林	2020.10任
		食药总监	陈俊达	晋江深沪	续任
市场监督管理系统党委		书　记	柯永顺	晋江安海	续任
		专职副书记	叶子清	晋江东石	续任
市场监督管理局	青阳所	所　长	许伟文	石　狮	至2020.10
		所　长	庄铭毅	晋江梅岭	2020.10任
		教导员	丁永汉(回)	晋江陈埭	续任
	梅岭所	所　长	庄志东	晋江青阳	至2020.10
		所　长	施德才	漳州云霄	2020.10任
		教导员	王江萍(女)	石　狮	续任
	西园所	所　长	刘劲松	晋江东石	续任
		教导员	蔡培塔	晋江永和	至2020.10
	罗山所	所　长	谢海青	晋江英林	至2020.10
		所　长	张瑞裕	晋江磁灶	2020.10任
		教导员	范维忠	晋江金井	至2020.10
	灵源所	所　长	肖子逊	晋江东石	续任
		教导员	陈小立	晋江青阳	续任
	新塘所	所　长	林文斌	晋江永和	续任
		教导员	苏小奔	晋江陈埭	续任
	陈埭所	所　长	王金川	晋江紫帽	续任
		教导员	林　晖	南　安	续任
	池店所	所　长	林俊峰	晋江金井	续任
		教导员	张少鹏	晋江英林	续任
	安海所	所　长	曾华习	晋江金井	续任
		教导员	王有忠	永　春	续任
	磁灶所	所　长	林文艺	晋江永和	续任
		教导员	庄玉树	晋江青阳	至2020.10

续表13

机构名称		职务	姓名	籍贯	任职时间
市场监督管理局	内坑所	所长	吴清波	晋江安海	续任
		教导员	施荣尧	晋江龙湖	至2020.10
	紫帽所	所长	张瑞裕	晋江磁灶	至2020.10
		所长	许青松	晋江龙湖	2020.10任
		教导员	许青松	晋江龙湖	至2020.10
	东石所	所长	林勤	南安	2020.10任
		教导员	蔡有志	晋江安海	续任
	永和所	所长	洪文志	晋江东石	续任
	英林所	所长	许培坤	晋江青阳	续任
		教导员	高轮	晋江安海	续任
	金井所	所长	林聪谋	晋江深沪	续任
		教导员	许清显	晋江安海	至2020.10
	龙湖所	所长	苏凯东	泉州鲤城	续任
		教导员	尤江华	晋江内坑	续任
	深沪所	所长	李海晖	晋江英林	续任
	西滨所	所长	施德才	漳州云霄	至2020.10
		所长	施荣尧	晋江龙湖	2020.10任
		教导员	周忠林	山东定陶	至2020.10

机构名称	职务	姓名	籍贯	任职时间
体育局	党组书记	陈茂和	晋江深沪	续任
	局长	许紫竹	晋江安海	续任
	副局长	张步贤	晋江东石	2020.10任
统计局	局长	张清山	晋江东石	续任
	副局长	吴其仁	晋江西园	续任
金融工作局	局长	刘向阳	惠安	续任
	金融分析师	林溢芳	厦门	2020.10任
	副局长	陈希卓	晋江金井	续任
信访局	局长	陈松柏	晋江罗山	至2020.1
	局长	曾焕铁	晋江新塘	2020.2任
	副局长	朱良志	晋江内坑	续任
	副局长	蔡婉浈(女)	石狮	续任
城市管理局	局长	黄清泉	晋江东石	续任
	副局长	魏德赐	南安	至2020.11
	副局长	曾长兴	晋江安海	续任
	副局长	施少锋	晋江深沪	2020.10任
城市管理局陈埭分局	分局长	吴长江	晋江灵源	续任

政府派出机构

政府派出机构及负责人一览表

表14

机构名称	职务	姓名	籍贯	任职时间
经济开发区管理委员会	党工委书记	谢永彬	晋江磁灶	续任
	副书记	施奕超	晋江安海	续任
	副书记	蔡金星	晋江东石	至2020.9
	纪工委书记	王平	安徽灵璧	至2020.10
	纪工委书记	洪肇堆	晋江英林	2020.10任
	副主任	张玉玺	晋江东石	至2020.9
	副主任	张百夷	晋江东石	2020.10任
	副主任	庄鸣	晋江安海	2020.10任

机构名称	职务	姓名	籍贯	任职时间
泉州出口加工区	管理局局长	苏孙慰	晋江安海	2020.9任
	管理局副局长	林琪	南安	2020.9任
行政服务中心管委会	党组书记	洪荣塔	晋江英林	续任
	主任	颜志平(女)	莆田仙游	续任
	副主任	杨志勇	晋江安海	续任
泉州半导体高新技术产业园区晋江分园区管理委员会	主任	陈志雄	晋江深沪	续任
	常务副主任	谢建新	晋江东石	续任
	副主任	苏华伟	安溪	续任
	副主任	丁锦茹(女,回)	晋江陈埭	2020.10任

政协晋江市委员会工作机构

政协晋江市委员会工作机构及负责人一览表

表15

机构名称	职　务	姓　名	籍　　贯	任职时间
办公室	主任	蔡　晖	晋江深沪	至2020.9
	主任	王斌斌	晋江青阳	2020.11任
	副主任	蔡阿炳	晋江陈埭	续任
	副主任	林水清	晋江陈埭	2020.11任
提案委员会	主任	许天宝	晋江龙湖	续任
	副主任	丁青青(女、回)	晋江陈埭	2020.4任

机构名称	职　务	姓　名	籍　　贯	任职时间
经济与法制委员会	主任	张谋荣	晋江池店	续任
	副主任	张茂倩(女)	晋江安海	续任
文史资料委员会	主任	吴明哲	晋江龙湖	续任
	副主任	黄诗瑜	晋江安海	续任
联络委员会	主任	张海滩	晋江东石	续任
	副主任	林真真(女)	晋江英林	续任

驻晋机构

驻晋机构及负责人一览表

表16

机构名称		职　务	姓　名	籍　　贯	任职时间
泉州海关驻晋江办事处		主　任	辛锡龙	江苏无锡	续任
		副主任	蔡水狮	南　　安	续任
		副主任	吴跃民	翔　　安	续任
		副主任	方立刚	浙江义乌	2020.10任
晋江海事处		处　长	柳明峰	泉　　州	续任
		副处长	徐　忠	山东莒县	至2020.9
		副处长	林良健	泉　　州	至2020.11
		副处长	宋传中	黑龙江绥化	2020.11任
		副处长	李文淇	泉　　州	2020.11任
消防大队		大队长	陈　鹏	惠　　安	2020.12任
		教导员	郭首政	永　　春	至2020.12
		教导员	王五福	江西南康	2020.12任
国家税务总局晋江市税务局	市局	总经济师	庄稼仁	泉　　州	至2020.9
		局　长	谢铭峰	南　　安	2020.9任
		副局长	刘建民	晋　　江	至2020.9
		副局长	洪晓东	晋　　江	至2020.9
		副局长	郑序紊	晋　　江	续任
		副局长	施纯望	晋　　江	续任
		副局长	张一兵	晋　　江	续任
		副局长	杨　苹(女)	晋　　江	续任
		副局长	杨清泽	晋　　江	续任
		副局长	曾振辉	晋　　江	续任
		纪检组组长	黄种波	南　　安	续任
	分局	分局长	尤志贤	晋　　江	续任
		分局长	陈文哲	晋　　江	续任

机构名称		职　务	姓　名	籍　　贯	任职时间
国家税务总局晋江市税务局	分局	分局长	张伟煌	惠　　安	续任
		分局长	聂招东	武　　平	续任
		分局长	陈天星	晋　　江	续任
		分局长	张连进	晋　　江	续任
		分局长	骆炳招	惠　　安	续任
		分局长	蔡明科	石　　狮	续任
		分局长	吴振东	晋　　江	续任
		分局长	陈永军	晋　　江	续任
		分局长	陈哲瑜	晋　　江	续任
		分局长	杨式禹	晋　　江	续任
晋江市邮政管理局		局　长	陈荣裕	泉　　州	续任
泉州市晋江生态环境局		局　长	林志雄	晋江永和	续任
		副局长	倪向群	晋江陈埭	续任
		副局长	卢敬东	晋江池店	续任
		副局长	黄永生	晋江安海	2020.4任
		陈埭分局分局长	陈清松	漳州龙海	2020.11任
泉州市医疗保障局晋江分局		局　长	黄长沙	石　　狮	续任
		副局长	陈清漂	晋江永和	续任
晋江市经济报社		总编辑	吴美章	三明大田	2020.5任
		副总编辑	吴美章	三明大田	至2020.5
		副总编辑	方锦枞	漳州龙海	续任
		编　委	李剑锋	南　　安	续任

续表16

机构名称	职务	姓名	籍贯	任职时间
中国人民银行晋江市支行	行长	苏亚民	永春	续任
	副行长	庄家训	泉州泉港	续任
	副行长	黄文忠	晋江安海	续任
晋江银保监管组	组长	许一平	南安	至2020.12
	组长	黄作影	安溪	2020.12任
晋江市气象局	局长	叶秀枝(女)	南平松溪	续任
	副局长	陈雅莲(女)	永春	续任
	副局长	林雄军	永春	2020.3任
晋江盐务局	局长	张志强	南安	续任
	副局长	吴培铨	泉州	续任
	副局长	李成贤	南安	续任
泉州公路局晋江分局	局长	戴伟顺	南安	续任
	教导员	罗勇	厦门	至2020.2

机构名称	职务	姓名	籍贯	任职时间
泉州公路局晋江分局	副局长	王宗龙	泉州泉港	续任
	副局长	柳剑飞	莆田	续任
泉州市住房公积金中心晋江管理部	主任	张晓光	晋江东石	续任
泉州海警局晋江工作站	站长	李政杰	江西奉新	续任
	教导员	吴华霖	泉州鲤城	2020.5任
晋江市烟草专卖局	局长、经理	庄进勇	泉州泉港	续任
	副局长	张辉扬	安溪	续任
	副经理	徐芳南	安溪	续任
	纪检员	颜天宝	晋江新塘	至2020.3
	纪检员	林俊鸿	南安	2020.3任

民主党派

晋江市民主党派负责人一览表

表17

机构名称	职务	姓名	籍贯	任职时间
中国国民党革命委员会晋江市委员会	主委	曾献礼	晋江内坑	续任
	专职副主委	张子牙	晋江东石	至2020.12
中国民主同盟晋江市委员会	专职主委	张开端	晋江内坑	续任
中国民主建国会晋江市委员会	主委	庄天怀	晋江梅岭	续任
	专职副主委	张榕(女)	晋江安海	续任
中国民主促进会晋江市委员会	主委	许维蓄	晋江龙湖	续任
	专职副主委	周莹(女)	南安	续任

机构名称	职务	姓名	籍贯	任职时间
中国农工民主党晋江市委员会	主委	王金象	晋江金井	续任
	专职副主委	张琳琳(女)	南安	续任
中国致公党晋江市委员会	专职主委	颜虹(女)	晋江安海	续任
九三学社晋江支社	主委	苏温州	晋江陈埭	续任
台湾民主自治同盟晋江市支部委员会	主委	洪元程	台湾	续任

群众团体

晋江市群众团体组织负责人一览表

表18

机构名称	职务	姓名	籍贯	任职时间
总工会	主席	吴忠刘	南安	至2020.3
	主席	潘子良	浙江文成	2020.3任
	常务副主席	彭培育	石狮	续任
	副主席	颜劲松	晋江安海	续任
	副主席	王颖芳(女)	晋江池店	续任

机构名称	职务	姓名	籍贯	任职时间
共青团晋江市委员会	书记	蔡少林	晋江永和	续任
	副书记	卢奕珠(女)	德化	至2020.10
	副书记	张雯(女)	南安	续任
	副书记	丁少伟(回)	晋江陈埭	2020.10任
妇女联合会	主席	许清心(女)	晋江龙湖	续任

续表18

机构名称	职　务	姓　名	籍　贯	任职时间
妇女联合会	副主席	丁玉梅(女、回)	晋江陈埭	续任
	副主席	吴秋品	晋江磁灶	2020.11任
工商联（总商会）	主席(会长)	洪忠信	晋江英林	续任
	常务副主席（副会长）	郑科伟	晋江龙湖	续任
	副主席(副会长)、秘书长	庄志森	晋江永和	续任
科学技术协会	主　席	谢江漫	晋江金井	续任
	副主席	王鸿锦(女)	晋江永和	至2020.10
	副主席	丁晓岚(女、回)	晋江安海	2020.10任
文学艺术界联合会	主　席	黄华东	南　安	2020.10任
社会科学联合会	主　席	黄　良	晋江金井	续任
归国华侨联合会	主　席	庄晓芳(女)	晋江梅岭	续任
	副主席	王建新	晋江金井	至2020.10
	副主席	高斓斓(女)	晋江安海	2020.10任
台湾同胞联谊会	会　长	吴朝晖	台湾台北	续任
残疾人联合会	理事长	蔡尚才	晋江东石	续任
	副理事长	林荣坤	晋江安海	续任
国际贸易促进委员会	会　长	蔡育树	石　狮	续任
	副会长	陈冬生	晋江安海	至2020.10
	副会长	孙水滨	晋江东石	续任
	副会长	姚少志	永　春	2020.10任
计划生育协会	会　长	王庆芬	石　狮	续任
	常务专职副会长	王立民	泉州鲤城	续任
	专职副会长	刘名军	江西兴国	续任
红十字会	专职副会长	卢奕珠(女)	德　化	2020.10任
关心下一代工作委员会	主　任	陈长庚	晋江龙湖	续任
	常务副主任	许天祥	晋江东石	续任
	副主任	陈龙琪	宁　德	续任
	副主任	郑清爽	晋江东石	续任
老区建设促进会	会　长	黄小闽	晋江梅岭	续任
	常务副会长	许乔良	晋江梅岭	续任
	副会长	庄跃进	晋江梅岭	2020.1任
慈善总会	会　长	许连捷	晋江安海	续任

街道、镇、场

晋江市镇(街道)、场及负责人一览表

表19

机构名称	职　务	姓　名	籍　贯	任职时间
青阳街道	书　记	洪永胜	晋江英林	续任
	副书记、主任	曾国灿	晋江罗山	续任
	人大工委主任	许小卫	晋江安海	续任
	副书记	王晓人	晋江金井	至2020.9
	副书记	林晓军	惠　安	2020.9任
	副书记	钟荣茂(畲)	晋江内坑	至2020.9
	副书记	尤国辉	永　春	2020.9任
	委　员（纪工委书记）	王建回	晋江永和	续任
	委　员（武装部部长）	蔡安怀	晋江梅岭	续任
	委员(秘书)	林水清	晋江陈埭	至2020.10
青阳街道	委员(秘书)	谢阳明	泉州洛江	2020.10任
	组织委员	丁晓岚(女、回)	晋江安海	至2020.10
	组织委员	黄美霞(女)	晋江东石	2020.10任
	宣传委员、统战委员	王荣誉	晋江东石	至2020.10
	宣传委员、统战委员	陈荣辉	晋江西园	2020.10任
	人大工委副主任	洪鸿雁	晋江英林	续任
	副主任	曾台店	晋江安海	续任
	副主任	朱智钰	晋江内坑	续任
	副主任(科技)	黄志胜	晋江安海	至2020.1

续表19

机构名称	职　务	姓　名	籍　　贯	任职时间
青阳街道	副主任(科技)	叶世康	晋江梅岭	2020.10任
	企业党委专职副书记	张剑锋	晋江东石	续任
	综合便民服务中心主任	丁金铭	晋江陈埭	2020.10任
	社会事务服务中心主任	郑金福	晋江罗山	2020.10任
梅岭街道	书　记	洪长江	晋江东石	续任
	副书记、主任	洪志强	晋江东石	至2020.1
	副书记、主任	陈其昌	晋江深沪	2020.1任
	人大工委主任	陈聪衍	石　　狮	至2020.9
	人大工委主任	庄松龄	晋江青阳	2020.10任
	副书记	吴青山	石　　狮	续任
	副书记	蔡于洋(女)	晋江东石	2020.9任
	委　员(纪工委书记)	李径宗	晋江罗山	续任
	委　员(武装部部长)	吴连坛	晋江龙湖	至2020.10
	委　员(武装部部长)	陈金元	晋江磁灶	2020.10任
	委员(秘书)	余　洁	福州鼓楼	续任
	组织委员、统战委员	张金龙	晋江磁灶	至2020.10
	组织委员、统战委员	蔡培塔	晋江永和	2020.10任
	宣传委员	洪琼琼(女)	晋江东石	续任
	人大工委副主任	陈德意	晋江罗山	2020.2任
	副主任	郑绍乐	永　　春	续任
	副主任	陈文祥	晋江青阳	续任
	副主任(科技)	颜才添	晋江安海	2020.10任
	企业党委专职副书记	詹伟清	晋江安海	续任
	综合便民服务中心主任	吕金城	永　　春	2020.10任
	综合执法队队长	李国业	晋江金井	2020.10任
西园街道	书　记	林晓为	晋江安海	至2020.1
	书　记	洪志强	晋江东石	2020.1任
	副书记、主任	杨双华(女)	晋江新塘	续任
	人大工委主任	陈世裕	晋江东石	续任
	副书记	陈文聘	晋江安海	续任
	副书记	刘小燕(女)	南　　安	续任
	委　员(纪工委书记)	吴钰凯	晋江龙湖	续任
	委　员(武装部部长)	陈继祖	晋江罗山	续任
	委　员(秘　书)	尤国辉	永　　春	至2020.9
	委　员(秘　书)	王晓闽	晋江新塘	2020.10任
	组织委员、统战委员	吴雅琳(女)	石　　狮	至2020.10
	组织委员、统战委员	张天龙	晋江东石	2020.10任
	宣传委员	颜拥军	晋江安海	续任
	人大工委副主任	吴马愿	晋江罗山	2020.2任
	副主任	陈加星	晋江罗山	续任
	副主任	蔡鹰扬	晋江东石	续任
	副主任(科技)	陈飞娜(女)	晋江陈埭	续任
	企业党委专职副书记	张挺伟	晋江英林	续任
	综合便民服务中心主任	张良善	晋江内坑	2020.10任
	社会事务服务中心主任	颜连江	晋江安海	2020.10任
罗山街道	书　记	陈文斗	晋江金井	至2020.1
	书　记	吴再发	晋江西园	2020.1任
	副书记、主任	张志友	晋江东石	续任
	人大工委主任	王向阳	晋江安海	续任
	副书记	曾远漂	晋江安海	至2020.9
	副书记	蔡北京	晋江东石	续任
	副书记	吴松江	晋江东石	2020.9任
	委　员(纪工委书记)	吴黎水	晋江灵源	至2020.10
	委　员(纪工委书记)	李培耀	晋江内坑	2020.10任
	委　员(武装部部长)	庄铭德	晋江梅岭	续任
	委员(秘书)、统战委员	杨青梅(女)	晋江紫帽	至2020.10

续表19

机构名称	职　务	姓　名	籍　贯	任职时间
罗山街道	委员(秘书)、统战委员	李建明	晋江内坑	2020.10任
	组织委员	陈长达	晋江深沪	续任
	宣传委员	洪段宏	晋江东石	续任
	人大工委副主任	柯康灿	晋江金井	2020.2任
	副主任	陈达森	晋江金井	续任
	副主任	林时就	晋江内坑	至2020.9
	副主任	吴雅琳(女)	石　狮	2020.10任
	副主任(科　技)	林志宏	厦　门	2020.10任
	企业和社会组织党委专职副书记	姚晓翔	晋江安海	续任
	综合便民服务中心主任	张清枝	晋江东石	2020.10任
	综合执法队队长	陈尤鑫	晋江安海	2020.10任
灵源街道	书　记	苏振发	南　安	续任
	副书记、主任	陈高攀	晋江磁灶	续任
	人大工委主任	林松庆	晋江陈埭	续任
	副书记	陈贻得	晋江金井	至2020.10
	副书记	许上林	晋江英林	续任
	副书记	杨志远	晋江新塘	2020.10任
	委　员(纪工委书记)	陈凌燕(女)	晋江安海	续任
	委　员(武装部部长)	陈金元	晋江磁灶	至2020.10
	委　员(武装部部长)	蔡崇伟	晋江安海	2020.10任
	委　员(秘　书)	蔡文习	晋江东石	至2020.10
	委　员(秘　书)	洪彬鍪	晋江英林	2020.10任
	组织委员	杨　彬	晋江新塘	续任
	宣传委员、统战委员	庄燕燕(女)	晋江青阳	续任
	人大工委副主任	蔡娜娜(女)	晋江东石	2020.2任
	副主任	柯志力	晋江新塘	续任
	副主任	叶明阳	台湾台南	续任
	副主任(科　技)	许天苔	晋江英林	续任
	企业党委专职副书记	李其旦	晋江内坑	续任
	综合便民服务中心主任	张斌强	晋江西园	2020.10任
	综合执法队队长	王晓明	晋江内坑	2020.10任
新塘街道	书　记	庄东航	晋江梅岭	续任
	副书记、主任	陈英煌	晋江青阳	续任
	人大工委主任	林友栋	晋江罗山	续任
	副书记	颜婉媚(女)	晋江安海	至2020.12
	副书记	施荣进	晋江龙湖	续任
	副书记	黄若凡	晋江安海	2020.9任
	委　员(纪工委书记)	黄若凡	晋江安海	至2020.9
	委　员(纪工委书记)	林俊伟	晋江罗山	2020.10任
	委　员(武装部部长)	蔡崇伟	晋江安海	至2020.10
	委　员(武装部部长)	张国钱	晋江东石	2020.10任
	委　员(秘　书)	尤丁贵	永　春	至2020.10
	委　员(秘　书)	周金水	晋江东石	2020.10任
	组织委员	周嘉琛	南　安	至2020.9
	组织委员	李辉瑶	晋江龙湖	2020.10任
	宣传委员、统战委员	陈欣欣(女)	泉州鲤城	续任
	人大工委副主任	刘铮铭	晋江金井	2020.2任
	副主任	施文响	晋江龙湖	续任
	副主任	吴健军	晋江金井	续任
	副主任(科　技)	张绍萍(女)	晋江青阳	2020.10任
	企业党委专职副书记	张国钱	晋江东石	至2020.10
	综合便民服务中心主任	曾运筹(女)	晋江池店	2020.10任
	社会事务服务中心主任	林　舟	晋江安海	2020.10任
良种场	场　长	许英蔚	晋江英林	续任
	副场长	唐玉梅(女)	晋江池店	续任
	副场长	陈金德	晋江罗山	续任

续表19

机构名称	职　务	姓　名	籍　贯	任职时间
陈埭镇	书　记	潘子良	浙江温州	至2020.1
	书　记	庄垂生	晋江梅岭	2020.1任
	副书记、镇长	庄垂生	晋江梅岭	至2020.1
	副书记、镇长	陈文斗	晋江金井	2020.1任
	人大主席	曾逸峰	晋江安海	续任
	副书记	曾焕镖	晋江内坑	至2020.9
	副书记	许自央	晋江安海	续任
	副书记	王少欣	晋江金井	2020.9任
	委　员（纪委书记）	张金祥	晋江英林	至2020.10
	委　员（纪委书记）	兰雯雯（女、畲）	晋江安海	2020.10任
	委　员（武装部部长）	姚庆祝	晋江内坑	续任
	委　员（秘　书）	姚　腾	晋江罗山	续任
	组织委员	丁永达	晋江陈埭	续任
	宣传委员、统战委员	陈荣辉	晋江西园	至2020.10
	宣传委员、统战委员	王荣誉	晋江东石	2020.10任
	人大副主席	黄小凤（女）	晋江池店	续任
	副镇长	黄贤答	晋江东石	续任
	副镇长	王少欣	晋江金井	至2020.9
	副镇长（挂　职）	林浩星	德　化	至2020.11
	副镇长（科　技）	林志阳	惠　安	2020.10任
	企业党委专职副书记	蔡建明	晋江紫帽	续任
	行政服务中心主任	林荣材	晋江内坑	续任
	社会事务服务中心主任	曾海峰（女）	泉州丰泽	2020.10任
	经济发展服务中心主任	许志猛	晋江东石	2020.10任
	综合执法队队长	陈程菲	晋江磁灶	2020.10任
池店镇	书　记	吴尊意	晋江金井	续任
	副书记、镇长	许长俊	晋江安海	续任
	人大主席	李逊庆	晋江青阳	续任
	副书记	庄自宝	晋江梅岭	续任
	副书记	洪志新	晋江英林	至2020.12
	副书记	李　泱	晋江安海	2020.9任
	副书记（挂　职）	傅文聪	南　安	至2020.11
	委　员（纪委书记）	苏文璋	晋江安海	续任
	委　员（武装部部长）	王振峰	晋江新塘	续任
	委　员（秘　书）	庄晓峰	晋江青阳	至2020.10
	委　员（秘　书）	陈峥嵘	晋江安海	2020.10任
	组织委员	吕少欣	晋江深沪	续任
	宣传委员、统战委员	叶志明	晋江东石	至2020.10
	宣传委员、统战委员	蔡继智	晋江东石	2020.10任
	人大副主席	黄英瑜（女）	石　狮	续任
	副镇长	吴长挺	晋江深沪	续任
	副镇长	李　泱	晋江安海	至2020.9
	副镇长	庄晓峰	晋江青阳	2020.10任
	副镇长	尤丁贵	永　春	2020.10任
	副镇长（科　技）	张　琳（女）	晋江东石	续任
	企业党委专职副书记	肖志贤	晋江东石	续任
	综合便民服务中心主任	肖荣荣（女）	晋江东石	2020.10任
	社会事务服务中心主任	施超群	晋江深沪	2020.10任
	经济发展服务中心主任	丁奕龙（回）	晋江安海	2020.10任
安海镇	书　记	张健龙	晋江内坑	续任
	副书记、镇长	陈进福	晋江磁灶	续任
	人大主席	柯煜煜	晋江新塘	至2020.9
	人大主席	王宏华	南　安	2020.9任
	副书记	曾焕铁	晋江新塘	至2020.1
	副书记	陈英俊	晋江金井	2020.9任
	副书记	周嘉琛	南　安	2020.9任
	委　员（纪委书记）	叶水滨	晋江东石	至2020.10

续表19

机构名称	职　务	姓　名	籍　贯	任职时间
安海镇	委　员（纪委书记）	吴黎水	晋江灵源	2020.10任
	委　员（武装部部长）	林俊伟	晋江罗山	至2020.10
	委　员（武装部部长）	翁国栋	晋江灵源	2020.10任
	委　员（秘　书）	王耀民	晋江罗山	续任
	组织委员	林时炮	晋江内坑	续任
	宣传委员、统战委员	张培良	惠　安	至2020.9
	宣传委员、统战委员	吴森森（女）	晋江龙湖	2020.10任
	人大副主席	陈毓瑜	晋江磁灶	2020.6任
	副镇长	吴清源	晋江永和	续任
	副镇长	张百夷	晋江东石	至2020.10
	副镇长	刘延良	永　春	2020.10任
	副镇长（科技）	郑　炯	晋江东石	2020.10任
	副镇长（挂　职）	蒋双增	德　化	至2020.11
	安平管理处副主任	刘延良	永　春	至2020.9
	安平管理处副主任	姚建源	晋江内坑	续任
	企业党委专职副书记	蔡长久	晋江东石	续任
	综合便民服务中心主任	吴泓衍	晋江池店	2020.10任
	社会事务服务中心主任	张谋养	晋江磁灶	2020.10任
	经济发展服务中心主任	王世涌	德　化	2020.10任
磁灶镇	书　记	王志宏	晋江灵源	至2020.11
	书　记	张劲竹	晋江英林	2020.11任
	副书记	张劲竹	晋江英林	至2020.11
	副书记	蔡文卿	晋江东石	2020.11任
	镇　长	张劲竹	晋江英林	至2020.11
	镇　长	蔡文卿	晋江东石	2020.12任
	人大主席	周先进	晋江东石	续任
	副书记	张振铃	晋江内坑	至2020.9
	副书记	陈礼新	永　春	续任
	副书记	陈奕忠	晋江深沪	2020.9任
	委　员（纪委书记）	吴贻锶	晋江龙湖	续任
	委　员（武装部部长）	曾培镜	晋江青阳	续任
	委　员（秘　书）	张广德	广东普宁	至2020.10
	委　员（秘　书）	蔡建东	晋江内坑	2020.10任
	组织委员	吴松江	晋江东石	至2020.9
	组织委员	庄晓东	晋江梅岭	2020.10任
	宣传委员、统战委员	杨志远	晋江新塘	至2020.10
	宣传委员、统战委员	叶灿辉	晋江梅岭	2020.10任
	人大副主席	蔡辉煌	晋江安海	续任
	副镇长	陈国良	晋江青阳	续任
	副镇长	许泳泳（女）	晋江安海	续任
	副镇长	张步贤	晋江东石	至2020.10
	副镇长	陈毅伟	晋江安海	2020.10任
	副镇长（科　技）	黄国裕	晋江东石	续任
	企业党委专职副书记	蔡建东	晋江内坑	至2020.10
	综合便民服务中心主任	吴志坚	晋江池店	2020.10任
	社会事务服务中心主任	蔡天文	晋江东石	2020.10任
	经济发展服务中心主任	洪树林	晋江英林	2020.10任
内坑镇	书　记	黄胜鑫	石　狮	续任
	副书记、镇长	陈其昌	晋江深沪	至2020.1
	副书记	林灿煌	晋江陈埭	2020.1任
	镇长	林灿煌	晋江陈埭	2020.4任
	人大主席	洪国延	石　狮	至2020.9
	人大主席	陈文路	晋江罗山	2020.9任
	副书记	张建群	晋江金井	续任
	副书记	王剑鸿	石　狮	2020.9任
	副书记	王景珊	南　安	至2020.9
	委　员（纪委书记）	林萍拉（女）	石　狮	至2020.10

续表19

机构名称	职　务	姓　名	籍　贯	任职时间
内坑镇	委　员（纪委书记）	吴文围	晋江永和	2020.10任
	委　员（武装部部长）	王宁强	晋江安海	续任
	委　员（秘　书）	姚少志	永　春	至2020.10
	委　员（秘　书）	陈宝佳(女)	晋江永和	2020.10任
	组织委员、统战委员	高斓斓(女)	晋江安海	至2020.10
	组织委员、统战委员	蔡东升	晋江深沪	2020.10任
	宣传委员	粘磊石(满)	晋江深沪	续任
	人大副主席	张志向	晋江英林	至2020.10
	人大副主席	庄添生	晋江青阳	2020.10任
	副镇长	张辉永	晋江陈埭	续任
	副镇长	许天增	晋江安海	续任
	副镇长（科技）	洪福禄	晋江英林	2020.10任
	企业党委专职副书记	洪金清	晋江东石	续任
	社会事务服务中心主任	许清楷	晋江东石	2020.10任
	综合执法队队长	蔡乾坤	晋江安海	2020.10任
紫帽镇	书　记	吴再发	晋江西园	至2020.1
	书　记	柯荣围	晋江安海	2020.1任
	副书记、镇长	洪志新	晋江英林	2020.12任
	人大主席	王荣辉	晋江灵源	至2020.9
	人大主席	颜婉媚(女)	晋江安海	2020.12任
	副书记	郑伟军	安　溪	续任
	副书记	王剑鸿	石　狮	至2020.9
	副书记	许文理(女)	晋江安海	2020.9任
	委　员（纪委书记）	许文理(女)	晋江安海	至2020.9
	委　员（纪委书记）	李志阳	晋江池店	2020.10任
	委　员（武装部部长）	陈建辉	晋江磁灶	续任
	委员(秘书)、组织委员	陈伟廉	晋江安海	续任
	宣传委员、统战委员、副镇长	庄跃聪	晋江梅岭	续任
	副镇长	苏孙庚	晋江安海	续任
	副镇长（科　技）	黄高雄	晋江东石	2020.12任
	企业党委专职副书记	肖文书	晋江东石	续任
	社会事务服务中心主任	许武灵	晋江东石	2020.10任
	综合执法队队长	蔡永胜	晋江金井	2020.10任
东石镇	书　记	洪建立	晋江英林	续任
	副书记、镇长	李德铭	晋江池店	续任
	人大主席	陈文路	晋江罗山	至2020.9
	人大主席	王晓人	晋江金井	2020.9任
	副书记	曾志协	晋江金井	至2020.9
	副书记	吴志峰	晋江安海	续任
	副书记	林雨榨	晋江永和	2020.9任
	委　员（纪委书记）	李育波	晋江池店	续任
	委　员（武装部部长）	蔡达峰	晋江安海	续任
	委　员（秘书）	许晓东	晋江安海	2020.11任
	组织委员	颜秋娥(女)	晋江安海	至2020.10
	组织委员	刘菁菁(女)	晋江安海	2020.10任
	宣传委员、统战委员	庄景煌	泉州泉港	续任
	人大副主席	陈连升	晋江安海	续任
	副镇长	陈奕忠	晋江深沪	至2020.9
	副镇长	赖渠鸿	晋江西园	续任
	副镇长	许竞宇	台湾台北	续任
	副镇长	吴友峰	晋江磁灶	2020.10任
	副镇长（科　技）	施建成	晋江龙湖	续任
	企业党委专职副书记	柯俊辉	晋江西园	续任
	综合便民服务中心主任	黄沂均	晋江安海	2020.10任
	社会事务服务中心主任	陈嘉凡	晋江金井	2020.10任
	经济发展服务中心主任	李自强	重庆梁平	2020.10任

续表19

机构名称	职　务	姓　名	籍　　贯	任职时间
永和镇	书　记	吴超鹏	泉州鲤城	续任
	副书记、镇长	陈荣松	晋江罗山	至2020.1
	副书记	陈松柏	晋江罗山	2020.1任
	镇长	陈松柏	晋江罗山	2020.4任
	人大主席	施金箱	晋江深沪	至2020.6
	人大主席	曾远漂	晋江安海	2020.9任
	副书记	周宗仰	晋江安海	至2020.9
	副书记	陈永溪	晋江安海	续任
	副书记	林时就	晋江内坑	2020.9任
	委　员（纪委书记）	兰雯雯（女、畲）	晋江安海	至2020.10
	委　员（纪委书记）	许清显	晋江安海	2020.10任
	委　员（武装部部长）	罗　健	江西赣州	续任
	委　员（秘　书）	王振明	晋江青阳	至2020.10
	委　员（秘　书）	林荣华	德　　化	2020.10任
	组织委员、统战委员	吴式宏	晋江灵源	续任
	宣传委员	姚卡尔	晋江安海	续任
	人大副主席	洪志华	晋江安海	续任
	副镇长	陈海鸣	晋江安海	续任
	副镇长	王活泼	晋江安海	续任
	副镇长（科　技）	蔡桂榆	晋江东石	2020.10任
	综合便民服务中心主任	李培雄	晋江罗山	2020.10任
	社会事务服务中心主任	王恭毅	晋江灵源	2020.10任
英林镇	书　记	李安辉	晋江池店	续任
	副书记、镇长	陈东聆（女）	晋江安海	至2020.8
	副书记、镇长	陈　希（女）	江苏盐城	2020.12任
	人大主席	林德生	晋江陈埭	至2020.9
	人大主席	蔡惠琼（女）	晋江紫帽	2020.12任
	副书记	蔡金章	晋江深沪	至2020.9
	副书记	郑英奇	广东普宁	2020.9任
	副书记	林萍拉（女）	石　　狮	2020.9任
	委　员（纪委书记）	蔡永革	晋江永和	续任
	委　员（武装部部长）	林炳辉	晋江永和	续任
	委　员（秘　书）	黄志向	晋江内坑	续任
	组织委员	郑英奇	广东普宁	至2020.9
	组织委员	施纯烽	晋江龙湖	2020.10任
	宣传委员、统战委员	蔡伟群	晋江安海	续任
	人大副主席	林文尚	晋江内坑	续任
	副镇长	颜国升	晋江深沪	续任
	副镇长	蔡永钦	晋江金井	续任
	副镇长（科　技）	曾连灯	晋江永和	2020.12任
	企业党委专职副书记	王寿权	晋江灵源	续任
	综合便民服务中心主任	王诗金	南　　安	2020.10任
	社会事务服务中心主任	陈栋梁	晋江安海	2020.10任
	经济发展服务中心主任	洪金中	晋江西园	2020.10任
金井镇	书记	丁鸿雨（回）	晋江陈埭	续任
	副书记、镇长	林晓为	晋江安海	2020.1任
	人大主席	庄松龄	晋江青阳	至2020.9
	人大主席	周宗仰	晋江安海	2020.9任
	副书记	张建元	晋江内坑	续任
	副书记	卓鸿源	晋江紫帽	2020.9任
	委员（纪委书记）	陈继添	晋江罗山	至2020.10
	委员（纪委书记）	侯俊勇	南　　安	2020.10任
	委员（武装部部长）	林忠山	晋江陈埭	至2020.10
	委员（武装部部长）	许国立	晋江内坑	2020.10任
	委员（秘书）	尹继雄	湖北天门	续任
	组织委员	洪少艾	晋江英林	至2020.10
	组织委员	林小超	泉州丰泽	2020.10任

续表19

机构名称	职　务	姓　名	籍　贯	任职时间
金井镇	宣传委员、统战委员	苏明春(女)	晋江英林	续任
	人大副主席	张东奇	惠　安	续任
	副镇长	林雨榨	晋江永和	至2020.10
	副镇长	林忠山	晋江陈埭	2020.10任
	副镇长	苏世杰	晋江磁灶	续任
	副镇长	尤燕红(女)	晋江安海	续任
	副镇长(科技)	施元庚	晋江龙湖	续任
	企业党委专职副书记	许国立	晋江内坑	至2020.10
	社会事务服务中心主任	施鑫鑫	晋江深沪	2020.10任
	经济发展服务中心主任	李树仁	晋江梅岭	2020.10任
	综合执法队队长	柯振生	晋江灵源	2020.10任
龙湖镇	书　记	陈希轩	晋江金井	续任
	副书记、镇长	张志雄	晋江安海	续任
	人大主席	朱新旭	晋江池店	续任
	副书记	郭亨群(回)	晋江金井	至2020.10
	副书记	施纯玺	晋江深沪	续任
	副书记	王义彬	莆田仙游	2020.9任
	委　员(纪委书记)	陈俊明	晋江深沪	续任
	委　员(武装部部长)	庄添生	晋江青阳	至2020.10
	委　员(武装部部长)	张志向	晋江英林	2020.10任
	委　员(秘　书)	林　楠(女)	晋江深沪	至2020.10
	委　员(秘　书)	张晨亮	宁德福鼎	2020.10任
	组织委员	黄美霞(女)	晋江东石	至2020.10
	组织委员	蒲丹尼(女)	晋江安海	2020.10任
	宣传委员、统战委员	张尚府	晋江东石	至2020.10
	宣传委员、统战委员	蔡文习	晋江东石	2020.10任
龙湖镇	人大副主席	许荣题	晋江东石	续任
	副镇长	庄宏清	晋江梅岭	续任
	副镇长	洪国财	晋江内坑	续任
	副镇长(科　技)	谢少聪(女)	石　狮	2020.10任
	企业和社会组织党委专职副书记	陈俊毅	晋江深沪	续任
	社会事务服务中心主任	吴松钝	晋江深沪	2020.10任
	经济发展服务中心主任	柯永定	晋江英林	2020.10任
	综合执法队队长	吕幸福	晋江深沪	2020.10任
深沪镇	书　记	许文倡	晋江英林	续任
	副书记、镇长	孙晋展	晋江东石	续任
	人大主席	王宏华	南　安	至2020.9
	人大主席	张金祥	晋江英林	2020.12任
	副书记	王斌斌	晋江青阳	至2020.11
	副书记	吴好景	晋江磁灶	2020.9任
	副书记	吴连坛	晋江龙湖	2020.10任
	委　员(纪委书记)	吴好景	晋江磁灶	至2020.9
	委　员(纪委书记)	王振明	晋江青阳	2020.10任
	委　员(武装部部长)	翁国栋	晋江灵源	至2020.10
	委　员(武装部部长)	郑继传	晋江罗山	2020.10任
	委　员(秘　书)	王晓闽	晋江新塘	至2020.10
	委　员(秘　书)	王育民	石　狮	2020.10任
	组织委员	吴秋品(女)	晋江磁灶	至2020.10
	组织委员	黄　璟(女)	晋江安海	2020.10任
	宣传委员、统战委员	陈奕友	晋江安海	续任
	人大副主席	许成家	晋江东石	续任
	副镇长	蔡夏溪	晋江东石	续任
	副镇长	张金龙	晋江磁灶	2020.12任
	副镇长(科　技)	陈廷裕	晋江龙湖	续任

续表19

机构名称	职　务	姓　名	籍　贯	任职时间
深沪镇	副镇长（挂　职）	陈海洋	晋江深沪	续任
	企业党委专职副书记	陈　筑	安溪	续任
	综合便民服务中心主任	丁淼淼（回）	晋江陈埭	2020.10任
	社会事务服务中心主任	姚培森	晋江罗山	2020.10任
	综合执法队队长	林群鸿	晋江陈埭	2020.10任
西滨镇	书　记	王沂鸿	山东临沂	续任
	副书记、镇长	许特级	晋江东石	续任
	人大主席	王毓峰	晋江新塘	续任
	副书记	王国华	晋江内坑	续任
	副书记	许添福	晋江东石	至2020.9
	副书记	张玉玺	晋江东石	2020.9任
	委　员（纪委书记）	张清源	晋江英林	至2020.10
	委　员（纪委书记）	蔡荧莹（女）	晋江金井	2020.10任

机构名称	职　务	姓　名	籍　贯	任职时间
西滨镇	委员（武装部部长）统战委员	庄建良	晋江梅岭	2020.10任
	委　员（秘　书）、组织委员、统战委员	林丹红（女）	晋江青阳	至2020.10
	委　员（秘　书）、组织委员	蔡燕双（女）	晋江罗山	2020.10任
	宣传委员、副镇长	吴友峰	晋江磁灶	至2020.10
	宣传委员、副镇长	张清源	晋江英林	2020.10任
	副镇长	黄志胜	晋江安海	续任
	副镇长（科　技）	丁劲松	晋江安海	续任
	企业党委专职副书记	吴华东	晋江灵源	至2020.10
	综合便民服务中心主任	林一斯（女）	晋江安海	2020.10任
	社会事务服务中心主任	曾春晓	晋江罗山	2020.10任

司法机关

晋江市人民法院

晋江市人民法院负责人一览表

表20

职　务	姓　名	籍　贯	任职时间
院　长	陈水深	南　安	续任
党组副书记	吴庆锥	晋江深沪	续任
副院长	丁银汉（回）	晋江陈埭	续任
政治处主任	苏晓瑜	晋江东石	续任
副院长	曾晓军	南　安	续任
副院长	吴明铀	晋江罗山	续任
审委会专职委员	叶佩芬（女）	晋江东石	续任
审委会专职委员	陈维山	晋江梅岭	续任

晋江市人民检察院

晋江市人民检察院负责人名表

表21

职　务	姓　名	籍　贯	任职时间
检察长	王文龙	安　溪	续任
党组副书记	陈国明	泉州丰泽	至2020.10
副检察长	陈紫凡	晋江永和	至2020.11
副检察长	许昔翻	晋江东石	续任
副检察长	苏紫燕（女）	南　安	2020.11任
副检察长	王加贺	宁德福鼎	续任
检委会专职委员	曾文聪	晋江罗山	续任
机关党委书记	王德县	安　溪	续任
政治部主任	姚婉萍（女）	晋江内坑	续任
检委会专职委员	黄挺进	南　安	续任

事业单位

市委直属事业单位

表22　　市委直属事业单位负责人一览表

机构名称	职　务	姓　名	籍　　贯	任职时间
党　校	校　长	陈晋永	晋江磁灶	至2020.12
	校　长	王明元	泉州鲤城	2020.12任
	常务副校长	戴庆阳	南　　安	至2020.9
	常务副校长	王景珊	南　　安	2020.9任
	副校长	洪文峰	晋江英林	2020.9任
	副校长	姚煜娟(女)	晋江内坑	2020.9任
党史和地方志研究室	主　任	陈伟荣	晋江安海	至2020.9
	主　任	蔡斯坤	晋江东石	2020.9任
	副主任	洪春婷(女)	晋江深沪	续任
	副主任	颜清堤	晋江安海	续任
档案馆	馆　长	黄项飞	莆　　田	至2020.9
	馆　长	柯晓钟	晋江罗山	2020.9任
	副馆长	苏飞武	莆田仙游	续任
	副馆长	许晓东	晋江安海	至2020.11
	副馆长	郑清爽	晋江东石	2020.11任
融媒体中心	主　任	许自来	晋江东石	续任
	副主任	黄昌木	南　　安	续任
	副主任	陈惠君(女)	晋江安海	续任
	副主任	陈诗章	晋江安海	续任

市政府直属单位

表23　　市政府直属单位负责人一览表

机构名称	职　务	姓　名	籍　　贯	任职时间
深沪湾保护区管理处	主　任	苏文伟	南　　安	续任
	副主任	蔡志忠	晋江东石	续任
城镇集体工业联合社	主　任	洪安和	南　　安	续任
	副主任	黄少欣	晋江金井	续任
供销社	主　任	蔡水利	晋江永和	至2020.9
	主　任	蔡金星	晋江东石	2020.9任
	副主任	吴金猛	晋江东石	至2020.10
	副主任	金宏勃	晋江青阳	至2020.11
	副主任	张贵锋	晋江青阳	2020.11任
供销社	副主任	张金奖	晋江东石	2020.11任
	副主任	陈志坤	晋江罗山	2020.11任
教师进修学校	校　长	姚荣祖	永　　春	续任
	副校长	陈淑端(女)	晋江磁灶	续任
	副校长	施世杰	晋江深沪	续任
	副书记	肖丽婷(女)	晋江东石	续任
高教中心办	主　任	陈志刚	晋江磁灶	续任
	副主任	李冬英(女)	晋江紫帽	2020.10任
地震办	主　任	陈瑞伟	晋江安海	续任

市级部门直属单位

表24　　市级部门直属单位负责人一览表

机构名称	职　务	姓　名	籍　　贯	任职时间
国土资源行政执法大队	大队长	蔡晓旭	晋江紫帽	至2020.11
	大队长	蔡秀丽(女)	晋江东石	2020.11任
	教导员	蔡秀丽(女)	晋江东石	至2020.11
土地储备中心	主任	洪炳钦	晋江英林	续任
不动产登记中心	主任	庄晓红(女)	晋江青阳	续任

续表24

机构名称	职务	姓名	籍贯	任职时间
区划办	主任	林群雄	晋江内坑	续任
沿海森林派出所	所长	柯晓峰	晋江英林	续任
	教导员	吴欢迎	晋江东石	续任
农机站	站长	陈飞熊	晋江东石	续任
农业行政执法大队	教导员	林国辉	晋江内坑	续任
海洋与渔业行政执法大队	大队长	詹俊峰	晋江深沪	续任
机关事业单位社会保险管理中心	主任	赖诗晓	德化	2020.10任
交通运输管理所	所长	蔡志尧	晋江深沪	续任
水土办	主任	洪凤腾	晋江英林	2020.10任
防汛办	主任	施文士	晋江深沪	续任
新安水库管理处	主任	洪贻谋	晋江英林	续任
文化市场综合执法大队	大队长	吴艺敏(女)	晋江安海	续任
卫生监督行政执法大队	大队长	何天票	晋江灵源	续任
	教导员	杨金锭	晋江东石	至2020.10
流动人口与计生管理站	站长	陈庆谊	晋江罗山	续任
市场服务中心	主任	张清枝	晋江东石	至2020.10
	主任	苏育俊	晋江深沪	2020.10任
食品药品监管执法大队	大队长	洪德意	晋江龙湖	至2020.10
市场监督管理执法大队	大队长	杨金锭	晋江东石	2020.10任
质量计量检测所	所长	张英俊	晋江英林	续任
社会经济调查队	队长	蔡家煌	晋江紫帽	续任
企业上市服务中心	主任	张晓如(女)	晋江青阳	续任
数字晋江城市管理监控中心	主任	陈海洋	晋江东石	续任
城市卫生管理考评中心	主任	黄永东	晋江安海	续任

部分企业

部分企业单位

表25 部分企业单位负责人一览表

机构名称	职务	姓名	籍贯	任职时间
新华书店	经理	曾鸣	晋江池店	续任
中国农业发展银行晋江市支行	行长	王伟雄	泉州	至2020.4
中国银行晋江市支行	行长	陈志森	永春	至2020.6
	行长	朱清禹	晋江池店	2020.6任
中国农业银行晋江市支行	行长	杜毓昆	泉州	至2020.4
	行长	黄文票	晋江	2020.4任
中国建设银行晋江市支行	行长	陈立新	惠安	至2020.11
	行长	潘汉彬	惠安	2020.11任
中国工商银行晋江市支行	行长	许志钦	泉州	续任

续表25

机构名称	职　务	姓　名	籍　　贯	任职时间
福建兴业银行晋江市支行	行　长	陈志祥	南　　安	续任
晋江市农村商业银行	董事长	史桐融	泉州鲤城	续任
	行　长	杨金莲(女)	晋江青阳	续任
泉州银行晋江支行	行　长	邱志远	石　　狮	续任
民生银行晋江支行	行　长	罗进川	南　　安	至2020.6
	行　长	黄永刚	晋江安海	2020.6任
招商银行晋江支行	行　长	曾友余	晋　　江	续任
交通银行晋江支行	行　长	曾世明	惠　　安	续任
平安银行晋江支行	行　长	张华山	晋江池店	至2020.1
	行　长	洪文钢	石　　狮	2020.1任
邮政储蓄银行晋江市支行	行　长	王国良	惠　　安	至2020.4
	行　长	张景星	晋江内坑	2020.4任
中金财富证券晋江营业部	总经理	蔡命港	石　　狮	续任
兴业证券晋江营业部	总经理	傅子勤	泉　　州	续任
中国人民保险公司晋江市分公司	总经理	吴　劲	泉州鲤城	至2020.7
	副总经理(主持工作)	庄伟锋	惠　　安	2020.7任
中国人寿保险公司晋江市分公司	总经理	陈善源	三明尤溪	续任
太平洋财产保险公司晋江市分公司	总经理	吴紫芳	泉州丰泽	至2020.9
	总经理	伊小河	三明梅列	2020.9任
晋江市邮政分公司	总经理、书记	陈建全	惠　　安	至2020.6
	总经理、书记	吴少洹	晋　　江	2020.6任
中国电信晋江分公司	总经理	王杰飞	惠　　安	至2020.12
	总经理	王松勇	莆田仙游	2020.12任
中国移动通信晋江分公司	总经理	尤秉志	永　　春	至2020.3
	总经理	陈震毅	泉　　州	2020.3任
中国联通晋江分公司	总经理	黄乌辣(女)	晋　　江	续任
国网晋江市供电公司	总经理	黄　中	南　　平	至2020.4
	总经理	林　平	福　　州	2020.4任
	党委书记	李铭蔚	泉　　州	至2020.9
	党委书记	阮丽双(女)	莆　　田	2020.9任
泉州晋江机场	董事长	徐情根	安　　溪	续任
	党委书记	陈东聆(女)	晋江安海	2020.8任
	总经理	黄剑峰	泉州鲤城	续任
晋江天然气发电有限公司	董事长	李东妙	安　　溪	2020.1任
	总经理	罗　睿	吉林辽源	续任
福建广电网络集团晋江分公司	总经理	施叔龙	石　　狮	续任
晋江市火车站	书　记	吴国富	莆　　田	续任
	站　长	郑　超	漳　　州	至2020.12
	站　长	卜继以	湖南浏阳	2020.12任
晋江太平洋港口发展有限公司	总经理	杨志魁	漳　　州	续任
晋江热电有限公司	董事长	王　泉	三明宁化	续任
	总经理	江长发	上　　杭	续任
晋江新奥燃气有限公司	总经理	林建生	德　　化	至2020.5
	总经理	童婉婷(女)	德　　化	2020.5任

说明:本表资料由各有关单位提供,市委党史和地方志研究室汇编,市委组织部审核。

·2014—2020年晋江市社会经济主要指标一览表·

表26

指标名称	单位	2014年	2015年	2016年	2017年	2018年	2019年	2020年
年末人口(户籍人口数)	万人	110.81	111.82	113.23	114.71	117.63	119.37	121.24
地区生产总值(当年价)	万元	14928580	16204660	17442420	19815011	22289980	25282075	26161065
第一产业	万元	186351	195941	213221	198806	202988	202647	202590
第二产业	万元	9989613	10324385	10600289	11953294	13336858	15494172	15773237
第三产业	万元	4752616	5684334	6628910	7662911	8750134	9585255	10185238
农业总产值	万元	358098	377127	411628	394674	405198	404485	412012
全部工业总产值	万元	37223986	40024660	42503489	48704473	—	—	—
粮食总产量	吨	51630	48077	39577	44284	23329	23252	23407
社会消费品零售总额	万元	4205481	5357097	5882818	6672889	7105294	15115615	15135428
已批"三资"企业项目(累计)	个	4387	4410	4439	4488	4574	4675	4781
已批"三资"企业合同投资额(累计)	万美元	1269552	1297827	1334542	1364452	1449048	1479224	1513479
出口商品总值(自营出口)	亿美元	75.93	82.73	75.75	70.95	527.59	590.11	—
固定资产投资额	万元	7658660	9058834	9149009	10288574	—	—	—
财政收入	万元	1980198	2002899	2010200	2122345	2300055	2216242	2276732
财政支出	万元	1263935	1297465	1374144	1458274	1355106	1387888	1506765
金融机构存款余额	万元	12914820	13627437	14821794	15209089	16018809	17931066	21078632
金融机构贷款余额	万元	9831934	11345280	12864167	13960576	14253138	15031518	13725578
住户存款余额	万元	6920320	7563443	8021384	8506471	9063303	10272634	11623493
城镇居民人均可支配收入	元	37070	40035	42597	45883	49719	53185	54594
农村居民人均可支配收入	元	16611	18166	19882	21870	23781	25965	27344
各类学校数	所	347	347	347	344	342	338	334
各类学校在校学生数	人	264904	273226	281002	280250	287435	295648	302370
各类教职工人数	人	12170	12529	12836	14287	14352	14322	14581
卫生技术人员	人	5143	5025	5910	6357	6741	7553	7725
医院编制床位数	张	3911	4104	4054	3884	3982	4175	4282

注：1.2007年起各类学校数、在校生数和教职工人数统计范围为普通中学、中职教育学校和小学。

2.自2014年起"农民纯收入"指标更变为"农村居民人均可支配收入"。

3.2015年起"城乡居民储蓄存款余额"指标更改为"住户存款余额"。

·2020年晋江市户籍人口情况表·

表27

地区	年末总户数(户)	年末总人口(人)									
		合 计	城镇人口	乡村人口	性 别		年 龄				
					男	女	0~15岁	0~17岁	18~34岁	35~59岁	60岁及以上
晋江市	340105	1212438	716618	495820	618216	594222	253847	276457	294559	454969	186453
青阳街道	20163	64750	64750	0	32529	32221	16380	17618	14318	24451	8363
梅岭街道	22589	65573	65573	0	30889	34684	21552	22696	14702	21940	6235
西园街道	10516	42681	18410	24271	22392	20289	8566	9456	10785	16077	6363
罗山街道	16381	59284	53096	6188	30530	28754	13753	14937	14963	21721	7663
新塘街道	10306	36905	31418	5487	19114	17791	6351	7057	9055	14406	6387
灵源街道	8192	30930	30930	0	16046	14884	6523	7111	8050	11286	4483
安海镇	35272	130133	77634	52499	65446	64687	27598	30065	30870	48346	20852
磁灶镇	24908	98026	47401	50625	51657	46369	20086	21795	25668	35890	14673
陈埭镇	20673	82544	82544	0	42241	40303	15206	16950	21292	31332	12970
东石镇	28032	109089	39894	69195	56021	53068	20668	22756	26816	42000	17517
深沪镇	14326	49531	22767	26764	25186	24345	7784	8630	11126	20466	9309
金井镇	16726	57078	16871	40207	28554	28524	9170	10168	12706	22803	11401
池店镇	27034	89864	89864	0	43872	45992	26169	27571	21751	29543	10999
内坑镇	18695	73219	21715	51504	37889	35330	15172	16549	17683	27305	11682
龙湖镇	28435	84656	23849	60807	43992	40664	13504	14955	20484	33793	15424
永和镇	18883	71516	5878	65638	37621	33895	13096	14679	17948	27840	11049
英林镇	13720	47624	14293	33331	24670	22954	8322	9207	11562	18698	8157
紫帽镇	4658	17303	7999	9304	8667	8636	3663	3945	4332	6366	2660
西滨镇	556	1638	1638	0	859	779	239	267	423	682	266
泉州出口加工区	40	94	94	0	41	53	45	45	25	24	0

·2020年晋江市各镇(街)所属村(社区)基本情况表·

表28　　单位：个

单位	居委会数	村数
合计	104	293
青阳街道办事处	13	0
梅岭街道办事处	15	0
西园街道办事处	11	0
罗山街道办事处	16	0
新塘街道办事处	12	0
灵源街道办事处	10	0
安海镇	6	36
磁灶镇	2	24
陈埭镇	2	24
东石镇	5	29
深沪镇	7	12
金井镇	2	20
池店镇	1	24
内坑镇	0	28
龙湖镇	0	42
永和镇	0	24
英林镇	0	20
紫帽镇	1	8
西滨镇	1	2

·2014—2020年晋江市农村经济主要指标一览表·

表29

	2014年	2015年	2016年	2017年	2018年	2019年	2020年
农林牧渔增加值(万元)	186242	195220	212631	206364	211908	211507	215632
其中:农业增加值(万元)	38277	36864	37865	37652	41891	44759	45622
林业增加值(万元)	345	296	283	306	304	496	69
牧业增加值(万元)	28538	24801	25304	18448	16089	19006	23795
渔业增加值(万元)	112785	126626	142188	142400	145490	138387	136766
农林牧渔服务业增加值(万元)	6296	6633	6991	7557	8135	8859	9379
农林牧渔总产值(万元)	358098	377127	411628	394674	405198	404485	412012
其中:农业总产值(万元)	61040	58919	60666	61310	68346	72962	74336
林业总产值(万元)	654	563	540	600	597	974	141
牧业总产值(万元)	52986	46162	47224	34612	30250	35815	44880
渔业总产值(万元)	229420	257684	288702	282855	289505	276734	273584
农林牧渔服务业产值(万元)	13998	13798	14495	15298	16500	18000	19070
农林牧渔业总产值发展速度(以1990年为100)	227.9	232.2	240.1	237.2	239.6	237.2	243.7
农林牧渔业总产值发展速度(环比)	102.4	101.9	103.4	98.8	101.0	99.0	102.7
农作物播种总面积(亩)	386805	406406	387603	383984	230424	236327	235340
其中:粮食作物面积(亩)	146224	139210	111866	108987	54978	53908	52080
油料作物面积(亩)	46265	39794	37970	38476	24894	26084	26110
粮食作物总产量(吨)	51630	48077	39577	44284	23329	23252	23407
其中:稻谷产量(吨)	15107	11955	8705	7874	4154	3071	3609
油料作物总产量(吨)	9948	8736	7409	8563	5860	6909	6909
水果总产量(吨)	5916	6043	6943	7233	4221	4413	4485
肉蛋奶总产量(吨)	24007	19121	17975	13656	13207	12593	13017
稻谷亩产(千克)	355	367	407	405	403	424	428
水产品总产量(吨)	228078	243965	255524	247437	250877	245483	251463
其中:海水产品产量(吨)	224146	239973	251031	244736	248319	242674	248646
淡水产品产量(吨)	3932	3992	4493	2701	2558	2809	2817

·2014—2020年晋江市全部工业总产值一览表·

表30

年　份	全部工业总产值(万元)	同比增长(%)	规模以上工业产值(万元)	比增(%)
2014	37223986	11.2	32975092	11.2
2015	40024660	9.1	36160735	9.3
2016	42503489	8.4	38539709	8.7
2017	48704473	9.0	43908276	9.5
2018	—	—	49830666	12.7
2019	—	—	55840618	9.5
2020	—	—	56863593	5.8

·2014—2020年晋江市规模以上工业总产值一览表·

表31

单位：万元

项　目	2014年	2015年	2016年	2017年	2018年	2019年	2020年
总　计	32975092	36160735	38539709	43908276	49830666	55840618	56863593
#国有控股企业	986611	995475	957663	981622	953051	1064344	1074785
#农村工业	59584	62612	70363	—	—	—	—
一、按轻重分							
轻工业	25872060	28444129	30184126	34656770	39188374	43709071	44585251
重工业	7103032	7716606	8355583	9251506	10642292	12131547	12278342
二、按登记注册分							
国有	—	—	—	—	—	—	16858
集体	120668	108799	—	—	—	—	—
股份合作企业	55701	62187	38386	15691	12411	13126	12325
联营	—	—	—	—	—	—	—
有限责任公司	2673139	3205331	3581898	8603126	7005634	2472086	2388357
股份有限公司	1495875	1989737	2033211	1842740	1163820	104664	438406
私营企业	10523758	11221609	12739974	10864052	17171978	25721682	28377626
港澳台商投资企业	13731956	15099885	16130456	18672575	20707330	23428998	21834018
外商投资企业	4373995	4473187	4015784	3910092	3769493	4100062	3796003
其他企业	—	—	—	—	—	—	—
三、按企业规模分							
大型企业	9456317	10507502	10258034	11252562	11554281	13142888	11343615

续表31

项　目	2014年	2015年	2016年	2017年	2018年	2019年	2020年
中型企业	12966450	13814924	13896044	16013612	18680583	20095270	18627465
小型企业	10552325	11838309	14385631	16642102	19595802	22602460	26892513
纯小型企业	10468076	11448304	13914024	16197054	19216976	20752098	24521029
微型企业	84249	390005	471608	434231	378826	1850361	2371484

·2014—2020年晋江市交通运输主要指标一览表·

表32

年份	公路通车里程(千米)	货物运输量(万吨)	货物运输周转量(万吨千米)	客运量(万人)	客运周转量(万人千米)
2014	2388.26	3127.24	437288.82	1591.42	51273.03
2015	2388.26	3338.83	506073.34	780.04	39973.46
2016	2404.05	3765.33	553450.11	654.21	35392.81
2017	2404.05	4136.16	616647.07	189.03	29214.78
2018	2404.05	4387.61	662948.49	407.89	34913.64
2019	2412.64	4577.09	728861.74	384.29	19579.05
2020	2429.02	5144.77	782905.15	187.48	7667.55

·2014—2020年晋江市社会消费品零售总额一览表·

表33

单位:亿元

年份	绝对数	指数　上年=100
2014	831.25	116.2
2015	957.17	115.1
2016	1077.70	112.6
2017	1241.23	115.2
2018	1400.24	112.8
2019	1511.56	108.0
2020	1513.54	100.1

·2020年晋江市利用外资基本情况表·

表34

单位:万美元

项　目	本年累计	历年累计
1.投资总额	40134	2236203
其中:增资	27980	888933
2.合同外资	34255	1513479
其中:增资	23092	588457
3.外商实际到资额	22512	—

·2020年晋江市财政收支情况表·

表35　　　　单位：万元

收入项目	入库数	支出项目	决算数
一、一般预算收入	1392800	一、一般预算支出	1509038
1. 税收收入	982290	（一）一般公共服务	83023
（1）税务局	982290	其中：共产党事务	2384
其中：增值税	317454	政府办及相关机构事务	16069
营业税改增值税	103176	税收事务	4709
企业所得税40%	167075	（二）国防	1677
个人所得税40%	107686	（三）公共安全	76609
资源税	-18	其中：武装警察	348
城市维护建设税	47839	公安	59780
房产税	37392	检察	617
印花税	21248	法院	3146
城镇土地使用税	30431	司法	2768
土地增值税	76236	（四）教育	342263
车船税	14096	其中：普通教育	269768
耕地占用税	5579	（五）科学技术	51604
契税	53400	（六）文化体育与传媒	32209
环境保护税	706	（七）社会保障和就业	158752
其他税收收入	-10	（八）卫生健康	154271
2. 非税收入	410510	其中：计划生育事务	9037
（1）专项收入	43587	（九）节能环保	14779
其中：教育费附加收入	22866	（十）城乡社区事务	113241
其他专项收入	20721	（十一）农林水事务	141282
（2）行政事业性收费	12512	（十二）交通运输	16678
（3）罚没收入	28144	（十三）资源勘探信息	173493
（4）其他收入	326267	（十四）商业服务业	37349
二、中央级收入	883932	（十五）金融	2283
1.税务局	883932	（十六）自然资源海洋气象	14528
①增值税及改征增值税	420630	（十七）住房保障	39223
②消费税100%	318	（十八）粮油物资储备	4086
③所得税60%	412142	（十九）灾害防治及应急管理	9398
④车辆购置税100%	50842	（二十）其他支出	-2864
		（二十一）债务付息及发行费用	45199
财政总收入	**2276732**	**财政总支出**	**1509038**

·2014—2020年晋江市金融机构信贷收支情况表·

表36 单位:万元

年份	各项存款	其中:居民储蓄	各项贷款
2014	12914820	6920320	9831934
2015	13627437	7563443	11345280
2016	14821794	8021384	12864167
2017	15209089	8506471	13960576
2018	16018809	9063303	14253138
2019	17931066	10272634	15031518
2020	21078632	11623493	16725578

·2020年晋江市文化事业基本情况表·

表37

指 标	单位	数量
艺术表演机构数	个	3
从业人员	人	90
国内演出场次	场	214
国内演出观众人次	千人次	107
艺术表演场所机构数	个	3
从业人员	人	90
演出场次	场	214
公共图书馆机构数	个	1
从业人员	人	44
总藏书量	千册(件)	1337
总流通人次	千人次	392
书刊外借册次	千册次	1250
文化馆机构数	个	1
从业人员	人	19
文化站机构数	个	19
从业人员	人	61
博物馆机构数(含纪念馆)	个	6
从业人员	人	52
参观人次	千人次	100

·2020年晋江市学校基本情况表·

表38 单位：人

	学校数(所)	毕业生数	招生数	在校学生数	教职工数	
					合 计	其中：专任教师
普通中学	56	28948	35294	98983	6956	5963
其中：初中	37	20500	24987	69950	4790	3997
高中	19	8448	10307	29033	2166	1966
中职教育学校	4	3845	5350	14337	686	634
小　　学	274	28515	32780	189050	6939	6669
幼　儿　园	415	31628	33521	82403	8127	4486
特殊教育学校	1	69	122	421	91	89

说明：幼儿园学校数为班数+学前班数，特殊教育学校数为教学点数

·2020年晋江市卫生机构、床位、人员数情况表·

表39

机构分类名称	机构数(个)	床位数(张)		职工总数(人)										
		编制床位	实有床位	合计	卫生技术人员							其他技术人员	管理人员	工勤技能人员
					小计	执业医师	执业助理医师	注册护士	药师(士)	技师(士)	其他			
全市合计	1106	4282	6444	9303	7725	572	2687	2965	440	455	606	449	177	480
一、公立医院	4	1728	2902	3088	2741	51	902	1289	144	168	187	152	1	194
晋江市医院	1	650	1532	1387	1275	38	378	593	51	80	135	72	0	40
晋江市安海医院	1	508	720	752	682	3	234	334	32	27	52	30	0	40
晋江市中医院	1	520	600	946	781	10	287	362	61	61	0	50	1	114
晋江市口腔医院	1	50	50	3	3	0	3	0	0	0	0	0	0	0
二、市卫生计生执法大队	1	0	0	34	23	0	0	0	0	0	23	0	9	2
三、市疾病预防控制中心	1	0	0	90	70	4	43	0	0	21	2	4	0	16
四、市妇幼保健院	1	100	63	248	217	4	81	86	9	20	17	22	2	7
五、晋江市第三医院	1	200	320	134	110	0	25	67	3	4	11	13	1	10
六、急救中心(120)	1	0	0	15	15	0	0	0	0	0	15	0	0	0
七、市卫生进修学校	1	0	0	5	1	0	0	1	0	0	0	2	1	1
八、社区卫生服务中心、卫生院	24	1549	2013	2462	2127	107	709	714	168	173	256	165	39	131
九、民营医疗机构	77	703	1146	1417	1112	84	356	502	69	68	33	77	116	112
十、村卫生室	581	0	0	840	368	196	128	44	0	0	0	0	0	0

续表39

机构分类名称	机构数	床位数(张)		职工总数(人)										
		编制床位	实有床位	合计	卫生技术人员							其他技术人员	管理人员	工勤技能人员
					小计	执业医师	执业助理医师	注册护士	药师(士)	技师(士)	其他			
十一、社区卫生服务站	112	2	0	247	231	60	83	21	9	0	58	11	3	2
十二、诊所.卫生所.医务室	301	0	0	703	695	66	358	230	37	0	4	3	3	2
十三、其他	1	0	0	20	15	0	2	11	1	1	0	0	2	3

说明:本表人员合计中包括乡村医生443人和卫生员29人;不含乡镇卫生院在村卫生室工作的执业(助理)医师、注册护士数

·2014—2020年晋江市城镇非私营单位从业人员年平均工资情况表·

表40

年份	年平均工资(元)
2014	44553
2015	48477
2016	52891
2017	61642
2018	64701
2019	73048
2020	78327

说明:2019年及以前统计口径为城镇非私营单位从业人员年平均工资,2020年起统计口径为城镇非私营单位在岗职工(含劳务派遣)年平均工资

·2014—2020年晋江市城乡居民人均可支配收入情况表·

表41　　单位:元

年份	城乡居民人均可支配收入		城镇居民人均可支配收入		农村居民人均可支配收入	
	绝对值(元)	比上年增长(%)	绝对值(元)	比上年增长(%)	绝对值(元)	比上年增长(%)
2014	28960	10.1	37070	9.6	16611	10.6
2015	31648	9.3	40035	8.0	18166	9.4
2016	34080	7.7	42597	6.4	19882	9.4
2017	37022	8.6	45883	7.7	21870	10.0
2018	40212	8.6	49719	8.4	23781	8.7
2019	43441	8.0	53185	7.0	25965	9.2
2020	44827	3.2	54594	2.6	27344	5.3

文件选编

晋江市县城新型城镇化建设示范区补短板强弱项工作实施方案

（2020—2025年）

为加快补齐晋江市县城城镇化短板，进一步提升县城公共卫生、人居环境、公共服务、市政设施、产业配套功能，根据《国家发展改革委关于加快开展县城城镇化补短板强弱项工作的通知》文件精神，结合我市实际，制定本实施方案。

一、总体目标

以习近平新时代中国特色社会主义思想为指导，全面贯彻党的十九大和十九届二中、三中、四中全会精神，坚持“以人为本”的城镇化发展理念，围绕“农业转移人口市民化”的目标，通过完成提升公共设施服务水平、推动环境卫生设施提档升级、加强市政公用设施精细管理、推进产业培育设施提质扩量等任务，全面推动公共服务、人居环境卫生、市政设施、产业配套等四大方面17个领域的补短板项目建设，从而满足农业转移人口对县城就业、教育、医疗、住房、安全、环境和社会保障等民生体系方面的需求，打造“本地人留恋、外地人向往、可托付终身”的品质之城。

至2022年，提升公共设施服务水平，完善一批市级公共卫生医疗中心防控基础设施，打造一批村（社区）标准化医疗卫生机构。推动环境卫生设施提档升级，生活垃圾处理系统进一步完善，城市建成区生活污水处理率达到95.5%。加强市政公用设施精细管理，稳步推进“三环七射”快速路网，完善“十横十纵”主次干道网络，进一步提升快递末端服务、智能化水平。推进产业培育设施提质扩量，完善产业平台配套设施，提升农贸市场水平，完善零售型农贸市场和社区菜市场环保设施，解决卫生“脏乱差”短板。

至2025年，补齐县城公共服务、人居环境卫生、市政设施、产业配套等17个领域的短板，预计投入建设百个县城新型城镇化补短板项目，总投资额超300亿元。打造40个以上县城新型城镇化示范性建设项目，带动晋江县城新型城镇化建设示范区发展。

二、发展趋势

（一）*产业发展方面*。2019年全市规上工业产值近5500亿元，已形成7个超百亿产业集群，其中制鞋、纺织服装产业产值均超千亿。集成电路、石墨烯、光伏电子等高新技术产业取得重大突破。集成电路全产业链初具规模。“十四五”期间，将遵循“先进制造业立市、高新产业强市、现代服务业兴市”总体思路，结合产业发展实际、变革趋势，通过构建现代供应链、产业载体群、多式联运点，实现全域产业体系的再塑整合和创新基因的嫁接，构造植根型产业集群。新兴产业要把握数字化、网络化、智能化融合发展的契机，大力发展新一代信息技术产业、智能装备等新兴产业，五大传统优势产业总产值争取达到7000亿元。

（二）*人口流动方面*。2019年流动人口1104125人，流动人口落户14680人。近几年流动人口在我市人数都在100万到115万左右，随着我市城镇化建设的发展，流动人口落户不断增多，每年都在一万人以上，按照人口发展趋势，到2025年，我市户籍人口约将达到127万左右，流动人口维持在100万到115万之间。

（三）*财政收支方面*。2019年晋江市一般公共预算总收入达221.6亿元，位居全国百强县前十，县域经济基本竞争力位居全国百强县第四位。与全国其他百强县市相比，晋江的陆域面积较小、常住人口最多，呈现出典型的“人多地少”的特征，也给城市运行带来了考验。“十四五”期间，政府财政将积极应对新形势新情况，继续完善财政统筹分配机制，探索调整各层级、各部门对公共服务资源财政投入分担比例，科学合理划分市与镇(街道)财政事权和支出责任，加快建立权责清晰、财力协调、标准合理、保障有力的基本公共服务体系和保障机制。

三、建设任务

(一)提升公共设施服务水平

1.加快医疗卫生事业发展，健全医疗卫生设施。统筹优化医疗卫生人才队伍和医疗卫生服务设施建设，开展医疗资源整合优化行动，推进区域医疗资源共享，推动医共体建设。推进市疾控中心标准化建设，通过晋江市"120"急救指挥中心能力提升项目、晋江市医院晋南分院二期及精神卫生中心项目—综合楼、创伤骨科区域医疗中心等项目建设，补齐医疗基础设施短板，提升应对突发公共卫生事件能力。至2022年，完善一批市级公共卫生医疗中心防控基础设施，升级一批专业公共卫生机构规格级别和设备设施，打造一批村(社区)标准化医疗卫生机构；至2025年，建成11个医疗卫生设施项目，总投资额达14亿元。

牵头单位：市卫健局；责任单位：市发改局、财政局，各镇(街道)、经济开发区管委会

2.推动教育均衡发展，完善教育设施。推动县城教育高质量发展，引进高端教育、普惠发展学前教育、均衡发展义务教育、优质发展高中教育、特色发展职业教育、全面实施素质教育。至2022年，通过晋江市青阳街道中和中心小学新校区教学楼及配套设施等项目建设，补齐我市教育事业发展短板，从而更大程度满足人民群众多样化的教育需求。至2025年，建成48个教育设施项目，总投资额达55.33亿元。

牵头单位：市教育局；责任单位：各镇(街道)、经济开发区管委会

3.健全社会福利体系，改善养老托育社会福利设施。完善养老服务设施，提高养老服务质量，提升护理型床位比例，建设"三位一体"的养老服务体系，推进建设嵌入式小型养老机构工作试点。至2022年，补齐养老服务短板，力争每千名老年人床位数达到39张；至2025年，力争每千名老年人床位数达到40张。推行长期护理保险试点工作，打造长期护理保险"医养康融合"晋江模式。开展婴幼儿照护服务机构省级试点，加快推进公共场所无障碍设施和母婴设施的建设和改造。持续规范社会福利院、育婴院、救助站，残疾人康复设施。至2022年，完善提升殡葬设施，实现全市殡葬服务优质化，满足不同层次的殡葬服务需求；至2025年，基本建成市殡仪馆迁建项目，总投资额达3亿元。

牵头单位：市民政局、卫健局；责任单位：泉州市医保局晋江分局，各有关镇(街道)

4.促进文旅体育市场消费，发展文旅体育设施。推动五店市、梧林传统古村落等老建筑项目活化，发展新型文旅商务消费聚集区。建设一批标志性的公共文化设施，重点加快晋江非遗展示馆、晋江文化中心美术展厅、晋江市艺术馆、草庵文旅街区、五店市晋文坊等重大文旅设施建设，推动建成市文化馆、图书馆总分馆服务体系，补齐公共文化设施短板。完善旅游厕所、旅游道路、服务中心等配套设施，建设城市公园。推动全民健身活动多样化，持续提升晋江市体育中心、全民健身中心等市级公共体育设施服务水平，推动第18届世界中学生运动会30个配套场馆赛后向社会公众开放。加快"15分钟健身圈"建设，在居住小区等地建设篮球场、健身路径等体育场地设施。至2022年，推动市、镇(街道)、村(社区)文化设施共建共享，鼓励引导社会力量参与公共文化设施建设和管理；至2025年，建成多个文旅体育设施项目，总投资额达17亿元。

牵头单位：市文旅局、体育局；责任单位：市商务局、林业园林局、水务集团、文旅集团、科创新区指挥部，各镇(街道)、经济开发区管委会

5.改善社区人居环境，建设社区综合服务设施。按每百户居民拥有综合服务设施面积不低于30平方米的标准，因地制宜布局社区综合服务设施，逐步实现城镇居民全覆盖。建设新塘街道党群活动服务中心等社区综合服务配套设施项目，推动家政、卫生、就业、社保、文体等便民服务进社区，补齐社区公共设施、综合服务短板，提高社区综合服务设施利用率，打造综合性多功能的生活服务站。2022年，出台关于社区公共服务配套设施验收、移交、管理办法，确保社区公共服务场所留得足、用得上；至2025年，新建2个社区综合服务设施项目，总投资额超1亿元。

牵头单位：市民政局；责任单位：市人社局、商务局、文旅局、卫健局、泉州市医保局晋江分局，各镇(街道)、经济开发区管委会

(二)推动环境卫生设施提档升级

1.持续推进生活垃圾分类试点工作，完善垃圾无害化资源化处理设施。规范垃圾分类标准、内容、形式，鼓励试点单位开展"废品置换"活动，逐步建立分类投放、分类收集、分类运输、分类无害化资源化处理的生活垃圾处理系统。加快推进垃圾焚烧发电厂提标改建项目等垃圾处理基础设施建设。加大对已建成的垃圾焚烧发电厂、飞灰填埋场、大件垃圾处理站的规范管理，着力推进餐厨垃圾处理场项目建设工作，提高垃圾处理能力。补齐餐厨垃圾处理、园林垃圾处理短板，完善我市垃圾分类处理终端，健全我市生活垃圾处理产业链。至2022年，生活垃圾处理系统进一步完善，生活垃圾收集转运系统逐步完善；至2025年，建成餐厨垃圾处理场等项目，总投资额超10亿元。

牵头单位：市城管局；责任单位：各有关镇(街道)

2.注重污水综合治理，健全污水集中处理设施。推进全市污水配套管网建设，加大生活污水收集管网配套建设和改造力度，加快推进污泥无害化处置和资源化利用。推动全市"断头管"项目建设，完成10个"断头管"项目，计划完成投资1.6亿元，达到污水管网系统有效运行，提高生活污水收集率目标，补齐污水管网系统规划建设和管理的短板。推进污水处理厂建设，完成南港、晋南两个污水处理厂二期扩建工程和泉荣远东污水处理厂一级A提标改造工程等项目建设，实现我市沿海城镇污水处理厂出水标准全部达到一级A及以上的总体目标，补齐全市城镇污水处理厂处理能力不足短板。至2022年，城市建成区生活污水处理率达到95.5%，生活污水收集效能显著提升；至2025年，建成4个污水集中处理设施，项目总投资额达7亿元。

牵头单位：市水利局；责任单位：市水务集团，各有关镇(街道)

3.提升县城公共环境，改善县城公共厕所。充足公厕数量，分批新(改)一

批公厕,逐步消灭旱厕。提高公厕标准,有条件的公厕合理增加无障碍厕位和第三卫生间,方便残疾人和儿童等使用。完善标志标识,规范所有公厕的标志标识,增设引导牌。加强公厕保洁,落实"一长两员"制度,明确管理职责,将所有公厕纳入城乡环卫保洁。以"数量充足、分布合理、管理有效、服务精细、洁净卫生,对标国际"为总体目标,至2022年,提升公厕环境,补齐影响群众生活品质的短板;至2025年,改善县城公共厕所,中心市区实现步行10—15分钟有一座公厕;农村公厕使每个行政村至少有1座水冲厕,消灭旱厕,带动环境卫生的整治,促进文明村镇建设。

牵头单位:市城管局;责任单位:各镇(街道)、经济开发区管委会

(三)加强市政公用设施精细管理

1. 构建综合交通枢纽体系,优化市政交通设施。健全快捷基础交通设施体系,稳步推进"三环七射"快速路网,完善"十横十纵"主次干道网络,打通东部快速通道,基本建成"152030"市域快速交通圈。推动客运站改扩建项目、建设泉州市二重环湾快速路(晋江段)新建工程一期工程、东部快速通道一期工程等项目,补齐市政交通设施短板。探索建设晋江中心城区、泉州环湾快速路网,努力实现全市国家铁路、城际轨道"两网统筹"。建成高铁新区快速交通圈,在中心城区积极建设"窄路密网"和慢行系统,加快发展智能公交系统和中运量公交网络,提高市民公交出行率,减少市区拥堵现象。建设崇德路交警大队等3个立体机械化停车库,缓解人流密集区"停车难"问题。至2022年,中心城区推进窄路密网建设,加大路网密度,基本形成衔接畅快、快速便捷、安全可靠,与城市发展功能相匹配的交通网络体系;至2025年,建成13个市政交通设施项目,总投资额达116亿元。

牵头单位:市交通运输局;责任单位:市交警大队、公交公司,各有关镇(街道)

2. 提升市政服务水平,完善市政管网设施。扩大供水管网覆盖范围,继续加大推进二次供水工作改造力度。推进《晋江市城乡供水一体化规划》编制工作,推动新塘街道塘市、梧林、后库,罗山街道梧桐社区等一批老旧破损供水管网改造工作,加快水务集团涉水资源联合重组进度,最终实现全市同水同价同质同服务的目标。加快建设液化天然气、液化石油气局域供气网路。打造晋江天然气整体利用工程,优化天然气输配系统,打造蛛网式中压管网系统等手段,改善晋江市能源消费结构、提高天然气在城市能源消费结构中的比例、改善大气环境的能源优质化工程,大力提升环境效益和社会效益。推动晋江深沪东海垵福能晋南热电厂加快印染企业定型机改造,实施中压蒸汽替代导热油炉。推进燃气锅炉集中改造,推进安东园热电厂建设3号机组,扩大供热范围,保障食品园及周边长输热网热用户用热需求及管网运营安全。至2022年,建成安东园热电厂等项目;至2025年,建成8个市政管网设施项目,总投资额约2亿元。

牵头单位:市水利局、城管局、工信局;责任单位:市水务集团,各镇(街道)、经济开发区管委会

3. 打通安全快递最后一公里,发展配送投递物流。鼓励发展快递末端"快快合作"联收联投等新模式,实现资源集约增效、末端服务能力提升。实施快递末端"示范标杆"工程,开展服务标准化、场所整洁化、包材绿色化示范建设,查处快递"着地、抛扔、摆地摊"等不文明现象,进一步提高末端服务质量。完善基础设施,补齐民生短板,明确快递公共基础服务设施属性,将公共快递配送中心、智能快件(信报)箱纳入住宅楼房和商务用地配套基础设施,结合老旧小区改造、智慧社区建设等,进一步推广智能投递设备。至2022年,快递末端服务规范化、智能化水平进一步提升;至2025年,至少建成2个共同配送项目、建设末端示范标杆网点40个、实现智能快件(信报)箱总量突破1500组,格口总数超15万个。

牵头单位:市邮政管理局;责任单位:市自然资源局、住建局,各有关镇(街道)

4. 全面建设智慧城市建设,推进智慧化改造。推进公共基础设施数字化建设改造,深化政务数据资源共享,优化产业发展数字环境,强化网络安全能力保障。推动新一代信息基础设施建设,重点布局5G基站和建设双千兆宽带城市。推动城市智能终端网络,整合市场监管、环境监控等事项,推行"政务服务一网通办"。至2022年,建成晋江市智慧交通建设项目等,补齐智慧城市基础设施短板;至2025年,推动基础设施智能化、城市管理精细化、公共服务普惠化、文化生活数字化、产业结构高端化,将晋江打造成为具有全国影响力的智慧城镇标杆,建成10个县城智慧化改造项目,总投资额约6亿元。

牵头单位:市工信局;责任单位:各市有关单位

5. 提升城市宜居形象,更新改造老旧小区。推动完善老旧小区基础设施,改善居住环境,重点解决老旧小区失养失修失管严重、市政配套设施不完善、社会服务设施不健全等急难问题。坚持问题导向,按照"先民生后提升、先地下后地上、先功能后景观"的原则,着力补齐老旧小区设施设备破损或缺失的短板,做到"花小钱、办大事、节约实用"。力争至2022年,完成43个老旧小区改造项目;至2025年,完成我市2000年前建成的老旧小区改造工作。

牵头单位:市住建局;责任单位:市自然资源局,各有关镇(街道)

(四)推进产业培育设施提质扩量

1. 夯实产业发展后劲,完善产业平台配套设施。建设晋江市科创新区项目等产业平台配套设施建设、依托福州大学建设"福州大学-晋江微电子研究院",立足原创性与基础性技术研究,面向产业与应用,开展新材料、新器件、新工艺和新产品研发。力争建设成为国家级微电子和存储器先导技术研发中心,拥有国际先进新型存储器芯片的自主研发能力。至2022年,推动晋江"芯"小镇、晋江人才梦想小镇等部分要素配置平台项目建成投产;至2025年,建成13个产业平台配套设施项目,总投资额约131亿元。

牵头单位:市发改局、科技局、工信局;责任单位:各镇(街道)、经济开发区管委会

2. 提升产品流通现代化水平,建全冷链物流、农贸市场设施。冷链物流设施提质增效,农贸市场改造升级,积极扩大有效投资,释放消费潜力。打造生鲜冷链仓储中心,配建理货和分拣等冷链配送设施,保障农副产品全程冷鲜冷冻保存和运输。探索推广"生鲜电商+冷

链宅配”“中央厨房+食材冷链配送”等新模式，补齐冷链设施短板。改造市场流通环境，提升农贸市场水平，扩大规模和服务半径。完善零售型农贸市场和社区菜市场环保设施，解决卫生“脏乱差”短板。至2022年，建成晋江市新建畜禽定点加工厂等项目；至2025，补齐冷链物流、农贸市场设施短板，总投资额达7亿元。

牵头单位：市商务局；责任单位：泉州出口加工区管理局、产业集团，各有关镇(街道)

四、要素保障

(一)强化财政资金统筹。政府投资项目的主管单位在项目谋划阶段，对于部分收益覆盖的项目要同时提出融资与收益平衡方案，明确出资主体、比例和筹资方式，灵活运用专项债等多元化融资工具。市财政局要靠前参与，根据项目主管单位、建设单位梳理的项目资金拼盘方案及可筹措的资金情况，统筹资金调度，加大支持力度。同时，加强项目预算审核，运用市场化方式鼓励吸引社会资本参与补短板强弱项项目建设，多渠道筹措资金保障县城城镇化补短板强弱项项目，落实重点支持“两新一重”的要求，全力支持推进项目建设。

(二)加强政策扶持。各级各部门要坚持“资金跟着项目走”，对公益性项目，要积极向上争取中央预算内、省级预算内资金、新增中央投资资金予以支持，多渠道筹集包括政府财政资金、地方政府专项债、抗疫特别国债等政策性资金予以投入，对符合条件的经营性项目，鼓励引导市属国有企业及社会资本通过健全银企对接机制，利用开发性政策性商业性金融和国家城乡融合发展基金、县城新型城镇化建设专项企业债予以融资支持。

(三)完善用地等要素保障。市自然资源局、发改局要摸排城镇化补短板强弱项项目新增建设用地需求、建设计划及项目投资等情况。同时积极对接省上，申请纳入“两个清单”重点保障项目，高效使用计划指标，保障一般项目的用地报批。

(四)靠前服务提速优化。审批职能部门要树立强化“谁审批、谁服务”的意识，主动靠前一线服务；市自然资源局要推进规划用地“多审合一、多证合一”改革，推进项目选址、划拨审核合并，压缩办理时限，同时及时汇总项目问题，摸清用地需求，协调解决工作中遇到的难题，全力服务各项目用地报批工作；市住建局推行施工许可阶段并联审批，加快审批办理施工许可阶段并联审批，采取项目信息网上申报、申请材料一窗受理等方式，由综合收件窗口统一收件、发件，同步审批办理；生态环境局对项目进行全面梳理，提前介入，靠前服务，开辟绿色通道，并逐家发放抓紧完善环评手续的通知。实施环评审批正面清单，进一步简化环评形式、优化审批流程，对社会事业等10大类30小类的环评登记表项目实行豁免管理，企业无需填报环境影响登记表。

五、组织实施

(一)加强组织领导。建立晋江市县城新型城镇化建设示范区补短板强弱项工作联席会议制度，统筹推动县城新型城镇化建设示范区补短板强弱项工作，各责任单位要切实按照职责分工，高度重视，认真落实好相关工作任务。细化任务分工，明确责任主体、明确时间节点，制定专人负责，牵头单位对分工任务统筹负责，责任单位要根据各自职能分工负责，共同全面抓好对口相关工作任务的落实。

(二)项目滚动管理机制。按照“实施一批、储备一批、谋划一批”的原则，建立我市县城新型城镇化补短板强弱项项目储备库，并适时更新、滚动实施。强化项目管理服务，健全项目管理推进机制，确保项目有序推进。建立项目绩效考评机制，明确责任分工，及时梳理汇总项目存在问题，厘清问题，定期通报项目进度，实行滚动退出机制。

(三)强化示范带动。建立晋江市县城新型城镇化补短板强弱项建设示范性项目表，进一步以项目示范带动县城新型城镇化建设示范区提质扩量。各责任单位根据具体任务分工，及时对我市县城新型城镇化建设示范区补短板强弱项工作的具体做法、亮点成效和典型经验进行跟踪梳理、总结提炼，并有针对性提出进一步深化、提升的思路措施，以便及时推广提炼经验。

调研报告

晋江经济综合竞争力评价与分析

王世杰

一、经济竞争力评价指标体系

经济竞争力主要是指一城市在竞争和发展过程中与其他城市相比较所具有的吸引、争夺、拥有、控制和转化资源，争夺、占领和控制市场以创造价值，为其居民提供福利的能力。

城市经济竞争力表现为长期综合经济增长率、综合市场占有率、综合地区生产总值和居民人均收入水平(生产率水平)，是竞争的基础和源泉。

通过对《中国城市统计年鉴》《中国统计年鉴》《中国城市经济年鉴》和《中国经济年鉴》以及各相关城市历年地方统计年鉴的相关原始指标进行分析，并考虑指标统计口径的一致性和连贯性，本文从综合经济实力、资金实力、开放程度、营商环境4个方面评价城市竞争力。考虑到不同城市的可比性，这些指标全部采用人均或相对比重。具体指标体系包括：

综合经济实力。反映一个城市的总体经济发展水平和经济发展所处阶段，包括地区生产总值、人均地区生产总值、地区生产总值增长率、第三产业增加值占地区生产总值比重、职工年平均工资。

资金实力。表明在财富的生产、创造过程中不可缺少的资金要素的地位与作用，资金的投入和积累是导致经济增长的直接动因，也是构成城市自身发展进步的因素之一，包括固定资产投资额占地区生产总值比重、人均居民储蓄余额、人均财政预算内支出。

开放程度。体现一个城市对城市外区域的吸引力和城市的扩散、辐射作用。建立市场经济，参与世界竞争，要求的是高度开放、竞争活跃的市场体系，因此一个城市的开放度、外向度是城市竞争力的重要组成内容，包括外贸口岸出口额占地区生产总值比重、外贸口岸进口额占地区生产总值比重、人均实际利用外资额。

营商环境。营商环境指数评价体系分为硬环境指数和软环境指数。硬环境指数占营商环境指数的权重为40%，具体包括自然环境和基础设施环境2个二级指标，11个三级指标；软环境指数占营商环境指数的权重为60%，具体包括技术创新环境、人才环境、金融环境、文化环境和生活环境等5个二级指标，24个三级指标。

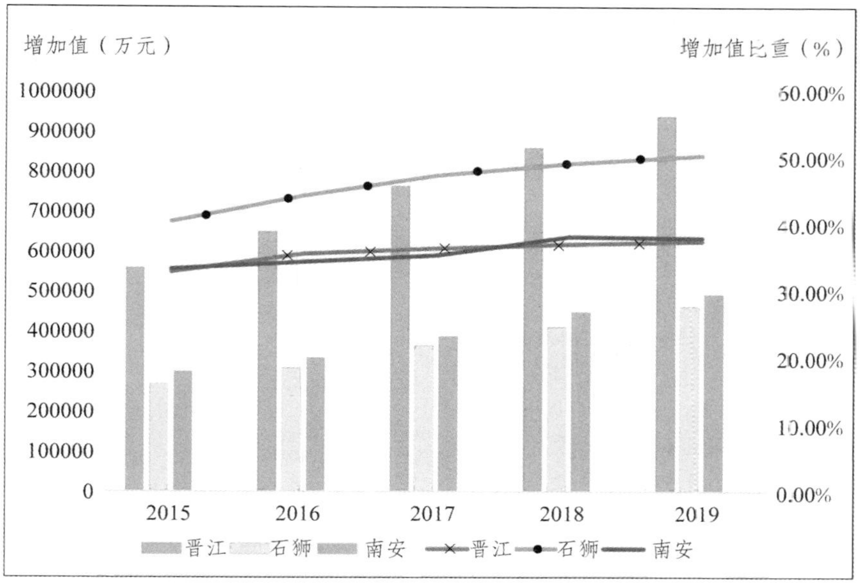

图2 2015—2019年晋江、石狮、南安第三产业增加值与增加值比重

二、晋江、石狮、南安城市经济竞争力比较

晋江、石狮、南安是泉州的三大县级市。晋江，科技综合实力进入全国百强行列，被定为全国4个科技进步示范区之一。石狮，福建省县域经济"十强"县(市)。南安，综合竞争力位居福建省县域(含县级市)第3位。

(一)综合经济实力

从地区生产总值来看，晋江多年来一直处于领先地位，2019年晋江、石狮、南安地区生产总值分别达到2546.18亿元、1295.44亿元、917.84亿元，分别位列泉州市第一、第三、第四；在2019年全国百强县榜单中，分别位列第5位、第25位、第28位。2020年晋江、南安、石狮地区生产总值分别达到2680亿元、1340亿元、945亿元，均位列泉州市前四。

从总量上看，晋江在泉州市各县区当仁不让地位于第一，并且总量占到泉州市的四分之一强。但人均地区生产总值方面，晋江低于石狮市而高于南安市。在个人可支配收入方面，2019年泉州市的平均可支配收入为39155元，晋江、石狮、南安三地分别是43441元、55039元和37365元。可见把常住人口数量算进来，晋江与石狮还是有很大差距。

此外，职工年平均工资是反映职工工资水平，对人口就业起到导向作用。近几年晋江与南安工资水平差距不大，石狮与晋江和南安的工资略有差距，但趋势逐渐减小。2019年晋江、石狮、南安的年平均工资分别为74222元、75676元、72189元(见图1)。

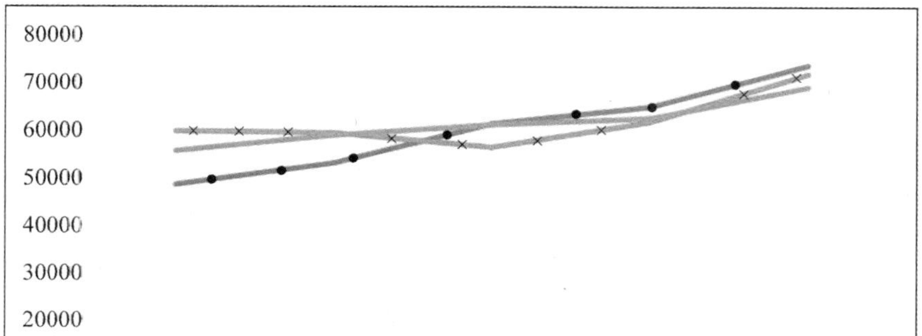

图1 2015—2019年晋江、石狮、南安职工年平均工资(单位：元)

第三产业在世界各国迅速崛起，已成为发达国家的重要支柱。从绝对值来看，晋江、石狮、南安第三产业产值不断增加，晋江最高、石狮最低、南安居中，且三者间的差距有加大趋势。从第三产业增加值占地区生产总值的比重来看，石狮占比最高，其次是南安，晋江占比最低。石狮历年来占比变化不大，晋江、南安占比涨幅相对较大。2014—2019年，晋江和南安第三产业增加值占地区生产总值的比重分别增加5.1%、4.5%，石狮仅增加2.5%(见图2)。

(二)资金实力对比

资金的投入和积累是经济增长的直接动因，也是构成城市自身发展进步的因素之一。晋江是闽南金三角的核心；石狮是福建省综合改革试验区，有政策上的优势；南安自然资源丰富，综合实力强劲。三者在资金实力上存在差异。根据数据的可得性，主要采用固定资产投资额、财政预算支出体现三者间资金实力的差异。

图3中数据表明晋江、石狮、南安的固定资产投资不断增加，近几年晋江固定资产投资快速上涨，落后南安，远大于石狮。财政预算支出是表明城市资金控制能力指标。图4显示晋江、石狮、南安财政预算支出保持增长趋势，晋江与南安间差距不断缩小，超过石狮。此外，晋江在2019年住户存款突

破千亿达1027.26亿元，南安也已经达到767.47亿元，而石狮住户存款余额只有438.3亿元。

(三)开放程度对比

无论是进口还是出口，晋江都领先于石狮和南安。

出口额及其占城市地区生产总值比重表明城市对国外市场的依存度及城市对国外商品的吸引力。2019年全年晋江市进出口总额达761.19亿元，比上年下降2.7%，其中出口额590.11亿元，增长8.1%，进口额171.09亿元，下降27.6%。南安2019年实现外贸出口总值104亿元；石狮2019年全年出口总额333.88亿元；晋江、石狮、南安三市的外贸口岸出口额占地区生产总值比重分别为40%、36%、8%。所以总体来看，晋江的开放程度大于南安、石狮。

(四)营商环境分析

营商环境分为硬环境与软环境两类。在本文的研究中，硬环境中自然环境除了城市地理环境和气候环境，还纳入了空气质量。基础设施环境除了人均道路密度、公共汽车密度、公路物流和交通客流的承载能力等传统基础设施，还将清洁能源普及度、生活垃圾和城市污水的处理率、市政设施完善度等生态和民生基础设施纳入考察范围。

根据2020年赛迪顾问发布的全国营商环境百强县排名，晋江、南安、石狮分别位于第2、17、31名。晋江的营商环境显著优于南安和石狮，而且在全国范围内都具有较强的竞争力。

三、与全国同规模城市经济竞争力比较分析

2019年晋江市地区生产总值为2546.18亿，在全国百强县地区生产总值排名中位列第四；增长速度为8%。在全国百强县地区生产总值排名中，有一批县(市)地区生产总值规模与泉州相差不大，例如常熟、慈溪、宜兴、长沙等。其中一些城市，例如宜兴、长沙等，发展势头迅猛，随时有可能在经济总量上超越晋江。与这些城市相比，晋江城市经济竞争力处于什么样的水平，决定了晋江在全国县(市)经济竞争力的排名。

(一)综合经济实力对比

首先从县(市)地区生产总值及其增长率来看，在规模相差不大的10个县

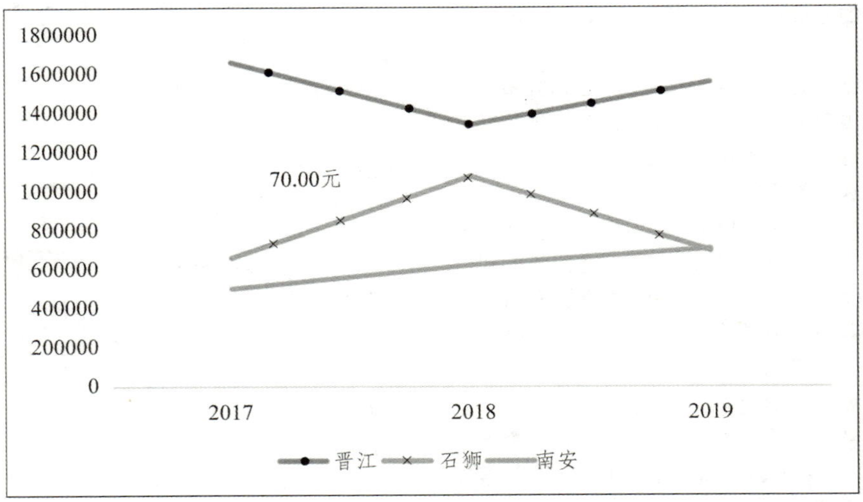

图3 2017—2019年晋江、石狮、南安固定资产投资(单位：万元)

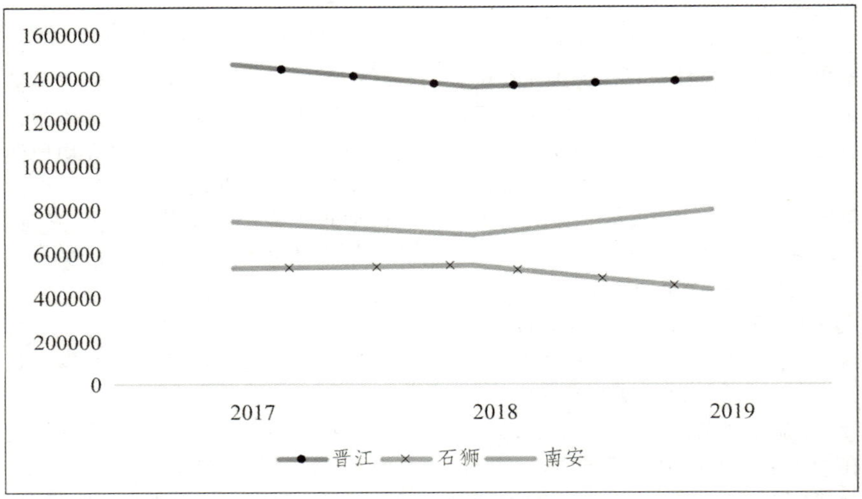

图4 2017—2019年晋江、石狮、南安财政预算支出(单位：万元)

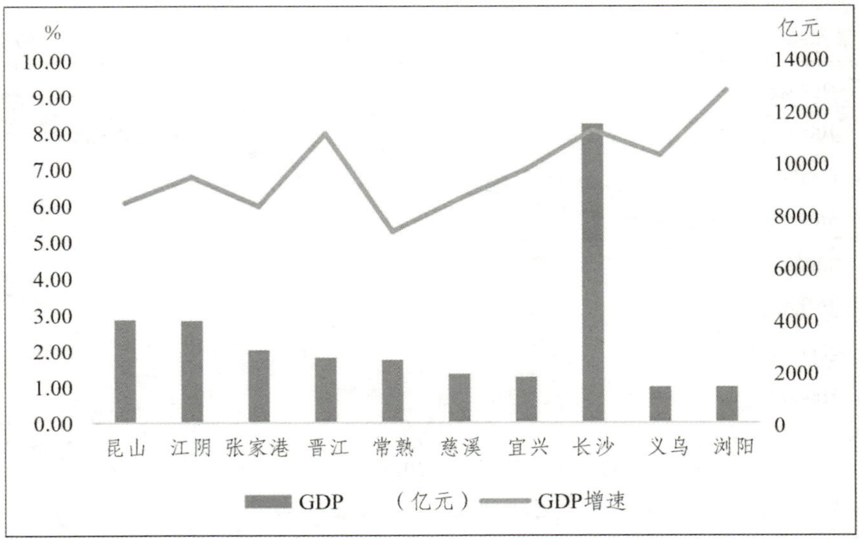

图5 2019年十县(市)地区生产总值及增长率

(市)中，除昆山、江阴外，其他县(市)在经济总量上相差不大；但在经济增长速度上晋江明显高于其他城市。按照这样的增速，晋江将在总量上超过张家港(见图5)。

与其他9个城市相比，晋江人均地区生产总值处在落后位置。职工年度人均工资方面，晋江也处在较落后的位置，2018年职工年平均工资仅为65915元(见图6)。

此外，第三产业占比大小对城市的经济发展具有一定的影响，是城市经济竞争力的重要影响因素。从图7可看出，义乌、长沙、昆山、江阴、张家港第三产业占比较大，晋江第三产业占比较低，约36.9%。

综合经济实力方面，与其他同规模城市相比，晋江在经济增长速度方面有领先优势；在地区生产总值总量上排名居上，且领先优势逐渐增强；但人均地区生产总值处于较为落后的位置，第三产业占比更是处于倒数第二位。

(二)资金实力对比分析

资金实力是城市经济竞争力的重要方面。决定了城市的经济发展。由于各城市资金实力数据的可得性，接下来运用城市财政预算支出与城市年末本外币存款两个指标对比分析各城市的资金实力。

从图8可以看出，与其他9个城市相比，2019年晋江财政预算支出处于倒数第二位，仅138.27亿元。长沙与昆山最高，分别高达1425.98亿元、324.41亿元。

金融资金实力方面，由图9可以发现，晋江与其他9个城市相比，晋江的本外币存款量排倒数第二位，仅有1810.34亿。最高的是长沙与昆山，分别高达21048.45亿、5108.36亿。

资金实力方面，无论是财政资金实力还是金融资金实力，晋江都低于其他城市，在10个经济总量同规模的城市中居于末位。

(三)开放程度分析

从进口及其占地区生产总值的比重来看，晋江进口总额为171.09亿元，占地区生产总值的比重仅为7%，仅仅领先于慈溪、义乌两个城市，落后于其

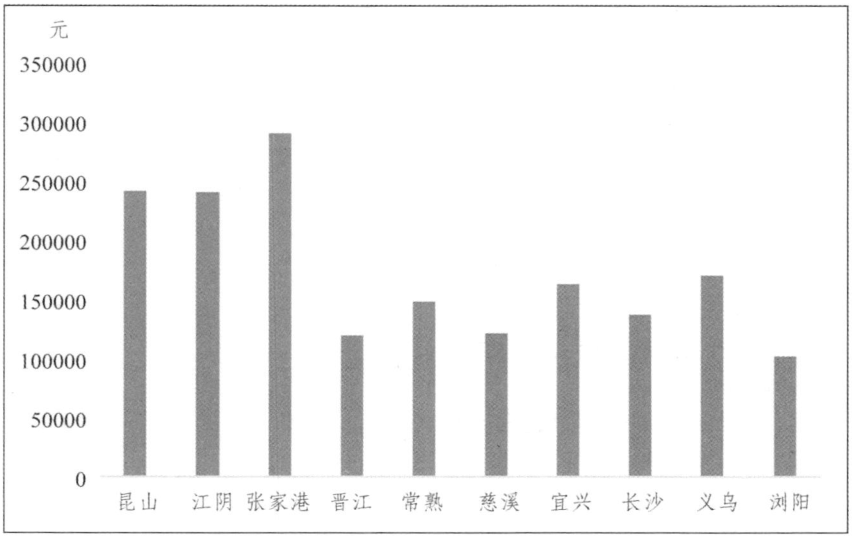

图6 2019年十县(市)人均生产总值

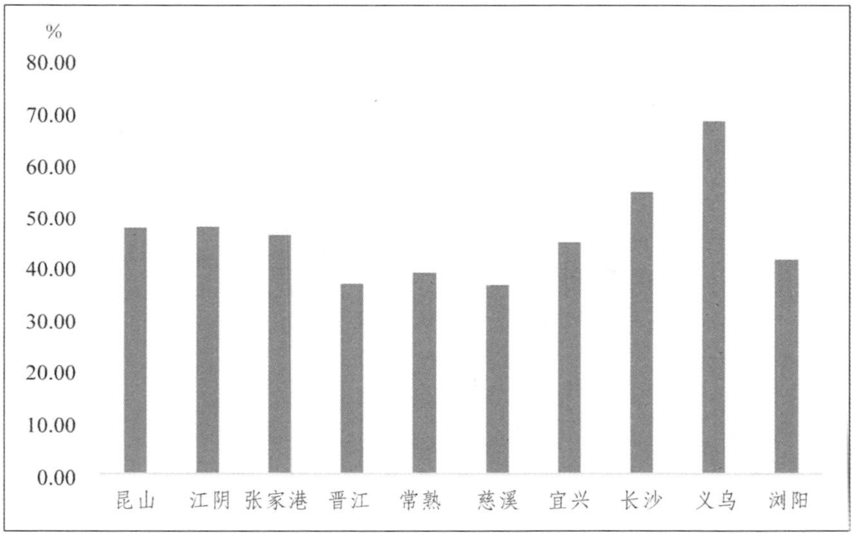

图7 2019年十县(市)第三产业占地区生产总值比重

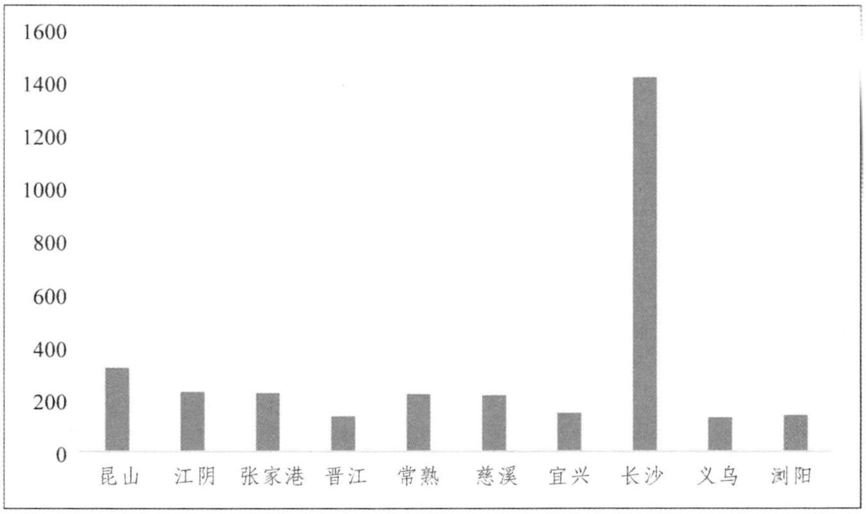

图8 2019年十县(市)财政预算支出(单位：元)

他城市。昆山、长沙、张家港进口总额为269.72亿美元、605.6亿元、166亿元，占比分别达到43%、21%、18%，领先优势明显(见图10)。

从出口及占地区生产总值的比重来看，晋江出口总额为590亿元，占比为25%左右，仅领先于浏阳和宜兴，位于倒数第三。义乌、昆山出口总额分别为2867.9亿元、557亿美元，出口占地区生产总值的比重分别为200%、89%，领先优势明显(见图11)。

此外，从2019年各城市实际利用外资情况来看，晋江为15.01亿元，排名靠前，但仍低于长沙。

根据2019年实际外资使用情况、进出口及其占地区生产总值的比重可以看出，晋江与同规模城市相比，对外开放程度仍稍显不足。

(四)营商环境分析

根据2020年赛迪顾问发布的全国营商环境百强县排名，晋江的营商环境在全国同规模城市中排名第二，表明了晋江在改善营商环境方面取得了较大的突破。近年来，晋江聚焦于营商环境中企业、项目、人才等重点问题，全力打造能办事、快办事、办成事的“便利晋江”，营造“生人熟人一个样、办事都方便”的一流营商环境，切实提高办事便利水平、项目落地效率，减轻企业经营负担、助力企业转型升级，进一步完善人才生态环境，提升城市“拴心留人”吸引力，有利于提高晋江综合经济竞争力在全国的地位(见图12)。

四、总结

晋江市是全国的制造业基地，经济较为发达，2019年地区生产总值为2546.18亿元，在泉州各县(市、区)中位居第一，在全国城市地区生产总值排名中也较为靠前，排在第18位。前文从综合经济实力、资金实力、开放程度及营商环境四个方面，运用比较的方法对泉州市的综合经济竞争力进行了分析。

在泉州市内，通过与石狮、南安进行比较发现，晋江在地区生产总值、营商环境、开放程度等方面有领先优势。进一步通过因子分析法，计算晋江、石

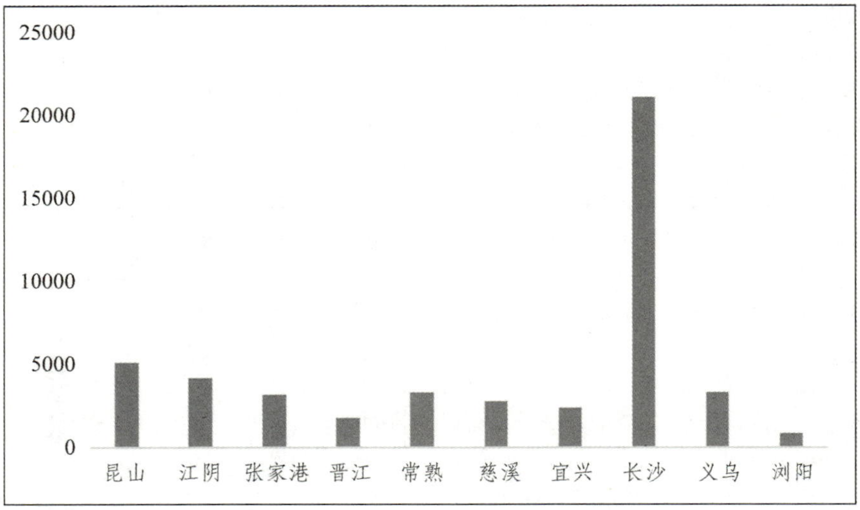

图9　2019年十县(市)本外币存款(单位：亿元)

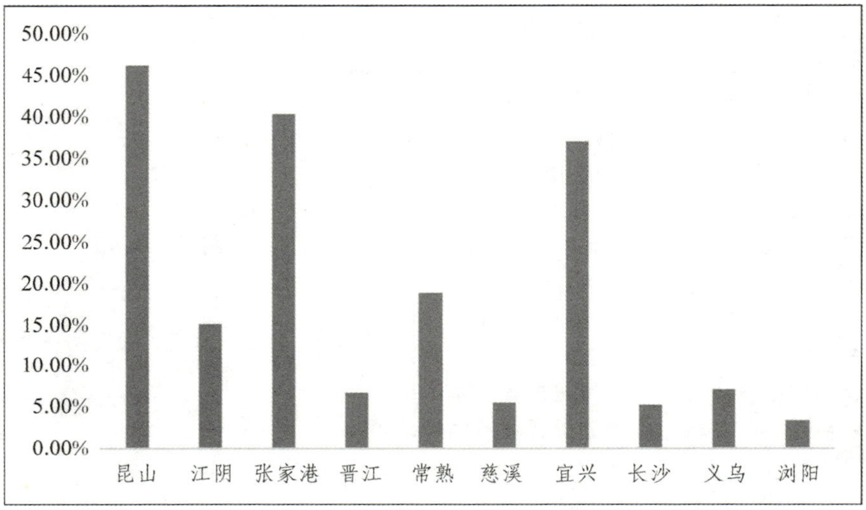

图10　2019年十县(市)进口占国内生产总值比重图

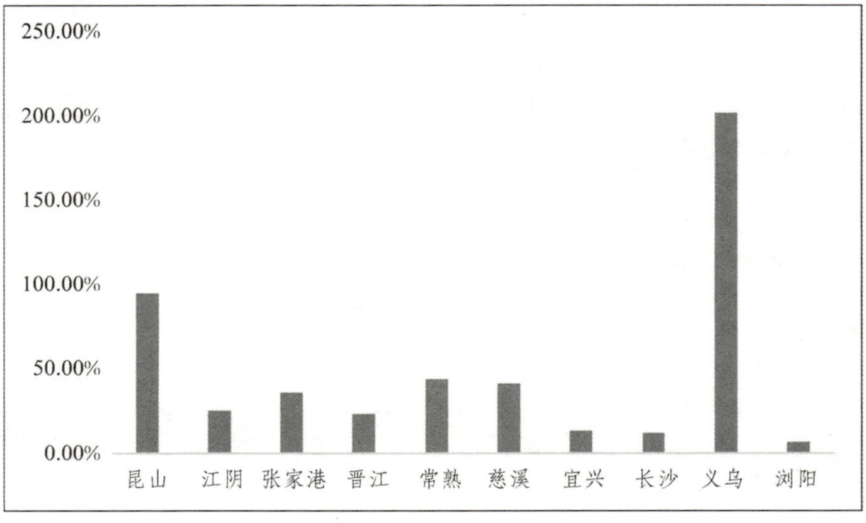

图11　2019年十县(市)出口占国内生产总值比重

狮、南安的综合因子得分后发现，晋江综合经济竞争力位居泉州内第一、南安第三、石狮第四。

在国内与同规模的昆山、江阴、张家港、长沙、常熟、慈溪、义乌等9个县（市）进行比较综合分析晋江经济综合竞争力的定位。通过比较发现，晋江只有地区生产总值总量和营商环境指数居较前位置，其他指标与同规模的其他城市相比，均居倒数第三或者倒数第二。第三产业占地区生产总值的比重、财政预算支出、本外币存款、实际利用外资在同规模的10个城市中居倒数第二；人均地区生产总值、进出口总量及占地区生产总值的比重居倒数第二。

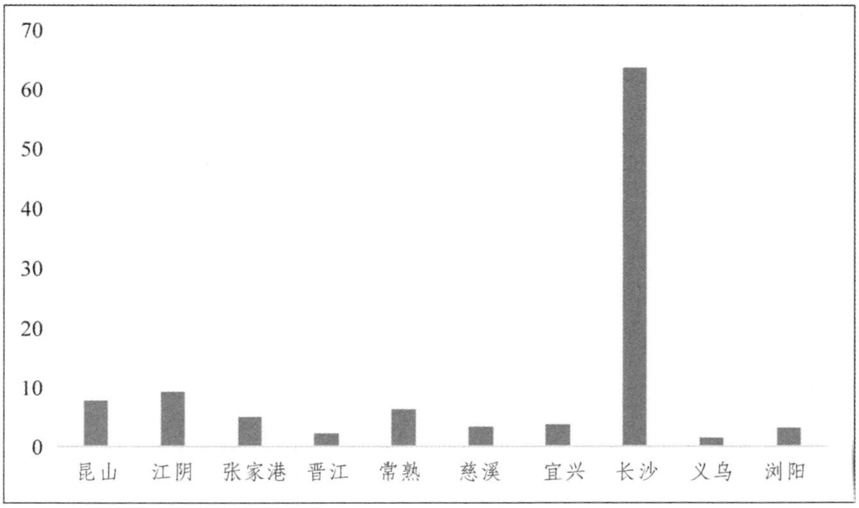

图12 2019年十县(市)实际利用外资

晋江社会发展现状与展望

黄益军

“晋江经验”是地方主动探索中国特色社会主义发展道路的积极实践，其中蕴含了社会发展不同层面的重要经验。2019年，晋江市深入实施人才强市、新型城镇化、国际化“三大战略”，全力冲刺高质量赶超、重大赛事筹办、更高水平全面小康“三大任务”，有力地保持经济社会平稳健康发展。在创建“晋江经验”过程中，晋江利用丰富的民营经济资源和独特的体育产业优势，在城市建设、乡村振兴、公共服务、社会治理、生态环境等方面取得了一定成绩。因此，在发挥城市资源禀赋打造体育之城、利用农村集体产权改革推进乡村振兴、拓展城乡社区治理主体完善基层治理体系、探索创新模式提升公共文化服务质量等方面，晋江可为其他同类型城市提供经验借鉴。

一、晋江社会发展现状

（一）城市建设提速提质

近年来，晋江以发展体育产业、打造体育城市为目标，相继承办一系列大型国际国内赛事。2016年晋江首次举办国际半程马拉松赛，吸引近万人参赛。2017特步晋江国际马拉松赛是泉州市首个全程国际马拉松赛、全国首个海丝马拉松赛。2019年，第18届世界中学生运动会（以下简称“世中运”）组委会顺利召开第一次全体会议，揭晓赛事LOGO、主题口号和形象大使，开通启用赛事官网、志愿者招募系统，筹备工作稳步推进。借助体育赛事，晋江关联发展体育产业和城市建设，全力打造体育城市新名片。

以赛事借力促进城市发展方面，一是拓展城市发展空间，为承办2020年世中运，晋江共建造了30个场馆，足球公园等3个场馆建成投用，第二体育中心、少体校等场馆提速建设。对整个城市东向、南向的拓展发挥了较大作用。二是晋江用3年时间开展体育场馆、综合交通、城市景观等16个专项建设行动①，提升了城市综合治理水平。以赛事聚力提升群众生活品质方面，举办赛事除了有利于促进城市配套体育设施的完善和扩建，还能营造浓郁的体育氛围，促进体育运动在市民中的普及和推广，促进全民健身指导体系完善。2019年，晋江建成福建省最大的独立全民健身中心并对外开放，完成40个基层体育场地设施建设；市体育中心、青少年校外活动中心等体育场馆面向社会免费或低收费开放。晋江还投资建设健身步道，近几年将发展到100多千米，促进全民健身发展和群众生活品质提升。

（二）乡村振兴纵深推进

实施乡村振兴战略，是党的十九大做出的重大决策部署，是决胜全面建成小康社会、全面建设社会主义现代化强国的重大历史任务，是新时代“三农”工作的总抓手。2019年10月，福建省委实施乡村振兴战略领导小组印发《福建省乡村振兴试点示范工作方案》，晋江市被列为市级挂钩联系乡村振兴重点县。晋江乡村振兴纵深推进主要体现在推动城乡融合发展、全面深化农村改革、推动农村各项事业全面发展等方面。

在推动城乡融合发展方面，晋江实施农村环境提升和社区营造工程，通过工业反哺农业、城市带动农村和城乡一体化发展，带动更多技术、信息、人才、资金、管理等资源要素向乡村流动，促进城乡要素平等交换、公共资源均衡配置。晋江构建了乡村“152030”快速交通圈，即所有镇（街道）15分钟内上高速，市区20分钟内到达任何一个镇，各镇之间30分钟内通达。同时，加快完善公园绿地、学校、医院、养老院等农村基础配套项目，稳步推动城乡“6+1”基础设施建设和教育、卫生、文体、市政配套、社会福利“五个系列”资源稳步整合，全面提升农村经济社会发展水平和农民收入水平。在全面深化农村改革方面，晋江的农村“双创”、农村集体产权制度改革成为全国典型。晋江通过不断优化农村“双创”环境。提升农村“双创”水平，使农村“双创”成为拉动农村经济社会发展的强劲动力。2017年，全市农业农村“双创”团队38个，规模经营200亩以上的大学生农场有50家，新增以大学生为主体的农业“双创”企业5家，并涌现出一批较有影响力的农村“双创”优秀带头人。2019年，晋江新增省级以上农业产业化龙头企业9家、“安海土笋冻”获评国家农产品地理标志。村级集体经营性收入全部突破10万元，68%突破20万元。在推动农村各项事业全面发展方面、晋江注重点面发力，推动乡村发展。2017年晋江市农村公路（县乡村道）总里程2220千米，公路密度342千米/百平方千米，是全国的8.3倍，全省的4.6倍。道路等级、绿化亮化率和建设标准较高，配套完善，并于2018年被评为“四好农村路”全国示范县。围绕“环境卫生美、村庄自然美、乡村文明美、生活幸福美、社会和谐美”的“最美乡村”创建目标，晋江市40个村庄获得“最美乡村”称号。2019年磁灶、英林2个镇获评省级乡村振兴特色乡镇，瑶前、华海、檗谷等20个村入选省级乡村振兴示范村。

(三)公共服务效能提升

社会发展的本质是人的发展，而人的发展取决于一个国家(地区)的基本公共服务供给状况。因此，公共服务是社会发展的重要条件，也是社会发展的重要内容。晋江公共服务扩面提质主要体现在惠民实事落细落实、公共服务扩面提质、公共文化服务特色品牌打造等方面。

在惠民实事落细落实方面，2019年晋江办好29件为民实事和224件“民生微实事”，通过民生观察眼、市民考察团等活动，积极回应学生配餐、交通出行、课后延时服务等一批群众难点问题：237户困难家庭得到暖心帮扶。4166宗石结构危房完成改造。在公共服务扩面提质方面，2019年晋江获评“省级教育强市”，实施122个教育项目，新增优质学位8040个，普惠性幼儿园覆盖率达88.1%；福州大学科教园迎来首批本科生，泉州职业技术大学正式挂牌，拔萃双语学校顺利开办，晋江一中、养正中学入选全省首批示范性普通高中建设名单；晋江健儿时隔20年重夺泉州市运会金牌总分“双第一”；实施18个医疗卫生项目，新增病床位852张，深化与树兰医疗等优质资源对接，打造3个医疗服务“航空港”，成立全省首个卫生健康人才发展促进会；建成4个镇级敬老院、20个居家养老服务站、5个“嵌入式”小型养老机构，社会福利中心老年康复医院投用，社会救助综合改革试点通过国家验收。在打造公共文化服务特色品牌方面，近年来晋江精心策划、全力推进，培育出“大美晋江”文化惠民工程、文化空间共享计划、全民悦读节、市级品牌讲堂等一批公共文化服务特色品牌项目，充分彰显晋江的城市人文精神和地域文化特色。自2011年起，晋江市图书馆开始承办一年一届的“悦读节”活动，至今已成功举办8届，共开展活动2200多场次，参与读者超过180多万人次。在打造市级品牌讲堂活动中，晋江也呈现出“百花齐放”的繁茂格局。其中，晋江图书馆开展“市民讲堂”品牌活动，邀请知名学者、专家来馆开展人文阅读、家庭教育、儿童保健、学科学习等方面主题讲座：晋江博物馆打造“展览进校园、进社区、进企业”品牌活动；晋江文化馆打造“艺术讲堂”品牌活动，涉及音乐、文学、摄影等方面；晋江文保中心利用龙泉书院开展“国学讲堂”系列国学知识讲座，邀请省内外专家教授、本土文化名家进行授课交流，传承中华优秀传统文化，每月举办一期，2018年以来已举办40余期。

(四)社会治理持续改善

人民群众的美好生活，既有赖于国家公共服务体系的精准对接，也有赖于基层社会治理的有效保障。党的十九届四中全会指出，要坚持和完善共建共治共享的社会治理制度，实现政府治理同社会调节、居民自治良性互动、夯实基层社会治理基础。2010年10月，晋江被确定为全国首批社会管理创新试点。2016年8月，晋江被确认为省级社区治理和服务创新实验区。晋江社会治理持续改善主要体现在政务环境有效优化、社区组织有效整合、乡村治理有效提升等方面。

在政务环境有效优化方面，2019年晋江深入开展“不忘初心、牢记使命”主题教育，严格落实全面从严治党，履行意识形态工作责任制：建成“互联网+政务服务”市镇村三级一体平台，所有审批服务事项承诺时限压缩至法定时限17.7%，“最多跑一趟”“一趟不用跑”事项占比达93%：落实政府机构改革，优化职能配署，认真贯彻“基层减负年”要求，大力改进文风会风，加强效能建设、绩效管理、审计监督、服务水平明显提高。在社区组织有效整合方面，晋江市在城市社区治理实践中，将原本分属多个组织负责的养老、教育等功能交由同一类组织负责，并构建党群服务中心、青少年宫、公益基金等公共服务平台，实现了社区多元共治组织的功能整合。如罗山街道建立16个社区居家养老服务站，积极承接组织、卫健、民政、文体等部门涉老功能，全面提升服务质量。针对社会阶层结构由“金字塔形”“锥形”到“橄榄型”变化情况，晋江着力发挥不同阶层作用，大力建设公益慈善组织，在全省率先设立县级慈善总会，建立19个镇(街道)慈善联络组、393个村(社区)爱心慈善援助站，累计募集善款超30亿元，并积极参与卫生、教育及老年福利等慈善公益项目，使公益慈善组织成为构建和谐阶层关系的良性润滑剂。在乡村治理有效提升方面，晋江开展乡村善治试验，深入推进“三治”融合②，全国首创农村治理人才认定机制，全面推行基层议事协商，“1+3+N”调解格局③逐步完善。2019年，晋江市成功承办全省乡村治理暨乡风文明体系建设现场推进会，获评全国乡村治理体系试点示范县，村庄规划工作成为全国典型。

(五)生态环境不断优化

近年来，晋江市高度重视生态文明建设，将“生态立市”的理念融入社会、经济发展的全局。2014年，晋江市获“国家园林城市”称号。2018年度获全国绿色发展百强县市(第27位)。晋江市生态环境不断优化，主要体现在生态创建扎实有力、环境整治持续强化等方面。

在生态创建扎实有力方面，晋江认真抓好中央生态环境保护督察反馈意见整改，铁腕推进污染源整治“霹雳”系列行动。2019年查处违法排污企业330家，关停“散乱污”企业245家，石材行业整治成效持续巩固；建成农村污水处理项目33个，打通污水“断头网”8条，铺设污水管道47.76千米；加强泉州湾河口湿地、深沪湾古森林遗址等自然保护区保护管理；划定水源保护红线、龙湖工程管理保护范围，深化饮用水源地和金门供水水源保护；实施173个河流整治项目，整治河道41.2千米。引水第二通道、市区生态水系连通工程正式通水、流域水质明显改善。在环境整治持续强化方面，晋江2019年深入开展“城乡环境整治攻坚年”活动，“两高”及重要通道沿线环境整治稳步推进，“三拆一清”“一革命四行动”扎实有力，整治裸房1442栋，拆除“两违”50.7万平方米；植树造林1.65万亩，回填废弃石窟11个，绿化矿山迹地195亩。崎山公园、晋江下游(南岸)生态公园部分开放，九十九溪万亩田园风光初具雏形。

二、晋江社会发展经验借鉴

(一)产城融合：发挥城市资源禀赋，打造体育之城

我国在转型背景下提出的产城融合新战略，要求产业发展与城市功能提升相互协调，实现“以产促城、以城兴产”。晋江社会发展的一个突出特点是产城融合，发挥城市资源禀赋、打造体育之城。以体育用品制造为主的体育产业，是晋江经济最鲜明的特色之一，目前晋江拥有国家级体育用品品牌42枚，体育用品上市公司21家(数据截至2016年)。根据《2019年1—12月晋江市主要经济指标完成情况表》，2019年晋江市体育制造业规模以上产值首次突破2000亿元，达到2152.75亿元，增长9.1%，占规模以上工业总产值39.2%，贡献率38.0%。以体育用品制造和销售为主的体育制造业，成为晋江首个产值超2000亿元的产业。在体育经济快速发展的同时，晋江非常重视文化体育事业的协调发展，早在1997年就提出争创体育先进市的目标。晋江近年来先后荣获“全国体育先进县”“全国武术之乡”“全国群众体育先进县”等荣誉称号。2007年，晋江继深圳和成都后获批成为第三个国家体育产业基地，借着这一东风，晋江作为县级市首个提出了打造中国第一个体育城市的目标定位。2016年，晋江正式通过《关于全面推进体育城市建设的决定》，标志着晋江将建设国际影响的体育城市作为新的发展目标。近年来，晋江以发展体育产业、打造体育城市为目标，从办体育、办产业到办城市，关联发展，一步一个脚印，全力打造体育城市新名片。2013年以来，晋江每年都举办很多国际、国内赛事，不仅带来体育服务业的发展，也通过赛事增强了企业创新意识，促使企业加大赛事所要求的鞋、帽、服装等产品科技研发力度，加快转型速度，提高品牌的知名度。通过办赛事的契机，政府、企业、社会层面也能够集中时间、精力、财力来提前完成城市配套、场馆建设、城市治理和人才建设。

(二)强村惠民：利用农村集体产权改革推进乡村振兴

近年来，晋江以国家级农村集体产权制度改革试点为抓手，创新以集体资产股份量化和股份权能实现为主要内容的农村集体产权制度，最大限度地激发农村发展的活力和动力。一是坚持党建引领，勇于改革创新。晋江市加强党对农村改革工作的全面领导，突出党建引领作用，紧紧抓住农村集体产权制度改革，增强改革整体性、系统性、协同性。通过强化党委书记责任制、统筹推进农村集体产权制度改革与新型城镇化、农村土地制度改革三项试点④等改革任务，建立“政府、村社、专家、律师”四位一体的工作推进机制，打通政策、法律、信息、落实、咨询等方面的交流渠道，加强改革要素保障。二是坚持因村施策，解决突出问题。晋江根据全市395个村(社区)的村情社情、资产构成、村民诉求等实际情况，探索改革形式、资产和路径的多样化，探索资源性、经营性、非经营性等三大类资产的有效实现形式，探索形成市场化运作、股份化改造、集约化管理、规模化经营等四条改革路径。三是坚持赋权于民、激发内在动力。晋江充分保障群众知情权、参与权、集体经济组织股权和群众管理权，在全市推行基层协商民主议事制度，积极探索完善群众对集体资产股份权能，探索村级党组织领导下的“村经分离”制度。让群众真正参与到改革中，形成有效维护农村集体经济组织权利的治理体系。四是坚持强村惠民，助推乡村振兴。晋江积极推动城乡要素平等交换，发挥集体产权制度推动农村经济繁荣的带动效应，同时增强村级集体造血功能，拓宽农民增收渠道，激活农村集体土地、集体资产、农房、集体经济组织股权等“沉睡资产”，保障农民享有更多财产权利，有效激发农村发展内生动力，巩固农村基层基础。

(三)多元共治：拓展城乡社区治理主体，完善基层治理体系

在现代公共服务体系中，政府及其事业单位不再是单一提供主体。私营企业、非营利组织、社区和个人等日益成为公共服务主体，政府、公共部门和社会力量等主体逐渐建构出紧密合作的服务网络，极好地体现了现代治理的理念和要求。现代治理理论要求多元主体之间通过“协同共治”达到“互补共进”。晋江城乡社区的共治实践体现了多元主体共同参与治理，有利于提高社区治理能力，推进社区治理体系现代化。首先，整合社区多元共治的信息资源。近年，晋江坚持实行党委领导、政府负责、社会协同、公众参与、法治保障的社会治理机制，充分整合治理资源，促使更多资源下沉到基层一线，大力推进城乡社区多元治理进程，建立基层党建联席会议和社区党建联动机制，构建了整合信息资源的新时代文明实践平台、青少年事务中心、社区调解组织等实体平台和网格化服务管理平台等虚拟平台，有效地解决了传统社区治理过程中存在的碎片化问题。其次，整合社区多元共治组织的功能。晋江将原本分属多个组织负责的养老、教育等功能交由同一类组织负责，构建党群服务中心、青少年宫、公益基金等公共服务平台，实现了社区多元共治组织的功能整合。截至目前，晋江已建设285所村(社区)居家养老服务站、大力发展居家养老事业。针对社会阶层结构由“金字塔形”“锥形”到“橄榄型”变化情况，晋江着力发挥不同阶层作用，大力建设公益慈善组织，在全省率先设立县级慈善总会，使公益慈善组织成为构建和谐阶层关系的良性润滑剂。再次，整合社区多元共治之中的公私部门。晋江着重发挥党组织的领导优势，积极发挥党委“主导运行、顶层设计、统筹运作”的主体作用，将政府部门、公益部门较难有效供给的一些公共服务交由私营部门供给，有效发挥政府部门、公益部门和私营部门(并延伸至社区居民)各自的优势，使这些主体能够有效地参与城乡社区治理过程之中，也促使城乡社区治理客体能够及时、准确、便捷地获得所需的各类服务，提升了城乡社区治理客体对晋江市城乡社区治理的满意度。

(四)共建共享：探索创新模式，提升公共文化服务质量

党的十九大报告中，围绕“坚持在发展中保障和改善民生”问题，提出“保证全体人民在共建共享发展中有更多获得感，不断促进人的全面发展、全体人民共同富裕”。2017年3月1日施行的《中华人民共和国公共文化服务保障

法》第六条申明:“地方各级人民政府应当加强对公共文化服务的统筹协调,推动实现共建共享。”晋江在创建全国第四批国家公共文化服务体系示范区过程中,形成了以政府为主导、多方社会力量参与的公共文化服务建设新模式。一是社会力量参与全市公共文化服务设施建设。2018年以来共有慈善基金会、企业等多家社会机构与晋江市图书馆通过免费提供建设场地,承担租金、装修、运营等方式参与完成全市10家24小时城市书房建设,覆盖8个镇(街道)。同时,晋江将基层文化设施建设纳入市委、市政府为民办实事项目,以政府适当财政补助为辅助,鼓励社会力量通过资金捐助等参与村(社区)基层文化服务中心建设。二是社会力量参与公共文化设施运营。晋江实施“文化空间共享计划”,整合利用市级文化场馆空余档期,向学校、社会团体举办的公益性活动免费开放。同时,在大部分镇(街道)综合文化站和部分村(社区)综合文化服务中心,采用与社会培训机构合作,镇政府、村委会购买社会服务的方式,由民办社会工作服务机构承接运营,以青少年等重点群体的服务为核心,面向镇辖区居民提供专业、综合、优质的社会服务。三是社会力量参与政府购买公共文化服务。自2013年以来,在每年“大美晋江”文化惠民工程及文艺精品演出下基层演出中,晋江以政府购买公共文化服务的方式,充分发挥民间文化机构、文艺社团组织的作用,丰富演出资源。同时,整合利用企业、培训机构社会力量以购买服务等形式参与“晋江戏剧文化节”、侨乡谜会、南音演唱节、悦读节等文化品牌活动。四是侨捐社会力量资源优势明显。晋江作为海外华侨之乡,有着独特的社会力量资源,仅2018年就引入3000余万元海外华侨资金捐助晋江文化阵地建设及文化活动开展,其中2000万元用于扶持晋江传统文化传承,实现了社会主体对文化事业的反哺。

三、晋江社会发展展望

(一)持续打造体育城市品牌

体育城市的建设,关键在于将体育元素与城市发展运行紧密地结合起来。首先,晋江应进一步结合自身优势,将体育元素融入城市发展规划之中,以体育产业促使城市转型与产业升级,形成产城融合发展的新局面。晋江应充分利用区位优势,以体育城市发展为导向,重点推动极限运动公园、紫帽体育特色小镇等亮点区块建设;重点打造滨海运动休闲产业带、安海民俗体育文化旅游区等休闲旅游胜地;以产业集聚为原则,重点做好体育用品业集中区的开发和建设。其次,打造体育城市品牌,一定要利用晋江体育用品业的优势规模,充分凸显体育赛事的巨大经济效应,坚持以“政府引导、企业承办、社会参与”为主要形式、鼓励社会力量参与重大赛事的相关工作,同时加快政府购买城市体育公共服务机制,进一步完善以市场为主的办赛机制;重点扶持职业赛事,力争引进高端国际赛事;依托国家级训练基地,与大专院校合作培育体育专业人才。最后,在大力发展体育用品制造业的基础上,加快发展体育服务业,推动“体育赛事与城市旅游融合、体育制造业与工业旅游融合、全民健身与休闲旅游融合”以及体育和金融、互联网融合发展,将体育元素融入各个领域,充分推动“体育+”跨界融合,延伸产业链、提高产业附加值,促进产业转型和城市升级。

(二)推进多元主体协同治理

在晋江当前的社会治理中,从层级来看,基层是社会治理的重要层级,城乡社区是基层非常重要的组成部分;从发展趋向来看,多元共治是城乡社区治理的发展方向。首先,切实了解社区居民的真实需求并加以满足,并在这一过程中关注效率(工具理性)和公平(价值理性),为城乡社区治理效能的进一步提升创造有利条件。整合现有治理结构、健全党组织领导的自治、法治、德治相结合的城乡基层治理体系,推动政府部门、公益部门、私营部门及公民等主体之间的通力合作。其次,整合社区资源,强化社区治理信息资源的共享,使城乡社区治理各主体及各客体能够及时、准确地获取所需信息,为城乡社区的高水平多元共治创造有利条件。最后,优化信任机制,鼓励多元主体参与社区治理,强化社区治理主体之间、主客体之间的信任程度,并在这一基础上形成常态化机制。

(三)不断提升社会发展质量

从中国实践来看,建设和谐社会在本质上要求提升社会发展的质量,使得所有人能够全面地参与发展以及共享发展的福祉。因此,社会发展不仅仅意味着经济水平的提升,也关注人的福祉和潜能,以及人们对共同体生活的参与。一般而言,发展质量的关键问题实际上就是指该发展主体的文明发展的客观标准问题。美国学者莫里斯通过平均寿命、婴儿死亡率、识字率等三个指标来建构“物质生活质量指数”(PQLI)。美国学者艾斯迪斯则在此基础上提出囊括经济、教育、女性地位、健康等在内的“社会进步指数”(ISP)。联合国开发署则将入学率、人口平均受教育年限、预期寿命和经济发展等作为“人类发展指数”(HDI)。马克思主义社会发展理论既强调高质量的“生产供给”,又强调社会主要矛盾的适时变化,及时“旋转”涉及社会发展的总问题、总开关,反映出人们对于提升生活质量的普遍诉求。因此,晋江在评估和测度公民社会的发展以及公民社会的成熟度方面,应该构建一套更为科学、客观的指标体系。围绕该指标体系,在区域范围内实现产业的有机连接和循环,率先实现区域生产、生活共同体,提升区域整体范围内的社会发展质量。

(四)融入区域社会发展格局

进入新时代以来,我国区域发展更体现了全方位、多领域、深层次的开放协调发展格局,以“一带一路”建设、京津冀协同发展、长江经济带发展、粤港澳大湾区建设等重大战略为引领,并结合细分的城市群、主体功能区、自贸区试验等战略,加速提升我国区域间的协调融合和高质量发展,真正实现社会发展的“区域转向”。“晋江经验”不仅是晋江人的经验,是闽南人、福建人的经验,还是中国人的经验,晋江的“小环境”要为厦漳泉大都市区、新福建、大中国的“大环境”提供系统化解决方案,特别是县域经济向城市经济转型和经济治理现代化的模式输出。因此,晋江应更加注重海丝、闽台、闽西南协同发展区的联动,注重区域一体化和要素的高效配置流动,注重国内与国际的合作发展,注重区域协调发展和科学的国土空间开发。同时。更加注重区域协调机制的自觉,不局限于“中央政策”或“市场机制”的二元论,而是基于激发地方参与的积极性,既包含顶层设计(顶层制度和法规)层面的体现和确认,又包含解放思想基础上自发、自觉的各种可能尝试。

注释：

①16个城市专项行动计划：体育场馆保障计划、综合交通保障计划、城市景观提升计划、生态环境提升计划、城市管理提升计划、城市文明提升计划、城市形象推广计划、旅游服务提升计划、人才队伍培训计划、信息数据保障计划、医疗卫生食品安全保障计划、城市安全保障计划、城市电力保障计划、产业升级计划、赛事活动三年计划、财政保障和市场开发计划。

②"三治"融合：自治、法治、德治融合。

③"1+3+N"调解格局：指1个中心、3大调解对接、N个调解委员会"。1个中心，即市矛盾纠纷多元化解联动指挥中心；3大调解对接，即诉调、公调、检调对接；N个调解委员会，即32个专业性行业性人民调解委员会。

④农村土地制度改革三项试点：农村土地征收、集体经营性建设用地入市、宅基地制度改革。

2020年晋江市制造业转型发展形势与对策建议

谢仁山 叶 頔

一、2020年晋江市制造业发展现状及特点分析

（一）产业发展经济基础不断夯实

近年来，晋江市以产城融合发展为抓手，以"现代化、智能化、信息化、国际化"作为产业的发展方向，加强传统产业竞争优势，做大做强战略性新兴产业，工业基础日益夯实，产业结构日益优化，经济实力和发展潜力不断提升。2019年，晋江市的生产总值突破了2500亿元，比2018年高出8%以上，并且占据福建省生产总值的6%以上。从产业结构来看，晋江2019年第一产业增加值较上年下降了19个百分点，而第二、第三产业的增加值均有明显的上升。根据统计信息显示，第二产业的增长超过8%，增加值达到1586.89亿元，而第三产业的增长幅度也达到了7.7%，增加值达938.86亿元。可见，晋江市的产业结构得到了合理的优化、经济实力连续27年居福建省县域首位，在2021年全国百强县中排名第四，较2020年上升了一位。

（二）行业经济增长效益持续上升

晋江市在2019年拥有1769家规模以上企业，并且创造了近5500亿元的总产值，比2018年增长9.5%。其中本地的五大优势产业发展特别迅速。年增长达到9%以上，实现产值4414.10亿元，发挥出了引领带头作用。而其他五大新兴产业也开始崭露头角，实现年产值664亿元，年增长达到12.8%。从行业的分类情况来看，晋江市纺织服装产业的总产值达到了1478.23亿元，比2018年增长超过8%；而制鞋产业的总产值则达近1400亿元。比2018年增长9.7%。此外，建材行业、食品行业的产值增长也非常可观，规模也在不断扩大中。随着技术的积累和发展。智能装备以及新型材料这些需要高精尖技术积累的产业也开始展现出实力，为晋江市的经济发展提供了源源不断的动力，其中新材料的产业规模已经创收了304.63亿元，而智能机械则创收了206.20亿元。在传统产业中，晋江的制鞋产业原本就是优势产业，港口升级之后，晋江市三产市场主体企业暴增到40000多家，其中既包括大型的商贸公司，也包括物流企业、快递公司，实现了整个产业链的全面发展。此外，因为线上消费的助力，制鞋产业更是成为线上商务的重要支承点，给晋江的经济带来了强劲的动力。

（三）科技创新综合能力稳步提升

科技创新是产业发展的主要动力。近年来，晋江市政府十分重视科技研发对企业技术进步的推动作用，不断加大各项资源政策扶持力度，鼓励行业领军企业和高新技术企业加大从事科研与试验发展活动中所必需的人力、物力、财力等生产要素投入比例，培育和提升企业内生增长动力。截至2019年12月，全市高新技术企业165家、省级科技型中小企业98家、省级科技小巨人领军企业188家，国家级创新型企业1家、省级创新型企业66家、省级企业工程技术研究中心17家、省（企业）重点实验室7家、省级新型研发机构2家、泉州行业技术开发中心38家、泉州市企业工程技术研究中心33家、国家知识产权优势企业10家、国家知识产权示范企业5家、省知识产权优势企业19家、省级众创空间6家，省级科技企业孵化器1家、泉州市科技企业孵化器1家，为整个地区的产业改革和技术创新打下了牢固的基础。

（四）产业转型发展政策环境友善

2013年，晋江市出台了《晋江市打造"智造名城"行动方案》，此后，晋江市政府又依据省政府下达的与"稳增长、促发展"等内容有关的文件，及时颁布了数十项有关推动产业升级、"数控一代"、产城融合等方面的政策文件。比如《加快工业转型提升创新发展方案》《关于加快发展智能制造十二条措施的通知》《关于大力推进科技创新能力建设的若干意见》等，旨在全力促进晋江市制造业设备自动化、智能化发展，并全面保护传统行业的升级和转型发展。

（五）装备智能制造规模初具雏形

随着新一代信息技术的发展和市场主体对智能制造的高度重视，晋江市智能制造规模初步形成，并逐步往信息化、智能化、自动化方向发展。2013—2015年的短短三年时间，晋江市累计改造了市级企业重点技术项目507个，进行了制造技术的升级和生产链的完善。其中，2015年实施晋江市级重点技术改造项目196个、总投资313.93亿元。2015年完成计划投资突破60亿元，全市46家规模以上智能、数控装备制造企业实现产值约76.6亿元。从行业运用上看，在食品行业主要是实现自动化，并初步完成了多项包装线升级；在陶瓷产业，主要是推动自动分拣等技术；在纺织行业，则引进了国外先进设备，甚至用上了全自动化机器人。通过助推企业加快新产品研发、引导企业开拓市场等措施的实施，现有33个应用产品被列入2016年泉州市级"数控一代"示范产品、13个产品入选2016年泉州市高端装备设备库。截至2017年，晋江拥有7家省级智能制造试点示范企业，2家泉州市智能工厂称号企业，29家泉州数字化车间称号企业，先后有恒安、柒牌、百宏、百凯等

企业入选工信部智能制造试点示范项目与工信部智能制造综合标准化与新模式应用项目。

二、2020年晋江市制造业发展面临的主要问题

(一)传统制造业转型思维难以革新

随着国家创新驱动发展战略的实施,自动化和人工智能不断进步,发展高智能高科技含量新兴产业的重要性不言而喻。但自改革开放以来,晋江市一直以劳动力成本低、市场需求广的劳动密集型制造业为主,形成依靠大量劳动力,对技术和设备依赖程度低的产业发展模式,对于科技含量和技术要求高的产业涉足较少、大部分企业仍停留在传统制造业生产阶段。据不完全统计,在纺织服装、制鞋、食品饮料、陶瓷建材等八大行业中,仅有约40%的企业开始应用智能制造装备,在未应用智能制造装备的企业中,仅有不到20%愿意在短期内引入智能制造装备,很大部分原因是企业长期偏重于传统硬件装备的投入,智能化转型升级改造成本过大,且重机器与智能化硬件结合、互联网与企业的生产经营管理等融合程度还不深,运用智能装备、移动互联网、大数据、物联网等信息技术实现企业价值链数据化的思维尚未形成。

(二)智能化要素资源配置有待优化

机械装备产业向高端智能化发展,无疑对土地、资金、人才等要素资源有着更大的需求。但随着晋江市城镇化步伐的加快和国家对耕地资源的政策保护,土地稀缺性问题日趋突出,工业用地供给已成为制约工业制造业转型发展的刚性约束。同时,伴随第三产业比重的不断上升,社会资本大量撤出制造业,趋向服务业,一方面导致制造业转型升级缺乏资金支持,另一方面也难以支付劳动力成本,导致技术人才流失。此外,智能制造最为核心的科技要素,存在着科技资源利用率不高的情况,大量的科技成果、专利等创新性资源都集中分布在高等院校和科技服务机构中,尚未与制造企业实现真正意义上的统筹共享。智能化要素资源配置不合理、将直接导致晋江制造业高端产品供给不足,缺乏实现制造业转型升级的必要物质条件,从而阻碍晋江智能制造转型升级的整个进程。

(三)高端复合型人才支撑环节薄弱

晋江市作为“中国制造2025”试点示范城市,承担着制造业转型升级、实现机械装备智能化的重要使命。“中国制造2025”要求坚持把人才作为建设制造强国的根本,大力培养制造业高质量发展的高端复合型人才,走人才引领的发展道路。晋江市在人才引进方面已基本建立较为完善的体制保障政策,但在人才培育方面仍存在一定的缺陷,表现在对高端复合型人才的培养结构单一,缺乏完善的科研工作环境,导致高层次创新人才流失,不适应制造业智能化转型升级的需要。其主要原因是科技创新性资源统筹共享机制建立尚未完善,缺乏人才发展所依赖的科研软环境,存在对获取最新科研成果信息不对称、与同领域高层级人才交流存在断层的现象,刺激了高端复合型人才向外流出。高层次人才的流失,势必会使晋江市制造业转型升级缺乏必要的支撑,阻碍高质量发展进程。

(四)产业链协同转型局面尚未形成

晋江市作为全国民营经济的典型示范城市,其“晋江经验”也堪称工业城市的教科书。但就目前而言,晋江市产业协作程度还不够紧密。上下游配套深度不够。第一,对于离散型制造业如鞋服制造业、食品制造业等,其生产模式存在多品种、小批量的特点。产品的工艺过程经常变换,产品质量很大程度上依赖于工人的技术水平。以制鞋为例,产品类型达数百种,但是生产线的柔性程度低,导致标准化的生产难以实现,限制了生产流程的智能化改造。第二,仅对单个生产流程进行智能化改进是不可能获得企业智能化改进相关收益的。原因是即便企业展开智能化优化,其重点却放在了单元级上,在企业的真实生产制造当中,体现出来的仅仅是某一个单元的智能化,而其他单元设备的更换却并未跟上,这反而会使得企业的生产节奏被打乱,进而导致其流程管理变得更加困难,最终使生产效率下降,完全无法实现企业智能化改进的预期目标。第三,企业经营需综合考虑商品研发、原料采购、制造、售卖、售后服务等很多环节以及其生产目标,因此若是产业链上的其他企业所做的智能化转型未能跟上发展脚步,也会致使智能化升级无法覆盖整条产业链。

(五)产学研科技自主创新能力不足

科技自主创新是制造业实现转型升级、高质量发展的内在动力。2019年度,晋江市新增国家级高新企业74家,相对于全国创新驱动发展趋势来说,晋江产学研结合程度较低,有待进一步发展。近年来晋江多数企业非常重视研发能力建设,也积极加强与院校的合作,但从2015—2018年泉州市装备制造业协会成员发明专利申请、实用新型专利申请、发明专利授权等统计分析看,4年累计82家单位申请专利共3908件。2019年,全市发明专利拥有量1921件,每万人口发明专利拥有量9.10件,仍低于国家人均水平。可见,其高新技术企业在科技研发投入、专业技术人员占比、专利授权数等方面明显偏弱。晋江市40%以上企业尚未设置专门的研发机构,关键核心技术仍依赖进口,与高等院校或科研机构合作开发还处于初级阶段,取得的原创性、突破性创新不多。

三、晋江制造业高质量发展的方向及对策建议

(一)打造制造品牌之都,力争匠心质量之城

对于晋江市这个“品牌之都”来说,其传统的纺织、石材、鞋服等制造业可以说是人人皆知。“互联网+”战略以及“一带一路”倡议等更是为其产业往外发展带来了新的机遇。晋江市有关部门通过安排培训、汇报等各种活动来有效促进企业创新品牌、商业方式的能力得到提升,激励并引导各行各业中的龙头企业主动接受消费文化变革,引入“体育+”“健康+”等各种时尚新理念,使产业尽早向“2.5”趋向发展,衍生出越来越多新产业、新模式;指导企业扭转其生产商品的思维,将更多的个性化要素引入商品中,使其在工艺、性能等非价格层面具有更高的竞争实力;激励条件较好的企业在国内国外展开全方位的拓展,同时坚持以文创产业来增强其品牌意义。纵观世界卓越品牌,凡是高端品牌,都包含创意设计和文化元素,特别是那些属于消费性行业的品牌。晋江市制造业的品牌价值不高,其中一个重要原因即受制于品牌中的文化创意含量。为此,品牌企业要运用“文化+”思

维，把文化创意融入制造业，在产品开发、技术创新中引入文化、创意、理念等要素，不断丰富产品的人文内涵，满足消费者差异化、多样化、个性化的消费需求，提升附加值，走品质、高端路线。

(二)提高装备智能意识，加强智能化转型动力

2013年，晋江市出台了《晋江市打造“智造名城”行动方案》，把“机器换工”这一智能化升级运用当成了其产业升级的重点来抓。2017年，晋江市对泉州市政府的政策规划进行接轨，出台了《晋江市落实泉州市创建“中国制造2025”城市试点示范工作实施方案》，提出通过实现智能、绿色、服务制造的目标，将晋江市打造成为先进智造中心。晋江市是传统制造业大市，加之国家经济环境并不景气，在现有的国家政策基调下，应加强政策引领力度，加快各项政策落实，健全转型政策扶持的完备性，通过当地媒体向公众解释与智能制造相关的实施规划和各项奖惩政策，积极组织宣传和参观智能化项目，加强“机器换工”示范引导，让企业认识到制造业要转型升级高质量发展必然要向数字化、智能化过渡。同时为传统中小制造类企业提供智能化发展指导，经各级政府机构给予财税贴补、激励措施，再加上晋江市侨乡资源所具有的优势，将侨资、技术等各种资源汇集在一起，从而使企业在更新设施时因难以获得融资而使发展受限的问题得到缓解，为企业的智能化发展给予资金方面的扶持，指导企业购置更多的先进设施，提高生产技术，最终推动产品的更新换代。

(三)推进供给侧结构性改革，优化要素资源配置

一是推进生产要素市场化，废除各级政府对本地产能的不当保护，减弱各县、区对土地、矿产等不动产生产要素的控制力，纠正现有体制下各县、区对资源的行政化配置，实现要素在公平开放市场的竞争性配置。二要兼顾需求差异，集约利用土地资源。一方面建立完善的土地退出机制，对于存量企业用地，要加强土地综合评价，对于增量企业用地，要在土地使用年租制、土地使用建筑物租赁制和土地使用出让制等模式中选择适合的土地使用方式；另一方面则激励企业对已有的土地实施“二次开发”，对于部分能耗高、效率低、土地空置的弱势企业，则以土地回购、协议迁移等形式将其淘汰掉，进而腾出厂房以及土地，以便更好地帮扶科学技术价值高、能耗小、收益高的优质企业。二是应促进指导企业并购重组，使要素、资源得以更迅速地整合在一起。考虑到晋江市制造业升级、转型所需，指导那些资金不足甚至欠薪的生存困难的中小微企业，以兼并、重组等方式盘活资产，使难以发展却占着大量资源的“僵尸企业”不断从市场退出。同时鼓励有条件的企业根据自身发展定位和需求，“走出去”开展绿地投资、并购、联合投资等，提高晋江企业的国际声誉和境外市场份额，实现全球布局。

(四)健全产才融合机制，构建高层次人才队伍

晋江市要全面贯彻落实人才赶超战略，依托“海纳百川”高端人才聚集计划，深入实施人才“港湾计划”和“创客引育工程”，完善激励机制和科技评价机制，构建高层次人才队伍。一方面，进行产业型人才培养、针对技术攻坚阶段企业，引进一批能够突破关键技术的高层次人才，按照“人才+团队+项目”的引才方式，加强带团队、带项目、带资金的高层次创业创新团队和人才的引进。同时，由行业协会牵头、龙头企业参加，与晋江职业院校战略合作，根据产业特点和需求，采取“一对一”订单式培训，以便更好满足企业转型升级要求。另一方面，多途径多方式培养人才，构建多层次高端制造人才队伍。着眼于制造业领域高质量发展，要着力破除阻碍人才发展的体制障碍，依据制造业所需从引入人才、培养人才、评价运用人才等各个方面展开创新。关注各家企业高层管理人员的培养，实施增强企业家素养的“领航计划”，以培养出具备创业水平，专业技能以及运营管理实力皆领先国内的、能够带领和促进晋江市各制造业技术进步、产业升级的出色企业家以及中、高层管理人才。

(五)打造协同创新平台，促进产业链协同发展

切实落实省、市级政府颁布的促进创新驱动发展相关的政策，统筹规划短板的弥补以及长板的锻造，对于薄弱项，落实好产业基础改造项目以及重要技术攻克项目，打好零部件、重要材料等相关的基础，尽快完成行业技术研究基地等场所的建造，充分发挥企业在技术创新当中的主体作用。扶持领军企业建造创新联合体，尽快解决一批“卡脖子”问题，在产业优势领域精耕细作，搞出更多独门绝技。实施“互联网+”协同制造工程，如晋江“互联网+鞋业”，聚焦优势产业链，实现整个产业链和价值链的信息交互和智能协作，增强产业链的整体竞争力。重点培育装备制造、纺织鞋服等特色产业集群产业链协同平台和省级链条化试点项目，打造行业领域互联网示范平台、推动制造业创新主体培育取得新成效。利用科创平台建设，结合晋江机械装备产业优势，一方面加强与“一带一路”沿线国家的产业配套协作，建设一批境外产业合作园区，有序引导晋江机械装备产业向境外拓展空间，另一方面促进闽西南区域机械装备产业协同发展，充分发挥晋江市的引领示范作用，与厦门、龙岩、漳州、三明等地区实施全方位的产业对接协作，促进区域产业协同，提升产业协作水平。强化战略思维，构建制造业产业协同创新体系，推动高校、科研院所、企业间协同合作，根据产业发展趋势和市场需求，引导产、学、研、金、介等各类创新要素广泛集聚，有效调动各行业人才进行跨学科、跨领域合作开发，打造技术信息共享平台、打通创新链条。

(六)坚持科技驱动先导，加强产学研合作深度

加强技术研发方面的资金投入，对新兴技术企业进行培育以推动其产业发展，促进科技与金融的融合。要激励并支持领军企业全力创建研发中心、孵化基地等平台，全力引入包括集成电路、光电在内的各种高端产业，重点培育新兴技术企业、科技小巨人企业，持续开发在市场中具有竞争优势的新产品。加强产学交流，深化产教融合、校企合作，共同打造积极向上的良性创新环境，带动全社会研发投入水平提升。引导企业开展技术创新活动和校企深度合作，发挥好重要院所高校国家队作用。推动科研力量优化配置和资源共享。高校以及科学研究院应发挥其在知识累积、科研等领域所具有的优势，而

企业则应发挥其在资金、技术等各个方面所具有的优势，政府激励并引导企业、高校以及科学研究院针对各产业的核心技术以及工艺等展开协同性创新。对重点产业进行精准剖析，补齐“卡脖子”关键核心技术短板和关键核心创新短板，重点突破集成电路制造、芯片设计、整车制造、5G通信技术应用、石墨烯产业化、高端纺织面料研发等。

(七)加快智能数字转型，引领行业高质量发展

全面落实包括《晋江市落实泉州市创建“中国制造2025”城市试点示范工作实施方案》在内的各项政策措施，强化顶层设计、应用牵引、整机驱动以及共性技术供给。奋力展开有关提高质量的实际行动，创建并完善包括财政、保险、金融等为一体的智能化升级政策系统，深入创建智能制造示范项目，促进数字经济发展，并推动大数据、人工智能等与实体制造产业发展的全面融合，争取在“十四五”计划后期，将自动化、数字化制造全方位地应用到晋江市的各大主要制造行业中。加快智能数字转型，引领行业高质量发展要依托晋江现有装备产业基础，着重面向传统产业改造提升和高新产业发展需求，从传统制造业的配套需求出发，以纺织服装机械、制鞋机械、建材机械、工程机械、食品机械、纸业与印刷设备等领域为重点，积极开发具有推广价值的技术与装备，全面提升专用设备的整体设计、制造和集成能力，推进专用设备智能化、成套化、高端化，培育发展现代智能产业机械。以深入推进“数控一代”工程和智能化改造，建设“数控一代”示范项目产品和智能化工厂、数字化车间、智能制造示范企业为契机，推动发展技术水平较为先进、数控化与自动化水平较高、对产业影响较大的数控产品与机器人，推进智能化转型企业与智能制造装备生产企业联合研发专用智能化成套生产设备。重点遴选当前在晋江纺织鞋服、建材陶瓷、食品饮料行业等领域规模、实力、技术、品牌、市场优势比较明显的龙头企业，培育壮大成为该领域的龙头领军企业，带动上下游产业链协同发展，形成完整的产业梯队，提升智造核心竞争力，加快智能机械装备转型，引领行业高质量发展。

晋江2020年工业发展形势分析与对策建议

李淑清　刘义圣

改革开放以来，晋江结合本地实际，整合各种资源，成功开拓出一条具有晋江特色的工业化道路。晋江以传统制造业为主体的产业经济连续多年来持续高速增长，形成了比较完备和独具特色的产业群和产业体系，产业集聚效应和区域比较优势充分体现。晋江市科技综合实力进入全国百强行列，被定为全国科技进步示范区。并且在2017年12月获评中国工业百强县，在2020年中国县域工业经济发展论坛发布的《中国工业百强县(市)、百强区发展报告》中，位列第四。

一、晋江工业发展现状及特点

近年来晋江市不断加快制造业供给侧结构性改革，深化“中国制造2025”试点示范城市创建活动，以提升龙头企业带动作用、培育高成长型等一系列鼓励扶持政策，促进晋江市产业发展规模不断壮大，加快晋江市工业经济高质量发展。2019年全年1769家规模以上工业企业(年主营业务收入2000万元及以上企业，下同)完成产值5489.10亿元，比上年增长9.5%，规模以上工业增加值为1202.66亿元，比上年增长8.6%，并且2015—2019年晋江市规模以上工业增加值及增长速度都在持续上升，如图1所示。2020年，面对新冠疫情带来巨大冲击、外部风险挑战明显增多的不利局面，晋江市地区生产总值从第一季度同比下降13.8%。到上半年“转正”至同比增长0.5%，再到前三季度增长提速至3%，晋江总体呈现“持续回暖、加速循环、平稳向好”的运行态势。前三季度晋江市规模以上工业产值完成4333.2亿元，增长4.2%，比上半年回升3.4个百分点，连续6个月单月实现正增长，其中9月单月增长11.1%。

(一)2019年晋江市工业发展基本情况

2019年晋江市第二产业增加值达1586.89亿元，位列泉州市第一，第二产业增加值比上年增长8.3%；规模以上工业总产值为5584.06亿元，居于全市首位，比上年增长8.6%，增速居于全市第六位(见表1)。新增产值超亿元企业41家，培育国家技术创新示范企业1家、国家高新技术企业74家。五大传统优势产业实现规模以上产值4414.1亿元，增长9.2%；五大新兴产业实现规上产值664亿元，增长12.8%，增幅比全市平均水平

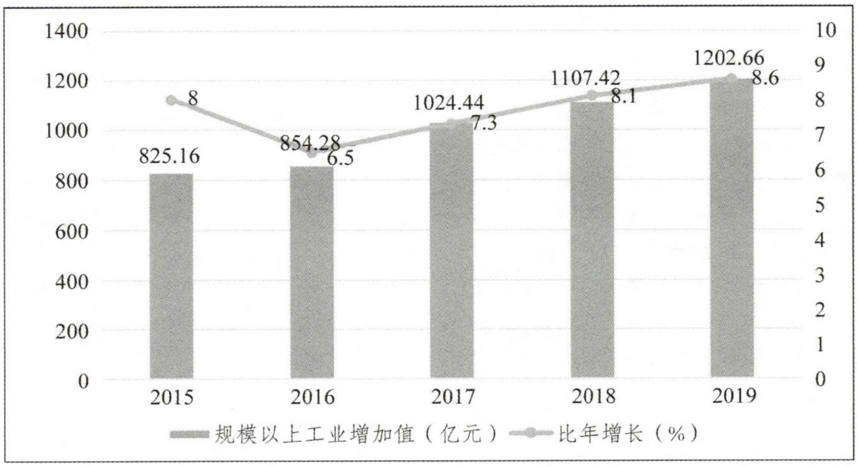

图1　2015—2019年晋江市规模以上工业增加值及其增长速度

数据来源：《泉州统计年鉴(2020)》

2019年泉州市各县(市、区)工业增加值完成情况

表1

地区	第二产业增加值（亿元）	比增（%）	规模以上工业总产值（亿元）	位次	比增（%）	位次
泉州市	5855.27	8.3	18251.12	—	8.6	—
鲤城区	160.11	7.8	422.01	10	8.4	7
开发区	181.77	8.4	636.52	8	7.9	8
丰泽区	155.34	2.8	259.80	12	-2.3	12
洛江区	183.47	10.4	619.94	9	12.9	1
泉港区	576.54	8.1	1959.31	4	7.8	9
石狮市	429.78	5.3	1302.79	5	4.7	11
晋江市	1586.89	8.3	5584.06	1	8.6	6
南安市	770.36	8.1	2667.27	3	6.3	10
惠安县	961.22	8.8	2723.01	2	11.4	2
安溪县	377.38	8.3	939.72	6	9.0	5
永春县	305.58	8.9	799.37	7	11.0	3
德化县	166.83	9.9	337.30	11	9.1	4

数据来源：《泉州统计年鉴(2020)》

高3.3个百分点。

第一，从经济类型看，2019年晋江市股份制企业完成产值2763.22亿元，增长10.9%；外商及港澳台投资企业完成产值2702.66亿元，增长8.0%；股份合作制企业完成产值1.31亿元，增长5.8%；其他经济类型企业完成产值21.91亿元，增长22.3%。

第二，从企业规模看，规模以上企业实力强劲，2019年晋江市产值超亿元工业企业达940家，比上年增加41家，实现工业产值5072.70亿元，增长12.9%，其中，产值超10亿元的企业110家，完成产值2425.71亿元、增长16.5%；产值在5亿~10亿元的企业154家、完成产值1059.83亿元，增长11.2%；产值在2亿~5亿元的企业344家，完成产值1112.43亿元，增长9.2%；产值在1亿~2亿元的企业332家。完成产值474.74亿元，增长7.6%（见表2）。

第三，从行业情况看，传统支柱产业基础牢固，高新产业实力强劲。如表3所示，纺织服装业和制鞋业分别增长8.1%和9.7%，增长速度较为平稳；建材陶瓷业产值625.00亿元，增长14.7%；新材料业产值304.63亿元，增长12.7%；智能装备及机械制造业产值206.20亿元，增长14.5%；海洋生物业产值69.15亿元，增长38.2%；食品饮料业产值514.72亿元，增长6.3%；纸制品及包装印刷业产值390.49亿元，增长7.6%；光伏电子产业产值56.57亿元，下降1.7%；汽车制造及零部件业产值27.45亿元，下降11.4%。

2019年晋江市规模以上工业各产值段增长情况

表2

产值段	企业数(个)	累计工业总产值(亿元)	增长(%)
10亿元以上	110	2425.71	16.5
5亿~10亿元	154	1059.83	11.2
2亿~5亿元	344	1112.43	9.2
1亿~2亿元	332	474.74	7.6
附：亿元以上	940	5072.70	12.9

数据来源：2019年晋江市国民经济与社会发展公报。

2019年晋江市工业重点产业发展情况

表3

指标	产值(亿元)	比增(%)
规模以上工业	5584.06	8.6
纺织服装	1487.23	8.1
制鞋业	1396.77	9.7
建材陶瓷业	625.00	14.7
食品饮料	514.72	6.3
纸制品及包装印刷业	390.49	7.6
新材料业	304.63	12.7
智能装备及机械制造业	206.20	14.5
海洋生物业	69.15	38.2
光伏电子产业	56.57	-1.7
汽车制造及零部件业	27.45	-11.4

数据来源：2019年晋江市国民经济与社会发展公报。

第四，从能耗情况看，全年规模以上工业单位增加值能耗下降17.7%。全年规模以上工业企业实现销售产值5255.91亿元，比上年增长9.2%，产销率95.8%；实现营业收入4986.57亿元，增长7.9%；实现利润总额312.38亿元，增长5.5%；每百元营业收入中的成本为86.3元，营业收入利润率为6.3%；资产负债率44.5%，比上年提升2.2个百分点；“两金”占比(应收账款和产成品库存占流动资产比重)36.0%，比上年下降3.3个百分点。全年全市用电量163.12亿千瓦时，比上年增长0.8%，其中，工业用电量124.47亿千瓦时，下降1.3%。

(二)2020年晋江市工业发展现状及特点

1. 工业循环加速畅通

2020年，晋江市统筹推进疫情防控，经济社会发展各项政策措施成效持续显现。经济持续保持回暖向好态势。工业企业复工复产水平持续回升，大多数行业和产品生产都不断改善，重点产业和高新技术产业持续发力，跨境电商更是逆势上扬。截至2020年9月，晋江市跨境电商企业增加至1000家左右，国际及港澳快递业务量517.3万件，增长76.6%。1—9月，晋江全市产值超亿元企业同比增加37家，达837家，实现工业产值3883.6亿元，增长10.7%。建陶业、鞋塑业两大支柱产业不断发展壮大，纸品包装、印刷、粮食、食品加工、石材、服装等新兴行业协调发展。消费市场继续回温、服装、鞋帽、针纺织品零售额增长20.3%;汽车零售额达123.8亿元，增长7.3%。随着企业的调整适应、消费市场的持续改善，晋江融入国内国际"双循环"的步伐不断加速，工业循环加速畅通、企业发展持续向好，工业经济稳步恢复，1—11月，晋江市规模以上工业生产总值达5387.5亿元，增长5.3%。

2.项目落地持续加快

2020年，晋江市在建项目推进投资进度明显，远超计划时序。541个在建重点项目超额完成年度投资任务，282个重点技改项目完成投资153亿元，恒安、361°、特步、渠梁等48家龙头企业加快增资扩营。新增上市企业3家，舒华成为年度A股唯一上市体育公司。抢滩布局六大"两新"基地，晋华集成电路公司实现量产，聪勤装备、利郎物流园等34个项目动工建设，国际会展中心、京通物流等51个项目投产投用。安踏科研基地、中纺院绿纤、迪瑞医疗等145个项目签约落地，总投资680亿元。数字化赋能加快推进，5G网络组网运营、柒牌、百宏等5G智慧工厂建成启用，SAP创新中心、华为工业互联网平台落地运作，新增省级智能制造示范企业7家、两化融合贯标企业7家，规模以上企业上云普及率超80%。

3.智能制造和"两化"融合发展水平不断提升

晋江市制造业发展具有良好的基础，近年来，为加快推动晋江市工业互联网发展，促进5G、大数据、人工智能和实体经济深度融合，提升制造业质量和效率，晋江市大力推进智能制造、"两化"融合等工作，力促企业转型升级。近年来，晋工机械在信息化管理升级方面"大动作"不断。6月12日。在经过调研与选型之后，晋工机械携手鼎捷软件升级ERP系统并搭建信息一体化管控平台，启动了ERP+PLM+MES+WMS+SRM+BPM信息一体化，全面进行企业信息化管理升级。晋工机械已经成长为国内叉装机行业龙头企业之一。位列中国工程机械制造商30强。截至2020年8月，晋江市共有3个企业项目获评工信部智能制造试点示范项目，4个企业项目入选工信部智能制造综合标准化与新模式应用项目，21家省级智能制造试点示范企业，47家泉州市数字化车间。99家两化融合管理体系贯标评定通过企业。

4.高新技术产业不断推进

5G、智能物联网、液体色母、锌离子抗菌等以往并不常见的技术、材料，正不断在晋江企业中得以应用，在新一轮发展中，带给产业全新面貌。晋江改造提升传统优势产业，实现产业数字化转型和数字产业化发展，通过进一步补齐高端原辅材料、装备制造、研发设计等领域短板，以"高新"反哺优势产业，推动全链条发展，逐步形成晋江特色产业优势。在现有智能鞋生产线的基础上，华昂智能鞋生产线首创国内制鞋行业信息化管理系统，计划未来采用机器人、工业以太网、PLC等控制技术，导入数字化、智能化柔性生产线;在信泰、天守服饰、华昂等企业的数字化车间里，能够实时映射出生产数据的数字化"大屏幕"成为标配。

二、2020年晋江工业发展中遇到的挑战

(一)劳动力、原材料等生产要素成本上升

"晋江经验"最鲜明的特色就是坚持实业，不断推进传统实体经济转型升级，培育和发展新型实体经济。当前，晋江工业成本优势正在逐渐减弱。一是劳动力成本上升。随着经济发展，劳动报酬的提高已成为一种必然趋势，加上近年来我国人口老龄化现象的加剧，人口红利消失劳动力成本上升势头较快。而晋江市作为我国实体经济发展最好的城市之一，其工业经济发展对劳动力的需求量较大，因此劳动力成本的上升使得晋江市工业企业成本提高。2020年初新冠疫情突如其来，导致晋江众多工业企业复产复工较晚，工厂大量工人流失，晋江市许多中小企业面临招工难、用工贵等问题，不少制鞋企业都陷入"刀片利润"的困境，工业企业发展面临更大的挑战。二是原材料价格上升。由于通货膨胀等因素。近年来物价上涨较快，并且随着国民生活质量的提高，人们对产品质量要求更高，对原材料的质量要求也更高，原材料价格的上涨直接导致企业生产成本提高、企业的利润下降。三是工业用地成本快速上升。长期以来，为招商引资，晋江制定了不少低地价甚至零地价的工业用地政策，这降低了企业的投资成本，增强了企业竞争力，但也造成工业用地效率低下、土地的稀缺性日趋突出等问题。近年来，随着晋江城镇化步伐的加快，土地需求快速增长，工业用地价格快速上升已不可避免，制约地区工业发展。

(二)产业结构转型困难

晋江根据优势条件，坚持以市场为导向，坚持发展实体经济，以民营经济激活社会生产力，形成纺织服装、制鞋2个超千亿元和食品饮料等5个超百亿元产业集群。多年来鞋服在晋江都是很好的行业，但金融危机以来，晋江鞋服行业开始下滑。至少从2014年起，鞋服行业就进入了转型升级的关口，晋江传统产业生产较为发达，但是其高新技术产业发展动力相对较弱，从而导致传统产业与高新技术产业融合发展受到阻碍，导致产业结构转型面临较大的挑战。

(三)中小微企业融资难、融资贵

晋江市多数民营企业规模较小，中小微企业居多，各类民营企业有1.6万多家，总量居于福建省首位，中小企业占全市企业总数98%。近年来晋江市中小微企业快速发展。但由于抗风险能力弱、信用等级低、融资渠道单一等原因，许多小微企业融资困难。第一，晋江市中小微企业由于经营规模较小，财务能力较弱，潜在风险比大中型企业大，同时企业中存在技术水平差异以及市场信息不灵等问题，不能很快得到银行贷款方面的支持。第二、晋江市许多中小企业自有资金少，可抵押物少。同时因缺乏可以提供担保公司的主管部门，加上企业的大部分固定资产陈旧落后，变现能力较低，导致其抵押贷款困难。第三，由于晋江市金融机构借贷严重，担保制度不完善以及政府扶持力度不够，政策体系不够健全等原因，晋江中小微企业融资渠道和融资能力都受到阻碍，融资成本升高。

(四)技术创新和产学研体系不完善

晋江市传统产业转型最终解决的就是创新问题，最终要实现做研发、销售，把生产外包出去的目标。对于晋江鞋服行业来说，现在赚的主要是加工钱，并且产品很难有品牌附加值。面对国内体育用品行业增速放缓、压力加大的风险，晋江市体育用品制造和鞋服制造行业面临更大的转型升级挑战，因此，加快建立产学研深度融合的体育行业技术创新体系、降低创新成果知识产权保护成本、推进建立全国性的“体育用品产业研发创新服务平台”、加大运动鞋设计人才培养已刻不容缓。但是，创新研发需要大量的资本、人力和物力的投入，而且创新有很大的风险，真正成功的只是少数。同时，很多专利转化成实际性产能很难，晋江市很多小微企业都无法做到。目前，晋江市政府对创新方面的引导和创新公共服务平台的提供方面还有待加强，创新体制机制还有待完善。

三、促进晋江工业高质量发展的若干建议

(一)进一步推进供给侧结构性改革

推动晋江市供给侧结构性改革，不仅能加快晋江传统工业过剩产能的出清，还有利于晋江市工业先进产能的进一步扩大。供给侧结构性改革过程中，伴随着部分低端中小企业的出局，晋江市部分龙头企业做大做强能有效填补低端中小企业出局缺口。此外，由于龙头企业在科技、创新等方面具有显著优势，其生产的大量中高端产品能够抢占市场主导地位，推动晋江传统制造业产业结构的优化。因此，晋江市政府应加大引导和刺激力度，推动龙头企业做大做强，发挥其引领带动作用。同时引导龙头企业进行产品创新，引入创新创意资源，帮助企业细化市场，分析居民消费趋向，以产品创新撬开新市场。支持企业引进高端设备、高端技术，实施智能化改造升级，让工业企业能够应用或部分应用智能化、自动化设备。引导企业通过收购、自主培育等模式开发副线品牌，以品牌差异化发展带动市场销售份额的提高。积极推动服务型制造的发展，引导一部分企业从单纯生产加工向“制造+服务”转型，从以往的单纯出售产品向“产品+服务”转变，拓展市场空间。

(二)构建高质量现代化产业体系

坚持“先进制造业立市、高新产业强市、现代服务业兴市”，紧抓实体经济，聚焦产业基础高级化、产业链现代化，围绕产业链统筹园区链、布局供应链、拓展柔性链、催生项目源。推动产业发展持续向智慧化高端化、低碳化进阶，构建“4341”现代产业体系，打造一流先进制造业中心和“新制造”重要基地。构筑更具影响力的品牌之都。培育出3000亿元鞋服产业，打造纺织、建材、食品三个千亿元产业，三大新兴产业产值增加，第三产业增加值占地区生产总值比重突破40%，海洋生物、人工智能、量子科技等一批未来产业加速布局发展。在基本布局上，推动晋江市大中小企业融合，构建大中小的产业配套发展格局。引导大企业跟上国际标准，参与全球产业链，通过研发创新或是兼并重组，促进企业纵向一体化和横向联合化，打造一批垂直供应链巨头。通过晋江市国际鞋纺城、滨江商务区、鞋都片区、品牌工业城、第二体育中心五大产业项目，带动晋江鞋服制造、体育服务等产业发展，延伸晋江市体育产业链，形成覆盖50万常住人口、500多亿元工业总产值的体育产业聚集区。扶持培养一批单项“冠军”，政府通过超常规扶持专精特企业，来激发企业创新创造，推动中小企业向“专精特新”发展。在产业转型升级上，推动传统产业与高新技术产业融合，相互促进。多维度、立体化集约利用晋江市闲置资源、工业用地和旧工业厂房、解决发展空间不足导致的产业升级困难，将“专精特新”的重点中小企业迁移入园。

(三)扩大有效投资

工业的发展需要重大项目的支撑，重大项目作为工业高质量发展的突破，离不开资金的投入。晋江市要扩大有效投资，需做到以下几点：一是项目生成指向要精准。首先要聚焦引领性、带动性强的重大项目。关注新基建、新业态、生态环保、成片老旧工业区改造及社会事业等短板领域；其次将国家产业发展方向列入市级“十四五”规划及专项规划，同步申报，争取要素保障和政策扶持。二是加大招商引资力度。首先要精准招商，系统梳理产业链需求。完善招商目录图谱，全方位、多层次挖掘招引项目；其次要优化招商机制，加大招商选资工作市域统筹力度，优化招商体制机制，提高招商项目落地见效速度；最后要用好各级展会、互联网平台媒介，运用大数据、物联网、人工智能等技术，拓展智能招商。三是深化“放管服”改革，优化企业营商环境。推行“一件事”套餐办理，拓展不见面服务，工程建设项目审批时限压缩到60个工作日。在二手房交易登记、企业开办、中介规范管理等方面要有大的突破，最大限度减环节、减证明、减时间。梳理修订新一轮经济鼓励政策。落实减税降费、中小微企业贷款延期还本付息，推动产业信贷投放“增户扩面”。持续有力防范化解金融风险，不良贷款率控制在2%以内。构建“审管执信”一体闭门平台，开展市场主体公共信用综合评价，让市场主体放心安心经营。

(四)加快推进“5G+工业互联网”发展

伴随着“新基建”和国家工业智能化改造大潮的到来，工业互联网正迎来多方加速布局，作为5G主要的应用场景之一，“5G+工业互联网”将是产业融合的重要方向，可以进一步促进各生产要素间的高效协同，助力企业实现数字化转型升级。数字化转型时代，快速、灵活、海量、智能、安全，“5G+工业互联网”已成为经济增长动力的“新基建”。数据是工业互联网的价值核心，数据的获取与积累，是从量变到质变的基础，是实现智能化价值化的前提。晋江市应以工业连接为起点，推动工业网络智能化改造，打造高质量工厂内、外网络，引领工业网络发展。从而促进晋江工业经济的发展。晋江市工业发展具有良好的基础，近年来，在政府的大力推进下，晋江市企业智能制造和两化融合发展水平得到了提高，晋江市应出台设备更新换代、智能制造、两化融合等相关政策，对新认定的数字化车间给予一定的奖励或补助，加快推动工业互联网发展。

(五)大力培育创新推动力

首先，要让创新主体动起来。工业高质量发展，需要的不只是模仿式的创新，更多的是自主创新能力。大力培育高新技术企业，认定国家高新技术企业100家以上。落实科技创新优惠政策，推动规模以上企业研发投入、研发机构、发明专利“三个覆盖”，带动全社会研发投入增长。支持龙头企业联合高校、科研机构组建创新联合体，更加注重企业、企业家梯队建设，培育新头部企业，建强企业家队伍，引导新生代企业家多元参与人才引育和科技创新。其次，要让创新平台强起来。加速“一廊两区”落子布点。推进10个国家双创示范基地项目建设，开建国科大智能制造学院、福大科教园二期。促成中关村中试熟化平台、兵装研究所成果转化基地、福大国家科技园启动运营，实现哈工大机器人研究中心企业化运作，争设集成电路、鞋服产业省级制造业创新中心，筹建食品、建陶产业公共创新平台，推动各类科研平台加速集聚、释放效能。最后，要让创新生态系统活起来。深化成果转化“百城百园”行动计划，加强职业技术经纪人培育，推动研发成果落地。设立高新产业发展投资、高层次创业人才等基金，推动泉州创新引导等7支科技基金高效运作。建设鞋服（食品）国家级知识产权快速维权中心，健全知识产权保护体系。深耕“六个一”人才服务体系，实施在外晋江籍人才“灯塔工程”，把企业人才自主评价试点范围扩大到科研平台和高新技术企业，新增各类高层次人才。

晋江2020年现代服务业发展现状与对策研究

张　豪　王秀清　刘义圣

晋江市出台“十三五”时期，现代服务业发展规划，强调要做大做强现代服务业、从商贸物流产业、互联网及信息服务产业、金融服务产业、文化旅游产业、体育健康服务产业等入手，确立服务业发展重点及方向，同时加快推进现代服务产业与其相关产业的融合，全力打造新型服务业经济增长点，促进全市经济转型高效发展。

2020年，晋江市政府在工作报告指出，要把推进现代服务业扩量改质作为发展目标，重点发展生产性服务业，同时加快发展生活性服务业，制定并实施服务的百大项目，打造服务业新模式、新业态，促进产业优化升级。一直以来，晋江市紧随党的脚步，深刻认识到现代服务业对经济的重要作用并针对性地做出改进方案，颇有成效但也还存在一些问题。

一、晋江市现代服务业发展现状

(一)现代服务业规模情况

1. 产业增加值占地区生产总值的比重及变化情况

首先，第二产业始终占据产业发展核心地位，虽2017年较2016年比重下降超过1个百分点，但此后都维持在62%左右。其次，第三产业占比在不断上升，其中，2016年较2015年上升2.53个百分点，2018达到最高比重37.10%，虽然整体呈增长趋势，但幅度不大。最后，第一产业占比呈下降趋势。从三次产业比重的变化来看。第三产业在晋江经济发展中的地位有了一定程度的提升(见图1)。

根据泉州统计年鉴的数据显示，2019年晋江市第三产业增加值达938.86亿元，占泉州市第三产业增加值达24.24%，位居第一，较2018年增长了9.11%，较2015年增长了68.06%。五年来，晋江市服务业发展呈现稳定增长趋势，且其增加值分别突破500亿、600亿、700亿、800亿、900亿元大关，除2019年增长率为9.11%外，其余4年增长率都超过12%，在2017年达最高值17.90%。从总量和增加值来看，晋江市第三产业始终保持稳定增长(见图2)。

2. 固定资产投资及增速情况

图3为2011—2019年晋江市第三产业固定资产投资总额及增速图，由于2016年出现较大变化，所以本文将其分为两部分分析，一是从2011—2015年来看，第三产业固定资产投资额稳步增长，2015年投资总额达最高值583.92亿元，较2011年增长了413.52%，对全社会固定资产的贡献率达74.8%，拉动全社会固定资产投资增长13.7%。同时，房地产开发投资额随着第三产业固定资产投资额的增加也呈稳步上升趋势，2011年房地产开发投资为96.94亿元。2015

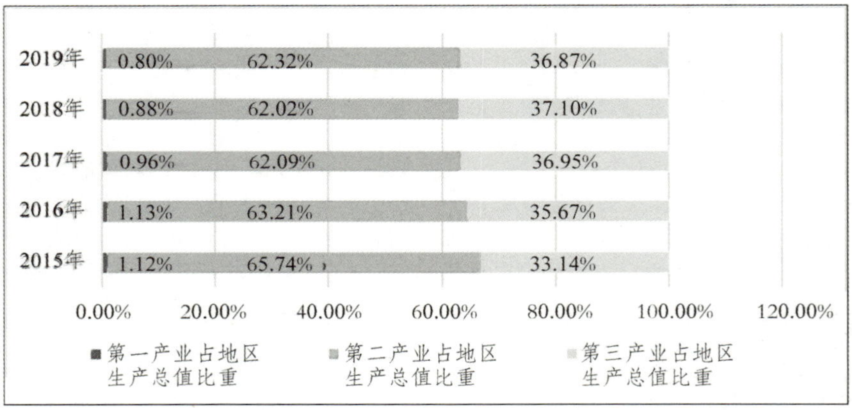

图1　2015—2019年晋江市三次产业占地区生产总值比重

资料来源：《泉州统计年鉴(2020)》。

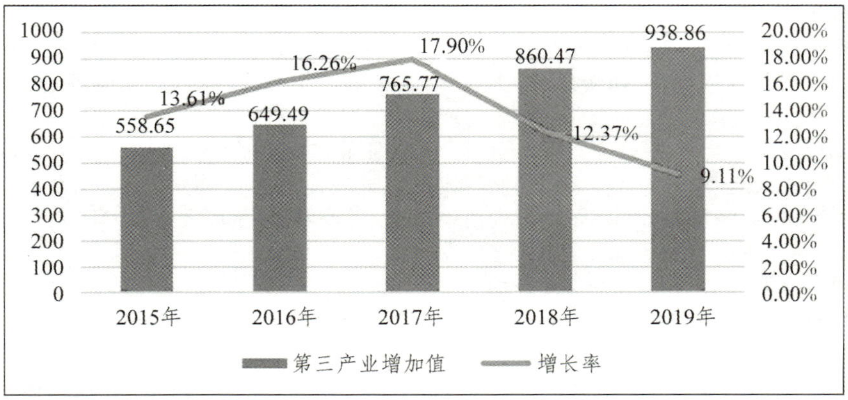

图2　2015—2019年晋江市第三产业增加值及增长率

数据来源：《泉州统计年鉴(2020)》。

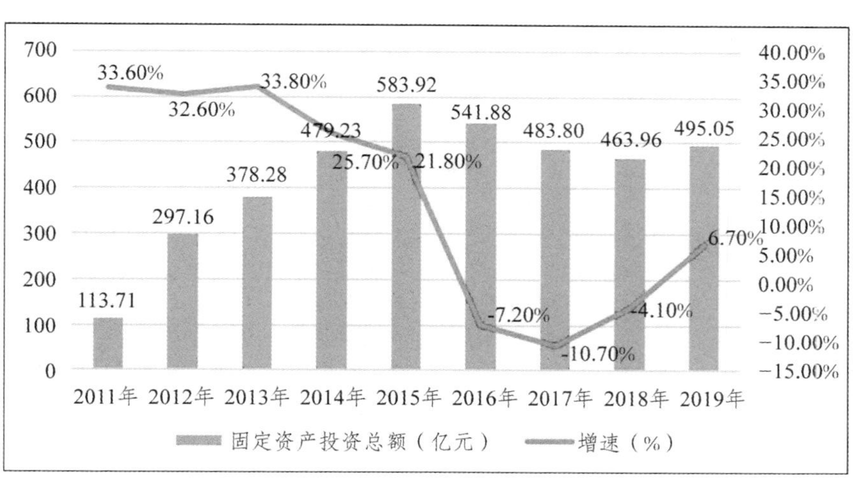

图3　2011—2019年晋江市第三产业固定资产投资总额及增速

数据来源：2011—2019年晋江市国民经济和社会发展统计公报。

年达175.36亿元，增长率为80.90%。二是从2016—2019年来看，第三产业固定资产投资总额及增速整体呈"U"字形，投入力度下降，出现负增长。2016—2018年投资总额不断下降，2018年达最低值463.96亿元，其中，房地产投资也从2016年的194.87亿元下降为2018年的133.29亿元，但在2019年投资额有所上升。

(二)现代服务业结构情况

现代服务业主要是指以高新技术为支撑点建立起来的一种新型的服务产业及利用高新技术升级改造的传统服务业。伴随着互联网、大数据、人工智能等高新技术的不断发展，各个服务行业多少都会融合一些高新技术。要想从整个服务业中细分出传统产业与现代产业的数据是很难实现的，况且在我国的统计制度中并没有对现代服务业做详细划分。虽然现代服务业只是服务业的一部分，但是利用服务业的数据来研究现代服务业仍是一种可行的方式。本文参考王人骏和马丽佳(2020)对现代服务业的定义：信息传输、计算机服务和软件业，金融业，房地产业，租赁和商务服务业、科学研究、技术服务和地质勘探业，水利、环境和公共设施管理业，居民服务和其他服务业，教育，卫生、社会保障和社会福利业，文化、体育和娱乐业，公共管理和社会组织等行业。

2015年晋江市服务业增加值约为566.43亿元，其中现代服务业为278.37亿元，占服务业增加值的比重为49.14%。2017年现代服务业增加值为422.6亿元，占服务业增加值的比重为55.52%。2019年现代服务业增加值为487.21亿元，占服务业增加值的比重为52.33%。2019年较2017年增加值虽有所上升，但比重却下降超3个百分点，表明晋江市服务产业结构存在很大的改进空间(见表1)。

晋江市服务业重点产业情况表

表1

项目	2015年		2017年		2019年	
	总量(亿元)	占比(%)	总量(亿元)	占比(%)	总量(亿元)	占比(%)
批发和零售业	164.3	29.01	195.75	25.72	304.42	32.69
交通运输仓储和邮政业	101.69	17.95	120.24	15.80	98.18	10.54
住宿和餐饮业	22.07	3.90	22.6	2.97	41.3	4.44
金融业	54.61	9.64	72.89	9.58	88.51	9.51
房地产	65.22	11.51	76.68	10.07	96.81	10.40
其他服务业	158.54	27.99	273.03	35.87	301.89	32.42
合计	566.43	100	761.19	100	931.11	100

数据来源：《泉州统计年鉴》(2016年、2018年、2020年)。

二、晋江市现代服务业发展问题分析

(一)服务业发展水平不高

首先，晋江市第三产业经济总量相对偏小，占地区生产总值比重偏低。2019年晋江市第三产业增加值为938.86亿元，占地区生产总值为36.87%，虽然其增加量位居泉州市首位，但与2020中国百强县域前三名的昆山市、江阴市、张家港市相比，其总量仍然偏小。2019年昆山市、江阴市和张家港市第三产业增加值均超过1000亿元，其中，昆山市增加值达1942.23亿元，约为晋江市的2倍。从服务业增加值占地区生产总值的比重来看，晋江市低于泉州市2.07个百分点，低于福建省8.46个百分点，与百强县域之首昆山市相比，低了11.14个百分点。其次，服务业的地位有待提升。在晋江市三大产业结构布局中，第二产业仍占据核心地位。在2019年福建企业100强榜单中，晋江入围5家，皆为第二产业的制造业，服务业发展仍处于较低水平。最后，缺乏整体规划，服务业区域发展不平衡。2020年第三季度晋江市121家规上服务业，其中，31家、21家分别落在青阳街道、梅岭街道，而新塘街道、西滨镇、龙湖镇、英林镇为零。在营业收入方面，青阳街道、内坑镇及出口加工区占全市规上服务业收入超一半，而其余镇(街)都在10%以下。服务业发展的相对滞后成为新发展格局下制约晋江产业转型升级的关键因素。

(二)现代服务业发展动力不足

首先，高新技术对晋江市服务业的渗透不足。从服务业整体发展来看，传统服务业在晋江市服务业发展中仍占据重要地位。2019年批发零售业占服务业比重达32.69%，金融业仅占9.1%。晋江市服务业体现出高新技术产业不突出、发展相对滞后的特点。其次，服务业固定资产投资有待改善。晋江市2015—2019年第三产业固定资产很不稳定，2015—2018年投资量持续下滑，虽然2019年有所回升，但仅仅增加31.04亿元。投资的增长能带动经济增长同时能推动产业结构优化升级。投资的减少或不稳定不仅影响整个服务业的发展，同时也阻碍全市整体经济发展。最后，龙头企业少且带动作用弱。在2019年泉州市级产业龙头企业名单中，入选的企业有310家，其中77家来自晋江，涉及的行业包括纺织鞋服、石油化工、机械装备、纸业印刷等产业,而现代服务行业却无一入选。晋江市服务业尚处于培育发展期,企业整体规模小,竞争力不足,具有影响力的企业很少,服务业产业品牌还有待形成。

(三)产业发展融合度偏低

晋江市现代服务业与第一、二产业的融合水平较低。现阶段,我国密切关注现代服务业与一、二产业的结合。推进三次产业的有效融合有助于推动产业升级,实现经济高质量发展。虽然晋江市大力倡导发展现代化农业,着力打造"1+1+1+4"现代农业产业园体系、休闲旅游农业、观光农业等项目,但多数是与传统服务业的融合,对于融合具有高科技含量的现代服务业的项目还有待进一步落实。同时,与第二产业融合还有待进一步提升,晋江市第二产业仍占据产业核心地位,处于工业中期发展阶段,工业企业致力于自身领域不断发展,对于现代服务业的需求不够旺盛,现代服务业对第二产业的支撑作用不明显。

(四)企业现代化管理水平不足

首先,管理模式落后。晋江市服务业企业在管理上表现出"家长式"管理的特点。管理模式相对落后。随着互联网技术的不断发展。信息技术走进企业,能帮助企业提高管理效率,充分发挥管理功能。但大多数企业因为规模小、资金缺乏、管理理念缺失等,并没有将信息技术渗透到企业的管理中去,仍沿用传统管理方式,缺乏创新性与科技性。

其次,在企业决策管理方面,晋江市企业"家长式"管理的突出特点是:企业集经营权与管理权于"家长"之手,内部分工不明确,员工处于被动状态。企业经营者忽视信息技术可带来丰富信息资源的作用,往往凭借自我认识与已有经验做出决策,系统完善的科学决策机制还有待建立。

最后,优秀的管理和创新人才的缺失是现代服务业企业发展进步的重要阻碍。总体来看,劳动密集型的传统服务业如旅游、餐饮、住宿行业从业人员相对密集,但素质相对比较低、年龄也普遍比较高。知识、信息技术密集的现代服务业则表现为从业人员较少、管理及高技术专业人才不突出的特点。晋江在人才的培养和吸收上相对滞后。从企业管理来看,企业家重视业务发展、忽视管理是人才匮乏的重要原因。一个良好的环境氛围是提高企业管理效率的重要因素,企业经营者往往将发展视角停留在业务方面而忽视对企业职员的管理,从业门槛低,并且从业人员一味追求业务,未对工作做详细规划,企业忽视对从业人员职业技能的培训与提升,从业人员自身能力得不到提高,企业也就难以发展壮大。从政府层面来看,晋江市在人才培养与引进方面的政策还有待完善,虽然晋江市积极推进校企合作、校地合作,制定人才优待政策,但人才贾乏始终困扰着经济发展。目前,入驻晋江的国家双一流高校仅有2018年正式投入使用的福州大学晋江科教园。在与国家双一流高校的合作上还有待进一步挖掘,人才培养渠道上有待拓宽。

三、国内外服务业发展的经验

(一)江苏省昆山市服务业高质量发展的经验

江苏省昆山市连续16年登中国百强县榜单,被人们誉为"最牛县级市"。昆山从一个农业县域发展成如今的百强县之首,服务业的发展功不可没。2019年,昆山市地区生产总值突破4000亿元大关,其中服务业增加值占比为48.01%,服务业增加值较2015年增长43.29%,成为拉动经济增长的重要引擎。其主要的发展经验有以下几点:

首先,打造现代服务业集群。昆山市致力于将服务业空间布局从传统的分散无序转变为有序集聚模式,打造服务业集聚区,加快形成"一核、两带、三组团"的空间布局、发挥产业集聚效应,使高端服务业不断聚集、低端服务业向中高端方向发展。其中"一核"指的是花桥国际商务城,"两带"为商务商贸产业带、物流电商产业带,"三组团"是文化旅游组团、贸易和科技组团、文化和科技组团。其中,花桥国际商务城形成四大产业集群,是全省首个以现代服务业为主导的经济开发区。同时获国家现代服务业综合试点。其以金融商务为主导,利用现代商务形成金融外包的服务特色,抓住邻近上海的地理优势,融入上海,面向世界,致力打造成现代服务业的策源地。

其次,发挥政府职能,激发服务业活力。政府加大资金扶持力度,为服务业产业建立"专项资金+引导基金+购买服务"政策支持体系,拓宽服务业企业的融资渠道,为现代服务业企业建立投资基金,不断完善产业信息基础设施、交通基础设施等配套设施,助力服务业企业更好地发展。另一方面,注重对龙头企业的扶持和引导。发挥政府资源和职能尽可能地为服务业龙头企业提供要素支持、专业咨询和培训等服务,做大做强龙头企业,引导龙头企业及其配套中小微服务企业共同发展,发挥其带动作用。

最后,积极推进服务业创新。昆山市倡导服务业技术创新,积极推进人工智能、大数据、云计算等信息技术与服务业的融合,提高服务业的技术含量及标准化、专业化、发展智慧教育、智慧医疗、金融科技等服务行业新业态。昆山市计划在2020年现代服务业占服务业增加值达80%。

(二)美国现代服务业高质量发展的经验

据世界银行统计分析,美国服务业总体规模占全球的1/3,可谓是服务业的超级大国。其主要的发展经验有以下几点:

首先,现代服务业与制造业的融合。20世纪70年代以后,美国就已经步入工业后期时代,服务业经济实力不断上升,在国民经济中占据主导地位。2019年,美国服务业占经济总量达81%,其中有超过60%是为制造业服务。服务业作为中间要素投入,不断地被投入制造业的生产过程中,从而使产品的附加值得到提高。处于后工业时代的美国,加快服务业发展步伐的同时,从未放弃制造业的发展,而是灵活地将二者融合发展,呈现出"智能制造"的发展形势,促进服务业与制造业共同发展。

其次,注重发展现代服务业集聚区。随着城市化的不断发展,都市区成为美国服务产业集聚发展的载体,不断引进金融、信息、科技等知识密集型服务业。美国硅谷是世界闻名的高新技术产业集聚区,拥有计算机企业约1500家催生了谷歌、苹果公司、雅虎等世界知名的高科技服务企业、是美国高技术产业发展的摇篮。美国纽约是以金融商务服务业为主导的产业聚集区,拥有被誉为世界第一金融中心的华尔街,上百家金融公司总部落在纽约中心城曼哈顿,纽约金融业的发展壮大是维持美国经济地位的强大支撑。

再者，注重服务贸易的发展。美国是服务贸易大国，积极发展服务贸易出口，带动国内服务业的发展。美国实行“服务先行”出口战略。鼓励服务业出口，2011年，其服务贸易进出口总额已超过1万亿美元，2017年增加到1.31万亿美元。美国清楚认识到，知识、技术密集的服务业在服务贸易中的优势，重点培育优势产业。注重信息技术的投入，提高贸易效率，降低贸易成本，促进服务贸易持续发展。同时，美国积极立法为服务贸易的发展提供法律保障，设立《1974年贸易法》《扩大出口法》等相关法律法规。

最后，注重培育专业人才。美国服务业的高质量发展离不开对专业人才的培养和引进。美国将发展教育放在重要位置，重视对教育的投入，拥有系统完备的人才培养计划，积极推进大学与产业界的深度合作，为产业发展输送高素质专业人才。比如美国斯坦福大学对硅谷高新技术服务区的发展有着极其重要的作用，斯坦福大学与产业界之间深入合作搞科研项目，培养专业技术人才向硅谷输送，为硅谷工作者提供在职培训课程，提升专业能力。同时，制定人才激励机制及保障措施，吸引国际高端人才落户美国，丰富人力资源，打造世界一流的人才队伍。高端人才为美国服务业发展夯实基础，同时发达的服务业也促进对教育的投入，如此相互促进作用是美国服务业发展迅速的重要因素。

四、晋江市现代服务业发展的对策

(一)加强政策扶持力度

1.完善基础配套设施，提升公共服务水平

城市化水平与现代服务业之间存在密切的联系，完善基础配套设施为晋江市推动城市化打下根基，优化现代服务业的发展环境，提升城市对现代服务业的承载量，促进城市与产业共同发展。晋江市可以从以下几方面入手：完善交通枢纽、打破偏远地区的交通阻碍；提升电力、水利、油气和新能源的储备和输送能力；完善物流网络；做好防洪防汛等自然灾害的应对措施等。同时，推进养老、医疗、教育、娱乐等公共服务设施的建设，迎合大数据时代，建立大数据管理中心，实现数字化管理，为晋江市拓能提级，带动服务业产业更好的发展。

2.健全政策体系，大力扶持服务业发展

晋江市应完善相关政策，调整三产的固定资产投资结构，加大对服务产业特别是现代服务业的财政支持力度，如建立服务业专项发展基金、服务业创新创业基金等，设立对具有高科技含量、创新力强的服务产业的激励机制，提高企业发展积极性。此外，针对晋江市服务业企业多为中小企业、规模小的特点，适度给予企业在税收、信贷等方面的优惠，发掘更多针对服务企业的融资途径。

3.合理规划空间布局，打造产业集群

晋江市政府及相关部门应做好发展规划，战略布局，发挥城市中心的辐射作用，带动周边镇村的共同发展，深入挖掘城、镇、村的发展优势，打造现代服务业集聚区。2016年，晋江市陆地港、晋江国际工业设计园、晋江市五店市传统文化旅游区入选第一批省级现代服务业集聚示范区，这是一个很好的开端，晋江市应积极培育现代服务业试点，把分散的空间布局转向集聚，发挥产业集聚效应，带动产业及周边落后地区的经济发展。

(二)赋予现代服务业发展动力

1.注重科技赋能

适应科技发展潮流，鼓励企业大胆创新，加大对技术的投入，资金上，可以引导企业将减免的税费转向对技术研发的投入，积极贯彻落实研发费用可加计扣除的优惠政策，减轻企业税收负担。同时，引导企业将互联网、大数据、人工智能等现代信息技术注入服务业发展全过程，打造新型现代服务业业态。

2.培育龙头企业

晋江市应重视龙头企业的带动作用，积极服务龙头企业，提供资金、土地、劳动力等要素支撑，给予政策支持，增强企业发展活力。同时，鼓励龙头企业走出去，向国外发达地区吸取先进发展经验，在国外设立分公司，适时开展并购计划，扩大市场规模，提高企业竞争力。在促进服务业龙头企业发展的同时也要引导服务品牌的建设，打造更多晋江本土服务品牌。

3.开放服务贸易

晋江市应借鉴美国服务贸易发展经验，完善服务贸易相关政策法规，健全服务贸易管理体系，建立严格的服务贸易市场监管机制，为服务贸易提供优质的发展环境。开放贸易市场，鼓励引进外资，提高服务业发展水平，积极参与区域谈判，拓宽自由贸易市场网络范围。

(三)推进产业融合发展

首先，要推进先进制造业与服务业融合发展，引导企业向“服务业制造化、制造业服务化”的方向融合发展。服务业应适应制造业的发展需求，提高研发、信息技术、金融、物流等科技含量高的现代服务业发展水平，为先进制造业发展提供强而有力的支撑。而制造业企业应转变只关注产品生产的思想，把眼光延伸到整个产品的生命周期，深刻领会服务业作为中间要素投入对提高产品附加值的意义，提高对服务业的需求，同时也能拉动服务业发展。

其次要推进农业与服务业融合发展。进一步完善针对农业与现代服务业融合的政策，引导城市金融服务、信息科技服务、现代物流服务、商贸服务等走向农业产业，推动农业与现代服务业深度融合发展。积极搭建农业科技信息服务平台，依托互联网信息技术，实时智能化地为农民及农业生产经营者提供信息查询、一对多的咨询、技术培训等服务，树立科技型农业意识，提高专业发展能力。同时，将农业与物流服务紧密结合，搭建农业专属物流平台，提高整体运输水平，为农产品特别是一些仓储周期短的鲜活产品解决“最后一公里”的问题。此外，更要借助电子商务服务的兴起，搭建线上网络营销平台，帮助解决农产品销售难题。

(四)提升企业现代管理水平

依托互联网、物联网等信息技术，建立健全企业信息化管理体系，如可以引进更多管理软件，简化业务流程进行管理变革，使管理更精细而高效，实现管理上的创新。此外，应充分利用互联网所带来的信息资源，利用信息技术整合本企业数据，为企业决策提供真实而有效的参考数据，从而使企业能力不断得到提升。同时，适应现代服务业的发展需求，重点培养信息技术业、金融业、商贸服务业等现代服务行业紧缺的高素质专业人才。

晋江五店市公共文化服务共建共享的探索

黄志锋

作为公共服务的重要构成部分，公共文化服务是指为了保障公民基本的文化权益，向公众提供的公共文化产品和服务。公共文化服务涵盖了为全社会提供非竞争性、非排他性的公共文化产品和服务的文化领域。公共文化服务的共建共享是我们一直倡导的建设小康社会的不可分割的重要组成部分。

一、晋江五店市公共文化服务共建共享实践

晋江五店市传统街区简称五店市，位于晋江老城区青阳的核心区，五店市传统街区是晋江城区的发源地。唐开元年间，有5位姓蔡的族人在青阳山下开了五间饭馆，饭菜香飘十里，吸引了众多游客，由于声名大噪而被誉为“青阳蔡，五店市”。自此，“五店市”便成了青阳的别称。2012年晋江市旧城改建，为了保护古建筑、不忘传统、铭记历史，保存晋江本地特色，晋江市将各处具有保存价值的古建筑拆卸后移至青阳山山脚依照原样搭建。建筑建造结合地形，形成了高低错落的景观特色，保存了较为完整的街区街巷格局。2015年9月，五店市传统街区被评为国家AAAA级旅游景区。成为一个政府认可、群众满意、侨亲赞誉、经济效益显著的样板，生动体现了“让城市留下记忆，让人们记住乡愁”的时代精神。

(一)公益为本，注重保护传统文化元素

公共文化服务是公益性部门通过提供公共文化产品和服务，满足人民群众日益增长的文化消费需求，具有极强的公益属性。公共文化服务是进行公共文化输送的有效载体，它通过社会成员参与系列公共性文化活动，使居民在思维方式、审美取向、道德规范、行为模式和文化价值观念等方面达成一致的文化共识，从而对此产生认同感和归属感，增强社会的文化凝聚力。这就要求在规划公共文化服务内容和形式上就必须坚守这一文化红线。2010年，晋江市委、市政府将“五店市传统街区”作为推进城市建设中实施的传统文化保护与人居环境改善的重点工程，加大力度改造成“展示闽南传统文化，塑造闽南文化新街口”的大型传统街区。为此，晋江市政府专门聘请北京清华城市规划院、华清安地建筑设计公司编制街区保护与更新详规，建筑及景观设计，以“守望闽南传统文化，打造闽南文化新街口”为主题进行总体布局，更好地保护街区的历史风貌，延续城市文脉，复兴街区活力。

街区占地252亩，街区业态规划围绕“传统文化区”“旅游观光区”“艺术养生区”“品质商业区”“滨水休闲区”五大功能分区展开，突出“闽南古建筑文化、民俗文化活动和非物质文化遗产展示”三大文化要素，把闽南文化展示、建筑艺术欣赏、创意办公、餐饮美食、休闲娱乐、纪念商品零售融入建筑和业态中。整个街区文化产业占全街区的60%，规划有木雕艺术馆、根雕艺术馆、陶瓷艺术馆、石雕艺术馆、古玩收藏馆、名人字画馆、私人博物馆、宗祠家庙、非物质文化遗产展示馆，以及露天戏台等。街区中古街巷格局保存较为完整，保留147处明、清、民国至现代各个时期各具特色的历史风貌建筑，再现了“青阳八景”中的“四景”的优美画面，是泉州地区规模最大、存留最完整的已开发传统街区。街区内遍布着宗祠、寺庙、商铺、民居等闽南历史性建筑，民居有夯土房、传统“皇宫起”红砖建筑，更有中西合璧的洋楼和西洋建筑。同时街区内保留和传承高甲戏、木偶戏、南音和民间信仰、祭祖习俗等非物质文化遗产。

(二)政府主导，鼓励社会力量积极参与

近年来，晋江市各级部门依据晋江市旅游产业发展“十三五”规划和建设公共文化服务体系示范区建设规划，充分发挥辖区企业优势，鼓励与引导社会力量以冠名、合作经营、股份制、股份合作制、合伙制、捐赠等方式参与五店市街区文体设施建设。结合《晋江市人民政府关于印发加快文化创意和创新孵化型产业园区发展若干意见的通知》的出台，五店市也制定了对传统工艺美术、非物质文化遗产、文化演艺、文化展览文化股权及文化产品交易、影视拍摄制作、地方名小吃与闽南土特产专营等重点引进业态的优惠扶持政策。对于一些在闽南地区较有影响力和典型性的传统文化类企业，也采取“一事一议”的方式进行独立优惠招商。由此，运营公司在招商过程中不仅为入驻的商户们提供了一个较长的“适应期”，还配套推行一系列优惠政策，例如根据商户的实际需求，予以一年半左右的免租期。改革开放以来，晋江市本土的民营企业在快速发展的同时，也积极地通过捐资、捐款等方式，为五店市街区的公共文化建设提供了大量资金。

(三)文化惠民，实现全社会共建

为了保障社区公共文化活动的顺利开展，晋江市政府专门建立了公共文化活动专项资金保障机制、结合五店市街区的区域平台，通过精心策划月度活动主题、开展富有地方特色的公共文化活动、推广“一社一品”社区文化活动来打造惠民活动品牌，创建“百花齐放”的特色文化社区，以建构公共文化活动常态机制。近年来，为进一步完善城市文化功能，满足广大市民日益增长的阅读需求，晋江市委、市政府高度重视图书馆建设，并将建设10家城市书房列入“为民办实事”项目，突出均等、共享和创新，着力打造一批功能齐全、温馨舒适、服务创新的新空间，突出“公共资源+社会力量”的多元化共建。市政府结合五店市传统街区的文化氛围，设立的百姓书房——三有书屋以保留闽南古厝特色为主，书架颜色和房屋原木架结构相衬托，古朴又典雅。

(四)活动多样，普惠当地群众

依托于五店市展开的志愿服务活动形式多样，吸引了广大社会公众关注和参与，引起了强烈反响。2018年3月8日，晋江市第三实验幼儿园“学雷锋服务站”开展“做时代女性，扬巾帼风采”五店市环保活动，协助景区工作人员维持秩序，热情解答游客疑惑，拾捡散落在景区的垃圾，文明引导打造文明有序的无烟景区，提高全民文明出行和环保意识。2018年4月3日，晋江市教师进修学校党员义工走进五店市开展“晋江市亲子心理游园暨‘关爱未成年人心理健康’”宣传教育活动，热情与群众进行家庭教育、移风易俗的交流与探讨，同时

引导他们参与心理游园项目活动，得到现场群众的好评。晋江青年志愿者协会亦常年联系五店市街区，联合周边社区、街道、企事业单位、学校等开展文化志愿服务，为建设美丽家园和文明城市添砖加瓦。

(五)以点带面，传承保护非遗

晋江五店市街区文化底蕴深厚，完好修复和保留了有“中国音乐史上的活化石”之称的南音，同时还创造了众多富有地域特色的非物质文化遗产，如深沪褒歌、安海嗦啰嗹习俗、柯派高甲戏、晋江灵源万应茶、晋江布袋木偶戏等。在修复传统建筑的同时，五店市传统街区依然预留出公共配套空间。目前已设立露天舞台、室内剧场、家风家训馆、五店市民俗馆和晋江南音馆，作为高甲戏、掌中木偶戏、南音等非物质文化遗产的表演展示空间。同时还利用古厝设置了展示地方民俗文化的“五店市传统街区规划馆”以及“晋江非物质文化遗产展示馆”。为加强五店市历史文化街区的保护性开发，晋江市政府专门出台了《晋江市历史文化风貌区和优秀传统建筑保护管理暂行规定》《中共晋江市委、晋江市人民政府关于加强文化建设与保护的实施意见(试行)》等相关文化遗产保护制度。2017年，市政府又将街区保护扩展到全市范围，形成紫峰里、灵源古村落、梧林古村落等重点古建筑群。2017年6月，晋江市确定并公布了第一批167处历史建筑，五店市街区名列其中。

二、晋江五店市公共文化服务共建共享对全国范围的启示

(一)提高标准化程度，完善法律法规

晋江市在推进公共文化服务建设方面取得了较好的成效，但延续性和后劲略显不足，政府的政策引导作用还未充分显现。综观发达国家的公共文化事业发展过程，始终离不开规范化、标准化的推进和法律法规的强有力保障。我国在公共文化服务领域的规范和法律体系的建构上仍不足。为此，当前推进公共文化服务体系示范区建设，首先应在制度层面上尽快加快对公共文化服务的各种方式、途径、群体、内容等方面制定规范、保障文化实践有据可循。对还处于试点阶段的举措，则鼓励地方政策标准的编制，为下一阶段国家层面的工作奠定基础。同时，应进一步完善相关法律体系。如政府见习公共文化服务、文化资金管理、文化项目评审评估等容易滋生腐败的重要环节，参照国际惯例，结合我国发展趋势和国情，建立健全法律法规，完善实施细则，为公共文化服务在规范化、法治化的轨道上发展提供法律和制度上的保障。

(二)探索“自助餐”式供给，促进公共文化产品供需对接

从晋江五店市“文化惠民，实现全社会共建”的实践经验来看，其通过建立公共文化活动专项资金的保障机制，结合五店市街区的区域平台，通过精心策划多样化的项目来满足公众对于公共文化产品的需求。因此，可以立足区域优势，在政府财政保障的基础上，借鉴国外公共服务供给的“自助餐”模式，营造具有区域特色的公共文化服务氛围。“自助餐”式供给理念在发达国家十分常见。如英国开放公共服务的具体细则中，有一项专门针对提高公民个人选择的措施。即通过将服务预算直接拨款到个人后，由用户自由选择服务，再通过现金、代金券、税收、贷款等形式流向所选择的服务供应商。群众的需求选择是公共文化服务的源动力，文化服务项目和活动要符合群众的精神文化诉求。服务供应商提供多样化、质量水平高低不同的文化产品，通过“自助餐”式的供给，让居民从中挑选自己需要的文化产品，其所需的费用统一由政府文化预算支付。这在一定程度上能满足居民多元化的文化需求，提供公共文化服务的供给质量。

近年来，各级政府的公共文化预算逐年递增，加之群众的多元文化需求日益增强，可以考虑借鉴国外的“自助餐”模式，以及当前在养老和医疗保险中的账户模式，从政府的文化预算中抽出一定比例，建立居民的专项文化基金。每个居民或家庭都设立一个“文化账户”，定期注入一定数量的文化资金，定向地使用于文化领域划定的范围和项目。通过赋予居民文化消费选择权，利用市场机制，引导公共文化服务领域的良性竞争，增强居民的满意度。可以考虑选择某一市县作为试点进行测试。最终对公共文化产品和服务的质量，试点机构的收益和运行情况，以及群众的满意度和参与程度进行评估，逐步构建和细化文化资金运行管理、文化机构的筛选和评估监管等一系列制度，提升全社会文化消费的满意水平。

(三)推进多元供给方式，加快社会力量参与供给进程

从晋江五店市“政府主导，鼓励社会力量积极参与”的实践经验来看，其通过鼓励与引导社会力量以多元形式参与公共文化服务的供给中，极大地促进了五店市公共文化服务的发展。可以看到，社会力量是公共文化服务体系的重要参与者，应积极引导社会力量投入公共文化服务供给中，形成以政府为主导，事业单位、企业、社会组织和群众等社会力量广泛参与的公共文化服务多元供给格局。

首先，推进“政府购买+市场运作”供给模式。政府采取购买服务的方式，每年拨出一定的财政资金通过招投标的形式吸引一些有实力、发展较成熟的企业组织以竞标的方式从政府手中获得购买订单，企业通过主办、承办等方式举办各类文化活动。其次，推进“政府放权+企业管理”供给模式。企业以资金、管理技术等方式与政府合作，投资并新建公共文化基础设施，共同与政府举办和提供公共文化服务，包括各类设施建设、信息化服务工程建设、讲座等文化活动服务，具体合作可采取外包、委托经营等方式。再次，推进“政府支持+企业协作”供给模式。企业通过赞助、捐赠等方式参与公共文化服务的供给，政府则给予一定的税收优惠、财政补贴等支持。在此基础上，进一步推进和完善“政府引导+社会组织参与”供给模式，对于群众文艺团队自发组织的演艺团体，政府要加大力度支持，尤其是乡镇文化群团组织，通过财政补贴的形式，推进此类团体的“送文艺下乡”、各县市巡回表演。最后，推进“政府购买+供给主体培育”供给模式。加强政府购买与当地优秀文化企业复合化发展，要通过明确购买资金、遴选潜在承接主体、组织政策宣讲辅导、组织政府采购、形成承接主体资源库、通过绩效评估形成动态管理库等步骤，实现政府购买的顺利实施和当地企业及文化类社会组织培育发展的双赢。

(四)充分调动社会力量，拓宽资金来源渠道

当前我国公共文化服务主要是由

各级政府供给并出资，许多基层社区的公共文化服务受制于资金限制，其多样性和质量都不高。文化机构也依赖于政府有限的资金支持，活力不够，产能不足。其结果导致了政府供给的公共文化服务群众参与热情不高，群众真正需要的公共文化服务又难以满足的窘境。晋江五店市在整合晋江民营企业资源的基础上，也为民营企业创造了优惠的扶持政策，使其在取得利润的同时，积极地通过捐资、捐款等方式，助力补齐民生短板，为五店市的公共文化建设提供了大量资金。由此可以看出，为拓宽公共文化资金的来源渠道，调动各方力量参与公共文化服务供给的热情，应构建持续发展的文化服务体系。

首先，应强化政府基本公共文化服务经费保障。充分发挥政府在公共文化服务经费投入保障系统中的引领作用，对资金投入进行有效的规划、指导、协调与控制。各级地方政府合理分担公共文化建设资金，积极争取国家、省级财政资金支持的同时，制定市、区(县)级政府按比例联合分担公共文化服务体系建设的资金保障机制。以投入基层为重点，从财政政策上保障乡(街道)、社区(村)级基层公共文化产品和服务的直接供给，减轻基层政府的建设经费负担。其次，自筹资金与政府财政配套补贴相结合。对部分有市场化前景的公共文化项目，要求文化机构首先积极寻找资金来源，根据其自筹资金的额度，政府再进行配套补助。同时，建立转款账户。防止套用配套资金和不合理使用，并通过评估和信息公开予以监督。再次，出台鼓励社会捐资的优惠政策。借鉴国外经验将捐资公共文化与税收优惠、贷款优惠等挂钩，或者以文化活动票券形式予以回馈，调动广大民众和企业捐资助文的热情，提升社会文化氛围。最后，积极鼓励以企业或个人名义创建文化发展基金会。基金会接受全社会各种方式的捐赠，统筹社会各种投入支持文化服务的建设。农村文化建设、文化信息资源共享工程，群众自组织文化活动，提供文化服务的企业、文化类组织都是基金会资助的对象，而政府也可委托基金会管理财政资金的支出以及文化服务项目的监管。

(五)培育志愿服务氛围，扩大居民群众参与度

开发志愿服务的潜能，鼓励居民作为志愿者参与其中，既可降低文化服务供给的成本，又可提升文化活动的关注度。文化志愿服务作为连接政府和群众公益文化服务的桥梁和纽带，是公益性文化服务功能拓展的有效手段。晋江五店市通过开展多样化的志愿服务活动，吸引了广大社会公众关注和参与，引起强烈反响。因此，将文化的力量经由公益性文化活动潜移默化地传递到群众中去，是推动公共文化服务共享的有效方式。

首先，通过制度设计引导青少年群体参与公共文化的志愿服务。这既可缓和公共文化服务人员短缺状况，又利于培育新一代公民参与公共文化建设的意识。可将志愿服务作为就学期间素质锻炼的一部分，规定明确的时长；鼓励用人单位将志愿服务的内容和质量作为选人用人的参考因素。其次，提高志愿服务的价值回馈。规定接受志愿服务的文化机构必须对志愿者进行有效培训，以提高志愿者的能力；同时，需要对志愿者服务时间与质量进行严格而客观地评价，记录在个人的志愿者服务档案上，杜绝志愿服务流于形式。再次，将公共文化需求调查作为公共文化服务供给的必要环节。无论是政府直接提供的公共文化服务，还是政府购买的文化机构服务，都应事先制订计划，计划的编制过程必须有公民需求征集环节，对需要征集的范围、程序、反馈等加以明确规定。并将此纳入政府服务绩效的考核指标体系、通过政府主动打通参与路径来提升民众的参与积极性。最后，完善文化志愿服务制度。通过网络、媒体、现场报名等方式多渠道发布文化志愿者招募信息，深入楼宇、街道、社区、学校进行招募宣传，建立文化志愿者库；完善招募、培训、管理、保障、激励等系列制度，促进文化志愿服务制度化和常态化。建立政府主导、多元投入的资金保障机制，充分发挥政府投入的引导作用，积极拓展社会筹资渠道，鼓励社会力量以赞助或捐赠形式支持文化志愿服务活动开展，提供必要的资金支持。

(六)推进文旅融合，深化特色文化资源利用机制

从晋江五店市的案例中可以看出，作为文旅融合的样板，五店市不仅将公共文化服务与文化旅游服务有机衔接、共建共享、突出特色，同时在公共文化设施中丰富了旅游的功能，在旅游服务设施中增加特色文化内容，促进了地方特色文化和旅游公共服务的一体化。同时，五店市通过完好修复和保留了中原地区已经失传的古代中原宫廷音乐南音，创造了众多富有地域特色的非物质文化遗产，以及利用古厝设置了展示地方民俗文化的规划馆和展示馆等做法，很好地利用和保护了晋江特色文化资源。因此，应当在推进文旅融合的基础上，大力建设旅游特色名镇和乡村旅游示范村推出文化旅游精品线路，利用公共文化机构平台，加大宣传力度，走出“一带一品牌、一镇一特色、一村一景区”的差异化和特色化发展之路。加强旅游和公共文化供需渠道和信息平台的有机对接，促进文旅客源对接互动，进一步整合公共文化和旅游部门的宣传资源、形成文化旅游营销的合力，构建立体化、全方位的文化旅游宣传促销体系。

与此同时，应进一步加强文物资源的保护利用，建立政府主导，企业、非营利组织、社会公众等共同参与的多元主体投入机制。有计划地对各类文物资源进行保护修缮利用，结合公共文化建设需求，融入穿越时空体验、文物活态展示等新理念，创新文物再现方式，使其更贴切地与公共文化服务相结合，打造地方特色文化的新型传播阵地。健全特色文化的宣传引导机制，开展地方特色文化资源的公众传播，通过媒体宣传等途径进行包装、推介，打响特色文化品牌，推动文化资源转化为产业优势，助推当地经济社会发展。构建现代化文化市场机制，推进非物质文化遗产资源的开发利用和传承传播，鼓励在重点公共文化服务阵地上建设一批特色明显、代表性强的非物质文化遗产传习基地和传统民俗活动场所，创新公共文化个性化服务，积极发动非遗传承人和当地民众入驻景区开展非遗活态展演，推进非遗与公共服务的融合发展，实现文化资源的高效利用。

说 明

一、本索引采用主题词分析法，按主题词首字汉语拼音字母顺序排列。

二、类目标题用黑体字。“专记”“大事记”“文献”“附录”等类目文件夹内容及“概况”条目不列入索引。

三、索引主题词后的数字表示页码，数字后的a、b、c表示栏别左中右。

四、空一字起排的款目为上一主题的说明项。

A

B

C

D

E

F

H

J

K

N

P

Q

W

X

Y